Daniela Rabinovic

LANGENSCHEIDTS
TASCHENWÖRTERBÜCHER

★

LANGENSCHEIDT
CEP SÖZLÜKLERİ

TÜRKÇE-ALMANCA ve ALMANCA-TÜRKÇE

LANGENSCHEIDT
CEP SÖZLÜĞÜ

Birinci Kısım

Türkçe-Almanca

Yazan

PROF. DR. KARL STEUERWALD

LANGENSCHEIDT

BERLİN · MÜNİH · VİYANA · ZÜRİH

LANGENSCHEIDTS TASCHENWÖRTERBUCH

DER TÜRKISCHEN UND DEUTSCHEN SPRACHE

Teil I

Türkisch-Deutsch

Von

PROF. DR. KARL STEUERWALD

LANGENSCHEIDT
BERLIN · MÜNCHEN · WIEN · ZÜRICH

Inhaltsverzeichnis

İçindekiler

Auflage:	12.	11.	10.	9.	8.	Letzte Zahlen
Jahr:	1978	77	76	75	74	maßgeblich

Druck: Graph. Betriebe Langenscheidt, Berchtesgaden/Obb.
Printed in Germany · ISBN 3-468-10370-0

Vorwort

Das vorliegende türkisch-deutsche Taschenwörterbuch enthält das für den praktischen Gebrauch des Alltags erforderliche Wortgut der heutigen türkischen Sprache. Besondere Berücksichtigung haben dabei die Ausdrucksweise der Tagespresse sowie die Umgangssprache der Gebildeten erfahren.

Zu dem Grundstock eines echttürkischen Wortschatzes kommen viele Wörter arabischen und persischen Ursprungs sowie Entlehnungen aus europäischen Sprachen. Sind Übernahmen aus dem Neugriechischen und Italienischen durchweg älteren Datums, so hat der stärkere Anschluß an die westliche Kultur und Zivilisation zu einem Massenimport europäischer, insbesondere französischer Wörter geführt, wie er noch zur Zeit der Einführung der Lateinschrift fast undenkbar gewesen wäre.

Die Loslösung von Sultanat und Kalifat, die Trennung von Kirche und Staat, die Verbannung des arabischen und persischen Unterrichts aus den höheren Schulen der Türkei, die Einführung der Lateinschrift sowie die Besinnung auf die nationalen Grundlagen des Türkentums, all das hat zu einer erheblichen Lockerung der ehemals festen Verknüpfung mit der islamischen Sprach- und Kulturgemeinschaft und damit zu einer Umgestaltung der Sprache geführt. Ein Teil des osmanischen Traditionswortschatzes ist aufgegeben worden, während anderes arabisches oder persisches Wortgut allmählich immer seltener verwendet wird. Immerhin sind ältere Übernahmen noch in relativ großer Zahl vorhanden. Andererseits ist der Wortschatz durch geläufig gewordene turksprachliche Neubildungen bereichert worden.

Der Aussprachebezeichnung ist besondere Beachtung gewidmet worden. Angaben über lange bzw. betonte Silben sind in möglichster Kürze, dabei aber in leichtverständlicher Form, hinter dem betreffenden Stichwort in eckigen Klammern beigefügt.

Außerdem enthält das Wörterbuch Hinweise auf die Rektion türkischer Verben, die Bildung bestimmter Aoriststämme, die Veränderlichkeit eines Auslautkonsonanten von Substantiven oder Adjektiven bei Antritt vokalisch anlautender Endungen oder Suffixe, auf palatale und velare Suffigierung, fachsprachliche Ausdrücke sowie auf soziale Sphären der Ausdrucksweise. Verschiedene Bedeutungen eines Stichwortes sind der leichteren Übersichtlichkeit halber durch Ziffern voneinander getrennt worden. Der grammatische Anhang gibt Hinweise auf die wichtigsten Erscheinungen der türkischen Formenlehre.

Wer sich über die Entwicklung des Türkischen in den letzten 30 Jahren genauer informieren möchte, sei auf KARL STEUERWALD, Untersuchungen zur türkischen Sprache der Gegenwart (3 Bände der LANGENSCHEIDT-Bibliothek) aufmerksam gemacht.

Prof. Dr. KARL STEUERWALD

Önsöz

Sunulan Türkçe — Almanca Cep Sözlüğü, Türk dilinin günün pratik ihtiyacı için gerekli kelimeleri içine almış bulunmaktadır. Bu sözlük için günlük gazete dili ile aydınların konuşma dili esas olarak alınmıştır.

Türk dilinde, temelini teşkil eden öz Türkçe kelimelerden başka Arapça ve Farsça'dan alınan birçok kelimelerle Avrupa dillerinden gelen kelimeler de vardır. Rumca ve İtalyanca eski kelimelerden başka batı kültür ve uygurluğuna kesin olarak katılma sonucunda bilhassa Fransızcadan büyük miktarda alınan kelimeler de bu arada mevcuttur.

Sultanlığın ve halifeliğin kaldırılışı, din ile devlet işlerinin birbirinden ayrılışı, Arapça ve Farsça'nın Türkiye'nin ortaokul ve liselerinde artık okunmayışı, Lâtin harflerinin kabul edilişi, millî Türklük esaslarının şuuruna varılması gibi hususlar, eskiden Türk milleti ile İslâm dil ve kültür topluluğu arasındaki sıkı bağlılığın gevşemesine ve bu gevşeme sonucunda da dilin değişmesine sebebiyet vermiştir. Osmanlı devrinden kalma lûgatlerden bazıları ortadan kalkarken, bir kısım Arapça ve Farsça kelimeler de yavaş yavaş daha seyrek kullanılmıya başlanmıştır. Bununla beraber bugünkü Türkçe'de dahi pek çok Arapça ve Farsça kelimeler mevcut olduğu gibi, son 30 yıl içinde kabul edilen öz Türkçe kelimelerin sayısı da az değildir.

Telâffuza gelince uzun veya vurgulu heceler, mümkün mertebe kısa, fakat kolay anlaşılır şekilde ilgili lûgatten sonra köşeli parantez içinde gösterilmiştir.

Bundan başka, sözlüğümüzde, Türkçe fiillerin kullanılışı, geniş zamanların teşekkülü, isim ve sıfatların sonundaki sessizlerin değişmesi, ek seslilerinin kalınlığı veya inceliği hakkında izahat verildiği gibi, ayrıca da teknik terimlerin ve muhtelif dil tabakalarının işaretlenmesine de dikkat edilmiştir. Sözlüğe alınan lûgatlerin çeşitli mânaları, kolayca görülüp anlaşılması için, birbirlerinden rakkamlarla ayrılmıştır. Kitabın sonundaki gramere ait kısım Türk dilinin morfolojisi hakkında en önemli bilgileri vermektedir.

Son otuz yıl içinde Türk dilinin inkişafını yakından takip etmek istiyenlerin dikkatlerini, Karl Steuerwald'ın Langenscheidt — Bibliothek'te üç cilt halinde çıkan „Untersuchungen zur türkischen Sprache der Gegenwart" adlı eserine çekmek isteriz.

Prof. Dr. Karl Steuerwald

Hinweise zur praktischen Benutzung

Im Türkisch-Deutschen Teil des Wörterbuches ersetzt die Tilde (~) das Stichwort bzw. bei längeren Darlegungen das Unterstichwort in der angeführten Form und bringt gleichzeitig getrennte Schreibung zum Ausdruck.

Der Bindestrich (-) kennzeichnet die Zusammenschreibung und wird dort verwendet, wo das Stichwort in flektierter oder suffigierter Form auftritt.

Zur Verdeutlichung der Flektion ist dem Stichwort im gegebenen Fall der Akkusativ in abgekürzter Form beigefügt worden.

Angaben nach einem als Stichwort angeführten Infinitiv weisen auf die Aoristbildung hin.

Abkürzungen, die als allgemein gebräuchlich anzusprechen sind, werden an der ihnen zukommenden alphabetischen Stelle erwähnt.

Die **türkische Aussprache** wird im vorliegenden Wörterbuch folgendermaßen erläutert:

1. durch ausgeschriebene Angaben. Vgl. **lâf** [â kurz], **el²** [geschlossenes e], **eylûl** [û = kurzes ü], ö, Ö [kurz und offen] usw.
2. durch die Quantitätszeichen [˘] bzw. [¯] über dem jeweiligen Vokal. Vgl. **ă** (kurzes a), **figan** [ā] (langes a), **tefrik** [ī] (langes i), **acuze** [ū] (langes u) usw.
3. durch die nachstehenden Zeichen der Internationalen Lautschrift (API):

ɛ = e in „Heft"	ʒ = j in „**J**ournal"
ə = e in „bitt**e**"	s = ß in „rei**ß**en"
ɔ = o in „**o**ffen"	v = w in „**W**asser"
ʃ = sch in „**Sch**ule"	z = s in „**s**ingen"

4. Durch die Zeichen [-] (langer Vokal, [·] (kurzer Vokal), [x] (betonter Vokal). Vgl. **Macarca** [· x ·] (alle Vokale kurz; zweiter Vokal betont), **madut** [- -] (beide Vokale lang) usw.

Bei Stichwörtern ohne Ausspracheerläuterungen gilt kurze Quantität der Silbenträger und gleichschwebende Betonung.

Der mit Zirkumflex versehene Silbenträger gilt in dem vorliegenden Wörterbuch automatisch als lang und benötigt daher im allgemeinen keine besondere Quantitätsangabe. Besitzt ein mit Zirkumflex versehener Silbenträger kurze Quantität, so ist dies ausdrücklich vermerkt.

Betonungsangaben finden sich dort, wo eine Abweichung von der Norm der gleichschwebenden Betonung vorliegt. Beispiel: **paramparça** [· x · ·], d. h. stärkerer Ton auf dem zweiten Silbenträger. Feineren Unterschieden konnte hier nicht Rechnung getragen werden. Wenn daher auch bei Zusammenschreibungen wie *harbetmek, terettübetmek* usw. solche Betonungsangaben gemacht worden sind, so wolle man hierin eher eine allgemeine Orientierung als die Forderung einer besonders scharfen Betonung erblicken. Entsprechende Vorsicht gilt übrigens auch für die Längenangaben. In beiden Fällen läßt sich Genaueres nur durch fortgesetzte praktische Übung erlernen.

Okuyucuların nazarı dikkatine

Türkçe-Almanca cep sözlüğünde tekerrür (~) işareti, ilgili lûgatin yerini tuttuğu gibi, kelimelerin ayrı yazılışına da delâlet eder.

Çekim veya yapı eklerinden evvel kullanılan küçük çizgi (-) işareti, madde başı olan kelimeyi tekrar eder ve bitişik yazılışını gösterir.

İcabı halinde isim veya sıfat olan bir lûgatin aküzatif'i (i-hali) dahi kısaltılmış şekilde kaydedilmiştir.

Madde başı olan bir mastar sıygasından sonraki izahat geniş zaman teşekkülüne aittir.

Her yerde kullanılan kısaltmalar alfabe sırasiyle dizilmiştir.

Türkçe telâffuzu, sözlükte şu suretle açıklanmıştır:

1. Lâzım gelen izahat tam olarak yazılmıştır. Meselâ: **lâf** [â kısa], **el²** [dar e], **eylûl** [û = kısa ü]; ö, Ö [kısa ve açık] v.s.
2. Seslilerin kısalığını veya uzunluğunu göstermek için, ilgili seslinin üzerine [˘] veya [¯] işaretleri konulmuştur. Meselâ: **ă** (= kısa a), **figan** [ā] (= uzun a), **tefrik** [ī] (= uzun i), **acuze** [ū] (= uzun u) v.s.
3. Beynelmilel fonetik transkripsiyonundan şu işaretler tatbik olunmuştur.

ɛ = e „Heft"	ʒ = j „Journal"
ə = e „Bitte"	s = ß „reißen"
ɔ = o „offen"	v = w „Wasser"
ʃ = sch „**Sch**ule"	z = s „singen"

gibi kelimelerde olduğu gibi.

4. Hecelerin kısa, uzun veya vurgulu okunuşu, sırasına göre [·], [-] veya [x] işaretleriyle açıklanmıştır. Meselâ: **Macarca** [· x ·] (= bütün heceler kısadır, ikincisi ise vurguludur); **madut** [- -] (= hecelerin ikisi uzundur) v.s.

Madde başı olarak gösterilen bir lûgatin telâffuzuna dair izahatın bulunmayışı, tekmil seslilerin kısa ve aynı vurgu ile okunmasına delâlet eder.

Uzatma [^] işareti, haddizatında ilgili seslinin uzunluğunu gösterdiği için, şapkalı seslilerin telâffuzunun açıklanmasına umumiyetle hacet kalmamıştır. Ancak müstesna olarak kısa söylenenlerin telâffuzu eklenmiştir.

Madde başı olan lûgatin diğer hecelerine kıyasla daha vurgulu olan bir hecesi, [x] işaretiyle gösterilmiştir. Misal: **paramparça** [· x · ·] yani ikinci hece diğer hecelerden daha çok vurguludur demek olur. Bu hususta ince ayrılıklara yer verilemediği için, *harbetmek, terettübetmek* v.s. gibi bileşik kelimelerde vurgu işaretinin tatbiki, sert bir vurgu göstermekten ziyade umumi malûmata hizmet eder. Benzer bir şekilde, uzun seslilerin de ifrat derecede uzatılmamasına dikkat edilmelidir. Her iki defasında telâffuzun incelikleri ancak pratik yoliyle öğrenilir.

Erklärung der im Wörterbuch angewendeten Abkürzungen

Sözlükte kullanılan işaretler ve kısaltmalar

<	entstanden aus, *kelimenin aslı*
A	Akkusativ, *-i hali*
a.	auch, *dahi, keza*
ab.	abusiv, *suiistimal*
Abk.	Abkürzung, *kısaltma*
Abl.	Ablativ, *-den hali*
Abw.	Abwehrformel, *„nazar değmesin" anlamına*
adj.	Adjektiv, adjektivisch, *sıfat*
adv.	Adverb, adverbial, *zarf*
agr.	Landwirtschaft, *ziraat*
Akk.	Akkusativ, *-i hali*
allg.	allgemein, *umumi*
Alph.	Alphabet, *alfabe*
alttürk.	alttürkisch, *alaturka*
an.	Anatomie, *anatomi, teşrih*
and.	andere(r, -s), *başka*
Anm.	Anmerkung, *not*
ar.	arabisch, *Arapça*
arch.	Architektur, *mimarlık*
ästh.	Ästhetik, *estetik*
astr.	Astronomie, *astronomi*
b-de	biri(si)nde
b-den	biri(si)nden
Bed.	Bedeutung, *anlam*
Beh.	Behördensprache, *resmî dil*
bes.	besonders, *bilhassa*
Besch.	Bescheidenheitsausdruck, *tevazu tâbiri*
best.	bestimmt, *muayyen, belirli*
betr.	betreffend, *alâkadar*
Bez.	Bezeichnung, *tesmiye*
b-i	biri(-si)
Bill.	Billard, *bilârdo*
biol.	Biologie, *biyoloji*
b-le	biri(si)yle
b-ne	biri(si)ne
b-ni	biri(si)ni
b-nin	biri(si)nin
bot.	Botanik, *botanik*
bş	bir şey
bşde	bir şeyde
bşden	bir şeyden
bşe	bir şeye
bşi	bir şeyi
bşin	bir şeyin
bşle	bir şeyle
Buchst.	Buchstabe, *harf*
bzw.	beziehungsweise, *veyahut*
chem.	Chemie, *kimya*
Dat. od.	
D	Dativ, *-e hali*
d. h.	das heißt, *yani, demek ki*
dial.	Dialekt, dialektisch, *diyalekt*
Dim.	Diminutiv, *küçültme (ismi tasgir)*
e-e	eine
el.	Elektrizität, elektrisch, *elektrik*
e-m	einem
e-n	einen
e-r	einer
e-s	eines
et.	etwas
eth.	Ethik, *ahlâk*
etm.	etmek
euph.	Euphemismus, euphemistisch, *edebikelâm*
f	Femininum, *dişil, müennes*
F	familiär, *halk ağzı*
Fb.	Fußballspiel, *futbol oyunu*
fig.	figürlich, *mecazi*
fin.	Finanzwesen, *maliye*
Fn.	Familienname, *soyadı*
folg.	folgend, *mütaakıp*
form.	formelhaft, *klişe - tâbir*
Forts.	Fortsetzung, *devam*
fr.	früher, *eskiden*
Füg.	Fügung, *terkip, takım*
G	Genitiv, *-in hali*
gebr.	gebräuchlich, *müstamel*
gel.	gelegentlich, *arasıra*
Gen.	Genitiv, *-in hali*
geogr.	Geographie, *coğrafya*
geol.	Geologie, *jeoloji*
geom.	Geometrie, *geometri*
ges.	gesondert, *ayrıca*
Ggs.	Gegensatz, *zıt*
gr.	Grammatik, grammatisch, *gramer*

H. Handel, *ticaret*
Hfl. Höflichkeitsausdruck, *nezaket tâbiri*
hist. Geschichte, *tarih*
hum. humoristisch, *mizahi*
Hv. Hilfsverb, *yardımcı fiil*
Int. Interjektion, *nida edatı, ünlem*
intr. intransitiv, *geçişsiz, gayrimüteaddi*
iron. ironisch, *istihza*
irrt. irrtümlich, *sehven*
isl. islamisch, *İslâmi*
Ist. Istanbul
Jh. Jahrhundert, *asır, yüzyıl*
j-m jemandem
j-n jemanden
Journ. Journalismus, *gazetecilik*
j-s jemandes
jur. Jurisprudenz, *hukuk*
Ka. Kartenspiel, *iskambil oyunu*
Kaus. Kausativ/Faktitiv, *ettirgen, oldurgan*
k-de kendi(si)nde
k-den kendi(si)nden
Kfz. Kraftfahrzeugwesen, *motörcülük*
Ki. Kindersprache, *çocuk dili*
k-le kendi(si)yle
k-m keinem
k-n keinen
k-ne kendi(si)ne
k-ni kendi(si)ni
k-nin kendi(si)nin
Konj. Konjunktion, *rabıt edatı, bağlaç*
Ksp. Kinderspiel, *çocuk oyunu*
Kspz. Kinderspielzeug, *çocuk oyuncağı*
La. Leichtathletik, *atletizm*
ling. Sprachwissenschaft, *lengüistik*
lit. literarisch, *edebiyat*
lm. Lautmalerei, lautmalerisch, *savtı taklidî, yansıma*
log. Logik, *mantık*
Lok. Lokativ, *-de hali*
m Maskulinum, *eril, müzekker*
m. mit, *ile beraber*
math. Mathematik, *matematik*
med. Medizin, *tıp*
mel. meliorativ, *melyoratif*
meteor. Meteorologie, *meteoroloji*
M.i. Musikinstrument, *saz aleti*
mil. Militär, militärisch, *askerlik*
mst. meistens, *ekseriya*
mus. Musik, *müzik*
mV. männlicher Vorname, *erkek önismi*
Myth. Mythologie, *mitoloji, esatir*
n Neutrum, *nötür*
naut. nautisch; Seewesen, *denizcilik*
neg. Negation, negativ, *menfi*
Neol. Neologismus, *neolojizm*
n.pr. Eigenname, *özel isim, ismihas*
Obj. Objekt, *mütemmim, tümleç*
od. oder, *veya*
öffentl. öffentlich, *alenen*
olm. olmak
orient. orientalisch, *şarki*
osman. osmanisch, *Osmanlı(-ca)*
österr. Österreich, österreichisch, *Avusturya şivesi*
P niedere Umgangssprache, *kabaca*
P. Person, *şahıs*
päd. Pädagogik, *pedagoji*
Part. Partizip, *sıfat-fiil, feri fiil*
Pass. Passiv, *meçhul fiil, edilgen*
pej. pejorativ, *pejoratif*
Perf. Perfekt, *ikinci geçmiş zaman*
pers. persisch, *Acemce*
pharm. Pharmakologie, *farmakoloji*
phil. Philosophie, *felsefe*
philat. Philatelie, *filâteli, pul bilgisi*
phon. Phonetik, *fonetik*
phot. Photographie, *fotoğrafçılık*
phys. Physik, *fizik*
pl. Plural, pluralisch, *çoğul, cemi*
poet. dichterisch, *şairane*
pol. Politik, *siyaset*
Poss. Possessiv, *mülkiyet (iyelik) zamiri veya eki*
Pp. Postposition, *sontakı*
pr. prägnant, *veciz, kısa ve mânalı*
Präp. Präposition, *öntakı, harficer*
Präs. Präsens, *şimdiki zaman*
prov. Provinzialismus, *taşra şivesi*
psych. Psychologie, *psikoloji*
Px. Präfix, *önek*
Rbz. Regierungsbezirk, *Wilajet, vilâyet, il*
Refl. Reflexivum, *öze dönüşlü fiil, mütavaat fiili*
rel. Religion, religiös, *din(-î)*
Rez. Reziprokum, *müşareket (işteşlik) fiili*
rhet. Rhetorik, *belâgat*
Rw. Redewendung, *lokûsyon, idyomatik tâbir*
S. Sache, *şey*
s. siehe, *bakınız*

Sa. Soldatenargot, *asker argosu*
Sb. Substantiv, substantivisch, *isim*
Sch. Schülerargot, *okul argosu*
Scha. Schachspiel, *satranç oyunu*
schem. schematisch, *şematik*
Schi. Schimpfwort, *küfür ve hakaret, sövgü*
schweiz. schweizerisch, *İsviçre şivesi*
scil. nämlich, *yani, demek ki*
selt. selten, *nadiren*
sg. Singular, singularisch, *tekil, müfret*
S.i. Saiteninstrument, *telli çalgı*
snob. snobistisch, *züppe dili*
soz. Soziologie, *sosyoloji*
spez. speziell, *hususiyetle*
Spk. Spielkarte, *iskambil kâğıdı*
spött. spöttisch, *alay olarak*
Spr. Sprichwort, *atalar sözü*
stil. Stilistik, *inşa, stilistik*
Sx. Suffix, *sonek*
syn. Synonym, *müteradif, sinonim*
T. Türkifizierung, *Türkçeleştirilmiş*
techn. Technik, technisch, *teknik*
Th. Theater, *tiyatro*
tr. transitiv, *geçişli, müteaddi*
trig. Trigonometrie, *trigonometri, müsellesat*
türk. türkisch, *Türk(-çe)*
typ. Buchdruck, *tipografi, matbaacılık*
u. und, *ve*
u.a.m. und andere(s) mehr, *ve bunun gibi*
u.ä.m. und ähnliche(s) mehr *ve buna benzer*
unp. unpersönlich, *gayrişahsi*
unv. unverändert, *değişmez*
urspr. ursprünglich, *aslen*
usw. und so weiter, *ve saire*
V Vulgärsprache, *argo*
va. veraltet, *eskimiş*
Verb. Verbindung, *terkip*
Verk. Verkürzung, *kısaltma*
Verst. Verstärkung, verstärkt, *kuvvetlendirilmiş*
vet. Veterinärmedizin, *veterinerlik, baytarlık*
vgl. vergleiche, *bakınız*
volkstüml. volkstümlich, *halk ağzından*
Vs. Verbalsubstantiv, *isim-fiil, bap, mastar*
vulg. vulgär, *âmiyane, argo*
Wü. Würfelspiel, *zar oyunu*
wV. weiblicher Vorname, *kadın önismi*
z.B. zum Beispiel, *meselâ*
z. va. ziemlich veraltet, *az çok eskimiş*
zo. Zoologie, *zooloji*
Zss. Zusammensetzung, *terkip, bileştirme*

Zur Orthographie und Lautung des Türkischen

Die Aussprache und die graphische Fixierung des Türkischen werden u. a. in folgenden Werken behandelt: **Türk Dil Kurumu,** İmlâ Kılavuzu, 6. Aufl., Ankara 1960. (Die während der Drucklegung des Wörterbuches unter dem Titel „Yeni İmlâ Kılavuzu" erschienene neueste Ausgabe von 1965 konnte hier noch nicht berücksichtigt werden.) — **Herbert Jansky,** Lehrbuch der türkischen Sprache, 5. Aufl., Wiesbaden 1962. — **Ph. Rühl,** Türkische Sprachlehre, 4. Aufl., Heidelberg 1960. — **Karl Steuerwald,** Untersuchungen zur türkischen Sprache der Gegenwart, Teil II: Zur Orthographie und Lautung des Türkischen, Langenscheidt-Bibliothek, Band 3, Berlin 1964.

Kurze Ausspracheanleitung s. S. 9.

A

a, A [ā] 1. *1. Buchst. des türk. Alph.* 2. *mus. Ton od. Note* a.
A 1. *mil.* = *alay* 2. *phys.* = *amper.*
a[1] [ā] *Int.* ach!, oh!, ah!
a[2] [ǎ] (*tadelnd, iron. usw.*) ach was!, aber nicht doch!; ~ ~ ~ Na so etwas!
a[3] [ā] *pers. Verbindungspartikel in va. Füg. wie lebalep, peyapey, rengârenk, serapa usw.*
a[4] [ǎ], e (*imperativ. Sx. bei den auf -san(ız) bzw. -sen(iz) endenden Formen des potentialen Konditionals; Zusammenschreibung bevorzugt*) *alsana!* hier, nimm!, das ist für dich!, *baksana!*; 1. sieh! 2. Herr Ober!; (*Hfl. Baksanıza!*); *söylesenize!* nun sagen Sie doch!
a[5] (*Verst.partikel*) *olur a!* das gibt es auch! warum denn nicht?; *söyledik a!* haben wir es nicht gleich gesagt! [*hali*).
-a (*Endung des Dat.*; *vgl. a. -e*
a. a. *Abk. für Anadolu Ajansı.*
aa, aah F nein!, unmöglich!, ach wo!
ab, -bı [-] *va.* Wasser *n.*
aba 1. dicker Woll- *od.* Filz·stoff 2. *ein hieraus gefertigter langer, kragenloser Überwurf*; ~ *altından değnek göstermek fig.* in versteckter Weise drohen; ~ *gibi* grob und dick (*Stoff*); ~ *kebe* dickes, grobes Zeug (*Decken, Mäntel usw.*); *-nın kadri yağmurda belli Spr.* was grobes Zeug wert ist, zeigt sich erst, wenn es regnet; (*b-ne*) *-yı yakmak* sich verlieben (in).
abacı Hersteller *od.* Verkäufer von *aba.*
abadi [---] *ein spez. zum Marmorieren od. Vergolden verwendetes mattgelbes Seidenpapier.*
abajur Lampenschirm *m.*
abalı 1. in groben Stoff (*aba*) gekleidet 2. *fig.* schwach, schutzlos; *vur -ya!* nur immer auf den armen Kerl drauf (*scil. der den Sündenbock spielen muß*)!
abandone (*Sport*) aufgegeben; ~ *etm.* aufgeben, nicht mehr weiterkämpfen.
abani *vgl. ağbani.*
abanmak 1. sich stützen, lehnen 2. V *b-ne* sich *von j-m* ernähren lassen.
abanoz 1. Ebenholz *n* 2. aus Ebenholz gefertigt; ~ *ağacı* Ebenholzbaum *m*; ~ *gibi* 1. schwarz wie Ebenholz 2. sehr hart; ~ *kesilmek fig.* stahlhart (*widerstandsfähig, unerbittlich*) werden; ~ *yürekli* gefühllos, gefühlsroh.
Abazaca abchasische Sprache.
Abbas *mV.*; ~ *yolcudur duramaz* (*spöttische Redensart für j-n, der öfters seinen Arbeitsplatz wechselt*).
Abbasi [· - -] Abbaside *m*; abbasi- [disch.
abe! P he!, holla!
abes 1. albern, dumm, nutzlos 2. albernes Zeug; *-le uğraşmak* seine Zeit mit nutzloser Beschäftigung verbringen.
Abhaz Abchase *m*, Abchasin *f*; abchasisch.
Abhazistan *n.pr.* Abchasien *n* (*Kaukasus*).
abıhayat, -tı [-···-] Lebenselixier *n*; ~ *içmiş fig.* von unverwüstlicher Gesundheit, langlebig.
abıru [-··-] Ehre, Selbstachtung *f*; ~ *dökmek* würdelos betteln.
âbide Denkmal, Monument, Ehrenmal *n*, Gedenkstein *m.*
âbidevi [-···-] monumental.
abis *geogr.* Tiefsee *f*; *-el* Tiefsee-.
abit, -bdi Knecht Gottes, Mensch *m.*
âbit, -di Gott anbetend (*verehrend*).
abla [x ·] 1. ältere Schwester 2. ältere Frau.
ablak rund (*Gesicht*), pausbäckig.
ablatya [· x ·] großes Fischernetz.
abli [x ·] *naut.* Heißtau *n*; *-yi bırakmak* (*od. kaçırmak*) 1. das Segeltau aus der Hand lassen 2. *fig.* die kühle Überlegung verlieren *und et. Dummes anstellen.*
abluka [· x ·] Blockade, Blockierung, (*See-*)Sperre *f*, Blockadering *m*; ~ *bölgesi* Blockade-, Sperr·gebiet *n*; ~ *etm. od. -ya almak* blockieren; *-dan kurtarmak* entsetzen (*z.B. belagerte*

Stadt); *-yı kaldırmak* die Blockade aufheben; *-yı yarmak* den Blockadering durchbrechen.
abone 1. Abonnent(in *f*) *m* 2. Abonnement *n*; ~ *bedeli* Abonnementsgebühren *pl.*; ~ *fiyatı* Bezugs-, Liefer·preis *m*; ~ *olm.* (*bşe*) abonniert sein (*auf*); beziehen, halten (*Zeitung usw.*); ~ *şeraiti* Bezugsbedingungen *pl.*; ~ *ücreti* = ~ *bedeli*; *-yi kesmek* abbestellen (*Zeitung usw.*).
abonman *selt.* Abonnement *n*.
aborda [· x ·] *naut.* Anlegen *n* (*eines Schiffes*); ~ *etm.* anlegen (*Schiff*).
abraş 1. scheckig (*Pferd*) 2. Schecke *f* 3. mit großem Muttermal 4. mit weißen Flecken *od.* Blättern.
abraşlamak scheckig werden; weiße Stellen bekommen.
abse *s. apse.*
absorbe absorbiert; ~ *etm.* absorbieren.
abstrakt, -tı *selt. s. abstre.*
abstre abstrakt; ~ *sayı math.* abstrakte *od.* unbenannte Zahl.
abuk sabuk unzusammenhängend; ohne Sinn und Verstand; ~ *insan* ein Mensch, der Sinnloses tut *od.* redet; ~ *konuşmak* dummes Zeug reden.
abullabut V dumm, beschränkt; Trottel *m*.
abullabutluk V Dummheit, Beschränktheit, Trottelhaftigkeit *f*.
abur cubur wirr durcheinander; ~ *yemek* wahllos hinunterschlingen.
abus[ū] mürrisch, unfreundlich.
acaba (*Fragepartikel*) etwa, wohl, ob ... wohl; ~ *gitsem mi?* ob ich wohl (besser) gehen sollte?; ~ *sonu ne olacak?* wie wird die Geschichte wohl ausgehen?
acaip, -bi [· - ·] 1. (*va. Pl. zu acibe*) *acaibisebaiâlem* sieben Weltwunder *pl.* 2. *s. acayip.*
acar 1. draufgängerisch, energisch 2. geschickt, pfiffig 3. stark, kräftig 4. *dial.* neu 5. ♀ *Fn. od. mV.*
Acar, Acara Bewohner *m* von Acaristan.
Acaristan *n.pr.* Adscharien *n* (*Kaukasus*).
acayip, -bi 1. sonderbar, eigenartig 2. komisch!; merkwürdig!; (*b-nin*) *acaibine gitmek e-m* sonderbar vorkommen.
acele 1. Eile *f* 2. eilig, dringlich, dringend 3. überstürzt, voreilig; ~ *etm.* 1. sich beeilen 2. überstürzt handeln; ~ *haller* die dringenden Fälle; ~ *hüküm* vorschnelles Urteil; ~ *işe şeytan karışır Spr.* Eile mit Weile!; ~ *işin sonu nedamettir Spr.* Überstürzung endet mit Reue!; ~ *itiraz jur.* sofortige Beschwerde; ~ *vaziyetler a. mil.* die dringenden Lagen; ~ *yürüyen yolda kalır Spr.* wer überstürzt marschiert, bleibt unterwegs liegen; *-ye boğmak* (*bşi*) überstürzt in Angriff nehmen; *-ye gelmek* in aller Eile erledigt werden (*müssen*); *-ye getirmek* mit großer Eilfertigkeit betreiben (*spez. um zu betrügen*).
aceleci überstürzt handelnd; hitzig.
aceleleştirmek *selt.* beschleunigen, beeilen.
Acem Perser(in *f*) *m* persisch; ~ *gömleği* (*blauer*) Arbeitskittel; ~ *kılıcı* zweischneidiges Schwert; ~ *mübalâğası* typisch persische Übertreibung.
Acemce 1. persische Sprache 2. in persischer Sprache abgefaßt 3. persisch.
acemi 1. unerfahren, ungeübt 2. Anfänger(in *f*) *m* 3. Rekrut *m*; ~ *beygir* Remontepferd *n*; ~ *çaylak fig.* blutiger Anfänger, Stümper *m*; ~ *doğan* noch nicht (*vollständig*) abgerichteter Falke; ~ *erler mil. pl.* die Rekruten; ~ *nefer deposu mil.* Rekrutendepot *n*; ~ *ocağı hist. Ausbildungsstätte für Janitscharenzöglinge*; ~ *oğlanı hist. Ausbildungszögling der Janitscharen*; ~ *öğretmiye vaktim yok!* (*grob*) ich kann nicht mit j-m diskutieren, der nicht die geistigen Voraussetzungen mitbringt!
acemilik 1. Unerfahrensein *n* 2. Stümperei *f* 3. Verhalten *n* e-s Rekruten 4. Rekrutentum *n*.
Acemistan *n.pr.* Persien *n*, Iran *m*.
acenta, acente [· x ·] 1. Handels-, Schiffs·agent *m* 2. Handels-, Schiffs·agentur *f*.
acentalık, acentelik 1. Tätigkeit *f* e-s *acenta, acente* 2. = *acenta* (2); ~ *etm.* Vertreter sein; e-e (*Schiffs-*) Agentur betreiben.
acep (*Fragepartikel*) *selt.* wohl, etwa; ~ *nolsa?* was mag das wohl sein?
aceze (*va. Pl. zu âciz*) die Hilflosen, Siechen (*pl.*).
acı 1. bitter 2. scharf 3. hart, kränkend 4. laut, schrill, gellend 5.

schmerzlich, traurig 6. grell, schreiend 7. bitterer Geschmack 8. körperlicher Schmerz 9. Kummer *m*, Schmerz *m*, Trübsal *f*, Schwere(s) *n* (das man durchmachen muß); ~ ~ *bağırmak* jämmerlich schreien; ~ ~ *kapı çalındı* es wurde heftig an die Tür geklopft; ~ *badem* 1. bittere Mandel 2. V pfiffig, schlau; ~ *badem kurabiyesi* Bittermandelmakrone *f*; ~ *bakla* weiße Lupine; ~ *basmak* Leid erfahren; ~ *bir teessürle haber almak* zu seinem tiefsten Bedauern erfahren müssen; ~ *çekmek* viel Schweres durchmachen müssen; ~ *çiğdem bot.* Herbstzeitlose *f*; ~ *damkoruğu bot.* scharfe Fetthenne; ~ *dil* harte, kränkende Worte *pl.*; ~ *dülek s. acıhıyar*; ~ *elma bot.* Spritz-, Esels·gurke *f*; ~ *göl* Salzwassersee *m*; ~ *görmüş* wer viel Schweres durchgemacht hat; ~ *ılgın bot.* Bittertamariske *f*; ~ *kahve içmek fig.* e-e Gastfreundschaft der geringsten Art erfahren; ~ *kök* (*Ankara*) Meerrettich *m*; ~ *manyok* bitterer Maniok; ~ *marul* wilde Zichorie; ~ *patlıcanı kırağı çalmaz Spr.* Unkraut verdirbt nicht; ~ *ses* Angstruf, Schmerzensschrei *m*; ~ *söylemek* Bitteres (*Hartes*) sagen; ~ *su* 1. Bitterwasser *n* 2. ungenießbares Wasser 3. hartes Wasser; ~ *su sabunu Seife, die auch in hartem Wasser schäumt*; ~ *süt otu bot.* bittere Kreuzblume; ~ *yitimi med.* Analgesie, Schmerzlosigkeit *f*; *-sı çıkıyor* (*bşin*) es stellt sich ein Nachteil heraus (*bei*); et. rächt sich; *-sı tepemden çıktı* 1. ich habe mir dabei sehr wehgetan 2. es hat mich sehr geschmerzt; *-sı yüreğine çıktı* (*bşin*) er kann nicht hinwegkommen (*über*); *-sını çekmek et.* auslöffeln müssen; *-sını çıkarmak* 1. den Schmerz beseitigen 2. e-n Schaden wettmachen 3. Rache nehmen (*für*); *bunun ~sını elbet çıkarırım!* das werde ich ihm heimzahlen!; *-sını koymamak selt.* sich rächen (*für*).

acıağaç, *-cı bot.* Quassie *f*.

acıhıyar *bot.* Spritz-, Esels·gurke *f*.

acık Kummer, Schmerz *m*, Trauer *f*.

acıkılmak *Pass. zu acıkmak.*

acıklanmak betrübt sein, Kummer haben.

acıklı 1. betrüblich, traurig 2. sentimental 3. betrübt, bekümmert.

acıklılık 1. betrüblicher Zustand 2. sentimentaler Charakter (einer Geschichte) 3. Kummer *m*, Betrübnis *f*.

acıkmak 1. Hunger haben (*bekommen*) 2. *fig.* starkes Verlangen haben; *karnım acıktı* der Magen knurrte mir.

acıkmış hungrig.

acılanmak, acılaşmak 1. bitter *od.* scharf werden 2. ranzig werden 3. versalzen *od.* verpfeffert werden (*Speisen*).

acılı betrübt, traurig.

acılık 1. Bitterkeit, Schärfe *f* 2. Härte *f* (*des Wassers*).

acıma *Vs. zu acımak spez.* Erbarmen, Mitleid *n*.

acımak 1. schmerzen, wehtun 2. bitter *od.* ranzig werden 3. (*b-ne*) bedauern, bemitleiden 4. bereuen; *zavallıya çok acıdım* der Arme dauerte mich sehr; *insan, sıhhati için paraya acımamalı!* wenn es um die Gesundheit geht, braucht e-m das Geld nicht leid zu tun.

acımış ranzig.

acımsı, acımtırak *Dim. zu acı.*

acınacak bemitleidenswert, bedauernswert.

acınaklı kläglich, ergreifend, rührend.

acındırmak *Kaus. zu acınmak.*

acınmak 1. *Pass. zu acımak* 2. bekümmert, betrübt sein.

acırak *s. acımsı.*

acırga *bot.* Ackerrettich *m*.

acısız schmerzlos; *-lık* Schmerzlosigkeit *f*.

acıtmak *Kaus. zu acımak* Schmerzen zufügen; *kolumu acıttınız* Sie haben mir am Arm wehgetan.

acıyonca *bot.* Bitterklee *m*.

acibe [i] Sonderbare(s) *n*; Wunder *n*; *acibei hilkat* 1. Naturwunder *n* 2. Monstrum *n*.

âcil 1. dringlich, eilig 2. schnell, beschleunigt.

aciz, -czi 1. Schwäche, Kraftlosigkeit *f* 2. *jur.* Zahlungsunfähigkeit *f* 3. *s. sağrı kemiği.*

âciz schwach, kraftlos, hilflos, unfähig; ~ *kalmak* nicht imstande sein; *âcizleri va.* meine Wenigkeit; ich.

acul, -lü [ü] überstürzt handelnd; hastig, hitzig.

acun *astr.*, Universum, Weltall *n*, Kosmos *m*; *-sal* kosmisch.

acur 1. *bot.* Aradagurke *f* 2. = *ajur.*
acuze [ū] 1. häßliches altes Weib 2. *fig.* böse Lästerzunge.
acyo [x·] Agio, Aufgeld *n*; *-cu* Börsenjobber *m*; *-lu* mit Aufgeld (*Agio*); *-luk* Börsenspiel *n*, Agiotage *f*.
aç, -çı 1. hungrig 2. in Armut und Dürftigkeit lebend 3. (*bşe*) hungrig (*nach, auf*) 4. gierig, unersättlich 5. *aç, -cı* Hunger *m*; *~ ~ ile yatınca arada dilenci doğar Spr.* wenn sich ein Hungriger zu einer Hungrigen gesellt, kommt ein Bettler zur Welt; *~ açına* mit leerem Magen; *~ ayı oynamaz Spr.* ein hungriger Bär tanzt nicht; *~ bırakmak* (*od. koymak*) 1. hungern und darben lassen 2. aushungern (*Festung*); *~ biilâç* in Not und Elend; *~ çıplak* in Dürftigkeit und Armut; *~ doyurmak* die Armen speisen; *~ durmak* nichts gegessen haben; *~ kalmak* 1. hungrig bleiben (*sein*) 2. in Not und Elend geraten; *~ karnına* 1. auf nüchternen Magen 2. *fig.* unzeitig, unangebracht; *~ kurt aslana saldırır Spr.* ein hungriger Wolf fällt (sogar) e-n Löwen an; *~ kurt gibi* wie ein hungriger Wolf; voller Gier; *~ tavuk, kendini arpa ambarında sanır Spr.* ein hungriges Huhn wähnt sich in e-m Gerstenschuppen (*d. h. Illusion ist das halbe Leben*); *acın kabadayısı* V großzügig, freigebig (*trotz eigener Armut*); *acından ölmek* Hungers sterben.
açalya [·x·] *bot.* Azalee *f*.
açan 1. öffnend 2. Öffner *m* 3. *an.* Streckmuskel *m*.
açgözlü gefräßig, gierig, habsüchtig; *-lük* Gefräßigkeit, Gier, Habsucht *f*.
açı *math.* Winkel *m*; *~ uzaklığı astr.* Winkelabstand *m*.
açıcı 1. Aperitif *m* 2. öffnend 3. Zollbeamte(r) *m*.
açık 1. offen 2. nackt, bloß 3. weit, geräumig 4. auseinanderstehend 5. weit, lang, groß 6. hell (*Farbe*) 7. klar, deutlich, offenkundig 8. unbewölkt 9. unverblümt 10. blühend, aufgeblüht 11. unbesetzt (*Stelle*) 12. öffentlich 13. offen (*Stadt*) 14. freimütig 15. Blanko- 16. *der jedem zugängliche Ort* 17. freier Himmel 18. Fehl·betrag, -bestand *m*, Defizit *n* 19. unbesetzte Stelle 20. (*meist pl.*) *e-e von der Küste ziemlich entfernte Stelle des Meeres*; *Marmara açıklarında* auf dem offenen Marmarameere; *Moda açıklarında* auf der Höhe von Moda (*Vorort von Ist.*) 21. *e-e von e-m bestimmten Ort et. entfernte Stelle*; *tren yolu, şehrin açığından geçecek* die Eisenbahnlinie wird etwas außerhalb der Stadt verlaufen; *~ ~* (*Verst. açık in allen adj. Bed.*); *~ ~ konuşmak* ganz offen reden; *~ al* 1. hellrot, rosarot 2. mattes Rosarot; *~ alınlı fig.* ehrenhaft, unbescholten; *~ arazi mil.* offenes Gelände; *~ artırma* öffentliche Versteigerung; *~ ateş mil.* direktes Feuer; *~ baş* 1. barhäuptig 2. kahl, glatzköpfig 3. *fig.* unmoralisch; *~ bono* die an den Inhaber zu zahlende Anweisung; *~ bono vermek fig.* Blankovollmacht(en) geben; *~ bulundurmak* (*od. tutmak*) offenhalten; *~ cenah mil.* offener Flügel; *~ ciro* Blankoindossament *n*; *~ deniz* offenes Meer; *~ denize çıkmak* das offene Meer erreichen; *~ doru* hellbraun (*Pferd*); *~ durmak* sich fernhalten; *~ eksiltme* öffentliche Submission; *~ el* 1. offene Hand 2. *fig.* Freigebigkeit *f*; *~ fikirli* vorurteilslos; *~ gelmek* F Abstand halten; *~ hava* wolkenloser Himmel; *~ hava sineması* Freiluftkino *n*; *~ havada* im Freien; *~ hesap* offenstehende Rechnung; *~ kalmak* bloßliegen (*Körperteil beim Schlafen*); *~ kanad mil.* freier (offener) Flügel; *~ kapı* 1. offene Tür; 2. *fig.* Hintertürchen *n*; *~ kapı bırakmak* sich ein Hintertürchen sichern; *~ kapı siyaseti* die Politik der offenen Tür; *~ kaş* auseinanderstehende Augenbrauen *pl.*; *~ kredi* Blankokredit *m*; *~ maaş* halbes Gehalt (*als Wartegeld*); *~ mavi* hellblau; *~ mevzi mil.* offene Stellung; *~ mukaveleler* offene Konventionen *pl.*; *~ ordugâh mil.* Biwak *n*; *~ otomobil* offener Wagen; *~ öz tok söz fig.* aufrichtig und ehrlich; *~ rey* offene Abstimmung; *~ saçık* 1. ungeniert 2. unmoralisch 3. ungebührlich; *~ saçık gezmek* unordentlich herumlaufen (*Frau*); *~ söylemek* kein Blatt vor den Mund nehmen; *~ söz* 1. offenes Wort 2. leicht zu verstehendes Wort; *~ sözlü* unverblümt redend; *~ şehir* 1. *mil.* offene Stadt 2. *fr.*

(*ausländische*) Konzession; ~ *şehir ilân etm.* zur offenen Stadt erklären; ~ *tesekkür* öffentliche Danksagung; ~ *vermek* ein Defizit haben; ~ *vicdanla* mit ruhigem Gewissen; ~ *yan mil.* offene Flanke ; ~ *yürek* Offenherzigkeit, Ehrlichkeit *f*; ~ *yüz* Lächeln *n*, Freundlichkeit *f*; ~ *zaviye geom.* stumpfer Winkel; ~ *zincir serisi chem.* aliphatische Reihe. (**açığa**): ~ *çıkarma jur.* einstweilige Versetzung in den Ruhestand; ~ *çıkarmak* 1. enthüllen, aufdecken 2. zur Disposition stellen (*Offizier*); ~ *çıkmak* offenkundig werden; ~ *satış* Blankoverkauf *m*; ~ *vermek* ausplaudern, verraten; ~ *vurmak* 1. = ~ *vermek* 2. offenkundig werden; *açığı çıktı* es wurde ein Fehlbetrag in seiner Kasse festgestellt; *açığı kapatmak* 1. die Lücke ausfüllen 2. das Defizit ausgleichen; *açıklar livası hum.* ohne geregelte Arbeit umherstreunend; (**açıkta**): 1. an e-r offenen Stelle 2. im Freien 3. auf offener Reede (*Schiff*) 4. obdachlos 5. stellungslos; ~ *bırakmak* 1. offen liegenlassen 2. keine Beschäftigung (*Arbeit*) geben 3. ohne Obdach lassen; ~ *bulunmak* zur Disposition gestellt sein (*Offizier*); ~ *kalmak* 1. offen daliegen 2. keine geregelte Arbeit finden 3. obdachlos sein; ~ *olmak* ohne geregelte Arbeit sein; ~ *yatmak* die Nacht unter freiem Himmel verbringen; (**açıktan**): 1. offen, ehrlich 2. von fern her; zusätzlich; als Außenseiter 3. mühelos; ~ *açığa* offen, ungeniert; ~ *para kazandırmak* mühelos zu Geld kommen; ~ *satış* Blanko-, Leerverkauf *m*; ~ *tâyin edilmek* angestellt werden, *ohne bisher in dem betr. Beruf tätig gewesen zu sein*; ~ *uydurmak* zurechtstoppeln.

açıkağız 1. offener Mund 2. *fig.* Verblüffung *f*.

açıkca [· x ·] offen, freimütig, unumwunden; *-sı* auf gut Deutsch.

açıkçı Baissier *m* (*an der Börse*).

açıkgöz (-lü) 1. schlau, pfiffig; Pfiffikus *m* 2. V rundes Loch (*des türkischen Aborts*).

açıkgöz(lü)lük Schlauheit, Pfiffigkeit *f*.

açıklamak 1. erklären, erläutern 2. enthüllen, aufdecken 3. offenkundig werden 4. in aller Öffentlichkeit getan werden.

açıklı *in der Füg.*: ~ *koyulu* mit hellen und dunklen Farben.

açıklık 1. Offenstehen *n* 2. Öffnung *f* 3. Nacktheit *f* 4. weite Ausdehnung 5. Abstand *m*, Entfernung *f* 6. Klarheit *f* 7. Hellsein *n* (*Farbe*) 8. freier, offener Platz 9. Wolkenlosigkeit *f* 10. Spannweite *f* (*e-r Brücke*) 11. Offenheit *f* 12. *astr.* Azimut *m* 13. öffentlicher Charakter (*e-r Angelegenheit*).

açıkmeşrep, -bi frei, zügellos, unmoralisch.

açılır kapanır zusammenlegbar; Falt-, Klapp-; ~ *geçit parmaklığı* Bahnschranke *f*.

açılış 1. (*Er-*)Öffnung *f* 2. Beginn *m* (*z.B. e-r Rundfunksendung*); ~ *resmi* (*od. töreni*) feierliche Eröffnung.

açılma 1. *mil.* Entfaltung *f* 2. = *açılış*.

açılmadık nicht geöffnet; ~ *kutu fig.* Heimlichtuer *m*; *örtüsü* ~ *sırlar* Geheimnisse, deren Schleier noch nicht gelüftet ist; *yakası* ~ *küfür* wüster Fluch; *yakası* ~ *usuller* ganz neue Methoden *pl*.

açılmak 1. *Pass. zu açmak* 2. sich öffnen; aufgehen 3. sich aufhellen (*Himmel, Wetter*) 4. hell(*er*) werden 5. Erleichterung verspüren 6. s-e Befangenheit verlieren 7. sich offen äußern 8. (*b-ne*) sich *j-m* anvertrauen 9. seine Liebe erklären 10. sich deutlicher ausdrücken 11. aufblühen 12. seine Tätigkeit wieder aufnehmen 13. sich ausdehnen, sich entfalten 14. wieder zu sich kommen 15. sich aufdecken (*im Schlaf*) 16. sich zerteilen; Platz machen (*z.B. Volksmenge*) 17. sich vom Ufer entfernen *od.* entfernt halten (*Schiff*) 18. hinausschwimmen 19. freiwerden (*Posten*) 20. (*bir yere*) hinausgehen (*auf*), liegen (*nach*) 21. wieder sauber (*blank*) werden 22. durch unerwartete Ausgaben in finanzielle Schwierigkeiten geraten; *açılıp saçılmak* 1. ausge-, zer-, ver·streut werden 2. seine Kräfte vergeuden *od.* zersplittern 3. sich zu frei kleiden (*Mädchen, Frauen*).

açkı 1. Lack, Firnis *m* 2. Politur *f*, Glanz *m* 3. Reibahle *f* 4. *jedes zum Öffnen dienende Instrument*; *-cı* Polierer *m*; *-lamak* polieren; *-lı* poliert, glänzend.

açlık 1. Hunger *m* 2. Hungersnot *f* 3. Armut, Ärmlichkeit *f*; ~ *grevi* Hungerstreik *m*; *-tan kırılmak* furchtbaren Hunger leiden; *-tan nefesi kokmak* in ärmlichsten Verhältnissen leben.

açma 1. Öffnen *n* 2. Rodung *f* 3. *Name e-s ringförmigen fetten Gebäcks* 4. Öffnung *f* 5. *ein am Bein e-s geschlachteten Tieres angebrachtes Loch (zum Aufhängen).*

açmak, (*-ar*) 1. öffnen, aufmachen, aufklappen, aufschlagen, entfalten 2. eröffnen (*Konto, Feier usw.*) 3. feierlich einweihen 4. feierlich enthüllen 5. entkorken 6. aufziehen (*Vorhang, Schublade usw.*) 7. aufspannen (*Segel, Schirm*) 8. freimachen (*Körperteil, Bahn, Straße usw.*) 9. aufknoten 10. entfalten, ausbreiten 11. ausrollen (*Teig*) 12. weiter machen (*z.B.* auseinanderbiegen) 13. spitzen, zuschneiden 14. graben, bohren (*Loch, Brunnen*) 15. den Hörer abnehmen; anrufen 16. in Tätigkeit setzen, einschalten (*Licht*), aufdrehen (*Wasserhahn*), anstellen (*Radio*) 17. heller werden lassen (*z.B. Lampe*) 18. erhellen; Glanz verleihen 19. ein Thema anschneiden 20. einnehmen, erobern 21. entstehen lassen 22. anregen (*Appetit*) 23. roden 24. enthüllen, anvertrauen 25. anstrengen, anhängig machen (*Prozeß*) 26. abtreiben (trans.: *Strömung ein Fahrzeug*) 27. schneiden (*Gewinde, Zähnung*) 28. V abhauen, türmen 29. V (*b-ni*) gefallen, zusagen, passen 30. aufblühen, sich entfalten 31. sich aufhellen (*Himmel*) 32. herauskommen, hervorkommen (*Sonne*); *aç başı!* 1. V schau, daß du weiterkommst! 2. *naut.* wende zum Meer hin!; *açtı ağzını yumdu gözünü* ohne auf et. Rücksicht zu nehmen, schrie er wütend los; *aç kere! math.* Klammer auf!

açmaz 1. wer *et.* nicht öffnen *od.* enthüllen will 2. schwierige Lage 3. listiges Manöver; Falle *f*; *-a düşmek* (*od. gelmek*) in e-e Falle gehen; *-a getirmek* übertölpeln.

açmazlık Verschwiegenheit *f*.

ad[1], *-dı* 1. Name *m* 2. Ruf *m*, Berühmtheit *f*, Ansehen *n* 3. Verruf *m*; ~ *almak* berühmt werden; ~ *koymak* (*-vermek*) e-n Namen geben; ~ *takmak* e-n Spitznamen beilegen; (**adı**): ~ *batası* (*od. batsın*)! Hol ihn der Teufel!; ~ *batmak* in Vergessenheit geraten; ~ *belirsiz* unberühmt; ~ *bile okunmamak* nicht die geringste Berücksichtigung finden; ~ *bozulmak* in Mißkredit geraten; ~ *çıkmak* 1. bekannt (*berühmt*) werden 2. in üblen Ruf kommen 3. gelten (*als, für*); ~ *geçen* obenerwähnt; ~ *sanı* 1. sein Vor- und Zuname 2. seine genaue Benennung 3. sein Ruf (Leumund); ~ *şimdi dilime gelmiyor* ich komme im Augenblick nicht auf den Namen; ~ *üstünde* wie schon der Name sagt; *adını çıkarmak* in Verruf bringen; *adını koymak hum.* den Preis *von et.* festsetzen; *adını vermek* 1. melden, anzeigen 2. sich *auf j-n* berufen; *adiyle sanıyle s. adlı sanlı.*

ad[2], *-ddi* 1. Zählen, Rechnen *n* 2. *fig.* Halten *n* (*für*), Betrachten *n* (*als*); *vgl. a. addetmek.*

ada 1. Insel *f* 2. Katasterbezirk *m* 3. Parzellengelände *n*; ~ *balığı zo.* 1. Schleie *f* 2. Pottwal *m*; ~ *gibi* sehr groß (*Schiff*); ~ *soğanı bot.* Meerzwiebel *f*; ~ *tavşanı zo.* Kaninchen *n*.

âdabımuaşeret, *-ti* [- - · · - ·] gutes Benehmen, Anstand *m*.

adaçayı, *-nı bot.* Salbei *m*; ~ *tütsüsü* 1. Räuchern *n* von Salbei 2. Inhalieren *n* von Salbeidämpfen.

adadiyoz V schäbig, abgerissen.

adak 1. Gelübde *n* 2. Votivgeschenk *n*.

Adalardenizi *s. Ege Denizi.*

adale *an.* Muskel *m*; *-li* muskulös.

adalet, *-ti* [· - ·] 1. Gerechtigkeit *f* 2. Justiz *f* 3. Sinn *m* für Gerechtigkeit und Billigkeit; *-in pençesi* Arm *m* der Gerechtigkeit; *-li* gerecht; *-siz* ungerecht; *-sizlik* Ungerechtigkeit *f*.

adalı 1. Inselbewohner(in *f*) *m*, Insulaner(in *f*) *m* 2. *pr.* Bewohner(in *f*) *m* e-r ägäischen Insel.

adali [i] 1. Muskel- 2. muskulös.

adam 1. Mensch *m* 2. Mann *m* 3. *mel.* tüchtiger (*brauchbarer, braver usw.*) Mann 4. Diener, Gefolgsmann *m* 5. Günstling, Schützling *m* 6. Parteigänger, Anhänger *m* 7. man, einer, jeder, alle; ~ *başına* pro Kopf;

~ *boyu* Mannslänge *f*, manns·hoch, -tief; ~ *etm.* erziehen; zu einem brauchbaren Menschen machen; ~ *evlâdı* wohlerzogener Mensch (*aus guter Familie*); ~ *gibi* ordentlich, anständig; ~ *içine gitmek* unter Leute gehen; ~ *kaldırma jur.* Entführung *f*, Menschenraub *m*; ~ *öldürme jur.* Mord, Totschlag *m*, Tötung *f*; ~ *sarrafı* gewiegter Menschenkenner; ~ *sen de!* ach was!; wozu denn?; ~ *sırasına geçmek* (*od. girmek*) e-n einflußreichen Posten erhalten; ~ *yerine koymak* Ehrerbietung erweisen; *-dan saymak* 1. ehrerbietig behandeln 2. Wert, Bedeutung beimessen.

adamak geloben, versprechen.

adamakıllı 1. gehörig, tüchtig, recht 2. unbeschönigt.

adamcağız guter Mann; Biedere(r), Brave(r) *m*; armer Kerl.

adamsız 1. ohne Menschen 2. ohne (*das nötige*) Personal; ~ *kalmak* alles allein bewältigen müssen; *-lık* 1. Dienstbotenmangel *m* 2. fehlende Protektion.

âdap, -bı (*Pl. zu edep*) anständiges Benehmen; ~ *erkân* anständiges und gesittetes Benehmen; *âdabı umumiye* Sitte und Anstand.

adaptasyon 1. freie Übertragung 2. Anpassung *f* (*von Fremdwörtern an die heimische Lautung*); ~ *yapmak* frei übertragen und bearbeiten (*spez. Theaterstück*).

adapte 1. frei übertragen und bearbeitet 2. angepaßt; ~ *etm.* frei übertragen und bearbeiten 2. anpassen.

adaş Namensvetter *m*.

aday Bewerber, Kandidat *m*; *-lık* Bewerbung, Kandidatur *f*.

addetmek [x · ·] zählen (*zu*), halten (*für*); rechnen, betrachten, ansehen (*als*).

aded, -di 1. Zahl *f* 2. Stückzahl *f*, Stück *n*, Exemplar *n*, Nummer *f*.

adedce *s. adeden.*

adeden [x · ·] *adv.* zahlenmäßig, numerisch.

adedî zahlenmäßig, numerisch, Zahlen-; ~ *nispet* arithmetisches Verhältnis.

adem 1. *selt.* Nichtvorhandensein *n* 2. (*in pers. Izafetkonstruktion*) Un-, Nicht-, Miß-, A-; -losigkeit; mangelnd, fehlend.

Âdem *n.pr.* Adam *m*; ~ *elması an.* Adamsapfel *m*; ~ *evlâdı* (*od. oğlu*) Mensch(ensohn) *m*.

Aden *n.pr.* 1. Aden *n* (*Stadt*) 2. Eden *n*; *cenneti* ~ der Garten Eden.

âdet, -ti 1. Gewohnheit, Sitte *f*, Brauch *m* 2. Menstruation *f*; ~ *bezi* Damenbinde *f*; ~ *budur en sonra gelir bezme ekâbir* so ist es nun einmal Brauch: Die Großen kommen zum Gelage zuletzt; ~ *görmek* menstruieren.

âdeta [x · -] 1. *va.* gewöhnlich, üblich 2. *va.* nur, bloß, gerade 3. fast, beinahe, so gut wie, geradezu 4. Schritt *m* (*als Gangart*) 5. Schritt! (*Kommando beim Reiten*).

adım 1. Schritt *m* (*als Längenmaß etwa* 80 *cm*) 2. *fig.* Schritt *m*, Handlung *f*; ~ *açmak* eilig gehen; ~ ~ Schritt für Schritt; langsam, allmählich; ~ *atmak* 1. schreiten 2. betreten 3. Fortschritte erzielen; ~ *başın(d)a* auf Schritt und Tritt.

adımlamak abschreiten, durchmessen.

adımlık ... Schritte ausmachend (*entfernt*).

âdi [- -] 1. üblich, normal, gewöhnlich 2. gemein, ordinär, gewöhnlich; ~ *adım* ohne Tritt; ~ *hisse senedi* Stammaktie *f*; ~ *iflâs jur.* einfacher (*od.* gewöhnlicher) Konkurs; ~ *itiraz jur.* einfache Beschwerde; ~ *mektup* einfacher (*od.* gewöhnlicher) Brief.

adil, -dli Gerechtigkeit *f*.

âdil 1. gerecht 2. ♀ (-e) *mV. bzw. wV.*

adlanmak 1. ge-, be·nannt, bezeichnet werden 2. berühmt werden 3. in Verruf kommen.

adlı 1. mit Namen; namens 2. berühmt; ~ *adiyle* unter dem Namen, den jedermann kennt; ~ *sanlı* bekannt, berühmt.

adli [i] Justiz-, Gerichts-; ~ *tabip*; *tabibi* ~ *jur.* Gerichtsarzt, gerichtsmedizinischer Sachverständige(r); ~ *tıp*, *tıbbı* ~ *jur.* 1. Gerichtsmedizin *f* 2. gerichtsmedizinisches Institut.

adliye 1. Justiz, Rechtspflege *f* 2. ♀ *Abk. für Adliye Vekâleti* Justizministerium *n* 3. Justizgebäude *n*; ~ *mahkemeleri jur.* ordentliche Gerichte *pl.*; ~ *sarayı* Justizpalast *m*; *-nin pençesi* strafender Arm der Gerechtigkeit; *-ye vermek* dem Gericht übergeben.

adliyeci *im Staatsdienst tätiger* Jurist *spez.* Richter.
adres Adresse, Anschrift *f*; ~ *rehberi* Adreßbuch *n*; ~ *sahibi* Adressat *m*.
Adriyatik (*Denizi*) *n.pr.* Adriatisches Meer, Adria *f*.
adsız 1. ohne Namen, namenlos, unbekannt 2. (*in alttürk. Zeit*) auf Abenteuer ausziehender Jüngling; ~ *parmak* Ringfinger *m*.
aerodinamik 1. aerodynamisch, windschnittig 2. Aerodynamik *f*; ~ *biçim* Stromlinienform *f*.
aerodrom *selt.* Flughafen *m*.
aeromihanik 1. aeromechanisch 2. Aeromechanik *f*.
af, -ffı 1. Verzeihung *f* 2. Begnadigung, Amnestie *f* 3. Erlassung *f* (*e-r Strafe*) 4. Entlassung *f* (*aus e-m Amt*) 5. Entschuldigung (*z.B. bei Nichtübernahme e-s Amtes*); ~ *dilemek* um Verzeihung bitten; *affımı dilerim* (*Formel der höflichen Ablehnung*) ich bitte, von mir absehen zu wollen; *affı umumi* Generalamnestie *f*.
afacan Lausbub, Schlingel *m*.
âfaki [- - -] 1. objektiv 2. oberflächlich.
afal 1. dumm, verständnislos 2. verdutzt; ~ ~ *bakmak* völlig verständnislos dreinsehen.
afallamak, afallaşmak sprachlos dastehen.
aferin [ā] [x · ·] bravo!; ausgezeichnet!; ~ *almak* lobend genannt werden (*Schüler*).
âfet, -ti 1. Plage *f*, Unglück *n* 2. Naturkatastrophe *f* 3. Landplage *f* 4. *med.* Verletzung *f* 5. (*gibi*) die bildhübsche Frau 6. ♀ *wV*.
affetmek [x · ·] 1. verzeihen, vergeben, entschuldigen 2. erlassen (*Strafe*) 3. entlassen (*aus e-m Amt*); *affedersiniz!* entschuldigen Sie bitte!
Afgan afghanisch; *-istan n.pr.* Afghanistan; *-lı* Afghane *m*, Afghanin *f*; afghanisch.
afif [· -] keusch, tugendhaft.
afiş 1. Maueranschlag *m* 2. Plakatzettel *m*.
afiyet, -ti [ā] 1. Gesundheit *f*, Wohlbefinden *n* 2. Appetit *m*; ~ (*-ler*) *olsun!* Guten Appetit!; *-lemek* e-n guten Appetit wünschen.
aforoz Exkommunikation *f*; ~ *etm.* 1. exkommunizieren 2. *fig.* kaltstellen; *-lamak* = ~ *etm.* *-lu* 1. exkommuniziert 2. *fig.* kaltgestellt.
Afrika *n.pr.* Afrika *n*.
Afrikalı Afrikaner(in *f*) *m*; afrikanisch.
afsun [ū] Zauberei *f*, Zauberspruch *m*.
afsuncu Zauberer, Hexenmeister *m*, Hexe *f*; *-luk* Hexen, Zaubern *n*.
afsunlamak (*ver*)hexen, (*ver*)zaubern.
afsunlu (wie) verhext, verzaubert.
afyon 1. Opium *n* 2. ♀ = ♀ *Karahisar* (*Stadt in Westanatolien*); ~ *ruhu* Opiumtinktur *f*; *-keş* opiumsüchtig; *-keşlik* Opiumsucht *f*; *-lu* Opium enthaltend.
agâh 1. informiert, eingeweiht 2. erfahren, kundig 3. ♀ *mV*.; ~ *etm.* informieren; Bescheid geben.
agorafobi *psych.* Platzangst *f*.
agrandisman *phot.* Vergrößerung *f*; ~*cı* wer Vergrößerungen herstellt.
agrandisör *phot.* Vergrößerungsapparat *m*.
agreman Agrement *n*.
agu (*Lm. des zufriedenen Lallens e-s Säuglings*); ~ *bebek* Wickelkind *n*, Säugling *m*; *-cuk in der Füg.*: *-cuk yavru* = ~ *bebek*.
agulamak zufrieden lallen (*Säugling*).
ağ 1. Netz *n* (*a. fig.*) 2. Zwickel *m* 3. (*a. pl.*) Netz (*z.B. bei Fußball*).
ağa 1. *fr.* Herr, Meister, Kommandant, Chef, Vorstand *m* 2. = *-bey* 3. begüterter Bauer 4. *Titel für bewährte ältere Diener*; ~ *baba* 1. *Anrede e-s Kindes an seinen Vater, der den Titel* ~ *führt* 2. Großvater *m*.
ağabey [ābi] älterer Bruder.
ağaç, -cı 1. Baum *m* 2. Holz *n* 3. Stange *f*, Mast *m*, Pfosten *m* 4. hölzern, Holz-; ~ *biti zo.* 1. Baumwanze *f* 2. Blattkäfer; ~ *çivi* Holz·nagel, -stift, Dübel *m*; ~ *kabuğu* Baumrinde *f*; ~ *kova* Holzeimer *m*; ~ *kovuğu* Loch *n* (Höhlung *f*) in e-m Baumstamm; ~ *kurdu zo.* Holz·wurm, -käfer *m*; ~ *sıpa* Sägebock *m*; ~ *tıpa* Holzdübel *m*; ~ *tokmak* Holzhammer *m*; *Spr.* ~ *yaş iken eğilir* der Baum biegt sich nur, solange er grün ist.
ağaççileği, -ni *bot.* Himbeere *f*.
ağaçkakan *zo.* Specht *m*.
ağaçkavunu, -nu *bot.* Zitronatzitrone *f*.

ağaçlamak mit Bäumen bepflanzen; aufforsten.
ağaçlı mit Bäumen bestanden; Baum-.
ağaçlık 1. Baumgruppe *f*, Hain *m* 2. baumreich; *-lı* mit reichem Baumbestand.
ağalanmak sich wie ein *ağa* benehmen: 1. großmütig *od.* freigebig sein 2. beschützen 3. hochfahrend sein.
ağalık 1. Stand, Rang *m* e-s *ağa* 2. vornehmes (*freigebiges*) Verhalten *n*.
ağarmak 1. bleichen (*intr.*) 2. verbleichen, verschießen 3. grauen, anbrechen (*Tag*) 4. grau *od.* weiß werden (*Haar*) 5. in der Ferne auftauchen.
ağartmak 1. bleichen (*tr.*) 2. weiß *od.* grau werden lassen 3. verschießen lassen.
ağda Latwerge *f* (*Brei für Heilzwecke; Fruchtmus*); ~ *kullanmak* (*od. yapıştırmak*) ein Haarentfernungsmittel auftragen; *-lanmak, -laşmak* 1. zähe Konsistenz annehmen 2. *fig.* dickflüssig, schwerfällig werden (*z.B. Stil*); *-lı* 1. dickflüssig, zäh 2. *fig.* schwerfällig, dickflüssig, schwer verständlich, pompös (*z.B. Stil*).
ağıl 1. Hürde, Einzäunung *f* 2. Halo, Lichthof *m*.
ağıllanmak 1. in e-r Umzäunung zusammen sein (*Weidetiere*) 2. e-n Hof bekommen (*Mond*).
ağım Spann, Rist *m* (*Fuß*).
ağır 1. schwer (*Gewicht*) 2. gewichtig, bedeutend 3. = *ağırbaşlı* 4. schwierig, mühsam 5. ernst 6. schwer verdaulich 7. anstrengend; ungesund (*Klima*) 8. unangenehm, aufdringlich (*Geruch*) 9. kränkend, beleidigend 10. träge, schwerfällig 11. nur langsam begreifend; schwer von Begriff; ~ ~ (*verstärktes* ~ *in allen Bed.*); ~ *almak* (*bir işi*) langsam arbeiten; ~ *ayak* schwanger; ~ *basmak* 1. mit Nachdruck auftreten 2. (*b-ni*) sich wie ein Alpdruck legen (*auf*); ~ *canlı* schwerfällig, phlegmatisch; ~ *ceza işleri jur.* schwere Strafsachen *pl.*; ~ *ceza mahkemesi jur.* 1. Schwurgericht *n* 2. Große Strafkammer; ~ *davranmak* 1. langsam handeln 2. schwerfällig reagieren; ~ *ezgi fıstıki makam* ganz gemächlich; ~ *gelmek* 1. sich durchsetzen 2. schwer fallen 3. beleidigend wirken; ~ *hapis* schwerer Kerker, Zuchthaus *n*, Zwangsarbeit *f*; ~ *hastalık* schwere (ernste) Krankheit; ~ *hava* ungesundes Wetter (Klima); ~ *hıyanet jur.* Hochverrat *m*; ~ *ihmal* (*od. kusur*) *jur.* grobe Fahrlässigkeit; ~ *işitmek* (*a. fig.*) schwerhörig sein; ~ *kazan geç kaynar Spr.* gut Ding will Weile haben; ~ *makineli tüfek mil.* schweres Maschinengewehr; ~ *ol!* langsam!; ~ *oturmak* teuer zu stehen kommen; ~ *sanayi* Schwerindustrie *f*; ~ *satmak* (*k-ni*) sich sehr bitten lassen; ~ *sıklet* (*Boxen*) Schwergewicht *n*; ~ *takımdan* F vornehm; ~ *tutmak fig.* sich nicht beeilen.
ağırbaşlı 1. besonnen, würdig, gesetzt 2. ehrsam, tugendhaft (*Frau, Mädchen*).
ağırkanlı faul und bequem.
ağırlamak 1. sich verlangsamen 2. ehrenvoll aufnehmen und reichlich bewirten (*Gast*).
ağırlaşmak 1. an Gewicht zunehmen 2. sich erschweren 3. sich verlangsamen 4. ernst (*besonnen*) werden 5. sich verschlimmern (*Krankheit*) 6. träge werden.
ağırlaştırmak *Kaus. zu ağırlaşmak*; *ağırlaştıran sebepler jur.* erschwerende Umstände *pl.*
ağırlık 1. Schwere *f*, Gewicht *n* 2. Bedeutung *f*, großer Wert 3. Ernst *m*, Besonnenheit *f* 4. Ehrsamkeit *f* (*e-r Frau*) 5. Schwierigkeit *f* 6. Schwere *f*, Ernst *m* (*e-r Krankheit*) 7. Schwer-Verdaulichsein *n* 8. das Beschwerden-Verursachen (*Klima*) 9. Lästigfallen *n* (*Geruch*) 10. Alpdruck *m* 11. kränkender Charakter (*von Worten*) 12. Schwerfälligkeit *f* 13. langsames Begreifen 14. *mil.* Troß *m* 15. *Geschenke des Bräutigams an die Braut* 16. Aussteuer *f* (*e-r Braut*); ~ *merkezi phys.* Schwerpunkt; *ağırlığınca altın değersin* du verdienst, mit Gold aufgewogen zu werden; *üzerime* ~ *bastı* es lag mir wie ein Alpdruck auf der Seele.
ağırşak 1. Wirtel *m* (*e-r Spindel*) 2. Knopf *m* (*z.B. an e-m Stock*), abgerundete Spitze 3. kleine, runde Scheibe; ~ *kemiği* Kniescheibe *f*.
ağız, -ğzı 1. Mund *m*, Maul *n*, Schnauze *f* 2. Schnabel *m* (*an e-m Gefäß*) 3. Öffnung *f* (*bei Flasche,*

Zange usw.) 4. Mündung *f* (*e-s Geschützes, Wasserlaufes usw.*) 5. Aus- *bzw.* Ein·gang *m* (*z.B. e-r Höhle*) 6. Anfang *m bzw.* Ende *n* (*e-r Straße*) 7. Ein- *bzw.* Aus·fahrt *f* (*bei e-m Hafen*) 8. erste dickflüssige Milch (*nach der Geburt*) 9. Schneide *f* (*e-s Messers usw.*) 10. (*Straßen-*) Kreuzungspunkt *m* 11. *mus. melodische Charakteristik lokaler Weisen* 12. Sprechweise, Sprache *f* 13. Mundart *f* 14. Ton *m*, Tonart *f* 15. *selt.* Mal *n* 16. (*mst. pl.*) Gerede *n* 17. Schmeichelei *f* 18. Bart *m* (*e-s Schlüssels*); ~ *açmak* 1. zu reden anfangen 2. Mund und Nase aufsperren 3. zu schimpfen beginnen; ~ *açmamak* nicht ein einziges Wort sagen; ~ *ağza dolu* gesteckt voll; ~ *ağza vermek* tuscheln; ~ *aramak* (*od. yoklamak*) *fig.* auf den Busch klopfen; ~ *armonikası* Mundharmonika *f*; ~ *atmak* prahlen; ~ *birliği* Verabredung, dasselbe zu sagen *od.* zu tun; ~ *dalaşı* scharfer Wortwechsel; ~ *değiştirmek* 1. e-n anderen Ton anschlagen 2. Abwechslung im Essen bringen; ~ *dolusu* 1. aus vollem Halse 2. e-n ganzen Mund voll; ~ *dolusu küfür* wüster Fluch; ~ *etm.* 1. mit der Sprache herausrücken, F auspacken 2. gut zureden 3. prahlerische Reden führen; ~ *kavafı* lästiger Schwätzer; ~ *kavgası* = ~ *dalaşı*; ~ *sakızı fig.* dauerndes Gesprächsthema; ~ *suyu* Speichel *m*; ~ *şakası* Scherzwort *n*; ~ *tadı fig.* Genuß *m*, Behagen *n*; ~ *tadiyle* behaglich; *-dan kapmak* 1. ein Geheimnis entlocken 2. (*durch Zuhören*) *et.* aufschnappen; *-dan kulağa söylemek* zuflüstern; *-dan sakız avlamak fig.* auf den Busch klopfen; *-larda bir parmak bal olm.* ins Gerede kommen; (**ağza**): ~ *alınmaz* verabscheuenswert; ~ *almak* sprechen (*über*); ~ *düşmek* ins Gerede kommen; (**ağzı**): ~ *açık* 1. verdutzt 2. dumm, begriffsstutzig; ~ *açılırdı* er pflegte viel zu reden; ~ *bir* auf Verabredung dasselbe sagend *od.* tuend; ~ *bozuk* 1. wüst schimpfend *od.* fluchend 2. Lästermaul *n*; ~ *büyük* 1. viel redend 2. Aufschneider *m*; ~ *gevşek* Plaudertasche *f*; ~ *havada* 1. stolz 2. unverschämte Preise fordernd 3. unachtsam, sorglos; ~ *ile aslan tuttuğunu söylemek* furchtbar aufschneiden; ~ *ile kuş tutmak* sehr fähig (*tüchtig*) sein; ~ *örtülü küp* zugedeckter Tonkrug; ~ *pis* wer dauernd schimpft und flucht; ~ *sıkı* verschwiegen; ~ *sulandı* das Wasser lief ihm im Munde zusammen; ~ *süt kokuyor* er ist noch nicht trocken hinter den Ohren; ~ *teneke kaplı* mit ausgepichter Kehle; ~ *var dili yok* er ist ein gutmütiges Schaf; ~ *varmak* (*bşi söylemeğe*) es wagen, et. zu sagen; (**ağzına**): ~ *bakmak* (*b-nin*) 1. *auf j-s* Worte warten 2. *j-m* nach dem Munde reden 3. genau das tun, was jemand will; ~ *bir parmak bal çalmak* 1. allerhand Schönes versprechen 2. *j-n* mit Versprechungen abspeisen; ~ *kedi ciğere bakar gibi bakıp dinlemek* mit gespanntester Aufmerksamkeit zuhören; ~ *lâyık* prima, ausgezeichnet (*Essen usw.*); (**ağzında**): ~ *bakla ıslanmaz od. baklayı* ~ *ıslatmaz* er kann kein Geheimnis für sich behalten; ~ *gevelemek* (*lâkırdıyı, sözü, lâfı*) mit der Sprache nicht recht herauswollen; (**ağzından**): ~ *baklayı çıkarmak* mit der Sprache herausrücken; ~ *çıkanı kulağı işitmemek* seine eigene Unhöflichkeit nicht wahrnehmen; (**ağzını**): ~ *açmak* 1. zu reden beginnen 2. zu schimpfen anfangen; ~ *aramak* (*od. yoklamak*) *bei j-m* auf den Busch klopfen; ~ *bıçak açmıyor* es ist nichts aus ihm herauszubringen; ~ *bozmak* ausfällig werden; ~ *havaya* (*od. poyraza*) *açmak* das Nachsehen haben; ~ *hayra aç!* mußt du immer unken?; ~ *kapamak* 1. schweigen 2. zum Schweigen bringen 3. zudecken (*Gefäß*); ~ *öpmek j-m* für e-e gute Nachricht voller Freude danken; ~ *silmek* 1. sich den Mund wischen 2. schweigen; ~ *tıkamak* 1. *j-m* den Mund stopfen 2. zum Verstummen bringen (*Gerede*); ~ *tutmak* 1. den Mund halten 2. *j-n* nicht reden lassen; ~ *yormak* sich die Seele aus dem Leibe reden; (**ağzının**): ~ *içine bakmak* (*b-nin*) an den Lippen (*des Redners*) hängen ~ *suyu akıyor* das Wasser läuft ihm im Munde zusammen; ~ *suyunu akıtmak e-m* das Wasser im Munde zusammenlaufen lassen; ~ *tadını almak* (*bşden*) schlimme Erfahrungen machen (*mit, bei*); ~ *tadını bilmek et.* zu würdigen wissen; ~ *tadını bozmak* (*b-n*) *j-m* das Vergnügen stören; *ağzınızdan çıkanı kulaklarınız işitsin!* Sie sollten sich Ihre Worte besser überlegen!; *ağzınızı değiştiriniz!* ich verbitte mir diesen Ton!; *ağzınızı düzeltiniz!* nehmen Sie sich mit Ihren Worten gefälligst in acht!; *ağzınla kuş tutsan bile nafile!* und wenn du dich auf den Kopf stellst, es ist doch alles vergebens.

ağızboşluğu, *-nu* Mundhöhle *f*.

ağızlık 1. Zigarettenspitze *f* 2. Mundstück *n* (*e-s Blasinstruments*) 3. (*Hunde-*)Maulkorb *m* 4. Zudeckblätter und -zweige *pl.* (*auf Obstkörben*) 5. Brunnenrand *m* 6. Trense *f*.

ağızsız gutmütig und schweigsam.

ağlamak 1. weinen 2. beweinen, beklagen 3. Saft ausfließen lassen (*Bäume*); *Spr. ağlamıyan çocuğa meme vermezler* e-m Kind, das nicht weint, gibt man die Brust nicht.

ağlama(k)lı weinerlich.

ağlaşmak 1. zusammen *mit j-m* weinen 2. sich bitterlich beklagen.

ağlep, *-bi* überwiegend, vorherrschend; *ağlebi ihtimal* höchstwahrscheinlich.

ağnam [· -] 1. Schafe, Ziegen *pl.* 2. = ~ *vergisi jur.* Kleinviehsteuer *f*.

ağrı 1. Schmerz *m* 2. *pr.* Wehen *pl.*

Ağrıdağı, *-nı n.pr.* Ararat *m*.

ağrı(k)lı 1. schmerzend 2. dauernd kränklich.

ağrımak schmerzen, wehtun.

ağrısız 1. schmerz·los, -frei 2. wer keine Schmerzen hat.

ağsı *biol.* netzförmig, Netz-.

ağucuk *s. agucuk*.

ağustos (*der Monat*) August; ~ *böceği zo.* Zikade *f*; ~ *gülü bot.* Hundsrose *f*; *Spr. -'ta suya girse balta kesmez buz olur. Rw.* er hat doch immer Pech!.

ağzıpek verschwiegen.

ah 1. ach!, a!, oh! 2. Seufzer *m*, Klage *f*; ~ *almak* Verwünschungen auf sich laden; ~ *çekmek* seufzen, stöhnen; *-a gelmek* (*od. uğramak*) 1. = ~ *almak* 2. *e-e* verdiente Strafe erleiden; *-ı çıkmak* 1. Klagen ausstoßen 2. sich verächtlich äußern; *-ı (yerde) kalmamak* sich erfüllen (*Fluch*); *-ı tutuyor* (*b-ni*) seine Verwünschungen erfüllen sich (*an*).

ahali [· - ·] Bewohner *pl.*, Volk *n*, Bevölkerung *f*, Öffentlichkeit *f*; ~ *mübadelesi* Bevölkerungsaustausch *m*.

âhar *va.* ander-; anderweitig.

ahbap, *-bı* 1. Freunde *pl.* 2. Freund *m*; ~ *çavuşlar hum.* unzertrennliche Freunde *pl.*

ahbaplaşmak 1. sich anfreunden 2. sich (*plump*) anbiedern.

ahbaplık (*enge*) Freundschaft.

ahçı 1. Koch *m* 2. Inhaber e-r Garküche 3. *fr. Titel e-s Janitscharenmajors*; ~ *baltası* Hackmesser *n*; ~ *başı* Küchenchef *m*; ~ *dükkânı* das (*bescheidene*) Eßlokal; ~ *kadın* Köchin *f*; ~ *yamağı* Küchengehilfe *m*, Küchenmädchen *n*.

ahçılık 1. Aufgabe *f* e-s Kochs 2. Kochkunst *f*; ~ *etm.* als Koch (Köchin) tätig sein.

ahdetmek [x · ·] geloben, fest versprechen.

ahenk, *-gi* [ā] 1. *mus.* Harmonie *f* 2. Ton, Klang *m* 3. Eintracht *f* 4. gemütliches Zusammensein (*bei orient. Musik*) 5. *gr.* Harmonie *f*, Ausgleich *m*; ~ *kaidesi* Vokalharmonie *f* (*in der türk. Phonetik*); ~ *tahtası* Wirbel *m* (*an S.i.*).

ahenkli [ā] 1. *mus.* harmonisch 2. gestimmt (*Instrument*) 3. gemütlich.

ahenksiz [ā] 1. *mus.* unharmonisch 2. nicht aufeinander abgestimmt; zerfahren (*z.B. Spiel e-r Mannschaft*).

ahfes *in der Füg.*: *-in keçisi hum.* gottbegnadeter Dummkopf, ausgemachter Esel; *Spr. -in keçisi gibi ne söyleseler başını sallar Rw.* er sagt zu allem ja und Amen.

ahım şahım 1. auffällig gekleidet 2. *fig.* hervorstechend.

ahır Stall *m* (*für Tiere*); ~ *nöbetleri* Stallwachen *pl.*

âhir letzt-; ~ *vaktimde* am Ende meines Lebens.

ahiren [i] *va.* neulich, kürzlich.

ahit, *-hdi* 1. Gelöbnis *n*, feste Zusage 2. Zeit, Periode *f*; *ahde vefa etm.* sein Wort halten.

ahitleşmek sich gegenseitig verpflichten.

ahiz, *-hzi va.* 1. Nehmen *n* 2. Empfangen *n*, Empfang *m*; ~ *kabiliyeti* Aufnahmefähigkeit *f*.

ahkâm (*pl. zu hüküm*) *spez.* Bestimmungen *pl.*; ~ *çıkarmak et.* herauslesen (*aus e-m Traum*); *ahkâmı çe-*

zaiye (kanunu) Strafrecht *n*; *ahkâmı şahsiye jur.* Personalstatut *n*.
ahlâk, *-kı (pl. zu hulk)* 1. Moral *f*, Sitten *pl.* 2. *phil.* Sittenlehre, Ethik *f* 3. Charakter *m*; *~ düşkünlüğü* Sittenverfall *m*; *~ hocalığı etm.* sich als Sittenprediger aufspielen; *ve âdap jur.* Sittlichkeit, Moral *f*.
ahlâkçı Moralist, Sittenlehrer *m*.
ahlâki [i] 1. moralisch, ethisch 2. Sitten-; *~ zabıta* Sittenpolizei *f*.
ahlâklı 1. mit bestimmter Moral (-auffassung) 2. sittenstreng.
ahlâksız 1. unmoralisch; ethisch minderwertig 2. unverträglich.
ahlamak ächzen, stöhnen, seufzen.
ahlat, *-tı bot.* Holzbirne *f*; *~ ağa* F Holzbock *m*; *-ın (od. armudun) iyisini ayı yer Spr.* die besten Birnen frißt der Bär.
ahmak dumm, beschränkt, stupid; *-ıslatan* feiner Sprühregen.
ah(i)ret, *-ti, ~ evi* Jenseits *n*; *~ suali sormak (b-ne)* F *j-m* ein Loch in den Bauch fragen; *-i boylamak* ins Jenseits eingehen; sterben; *-te on parmağı yakasında olm.* vor Gottes Thron *von j-m* Rechenschaft fordern.
ahretlik 1. Adoptivkind *n* 2. frömmelnd, bigott.
ahşap, *-bı* aus Holz gebaut; Holz-.
ahtapot, *-tu* 1. *zo.* Krake *f* 2. *med.* Polyp *m* 3. V Schmarotzer *m*.
ahu [- -] *zo.* Gazelle *f*.
ahubaba 1. Gespenst *n* 2. *hum.* alter Kracher.
ahududu, *-nu bot.* Himbeere *f*.
ahval, *-li* [· -] 1. Fälle, Zustände, Situationen *pl.* 2. Vorgänge, Ereignisse *pl.*; *ahvali şahsiye jur.* Personenstand *m*.
aidat, *-tı* [- · -] 1. Einkünfte *pl.* 2. Mitgliedsbeitrag *m*.
aile 1. Familie *f* 2. Ehefrau *f* 3. *Gesamtheit der in e-m größeren Betrieb tätigen Personen* 4. *Gesamtheit der e-m bestimmten Sprach- bd. Kulturkreis angehörigen Völker* 5. Tier- *od.* Pflanzen·familie *f*; *~ efradı* Familienangehörige(n) *pl.*; *~ malları jur.* Familienvermögen *n*; *~ reisi* Familienoberhaupt *n*; *~ sahibi* Familienvater *m*; *~ sofrası* Familientisch *m*; *~ terbiyesi fig. (gute)* Kinderstube.
ailevi [- · · -] Familien-.
ait, *-di* 1. *(an-, zu-)* gehörig 2. angehend, betreffend; Sache von ... 3. zuständig, kompetent 4. gemünzt *(auf)* 5. stammend *(von)*.
ajan 1. Handelsagent, Vertreter *m* 2. politischer Agent 3. *jur.* Staatsvertreter *m (bei gemischtem Gericht)* 4. *jur.* Staatskommissar *m (bei Prisengericht)* 5. *selt.* politischer Sonderbeauftragte(r).
ajanda Notizkalender *m*.
ajans 1. Presseagentur *f* 2. Agenturmeldung *f* 3. Zweigniederlassung, Depositenkasse *(e-r Großbank) f*; *~ bülteni* Nachrichtenblatt *n*.
ajur 1. Ajourstickerei *f* 2. Ajourfassung *f (e-s Edelsteins)*.
ajurlu 1. mit Ajour·stickerei *bzw.* -fassung 2. durchbrochen *(Strümpfe)*.
ak, *-kı* 1. weiß 2. rein, unbefleckt 3. Weiße(s) *n*, weißer Flecken; *~ akçe kara gün içindir Spr.* spare in der Zeit, so hast du in der Not; *~ arap (Pferd)* weißer Araber; *~ babaya dönmek* ganz grau *(od.* weiß) werden; *~ bıyık fig.* alt, bejahrt; *~ demir* Schmiedeeisen *n*; *~ düşmek (saça, sakala)* allmählich grau *(od.* weiß) werden *(Kopf-, Barthaar)*; *~ pak* 1. sauber, blank 2. bejahrt, alt; *~ su* 1. schäumend dahinfließendes Wasser 2. *s. aksu*; *~ yüz ile* erfolgreich und ehrenvoll; *-ı karayı seçememek* noch keinen Verstand besitzen.
akaar *s. akar*[1].
akademi 1. Akademie *f* 2. Aktzeichnen *n*.
akademik 1. akademisch; Hochschul- 2. mit Hochschulbildung.
akademisiyen Mitglied *n* der Akademie.
akalliyet *-ti* Minderheit, Minorität *f*; *-ler hukuku jur.* Minoritätenrecht *n*.
akamet, *-ti* [· - ·] 1. Unfruchtbarkeit, Sterilität *f* 2. Erfolglosigkeit *f*; *-e uğramak* erfolglos verlaufen.
akanyıldız *astr.* Sternschnuppe *f*.
akar[1] [· -] Immobilien *pl.*
akar[2] fließend, flüssig; *~ amber* 1. *bot.* Amberbaum *m* 2. flüssige Ambra 3. Moschuskörneröl *n*; *~ yakıt* flüssiger Brennstoff; *-ı (yok), kokarı yok!* F tipptopp!, tadellos!
akarat, *-tı*, **akaret,** *-ti* [· - ·] *(einzelne)* Liegenschaft.

akarsu 1 *geogr.* fließendes Wasser 2. Wasserlauf *m* 3. einreihiges Brillantenkollier; Perlenhalsband *n*; *Spr.* ~ *pis tutmaz* in fließendem Wasser kann sich nichts Schmutziges festsetzen.

akasma *bot.* Klematis, Waldrebe *f*.

akasya [· x ·] *bot.* 1. Akazie *f* 2. Robinie *f*.

akbaba 1. *zo.* Aas- *od.* Lämmergeier *m* 2. ♀ *Name e-r türk. satirischen Wochenzeitschrift.*

akbasma *med.* Star *m*.

akciğer Lunge *f*.

akça[1] weißlich; ~ *pakça* sauber und schön.

akça[2] 1. *fr.* Asper *m* (*Silbermünze*) 2. Geld *n*; ~ *düşkünü* habgierig; ~ *etmez* wertlos; ~ *farkı* Aufgeld, Agio *n*; ~ *ile bohça ile fig.* unter Bestechung; ~ *kesmek* sehr reich sein.

akçaağaç, -cı *bot.* 1. Ahorn *m* 2. Erle *f*.

akçakavak *bot.* Weißpappel *f*.

akçalı geldlich, pekuniär, finanziell.

akçe *s. akça.*

Akdeniz *n.pr.* Mittelmeer *n*.

akdetmek [x · ·] 1. schließen (*Vertrag*) 2. abhalten (*Sitzung*) 3. aufnehmen (*Anleihe*).

akdî vertraglich vereinbart.

akdiken *bot.* echter Kreuzdorn.

akgözlü *fig.* gemein, niederträchtig.

akgünlük Weihrauch *m*.

akgürgen *bot.* Erle *f*.

akı *phys.* Fließen, Strömen *n*.

âkıbet, -ti 1. Ende *n* 2. Resultat *n*, Ausgang *m* 3. Schicksal *n* 4. endlich, schließlich; *-ini tâyin etm. j-s* Schicksal besiegeln.

akıcı flüssig, fließend; ~ *sessiz gr.* Liquida *f*.

âkıd 1. vertragschließend 2. Vertragspartner, Kontrahent *m*; *-eyn va. Dual* die beiden vertragschließenden Parteien.

akıl, -klı 1. Vernunft *f*, Verstand *m* 2. Klugheit, Weisheit *f* 3. Gedanke *m*, Überlegung *f*, Sinn *m* 4. *iron.* gute Lehre 5. Erinnerung *f*, Gedächtnis *n* 6. *va.* Blutgeld *n*; ~ *almak* sich Rat(s) (er)holen; ~ *almaz* unvorstellbar; ~ *bu ya! iron.* na, das ist mir auch et. Gescheites!; ~ *danısmak* (*b-ne*) sich *mit j-m* besprechen; ~ *etm.* (*bşi*) *an et.* denken; ~ *fikir* die ganze Aufmerksamkeit; ~ *fikir dağıtmak* (*od. bırakmamak*) *e-n* ganz verrückt machen; ~ *hastalıkları* Geisteskrankheiten *pl.*; ~ *hocası* 1. wer gute Ratschläge erteilt 2. *pej.* Besserwisser *m*; ~ *kârı* vernünftige Handlung; ~ *kumkuması* (*od. kutusu*) Schlaumeier *m*; ~ *melekâtı* geistige Fähigkeiten *pl.*; ~ *öğretmek* 1. e-n guten Rat erteilen 2. *pej.* weise Lehren erteilen 3. *j-m* e-n Floh ins Ohr setzen; ~ *öğrenmek* 1. sich Rat holen 2. *mst. iron.* weise Lehren erteilt bekommen; ~ *satmak iron.* weise Lehren erteilen; ~ *sormak* sich erkundigen; ~ *var, izan* (*od. yakın od. mantık*) *var* 1. das ist doch ganz einfach zu verstehen 2 *iron.* wo bleibt da die Logik?; *Spr.* ~ *yaşta değil, baştadır* 1. Alter schützt vor Torheit nicht 2. auch ein junger Mensch kann et. Kluges sagen (tun); ~ *zayıflığı* Geistesschwäche *f*; ~ *akla hayale sığmıyan* unvorstellbar, undenkbar; *akla sığmak* einleuchten; *akla yakın* plausibel; (**aklı**): ~ *almak* (*bşi*) 1. verstehen, begreifen 2. glauben (*daß et. eintritt*); ~ *basına gelmek* 1. die Besinnung wieder erlangen 2. wieder zur Vernunft kommen; ~ *başında* vernünftig; ~ *çalık* 1. leichtsinnig 2. verrückt; ~ *durmak* ganz verblüfft sein; ~ *ermek* (*bşe*) verstehen können; ~ *kesmek* zur Überzeugung kommen, daß ... ; ~ *kıt* (*od. kısa*) beschränkt; ~ *oynamak* 1. verrückt werden 2. in die größte Bestürzung geraten; ~ *sıra! iron.* wie der kleine Moritz sich die Weltgeschichte vorstellt!; ~ *sonradan geldi* 1. er hat erst später gelernt, das einzusehen 2. die vernünftige Überlegung ist bei ihm zu spät gekommen; ~ *tepesinden yukarı* zerfahren, zerstreut; ~ *yatmak* (*bşe*) 1. verstehen, begreifen 2. überzeugt sein (*daß et. so kommt, wie man annimmt*); ~ *zıvanasından çıkmış görünüyor* er scheint den Verstand verloren zu haben; *aklın başına yâr ise* wenn du vernünftig überlegst; (**aklına**): ~ *gelmek* 1. in den Sinn kommen 2. sich erinnern; ~ *getirmek* sich (*bzw.* j-m) *et.* ins Gedächtnis rufen; ~ *koymak* 1. sich *et.* fest vornehmen 2. *j-m et.* suggerieren; ~ *sığdırmak* 1. begreifen

2. *j-m et.* begreiflich machen; (**aklını**): ~ *başına almak* (*od. toplamak*) 1. Vernunft annehmen 2. seine fünf Sinne zusammennehmen; ~ *çelmek* (*od. değiştirmek*) sich die Sache anders überlegen; ~ *çelmek* (*b-nin*) 1. verleiten 2. abbringen (*von*).

âkıl *s. akıllı* (2); ~ *baliğ* in der Pubertät stehend.

akıllanmak 1. Vernunft annehmen 2. auf e-n klugen Gedanken kommen.

akıllı 1. mit e-m ... Sinn (*Verstand, Charakter*) 2. vernünftig, verständig, klug, intelligent.

akılsız unvernünftig, dumm; *Spr.* ~ *başın zahmetini ayak çeker* was man nicht im Kopf hat, muß man in den Beinen haben; *-lık* 1. Unvernunft *f* 2. törichte Handlung.

akın 1. Strom, Andrang *m* 2. Raubzug *m* 3. *mil.* Streifzug *m* 4. (*Luft-*) Angriff *m*; ~ ~ scharenweise; ~ *etm.* scharenweise hinausströmen; ~ *halinde s.* ~ ~; *-cı* 1. Plünderer *m* 2. Streifzügler *m* 3. *selt. s. haf* 4. unternehmungsfreudig, energisch.

akıntı 1. Fließen *n* 2. Strömung *f* 3. *med.* wässeriger Ausfluß 4. Neigung *f*, Gefälle *n*; *-ya kapılmak* von der Strömung erfaßt werden; *-ya kürek çekmek* 1. gegen den Strom schwimmen (*rudern*) 2. sich vergeblich abmühen.

akış 1. Fließen *n*, Strömung *f*, Lauf *m* 2. *techn.* Ausfluß *m*.

akide [i] 1. Dogma *n* 2. Glaubensbekenntnis *n* 3. (*şekeri*) Bonbon *m* 4. Floskel *f*; *-yi bozmak* 1. vom rechten Glauben abweichen 2. *fig.* den rechten Weg verlassen.

akik [i] *geol.* Achat *m*.

akim [i] 1. unfruchtbar, steril 2. erfolglos; ~ *bırakmak* vereiteln; ~ *kalmak* unfruchtbar (erfolglos) sein.

akis, -ksi 1. Widerschein *m* 2. *math. log.* Umkehrung *f* 3. Widerhall *m*, Echo *n* 4. Gegenteil *n* 5. *log.* Konversion *f* 6. entgegengesetzt, umgekehrt 7. *stil.* Reversion *f*.

âkis 1. reflektierend 2. Reflektor *m*.

akit, -kdi 1. Abschluß *m* (*e-s Vertrags usw.*) 2. Eheschließung *f* 3. Aufnahme *f* (*e-r Anleihe*) 4. Vertrag *m*, Abkommen *n*, Abmachung *f*; ~ *yapma va'di jur.* Vorvertrag *m*; *akdi nikâh etm. s. nikâh kıymak*; *-leşmek* miteinander e-n Vertrag schließen.

akkavak *bot.* Silberpappel *f*.

akkefal *zo.* Laube *f* (*Fisch*).

akkor *chem., phys.* 1. weißglühend 2. Weißglut *f*.

akkü *s. akümülâtör*.

aklamak 1. freisprechen 2. entlasten.

aklan *geogr.* Abdachung *f*, Abhang *m*.

aklen [x·] *adv.* verstandesmäßig.

aklı mit weißen Flecken (*Punkten, Strichen usw.*); ~ *karalı* 1. schwarzweiß 2. buntscheckig.

aklıselim [ī] gesunder Menschenverstand.

akli [ī] 1. Geistes-; geistig 2. Verstandes-, rational; ~ *melekât* geistige Fähigkeiten *pl.*

akliye 1. Geisteskrankheiten *pl.* 2. psychiatrische Klinik 3. *phil.* Rationalismus *m*; ~ *hekimi* Psychiater *m*.

akmak, (*-ar*) 1. fließen 2. vergossen werden (*z.B. Blut*) 3. auf den Boden tropfen 4. lecken, rinnen 5. F sich verdrücken 6. zerschleißen (*Stoff*) 7. fallen (*Sternschnuppe*); *Spr. akacak kan damarda kalmaz* es kommt alles, wie es kommen muß; *akan sular durur!* 1. jetzt schlägt's doch dreizehn! 2. *oft iron.* dagegen läßt sich schlechterdings nichts einwenden; *akmazsa da damlar Spr.* Kleinvieh gibt auch Mist; *akmış çorap* Strumpf *m* mit e-r Laufmasche; *akmış kumaş* zerschlissener Stoff.

akmaz 1. stehend, stagnierend 2. Altwasser *n*.

akort, -du 1. *mus.* Akkord *m*, Stimmung *f* 2. *mus.* Stimmen *n* (*M. i.*); *akordu bozuk fig.* unharmonisch, mißtönend.

akortçu Klavierstimmer *m*.

akortlamak stimmen (*M. i.*).

akraba 1. Verwandte *pl.* 2. Verwandte(r) *m/f*; *-lık* Verwandtschaft *f*.

akran [· -] Gleichaltrige(r) *m/f*.

akrep, -bi 1. *zo.* Skorpion *m* 2. kleiner Uhrzeiger; 3. ♀ *n.pr.* Skorpion *m* (*Sternbild od. Tierkreiszeichen*).

akrobasi 1. Akrobatik *f* 2. Kunstflug *m*.

akrobat, -tı 1. Akrobat(in *f*) *m* 2. Kunstflieger(in *f*) *m*; *-ik* 1. akrobatisch 2. Kunstflug-.

akropol, -lü 1. Stadtburg, Akropolis *f* 2. ♀ *n.pr.* Akropolis *f* (*Athen*).

aksak 1. hinkend, lahm 2. verkrüppelt; ♀ *Timur n.pr.* Timurlenk *m.*
aksakal 1. alt, bejahrt 2. Dorfälteste(r) *m*; ~ *karasakal fig.* hoch und niedrig; *-dan yok sakala gelmek* stark altern.
aksaklık 1. Hinken, Lahmen *n* 2. Verkrüppelung *f* 3. Störung *f*, Defekt *m*; ~ *göstermek* nicht recht vorangehen.
aksamak 1. hinken, lahmen 2. *fig.* nicht recht vorangehen.
aksan 1. Akzent, Ton *m* 2. Tonfall *m*, Aussprache *f.*
akse 1. *med.* (*Fieber-*)Anfall *m* 2. *biol.* Reflex m.
akseleratör *techn.* Gaspedal *n.*
aksetmek [x · ·] 1. sich spiegeln; reflektieren 2. widerhallen 3. erklingen 4. zur Kenntnis gelangen 5. hinkommen (*nach*).
aksırık Niesen *n*; ~ *tozu* Niespulver *n*; *-lı tıksırıklı* 1. wer dauernd niest 2. *fig.* abgelebt, hinfällig.
aksırmak niesen.
aksi 1. entgegengesetzt 2. unangenehm, ungefällig 3. vertrackt, widrig; ~ *akıntı* Gegenströmung *f*; ~ *mütalâa* entgegengesetzte Meinung; ~ *olarak* umgekehrt; im Gegenteil; ~ *takdirde* widrigenfalls, sonst; ~ *tesadüf* Mißgeschick, Pech *n*; *işlerim* ~ *gidiyor* es geht (*mir*) alles daneben; *-lik* 1. Entgegengesetztsein *n* 2. unangenehmes Wesen (*e-s Menschen*) 3. widriger Verlauf.
aksiseda [· · · -] Echo *n*, Widerhall *m*; ~ *vermek* ein Echo haben (finden).
aksitesir [· · - -] Gegen-, Rück·wirkung *f.*
aksiyon 1. Aktie *f* 2. Tätigkeit, Handlung *f*; *-er* Aktionär(in *f*) *m.*
aksöğüt, *-dü bot.* Silberweide *f.*
aksu *s. akbasma.*
aksülâmel Reaktion, Gegenwirkung *f.*
aksülümen *chem.* Sublimat *n.*
akşam 1. Abend *m* 2. ♀ *Name e-r Istanbuler Nachmittagszeitung*; ~ *demez sabah demez* den lieben langen Tag; ~ *etm.* den Tag zu Ende bringen; ~ *ezanı* 1. Abendgebetsruf *m* 2. Abendzeit *f*; ~ *gazetesi* Abendzeitung *f*; ~ *olm.* Abend werden; ~ (*od. -ki*) *yediğini sabah unutmak* überaus vergeßlich sein; ~ *yemeği* Abendessen *n*; *-a doğru* (*od. karşı*) gegen Abend; *-dan sonra merhaba fig.* jetzt, wo es zu spät ist ...; *-lar hayrolsun!* Guten Abend!
akşamcı 1. *wer abends regelmäßig sein Gläschen (Raki) trinkt* 2. Nachtarbeiter(in *f*) *m* 3. V Bummler, Nachtschwärmer *m* 4. früh zu Bett gehend 5. wer abends Wache (*Aufsicht*) hat; *-lık abendliche Zusammenkunft bei Raki und kleineren Speisen.*
akşamgüneşi, *-ni* 1. Abendsonne *f* 2. rosa-gelblich 3. Lebensende *n*, letzte Lebensjahre *pl.*; ~ *gibi* schnell vergehend.
akşamki abendlich.
akşamleyin abends.
akşamlı sabahlı jeden Morgen und Abend.
akşamlık für den Abend geeignet *od.* bestimmt.
akşamüstü, akşamüzeri gegen Abend.
aktar Krämer *m.*
aktarma 1. *Vs. zu aktarmak* 2. Umsteigen *n* 3. *mil.* Umschlag *m* 4. Übertrag *m* 5. *selt.* Durcheinanderbringen *n*; ~ *eşyası* Transitwaren *pl*; ~ *etm.* 1. *von e-m Ort an e-n anderen* bringen; übertragen 2. *in andere Form* umsetzen 3. *s. aktarmak*; ~ *limanı* Umschlaghafen *m*; ~ *merkezi* (*od. yeri*) *mil.* Umschlagstelle *f*, Umladeplatz *f*; ~ *yapmak* umsteigen.
aktarmak 1. umladen 2. umschütten 3. übertragen 4. von Hand zu Hand weiterreichen 5. übernehmen (*Textstelle*) 6. *selt.* in Unordnung bringen 7. überstellen, überweisen (*z.B. Häftling*) 8. überprüfen, überfliegen 9. übermitteln, weiterleiten 10. abgeben, weitergeben (*z.B. Fußball*) 11. (*dam*) das Dach decken.
aktarmalı mit Umsteigen; ~ *bilet* Umsteigebillet *n*, Umsteiger *m.*
aktavşan *zo.* Wüstenspringmaus *f.*
aktı Pauschalentlohnung *f.*
aktif 1. aktiv, tätig 2. Aktiva *pl.* 3. *selt.* Aktiv *n.*
aktör Schauspieler *m.*
aktris Schauspielerin *f.*
aktüalite 1. aktuelles Geschehen 2. aktuelles Thema 3. Aktualität *f*; ~ *filmi* Wochenschau *f*; ~ *haline gelmek* aktuell (*zum Tagesgespräch*) werden.
aktüel aktuell.
akuplıman *techn.* Kupp(e)lung *f.*

akümülâtor Akkumulator *m*; ~ *merkezi* Akkumulatorenanlage *f*.
akvam [· -] *va. pl. zu kavim*; ≗ *Cemiyeti hist.* Völkerbund *m*.
akyuvar *biol.* weißes Blutkörperchen.
al[1] 1. rot 2. rötlichbraun (*Pferd*) 3. kräftiges Rosarot 4. rote Schminke 5. *med.* Rotlauf *m*; ~ *at* Fuchs *m* (*Pferd*); ~ *basmak* (*loğusayı*) *med.* das Wochenfieber haben; ~ *kanlar içinde revan* (*od. puyan*) in e-r großen Blutlache; *alı alına moru moruna* 1. ganz aufgeregt 2. außer Atem; *allar giymek* vor Freude ganz rot werden.
al[2] Hinterlist, Intrige *f*.
âl, *-li* 1. Familie, Dynastie *f* 2. hoch, erlaucht; *âli Osman* osmanische Dynastie.
ala 1. bunt, gefleckt 2. hellbraun 3. *s. alabalık*; ~ *geyik zo.* Damhirsch *m*; ~ *kaz zo.* Weißwangengans *f*.
âlâ vorzüglich, erstklassig.
alabalık *zo.* Forelle *f*.
alabanda [· · x ·] 1. (*innere*) Bordwand 2. Breitseite *f* (*als Geschützsalve*) 3. Tadel, Verweis *m* 4. V zu-, auf·dringlich; ~ *etm.* 1. das Steuer ganz herumwerfen 2. ausschlagen (*Zünglein an der Waage*); ~ *vermek* (*b-ne*) scharf zurechtweisen; ~ *yemek* e-n strengen Verweis erhalten.
alabildiğine unentwegt, aus Leibeskräften; so ... wie nur möglich; ~ *şişman bir adam* ein unglaublich dicker Mann.
alaca 1. *s. ala* 2. Naturanlage *f* 3. *Name verschiedener Stoffe*; ~ *at* Schecke (*Pferd*) *f*; ~ *bulaca* 1. schreiend bunt 2. bunt durcheinandergewürfelt; ~ *dostluk* unsichere Freundschaft; ~ *gre* Buntsandstein *m*; ~ *karga zo.* 1. Dohle *f* 2. Saatkrähe *f* 3. Elster *f*; ~ *kargaya borçlu* bis an den Hals verschuldet; *-sı içinde* hinterhältig, arglistig.
alacadoğan *zo.* Turm- *od.* Wander·falke *m*.
Alacahöyük *n.pr. berühmte Ausgrabungsstätte im Distrikt Alaca* (*Rbz. Çorum*).
alacak 1. *jur.* Forderung, *f* Anspruch *m* 2. Haben *n* (*Bilanz*); ~ *dâvası jur.* Forderungsklage *f*; ~ *olan* Empfänger *m*; ~ *senedi* Schuldschein *m*; *alacağı olsun!* das werde ich ihm heimzahlen!; *alacağım elli kuruştur* ich habe noch 50 Kurusch zu bekommen; *alacağın temliki jur.* Abtretung *f* von Forderungen.
alacakaranlık Halbdunkel *n*.
alacaklı Gläubiger *m*.
alacalanmak 1. bunt *od.* scheckig werden 2. schamrot werden.
alacalı *s. alaca* (1.); ~ *bulacalı* schreiend bunt; ~ *kumtaşı s. alaca gre*.
alacalık 1. Buntscheckigkeit *f* 2. *fig.* Wankelmut *m*; ~ *etm.* wankelmütig sein.
alacehri *bot.* (*echte*) Gelbbeeren *pl*.
alaçam *bot.* Rottanne *f*, Fichte *f*.
aladoğan *s. alacadoğan*.
alafranga [· · x ·] nach europäischer Art; ~ *musiki* europäische Musik; *-cı* Anhänger *m* europäischer Sitten und Gebräuche; *-cılık* Bevorzugung *f* europäischer Lebensgewohnheiten; *-lık* europäische Lebensweise.
alâimisema [· - · · · -] Regenbogen *m*.
alâka 1. Interesse *n* 2. Verliebtsein *n* 3. Verhältnis *n*, Zusammenhang *m*, Beziehung *f* 4. Anspruch *m* 5. *chem.* Affinität *f*; ~ *göstermek* Interesse zeigen; ~ *verici* fesselnd; *-sı var* er ist interessiert (*bzw.* verliebt); *-sını kesmek* die Beziehungen abbrechen.
alâkadar [· - · -] 1. interessiert, Interessent(in *f*) *m* 2. zusammenhängend (*mit*) 3. maßgeblich, zuständig; ~ *etm.* 1. interessieren 2. betreffen; ~ *olm.* 1. interessiert sein 2. betroffen sein 3. Bezug nehmen (*auf*) 4. in Zusammenhang stehen (*mit*) 5. verwickelt sein (*in*).
alâkalanmak 1. sich interessieren 2. sich verlieben.
alâkalı 1. interessiert 2. verliebt 3. maßgeblich, zuständig 4. in Verbindung stehend (*mit*) 5. beteiligt (*an*) 6. verwickelt (*in*).
alakarga *zo.* 1. Nebelkrähe *f* 2. Dohle *f* 3. Elster *f* 4. Eichelhäher *m* 5. Raubwürger *m*.
alâkasız 1. desinteressiert 2. uninteressant; *-lık* 1. fehlendes Interesse 2. Nicht-Interessieren *n*.
alako(y)mak *s. alıko(y)mak*.
Alaman *s. Alman*.
alamana [· · x ·] *naut.* 1. Lugger *m* 2. großes Schleppnetz (*der Fischer*).
Alamanca [· · x ·] *s. Almanca*.
Alamanya [· · x ·] *s. Almanya*.
Alamanyalı *s. Almanyalı*.

alâmet, -*ti* 1. Zeichen *n*, Marke *f* 2. *a. mil.* Abzeichen *n* 3. *was durch Größe auffällt*; *alâmeti farika* 1. Fabrikmarke, Warenzeichen *n* 2. *naut.* Toppzeichen *n*.
alan 1. *phys.* Feld *n* 2. *math.* Flächeninhalt *m* 3. *phil.* Feld *n*, Bereich *m*, Gebiet *n* 4. Platz *m*.
alantaran F in heillosem Wirrwarr; ~ *etm.* ein großes Durcheinander anrichten.
alarga [·x·] 1. *naut.* offene See 2. F (*Zuruf*) komm ja nicht her!; ~ *etm.* 1. *naut.* auf die hohe See hinausfahren 2. V Abstand halten; ~ *durmak* V sich reserviert verhalten; -*da* auf offener Reede.
alârm [*â* kurz] 1. (*Flieger*-)Alarm *m* 2. Alarmzustand *m*; ~ *işareti* 1. Warnungszeichen *n* (*spez. bei Luftgefahr*) 2. *mil.* Alarmsignal *n*.
alaşağı etm. 1. herunterreißen 2. niederzwingen.
alaturka [··x·] nach (alt)türkischer Art; ~ *1270*'te im Jahre 1270 nach der früheren Zeitrechnung; ~ *saat* alttürkische Uhrzeit; ~*cı* F wer Vorliebe für Alttürkisches *spez.* alttürkische Musik hat.
alavere [··x·] 1. Durcheinander *n* 2. Weiterreichen *n* (*von Hand zu Hand*) 3. Ladetreppe *f*; ~ *tulumbası* Saug- und Druck·pumpe *f*.
alay 1. Festzug, Umzug *m* 2. *mil.* Regiment *n*, Geschwader *n* 3. große Menge 4. Feier(lichkeit) *f* 5. Spott *m*; ~ ~ in hellen Scharen; ~ *etme!* das ist doch ganz unglaublich!; ~ *etm.* (*b-le*) verspotten; ~ *geçmek* F *s.* ~ *etm.*; ~ *kurmak* in Reih und Glied aufstellen; ~ *malay* F die ganze Blase; -*a almak* P verhohnepiepeln; -*ında olm.* (*bşin*) *et.* nicht ernstnehmen.
alaycı spöttisch; Spötter(in *f*) *m*.
alâyis [- - ·] Pomp, Prunk *m*.
alaylı 1. prunkvoll, prächtig 2. unterhaltsam 3. spöttisch 4. *aus dem Soldatenstand hervorgegangener Offizier* 5. nur geringe Kenntnisse besitzend.
albastı *med.* Wundlaufrose *f*.
alçacık [x··] recht niedrig.
alçak 1. niedrig 2. niederträchtig 3. feige 4. von kleiner Statur 5. leise (*Klang*) 6. tief (*Ton*) 7. Schuft!; *Spr.* ~ *ata kim olsa biner* auf ein kleines Pferd kann jeder steigen; ~ *eşek* Trottel *m*; ~ *takım* Hefe *f* des Volkes; ~ *tevettürlü cereyan* Schwachstrom *m*; -*tan almak* es im Guten versuchen; -*tan görüşmek* leise und bescheiden reden; -*tan uçmak* niedrig fliegen.
alçakgönüllü schlicht, bescheiden; -*lük* Einfachheit, Bescheidenheit *f*.
alçaklamak 1. verachten 2. sich erniedrigen.
alçaklanmak 1. *Pass. zu alçaklamak* 2. e-e nichtswürdige Handlung begehen.
alçaklık 1. *Zustand*: Niedrigsein *n*, Feigheit *f*, kleine Statur 2. *Handlung*: Niedertracht *f*, gemeines *od.* feiges Verhalten.
alçalmak 1. niedriger werden, sich senken 2. sich würdelos benehmen.
alçarak recht niedrig.
alçı 1. Gips *m* 2. Gipsmörtel *m*; ~ *kalıbı* Gipsform *f*; -*ya koymak* in Gips legen.
alçıtaşı, -*nı geol.* Gips(-*stein*) *m*.
aldanmak 1. sich irren 2. betrogen (*od.* überumpelt) werden 3. hereinfallen.
aldatma Täuschung *f*; -*ca* Täuschungsmanöver *n*.
aldatmak 1. täuschen, irreführen 2. betrügen 3. (*b-ni*) sein Wort nicht halten 4. beschwichtigen (*Bedürfnis*).
aldırış Beachtung *f*; ~ *etmemek* keine Beachtung schenken.
aldırışsız indifferent, gleichgültig.
aldırmak 1. *Kaus. zu almak* 2. sich et. wegnehmen lassen; *aldırmamak s. aldırış etmemek*.
aleka Blutgerinnsel *n*.
alelâcayip [*â* kurz] eigenartig, sonderbar.
alelâcele [*â* kurz] 1. hastig 2. dringend 3. oberflächlich.
alelâde 1. gewöhnlich, üblich, normal 2. gewöhnlich, gemein, ordinär.
alem 1. Fahne *f*, Banner *n* 2. (*Kenn*-, *Wahr*-)Zeichen *n* 3. Halbmond *m* (*auf e-r Moschee*) 4. Minarettspitze *f* 5. Eigenname *m*.
âlem 1. Welt *f* 2. Menschheit *f* 3. Zustand *m*, Lage *f* 4. gemütliches Beisammensein *od.* Kreis *m der betr. Personen*; -*de* 1. doch, nur, einmal 2. durchaus nicht; -*e sakal dağıtmak fig.* aller Welt gute Lehren geben.

alemdar [· · -] 1. Fahnenträger *m* 2. *fig.* Bannerträger, Vorkämpfer, Pionier *m*.
âlemsümul, *-lü* [ū] weltumfassend; ~ *bir söhret* e-e Weltberühmtheit.
alenen [x · ·] *adv.* in der Öffentlichkeit.
aleni [ī] öffentlich; ~ *münakasa* öffentliche Submission; ~ *müzayede s. açık artırma*; ~ *satış* freihändiger Verkauf.
alert, *-ti* 1. (*Flieger-*)Alarm *m* 2. Alarmzustand *m*.
alesta [· x ·] 1. fertig! 2. fertigmachen! 3. V gleich!, sofort!; ~ *hazır* P vollkommen bereit!
alet, *-ti* [ā] 1. Werkzeug, Instrument *n* 2. Organ *n* 3. Maschinenteil *m* 4. (V *alat*) Penis *m*; ~ *olm.* (*bşe*) 1. als Mittel dienen (*zu*) 2. die Hand bieten (*zu*).
alev 1. Flamme *f* 2. ♀ *wV*; ~ *almak* 1. Feuer fangen 2. *fig.* in Erregung geraten; ~ *cihazı mil.* Flammenwerfer *m*; ~ *kesilmek* in höchsten Zorn geraten; ~ *saçağı* (*od. bacayı*) *sardı* 1. es steht überaus schlecht 2. es ist nichts mehr zu retten; *-lere yem olm.* den Flammen zum Opfer fallen.
alevlenmek 1. aufflammen 2. *fig.* sich verschärfen; e-r Entscheidung zudrängen.
aleyh 1. gegen, wider 2. auf, über; *-inde, -ine* gegen j-n, zu Ungunsten von; *-inde bulunmak* 1. Gegner sein (*von*) 2. *gegen j-n* eingenommen sein 3. *gegen j-n* hetzen; *-te olmak* dagegen sein (*z.B. bei Diskussion*).
aleyhtar Gegner *m*; *-lık* Gegnerschaft *f*.
aleykümselâm *Antwort auf den Gruß selâmünaleyküm.*
alfabe 1. Alphabet *n* 2. (Schul-) Fibel *f*.
alıcı 1. Käufer(in *f*) *m* 2. anziehend, bezaubernd 3. Aufnahme-, Empfangs- 4. Todesengel *m* (*Azrail*); ~ *göziyle bakmak sich et.* genau betrachten; ~ *kuş* Raubvogel *m*; ~ *radyo makinesi* Rundfunk(empfangs)-gerät *n*; ~ *verici* wer ein Geschenk zurückfordert.
alık albern, dumm, einfältig.
alıklaşmak sich verblüffen lassen.
alıko(y)mak 1. zurück(*be*)halten 2. bei sich behalten (*Gast*) 3. (*bşden*) aufhalten 4. aufheben, reservieren.
alım 1. Kauf *m* 2. Tragweite *f* (*e-s Geschosses*) 3. Charme *m*, Anziehungskraft *f*; ~ *satım* Handel *m*.
alın, *-lnı* 1. Stirn *f* 2. Stirnseite *f* 3. Stollenort *m* (*im Bergwerk*); ~ *akı* 1. Unbescholtenheit *f* 2. (*errungene*) Ehre; ~ *çatmak* die Stirn runzeln; ~ *damarı* Anstand *m*, Scham *f*; ~ *damarı çatlamak* kein Schamgefühl (*mehr*) besitzen; ~ *karası* 1. Schande *f* 2. Mißgeschick *n*; ~ *teri fig.* die große Mühe; ~ *teri dökmek fig.* sich sehr abmühen; *-dan ter boşanmak fig.* sich abplagen; *alnı açık yüzü ak* unbescholten, ehrenhaft; *alnı davul derisi fig.* unverschämt; *alnı elifli* mit senkrechter Stirnfalte; *alnını karışlarım!* P es soll sich nur e-r unterstehen!; *alnını karışlıyayım! verächtl.* von deiner Art können zehn daherkommen!; *alnının akiyle çıkmak* (*bşden*) sich (*bei Probe, Prüfung*) bewähren.
alıngan empfindlich, argwöhnisch.
alınlı 1. mit ... Stirn 2. breitstirnig 3. *fig.* frech, unverschämt.
alınlık 1. Stirnschmuck *m*, Diadem *n* 2. Verzierung *pl. an der Vorderseite e-s Hauses* 3. Kopftuch *n*.
alınmak 1. *Pass. zu almak* 2. übelnehmen, auf sich beziehen.
alınyazısı, *-nı fig.* Los, Geschick, Schicksal *n*.
alış 1. Kaufen *n* 2. *techn.* Einlaß *m* 3. *techn.* Entnahme *f*; ~ *valfı* Einlaßventil *n*.
alışık, alışkan gewöhnt (*an*), vertraut.
alışkanlık Gewöhnung, Vertrautheit, (*An-*)Gewohnheit *f*.
alışkın *s. alışık.*
alışmak 1. sich gewöhnen 2. allmählich passen (*z.B. Schlüssel*) 3. zutraulich werden.
alıştırma Übung *f*.
alıştırmak 1. gewöhnen (*an*) 2. zutraulich machen 3. *techn.* einpassen, *b-ni alıştırarak haber vermek j-m et.* schonend beibringen.
alışveriş 1. Handel *m*, Geschäft *n* 2. Geschäftsgang *m*, Arbeit *f* 3. Beziehung *f*, Verhältnis *n* 4. Sache *f*, Unternehmen *n*; ~ *yapmak* (*biriyle*) regelmäßig kaufen (*bei*); *-ten dönmek* von Besorgungen zurückkommen; *dostlar -te görsün!* es soll so aussehen, als ob wir fleißig wären!

Ali *mV.*; ~ *kıran baş koparan* (*od.* kesen) Despot, Tyrann *m*; ~ *paşa vergisi iron.* zurückgefordertes Geschenk.
âli *va.* 1. hoch, erhaben 2. geschätzt 3. ♀ *mV.*; *zatı âliniz* (*Anrede*) Sie; *ismi âliniz nedir?* wie ist der werte Name?
âlicenap, *-bı* hochherzig, hilfsbereit, edelmütig, großzügig.
alîm allwissend.
âlim Wissenschaftler, Gelehrte(r) *m.*
alîmallah! Gott sei mein Zeuge!
âlimlik profundes Wissen.
alkış Beifall, Applaus *m*; ~ *tufanı* lärmender Beifall; ~ *tutmak* in Beifalls·rufe, -klatschen ausbrechen.
alkışçı *pej.* Speichellecker *m.*
alkışlamak applaudieren; Beifall klatschen (zollen).
alkol, *-lü* Alkohol *m*; *-ik* 1. alkoholisch 2. Alkoholiker(in *f*) *m*; *-lü*, *-lu* alkoholhaltig; *-suz* alkoholfrei.
Allah [· -] 1. Gott; der Herr(gott) 2. (*Ausruf*) mein Gott!; ~ *acısın!* möge sich Gott erbarmen!; ~ *afiyet versin!* möge Gott Erfolg verleihen!; ~ ~ 1. alle Achtung! 2. o Gott, o Gott! 3. *Schlachtruf der türk. Soldaten beim Sturmangriff*; ~ *aşkına!* 1. um Gottes willen! 2. was Sie nicht sagen! ~ *bilir!* 1. bei Gott! 2. Gott weiß es allein; vielleicht; ~ *çocuklarına bağışlasın!* Gott erhalte ihn seinen Kindern (*am Leben*)!; ~ *derim!* (*stereotype Antwort auf die Frage* ne dersiniz?) da weiß ich auch keinen Rat!; ~ *göstermesin!* das verhüte Gott!; ~ *hakkı için!* (*Schwurformel*) bei Gott!; ~ *lâyığını versin!* 1. Gott möge ihn (dich) für seine (deine) guten Taten belohnen! 2. *form.* na so ein Kerl!, Donnerwetter!, verflucht! 3. *selt.* Gott möge dich (ihn) gebührend strafen!; ~ *müstahakkını versin!* 1. möge Gott ihn (dich) gebührend strafen! 2. *selt.* Gott möge ihn (dich) gebührend belohnen!; ~ *ömürler versin!* (*meist form. Dank od. Gruß*) Gott gebe (*Ihnen*) langes Leben!; ~ *rahatlık versin!* schlafen Sie gut!, gute Nacht!; ~ *rahmet eylesin!* Gott gebe ihm (ihr) die ewige Ruhe!; ~ *rahmetine kavuşmak* in die Gnade Gottes eingehen; sterben; ~ *versin!* (*Abwehrformel gegen lästige Bettler*) Gott möge dir geben (*scil. nicht ich*); (**Allaha**): ~ *ısmarladık* [alasmarladık] [· x · · ·] (*Gruß dessen, der zuerst Abschied nimmt*) auf Wiedersehen!; *Allahı* (*-nı*) *seversen* wenn du (*deinen*) Gott liebst, d.h. 1. tatsächlich?, das ist ja kaum zu glauben! 2. (*bes. bei ungehaltener Aufforderung*) um Gotteswillen; doch; (**Allahın**): ~ *belâsı* Gottesgeißel *f*; ~ *günü* jeden Tag (*den der liebe Herrgott werden läßt*); ~ *tembeli* stinkfauler Kerl; (**Allahtan**): 1. es war gut (*od.* e-e Fügung des Himmels), daß ... 2. von Natur aus; ~ *bulsun!* möge ihn seine gerechte Strafe erreichen!; ~ *korkmaz* grausam, unerbittlich; *Spr.* ~ *korkmıyandan korkmalı* wer Gott nicht fürchtet, vor dem muß man sich fürchten; *Allahü ekber* (*Formel im ar. Gebet*) Gott ist größer als alles andere.
allahlık 1. Gottheit, Göttlichkeit *f* 2. was kaum e-r verstehen kann 3. wer es faustdick hinter den Ohren hat 4. ein harmloser, guter Mensch, *von dem man keine energische Tat erwarten darf* 5. ohne Schutz und Pflege; sich selbst überlassen; ~ *atfetmek* vergotten, deifizieren.
allahsız Atheist, Ketzer, Ungläubige(r) *m.*
allâk 1. unzuverlässig 2. wortbrüchig 3. hinterlistig, betrügerisch.
allak bullak wüst durcheinander; ~ *etm.* 1. alles auf den Kopf stellen 2. Panik verbreiten.
allâme *z. va.* 1. großer Gelehrte(r) 2. *iron.* Neunmalkluge(r) *m.*
allasen [· - ·] [· x ·] = *Allahı seversen.*
allem kallem 1. dies und das; so und so 2. schönklingende, aber nichtssagende Zusicherungen *pl.*; *allem etti, kallem etti.* 1. er tat alles mögliche; er lief von Pontius zu Pilatus 2. er speiste ihn mit schönen Worten ab.
allı pullu auffällig gekleidet; mit Schmuck überladen.
allık 1. Röte *f* 2. Rouge *n*, rote Schminke.
almak, (*-ır*) 1. (mit-, weg-, an sich) nehmen 2. mit sich fortreißen 3. (ab)wenden (*z.B. Blick*) 4. fesseln, anziehen 5. bekommen, erhalten 6. erreichen, erlangen 7. kaufen 8. fas-

sen, aufnehmen können 9. (ver-) kürzen, verringern, vermindern 10. annehmen (*z.B. Bestechungsgelder*) 11. aufnehmen (*z.B. Mieter*) 12. eindringen lassen 13. heiraten (*Mann*) 14. sich zuziehen (*Krankheit usw.*) 15. einhüllen, umgeben (*Rauch, Nebel*) 16. befallen (*Furcht usw.*) 17. anderswohin stellen, rücken (*z.B. Möbelstück*) 18. herausholen, entfernen, beseitigen 19. einnehmen, erobern 20. empfinden, wahrnehmen 21. übernehmen 22. treffen (*Maßnahmen*) 23. machen (*Gefangene*) 24. einholen (*Direktiven*) 25. gewinnen (*Spiel*) 26. erheben (*Gebühren*) 27. *psych.* perzipieren, wahrnehmen 28. *in e-r bestimmten Art* sprechen 29. angehen (*Pflanze u. ä.*) 30. halten (*aufgetrageneFarbe*) 31. angehen; Feuer fangen 32. wirksam werden 33. mit großer Gewalt losbrechen (*Sturm, Regen usw.*); *alıp satmak* 1. Handel treiben 2. zu schaffen haben (*mit*); *alıp vermek* 1. Herzklopfen bekommen 2. *mit j-m* zu tun haben; *alıp yürüdü* 1. ... kommt immer mehr auf 2. ... hat sich gut entwickelt 3. ... hat allmählich überhand genommen.

Alman 1. Deutsche(r) *m/f* 2. deutsch; ~ *hükümeti* deutsche Regierung.

Almanca [· x ·] deutsche Sprache, Deutsch, deutsch; ~ *gramer* deutsche Grammatik; ~ *öğretmeni* Deutschlehrer (-in *f*) *m*; ~ *sözlü bir filim* ein deutschsprachiger Film; *bunun -si nedir?* wie heißt das auf deutsch?

almanlık 1. Deutschtum *n* 2. deutsche Staatsangehörigkeit. [*n.*]

Almanya [· x ·] *n.pr.* Deutschland

Almanyalı *selt.* 1. Deutsche(r) *m/f* 2. aus Deutschland stammend; deutsch.

alo! [x ·] (*Telefon*) Hallo!

Alplar *n.pr.* Alpen *pl.*

alt, -tı 1. unterer Teil; Boden *m* 2. Laufsohle (*am Schuh*) *f* 3. Gesäß *n* 4. (*altına, altında*) unter 5. unter-, unterst-, Unter-; ~ *alta* der e-e unter dem anderen; ~ *alta üst üste* ungezwungen, intim; ~ *alta üst üste boğuşma* wüstes Geraufe; ~ *aşağı vurmak* besiegen; ~ *başından* ganz von unten an; ~ *etm.* besiegen; ~ *kat* Erdgeschoß *n*; ~ *olm.* besiegt werden; ~ *taraf* 1. Unterseite *f* 2. Fortsetzung *f*, Übrige(s) *n* 3. Ende *n*; ~ *tarafı çıkmaz sokak* F dabei kommt (*bzw.* kam) nichts heraus; *-ı alay üstü kalay* oben hui, unten pfui; *-ı çizilmis kelime* unterstrichenes Wort; *-ı kaval üstü şişane* unten glatt, oben gezogen (*Gewehrlauf*), d.h. ... paßt wie die Faust aufs Auge; (**altına**): ~ *almak* 1. besiegen 2. unter sich begraben 3. gehörig durchprügeln; ~ *etm.* (*od. koyvermek od. kaçırmak*) sich verunreinigen (*z.B. durch Urin*); *altta kalmak* unterliegen; zu Schaden kommen; *altta kalanın canı çıksın!* wehe den Besiegten!

altı 1. sechs 2. Sechs *f* (*Zahl*); ~ *köşe(li)* 1. sechseckig 2. Sechskant-; ~ *okka etm. j-n* an Armen und Beinen packen und fortschleppen; *-da bir* ein Sechstel.

altıgen *math.* Sechseck *n.*

altılı 1. Sechs *f* (*Spielkarte*) 2. *mus.* Sexte *f.*

altın 1. Gold *n* 2. Goldmünze *f* 3. golden 4. *fig.* sehr schön 5. Reichtum *m*, Vermögen *n*; ~ *adını bakır etm. fig.* herabwürdigen; ~ *anahtar fig.* Macht *f* des Goldes; ~ *babası* Krösus *m*; ~ *bilezik* 1. goldenes Armband 2. *fig.* gute Einkunftsquelle; ~ *kesmek* steinreich sein; ~ *kıymeti şartı jur.* Goldwertklausel *f*; ~ *küpü* ein wahrer Krösus; ~ *varak* Blattgold *n.*

altınbaş 1. *m. goldenem od. vergoldetem Oberteil* 2. *Name e-r bes. geschätzten Zuckermelonenart* (*Westanatolien*) 3. *Name e-r bestimmten Teesorte*; ~ *kefal zo.* Goldmeeräsche *f.*

altıncı[1] sechst-.

altıncı[2] Goldschmied *m.*

altınlamak vergolden.

Altınordu *n.pr. hist.* Goldene Horde.

altıntopu, -nu 1. kleiner Schatz (*Baby*) 2. *bot.* Trollblume *f* 3. *bot.* Pampelmuse *f.*

altıparmak 1. mit sechs Fingern (*an e-r Hand*) 2. *s. palamut* (1).

altıpatlar sechsschüssiger Revolver.

altışar je sechs; ~ ~ zu sechsen.

altlık 1. Schreibunterlage *f* 2. Untersatz *m* (*z.B. für Töpfe*) 3. Linienblatt *n* 4. *techn.* Ladegestell *n.*

altmış *mst.* [atmıʃ] sechzig.
altmışaltı 1. sechsundsechzig 2. *das Kartenspiel* Sechsundsechzig; *-ya bağlamak* V mit leeren Versprechungen hinhalten; immer wieder vertrösten.
altmışıncı sechzigst-.
altmışlık 1. 60 Einheiten umfassend 2. Sechzigjährige(r) *m/f*.
alto [x ·] *mus.* 1. Viola, Bratsche *f* 2. Altstimme *f*, Alt *m*.
altuni [· - -] goldfarben, golden.
altüst, *-tü* das Oberste zuunterst gekehrt; wirr durcheinander; ~ *etm.* 1. durcheinanderbringen 2. vollkommen entstellen 3. keine Stelle undurchsucht lassen; ~ *olm. Pass. zu* ~ *etm.*
alüfte [ā] Dirne, Hure *f*.
alyuvar rotes Blutkörperchen.
am V äußerer weiblicher Geschlechtsteil, Vulva *f*.
ama [x ·] 1. aber, jedoch 2. Aber *n* 3. (*mit folgendem da*) wie; *-sı maması yok!* da gibt es kein Aber!; ~ *da yazıyor!* großartig, wie er schreibt!; ~ *da yaptın ha! a. iron.* da hast du ja et. Schönes geleistet!
âmâ *z. va.* blind.
amaç 1. Ziel *n*, Zielscheibe *f* 2. Ziel *n*, Zweck *m*, Absicht *f*.
âmade [- - ·] fertig, bereit; *emre* ~ *olm.* bereitstehen; zur Verfügung stehen.
âmal, *-li* [- -] *va. pl. zu amel* Handlungen, Taten *pl. âmali erbaa s. dört işlem; defteri âmal isl. Myth.* Liste der guten und bösen Taten.
aman [· -] 1. Schutz *m*, Gnade *f*, Mitleid *n* 2. Hilfe! 3. ach!, um Gotteswillen! 4. jetzt aber; doch; endlich 5. daß du mir ja ... 6. ach!, oh! 7. ach, nicht doch!; ~ *Allah çağırmak fig.* in sehr bedrängter Lage sein; ~ *aralık vermemek j-n* unablässig bedrängen; ~ *dedirtmek j-n* in die Knie zwingen; ~ *demek* (*od. dilemek*) um Gnade bitten; sich unterwerfen; ~ *vermek* verzeihen, begnadigen; *-a gelmek* sich schließlich (doch) unterwerfen müssen; *-a getirmek s.* ~ *dedirtmek*; *-a kılıç olmaz* wenn jemand um Gnade fleht, darf man ihm nichts Böses antun; *-ı zamanı yok* es gibt kein Entrinnen; unbedingt müssen; *-ın!* Hilfe!; *-ını tüketmek j-n* nicht zur Ruhe kommen lassen.

ambalâj (*Ver-*)Packung *f*; ~ *kâğıdı* Packpapier *n*; ~ *yapmak* ver-, einpacken; *onluk -ı* Zehnerpackung *f* (*Tabletten usw.*).
ambale olm. überbeschäftigt sein.
ambar 1. Lager(haus) *n*, Magazin *n*, Speicher *m* 2. Kornkammer *f* 3. Korn·kiste, -lade *f* 4. Laderaum *m* (*e-s Schiffes*) 5. *ein Raummaß von etwa 75 ccm* (*für Sand, Kies usw.*); *memuru* Lagerverwalter, Magazinmeister *m*.
ambarcı 1. Lagerhalter *m* 2. *s. ambar memuru.*
ambargo [· x ·] Embargo *n*: 1. Zurückhaltung *od.* Beschlagnahme *f* von Schiffen 2. Verbot *n* der (*Schiffs-*)Ausfuhr bestimmter Waren.
ambarlama Lagerung *f*.
amber 1. Amber *m*, Ambra *f* 2. *s. akar amber*; ~ *balığı zo.* Pottwal *m*.
amberbaris [· · - ·] *bot.* Berberitze *f*.
amberçiçeği, *-ni bot.* 1. Cassie *f* 2. Moschuseibisch *m*.
ambuvatman *techn.* Verschalung *f*.
ambülâns [*â* kurz] Unfallstation, Rettungswache *f*, Sanitätsdienst *m*; ~ *otomobili* Sanitätsauto *n*.
amca [x ·] Vatersbruder, Onkel *m*.
amcalık 1. Onkelschaft *f* 2. wer die Stelle e-s Onkels einnimmt.
amel 1. Handlung, Tat, Arbeit *f* 2. Durchführung *f e-r Arbeit* 3. religiös-kirchliches Verhalten *e-s Menschen* 4. Diarrhöe *f*, Durchfall *m* 5. Rechnungsart *f*; ~ *olm.* Durchfall haben.
amele 1. Arbeiter(-innen) *pl.* 2. Arbeiter(in *f*) *m*; ~ *çavuşu* Vorarbeiter *m*.
amelebaşı, *-nı* Aufseher, Vorarbeiter *m*.
amelelik 1. Tätigkeit *f* e-s Arbeiters 2. (*Hand-*)Arbeit *f*.
amelî praktisch; ~ *muharrikler* eigentliche Drahtzieher, treibende Kräfte *pl.*
amelimanda 1. arbeitsunfähig, invalid 2. arbeitslos 3. langsam, schwerfällig.
ameliyat, *-tı* 1. *va.* Taten *pl.* 2. Arbeit, Leistung, Tätigkeit *f* 3. *va.* praktische Übung 4. Praxis *f* 5. *med.* Operation *f* 6. Aufräumungsarbeiten *pl.* (*z.B. nach Zugentgleisung*); ~ *etm. med.* operieren; ~ *olm. med.* operiert werden.

ameliyathane [· · · - ·] Operationssaal *m*.
ameliye 1. Arbeit *f*, Arbeiten *pl*., Handlung *f*, Unternehmen *n* 2. Experiment *n*, Versuch *m* 3. *med*. Operation *f* 4. Leistung, Tat *f*; *darp -siyle* durch Multiplikation; *tahliye -si* Löschung *f* (*e-r Ladung*).
amenajman Bewirtschaftung, Nutzung *f*, *spez*. Forstwirtschaft *f*.
amenna! [- x -] richtig!, in Ordnung!; ~ *demek* F annehmen; sich einverstanden erklären.
amentü [ā] *in der Füg*.: ~ *demek* unbedingt *an et*. glauben.
Amerika 1. *n.pr*. Amerika, *spez*. USA *pl*. 2. V reich; gut bei Kasse; ~ *Birleşik Devletleri* USA *pl*.; ~ *lâlesi bot*. Tulpenbaum *m*.
Amerikalı 1. Amerikaner(in *f*) *m* 2. amerikanisch 3. F reicher Provinzonkel.
amerikalılaşmak sich amerikanisieren.
Amerikan 1. Amerikaner(in *f*) *m* 2. amerikanisch; ~ *bezi* Nesseltuch *n*; ~ *fıstığı bot*. Erdnuß *f*; ~ *matkabı* Spiralbohrer *m*; ~ *şekeri* Grieszucker *m*.
amfizem *med*. Emphysem *n*.
âmil 1. *va*. handelnd, tätig 2. Faktor *m*, Agens *n*, treibende Kraft, veranlassende Ursache 3. *biol*. Entwicklungsfaktor *m*.
amin [ā] 1. Amen! 2. Gott gebe es!
amip, *-bi zo*. Amöbe *f*.
amipli Amöben-; ~ *dizanteri med*. Amöbenruhr *f*.
âmir[1] 1. *va*. gebietend; Gebieter *m* 2. Chef, Leiter *m* 3. *mil*. Kommandeur *m*; ~ *hükümler jur*. zwingende Gründe *pl*.
âmir[2] 1. *va*. blühend 2. *fr*. kaiserlich-osmanisch.
amiral, *-li* Admiral *m*; ~ *gemisi* Flaggschiff *n*.
âmirane [- · - ·] *z. va*. herrisch, gebieterisch.
âmirlik Amt *n* (Tätigkeit *f*) e-s *âmir*[1]; ~ *taslamak* sich anmaßend benehmen.
amma *s. ama*.
âmme 1. *f zum ar. Adj. âm* allgemein, öffentlich 2. Öffentlichkeit, Allgemeinheit, Gesamtheit *f* (*des Volkes*); ~ *dâvası jur*. öffentliche Klage; ~ ~*menfaati jur*. Gemeinwohl *n*; ~ *nizamı* 1. öffentliche Ordnung 2. Vorbehaltsklausel *f*.
amonyak 1. Ammoniak(*-wasser*) *n* 2. Salmiakgeist *m*.
amonyum [· x ·] Ammonium *n*; ~ *kalay kloridi* Pinksalz *n*; ~ *karbonatı* Hirschhornsalz *n*.
amorti 1. amortisiert 2. Amortisation *f* 3. *ein Losgewinn, der dem eingezahlten Betrag entspricht*; ~ *etm*. amortisieren, tilgen.
amortisman 1. Amortisation, Tilgung, Abschreibung *f* 2. *techn*. Dämpfung *f*; ~ *nispeti* Abschreibungssatz *m*; ~ *payı* Abschreibungsquote *f*; ~ *sandığı* Tilgungskasse *f*, Amortisationsfonds *m*.
amortisör *techn*. (*Stoß*-)Dämpfer *m*.
amper *el*. Ampere *n*; ~ *saati* Amperestunde *f*; *-aj* Amperezahl *f*; *-lik* ... Ampere ausmachend.
amplifikasyon *techn*. Verstärkung *f*.
amplifikatör 1. *el*. Verstärker *m* 2. *phot*. Vergrößerungsapparat *m*.
ampul, *-lü* 1. Glühbirne *f* 2. *med*. Ampulle *f* 3. V weibliche Brust.
amudi [ū, ī] senkrecht, lotrecht.
amudufıkari [· - · · - -] Rückgrat *n*, Wirbelsäule *f*.
amut, *-du* [ū] Senkrechte *f*; Lot *n*; ~ *ikame etm. math*. das Lot errichten; ~ *indirmek* (*od. tenzil etm*.) *math*. das Lot fällen; *amudun mevkii math*. Fußpunkt *m* der Senkrechten.
an [ā] Augenblick *m*, Moment *m*, *n*.
ana 1. Mutter *f* 2. *Ehrentitel bestimmter Frauen* (*z.B. Meryem ana*) 3. *achtungsvolle Anrede für bejahrte Frauen* 4. Muttertier *n* 5. eigentliche Schuldsumme (*ohne Zinsen*) 6. Haupt-, Ur-, Grund-, Stamm-, Leit-; ~ *akçe* Grundkapital *n*; ~ *bir* Stiefgeschwister (*mit der gleichen Mutter*); ~ *defter* Hauptbuch *n* (*Buchhaltung*); ~ *demiryolu* Hauptstrecke *f* (*Eisenbahn*); ~ *dili* Muttersprache *f*; ~ *direk* 1. Hauptstützpfeiler 2. *naut*. Untermast *m*; ~ *hat* Hauptlinie *f*, Hauptgeleis *n*; ~ *hatlar* Grund·linien, -züge *pl*.; ~ *kısmı* Kindergarten *m* (*als Teil e-r Schule*); ~ *kucağı* 1. Mutterschoß *m* 2. Kinderheim *n*; ~ *kuzusu* Mutterkindchen *n*; ~ *makinesi* Brutapparat *m*; ~ *mesele* Hauptfrage *f*; ~ *Moğol dili* das Urmongolische; ~

okulu der (*selbständige*) Kindergarten; ~ *sermaye* Grund-, Stamm·kapital *n*; ~ *ses phys.* Grundton *m*; ~ *şaft techn.* Kardanwelle *f*; ~ *tem mus.* Hauptthema *n*; ~ *yol* 1. Hauptstraße *f* 2. Hauptverkehrslinie *f* 3. Hauptförderstrecke (*im Bergwerk*) *f*; *-dan doğduğuna pişman olm. fig.* grob zurechtgewiesen werden; *-dan doğma* 1. splitterfasernackt 2. angeboren, kongenital; *-m babam!* V prima!, wunderbar!; *-mdan emdiğim süt burnumdan fitil fitil geldi* ich war in e-r scheußlichen Situation; *-n yerinde kadın* e-e Frau, die (*dem Alter nach*) deine Mutter sein könnte; *-sı danası* F Mutter und Kind; *-sının ak sütü gibi helâl* (*olsun*)! es ist ganz in Ordnung! das steht ihm ja zu!; *-sının çocuğu* ganz die Mutter; *-sının ipliğini pazara çıkarmış fig.* Faulenzer *m*; *-sının körpe kuzusu* Mutters Liebling; *-sının nikâhını istemek fig.* e-n exorbitant hohen Preis verlangen; *-ya zammetmek* (*die Zinsen*) zum Kapital schlagen.

anababa Eltern *pl.*; ~ *bir* (*kardeş*) leiblicher Bruder, leibliche Schwester; ~ *eline bakar* finanziell von den Eltern abhängig; ~ *evlâdı* das liebe (*od.* verhätschelte) Kind; ~ *günü* 1. Tag *m* der Auferstehung 2. wüste(s) Durcheinander; Tohuwabohu *n*; ~ *sevgisi* Elternliebe *f*.

anacık Mütterchen *n*.

anaç 1. alt (*Tier, Baum*) 2. *fig.* schlau, gerissen.

Anadol *n.pr.* Anatolien, Kleinasien *n*; ~ *Ajansı n.pr.* Anatolische Nachrichtenagentur; ~ *yakası* das anatolische (*asiatische*) Ufer (*des Bosporus*).

Anadollu 1. Anatolier(in *f*) *m* 2. anatolisch, kleinasiatisch.

Anadolu *s. Anadol.*

Anadolulu *s. Anadollu.*

anafor 1. Gegenströmung *f* 2. (*Strömungs-*) Wirbel *m* 3. V unrechtmäßiger Gewinn; ~ *kalktı!* V geklaut wird hier nicht! *-a konmak* V sich durchschmarotzen; ~ (*od. -dan*) *gelmek* (*b-ne*) V kostenlos zu *et.* kommen.

anaforcu V 1. Dieb *m* 2. Nassauer, Schmarotzer *m*.

anaforlamak V stehlen, klauen.

anahtar 1. Schlüssel *m* (*in allen Bed.*) 2. Entzifferungs-, Telegrammschlüssel *m* 3. Flaschenöffner *m* 4. Einfachschalter *m* 5. *mil.* Schlüsselstellung *f* 6. Wirbel *m* (*am Hals von S.i.*); ~ *deliği* Schlüsselloch *n*; ~ *uydurmak* e-n Nachschlüssel anfertigen (*od.* verwenden); *-ını bulmak* (*bşin*) F den richtigen Dreh finden.

anakara Festland *n*, Kontinent *m*.

analı mit e-r ... Mutter; ~ *kuzu kınalı kuzu fig.* nichts kann e-m Kind die Mutter ersetzen; *iki* ~ *kuzu fig.* Doppelverdiener *m*.

analık 1. Mutterschaft *f* 2. Mutterliebe *f* 3. Mutterstelle vertretende Frau 4. Stiefmutter *f*; ~ *etm.* (*b-ne*) Mutterstelle vertreten (*bei*).

analitik analytisch; ~ *geometri* analytische Geometrie.

analiz Analyse *f*; ~ *etm.* analysieren.

analizlemek *chem.* analysieren.

anamal Grund-, Anlage·kapital *n*. *-cı* Kapitalist *m*; *-cılık* Kapitalismus *m*.

anane Tradition, Überlieferung *f*; *-siyle anlatmak fig.* sehr ausführlich erzählen.

ananeperest, *-ti* 1. *mel.* traditionsliebend 2. *pej.* (*zu sehr*) traditionsgebunden; *-lik* Traditionalismus *m*.

ananet, *-ti med. sexuelle* Impotenz.

ananevi [ī] traditionell, Traditions-.

anarşi Anarchie, Gesetzlosigkeit *f*.

anarşist, *-ti* 1. Anarchist(in *f*) *m* 2 anarchistisch.

anason Anis *m*; *-lu* 1. Anis enthaltend 2. mit Anis zubereitet.

anatomi 1. Anatomie *f* 2. anatomischer Bau 3. *selt.* Sezierung *f*.

anatomik anatomisch.

anavatan *s. anayurt.*

anayasa (politische) Verfassung, Staatsgrundgesetz *n*.

anayurt, *-du* Heimat *f*; ~ *hava meydanı* Heimatflughafen *m*; ~ *içi* Heimatgebiet *n*.

anbean [ā, ā] jeden Augenblick.

anca [x·] *in der Füg.*: ~ *beraber kanca beraber* 1. mitgegangen, mitgefangen, mitgehangen 2. unzertrennlich 3. mit allem, was dazugehört.

ancak [x·] 1. nur, allein 2. kaum, knapp 3. jedoch, aber, indessen.

ançüez Anchovis *f*.

andetmek [x · ·] geloben; eidlich zusagen.
andırışma 1. gegenseitiges Wachrufen von Erinnerungen 2. Verwechslung *f*.
andırmak erinnern (*an*), ähneln.
andız(otu) *bot*. Alant *m*.
andiçmek [x · ·] schwören, geloben.
andilya [· x ·] *bot*. Endivie *f*.
ane [ā] Schambein *n*; ~ *biti zo*. Filzlaus *f*.
angaje 1. verpflichtet, engagiert 2. besetzt, belegt (*z.B. Platz*); ~ *etm*. 1. verpflichten, engagieren 2. besetzen, belegen.
angajman Engagement *n*, Berufung *f*.
angarya, angarye [· x ·] 1. Zwangsarbeit, Ausbeutung *f* 2. Beschlagnahme *f* neutraler Schiffe 3. *adv*. gezwungenermaßen.
angıt 1. *zo*. Rostgans *f* 2. V dumm.
angudi [ī] von rostbrauner Farbe.
angut *s. angıt*.
anılmak *Pass. zu anmak* 1. erinnerlich sein 2. erwähnt werden.
anırmak schreien (*Esel*).
anıt *s. âbide*.
anıt-kabir Grabdenkmal, Mausoleum *n*.
âni [ī] plötzlich (*eintretend*); unerwartet.
anka [· -] 1. (*myth*.) Vogel Greif, Roch *m* 2. Phönix *m* 3. a. ~ *gibi* sagenhaft, legendär 4. V schwerreich.
ankesman Inkasso *n*, Einziehung *f* (*von Geldern*).
ankesör Münzfernsprecher *m*.
anket, -ti Rund-, Um·frage, Erhebung *f*; ~ *yapmak* e-e Rundfrage veranstalten.
anlam Sinn *m*, Bedeutung *f*.
anlamak 1. verstehen, begreifen 2. erfahren, kennenlernen 3. erkennen, feststellen 4. (*bşden*) *a*) an et. erkennen *b*) sich auskennen (*in*) 5. (*bşden*) V profitieren (*von*); *anladımsa Arap olayım!* das soll nun ein Mensch verstehen!
anlaşamamazlık mangelndes Einvernehmen.
anlaşılmak 1. *als Pass. zu anlamak verwendet* 2. sich herausstellen 3. hervorgehen (*aus*).
anlaşma 1. Verständigung *f*, Einvernehmen *n* 2. Abkommen *n*, Übereinkunft *f*.
anlaşmak 1. sich gegenseitig verstehen 2. zu e-r Verständigung kommen.
anlaşmazlık Meinungsverschiedenheit *f*.
anlatmak *Kaus. zu anlamak* 1. erklären, auseinandersetzen 2. erzählen 3. (*als Drohung*) *j-m et*. zeigen.
anlayış 1. Verstehen, Verständnis *n* 2. (*gute*) Auffassungsgabe, Intelligenz *f* 3. Anschauung *f* 4. Mentalität *f* 5. Vernunft *f*; *-lı* intelligent, klug; *-sız* 1. verständnislos 2. schwer von Begriff.
anmak 1. sich erinnern (*an*), gedenken 2. erwähnen, aussprechen 3. (*b-ni bşle*) *j-m e-e* Aufmerksamkeit erweisen.
anne [x ·] Mutter *f*; *-ler günü* Muttertag *m*.
anneanne Großmutter, Mutter der Mutter *f*.
anneciğim! Mama!, Mammi!, Mutti!
annelik Mutterschaft *f*; ~ *etm*. (*b-ne*) Mutterstelle vertreten (*bei*).
anonim anonym; ~ *şirket* Aktiengesellschaft *f*.
anons Ansage *f* (*spez. im Rundfunk*).
anonse etm. ankündigen, ansagen.
ansefalit, -ti *med*. Gehirnhautentzündung *f*.
ansız *adj*.; *ansızın adv*. plötzlich, unerwartet.
ant, -dı 1. Schwur, Eid *m* 2. Versprechen *n*, feste Zusage; ~ *vermek j-n* bestürmen; *andını bozmak* s-n Eid brechen.
antant, -tı 1. Einvernehmen *n* 2. Übereinkommen *n* 3. Entente *f*, Bund *m*; ~ *kalmak* konform gehen.
anten 1. Antenne *f* 2. *zo*. Fühler *m*.
antet, -ti vorgedruckter Briefkopf.
antifeding *Radio* Schwundregler *m*.
antifriz *techn*. Frostschutz(anlage *f*) *m*.
antika [· x ·] 1. Antiquität 2. antik; mit Antiquitätswert 3. Hohlsaumarbeit *f* 4. V komisch, sonderbar.
antikacı Antiquitätenhändler *m*.
antikite (*klassisches*) Altertum; *-ler* Antiquitäten, Altertümer *pl*.
antişambr Vorzimmer *n*.
antlaşma 1. gegenseitige (*eidliche*) Verpflichtung 2. Vertrag *m*, Abkommen *n*.
antlaşmak sich gegenseitig (*eidlich, vertraglich*) verpflichten.

antlı 1. durch e-n Eid gebunden 2. vereidigt.
antre 1. Eingang *m* 2. *selt.* Diele *f*, Vorraum *m* 3. Eintritt *m*, Eintrittsgebühr *f*.
antrene trainiert.
antrenman Training *n*; ~ *yapmak* trainieren.
antrenör Trainer *m*.
antrepo Zollspeicher *m*, Lagerhaus *n*.
antrparantez beiläufig gesagt.
anudane [· - - ·] hartnäckig, verbissen.
anus [x ·] *an.* After *m*.
apaçık [x · ·] (*verstärktes açık*).
apak [x ·] ganz weiß (*rein*).
apandis *an.* Appendix, Wurmfortsatz, Blinddarm *m*.
apandisit, -*ti* Blinddarmentzündung *f*; ~ *olm.* Blinddarmentzündung haben (bekommen).
apansız [x · ·], **apansızın** [· x · ·] urplötzlich; wie aus heiterem Himmel.
apar topar V Hals über Kopf.
aparmak 1. wegbringen 2. V stehlen.
apartman 1. Mietshaus *n* 2. Etagenwohnung *f*.
apaşikâr vollkommen klar.
apaydın [x · ·] ganz offensichtlich.
apayrı [x · ·] 1. gänzlich getrennt 2. vollkommen verschieden.
apaz 1. geschlossene Hand, Faust *f* 2. Handvoll *f*.
apış 1. Spreiz-, Grätsch·winkel *m* 2. Spreizstellung *f*; ~ *açmak* in die Spreize gehen.
apışık 1. in der Grätschstellung 2. müde, ängstlich (*Tier*) 3. ratlos, verdutzt; -*lık* Zwickel *m*.
apışmak 1. in der Spreize stehen 2. in die Grätschstellung gehen 3. erschöpft zusammensinken (*Tier*) 4. wie angenagelt stehenbleiben 5. ratlos dastehen.
apiko [· x ·] 1. mit gelichtetem Anker (*Schiff*) 2. fertig, bereit 3. V schick, elegant; -*luk* V Schick *m*, Eleganz *f*.
aplik, -*ği* Wandleuchter *m*.
aplikasyon aufgenähte Steppverzierung.
aplike 1. = *aplikasyon* 2. mit aufgenähter Steppverzierung.
apolet, -*ti* Achsel·stück *n*, -klappe *f*.
apostrof 1. Apostroph *m*, Auslassungszeichen *n* 2. Unterbrechungszeichen *n* (*in der türk. Orthographie*).
apre Appretur *f* (*bei Stoffen*).
apse eiternde Wunde.
apşak 1. spreizbeinig 2. sich müde *od.* ängstlich dahinschleppend.
aptal dumm, beschränkt, einfältig; ~ *oğlu* ~ Hornochse *m*, ausgemachter Dummkopf.
aptallaşmak 1. dumm werden 2. sich verblüffen lassen.
aptallık Dummheit *f* (*als Zustand od. Handlung*).
aptes rituelle Reinigung; ~ *almak* die rituelle Reinigung vornehmen. ~ *bozacağı gelmek* austreten müssen; ~ *bozmak* 1. den Wert der rituellen Reinigung aufheben 2. austreten; ~ *etm.* = ~ *bozmak* (2.); ~ *vermek* 1. *fig. j-n* tüchtig abkanzeln 2. *selt.* bestrafen; -*i kaçtı* 1. das Bedürfnis auszutreten war nicht mehr vorhanden; 2. seine rituelle Reinigung ist ungültig geworden; -*i olm.* (*od. gelmek*) 1. die rituelle Reinigung vornehmen müssen; 2. austreten müssen.
aptesane [· · - ·] Abort *m*.
aptessiz 1. *wer die rituelle Reinigung nicht vorgenommen hat* 2. *fig.* verworfen, schlecht; ~ *yere basmamak fig.* die kirchlichen Vorschriften genau beachten.
apul apul breitbeinig, watschelnd.
ar[1] Ar *n*.
ar[2] [ā] Scham *f*, Schamgefühl *n*; ~ *damarı* aufsteigende Scham.
ar[3] *selt.* Kunst *f*.
ara 1. Abstand, Zwischenraum *m*, Gegend *f zwischen zwei Orten* 2. Beziehung *f*, Verhältnis, Einvernehmen *n* 3. (*Zwischen*-)Zeit *f* 4. *arasına, arasında* zwischen, unter 5. Mittel *n*; ~ *bozmak* Unruhe stiften; ~ *bozucu* Hetzer *m*; ~ *bulmak* 1. e-n Zwischenraum (e-e Zwischenzeit, ein Mittel) finden 2. vermitteln; ~ *hattı* Mittel-, Trennungs·linie *f*; ~ *imtihanı* Zwischenprüfung *f*; ~ *vermek* (*bşe*) *et.* unterbrechen; (**arada**): darüber, inzwischen, mittlerweile; ~ *bir* ab und zu; öfters; ~ *gitmek* 1. auch noch untergebracht werden können (*einzelner Gast*) 2. den Schaden davontragen (*unbeteiligter Dritter*); ~ *kalmak* hilflos dastehen; ~ *kaynamak* verlorengehen; ~ *sırada s. arasıra*; (**aradan**):

~*uzun yıllar geçti* darüber vergingen viele Jahre; ~ *çıkarmak* 1. entfernen 2. *et.* schleunig beenden; ~ *çıkmak* 1. sich zurückziehen 2. sich aus e-r Affäre ziehen 3. e-n Ausweg finden; (**araları**): ~ *açıktır* ihr gutes Einvernehmen ist getrübt; ~ *açıldı* sie haben sich entzweit; ~ *bozuldu* das gute Einvernehmen ist gestört; ~ *iyileşti* sie haben sich wieder ausgesöhnt; ~ *soğudu* es trat e-e merkliche Abkühlung in ihren Beziehungen ein; ~ *şekerrenk* sie stehen nicht (mehr) gut miteinander; ~ *yağ bal* sie kommen glänzend miteinander aus; *-nda kan olm.* in Blutfehde leben; *-ndan kara kedi geçmek fig.* einander grollen; *-ndan su sızmaz fig.* sie sind unzertrennliche Freunde; *-nı bulmak* vermitteln, ausgleichen; *-nı düzeltmek* e-e Unstimmigkeit bereinigen, schlichten; (**arası**): ~ *geçti* das ist mittlerweile vergangen (*od.* vergessen); ~ *soğumak* (*bşin*) 1. nachlassen, abflauen 2. e-e längere Unterbrechung erfahren; *-nı bulmak* (*iki ifradın*) e-e Kompromißlösung finden; (**araya**): ~ *girmek* 1. sich bemühen, eine Verständigung herbeizuführen. 2. auftauchen; sich einstellen; ~ *gitmek* 1. nutzlos ausgegeben werden; F draufgehen 2. beträchtlichen Schaden erleiden; ~ *koymak* (*b-ni*) sich *j-s* Vermittlung bedienen.

âra [ā] *va. pl. zu rey* 1. Stimmen *pl.* 2. Abstimmung *f* 3. Meinung(en *pl.*) *f.*

araba 1. Wagen, Karren *m* 2. Kraftwagen *m* 3. Wagenladung, Fuhre *f* 4. Haufen *m* 5. *Bill.* (*unzulässiger*) Durchstößer; *Spr.* ~ *kırılınca yol gösteren çok olur* hinterher lassen sich leicht gute Ratschläge erteilen; ~ *vapuru* Fährdampfer *m*; ~ *yolu* Fahrweg *m*; *-sını düze çıkarmak fig.* über die größten Schwierigkeiten hinwegkommen; *-yı çekmek* V verschwinden; sich trollen.

arabacı 1. Kutscher, Wagenlenker *m* 2. Stellmacher *m.*

arabalı mit Wagen (*ausgerüstet*); ~ *nakliye kolu* Fahrkolonne *f.*

arabalık 1. zur Herstellung von Wagen geeignet 2. Wagenschuppen *m* 3. Wagenladung, Fuhre *f.*

Arabi [ī] 1. arabisch 2. arabische Sprache, Arabisch.

Arabistan *n.pr.* Arabien *n*; ~ *Çölü n.pr.* Arabische Wüste.

arabiyat, -tı [· · · -] Arabistik *f.*

arabulucu Vermittler(in *f*) *m.*

aracı 1. Vermittler(in *f*) *m* 2. Medium *n.*

araç Mittel *n.*

Araf [- -] *isl. Myth.* Limbus *m.*

arakıye [· - · ·] 1. *fr. ein unter dem Turban getragener weicher Ziegenhaarfilz* 2. *e-e kleinere Oboenart.*

aralamak 1. e-n Zwischenraum entstehen lassen 2. e-n Spalt weit öffnen.

aralanmak 1. *Pass. zu aralamak* 2. Abstand nehmen (*bei Freiübungen*) 3. V sich trollen.

aralık 1. Zwischenraum, Abstand *m* 2. Spalt *m*, Lücke *f* 3. Zwischenzeit, Pause *f* 4. passende Gelegenheit, günstige Zeit 5. schmaler Durchgang 6. *phys.* Intervall *n* 7. Abort *m* 8. e-n Spalt weit offen 9. Dezember *m*; ~ ~ gelegentlich, ab und zu; ~ *ayı* 1. *fr. der Monat* Zilkade 2. *heute* Dezember *m*; ~ *bulmak* e-e passende Gelegenheit finden; ~ *etm.* e-n Spalt weit öffnen; ~ *hattı* Trennungslinie *f*; ~ *vermeden* pausenlos; ~ *vermek* zeitweise aufhören; *-lı* 1. mit Zwischenraum 2. zeitweilig; *-sız* ununterbrochen.

aramak 1. suchen 2. durchsuchen 3. vermissen 4. untersuchen 5. verlangen *od.* fragen (*nach*) 6. sich selbst in ein Unglück hineinreiten; *ara ki bulasın!* keine Rede davon!; *aradığını buldu fig.* er hat den verdienten Lohn erhalten; *arama!* du brauchst nicht erst zu suchen!

aranjman 1. *a. mus.* Arrangement *n* 2. *selt.* Abkommen *n.*

aranmak 1. *Pass. zu aramak* 2. allein auf die Suche gehen (*nach*) 3. bei sich selber *et.* suchen 4. sein Unglück selber verschuldet haben.

Arap, -bı 1. Araber(in *f*) *m* 2. arabisch 3. von dunkler (*od.* schwarzer) Hautfarbe; ~ *aklı* primitiv denkend; ~ *Birliği n.pr.* Arabische Liga; ~ *sabunu* Schmierseife *f*; ~ *uyandı* F das Glück lächelt ihm allmählich; ~ *zamkı* Gummiarabikum *n*; *benim* ~ *oynadı* V ich habe Schwein gehabt.

Arapça arabische Sprache, Arabisch.

arapsaçı, *-nı* 1. Negerhaar *n* 2. *fig.* heilloser Wirrwarr 3. *fig.* sehr verwickelt, vertrackt.

ararot, *-tu bot.* Pfeilwurz(mehl *n*) *f.*

Arasat, *-tı* [· · -] *isl. Myth.* Versammlungsort *m* beim Jüngsten Gericht.

arasıra von Zeit zu Zeit; gelegentlich.

arasız ununterbrochen, dauernd.

arasöz Digression *f*, Exkurs *m.*

araştırıcı 1. forschend 2. Forscher (-in *f*) *m.*

araştırma (*wissenschaftliche*) Untersuchung; ~ *enstitüsü* Forschungsinstitut *n.*

arayıcı 1. suchend, Sucher(in *f*) *m* 2. Zollbeamte(r) *m.*

araz 1. Symptom *n* 2. Sekundärerscheinung *f.*

arazi [· - -] 1. Gelände *n* 2. Ländereien *pl.* 3. Gebiet, Land *n*; ~ *fedakârlığı* territoriales Opfer; ~ *kesimi* Geländestreifen *m*; ~ *masunluğu* territoriale Integrität; ~ *otomobili* geländegängiger Wagen.

arazî 1. symptomatisch 2. akzidentell.

arbede Tumult, Lärm, Streit *m*; *-ler* Unruhen *pl.*

arbitraj 1. Börsenarbitrage *f* 2. Effektenhandel *m* 3. Herbeiführung *f* e-s Schiedsspruches.

arda 1. Drechslerwerkzeug *n* 2. eingerammter Stab (*als Anhaltspunkt*) 3. Nachfolger *m.*

ardala 1. Kamelglocke *f* 2. Sattelkissen *n.*

ardıç, *-cı bot.* Wacholder *m*; ~ *kuşu zo.* Wacholderdrossel *f.*

ardın ardın rückwärts.

ardınca unmittelbar hinterdrein.

ardışık *math.* gleichmäßig aufeinanderfolgend.

ardiye 1. Lager *n*, Speicher *m* 2. Lagergebühr *f.*

arduvaz Schiefer *m*; ~ *mavisi* schieferblau.

aren Arena *f.*

argaç, *-cı* Schuß *m* (*beim Weben*).

argaçlamak einschießen, einschlagen (*Weben*).

argalı Wildschaf *n.*

argın kraftlos; *-lık* 1. Schwäche, Kraftlosigkeit *f* 2. Überanstrengung *f.*

argo [x ·] 1. Berufssprache *f* 2. Vulgärsprache *f* 3. Gaunersprache *f.*

arı[1] *zo.* Biene *f*; ~ *kovanı* 1. Bienenstock *m* 2. *bot.* Fingerhut *m*; ~ *sürüsü* Bienenschwarm *m.*

arı[2] rein; ~ *su* klares Wasser.

arıbeyi, *-ni* Bienenkönigin *f.*

arıcı Imker *m*; *-lık* Imkerei *f.*

arış 1. Kette *f* (*beim Weben*) 2. Deichsel *f* (*des Ochsenkarrens*) 3. *el.* Abnahmebügel *m*; ~ *ve argaç* Zettel und Einschlag (*beim Weben*).

ârız 1. sich ereignend 2. sekundär auftretend 3. hinderlich 4. Schichtwolke *f.*

ârıza 1. Störung *f* 2. Defekt, Schaden *m* 3. Gebrechen *n*, Mangel *m* 4. Unebenheit *f* der Bodenfläche 5. *mus.* Versetzungszeichen *n.*

ârızî 1. akzidentell 2. vorübergehend (*Zustand*) 3. akut (*Krankheit*).

Ari [ā] arisch; Arier(in *f*) *m.*

âri 1. nackt, bloß 2. frei (*von*).

ârif 1. kennend, wissend 2. gebildet 3. weise, erfahren 4. ♀ *mV.*

arife 1. Tag *m* vor e-m Feiertag 2. *fig.* Vorabend *m* (*z.B. großer Ereignisse*).

aritmetik 1. Arithmetik *f* 2. arithmetisch.

ariyet, *-ti* [ā] 1. entliehen, ausgeborgt 2. (*Aus-*)Leihe *f*; ~ *almak* sich *et.* leihen; ~ *vermek et.* verleihen.

ariyeten [ā] leihweise.

arjante Silber-; ~ *tilki* Silberfuchs *m.*

Arjantin *n.pr.* Argentinien *n.*

ark, *-kı* 1. Bewässerungsgraben *m* 2. Bogen *m*; ~ *lâmbası* Bogenlampe *f.*

arka 1. Rücken *m* 2. Hinterseite *f* 3. Fortsetzung *f* 4. Rückhalt *m* 5. Fürsprech(er) *m* 6. Lehne *f* (*e-s Stuhls*) 7. *adj.* Hinter- 8. *arkasına, arkasında* hinter, nach; ~ *-ya vermek* 1. sich gegenseitig unterstützen 2. sich aneinanderlehnen; ~ *-ya beş gün* fünf Tage hintereinander; ~ *çantası* Rucksack, Tornister, Schulranzen *m*; ~ *kapı* 1. hintere Tür 2. *fig.* Hintertürchen *n*; ~ *plân* Hintergrund *m*; ~ *taraf* Rückseite *f*; ~ *üstü yatmak* auf dem Rücken liegen; ~ *vermek* 1. helfen 2. sich mit dem Rücken *gegen et.* lehnen *od.* stemmen; ~ *yüz* Rückseite *f*; *-da bırakmak* überholen; *-da kalanlar* Hinterbliebene(n) *pl.*; *-da kalmak* in den Hintergrund treten; *-dan* hinterher;

-dan -ya hinterrücks; (**arkası**): ~ *gelmedi* weiter kam nichts; ~ *kesilmek* aufhören; ~ *sıra* unmittelbar hinterdrein; ~ *var* 1. Fortsetzung folgt 2. das ist noch nicht alles 3. es ist noch mehr erschienen; ~ *yere gelmemek* nicht unterzukriegen sein; ~ *yufka!* und damit basta!; *-na düşmek* 1. *j-m* auf den Fersen sein 2. *et.* eifrig verfolgen; *-nı almak* vervollständigen; *-nı bırakmamak* unablässig *an et.* arbeiten; *-nı dayamak* (*b-ne*) *auf j-n* bauen; *-nı getiremedim* mehr habe ich nicht fertiggebracht; *-nı kesmek et.* unterbinden; *-nı vermek* 1. schützen 2. unter *j-s* Schutz stehen.

arkadaş Kamerad(in *f*) *m*, Freund (-in *f*) *m*, Genosse (-in *f*), Gefährte *m*, Gefährtin *f*, Kollege *m*, Kollegin *f*; *-lık* 1. Freundschaft, Kameradschaft *f* 2. Freundeskreis *m* 3. freundschaftliches Handeln.

arkalamak 1. *selt.* auf den Rücken nehmen 2. helfen, unterstützen.

arkalanmak 1. *Pass. zu arkalamak* 2. sich *auf j-n* verlassen.

arkalı 1. mit Lehne 2. breitrückig 3. wer e-n Fürsprecher (Protektor) hat.

arkalık 1. *was für den Rücken bestimmt ist* 2. *spez. ein früheres ärmelloses kurzes Obergewand* 3. Traguntersatz *m* (*e-s Lastträgers*) 4. Gepäckträger *m* (*am Fahrrad*) 5. (*Stuhl-*)Lehne *f* 6. Fersenleder *n* (*z.B. am Pantoffel*).

arklı Bogen-; ~ *lâmba* Bogenlampe *f*.

arktik arktisch; ~ *kuşak geogr.* arktische Zone; ♀ *Okyanus n.pr.* Nördliches Eismeer.

arlanmak sich schämen.

arma [x ·] 1. Wappen *n* 2. *naut.* Takelwerk *n* 3. V goldene Uhr *od.* Kette; ~ *donatmak naut.* das Takelwerk aufziehen; ~ *soymak naut.* abtakeln.

armağan Gabe *f*, Geschenk *n*; ~ *etm.* schenken.

armator, armatör Reeder *m*.

armonik(a) Mund-, Zieh-, Handharmonika *f*.

armoz Fugen *pl.* der Schiffsplanken.

armudi [ū, ī] birnenförmig.

armut, -du 1. *bot.* Birne *f* 2. V einfältig, dumm (*Mensch*); ~ *piş, ağzıma düş demek* warten, bis e-m die gebratenen Tauben in den Mund fliegen; ~ *sapına döndü* (*boynu*) er ist nur mehr Haut und Knochen; *armudun sapı var, üzümün çöpü var demek fig.* an allem et. auszusetzen haben.

Arnavut, -du Albanier(in *f*) *m*; albanisch; ~ *kaldırımı* unebenes Kopfsteinpflaster.

Arnavutça albanische Sprache, Albanisch *n*; albanisch.

Arnavutluk 1. Verhalten *n* e-s Albaniers 2. *n.pr.* Albanien *n*.

arozöz Sprengwagen *m*.

arpa *bot.* Gerste *f*; ~ *boyu* 1. winzig klein 2. (*Verstärkung e-r Negation*) gar kein, überhaupt nicht; ~ *boyu kadar gitmek* kaum vorankommen; ~ *ektim, darı çıktı fig.* das war wohl e-e Enttäuschung für mich!

arpacı[1] Gerstenhändler *m*; ~ *kumrusu* zahme Ringeltaube; ~ *kumrusu gibi düşünmek* sich Sorgen machen.

arpacı[2] V Dieb, Langfinger *m*.

arpacık 1. *med.* Gerstenkorn (*am Auge*) 2. Korn *n* (*auf e-r Schußwaffe*).

arpalık 1. für Gerstenanbau bestimmt (*Feld*) 2. Gersten·speicher, -behälter *m* 3. *fr.* Lehen *n* 4. *fr.* großes Geldgeschenk 5. *fig.* Pfründe *pl.*, Sinekure *f* 6. = *başmaklık*.

arsa Bau·gelände, -grundstück *n*.

arsıulusal international.

arsız 1. schamlos 2. unverschämt 3. zudringlich; *-lanmak* schamlos (*unverschämt, zudringlich*) werden; *-lık* 1. Schamlosigkeit *f* 2. Frechheit *f* 3. Zudringlichkeit *f*.

arslan *s. aslan.*

arş[1]: ~! *fr.* Marsch!

arş[2] 1. *isl. Myth.* Thron *m* Gottes 2. *isl. Myth.* neunter Himmel 3. *va.* Schutzdach *n* 4. *va.* Gitter, Spalier *n*.

arşın *fr.* Elle *f* (*0,68 m*).

arşınlamak 1. mit der Elle messen 2. mit großen Schritten gehen.

arşidük, -kü Erzherzog *m*.

arşidüşes Erzherzogin *f*.

art, -dı 1. hinterer Teil, Rücken *m* 2. Raum, Platz *m hinter et.* 3. hinten *od.* am Ende befindlich 4. Fortsetzung *f* 5. *ardına, ardında* hinter, nach 6. hinter, Hinter-; ~ *arda* hintereinander; ~ *aradan* 1. von dem rückwärtigen Raum her 2. indirekt 3. heimlich; ~ *mirasçı jur.* Nacherbe *m*; *arda atmak* hinauszögern; *arda koymak* auf später verschieben; *ardı arası kesilmeden* pausenlos; *ardı ardına* unaufhörlich; *ardı arkası gelmiyen* endlos; *ardı kesilmek* aufhören; *ardı sıra* 1. hinterdrein. 2. nacheinander; *ardı yufka* ohne Protektion; *ardına düşmek* verfolgen; *ardına kadar açık* sperrangelweit offen; *ardına koymamak fig.* sich rächen; *ardınca* unmittelbar hinterdrein; *ardında gezmek* (*od. dolaşmak*) energisch hinterher sein; *ardını almak* den Rückzug abschneiden; *artta kalmak* 1. zurückbleiben 2. am Leben bleiben.

artağan größer als erwartet (*Ertrag*).

artakalan überlebter Brauch.

artakalmak 1. übrigbleiben 2. überleben.

artçı *mil.* die Nachhut bildend, Nach(hut)-; ~ *-sı mil.* Nachtrupp *m*.

artezyen (*kuyusu*) artesischer Brunnen.

artı *math.* plus.

artık 1. mehr (*als*) 2. übriggeblieben; Rest *m*, Überbleibsel *n* 3. Überfluß *m*, Zuviel *n* 4. nunmehr, endlich, schließlich 5. (*mit Negation*) nicht mehr; ~ *başlıyalım!* nun wollen wir endlich (ein)mal anfangen!; ~ *bu da umur oldu!* F was für ein Aufhebens macht man doch!; *Spr.* ~ *mal göz çıkarmaz* zuviel Besitz kann nie schaden; ~ ... *yoktur* ... ist nicht mehr da.

artıkgün *astr.* Schalttag *m*.

artıklık Überfluß *m*.

artıkyıl *astr.* Schaltjahr *n*.

artırma Versteigerung, Auktion *f*.

artırmak 1. vermehren 2. sparen 3. erhöhen (*Preise, Bestände usw.*) 4. (mehr) bieten; steigern 5. verstärken (*z.B. Druck*) 6. erweitern (*z.B. Kenntnisse*) 7. *intr.* vorankommen, Fortschritte machen.

artist, -ti 1. Künstler(in *f*) *m* 2. Schauspieler(in *f*) *m*. 3. Artist(in *f*) *m*.

artistik künstlerisch, Kunst-; ~ *patinaj* Eiskunstlauf *m*.

artkafa Hinterkopf *m*.

artmak, (*-ar*) 1. sich vermehren; zunehmen 2. sich erhöhen (*Preise usw.*) 3. sich verstärken (*z.B. Druck*) 4. sich erweitern (*z.B. Kenntnisse*) 5. mehr als genug sein 6. übrigbleiben.

artsız arasız pausenlos, dauernd.

aruz [ū] 1. (*a. ilmi aruz*) Metrik, Prosodie *f* 2. *das quantitierende ar.-pers. Versmaß*.

arya [x ·] *mus.* Arie *f*.

arz[1] Erde *f*.

arz[2] geographische Breite; ~ *dairesi* Breitengrad *m*.

arz[3] 1. Vorlegen, Unterbreiten *n* 2. Angebot *n* 3. die (*höfl.*) Mitteilung; Hinweis *m* (*auf*); ~ *ve talep* Angebot und Nachfrage; *arzı hürmet(ler)* (*ederim*) Ihr sehr ergebener ...; *arzı veda etm.* (*b-ne*) sich verabschieden (*von*).

arzetmek [x · ·] 1. vorlegen, unterbreiten, darlegen 2. anbieten 3. (*höfl.*) mitteilen, hinweisen (*auf*).

arzî[1] irdisch; Erd-.

arzî[2] *geogr.* Breiten-.

arzu [ū] Wunsch *m*, Lust *f*; ~ *etm.* wünschen, mögen, Lust haben; *-su veçhile* seinem Wunsch entsprechend; *kalmak -sundadır* er möchte gerne bleiben.

arzuhal, -li [· · -] Bittschrift *f*, Gesuch *n*; *-ci* Straßenschreiber *m*.

arzukeş inbrünstig verlangend.

arzulamak sich sehnen (*nach*).

arzulu *s. arzukeş*.

as[1] *zo.* Hermelin *n*.

as[2] As *n* (*Ka.*).

as- Unter-, Vize-.

asâ 1. *va.* langer Stock, Stab *m* 2. Marschallstab *m* 3. Hirtenstab *m* (*e-s Bischofs*).

asabi [ī] 1. Nerven-, neural 2. nervös; *-leşmek* nervös werden; *-lik* Nervosität *f*.

asabiye 1. Nervenkrankheiten *pl.* 2. Nervenklinik *f*; ~*ci* Neurologe, Nervenarzt *m*.

asabiyet, -ti Nervosität *f*; *-e kapılmak* nervös werden.

asal (*T. von aslî*) ~ *sayı math.* Primzahl *f*.

asalak *bot., zo.* Schmarotzer, Parasit *m*.

asalet, -ti [· - ·] 1. vornehme Abstammung 2. etatmäßige Inhaberschaft *e-s Amtes* 3. persönliche Wahrnehmung 4. edle Ausdrucksweise.

asaleten [· - · ·] *adv.* 1. etatmäßig, *d. h. nicht als Vertreter* 2. persönlich; in eigener Person.

asaletli [· - · ·] adlig, vornehm.
asamble Rat *m*, Ratsversammlung *f*.
asansör 1. Fahrstuhl, Aufzug, Lift *m* 2. Hebewerk *n*, Elevator *m*; *-cü* Fahrstuhlführer(in *f*) *m*.
asap, *-bı an.* Nerv *m*; ~ *cümlesi an.* Nervensystem *n*.
âsar [ā] *va. pl. zu* eser; *âsarıatika* Altertümer, Antiquitäten *pl*.
asayiş [- - ·] 1. Ruhe und Sicherheit *f* (*in e-m Land*) 2. *mil.* Ordnung *f*; *-siz* unruhig, unsicher (*z.B. Gebiet*).
asbaşkan Vizepräsident *m*.
asetat, *-tı* Säure *f*, Azetat *n*; ~ *dalüminyum* essigsaure Tonerde.
asfalt, *-tı* 1. Erd·pech, -harz *n* 2. (*Straßen-*)Asphalt *m* 3. F Asphaltstraße *f* 4. asphaltiert; Asphalt-.
asfaltlamak asphaltieren.
asgar kleiner; kleinst-.
asgari [i] 1. mindest-; Minimal- 2. Minimum *n*.
ashap, *-bı* [· -] *va. pl. zu sahip*.
ası[1] *in der Füg.*; *-da olm.* (*od. kalmak*) in der Schwebe sein.
ası[2] Nutzen, Vorteil *m*.
asık mürrisch, unfreundlich (*Gesicht*).
asıl 1. Grundlage, Basis *f* 2. Ursprung *m*, Herkunft *f* 3. *fig.* Grundstock *m*, Wurzel *f* 4. Original *n*, Erstausfertigung *f* 5. *fig.* Wahrheit *f* 6. ursprünglich, eigentlich 7. wirklich, wahr 8. grundlegend, Grund-, Haupt- 9. *adv.* hauptsächlich; ~ *maksatları* s-e eigentlichen Absichten; ~ *sayılar gr.* Kardinalzahlen *pl.*; *-ları fasılları* die kleinsten Einzelheiten; (**aslı**): ~ *astarı yok* es ist völlig aus der Luft gegriffen; ~ *nesli bellisiz* von unbekannter Ab-, Her·kunft; ~ *var* es ist et. daran; ~ *yok nesli yok s.* ~ *astarı yok*; *bu şayianın* ~ *yok* dieses Gerücht entbehrt jeder Grundlage.
asılı 1. aufgehängt 2. freischwebend.
asılmak 1. *Pass. zu asmak* 2. *bei et.* verharren 3. aus Leibeskräften ziehen. 4. (*b-ne*) *e-m* auf die Nerven fallen.
asılsız jeder Grundlage entbehrend; unwahr; *-lık* Unrichtigkeit *f*.
asılzade [· · - ·] 1. adlig; Adlige(r) *m/f* 2. V Zuhälter *m*.
asıntı 1. Verschieben *n* 2. unbeglichene Schulden *pl.*; *-da kalmak* unerledigt liegenbleiben; *-ya bırakmak* nicht gleich erledigen.
asır, *-srı* 1. Jahrhundert *n* 2. Zeitalter *n*.
asırlık 1. hundertjährig, Hundertjährige(r) *m/f* 2. jahrhundertealt.
asi [i] Rebell, Aufrührer *m*.
aside [i] *Name e-s orientalischen Gerichts aus Reis- od. Gerstenmehl, Bamia und Fleisch.*
asîl 1. adlig, edel, vornehm 2. Amtsstelleninhaber *m*; ~ *gaz* Edelgas *n*; ~ *kan* edle Abstammung; ~ *ruhlu* von vornehmer Denkart.
asilik 1. Aufstand *m*, Revolte *f* 2. Rebellentum *n*.
asistan 1. (*Hochschul-*)Assistent *m* 2. Gehilfe *m* 3. Mitarbeiter *m*.
asiste etm. *med.* Assistenzdienste leisten.
asit, *-di* Säure *f*; *-li* säurehaltig.
asker 1. Soldat *m* 2. Soldaten *pl.*, Militär *n* 3. diszipliniert 4. militärisch tüchtig 5. V Moneten *pl.* 6. V *fr.* Ein-Pfund-Schein *m* 7. ♀ *Name e-r türk. Zigarettensorte*; *-den kaçmak* Fahnenflucht begehen; *-e çağırmak* zum Militärdienst einberufen; *-e gitmek* zum Militär einrücken.
askerî militärisch; soldatisch; Heer-, Wehr-, Militär-; ~ *fabrika* Rüstungsbetrieb *m*; ~ *hastane* Lazarett *n*; ~ *lise* Kadettenanstalt *f*; ~ *müze* Armeemuseum *n*; ~ *valii umumi* Militärgouverneur *m*; ~ *zabıta* Militärpolizei *f*; *gayriaskerî* 1. unsoldatisch 2. entmilitarisiert.
askerîleşmek wieder mit Truppen belegt werden.
askerlik 1. Militär-, Wehr·dienst *m* 2. Militärberuf *m* 3. Wehrpflicht *f* 4. militärisch; Militär-; ~ *dersi* (*dersleri*) militärischer Unterricht; *askerliğe elverişli* militärdiensttauglich.
askı 1. *jedes Mittel zum Aufhängen* 2. Hosenträger *pl.* 3. Kleiderbügel *m* 4. Garderobehaken *m*, Kleiderablage *f* 5. Aushang *m* (*e-r Bekanntmachung*) 6. Büschel, Gehänge *n* 7. Schmuck *m* 8. *das an e-m neuen Haus od. e-r Brautkutsche angebrachte Tuch*; ~ *asmak* mit Schmuck behängen; *-da bırakmak* in der Schwebe lassen; *-da kalmak* unerledigt sein; *-ya almak* 1. abstützen (*Haus*) 2. ein gesunkenes *od.* gestrandetes Schiff *an e-m Hebe- od. Hilfsschiff* festmachen; *-ya çıkmış*

(*kâğıtları*) sie sind aufgeboten worden (*Brautpaar*).
asla [x -] durchaus nicht; keinesfalls; überhaupt nicht.
aslan[1] 1. *zo.* Löwe *m* 2. *fig.* tapfer, heldenhaft 3. ♀ *n.pr.* a) *mV.* b) Löwe *m* (*Sternbild od. Tierkreiszeichen*); ~ *ağzında olm. fig.* schwer zu erlangen sein; ~ *gibi* 1. groß und kräftig 2. kerngesund; ~ *payı* Löwenanteil *m*; ~ *yürekli Rişar hist.* Richard Löwenherz.
aslan[2] *adv.* der Herkunft nach; ursprünglich, eigentlich.
aslanağzı, *-nı* 1. *bot.* Löwenmaul *n* 2. Wasserspeier *m.*
aslancı Löwen·wärter, -bändiger, -dompteur *m.*
aslanlık Löwenmut *m.*
asli [i] 1. ursprünglich, eigentlich, Grund- 2. Haupt-; hauptsächlich 3. Original-; ~ *aded* 1. Primzahl *f* 2. Kardinalzahl *f*; ~ *maaş* Grundgehalt *n*; ~ *vazifesi* seine Haupttätigkeit.
asliye *in Füg. wie*: ~ *mahkemesi jur.* Gericht *n* erster Instanz.
asma[1] *bot.* (*Wein-*)Rebe *f*; ~ *filizi* 1. Schößling *m an e-r Weinrebe* 2. grünlich, hellgrün; ~ *kabağı bot.* Flaschenkürbis *m*; ~ *yaprağı* Weinbeerblatt *n*; *-lar budamak fig.* unangebrachte *od.* dumme Reden führen.
asma[2] Hänge-; ~ *kat* Zwischenstockwerk *n*; ~ *kilit* Vorhängeschloß *n*; ~ *köprü* Hängebrücke *f*; ~ *saat* Wanduhr *f.*
asmak, (*-ar*) 1. (an-, auf)hängen 2. V nicht gleich bezahlen 3. V sich von seinen Kameraden trennen 4. V unentschuldigt *e-r Pflicht* fernbleiben 5. V liegenlassen (*Arbeit*); ~ *kesmek* ungesetzlich und grausam wüten (*Despot*); *astığı astık kestiği kestik olm.* keine Rechenschaft abzulegen brauchen (*Despot*).
aspiratör 1. Staubsauger *m* 2. Saugewerk *n*, Sauganlage *f.*
asri [i] modern, neuzeitlich; *dem heutigen Stand der Technik od. Zivilisation entsprechend*; *-leşmek* sich modernisieren; *-lik* neuer Geist, heutiger Zeitgeist.
assubaylar *mil.* Subalternoffiziere *pl.*
assuur Unterbewußtsein *n.*
ast, *-tı mil.* Untergebene(r) *m*; ~ *makamlar* nachgeordnete Dienststellen *pl.*
astar 1. Futter *n* (*in Anzügen usw.*) 2. grobe Deckschicht (*auf e-r Wand*); ~ *boya* Grundanstrich *m*; ~ *etm.* V koitieren: *-ı yüzünden pahalı* 1. die Nebenausgaben betragen mehr als die eigentlichen Unkosten 2. die Mühen stehen in keinem Verhältnis zu dem erzielten Erfolg.
astarlamak füttern (*Anzug usw.*).
asteğmen *mil.* Oberfähnrich, Offiziersanwärter *m.*
astragan Persianer(pelz) *m.*
âsude [ū] ruhig, unbesorgt, sicher.
asüman [ā, ā] Himmel *m*, Himmelsgewölbe *n.*
Asya *n.pr.* Asien *n*; ~ *Türkiyesi* asiatische Türkei; *-lı* asiatisch; Asiate *m*, Asiatin *f.*
aş (*fertiggekochtes*) Essen; ~ *deliye kalıyor Spr.* wenn zwei sich streiten, freut sich der dritte; ~ *kabı mil.* Kochgeschirr *n*; ~ *olsun!* guten Appetit!; *-ta tuzu bulunmak* (*b-nin*) auch et. dazu beigetragen haben.
aşağı 1. der untere (*od. unter et. befindliche*) Teil 2. Europa 3. unter, Unter- 4. minderwertig, schlecht 5. gering, niedrig 6. nach unten; hinunter; ~ *atmak* mißachten; ~ *görmek* 1. verachten 2. unterschätzen; ~ *kalmak j-m* nachstehen; ~ *mal* minderwertige Ware; ~ *yukarı* 1. ungefähr 2. hinten und vorn; *-daki* untenstehend; *-dan almak* 1. guten Willen zeigen 2. bewußt e-n gemäßigten Ton anschlagen.
aşağ(ı)lamak 1. sich verschlechtern 2. sich herabwürdigen.
aşağ(ı)lık 1. Inferiorität *f* 2. minderwertig, gewöhnlich; ~ *kompleksi* Minderwertigkeitskomplex *m.*
aşama Grad, Rang *m*, Stufe *f.*
âşari [- - -] Dezimal-; ~ *hesap* Dezimalrechnung *f.*
aşçı *s. ahçı.*
aşçılık *s. ahçılık.*
aşevi, *-ni* 1. Speisehaus *n* 2. Volksküche *f* 3. behelfsmäßige Küche.
aşhane [· - ·] *s. aşevi.*
aşı 1. Impfung *f* 2. Impfstoff *m* 3. Okulieren, Veredeln *n* 4. okulierter (veredelter) Teil *e-s Baumes*; ~ *kâğıdı* Impfschein *m*; ~ *vurmak* pfropfen, okulieren, veredeln.

aşıboyası, *-nı* 1. *geol.* Eisenocker *m* 2. ockerrot.
aşık 1. Fußknöchel *m* 2. Würfel *m*; *~ atılamaz kimse fig.* gegen wen man nicht aufkommen kann; *~ atmak* 1. die Würfel werfen 2. *fig.* es *mit j-m* aufnehmen; *~ oynamak* 1. die Würfel werfen 2. in Wettbewerb treten; *aşığı bey (od. çift od. çuk) oturuyor* er hat Glück (F Dusel).
âşık 1. Liebhaber, Verliebte(r) *m* 2. verliebt, vernarrt 3. wandernder Volkssänger; *Spr. -la aşık atılmaz* e-m Verliebten ist nicht beizukommen.
aşıktaş wer e-e Liebelei unterhält.
aşılamak 1. impfen 2. okulieren, veredeln 3. übertragen (*Krankheit*) 4. *fig.* beibringen; annehmen lassen 5. kühlen, kaltstellen (*Getränke*).
aşındırmak 1. abnutzen 2. auswaschen, aushöhlen 3. *chem.* ätzen, zerfressen.
aşınma 1. Abnutzung *f* 2. *geol.* Auswaschung, Erosion *f*.
aşınmak 1. sich abnützen 2. sich aushöhlen 3. sich abtragen 4. sich abreiben (abschleifen) 5. sich ausleiern (*Gewinde*).
aşırı 1. übermäßig 2. jenseitig 3. e-n über den anderen (*z.B. Tag*); *~ gitmek* seine Grenzen überschreiten; *~ istekler* zu weit gehende Wünsche *pl.*; *~ nikbinler* Überoptimisten *pl*; *~ solcu* Linksradikale(r) *m*; *-lık* Übermaß *n*, Übertreibung *f*.
aşırma 1. *Vs. zu aşırmak* 2. entwendet, gestohlen; *~ kayışı* Transmissionsriemen *m*.
aşırmak 1. (*bir yerden*) hinüber-, hindurch•bringen 2. stehlen, entwenden 3. fort-, weg•bringen 4. V hinauskomplimentieren.
aşifte [ā] 1. liebestoll 2. Dirne, Hure *f*.
aşikâr [ā] offenkundig, klar, evident.
aş(i)na [ā, ā] 1. gute(r) Bekannte(r) *m/f* 2. vertraut *od.* befreundet (*mit*) 3. kundig; Kenner(in *f*) *m*; *~ fişne* Kokettieren *n*.
aş(i)nalık [ā, ā] 1. nahe Bekanntschaft 2. Gruß *m*, Verbeugung *f* 3. genaue Kenntnis; *~ etm.* 1. grüßen; sich verbeugen 2. Bekanntschaft schließen.
aşiret, *-ti* [ī] (*Volks-, Nomaden-*) Stamm *m*.
aşk, *-kı* 1. Liebe *f* 2. Eifer *m*, Streben *n*; *~ olsun!* 1. Bravo! 2. *iron.* so ist es recht!; *-a gelmek* von Eifer und Begeisterung erfaßt werden; *aşkınıza!* auf Ihr Wohl!
aşketmek [x · ·] versetzen, herunterhauen (*Ohrfeige*).
aşkın 1. übersteigend 2. überragend 3. *phil.* transzendent; *işi başından -dır* er ist überlastet; *yaşı elliyi -dır* er hat die Fünfzig überschritten.
aşlamak 1. *s. aşılamak* 2. ernähren 3. essen.
aşlık Lebensmittelvorrat *m*.
aşmak, (*-ar*) 1. über•schreiten, -steigen, -fliegen; hinausstoßen (*über*) 2. durchqueren, passieren 3. übersteigen (*z.B. Zahl*) 4. höher sein (*als*) 5. decken, bespringen 6. V sich heimlich aus dem Staube machen.
aşüfte [ā] *s. aşifte.*
aşure [ū] 1. *zehnter Tag des Monats Muharrem* 2. *Name e-r suppenartigen Süßspeise.*
aşyermek krankhaft gesteigertes Verlangen nach Speisen *od.* e-e entsprechende Ablehnung zeigen (*schwangere Frauen*).
at, *-tı zo.* Pferd *n*; *~ başı beraber (od. bir)* gleichschnell; auf der gleichen Stufe; *~ koşusu (od. yarışı)* Pferderennen *n*; *♀ Meydanı n.pr.* Hippodrom *n* (*spez. Name des großen Platzes vor der Sultan-Ahmet-Moschee in Ist.*); *-a binmek* reiten; *Spr. -ı alan Üsküdar'ı geçti* jetzt ist es zu spät; *-ı eşkin, kılıcı keskin fig.* erfolgreich, siegreich.
ata 1. Vater *m* 2. Ahn, Vorfahr *m* 3. *♀ n.pr. Verk. von Atatürk*; *~ sözü* Sprichwort *n*; *-lardan kalma* überkommen, traditionell.
atacılık *biol.* Atavismus *m*.
atak unternehmungslustig, wagemutig, unbesonnen.
atalanı, *-nı* Pferderennbahn *f*, Hippodrom *n*.
atalet, *-ti* [· - ·] 1. Untätigkeit *f* 2. Trägheit *f* 3. *phys.* Beharrungsvermögen *n*; *~ kanunu phys.* Trägheitsgesetz *n*.
atalık 1. Vaterschaft *f* 2. Vaterstelle vertretender Mann 3. bejahrter Mann.
atamak ernennen.
ataman (*Kosaken-*)Hetman *m*.
atardamar *an.* Schlagader, Arterie *f*.

ataşe Attaché *m*; ~ *aeriyen* Luftwaffenattaché *m*; ~ *komersiyal* Handelsattaché *m*; ~ *militer* Militärattaché *m*; ~ *naval* Marineattaché *m*.
Atatürk *n.pr.* (*seit 1934 Familienname des Begründers der neuen Türkei Gazi Mustafa Kemal Paşa*).
Atatürkçülük Kemalismus *m*.
atavik 1. überkommen, vererbt 2. atavistisch.
ateh 1. (*geistige*) Altersschwäche 2. geistige Umnachtung; ~ *getirmek* 1. kindisch werden 2. in geistige Umnachtung fallen.
atelye Atelier *n*, Werkstatt *f*.
aterina [· · x ·] *zo.* Meeräsche *f*.
ateş 1. Feuer *n* 2. glühender Körper 3. Fieber *n* 4. Feuer *n* (*von Schußwaffen*) 5. Begeisterung *f*, Eifer *m*; ~ *almak* 1. in Brand geraten 2. *mil.* Feuer erhalten 3. Feuer nehmen (*um et. anzuzünden*) 4. losgehen (*Schußwaffe*) 5. *fig.* zornig werden; sich aufregen; ~ *böceği zo.* Glühwürmchen *n*; ~ *etm. mil.* (*ab-, ver-*) feuern; ~ *gibi* 1. sehr heiß 2. energiegeladen; ~ *kes emri mil.* Feuereinstellungsbefehl *m*; ~ *kesilmek fig.* Gift und Galle speien; ~ *koymak* in Brand stecken; ~ *olmıyan yerden duman çıkmaz Spr.* von nichts kommt nichts; ~ *pahasına* irrsinnig teuer; ~ *vermek* in Brand stecken; *-e körükle gitmek fig.* Öl ins Feuer gießen; *-e vermek* 1. in Brand stekken 2. in Besorgnis versetzen 3. Unglück und Leid heraufbeschwören; *-e yanmak* von schwerem Unglück betroffen werden; *-i kesmek mil.* das Feuer einstellen; *-ten gömlek* 1. *fig.* drückende Not 2. ≗ *Name e-s Romans von Halide Edib Adıvar.*
ateşçi Heizer *m*.
ateşlemek 1. in Brand stecken 2. *techn.* heizen (*Kessel*) 3. Feuer fangen 4. wütend werden 5. *techn.* zünden.
ateşlenmek 1. *Pass. zu ateşlemek* 2. = *ateşlemek* 3. *und* 4.
ateşli 1. mit Feuerstätte 2. feurig heftig, beschwingt, impulsiv 3. *med.* mit Fieber verbunden 4. *mil.* Feuer-.
ateşlik Feuerung *f* (*als Stätte od. Material*).
atfen [x ·] *adv.* 1. gemäß, nach 2. angeblich stammend (*von*).
atfetmek [x · ·] zuschreiben, beilegen, -messen.
atıcı 1. guter Schütze 2. Lügner *m*.
atıf, -tfı 1. Zuschreiben, Beimessen *n* 2. *jur.* Rückverweisung *f*.
atıfet, -ti [ā] Zuneigung, Gunst, Freundlichkeit *f*.
atık kleines Butterfaß.
âtıl 1. faul 2. untätig 3. *phys.* träg, beharrend.
atılgan unternehmungsfreudig, draufgängerisch.
atılım, atılış 1. ungestümer Angriff 2. Elan, Schwung *m*, Begeisterung *f*.
atılmak 1. *Pass. zu atmak* 2. *j-m* ins Wort fallen 3. rasch erwidern 4. sich stürzen (*auf*).
atım 1. Schuß- *od.* Wurf·weite *f*.
atımlık Schußladung *f*, Schuß *m*; *iki ~ barut* zwei Schuß Pulver.
atış 1. Schießen *n*, Schuß *m* 2. Werfen *n*; ~ *barutu* Schießpulver *n*; ~ *menzili* Schuß·weite *f*, -bereich *m*.
atışmak 1. aufeinander schießen *od.* werfen 2. (*b-le*) sich streiten 3. *Ki.* wieder gut sein wollen.
atıştırmak 1. *Kaus. zu atışmak* 2. hinunter·schlingen, -stürzen 3. (*yağmur*) nieseln 4. (*kar*) leicht schneien 5. tadeln, heruntermachen.
âti 1. kommend, nachfolgend 2. Zukunft *f*; *-deki* nach·stehend, -folgend.
atik flink, hurtig, gewandt, behende.
atîk, -kı alt, altertümlich.
Atina *n.pr.* Athen *n*; *-lı* Athener(in *f*) *m*; athenisch.
atkafalı dumm, beschränkt.
atkestanesi, -ni [· - - - ·] *bot.* Roßkastanie *f*.
atkı 1. Schuß (*beim Weben*) *m* 2. große Aufladegabel 3. Hals- *od.* Umschlag·tuch *n* 4. Spange *f* (*an Schuhen*).
atkılamak ein·schießen, -schlagen (*beim Weben*).
atlama Springen *n*, Sprung *m*; ~ *taşı* Sprungstein *m* (*in e-m Bach*); ~ *taşı yapmak fig.* als Sprungbrett verwenden.
atlamak 1. (*hinüber-, hinunter-, hinein-*) springen 2. eilig besteigen; sich werfen, sich schwingen 3. (*Journalismus*) nicht bringen (*Nachricht*) 4. überspringen, auslassen 5. überstehen, entrinnen 6. V geben, herausrücken (*z.B. Geld*) 7. (*bşde*) sich irren 8. *selt.* abgewimmelt werden.

atlambaç Bockspringen *n* (*der Kinder*).
atlanmak 1. *Pass.* *zu atlamak* 2. sich wie ein Pferd aufbäumen 3. reiten.
Atlantik (*Denizi, Okyanusu*) *n.pr.* Atlantik *m*, Atlantische(r) Ozean.
atlas 1. (*Erdkunde-*) Atlas *m* 2. Atlas *m*, Atlasseide *f* 3. Atlas *m* (*oberster Halswirbel*) 4. ♀ *n.pr. myth.* Atlas *m*.
atlasçiçeği, *-ni bot.* Kaktus *m*, Kaktee *f*.
atlatmak (*Kaus. zu atlamak*) 1. springen lassen 2. verursachen *od.* zulassen, daß jem. *et.* überspringt (*ausläßt*) 3. glücklich überstehen 4. abwimmeln, vertrösten 5. (*Fußball*) überspielen.
atlet, *-ti* 1. Leichtathlet *m* 2. Sporttrikot *n* 3. (*Trikot- od. Netz-*)Unterhemd *n* 4. sportlich gestählt.
atletik leichtathletisch.
atletizm Leichtathletik *f*.
atlı 1. Pferde- 2. beritten, reitend; ~ *araba* Pferdefuhrwerk *n*, Droschke *f*.
atlıkarınca 1. *zo.* geflügelte Ameise 2. Karussell *n*.
atmaca *zo.* Sperber *m*.
atmak, (*-ar*) 1. werfen, schleudern 2. stoßen (*Kugel*) 3. wegwerfen, fortschleudern 4. verbannen 5. einsperren 6. an Land spülen 7. F genehmigen (*Alkohol*) 8. (ab)schießen, (ab)feuern 9. schlagen, versetzen (*Ohrfeige u. ä.*) 10. kardätschen, krempeln 11. (*in die Luft*) sprengen 12. ver-, auf·schieben 13. um·hängen, -werfen (*z.B. Schal*) 14. hinauswerfen (*z.B. Mieter*) 15. nicht mehr tragen *od.* verwenden 16. weggeben, losschlagen (*z.B. alte Sachen*) 17. einfahren (lassen) (*z.B. Winterkohle*) 18. transportieren 19. belästigen, stören 20. sagen, sprechen 21. zuschreiben, beimessen 22. daruntersetzen (*Unterschrift*) 23. spielen 24. V singen 25. V = *etmek*; (*Zitat*) *at martini Debre'li Hasan!* nun hör endlich mit der Angeberei auf!; *atıp tutmak* (*od. savurmak*) 1. schimpfen, meckern (*über*) 2. aufschneiden, prahlen; *atma Recep!* erzähl keine Märchen, mein Lieber!; *attığı tırnak olamamak* (*b-nin*) *fig.* sich nicht im entferntesten messen können (*mit*).
atmasyon V Flunkern, Aufschneiden *n*; *-cu* V Angeber, Schwindler *m*; *-culuk* V Angebertum *n*.
atom Atom *n*; ~ *bombası* Atombombe *f*; ~ *çekirdeği* Atomkern *m*. ~ *enerjisi od. -lar arası enerjisi* Atom·kraft, -energie *f*.
atu Trumpf *m*, Trumpfkarte *f*.
av 1. Jagd *f*, Fischen *n* 2. Jagdbeute *f* 3. *fig.* Beute *f*; ~ *alayı mil.* Jagdgeschwader *n*; ~ *aramak* auf Raub ausgehen. ~ *köpeği* Jagdhund *m*; ~ *kuşu* 1. Jagd·falke, -sperber *m* 2. erlegter Vogel; ~ *takımı* Jagdausrüstung *f*; *-a giden avlanır Spr.* wer anderen e-e Grube gräbt, fällt selbst hinein; *-ını yere vurmak a. fig.* das Wild zur Strecke bringen.
avadan *selt.* Werkzeug *n*.
avadanlık 1. Tischler- *od.* Zimmermanns·werkzeug *n* 2. V Eichel *f* (*am Penis*).
aval¹, *-li* 1. Wechselbürgschaft *f*, Aval *m* 2. Wechselbürge, Avalist *m*.
aval² V dumm, einfältig.
avam [· -] *zieml. va. pl. zu âmme* niedere Volksschichten *pl.*; ♀ *Kamarası n.pr.* Unterhaus *n* (*Großbritannien*).
avanak V naiv, dumm, leichtgläubig.
avans 1. Vorschuß *m* 2. Bankbeleihung *f*, Kredit *m*, *spez.* Lombardierung *f* 3. *selt. mil.* Vorrücken *n* 4. Vorgabe *f* (*beim Spiel*) 5. Avance *f* (*Frau, Mädchen*).
avanta [· x ·] 1. Gewinn, Profit *m* 2. V müheloser Gewinn; Schmu *m* 3. V Schweigegeld *n* (*beim Mogeln im Spiel*) 4. V Mogelei *f* (*im Spiel*).
avantacı V Schmumacher *m*.
avantaj 1. Vorteil, Vorzug *m* 2. (*Tennis*) Vorteil *m*.
avara [· x ·] 1. *naut.* Entferntsein *n* (*e-s Schiffes*) 2. *naut. Kommando zum Abstoßen e-s Bootes von der Küste* 3. *a.* ~ *kolu techn.* Auslösevorrichtung *f*, Ausrückhebel *m*.
avaraj Durchschnitt *m*; *gol -ı* durchschnittliche Torzahl.
âvâre 1. unstet umherwandernd; vagabundierend; Landstreicher *m* 2. träge, faul.
avarız [· - ·] *pl. zu ârıza* 1. Störungen, Zwischenfälle *pl.* 2. (*geographisches*) Relief 3. *fr.* Sondersteuer *f*.
avarya [· x ·] Havarie *f*, Seeschaden *m*.
avava Bellen, Gebell *n*.

avaz [· -] volle Stimme; ~ ~ *bağırmak od. -ı çıktığı kadar bağırmak* los·schreien, -brüllen.
avcı 1. *a. mil.* Jäger, Schütze *m* 2. Jagd-, Jäger-, Schützen-; ~ *uçağı* Jagdflugzeug *n*, Jäger *m*; ~ *zağarı* 1. Jagdhund *m* 2. *fig.* kriecherisch; Schmeichler *m*.
avdet, *-ti* Rück-, Heim-, Wiederkehr *f*; ~ *etm.* rück-, heim-, wiederkehren.
avene Gehilfen, Helfershelfer *pl.*
avenk Girlanden, (*Tabak-*)Büschel, (*Feigen-*)Bündel *pl. u. ä. m. od. die hierfür verwendete Schnur.*
avgın Abflußrohr *n*.
avisto [· x ·] bei Sicht, bei Vorlage (*z.B. zahlbar*).
avize [i] Kronleuchter *m*; ~ *ağacı bot.* Palmlilie *f*.
avizo [· x ·] *naut.* Aviso *m*.
avlamak 1. jagen, fischen 2. fangen, erbeuten, erlegen 3. *fig.* übertölpeln.
avlanmak 1. *Pass. zu avlamak* 2. auf die Jagd gehen.
avlı, avlu *mit Mauern umgebener* Hof.
avrat, *-tı pej.*, V *od. prov.* 1. Frau *f*, Weib *n* 2. Ehefrau *f*.
avret, *-ti* Schamteile *pl.*
avrık 1. gekrümmt 2. krumm, schief 3. gekräuselt, geringelt.
Avrupa [· x ·] *n.pr.* Europa *n*; *-lı* Europäer(in *f*) *m*; europäisch; *-lılaşmak* sich europäisieren.
avuç, *-cu* 1. (*innere*) Handfläche 2. Handvoll *f*; ~ *açmak* betteln; ~ ~ händevoll, reichlich; ~ *içi kadar* sehr klein *od.* schmal; *avucu gidişmek* (*od. kaşınmak*) *fig.* Hoffnung haben, zu Geld zu kommen; *avucunu kaşımak* (*od. yalamak*) *fig.* das Nachsehen haben; *avucunun içindedir. fig.* er hat ihn völlig in der Hand.
avuçlamak 1. in die Hand bekommen 2. e-e Handvoll nehmen.
avukat, *-tı* Rechtsanwalt *m*; *-lar levhası jur.* Anwaltsliste *f*.
avunmak 1. sich trösten 2. seine Zeit vergeuden.
avurdetmek [· x · ·] sich aufspielen; großtun.
avurt, *-du* 1. innerer Teil der Backe; Backentasche *f* 2. *abus.* Backe, Wange *f*; ~ *kesmek* sich den Anschein der Tapferkeit geben; ~ *satmak* (*od. şişirmek*) *s. avurdetmek*; ~ *zavurt etm.* 1. *s. avurdetmek* 2. in Erregung geraten; ausfallend werden; *avurdu avurduna çökmek* nur mehr Haut und Knochen sein.
avurtlamak *s. avurdetmek.*
Avustralya [· · x ·] *n.pr.* Australien *n*.
Avustralyalı [· · x · ·] Australier(in *f*) *m*; australisch.
Avusturya [· · x ·] *n.pr.* Österreich *n*.
Avusturyalı [· · x · ·] Österreicher (-in *f*) *m*; österreichisch.
avut, *-tu* (*Tennis, Fb. usw.*) aus, außerhalb; Aus *n*; ~ *olm.* ins Aus gehen (*Ball*); *-a atmak* (*Tennis*) den Ball ins Aus schlagen.
avutmak 1. trösten, beschwichtigen 2. hinhalten, vertrösten 3. an der Nase herumführen.
ay[1] 1. Mond *m* 2. Halbmond *m* 3. Monat *m*; ~ *aydını* (*od. aydınlığı*) Mondschein *m*; ~*dede* (*Ki.*) Mond *m*; ~ *parçası* bildhübsch; ~ *tutulması* Mondfinsternis *f*; ~ *yıldız* Halbmond und Stern; türkische Fahne; *-da yılda bir* alle Jubeljahre einmal; *-ın ondördü* Vollmond *m*; *-ın ondördü gibi* wunderschön (*Mädchen*).
ay[2] 1. au!, ach! 2. ah!, so?
aya (*Fuß- od. Hand-*)Fläche *f*.
ayak 1. Fuß *m*, Pfote *f*, Huf *m* 2. Bein *n* 3. Grundlage *f wie z.B. Sockel, Pfeiler, Schaft* (*am Webstuhl*) *m* 4. Ende *n* (*e-s Schriftstückes*) 5. Mündungsstelle *f* (*e-s Flusses*) 6. Nebenzufluß *m* 7. Ausfluß *m* (*aus e-m See usw.*) 8. Stufe *f* (*e-r Treppe*) 9. Sprosse *f* (*e-r Leiter*) 10. Fuß *m* (*als Längenmaß*) 11. Tempo *n*, Gangart *f* 12. *math.* Fußpunkt *m* (*e-r Senkrechten*) 13. Reim *m* (*der türk. Volksdichtung*); ~ *altına almak* 1. *et.* unterlegen (*um darauf zu treten*) 2. mit Füßen treten; vergewaltigen; ~ *atmak* 1. schreiten, gehen 2. betreten; ~ *basmak* 1. auftreten 2. (*bir yere*) seinen Fuß setzen (*auf*) 3. energisch auftreten 4. sich *auf et.* versteifen; ~ *değiştirmek* den Tritt wechseln; ~ *diremek* sich *auf et.* versteifen; ~ *işi* was man zu Fuß erledigt; ~ *kirası* Botenlohn *m*; ~ *parmakları* Zehen *pl.*; ~ *patırdısı* 1. Trampeln *n* 2. Einschüchterungsversuch *m*; ~ *topu* Fußball *m*; *ayağa kaldırmak* 1. aufstehen las-

sen 2. aufrichten 3. aufwiegeln; *ayağa kalkmak* 1. aufstehen 2. sich auflehnen 3. sich sträuben (*Haar*); (**ayağına**): ~ *çabuk* 1. flink, behend 2. eifrig, tüchtig; ~ *davet etm. e-n zu sich* entbieten; ~ *kadar gelmek* 1. sich herbemühen 2. *e-m* unerwartet in den Schoß fallen; ~ *gitmek* sich hinbemühen; ~ *kara su inmek* sich die Beine in den Leib stehen; ~ *su dökememek e-m* nicht das Wasser reichen können; (**ayağını**): ~ *çabuk tut!* beeile dich!; ~ *çelmek j-m* ein Bein stellen; ~ *öpeyim!* ich flehe dich an!; *-nın toziyle* gleich nach seiner Ankunft; *ayağiyle gelmek (gitmek)* freiwillig kommen (gehen); *ayakta* 1. stehend 2. ohne bettlägerig zu sein; *ayakta durmak* stehen; *ayakta kalmak* keinen Sitzplatz finden; *ayakta tedavi med.* ambulante Behandlung.

ayakaltı, *-nı* 1. Fußsohle *f* 2. Boden *m unter den Füßen* 3. belebte, verkehrsreiche Gegend.

ayakkabı, *-nı* Fußbekleidung *f*, Schuh *m*; *-cı* Schuhmacher *m*; P (*pej.*) Schuster *m*.

ayaklamak 1. nach Fuß ausmessen 2. mit Füßen treten 3. mit Füßen (*Beinen*) versehen.

ayaklanmak 1. *Pass. zu ayaklamak* 2. sich empören; revoltieren.

ayaklı 1. mit ... Füßen (*Beinen*) 2. wandelnd; ~ *canavar* Unband *m*, ungezogener Bengel; ~ *kütüphane* wandelndes Lexikon.

ayaklık 1. Antritt *m* (*kleine Leiter*) 2. ... Fuß betragend 3. aus ... Stufen (Sprossen) bestehend 4. Stelze *f* 5. Pedal *n*.

ayaktakımı, *-nı* Mob, Pöbel, Janhagel *m*.

ayakteri, *-ni* 1. *selt.* Fußschweiß *m* 2. *fig.* Botenlohn *m* 3. ärztliches Honorar *für Krankenbesuch*.

ayaküstü, *-nü* 1. Spann, Rist *m* 2. stehend.

ayakyolu, *-nu* Abort *m*, Toilette *f*.

ayan [· -] offenkundig, deutlich, evident.

âyan [- -] 1. Notabeln *pl.* 2. Senatoren *pl.*; ~ *meclisi* Senat *m*.

ayanbeyan [· - · -] ganz offenkundig.

ayar [· -] 1. Feingehalt *m* (*an Edelmetall*) 2. Normalzeit *f* 3. richtige Einstellung (*e-s Apparates usw.*) 4. Eichmaß, Normalgewicht *n* 5. Wert (-grad) *m*, Qualität, Beschaffenheit *f*; ~ *aleti* Eichgerät *n*; ~ *bobini* (*Radio*) Abstimmspule *f*; ~ *dairesi* Eichamt *n*; ~ *düzeni* Einstellvorrichtung *f*; ~ *etm.* 1. *chem.* titrieren 2. richten, stellen (*z.B. Uhr*) 3. eichen 4. richtig einstellen (*Mühle, Kamera usw.*), regulieren 5. steuern; ~ *kolu* Einstellhebel *m*; *-ı bozuk* in charakterlicher und moralischer Hinsicht nicht einwandfrei; *-ını bozmak techn.* verstellen.

ayarlamak 1. regulieren 2. einstellen (*z.B. Taxameter, Kamera*) 3. eichen 4. steuern 5. kalibrieren.

ayarlı 1. verstellbar 2. eingestellt; ~ *bomba* Bombe *f* mit Zeitzünder; ~ *gönye techn.* Schmiege *f*.

Ayasofya [· · x ·] *n.pr.* Hagia Sophia, Sophienkirche *f* (*in Ist.*; *seit 1934 Museum*).

ayaz 1. trockene Winterkälte 2. V schlecht, übel 3. *Sch.* schwer, gefährlich (*Unterrichtsstunde*); ~ *ağa Sch.* strenger und gefürchteter Lehrer; ~ *almak* mit leeren Händen heimkehren; ~ *kesmek fig.* sich Eisbeine holen; ~ *olm.* klar und kalt sein (*Nacht*); ~ *paşa kola çıkmış* (*od. kol geziyor*) F es herrscht e-e furchtbare Kälte; *-a kalmak s.* ~ *almak*; *-a çekmek* klar und kalt werden (*Wetter*).

ayazlamak 1. klar und kalt werden (*Wetter*) 2. bei großer Kälte lange warten und frieren 3. F vergeblich warten.

ayazlanmak eiskalt werden (*z.B. Wasser*).

ayazma [· x ·] die (*für Griechisch-Orthodoxe heilige*) Quelle (*mst. in der Nähe e-r Kirche*).

aybaşı, *-nı* 1. Monatsanfang *m* 2. Menstruation *f*.

ayçiçeği, *-ni bot.* Sonnenblume *f*.

aydın 1. hell, klar 2. leicht verständlich 3. glücklich, fröhlich 4. Intellektuelle(r) *m*.

aydınlanmak hell *od.* klar werden.

aydınlatmak 1. beleuchten, erhellen 2. erklären, verdeutlichen.

aydınlık 1. hell, klar 2. Helligkeit *f* 3. Klarheit, Verständlichkeit *f* 4. *e-e Lichtöffnung wie z.B.* Bodenluke *f*, Oberlicht *n*, Lichtschacht *m usw.*

ayet, *-ti* [- ·] 1. Gottes·zeichen,

-wunder *n* 2. Koranvers *m od. ein entsprechender Teil in e-r anderen als heilig geltenden Schrift.*

aygın *in der Füg.*: ~ *baygın* matt, erschöpft, halb betäubt.

aygır 1. (*Zucht*-)Hengst *m* 2. *fig.* Rüpel, Lackel *m.*

aygıt, *-dı* Apparat *m*, System *n*, Organe *pl.*

ayı 1. *zo.* Bär *m* 2. *fig.* täppischer *od.* grober Mensch; *-ya dayı demek fig. j-m* um den Bart gehen; *-ya kaval çalmak fig.* e-m Dummen et. zu erklären versuchen.

ayıcı 1. Bärenjäger *m* 2. Bärenführer *m* 3. *Schi.* Grobian, Taps *m.*

ayık 1. nüchtern; nicht (*mehr*) betrunken 2. ruhig und klar denkend 3. geweckt, umsichtig.

ayıklamak aus·lesen, -jäten; *ayıkla pirincin taşını! fig.* das ist recht schwierig!

ayıklanma *biologische* Auslese.

ayılmak 1. wieder zu sich kommen 2. erwachen 3. wieder nüchtern werden; ~ *bayılmak fig.* allerhand Übles durchmachen müssen.

ayıp, *-bı* 1. schändliches Benehmen 2. Mangel, Fehler *m* 3. *jur.* Sachmangel *m*, Sachmängel *pl.* 4. ungehörig; Sitte und Anstand zuwiderlaufend 5. pfui!; ~ *etm.* (*od. yapmak*) Ungehöriges tun; ~ *sesleri* Pfuirufe *pl.*; *-tır söylemesi* entschuldigen Sie, daß ich davon spreche.

ayıplamak 1. als ungehörig bezeichnen 2. kritisieren, tadeln.

ayıplı ungebührlich, unanständig, verwerflich.

ayıpsız untadelig, ordentlich, anständig.

ayırdetmek 1. trennen, sondern 2. unterscheiden 3. (*her*-)aussuchen.

ayırmak 1. trennen, (*ab*-)sondern 2. unterscheiden 3. e-e Entfremdung herbeiführen (*zwischen*) 4. verschieden behandeln 5. auswählen 6. zurücklegen, reservieren 7. teilen (*z.B. Apfel*) 8. auswerfen (*z.B. Summe im Budget*).

ayışığı, *-nı* 1. Vollmond *m* 2. Zeit *f* des Vollmonds.

âyin [i] 1. kirchliche Zeremonie 2. *mus. fr. ein Rezitationsgesang der Mewlewi-Derwische* 3. *selt.* alter Brauch; *âyini ruhani* kirchliche Feier, *spez.* Gottesdienst *m.*

aykırı 1. ungewöhnlich 2. zuwiderlaufend; ~ *sofuluk* klerikaler Fanatismus.

aylak unbeschäftigt, müßig; *-çı* Gelegenheitsarbeiter *m.*

ayle *s. aile.*

aylık 1. Monats·lohn *m*, -gehalt *n* 2. monatlich; Monats- 3. ... Monate alt (*dauernd, umfassend usw.*); *-çı* Gehaltsempfänger *m.*

ayn 1. *va.* Auge *n* 2. *jur.* körperliche Sache, Ding *n* 3. *s. aynı.*

ayna 1. Spiegel *m* 2. *jede reflektierende Fläche* 3. Türfüllung *f* 4. Innere(s) *n* (*e-s Wasserwirbels*) 5. Scheibe *f spez.* Kranzscheibe *f* (*e-s Ofenrohrs*) 6. Kniescheibe *f* 7. *zo.* Seespinne *f* 8. *einzelner* Fensterladen 9. V in Ordnung; ausgezeichnet.

aynacı 1. Spiegel·fabrikant *od.* -händler *m* 2. *fig.* Betrüger, Schwindler *m.*

aynalı 1. Spiegel- 2. Scheiben-, Plan- 3. V fein, schnieke; ~ *dolap* Spiegelschrank *m.*

Aynaroz *n.pr.* Berg Athos *m.*

aynasız 1. spiegellos 2. V häßlich, unangenehm, gefährlich 3. V Polizist, Gendarm *m.*

aynen [x ·] 1. wörtlich; genau so 2. in natura, in Waren.

aynı der-, die-, das·selbe; gleich; ~ *kapıya* (*od. yola*) *çıkmak* auf das gleiche hinauslaufen; ~ *şekilde* ebenso; ~ *zamanda* 1. (*temporal*) gleichzeitig 2. (*adversativ*) dabei, jedoch.

aynıyat, *-tı* [· · -] 1. Sachwerte *pl.* 2. Gesamtinventar *n* 3. Zahlung *f* in natura.

ayni [i] 1. *va.* Augen- 2. *jur.* dinglich, sachlich, real; - *kıymet jur.* Sachwert *m.*

ayniye 1. Augenkrankheiten *pl.* 2. Augenklinik *f*, ophthalmologische Abteilung.

ayniyet, *-ti* Identität *f.*

ayniyle *s. aynen.*

ayol [x ·] 1. He!, Hör mal! 2. nanu?, wieso?

ayran 1. *Erfrischungsgetränk aus Joghurt und Wasser mit e-r Prise Salz* 2. *selt.* Buttermilch *f*; ~ *ağızlı* (*od. budalası od. delisi*) F dumm, begriffsstutzig; *-ı kabarmak* V in größte Wut geraten; *Spr. -ım ekşi diyen olmaz* s-e eigene Ware macht niemand schlecht.

ayrı 1. getrennt, gesondert, allein, Separat- 2. anders (*als*), verschieden (*von*); ~ ~ jeder einzeln (*für sich*); ~ *gayrı bilmemek* keine gesonderte Rechnung führen; ~ *koymak* beiseitelegen; ~ *seçi olm.* getrennte Kasse führen; ~ *seçi yapmak* verschieden beurteilen; ~ *sulh* Sonder-, Separat·friede(n) *m*; ~ *tutmak* unterschiedlich behandeln; *-sı gayrısı olmamak* 1. = ~ *gayrı bilmemek* 2. keinen Unterschied machen 3. nicht zeremoniell sein.
ayrıca [x · ·] 1. gesondert, besonders 2. nebenbei 3. außerdem.
ayrık 1. getrennt, gespreizt 2. gescheitelt (*Haar*) 3. Ausnahme- 4. *log.* disjunktiv.
ayrılanmak 1. sich (ab)sondern 2. abweichen (*von*).
ayrılaşmak 1. sich voneinander trennen 2. e-e verschiedene Entwicklung durchmachen 3. allmählich isoliert werden.
ayrılık 1. Getrenntsein *n*, Trennung *f* 2. Isolierung *f* 3. Unterschied *m* 4. *jur.* Trennung, Ehescheidung *f* 5. Verschiedenheit, Divergenz *f* 6. Andersartigkeit *f*; ~ *dâvası jur.* Trennungsklage *f*.
ayrılmak 1. *Pass. zu ayırmak* 2. sich absondern, sich trennen 3. ausscheiden (*aus e-m Amt*) 4. sich scheiden lassen *od.* geschieden werden 5. abreisen, abfahren.
ayrışık 1. zerfallen, zersetzt 2. verschieden(artig).
ayrışmak *chem.* sich zersetzen; zerfallen.
aysberg Eisberg *m*.
aysbot, -tu Eis-, Segel·schlitten *m*.
Ayşe *wV.*; ~ *kadın fasulyesi Name e-r bes. geschätzten Bohnenart.*
ayva *bot.* Quitte *f*; ~ *tüyü* zarter Flaum (*z.B. auf Wange*).
ayvaz *fr.* 1. (*armenischer*) Hausdiener 2. Gehilfe *m* des Chirurgen *auf e-m Kriegsschiff*; ~ *kasap hep bir hesap* da ist kein Unterschied.
ayyaş Trunkenbold *m*.
ayyuk, -ku [ū] 1. ♀ *n.pr.* Capella *f* (*Fixstern*) 2. *fig.* höchster Punkt am Himmel; *-a çıkarmak fig.* in den Himmel heben; *-a çıkmak* 1. bis zum Himmel reichen 2. zum Himmel schreien (stinken).
az 1. wenig, gering 2. selten; ~ ~ ganz wenig; ~ *buçuk* 1. spärlich, dürftig 2. ein gewisser ...; doch etwas ...; ~ *buz şey değil!* F allerhand Schnee!; ~ *çok* mehr oder minder; ~ *gelmek* nicht ausreichen; ~ *görmek* 1. für zu wenig ansehen 2. unterschätzen; ~ *kaldı* beinahe; ~ *maz* F mehr oder weniger; ~ *olsun öz olsun!* wenig, aber gut!; ~ *tamah çok ziyan getirir Spr.* Habsucht im Kleinen bringt Schaden im Großen; *-a çoğa bakmamak* nehmen, was man bekommt; *-ı çoğa tutmak fig.* den guten Willen für die Tat nehmen.
âza [- -] 1. Mitglieder, Beisitzer *pl.* 2. Mitglied *n*, Beisitzer *m* 3. Organe *pl.*, Organ *n* 3. Glieder *pl.*, Glied *n*.
azabetmek [· - · ·] quälen, peinigen.
azade [- - ·] 1. unabhängig, frei 2. (*bşden*) fern (*von*), unbelästigt (*durch*) 3. ♀ *n.pr. wV.*
azadetmek [- - · ·] 1. freilassen 2. freigeben (*in der Schule*).
azalmak sich verringern; abnehmen.
azaltmak verringern, reduzieren, herabsetzen.
âzam *va.* größer, größt-.
azamet, -ti 1. Größe, Pracht *f*, Prunk *m* 2. Stolz, Hochmut *m*.
azametlenmek 1. prächtig (*bzw.* stolz) werden 2. an Intensität zunehmen (*z.B. Fliegerangriffe*).
âzami [ī] 1. Höchst-; maximal 2. Maximum *n*; ~ *fiat* Höchstpreis *m*; ~ *hızla* mit größter Beschleunigung; ~ *sürat* Maximalgeschwindigkeit *f*.
azap, -bı [· -] Qual, Pein *f*; ~ *vermek* quälen, peinigen.
azar[1] Tadel, Verweis *m*; ~ *işitmek* e-n Verweis bekommen.
azar[2] **azar** allmählich.
azarlamak rügen, tadeln.
azat, -dı [- -] Freilassung *f*.
azatlamak *s. azadetmek.*
azcık *s. azıcık.*
Azerî [ā] 1. Aserbaidschaner(in *f*) *m* 2. aserbaidschanisch; ~ *Türkçesi* Aserbaidschan-Türkisch *n*.
azgın 1. wild, unbändig 2. schwärend (*Wunde*).
azı: ~ *dişi* 1. Hauer, Stoßzahn *m* 2. Backenzahn *m*.
azıcık nur wenig, nur etwas; ~ *aşım ağrısız başım!* besser wenig Besitz und dafür keine Sorgen!

azık 1. Nahrungsmittel *pl.*, Proviant *m* 2. *et.* Freßbares *wie z.B.* Futter *n*, Körnchen *pl. u. ä. m.*
azıklanmak 1. sich verproviantieren 2. furagieren 3. e-e Existenzmöglichkeit bekommen.
azıklık Unterhalt *m*, Verpflegung *f*.
azılı 1. mit Hauern 2. *fig.* aufsässig, unbändig.
azım, -zmı *va. s. kemik.*
azımsamak 1. für unzureichend ansehen 2. unterschätzen.
azınlık Minderheit, Minorität *f*.
azışmak heftiger werden (*z.B. Streit*).
azıtmak 1. P übertreiben 2. vom richtigen Weg abkommen.
azil, -zli Absetzung, Entlassung, Abberufung *f*.
azim, -zmi 1. fester Entschluß 2. entschlossenes Handeln; ~ *ve cezim ile* entschlossen und energisch.
azîm 1. riesig 2. mächtig, einflußreich.
azimet, -ti [i] Abreise, Abfahrt *f*; ~ *etm.* abreisen, abfahren.
azimkâr energisch, entschlossen.
aziz [i] 1. *va.* mächtig, wertvoll, heilig 2. lieb, teuer 3. ♀ [x ·] *mV*.
azizlik 1. *selt.* Lieb- und Teuer-sein *n* 2. schlechter Scherz.
azletmek [x · ·] absetzen, entlassen, abberufen.
azlık 1. geringe Zahl *od.* Menge 2. Mangel *m*, ungenügendes Vorhandensein 3. Ausfall *m*, Verringerung *f* 4. *s. azınlık.*
azma 1. *Vs. zu azmak* 2. Bastard *m* 3. Mißbildung, Entstellung, Entartung *f*.
azmak[1] 1. Pfütze *f* 2. ausgetrocknete Mulde 3. Bewässerungsgraben *m*.
azmak[2] 1. sich ungebührlich benehmen 2. widerspenstig sein 3. monströse Formen annehmen (*z.B. Lebewesen*) 4. stark anschwellen (*z.B. Fluß*) 5. drohend und gefährlich werden 6. läufig werden (*Hündin*) 7. nicht mehr zu säubern sein (*schmutzige Wäsche*).
azman 1. riesig 2. Monstrum *n* 3. *s. azma* 2. 4. großer Holzblock; *adam -ı* Hüne *m*; *mantar -ı* Riesenpilz *m*.
azmetmek [x · ·] 1. fest entschlossen sein 2. energisch in Angriff nehmen.
aznavur *in der Füg.*: ~ *gibi* wie ein Räuberhauptmann aussehend.
azot, -tu Stickstoff *m*.
azotik Stickstoff-; ~ *asit* Salpetersäure *f*.
azotlu stickstoffhaltig.
Azrail [· - -] *isl. Myth. Name des Todesengels*; *-e bir can borcu olm. fig.* 1. am Rande des Grabes stehen 2. lebensüberdrüssig sein 3. sehr abmagern 4. keinem Menschen *et.* schuldig sein 5. nur Gott fürchten und sonst niemand.

B

b, B [bɛ] 1. *2. Buchst. des türk. Alph.* 2. *mus. Ton od. Note* b.
B 1. *mus.* = *baso* 2. = *bor* 3. = *Bay.*
baba 1. Vater *m* 2. (*im Pl.*) Vorfahren, Ahnen *pl.* 3. *fr.* Abt *m* 4. Wohltäter *m* 5. verehrungswürdiger, älterer Mann 6. Knopf, Knauf *m* (*z.B. an Geländer*) 7. *naut.* Poller *m* 8. *e-e Vorrichtung zum Messen ausgehobener Erde*; *-larım* meine Vorfahren; *-larımı ayağa kaldırma! fig.* mach mich nicht wütend!; *-m mezardan kalksa* nie und nimmer!; *-na rahmet!* 1. bravo!, großartig! 2. Gott lohne es dir!; *-nın hayrına* weil du es bist; *-sı tutmak* 1. e-n epileptischen Anfall bekommen 2. e-n plötzlichen Wutanfall (Koller) bekommen; *-sına rahmet okumaz fig.* er ist nicht gut auf ihn zu sprechen; *-sının hayrına* ohne auf e-n persönlichen Vorteil zu spekulieren; *-sının oğlu* der echte Sohn seines Vaters.
babaanne Mutter *f* des Vaters; Großmutter *f* väterlicherseits.
babacan 1. jovial 2. ungeniert.
babalanmak *s. babası tutmak* 2.
babalı 1. mit *e-m* ... Vater 2. epileptisch veranlagt 3. wer e-n plötzlichen Wutanfall (Koller) bekommt.
babalık 1. Vaterschaft *f* 2. väterliches Verhalten 3. Stiefvater *m* 4. Schwiegervater *m* 5. (*halb vertrauliche, halb ehrerbietige Anrede für e-n älteren Mann einfachen Standes*) Väterchen 6. F der gute Alte; *~ etm.* wie ein(en) Vater (be)handeln; *~ fırın has işler! spött.* von Vaters Geldbeutel läßt sich gut leben!
babayani [· · - ·] 1. väterlich 2. schlicht, altväterisch 3. ungeniert.
babayiğit, *-di* kräftiger, mutiger Mann.
Babıali [- · - ·] *n.pr. hist.* Hohe Pforte; *~ efendisi gibi konuşmak* sich e-r gespreizten Redeweise bedienen.
Babil [ā] *n.pr.* Babylon, Babel *n.*
baca 1. Schornstein, Schlot *m*, Esse *f* 2. Dachfenster *n*, Dachluke *f* 3. Luftloch *n*; *~ başı* steinerne Einfassung *des Abzugsrohrs über e-m türk. Herd*; *-sı tütmez olm. fig.* verarmt, mittellos sein (*Familie*).
bacak 1. Bein *n* 2. Junge, Bube *m* (*Spielkarte*); *~ ~ üstüne atmak* die Beine übereinanderschlagen; *~ kadar* winzig klein; schwächlich; *~ kadar boy* 1. Winzigkeit, Schwächlichkeit *f* 2. Belanglosigkeit *f*; *bizim iş yine -larını salladı fig.* es hat wieder einmal nicht geklappt.
bacaklı 1. mit ... Beinen 2. *pr.* langbeinig, hochgewachsen 3. *fr. holländischer Goldgulden*; *~ yazı* große, gut lesbare Schrift.
bacaksız 1. ohne Beine 2. klein, untersetzt 3. *iron.* Wicht, Dreikäsehoch *m.*
bacanak Schwager *m* (*der mit der Schwester der Ehefrau verheiratete Mann*).
bacı 1. ältere Schwester 2. alte schwarze Dienerin 3. *fr.* Frau *f e-s Abtes* 4. F Ehefrau *f.*
baç, *-çı* 1. *fr.* Ankunftszoll *m*, Steuer, Abgabe *f* 2. Erpressungssumme *f.*
badana 1. Tünche *f* 2. *fig.* leere Aufmachung; *~ etm.* (*od. vurmak*) tünchen.
badanacı Tüncher *m.*
badanalamak *s. badana etm.*
badanalı 1. getüncht 2. übermäßig geschminkt und gepudert.
badar Bärenjunge(s) *n.*
badaşmak *s. bağdaşmak.*
badem [ā] 1. Mandel *f* 2. mandelförmig 3. *Name e-r etwa 10 cm langen kleinen Gurkenart*; *~ ezmesi* Marzipan *n.*
bademcik [ā] *an.* Mandel, Tonsille *f.*
badi *zo.* Ente *f*; *~ ~ bacak* kurzbeinig; *~ ~ yürümek* watscheln, daherlatschen.
badik 1. krummbeinig, watschelnd 2. V kraftlos; lahmer Kerl.
badiklemek *s. badi badi yürümek.*
badire [ā] 1. (*unvorhergesehener*)

Vorfall 2. (*plötzlich entstandene*) gefährliche Situation 3. Eventualität *f*.

badya [x ·] Kübel, Zuber *m*.

bagaj (*Reise-*)Gepäck *n*; ~ *dairesi* Gepäckabfertigung *f*.

bağ[1] 1. Weinberg *m* 2. Garten *m*; ~ *bozmak* die Weinlese halten; ~ *budamak* die Reben beschneiden; ~ *dua değil çapa ister Spr.* ein Weinberg benötigt kein Gebet, sondern die Hacke.

bağ[2] 1. *alles, was zum Binden od. Festmachen dient wie z.B.* Seil *n*, Schnur *f*, Band *n*, Draht *m*, Schnürsenkel *m*, Gürtel *m*, Strumpfband *n*, Sockenhalter *m usw.* 2. Verband *m* 3. Bündel *n*, Garbe *f* 4. Verbundenheit *f* 5. Umstandsgürtel *m* 6. Zimmerung *f* (*im Bergwerk*) 7. *an.* Ligament *n* 8. *gr.* Konjunktion *f* 9. *chem.* Bindung *f*.

bağa 1. Schildpatt *n* 2. aus Schildpatt hergestellt; ~ *gözlük* Hornbrille *f*; ~ *tarak* Schildpattkamm *m*.

bağbozumu, *-nu* 1. Weinlese *f* 2. Herbst *m*.

bağcı Winzer(in *f*) *m*.

bağcılık Weinbau *m*.

bağdadi [· - -] 1. Bretter- *od.* Rohrfütterung *f* (*e-r Gipswand od. -decke*) 2. *e-e solche Wand od. Decke.*

bağdalamak (*Ringen*) das Bein des Gegners umklammern.

bağdamak 1. fest verschlingen 2. ein heilloses Durcheinander anrichten.

bağdaş Türkensitz *m*; ~ *kurmak* den Türkensitz einnehmen.

bağdaşmak 1. harmonieren 2 e-n Partner wählen *Ki.* 3. auf die gleiche Höhe der Entwicklung gelangen (*wie*) 4. Geschmack finden (*an*).

Bağdat, *-dı n.pr.* Bagdad *n*; ~ *haraboldu hum.* ich habe furchtbaren Hunger; *Bağdadı tamir etm. hum. et.* essen (*und den Hunger stillen*).

bağı Zauberei, Hexerei *f*.

bağıcı 1. Zauberer *m*, Hexe *f* 2. anziehend 3. verführerisch.

bağıl *phys.* relativ, spezifisch.

bağıntı Verhältnis *n*, Relation *f*.

bağır[1], *-ğrı* 1. Brust *f* 2. Mittelteil *m e-s Bogens od. Berges* 3. (*generell*) Organe *pl.* in Körperhöhlungen; ~ *yeleği fr.* Lederkoller *n*; (**bağrı**): ~ *açık* nachlässig gekleidet; ~ *çökük* mit eingefallener Brust; ~ *yanık fig.* wer viel Kummer und Leid durchgemacht hat; *-na basmak* 1. herzen 2. protegieren; *-na taş basmak fig.* Geduld beweisen.

bağır[2] **bağır bağırmak** *s. bar bar bağırmak.*

bağırlar *an.* Eingeweide *n*.

bağırmak 1. schreien, brüllen 2. laut zurufen; *bağırıp çağırmak* rufen und schreien.

bağırsak *s. barsak.*

bağırtı Schreien, Geschrei *n*.

bağışlama *jur.* Schenkung *f*.

bağışlamak 1. schenken, spenden 2. erlassen (*Strafe*) 3. verzeihen, vergeben 4. *j-m et.* nicht wegnehmen.

bağlaç *gr.* Konjunktion *f*.

bağlama 1. *Vs. zu bağlamak* 2. *e-e mit drei Doppelsaiten bespannte Gitarre* 3. Stützpfeiler, Eisenträger, Verbindungsbalken *m* 4. *Neol.* Refrain *m*; ~ *borusu* Verbindungsrohr *n*.

bağlamak 1. (zu-, fest-, an)binden, schnüren 2. befestigen, (an)kuppeln, anhängen 3. knüpfen, binden, knoten 4. verbinden (*Wunde*) 5. zum Bündel zusammenschnüren 6. bilden (*Kruste, Fettschicht usw.*) 7. annehmen, gewinnen (*Farbe*) 8. hervorbringen; entstehen lassen 9. aussetzen (*z.B. Lohn*) 10. festlegen (*auf e-e bestimmte Form*) 11. *j-n* für sich gewinnen 12. fesseln, lähmen 13. beenden 14. *j-n für e-n anderen* einnehmen 15. beifügen (*Unterlagen*) 16. *techn.* schalten.

bağlan 1. *zo.* Ringelgans *f* 2. *zo.* Trappe *f*.

bağlanış *techn.* Verbindung, Kupplung, Befestigung *f*.

bağlantı 1. Zusammenhang *m* 2. *was verbunden od. abhängig ist* 3. Vorort *m* 4. *techn.* Band *n*, Verstrebung *f* 5. (*Geschäfts-*)Abschluß *m*.

bağlaşmak 1. übereinkommen 2. harmonieren 3. sich verbünden 4. einig sein.

bağlı 1. (zu-, fest-, zusammen-, an-) gebunden 2. abhängig (*von*); beruhend (*auf*) 3. ver-, zuge·schlossen 4. lahmgelegt 5. angegliedert 6. *selt.* zuständig.

bağlılık 1. Verbundenheit *f* 2. Abhängigkeit *f* 3. Anhänglichkeit *f*; ~ *akçesi* Reugeld *n*; ~ *borcu* Treupflicht *f*.

bağrış Schreien, Geschrei *n*.

bağrışmak (*zu mehreren*) schreien, brüllen, heulen.
bahadır [· - ·] tapfer, heldenhaft.
bahane [· - ·] Vorwand, Scheingrund *m*; ~ *etm.* vorschützen.
bahar[1] 1. Frühling *m* 2. frische Blätter und Blüten *pl.* 3. *fig.* Jugendzeit *f*; ♀ *Bayramı* Frühlingsfest *n* (*1. Mai; staatlicher Feiertag*).
bahar[2] Gewürz *n*; ~ *bitkileri* Gewürzpflanzen *pl.*
baharat, *-tı* 1. [· - -] Gewürze *pl.* 2. Gewürz *n* 3. *pr.* Nelkenpfeffer *m.*
baharlı Gewürz-; gewürzt.
bahçe 1. Garten *m* 2. Laufgitter *n* (*für Kleinkinder*).
bahçe-sokak *Neol.* Straße *f* mit Grünanlagen.
bahçeci 1. Garten·besitzer, -freund *m* 2. Gartenarchitekt *m.*
bahçecilik 1. Gartenbestellung *f* 2. Gartenarchitektur *f.*
bahçeli Garten-; ~ *evler* Gartenstadt *f.*
bahçıvan Gärtner *m.*
bahis, *-hsi* 1. Thema *n*, erörterter Gegenstand 2. Erwähnung, Besprechung *f* 3. Wette *f* 4. Kapitel *n*; ~ *felsefeye döküldü* man kam auf Philosophie zu sprechen; ~ *koymak* wetten; ~ *tutuşmak od. bahse girişmek* e-e Wette eingehen; *bahsi geçen* obenerwähnt; *bahsi müşterek* Toto *n.*
bahri *zo.* Eisvogel *m.*
bahrî See-, Meer-, Marine-; ~ *imparatorluk* Vorherrschaft *f* zur See.
bahriye 1. Marine *f* 2. *zo.* Seeschildkröten *pl.*; ~ *ferîki fr.* Vizeadmiral *m.*
bahriyeli Matrose, Marine·soldat *od.* -offizier *m.*
bahsetmek [x · ·] 1. besprechen, erörtern 2. wetten.
bahşetmek [x · ·] gewähren, geben, schenken.
bahşiş 1. Trinkgeld *n* 2. *selt.* geschenkt; ~ *atın dişine bakılmaz Spr.* e-m geschenkten Gaul sieht (*od.* schaut) man nicht ins Maul.
baht, *-tı* 1. Schicksal, Los *n* 2. *mel.* Glück *n*; ~ *işi* Glückssache *f*; ~ *yıldızı* Glücksstern *m*; *-ı açık* Glückspilz *m*; *-ı kara* Pechvogel *m*; *-ın gür olsun!* viel Glück!
bahtiyar [· · -] glücklich.
baka *s. beka.*
bakadurmak, bakakalmak *s. unter bakmak.*
bakan Minister *m.*
bakanlık Ministerium *n.*
bakarkör 1. *wessen Blindheit man nicht an den Augen erkennen kann, spez.* starblind 2. unachtsam.
bakaya *va. Pl. zu bakıye* 1. Rest *m*, (*Über-*)Reste *pl.* 2. *spez.* Steuerrückstände *pl.* 3. *mil.* Deserteur *m.*
bakıcı 1. sorgend, pflegend; Pfleger (-in *f*) *m* 2. Wahrsager(in *f*) *m.*
bakım 1. Pflege *f* 2. Gesichts-, Stand·punkt *m*, Hinsicht *f* 3. Unterhalt *m*, Unterhaltung *f*; ~ *evi* 1. Sanitätsstation *f* 2. Kinderkrankenhaus *n* 3. Kinderhort *m*; *bir -dan* (*od. -a*) in einer Hinsicht.
bakındı [x · ·] *Int.* nun sieh mal e-r an!
bakınmak um sich schauen; sich umblicken.
bakır 1. Kupfer *n* 2. Kupfer- 3. Kupfergeschirr *n*; ~ *çalmak* Kupfergeschmack geben (*schlecht verzinntes Gefäß*); ~ *pası* Grünspan *m.*
bakırcak (*kleines*) Kupfergefäß.
bakırcı Kupferschmied *m.*
bakış Blicken *n*, Blick *m.*
bakışık symmetrisch.
bakışım Symmetrie *f.*
bakışımsız asymmetrisch.
bakışımsızlık Asymmetrie *f.*
bakışmak 1. blicken, schauen (*zu mehreren*) 2. sich gegenseitig ansehen.
bakıye 1. Rest *m*, Überbleibsel *n* 2. (*Konten-*)Saldo *m.*
baki [- -] 1. (übrig)bleibend 2. *math.* Rest *m* 3. Ewige(r), Unsterbliche(r) *m* 4. ♀ *n.pr.* (*türk. Dichter des 16. Jh.*).
bâki 1. *va.* weinend 2. Regenwolke *f.*
bakir [ā] jungfräulich, unberührt; ~ *fikirler* unverfälscht gebliebene Ideen *pl.*; ~ *orman* Urwald *m*; ~ *toprak* jungfräulicher Boden.
bakire [ā] Jungfrau *f.*
bakkal Kolonialwarenhändler, Krämer *m.*
bakkaliye 1. Gemischtwarenhandlung *f* 2. Gemischtwaren *pl.*
bakkam 1. Farbholz *n* 2. unechte Farbe; ~ *boya* 1. = *bakkam* (2.) 2. *fig.* unecht; der Wirklichkeit nicht entsprechend.
bakla[1] *bot.* Puff-, Sau·bohne *f*; ~ *atmak* (*od. dökmek*) aus Saubohnen wahrsagen; ~ *kadar* winzig klein;

-yı ağızdan çıkarmak fig. die Katze aus dem Sack lassen; *-yı ağzında ıslatmaz fig.* er kann kein Geheimnis für sich behalten.
bakla[2] Kettenglied *n.*
baklaçiçeği, -ni von gelblicher *od.* schmutzig-weißer Farbe.
baklakırı, -nı Grauschimmel *m.*
baklava *Name e-r bes. geschätzten türk. Süßspeise*; *~ biçimi* rhomben-, rauten-förmig.
bakliyat, -tı [· · -] Hülsenfrüchte *pl.*
bakmak, *(-ar)* 1. (hin-, an-, zu-) schauen; an-, hin-sehen 2. suchen 3. (hinaus)gehen *(auf)*, liegen *(nach)* 4. pflegen, betreuen; sorgen *(für)* 5. ernähren 6. behandeln *(Arzt)* 7. prüfen, sich vergewissern 8. erledigen, machen 9. abhängen *(von)*; brauchen 10. *in e-e Farbe* spielen, schimmern 11. Wert legen *(auf)* 12. erkennen, merken 13. *(gerichtlich)* verhandeln 14. servieren *(Kellner)*; *bak kendi sıralarına* vergleiche das gesonderte Stichwort; *bakadurmak* unentwegt anstieren; *bakakalmak* 1. ganz verblüfft dastehen 2. *(b-ne)* verwundert anstarren; *bakalım (od. bakayım)* 1. *(bei Aufforderung)* doch; nun einmal 2. *(bei Fragen)* wohl, denn, also nun; *bakar mısın(ız)?* *(Zuruf)* He!, Heda!; *bakarsın* möglicherweise; *bakıp durmak s. bakadurmak*; *baksan(ız)a!* 1. He!, Heda! 2. Herr Ober!
bakraç, -cı *(kleinerer)* Kupfereimer.
bal, -lı 1. Honig *m* 2. austretender Saft überreifer Feigen 3. *bot.* Nektar *m*; *~ alacak çiçeği bulmak fig.* 1. e-e lukrative Tätigkeit finden 2. auf e-e melkende Kuh stoßen; *~ arısı zo.* *(Honig-)*Biene *f*; *~ ayı* Flitterwochen *pl.*; *~ ayı seyahati* Hochzeitsreise *f*; *~ başı besonders* reiner Honig; *~ dök de yala! fig.* blitzblank; *~ gibi* 1. honigsüß, schmeichlerisch 2. ordentlich, tüchtig 3. ganz leicht; *~ mumu müzesi* Wachsfigurenkabinett *n*; *~ mumu yapıştırmak fig.* sich *et.* *(od. j-n)* merken; *~ sağmak* den Honig aus dem Bienenstock nehmen; *Spr. ~ tutan parmağını yalar* es vergreift sich leicht jemand an fremdem Gut.
balpare Kostümball *m.*
bala *selt.* Kind *n.*
balaban 1. groß, riesig 2. Tanzbär *m* 3. große Trommel 4. *~ kuşu zo.* große Rohrdommel.
balabanlaşmak dick und groß werden.
balak Tierjunge(s) *n*, *spez.* Büffelkalb *n.*
balansuvar *(koltuğu)* Schaukelstuhl *m.*
balar dünnes Brettchen; Schindel *f.*
balast, -tı Schotter *m.*
balastlamak mit Schotter belegen *(Straße)*.
balcı 1. Imker *m* 2. Honighändler *m.*
balçak Säbelkorb *m.*
balçık Lehm *m*; *~ hurması* Kistendatteln *pl.*
baldır 1. *an.* Unterschenkel *m* 2. Wade *f*; *~ çevresi* Wadenumfang *m.*
baldırak 1. unterer Teil *m e-r (Unter-)Hose* 2. Ring *m am Degengurt.*
baldıran *bot.* Schierling *m.*
baldırıçıplak Strolch, Raufbold *m.*
baldırıkara *bot.* Frauenhaar *n.*
baldız Schwägerin *f (Schwester der Ehefrau)*.
balerin Ballettänzerin, Balletteuse *f.*
balet, -ti Ballett *n.*
balgam Auswurf, Schleim *m*; *~ atmak fig.* 1. verächtlich machen 2. verleumden; *~ çıkarmak (od. sökmek)* Schleim auswerfen; *~ taşı* grüner Jaspis.
balık 1. Fisch *m* 2. ♓ *astr.* Fische *pl.* *(Sternbild od. Tierkreiszeichen)*; *Spr. ~ baştan kokar* die Korruption beginnt (meist) bei den führenden Stellen; *~ kavağa çıkınca (od. çıktığı zaman) fig.* am St. Nimmerleinstag; *~ nefsi* Walrat *m*; *~ pulu* Fischschuppe *f*; *~ tutmak* 1. fischen, angeln 2. *Sch.* Schwein haben *(in der Prüfung)*; *~ yumurtası* Botarga *m*; *~ yuvası* Laichplatz *m*; *balığa çıkmak* auf Fischfang gehen *(ausfahren)*; *balığın belkemiğini bulmak fig.* entdecken, worauf es ankommt.
balıkçı 1. Fischer *m* 2. Fischhändler *m.*
balıkçıl 1. sich von Fischen nährend 2. *zo.* Reiher *m.*
balıkçılık 1. Fischereigewerbe *n* 2. Fischverkauf *m* 3. Fischfang *m.* 4. Fischereikunde *f.*
balıkçın *zo.* *(Fluß-)*Seeschwalbe *f.*
balıketi, -ni, balıketinde, balıketli vollschlank.
balıkhane [· · - ·] Großfischhalle *f.*

balıklama 1. *Vs. zu balıklamak* 2. Kopfsprung (*ins Wasser*) *m*; ~ *atlamak* e-n Kopfsprung machen.
balıklamak wie ein Fisch zappeln.
balıklava reiche Fischgründe *pl.*
balıklı fischreich.
balıksırtı, *-nı* 1. überhöht, gewölbt 2. Fischgrätenmuster *n.*
baliğ [ā] 1. erreichend 2. in der Pubertät stehend.
balina [· x ·] 1. Walfisch *m* 2. Fischbein, -stäbchen *n.*
balkabağı, *-nı* 1. *bot.* Melonenkürbis *m* 2. *fig.* Schafskopf *m*, Kamel *n.*
balkon 1. Balkon *m* 2. V weibliche Brust, „Vorbau" *m.*
ballandırmak 1. dick und süß wie Honig werden lassen 2. *fig.* in den verlockendsten Farben schildern 3. V geben, herausrücken.
ballanmak 1. dick und süß wie Honig werden 2. *fig.* anziehend wirken.
ballı Honig enthaltend *od.* damit zubereitet.
ballıbaba *bot.* Taubnessel *f.*
balo [x ·] Ball *m*; ~ *vermek* e-n Ball geben (*veranstalten*).
balon 1. Ballon *m* 2. Luftschiff *n* 3. Glaskolben *m* 4. Luftballon *m* 5. *fig.* Versuchsballon *m*; ~*uçurmak fig.* e-n Versuchsballon starten.
baloz 1. Vergnügungslokal *n* (*niederer Art*) 2. Apachenball *m.*
balözü, *-nü* Nektar, Honigsaft *m.*
balsıra *Name e-r bestimmten Manna-Art.*
balta Axt *f*, Beil *n*; ~ *asmak fig.* lästig fallen; ~ *değmemiş* (*girmemiş od. görmemiş*) *orman* ungeschlagener Wald, Urwald *m*; ~ *ile girişiyor fig.* er benimmt sich wie der Elefant im Porzellanladen; ~ *ile yontulmuş fig.* ungehobelter Kerl; ~ *kaması* Axtspitze *f*; ~ *olmak* (*b-ne*) *fig. j-m* durch dauernde Forderungen lästig fallen; *-yı kapıya asmak fig. j-m* nicht von der Pelle gehen; *-yı taşa vurmak fig.* e-e Tapsigkeit begehen.
baltabaş *naut.* mit senkrecht verlaufendem Vordersteven.
baltaburun 1. *s. baltabaş* 2. V mit e-m Mordszinken im Gesicht.
baltacı 1. wer Beile *od.* Äxte herstellt *od.* verkauft 2. Holzhacker *m* 3. Feuerwehrmann *m* 4. *fr.* Pionier, Hellebardier *m.*
baltalama 1. *Vs. zu baltalamak* 2. *spez.* Sabotage *f*; *-dan gitmek* 1. grob vorgehen 2. verballhornen.
baltalamak 1. *selt.* mit der Axt *od.* dem Beil schlagen 2. Sabotageakte verüben; sabotieren 3. frevlerisch Hand legen (*an*) 4. unbarmherzig aufräumen (*mit*) 5. keine Möglichkeit mehr bestehen lassen.
baltalı 1. mit Axt *od.* Beil 2. *selt.* = *gammalı.*
baltalık 1. *fr.* Holzungswald *m* 2. Gemeindewald *m*; ~ *hakkı jur.* Holzgerechtigkeit *f.*
Baltık 1. baltisch 2. ~ *Denizi* Ostsee *f*; ~ *devletleri* die baltischen Staaten *pl.*
balya [x ·] (*Waren-*)Ballen *m*; ~ *bezi* Packleinen *n*; ~ *yapmak* in Ballen packen.
balyemez *hist.* Falke *m* (*fr. Feldkanone*).
balyos *hist.* venezianischer Gesandter (*im Osman. Reich*).
balyoz Schmiede-, Schell·hammer *m*; ~ *gibi* sehr schwer, sehr gewichtig.
bambaşka [x · ·] ganz anders, grundverschieden.
bambu *bot.* Bambus *m.*
bamburuk *in der vulg. Füg.*: *-larını sökmek j-n* übel zurichten.
bamteli, *-ni* 1. dicke Baß-Saite 2. Fliege *f* (*Barttracht*) 3. *fig.* Achillesferse *f*; *-ne basmak* (*od. dokunmak*) *fig. j-m* auf die Hühneraugen treten.
bamya [x ·] *bot.* eßbarer Eibisch, Okra *f*, Bamia *f*; ~ *tarlası* V Friedhof *m.*
bana mir; ~ *bak(-sana)!* (*Zuruf*) 1. He!, Heda! 2. Herr Ober!; ~ *bakma!* mich mußt du dabei aus dem Spiel lassen!; ~ *gelince* was mich angeht; ~ *göre hava hoş!* F mir ist es schon recht!; ~ *kalırsa* meines Erachtens; ~ *mısın dememek fig.* dickfellig sein; ~ *söylemez* F davon verstehe ich nichts.
bandaj Bandage *f*, Verband *m*; *-lı* verbunden, bandagiert.
bandıra [x · ·] 1. Schiffsflagge *f* 2. Flagge *f einer fremden Nation.*
bandıralı unter ... Flagge fahrend.
bandırmak *s. banmak.*
bandırol, *-lü* (*Steuer-*)Streifband *n*, Banderole *f.*
bando [x ·] (*Musik-*)Kapelle *f*, Musikkorps *n.*

bangır bangır *Lm. e-s heftigen Weinens od. wüsten Schreiens*; ~ ~ *ağlamak* = *hüngür hüngür ağlamak*; ~ ~ *bağırmak* laut schreien; grölen, lärmen. [*bağırmak*.
bangırdamak *s. bangır bangır*
bangoboz V dumm, stupid, blöd.
bâni 1. Erbauer *m* 2. Gründer, Schöpfer *m*.
bank 1. (*in der va. Füg. Bank Osmani und in Neol. wie Denizbank, Etibank, Sümerbank*) = *banka* 2. Sitzbank *f* (*z.B. in Parkanlagen*).
banka [x ·] 1. Bank·haus, -geschäft *n*, Bank *f* 2. V Bordell *n*.
bankacı 1. Bank·angestellte(r), -beamte(r) *m*, -beamtin *f* 2. Banksachverständige(r)*m*.
bankacılık Bankwesen, Bankiergewerbe *n*. [(*Wechsel*).
bankalık bankfähig, begebbar
banker 1. (*Privat*-)Bankier *m* 2. Inhaber *m* e-s großen Wechselgeschäftes 3. *fig*. steinreicher Mensch.
banket, *-ti* Sitzbank *f* (*in Straßenbahn, Omnibus usw.*).
bankınot, *-tu* Banknote *f*.
bankiz Eisbank *f*, Eisfeld *n*.
banko [x ·] 1. der *in der Bank stehende* Einsatz (*bei Spielen*) 2. *selt*. Schreibpult *n* 3. Sitzbank *f* (*in Anlagen usw.*).
banliyö nähere Umgebung, Vororte *pl*. (*e-r Stadt*); ~ *treni* Vorortzug *m*.
banmak ein·tauchen, -tunken.
banotu, *-nu* 1. *bot*. Bilsenkraut *n* 2. die *narkotisierenden* Samen dieser Pflanze.
bant, *-dı* 1. Band *n*, Binde *f*, Flor *m* 2. Streifen *m* (*z.B. an Taxis*) 3. Blende *f* (*an Damenkleidern*) 4. Schreibmaschinenband *n* 5. Wellenband *n*, Wellenteil *m* (*am Radiogerät*) 6. *Bill*. Bande *f*.
banyo [x ·] 1. Bad(en) *n* 2. Badewanne *f* 3. Baderaum *m*, Badezimmer *n*; ~ *yapmak* baden.
bap, *-bı* [ā] 1. = *kapı* 2. Abschnitt, Teil *m*, Kapitel *n* 3. Thema *n*, Stoff *m*, Angelegenheit *f*; *bu -ta* in dieser Angelegenheit.
bar[1] *Name e-s in Nord- und Ostanatolien weit verbreiteten Volkstanzes.*
bar[2] 1. Unsauberkeit *f* (*bei nicht gut ausgewaschenen Gläsern u. ä. m.*) 2. Zungenbelag *m*.
bar[3] Bar *f*.
bar[4] **bar** *Lm. wie bağır bağır*; ~ ~ *bağırmak* laut und anhaltend schreien.
baraj 1. Sperre *f* 2. *spez*. Talsperre *f*, Staudamm *m*; ~ *ateşi mil*. Sperrfeuer *n*.
barak 1. haariger, grober Wollstoff 2. langhaariger Jagdhund *od*. langhaariges Pferd 3. hochgezogener Weinstock.
baraka [· x ·] Baracke *f*.
barata [· x ·] 1. *fr. e-e osman. Kopfbedeckung* (*aus Tuch*) 2. Ledermütze *f* (*der Bergleute, Seeleute usw.*).
barbar barbarisch, Barbar(in *f*) *m*.
barbunya [· x ·] 1. *zo*. rote Meerbarbe 2. *ab*. Streifenbarbe *f* 3. *e-e kleinere, gesprenkelte Bohnenart* 4. V 10-Pfund-Schein *m* 5. *Sch*. die Note 10 (*die beste Note*).
barbut, *-tu Name e-s Würfelspiels*.
barda [x ·] Rundschaber *m* (*der Faßbinder*).
bardak 1. Trinkbecher *m*, Trinkglas *n* 2. *dial*. Tonkrug *m*, Wasserkanne *f*; ~ *eriği Name e-r Reineclaudenart*.
barem 1. Besoldungsordnung *f* 2. gehaltliche Einstufung; ~ *cetveli* Besoldungsplan *m*; ~ *kanunu* Beamtenbesoldungsgesetz *n*.
barfiks Reck *n* (*Turngerät*).
bargam *Name e-r kleineren Meeräschenart*.
barhana 1. großes, halbverfallenes Gebäude 2. Gepäck *n*, Troß *m* 3. Karawane *f*, Trupp *m*, Zug *m* 4. Karawanenherberge *f* 5. *von e-r Karawane beförderte* Güter *pl*.; ~ *gibi* riesengroß (*Haus*).
barınak 1. Zufluchtsort, Unterschlupf *m* 2. Haus, Heim *n*.
barınmak 1. e-n Unterschlupf (*e-e Unterkunft, ein Unterkommen*) finden 2. sich vertragen.
barış 1. Versöhnung *f*, Friede *m* 2. (*Prozeß*-)Vergleich *m*; ~ *görüş olm*. sich wieder vertragen.
barışçı(l) versöhnlich, verträglich, friedliebend.
barışık ausgesöhnt, versöhnt; in Frieden lebend (*mit*).
barışmak sich aus-, ver·söhnen.
bari [ā] 1. (*bes. in Optativ- od. Konditionalsätzen*) mindestens, wenigstens 2. in diesem Falle, deswegen, so, nun.

barikade verbarrikadiert; ~ *etm.* verbarrikadieren.
barikat, *-dı* Barrikade *f*; *-la kapatmak* verrammeln, verbarrikadieren.
barikatlamak *s. barikatla kapatmak.*
bariton *mus.* 1. Bariton(ist) *m* 2. Baritonhorn *n*.
bâriz 1. klar, offensichtlich 2. akzentuiert.
bark, *-kı* Haus, Heim *n*.
barka [x ·] *naut.* großes Ruderboot; Barke *f*.
barklanmak zu e-m Haus (*Heim*) kommen.
barko [x ·] *naut.* Schaluppe, Barke *f*.
barlam *Name e-r großen Makrelenart.*
barname [- - ·] Zolldeklaration *f*.
baro [x ·] Rechtsanwaltkammer *f*.
barparalel Barren *m* (*Turngerät*).
barsak Darm *m*.
barsakçı Darm-, Kaldaunen·händler *m*.
barsam *zo.* Viperqueise *f* (*e-e Art Petermännchen*).
barudi [· - -] pulver-, blei·grau.
barut, *-du* (*od. -tu*) Schießpulver *n*; ~ *ambarı* (*od. deposu*) Pulvermagazin *n*; ~ *gibi* 1. in hellem Zorn 2. sauer wie Essig 3. unfreundlich, barsch; ~ *hakkı* erforderliche Pulvermenge; ~ *kesilmek* (*od. olmak*) *fig.* in hellen Zorn geraten.
baruthane [· · - ·] 1. Pulverfabrik *f* 2. Pulvermagazin *n*.
barutluk 1. Pulverbehälter *m* 2. Pulvermagazin *n*.
basamak 1. (*Treppen-*)Stufe *f* 2. (*Leiter-*)Sprosse *f* 3. Trittbrett *n* 4. *math.* Ordnung, Reihe *f* (*von Zahlen*), Grad *m* (*e-r Gleichung*) 5. Grad *m*, Stufe *f*; ~ *yapmak fig.* 1. *et.* als Sprungbrett benützen 2. *j-n* seinen Zwecken dienstbar machen.
basarık 1. Pedal *n*, Fußhebel *m* (*am Webstuhl*) 2. Sperrvorrichtung *f*.
basbayağı [x · ·] *Verst. von bayağı.*
bası Drucken *n*, Druck *m*.
basıcı 1. Drucker *m* 2. Verleger *m*.
basık 1. flach, breitgedrückt 2. niedrig.
basılı gedruckt, verlegt.
basılış (*Druck-*)Auflage *f*.
basım 1. Buchdruckerkunst *f* 2. Druck *m*.
basımevi, *-ni* Druckerei *f*.
basın Presse *f* (*syn. matbuat*).
basınç, *-cı phys.* Druck *m* (*syn. tazyik*).
bâsıta Streckmuskel, Extensor *m*.
basiret, *-ti* [i] Scharf·sinn, -blick, Weitblick *m*; *-i bağlanmak* wie mit Blindheit geschlagen sein.
basiretkâr, basiretli scharf·sinnig, -blickend.
basit, *-ti* 1. einfach 2. unkompliziert, leicht 3. ohne hervorstechende Anlagen (*Mensch*).
basitleşmek sich vereinfachen.
basitlik Einfachheit, Unkompliziertheit *f*.
basketbol, *-lü* Korb-, Basket·ball *m*.
baskı 1. Presse (*als Werkzeug*) *f* 2. Preßform *f* 3. Druck *m*, Druckart *f* 4. Druckabzug *m*, Exemplar *n* 5. Auflagenhöhe *f* 6. Druck, Zwang *m* 7. Bremse *f* 8. *techn.* Stampfer *m* 9. *techn.* Schlichthammer *m* (*des Schmiedes*); ~ *altında* unter ... Druck; ~ *altında tutmak a. mil.* niederhalten.
baskılık Briefbeschwerer *m*.
baskın 1. *selt.* überlegen, unwiderstehlich 2. unerwarteter Angriff, Überfall *m* 3. Razzia *f*; ~ *çıkmak* stärker sein; ~ *vermek* überrumpelt *od.* ertappt werden; ~ *yapmak* überrumpeln *od.* ertappen.
baskül Brückenwaage *f*.
basma 1. *Vs. zu basmak* 2. Druckkattun *m* 3. Druckerzeugnis *n* 4. Überflutung *f* (*durch das Meer*) 5. gedruckt.
basmak, (*-ar*) 1. (hin)treten 2. ein bestimmtes Alter erreichen 3. kräftig ziehen (*läuten usw.*) 4. drücken, pressen, niedertreten 5. drucken 6. prägen (*Münzen*) 7. plötzlich angreifen; befallen (*Fieber*); eindringen (*Wasser*); überfallen, überrumpeln 8. ertappen 9. hereinbrechen (*Dunkelheit, Hitze usw.*) 10. plötzlich tun *od.* sagen; loslegen (*mit*) 11. unvermutet hereinschneien (*z.B. Besuch*) 12. decken (*Farbe*) 13. sich senken (*Haus*) 14. *a. basıp gitmek* V sich auf die Socken machen 15. V = *faka basmak* 16. V sich aufs Glatteis führen lassen.
basmakalıp, *-bı* 1. schablonen- *od.* klischee·mäßig hergestellt 2. *fig.* herkömmlich, üblich 3. *pej.* stereotyp, abgedroschen.
baso [x ·] *mus.* 1. Baß *m* 2. Bassist *m* 3. Baßtuba *f*.

bastarda [· x ·] 1. *hist. e-e mittelgroße* Kriegsgaleere 2. *hist.* Flaggschiff *n* 3. Fockmast *m*.
bastı *e-e Art* Ragout *aus Fleischbrühe, Gemüse und Hackfleisch.*
bastıbacak 1. Knirps, Dreikäsehoch *m* 2. krummbeinig.
bastırmak (*Kaus. zu basmak*) 1. unterdrücken, niederwerfen (*Revolte*) 2. stillen (*Hunger*) 3. löschen (*Brand*) 4. = *baskın çıkmak* 5. den Rand einschlagen und festnähen 6. hinein·pressen, -drücken 7. übertönen 8. sofort bei der Hand sein (*mit Antwort od. Urteil*) 9. unangemeldet *zu j-m* gehen 10. plötzlich einsetzen (*Kälte usw.*); hereinbrechen (*über*) 11. befallen (*Fieber*).
baston 1. Spazierstock *m* 2. *naut.* Klüverbaum *m*; ~ *yutmuş gibi* als ob er e-n Ladestock verschluckt hätte.
basur [- -] schleimige *od.* blutige Ausscheidung *infolge Darmentzündung, Ruhr od. Hämorrhoiden.*
bâsübadelmevt, *-ti* [- · - - ·] Auferstehung *f* (*der Toten*).
baş 1. Kopf *m*, Haupt *n* 2. Führer, Chef, Leiter *m* 3. Anfang, Beginn *m* 4. Grundlage *f* 5. Gipfel *m* 6. rundliches Ende; Knopf, Knauf *m* 7. das eine von zwei Enden (*z.B. bei Brücke*) 8. *naut.* Vorschiff *n* 9. Stück *n* (*als Zählwert*) 10. Wechslergebühr *f* 11. Vieh *n* 12. unmittelbare Nähe *od.* Umgebung *von et.* 13. Haupt-, Chef-, General-, Meister-, Ehren-; führend, leitend; oberst-, erst-; Ober-, Vorder- 14. (*in verschiedenen Rw.*) eigene Person; ~ *ağrısı* 1. Kopfweh *n* 2. *fig.* Plage, Qual *f*; ~ *aşağı gelmek* (*od. gitmek*) die Ungunst des Schicksals erfahren; ~ *-a* 1. unter vier Augen 2. gemeinsam; ~ *-a vermek* 1. sich treffen 2. tuscheln 3. solidarisch handeln; ~ *belâsı* Plage *f*, Verdruß *m*, Quälgeist *m*; ~ *edememek b-le* nicht aufkommen können (*gegen*); ~ *göstermek* auftreten, ausbrechen (*z.B. Krankheit*); ~ *göz yarmak* lauter Unheil anrichten (*spez. bei Erfüllung e-s Auftrags*); ~ *kaldırmak* rebellieren; ~ *kaldırmamak a.* ununterbrochen arbeiten; ~ *kaldırtmamak fig.* niederhalten; ~ *kesmek* 1. den Kopf abschlagen 2. den Kopf einziehen 3. nicken, grüßen; ~ *korkusu* Angst *f* um das eigene Leben; ~ *sallamak* zu allem nicken, was jemand sagt; ~ *sedire geçmek* 1. den führenden Platz einnehmen 2. e-e bedeutende Persönlichkeit sein; ~ *taraf* Kopf, Anfang *m* (*z.B. e-s Leitartikels*); ~ *üstüne!* zu Befehl!, soll geschehen!, gewiß!; ~ *vurmak* 1. sich wenden (*an*) 2. versuchen 3. schwanken (*zwischen Maximum und Minimum*); (**başı**): ~ *açık* 1. barhäuptig 2. offenkundig; ~ *açılmak* ausgehen (*Kopfhaar*); ~ *bağlı* verlobt *bzw.* verheiratet; ~ *bozuk* 1. Zivilperson *f* 2. Zivilkleidung *f* 3. *va.* Freischärler *m*; ~ sert 1. verstockt 2. störrisch (*Pferd*); *başımla beraber* gerne; *başın(ız) sağ olsun!* (*Kondolenzformel*) mein aufrichtiges Beileid (*zu Ihrem schweren Verlust*)!; (**başına**): pro Kopf; ~ *belâ kesilmek e-m* zum Unheil ausschlagen; ~ *buyruk* selbstherrlich; ~ *çıkmak* aufdringlich werden; ~ *devlet kuşu konmak* ein großes Glück besehen; ~ *dikilmek* sich *vor j-m* aufpflanzen; ~ *gün doğmak* ein unverhofftes Glück besehen; ~ *hal gelmek* 1. in große Schwierigkeiten geraten 2. unruhig werden 3. *in der Füg. başıma hal geldiği taktirde* ... wenn mir etwas zustoßen sollte ...; ~ *kakmak j-m et.* unter die Nase reiben; ~ *teller taksın!* (*meist iron.*) von mir aus mag er sich ein Loch in den Bauch freuen!; (**başından**): ~ *atmak sich et.* vom Halse schaffen; ~ *geçmek* durchmachen, überstehen; ~ *savmak* (*od. savuşturmak*) 1. *j-n* abwimmeln 2. abwenden (*Unheil*); (**başını**): ~ *dikmek* den Kopf heben; ~ *ezmek fig.* 1. *j-m* die Giftzähne ausbrechen 2. *j-n* gehörig durchprügeln; ~ *gözünü yarmak* 1. *j-m* das Gesicht zerschlagen 2. *fig.* verpfuschen, verderben 3. verstümmeln, radebrechen; ~ *ortaya koymak* sein Leben riskieren; ~ *sallamak* 1. mit dem Kopf nicken 2. den Kopf schütteln (*vor Verwunderung*); ~ *taşa vurmak* 1. sich den Kopf einrennen 2. *et.* bereuen; (**baştan**): 1. von Anfang an 2. zuerst 3. noch einmal; ~ *aşağı* von Kopf bis Fuß; ~ *aşmak* zu viel sein; ~ *atmak* abwimmeln; ~ *çıkarmak* verführen; ~ *çıkmak* verführt werden.
başabaş 1. gleich·stehend, -wertig 2. pari; zum Nennwert 3. Pari *n*.

başak Ähre *f*; ~ *bağlamak* (*od. tutmak*) Ähren ansetzen; ~ *etm.* Ähren lesen.
Başak *astr.* Jungfrau *f* (*Sternbild od. Tierkreiszeichen*).
başakçı Ährenleser(in *f*) *m*.
başaklı 1. mit Ähren 2. in Ährenform.
başaltı, *-nı* 1. zweite Klasse (*bei Ringern*) 2. Mannschaftskajüten *pl.* (*auf Schiffen*).
başarı Gelingen *n*, Erfolg *m*; ~ *elde etm.* (*bei allem*) Erfolg haben; ~ *göstermek* sich erfolgreich zeigen; *-lar dilemek* guten Erfolg wünschen.
başarmak erfolgreich ausführen.
başat dominierend; Haupt-.
başbakan *s. başvekil.*
başbakanlık *s. başvekâlet.*
başbuğ *selt.* (türkischer) Oberbefehlshaber.
başçavuş *mil.* Feldwebel, Wachtmeister *m*.
başçı 1. Vorarbeiter, Polier *m* 2. wer *gekochte od. ungekochte* Hammel- *od.* Rinder·köpfe verkauft.
başgedikli *mil.* Oberfeldwebel, Oberwachtmeister *m*.
başgöz *in den Füg.*: ~ *etm.* P verheiraten; ~ *olm.* P verheiratet werden *bzw.* sich verheiraten.
başhekim Oberarzt, Chefarzt *m*.
başıboş 1. frei umherlaufend; streunend (*Hund*) 2. ungezähmt 3. verwahrlost (*Kind*).
başıkabak 1. glatzköpfig 2. mit ganz kurz geschnittenen Haaren 3. *selt.* barhäuptig.
başka 1. ander-; verschieden 2. e-e andere Sache 3. *m. Abl.* außer (*ein- od. ausschließend*) 4. V Zigeuner *m*; ~ ~ ganz verschieden; *-ları* andere Leute; *-sı* ein anderer.
başkaca 1. gesondert, außerdem 2. et. verändert, et. weniger gut aussehend.
başkalamak 1. verändern 2. *pej.* verderben, entstellen.
başkalaşmak e-e Metamorphose durchmachen.
başkalık 1. Eigenart *f* 2. Veränderung *f*.
başkan Präsident, Vorsitzende(r), Vorstand *m*.
başkanlık 1. Präsidium *n*, Vorsitz *m* 2. Führung *f* (*e-r Abordnung usw.*) 3. Präsidentschaft *f*.
başkâtip, *-bi* Bürovorsteher *m*.
başkonsolos Generalkonsul *m*.
başkonsolosluk Generalkonsulat *n*.
başkumandan Oberbefehlshaber, Generalissimus *m*.
başlamak 1. anfangen, beginnen 2. in Zorn geraten.
başlangıç, *-cı* Anfang, Beginn *m*.
başlanmak 1. *Pass. zu başlamak* 2. e-n Kopf (*Knopf, Knauf, e-e Knolle*) ansetzen.
başlıbaşına für sich allein; unabhängig.
başlık 1. Kopfbedeckung *f* 2. Kopfputz *m*, Haube *f*, *a.* Fliegerhaube *f* 3. Kapuze *f* 4. Helm *m* 5. Kapitäl *n* 6. Kopfteil *m* (*des Pferdegeschirrs*) 7. (*Artikel-*)Überschrift *f* 8. Nabe *f* (*e-s Rads*) 9. *a. techn.* Kalotte, Kappe *f* 10. Führung *f*, Vorsitz *m*, Kommando *n*.
başmak Fußbekleidung *f*, Schuh *m*.
başmakale [· - - ·] Leitartikel *m*.
başmakçı 1. Schuh·macher, -händler *m* 2. Moscheediener *m* (*der die vor dem Betreten der Moschee abgelegten Schuhe aufbewahrt*).
başmaklık *hist.* Pantoffelgeld *n* (*e-r Sultansgattin od. -tochter*).
başmuharrir Chefredakteur, Hauptschriftleiter *m*.
başmüddeiumumi Generalstaatsanwalt *m*.
başmühendis Oberingenieur *m*.
başmüşavir [· · - ·] oberster Berater.
başöğretmen Rektor(in *f*) *m* (*e-r Volksschule*).
başörtü(sü) Kopftuch *n*.
başparmak 1. Daumen *m* 2. große Zehe.
başpeskopos Erzbischof, Metropolit *m*.
başpeskoposluk 1. Stellung *f* e-s Erzbischofs, Metropoliten 2. Erzbistum *n*, Erzdiözese *f*, Metropole *f*.
başsağı, başsağlığı Gesundheit *f*, Leben *n*; *başsağı* (*başsağları od. başsağlığı*) *dilemek* kondolieren; *başsağlığına gitmek* e-n Kondolenzbesuch abstatten.
başsız 1. ohne Kopf 2. ohne Führung.
başsızlık 1. Fehlen *n* des Kopfes 2. Anarchie *f*.
başşehir, *-hri* 1. Hauptstadt *f*, Sitz *m* der Regierung 2. (*im Pl.*) die wichtigsten Städte (*e-s Landes*).
baştankara *zo.* Kohlmeise *f*.
baştarda *s.* bastarda.

başucu, *-nu* 1. Kopfende *n* 2. oberster Teil *von et.* 3. *astr.* Zenith *m*; *-mda* nahe bei mir; *-na dikilmek fig. j-n* unablässig bedrängen.
başvekâlet, *-ti* Ministerpräsidium *n*, Reichs-, Bundes·kanzlei *f*.
başvekil Ministerpräsident, Reichs-, Bundes·kanzler *m*.
başyaver [· - ·] erster Adjutant; Flügeladjutant *m*.
başyazar *s. başmuharrir*.
başyazı Leitartikel *m* (*e-r Zeitung*).
bataet, *-ti* [· - ·] Schwerfälligkeit, Langsamkeit *f*.
batak 1. keinen Nutzen abwerfend 2. verloren, zerronnen 3. Sumpf, Morast *m* 4. sumpfig, morastig.
batakçı 1. Schwindler, Betrüger *m* 2. Verschwender *m*.
batakhane [· · - ·] 1. Spielhölle *f* 2. Bordell *n* 3. Spelunke *f*.
bataklamak zum Sumpf *od.* Morast werden.
bataklık Sumpf *m*, Sumpf·land, -gebiet *n*, Bruch *n*, Moor *n*.
bataksal Sumpf-, Moor-.
batar P = *zatürrie*.
batardo [· x ·] Abdämmung *f* (*bei Hausbau*).
batarya [· x ·] 1. (*Feld-*)Batterie *f* 2. Geschütze *pl.* an der Breitseite e-s Kriegsschiffs 3. elektrische Batterie.
batı 1. Westen *m*, Abendland *n* 2. westlich, europäisch 3. Westwind *m* 4. *der Punkt, an dem die Sonne am 20. März untergeht*; ~ *Avrupa(sı)* Westeuropa.
batıcı 1. stechend; Stich- 2. *fig.* kränkend, verletzend.
batık 1. ertrunken, untergegangen 2. eingefallen (*z.B. Brust*); ~ *olarak yol almak* getaucht fahren (*U-Boot*).
bâtıl 1. falsch, unrichtig 2. nutz-, wert·los 3. *jur.* nichtig, nicht-existent, ungültig 4. *z. va.* unsinnige Worte *od.* Gedanken *pl.*; ~ *itikat* Aberglaube *m*.
batın, *-tnı* 1. Bauch, Unterleib *m* 2. Abdomen *n* 3. Uterus *m* 4. Generation *f* 5. *phys.* Schwingungs-, Wellen·bauch *m*.
bâtın 1. innerlich; Innen- 2. mystisch, verborgen 3. Innere(s) *n*, wahrer Kern.
batırmak (*Kaus. zu batmak*) 1. versenken (*z.B. Schiff*) 2. ein-, untertauchen (*tr.*) 3. (hinein)stechen 4. geschäftlich ruinieren 5. herziehen (*über j-n*) 6. verschwenden (*Geld*).
bati [ī] schwerfällig, langsam.
batldres Felduniform *f*.
batma *Vs. zu batmak spez.* Untergang, Zusammenbruch *m*, Ende *n*.
batmak, (*-ar*) 1. (ver-, ein)sinken 2. untergehen (*Schiff, Sonne, Schwimmer usw.*) 3. verlorengehen (*z.B. Geld*) 4. vergessen werden 5. Bankrott machen 6. eingehen (*z.B. Zeitung*) 7. in e-n schlechten Zustand geraten 8. eindringen, einwachsen 9. (*b-ne*) kränken 10. stören; lästig fallen; *bata çıka* nur mühsam.
batman *früheres türk. Gewicht*; *meist = 6 Okka*.
batöz Dreschmaschine *f*.
batri *mus.* Schlagzeug *n*.
battal 1. wertlos, ungültig 2. ungewöhnlich groß 3. tapfer; Held *m*; ~ *etm.* entwerten, abschaffen.
battaniye [· - · ·] Wolldecke *f*.
batuta [· x ·] *mus.* Takt *m*.
bavul (*Reise-*)Koffer *m*.
Bavyera [· x ·] *n.pr.* Bayern *n*.
Bavyeralı Bayer(in *f*) *m*; bayerisch.
bay 1. (*vor Eigenname*) Herr ... 2. (*ohne Eigenname*) Herr *m*.
bayağı 1. üblich, normal 2. *pej.* gewöhnlich, gemein, schlecht 3. *adv.* [x · ·] offenbar, beinahe; ~ *gün* Werktag *m*.
bayan 1. (*vor Eigenname*) Frau ..., Frl. ... 2. (*in der Anrede ohne Name*) Gnädige Frau, Gnädiges Fräulein 3. Dame *f*; *-lar, baylar!* Meine Damen und Herren!
bayat, *-tı* 1. abgelagert, altbacken 2. abgehangen (*Fleisch*) 3. schal, abgestanden (*Bier u. ä.*) 4. alt, überholt (*z.B. Nachrichten*) 5. V rückständig.
baygın 1. ohnmächtig, besinnungslos 2. schmachtend, verliebt (*z.B. Blick*). 3. leicht und angenehm (*Duft*) 4. leise und zart (*Stimme*) 5. ganz verzückt.
bayılmak 1. ohnmächtig werden 2. ganz vernarrt sein 3. V *tr.* herausrücken (*müssen*) (*Geld*); *gülmekten* ~ sich halb tot lachen; *susuzluktan* ~ schier verdursten.
bayır 1. Bergabhang *m* 2. Hügel *m*.
bâyi, *-ii* Verkäufer *m*.
baykuş *zo.* Eule *f*.

bayrak Fahne, Flagge *f*; ~ *açmak* 1. Soldaten anwerben 2. eigensinnig werden 3. revoltieren 4. V zu schimpfen anfangen; *-ları açmak* gereizt antworten; *-ları indirmek* 1. die Fahnen einholen 2. zu schimpfen aufhören.
bayraktar 1. Fahnenträger *m* 2. *fig.* Bannerträger, Vorkämpfer *m*.
bayram *staatlicher od. kirchlicher* Feiertag; Fest *n*; ~ *etm. od. yapmak fig.* außer sich vor Freude sein; ~ *haftasını mangal tahtası anlamak* vollkommen falsch verstehen; ~ *tatili* Arbeitsruhe *f* (*an Feier- und Festtagen*); *-ınız kutlu olsun!* Gesegnete Feiertage!; *-dan -a fig.* sehr selten.
bayramlaşmak sich gegenseitig frohe Feiertage wünschen.
bayramlık 1. für Feiertage bestimmt 2. Festtagsgeschenk *n* 3. Festtagseinkäufe *pl.* 4. Festkleid *n*, Feiertagsanzug *m*.
baytar Tierarzt, Veterinär *m*.
baz 1. *chem.* Base *f* 2. *math.* Grundzahl, Basis *f* (*bei Logarithmen*).
bazal *chem.* basisch.
bazan; bazen [- ·] [x ·] *Adv.* manchmal.
bazı 1. manche, einige 2. = *bazen*; *-larınca* nach Meinung einiger Leute.
bazlama(ç) 1. *e-e bes. süße und dicke Art gözleme* 2. ungesäuerter Fladen.
bazoka [· x ·] *mil.* Panzerfaust *f*.
bazu *s. pazı*[2].
bazubent *s. pazıbent*.
be! F ei, doch, he, gelt; *yapma* ~! laß das doch!; ~, *çocuk!* He, Junge!
bebecik (*iron. für Erwachsene*) das liebe Kindchen.
bebek 1. Säugling *m* 2. Kleinkind, Baby *n* 3. Puppe *f Kspz.* 4. *fig.* herausstaffiert.
becayis [ā] Wechsel *m*, Umbesetzung *f* (*bei Beamten*).
becerik *selt.* Geschicklichkeit *f*.
becerikli erfolgreich erledigend; geschickt.
beceriklilik Geschicklichkeit *f*.
beceriksiz ungeschickt, linkisch.
beceriksizlik Ungeschicklichkeit, Erfolglosigkeit *f*.
becermek 1. erfolgreich durchführen 2. *iron.* kaputt machen 3. zum Beischlaf verführen.
bed schlecht, schlimm, übel, häßlich; *-ine gitmek* 1. plagen, belästigen 2. kränken.
bedahet, *-ti* [ā] 1. Klarheit, Evidenz *f* 2. Improvisation *f*.
bedava [x · ·] kostenlos, gratis; *-dan ucuz* spottbillig.
bedavacı F Nassauer, Schmarotzer *m*.
bedavet, *-ti* [ā] Nomadentum, Beduinentum *n*.
bedbaht, *-tı* unglücklich, bedauernswert.
bedbin [ī] pessimistisch; Pessimist [(-in *f*) *m*.]
bedbini [ī, ī], **bedbinlik** Pessimismus *m*.
beddua Fluch *m*, Verwünschung *f*; ~ *etm.* verfluchen, verwünschen; *-sını almak* verflucht (*verwünscht*) werden.
bedel 1. Gegenwert *m*, Äquivalent *n*, Preis *m* 2. Ersatz *m*, Gegenleistung *f*; 3. *pr.* = *bedeli nakdî*; *bedeli keşif* veranschlagter Wert; *bedeli muhammen* Taxwert *m*; *bedeli nakdi jur.* Loskaufsgeld *n* (*von der Wehrpflicht*).
beden 1. Körper, Rumpf *m* 2. Stamm *m* 3. Festungswall *m* 4. Größe *f* (*bei Anzügen*) 5. Oberteil *n* (*e-s Kleides*) 6. *naut.* Bucht *f* (*e-s Taues*); ~ *eğitimi* Leibeserziehung *f*.
bedesten Antiquitätenbasar *m* (*spez. in Ist.*).
bedevi [ī] 1. Wüstenbewohner, Nomade *m* 2. *spez.* Beduine *m* 3. Beduinen *pl.* 4. ♀ *Name e-s islam. Mönchsordens*.
bedhâh übelgesinnt, böswillig.
bedihi [ī, ī] klar, deutlich, evident.
bedii ästhetisch.
bedir, *-dri* (*a. bedri tam*) Vollmond *m*.
bedmest, *-ti* sinnlos betrunken (*und grölend*).
bednam [ā] berüchtigt, verrufen.
begüm Begum *f* (*indische Fürstin*).
beğendi (< *Hünkâr beğendi*) Auberginenpüree *n* mit Fleisch.
beğenmek *tr.* 1. gernehaben, gefallen 2. heraussuchen (*was e-m gefällt*) 3. *et.* Passendes finden 4. raten.
beha *s. paha*.
behemehal, *-li* [a meist kurz] [· x · ·] auf jeden Fall.
beher jeder einzelne; einzeln; *-ine* pro Person *od.* Stück.

behey *Int.* ach du ...; oh du ...
behimi [ī, ī] tierisch, viehisch, bestialisch.
behre Anteil *m.*
beis, e'*si* Schaden, Nachteil *m*; ~ *görmemek* keinen Nachteil *in et.* erblicken; ~ *yok* es macht nichts.
bej beige (*Farbe*).
bek[1], -*ki* Verteidiger *m* (*spez. beiFb.*).
bek[2], -*ki* (*Gas*-)Brenner *m.*
beka [ā] Dauer *f*, Fortbestehen, Weiterleben *n*; ~ *bulmak* weiter·bestehen, -leben.
bekar *mus.* Auflösungszeichen *n.*
bekâr 1. unverheiratet, ledig 2. Junggeselle *m* 3. Strohwitwer *m* 4. Internatsschüler *m* (*der auch an Feiertagen nicht nach Hause fährt*).
bekâret, -*ti* 1. Jungfräulichkeit, Unberührtheit *f* 2. Originalität *f* (*von Gedanken, Werken usw.*); -*ten almak* entjungfern, deflorieren.
bekârlık *Sb. zu bekâr*; ~ *vergisi* Junggesellensteuer *f.*
bekas *zo.* Waldschnepfe *f.*
bekasin *zo.* Sumpfschnepfe, Bekassine *f.*
bekçi Wärter, (*Nacht*-)Wächter, (*Feld*-)Hüter *m*; ~ *köpeği* Wachhund *m.*
bekhent, -*di* Rückhandschlag (im Tennis) *m.*
beklemek 1. warten (*auf*), erwarten, erhoffen 2. Wache halten 3. aufpassen, achtgeben.
beklenmedik unerwartet, unvermutet, plötzlich.
bekri Trunkenbold *m*; ~ *Mustafa* V *der Prototyp e-s Trunkenbolds.*
Bektaşi [ā] *fr. Mitglied des Bektaschi-Ordens*; ~ *sırrı* F unergründliches Geheimnis; ~ *üzümü bot.* Stachelbeere *f.*
bel[1] 1. Taille *f* 2. Lende *f* 3. Rücken *m* (*e-s Tieres*) 4. Sattel *m* (*e-s Berges*) 5. Engpaß *m* 6. Mittelteil *m* (*e-s Schiffes*); ~ *bağlamak* sich völlig verlassen (*auf*); ~ *bölgesi an.* Lendengegend *f*; ~ *gevşekliği* (*sexuelle*) Impotenz; ~ *vermek* 1. sich wölben, sich ausbuchten 2. nachgeben (*Saite*); -*i çökmek* e-n Buckel bekommen.
bel[2] Spaten; zweizinkige Gabel *zum Umgraben des Bodens.*
bel[3] *in der Füg.*: ~ ~ *bakmak* stieren.
bel[4] Merk-, Kenn·zeichen *n.*
belâ Plage, Heimsuchung, Mühsal *f*, Unglück *n*, Strafe *f*, Fluch *m* (*den man auf sich lädt*); ~ *çıkarmak* 1. Unannehmlichkeiten verursachen 2. Anlaß zum Streit geben; -*lar mübareki* 1. Pechvogel *m* 2. *iron.* das durfte natürlich auch nicht fehlen!; -*sını bulmak* seine verdiente Strafe erhalten; -*sını çekmek für et.* büßen müssen.
belâgat, -*ti* 1. Beredsamkeit *f* 2. *fig.* beredte Sprache (*z.B. e-r Statistik*) 3. dichterische Schönheit 4. Rhetorik und Stilistik *f.*
belâhat, -*ti* Dummheit, Beschränktheit *f.*
belâlı 1. mühselig, unangenehm 2. rechthaberisch, streitsüchtig 3. Zuhälter *m.*
Belçika *n.pr.* Belgien *n.*
Belçikalı belgisch; Belgier(in *f*) *m.*
beledî 1. städtisch; *selt.* Städter *m* 2. an e-m bestimmten Ort vorkommend (*Pflanze*) 3. endemisch (*Krankheit*).
belediye Stadtverwaltung *f*; ~ *meclisi* Stadtrat *m*; ~ *reisi* (*Ober*-)Bürgermeister *m.*
belediyeci Kommunalpolitiker(in *f*) *m.*
belermek rund und groß werden (*Augen*).
beleş V gratis, kostenlos.
beleşçi V Nassauer, Schmarotzer *m.*
belge *s. vesika.*
belgelemek *s. tevsik etm.*
belgeli 1. wer im Besitze e-s Dokumentes (*Ausweises*) ist 2. bestätigt, belegt 3. *Sch.* zweimaliger Repetent.
beliğ [ī] beredt.
belirlemek bestimmen, abgrenzen, definieren, determinieren.
belirli bestimmt, präzis, fest, determiniert.
belirmek 1. sich herauskristallisieren 2. in Erscheinung treten 3. eindeutig werden 4. = *belermek.*
belirti Symptom *n.*
belirtmek *Kaus. zu belirmek* genau bestimmen; determinieren.
beliyye großes Unglück, Heimsuchung *f*, Naturkatastrophe *f.*
belkemiği, -*ni* 1. Wirbelsäule *f*, Rückgrat *n* 2. *fig.* Hauptstütze *f*, lebenswichtiger Teil.
belki [x ·] 1. vielleicht 2. höchstens, vielmehr.
bellâdon [â kurz] 1. *bot.* Tollkirsche *f* 2. *pharm.* Belladonna *f*, Atropin *n.*

belleme 1. *Vs. zu bellemek* 2. Satteldecke *f.*
bellemek 1. auswendig lernen 2. glauben, meinen 3. mit *bel*[2] den Boden umgraben.
belleten *T. von bülten.*
belli 1. bekannt 2. klar, evident 3. bestimmt, determiniert; ~ *belirsiz* 1. mehr oder weniger bekannt 2. nicht recht klar; ~ *etm.* 1. deutlich werden lassen 2. ausplaudern; ~ *günler* bestimmte Tage *pl.* (*z.B. der Menstruation*).
bellibaşlı 1. hauptsächlich 2. bekannt, angesehen 3. klar zu erkennen.
belsoğukluğu, *-nu med.* Tripper *m,* Gonorrhöe *f.*
bembeyaz [x··] blütenweiß, schneeweiß.
bemol, *-lü mus.* 1. Erniedrigungszeichen *n* 2. *der hierdurch erniedrigte Ton; mi* ~ (*der Ton*) es.
ben[1] 1. ich 2. *psych. phil.* Ich *n.*
ben[2] 1. Schönheits-, Leber·fleck *m* 2. Köder *m.*
bence [x·] meines Erachtens.
bencil = *hodbin, hodkâm.*
bende[1] *Abl. zu ben*[1] bei mir.
bende[2] *va.* Diener, Sklave *m*; *-niz* (*noch gebr. osm. Hf.*) „Ihr Diener" = ich.
benek Fleck *m* (*auf der menschlichen Haut, dem Tierfell, auf Stoffen usw.*); ~ *sakal* Fliege *f* (*Barttracht*).
beni[1] *Akk. zu ben*[1] mich.
beni[2] *va.* Söhne *pl.*; ~ *İsrail* Kinder *pl.* Israel; ~ *nevi* Mitmenschen *pl.,* Nächste(r) *m.*
benim[1] [· x] *Gen. zu ben*[1] 1. meiner 2. mein; ~ *için* für mich; ~ *var* ich habe (*besitze*).
benim[2] [x ·] ich bin (es).
benimki *der, die, das* meinige; mein.
benimsemek 1. sich *et.* aneignen 2. *et.* übernehmen 3. Anspruch erheben (*auf*).
beniz, *-nzi* Gesichtsfarbe *f,* Aussehen *n*; *benzi atmak* sich verfärben, erblassen; *benzi bozuk* kränklich aussehend.
benlik 1. das (*eigene*) Ich, das Ego 2. Persönlichkeit *f* 3. Arroganz *f*; ~ *dâvasında olm.* egozentrisch denken und handeln; ~ *sahibi kimse* ausgeprägte Persönlichkeit; *benliğinden çıkmak* sich völlig ändern.
bent, *-di* 1. Band *n,* Bindung *f* 2. Knoten *m* 3. List *f* (*beim Ringen*) 4. Kapitel *n,* Abschnitt *m* 5. Talsperre *f* 6. *va.* Zeitungsartikel *m.*
benzemek 1. ähneln, gleichen 2. aussehen (nach) 3. *iron.* ruiniert *od.* verkorkst werden.
benzer 1. ähnlich 2. Pendant, Gegenstück, Ebenbild *n*; *-i yok* einzig in seiner Art.
benzetmek *Kaus. zu benzemek* 1. anähneln 2. vergleichen 3. *j-n mit j-m* verwechseln 4. *iron.* kaputt machen, ruinieren 5. (*bşe*) *et.* wieder in Ordnung bringen 6. F durchprügeln.
beraber [ā] 1. zusammen 2. gleichstehend; ~ *kalmak* unentschieden enden (*Spiel*); ~ *olm.* 1. sich in voller Übereinstimmung befinden 2. dem Erdboden gleichgemacht werden; *-e kalmak* gleichstehen; *-inde* bei (*mit*) sich; *bununla* ~ indessen, aber, gleichwohl; ... *olmakla* ~ 1. obwohl ... 2. sowohl ... (*als auch*).
beraberlik [ā] 1. Gemeinschaft *f* 2. Solidarität *f* 3. Gleichstand *m,* Remis *n,* totes Rennen; ~ *golü* Ausgleichstor *n* (*Fb. u. ä.*).
beraet, *-ti* [ā] 1. Freispruch *m* 2. Entlastung *f*; ~ *etm.* 1. freigesprochen werden 2. entlastet werden.
berat, *-tı* Bestallungsurkunde *f,* Patent *n*; ♀ *Gecesi* (*od. Kandili*) *die Nacht der Berufung Mohammeds zum Propheten.*
berbadetmek [ā] 1. beschmutzen 2. verderben, verhunzen 3. völlig durcheinander bringen.
berbadolmak [ā] *Pass. zu berbadetmek.*
berbat, *-dı* 1. ganz schmutzig 2. verdorben, miserabel 3. völlig durcheinander.
berber Friseur *m.*
berdevam [ā] dauernd.
bere[1] 1. blauer *od.* brauner Fleck (*auf der Haut*) 2. Hautabschürfung *f.*
bere[2] Baskenmütze *f.*
bereket, *-ti* Segen *m,* Fruchtbarkeit *f,* reichliches Vorhandensein; ~ *versin!* wohl bekomm's!, danke schön!
berhava in die Luft gesprengt; vernichtet; ~ *etm.* sprengen, vernichten; ~ *olm.* 1. in die Luft fliegen 2. ergebnislos verlaufen.
berhudar [ā] vom Schicksal be-

günstigt; glücklich; ~ *ol!* Gottes weiterer Segen über dich!
beri 1. *die dem Sprecher nächstgelegene Seite od. Gegend* 2. diesseitig 3. hierher, hier herüber, näher 4. *m. Abl.* seit; von ... an.
beriki dieser (*diese, dieses*) hier.
bermutat, -dı [ū, ā] üblich, gewöhnlich, meistens.
berrak, -kı *od.* **-ğı** kristallklar, durchsichtig.
bertaraf 1. beseitigt, beiseite 2. ausgenommen; bis auf ...; ~ *etm.* beseitigen, aus dem Wege räumen.
berzah 1. Landenge *f*, Isthmus *m* 2. *fig.* Abgrund *m* 3. *isl. Myth. Ort und Zeit zwischen Tod und Auferstehung.*
besbelli [x · ·] *Verst. von belli.*
besbeter [x · ·] *Verst. von beter.*
besi 1. Ernährung *f* 2. Mastweide *f* 3. Mast *f*.
besleme 1. *Vs. zu beslemek* 2. Verpflegung *f*, Unterhalt *m* 3. Pflegekind *n*, junges Dienstmädchen 4. *techn.* Unterlage *f* 5. *techn.* Zuführung *f*.
beslemek 1. ernähren 2. mästen 3. halten (*z.B. Hühner*) 4. aus-füllen, -stopfen, -füttern (*Hohlraum*) 5. durch e-e Unterlage ebnen 6. hegen (*Hoffnung, Groll usw.*) 7. *techn.* verstärken, unterlegen 8. *techn.* zuführen, speisen.
besleyici nahrhaft.
besmele Bismillah-Formel *f*; ~ *çekmek* (*od. okumak*) die Formel *bismillâhir-rahmanir-rahîm* aussprechen.
besmelesiz V Hurenkind *n*, Bankert *m*.
beste Vertonung, Komposition *f*.
besteci, bestekâr Komponist(in *f*) *m*.
bestelemek komponieren, vertonen.
beş 1. fünf 2. Fünf *f* (*Zahl*); ~ *aşağı* ~ *yukarı* nach einigem Feilschen; ~ *aşağı* ~ *yukarı aynı* nur unwesentlich verschieden; ~ *duygu(lar)* die fünf Sinne *pl.*; ~ *kardeş(ler) hum.* Ohrfeige *f*; ~ *para etmez* das taugt gar nichts; ~ *parasız* ohne e-n roten Heller; ~ *vakit namaz* die *im Islam vorgeschriebenen* fünf täglichen Gebete; *-i bir yerde* das türkische Fünf-Pfund-Stück (*aus Gold*); *-te bir* Fünftel *n*.
beşbıyık *bot.* Mispel *f*.
beşer[1] je fünf.
beşer[2] Mensch *m*; Menschheit *f*.
beşerî menschlich; ~ *coğrafya* Anthropogeographie *f*.
beşeriyet, -ti 1. menschliche Natur 2. Menschheit *f*.
beşgen *math.* Fünfeck, Pentagon *n*.
beşibirlik = *beşi bir yerde.*
beşik *a. fig.* Wiege *f*; ~ *kertme nişanlı* (*od.* ~ *kertiği od.* ~ *kertmesi*) schon in der Wiege miteinander verlobt.
beşinci fünft-; ~ *kol fig.* Fünfte Kolonne.
beşiz Fünfling *m*.
beşlemek 1. verfünffachen 2. in fünf Teile zerlegen.
beşli 1. Fünf *f* (*Spielkarte*) 2. *mus.* Quinte *f*.
beşlik 1. *e-e Münze, Note Briefmarke usw. zu 5 Para, Kurusch, Pfund usw.*
beşpençe 1. *zo.* Seestern *m* 2. kräftige Ohrfeige.
beşspont, -tu *Bill.* 1. Doppelquart *f* 2. *ein Ball mit drei od. mehr Banden.*
beşyüz fünfhundert.
beşyüzlük 500-Pfund-Schein *m*.
bet, -ti (*in Verb. mit beniz od. bereket*) 1. Gesicht *n* 2. Gesichtsfarbe *f*, Aussehen *n*; *-i bereketi olmamak* 1. rasch aufgebraucht werden 2. sich nicht halten (*z.B. Obst*).
beter (*a. daha beter*) schlechter, übler, schlimmer; *-in -i var* 1. nichts ist so schlecht, daß es nicht noch et. Schlechteres gäbe 2. es kommt noch schlimmer.
betonarme 1. Eisenbeton *m* 2. Eisenbeton-.
bevil, -vli Harn, Urin *m*.
bevliye 1. Harnerkrankungen *pl.* 2. urologische Abteilung.
bey 1. Reiche(r), Vornehme(r) *m* 2. Führer *m* (*e-r Gruppe*) 3. Herrscher *m* 4. As *n* (*im Kartenspiel*) 5. (der) Herr; ~ *baba* (der) Herr Vater.
beyan [ā] 1. Erklärung, Kundgebung *f* 2. Lehre *f* von Vergleich und Metapher 3. klar, deutlich; ~ *etm.* erklären, kundtun, kundgeben; *bir -da bulunmak* e-e (*offizielle*) Erklärung abgeben.
beyanat, -tı [· - -] (*urspr. pl. zu beyan*) (*abgegebene*) Erklärung; *-ta bulunmak od.* ~ *yapmak* e-e (*offizielle*) Erklärung abgeben.
beyanname [ā, ā] 1. offizielle Verlautbarung, Deklaration *f*, Mani-

fest *n* 2. Zolldeklaration *f* 3. polizeilicher Meldeschein 4. Warenverzeichnis *n* 5. Flugblatt *n*, Aufruf *m*.
beyarı *s. arıbeyi.*
beyaz 1. weiß 2. weiße Stelle 3. Weiße(s) *n* (*des Auges, Eies usw.*) 4. Reinschrift *f* 5. *mus.* halbe Note; ~ *etm.* ins Reine schreiben; ~ *harb* Nervenkrieg *m*; ♀ *Saray n.pr.* Weißes Haus (*in Washington*); *-a çekmek* ins Reine schreiben.
beyazımsı, beyazımtırak weißlich.
beyefendi (der) Herr.
beygir 1. (*Pack-, Last-*)Pferd *n* 2. Wallach *m*; ~ *gibi* plump, dumm; ~ *kuvveti* (*od. gücü*) Pferdekraft *f*.
beyhude [ū] vergeblich, umsonst, nutzlos.
beyin, *-yni* 1. Hirn, Gehirn *n spez.* Großhirn *n* 2. Verstehen *n*, Verstand *m*; ~ *sektesi med.* Gehirnschlag *m*; ~ *tavası* gebackenes Hirn; *beyni atmak* plötzlich in größte Wut geraten; *beynine kurşun sıkmak* sich e-e Kugel vor den Kopf schießen.
beyincik *an.* Kleinhirn, Cerebellum *n*.
beyinli 1. mit e-m ... Hirn 2. verständig, klug.
beyit, *-ti* 1. *va.* Haus *n*, Kammer *f* 2. Doppelvers *m*.
beyiye 1. Maklergebühr, Courtage *f* 2. offizielle staatliche Verkaufsstelle.
beykoz Trumpf-As *n* (*Ka.*).
beylerbeyi, *-ni hist.* osman. Generalgouverneur (*e-r Provinz*) *m*.
beylik 1. *Titel, Gebiet od. Benehmen e-s bey* 2. *va.* Regierung *f* 3. Staatseigentum *n* 4. fiskalisch, ärarisch 5. trivial, abgedroschen 6. kleine, dünne Wolldecke (*für Soldaten*); ~ *kapı(sı)* offizielle Dienststelle; Amt *n*, Behörde *f*; ~ *lâkırdı* Gemeinplatz *m*, Trivialität *f*; ~ *satmak* sich als großen Herrn aufspielen.
beynelmilel international.
beynelmilelcilik Internationalismus *m*.
beynelmileliyet, *-ti* internationaler Charakter (*e-r Angelegenheit*).
beyyine Dokument, Beweisstück *n*, Beweis *m*.
beyzi [ī] oval.
bez[1] 1. Leintuch *n* 2. einfacher Baumwollstoff 3. Tuch *n*, Lappen *m*; *-den bebek* 1. Puppe *f* 2. *fig.* untätig herumsitzend; *o taraflarda -i yok fig.* auf so et. will er nicht eingehen.
bez[2] *an.* Drüse *f*.
bezdirmek *Kaus. zu bezmek* 1. quälen, verdrießen 2. (*b-ni bşden*) *j-m et.* verekeln.
beze 1. Drüsenanschwellung *f* 2. Drüse *f*.
bezek Schmuck *m*, Verzierung *f*.
bezekçi 1. Dekorationsmaler *m* 2. *fr.* e-e Frau, die die Braut schmückt.
bezelye [· x ·] *bot.* Erbse *f*.
bezemek 1. ausstatten, versehen 2. schmücken, herausputzen.
bezen *mst. pej.* (*protzig wirkender*) Schmuck.
bezesten *s. bedesten.*
bezgin (arbeits)unlustig, verdrossen, abgespannt.
bezik Besik, Bézique *n* (*Ka.*).
bezir, *-zri* 1. *va.* Samen *m* 2. (*yağı*) Leinöl *n*.
bezirgân 1. (jüdischer) Händler 2. gewinnsüchtig.
bezm (*Trink-*)Gelage, Bankett *n*.
bezmek (*bşden*) gequält werden; *et.* überbekommen.
bıcıl 1. *an.* Sprungbein *n* 2. Würfelspiel *n*.
bıçak Messer *n*; ~ *bıçağa gelmek* mit dem Messer aufeinander losgehen; ~ *kemiğe dayanmak fig.* unerträglich sein; ~ *sırtı kadar fark* ein winziger Unterschied; *bıçağı hakkı için fig.* um sein Mütchen zu kühlen; *bıçağın ağzında olm. fig.* auf des Messers Schneide stehen.
bıçakçı Messer·schmied, -händler, -stecher *m*.
bıçaklamak mit dem Messer (er-)stechen.
bıçkı Schrot-, Quer-, Wald-, Spann·säge *f*.
bıçkın F Tunichtgut, Faulenzer *m*.
bıdık kurz und dick (*z.B. Finger*).
bıkkın überdrüssig; *-lık* Überdruß, Ekel *m*.
bıkmak (*bşden*) *e-r Sache* überdrüssig werden.
bıldır (< *bir yıldır*) 1. voriges Jahr 2. vorjährig.
bıldırcın 1. *zo.* Wachtel *f* 2. V üppige Schöne.
bıllık bıllık drall, rundlich, mollig.
bıngıl bıngıl 1. = *bıllık bıllık* 2. sich in den Hüften wiegend (*Frau*).

bıngıldak *an.* Fontanelle *f* (*bei Säuglingen*).
bıngıldamak schlappen, spritzen (*Flüssigkeit*).
bırakmak, (-*ır*, *selt.* -*ar*) 1. (*liegen, sein*) lassen 2. fort-, weg·legen 3. auf-, ver·schieben 4. überlassen 5. aufgeben (*z.B. Gewohnheit*) 6. zurück-, ver·lassen; im Stich(e) lassen 7. nicht versetzen (*Schüler*) 8. wachsen lassen (*z.B. Bart*) 9. los-, frei·lassen 10. (*karı*) sich von seiner Frau scheiden lassen 11. *e-e Klasse an e-n anderen Lehrer* abgeben 12. anvertrauen 13. übereignen 14. hinter-, zurück·lassen 15. sich loslösen (*z.B. Politur*) 16. die Spannung verlieren (*z.B. Violinsaite*).
bıyık Schnurrbart *m*; ~ *altından gülmek* 1. verschmitzt lachen 2. sich heimlich lustig machen; ~ *burmak* 1. den Schnurrbart zwirbeln 2. *fig.* den Eleganten spielen 3. *fig.* sich aufspielen.
bızır *an.* Klitoris *f*, Kitzler *m*.
biat, -*tı* Huldigung *f*; ~ *etm.* huldigen.
biber 1. Pfeffer *m* 2. Paprika *m* 3. Pfeffer-, Paprika·schote *f*; ~ *dolması* farcierte Pfefferschote; ~ *ekmek* pfeffern.
biberiye *bot.* Rosmarin *m*.
biberlik Pfeffer·streuer, -behälter *m*.
biçare [ī, ā] arm, bedauernswert, hilflos.
biçer-bağlar Bindemäher *m*.
biçer-döğer Mähdrescher *m*.
biçim 1. Mähen *n* 2. Erntezeit *f* 3. richtige Form 4. Art *f*, Zuschnitt *m* 5. *math.* Figur *f* 6. *phil.* Gestalt, Vorstellungsform *f*; *bu ne* ~ *iş?* was ist das für e-e sonderbare Sache?
biçimli gut sitzend; passend.
biçimsiz schlecht passend; unschön; ~ *haber* F schlechte Nachricht.
biçki 1. Zuschneiden *n* 2. Zuschnitt *m*, Verarbeitung *f*.
biçme 1. *Vs. zu biçmek* 2. *math.* Prisma *n*.
biçmek 1. schneiden 2. mähen 3. zuschneiden (*Stoff*) 4. *fig.* niedermähen 5. festsetzen (*Preis*).
bidayet, -*ti* [ā] Anfang, Beginn *m*.
bidon (*Blech*-)Kanister *m*.
biftek Beefsteak *n*.
bihakkın 1. zu Recht 2. vollkommen, tadellos.
bikarbonat, -*tı* (*dö sut*) doppeltkohlensaures Natron.
bikes [ī] alleinstehend, verwaist.
bikir, -*kri* 1. Jungfernschaft *f* 2. Jungfrau *f*; *bikrini izale etm.* (*bir kızın*) entjungfern.
bilâhara nachher, später, danach.
bilâkaydüsart, -*tı* bedingungslos.
bilâkis [â kurz] [x · ·] sondern; ganz im Gegenteil.
bilânço [â kurz] [· x ·] Bilanz *f*.
bilârdo [â kurz] [· x ·] Billard (-spiel) *n*.
bilâvasıta [· - - · ·] unmittelbar, direkt.
bilbedahe [ā] *va.* aus dem Stegreif.
bilcümle alle, sämtliche, jeder.
bildik 1. gewußt, bekannt 2. Bekannte(r) *m/f*; *bildiğinden şaşmamak* auf seinem Kopf bestehen; *bildiğini okumak* nach dem eigenen Kopf handeln; *bildiğini yapmak* gegebene Ratschläge nur scheinbar befolgen.
bildirmek *Kaus. zu bilmek* mitteilen, melden.
bile 1. *va.* zusammen 2. sogar, selbst 3. schon (*wieder*) 4. schon (*allein*) 5. *s. bilye*.
bileği Schleifwerkzeug *n*; ~ *taşı* Schleifstein *m*.
bilek 1. Handgelenk *n* 2. Handwurzel *f*; ~ *kuvveti* Brachialgewalt *f*; ~ *saati* Armbanduhr *f*; *bileğine güvenmek* sich auf s-e Kraft (*od. Geschicklichkeit*) verlassen.
bilemek schleifen, schärfen.
bileşik 1. zusammengesetzt 2. *chem.* Verbindung *f*; ~ *faiz* Zinseszins *m*.
bileşmek *chem.* sich verbinden.
bilet, -*ti* 1. Fahrkarte *f* 2. Eintrittskarte *f* 3. Los *n*.
biletçi Kartenverkäufer, *spez.* Schaffner *m*.
bileyici Scherenschleifer *m*.
bilezik 1. Armband *n* 2. V Handschelle(n *pl.*) *f* 3. (*taşı*) Verkragung *f* 4. Joch *n*, Manschette, Muffe, Schelle *f* 5. *techn.* Nippel *m*.
bilfarz [x ·] angenommen; gesetzt den Fall, daß ...
bilfiil [x · ·] 1. tatsächlich 2. effektiv 3. tatkräftig 4. aktuell.
bilgi Wissen *n*, Kenntnis *f*.
bilgiç 1. *va.* kenntnisreich 2. Kenntnisse vortäuschend 3. Superkluge(r) *m*.

bilgili kenntnisreich, erfahren, gelehrt.
bilgin Gelehrte(r), Wissenschaftler *m.*
bilgisiz ohne Kenntnisse; unwissend.
bilgisizlik Fehlen *n* von Kenntnissen, Unwissen *n*, Ignoranz *f.*
bilhassa [x · ·] 1. besonders, namentlich 2. absichtlich; zum Tort; ~ *ve* ~ an allererster Stelle.
billâh, billâhi [x · ·] bei Gott! wahrhaftig!
billûr 1. Kristall *n* 2. in Kristallform 3. Kristallglas *n* 4. Kristall- 5. kristallklar.
billûriye Kristallwarengeschäft *n.*
bilmece Rätsel *n.*
bilmedik [x · ·] 1. unbekannt 2. undurchschaubar 3. nicht wissend.
bilmek, (*-ir*) 1. wissen, kennen 2. können (*Sprache*) 3. sich verstehen (*auf*) 4. erkennen 5. meinen, glauben 6. *j-n* verantwortlich machen 7. (*modales Hilfsverb*) können; *görebilmek* sehen können; *görmiyebilmek* möglicherweise nicht sehen; *bile bile* wissentlich.
bilmemezlik Nicht·kennen, -wissen *n*; *-ten gelmek* so tun, als ob man nicht kennte (*wüßte*).
bilmez unwissend, dumm.
bilmisil mit Gleichem (*z.B. vergelten*).
bilmukabele [ā] 1. als Antwort 2. auch meinerseits.
bilûmum [x · ·] all, sämtlich, jeder.
bilvasıta [x - · ·] mittelbar, indirekt.
bilvesile [· · - ·] in diesem Zusammenhang; hierbei.
bilya, bilye [x ·] 1. (*Spiel-*)Murmel *f* 2. Kugel *f* (*bei Billard, Roulett usw.*).
bin[1] 1. tausend 2. Tausend *f* (*Zahl*); ~ *bir* 1. tausendundein- 2. *fig.* unzählige; ~ *can ile* mit dem größten Eifer; ~ *kalıba girmek* 1. sich dauernd ändern 2. dauernd den Beruf wechseln 3. immer wieder anders gekleidet sein; ~ *tarakta bezi var* 1. er ist Hans Dampf in allen Gassen 2. er hat viele Eisen im Feuer; ~ *yaşa(sın)!* 1. bravo! 2. vielen herzlichen Dank!; *-de bir* 1. ein Tausendstel, ein Promill 2. äußerst selten; *-i bir para(ya)* 1. spottbillig 2. wertlos 3. zahllos 4. ellenlang (*Fluch*); *-in(in) yarısı beşyüz fig.* es wird überall mit Wasser gekocht; *-lerce* Tausende.
bin[2] *va.* Sohn *m.*
bina [ā] 1. Gebäude *n* 2. Bauen *n* 3. Bau (*a. fig.*) *m* 4. *fr.* Lehrbuch *n* der ar. Grammatik 5. *gr.* Verbalaspekt *m*; ~ *etm.* 1. (er)bauen 2. stützen.
binaen [ā] (*mit Dat.*) auf Grund von ...; wegen; *buna* ~ infolgedessen, also, demgemäß.
binaenaleyh [· - · · ·] [· x · · ·] = *buna binaen.*
binbaşı *mil.* Major *m.*
bindirme *Vs. zu* bindirmek *spez.* 1. *mil.* Verladung, Verschiffung, Einschiffung *f* 2. *techn.* Überlappung *f*; ~ *iskelesi* Verladerampe *f.*
bindirmek *Kaus. zu binmek* 1. ein-, auf·steigen (*od.* aufsitzen) lassen 2. beim Einsteigen *usw.* behilflich sein 3. *mil.* zusammenkoppeln 4. verladen, verschiffen, einschiffen 5. an-, auf·prallen (*auf*) 6. *techn.* überlappen 7. F ausfallend werden (*gegen*).
binek 1. alles, was zum Besteigen dient 2. Pferd *n* 3. Schiff *n* 4. Reit-, Personen-; ~ *atı* Reitpferd *n.*
biner je tausend; ~ ~ zu je tausend.
bingözotu, *-nu bot.* Scammoniawinde *f.*
binici (*erfahrener*) Reiter.
binicilik 1. Reitkunst *f* 2. Reitsport *m*, Sportreiten *n*; ~ *müsabakası* Reitturnier *n.*
bininci tausendst-.
biniş 1. Reiten *n* 2. (*Aus-*)Ritt *m* 3. berittener Umzug 4. *fr. e-e bestimmte Tracht* (*bei Reiterumzügen*) 5. *fr. ein loser Überwurf* (*der isl. Theologen*).
binişmek sich verkrampfen (*Muskeln*).
binlik 1. *fr. e-e Flasche, die 1000 Dirhem Raki od. Wein faßte*; Gallone *f* 2. 1000-Pfund-Schein *m.*
binme *Vs. zu* binmek; ~ *iskelesi* Landebrücke *f.*
binmek, (*-er*) 1. ein-, auf-, be·steigen 2. e-n unerwarteten Verlauf nehmen 3. sich verkrampfen (*Muskeln*) 4. steigen (*im Preis*).
biperva [ī, ā] ungeniert; mit eherner Stirn.
bir 1. eins 2. Eins *f* (*Zahl*) 3. (*unbestimmter Artikel*) ein, eine, ein

4. irgendein(e) 5. einzig, allein 6. vereinigt, zusammen 7. gleich 8. (*Verst.*) wie, recht, nur 9. einmal 10. nur, allein, bloß, lediglich; *günün -inde* eines schönen Tages; *~ ağızdan* einstimmig; *~ an evvel* möglichst rasch; *~ arada* (alle) zusammen, zugleich; *~ araya gelmek* zusammenkommen; *~ aşağı ~ yukarı dolaşmak* ohne Ziel dahinschlendern; *~ avazı yerde ~ avazı gökte fig.* er brüllte aus Leibeskräften; *~ baltaya sap olm. fig.* e-e Anstellung finden; *~ bardak suda boğulmak fig.* an e-r lächerlichen Kleinigkeit scheitern; *~ cihetten* 1. in e-r gewissen Hinsicht 2. einerseits; *~ çift söz* ein paar Worte; *~ çifte (kayık, sandal)* Ruderboot *n* mit e-m Ruderpaar; *~ daha* noch einmal; *~ de* 1. außerdem 2. aber; nun aber; *~ dediğini iki etmemek (b-nin)* 1. grenzenlos verwöhnen 2. ohne Widerrede gehorchen; *~ deri ~ kemik* ganz abgemagert; *~ düziye* unaufhörlich; *~ hoş olm.* keine Freude mehr haben; *~ hoşluğu olmak* sich nicht recht wohl fühlen; *~ içim su* 1. ein Schluck Wasser 2. bildhübsch (*Frau, Mädchen*); *~ iki* einige; *~ iyi* tüchtig, gehörig; *~ kapıya çıkmak* auf das Gleiche hinauslaufen; *~ miktar* e-e kleine Menge; *~ nice* recht viele; *~ parça* 1. ein Stück 2. ein geschlossenes Ganzes 3. ein wenig; etwas; *~ şey değil* 1. nichts! 2. bitte sehr!; nichts zu danken! *~ şeydir oldu* es ist nun einmal geschehen; *~ şeyler* etwas, einiges; *~ tahtası eksik olm. fig.* nicht alle Tassen im Schrank haben; *~ tarafa koymak* 1. sparen 2. vergessen; *~ tesadüf eseri* ein reiner Zufall; *~ türlü* 1. e-e Art 2. schlecht 3. auf keine Weise; durchaus nicht; *~ vakit* 1. e-e Zeitlang 2. früher einmal; *~ varmış ~ yokmuş* 1. es war einmal ... 2. vergangen; nicht mehr vorhanden; *~ yana* ganz abgesehen davon, daß ...; *~ yastığa baş koymak* ehelich zusammen leben; *~ yiyip bin şükretmek* sich glücklich preisen; *-e on katmak* maßlos übertreiben; *-e geldi* es ist ein Uhr geworden; *-e kadar* 1. bis ein Uhr 2. alle, sämtlich.

bira [x ·] Bier *n*; *~ fabrikası (Bier-)* Brauerei *f*.

biracı Bier·brauer, -händler, -verkäufer *m*.

birader [ā] 1. Bruder *m* 2. (*Anrede*) mein Lieber!

birahane [· · - ·] Bierlokal *n*, Biergarten *m*.

biraz [x ·] etwas, ein wenig, ein bißchen; *~ sonra* kurz darauf; *-dan* [x · ·] sofort, sogleich.

bir(i)biri, *-ni* einander; *~ ardınca* hintereinander.

birçok [x ·] recht viele; e-e große Menge; *~ kimse(ler)* gar mancher; *-ları = ~ kimseler*.

birden 1. auf einmal; in e-m Zug 2. plötzlich, sofort; *-bire* [· x · ·] 1. ganz unerwartet 2. sofort, sogleich.

birdirbir oynamak bockspringen.

birebir sofort wirkend.

birer je einer; *~ ~* getrennt, einzeln.

biricek [x · ·] (nur) einmal!

biricik einzig, allein(ig).

birikinti Ansammlung *f* (*z.B. von Wasser*).

birikmek sich ansammeln; auflaufen (*z.B. Schulden*).

biriktirmek 1. anhäufen 2. *techn.* speichern 3. sammeln (*z.B. Briefmarken*) 4. sparen (*Geld*).

birim Einheit *f*; *-ler math.* Einer *pl*.

birinci 1. erst- 2. erstklassig 3. primär; *~ kânun fr.* Dezember *m*; *~ mülâzim fr.* Oberleutnant *m*; *~ teşrin fr.* Oktober *m*.

birkaç, *-çı* einige; ein paar; *~ kitap* ein paar Bücher; *-ı* einige von ihnen (*bzw.* davon).

birkaçıncı soundsovielt-.

birle [x ·] 1. *va.* mit, und 2. = *gibi*.

birleşik verein(ig)t; *≈ Amerika Devletleri* die Vereinigten Staaten *pl*. (von Nordamerika), USA *pl*.

birleşme *Vs. zu birleşmek spez.* 1. *biol., bot.* Kopulation *f* 2. *chem.* Verbindung 3. *jur.* Fusion, Verschmelzung, Vereinigung, (*Real-od. Personal-*)Union *f*; *~ noktası* Schnittpunkt *m*; *~ parçası* Ansatzstück *n*.

birleşmek 1. sich vereinigen 2. *a. chem.* sich verbinden 3. einig werden; *Birleşmiş Milletler n.pr.* (*Organisation der*) Vereinte(n) Nationen *f*, UNO *f*, UN *f*.

birleştirme *Vs. zu birleştirmek*; *~ çizgisi* Bindestrich *m*; *~ kanalı* Verbindungskanal *m*.

birleştirmek 1. vereinigen 2. ver-

binden 3. zu e-r Einigung kommen lassen.
birli 1. As *n* (*im Ka.*) 2. Eins *f* (*im Domino*) 3. *mus.* Prim *f.*
birlik 1. einmaliges Vorhandensein (*Gottes*) 2. Einheit, Geschlossenheit *f* 3. Einheit *f* (*als Glied e-s größeren Verbandes*) 4. Vereinigung *f,* Verein, Bund *m,* Union *f* 5. *mil.* Verband *m* 6. *mus.* ganze Note 7. eheliche Gemeinschaft.
birlikli 1. zusammen, gemeinsam 2. mit (*bei*) sich; Mit-.
birsam [ā] Halluzination *f.*
birtakım einige, etliche, eine Menge; ~ *kimseler* eine Menge Leute.
bis! da capo! (*Theater, Konzert usw.*).
bisiklet, -ti (*Fahr-*)Rad *n.*
bisikletçi 1. Radfahrer(in *f*) *m* 2. Rennfahrer *m* 3. Fahrrad·händler *od.* -mechaniker *m.*
bisküvit, -ti Keks *m.*
bismillâh 1. im Namen Gottes! 2. um Gottes Willen!; ~ *demek fig.* e-e Arbeit beginnen.
bit, -ti 1. Laus *f* 2. *vgl. tahta* (*tavuk*) *biti, kabuklu bit;* ~ *sirkesi* Nisse *f;* *-i kanlanmak fig.* sich (*geschäftlich*) herausmachen.
bitap, -bı [- -] schwach, matt; ~ *düşmek* von Kräften kommen.
bitaraf [ī] neutral.
bitaraflık [ī] Neutralität *f.*
bitek *agr.* fruchtbar.
biteksiz *agr.* unfruchtbar.
bitevi [x · ·], **biteviye** [x · · ·] 1. unaufhörlich 2. eintönig, monoton.
bitey Flora, Pflanzenwelt *f.*
bitim Ende *n.*
bitirim 1. *Vs. zu bitirmek* 2. V abgerissen; schäbig gekleidet 3. V Spielhölle *f* 4. V hübsch, ansprechend.
bitirmek 1. beenden, vollenden 2. verbrauchen, verzehren 3. aufreiben; ganz krank machen 4. *selt.* wachsen lassen.
bitirmiş V gerissen; mit allen Wassern gewaschen.
bitişik 1. aneinanderstoßend, angrenzend 2. Nachbar *m* nebenan.
bitişmek sich gegenseitig berühren; aneinandergrenzen.
bitki Pflanze *f,* Gewächs *n.*
bitkin ganz erschöpft (*abgespannt, müde*).
bitlemek 1. *j-n* lausen 2. V e-n Streit vom Zaune brechen.
bitlenmek 1. verlaust werden 2. sich lausen 3. V Geld haben *od.* bekommen.
bitmek¹ 1. zu Ende gehen; aufhören 2. mit seinen Kräften ans Ende kommen 3. aufgebraucht (*alle*) werden; ausgehen (*Ware*) 4. *m.Dat.* vernarrt sein (*in*); *bitmedi* Fortsetzung folgt; *bitmez tükenmez* unendlich lang (*od.* viel).
bitmek² wachsen (*Gras, Haar, Federn usw.*).
bitpazarı, -nı Trödelmarkt *m.*
bittabi [x · ·] natürlich, selbstverständlich.
bitter [x ·] 1. Bitterschnaps *m* 2. Bittermittel *n* 3. bittere Schokolade.
bityeniği, -ni *fig.* wunder Punkt, versteckter Mangel.
biz¹ wir; *-e göre karanlık* F wir wissen nichts Genaueres darüber.
biz² Schusterahle *f,* Pfriem *m.*
Bizans *n.pr.* Byzanz *n;* ~ *İmparatorluğu hist.* Oströmisches Reich.
bizar [- -] belästigt, gestört.
bizatihi [ā] [· x · ·] 1. selbständig, eigen 2. an (*und für*) sich.
bizden 1. *Abl. zu biz* (1) *u.* (2) 2. V schlau, pfiffig, gerissen.
bizim *Gen. zu biz* (1) unser; ~ *için* für uns.
bizzat [x ·] selbst, persönlich, in eigener Person.
blanş *mus.* halbe Note.
blok (*politischer, Papier-, Briefmarken-, Stein- od. Metall-*)Block.
blokaj 1. Sperrung *f von Guthaben* 2. Sperrguthaben *n* 3. kleine Bruchsteine *pl.*
bloke gesperrt; ~ *hesap* Sperrkonto [*n.*]
blokhavs [x ·] 1. Blockhaus *n* 2. *mil.* Bunker *m.*
bloknot, -tu [x ·] (*defteri*) Notiz-[block *m.*]
bloküs Blockade *f,* Blockadering *m.*
blont, -du blond.
blö bleu (*Modefarbe*).
blöf Bluff *m;* ~ *yapmak* bluffen.
blöfçü wer zu bluffen versucht; *ama* ~ *yahu!* ach, der versucht doch nur zu bluffen!
blûz¹ Arbeits- *od.* Damen·bluse *f.*
blûz² Blues *m* (*Tanz*).
Bn. = *bayan.*
boa 1. (*yılanı*) *zo.* Boa *f, spez.* Abgottschlange *f* 2. Boa *f* (*als Damenpelzkragen*).
bobin 1. Spule *f* 2. Aufspuler *m* 3. Kreuzspule, Bobine *f* 4. Rolle *f.*

bobin(at)ör Spuler *m* (*Arbeiter*).
bobstil Modegeck *m*.
boca [x ·] 1. *naut*. Lee *f* 2. Um-, Aus·schütten *n*.
bocalamak 1. *naut*. das Schiff aufduven *od*. abfallen lassen 2. taumeln, torkeln 3. unsicher werden; den Faden verlieren.
bocurgat, -*tı* Gangspill *n*, Hebewinde *f*.
bodoslama 1. *naut*. Steven *m* 2. V Nase *f*.
bodrum Keller *m*; ~ *katı* Kellergeschoß *n*.
bodur kurz und dick.
boğa (*Zucht*-)Stier *m*; ~ *güreşi od. dövüşü* Stierkampf *m*.
boğaca *s*. *poğaca*.
boğak P 1. Mandelentzündung *f* 2. Angina *f*.
boğası *Name e-s dünnen Futterstoffes*.
boğaz 1. Kehle *f*, Hals, Schlund *m* 2. Hals *m e-s engen Gefäßes* 3. Engpaß *m*, enges Tal 4. Meerenge *f* 5. ♀ = *Boğaziçi* 6. zu ernährendes Mitglied e-r Familie 7. Essen und Trinken *n* 8. *selt*. Halsschmerzen *pl*.; ~ *açılmak* Hunger bekommen; ~ -*a gelmek* aneinandergeraten; ~ *derdine düşmek* Sorge um das tägliche Brot haben; ~ *olm*. Halsschmerzen haben; ~ *tokluğuna çalışmak* für freie Verpflegung arbeiten; -*ına düşkün* aufs Essen erpicht; -*ına kadar tok* dicksatt; -*ından geçmemek* 1. im Halse stecken bleiben 2. am Essen herumwürgen; -*ını çıkarmak* sich durchfretten; -*ını yırtmak* wie am Spieß brüllen.
Boğaziçi, -*ni n.pr*. 1. Bosporus *m* 2. *Name e-r türk. Zigarettenmarke*.
Boğazkale *s*. *Boğazköy*.
boğazkesen Verteidigungsanlage *f* an e-r Meerenge *spez. fr*. Anadoluhisarı (*am Bosporus*).
Boğazköy *n.pr*. *türk. Dorf nordöstlich von Yozgat mit den Ruinen der hettitischen Hauptstadt Mattusas*.
boğazlamak die Kehle durchschneiden.
Boğazlar *n.pr*. die türkischen Meerengen (*Bosporus und Dardanellen*); ~ *Rejimi* Meerengenstatut *n*.
boğazlaşmak 1. sich gegenseitig niederstechen 2. *fig*. sich aufs Blut bekämpfen.
boğazlı 1. *mel*. guter Esser 2. *pej*. Vielfraß *m*.
boğmaca Keuchhusten *m*.
boğmak[1] 1. erwürgen, erdrosseln, ersticken 2. ertränken 3. fest zuhalten (-*binden*, -*schnüren*) 4. *j-m* e-e zu teure Ware andrehen 5. überhäufen (*mit Arbeit, Liebenswürdigkeit usw*.).
boğmak[2] Knoten- *od*. Ring·stelle *f*.
boğucu 1. erstickend 2. schwindlerisch, betrügerisch; ~ *gaz* Giftgas *n*; ~ *sıcak* drückende Hitze.
boğuk rauh, heiser (*Stimme*).
boğulmak *Pass. zu boğmak* 1. erwürgt (erdrosselt, erstickt, ertränkt) werden 2. *intr*. ersticken, ertrinken 3. sich selbst erwürgen (*usw*.) 4. *m. Abl*. beinahe die Besinnung verlieren (*vor*) 5. V geneppt werden.
boğum 1. *bot*. Knoten *m*(*z.B. bei Halmen*) 2. Ring *m* (*z.B. e-r Raupe*) 3. *der zwischen zwei Knoten befindliche Teil e-s Halmes od. Rohrs* 4. Ganglion *n*.
boğuntu 1. Schwindel *m* 2. Wucher *m*; ~ *yeri* V Spielhölle *f*.
boğuşma Handgemenge *n*, Balgerei *f*.
boğuşmak miteinander kämpfen *od*. ringen; einander an die Kehle fahren.
bohça 1. Einschlagetuch *n* 2. Bündel *n* 3. kleiner, viereckiger Tabakballen (*besonderer Qualität*) 4. Geschenk *n* 5. V Popo, Arsch *m*; ~ *etm*. in e-m Bündel zusammenschnüren; -*sını bağlamak* sein Bündel schnüren (*und gehen*); -*sını koltuğuna vermek fig*. j-n aus dem Haus werfen.
bohçacı 1. Hausiererin *f* 2. ein Hamal, der kleinere Lasten trägt.
bohçalamak in ein Bündel verschnüren.
bok, -*ku* V Kot, Dreck *m*; ~ *atmak* V verleumden; ~ *püsür* V 1. Schund, Pofel *m* 2. Unsinn, Quatsch *m*; -*u çıktı* V die schlechten Seiten (*der Person od. Angelegenheit*) haben sich herausgestellt.
boklamak V 1. verdrecken 2. verhunzen, versauen 3. verleumden.
bokluca bülbül 1. *zo*. Zaunkönig *m* 2. naseweises (*altkluges*) Kind.
bokluk V 1. ein mit Kot verschmutzter Ort 2. erbärmliches Durcheinander 3. erbärmlicher Zustand.
boks[1] Boxen *n*; ~ *maçı* Boxwettkampf *m*.
boks[2] Box *f*, Pferdestand *m*.
boksör Boxer *m*.

boktan V 1. minderwertig, miserabel 2. mistig, dreckig (*Kerl*); ~ *kılıç* 1. miserables Schwert 2. lärmender Prahlhans.

bol[1] 1. weit, groß, bequem; völlig (*z.B. Kleidungsstück*) 2. zu weit (*groß usw.*) 3. viel, reichlich 4. überreichlich, im Überfluß; ~ *ağızdan* (*keseden od. paçadan*) *atıp tutmak* den Mund schrecklich vollnehmen; ~ *biçmek fig.* ohne Überlegung handeln; ~ ~ 1. (über)reichlich 2. gut und gern; ~ *doğramak* 1. mit vollen Händen hinauswerfen (*Geld*) 2. das Blaue vom Himmel versprechen; ~ *keseden* freigebigst.

bol[2], *-lü* [-] 1. Bowle *f* 2. Bowlenglas *n*.

bol[3] [-] (*in Zss. wie futbol, beysbol usw.*) Ball *m*.

bolice [· x ·] Jüdin *f*, Schicksel *n*.

bollanmak, bollaşmak 1. zu weit (*groß*) werden 2. stark zunehmen (*ansteigen*) (*Zahl*).

bollatmak 1. weiten; größer machen 2. lockern (*Gürtel*) 3. in größerer Menge beschaffen.

bolluk 1. (*Zu-*)Weitsein, (*Zu-*) Großsein *n* 2. Überfluß *m* 3. Prosperität *f* 4. *wo alles in Hülle und Fülle vorhanden ist.*

bolşevik 1. Bolschewist(in *f*) *m* 2. bolschewistisch.

bolşevikleştirmek bolschewisieren.

bolşeviklik bolschewistische Bewegung, Bolschewismus *m*.

bolşevist, *-ti*, **bolşevistlik** *s. bolşevik* (*-lik*).

bolşevizm *s. bolşeviklik.*

bom 1. *Int.* bumm!, bums! 2. V Aufschneiden *n*; ~ *atmak* V das Blaue vom Himmel herunterlügen.

bomba [x ·] 1. Bombe *f* 2. Granate *f* 3. Hand-, Gewehr·granate *f* 4. großes Faß 5. (*Druck-*)Bombe *f* (*z.B. für Sauerstoff*); ~ *uçak birliği* Bomberverband *m*.

bombacı [x · ·] 1. Bombenhersteller *m* 2. Bombenträger *m* 3. *selt.* Bombenflugzeug *n* 4. Bomben·werfer, -attentäter *m* 5. Handgranatenwerfer *m*.

bombalamak bombardieren; mit Bomben belegen.

bombardıman Bombardierung, Beschießung *f*; ~ *etm.* bombardieren, beschießen.

bombasalan Granat-, Minen·werfer *m*.

bombe 1. Versteifung *f* (*der Schuhkappe*) 2. gewölbt (*Glas*).

bomcu V Aufschneider, Lügner *m*.

bomboş [x ·] vollkommen leer.

bon *in best. Füg.*: gut; ~ *şans!* viel Glück!

boncuk 1. Glasperle (*spez. blau*) 2. Litze *f* (*am Webstuhl*) 3. F Neger(in *f*) *m*; ~ *illeti med.* Spasmophilie (*bei Kindern*) *f*; ~ *mavisi* türkisblau.

bonjur! Guten Tag!

bonmarşe Warenhaus *n*.

bono [x ·] 1. Wechsel *m* 2. Gutschein *m* 3. Anweisung *f* 4. Versicherungspolice *f* 5. Bezugs·karte *f*, -schein *m*; *-nun vâdesi geldi* der Wechsel ist fällig.

bonservis 1. Dienstzeugnis *n* 2. Leistungsnachweis *m*.

bora [x ·] 1. *meteor.* Sturm, Orkan *m* 2. wütendes Schimpfen; ~ *patlatmak* V wütend losschimpfen.

borak unfruchtbar (*Boden*).

borani [ā] *Gemüse mit Reis und Joghurt.*

borazan 1. Trompeter, Hornist *m* 2. Trompete *f*; ~ *başı* erster Trompeter; ~ *çalmak* Trompete blasen.

borcetmek [x · ·] sich Geld leihen.

borç[1], *-cu* 1. Verpflichtung, Pflicht, Obligation *f*, Schuldverhältnis *n* 2. (*geldliche*) Schuld 3. *jur.* Leistung; 4. Anleihe *f* 5. Soll *n* (*in der Bilanz*); ~ *gırtlağa çıkmak* (*od. paçadan akmak*) *fig.* bis über die Ohren verschuldet sein; ~ *harc* mit Ach und Krach; ~ *vermek* 1. ein Darlehen geben 2. e-e Schuld zurückzahlen.

borç[2], *-çu* Bor(sch)tsch *m*.

borçlanmak in Schulden geraten.

borçlu 1. verschuldet, Schuldner(in *f*) *m* 2. verdankend 3. verpflichtet, verbunden 4. *m. Abl.* mit Sperrvermerk (*in* ...) versetzt (*Schüler*).

borda [x ·] 1. (*Schiffs-*)Deck *n*, Bord *m* 2. Schiffs-, Bord·wand *f* 3. Breitseite *f* 4. größte Schiffsbreite 5. Bord *m e-s Flugzeugs* 6. V = *yan.*

bordalamak 1. mit der Schiffswand anlegen 2. an Bord e-s Schiffes gehen.

bordro [x ·] detaillierte schriftliche Aufstellung: 1. Schlußnote *f* 2. Lohnsteuerliste *f* 3. Lohn- *od.* Gehalts·liste *f*.

bordür 1. Einfassung *f* 2. Rinnstein *m*.

bornoz, bornuz [x ·] 1. Burnus *m* 2. Bademantel *m*.

borsa [x ·] Börse *f*; ~ *rayici* amtlicher Börsenkurs.

boru 1. Rohr *n*, Röhre *f*, Kanal, Schlauch *m* 2. Trompete *f*, (*Signal-*) Horn *n* 3. Signal *n* 4. Hülse *f* 5. V hohl, sinnlos 6. V riskant, faul; ~ *çalmak* 1. Trompete blasen 2. hupen (*Auto*); ~ *değil bu!* V das ist nicht von schlechten Eltern!; *-su ötmek fig.* etwas zu sagen haben.

borucu 1. Rohrleger *m* 2. Spritzer *m* (*bei der Feuerwehr*) 3. Trompeter *m*.

boruçiçeği, *-ni bot.* weichhaariger Stechapfel.

Bosna [x ·] *n.pr.* Bosnien; ~ *Saray* = *Saraybosna*.

bostan 1. Gemüsegarten *m* 2. Melonenfeld *n* 3. Melonen *pl.*; ~ *dolabı* Schöpfwerk *n* (*zur Bewässerung von Gärten*); ~ *korkuluğu* 1. Vogelscheuche *f* 2. *fig.* reinste Schießbudenfigur.

bostancı 1. Gemüsegärtner *m* 2. Melonen- *od.* Gurken·züchter *m* 3. *fr.* ein Angehöriger der Leibwache des Sultans; ~ *başı fr.* Kommandeur *m* der Leibwache des Sultans.

boş 1. leer 2. nicht vermietet 3. frei, unbesetzt, verfügbar 4. unbeladen 5. leer, nichtig 6. unbrauchbar 7. ohne (*geregelte*) Arbeit 8. ohne Kenntnisse; ~ *atıp dolu tutmak fig.* unerwartet ins Schwarze treffen; ~ *bulunmak* 1. nicht achtgeben 2. überrascht werden; ~ *dönmek* unverrichteter Sache zurückkehren; ~ *durmak* herumlungern, faulenzen; ~ *düşmek* (*od. olmak*) *fr.* geschieden werden (*Frau*); ~ *gezenin boş kalfası hum.* Nichtstuer *m*; ~ *gezmek* faulenzen; ~ *vermek* V 1. *et.* nicht tragisch nehmen 2. e-e Lusche geben (*im Ka.*); ~ *yere* unnütz, vergeblich; *s. a. boşta, boşuboşuna, boşuna*.

boşalmak 1. sich leeren 2. auslaufen (*Flüssigkeit*) 3. umgefüllt *od.* ausgeleert werden 4. sich losreißen (*angebundenes Tier*).

boşaltım *biol.* Ausscheidung, Exkretion *f*.

boşaltmak *Kaus. zu boşalmak* 1. (aus-, ent-)leeren; entladen 2. (aus-) räumen, löschen (*Fracht*), abladen 3. aus-, um·gießen 4. evakuieren 5. *techn.* ablassen 6. abfeuern (*Waffe*).

boşamak seine Frau verstoßen.

boşanma Ehescheidung *f*; ~ *dâvası jur.* Ehescheidungsklage *f*.

boşanmak 1. geschieden werden 2. sich scheiden lassen 3. abgeschirrt werden (*Zugtier*) 4. strömen (*Blut, Regen usw.*) 5. losschnellen; abgeschossen werden (*z. B. Pfeil*) 6. freikommen, entspringen 7. in heftiges Weinen ausbrechen 8. sich alles vom Herzen reden.

boşatmak die Scheidung veranlassen.

boşboğaz schwatzhaft; Plaudertasche *f*.

boşlamak V ignorieren; nicht tragisch nehmen.

boşluk 1. Leersein *n* 2. leerer Raum, Vakuum *n*.

Boşnak, *-kı* Bosniak(in *f*) *m*, Bosnier (-in *f*) *m*.

boşta unbeschäftigt, arbeitslos; ~ *kalmak* (*od. oturmak*) keine geregelte Beschäftigung finden können.

boşuboşuna umsonst; ganz vergeblich; ~ *gayretler* vergebliche Liebesmüh.

boşuna umsonst, vergebens, erfolglos.

bot[1], *-tu* 1. kleineres Schiff, Boot *n* 2. Schwimmer *m*, Schwimmgestell *n* (*z.B. bei Wasserflugzeug*).

bot[2], *-tu* Boxhandschuh *m*.

bot[3], *-tu* 1. Wasserstiefel *pl.* 2. Russenstiefel *pl.* (*für Damen*).

botargo [· x ·] gesalzener Fischrogen.

boy[1] (*Nomaden-*)Stamm *m*; ~ *beyi* 1. Häuptling *m e-s Stammes* 2. *fig.* untätig.

boy[2] 1. Höhe, Größe, Statur *f*, Wuchs *m* 2. Format *n*, Nummer *f* 3. Länge, Ausdehnung *f* 4. Umfang *m*, Ausmaß *n* 5. Ufer *n* (*e-s Wasserlaufes*) 6. *phot.* Ganzaufnahme *f* 7. Umgebung *f*, Gelände, Gebiet *n*; ~ *almak* (*od. atmak*) stark wachsen; ~ ~ 1. in verschiedener Größe *od.* Preislage 2. verschiedenartig; ~ *göstermek* zeigen, was man kann; ~ *ölçüşmek* sich messen (*mit*); ~ *satmak* sich aufspielen; *-a çekmek* in die Höhe schießen (*Kind*); *-dan -a* der ganzen Länge nach; *-u beraber* so groß wie er selber; *-u bosu yerinde* groß und stattlich; *-u devrilsin!* der Teufel soll ihn holen!; *-unun ölçüsünü almak fig.* sich *an et.* versuchen (*dem man nicht gewachsen ist*).

boya 1. aufgetragene Farbe; Farbstoff, Anstrich *m* 2. Farbe *f*, Färbemittel *n* 3. Schuhwichse *f* 4. (*Schreib-*)Tinte *f* 5. *fig.* Firnis *m*; ~

atmak verblassen, verschießen; ~ *tutmak* 1. nicht verblassen 2. die Farbe annehmen (*spez. Holz*); ~ *vurmak* Farbe auftragen.
boyacı 1. Farbverkäufer, Farbenhändler *m* 2. Färber *m* 3. Anstreicher *m* 4. Schuhputzer *m*; ~ *küpü* 1. Farbtopf *m* 2. *fig.* gemischte Gesellschaft 3. *fig.* oberflächlich zusammengestoppelt; ~ *küpü değil ya hemen daldırıp çıkarasın!* 1. so einfach, wie du dir das vorstellst, ist es nun nicht 2. das erfordert schon allerhand [Zeit!]
boyahane [· · - ·] Färberei *f.*
boyalamak 1. färben 2. *pej.* mit Farbe besudeln.
boyalı 1. gefärbt, gestrichen 2. farbig 3. geschmückt 4. *fig.* gefärbt, geschminkt (*z.B. Darstellung*).
boyama 1. buntes Taschentuch, bunter Druckkattun 2. gefärbt 3. *selt.* unecht, imitiert.
boyamak färben, (an)streichen, schminken.
boyarmadde *chem.* Farbstoff *m.*
boyca 1. der Länge (*Höhe, Größe*) nach 2. sehr groß 3. in vollem Ausmaß; ~ *akran olm.* gleichgroß sein; ~ *evlât* Kind *n*, das eigentlich schon zu den Erwachsenen gezählt werden muß; ~ *günaha girmek* e-e große Sünde begehen; ~ *kefil olm.* sich voll und ganz verbürgen.
boydaş gleich groß.
boykot, *-tu* 1. Boykott *m* 2. Ausschluß *m* 3. Spielverbot *n*, Sperrung *f* (*im Sport*).
boykotaj Boykottierung *f*, Boykott [*m.*]
boylamak 1. der Länge (*Höhe, Größe*) nach ausmessen 2. der Länge nach durch·messen, -schreiten 3. längelang hinfallen 4. (*bir yeri*) gelangen (*nach*).
boylanmak 1. in die Höhe schießen; wachsen 2. weitergehen (*bis*) 3. sich ausdehnen 4. *Pass. zu boylamak.*
boyler Warmwasserbereiter, Durchlauferhitzer *m.*
boylu 1. von bestimmter Größe 2. *pr.* von hohem Wuchs; ~ *boslu* stattlich; gut entwickelt; ~ *boyuna* (*od. boyunca*) längelang.
boynuz 1. Horn *n* (*e-s Tieres*) 2. Horn- 3. Hobelhorn *n* 4. *va.* Schuhanzieher *m* 5. Schröpfkopf *m* 6. Horn *n*, Trompete *f*; ~ *vurmak* auf die Hörner nehmen.
boynuzlu 1. gehörnt (*a. fig.*) 2. Kuppler(in *f*) *m.*
boynuzsuz ungehörnt; ~ *koyun fig.* harmloser *od.* hilfsloser Mensch.
boyotu, *-nu bot.* Bockshornklee *m.*
boyskavt, *-tı* Pfadfinder *m.*
boyun, *-ynu* 1. Hals *m* 2. Kamm *m* (*bei Schlachtvieh*) 3. Hals *m* (*e-r Flasche usw.*) 4. *geogr.* (*Berg-*) Sattel *m* 5. *fig.* Verantwortung, Verpflichtung *f*; ~ *borcu* Ehrenpflicht *f*; ~ *çeviren zo.* Wendehals *m*; ~ *eğmek* sich unterwerfen; ~ *kesmek* den Kopf senken; ~ *vermek* unterwürfig sein; (**boynu**): ~ *altında kalsın!* hol ihn der Teufel!; ~ *kıldan ince fig.* bereit, e-e Strafe auf sich zu nehmen; *-na almak* auf sich nehmen; *-na atmak j-m et.* aufbürden wollen; *-na atılmak* sich *j-m* an den Hals werfen; *-na binmek j-n* drängen, *j-m* zusetzen; *-nu vurmak j-*n enthaupten.
boyuna 1. der Länge nach; längs 2. [x · ·] unaufhörlich 3. entlang.
boyunbağı, *-nı* Krawatte *f*, Schlips *m*, Binder *m.*
boyunca 1. hinsichtlich Größe (*Länge, Höhe*) 2. entlang 3. während; im Verlauf von ... 4. in vollem Umfang.
boyunduruk 1. Joch *n* 2. *fig.* Knechtschaft, Sklaverei *f* 3. Krawatte *f* (*beim Ringen*); ~ *altına almak* (*od. boyunduruga vurmak*) versklaven.
boyut, *-tu* Dimension *f.*
boz 1. bräunlich-grau, aschgrau 2. ungerodet.
boza *ein kaltes, dickflüssiges, süßes Wintergetränk aus gegorener Hirse mit Zimt und Ingwer bestreut.*
bozarmak 1. bräunlich-graue Farbe annehmen 2. erblassen.
bozca 1. schwärzlich-grau 2. *ungerodeter, mit Unterholz bestandener Boden.*
Bozcaada *n.pr.* 1. (*Insel*) Tenedos 2. Ortschaft und Distrikt im Rbz. Çanakkale.
bozdoğan 1. Merlin-, Zwerg·falke *m* 2. Feldeggsfalke *m* 3 (*a. bozdağan*) Keule *f* (*als Waffe*).
bozgun 1. völlige Niederlage, wilde Flucht 2. völlige Verwirrung *od.* Auflösung 3. in wilder Flucht; ~ *vermek* (*od. -a uğramak*) e-e völlige Niederlage erleiden; *-a uğratmak* e-e völlige Niederlage beibringen.

bozguncu defätistisch; Defätist(in *f*) *m*.

bozgunculuk 1. Defätismus *m* 2. Sabotage *f*.

bozkır Steppe *f*.

bozkurt, -*du* grauer Wolf (*nationaltürk. Emblem*).

bozma 1. *Vs. zu bozmak* 2. zerstört; kaputtgemacht 3. aus Altmaterial hergestellt 4. minderwertige Nachahmung *f* 5. Verstümmelung, Entstellung *f* (*z.B. e-r Wortform*). 6. *jur.* Kassierung *f* (*e-s Urteils*).

bozmacı Altwarenhändler, Trödler *m*.

bozmak, (*-ar*) 1. zerstören, ruinieren, kaputtmachen 2. stören 3. angreifen (*z.B. Haut*) 4. sehr mitnehmen (*z.B. Krankheit e-n Menschen*) 5. wechseln (*in kleineres Geld*) 6. demütigen, blamieren 7. e-e entscheidende Niederlage beibringen 8. abschaffen, aufheben 9. brechen (*Schwur, Gelöbnis*) 10. abernten (*z.B. Garten*) 11. entjungfern 12. *intr.* wahnsinnig werden 13. *intr.* sich verschlechtern (*Wetter*) 14. (*bşle*) sich dauernd beschäftigen (*mit*) 15. wenden, drehen.

bozrak ins Schwärzlich-Graue spielend.

bozuk 1. kaputt, verdorben 2. verderbt (*Sitten, Sprache usw.*) 3. verzerrt (*Radioempfang*) 4. Narbe *f* 5. -narbig; ~ *para* Kleingeld *n*; ~ *süt* verdorbene Milch.

bozukdüzen 1. unordentlich 2. aufgeregt.

bozukluk 1. Defekt *m*. Störung *f*, Gebrechen *n* 2. Kleingeld *n* 3. Unzulänglichkeit, Fehlerhaftigkeit *f*.

bozulmak 1. *Pass. zu bozmak* 2. abmagern 3. verderben (*intr.*); *bozulmaz denge phys.* indifferentes Gleichgewicht; *bozulup kalmak* blamiert dastehen.

bozum 1. Vernichtung *f* 2. Abernten *n* 3. V Geldverlegenheit *f* 4. V Blamage *f*; ~ *etm.* V blamieren; ~ *havası* V Beschämung *f*; ~ *olm.* V blamiert dastehen.

bozumca *Name e-r grauen Eidechsenart.*

bozunma *chem.* Zersetzung *f*.

bozunmak *chem.* sich zersetzen.

bozuntu 1. Bruchstücke *pl.*, Schrott *m* 2. völlige Verwirrung *f* 3. Zerrbild *n* 4. übler Typ; wer eher die Bezeichnung ... verdient.

bozuşmak sich überwerfen, sich verfeinden.

bozuşuk verfeindet, entzweit.

böbrek Niere *f*.

böbürlenmek sich aufblähen, sich brüsten.

böcek *zo.* 1. Käfer *m* 2. Insekt *n* 3 P Schmetterling *m*, Motte, Made, Raupe *f usw.* 4. Laus *f* 5. Seidenraupe *f* 6. *fr.* Geheimpolizist *m*.

böcekkabuğu, -*nu* von metallisch glänzender grünlich-violetter Farbe.

böceklenmek von Insekten *od.* Käfern befallen werden; madig (*wurmstichig*) werden.

böğür, -*ğrü* 1. Seite *f* 2. Flanke, Weiche *f* 3. Fehlrippe *f*.

böğürmek brüllen (*Ochsen, Büffel, Kamele usw.*).

böğürtlen 1. *bot.* Brombeere *f* 2. V [= *kusmuk*.]

böğürtü Brüllen, Gebrüll *n*.

bölge 1. Gebiet, Gelände *n*, Abschnitt *m* 2. Körpergegend, Region, Zone *f* 3. Abschnitt, Sektor, Raum, Bereich, Bezirk, Gau *m* 4. Teilstrecke *f* (*bei Verkehrslinien*).

bölgesel regional.

bölme 1. *Vs. zu bölmek* 2. abgetrennter, kleinerer Raum 3. *math.* Division *f* 4. Scheide-, Zwischen-, Bretter·wand *f* 5. *durch Schotten abgedichteter* Einzelraum (*auf e-m Schiff*).

bölmek, (*-ür*) 1. in Teile zerlegen; trennen, spalten 2. (ab)trennen 3. *math.* dividieren, teilen.

bölü 1. Rate *f* 2. *math.* geteilt durch.

bölük 1. abgetrennter (gesonderter) Teil 2. große Menschenmenge 3. Haarzopf *m* 4. *mil.* Kompanie, Schwadron, Batterie, Staffel *f* 5. *math.* Gruppe *f* (*der Einer usw.*) 6. *fr.* Janitscharenregiment *n*.

bölüm 1. *math.* Quotient *m* 2. *mil.* Truppeneinteilung *f* 3. Gliederung, Klassifizierung, Systematik *f* 4. (*Ver-*)Teilung *f*.

bölümlemek gliedern, einteilen, klassifizieren.

bölünme 1. *Vs. zu bölünmek* 2. *biol.* Zellteilung *f*.

bölüntü 1. abgesonderter Raum 2. Lieferung *f* (*e-s Werkes*).

bön dumm, stupid, blöd; ~ ~ *bakmak* nicht gerade geistreich dreinsehen.

börek Pastete *f*.

börekçi Pasteten·bäcker *od.* -verkäufer *m*.

börtmek nur leicht g *braten usw.*) werden.

börülce *bot.* Langbohn

böyle 1. solch, so ein, derartig 2. derart, so; ~ *iken* (*od. ise de*) gleichwohl, indessen; *bundan* ~ hinfort; *bunlar kim* ~? was sind das für komische Leute?; *nereden* (*nereye*) ~? woher (wohin) des Wegs?
böylece [x · ·] so, derart, auf solche (*diese*) Weise.
böylelikle [· · x ·] = *böylece*.
branda [x ·] Hängematte (*auf Kriegsschiffen*) *f*; ~ *bezi* Segeltuch *n*.
branş 1. Abteilung, Gruppe, Kategorie, Branche *f* 2. *spez.* (*wissenschaftliches*) Arbeitsgebiet.
bre! *Int.* 1. *prov.* ei, na, doch, he, nun 2. na, so etwas!, Donnerwetter!, oha! 3. ach was!, du Kerl!; ~ *muhabbet olsun diye!* ach nur so!
Brezilya [· x ·] 1. *n.pr.* Brasilien *n* 2. ≗ Brasilettoholz *n*; ~ *kestanesi* Paranuß *f*.
brıçka [x ·] *leichter, einspänniger Wagen.*
briç, *-ci* Bridge(spiel) *n*.
brik[1], *-gi naut.* Brigg *f*.
brik[2], *-ki* Break *m* (*Pferdewagen*).
brikol *Bill.* Vorbande *f*.
broderi Stickerei, Stickarbeit *f*.
broderili mit Stickerei; gestickt, bestickt.
brokar Brokat *m*.
bronş *an.* Bronchus *m*, Bronchie *f*.
bronşit, *-ti* Bronchialkatarrh *m*, Bronchitis *f*.
bronz 1. Bronze *f* 2. Bronze-; ~ *tel* Bronzedraht *m*.
broş Brosche, Schmuck-, Ansteck-nadel, Agraffe *f*, Clip *m*.
bröve Diplom, Zeugnis *n*.
Brüksel *n.pr.* Brüssel *n*; ~ *lâhanası* Rosenkohl *m*.
brüt brutto.
bu dieser, der hier (*in nächster Nähe*); ~ *arada* 1. währenddessen 2. gleichzeitig, jedoch; ~ *aralıkta* in diesem Augenblick; ~ *cihetten* 1. in dieser Richtung (*Hinsicht*) 2. von diesem Standpunkt aus; ~ *defa* diesmal; ~ *gibi* solch, derartig; ~ *ne pehriz bu ne lâhana turşusu? fig.* wie reimt sich das zusammen?; ~ *sabah* (*akşam, gece*) heute morgen (abend, nacht); ~ *sefer s.* ~ *defa*; ~ *yakınlarda* 1. vor kurzem 2. sehr bald; *-ndan iyisi sağlık* (*od. can sağlığı*) 1. in dieser Art gibt es nichts Besseres 2. mehr kann man nicht erzielen; *-ndan sonra* (*od. böyle*) hinfort, in Zukunft.
bucak 1. (*versteckter, entfernter*) Winkel, Ecke *f* 2. Kreis *m* (*syn. nahiye*); ~ ~ 1. stellenweise 2. überall 3. von e-m Schlupfwinkel in den anderen; *yurdun her bucağında* überall im ganzen Land.
bucurgat *s. bocurgat*
buç 1. Ende *n*, äußerster Endpunkt 2. Grenze *f*.
buçuk 1. halb 2. halbe Stunde; *dört* ~ 1. viereinhalb 2. halb fünf (*Uhrzeit*).
buçuklu Bruch-, Teil-, Klein-; ~ *para* Scheidemünzen *pl*.
budak 1. Ast, Zweig *m* 2. Astansatz *m*, Aststück *n* 3. ≗ *m V*; ~ *özü* frischer Trieb (*an e-m Ast*).
budaklanmak 1. Äste und Zweige ansetzen 2. *fig.* (*dallanıp b.*) sich komplizieren.
budala 1. einfältig, dumm 2. ganz vernarrt (*in*).
budamak 1. ausholzen, beschneiden 2. *fig.* verringern, herabsetzen, verkürzen 3. dezimieren; übel hausen (*in, unter*).
budanmak 1. *Pass. zu budamak* 2. *m. Dat.* mit Eifer an e-e Sache gehen.
budun Volk *n*, Nation *f*.
budunlararası international.
bugün [x ·] 1. heute 2. heutige Zeit; ~ *yarın* in den nächsten Tagen; bald; *-den* 1. schon heute 2. (*schon*) von heute an; *-den tezi yok* unverzüglich; *-e* ~ letzten Endes; schließlich; *-ler* heutzutage.
bugünkü [x · ·] heutig; ~ *günde* 1. am heutigen Tage 2. heutigentags, augenblicklich.
bugünlük [x · ·] 1. für heute 2. heutzutage; ~ *yarınlık* was in der nächsten Zeit geschehen soll.
buğday Weizen *m*.
buğu 1. heißer Wasserdampf 2. warmer Dunst.
buğuevi, *-ni* 1. Desinfektionsanstalt *f* 2. Dampfbad *n* 3. chemische Reinigung.
buğulamak mit heißem Dampf behandeln.
buğulanmak 1. *Pass. zu buğulamak* 2. (sich) beschlagen (*Brillengläser usw.*).
buhar Dampf *m*.
buharlaşmak verdampfen, verdunsten.
buharlı 1. voller Dampf 2. Dampf-.

buhran [ā] 1. Krise *f* 2. Mangel *m*, Not *f*, ungenügendes Vorhandensein. [durchmachend.]
buhranlı 1. kritisch 2. e-e Krise
buhur [· -] Weihrauch *m*.
buhurdan(lık) = *buhurluk*.
buhurlamak Weihrauch abbrennen.
buhurluk Weihrauch-, Räuchergefäß *n*. [chen *n*.]
buhurumeryem *bot*. Alpenveil-
buji Zündkerze *f*.
bukadar [x · ·] 1. so viel, so sehr 2. so (*m. Adj.*) 3. und soundsoviel; *bin* ~ *yıl önce* vor tausend und soundsoviel Jahren.
bukağı Fuß·fessel, -kette *f*.
bukalemun 1. *zo*. Chamäleon *n* 2. *fig*. wankelmütiger (*launischer*) Mensch.
buket, -ti (*Blumen-*)Bukett *n*.
bukle (*Haar-*)Locke *f*.
bukleli lockig (*Haar*).
bulak *selt*. Quelle *f*.
bulama 1. *Vs. zu bulamak* 2. dick eingekochter Obstsaft, *spez*. Weinmost *m*.
bulamaç, -cı 1. klebrige Breimasse 2. (*Kinder-*)Brei *m*.
bulamak 1. *et*. in e-r Masse wälzen *od*. damit beschmieren 2. besudeln, verunreinigen 3. um-, durcheinander·rühren.
bulandırıcı 1. Übelkeit verursachend 2. politischer Hetzer, Agitator.
bulandırmak 1. trüben 2. Übelkeit hervorrufen 3. verunstalten.
bulanık 1. trübe, getrübt 2. unklar, verschwommen; ~ *hava* trübes Wetter; ~ *suda balık avlamak fig*. im Trüben fischen.
bulanmak 1. *Pass. zu bulamak* 2. sich *mit et*. besudeln 3. s-n Glanz verlieren, sich trüben 4. Brechreiz empfinden.
bulantı Brechreiz *m*, Übelkeit *f*.
bulaşık 1. beschmutzt, besudelt 2. ansteckend (*Krankheit*) 3. mit e-r ansteckenden Krankheit behaftet 4. unabgewaschenes Küchengeschirr 5. Flecken, Spritzer *m*; ~ *bezi* Abwaschtuch *n*; ~ *deniz* minenverseuchtes Gebiet.
bulaşıkçı Geschirrwäscher(in *f*) *m*.
bulaşmak 1. schmutzig, besudelt werden 2. übertragen werden (*Krankheit*) 3. sich ausdehnen; übergreifen (*z.B. Brand*) 4. stören, belästigen 5. anfangen, unternehmen.
Bulgaristan [· x · ·], **Bulgarya** [· x ·] *n.pr*. Bulgarien *n*.
bulgu 1. Erfindung *f* 2. Entdeckung *f*.
bulgur 1. *Weizen, der gekocht, dann getrocknet, geschält und zerkleinert wird* 2. *meteor*. Graupeln *pl*.; ~ *pilâvı* Weizengrütze (*als Speise*) *f*.
bulmaca (*Wort- od. Bilder-*)Rätsel *n*.
bulmak, (-ur) 1. finden 2. meinen, denken 3. ausfindig machen, wieder erlangen 4. erfinden 5. entdecken 6. erreichen; gelangen (*zu*) 7. sich belaufen (*auf*) 8. auswählen 9. s-e verdiente Strafe erhalten 10. (er-) raten 11. *e-e Art Hv. in Verbindungen wie vukubulmak usw.*); *buldu da bunadı* er will immer noch mehr; *bulup buluşturmak* 1. schließlich doch noch finden 2. zusammensuchen; *bulup çıkarmak* erfinden, entdecken, ausfindig machen.
bulundurmak *Kaus. zu bulunmak* veranlassen, daß ... vorhanden ist; stationieren, bereithalten.
bulunmak 1. *Pass. od. Refl. zu bulmak*: gefunden werden; sich befinden 2. helfen, beistehen 3. *Hv*. sein 4. *Hv*. tun.
bulunmaz 1. unauffindbar; nicht aufzutreiben 2. selten vorkommend; ~ *hintkumaşı fig*. Rarität *f*, weißer Rabe *m*; *bu, bulunmaz hintkumaşı değil ya!* das gibt es ja wie Sand am Meer!
buluntu 1. Fund *m* 2. Findelkind *n*.
buluş 1. Finden *n* 2. guter Gedanke, treffende Wortersetzung *u.ä.m*.
buluşmak sich treffen; zusammenkommen.
bulut, -tu 1. Wolke *f* 2. V sternhagelvoll; ~ *gibi* (*sarhoş*) = *bulut* (2); *-tan nem almak* (*od. kapmak*) *fig*. sich leicht getroffen fühlen.
bulutlu 1. bewölkt 2. benebelt (*Kopf*).
bulutsu *astr*. Nebel(fleck) *m*.
bulvar *große, breite, meist mit Grünanlagen versehene Straße*, Boulevard *m*.
bumbar 1. Dickdarm *m* (*bei Schlachtvieh*) 2. *Gericht aus Füllsel* (*Leber, Hackfleisch, Reis od. Bulgur*) *im Dickdarm* 3. *mit Baumwolle ausgestopfte* Rolle (*zum Abdichten von Fenstern*).

bumbulanık [x · · ·] ganz trüb.
bumburuşuk [x · · ·] ganz zerknüllt (*faltig, runzelig*).
bunak 1. altersschwach, kindisch 2. geistesgestört.
bunalmak 1. wie betäubt sein 2. beinahe umkommen (*vor Hitze, Husten usw.*).
bunaltıcı betäubend, erstickend, erdrückend (*z.B. Hitze*).
bunamak 1. altersschwach (*kindisch*) werden 2. in geistige Umnachtung fallen.
bunca [x ·] 1. ziemlich viel; recht lange 2. soviel; die vielen ...
bunun *Gen. zu bu*; ~ *üzerine* daraufhin; *-la beraber* trotzdem.
bura 1. Stelle (*Gegend*) *f*; hier 2. ... hier; hiesig; ~ *adamları* hiesige Leute *pl.*; *-da* hier; an dieser Stelle; *-dan* von hier (*aus*); *-sı neresi?* wo sind wir hier?; *-ya* hierher.
burağan *meteor.* Buran *m*, heftiges Unwetter.
buralı hiesig; Hiesige(r) *m/f*.
buram buram (*Lm. der Intensität*) sehr; in großer Menge; ~ ~ *duman çıkıyor* der Rauch steigt in dicken Wolken auf; ~ ~ *kokmak* sehr aufdringlich riechen; ~ ~ *terlemek* ganz in Schweiß gebadet sein; ~ ~ *tütmek* furchtbar qualmen.
buran *s. burağan.*
burani *s. borani.*
burç, -cu 1. Burgturm *m*, Bastion *f* 2. Tierkreiszeichen *n* 3. *bot.* Mistel *f*.
burçak 1. *bot.* Platterbse *f* 2. *bot.* Wicke *f* 3. gewunden, gedreht 4. Haarlocke *f*.
burçin, burçun Hirschkuh *f*.
burgacık [x . .] *s. kargacık.*
burgaç, -cı Strudel, Wasserwirbel [*m.*]
burgu 1. (*Nagel-*)Bohrer *m* 2. Korkenzieher *m* 3. Krawatte *f* (*beim Ringen*); ~ *yapmak* abtrudeln (*Flugzeug*).
burgulamak (durch-, an-, auf-)[bohren.]
burjuva Angehörige(r) *m/f* der Bourgeoisie.
burjuvazi bürgerliche Kreise *pl.*
burkmak 1. (um)drehen 2. verdrehen, verrenken 3. umknicken (*z.B. Fuß*).
burkulma Distorsion, Verstauchung, Verrenkung *f*.
burma [x ·] 1. *Vs. zu burmak* 2. Gewinde *n* 3. Stielstich *m* (*bei Stickerei*) 4. Kolik *f* 5. schweres Goldarmband 6. Wasserhahn *m* 7. *s. sarığı burma* 8. gedreht, gewunden, gezwirbelt 9. kastriert, verschnitten.
burmak 1. drehen, winden, (aus-)wringen 2. kastrieren, verschneiden 3. zwirbeln 4. (*ağzını*) den Mund zusammenziehen (*säuerliche Frucht*); *bura bura sıkmak* fest auswringen.
burnaz mit großer, langer Nase.
burs Stipendium *n*; ~ *talebesi* Stipendiat(in *f*) *m*.
bursiye = *burs talebesi.*
buruk 1. gedreht, gewunden 2. kastriert 3. gezwirbelt 4. säuerlich, herb 5. sich zusammenziehend (*Mund infolge Säuerlichkeit*).
burulmak 1. *Pass. zu burmak* 2. sehr schmerzen (*Bauch*) 3. (*bşe*) überempfindlich sein (*gegen*).
burum burum (*in Verbindung m. burulmak*) ganz furchtbar (schmerzen).
burun (*Akk.*: *burunu*; *m. Poss. Sx.*: *burnu*) 1. Nase *f* 2. Schnauze *f* 3. Landzunge *f*, Vorgebirge, Kap *n* 4. Spitze *f* (*z.B. des Schuhs*) 5. Bug *m* (*e-s Schiffes*) 6. *fig.* Stolz, Hochmut *m*, Arroganz *f*; ~ *boşluğu* Nasenhöhle *f*; ~ *buruna gelmek* beinahe aufeinanderprallen; ~ *burmak* die Nase rümpfen; ~ *deliği* Nasenloch *n*, Nüster *f*; ~ *maskesi* Maulkorb *m* (*für Hunde*); ~ *silmek* sich schneuzen; (**burnu**): ~ *bile kanamadan fig.* ohne daß ihm nur ein Haar gekrümmt worden wäre; ~ *büyük fig.* hochnäsig; ~ *kırılmak* 1. vom hohen Roß herabsteigen müssen 2. *mel.* angenehm in die Nase steigen (*lieblicher Duft*) 3. *pej.* es vor lauter Gestank nicht aushalten können; *-na girmek fig.* lästig werden; *-nda tütmek fig. e-m* in der Nase stecken; *-ndan düşen bin parça olur* 1. er ist hochnäsig 2. er macht ein Gesicht wie drei Tage Regenwetter; *-ndan düşmüş fig.* wie aus dem Gesicht geschnitten; *-ndan (fitil fitil) gelmek fig.* schwer zu büßen haben (*für*); *-ndan kıl aldırmamak* ein unnahbares Gesicht aufsetzen; *-nu çekmek* 1. schnüffeln 2. das Nachsehen haben; *-nun dibinde* gerade vor seiner Nase; *-nun direği kırılmak fig.* es vor lauter Gestank nicht aushalten können; *-nun doğrusundan*

ayrılmamak auf niemanden hören; *-nun ucunu görmemek fig.* unglaublich eingebildet sein.
burunduruk Nasenklemme *f* (*für Pferde, die beschlagen werden*).
burunluk *was für e-e Nase od. Spitze bestimmt ist z.B.* Nasenring *m*; ~ *demir* Eisenplättchen (*vorne auf der Schuhsohle*) *n*.
burunsalık 1. Nasenbremse *f* (*für störrische Ochsen, bissige Kamele usw.*) 2. Maulkorb *m*.
buruntu starke Leibschmerzen *pl.*, Kolik *f*.
buruşmak 1. Falten werfen, sich zerknüllen, (*sich*) zerknittern 2. runzelig werden 3. sich verziehen (*Mund*).
buruşuk 1. zerknüllt, zerknittert 2. faltig, runzelig 3. verzogen (*Mund*) 4. Falte, Runzel *f*.
buse [ū] Kuß *m*.
but, *-du* 1. Oberschenkel *m* 2. (*Hammel-*)Keule *f*.
butlan [ā] Unrichtigkeit, Nichtigkeit, Unhaltbarkeit *f*; ~ *dâvası jur.* Nichtigkeits-, Anfechtungs-klage *f*.
buut, *-u'du* 1. Dimension *f* 2. Länge, Entfernung, Distanz *f*, Abstand *m*.
buyot, *-tu* Wärmflasche *f*.
buyruk *selt.* Befehl, Erlaß *m*, Gebot, Geheiß *n*.
buyurmak 1. befehlen 2. geruhen (*zu*) 3. sagen, meinen, äußern 4. kommen, gehen, eintreten, vorbeigehen 5. nehmen 6. *Hv.* = *etmek, eylemek*.
buy(u)run(uz)! 1. Bitte! 2. Herein! 3. Bitte, treten Sie näher! 4. Bitte, nehmen Sie Platz! 5. Bitte, bedienen Sie sich!
buz[1] 1. (*natürliches*) Eis 2. (*Ausruf*) unerfreulich!, abstoßend!; ~ *gibi* 1. wie Eis; eisig 2. *mit wem man nicht recht warm werden kann* 3. fest und fett (*Fleisch*) 4. schön, echt, rein 5. *vulg. Verst.*; ~ *kesilmek fig.* zu Eis erstarren; ~ *kesmek fig.* sehr frieren; ~ *üstüne yazı yazmak fig.* sich vergebens abmühen.
buz[2] *lm. Verst. von az.*
buzağı *noch nicht entwöhntes* Kalb.
buzdağı, *-nı* Eisberg *m*.
buzhane [ā] 1. Eisfabrik *f* 2. Eiskeller, Kühlraum *m*.
buzkıran Eisbrecher *m* (*Schiff*).
buzlanmak 1. sich mit Eis bedecken 2. den Glanz (*die Politur*) verlieren; stumpf werden.
buzlu 1. Eis(*-Stücke*) enthaltend 2. aus Eis hergestellt 3. eisgekühlt 4. undurchsichtig (*Scheibe*) 5. beschlagen (*Glas*); ~ *cam* undurchsichtige (*spez. Milchglas-*)Scheibe *f*.
buzluk 1. = *buzhane* 2. Eisschrank *m*.
buzul Gletscher *m*; ~ *devri* Glazial-, Eis-zeit *f*.
bücür untersetzt; klein und schmächtig.
büfe Büfett *n* (*als Möbel, vorgesetztes Essen od. Restaurationsbetrieb*).
büfeci Büffetier *m*.
büfecilik Büfettbetrieb *m*.
bühtan [ā] falsche Beschuldigung, Verleumdung *f*; ~ *etm.* (*b-ne*) fälschlich beschuldigen; verleumden.
büklüm 1. Windung *f*, Bogen, Kringel *m* 2. Mal *n*; ~ ~ geringelt, gelockt, spiralig, gewunden.
bükme 1. *Vs. zu bükmek* 2. gedrehte Schnur, Besatzschnur, Litze, Tresse *f* 3. Zwirn *m*.
bükmek 1. zusammendrehen, zwirnen 2. krümmen, (um)biegen, beugen 3. falten, zusammenlegen.
Bükreş *n.pr.* Bukarest *n*.
bükük gekrümmt, gebogen, gedreht, geknickt, gefaltet.
bükülme Biegung, Krümmung *f*, Knick *m*.
bükülmek 1. *Pass. zu bükmek* 2. sich verbiegen, sich durchdrücken.
bükülü 1. zusammengedreht, gezwirnt 2. gekrümmt, umgebogen 3. gefaltet, zusammengelegt.
büküm 1. Biegungs-, Krümmungsstelle *f* 2. Krümmung, Biegung *f* 3. *math. phys.* Windung *f* 4. Drall *m* 5. Knie *n* (*z.B. bei Ofenrohr*).
bükünmek sich (*vor Schmerzen*) winden.
büküntü 1. Krümmung, Biegung, Falte *f* 2. Knoten *m* 3. Litze, Tresse *f* 4. Abfälle *pl.* (*beim Spinnen*) 5. Kolik *f* 6. Wegbiegung, Kurve *f*.
bülbül 1. *zo.* Nachtigall *f* 2. (*in der pers. Mystik*) Seele *f*; ~ *dişi Name e-r zierlichen Häkelspitze*; ~ *gibi açılmak* lustig drauflosplaudern; ~ *gibi okumak* fließend lesen.
bülent, *-di* 1. groß 2. laut 3. ♀ *mV*.
bülten 1. Mitteilung *f* 2. Mitteilungs-, Nachrichten-, Veröffentlichungs-blatt *n* 3. Nachrichten *pl*.
bülûğ Mannbarwerden *n*, Pubertät *f*; *-a ermek* in der Pubertät stehen.
bünye Bau *m*, Struktur *f*, *spez.*: 1. Körperbau *m*, Konstitution *f* 2. *gr*.

Bau *m*, Struktur, Konstruktion, Bildung *f*.
bürç, *-cü s. burç*.
bürçük (*Stirn-*, *Schläfen-*, *Hänge-*, *Schmacht-*)Locke *f*.
bürgü 1. Umhängetuch *n* 2. Kopftuch *n* 3. dünner Vorhang.
bürhan [ā] Beweis *m*, Argument *n*.
büro [x ·] Büro *n*, Geschäftsraum *m*, Amtszimmer *n*; ~ *şefi* Bürovorsteher *m*.
bürokomersyal kaufmännisches Rechnen.
bürülü eingewickelt, eingehüllt, umhüllt, verschleiert, vermummt.
bürüm 1. was eingewickelt (*eingehüllt*, *gerollt*) ist *z.B. e-e Rolle Fettsahne* 2. *bot*. Hülle *f*.
bürümcek Gespinst *n* (*z.B. Kokon*).
bürümcük 1. *bot*. kleine Hülle 2. *Name e-s dünnen, aus Rohseide hergestellten Stoffes*.
bürümeden *adv*. oberflächlich; nur so obenhin.
bürümek einwickeln, einhüllen, umgeben, umhüllen, vermummen.
bürünmek *Pass. od. Refl. zu bürümek*.
büsbütün [x · ·] ganz und gar; vollständig, restlos.
büst, *-tü* 1. Büste *f* (*als Plastik*) 2. Brustbild *n*.
bütçe 1. Budget *n*, Etat, Haushaltsplan, *spez*. Staatshaushalt *m* 2. Vermögensverhältnisse *pl*.
bütün 1. ganz, vollständig, restlos 2. ganz (*im Gegensatz zu* geteilt) 3. all, sämtlich 4. Einheit *f*, (*unteilbares*) Ganzes 5. *math*. Summe *f* 6. V 10-Pfund-Schein *m*; ~ ~ = *büsbütün*.
bütünleme *Vs. zu bütünlemek*; ~ *imtihanı* Nach-, Wiederholungs-, Ergänzungs·prüfung *f*.
bütünlemek ergänzen, vervollständigen.
bütünlemeli wer sich e-r Nachprüfung zu unterziehen hat.
bütünlük Ganzheit, Gesamtheit, Geschlossenheit, Integrität *f*; ~ *harbi selt*. totaler Krieg.
büve(lek) *zo*. Viehbremse *f*; ~ *sokmuşa dönmek fig*. vor Wut ganz außer sich geraten.
büvet, *-ti* 1. gestautes Wasser 2. Erfrischungsstand *m* (*z.B. auf e-m Bahnhof*).
büyü Zauber *m*; Zauberei, Hexerei *f*.
büyücek ansehnlich, stattlich.
büyücü Zauberer *m*, Hexe *f*.
büyük 1. groß 2. weit, breit, geräumig 3. alt, älter 4. (*im Pl.*) Erwachsene *pl*. 5. umfangreich, beträchtlich 6. hochgestellt, führend, an der Spitze stehend 7. hochgestellte Persönlichkeit; ~ *ana* (*od. anne*) Großmutter *f*; ~ *baba* Großvater; ♀ *Çarşı n.pr*. Großer Basar (*in Ist.*); ~ *çizgi* Gedankenstrich *m*; ♀ *Millet Meclisi n.pr*. Große (*Türkische*) Nationalversammlung.
büyükelçi Botschafter *m*.
büyüklük 1. Größe *f* 2. Format *n* 3. Bedeutung *f* 4. *med*. Anschwellen *n*, Vergrößerung *f* 5. *mel*. Edelmut *m*, Hochherzigkeit, Freigebigkeit *f* 6. *pej*. Hochmut *m*.
büyülemek 1. verzaubern, verhexen 2. bezaubern.
büyültme *phot*. Vergrößerung *f*.
büyültmek 1. größer (*geräumiger*, *weiter*) machen; verlängern, ausziehen (*Tisch*) 2. *phot*. vergrößern.
büyülü 1. verhext, verzaubert 2. bezaubert 3. Zauber-, Hexen- 4. bezaubernd.
büyüme Wachstum *n*.
büyümek 1. groß *od*. geräumig werden 2. größer werden; sich ausbreiten (*z.B. Feuersbrunst*) 3. (*auf-*, *heran-*)wachsen; *büyümüş de küçülmüş* 1. *pej*. altklug (*Kind*) 2. *mel*. für sein Alter schon erstaunlich weit (*Kind*).
büyütme 1. *Vs. zu büyütmek* 2. Pflege-, Zieh·kind *n*.
büyütmek *Kaus. zu büyümek* 1. größer *od*. geräumiger machen, vergrößern, erweitern 2. aufziehen, großziehen (*Kind*) 3. übertreiben.
büzgü Kräuselung, Fältelung *f* (*an Kleidern*); Plissee *n*.
büzgülü gekräuselt, gefältelt, gezogen; Plissee-.
büzme 1. *Vs. zu büzmek* 2. oben in Falten gelegt und gezogen (*z.B. Sack*).
büzmek kräuseln, fälteln, zusammenziehen; plissieren.
büzük 1. gekräuselt, gefältelt, zusammengezogen; plissiert 2. eingeschrumpft 3. After *m* 4. V Mut *m*, Courage *f*.
büzülmek 1. *Pass. zu büzmek* 2. sich zusammenziehen, sich kräuseln 3. Falten werfen; ein-, zusammenschrumpfen 4. sich kauern; *büzülüp oturmak* sich in e-n Winkel verkriechen.

C

c, C [dʒɛ] 1. *3. Buchst. des türk. Alph.* 2. *mus. Ton od. Note* c.
caba [x·] 1. kostenlos, gratis 2. obendrein.
cabacı [x··] F Schmarotzer, Nassauer *m*.
cabadan [x··] *Adv.* kostenlos, umsonst.
cacık *erfrischendes Gericht aus kleingeschnittenen Gurken od. Lattich, Joghurt, Wasser und Salz.*
cadaloz aufdringliche (*boshafte*) Schwatzbase.
cadde Straße *f*; *-yi tutmak* V seiner Wege gehen.
cadı 1. (*Nacht-*)Gespenst *n*, Vampir *m* 2. altes, häßliches Weib; Hexe *f*.
cafcaf 1. protziges Geschwätz 2. aufgedonnertes Äußere.
cahil [ā] 1. unwissend, dumm, ungebildet 2. unerfahren, Grünschnabel, Anfänger *m* 3. *et.* nicht kennend (*wissend, verstehend*) 4. *z. va.* heidnisch, vormohammedanisch.
cahillik [ā] 1. vorislamisches Heidentum 2. Unwissenheit, Ignoranz *f* 3. aus Unwissenheit begangener Fehler, Dummheit *f*.
caiz [ā] erlaubt, zulässig, gestattet.
caize [ā] 1. *va.* Belohnung *f für e-n an Rang tiefer Stehenden* 2. Abzeichnung *f* (*e-s Aktenstückes*) 3. Gänsefüßchen *pl.* (*als Wiederholungszeichen*).
caka [x·] V Prahlen *n*, falscher Schein; ~ *satmak* V angeben, aufschneiden.
cakacı [x··] V Aufschneider, Angeber *m*.
cakalı [x··] V hochtönend, großsprecherisch.
caket, -ti 1. Jacke *f*, Jackett *n*, Rock *m* 2. Jacke *f* (*e-s Damenkleids*).
câli [- -] gekünstelt, unecht, falsch.
cam 1. Glas *n* (*als Material*) 2. Glas-, Fenster·scheibe *f* 3. Spiegelscheibe *f* 4. *phot.* Platte *f* 5. Glas *n* (*in Brille, auf Uhr usw.*) 6. optische Linse 7. gläsern; Glas- 8. teilweise aus Glas angefertigt; Glas-.
camadan 1. *fr.* kurze, pekeschenähnliche Samtweste 2. *naut.* Tau *n* zum Reffen des Segels; Geitau *n*.
cambaz 1. Seiltänzer, Akrobat, Jongleur, Kunstreiter, Fahrradkünstler *m* 2. Pferde·händler *od.* -bereiter *m* 3. schlau, listig.
cambazhane [· · - ·] 1. Zirkus *m* 2. Varieté *n*.
camcı Glaser *m*.
camekân 1. Schaufenster *n*, Schaukasten *m* 2. Glasschrank *m*, Vitrine *f* 3. Gewächs-, Treib·haus, Treibbeet *n* 4. Glasdeckel *m für ein Treibbeet* 5. Ankleideraum *m im türk. Bad* 6. V Brille *f*.
camgöz 1. *zo.* Hundshai *m* 2. *fig.* gierig, unersättlich.
cami, -ii (*neuerdings a. häufig* -*si*) [ā] (größere) Moschee; ~ *yıkılmış ama mihrap yerinde fig.* trotz vorgerückten Alters noch schön zu nennen (*Frau*).
camia [- · ·] 1. (*religiöse*) Gemeinschaft 2. Volksgemeinschaft *f* 3. *phys.* Sammler, Kollektor *m*.
camlamak mit Glas versehen; einglasen.
camus [- -] *zo.* Büffel *m*.
can 1. Seele *f* 2. Leben *n* 3. (*Lebens-*) Kraft *f* 4. Herz *n* 5. eigene Person, eigenes Leben 6. Person *f*, Mensch *m*, Menschenleben *n*, Menschenseele *f* 7. lieber, vertrauter Freund 8. *fr.* Ordensbruder *m* (*bei den Bektaschi- und Mewlewi-Derwischen*) 9. lieb, sympathisch 10. (*im Pl.*) liebe Freunde; ~ *acısı* heftiger Schmerz, seelischer Kummer; ~ *acısiyle a.* in Todesangst; ~ *acıtmak e-m* wehe tun; ~ *alacak yer* (*od. nokta*) 1. wunder Punkt 2. Kernpunkt, Schlüssel (zu) *m*; ~ *atmak* 1. (*bşe*) Feuer und Flamme sein (*für*) 2. sich *irgendwohin* flüchten; ~ *-a* in engster Umschlingung; ~ *çekişme* Todeskampf *m*; ~ *dostu* naher Freund; ~ *düşmanı* Todfeind *m*; ~ *evi* 1. Herzmagengrube *f* 2. empfindlichster Punkt, Herz *n*; ~ *korkusu* Todesangst *f*; ~ *kulağiyle*

dinlemek genau zuhören; ~ *sıkıntısı* 1. Verdruß, Ärger *m* 2. Beklemmung *f* 3. Langeweile *f*; ~ *vermek* 1. sterben 2. *fig.* sehnlichst begehren 3. seelische Kraft verleihen 4. wieder zum Leben erwecken; ~ *yakmak* 1. unterdrücken, vergewaltigen 2. quälen, peinigen 3. großen Schaden zufügen; *-a* ~ *katmak* 1. die Lebens·kraft und -freude erhöhen 2. stärken, kräftigen 3. verstärken, intensivieren; *-a yakın* liebenswert, sympathisch; *-dan* von Herzen, aufrichtig; (**canı**): ~ *ağzına gelmek* halbtot sein (*vor Angst, Erschöpfung usw.*); ~ *çekmek* begehren; ~ *çıkmak* 1. sterben 2. krepieren, draufgehen 3. *fig.* beinahe umkommen (*vor*) 4. *fig.* sich abtragen; ~ *pek* zählebig; ~ *sıkılmak* 1. sich ärgern 2. in Unruhe sein 3. sich langweilen; ~ *yanmak* 1. sehr leiden 2. tief betrübt sein 3. bös hereinfallen (*bei*); *canım* 1. mein Leben! 2. lieb, nett; *canıma minnet!* 1. ich könnte mir nichts Besseres wünschen 2. ich tue es mit größter Freude; (**canına**): ~ *kıymak* (*erbarmungslos*) umbringen; *canla başla* eifrigst.

canatış sehnlicher Wunsch.

canavar 1. wildes, reißendes Tier 2. *fig.* vertierter Mensch 3. *hum.* unbändiger, kleiner Teufel, Lausbub *m* 4. *selt.* Drache *m*; ~ *düdüğü* (*Fabrik-, Warnungs-*)Sirene *f*.

canciğer 1. eng befreundet 2. nächste(r) Anverwandte(r) *m/f*; ~ *kuzu sarması fig.* unzertrennliche Freunde *pl.*

canfes Taft *m*.

cangıl cungul 1. Läuten, Klingeln *n* 2. läutend, klingelnd; bimbam.

canhıraş [- · -] herzzerreißend.

cani [- -] Verbrecher *m*.

cankurtaran 1. Rettungsmittel *n* 2. (*Lebens-*)Retter *m* 3. Rettungsboot *n*; ~ *yeleği* Schwimmweste *f*; ~ *yok mu!* zu Hilfe!

canlandırmak *Kaus. zu canlanmak* 1. beleben 2. anschaulich darstellen.

canlanmak 1. aufleben 2. lebendig vor Augen treten 3. belebt werden.

canlı 1. lebend(ig) 2. lebhaft, rührig 3. kraftvoll, gewichtig 4. versessen (*auf*); ~ *bebek fig.* reizend, niedlich; ~ *canavar* flinker Lausebengel; ~ *cenaze* zum Skelett abgemagert; ~ *tablo* lebendes Bild.

cansız 1. leblos, unbelebt 2. kraftlos, F lahm 3. schwächlich 4. stagnierend (*z.B. Marktlage*) 5. leblos, tot; ~ *düşmek* körperlich herunterkommen.

capcanlı [x · ·] quicklebendig.

car[1] Umschlagtuch *n* (*für Frauen*).

car[2] *dial.* lautes Rufen; ~ ~ 1. lärmend 2. geschwätzig.

cari [- -] 1. fließend 2. laufend (*Monat, Rechnung usw.*) 3. üblich, gangbar 4. gültig.

cartadak! [x · ·] bums!, bauz!

cascavlak [x · ·] 1. splitternackt 2. kahlköpfig; ~ *etm.* leerplündern; ~ *kalmak fig.* auf dem Trockenen sitzen.

casus [ā] 1. Spion *m* 2. Agent, Kundschafter *m*.

casuslamak [- · · ·] spionieren, auskundschaften.

casusluk [ā] Spionage(tätigkeit) *f*.

cavlak 1. nackt, leer, kahl, bloß 2. glatzköpfig *od.* kurzgeschoren; *cavlağı çekmek* V abkratzen (= *sterben*).

caydırmak *Kaus. zu caymak* 1. *j-n* von s-m Vorhaben abbringen; *j-m et.* ausreden.

cayır cayır *in folg. Füg.*: ~ ~ *işlemek* wie geschmiert laufen (*z.B. Geschäft*); ~ ~ *yanmak* lichterloh brennen; ~ ~ *yırtılmak* in lauter Fetzen zerrissen werden.

cayırdamak 1. knarren, krachen 2. laut schreien.

cayırtı 1. Knarren, Krachen *n* 2. lautes Schreien.

caymak 1. Abstand nehmen; verzichten 2. seine Zusage zurückziehen.

cazırdamak 1. prasseln 2. laut tönen

cazibe [ā] 1. Anziehungskraft, Gravitation *f* 2. anziehendes Wesen, Charme, Reiz *m*.

cazzadak brutzelnd, zischend.

cebbar [ā] 1. allmächtig (*Gott*) 2. gewalttätig, despotisch.

cebellezi [· x · ·] V Stehlen, Klauen *n*.

Cebelüttarık, *-kı* [ā] *n.pr.* Gibraltar *n*; ~ *Boğazı n.pr.* Straße *f* von Gibraltar.

ceberut, *-tu* [ū] 1. Gottes Allmacht *f* 2. Hochmut *m*, Anmaßung *f* 3. Tyrannei *f* 4. gewalttätig, despotisch, grausam.

cebidelik V abgebrannt, pleite.

cebir, *-bri* 1. Zwang *m*, Gewalt *f* 2. *math.* Algebra *f*.

Cebrail [· - -] *n.pr.* (*der Erzengel*) Gabriel.
cebren [x ·] *adv.* gewaltsam.
cebretmek [x · ·] 1. (er)zwingen, nötigen 2. gewaltsam auferlegen.
cebrî 1. gewaltsam; Zwangs- 2. algebraisch; ~ *yürüyüş mil.* Eilmarsch
cebrinefis, *-fsi* [· · x ·] Selbstüberwindung *f.*
cefa [ā] Mißhandlung, Quälerei *f*; ~ *çekmek* gepeinigt, gequält werden; ~ *etm.* mißhandeln, quälen.
cehalet, *-ti* [ā] Ignoranz, Unkenntnis *f.*
cehdetmek [x · ·] sich be-, abmühen.
cehennem Hölle *f*, Inferno *n* (*a. fig.*); ~ *ol!* scher dich zum Teufel!
cehennemlik 1. Teufelsbraten *m* 2. Feuerung *f im türk. Bad.*
cehre Spindel, Spule, Haspel *f.*
cehri *bot.* 1. Kreuzdorn *m* 2. echte Gelbbeeren *pl.*
ceht, *-di* Eifer *m*, Bemühung, Anstrengung *f.*
ceket *s. caket.*
celbe Jagdtasche *f*, Jagdnetz *n.*
celbetmek [x · ·] 1. ziehen, lenken 2. entbieten, vorladen; *mil.* einberufen 3. verursachen, hervorrufen.
celep, *-bi* Viehhändler *m.*
cellât, *-dı* 1. Scharfrichter, Henker *m* 2. *fig.* grausam, unbarmherzig.
celp, *-bi* Kommenlassen, Zu-Sich-Entbieten *n*, *mil.* Einberufung *f*, (*gerichtliche*) Vorladung.
celpname [ā] *jur.* (*Vor-*)Ladung *f.*
celse 1. Sitzung *f* 2. *spez.* Gerichtssitzung *f.*
cemaat, *-ti* [· - ·] 1. *zum Gottesdienst versammelte Gemeinde* 2. Religionsgesellschaft *f* 3. Menschenmenge *f.*
cem'an *adv.* insgesamt; ~ *yekûn* summa summarum.
cemetmek [x · ·] 1. sammeln, vereinigen, zusammenbringen 2. *math.* addieren.
cemi, *-m'i* 1. Sammeln, Vereinigen *n* 2. *math.* Addition *f* 3. *gr.* Plural *m.*
cemile [i] Freundlichkeit, Aufmerksamkeit *f.*
cemilekâr [i] liebenswürdig, zuvorkommend.
cemiyet, *-ti* 1. Gesellschaft *f*, Verein *m* 2. *soz.* Gesellschaft, (*Volks-*) Gemeinschaft *f* 3. Verband, Bund *m* 4. Feier *f* 5. *bei e-r Feier Anwesende pl.*
cemiyetli 1. voller Menschen 2. bedeutungsvoll, inhaltsreich (*z.B. Worte*).
cemre 1. *va.* glühende Asche 2. Wärmezunahme *f kurz vor Beginn des Frühlings.*
cenabet, *-ti* [ā] 1. rituelle Unreinheit 2. rituell unrein 3. *fig.* ekelhaft, widerwärtig.
cenah [ā] 1. Flügel, Fittich *m* 2. *mil. od. pol.* Flügel *m.*
cenap, *-bı* [ā] 1. hohe Persönlichkeit; Exzellenz *f*, Majestät *f* 2. ♀ [x ·] *mV; Cenabı Hak* Herrgott *m*; *Sefir Cenapları* Seine Exzellenz, der Herr Botschafter.
cenaze [ā] 1. Leiche *f*, Leichnam *m* 2. Bestattung, Beisetzung *f*, Begräbnis *n*; ~ *alayı* 1. Trauerzug *m* 2. Begräbnis *n.*
cendere 1. Walze, Presse, Mangel *f* 2. enges Tal, Engpaß *m*; *-ye koymak fig. j-m* scharf zusetzen.
Cenevre [· x ·] *n.pr.* Genf *n* (*Schweiz*).
cengâver 1. kriegerisch 2. mutig.
cengel Dschungel *m.*
cengetmek [x · ·] kämpfen, streiten, fechten.
Cengiz *n.pr.* 1. (*Han*) Dschingis-Khan *m* 2. *heutiger mV.*
cenin [ī] Embryo, Fötus *m*, (*Leibes-*) Frucht *f*; *cenini sâkıt* 1. abgetriebene Frucht 2. Früh-, Fehlgeburt *f.*
cenk, *-gi* Kampf, Krieg *m.*
cennet, *-ti* 1. *va.* Garten *m* 2. Paradies *n* (*a. fig.*); ~ *kuşu* 1. Paradiesvogel *m* 2. *fig.* armes Würmchen (*das voraussichtlich nicht lange am Leben bleibt*); ~ *öküzü* Mondkalb *n*, Einfaltspinsel *m.*
cennetli verstorben, selig.
cennetlik 1. fromm, gläubig 2. *iron.* wer in die Hölle gehört 3. paradiesischer Zustand 4. verstorben, selig.
Cenova [x · ·] *n.pr.* Genua *n* (*Italien*).
centilmen (**adam**) feiner Herr, Gentleman *m.*
cenubi [· - -] südlich; Süd-.
cenup, *-bu urspr.* [ū] 1. Süden *m* 2. Süd-; ♀ *Amerika(sı)* Südamerika; ♀ *Kutbu* Südpol *m*; *cenubu garbi* Südwest-; südwestlich; *cenubu şarki* Südost-; südöstlich.
cep, *-bi* 1. Tasche *f* 2. *mil.* Einbruchs-, Durchbruchs·keil *m*; ~ *harclığı* Taschengeld *n; cebi boş*

1. Habenichts *m* 2. pleite; *cebimde! fig.* das habe ich fest!
cepane [ā] 1. *fr.* Militärarsenal *n* 2. *va.* Pulvermagazin *n* 3. Munition *f* 4. V Opium *n.*
cepanelik [ā] Munitions·lager *n,* -raum *m.*
cephe 1. Stirn *f* 2. Stirn-, Vorderseite, Front *f* 3. *mil.* Front(linie) *f* 4. *fig.* Seite *f,* Gesicht *n* (*z.B. e-r Angelegenheit*); ~ *almak m. Dat.* Front machen (*gegen*).
cer, *-rri* Ziehen *n;* ~ *atelyesi* Eisenbahnreparaturwerkstätte *f.*
cerahat, *-ti* [· - ·] Eiter *m;* ~ *bağlamak* (*od. toplamak*) eiterig werden; eitern.
cerbeze 1. Wortgewandtheit *f* 2. *pej.* Mundfertigkeit *f* 3. *fig.* Sich-Anschmusen *n.*
cereyan [ā] 1. Fließen, Strömen *n* 2. elektrischer Strom 3. Ab-, Ver·lauf *m* 4. (*geistige*) Strömung *od.* Bewegung 5. (*Luft-*)Zug *m;* ~ *etm.* 1. fließen, strömen 2. ablaufen, verlaufen, sich abspielen 3. noch im Fluß sein.
cerh 1. Verwunden, Verletzen *n* 2. Widerlegung *f.*
cerhetmek [x · ·] 1. verwunden, verletzen 2. widerlegen.
ceride [ī] *va.* 1. Zeitung *f* 2. Zeitschrift *f* 3. Tagebuch *n,* Niederschrift *f* 4. Register, Verzeichnis *n.*
cerrah [ā] 1. *va.* Quacksalber *m* 2. Chirurg *m.*
cerrar [ā] aufdringlicher Bettler.
cerretmek [x · ·] 1. (durch)ziehen (*z.B. Draht*) 2. schleppen (*z.B. Kahn*).
cesamet, *-ti* [ā] 1. (*relative*) Größe, Umfang *m,* Ausmaß *n* 2. (*absolute*) Größe, Großsein *n.*
cesaret, *-ti* [ā] 1. Mut *m,* Kühnheit *f* 2. Verwegenheit, Frechheit *f;* ~ *almak* (*neuen*) Mut fassen; ~ *bulmak* dreister werden; ~ *etm.* wagen.
cesaretlenmek [ā] 1. Mut fassen 2. dreist werden.
cesaretli [ā] 1. mutig, kühn 2. verwegen, dreist.
ceset, *-di* 1. *va.* Körper *m* 2. Leichnam *m,* Leiche *f.*
ceste ceste nach und nach; allmählich.
cesur [ū] = *cesaretli.*
cet, *-ddi* 1. Großvater *m* 2. Ahn, Vorfahr *m.*
cetvel 1. (*tahtası*) Lineal *n* 2. Skala *f* 3. Formular *n,* Vordruck *m,* Liste *f,* Register *n* 4. *typ.* Schriftrahmen *m* 5. Bewässerungskanal *m.*
cetvelci *typ.* Kolonnensetzer *m.*
cevaben [ā] *m. Dat.* in Beantwortung ...
cevabi [· - -] Antwort-; ~ *nota* Antwortnote *f;* ~ *ziyaret* Gegenbesuch *m.*
cevahir [ā] (*pl. zu cevher*) Edelsteine, Juwelen *pl.*; ~ *yumurtlıyor iron.* er meint wunder wie gescheit er daherredet.
cevap, *-bı urspr.* [ā] Antwort, Erwiderung *f* (*a. fig.*); *jur.* Klagebeantwortung *f;* ~ *vermek* antworten, erwidern; ~ *ziyareti* Gegenbesuch *m.*
cevaplandırmak beantworten.
cevaplı 1. Antwort(en) enthaltend 2. mit Antwort- *od.* Rück·schein 3. mit bezahlter Rückantwort (*Telegramm*).
cevapsız 1. wer keine Antwort erhält 2. unbeantwortet.
cevaz [ā] 1. Zulässigkeit *f* 2. Erlaubnis *f;* ~ *görmek* als zulässig erachten.
cevelân 1. Kreislauf *m* 2. Spaziergang *m,* Rundfahrt *f;* ~ *etm.* kreisen, zirkulieren.
cevher 1. *biol.* Substanz *f,* Stoff *m* 2. *phil.* (*unveränderliche*) Substanz; Dauernde(s), Wesenhafte(s) *n* 3. Kern *m,* Wesen *n* 4. gute Anlage (*z.B. bei e-m Kind*) 5. Edelstein *m* 6. Erz *n;* *-ini tüketmek fig.* am Ende seines Lateins sein.
cevir, *-vri* Mißhandlung, Quälerei *f.*
ceviz 1. Walnuß *f* 2. (*ağacı*) Nußbaum *m* 3. Nußbaum-; ~ *içi* 1. Nußkern *m* 2. geschälte Nüsse *pl.*; ~ *kabuğu doldurmaz fig.* lächerlich unwichtig.
cevretmek [x · ·] (*b-ne*) quälen, peinigen.
cevval, *-li* [ā] lebendig, frisch, regsam.
ceylan *zo.* Gazelle *f.*
ceyş *va.* Heer *n* (*s. sevkulceyş*).
ceza [ā] Strafe, Bestrafung *f;* ~ *almak* bestraft werden; ~ *çekmek* e-e (*Gefängnis-*)Strafe verbüßen; ~ *evi* Gefängnis *n,* Strafanstalt *f;* ~ *görmek* bestraft werden; ~ *kanunu* Strafgesetzbuch *n;* ~ *sahası* Strafraum *m* (*Sport*); ~ *vermek* 1. bestrafen 2. e-e Strafe zahlen; ~ *ye-*

mek F e-e (*Geld-*)Strafe aufgebrummt bekommen; *-sını bulmak* s-e gerechte Strafe erhalten; *-sını çekmek* 1. büßen müssen (*für*) 2. s-e Strafe verbüßen.

cezaen [ā] *va. adv.* als Bestrafung, zur Strafe.

cezalandırmak [· - · · ·] bestrafen.

cezalanmak [· - · ·] bestraft werden.

Cezayir *n.pr.* 1. Algier *n* (*Stadt*) 2. Algerien *n*; *~ dayısı fr.* Militärgouverneur *m* von Algerien; *~ dayısı* (*od. kadısı*) *gibi kurulmak hum.* sich in Positur setzen.

cezbe Ekstase *f*, mystische Verzükkung.

cezbetmek [x · ·] 1. (an)ziehen, an sich ziehen 2. *fig.* anziehend wirken (*auf*), bezaubern, betören 3. ein-, auf·saugen.

cezim, *-zmi* 1. *va.* (*Durch-*)Schneiden, Amputieren *n* 2. Entschlossenheit, Willenskraft *f*.

cezir, *-zri* 1. *bot., math., gr.* Wurzel *f* 2. *chem.* Radikal *n* 3. Ebbe *f*; *cezri mikâp* (*murabba*) Kubik-(*Quadrat-*)Wurzel *f*.

cezmetmek [x · ·] 1. *va.* amputieren 2. sich entschließen; beschließen.

cezp, *-bi* 1. Anziehung *f* 2. Charme, (*An-*)Reiz *m*, Verlockung, Betörung *f* 3. Ein-, Auf·saugen *n*.

cezrî 1. radikal, grundlegend 2. *chem.* zu e-m Grundstoff gehörig.

cezve *kleines Stielgefäß zur Bereitung von türk. Kaffee.*

cezvit *s. cizvit.*

cıcık *in den Füg.*: *cıcığı çıkmış* abgenutzt, abgebraucht, alt; *cıcığını çıkarmak durch vielen Gebrauch* abnutzen und wertlos machen.

cıgara [x · ·] Zigarette *f*; *~ böreği e-e lange, dünne Pastetenart*; *~ içmek* Zigaretten rauchen; *~ kâğıdı gibi* hauchdünn; *~ tablası* Aschenbecher *m*.

cılgar *s. çıvgar.*

cılız mager, kraftlos.

cılk 1. faul und stinkend (*Ei*) 2. eiterig *od.* nässend (*Wunde*); *~ çıkmak* 1. faul sein und stinken 2. *fig.* sich als Niete herausstellen.

cılkava *aus dem Nackenfell e-s Wolfes od. Fuchses gefertigter Pelz.*

cımbız 1. Pinzette *f* 2. Noppeisen *n* (*des Webers*).

cır! klingeling!; *~ ~* knarrend, plärrend, zirpend, zeternd, durchdringend.

cırboğa 1. *zo.* Wüstenspringmaus *f* 2. *fig.* mageres, schwächliches Kind.

cırcır lästiger Schwätzer, Schwatzbase *f*; *~ böceği zo.* 1. Grille *spez.* Hausgrille *f* 2. Zikade *f*.

cırlak 1. knarrend, quäkend, zirpend *usw.* 2. = *cırcır böceği* 3. *zo.* Neuntöter *m*.

cırt! ritsch!

cırtlak 1. = *cırlak* 2. eitler Schwätzer *od.* Prahler.

cırtlamak laut kratzen *od.* kreischen; durchdringend klingeln.

cıvadra [· x ·] *naut.* Bugspriet *n*.

cıvata [· x ·] 1. Kopf-, Steckschraube *f*; Bolzen *m* 2. *naut.* Betingsbolzen *m*.

cıvatalamak verbolzen.

cıvık 1. schmierig 2. *fig.* auf-, zudringlich (*Mensch*).

cıvıl cıvıl 1. zwitschernd 2. piepend (*Küken*).

cıvıldamak 1. zwitschern 2. piepen.

cıvımak 1. schmierig werden 2. *fig.* nicht mehr glatt gehen 3. V aufdringlich werden.

cıyak cıyak jämmerlich, wie am Spieß (*schreien*).

cıyaklamak jämmerlich schreien.

cıyırdamak knirschend zerreißen (*intr.*) (*Papier, Stoff u. ä. m.*).

cız 1. *Ki.* Feuer *n* 2. Brutzeln, Zischen *n* 3. pieks!; *~ etm.* sich zusammenkrampfen (*Herz*); *~ sineği* 1. Stechmücke *f* 2. Bremse *f*.

cızbız auf dem Rost gebraten; gegrillt (*spez. köfte*).

cızık 1. = *çizgi* 2. (*Fett-*)Grieben *pl.*; *~ ~ bağırmak* in Todesangst fiepen (*Maus*).

cızıktırmak hin·kritzeln, -schmieren.

cızır cızır 1. brutzelnd, zischend 2. knirschend (*z.B. Glas*) 3. leicht kratzend (*z.B. Feder*).

cızırdamak 1. brutzeln, zischen 2. knirschen 3. (*leicht*) kratzen.

cızlamak 1. = *cızırdamak* 2. = *cız etm.*

cibilli [· · -] natürlich, angeboren, natureigen.

cibilliyet, *-ti* Naturanlage, Veranlagung *f*, Naturell *n*, Charakter *m*.

cibilliyetsiz 1. gemein, charakterlos 2. geizig.

cibinlik Moskitonetz *n*.

cibre[1] [x ·] *zo.* Brachsen *m* (*Fisch*).
cibre[2] [x ·] Trebern *pl.*
cici *Ki.* schön, hübsch, nett, lieb, brav, gut (*a. Sb.*); ~ *anne Ki. e-e ältere, in der Familie lebende Frau, spez.* Großmutter *f*; ~ *bey spött.* schöner Herr; ~ *bici* niedlich, hübsch, nett; *-m!* mein Süßes!; *-m pilicim!* mein süßer Liebling!
cicili bicili aufgeputzt, herausstaffiert.
cicim *dünner, gestickter, aus Einzelteilen zusammengenähter* Kelim.
cicoz V 1. nicht vorhanden 2. fort!, weg!
cicozlamak V abhauen, verduften.
cidal, *-li* [ā] 1. Kampf *m*, Schlacht *f* 2. Streit *m*, Auseinandersetzung *f*.
cidar *spez. an., phys.* (*Seiten-, Scheide-*)Wand, Innenseite *f*.
cidden [x ·] *adv.* 1. ernstlich 2. wirklich, tatsächlich 3. sehr, überaus, äußerst.
ciddî 1. ernst(haft), ernstlich 2. wahr, wirklich, tatsächlich 3. solide, vertrauenswürdig, aufrichtig; ~ *mi söylüyorsun?* sprichst du im Ernst?; *-ye almak* 1. *et.* für Ernst nehmen 2. *et.* ernstnehmen.
ciddîleşmek 1. ernst(er), kritisch (-er) werden, sich verschärfen 2. bedrohlich werden, sich zuspitzen.
cife [ī] 1. Aas *n*, Kadaver *m* 2. *fig. et.* Ekelhaftes.
cigara *s. cıgara.*
ciğer 1. Lunge *f* 2. Leber *f* 3. lebenswichtige Teile *pl. des Körpers, spez.* Herz *n* 4. Innere(s) *n e-r Sache* 5. *Gesamtbezeichnung der Empfindungen* 6. Mut *m* 7. (*Kosewort*) Liebling *m* 8. = ~ *takımı*; *-i beş para etmez!* der ganze Kerl ist keinen roten Heller wert!; *-i yanmak* (*od. sızlamak*) große Schmerzen auszustehen haben; *-im!* mein Liebling!
ciğerci *wer Leber, Lunge, Kuttelflecke, Hammelbeine und Hammelköpfe verkauft.*
ciğerpare [ā] Liebling *m*, Herzblättchen *n*.
cihad [ā] heiliger Krieg (*der Mohammedaner*).
cihan [ā] Welt *f*; ~ *harbi* Weltkrieg *m*.
cihangir [· - -] 1. Welteroberer *m* 2. ♀ *n.pr.* a) *mV.* b) *Stadtteil in Ist.*
cihanşümul [ā, ū] weltumfassend; ~ *şöhretli* weltberühmt.
cihar [ā] *Wü.* vier; *-dü* vier und zwei; *-üse* vier und drei; *-üyek* vier und eins.
cihaz [ā] 1. = *çeyiz* 2. *chem. phys.* Apparat *m* 3. *biol.* Apparat *m*, Organe *pl.*, System *n*.
cihazlamak [· - · ·] ausrüsten, versehen, ausstatten.
cihazlandırmak [· - · · ·] = *cihazlamak.*
cihazlanmak [· - · ·] *Pass. od. Refl. zu cihazlamak.*
cihet, *-ti* 1. Seite, Richtung, Gegend *f* 2. Hinsicht *f*, Gesichtspunkt *m*, Überlegung *f* 3. Richtungssinn *m* 4. Grund *m*, Ursache *f* 5. *e-e von der Verwaltung der frommen Stiftungen bezahlte Tätigkeit* 6. Modalität *f*; (*-diği cihetle*) da, weil; in Anbetracht, daß ...
cilâ 1. Politur *f*, Glanz, Lack, Firnis *m* 2. *fig.* Tünche *f*, Firnis *m*; ~ *etm.* = *cilâlamak*; ~ *sürmek* (*od. vermek od. vurmak*) polieren, lackieren, firnissen.
cilâcı Polierer, Lackierer *m*.
cilâlamak polieren, lackieren, firnissen.
cilâlı poliert, lackiert.
cilâsin *in der Füg.*: ~ *gibi* groß, stattlich.
cilbent, *-di* 1. *va.* große Aktentasche *od.* großes Notizbuch 2. *va.* chirurgisches Besteck 3. *selt.* Schnellhefter, Ordner *m* 4. große Kartonmappe (*für Zeichnungen usw.*).
cildî Haut-; dermatisch; ~ *hastalıklar* Hautkrankheiten, Dermatosen *pl.*
cildiye 1. Hautklinik, dermatologische Abteilung 2. Hautkrankheiten *pl.* 3. Buchbinderkosten *pl.*
cildiyeci Haut·arzt *m*, -ärztin *f*, Dermatologe *m*, Dermatologin *f*.
cilt, *-di* 1. Haut *f* 2. Einband *m* (*e-s Buches*) 3. Band *m* (*e-s Werkes*).
ciltçi Buchbinder *m*.
ciltlemek binden (*Buch*).
ciltli gebunden (*Buch*).
ciltsiz ungebunden, broschiert.
cilve 1. Sich-Zieren, Sich-Bitten-Lassen *n*, Koketterie *f* 2. Erscheinung, Manifestation, Bezeugung *f* 3. *pej.* starker Nachteil, Schattenseite *f*, widriger Verlauf.
cilvelenmek kokettieren.
cilveleşmek 1. miteinander koket-

tieren 2. sich gegenseitig (*freundschaftlich*) hänseln.
cilveli kokett.
cima, *-aı* [ā] 1. Beischlaf, Koitus *m* 2. *bot.* Kopulation; Begattung, Befruchtung *f*; ~ *etm.* geschlechtlich verkehren.
cimbakuka [ī, ū] klein, mißgestalt, gnomenhaft.
cimcime 1. *Name e-r bes. süßen kleinen Melonenart* 2. Schelm, Schlingel *m* 3. winzig und süß.
cimnastik 1. Turnen *n* 2. Gymnastik *f*.
cimnastikhane [· · · - ·] 1. Turnhalle *f* 2. Gymnastiksaal *m*.
cimri knauserig, knickerig, geizig.
cin[1] Gin, Wacholderbranntwein *m*.
cin[2], *-nni* (*böser*) Geist; ~ *fikirli* verschlagen und gewandt wie der Satan; ~ *tutmak* den Verstand verlieren; ~ *yavrusu* intelligentes, aber unbändiges Kind; *-ler(-i) başına çıkıyor* (*od. toplanıyor od. üşüşüyor*) *fig.* er wird furchtbar wütend; *-ler* (*od. in cin od. ecinniler*) *top* (*od. cirit*) *oynuyor* 1. menschenleer sein 2. ganz abseits liegen.
cinai [· - -] 1. kriminell; Kriminal- 2. verbrecherisch.
cinas [ā] 1. Wortspiel *n* 2. Anzüglichkeit *f*.
cinaslı [ā] anzüglich.
cinayet, *-ti* [ā] (*schweres*) Verbrechen.
cinayetkâr [ā] verbrecherisch.
cingil kleines Traubenbüschel *m. wenig Beeren.*
cingöz = *cin fikirli.*
cinli von bösen Geistern heimgesucht.
cinnet, *-ti* Wahn-, Irr-sinn *m*; ~ *getirmek* den Verstand verlieren
cinni = *cin*[2].
cins 1. *bot., zo.* Gattung *f* 2. Geschlecht *n* 3. *gr.* Geschlecht, Genus *n* 4. Kategorie, Gruppe, Art, Gattung *f* 5. Abstammung *f*, Schlag *m* (*bei Tieren*), Qualität *f* (*z.B. e-r Ware*) 6. *pr.* von edler Rasse, reinrassig, Rasse(n)-; erstklassig; ~ ~ verschieden(artig)e; ~ *ismi gr.* Gattungsname *m*.
cinsî 1. geschlechtlich, sexuell; Geschlechts-; Sexual- 2. die Gattung betreffend; generisch.
cinsiyet, *-ti* 1. Sexus *m*, Geschlecht *n* 2. Sexualität *f*, Sexualleben *n*.
cinslik Sexus *m*, Geschlecht *n*.
cip [i] Jeep *m*.
ciranta [· x ·] Girant, Indossant *m*.
cirim, *-rmi* 1. (*unbelebter*) Körper 2. Größe, Ausdehnung *f*, Volumen, Ausmaß *n*; *kendi cirmi kadar* im Rahmen seiner (*bescheidenen*) Kräfte.
cirit, *-di* 1. Wurfspeer *m ohne Spitze* 2. *Name e-s alttürk. Reiterspiels* 3. Speer *m* (*La.*); ~ *atma* Speerwerfen *n* (*La.*); ~ *oynamak* 1. das *cirit*-Spiel veranstalten 2. *fig.* sich frei tummeln.
ciro [x ·] Indossament, Giro *n*, Übertragungsvermerk *m*; ~ *etm.* indossieren, girieren, übertragen.
cirolu giriert, begebbar (*Scheck, Wechsel*).
cisim, *-smi* 1. Körper *m* 2. Gegenstand *m*.
cisimlenmek körperliche Gestalt annehmen.
cismani [· - -] 1. körperlich, materiell 2. *rel.* weltlich; ~ *ceza* körperliche Strafe, Leibesstrafe *f*; ~ *zarar jur.* Körperverletzung *f*.
cismen [x ·] *adv.* körperlich, materiell.
civa [x ·] 1. Quecksilber *n* 2. V funkelnagelneu.
civan [ā] 1. jung, jugendlich 2. Junge, Knabe *m* 3. junger Mann, Jüngling *m*.
civanmert, *-di* [ā] 1. edel(mütig), ritterlich 2. freigebig.
civanperçemi, *-ni* [ā] *bot.* Schafgarbe *f*.
civar [ā] 1. Umgegend, Umgebung *f*; 2. benachbart; Nachbar-; *-ında* 1. in der Umgebung (*von*); nahe bei ... 2. ungefähr, etwa.
civciv 1. Kücken *n* 2. Zwitschern, Piepen *n*.
civcivli 1. mit Kücken (*Henne*) 2. angeregt, lustig, fröhlich 3. belebt, intensiv.
civelek 1. lebhaft, frisch, sich leicht anschließend 2. *hist. neu zu den Janitscharen kommender junger Mann* 3. Landarbeiter, Tagelöhner *m*.
cizvit, *-ti* 1. Jesuit *m*; jesuitisch 2. *fig.* Aufwiegler, Hetzer *m* 3. *für Mohammedaner:* Gottlose(r) *m/f*, Atheist *m*.
cizye *hist.* Kopfsteuer *f* (*der Nicht-Mohammedaner*).
coğrafi geographisch.

coğrafya [· x ·] Erdkunde, Geographie *f*.
coğrafyacı [· x · ·] 1. Geograph *m* (*als Wissenschaftler*) 2. F Geographielehrer(in *f*) *m*.
cokey [x ·] Berufsrennreiter, Jockey *m*.
Coni [x ·] *Spitzname des englischen Soldaten*, Tommy *m*.
conkikirik *hum*. Engländer *m*.
conta [x ·] *techn*. (*Ab*-)Dichtung, Liderung, Packung *f*.
cop, -*pu* 1. dicker Stock *mit rundlichem Knopf* 2. Gummiknüppel *m* (*der Polizisten*); ~ *kaldırma Name e-s bäuerlichen Spiels* (*Westanatolien*).
coşku starke Erregung, Begeisterung *f*, Enthusiasmus *m*.
coşkun 1. feurig, lebhaft, begeistert 2. stark bewegt (*Meer*) 3. über die Ufer tretend (*Fluß*) 4. sehr heftig, sehr stark (*Wind, Regen*).
coşmak 1. feurig (*lebhaft, begeistert*) werden 2. in starke Bewegung geraten (*Meer*) 3. über die Ufer treten (*Fluß*) 4. an Heftigkeit zunehmen (*Wind, Regen*).
cömert, -*di* 1. freigebig 2. fruchtbar, ertragreich.
cönk, -*kü* 1. *urspr*. Schiff *n* 2. Anthologie, Gedichtsammlung *f*, Sammlung *f* verschiedener Aufsätze *u. ä. m*.
cudam (*ästimativer Gegensatz zu adam*) erbärmlicher Tropf.
cuma Freitag *m* (*bis 31. 5. 1935 Wochenfeiertag in der Türkei*).
cumartesi, -*ni od.* -*yi* Samstag, Sonnabend *m*.
cumba [x ·] 1. vorspringender Erker *od*. vorspringendes Stockwerk 2. (*kafes*) vorgewölbtes Gitterfenster.
cumbadak [x · ·] 1. *Int*. plumps!, plauz!, platsch! 2. Hals über Kopf; urplötzlich.
cumbul cumbul 1. glucksend, gurgelnd (*Wasser*) 2. rumpelnd, dröhnend, dumpf rollend 3. zu viel Flüssigkeit enthaltend (*Speise*).
cumbuldamak 1. glucksen, gurgeln (*Wasser*) 2. rumpeln, dröhnen, dumpf rollen 3. (hinein)plumpsen.
cumbur Rumpeln, Dröhnen, dumpfes Rollen *n*; ~ *cemaat* V (< *cumhur cemaat*) alle zusammen, F die ganze Blase.
cumburlop! *Int*. plumps!
cumburtu 1. Glucksen, Gurgeln *n* (*Wasser*) 2. (*Hinein*-)Plumpsen *n*.
cumhur [· -] 1. Volk *n* 2. Volksgemeinschaft *f*; ~ *başkanı* (*od. reisi*) Staatspräsident *m*; ~ *cemaat s. cumbur cemaat*.
cumhuriyet, -*ti* [· - · ·] 1. Republik *f*, Freistaat *m* 2. V *fr*. Ein-Pfund-Schein *m* 3. ♀ *n.pr. angesehene Istanbuler Tageszeitung* (*gegründet 1927*); ♀ *Bayramı* Republikfest *n* (*28. bis 30. Oktober*); ♀ *Halk Partisi* Republikanische Volkspartei.
cumhuriyetçi [· - · · ·] 1. Republikaner(in *f*) *m* 2. republikanisch.
curcuna [· x ·] 1. *e-e sehr lebhafte türk. Taktart* 2. *Name e-s lärmenden Tanzes* 3. *fig*. lärmendes Stimmengewirr; -*ya çevirmek* (*od. döndürmek od. vermek*) (*bir yeri*) mit Lärm und Geschrei erfüllen; -*ya kalkmak* 1. sich ausgelassen benehmen 2. Streit anfangen.
curnal 1. (*zur Zeit des osm. Absolutismus*) Denunziation *f* 2. Anwesenheitsheft *n* (*für Beamte od. Angestellte*); ~ *etm*. (*od. vermek*) denunzieren, anzeigen.
curnalcı Agent, Spitzel, Denunziant *m*.
curum Zusammenströmen *n*; *balık* -*u* Riesen-, Groß-, Massen-schwarm *m von Fischen*.
cüce Zwerg(in *f*) *m*.
cücelik 1. zwergenhafter Wuchs 2. Zwergentum *n*.
cücük 1. *va*. süß, zart, wohlschmeckend 2. *et. Kleines od. e-e kleine Art* (*Tier, Pflanze*) 3. Pflanzen-schößling *m*, -knospe *f* 4. innerer Teil, Herz *n* (*bei Zwiebeln, Kopfsalat usw.*).
cüda [ā] getrennt, fern; ~ *düşmek* (*m. Abl.*) getrennt sein (*von*); sich sehnen (*nach*).
cülûs Thronbesteigung *f*; ~ *etm*. den Thron besteigen.
cümbüş 1. (*Tanz*-, *Musik*-)Vergnügen *n* 2. *ein gitarreähnliches Zupfinstrument*; ~ *etm*. sich (*bei Musik, Tanz*) vergnügen.
cümbüşi [ī] Stimmungsmacher *m*, humoristischer Ansager.
cümle 1. all-, sämtlich, ganz 2. Ganze(s) *n*, Gesamtheit *f*, Rahmen *m* 3. *gr*. Satz *m* 4. *math*. Menge *f* 5. *math*. Gruppe *f* (*der Einer usw.*) 6. *biol*. System *n* 7. *chem*. periodisches

System 8. *biol.* Apparat *m*, Organe *pl.*; *-miz* wir alle; *bu -den* so zum Beispiel.

cümudiye [ū] Gletscher *m.*

cündi erfahrener Reiter, geschulter Kavallerist.

cünun [ū] Wahnsinn, Irrsinn *m.*

cünüp, *-nbü, -mbü* rituell unrein (*nach dem Geschlechtsakt*).

cüppe 1. *fr.* Überwurf *m der isl. Geistlichen* 2. Robe *f e-s Rechtsanwalts od. Richters.*

cüra 1. Schluck *m* 2. *in e-m Trinkglas verbliebener Rest.*

cüret, *-ti* 1. Mut *m*, Kühnheit, Verwegenheit *f* 2. *pej.* Dreistigkeit, Frechheit *f*; ~ *etm.* 1. wagen, sich die Freiheit nehmen (*zu*) 2. *pej.* die Frechheit besitzen (*zu*).

cüretkâr, cüretli 1. mutig, verwegen 2. dreist, frech.

cüruf [ū] Schlacke *f.*

cürüm, *-rmü* Vergehen *n*, strafbare Handlung, Gesetzesübertretung *f*; ~ *işlemek* sich ein Vergehen zuschulden kommen lassen; *cürmümeşhut halinde* auf frischer Tat; in flagranti; *cürmümeşhut yapmak* j-m e-e Falle stellen, *um ihn in flagranti zu ertappen.*

cüsse 1. Leib *m*, Körper(bau, -wuchs) *m* 2. *pr.* großer, starker Körper.

cüz, *-z'ü* 1. Teil *m e-s Ganzen* 2. *e-r der 30 Teile des Korans* 3. Lieferung *f*, einzelnes Bändchen (*e-s Druckwerks*).

cüzam [ā] *med.* Aussatz *m*, Lepra *f.*

cüzdan [ā] 1. Brieftasche *f* 2. Büchlein *n* (*wie z.B. Spar-, Kontobuch*) 3. Portefeuille *n.*

cüzi 1. sehr wenig, sehr gering, winzig, unerheblich 2. Teil-; partikulär.

cüzü *s. cüz.*

cüzüfert, *-di chem.* Atom *n.*

cüzütam, *-mmı* [ā] *in sich geschlossene* Einheit; Verband *m.*

Ç

ç, Ç [tʃɛ] *4. Buchst. des türk. Alph.*
çaba Eifer *m*, Anstrengung, Bemühung *f*.
çabalamak 1. zappeln 2. sich abmühen, sich anstrengen.
çabalanmak mit Händen und Füßen zappeln *od.* um sich schlagen.
çabucacık [x · · ·], **çabucak** [x · ·] schnellstens, schleunigst.
çabuk schnell, rasch; ~ ~ ganz rasch; schnellstens; ~ *olm.* 1. sich beeilen 2. rasch erledigt werden.
çabuklaşmak sich beschleunigen.
çabukluk Schnelligkeit, Eile *f*, beschleunigtes Verfahren.
çaça 1. (*balığı*) *zo.* Sprotte *f* 2. alter, erfahrener Seemann (*Handelsmarine*).
çaçaron F geschwätzig, redselig.
çadır Zelt *n*; ~ *kurmak* ein Zelt aufschlagen.
çağ 1. Zeit *f*, Zeitpunkt *m* 2. Lebensabschnitt *m*, -alter *n* 3. Periode *f*, Geschichtsabschnitt *m* 4. richtige Zeit, gegebener Augenblick.
çağan Fessel *f* (*für Kamele*).
çağanak *s. çağnak*
çağanoz *zo.* Krabbe *f*; ~ *gibi* krumm und bucklig (*Mensch*).
çağdaş Zeitgenosse(in *f*) *m* 2. zeitgenössisch.
çağıl çağıl plätschernd, rieselnd, rauschend.
çağıldamak plätschern, rieseln, rauschen.
çağırmak 1. rufen, schreien 2. einladen 3. einberufen 4. singen.
çağırtkan 1. Lockvogel *m* 2. Lockpfeife *f*.
çağla [x ·] *grünes, aber genießbares Obst wie Mandeln, Aprikosen, bestimmte Pflaumen usw.*
çağlamak rauschen, strömen, brausen.
çağlanmak heranreifen; ins mannbare Alter kommen.
çağlayık kleinere Quelle.
çağlıyan kleinerer Wasserfall, Kaskade *f*.
çağnak 1. Kastagnette *f* 2. kleines Zigeunertamburin 3. *fig.* Lärm *m*, Ausgelassenheit *f*.
çağrı 1. Einladung, Vorladung, Einberufung, Aufforderung (*zum Beitritt*) *f* 2. Interjektion *f* 3. *gr.* Vokativ *m*.
çağrışmak 1. vereint rufen 2. *selt.* gemeinsam singen 3. einander zurufen.
çak 1. *selt.* metallisches Klirren 2. Klatschen *n*; ~ ~ klitsch!, klatsch!
çakal 1. *zo.* Schakal *m* 2. V hilflos, schwach 3. V abgefeimt, gerissen; ~ *eriği* 1. unreife Pflaume 2. *bot.* Schlehe *f*.
çakı Taschenmesser *n*; ~ *gibi* lebhaft, aktiv, schnell bei der Hand.
çakıl 1. Kiesel(stein) *m* 2. Kies *m*; ~ *döşemek* 1. mit Kieselsteinen auslegen 2. mit Kies bestreuen.
çakıldak 1. Sperr·klinke, -vorrichtung *f* 2. Ratsche, Schnarre *f Kspz.* 3. Schwätzer *m*, Schwatzbase *f* 4. trockenes Mistklümpchen (*das e-m Tier anhaftet*).
çakıldamak rasseln, rauschen, klirren, klappern.
çakıltı Rasseln, Rauschen, Klirren, Klappern *n*.
çakım, çakın 1. Blitz *m* 2. Funke *m*.
çakır[1] 1. graublau, bläulich 2. = *çakırdoğan*.
çakır[2] *va.* Wein *m od. and. alkoholisches Getränk.*
çakır[3] *in der Füg.*: ~ *çukur* 1. uneben, holperig 2. dumpfes Aufschlagen.
çakırdoğan *zo.* Zwerg-, Merlinfalke *m*.
çakırkanad *zo.* Krickente *f*.
çakırkeyf F angeheitert, beschwipst.
çakırpençe 1. wer sich durchzusetzen versteht 2. habgierig, geizig.
çakışmak 1. *selt.* fest miteinander verbunden sein 2. zusammen-, aufeinander·schlagen (*intr.*) 3. mit Worten wetteifern 4. *Rez. zu çakmak.*
çakıştırmak 1. *Kaus. zu çakışmak* 2. trinken, zechen.
çakmak[1] 1. Feuerstahl *m* 2. Feuersteinschloß *n* (*an früheren Flinten*) 3. Feuerzeug *n*.

çakmak² 1. einschlagen, eintreiben (*z.B. Nagel*) 2. annageln 3. anbinden (*Weidetier an Pflock*) 4. V *j-m et.* aufhängen (*z.B. Falschgeld*) 5. V schlagen, *j-m e-e* herunterhauen 6. zünden lassen; anstreichen (*z.B. Zündholz*) 7. abfeuern 8. (auf-) blitzen 9. plötzlich zubeißen 10. (*m. Akk.*) V merken, hinter et. kommen 11. V a) sitzenbleiben b) *in e-r Prüfung* durchfallen (*Schüler*) 12. V (*bşden*) e-e Ahnung haben (*von*) 13. V a) trinken, zechen b) *e-n* heben, genehmigen.

çakmaktaşı, -*nı* 1. *geol.* Feuerstein, Flint *m* 2. künstlicher Feuerstein.

çakşır 1. *lange, weite* Hose *mit angenähtem leichten Schuhwerk* 2. Feder·krause, -hose *f* (*bei Vögeln*).

çala- (*e-e Art Px. zur Bez. der Intensität*) -*kalem yazmak* eilig *od.* dauernd schreiben; -*kaşık yemek* F ordentlich einhauen (*beim Essen*); -*kürek çekmek* aus Leibeskräften rudern.

Çalap, -*bı selt.* Gott *m.*

çalar 1. Läute-, Schlag- *od.* Spielwerk *n* 2. *mit solchem Werk ausgestattet*; ~ *saat* 1. Uhr *f* mit Schlagwerk 2. *fr.* Repetieruhr *f* 3. Spieluhr *f* 4. Wecker *m.*

çalçene Schwätzer *m*, Schwatz-, Klatsch·base *f.*

çaldır çuldur trippelnd.

çaldırmak 1. *Kaus. zu çalmak* 2. *et.* gestohlen bekommen.

çalgı 1. Musik *f* 2. Musikinstrument *n* 3. Orchester *n*, Kapelle *f*; ~ *çağanak* mit Musik und Lärm; ~ *çaldırmak* aufspielen lassen; ~ *çalmak* 1. ein Instrument spielen 2. Musik machen.

çalgıcı 1. *mst. pej.* Musikant(in *f*) *m* 2. wer *M. i.* herstellt *od.* verkauft.

çalı 1. (*Dorn-*)Busch, Strauch *m* 2. Gestrüpp, Gebüsch *n*; ~ *çırpı* Reisig, Dorngestrüpp *n*; ~ *kuşu* 1. *zo.* Zaunkönig *m* 2. *zo.* Goldhähnchen *n* 3. *fig.* unbeständig, wankelmütig 4. *fig.* quecksilbrig 5. ♀ Kuşu *Roman von Reşat Nuri Güntekin* (*1922*).

çalık 1. schief, krumm 2. schräg geschnitten (*Stoff*) 3. störrisch, eigensinnig (*Tier*) 4. verschossen, verblaßt 5. gestrichen (*in e-r Liste*) 6. pockennarbig 7. Pockennarbe *f* 8. Räude *f* (*bei Schafen*).

çalıkavak *bot.* Korbweide *f.*

çalım 1. *va.* Schlag, Streich *m* 2. Schneide *f* (*e-s Säbels usw.*) 3. Arroganz, Prahlerei *f*; ~ *etm.* (*od. satmak*) sich arrogant benehmen; prahlen; -*ına getirmek fig.* e-e günstige Zeit *od.* Lage *für et.* erreichen.

çalınmak *Pass. zu çalmak.*

çalışkan fleißig, arbeitsam, emsig.

çalışmak 1. arbeiten; fleißig sein 2. tätig sein; seinen Beruf ausüben 3. in Tätigkeit sein; laufen (*z.B. Maschine*) 4. sich bemühen 5. (*bşe*) lernen; *çalışıp çabalamak* sich nach besten Kräften bemühen.

çalıştırmak 1. veranlassen *od.* zulassen, daß jemand arbeitet *od.* lernt 2. beschäftigen (*Arbeiter*) 3. V seinen Spaß treiben (*mit*) 4. V geben, herausrücken.

çalka(la)mak 1. (aus-, ab)spülen 2. schütteln, rütteln 3. hin- und herwerfen 4. (*sütü*) Butter stoßen 5. (um)rühren 6. schlagen (*Eier*) 7. worfeln (*Getreide*) 8. umdrehen (*Henne ihre Eier*) 9. *in der Füg.*: *süt, çocuğu çalka(la)dı* die Milch ist dem Kind nicht bekommen.

çalka(la)nmak 1. *Pass. zu çalka(la)mak* 2. sich schütteln (*z.B. Enten*) 3. unruhig werden (*Meer*) 4. in aller Munde sein (*Gerücht*).

çalkantı 1. heftige Erschütterung 2. ausgesiebte Spreu 3. Unruhigwerden *n* (*des Meeres*) 4. *was geschüttelt od. umgerührt worden ist* 5. Erbrechen *n od.* Durchfall *m* 6. starke innere Erregung.

çalkar 1. *va.* schwer verdaulich 2. Egreniermaschine *f* (*für Baumwolle*) 3 Abführmittel *n.*

çalkumar verwegenes Glücksspiel.

çalmak, (-*ar*) 1. schlagen 2. werfen 3. hinzufügen 4. (auf)streichen 5. stehlen 6. klopfen 7. spielen (*M. i.*) 8. (*zili*) *e-e Klingel* in Tätigkeit setzen 9. *m. Akk.* sich schlecht auswirken (*auf*) 10. (*bşi*) schräg schneiden (*Rand*) 11. wegnehmen, beseitigen 12. *m. Dat.* (*nach e-r Richtung*) tendieren 13. *intr.* läuten, klingeln, schlagen; *bunu al da başına çal! iron.* das kannst du dir sauer braten lassen!

çalpara 1. Kastagnette, Holzklapper *f* 2. *zo.* Schwimmkrabbe *f* 3. *techn.* Gleitbock *m.*

çalyaka beim Kragen packend; ~ *etm.* erwischen, verhaften.

çam 1. *generelle Bez. für fast alle Koniferen* 2. *spez.* Kiefer, Föhre *f*; ~ *devirmek* F 1. e-e Tapsigkeit begehen 2. albernes Zeug reden 3. unbesonnen herausplatzen; ~ *fıstığı* Piniennuss, Piniole *f*; ~ *yarması gibi* Riesenkerl, Hüne *m*.

çamaşır 1. (*Leib-, Bett- usw.*) Wäsche *f* 2. schmutzige Wäsche 3. Waschen *n*, Wäsche *f*, Waschtag *m*; ~ *değiş(tir)mek* die Wäsche wechseln.

çamaşırevi, *-ni*, **çamaşırhane** [· · · - ·] 1. Waschanstalt *f* 2. Wäscherei *f*.

çamaşırlık 1. = *çamaşırevi* 2. Waschtrog *m* 3. zur Herstellung von Unterwäsche geeignet *od.* bestimmt.

çamçak *hölzernes* Henkelgefäß.

çamsakızı, *-nı* 1. Fichtenharz *n* 2. *fig.* (*a.* ~ *gibi*) zudringlich, lästig (*Person*); ~ *çoban armağanı* (*Besch.*) was ein armer Schäfer schenken kann, ist nur ein Stückchen Fichtenharz.

çamur 1. (*Straßen-*)Schmutz *m* 2. Ton *m*, Ton-, Töpfer·erde *f* 3. Schmutz, Kot, Unflat, Dreck *m* 4. V unverfroren, zudringlich; ~ *atmak* 1. Schmutz schleudern 2. *fig.* verleumden; ~ *etm.* beschmutzen, besudeln; ~ *olm.* beschmutzt werden; *-a bulaşmak* F Pech haben.

çamurlu 1. schmutzig, kotig 2. beschmutzt; ~ *yer* Morast *m*.

çamurluk 1. Schutzblech *n*, Kotflügel *m* 2. *fr.* Trittbrett *n* (*e-s Autos*) 3. Mulde *f*, Trog *m* (*e-s Töpfers*) 4. schmutzige Stelle 5. (*Straßen-*)Gamaschen *pl.* 6. Wasserstiefel *pl.* 7. Kratzeisen *n* 8. Metallbeschlag *m*.

çan große Glocke, Kirchenglocke *f*; ~ *çalmak* 1. die Glocke läuten 2. *fig.* ausposaunen 3. läuten (*intr.*); ~ *etm.* schwatzen, plaudern; *-ına ot tık(a)mak fig. j-n* mundtot machen.

çanak 1. Topf, Napf *m*, Schüssel, Schale *f* 2. *bot.* (*Blüten-*) Kelch *m*; ~ *çömlek* irdenes Geschirr; ~ *yalayıcı* 1. Schmarotzer *m* 2. Speichellecker *m*.

Çanakkale *n.pr. Stadt und Distrikt im gleichnamigen Rbz.*; ~ *Boğazı n.pr.* Dardanellen *pl.*

çanaklık 1. Herstellungs- *od.* Aufbewahrungs·ort *m* für Töpferwaren 2. *naut.* Mastkorb *m*.

çançan F lautes und dummes Geschwätz.

çangıl çungul 1. klirrend, klappernd, polternd, rasselnd 2. in harter bäuerlicher Sprechweise 3. in gebrochenem Türkisch.

çangırdamak klirren, klappern, poltern, rasseln.

çanta [x ·] 1. (*Hand-, Trag-, Reise-*) Tasche *f* 2. Aktentasche *f* 3. Brieftasche *f*, Geldbeutel *m* 4. Ranzen, Tornister *m*; *-daki keklik fig.* 1. fest in der Tasche 2. schon *für e-e Sache* gewonnen.

çap, *-pı* 1. *math.* Durchmesser *m* 2. *a. mil.* Kaliber *n* 3. Katasterplan *m* 4. Größe *f*, Ausmaß *n*, Körperumfang *m*, Volumen *n*.

çapa [x ·] 1. Hacke *f* 2. *naut.* Anker *m* 3. *Gerät der Maurer zum Umrühren des Mörtels* 4. ♀ *Stadtteil in Ist.*

çapaçul unordentlich, liederlich.

çapak 1. Augenbutter *f* 2. Grat *m* (*z.B. bei Gießereiarbeiten*) 3. unebene Stelle (*bei Metallgegenständen*); ~ *balığı zo.* Bleie *f*, Brachsen *m*.

çapaklı triefend; Trief- (*Auge*).

çapalamak (auf-, um)hacken.

çapanoğlu nachträglich auftretende Schwierigkeit *od.* Unannehmlichkeit.

çaparı Angel *f mit mehreren Haken*.

çaparız F 1. Hindernis *n* 2. verkehrt, widrig, ungelegen.

çapkın 1. *va.* gutes Pferd 2. *z. va.* Vagabund *m* 3. Schürzenjäger *m* 4. (*scherzhaft*) Lausbub, Nichtsnutz *m* 5. sinnlich, begehrlich (*z.B. Blick*).

çaplı 1. von *best.* Kaliber *od.* Durchmesser 2. *pr.* großkalibrig 3. F großgewachsen.

çaprak Satteldecke, Schabracke *f*.

çapraşık 1. verwickelt, kompliziert 2. kreuzweise verschnürt.

çapraşmak sich komplizieren.

çapraz 1. kreuzförmig 2. quer, schräg, diagonal 3. *mit Verschnürung od. Haken zu schließendes Kleidungsstück z.B.* Pekesche *f*; ~ *kelime bulmacası* Kreuzworträtsel *n*.

çaprazvari [· · - -] kreuzweise.

çapul Plündern *n*, Raubzug *m*.

çapulcu 1. Plünderer, Marodeur *m* 2. wer sich *et.* widerrechtlich aneignet.

çar Zar *m*; ♀ *Rusyası hist.* zaristisches Rußland.
çarçabuk [x · ·] blitzschnell.
çarçur Vergeudung *f*; ~ *etm.* zum Fenster hinauswerfen (*Geld*).
çardak Laube *f*, Laubengang *m*, Pergola *f*.
çare [ā] Mittel *n*, (*Ab*-)Hilfe *f*, (*Aus*-)Weg *m*, Lösung *f*; Heilmittel *n*; ~ *aramak* auf Abhilfe sinnen; *bundan başka çare yok* weiter läßt sich nichts tun.
çaresiz [ā] 1. arm, hilflos 2. unabänderlich, gebieterisch 3. wohl oder übel.
çarh *s. çark*.
çarık 1. bäuerliches Schuhwerk, Opanke *f* 2. Brems·schuh, -klotz *m*.
çarıklı 1. mit *çarık* ausgestattet 2. *fig.* bäuerlich; ~ *diplomat* (*od. erkânıharb*) bauernschlau.
çariçe Zarin *f*.
çark, -kı 1. (*Schwung-, Getriebe-, Wasser-*)*Rad n* 2. Räderwerk, Getriebe *n* 3. Scheibe *f* 4. Drechselbank *f* 5. *mil.* Schwenkung *f* 6. Himmel *m*, Firmament *n* 7. Schicksal *n*; ~ *etm.* 1. *mil.* schwenken 2. e-e Wendung vornehmen (*a. fig.*); *-ı bozuluyor fig.* er hat Pech; *-ına etm.* (*od. okumak*) F verkorksen.
çarkçı 1. Maschinist *m* 2. Scherenschleifer *m*.
çarkıfelek 1. Himmel *m* 2. Mondschein *m* 3. (*wechselndes*) Schicksal 4. Sonne *f* (*als Feuerwerkskörper*) 5. *bot.* Passionsblume *f*.
çarmıh, çarmık 1. Kreuz *n* (*zur Hinrichtung*) 2. *naut.* Want *f*; *çarmığa germek* kreuzigen.
çarnaçar [- - -] wohl oder übel.
çarpı 1. Tünche *f*, Kalk *m* 2. *math.* multipliziert mit; mal.
çarpık schief, krumm, verzerrt; ~ *bacaklı* krummbeinig; ~ *çurpuk* krumm und schief; ~ *fikir* verschrobene Idee.
çarpılmak 1. *Pass. zu çarpmak* 2. sich verbiegen, sich verzerren, sich verwerfen; krumm werden 3. et. übelnehmen 4. (*cezaya*) bestraft werden.
çarpım *math.* Produkt *n*; ~ *tablosu* Multiplikationstafel *f*, Einmaleins *n*.
çarpınma konvulsivische Zuckung.
çarpınmak 1. heftig um sich schlagen 2. *fig.* sich abmühen.
çarpıntı 1. heftiges Herzklopfen 2. starke Erregung 3. Auf·schlagen, -prallen *n*.
çarpışık 1. kollidierend 2. unregelmäßig.
çarpışma Gefechtsberührung *f*, Gefecht *n*, Kampf *m*.
çarpışmak 1. aufeinanderprallen; kollidieren 2. kämpfen, streiten 3. um den Sieg ringen.
çarpma 1. Anprall, heftiger Schlag 2. Mörtelbewurf *m* 3. *math.* Multiplikation *f* 4. gestoßen, geschlagen 5. punziert, ziseliert.
çarpmak, (*-ar*) 1. stoßen, schlagen 2. werfen 3. krank werden lassen 4. geschickt entwenden 5. *math.* multiplizieren 6. *m. Dat.* aufprallen (gegen) 7. *intr.* klopfen, schlagen 8. e-n Schlag versetzen (*m. der Hand od. der Faust*).
çarşaf 1. Bettuch, Bettlaken *n* 2. Tscharschaf *m* (*der isl. Frauen*).
çarşamba Mittwoch *m*; ~ *karısı fig.* alte Hexe; *ayın son -sı fig.* Unglückstag *m*.
çarşı 1. ständiger Markt, Basar *m* 2. Ladengeschäfte *pl.*; *-ya çıkarmak* auf den Markt bringen; *-ya gitmek* Einkäufe machen.
çat, -tı *Int.* klatsch!, patsch!, bums!; ~ *kapı* da klopfte es mit e-m Mal an die Tür; ~ *pat* 1. klatsch!, klatsch! 2. abgehackt 3. nur wenig; ab und zu einmal.
çatadak [x · ·] *Int.* klatsch!, patsch!, bums!
çatak 1. Taldickicht *n* 2. *fig.* verwickelt, kompliziert 3. Doppel-, Zwillings- 4. zänkisch; ~ *çutak* heruntergekommen, vernachlässigt.
çatal 1. gabelförmig 2. Gabel *f* 3. Gabelung *f* 4. *fig.* Dilemma *n* 5. (*Hirsch*-)Geweih *n* 6. schwierig, verwickelt 7. doppeldeutig (*Wort*); ~ *çivi* Haspe *f*; ~ *görmek* 1. schielen 2. *fig.* Fehler machen; ~ *tırnaklı* paarzehig.
çatalağız, -ğzı (*Fluß*-) Delta *n*.
çatallanmak sich gabeln (*z.B. Weg*).
çatallaşmak 1. *selt.* = *çatallanmak* 2. sich komplizieren 3. doppeldeutig werden.
çatallı 1. sich gabelnd 2. unübersichtlich, kompliziert 3. mit Gabelgestell.
çatana [· x ·] kleineres Dampfschiff *od.* Motorboot.

çatı 1. Fach-, Giebel·werk; Dach *n* 2. Baugerüst *n* 3. Knochengerüst *n* 4. (*Gewehr-*)Pyramide *f*; ~ *altı* (*od. arası*) 1. Dachboden *m* 2. Dachgeschoß *n*.

çatık 1. in e-m best. Winkel aneinanderstoßend *od.* zueinanderstehend 2. gerunzelt (*Stirn*); wütend, finster (*Gesicht*).

çatır çatır 1. krachend, prasselnd, kratzend 2. gewaltsam; nur mit Mühe.

çatırdamak 1. knacken, krachen, prasseln, kratzen 2. verpuffen.

çatışık 1. aneinanderstoßend 2. einander widersprechend (*z.B. Aussagen*).

çatışma 1. *mil.* Zusammentreffen *n* (*verschiedener Truppenteile*) 2. *mil.* Kampfhandlung *f* 3. *phil.* Widerstreit, Konflikt *m*.

çatışmak 1. in e-m best. Winkel zueinander stehen 2. in Widerspruch stehen 3. aneinandergeraten 4. sich begatten (*Hunde, Katzen*).

çatkı 1. Stirn-, Kopf·band *n*, Binde *f* 2. Fachwerk *n*.

çatkın 1. = *çatık* 2. Günstling *m*.

çatlak 1. Riß, Sprung *m*, Spalte, Fissur *f* 2. rissig, geborsten, (auf-)gesprungen, geplatzt 3. geistig et. beschränkt.

çatlamak 1. (zer)platzen, (zer-)springen, bersten, rissig werden 2. knallen 3. zugrundegehen 4. *m.Abl.* beinahe umkommen (*vor*) 5. sich brechen (*Wellen*).

çatma 1. *Vs. zu çatmak* 2. *jur.* Schiffszusammenstoß *m* 3. Besatzstück *n* 4. Heftnaht *f* 5. dicker Fußbodenbelag 6. (*Bau-*)Gerüst *n* 7. Provokation *f* 8. zusammen·gestellt, -gestoppelt.

çatmak, (*-ar*) 1. in e-m best. Winkel zusammenstellen (*z.B. Gewehre*); giebelförmig aneinanderfügen (*Balken*) 2. errichten, bauen (*Dach*) 3. provisorisch zusammennähen 4. auf beiden Seiten belasten (*Tier*) 5. festbinden 6. anprallen 7. *m. et. Unangenehmem zu tun haben* 8. provozieren 9. *j-s* Schutz gewinnen 10. kommen, eintreten.

çatra patra [x · x ·] 1. m. lautem Gepolter *od.* Gerassel 2. gebrochen, radebrechend.

çavdar *bot.* Roggen *m*; ~ *ekmeği* Roggen-, Schwarz·brot *n*.

çavdarmahmuzu, *-nu bot.* Mutterkorn *n*.

çavuş 1. *va.* öffentlicher Ausrufer 2. *mil.* Unteroffizier *m* 3. *e-e Art Titel für bewährte Amtsdiener od. Arbeiter*; ~ *kuşu zo.* Wiedehopf *m*; ~ *üzümü Name e-r sehr geschätzten Traubenart.*

çay[1] kleinerer Fluß, Bach *m*.

çay[2] 1. Teestrauch *m* 2. Teeblätter *pl.*, Tee *m* 3. Tee *m* (*als Getränk*) 4. Tee-Einladung *f*.

çaydanlık Teekännchen *n*.

çayhane [· - ·] Teehaus *n*, Teestube *f*.

çayır 1. Wiese, Weide *f* 2. Wiesen-, Weiden·gras *n*; ~ *kuşu zo.* Feldlerche *f*; *-a çıkarmak* weiden lassen.

çayırlık 1. Weide, Wiese *f* 2. Wiesen·gras, -heu *n* 3. Weidegebühr *f*.

çaylak 1. *zo.* Gabelweihe *f spez.* schwarzer Milan 2. *fig.* habgierig 3. V krasser Neuling.

çeç, *-çi* 1. ausgedroschenes Getreide 2. reiche Getreideernte.

çedik leichter Saffianschuh; ~ *pabuç* Saffianschuhe *pl. mit Überschuhen.*

çegane [ā] 1. *kleines Zigeunertamburin* 2. *mit Metallplättchen besetztes Rasselinstrument.*

çehre 1. Gesicht *n*, Miene *f* 2. Äußere(s), Aussehen *n* 3. *pej.* finsteres Gesicht; ~ *asmak* (*od. etm. od. çatmak*) ein mürrisches Gesicht ziehen; ~ *züğürdü* von abstoßendem Äußeren.

çek, *-ki* Scheck *m*; ~ *karnesi* Scheckheft *n*.

Çek, *-ki* Tscheche *m*, Tschechin *f*; tschechisch.

Çekçe tschechische Sprache, Tschechisch.

çekçek vierrädriger Handwagen.

çekecek 1. Schuhlöffel *m* 2. Reihzug *m* (*am Webstuhl*).

çeki 1. Wiegen *n*, Gewicht *n* 2. *va. primitive Waage* 3. *Gewicht von rund 230 kg* 4. Ordnung *f*; ~ *ye gelmez* 1. überaus schwer *od.* viel 2. unerträglich 3. unpassend.

çekiç, *-ci* Hammer *m*; ~ *atma La.* Hammerwerfen *n*.

çekiçhane [ā] Schmiede *f* (*in der Eisenindustrie*).

çekiçlemek hämmern.

çekidüzen 1. Schmuck *m*, Aufmachung *f* 2. Ordnung und Sauberkeit *f*; ~ *vermek* 1. aufräumen 2. sich zurechtmachen.

çekik 1. abstehend 2. nach innen gewölbt; ~ *gözlü a.* schlitzäugig.

çekilmek 1. *Pass. zu çekmek* 2. sich zurückziehen 3. demissionieren 4. (*oyundan*) aufgeben 5. sich spannen (*Muskeln*); *çekil oradan!* F mach, daß du weiterkommst!; *çekilmez a.* unerträglich; *çekilmiş a.* gemahlen (*z.B. Kaffee*).

çekim 1. *phys.* Anziehungskraft *f* 2. *gr.* Flexion *f* 3. V Prise *f* Heroin.

çekingen 1. zögernd 2. scheu, schüchtern.

çekinmek 1. Angst *od.* Respekt haben; sich genieren 2. sich hüten (*vor*) 3. zögern 4. auftragen (*z.B. Schminke*).

çekirdek 1. (*Obst-*)Kern *m*, Kaffeebohne *f* 2. *biol.* Zellkern *m* 3. *phys.* Atomkern *m* 4. Ausgangspunkt *m* (*e-r Entwicklung*) 5. *fr. Gewichtstück des Goldschmieds von fünf Zentigramm* 6. *fig.* Atom *n*, Deut *m* 7. Kern-, Elite•truppe *f*; *-ten yetişme* von der Pike auf gedient.

çekirge *zo.* Heuschrecke *f.*

çekişmek 1. gegenseitig ziehen 2. sich herumzerren 3. *fig.* lange und heftig debattieren 4. *beiderseits* e-e Waffe zücken 5. zusammen ein Los ziehen.

çekiştirmek 1. *Kaus. zu çekişmek z.B.* aufeinanderhetzen (*Leute*) 2. auseinanderziehen 3. leicht ziehen *od.* dauernd herumzupfen (*an*) 4. klatschen, herziehen (*über*).

çekitaşı, *-nı Gewichtstück von rund 230 kg*; ~ *gibi* 1. sehr schwer 2. schwerfällig 3. unempfindlich 4. stumpfsinnig.

Çekli Tscheche *m*, Tschechin *f*; tschechisch.

çekme 1. *Vs. zu çekmek a.* Anziehung *f* 2. Zug-, Zupf- 3. Schublade *f* 4. ausgewalzt 5. *weite* Arbeitshose 6. Hippe *f* 7. schön geformt; ~ *demir* Walzeisen *n.*

çekmece 1. Schublade *f* 2. Schmuckkästchen *n* 3. geschützte Bucht 4. Zugbrücke *f* 5. kleines Schreibpult.

çekmek, (*-er*) 1. (an-, heran-, zu-, zurück-, zur Seite) ziehen 2. zücken (*Dolch*) 3. abschleppen, wegbringen 4. ein-, auf•saugen 5. aufkaufen 6. walzen (*Metalle*) 7. senden (*Telegramm*) 8. abheben (*Guthaben*) 9. abberufen (*z.B. Gesandten*); wegholen (*z.B. vom Spiel*) 10. erdulden, aushalten; (*Strafe*) verbüßen 11. wiegen (*tr.*) 12. zurechtrücken (*Stuhl*) 13. destillieren 14. (*kâğıda*) auf•notieren, -zeichnen; abschreiben 15. machen (*Bild*) 16. mahlen (*Kaffee usw.*) 17. lenken (*Aufmerksamkeit*) 18. unterwerfen (*z.B e-r Prüfung*) 19. auslegen, interpretieren 20. F genehmigen (*Alkohol*) 21. *Fb.* schießen (*Tor*) 22. *gr.* flektieren 23. geben (*Bankett*) 24. erfordern (*best. Zeit*) 25. einlaufen (*Stoff*) 26. wiegen *intr.* 27. sich werfen (*Holz*) 28. (*b-ne*) *j-m* (*in der Erbanlage*) nachschlagen; *çek!* fahr zu! 2. *fig.* mach weiter!; *çek arabanı!* V hau ab!; *çekip çekiştirmek* durchhecheln; *çekip çevirmek* 1. ordentlich leiten 2. betreuen; *çekip çıkarmak* ausrotten; *çekip gitmek* weggehen, ohne sich zu verabschieden; *çekip uzatma* Weitschweifigkeit *f.*

çelebi 1. *z. va.* vornehmer, gebildeter Herr 2. *fr. Titel für Gelehrte od. Geistliche* 3. (*frühosm.*) Prinz *m.*

çelenk, *-gi* 1. Kranz *m* 2. *fr.* aufrechtstehender (*Frauen-*)Kopfputz.

çelik[1] 1. *kurz abgeschnittener* Ast *od.* Zweig 2. *bot.* Steckling, Ableger *m* 3. *spannenlanges, an beiden Enden zugespitztes Aststück* (*Kspz.*); ~ *çomak Name e-s türk. Ksp.*

çelik[2] 1. Stahl *m* 2. stählern; Stahl-.

çelikhane [ā] Stahlwerk *n.*

çelim 1. Körperbau *m* 2. *pr.* schöner Wuchs.

çelişmek (*bşle*) in Widerspruch stehen (*zu*).

çelme 1. *Vs. zu çelmek* 2. *lose geknüpftes* Kopftuch 3. Beinwegziehen *n*; ~ *atmak* (*od. takmak*) 1. (*j-m*) das Bein wegziehen 2. *fig. j-m* ein Bein stellen.

çelmek 1. schräg schneiden (*Rand*) 2. knüpfen (*Kopftuch*) 3. rauben, benehmen 4. abbringen (*z.B. von e-m Weg*), ablenken (*z.B. Fb.*) 5. (*aklını od. zihnini*) a) überreden, verführen b) *j-m et.* ausreden 6. logisch aufheben.

çeltik 1. ungeschälter Reis 2. Reisfeld *n.*

çember 1. Faß•band *n*, -reifen *m* 2. Reifen *m* (*Kspz.*) 3. Zwinge *f*,

Metallring *m* 4. Beschlag, Reifen *m* 5. Bandeisen *n* 6. *großes* Kopftuch 7. Einkreisung *f*, *mil.* Kessel *m* 8. *math.* Peripherie *f* 9. *mil.* Führungsring *m* (*e-s Geschosses*) 10. (halb)kreisförmig, rund; ~ *çevirmek* Reifen spielen; ~ *içine almak* einkreisen, *mil.* einkesseln; ~ *sakal* Vollbart *m*.

çemberlemek 1. m. Reifen umgeben 2. ein·kreisen, -schließen, -kesseln.

çemberli Reifen-, Ring-.

çemçe 1. hölzerner Schöpflöffel 2. (*balığı*) *zo.* Glatt- *od.* Dornrochen *m*.

çemen 1. *bot.* Kreuzkümmel *m* 2. *hieraus hergestellter rötlicher Brei für die Zubereitung von Pastırma* 3. = *çimen*.

çemre(le)mek 1. auf·krempeln, -schürzen 2. die Enden *von et.* übereinanderlegen und festbinden.

çemrenmek 1. aufkrempeln (*Ärmel, Hosenbeine*), aufschürzen (*Rock*) 2. *fig.* sich an e-e Arbeit machen.

çene 1. Kinn·backen *m*, -lade *f*, Kiefer *m* 2. Kinn *n* 3. Mundfertigkeit *f* 4. Schlüsselbart *m*; ~ *çalmak* schwatzen; ~ *kavafı* Schwätzer(in *f*) *m*; ~ *oyunu fig.* gutes Essen; ~ *sakızı fig.* stereotype Redensart; ~ *yarışı* Palaver *n*; *-n pırtı!* hör auf mit dem Geschwätz!; *-si atmak* verscheiden, sterben; *-ye kuvvet* durch die Kraft seiner Worte.

çengel 1. Haken *m* 2. Paragraphenzeichen *n* 3. *mus.* Achtelnote *f*; ~ *sakızı e-e best. Mastix-Art*; *-e vurmak* aufknüpfen (*am Galgen*).

çengellemek 1. an-, ein-, fest·haken 2. *hist.* mittels Haken hinrichten.

çengellenmek 1. *Pass. zu çengellemek* 2. an e-m Haken hängenbleiben.

çengelli 1. mit Haken 2. hakenförmig; ~ *iğne* Sicherheitsnadel *f*.

çengi Tänzerin und Musikantin *f*.

çenk, *-gi* 1. *va.* Haken *m* 2. *harfenartiges M. i.*

çentik 1. Kerbe *f* 2. Scharte *f* 3. eingekerbt 4. schartig.

çentmek 1. einkerben 2. schartig machen 3. kleinschneiden (*Zwiebeln usw.*).

çepçevre [x · ·], **çepeçevre** [· x · ·] ringsum.

çepel 1. schlecht, garstig 2. schmutzig 3. *fig.* widerlich 4. mit fremden Bestandteilen untermischt 5. störender Bestandteil.

çepiç *einjähriges* Zicklein.

çepken *kurze* Jacke *mit Schlitzärmeln*.

çer *s. çör*.

çerçeve 1. Bilderrahmen *m* 2. Tür- *od.* Fenster·rahmen *m* 3. Schaft *m* (*am Webstuhl*) 4. Fassung *f*, Gestell *n* (*z.B. e-r Brille*) 5. *fig.* Rahmen *m* (*e-s geistigen Gebietes*).

çerçi Hausierer *m* (*auf dem Land*).

çerden *s. çörden*.

çerez 1. kleiner Imbiß 2. Vorspeise *f* 3. Beilage *f*.

çerezlenmek 1. e-n kleinen Imbiß zu sich nehmen 2. *fig.* e-n kleinen Gewinn machen.

çerge 1. Zigeunerzelt *n* 2. Bretterbühne *f*.

çeri *va.* 1. Soldat 2. *mil.* Einheit *f*.

çeribaşı 1. *va.* Truppenkommandeur *m* 2. Zigeunerhauptmann *m*.

çerviş 1. zerlassenes Nierenfett 2. Fettsauce *f*.

çeşit, *-di* 1. Sorte, Art *f* 2. Einheitlichkeit *f* (*z.B. bei e-m Service*) 3. *biol.* Spielart *f* 4. Abart *f* (*e-r Briefmarke*) 5. verschieden(artig); ~ *düzmek* (*od. yapmak*) assortieren.

çeşitli 1. allerlei, mannigfach 2. *s. muhtelif*.

çeşme *gefaßte* Quelle, Brunnen *m*.

çeşni 1. Geschmack *m* (*von Speisen usw.*) 2. Kostprobe *f* 3. Muster *n* 4. Versuch *m*; *-sine bakmak* (*bşin*) abschmecken.

çeşnilemek schmackhaft machen (*Speisen*).

çete [x ·] 1. *mel.* Freikorps *n* 2. *pej.* Räuberbande *f*.

çeteci [x · ·] Komitadschi, Partisan *m*.

çetecilik *pej.* Bandenunwesen *n*, Partisanentätigkeit *f*.

çetele [x · ·] Kerbholz *n*.

çetin 1. schwierig, schwer 2. hart 3. eigenwillig, stur 4. steil (*Berg*) 5. uneben (*Fläche*).

çetrefil 1. verworren 2. gebrochen, radebrechend.

çevgen 1. (*Polo-*)Stock *m* 2. Polo (-spiel) *n*.

çevik flink, schnell, behend, hurtig.

çeviren *a.* Übersetzer(in *f*) *m*.

çevirme 1. *Vs. zu çevirmek* 2. Spießbraten *m* 3. *mil.* Einkreisung *f* 4.

übertragen, übersetzt 5. *Name esweichen Zuckerwerks.*

çevirmek 1. wenden (*Rücken, Anzug usw.*) 2. drehen (*a. Film*) 3. richten (*z.B. Blick*) 4. ab-, wegwenden 5. *j-n* zurückschicken 6. *j-n von et.* abbringen 7. um·werfen, -kippen 8. umblättern 9. lenken 10. (*willkürlich*) interpretieren 11. werden lassen (*zu*) 12. *intr.* werden (*zu*) 13. anzetteln 14. übersetzen 15. *mil.* umzingeln 16. einfassen (*mit*) 17. darstellen (*z.B. im Film*) 18. F spielen (*Poker*).

çevre 1. *a. math.* Umfang *m*. 2. Milieu *n*, Umwelt *f* 3. Umriß *m*, Kontur *f* 4. *goldgesticktes* Taschen- *od.* Kopf·tuch.

çevren Horizont *m.*

çevrelemek 1. umfassen 2. beschränken.

çevri 1. Strudel, Wasserwirbel *m* 2. Wirbelsturm, Zyklon *m.*

çevrik 1. (um)gedreht 2. umschlossen 3. umgestürzt.

çevrilmek *Pass. od. Refl. zu çevirmek.*

çevrinti Strudel, Wirbel *m.*

çeyiz (*Braut-*)Ausstattung *f*; ~ *çimen* komplette Aussteuer.

çeyrek 1. Viertel *n* 2. Viertelstunde *f* 3. *fr.der* vierte *Teil e-r Medschidiye* (*Münze*) 4. Fünf-Kurusch-Stück *n.*

çıban Geschwür *n*, Eiterbeule *f*; ~ *başı* Eiterkopf *m e-s Geschwürs*; ~ *başı koparmak fig.* in ein Wespennest stechen; ~ *işlemek ein Geschwür öffnen.*

çıfıt *pej.* 1. gerissener Jude 2. *fig.* Geizkragen *m* 3. *fig.* boshaft, hinterhältig.

çığ 1. Lawine *f* 2. *die Aussicht versperrendes Hindernis* 3. *selt.* Lärm *m.*

çığa (*balığı*) *zo.* Sterlet *m.*

çığıltı Stimmengewirr *n.*

çığır, -ğrı 1. Lawinenbahn *f* 2. Pfad *m* 3. *fig.* Bahn, Richtung *f.*

çığırtkan 1. = *çağırtkan* 2. Schlepper, Zubringer *m* (*für Geschäfte*) 3. F Schreihals *m* 4. selbstsüchtiger Protektor.

çığlık (*Weh-*)Geschrei *n*; ~ *atmak* (*od. basmak od. koparmak*) laut jammern.

çıkagelmek plötzlich auftauchen.

çıkar 1. heraus·gehend, -führend 2. *fig.* erfolgreich 3. Gewinn, Vorteil *m* 4. Ausweg *m*; ~ *yol* 1. Ausweg *m* 2. *fig.* gangbarer Weg 3. Anschlußstraße *f.*

çıkarmak *Kaus. zu çıkmak* 1. heraus·ziehen, -bringen, -holen 2. entnehmen, schlußfolgern 3. entfernen, ausweisen, dimittieren 4. abschreiben 5. veräußern 6. exportieren 7. ausziehen (*Kleidung*) 8. abnehmen (*Hut*) 9. (*bir yere*) ausladen, landen 10. *math.* subtrahieren 11. *biol.* eliminieren 12. veröffentlichen 13. aussperren (*Arbeiter*) 14. fördern (*Kohle usw.*) 15. entstehen lassen 16. erteilen, erlassen (*Befehl*) 17. erfinden 18. ausfertigen (*lassen*) (*z.B. Paß*); machen (*lassen*) (*z.B. Bild*) 19. erhöhen (*Preise*); erheben (*im Rang*) 20. herausbekommen 21. überspringen 22. zurücklegen (*Weg*) 23. ausstreichen 24. aus·brechen, -werfen 25. exmittieren 26. heben (*gesunkenes Schiff*) 27. bekommen (*Zähne*) 28. aufwerfen (*Frage*) 29. anlegen (*Feuer*) 30. (*wieder*) wettmachen (*Unkosten*) 31. laut ertönen lassen (*Stimme*) 32. F *e-e best. Zeit* dauern *od.* dienen 33. F verbringen.

çıkarsama *log.* Folgerung *f.*

çıkartma Abziehbild (*der Kinder*).

çıkartmak *Kaus. zu çıkarmak.*

çıkı 1 kleines Bündel 2. *selt.* Anteil *m.*

çıkık 1. verrenkt 2. vorspringend 3. Verrenkung, Luxation *f.*

çıkıkçı Heilpraktiker (*Knocheneinrenker*) *m.*

çıkın 1. *kleineres* Bündel 2. *als Geldbeutel dienendes Tuch.*

çıkıntı 1. Erhebung, Erhöhung *f*, Vorsprung *m* 2. *selt.* (*Über-*)Rest *m* 3. V Zigarette *f.*

çıkış 1. Ausgang *m* (*in Gebäude usw.*) 2. An-, Auf·stieg *m* 3. Auffahrt *f* 4. Erhebung, Anhöhe *f* 5. Böschung *f* 6. *mil.* Ausfall *m* 7. Start *m* 8. Abgang *m* 9. scharfe Zurechtweisung; ~ *imtihanı* Abschlußprüfung *f.*

çıkışmak 1. (*b-ne*) schelten 2. (*b-ne od. b-le*) sich messen (*mit*) 3. genügen.

çıkma 1. *Vs. zu çıkmak* 2. vorragendes Obergeschoß 3. (*Tür-, Bogen-*)Fries *m* 4. Giebelfenster *n* 5. Vorgebirge *n* 6. Randbemerkung *f* 7. *selt.* Anteil *m* 8. großes Badetuch 9. herausgekommen, erschienen.

çıkmak, (*-ar*) 1. herauskommen, hinausgehen; das Haus verlassen 2. beenden (*Schule*); ausscheiden (*aus e-m Amt*); entlassen werden (*z.B. aus Gefängnis*) 3. (aus)fließen; vergossen werden 4. gemacht werden können 5. sich ergeben, sich erweisen; sich erfüllen (*Voraussage*); gewonnen werden 6. besteigen 7. *zu e-m Vorgesetzten* gehen 8. *s. başına çıkmak* 9. anfangen 10. e-e (*Bühnen-*)Rolle spielen 11. führen (*Weg*) 12. kosten 13. landen 14. erreichen 15. sich messen (*mit*) 16. hintreten, auftauchen (*vor*) 17. aufgehen (*Gestirn*); aufsteigen (*z.B. Luftschiff*) 18. sich verrenken 19. vorspringen; sich herauswölben 20. entstehen, ausbrechen (*Feuer, Krieg*) 21. steigen (*Preis*); aufsteigen (*zu e-m Rang*); höhergehen (*mit dem Preis*) 22. lauter sprechen 23. auf die Toilette gehen; austreten 24. erscheinen; veröffentlicht werden 25. erlassen werden (*Befehl usw.*) 26. angewiesen werden (*Gehalt*) 27. auf den Markt kommen (*Obst usw.*) 28. vergehen (*Jahreszeit*) 29. *tr.* V geben, herausrücken.

çıkmaz 1. nicht weiterführend (*Weg*) 2. *fig.* ohne Erfolgsaussichten 3. *fig.* Sackgasse *f*; ~ *ayın son çarşambasında* F am St. Nimmerleinstag.

çıkra dichtes Gestrüpp.

çıkrık 1. Winde *f*, Wellrad *n* 2. Spulrad *n* 3. Haspel *f* 4. Spinnrad *n*.

çılbır 1. *Speise aus Eiern, Joghurt und Knoblauch* 2. Strick *m od.* Kette *f am Pferdehalfter* 3. *pr.* Longe *f*.

çıldır çıldır *lautliche Veranschaulichung e-s lebendigen, hellen Glanzes*; ~ ~ *bakmak* mit glänzenden Augen ansehen; ~ ~ *yanmak* ganz hell brennen.

çıldırmak 1. verrückt werden 2. *fig.* (*için*) ganz vernarrt sein (*in*).

çılgın 1. verrückt 2. tollkühn 3. unüberlegt handelnd.

çıma [x ·] 1. Anlegetau *n* 2. Schlepptau *n*.

çımkırık 1. Vogelmist *m* 2. Gießkanne *f* (*des Gärtners*).

çın Klingen, Hallen, Dröhnen *n*; ~ ~ *ötmek* 1. laut klingen (*hallen, dröhnen*) 2. wie ausgestorben daliegen.

çınar (*ağacı*) *bot.* morgenländische Platane.

çıngar V Streit, Lärm, Krakeel *m*; ~ *çıkarmak* V Streit anfangen; krakeelen.

çıngıl Trauben-ästchen *od.* -büschel *n*.

çıngır çıngır durchdringend, schrill.

çıngırak 1. Klingel, Schelle *f* 2. Handglocke *f* 3. kugelförmiges Glöckchen; *çıngırağı çekmek m. Abl.* V *an et.* sterben.

çıngırdak 1. = *çıngırak* 2. (*Kinder-*)Rassel *f*.

çıngırdamak läuten, ertönen.

çınlamak 1. hallen, dröhnen 2. erfüllt sein (*mit Stimmen usw.*).

çıpıldak Nackedei *m*.

çıplak 1. nackt, bloß, blank 2. leer, kahl 3. Aktbildnis *n* 4. *fig.* arm, ohne Besitztum.

çıra [x ·] Kienholz *n*.

çırak 1. Lehrling *m* 2. junger Gehilfe (*in e-m Laden*) 3. *fr.* altbewährter Diener; ~ *çıkarmak* (*od.* etm.) 1. zum Gesellen machen 2. *fr. e-m Diener e-e Abfindung gewähren.*

çıraklık 1. Lehrzeit *f* 2. Lehrlings- 3. Taschengeld *n e-s Lehrlings* 4. *fr.* Abfindung *f*.

çıralık Anfeuerholz *n*.

çıramoz Leuchtfeuer *n* (*beim nächtlichen Fischfang*).

çırçıplak [x · ·] splitterfasernackt.

çırçır 1. *Lm. des Zirpens* 2. Egreniermaschine *f* 3. kleine Quelle 4. (*balığı*) *zo.* schwarzäugiger Lippfisch 5. *s. cırcır böceği.*

çırılçıpıldak [· x · · ·], **çırılçıplak** [· x · ·] *s. çırçıplak.*

çırpı 1. Rute, Gerte *f* 2. gerade Linie; ~ *ipi* Schlagschnur *f*; *-vurmak* die Schnittbahn kennzeichnen (*z.B. bei Holz*); *-ya getirmek* ausrichten.

çırpınmak 1. zappeln 2. *fig.* sehr erregt sein 3. Zuckungen bekommen.

çırpıntı 1. Zappeln *n* 2. besorgte Erregung 3. Konvulsion *f* 4. Plätschern *n* (*der Wellen*) 5. wertloses, an Land gespültes Zeug.

çırpışmak mit den Flügeln schlagen.

çırpıştırmak 1. leicht schlagen (*mit dünnem Stock*) 2. unachtsam ausführen, *z.B.* hinkritzeln, F hinhauen.

çırpmak, (-*ar*) 1. schütteln, schwenken 2. leicht schlagen 3. (aus-) spülen 4. beschneiden (*Äste usw.*) 5. V klauen.
çırt, -*tı* Wasserschöpfrad *n*, Noria *f*.
çıt, -*tı* 1. Knacken, Knistern *n* 2. *Int.* knacks!; ~ *yok* es ist mäuschenstill.
çıta [x ·] 1. Holzleiste, Latte *f* 2. (*Fenster-, Tür-*)Rahmen *m*.
çıtarı 1. *Name e-s gestreiften Baumwollstoffes* 2. (*balığı*) *zo.* Blöcker *m*.
çıtçıt 1. *Lm. des leichten Knackens od. Knisterns* 2. = *çıtpıt*.
çıtı pıtı F zierlich, niedlich, nett.
çıtır çıtır 1. *Lm. e-s Knackens, Knarrens usw.* 2. *fig.* nur so herunterprasselnd (*z.B. Antworten*).
çıtır pıtır 1. niedlich, nett 2. lustig, munter.
çıtırdamak knacken, prasseln, kratzen.
çıtkırıldım 1. leicht zerbrechlich 2. *fig.* Blümchen *n* Rührmichnichtan 3. Stutzer *m*.
çıtlamak 1. knacken (*z.B. Fingergelenke*) 2. leise prasseln (*z.B. Feuer*).
çıtlatmak 1. knacken, prasseln lassen 2. *fig.* durchblicken lassen.
çıtpıt, -*tı* 1. leichtes Knacken *od.* Knistern 2. Druckknopf *m* 3. kleiner Feuerwerkskörper.
çıvgar zusätzliches Zugtier.
çıyan 1. *zo.* Skolopender *m* 2. *fig.* unsympathischer blonder Mensch.
çızıktırmak F hinkritzeln, F hinhauen.
çiçek 1. Blüte, Blume *f* 2. *chem.* durch Sublimation *od.* Effloreszenz entstandenes Salz 3. *fig.* übler Kerl (*von gutem Aussehen*) 4. Blattern, Pocken *pl.* 5. V jung, hübsch; ~ *açmak* (auf)blühen; ~ *aşısı* Pockenimpfung *f*; ~ *gibi açılmak fig.* sich herausmachen; *çiçeği burnunda* ganz neu.
çiçekbozuğu, -*nu* 1. Blatter-, Pocken·narben *pl.* 2. blatter-, pockennarbig.
çiçekçi Blumen·züchter, -händler, -verkäufer *m*.
çiçeklenmek zum Blühen kommen.
çiçeklik 1. Blumenvase *f* 2. Blumenbeet *n* 3. Blumenständer *m* 4. Blumennische *f* 5. *bot.* eigentliche Blüte 6. Wintergarten *m*.
çiçeksimek 1. *chem.* effloreszieren 2. *med.* Ausschlag bekommen.

çiçektozu, -*nu bot.* Pollen *m*, Blütenstaub *m*.
çifleşmek 1. doppelt werden 2. sich paaren (*Tiere*), sich befruchten (*Pflanzen*).
çifsayı *math.* gerade Zahl.
çift, -*ti* 1. *Paar n* 2. Pärchen *n* (*z.B. bei Vögeln*) 3. Acker *m* 4. Ochsengespann *n* 5. Einzelstück *n* e-s Paares 6. gerade (*Zahl*) 7. doppelt 8. *s. bir çift söz*; ~ ~ paarweise; ~ *çubuk* 1. Feldarbeit *f* 2. Ackergeräte *pl.* 3. Besitz *m* an Äckern, Vieh *usw.* 4. Landwirtschaft *f* 5. Besitz, Reichtum *m*; ~ *kazan tulumbası techn.* Duplexspeisepumpe *f*; ~ *koşmak* Tiere vor den Pflug spannen; ~ *meclis sistemi* Zweikammersystem *n*; ~ *sürmek* pflügen; -*e karşı tek* (*Tennis*) Dreierspiel *n*.
çif(t)çi 1. Pflüger *m* 2. Bauer, Landwirt *m*; ~ *cenderesi* Ackerwalze *f*.
çif(t)çilik Feldbestellung *f*, Ackerbau *m*.
çifte 1. doppelt 2. die beiden ... 3. zwei Arten (*von*) 4. Doppelflinte *f* 5. Ruderpaar *n* 6. mit ... Ruderpaaren 7. Doppelschalmei *f* 6. Ausschlagen *n* (*e-s Tieres*) 9. *zwei Haarkringel od. Blessen auf der Stirn e-s Pferdes* (*böses Omen*); ~ *atmak* ausschlagen (*Tier*); ~ *cinayet* Doppelmord *m*; ~ *İsmailler* die beiden Ismail; ~ *kumrular fig.* die unzertrennliche Freunde; ~ *şamdan* zweiarmiger Leuchter; ~ *tedrisat* Schichtunterricht *m*.
çiftedikiş *Sch.* Repetent(in *f*) *m*.
çiftelemek ausschlagen (*Tier*).
çif(t)lik 1. Landgut *n* 2. Farm *f* 3. *selt.* Eheleben *n*.
çiğ 1. unreif (*Obst usw.*) 2. ungekocht, roh 3. nicht ganz gar gekocht *od.* gebraten 4. unbedacht, ungeschickt 5. albern, kindisch 6. grell (*Farben*) 7. unbestellt (*Land*); ~ *düşmek fig.* stark befremden; ~ *madde kürü* Rohkostkur *f*; ~ *yemedim ki karnım ağrısın! fig* ich habe nichts Unrechtes getan, daß ich Tadel verdient hätte!
çiğde *bot.* Jujube *f*.
çiğdem *bot.* 1. Krokus *m* 2. Herbstzeitlose *f*.
çiğindirik Schulterholz *n* (*für Lasten*).
çiğit 1. (*Baumwoll-*)Kerne *pl.* 2. Sommersprossen *pl.*

çiğnemek 1. kauen 2. zermalmen 3. überfahren 4. *fig.* mit Füßen treten 5. *fig.* ein Gebiet besetzen 6. (*lâkırdıyı*) nuscheln 7. (*şeker*) a) *j-m* den Mund wässerig machen b) *j-n* mit Versprechungen abspeisen.

çiklet, *-ti* Kaugummi *m.*

çikolata [· · x ·] Schokolade *f.*

çil[1] *zo.* Haselhuhn *n*; ~ *yavrusu gibi dağılmak* auseinanderstieben.

çil[2] 1. Sommersprosse *f* 2. blinde Stelle (*e-s Spiegels*) 3. Saug-, Faserwurzel *f* 4. scheckig 5. funkelnagelneu.

çile[1] 1. Strang *m*, Strähne *f* 2. Bogensehne *f.*

çile[2] 1. *fr.* *40-tägige Probezeit e-s Ordensnovizen* 2. *fig.* Entbehrung, Drangsal, Mühe *f*; ~ *çekmek* (*od. çıkarmak od. doldurmak*) 1. *fr.* sich kasteien 2. *fig.* sich abhärmen; *-den çıkarmak* in Wut versetzen.

çilecilik Askese *f.*

çilek *bot.* Erdbeere *f.*

çilekeş 1. *fr.* Ordensnovize *m* 2. *fig.* Vielgeplagte(r) *m.*

çilingir 1. (*Bau-*)Schlosser *m* 2. V Einbrecher *m*; ~ *sofrası* V Zechtisch *m.*

çim 1. Rasen-, Gras·decke *f* 2. Rasenplatz *m* 3. = *çemen* 4. *selt.* Moos *n*, Flechten *pl.*

çimdik 1. Kneifen *n* 2. Prise *f*; ~ *atmak* (*od. basmak*) kneifen, zwikken.

çimdiklemek 1. kneifen, zwicken 2. mit zwei Fingern nehmen.

çimen 1. Rasen *m*, Gras *n*, Wiese *f* 2. Rasenplatz *m* 3. = *çemen* 4. *Verst. zu çeyiz.*

çimento [· x ·] 1. Zement *m* 2. Zement-.

çimentolamak 1. (aus-, ein-)zementieren 2. mit Zement verbinden.

çimlemek mit Rasen bepflanzen.

çimlenmek 1. keimen 2. sich mit Rasen bedecken *bzw.* mit Rasen bepflanzt werden 3. *hum.* e-n kleinen Profit machen.

Çin 1. *n.pr.* China *n* 2. chinesisch; ~ *Hindistanı n.pr.* Indochina *n*; ~ *mürekkebi* Tusche *f.*

çinakop, *-pu 10-15 cm langer Blaufisch* (*lüfer*).

Çince chinesische Sprache, Chinesisch.

Çingene [x · ·] 1. Zigeuner(in *f*) *m* 2. *fig.* dreist 3. *fig.* geldgierig; ~ *borçları* Läpperschulden *pl.*; ~ *çergisi* 1. Zigeunerzelt *n* 2. (*wahre*) Räuberhöhle *f*; ~ *gelini fig.* übermäßig aufgeputztes Mädchen; ~ *şalvarı fig.* buntes Durcheinander.

çini 1. Tonfliese, Kachel *f* 2. Fayence, Majolika, Keramik *f* 3. kunstvolle Emailarbeit 4. (*Lottospiel*) Voll-Legen *n e-r Reihe* 5. gekachelt 6. Fayence-, Majolika-, Keramik- 7. mit kunstvoller Emailarbeit.

çinko [x ·] 1. Zink *n* 2. Zink-.

Çinli 1. Chinese(in *f*) *m* 2. chinesisch.

çintan, çintaniye, çintiyan *bauschige* Hosen *pl. der türk. Bauersfrauen.*

çipil 1. triefäugig 2. = *çepel.*

çiriş Kleister *m*, Steife *f*; ~ *çanağı* 1. Kleistertopf *m* 2. *fig.* schlecht zubereitete Speise; ~ *otu bot.* Affodill *m.*

çirişlemek mit Kleister bestreichen.

çirişli 1. geklebt 2. appretiert, steif.

çirkef 1. Schmutzwasser *n* 2. *fig.* ekelhafter Kerl 3. *fig.* schmutzige Angelegenheit 4. *fig.* widerwärtig.

çirkin 1. häßlich, widerlich 2. schändlich, gemein.

çiroz 1. *getrocknete* Sprotte *od. sehr kleine* Makrele 2. *fig.* spindeldürrer Mensch.

çis Manna *n* (*a. Abführmittel*).

çise Sprühregen *m.*

çiselemek nieseln.

çisinti Nieseln *n.*

çiş *Ki.* Pipi *n*, Urin *m*; *-i gelmek* Pipi machen müssen.

çişik Häs·chen *n*, junger Hase.

çit, *-ti* 1. Hecke *f*, Zaun *m* 2. Chintz *m* 3. *s. çıt.*

çit(ile)mek 1. reiben (*Wäsche, Stoff*) 2. verflechten, verweben 3. flicken 4. *die Zähne e-s Kammes* eng zusammenbinden.

Çitine *n.pr.* Cetinje *n* (*Montenegro*).

çitişmek 1 ineinander verwaschen 2 sich ineinander verschlingen.

çitlembik Frucht *f* des Zürgelbaumes; ~ *ağacı bot.* Zürgelbaum *m*; ~ *gibi* niedliches Mädchen *mit braunem Teint.*

çitmik 1. *s. çıngıl* 2. Prise *f.*

çitsarmağı, *-nı bot.* Winde *f.*

çivi 1. Nagel *m* 2. Keil, Dübel, Pflock *m*; ~ *çakmak* Nägel einschlagen; ~ *dişi* Milchzahn *m*; ~ *gibi* gesund und munter; ~ *kesmek*

F Eisbeine bekommen (*bei langem Warten*); ~ *sürmek* (*b-ne*) plagen, quälen; ~ *vurmak* Nägel einschlagen; ~ *yazı* Keilschrift *f*.
çividî [· - -] (*mavi*) indigoblau.
çivilemek 1. (an-, auf-)nageln 2. eindübeln 3. F durch Intrigen in Ungnade bringen 4. V mit dem Messer stechen 5. V den Beischlaf ausüben (*mit*).
çivilenmek 1. *Pass. zu çivilemek* 2. *fig.* (*bir yere*) sich verspäten.
çivit, *-di* Indigo *m*, Waschblau *n*.
çiy Tau *m*.
çizgi 1. Linie *f*, Strich *m* 2. Streifen *m* 3. *math.* Linie *f* 4. (*Gesichts-*) Falte *f* 5. Filete *f* (*in der Buchbinderei*) 6. Gedankenstrich *m* 7. Kratzer, Riß *m*; ~ *çekmek* (*od. çizmek*) Linien ziehen; ~ *hakemi* (*Sport*) Linienrichter *m*.
çizgili 1. liniiert 2. gestrichelt 3. gestreift 4. mit (*Gesichts-*)Falten 5. *geol.* gerieft; ~ *çek* gekreuzter Scheck; ~ *kâğıt* 1. liniiertes Papier 2. Linienblatt *n*.
çizi 1. = *çizgi* 2. Ackerfurche *f* 3. Rille, Furche *f*.
çizik 1. = *çizgi* 2. = *çizili*.
çizili 1. gezogen (*Linie*) 2. mit Furchen *od.* Rillen 3. aus-, durch·gestrichen 4. (*altı*) unterstrichen.
çizinti 1. Schramme *f* 2. *et.* Ausgestrichenes.
çizme 1. *Vs. zu çizmek* 2. hoher Schaftstiefel.
çizmek, (*-er*) 1. ziehen (*Linien, Striche*) 2. liniieren, stricheln 3. zeichnen, entwerfen (*a. fig.*) 4. einzeichnen 5. ausstreichen 6. schrammen.
çoban 1. Hirt, Schäfer *m* 2. *fig.* von bäuerischem, plumpem Benehmen 3. Myrcia (*Parfüm*); ~ *armağanı* bescheidenes, von Herzen kommendes Geschenk; ~ *itikadı* einfacher, unerschütterlicher Glaube.
çobanaldatan *zo.* 1. Raubwürger *m* 2. Ziegenmelker *m*.
Çobanyıldızı, *-nı astr.* Morgenstern *m*, Venus *f*.
çocuk 1. Kind *n* 2. Sohn *m*, Tochter *f* 3. (*im Pl. als Anrede*) Jungens! *bzw.* Mädels! 4. *mel.* Junge, Bursche *m* 5. *pej.* dummer Junge; ~ *bahçesi* 1. Kindergarten *m* 2. Laufgitter *n* (*für Kleinkind*) 3. Spielgarten *m*; ~ *bakımevi* Kinderhort *m*; ~ *canlısı* kinderlieb; *pej.* Kindernarr *m*; ~ *düşürme jur.* Abtreibung *f*; ~ *felci* spinale Kinderlähmung; ~ *saffeti* (*od. saflığı*) kindliche Naivität; ~ *yuvası* Kinderheim *n*; *-tan al haberi! Spr.* Kinder (und Narren) sprechen die Wahrheit!
çocukça 1. kindlich 2. kindisch.
çocukçağız armes Würmchen.
çocukçuluk Kinderfürsorge *f*.
çocukluk 1. Kindheit *f* 2. Kind-Sein *n* 3. Kinderei *f*.
çoğalmak sich vermehren; zunehmen.
çoğaltmak vermehren, steigern, erhöhen.
çoğul *gr.* 1. Plural *m* 2. im Plural stehend.
çoğunluk Mehrheit *f*.
çoğuzaman 1. meistens 2. recht oft.
çok 1. viel, zahlreich 2. sehr 3. lange (dauernd) 4. oft, häufig 5. zu viel, zu sehr, überreichlich, zu lange 6. (*in Zss.*) mehr-; ~ *çocuklu* kinderreich; ~ ~ 1. sehr viel 2. höchstens; ~ *fazla* 1. übertrieben, zu viel 2. sehr beträchtlich; ~ *gelmek* 1. unnötig (*überflüssig od. unerträglich*) sein 2. *e-m* übertrieben vorkommen; ~ *görmek* 1. für überflüssig halten 2. versagen, verweigern 3. mißgönnen 4. überschätzen; ~ *şey!* allerhand!; *çoğa kalmaz* (*od. varmaz od. varmadan*) in kurzer Zeit; *çoğa oturmak* (*od. varmak*) teuer zu stehen kommen; *çoğu* 1. größerer *od.* größter Teil *von et.* 2. häufig 3. am häufigsten.
çoka [x ·] *s. çığa balığı.*
çokal 1. Panzer *m*, Rüstung *f* 2. dicke Glasur *auf Steingut* 3. glasiertes Steingut.
çokayaklılar *zo.* Tausendfüßler *pl.*
çokbilir Tausendsassa *m*.
çokbilmiş 1. schlau, abgefeimt 2. frühreif.
çokça recht (*ziemlich*) viel, reichlich, recht oft.
çokgen *math.* Vieleck, Polygon *n*.
çokluk 1. große Anzahl, Fülle *f* 2. Überfluß *m* 3. oft, häufig.
çoktanrıcılık Polytheismus *m*.
çolak 1. mit verkrüppeltem Arm 2. einarmig *od.* einhändig.
çolpa 1. *selt.* watschelnd 2. täppisch.
çoluk çocuk 1. kleines Volk, Kinder *pl.* 2. *pej.* junge, unbedeutende Leute *pl.* 3. Kind und Kegel; Familie *f*.

çomak 1. Knüttel *m*, Keule *f* 2. Schlagstock *m* 3. Trommelschlägel *m* 4. Stäbchen *n*.
çomar 1. großer Hirtenhund 2. ♀ *Hundename* 3. Schaf *n* ohne Hörner 4. *fig.* Faulenzer, Tölpel *m* 5. V alter Kneipwirt.
çopra 1. *va.* Fischgräten *pl.* 2. dichtes Dorngestrüpp.
çopur 1. entstellendes Gesichtsmal 2. Junge(s) *n* wilder Tiere 3. mit Muttermal *od.* blatternarbig.
çorak 1. dürr, unfruchtbar (*Boden*) 2. bitter, salzig (*Wasser*) 3. wasserundurchlässige Schicht *auf Erddächern* 4. natürlicher Salpeter 5. Salzlauge *f* (*für weißen Käse*).
çorap 1. Strumpf *m* 2. Socke *f* 3. *fig.* Intrige *f*; ~ *kaçıyor* es entsteht e-e Laufmasche; ~ *örmek* 1. Strümpfe (*Socken*) stricken 2. *fig.* Ränke schmieden; ~ *şişi* Stricknadel *f*.
çorapsöküğü, -*nü* 1. Loch *n in e-m Strumpf* 2. Laufmasche *f* 3. *fig.* Rattenkönig *m*.
çorba 1. Suppe *f* 2. *fig.* Durcheinander *n*; ~ *içmek* Suppe essen; -*da tuzu bulunmak fig.* 1. auch e-n kleinen Beitrag geliefert haben 2. ein Interesse daran haben; -*ya dönmek fig.* sich heillos verwirren.
çorbacı 1. Hersteller *od.* Verkäufer von Suppen 2. *fr.* angesehener Dorfbewohner 3. P reicher, angesehener Christ 4. *hist. Titel e-s Janitscharenobersten* 5. V Arbeitgeber *m*.
çorbalık 1. zur Herstellung von Suppen geeignet *od.* bestimmt 2. Suppenwürfel *m*; ~ *pirinç* Brühreis *m*.
çotra [x ·] kleines Holzgefäß, hölzerner Trinkbecher.
çöğür 1. *fr. e-e best. Gitarrenart* 2. große Geige.
çökelek 1. *Name e-r best. Käseart* 2. *chem.* Präzipitat *n*.
çökelmek *chem.* sich niederschlagen.
çökeltmek *chem.* fällen, präzipitieren.
çökertme 1. *Vs. zu çökertmek* 2. *auf den Meeresboden hinabgelassenes* Fischernetz 3. *mil.* Einbruch *m*.
çökertmek 1. niederknien lassen (*Kamel*) 2. sich lagern lassen 3. einschlagen, -rammen 4. *mil.* e-n Fronteinbruch erzielen 5. zusammenbrechen lassen (*durch übermäßige Beanspruchung*).
çökmek, (-er) 1. sich senken (*Erdboden usw.*) 2. einfallen (*Wange*) 3. einstürzen, zusammenbrechen (*a. fig.*) 4. sich lagern 5. (*diz*) niederknien 6. hereinbrechen (*z.B. Unglück*) 7. drohend aufsteigen (*Gefahr*) 8. befallen (*z.B. Schwermut*) 9. körperlich verfallen 10. hineingehen (*Nagel, Dübel usw.*) 11. sich niederschlagen 12. *mil.* eingedrückt werden (*Frontlinie*).
çökük 1. eingesunken 2. zusammengebrochen 3. kniend *od.* lagernd 4. alt und schwach 5. abgelagert (*Bodensatz*) 6. *mil.* eingedrückt (*Frontlinie*).
çöküntü 1. Trümmer *pl.* 2. Bodensatz, Niederschlag *m* 3. Senkung *f* (*des Bodens*) 4. Zusammenbruch, Einsturz *m*.
çöküşmek von allen Seiten kommen und sich niederlassen (*Vögel*).
çöl (Sand-)Wüste *f*; ~ *faresi zo.* Wüstenspringmaus *f*.
çöllük 1. dürr, unfruchtbar; Wüsten- 2. mit ausgedehnten Wüstenstrichen.
çömelmek hocken, sich niederkauern.
çömez 1. *fr.* Schüler *e-r Medrese* 2. *fig.* Schüler, Jünger *m*.
çömlek irdener Topf; ~ *hesabı fig.* Milchmädchenrechnung *f*.
çöp, -pü 1. Hälmchen *n*, Splitter *m*, Stielchen *n*, abgebranntes Streichholz 2. Abfall, Kehricht, Müll *m*; ~ *atlamak fig.* sich nicht mit Kleinigkeiten befassen; ~ *gibi* mager und elend; ~ *tenekesi* Mülleimer *m*; -*ten direk fig.* brüchig; auf tönernen Füßen stehend.
çöpatlamaz pedantisch genau.
çöpçatan 1. *angebliche Schicksalskraft, welche die für einander bestimmten Menschen zusammenführt* 2. Heiratsvermittler(in *f*) *m*.
çöpçü 1. Müllkutscher *m* 2. Straßenfeger *m*.
çöpleme *bot.* stinkende Nieswurz.
çöplenmek 1. e-e Kleinigkeit essen 2. *fig.* e-n persönlichen Gewinn herausschlagen.
çöplüce bülbül *zo.* Zaunkönig *m*.
çöplük 1. Kehrichthaufen *m* 2. Mülleimer *m*; ~ *horozu fig.* an Geschmacksverirrung leidend.

çörçöp, -*pü* 1. Reisig *n* 2. kleine, wertlose Dinge *pl.* 3. komm zu dir! *od.* geh aus dem Weg!

çörden çöpten unsolide gebaut; wertlos, unbrauchbar.

çörek 1. *Name e-s türk. Gebäcks* 2. *et.* Rundes *od.* Gewundenes *z.B.* Rolle, Spule, Scheibe *f*; ~ *otu s. çöreotu.*

çöreklenmek runde *od.* gewundene Form annehmen; sich zusammenringeln (*Schlange*).

çöreotu, -*nu* 1. *bot.* Jungfer *f* im Grünen 2. Schwarzkümmel *m.*

çöven *bot.* Seifen- *od.* Gips·kraut *n.*

çözme 1. *Vs. zu çözmek* 2. *Name e-s feinen Linnens.*

çözmek,(-er) 1. lösen, losbinden 2. *math.* (auf)lösen 3. die Längsfäden *auf e-n Webstuhl* spannen 4. *fig.* lösen, entwirren 5. V sich davonmachen.

çözülmek 1. *Pass. zu çözmek* 2. tauen 3. sich auflösen; aufgehen (*Paket usw.*) 4. V sich aus dem Staub(e) machen 5. *mil.* sich (*vom Feind*) absetzen 6. V geben, zahlen.

çözüşmek sich auflösen; zerfallen.

çubuk 1. Stange *f* (*a. bei Zimt usw.*) 2. frischer, grüner Zweig 3. Tschibuk *m* 4. Rohrstab *m*, Röhrchen *n* 5. Litzenaufreihdraht *m* (*am Webstuhl*) 6. Streifen *m* (*in Stoffen*) 7. *naut.* Stenge *f*; ~ *tarçın* Stangenzimt *m*; *çubuğu tellendirmek fig.* es sich bequem machen.

çuha glatter, feiner Wollstoff; Tuch *n.*

çukur 1. Loch *n*, Grube *f* 2. Höhlung, Vertiefung, Mulde *f* 3. Bergschlucht *f* 4. Grübchen *n* 5. tiefer Brunnen 6. Senkgrube *f* 7. Senkung *f* (*im Meeresboden*) 8. Grab *n* 9. *fig.* Unglück, Unheil *n* 10. V After *m* 11. tief, hohl, ausgehöhlt; ~ *gözlü* hohläugig; ~ *pli* Quetschfalte *f*; ~ *tabak* Suppenteller *m*; -*unu kazmak* (*b-nin*) *fig. j-n* hinterlistig zu Fall bringen (*wollen*).

çukurluk 1. Tiefliegen *n* 2. Senkung, Vertiefung *f* 3. m. vielen Vertiefungen.

çul 1. grober Haarstoff 2. Pferdedecke *f*; ~ *çuval* grobes Zeug; ~ *çürütmek fig.* übermäßig lange bleiben (*Gast*); ~ *tutmaz* 1. Verschwender *m* 2. wankelmütig; -*u tutmak* reich werden.

çulha Weber *m*; ~ *kuşu zo.* Beutelmeise *f.*

çullamak 1. *m. e-r Decke* zudecken (*Tier*) 2. *in fest verschlossenem Topf* kochen 3. *über et.* hinwegschlagen (*Wellen*).

çullanmak 1. *Pass. zu çullamak* 2. (*b-ne*) sich stürzen (*auf*) 3. (*b-ne*) *e-m* lästig sein.

çulluk *zo.* (*Wald-*)Schnepfe *f.*

Çulpan *astr. s. Çobanyıldızı.*

çultarı Pferdedecke *f.*

çurçur (*balığı*) *s. çırçır* (*balığı*).

çutal *lm. Verstärkung zu çatal.*

çuval 1. Sack *m* 2. V dick, feist; Dickwanst *m.*

çuvaldız 1. Packnadel, Nähahle *f* 2. Feile *f* (*des Goldarbeiters*).

çük *Ki.* Schwänzchen *n* (*Penis*).

çünki *s. çünkü.*

çünkü [x ·] 1. weil, da, denn 2. *va.* da nun einmal ...

çürük 1. faul, verfault 2. brüchig, wacklig 3. leicht zu widerlegen 4. unwiederbringlich verloren (*Geld usw.*) 5. zum Militärdienst untauglich; ausgemustert 6. brauner *od.* blauer Flecken; ~ *gaz techn.* Abgas *n*, Auspuff *m*; ~ *harf* schadhafte Drucktype; ~ *söz* dummes Geschwätz; *çürüğe çıkarmak* 1. ausrangieren 2. *mil.* ausmustern 3. *mil.* unter Beibehaltung seines Grades entlassen (*Offizier*).

çürüklük 1. Fäulnis *f* 2. Brüchigkeit *f* 3. Unhaltbarkeit *f* (*e-r Behauptung usw.*) 4. Untauglichkeit *f* 5. Müllabladeplatz *m* 6. *fig.* Armenfriedhof *m*, Massengrab *n.*

çürümek 1. (ver)faulen, verwesen 2. schlecht werden; sich abnutzen 3. blaue und braune Flecken bekommen 4. sich aufreiben; verfallen 5. widerlegt werden 6. unwiederbringlich verlorengehen.

çürütmek *Kaus. zu çürümek, spez.*: 1. abtragen, abwetzen (*Stoffe*) 2. widerlegen 3. abhängen lassen (*Fleisch*) 4. mürbe machen (*durch Zusatz von Joghurt, Fett usw.*).

çüş 1. (*Ruf des Eseltreibers*) Halt! 2. V (*Ausruf bei grober Zurechtweisung*).

D

d, D [dɛ] 1. *5. Buchst. des türk. Alph.* 2. *mus.* Ton *od.* Note *d.*

da 1. auch, ebenfalls 2. aber, indessen 3. sondern 4. sogar, noch mehr 5. sondern auch 6. wiederum 7. nur endlich 8. und tatsächlich 9. und 10. und daher 11. ja, doch, eben 12. aber gleich wieder 13. selbst (wenn) 14. obwohl 15. (*Verst. od. Füllwort*) 16. daß, damit 17. lieber, eher.

-da *Endung des Lokativs*; *vgl. a.* *-de, -ta, -te.*

da [ā] *in va. Füg.* Krankheit *f.*

dadanmak (*bşe*) (*mst. pej.*) 1. ganz versessen sein (*auf*) 2. (*bir yere*) sich regelmäßig einfinden (*z.B.* [*Katzen*).

dadı Kinderfrau *f.*

dafi, -ii [ā] 1. zurück-, ab·stoßend 2. abwehrend, vertreibend.

dağ[1] 1. Brandmal *n* 2. *va.* Ätzung *f* 3. *va.* Kummer *m* 4. *va.* Narbe *f*; ~ *basmak* brandmarken.

dağ[2] 1. Berg *m* 2. Gebirgs-; ~ *adamı* 1. Bauerntölpel *m* 2. von geringer Intelligenz; ~ *deviren* 1. groß und stark 2. *pej.* Elefant *m* im Porzellanladen; ~ eteği Fuß *m* des Berges; ~ *harbi* Gebirgskrieg *m*; ~ *sıçanı zo.* Murmeltier *n*; ~ *taş* 1. alles umher 2. e-e Unmenge; *-lara taşlara! Abw.* möge es uns fernbleiben!

dağarcık 1. Leder-, Proviant·sack *m* 2. *fig.* Kenntnisse *pl.*

dağcı 1. Alpinist(in *f*) *m*, Bergsteiger(in *f*) *m* 2. Gebirgs-.

dağcılık Alpinismus *m*, Hochtouristik *f.*

dağdağa lärmendes Durcheinander.

dağılmak 1. sich auflösen (*Versammlung, Haare, Zucker usw.*) 2. sich zerteilen (*Wolken*) 3. zusammenbrechen (*z.B. Möbel*) 4. in Unordnung geraten 5. sich ver-, aus·breiten.

dağınık 1. aufgelöst, zerstreut 2. unaufgeräumt 3. vereinzelt.

dağıtmak 1. ver-, aus·teilen 2. in Unordnung bringen 3. zerstreuen, auflösen 4. zertrümmern.

dağlamak 1. brandmarken 2. verbrennen; beißen (*Hitze, Kälte, Gewürze usw.*) 3. ätzen, kauterisieren 4. *fig.* betrüben.

dağlı[1] 1. gebrandmarkt 2. *va.* Narben tragend 3. *va.* bekümmert.

dağlı[2] 1. Gebirgsbewohner(in *f*) *m* 2. gebirgig 3. *Ka.* König *m.*

dağlıç *Name e-r geschätzten Hammelart.*

dağlık 1. gebirgig 2. Gebirgs- [gegend *f.*

daha 1. bis jetzt; erst, noch 2. noch mehr 3. schon 4. noch immer 5. (*Verwendung zur Bild. des Komparativs*); ~ *neler!* 1. was du nicht sagst! 2. und so weiter; *-sı var* es kommt noch schöner.

dahdah *Ki.* Hottehü *n* (= *Pferd*).

dahi 1. auch 2. und (auch) 3. noch.

dâhi Genie *n*, geniale Persönlichkeit.

dâhil 1. innerer Teil 2. einschließlich 3. *va.* eintretend 4. Inland *n*; ~ *bulunma log.* Einbezogensein *n*; ~ *olm.* 1. eintreten (in) 2. teilnehmen (an) 3. einmarschieren 4. an-, zu·gehören; ~ *olmak üzere* inklusive.

dâhilen *Adv.* inwendig.

dahilî 1. inner-, Innen- 2. inländisch 3. *geol.* endogen; ~ *deniz* Binnenmeer *n*; ~ *harb* Bürgerkrieg *m*; ~ *merkez* Erdbebenherd *m*; ~ *nizamname jur.* Geschäftsordnung *f.*

dahiliye [ā] 1. innerstaatliche Angelegenheiten *pl.* 2. Innendienst *m* 3. = *Dahiliye Vekâleti* 4. innere Krankheiten *pl.* 5. Abteilung *f* für innere Krankheiten (*in e-r Klinik*); ≈ *Vekâleti* (*bzw. Nezareti*) Innenministerium *n.*

dâhiyane [- · - ·] genial.

dahletmek [x · ·] 1. (*m. Dat.*) sich einmischen (*in*) 2. kritisieren (*an*).

daima [- · ·] immer, stets, dauernd.

daimî [- · -] ständig, immerwährend.

daimilik [ā] Dauerzustand *m.*

dair [ā] (*m. Dat.*) betreffend, bezüglich.

daire [ā] 1. *geom.* Kreis *m* 2. Amt, Büro *n* 3. Kreis, (*Amts*-)Bezirk *m* 4. Abteilung *f*, Raum *m* 5. Etagenwohnung *f* 6. Zimmerflucht *f* 7. *fig.* Gebiet *n*, Rahmen *m* 8. Tamburin *n* (*im türk. Orchester*).
dairesel kreisförmig; Kreis-.
dairevi [- · · -] kreisförmig; Kreis-.
dakik, -kı [ī] 1. fein, subtil 2. präzis, genau 3. genaugehend (*Uhr*) 4. eingehend (*Besprechung*).
dakika, dakka 1. Minute *f* 2. Bogenminute *f*; *-sı -sına* auf die Minute genau; *-sında* sofort, unverzüglich.
daktilo [x · ·] 1. *selt.* Maschinenschreiber *m* 2. Schreibkraft, Stenotypistin *f* 3. Maschinenschreiben *n* 4. F Schreibmaschine *f*; ~ *etm.* mit (*auf*) der Maschine schreiben; ~ *ile yazılmış* maschinenschriftlich.
dal[1] 1. Ast, Zweig *m* 2. *fig.* Abteilung, Gruppe *f*; ~ *budak salmak* 1. Zweige und Triebe ansetzen 2. *fig.* sich verbreiten 3. *pej.* sich komplizieren; ~ *gibi* zart und schwach; *-dan -a atlamak fig.* von e-m Thema aufs andere kommen; *-dan -a konan fig.* wankelmütig.
dal[2] (*nur in best. Füg.*) Schulter *f*; Rücken *m*; *-ına basmak* (*b-nin*) *j-n* verärgern; *-ına binmek* (*b-nin*) 1. *j-m* lästig fallen 2. *j-n* verärgern.
dal[3] (*in Zss.*) nackt, bloß.
dalak 1. Milz *f* 2. Honigwabe *f*.
dalâlet, -ti Irr-, Ab·weg *m*; *-e düşmek* vom rechten Weg abirren.
dalamak 1. beißen (*Hund usw.*) 2. stechen (*Insekt, Brennessel usw.*) 3. Abschürfungen verursachen.
dalaş Streit, Zank, Tumult *m*.
dalaşmak 1. sich gegenseitig beißen 2. *fig.* scharfe Worte wechseln.
dalavere [· · x ·] Schwindel, Betrug *m*.
dalboy leicht gekleidet.
dalburun neugieriger, zudringlicher Mensch.
daldırma 1. *Vs. zu daldırmak* 2. Ableger, Absenker *m* (*e-r Pflanze*).
daldırmak *Kaus. zu dalmak, spez.*: 1. eintauchen, hineinstecken 2. absenken (*Pflanzen*) 3. *fig.* verunglimpfen.
dalga 1. Welle, Woge *f* 2. V Schwindel, Betrug *m* 3. V Zerstreutheit *f*; ~ *boyu phys.* Wellenlänge *f*; ~ ~ 1. streifig 2. wellig; ~ *geçmek* V nicht bei der Sache sein.
dalgacı 1. F zerstreut 2. F wankelmütig 3. V Schwindler, Intrigant *m*; ~ *Mahmut etwa*: Hans der Träumer.
dalgakıran Wellenbrecher *m*.
dalgalanmak 1. wogen (*z.B. Meer*) 2. flattern (*Fahne*) 3. schlingern.
dalgalı 1. wellig, bewegt, unruhig 2. streifig 3. schwebend (*Schulden*) 4. mit ... Wellenbereich (*Radio*) 5. wellenförmig 6. laufend (*Versicherung*).
dalgıç, -cı 1. berufsmäßiger Taucher 2. *zo.* Haubentaucher *m*.
dalgın 1. versunken 2. zerstreut, unaufmerksam 3. halb bewußtlos (*Kranker*).
dalkavuk Schmeichler, Speichellecker *m*.
dalkılıç m. blankem Schwert.
dallandırmak 1. Äste und Zweige treiben lassen 2. komplizieren 3. übertreiben 4. vom Hundertsten ins Tausendste kommen.
dallanmak 1. Äste und Zweige treiben 2. unübersichtlich werden.
dallı 1. m. Ästen *od.* Zweigen (*a. z.B. Stoff*) 2. verästelt, verzweigt; ~ *budaklı* mit vielen Ästen und Zweigen 2. *fig.* kompliziert.
dalmak, (*-ar*) 1. (unter)tauchen, (ein)sinken 2. sich hingeben (*seinen Gedanken usw.*), ganz vertieft sein (*in*) 3. *in* ♦*et.* hineingeraten 4. ein·nicken, -schlafen 5. das Bewußtsein verlieren 6. unangemeldet irgendwo auftauchen; *dala çıka* F unter großen Mühen.
daltaban 1. barfuß 2. *fig.* arm 3. *fig.* minderwertig (*Mensch*).
dalyan *großes an Pfählen befestigtes* Fischernetz; ~ *gibi* von hohem Wuchs.
dalyarak V Tölpel *m*.
dam[1] 1. Dach *n* 2. Haus *n*, kleineres Gebäude 3. Stall *m* 4. Gefängnis *n*; ~ *altı* Boden *m*, Bodenkammer *f*.
dam[2] 1. Dame *f* (*beim Tanz*) 2. *Ka.* Dame, Königin *f*.
dama [x ·] 1. Damespiel *n* 2. Dame *f* (*im Damespiel*); ~ *tahtası* Dambrett *n*; ~ *taşı* 1. Stein *m* (*im Damespiel*) 2. *fig.* nicht ausdauernd.
damacana [· · x ·] Glasballon *m*.
damak 1. Gaumen *m* 2. *z. va.* Widerhaken *m*.
damalı [x · ·] kariert, gewürfelt.
damar 1. *biol.* Ader *f* 2. *geol.* Ader *f*, Gang *m* 3. *bot.* Nervatur *f od.* Ge-

fäß *n* 4. *fig.* Jähzorn *od.* Eigensinn *m* 5. *fig.* Veranlagung, Natur *f* 6. *fig.* empfindliche Stelle; ~ *-ına binmiş* die Muskeln haben sich verkrampft; *-ına basmak* (*b-nin*) *bei j-m* ins Fettnäpfchen treten; *-ını bulmak j-s* Achillesferse herausfinden.

damarlı 1. geädert 2. mit deutlich hervortretenden Adern 3. widersetzlich 4. jähzornig *od.* unverschämt 5. ungefällig 6. streifig, marmoriert.

damasko [· x ·] 1. Damast *m* 2. Damast-.

damat, *-dı* 1. Schwiegersohn *m* 2. *va. od.* F Bräutigam *m.*

damdazlak [x · ·] 1. ganz kahlköpfig 2. m. e-r Riesenglatze.

damga 1. Stempel, -aufdruck *m* 2. Fabrikmarke *f* 3. *fig.* Gepräge, Charakteristikum *n* 4. *pej.* Schandfleck, Makel *m* 5. Stempelplombe *f*; ~ *pulu* Stempelmarke *f.*

damgalamak 1. (ab)stempeln (*a. pej.*) 2. plombieren.

damgalanmak 1. *Pass. zu damgalamak* 2. *fig.* schlecht angeschrieben sein (*bei*).

damıtık destilliert.

damıtmak destillieren.

damız Zucht, Züchtungsanstalt *f*, Gestüt *n.*

damızlık 1. Zucht- 2. Ferment *n*

damla 1. Tropfen *m* 2. Schlaganfall *m* 3. F ganz klein (*Kind*); ~ ~ tropfenweise; ~ *inmek* (*b-ne*) e-n Schlaganfall bekommen.

damlalık 1. Tropfbrett *n* 2. Schlaganfall *m* 3. *fr.* freier Raum *zwischen zwei Häusern* 4. *med.* Tropfenzähler *m.*

damlamak 1. tropfen, rinnen, laufen 2. V plötzlich auftauchen 3. *selt.* decken, überdachen.

damlayakut, *-tu* reiner Rubin.

-dan[1] *Endung des Abl.*; *vgl. a.* -den, -tan, -ten.

-dan[2] [ā] *pers. Sx. zur Bez. e-s Gefäßes, Behälters usw.*

-dan[3] [ā] (*pers. Sx.*) kennend, wissend.

dan dun! 1. Piff, paff! 2. Bimbam!

dana Kalb *n*; *-nın kuyruğu kopacak! fig.* jetzt wird es sich zeigen!

dandini [x · ·] 1. Hoppe, hoppe, Reiter! 2. unordentlich, durcheinander; ~ *bebek* 1. verweichlichter, junger Stutzer 2. Erwachsene(r) *m* von kindischem Verhalten.

dangalak P 1. dumm 2. plump, grob.

dangıl dungul grobschlächtig, unfein.

dangır dungur holterdiepolter.

danış Unterredung, Beratung *f.*

danışık 1. = *danış* 2. vorherige Abmachung.

danışıklı vorher verabredet (ausgemacht); ~ *döğüş fig.* abgekartete Sache.

danışmak (*bşi b-ne*) 1. sich *bei j-m* Rat holen 2. beratschlagen.

Danimarka [· · x ·] *n.pr.* Dänemark.

daniska [· x ·] *in vulg. Füg.*: *-sı* (*bşin*) V ganz hervorragend; prima; *o, işin -sını bilir* er kennt das aus dem Effeff.

dank *in folg. Füg.*: *beynine* (*od. kafasına*) ~ *demek* (*od. etmek*) langsam verstehen.

dans Tanz *m*; ~ *etm.* tanzen.

dansör (*Berufs-*)Tänzer *m.*

dansöz (*Berufs-*)Tänzerin *f.*

dantel 1. = *dantelâ* 2. Zähnung, Rändelung *f.*

dantelâ [· x ·] [â kurz] (Häkel-, Klöppel-)Spitze *f.*

dantelli 1. m. Spitzenbesatz 2. gezähnt(*philat.*), gerändelt (*Münzen*).

dapdaracık [x · · ·] *Verst. von dar* (*-acık*).

dar 1. eng, knapp, schmal 2. *fig.* gering, ungenügend 3. *phon.* halboffen 4. *math.* spitz (*Winkel*) 5. *fig.* Enge, Klemme *f* 6. *adv.* gerade noch; kaum; ~ *hat* Schmalspurbahn *f*; *-a boğmak j-n* erpressen; *-da bulunmak* in Geldschwierigkeiten sein.

dâr *in ar. od. pers. Füg.*: Haus, Heim *n*, Wohnung, Anstalt *f*, Land *n.*

-dar [ā] (*pers. Sx.*) habend, besitzend, tuend; beauftragt (*mit*).

dara [x ·) *math.* 1. Tara *f* 2. der Tara entsprechendes Gewicht.

daraban [· · -] (*Herz-*)Klopfen *n*, Pulsschlag *m.*

daracık *Verst. von dar.*

daradar knapp, kaum.

darağacı, *-nı* Galgen *m.*

daralmak 1. eng(er) werden 2. knapp werden (*z.B. Zeit*) 3. *selt.* verkümmern (*z.B. Sprache*).

darbe 1. Schlag, Hieb, Streich *m* 2. Schicksalsschlag *m* 3. *mil.* Stoß,

Schlag *m* 4. (*Bürsten- od. Pinsel-*) Strich *m* 5. Putsch *m*; *bir ~ indirmek* e-n Schlag versetzen; *darbei hükûmet* Staatsstreich, Putsch *m*.

darbelemek *mst. fig.* Schläge versetzen.

darbetmek [x · ·] 1. schlagen 2. prägen (*Geld*) 3. multiplizieren.

darbevari [· · - -] *mil.* schlagartig.

darbımesel Sprichwort *n*; *~ kabîlinden* sprichwörtlich.

darbuka [· x ·] ar. Handtrommel *f*.

dardağan in Unordnung.

dardarına gerade noch eben.

dargın verstimmt, ärgerlich, böse.

darı *bot.* Hirse *f*; *-sı başınıza!* möge Ihnen das gleiche Glück beschieden sein (*zu dem Sie mir jetzt gratulieren*)!

darılgan übelnehmerisch.

darılmaca yok! *Ki.* böse sein gilt nicht!

darılmak (*m. Dat.*) 1. ärgerlich sein (*über*) 2. *j-m* böse sein 3. auszanken.

darıfilfil [ā] *bot.* Betelpfeffer *m*.

darlık 1. Enge *f* 2. *fig.* Mangel *m*, Not *f*.

darmadağan, darmadağın bunt durcheinander gewürfelt.

darp, *-bı* 1. Schlag *m* 2. Prägen *n* (*Geld*) 3. Multiplikation *f* 4. mal; multipliziert (*mit*) 5. *mus.* Takt *m*.

darülâceze [- · · · ·] Alters-, Siechenheim, Armenasyl *n*.

darülfünun [- · · -] *va.* Universität *f*.

darülharb [- · ·] Kriegsschauplatz [*m*.]

Darüşşafaka [- · · · -] *n.pr.* Waisenschule *f* (*in Ist.*).

dasnik V Kuppler(in *f*) *m*.

-daş (*türk. Sx.*) gemeinsam besitzend; teilend; -gefährte, -kamerad.

daülfil [- · -] *med.* Elefantiasis *f*.

daülkelp, *-bi* [ā] *med.* Tollwut *f*.

daülrakıs, *-ksı* [- · · ·] *med.* Veitstanz *m*.

daüssıla [- · · ·] 1. Heimweh *n*, Sehnsucht *f* 2. Melancholie, Schwermut *f*.

dâva 1. Rechtsstreit, Prozeß *m* 2. (*Gerichts-*)Verhandlung *f* 3. *math.* Lehrsatz *m*, Theorem *n* 4. These, Forderung, Sache (*um die es geht*) *f*; Anspruch, Plan *m* 5. Problem *n*, Frage *f*; *~ başı* Grundpostulat *n*; *~ eden jur.* Kläger(in *f*) *m*; *~ edilen jur.* Beklagte(r) *m/f*; *~ etm.* (*b-ni*) verklagen; *~ vekili* 1. Prozeßvertreter *m* 2. Rechtsanwalt *m*.

dâvacı 1. Kläger(in *f*) *m* 2. *fig.* Verfechter(in *f*) *m e-r Sache*; *-lar* prozessierende Parteien *pl*.

dâvalı 1. strittig 2. Beklagte(r) *m/f* 3. prozeßführend 4. Tendenz- 5. prätentiös.

davar 1. Schafe und Ziegen *pl*. 2. (*sürüsü*) Schaf- *od.* Ziegen·herde *f*.

davet, *-ti* [ā] 1. Aufforderung *f spez.* a) Einladung *f* b) Vorladung *f* c) Einberufung *f* 2. Herbeiführen, Veranlassen *n* 3. Fest *n*, Festlichkeit *f*, Bankett *n*; *~ etm.* 1. einladen 2. auffordern 3. vorladen 4. Anlaß geben (*zu*); *~ yapmak* ein Fest veranstalten.

davetiye [ā] 1. Einladungskarte *f* 2. schriftliche Aufforderung *od.* Vorladung.

davetli [ā] 1. geladener Gast 2. Aufgeforderte(r) *m/f* 3. Vorgeladene(r) *m/f*.

davetname [ā, ā] schriftliche Einladung, Vorladung *od.* Aufforderung.

davlumbaz 1. Radkasten (*bei Radschiffen*) *m* 2. Rauchfang *m*; *~ kılıklı fig.* aufgedonnert.

davranmak 1. handeln, vorgehen 2. (*bşe*) sich anschicken (*zu*) 3. sich benehmen 4. sich regen.

davudi [- - -] kräftig und laut (*Stimme*).

davul 1. große Trommel, Pauke *f* 2. dick und gespannt 3. V Hinterteil *n*, Popo *m*; *~ çalmak* (*od. döğmek*) 1. die Pauke schlagen 2. *fig.* ausposaunen; *~ zurna* dröhnende Dorfmusik; *-un sesi uzaktan hoş gelir Spr.* die große Trommel klingt (nur) von weitem schön.

Davut, *-du n.pr.* 1. David (*Bibel*) 2. *mV*.

dayak 1. Prügel, Schläge *pl*. 2. Stütz-, Strebe·pfeiler *m* 3. *techn.* Podest *n*, Support *m*, Auflager *n*; *~ atmak* (*b-ne*) verprügeln; *~ kaçkını* wer e-e Tracht Prügel verdient hätte; *~ yemek* Prügel beziehen.

dayaklık 1. wer Prügel verdient 2. für Streben (*Stützen*) geeignet (*Holz*).

dayalı 1. gestellt, (an)gelehnt, (ab-)gestützt 2. *Verst. von* *döşeli*.

dayamak 1. stellen, stützen, lehnen, stemmen 2. brüsk vorsetzen 3. *et* sofort ausführen 4. *s. döşemek.*
dayanak 1. (*noktası*) *mil.* Stützpunkt *m* 2. *phil.* Substrat *n* 3. *phil.* Grund *m*, Grundlage, Stütze *f.*
dayanıklı 1. fest, solide, haltbar, dauerhaft 2. zäh, ausdauernd.
dayanmak 1. *selt. Pass. zu dayamak* 2. sich stützen, sich lehnen 3. *fig.* Kraft ziehen (*aus*) 4. beruhen (*auf*) 5. aushalten, ertragen 6. (*bir yere*) erreichen 7. sich stemmen (*gegen*) 8. haltbar sein.
dayatmak 1. *Kaus. zu dayamak* 2. sich sträuben; *auf et.* beharren.
dayı 1. Onkel *m* (*Bruder der Mutter*) 2. V Polizist, Gendarm *m* 3. Protektor *m* 4. *volkstüml. Anrede* 5. (*hist.*) *Kommandant der Janitscharen in Algier, Tripolis u. Tunis*; Dey *m.*
dayızade [· · - ·] Vetter *m*, Kusine *f.*
daz 1. Kahl- *od.* Glatz·köpfigkeit *f* 2. kahl-, glatz·köpfig 3. nackter, kahler Boden.
dazara dazar, dazıra dazır eilig und aufgeregt.
dazlak 1. kahl- *od.* glatz·köpfig 2. m. glattrasiertem Kopf.
de *s. da.*
-de *vgl. a. -da, -ta, -te.*
-de hali *gr.* Lokativ *m.*
debagat, *-ti* [· - ·] Gerbereigewerbe *n.*
debarkman *mil.* Ausschiffung, Landung *f.*
debboy Militärdepot *n.*
debdebe Prunk, Pomp *m*, Gepränge *n.*
debelenmek 1. strampeln, zappeln 2. *fig.* sich vergeblich abmühen.
debreyaj *techn.* Kupplung *f*; ~ *tertibatı* Ausrückvorrichtung *f.*
dede 1. Großvater *m* 2. Ahn, Vorfahr *m* 3. *vertrauliche Anrede für e-n alten Mann* 4. *fr. Titel best. Mewlewi-Derwische* 5. V alter Strolch 6. *Sch.* großer, älterer Schüler mit Schnurrbart.
Dedeağaç, *-cı n.pr.* Alexandrupolis.
dedik 1. wir haben gesagt 2. gesagt; *dediği* ~ *olm.* (*b-nin*) bei dem bleiben, was man gesagt hat.
dedikodu Klatsch *m*, Gerede *n.*
dedikoducu klatschsüchtig.
dedirgin beunruhigt, erschreckt.

def 1. *s. tef* 2. *s. defi u. defütard.*
defa Mal *n*; -mal; *-larca* öfters.
defalık *in der Füg.*: *bu* ~ für dieses Mal.
defetmek [x · ·] 1. verjagen, vertreiben 2. *phys.* abstoßen 3. zurück-, aus·stoßen 4. abschlagen (*z.B. feindlichen Angriff*).
defi[1], *-f'i* 1. Verjagen, Vertreiben *n* 2. *phys.* Abstoßung *f* 3. Zurück-, Aus·stoßen *n* 4. Zurückschlagen *n*, Abwehr *f* 5. *jur.* Einrede, Einwendung *f*; ~ *topu mil.* Abwehrgeschütz *n*; *defi belâ kabîlinden* F um die unangenehme Geschichte loszuwerden; *defi hacet etm.* auf die Toilette gehen; *defi tabiî* Stuhlgang *m.*
defi[2] (*Sport*) Herausforderung *f.*
defile 1. *selt.* Vorbeimarsch *m* 2. Mode(n)schau *f.*
defin, *-fni* 1. Beerdigung *f*, Begräbnis *n* 2. Vergraben *n* (*z.B. e-s Schatzes*).
define [i] 1. vergrabener Schatz 2. *fig. ein Mensch von großer, aber nicht allgemein bekannter Befähigung.*
defineci [· - · ·] Schatz·gräber, -sucher *m.*
defne [x ·] *bot.* Lorbeer *m.*
defnetmek [x · ·] (*bir yere*) 1. beerdigen, beisetzen 2. vergraben (*z.B. Geld*).
defolmak [x · ·] sich entfernen; *defol!* schau, daß du weiterkommst!
defter 1. Heft *n* 2. Liste *f* 3. Verzeichnis, Register *n* 4. *-ler* (*Steuerrecht*) Bücher *pl.*; ~ *açmak* 1. Listen auslegen 2. Beiträge sammeln 3. Freiwillige anwerben; ~ *tutmak* Listen führen; *-e geçirmek* in das Heft (*Verzeichnis, Register*) eintragen; *defteri âmal isl. Myth.* Heft *n* der guten und bösen Taten e-s Menschen.
defterdar [ä] 1. Finanzdirektor *m e-s Wilajets* 2. *in osman. Zeit* Finanzminister *m.*
degajman *Fb.* Freispielen *n e-s umlagerten Balles.*
defütard *mil.* Abschlagen *n*, Abwehr *f.*
değer 1. *m. Dat.* wert, würdig 2. *a. math.* Wert *m* 3. Preis *m* 4. Befähigung, Begabung *f*; ~ *biçmek* den Preis festsetzen.
değerlemek (hoch)schätzen, achten.

değerlendirmek *spez. techn.* verwerten, auswerten.
değerlenmek 1. *Pass. zu değerlemek* 2. im Wert steigen.
değerli 1. wert 2. Werte (*Wertstufen*) umfassend 3. wertvoll, kostbar 4. verdient, tüchtig, schätzenswert 5. geschätzt, geehrt.
değersiz 1. wertlos, unbrauchbar 2. geringfügig 3. unbefähigt, unbegabt.
değil 1. nicht 2. nicht nur 3. er (*sie, es*) ist nicht; *-im* (*bşde*) es liegt mir nichts (*an*).
değirmen 1. Mühle *f* 2. V Taschen- *od.* Wand·uhr *f*; ~ *yolu* Mühlgraben *m*.
değirmenci Müller *m*.
değirmi 1. rund 2. quadratisch (*Stoff*).
değiş (Aus-)Tausch *m*; ~ (*od.* ~ *tokuş*) *etm.* (*bşi bşle*) *et. gegen et. anderes* (ein-, aus)tauschen.
değişen wechselnd; ~ *hareket* (*od. devim*) *phys.* ungleichförmige Bewegung.
değişici wechselnd, veränderlich.
değişik 1. geändert *od.* andersgeworden 2. ander-, neu 3. andersartig, verschieden 4. (aus)getauscht 5. in der Entwicklung zurückgeblieben (*z.B. Kind*).
değişiklik 1. (*Ver-*)Änderung *f* 2. Modifikation *f* 3. Anders-Sein *n* 4. Verschiedenartigkeit *f* 5. Entwicklungsstörung *f* (*z.B. bei Kindern*) 6. Abänderungsantrag *m*.
değişmek 1. sich (ver)ändern 2. austauschen 3. wechseln (*z.B. Wäsche*) 4. eintauschen.
değiştirmek 1. (ver)ändern, wechseln 2. auswechseln 3. verwechseln, vertauschen 4. umtauschen.
değme 1. Berührung *f* 2. sehr, überaus, unglaublich 3. irgendein, erstbest-, x-beliebig.
değmede [x · ·] P unwahrscheinlich.
değmek (*-er*) 1. berühren 2. kommen (*nach*), erreichen 3. treffen (*Ziel*) 4. wertsein 5. sehr gefallen 6. kosten 7. (*yüreğine od. içine*) a) tief treffen (*z.B. Unglück*) b) durch und durch gehen (*z.B. Kälte*).
değnek 1. Knüttel, Stock *m* 2. Schläge, Prügel *pl.*
deh! hü!; ~ *deyip salıvermek* F *j-n* hochkant(ig) hinauswerfen.
deha [ā] 1. Genie *n* 2. Geist, Genius *m*, Wesensart *f*.
dehakâr [· - -] genial.
dehalet, *-ti* [ā] 1. Schutzsuchen *n* 2. Kapitulation *f*.
dehlemek 1. antreiben (*z.B. Zugtiere*) 2. F zum Teufel jagen.
dehliz 1. Vorhalle *f*, Narthex *m* 2. *an.* Vorhof *m*, Vestibulum *n*.
dehşet, *-ti* 1. Schrecken *m*, Entsetzen *n* 2. Terror *m*, -herrschaft *f* 3. (*Ausruf*) Donnerwetter!, fabelhaft!
dehşetli 1. schrecklich, furchtbar 2. fabelhaft, großartig 3. unglaublich viel.
dekan Dekan *m* (*e-r Fakultät*).
dekatlon (*Sport*) Zehnkampf *m*.
deklanşman, deklanşör *phot.* Auslöser *m*.
dekolte 1. dekolletiert (*Dame*) 2. ausgeschnitten (*Kleid*) 3. Dekolleté *n*, Ausschnitt *m*; ~ *konuşmak fig.* kein Blatt vor den Mund nehmen.
dekont, *-tu* Konto-, Rechnungsauszug *m*.
dekor 1. Schmuck *m* 2. (*Theater-*) Dekoration *f*.
dekovil Feld-, Förder·bahn *f*.
dekupaj 1. Ausschneiden *n* (*von Bildern usw.*) 2. (*Film-*)Drehbuch *n*.
delâlet, *-ti* 1. Anleitung, Führung *f*, Hinweis *m* 2. Beweis *m* 3. Vermittlung *f*; ~ *etm.* 1. anleiten, führen, hinweisen 2. darlegen, beweisen 3. bezeichnen 4. vermitteln; ... *-iyle* durch Vermittlung (*von* ...); per Adresse.
delege Abgesandte(r), Delegierte(r) *m/f*.
deli 1. irrsinnig, verrückt 2. ganz versessen 3. ungestüm, heftig; ~ *alacası* schreiende Farben *pl.*; ~ *baş* eigen·sinnig, -willig; ~ *divane* 1. vollkommen verrückt 2. über beide Ohren verliebt; ~ *dolu* unbesonnen; ~ *duman* 1. wunderlich, launisch 2. heftig, ungestüm 3. mannstoll; ~ *etm.* 1. verrückt machen 2. in Wut bringen; ~ *ırmak* reißender Fluß; ~ *pazarı* reinstes Tollhaus.
delice 1. wie wahnsinnig 2. sinnlos, unsinnig 3. giftig, schädlich 4. reißend, wild 5. (*otu*) *bot.* a) Wildhafer *m* b) Mutterkorn *n*.
delik 1. Loch *n* 2. V Gefängnis *n* 3. *an.* Öffnung *f* 4. löcherig, durch-

bohrt, perforiert; Loch-; porös; ~ *açmak* ein Loch bohren; ~ *deşik* 1. ganz durchlöchert 2. jeder Winkel (*des Hauses*); *deliğe tıkamak* V einlochen.
delikanlı Jüngling *m*, junger Mann.
deliksiz 1. nicht durchlöchert 2. *fig.* ununterbrochen, ungestört (*z.B. Schlaf*); ~ *çıkarmak fig.* fehlerfrei ausführen.
delil [ī] 1. *jur.* Beweis *m*, -mittel *n* 2. Anzeichen *n* 3. Führer *m*.
delinmek 1. *Pass. zu delmek* 2. ein Loch *bzw.* Löcher bekommen.
deliorman dichter, weitreichender Wald.
delirmek 1. irrsinnig werden 2. in hellen Zorn geraten 3. sich leidenschaftlich verlieben.
delişmen närrisch, exzentrisch.
delk, *-ki phys.* Reibung *f*.
delme 1. *Vs. zu delmek* 2. gelocht, durchbohrt, perforiert 3. Weste *f*; ~ *kudreti mil.* Durchschlagskraft *f*.
delmek, (*-er*) 1. (durch)lochen, durchbohren, *a. mil.* durch·brechen, -stoßen.
dem[1] Blut *n*; ~ *söktürmek* bluttreibend wirken.
dem[2] 1. Atemzug *m* 2. Alter *n*, Zeit *f* 3. alkoholisches Getränk 4. Prahlen *n*; ~ *çekmek* 1. singen (*Vogel*), *spez.* schlagen (*Nachtigall*) 2. *hum.* Alkohol trinken; ~ *tutmak mus.* begleiten; ~ *vurmak* (*bşden*) 1. prahlen 2. verlangen, beanspruchen.
dem[3] Farbe *f* des Tees; ~ *çekmek* ziehen (*Tee*); *-i çok* stark (*Tee*).
demarke *Fb.* ungedeckt (*Spieler*).
deme 1. *Vs. zu demek* 2. Bedeutung *f*, Sinn *m*; *-m, o ~ değil* P ich meine et. anderes.
demek 1. sagen 2. *m. Dat.* nennen 3. *m. Dat.* meinen 4. e-n Laut hervorbringen 5. hoffen, wollen, annehmen 6. heißen 7. also; das heißt; *deme yahu!* was du nicht sagst!; *dememek a.* keine Bedeutung beimessen; *derken* 1. gerade, als ... wollte 2. gerade in diesem Augenblick 3. obwohl man gesagt (*od.* gerechnet) hatte; *desene, desenize* F nämlich, also; *diyecek yok* (*bşe*) es läßt sich nichts einwenden (*gegen*).
demet, *-ti* 1. (*Blumen-*)Strauß *m* 2. Garbe *f*, Bündel *n* 3. *math. phys.* (*Strahlen-*)Bündel *n* 4. *bot.* Doldentraube *f*.
demevi [ī] 1. Blut- 2. vollblütig, sanguinisch.
demin [x ·] gerade eben; vorhin.
demincek [x · ·] *Verst. von demin.*
deminden [x · ·] = *demin.*
deminki [x · ·] was gerade vergangen *od.* vorgefallen ist.
demir 1. Eisen *n* 2. (*Schiffs-*)Anker *m* 3. *best. Eisenteile wie z.B.* Messerklinge *f*, Gewehrlauf *m*, Pflugschar *f usw.* 4. eisern 5. *fr.* Fußfesseln *pl.* (*für Sträflinge*) 6. ♀ *mV.*; ~ *almak* 1. den Anker lichten 2. F weggehen; ~ *atmak* 1. Anker werfen 2. *fig.* längere Zeit bleiben; ~ *kazık* 1. Eisenpfahl *m* 2. Polarstern *m*; ~ *kırı* von dunkelgrauer Farbe (*Pferd*); ~ *kırıntısı* Schrott *m*; ~ *leblebi fig.* woran man sich die Zähne ausbeißen kann; ~ *perde a. pol.* eiserner Vorhang; *-de yatmak* vor Anker liegen; *-e vurmak* in Ketten legen.
demirbaş 1. Inventar *n*, eiserner Bestand 2. unveräußerlich 3. standhaft, hartnäckig 4. ♀ *türk. Beiname des Schwedenkönigs Karl XII.*
demirci 1. Eisenhändler *m* 2. Schmied, Schlosser *m*.
demirhaç nişanı Eisernes Kreuz.
demirhane [ā] Eisenwerk *n*, Schmiede *f*.
demirhindi 1. *bot.* Tamarinde *f* 2. *Name e-s erfrischenden Getränks* 3. V geizig, knauserig.
demirî eisengrau.
demirkapan Magnet *m*.
demirkırat, *-tı* P *für demokrat.*
demirlemek 1. mit Eisen beschlagen 2. mit Eisenriegel versehen 3. vor Anker gehen.
demirli 1. eisenhaltig 2. mit Eisen beschlagen *od.* versehen (*Part.*) 3. vor Anker liegend.
demirpası, *-nı* 1. Rost *m* 2. rostbraun.
demiryeri, *-ni* Ankerplatz *m*.
demiryol *s. demiryolu.*
demiryolcu 1. Eisenbahnarbeiter *m* 2. Eisenbahntechniker *m* 3. Eisenbahnfachmann *m*.
demiryolculuk 1. Eisenbahnwesen *n* 2. Eisenbahnbau *m*.
demiryolu, *-nu* Eisenbahn(linie) *f*.
demlemek den Tee ziehen lassen.

demlenmek 1. ziehen *intr.* (*aufgebrühter Tee*) 2. *hum.* zechen.
demli stark (*Tee*).
demokrat, *-tı* Demokrat(-in *f*) *m*; demokratisch; ♀ *Parti* Demokratische Partei.
demontabl *techn.* zerlegbar.
demontaj *techn.* 1. Demontage, Zerlegung *f* 2. Abbau *m*, Abrüstung *f*.
demonte zerlegt, abgebaut, auseinandergenommen; ~ *etm.* zerlegen, abbauen, auseinandernehmen.
-den *vgl. a.* *-dan, -tan, -ten.*
-den hali *gr.* Ablativ *m*.
denaet, *-ti* [ā] Niederträchtigkeit, Gemeinheit *f*.
denaetkâr niederträchtig, gemein.
denek 1. *va.* versucht, erprobt 2. *psych.* Versuchs·person *f od.* -gegenstand *m*.
denektaşı, *-nı* Prüfstein *m* (*des Juweliers*).
deneme Versuch *m*, Probe *f*, Experiment *n*.
denemek versuchen, probieren, prüfen.
denet Kontrolle, Überwachung *f*.
deney *chem.*, *phys.* Versuch *m*, Experiment *n*.
deneykab *chem.* Reagenzglas *n*.
deneysel experimentell, experimental.
denge Gleichgewicht *n*.
dengelemek äquilibrieren.
deni [ī] niederträchtig, gemein.
denilmek *Pass. zu demek*; *denilen* sogenannt.
deniz 1. Meer *n*, See *f* 2. See-, Wellen·gang *m* 3. *fig.* weite Fläche, ein Meer von ...; ~ *baskını* Sturmflut *f*; ~ *birliği* Flottenverband *m*; ~ *kulağı* 1. Lagune *f* 2. *zo.* Meerohr *n*; ~ *kurdu fig.* alter Seebär; ~ *tutmak* (*b-ni*) seekrank werden; *-de balık fig.* die Katze im Sack; *-de kum onda para* er hat Geld wie Heu.
denizaltı 1. unter dem Meeresspiegel befindlich 2. gegen Wellengang nicht geschützt 3. Unterseeboot *n*.
denizaşırı überseeisch.
denizci 1. Seefahrer, Matrose *m* 2. Seeheld *m* 3. Wassersportler *m*.
denizkızı, *-nı* 1. *zo.* Seekuh *f* 2. *myth.* Seejungfer, Nixe *f*.
denizüstü 1. über Wasser befindlich 2. Überwasserschiff *n*.
denk, *-gi* 1. Traglast *f* 2. Ballen *m*, Bündel *n* 3. Gleichgewicht *n* 4. Gegengewicht *n* 5. gleichartig 6. gleich stark; ~ *etm.* 1. verpacken (*z.B. Möbel*) 2. in Bündel *od.* Ballen packen 3. trimmen (*Boot*).
denklem *math.* Gleichung *f*.
denklemek 1. in Ballen packen 2. F aus·gleichen, -balancieren.
denmek *Pass. zu demek.*
denyo V 1. dumm, blöd 2. Pfand *n* 3. Garantie *f*.
depar 1. Abfahrtslauf *m* (*Ski*) 2. Start *m* (*bei e-m Rennen*).
deplâse etm. [â kurz] 1. (*Tennis*) hin- und her·jagen (*tr.*) 2. *Fb. u. ä.* umstellen (*Spieler*).
depo [x ·] 1. Lager, Depot *n* 2. Packhof *m* 3. Gestüt *n* 4. Schuppen, Speicher *m* 5. Reservoir *n*, Behälter, Tank *m* 6. *Sch.* ausgezeichnet beschlagen (*Lehrer*).
depocu Lagerhalter *m*.
depozito Hinterlegungssumme *f*, Pfand, Deposit *n*, Kaution, Sicherheit *f*.
deppoy *s. debboy.*
deprem Erdbeben *n*.
derakap [x · ·] sofort danach.
derayman (*Zug-*)Entgleisung *f*; ~ *etm.* entgleisen (*Zug*).
derbeder 1. Vagabund, Strolch *m* 2. schlampig, liederlich.
derbent, *-di* Gebirgsübergang *m*.
dercetmek [x · ·] 1. einsetzen, einschalten 2. einzahlen.
derç, *-ci* 1. Einfügung, Einschaltung *f* 2. Einzahlung *f*.
derdetmek [x · ·] sich grämen, sich härmen.
dere 1. Bach *m* 2. Tal *n* 3. Dachrinne *f* 4. Rinnstein *m*, Gosse *f*; ~ *tepe demeyip* über Stock und Stein; *-den tepeden konuşmak* von diesem und jenem sprechen.
derebeyi, *-ni* 1. Feudalherr, Großgrundbesitzer *m* 2. *fig.* Tyrann, Despot *m*.
derece 1. Grad *m*, Stufe *f* 2. Umfang *m*, (*Aus-*)Maß *n* 3. Etappe *f*, Gang *m* (*z.B. bei Wahlen*) 4. Rang *m*, Stufe, Klasse *f* 5. *math.*, *phys.* Grad *m* 6. F Thermometer *n* 7. Alkoholgehalt *m* 8. *gr.* Vergleichungsgrad *m*; ~ ~ stufenweise, allmählich.
derecelenmek bewertet werden.
dereke tiefe Stufe, niedriger Grad.

…a, -nu *bot.* Dill *m.*
…Tal *n.*
…gi Zeitschrift *f.*
…rhal [x ·] sofort, unverzüglich.
…eri 1. Haut *f* 2. Fell *n* 3. Leder *n* 4. Schale *f* (*bei Früchten*); *-sine sığmaz fig.* er kennt sich nicht mehr vor lauter Hochmut.
derilenmek zuheilen (*Wunde*).
derin 1. tief (*a. fig.*) 2. eingehend, genau 3. *in best. Füg.*: Tiefe *f*; ~ ~ *dalmak* sich den Kopf zergrübeln; ~ *saygılarımı sunarım* (*Briefschluß*) mit vorzüglicher Hochachtung; *-den -e alâkalı* brennend interessiert.
derinlik 1. Tiefe *f* 2. *phot.* Tiefenschärfe *f.*
derk, *-ki* Begreifen, Verstehen *n.*
derkenar [ā] Randbemerkung *f.*
derlemek sammeln, zusammenstellen; ~ *toplamak* aufräumen.
derlenmek 1. *Pass. zu derlemek* 2. sich sammeln, sich fassen; *derlenip toplanmak* 1. mühsam seine Fassung wiedergewinnen 2. sich zurechtmachen 3. sich zusammenreißen.
derli toplu ordentlich, aufgeräumt.
derman [ā] 1. Heilmittel *n* 2. Abhilfe *f* 3. Kraft *f.*
dermansız [ā] 1. schwach, hilflos 2. unheilbar (*Leiden*).
derme 1. *Vs. zu dermek* 2. Sammlung *f*; ~ *çatma* 1. in der Eile zusammengerafft 2. oberflächlich gemacht; improvisiert 3. stümperhaft (*z.B. Kenntnisse*).
dermek zusammenraffen, sammeln.
dermeyan [ā] 1. in der Mitte 2. *fig.* zur Erörterung stehend; ~ *etm.* zur Sprache bringen.
dernek 1. Versammlung, Zusammenkunft *f* 2. Kreis *m* (*von Menschen*), Verein *m*, Gesellschaft *f* 3. Sammlung *f.*
derpiş etm. [i] ins Auge fassen; vorsehen.
ders 1. Unterricht *m*, (*Lehr-*)Stunde *f* 2. (*zu lernende*) Lektion; Schulaufgaben *pl.* 3. *fig.* (*erteilte*) Lektion *f*, Denkzettel *m* 4. *iron.* weise Lehre, Weisheit *f*; ~ *almak* 1. Unterricht nehmen 2. e-e Lehre ziehen 3. (*b-den*) *iron.* seine Weisheit beziehen (*von*) 4. *m.Abl.* sich ein Beispiel nehmen (*an*); ~ *kitabı* Lehr-, Schul·buch *n*; ~ *odası* Schulzimmer *n*, Klasse *f*, Hörsaal *m*; *-i asmak* die Schule schwänzen.
dersane [ā] *s. ders odası.*
dert, *-di* 1. Kummer, Schmerz *m*, Leid *n*, Sorgen *pl.* 2. *chronisches* Leiden 3. Klage *f*; ~ *ortağı* 1. Leidens·genosse *m*, -genossin *f* 2. mitfühlend; ~ *yanmak fig.* sein Herz ausschütten.
dertop kugelrund.
derttaş Vertraute(r) *m/f*; Mitwisser(in *f*) *m.*
deruhde etm. übernehmen, sich verpflichten.
derun [ū] 1. Innere(s) *n* 2. Herz *n*, Seele *f*, Gewissen *n.*
deruni [· - -] 1. Innen- 2. herzlich 3. wesentlich, eigentlich.
derviş 1. Derwisch, Bettelmönch *m* 2. *z. va.* Seeschwalbe *f* 3. *fig.* demütiger, bescheidener Mensch.
dervişmeşrep, *-bi* einfach, bescheiden, altväterisch.
derya [ā] 1. Meer *n*, Ozean *m* 2. *fig.* Mensch *m* mit reichem Wissen.
desen 1. Zeichnung *f*, Muster *n* 2. Skizze *f.*
desinatör Konstruktionszeichner *m.*
desise [ī] Intrige, Hinterlist *f*; ~ *çevirmek* Intrigen anzetteln.
despot, *-tu* 1. Despot, Tyrann *m* 2. *Anrede od. Bez. für griechische Geistliche, spez. e-n (Erz-)Bischof.*
despothane [ā] Amtssitz *m* des griechischen Metropoliten.
dessas [ā] intrigant, hinterlistig.
destan [ā] Helden·lied, -epos *n*; ~ *olm. pej.* zum allgemeinen Stadtgespräch werden.
destar [ā] Turban *m.*
deste 1. *va.* Griff, Stiel *m* 2. Bündel *n* 3. Lagen *pl.* (*ungebundenen Papiers*) 4. Spiel (*Karten*) *n*; ~ *başı* 1. Anführer *m e-s Zuges* 2. obenaufgepacktes Einzelstück 3. *fig.* prominente Persönlichkeit.
destek 1. Stütz·balken, -pfahl *m* 2. Stütze *f*, Stützpunkt *m* 3. *mil.* Rückhalt *m* 4. Hemmkeil *m* 5. Untersatz, Träger, Halter *m* 6. *phys.* Richtungsgerade *f* 7. Unterstützung *f* 8. Helfer, Fürbitter *m*; ~ *vurmak* abstützen.
desteklemek (ab-, unter)stützen.
destelemek bündeln.
destroyer [· x ·] Torpedobootszerstörer *m.*
destur [ū] 1. *va.* Erlaubnis *f* 2. (*Abw.*

beim Wasserlassen) 3. (*Ausruf*) Vorsicht!
desturun [x · ·] P entschuldigen Sie das (*häßliche*) Wort!
deşarj elektrische Entladung.
deşelemek (um)wühlen.
deşik 1. durch·stochen, -schnitten; aufgeschlitzt 2. Riß *m*, Spalte *f* 3. *s.* delik deşik.
deşilmek 1. *Pass. zu* deşmek 2. aufbrechen (*z.B. Geschwür*) (*intr.*).
deşmek 1. aufstechen, aufschlitzen 2. *fig.* anschneiden, zur Sprache bringen.
dev 1. böser Geist (*im Märchen*) 2. Riese *m* 3. Ungetüm, Ungeheuer *n* 4. mit übermenschlichen Fähigkeiten ausgestattet.
deva [ā] 1. Heilmittel *n* 2. Mittel *n*, Maßnahme *f*.
devali [· - -] *med.* Krampfadern *pl.*
devam [ā] 1. Fortdauer *f* 2. Kontinuität *f* 3. Fortsetzung *f* 4. regelmäßiger Besuch (*z.B. des Unterrichts*); ~ etm. 1. andauern 2. *m.Dat.* besuchen 3. *m. Lok.* beharren (*bei*).
devamlı [ā] 1. fortgesetzt, ununterbrochen, stetig 2. regelmäßig besuchend; fleißig; ~ sulh dauerhafter Frieden.
devasa [· - -] riesenhaft, gigantisch.
devaynası, -nı Vergrößerungsspiegel *m*.
deve *zo.* Kamel *n*; ~ gibi groß und plump; ~ kini *fig.* unauslöschlicher Haß; ~ olm. F verschwinden; ~ yapmak *hum.* 1. heimlich beiseiteschaffen 2. naschen 3. hinters Licht führen; ~ yürekli ängstlich; -de kulak denkbar klein *od.* gering.
devebağırtan *fig.* steiler, steiniger Weg.
devedikeni *bot.* Alhagi (*dorniger Steppen- und Wüstenstrauch*).
devekuşu, -nu *zo.* Strauß *m*.
deveran [ā] 1. Umlauf, Kreislauf *m* 2. Umlaufen *n* (*z.B. e-s Gerüchts*) 3. Rotation *f*; ~ etm. umlaufen, kreisen, rotieren; deveranı dem Blutkreislauf *m*.
devetımarı, -nı *fig.* oberflächlich, flüchtig.
devim *biol., phys.* Bewegung *f*.
devir, -vri 1. Zeit *f*; Zeit·abschnitt *m*, -alter *n* 2. Periode, Ära, Phase *f*, Stadium *n* 3. Rotation *f* 4. Spaziergang *m od.* Rundreise *f* 5. Umladen *n* 6. Zession *f* 7. Übertrag *m* (*z.B. in e-r Bilanz*); devri âlem seyahati Reise *f* um die Welt.
devirli periodisch.
devirmek 1. umwerfen 2. stürzen (*z.B. Regierung*) 3. *in e-m Zug* austrinken 4. schräg aufsetzen (*z.B. Hut*).
devlet, -ti 1. Staat *m*, Reich *n*, Macht *f* 2. Glück *n*, Chance *f*; ~ kuşu 1. unerwartetes Glück 2. *zo.* Paradiesvogel *m*; ~ reisi Staatspräsident *m*; ~ vekili Minister *m* ohne Portefeuille; -le! kommen Sie gut nach Hause!; auf Wiedersehen!
devletçe staatlicherseits.
devletçi etatistisch; Etatist(in *f*) *m*.
devletçilik Etatismus, Staatssozialismus *m*.
devletleştirmek verstaatlichen.
devran [ā] Rad *n* der Zeit; ~ sürmek im Glück leben.
devre 1. Zeitabschnitt *m*, Periode, Phase *f* 2. *phys.* Stromkreis *m* 3. *phys.* Umdrehung *f* 4. (*Sport*) Runde *od.* Halbzeit *f* 5. Wahlperiode *f* (*Parlament*); ~ sayısı *techn.* Periodenzahl *f*.
devren [x ·] *adv. unter Eintritt in das bestehende privatrechtliche Verhältnis.*
devretmek [x · ·] 1. kreisen, rotieren 2. übergeben (*z.B. Amt*) 3. übertragen (*z.B. Nutznießung*).
devrî 1. Drehungs-, Rotations- 2. *chem.* zyklisch 3. *chem., math.* periodisch (*wiederkehrend*).
devrik 1. (um)gestürzt 2. Umschlag-, Umlege-; ~ yaka Umlegekragen *m*.
devrilmek 1. *Pass. zu* devirmek 2. um·fallen, -kippen, -schlagen.
devrim 1. Revolution *f* 2. *selt.* Krümmung, Biegung *f* 3. *selt.* [runder Tisch.]
devrisi P = ertesi.
devriye 1. Patrouille, Ronde *f*; Streife *f* 2. *fr. e-e Rangstufe bei Geistlichen*; ~ gezmek patrouillieren.
devşirmek 1. pflücken, sammeln 2. zusammenlegen, falten.
devvar [ā] sich drehend; rotierend; ~ köprü 1. Drehbrücke *f* 2. Drehscheibe *f* (*für Lokomotiven*); ~ tulumba Kreiselpumpe *f*.
deyim idiomatische Redewendung.
deyyus [ū] *Schi.* Hahnrei *m*.
dezenfekte 1. desinfiziert, entkeimt 2. *ab.* Desinfektion, Entkeimung *f*; ~ etm. desinfizieren, entkeimen.

dılı, *-l'ı* 1. *geom.* Seite *f* 2. *geom.* Schenkel *m* 3. *an.* Rippe *f.*
dımdızlak [x · ·] 1. splitter(faser)-nackt 2. ganz kahl 3. V ohne e-n Pfennig Geld.
dır dır *Lm. e-s unaufhörlichen Redens;* ~ ~ *etm.* wie ein Wasserfall reden; schnattern.
dırıltı 1. ewiges Schnattern 2. Streit *m*, Auseinandersetzung *f*; ~ *çıkarmak* e-n Streit vom Zaun(e) brechen. [kern.]
dırlaşmak nörgeln, murren, mek-
dış 1. äußerer Teil 2. außerhalb *von et.* befindliche Stelle 3. äußer-, Außen-; ~ *haberler* Auslands·nachrichten,- meldungen *pl.*; ~ *kapının dış mandalı fig.* entfernter Verwandter.
dışarı 1. Außenseite *f*, Äußere(s) *n* 2. Provinz *f* (*im Gegensatz zur Stadt*) 3. Ausland *n* 4. hinaus, heraus; *-da* draußen.
dışbükey konvex.
dışişleri, *-ni* auswärtige Angelegenheiten *pl.*; ♀ *Bakanlığı* Außenministerium *n.*
dız Summen, Surren, Brummen *n*; ~ *etm.* 1. summen, surren, brummen 2. erschreckt zusammenfahren.
dızdız 1. = *dız* 2. V Gaunerei *f*, Schwindel, Taschendiebstahl *m.*
dızlamak 1. summen, surren, brummen 2. V stehlen, ergaunern.
dızlanmak vor sich hinsummen.
diba [- -] 1. *va.* Brokat *m* 2. geblümter Seidenstoff *m.*
dibek *größerer* Stein- *od.* Holz·mörser; ~ *kahvesi besonders* fein gestoßener, *qualitativ hervorragender* Kaffee.
Dicle *n.pr.* Tigris *m.*
didik 1. in Fasern zerlegt 2. gekrempelt (*Baumwolle usw.*); 3. zerstückelt, zerhackt; ~ ~ *etm.* 1. *s. didiklemek* 2. durch-, ab·suchen; ~ ~ *doğramak* in kleine Teile schneiden.
didiklemek 1. auseinanderzupfen 2. zerstückeln, zerfetzen.
difüzyon Verbreitung, Sendung *f*; *Türkiye Radyo* ♀ *Postaları n.pr.* die türkischen Rundfunksender *pl.*
diğer ander-; ~ *cihetten* andererseits.
digerbin [· · -] altruistisch.
dik 1. steil 2. aufrecht, gerade 3. *math.* orthogonal, rechtwinklig 4. hoch und laut (*Stimme*) 5. scharf, heftig; ~ *açı math.* rechter Winkel; ~ *aşağı* steil hinab; ~ *baş* (*lı*) 1. stolz und unnachgiebig 2. eigensinnig; ~ ~ *bakmak* 1. anstieren 2. wütend ansehen 3. frech ins Gesicht blicken 4. scharf ansehen; ~ ~ *cevap vermek* e-e gereizte Antwort geben; ~ *dörtgen math.* Rechteck *n*; ~ *kafalı* halsstarrig; *-ine dalan tayyare* Sturzkampfflugzeug *n*; *-ine gitmek* (*b-nin*) aufsässig sein (*gegen*) 2. V *j-m et.* einreden wollen 3. unbekümmert loslegen; *-ine tıraş* 1. Rasur *f* gegen den Strich 2. Versuch *m* zu bluffen; Flunkern *n.*
diken 1. Dorn *m* 2. Stachel *m* 3. Fischgräte *f* 4. Dornkraut *n* 5. *fig.* lästiges Hindernis; ~ *üstünde oturmak fig.* wie auf glühenden Kohlen sitzen.
dikence *zo.* Stichling *m.*
dikendudu, *-nu bot.* Brombeere *f.*
dikenli 1. stachelig; Stachel-, Dorn- 2. mit Stachelgewächsen bestanden; ~ *tel* Stacheldraht *m.*
dikey *geom.* senkrecht, lotrecht.
dikici 1. (*Flick-*)Schuster *m* 2. Flickschneider *m* 3. wer *et.* anpflanzt.
dikili 1. aufgepflanzt 2. genäht; ~ *taş* Obelisk *m.*
dikilmek 1. *Pass. zu dikmek* 2. sich (*provozierend*) aufpflanzen.
dikim *Vs. zu dikmek*; ~ *evi* (*od. yurdu*) Nähstube *f*; ~ *zamanı* Pflanzzeit *f.*
dikimhane [ā] = *dikim evi.*
dikiş *Vs. zu dikmek spez* 1. Nähen *n* 2. Naht *f*; ~ *dikmek* nähen; ~ *iğnesi* Nähnadel *f*; ~ *kaynağı* Schweißnaht *f.*
dikiz V 1. Schauen, Beobachten *n* 2. *m. Dat.* Vorsicht bei ...!; ~ *aynası* Beobachtungs- *od.* Rück·spiegel *m*; ~ *etm.* (*od. geçmek*) aufmerksam verfolgen.
dikkat, *-ti* 1. Aufmerksamkeit *f* 2. Sorgfalt, Vorsicht *f* 3. (*Ausruf*) Achtung!, Vorsicht! 4. *mil.* Habt Acht!; ~ *etm.* 1. achtgeben, vorsichtig sein 2. bemerken, wahrnehmen; *-e şayan* beachtlich; *-i çekmek T. von nazarı dikkati celbetmek.*
dikkatli sorgfältig, aufmerksam, vorsichtig.
dikkatsiz unaufmerksam, unvorsichtig, fahrlässig.
dikme 1. *Vs. zu dikmek* 2. *geom.* Lot *n*, Senkrechte *f* 3. Setzling *m.*
dikmek, (*-er*) 1. aufrecht hinstellen; errichten; heben (*Kopf*); spitzen

(*Ohren*) 2. (an-, ein)pflanzen 3. (zu-, ver-)nähen 4. leeren (*z.B. Glas*) 5. richten (*Blick*) 6. (*als Wächter*) auf-, hin·stellen.
dikta 1. Diktatfrieden *m* 2. *selt.* Diktatur *f.*
diktatör Diktator *m.*
diktatörizm Diktatur *f.*
dikte 1. diktiert 2. Diktat *n*; ~ *etm.* (*in die Feder*) diktieren 2. *fig.* diktieren, aufzwingen.
dil 1. Zunge *f* 2. Sprache *f*, Worte *pl.* 3. Ausdrucksweise *f* 4. Zunge *f* (*bei einigen Blasinstrumenten*) 5. Zünglein (*an e-r Waage, e-m Schloß usw.*) 6. Nase *f* (*an e-r Schraube*) 7. Kriegsgefangene(r) *m* (*im Verhör*) 8. *mil. selt.* Durchbruchskeil *m* 9. *techn.* Rolle, Scheibe *f* 10. Landzunge *f* 11. *techn.* Zapfen, Welle *f* 12. Dorn *m* (*an e-r Schnalle*) 13. *fig.* böse Zunge; ~ *dalaşı* scharfer Wortwechsel; ♀ *İnkılâbı* türk. Sprachreform *f*; ~ *sürçmesi* lapsus linguae; ♀, *Tarih ve Coğrafya Fakültesi n.pr.* Philosophische Fakultät der Universität Ankara; *-e kolay* leicht gesagt; *-e vermek* ausplaudern; *-i ensesinden çekilsin!* (*Fluch*) *etwa*: Hol ihn der Teufel!; *-i kayıyor* 1. er vergreift sich im Ausdruck 2. es entschlüpft ihm ein unpassendes Wort; *-i tutuk* wer nur mühsam reden kann; *-i uzun* Lästermaul *n*; *-inde tüy bitmek* sich den Mund fusselig reden; *-ine dolamak et.* dauernd im Munde führen; *-ini kesmek* 1. den Mund halten 2. (*b-nin*) *j-m* den Mund stopfen; *-inin altında bir bakla* (*od. şey*) *var* er hat noch et. auf dem Herzen; *-lerde dolaşmak* in aller Munde sein.
dilak *an.* Kitzler *m*, Klitoris *f.*
dilaltı, *-nı* 1. Unterseite *f* der Zunge 2. Höhlung *f* unter der Zunge 3. *schmerzhaftes Bläschen unter der Zunge* 4. Pips *m* (*bei Hühnern usw.*).
dilbaz [ā] unterhaltsam plaudernd.
dilber 1. schön, lieb, reizend 2. Liebling, Schatz *m*; *-ler* die Schönen *pl.*
dilberdudağı, *-nı Name e-r türk. Süßspeise.*
dilbilim Sprachwissenschaft *f.*
dilci *wer sich beruflich od. außerberuflich mit sprachlichen Fragen beschäftigt.*
dilcik 1. Zünglein *n* (*an der Waage*) 2. Zeiger *m*, Nadel *f* (*an Meßgerät*) 3. = *dilak* 4. *bot.* Blatthäutchen *n* 5. = *kurbağacık* (4).
dilek Wunsch *m*, Bitte *f*; ~ *kipleri gr.* verbale Desiderativformen *pl.*; ~ *şart kipi gr.* konditionaler Optativ.
dilekçe Gesuch *n*, Antrag *m.*
dilekçi Gesuch-, Antrag·steller *m.*
dilemek 1. wünschen, wollen; *um et.* bitten 2. *j-m et.* wünschen.
dilenci 1. bettelnd; Bettel- 2. Bettler(in *f*) *m*; ~ *vapur(-u)* langsamer Dampfer, *der überall hält.*
dilenmek 1. *Pass. zu dilemek* 2. betteln 3. flehentlich bitten; anflehen.
dilhâh *z. va.* (*Herzens-*)Wunsch, Wille *m.*
di'li: ~ *geçmiş zaman gr.* Präteritum *n* des Augenscheins (*der best. Aussage*).
dilim 1. Scheibe, Schnitte *f* 2. Streifen *m* 3. längliches, schmales Stück (*e-r Melone, Orange usw.*) 4. Zwickel *m.*
dilinim *geol.* Schichtung *f.*
dillemek *z. va.* 1. lecken 2. *fig.* kritisieren 3. mit *dil* ausstatten.
dillenmek 1. *Pass. zu dillemek spez.* kritisiert werden 2. zu plappern beginnen (*Kinder*) 3. sich vernehmlich machen 4. murren, maulen.
dilleşmek sich gemütlich unterhalten.
dillidüdük 1. *e-e Art* Rohrpfeife *f* 2. geschwätzig; Plappermäulchen *n.*
dilsel Zungen-.
dilsiz 1. stumm 2. wortkarg, schweigsam 3. ohne *dil*; ~ *kaval* Querflöte *f*; ~ *toka* Schnalle *f* ohne Dorn.
dimağ Hirn, Gehirn *n.*
dimağçe Kleinhirn, Cerebellum *n.*
dimaği [· - -] 1. Gehirn-; zerebral 2. geistig (*z.B. Beruf*).
dimdik [x ·] *Verst. von dik spez.* 1. sehr steil 2. in ganzer Höhe aufgerichtet.
din[1] *phys.* Dyn *n*, Dyne *f* (*Krafteinheit*).
din[2] [ī] 1. Religion *f* 2. religiöse Vorschriften *pl.* 3. Glaube *m*; *-i bir uğruna* für den isl. Glauben; *-i bütün* fromm; *hay -ine yandığım!* P ei, der verflixte Kerl!
dincelmek* frisch (*kräftig, rüstig*) werden.
dinci [- ·] klerikal.
dinç rüstig, frisch, kräftig, gesund.
dindar [- -] religiös, fromm, gläubig.
dindaş [ī] Glaubens·genosse *m*,

-genossin *f*.
dine Abendessen *n*.
dineri [· x ·] Karo *n*, Eckstein *m* (*Farbe im Ka.*).
dingil *techn.* Achse *f*.
dingildemek 1. nicht festsitzen; wackeln 2. vor Angst zittern.
dingin 1. überarbeitet; ganz erschöpft 2. *chem.* passiv 3. erloschen (*Vulkan*) 4. ruhig, still.
dinî [- -] Religions-, Glaubens-; religiös; ~ *âyin* Gottesdienst *m*; ~ *nikâh* kirchliche Trauung.
dink Walke *f* (*für Stoffappretur*).
dinleme *Vs. zu dinlemek*; ~ *hizmeti mil.* Abhördienst *m*.
dinlemek *m. Akk.* 1. sich *et.* anhören; zuhören 2. lauschen, horchen 3. hören, befolgen (*Rat usw.*) 4. ausruhen lassen 5. vernehmen (*Zeugen*).
dinlendirmek 1. Ruhe gönnen 2. nicht bebauen (*Land*) 3. ablagern lassen 4. löschen (*Licht usw.*).
dinlenmek 1. *Pass. zu dinlemek* 2. sich ausruhen; ausspannen.
dinletmek *Kaus. zu dinlemek*; *k-ni* ~ sich Gehör verschaffen.
dinleyici 1. (*Zu-*)Hörer(in *f*) *m* 2. Gasthörer(in *f*) *m* (*Universität*); ~ *dilekleri* Hörerwünsche *pl.* (*Radio*).
dinmek, (*-er*) 1. aufhören (*z.B. Sturm*) 2. gestillt werden (*z.B. Begierde*).
dinsiz [- ·] 1. religionslos 2. gottlos 3. erbarmungslos.
dip, *-bi* 1. Grund *m* (*des Meeres*) 2. Boden *m* (*e-s Topfes usw.*) 3. Tiefe *f* (*e-s Abgrundes, Brunnens usw.*) 4. Wurzel *f* (*e-s Baums, Fingernagels usw.*) 5. hinterer *od.* hinterster Teil *von et.*; Ende *n* 7. Unter-, Bodenfläche *f* 8. P Gesäß *n*, Hintere(r) *m*; ~ *göstermek* (*od. sömürmek*) bis auf den letzten Tropfen austrinken; *dibinden budamak* 1. untergraben (*Autorität*) 2. ausrotten; *dibine darı ekmek* 1. bis auf den letzten Heller ausgeben 2. vernichten, vertilgen 3. sehr genau arbeiten.
dipçik Gewehrkolben *m*.
dipdiri [x · ·] 1. quicklebendig 2. ganz frisch (*Gemüse*).
dipkoçanı, *-nı* Juxta, Juxte *f*, Talon *m*, Souche *f*.
diplemek 1. bis auf den Grund leeren 2. *Sch.* die Klasse wiederholen müssen.
diploma [· x ·] 1. Diplom *n* 2. (*Abschluß-*)Zeugnis *n*.
diplomalı 1. diplomiert 2. staatlich geprüft.
dipsiz 1. boden-, grund·los 2. unbegründet 3. *selt.* ohne Ausdauer; unbeständig; ~ *kile boş ambar* 1. dauernd ohne Geld 2. reine Zeitvergeudung; ~ *testi fig.* Verschwender(in *f*) *m*.
dirayet, *-ti* [ā] geistige Fähigkeit; Intelligenz *f*.
direk 1. Balken *m* 2. Pfeiler *m* 3. Mast *m*, Stange *f* 4. Säule *f* 5. Torpfosten *m*, -latte *f* (*spez. bei Fb.*) 6. Nasenscheidewand *f*; ~ *vinç techn.* Mastenkran *m*; *direğe çarpmak* (*Fb.*) an die Latte gehen.
direksiyon 1. Steuer-, Lenk·rad *n* (*Auto*) 2. *fig.* Leitung, Führung *f*; *-u idare etm.* steuern (*Auto, Staatsschiff usw.*).
direkt, *-ti* 1. direkt 2. (*Boxen*) Gerade *f*.
direktör 1. Direktor, Leiter, Vorstand *m* 2. Kanzleichef *od.* Verwaltungsdirektor *m*.
diremek 1. stützen, stemmen 2. straffen, aufrecht hinstellen 3. tragen können.
diren *große, zweizinkige* Gabel (*od.* Forke) *f zum Worfeln des Getreides.*
direnç *phys.* Widerstand *m*.
direnek (*Neol.*) *mil.* Stützpunkt *m*, Bollwerk *n*.
direngen eigensinnig, starrköpfig.
direşken zäh, ausdauernd.
direşmek Zähigkeit an den Tag legen.
direy Fauna, Tierwelt *f*.
dirgen *s. diren.*
dirhem 1. *fr. der 400. Teil e-r Okka* (= 3,25 *g*) 2. *fr. alte ar. Silbermünze*; *k-ni* ~ ~ *satmak* sich sehr bitten lassen.
diri 1. lebend(ig) 2. frisch, grün 3. abgewellt (*Gemüse*); nicht ganz durchgebraten 4. vital, tatkräftig, energisch 5. scharf, unverblümt (*Worte*).
dirijabl lenkbares Luftschiff, Zeppelin *m*.
dirijan leitender Staatsmann; Führer (*z.B. e-r Partei*) *m*.
dirilmek 1. wieder zum Leben erweckt werden 2. gesunden, genesen 3. sich wiederbeleben (*z.B. Blumen*) 4. Mut fassen.

dirim Leben *n*.
dirlik 1. Leben *n*, Lebensumstände *pl*. 2. Lebensunterhalt *m*, Einkommen *n* 3. harmonisches Zusammenleben; ~ *düzenlik* herzliches Einvernehmen; ~ *vermemek* (*b-ne*) *j-m* keine Ruhe lassen.
dirliksiz 1. *va*. arm, bedürftig 2. zänkisch.
dirsek 1. *an*. Ellenbogen *m* 2. Krümmung, Biegung, Kurve *f* 3. *geogr*. Bogen *m*, Knie *n*, Schleife *f* 4. *naut*. Ausleger *m* 5. Kurbel *f* 6. Knick *m* (*e-s Rohres*); ~ *çevirmek* (*b-ne*) *fig*. *j-n* links liegen lassen; ~ *çürütmek* 1. sich die Ellenbogen durchwetzen 2. *fig*. eifrig studieren.
disiplin 1. Disziplin, Zucht *f* 2. wissenschaftliches Fach, Disziplin *f*.
disiplinli diszipliniert.
disk, -*ki* 1. *La*. Diskus *m* 2. Scheibe *f* 3. Schallplatte *f*.
diskotek, -*ği* 1. Schallplattensammlung *f* 2. Schallplattenschrank *m*.
diskalifiye (*Sport*) disqualifiziert; ~ *etm*. disqualifizieren.
dispanser Klinik, Sanitätsstation *f*.
diş 1. Zahn *m* 2. Zacke, Zinke, Spitze *f* 3. Zehe *f* (*Knoblauch*) 4. *einzelne* Gewürznelke 5. Zähnungsstrich *m* (*in der ar. Schrift*) 6. Gewinde *n* 7. V Haschisch *m*; ~ *bilemek* (*b-ne*) tödlichen Haß hegen (*gegen*); ~ *çıkarmak* 1. zahnen 2. e-n Zahn (*bzw*. Zähne) ziehen lassen; ~ *doldurmak* Zähne plombieren; ~ *geçirmek* 1. mit den Zähnen packen 2. *fig*. seinen Willen durchsetzen; ~ *kovuğu* 1. Loch *n* im Zahn 2. Zahnhöhle *f*; ~ *macunu* Zahnpaste *f*; ~ *pası* Zahnstein *m*; ~ *tababeti* Zahnheilkunde *f*; ~ *tabibi* Zahnarzt *m*; -*e dokunur* 1. genießbar, mundgerecht 2. einträglich, lohnend; -*inden tırnağından artırmak sich et*. vom Munde absparen.
dişbudak *bot*. Manna-Esche *f*.
dişçi 1. Zahnarzt *m* 2. Dentist *m* 3. Zahnpraktiker *m* 4. V Leichenfledderer *m*.
dişeti, -*ni* Zahnfleisch *n*.
dişi 1. Weibchen *n*, weibliches Tier 2. weiblich 3. Höhlung *f*, Loch *n* 4. hohl; Hohl- 5. nicht gehärtet (*Metall*); ~ *anahtar* Hohlschlüssel *m*; ~ *çakma* Ziselierarbeit *f*; ~ *kopça* Öse *f*.
dişil 1. Frauen- 2. *gr*. weiblich; Femininum *n*.
dişlek 1. mit vorstehenden Zähnen 2. mit Zahnlücken.
dişlemek 1. anbeißen, anknabbern 2. *techn*. (ver)zahnen.
dişli 1. gezähnt; Zahn- 2. gezackt, spitz 3. mit Gewinde 4. einflußreich, angesehen 5. zäh, hartnäckig 6. Zahnrad *n* 7. Zahnrad-; ~ *tırnaklı* eigenwillig, unbändig.
ditmek, (-*er*) 1. (aus)zupfen 2. kämmen (*z.B. Flachs*) 3. zerfleischen, zerfetzen.
divan [- -] 1. *fr*. Kron-, Staats·rat *m* 2. *fr*. öffentliche Ratssitzung 3. *fr*. gesammelte poetische Werke *pl*. *e-s Dichters* 4. ehrerbietige Stellung 5. [⌣ ⌣] Diwan *m*, Couch *f*; ~ *durmak* ehrerbietig dastehen 2. *mil*. die Habt-Acht-Stellung einnehmen; ~ *edebiyatı* klassisch-osm. Versliteratur *f*; *divanıharb*, *harb divanı* Kriegs-, Militär·gericht *n*; *divanı haysiyet*, *haysiyet divanı* Ehrengericht *n*.
divane [- - ·] verrückt, wahnsinnig; -*si olm*. (*bşin*) ganz vernarrt sein (*in et*.).
divanhane [- - - ·] 1. Ratsversammlung *f* 2. Gerichtshof *m* 3. *fr*. Admiralitätsgebäude *n* 4. *große* Halle *od*. Diele.
divik *zo*. Termite *f*.
divit, -*ti* *alttürk*. *Schreibgerät*.
diyafram 1. *phot*. Blende *f* 2. Membran, Schalldose *f* 3. Scheidewand *f*, Zwerchfell *n*.
diyakoz [· x ·] Diakon(us) *m* (*in der griechisch-katholischen Kirche*).
diyanet, -*ti* [ā] 1. Frömmigkeit, Religiosität *f* 2. Religion *f*; ~ *işleri* Kultusangelegenheiten *pl*.
diyanetkâr, diyanetli [ā] religiös, fromm.
diyani [· - -] religiös; ~ *tesis jur*. religiöse Stiftung.
diyar [ā] Land *n*.
diye (< *diyerek*) 1. sagend 2. bei dem Gedanken, daß ...; da, weil 3. damit, um ... zu; zu, für 4. namens 5. als; als angeblich 6. über (*das Thema*).
diyet[1], -*ti* 1. Blutgeld *n* 2. *selt*. Wert *m*.
diyet[2], -*ti* Reichs-, Bundes·tag *m*; Landtag *m*; Abgeordnetenkammer *f*; Parlament *n*.

diyez *mus.* 1. Erhöhungszeichen, Kreuz *n* 2. *der so erhöhte Ton.*
diz 1. Knie *n* 2. (*mst. pl.*) Schoß *m* (*des Sitzenden*); ~ *bağı* 1. Kniefiechsen *pl.* 2. Strumpfband *n*; ~ *bağı nişanı* Hosenbandorden *m* (*Großbritannien*); ~ *boyu* knie·hoch, -tief; ~ *çökmek* niederknien; ~ *kapağı kemiği an.* Kniescheibe *f*; ~ *kırmak* 1. das (*bzw.* die) Knie beugen 2. knicksen; *-e gelmek* kniefällig bitten; *-ini dövmek fig.* bitter bereuen; *-inin bağı çözüldü fig.* die Knie begannen ihm zu schlottern.
dizanteri *med.* Ruhr, Dysenterie *f.*
dizbarko [· x ·] *jur.* Ausschiffungs- und Hafen·kosten *pl.*
dizel 1. Dieselmotor *m* 2. Dieselwagen *m.*
dizgin Zügel *m*; *-ini çekmek* (*od. kısmak*) *fig. j-n* fester an die Kandare nehmen; *-leri ele vermek* (*od. başkasına kaptırmak*) *fig.* sich die Zügel entgleiten lassen; *-lerini toplamak* die Zügel fester anziehen.
dizi 1. Reihe *f* 2. Perlenschnur *f* 3. *mus.* Tonleiter *f* 4. *math.* Progression, Reihe *f* 5 *mil.* Rotte *f*; ~ *kol nizamında* im Gänsemarsch.
dizici 1. wer *et.* aufreiht 2. *typ.* Setzer *m.*
dizili (auf)gereiht, geordnet, gesetzt.
dizin Liste, Aufstellung *f*, Register *n.*
dizlik 1. Knieschutz *m* (*z.B. bei Fb.*) 2. Knie-Unterhose *f.*
dizmek 1. (auf)reihen, ordnen 2. *typ.* setzen.
dizyem 1. Zehntelgrad, Strich *m* (*spez. auf Fieberthermometer*) 2. *mus.* Dezime *f.*
do *mus. Ton od. Note* c.
dobra dobra [x · x ·] unverblümt, geradeheraus.
doçent, *-ti* (*Hochschul-*)Dozent(in *f*) *m.*
doğa Natur *f.*
doğal Natur-; natürlich; ~ *ayıklanma* natürliche Auslese.
doğan *zo.* 1. Falke *m* 2. Weihe *f.*
doğarlık Geburtenziffer *f.*
doğaüstü, *-nü* übernatürlich.
doğma 1. *Vs. zu doğmak* 2. geboren; ~ *büyüme İstanbullu* in Ist. geboren und aufgewachsen.
doğmak, (*-ar*) 1. geboren werden 2. aufgehen (*Gestirn*) 3. entstehen 4. (*b-ne*) auf e-n Gedanken kommen; *doğduğu yer* Geburtsort *m*; *doğduğuna pişman* arbeitsunlustig, verdrossen.
doğmalık angeboren, kongenital.
doğram *durch Zerreißen, Zerschneiden usw. entstandenes* Stück; ~ ~ in Stücken.
doğrama 1. *Vs. zu doğramak* 2. Holzteile *pl. e-s Hauses*, Zimmerwerk *n.*
doğramacı Bau·schreiner, -tischler *m.*
doğramak 1. zerschneiden, zerteilen 2. aus·schnitzen, -meißeln, -stemmen.
doğru 1. gerade, direkt 2. richtig 3. wahr, wahrheitsgetreu 4. passend, treffend 5. rechtschaffen, ehrlich 6. *m. Dat.* gegen 7. wirklicher Sachverhalt 8. *math.* gerade; Gerade *f*; ~ *akım el.* Gleichstrom *m*; ~ *durmak* 1. aufrecht stehen 2. artig sein; ~ *dürüst* F vollkommen korrekt; ~ *orantılı math.* proportional; ~ *oturmak* 1. ordentlich (da-) sitzen 2. sich still verhalten; *-dan -ya* direkt, geradeaus; *-su* 1. wahrer Sachverhalt 2. genaugenommen, offengestanden, wahrhaftig; *daha -su* um mich genauer auszudrücken.
doğruca [x · ·] geradeswegs.
doğrulamak 1. bestätigen, bekräftigen 2. korrigieren, berichtigen.
doğrulmak 1. sich aufrichten 2. wieder gerade werden 3. ins richtige Gleis kommen (*Angelegenheit*) 4. rektifiziert werden 5. sich wenden (*nach, auf*); sich begeben (*nach*) 6. V sichergestellt werden (*Bezahlung*).
doğruluk 1. gerade Richtung, direkter Verlauf 2. Richtigkeit *f* 3. Wahrheit *f* 4. Angebrachtsein *n* 5. Rechtschaffenheit *f*; ~ *kâğıdı* Führungszeugnis *n.*
doğu 1. Osten, Orient *m*, Morgenland *n* 2. östlich, Ost- 3. *Aufgangspunkt der Sonne am 20. März*; ~ *Afrika(sı)* Ostafrika.
doğum 1. Geburt *f* 2. Geburtsjahr *n* 3. = *doğarlık*; ~ *evi* Entbindungsanstalt *f*; ~ *günü* Geburtstag *m*; ~ *hali* Status *m* nascendi; ~ *kütüğü* Geburtsregister *n.*
doğumlu im Jahre ... geboren; *1940 -lar* Jahrgang 1940.
doğurmak 1. gebären 2. entstehen lassen; hervorrufen, veranlassen.
doğuş 1. Geburt *f* 2. Sonnenaufgang

m; *-tan* 1. von Geburt aus 2. angeboren.
dok, *-ku* 1. Dock *n* 2. Lagerschuppen *m am Kai.*
doka *s. duka.*
doksan neunzig.
doksanar je neunzig.
doksanıncı neunzigst-.
doktor 1. Arzt *m* 2. Dr. (*Titel*); ~ *çıkmak* (*od. olm.*) 1. Arzt werden 2. promovieren.
doktora 1. Doktortitel *m* 2. (*imtihanı*) Promotion *f*; ~ *tezi* (*Inaugural-*) Dissertation *f.*
doktorluk 1. = *doktora* 2. Arztpraxis *f* 3. Medizin *f* 4. ärztliche Kunst 5. *den Arzt od. die ärztl. Kunst betreffend*; ~ etm. als Arzt tätig sein.
doku *an.* Gewebe *n.*
dokuma 1. *Vs. zu dokumak* 2. Gewebe, Gespinst *n* 3. Überschlagdecke *f aus buntem Kattun*; ~ *makinesi* Webstuhl *m.*
dokumacı 1. Weber *m* 2. Webwarenhändler *m.*
dokumacılık 1. Weberei *f* 2. Webwarenhandel *m* 3. Textilindustrie *f* 4. Webkunst *f.*
dokumak 1. weben 2. *die Früchte e-s Baumes mit e-r Stange herunterschlagen.*
dokunaklı 1. rührend, schmerzlich, nahegehend 2. kränkend, ehrenrührig 3. schwer (*Tabak usw.*)
dokundurmak 1. berühren lassen 2. kränken lassen 3. unfreundliche Anspielungen machen.
dokunmak 1. *Pass. zu dokumak* 2. berühren, anfassen 3. stoßen, schlagen (*an*) 4. nicht zuträglich sein 5. stören, quälen 6. rühren (*Herz*) 7. verletzen, kränken 8. (*m. Bez. e-s Vor- od. Nachteils*) sein 9. betreffen, angehen.
dokunum *biol.* Tastsinn *m*, Gefühl *n.*
dokurcun 1. Heu- *od.* Getreidehaufen *m* 2. Mühlespiel *n.*
dokuz 1. neun 2. Neun *f*; ~ *doğurmak fig.* 1. sich sehr abplagen 2. es vor Ungeduld kaum aushalten können; ~ *düğüm altında* gut verwahrt; ~ *yorgan eskitmek fig.* sehr lange leben.
dokuzar je neun.
dokuzlamak 1. verneunfachen 2. durch neun teilen.
dokuzlu 1. Neun *f* (*Spk.*) 2. *mus.* None *f.*
dokuztaş Mühlespiel *n.*
dokuzuncu neunt-.
doküman dokumentarischer Beweis; ~ *fotoğraf* Bilddokument *n.*
dolak Wickelgamasche *f.*
dolalı (ein-, herum)gewickelt.
dolam 1. Mal *n* (*des Herumwickelns*) 2. Wickellänge *f.*
dolama 1. *Vs. zu dolamak* 2. Nagelgeschwür, Panaritium *n*, Umlauf *m.*
dolamak 1. (ein-, herum)wickeln 2. einkreisen, umgeben 3. *fig. j-m et.* aufhalsen.
dolambaç 1. Windung, Kehre, Kurve *f* 2. *an.* Labyrinth *n* (*im Ohr*) 3. = *dolambaçlı.*
dolambaçlı 1. mit vielen Windungen (*Kehren, Kurven*); gewunden 2. *fig.* unübersichtlich, verworren; ~ *yollardan gitmek fig.* Ausflüchte machen; herumreden.
dolamık Falle, Schlinge *f*, Netz *n.*
dolan List, Täuschung *f*, Betrug *m.*
dolandırıcı Betrüger, Schwindler *m.*
dolandırmak 1. = *dolaştırmak* 2. betrügen, prellen, bemogeln 3. *et.* ergaunern.
dolanmak 1. *Pass. zu dolamak* 2. sich im Kreise drehen 3. sich herumwickeln 4. umherschlendern 5. umgeben 6. durchmachen (*z.B. Alphabet*) 7. untergehen (*Gestirn*) 8. umknicken (*intr.*) 9. sich verbreiten (*z.B. Nachricht*).
dolap, *-bı* 1. *fr.* Tretmühle *f* 2. Drehkreuz *n* 3. (*Rundgang-*)Göpel *m* 4. Karussell *n* 5. Trommel (*bei Losziehung*) *f* 6. *fr.* Drehschrank *m*, *heute*: Schrank *m* 7. *mus.* Wiederholungszeichen *pl.* 8. Uhrgehäuse *n* 9. Intrige, List *f.*
dolaşık 1. gewunden (*a. fig.*) 2. in Unordnung gebracht; ineinander verfilzt 3. kompliziert; ~ *yol* Umweg *m.*
dolaşım *biol.* Kreislauf *m.*
dolaşlı 1. sich windend 2. verwikkelt.
dolaşmak 1. spazierengehen, umherschlendern 2. umher-laufen (*z.B. Hunde*), -schwimmen (*z.B. Fische*), -fahren (*Schiffe*) 3. e-n Umweg machen *od.* darstellen 4. sich ineinander verwickeln 5. zirkulieren (*Gerücht, Blut usw.*) 6. *tr.* durch-

machen, -gehen (*z.B. Alphabet*) 7. *tr.* durchwandern, besichtigen 8. *mil.* ein Umgehungsmanöver ausführen.

dolaştırmak *Kaus. zu dolaşmak spez.* 1. (herum-, umher-, spazieren)führen 2. zirkulieren lassen; weiterreichen 3. durcheinanderbringen.

dolay Umgegend, Umgebung *f.*

dolayı 1. = *dolay* 2. Kreis *m*, Milieu *n* 3. *Pp. m. Abl.* a) wegen, infolge, auf Grund *von* b) weil, da; *bundan* ~ deshalb.

dolayısiyle [· · · - ·] 1. indirekt 2. im Zusammenhang damit; in weiterer Auswirkung hiervon 3. zum Thema ...; zu 4. auf Grund (*von*), anläßlich.

dolaylı *Neol.* mittelbar, indirekt; ~ *tümleç gr.* indirektes (*od.* entfernteres) Objekt.

doldurma 1. *phys.* Laden *n*, Ladung *f* 2. ausgestopft (*z.B. Vogel*); ~ *makinesi* Abfüllmaschine *f.*

doldurmak 1. (an-, auf)füllen; voll·stopfen, -gießen 2. mit Erde zuschütten 3. füllen, plombieren (*Zähne*) 4. ausstopfen (*Tiere*) 5. laden (*Gewehr, Batterie usw.*) 6. garnieren (*Speisen*) 7. durchmachen; erleiden (*müssen*) 8. ver-, zu·bringen 9. vollmachen (*Summe, Betrag*) 10. (*b-ni*) *j-m et.* ein·reden, -hämmern, suggerieren.

dolgu Zahnfüllung, Plombe *f.*

dolgun 1. *z. va.* gefüllt, voll 2. rundlich, prall 3. drall, mollig 4. gut bemessen; entsprechend (*Gehalt*) 5. mit guten Kenntnissen 6. von Wut *od.* Rachsucht erfüllt, F geladen 7. sehr betrübt; ~ *maaşlı* ausreichend besoldet; ~ *mide* überladener Magen; ~ *yüzlü* mit rundem, vollem Gesicht.

dolma 1. *Vs. zu dolmak* 2. (an-, auf-) gefüllt; *a.* dem Meere abgewonnen (*Land*) 3. geladen 4. farcierte Speise 5. V Lüge *f*, Schwindel, Betrug *m*; ~ *kalem* Füllfeder *f*; ~ *yutmak* V hereingelegt werden; ~ *yutturmak* V *j-m* e-n Bären aufbinden.

dolmak, (*-ar*) 1. sich füllen 2. gefüllt werden 3. ablaufen (*Zeit*) 4. *fig.* die Geduld verlieren *und wütend herausplatzen* 5. *m. Dat.* e-n Hohlraum füllen.

dolmuş 1. angefüllt, voll besetzt 2. Sammeltaxi *n* (*kleineres Verkehrsmittel, das nur vollbesetzt abfährt*) 3. Linientaxi *n* (*Taxi, das e-e bestimmte Strecke zu festgesetztem Personentarif fährt und gegebenenfalls auch unterwegs Fahrgäste aufnimmt.*)

dolu[1] 1. gefüllt, voll 2. reichlich vorhanden 3. geladen (*Pistole usw.*) 4. exponiert (*Film*) 5. volles Glas (*Schnaps usw.*); ~ ~ gehäuft (*gesteckt*) voll; ~ *tüfek fig.* cholerischer Mensch; *sütunlar -su* mehrere (*Zeitungs-*)Spalten lang.

dolu[2] Hagel *m*; ~ *yağıyor* es hagelt.

doludizgin mit verhängtem Zügel; in höchster Eile.

doluk *zur Herstellung von Schläuchen verwendete ungenähte* Tierhaut.

dolunay Vollmond *m.*

domalan 1. *sich herauswölbende Stelle z.B.* Beule *f* 2. größeres Geschwür 3. *bot.* Trüffel *f.*

domalıç 1. stark herausgewölbt 2. kleiner, rundlicher Hügel 3. et. bucklig (*Mensch*).

domalika [· · x ·] Schellack *m.*

domalmak 1. sich (heraus)wölben, sich (aus)bauchen 2. niederknien *od.* sich ducken.

domaniç *s. domalıç.*

domaran *s. domalan.*

domates [· x ·] *bot.* Tomate *f*; ~ *suyu* Tomatensaft *m.*

dombalan *s. domalan.*

dombay *zo.* 1. Büffel *m* 2. *reg.* Büffelkuh *f.*

dombaz *s. tombaz.*

domino 1. Domino(spiel) *n* 2. Domino *m* (*bei Maskenball*) 3. (*Ausruf*) Domino!, Partie!, Spiel (gewonnen)!

domuz 1. *zo.* Schwein *n* 2. schmutzig, widerlich 3. hartnäckig 4. grausam; ~ *damı* Schweinekoben *m*; ~ *gibi* F 1. ordentlich, tüchtig 2. tückisch; ~ *yavrusu* Ferkel *n*; *bu* ~ *karı* V dieses ekelhafte Weib.

domuzayağı, *-nı* 1. Fußangel *f* 2. *bot.* Erdwurzeldorn *m* 3. Korkenzieher *m* 4. *fr.* Kugelauszieher *m.*

domuzlan *zo.* 1. Bombardierkäfer *m* 2. Pillendreher *m.*

domuzluk 1. Falschheit, Tücke *f* 2. Eigensinn *m* 3. Schweinestall *m* 4. an Schweinen reiche Gegend.

don[1] 1. Kleidung *f*, Kleid *n* 2. Unterhose *f* 3. Farbe *f* (*e-s Pferdes*); *-una etm.* (*od. kaçırmak*) sich in die Hosen machen.

don² Frost *m*; ~ *çözülmek* tauen.
donakalmak (-*ır*) wie vor den Kopf geschlagen dastehen.
donanım 1. *naut.* Takelwerk *n* 2. *techn.* Rüstung, Armatur *f*.
donanma 1. *Vs. zu donanmak* 2. Flotte *f* 3. Illumination *f* 4. Beflaggung *f*, Festschmuck *m*.
donatan Reeder *m*.
donatım Aus·rüstung, -stattung *f*; Bewaffnung *f*.
donatmak 1. schmücken 2. illuminieren 3. beflaggen 4. aus·rüsten, -statten 5. tüchtig ausschimpfen.
dondurma 1. *Vs. zu dondurmak* 2. (*Speise*-)Eis *n* 3. Gefrier-, Eis-, -eis.
dondurmacı Hersteller *od.* Verkäufer von (*Speise*-)Eis, F Eismann *m*.
donma 1. Gefrieren, Erstarren, Festwerden *n* 2. Abbinden *n* (*des Zementes*).
donmak, (-*ar*) 1. gefrieren, erstarren, festwerden 2. erfrieren (*Person*) 3. einfrieren (*Guthaben*) 4. (ab)binden (*Zement*).
donsuz *fig.* arm, verlassen, vagabundierend.
donuk 1. *va.* gefroren, Eis- 2. glanzlos 3. schläfrig, energielos 4. schwächlich (*Ausdruck*).
donyağı, -*nı* 1. ausgelassenes Rinder- *od.* Hammel·fett, Talg *m*, Unschlitt *n* 2. *chem.* Fett *n*; ~ *gibi* wie ein Ölgötze (*dastehend*); *donyağiyle pekmez fig.* wie die Faust aufs Auge.
dopdolu [x · ·] gesteckt voll.
doru braun (*Pferdefarbe*).
doruk 1. Berg·gipfel *m*, -spitze *f* 2. (*Baum*-)Wipfel *m* 3. kleiner Kegel (*bei gehäuftem Maß, z.B. bei Getreide*); ~ *çizgisi* Höhenlinie *f*.
doruklamak gehäuft voll machen (*Gefäß*).
dosa *naut.* Laufplanke *f*.
dosdoğru [x - ·] *Verst. von doğru z.B.* schnur-, kerzen·gerade; absolut korrekt *usw.*
dost, -*tu* 1. Freund(in *f*) *m* 2. befreundet 3. (*Mystik*) Gott *m*; ~ *devlet* befreundeter Staat; -*a düşmana karşı* allen Leuten gegenüber ohne Unterschied; -*lar başına!* möge allen Freunden dasselbe Glück zuteil werden!; -*lar başından ırak!* mögen die Freunde (*von solchem Unglück*) verschont bleiben!
dostane [ā] freund(schaft)lich.
dostluk 1. Freundschaft *f* 2. enge Kameradschaft 3. freundschaftliches Verhalten, Freundestat *f*; ~ *etm.* (*od. göstermek*) e-n Freundschaftsdienst erweisen.
dosya [x ·] 1. Akten *pl.* 2. Aktendeckel *m*.
dosyalamak (ein-, ab)heften, ablegen (*Akten*).
dosye *s. dosya*.
doygun = *müstağni*.
doygunluk = *istiğna*.
doyma *a. chem.* Sättigung *f*.
doymak 1. sattwerden 2. (*bşe*) genug bekommen (*von*) 3. (*bşden*) *et.* satt bekommen 4. *chem.* gesättigt werden.
doymamazlık Unersättlichkeit, Gier *f*.
doymaz unersättlich, gierig.
doyum 1. Sättigung *f* 2. Genugbekommen *n* 3. Sattbekommen *n*, Überdruß *m*; *buna* ~ *olmaz* daran kann man sich gar nicht sattsehen.
doyurmak 1. *a. chem.* sättigen 2. *fig.* Schmiergelder zahlen.
doz Dosis *f*.
döğ- *s. döv-*.
dökme 1. *Vs. zu dökmek* 2. gegossen; Guß- 3. Gelbguß *m* 4. offengelagert (*z.B. Weizen*) 5. offener Ausschank; ~ *demir* Gußeisen *n*.
dökmehane [ā] (*Geschütz*-)Gießerei *f*.
dökmek, (-*er*) 1. (aus-, ver-)gießen 2. (aus)streuen 3. (aus-, ver-) schütten 4. verlieren (*z.B. Federn, Blätter*) 5. auftreten (*Pickel u. ä.*) 6. ausleeren (*z.B. Aschenbecher*) 7. *in e-e Form* gießen (*Metall, Zement usw.*) 8. laufen lassen (*Teig in heißes Fett*) 9. zusammenziehen (*z.B. Truppen*) 10. durchfallen lassen (*in e-r Prüfung*) 11. *m. Dat.* machen (*zu*) 12. (*kâğıda*) niederschreiben 13. legen (*Minen*).
döktürmek *Kaus. zu dökmek*; *a.* V mit eleganter Leichtigkeit *et.* hinwerfen (*sagen od. schreiben*).
döküük unordentlich herunterhängend.
döküksaçık 1. unordentlich, aufgelöst (*Haar*) 2. struppig, ungekämmt.
dökülmek 1. *Pass. zu dökmek* 2. (ab)fallen (*z.B. Blätter*) 3. ausfallen (*Haare, Zähne, Federn*) 4. abbröckeln (*Verputz*) 5. strömen (*z.B.*

Menschenmenge) 6. sich ergießen; münden 7. sich umbiegen (*Stoff*) 8. durchfallen (*im Examen*); *dökülüp saçılmak* 1. sich luftig kleiden 2. viel Geld ausgeben 3. alles haarklein berichten.
döküm 1. Fallen *n*, Fall *m* 2. Zeit *f* des Fallens der Blätter; Herbst *m* 3. Gießen *n*, Guß *m* 3. Einzelaufstellung *f* 4. V zerlumpt 5. V häßlich (*Frau, Mädchen*); ~ *koku* Gießereikoks *m*.
dökümhane [ā] Gießerei *f*.
dökümlü gutsitzend (*Kleidung*).
dökünmek *Refl. zu dökmek spez.* sich überschütten (*begießen, abspülen*).
döküntü 1. was verstreut, vergossen *od.* ausgeschüttet ist 2. Rest *m* (*e-r Gesellschaft*) 3. Hefe *f des Volkes*, Mob *m* 4. Hautausschlag *m* 5. Geröll *n*; ~ *erler mil.* Nachzügler *pl.*
döl 1. *va.* Samen *m*, Sperma *n* 2. Fötus, Embryo *m* 3. Nachkommenschaft *f*; ~ *döş* Kinder und Enkel *pl.*; ~ *tutmak* trächtig werden (*Tier*); ~ *vermek* Junge werfen (*Tier*), jungen.
döllemek *biol.* befruchten *od.* bestäuben.
dölüt *biol.* Embryo, Fötus *m*, Leibesfrucht *f*.
dölyolu, -nu *an.* Scheide, Vagina *f.*; Muttermund *m*.
dömisek 1. halbsüß (*Wein*) 2. halbtrocken (*Schaumwein*).
dönek 1. unbeständig, wankelmütig 2. durchgefallen (*in e-r Prüfung*) 3. nicht versetzt (*Schüler*).
dönemeç Biegung, Krümmung, Kurve *f*.
dönence Wendekreis *m*.
döner sich drehend, Dreh-; ~ *kapı* Drehtür *f*; ~ *kebap* Hammel-, Spieß·braten *m*; ~ *koltuk* Drehsessel *m*.
döngel *bot.* Mispel *f*.
döngü Kreis *m* (*s. kısır döngü*).
dönme 1. *Vs. zu dönmek* 2. Rotation *f* 3. zum Islam übergetreten (*spez. Jude aus Saloniki*); ~ *dolap* 1. Drehschrank *m* 2. Karussell *n*.
dönmek, (-er) 1. kreisen, sich drehen, rotieren, zirkulieren 2. sich umwenden, sich umdrehen 3. um-, zurück·kehren 4. anders werden 5. sich verwandeln (*in*) 6. nicht versetzt werden (*Schüler*) 7. durchfallen (*in e-r Prüfung*) 8. konvertieren 9. (*sözünden*) sein Wort zurückziehen 10. (*kararından*) von seinem Entschluß abgehen 11. sauer werden (*Milch*); *döne döne çıkmak* 1. in Serpentinen aufsteigen (*Straße*) 2. sich in die Höhe schrauben (*Flugzeug*); *dönüp dolaşıp* am Ende, schließlich.
dönük 1. den Rücken zugewandt 2. (*rengi*) verblaßt, verschossen.
dönüm[1] *alttürk. Flächenmaß* (= *919 qm*).
dönüm[2] 1. Wendung, Wende *f* 2. periodische Wiederkehr *e-s Tages* 3. Mal *n*.
dönüş 1. Rück·kehr, -reise, -fahrt *f* 2. Konversion *f* (*nach S. Freud*).
dönüşlü *gr.* reflexiv.
döpiyes 1. zweiteiliges Damenkleid 2. zweiteiliger Badeanzug.
dördayak 1. Vierfüßler *m* 2. auf allen vieren (*z.B. kriechen*).
dörder je vier.
dördüncü viert-; ~ *zaman geol.* Quartär *n*.
dördüz Vierling *m*.
dört, -dü 1. vier 2. Vier *f* 3. alle vier; all, jeder; ~ *başı mamur fig.* in jeder Hinsicht vom Glück gesegnet; ~ *bucakta* überall; ~ *elle sarılmak* 1. (*bir işe*) sich mit großem Eifer *an et.* machen 2. (*b-ne*) Anhänglichkeit und Treue beweisen; ~ *gözle beklemek* ungeduldig erwarten; ~ *işlem math.* vier Rechenarten *pl.*; ~ *yol ağzı* (*Straßen-*) Kreuzung *f*.
dörtcihar [ā] *Wü.* Viererpasch *m*.
dörtgen *math.* 1. Viereck *n* 2. viereckig.
dörtlü 1. Vier *f* (*Spk.*) 2. *mus.* Quarte *f*.
dörtlük 1. *mus.* Viertelnote *f* 2. F lächerlicher Fant; ~ *es mus.* Viertelpause *f*.
dörtnal scharfer Galopp; *-a* im Galopp.
döş 1. *vorderer od. oberer Teil der Brust* 2. Flanke, Weiche *f* 3. Nachkommenschaft *f*.
döşek 1. Matratze *f*, Bett *n* 2. Schiffsboden *m*; ~ *esiri olm.* bettlägerig sein.
döşeli 1. mit Bodenbelag 2. möbliert; ~ *dayalı* vollständig möbliert.

döşeme 1. *Vs. zu döşemek* 2. (*Holz-*) Fußboden *m* 3. Mobiliar *n*, Möbel *pl.*
döşemeci 1. Möbel·schreiner, -tischler *m* 2. Möbelhändler *m* 3. Tapezierer, Dekorateur *m*.
döşemek 1. *auf dem Boden* ausbreiten 2. überziehen, bedecken, auslegen 3. möblieren, einrichten 4. legen (*Schienen, Rohre usw.*); *döşeyip dayamak* vollständig einrichten (*z.B. Raum*).
döşenmek 1. *Pass. zu döşemek* 2. (*b-ne*) *j-m* Grobheiten an den Kopf werfen 3. (*bş. hakkında*) ausführlich erörtern 4. sich krank zu Bett legen.
döven Dreschschlitten *m*.
döviz 1. Devisen, Valuten *pl.* 2. Spruchband *n* 3. Devise *f*, Motto *n*; ~ *takyidatı* Devisenrestriktionen *pl.*
dövme 1. *Vs. zu dövmek* 2. Tätowierung *f* 3. gehämmert, geschmiedet.
dövmek, (-er) 1. schlagen, prügeln 2. (zer)stoßen, (zer)stampfen 3. dreschen 4. schmieden, treiben (*Metall*) 5. beschießen, bombardieren.
dövünmek 1. sich (*selbst*) schlagen 2. sich vor den Kopf schlagen *od.* erregt um sich schlagen.
dövüş 1. Handgreiflichwerden *n* 2. Kampf *m*.
dövüşken 1. Raufbold *m* 2. Kampf- (*z.B. Kampfhahn*).
dövüşmek 1. sich *gegenseitig* schlagen 2. gemeinsam verprügeln 3. sich schlagen; kämpfen.
drahoma [x · ·] Mitgift *f* (*spez. bei Griechen*).
drayv (*Tennis*) Treiberschlag *m*.
drenaj Trockenlegung *f*.
dresuvar Anrichte(tisch *m*) *f*.
dretnot, *-tu* Großkampfschiff *n*.
dua [ä] 1. (*Bitt-*)Gebet *n* 2. Wunschformel *f* 3. Fürbitte *f* bei Gott.
duba [x ·] 1. Schlepp- *od.* Last·kahn *m* 2. Ponton *m*, Boje *f*; ~ *gibi* untersetzt, stämmig.
dubara [· - ·] 1. *Wü.* Zweierpasch *m* 2. *fig.* Doppelspiel *n*, Hinterlist *f*.
dublâj Synchronisierung *f* (*e-s Films*); ~ *yapmak* synchronisieren.
duble 1. kleines Seidel (*Bier*) (*etwa* ¼ *l*) 2. zweiseitiges Tuch 3. Dublee *n* 4. *Bill.* Vorbande *f* 5. *a. mus.* verdoppelt 6. dubliert 7. synchronisiert; ~ *etm.* 1. verdoppeln 2. mit Dublee überziehen 3. synchronisieren (*Film*) 4. *Bill.* mit Vorbande spielen (*Ball*).
duçar [- -] *m. Dat.* befallen (*von*); erleidend; ausgesetzt; sich zuziehend.
dudak 1. Lippe *f* 2. *fig.* Rand *m*; ~ *boyası* Lippen·schminke *f*, -stift *m*; ~ *bükmek* 1. *abweisend* das Gesicht verziehen 2. weinerlich tun 3. keine sonderliche Bedeutung beimessen; ~ *sarkıtmak* ein mürrisches Gesicht ziehen.
dudu 1. *ältere Bez. für Frauen* 2. *spez.* alte Armenierin 3. = ~ *kuşu*; ~ *gibi konuşmak* in einem fort plappern; ~ *kuşu* Papagei, Wellensittich *m*.
duhul, *-lü* [· -] 1. Eintritt *m*, Einreise *f* 2. *mil.* Einmarsch *m* 3. Beischlaf *m* 4. Inbegriffensein *n* 5. Beginn, Anfang *m* 6. Import *m*; ~ *hakkı jur.* Einreiserecht *n*; ~ *imtihanı va.* Aufnahmeprüfung *f*.
duhuliye [· - · ·] 1. Eintrittsgebühr *f* 2. Eintrittskarte *f* 3. billigster Platz (*im Kino*) 4. Einfuhrzoll *m*.
duka [x ·] 1. Herzog *m* 2. Dukaten *m*.
dul [ū] 1. verwitwet 2. Witwer *m*, Witwe *f* 3. *selt.* geschieden; ~ *karı enciği* F schwatzhaftes Mädchen.
dulavratotu, *-nu bot.* Klette *f*.
duman 1. Rauch, Qualm *m* 2. Dunst, Dampf, Beschlag *m* 3. Flaum *m* (*auf Früchten*) 4. F benebelt (*Kopf*) 5. F schlecht, mies; ~ *attırmak* V dauernd unter der Knute halten; ~ *çöküyor* der Rauch (*Nebel*) fällt; *-a boğmak* vernebeln (*a. fig.*); einnebeln; *-ı üstünde fig.* ganz frisch.
dumanlamak 1. räuchern (*z.B. Fische*) 2. verräuchern 3. *mil.* vernebeln 4. *fig.* verwirren, trüben 5. (*kafayı*) sich e-n Schwips antrinken.
dumanlanmak 1. *Pass. zu dumanlamak* 2. von Rauch (*Nebel, Dunst*) erfüllt werden 3. (*sich*) beschlagen (*z.B. Glas*) 4. sich e-n Schwips antrinken 5. sich verschleiern (*Blick*).
dumanlı 1. Rauch entwickelnd 2. rauchig 3. neblig, dunstig 4. beschlagen (*z.B. Glas*) 5. beschwipst 6. verschleiert (*Blick*); ~ *barut* rauchstarkes Pulver.
dumansız 1. rauchfrei, rauchlos 2. rauchschwach (*Pulver*) 3. nebelfrei 4. nicht beschlagen (*z.B. Glas*).

dumur [· -] Verkümmerung *f*; *-a uğramak* verkümmern; *dumuru adale med.* Muskelschwund *m*.
dun [ū] niedrig, gering, gemein, schlecht.
duraç[1], *-cı zo.* Frankolin *n*.
duraç[2], *-cı* Sockel *m*, Fußgestell *n*, Piedestal *n*.
durağan ortsfest, fix.
durak 1. Haltestelle *f* 2. Pause (*beim Lesen*) 3. Lesezeichen *n* (*zwischen Koranversen*) 4. Punkt *m* (*in der Interpunktion*).
durakı *bot.* Mandelpfirsich *m*.
duraklama Stockung *f*, Stillstand *m*.
duraklamak anhalten, sich unterbrechen, stocken.
duraklı *phys.* stationär.
duraksamak zögern, zaudern.
dural *phil.* statisch.
durdurmak 1. (an)halten; zum Stehen bringen 2. abstellen (*Maschine*).
durgun 1. ruhig, regungslos 2. stehend, stagnierend 3. windstill 4. erschöpft 5. verblüfft; *~ sular* stehende Gewässer *pl*.
durgunlaşmak allmählich zum Stillstand kommen.
durgunluk 1. Ruhe *f* 2. Windstille *f* 3. Stillstand *m* 4. Flaute, Stockung *f* 5. Erschöpfung *f* 6. Verblüffung *f*.
durmak, (*-ur*) 1. stehenbleiben (*a. Uhr*), anhalten *intr.* 2. stagnieren 3. aufhören (*z.B. Regen*), sich legen (*Wind*) 4. (*ayakta*) stehen 5. bleiben 6. wohnen 7. sich gedulden 8. sich verhalten 9. sich befinden; liegen 10. noch vorhanden sein 11. ganz verblüfft sein 12. (*untätig*) herumstehen 13. (*bir nokta üzerinde*) hervorheben 14. (*duratives Hv.*) a) andauernd; immer noch b) nur immer, nur ruhig; *dur(-un)!* 1. Halt! 2. einen Augenblick! 3. (*Drohung*) warte(t) nur!; *Dur! Kimdir o? mil.* Halt! Wer da?; *durakalmak* ganz verblüfft dastehen; *duracak yer* Stehplatz *m*; *durmaksızın od. durmadan* unaufhörlich; *durmuş oturmuş* ruhig, gesetzt, vernünftig; *durup dururken* ohne ersichtlichen Anlaß.
duru kristallklar; *~ beyaz* blütenweiß.
durulama *Vs. zu durulamak* Klär-; *~ tesisatı* Kläranlage *f*.
durulamak 1. (*Gewaschenes*) in klarem Wasser durchspülen 2. klären (*Flüssigkeit*).
durulmak[1] 1. sich klären (*Flüssigkeit, Lage*) 2. sich beruhigen.
durulmak[2] *Pass. zu durmak*; *Burada durulmaz!* Halten (*od.* Stehenbleiben) verboten!
durum 1. *selt.* Aufenthaltsort *m* 2. *a. geogr.* Lage *f* 3. Situation, Lage *f*, Zustand *m* 4. Verhalten, Benehmen *n*.
duruş (*körperliche*) Haltung *od.* Stellung.
duruşma *jur.* Hauptverhandlung *f*.
duruşmak sich (*einander*) gegenüberstehen.
duş Dusche, Brause *f*; *~ yapmak* (*sich*) duschen.
dut, *-tu, -du* 1. *bot.* Maulbeerbaum *m* 2. Maulbeere *f* 3. V sternhagelvoll; *~ yemiş bülbüle benzemek* (*od. dönmek*) 1. nichts zu erwidern wissen 2. in finsterem Schweigen verharren 3. seine muntere Gesprächigkeit verlieren.
duvak 1. Brautschleier *m* 2. Baby-Schleier *m* 3. Verschluß, Deckel *m*; *~ düşkünü* nach kurzer Ehe verwitwet; *duvağına doymamak* nach kurzer Ehe sterben *od.* geschieden werden.
duvar Wand, Mauer *f*; *~ gibi* stocktaub; *~ kâğıdı* Tapete *f*; *~ örmek* e-e Mauer errichten; *-a yazıyorum! fig.* achtet darauf, was ich sage!
duvarcı 1. Maurer *m* 2. *selt.* wer mit Maurerbedarf handelt 3. V Einbrecher, Fassadenkletterer *m*.
duvayen 1. *va.* Dekan *m* (*e-r Fakultät*) 2. Doyen *m* (*e-s diplomatischen Korps*).
duy Fassung *f e-r el. Glühbirne*.
duyar 1. *biol.* empfindlich 2. *psych.* sensibel, sensitiv.
duyarga Fühlhorn *n*, Fühler *m*.
duygu 1. Gefühl *n*, Empfindung *f* 2. Sinn *m* 3. Eindruck *m* 4. *mel.* ästhetischer Geschmack.
duygulamak beeindrucken.
duygusuz 1. gefühllos, unempfindlich 2. ohne ästhetischen Sinn 3. herzlos.
duymak, (*-ar*) 1. hören 2. fühlen, empfinden 3. riechen (*tr.*) 4. schmecken (*tr.*) 5. erfahren; Kenntnis bekommen (*von*).
duyum 1. *biol.* Sinn *m* 2. *psych.*

sensorielle Wahrnehmung; ~ *eşiği psych.* Reizschwelle *f.*
duyurmak *Kaus. zu duymak* spez. hören lassen; bekannt geben.
duziko F Anisbranntwein, Raki *m.*
dübeş *Wü.* Fünferpasch *m.*
dübür Gesäß *n,* F (*der*) Hintere; V Hintern *m.*
düçar [ā] *s. duçar.*
düdük 1. Pfeife *f* 2. Dampfpfeife *f* 3. Hupe *f* 4. dumm, stupid 5. Flöte *f* 6. lange Röhre; ~ *gibi kalmak* mutterseelenallein sein; ~ *makarnası* 1. Makkaroni *pl.* 2. V borniert, blöd; *düdüğü çalmak* 1. auf der Pfeife blasen 2. *et.* zu Ende bringen 3. *fig.* siegen, gewinnen; *-le beraber Fb.* sofort bei Anpfiff.
düğme 1. Knopf *m* (*an Kleidung, Klingel, Schalter usw.*); *a.* Drehschalter *m* 2. Knopf, Knauf *m* 3. Pickel *m,* Pustel *f* 4. Höcker, Knorpelbuckel *m* (*bei Steinbutt*).
düğmelemek (an-, zu)knöpfen.
düğüm 1. *a. bot. phys.* Knoten *m* 2. *fig.* Schwierigkeit *f* 3. *fig.* dramatischer Höhepunkt; ~ *istasyonu* Eisenbahnknotenpunkt *m;* ~ *noktası* 1. *mil.* Knotenpunkt *m* 2. *fig.* kritischer Punkt.
düğün 1. Hochzeit(sfeier) *f* 2. (*a. sünnet düğünü*) Beschneidungsfest *n;* ~ *bayram etm. fig.* lärmend feiern; ~ *dernek hep bir örnek* (*Spr.*) da ist kein Unterschied; ~ *şekeri* glasierte Zuckermandeln *pl.*
dük, *-kü* Herzog *m;* ♀ *dö Windsor* Herzog *m* von Windsor.
dükkân 1. Laden *m,* Geschäft *n* 2. V Spielhölle *f.*
dükkâncı Laden·inhaber(in *f*) *m bezw.* -verkäufer(in *f*) *m.*
dülger Zimmermann *m;* ~ *balığı zo.* Heringskönig *m* (*Fisch*).
dümbelek 1. Trommel (*mit 2 Schlegeln*) 2. V verständnislos, dumm.
dümdar [ā] *mil.* Nachhut-; ~ *muharebeleri* Nachhutgefechte *pl.*
dümdüz [x·] 1. ganz flach; vollkommen eben 2. mit wenig Intelligenz 3. einfach, bescheiden (*Kleid, Möbel usw.*) 4. weiter nichts (*als*).
dümen 1. (*Steuer-*)Ruder *n* 2. *fig.* Ruder *n,* Leitung *f* 3. Rucker *m* (*in e-r Uhr*) 4. V Schwindel *m;* ~ *erbaşı* Steuermann *m;* ~ *kırmak* 1. die Fahrtrichtung ändern 2. = ~ *kullanmak* 3. = *-i kırmak;* ~ *kolu* 1. Steuerhebel *m* 2. Lenkstange (*am Fahrrad*) *f;* ~ *kullanmak* 1. steuern 2. *fig.* mit Umsicht handeln; ~ *neferi fig.* der Letzte (*im Rang*); ~ *yekesi* Ruderpinne *f;* *-i eğri* 1. torkelnd 2. *fig.* ziel- und plan·los handelnd; *-i kırmak* V verduften, abhauen.
dümenci 1. Steuermann *m* 2. V Betrüger, Schwindler *m* 3. V Schlepper *m* (*z. B. für e-e Spielhölle*) 4. F ganz am Ende stehend; *Sch.* Letzte(r) *m/f* (*in der Klasse*).
dün 1. gestern 2. Vergangenheit *f;* ~ *bir bugün iki* ganz neu; ~ *değil evvelki gün* F vorgestern.
dünden 1. von gestern her 2. seit langem; ~ *bugüne* schnell, rasch; ~ *ölmüş* verdrossen; ~ *teşnedir fig.* er hat nur darauf gewartet.
dünkü 1. gestrig 2. neu, unerfahren.
dünür 1. *Vater des Bräutigams in s-m Verhältnis zu dem Vater der Braut* 2. Freier *m* 3. = *dünürsü;* ~ *gezmek für j-n* auf Brautschau ausgehen.
dünürcü Brautschauerin *f.*
dünürsü, dünüş (*nicht allg. gebr.*) *Mutter des Bräutigams in ihrem Verhältnis zu der Mutter der Braut.*
dünya 1. Welt *f,* Weltall *n* 2. Erde *f* 3. alle Menschen *pl.* 4. Weltgeschehen *n;* ~*âlem* F alle Leute *pl.;* ~ *başına yıkılmak fig.* sehr bekümmert werden; ~ *evine girmek* heiraten; ~ *harbi* Weltkrieg *m;* ~ *şampiyonu* (*Sport*) Weltmeister *m;* ~ *yıkılsa* überhaupt nicht; *-da* 1. auf der (ganzen) Welt 2. (*in neg. Sätzen*) nie und nimmer; *-ya kazık çakmak* (*od. kakmak*) *fig.* ein hohes Alter erreichen.
düpedüz [x..] 1. rund herausgesagt 2. weiter nichts (*als*).
dürbün 1. Fernrohr *n,* Feldstecher *m* 2. Opernglas *n.*
dürmek (zusammen)rollen.
dürtmek 1. leicht stechen *od.* stoßen 2. *fig.* anspornen.
dürtü *psych.* Trieb *m.*
dürüm 1. et. Zusammengerolltes 2. Schicht, Lage *f* 3. Falte *f,* Knick, Kringel *m* 4. *blätterteigartiges Bauernbrot mit Zukost zusammengerollt.*
dürüst, *-tü* 1. fehlerlos, richtig 2. *fig.* korrekt, anständig, ehrenhaft.

dürüşt, *-tü* 1. grob, hart, streng 2. gemein, gewöhnlich, widrig.
dürzü V gemeiner Schuft.
düse [- ·] *Wü.* Dreierpasch *m*.
düstur [ū] 1. Gesetzessammlung *f* 2. algebraische Formel 3. chemisches Zeichen 4. Leitsatz *m*, Parole, Devise *f* 5. Norm, Regel *f*.
düş Traum *m*.
düşes Herzogin *f*.
düşeş 1. *Wü.* Sechserpasch *m* 2. *fig.* glücklicher Zufall.
düşgelmek *m. Dat.* begegnen, treffen.
düşkün 1. sozial heruntergekommen 2. sittlich verderbt 3. herabgesetzt (*Preis*) 4. vermindert (*z.B. Feingehalt*) 5. *e-m Laster* verfallen; süchtig 6. *mel.* begeistert (*für*) 7. schwach bewandert (*in*).
düşman 1. Gegner, Widersacher *m* 2. Feind *m*; ~ *ağzı* 1. schlechte Nachricht 2. Verleumdung *f* 3. *Ort m an der feindlichen Grenze.*
düşmanlık 1. Gegnerschaft *f* 2. Feindschaft *f* 3. Feindseligkeit *f*.
düşme 1. *Vs. zu düşmek* 2. *phys.* Fall *m* 3. was fällt *od.* gefallen ist.
düşmek, (*-er*) 1. (hin-, hinunter-, herab-, um)fallen 2. strömen (*z.B. Menge*) 3. geschleudert werden 4. sich ausnehmen; wirken 5. zukommen (*Pflicht*) 6. sich bieten (*Gelegenheit*) 7. zu liegen (*sitzen, stehen*) kommen 8. plötzlich erscheinen 9. einschlagen (*Blitz*) 10. *tr.* subtrahieren, abziehen 11. fallen; sich ergeben (*z. B. Festung*) 12. gestürzt werden (*Minister usw.*) 13. (*körperlich*) herunterkommen 14. im Preis sinken *od.* an Ansehen verlieren 15. abgehen (*Bandwurm usw.*) 16. abstürzen *od.* abgeschossen werden (*Flugzeug*) 17. (*birbirine*) miteinander in Zank geraten; *düş önüme!* komm mit mir! *düşe kalka* mit Müh und Not; *düşüp kalkmak* (*b-le*) zusammenleben (*mit*).
düşük 1. gefallen, gesunken 2. herausgefallen 3. heruntergerutscht (*z. B. Rock*) 4. gestürzt (*z. B. Staatsmann*) 5. niedrig, gemein 6. fehlerhaft, inkorrekt 7. Fehlgeburt *f*; ~ *etek fig.* schlampig (*Frau*).
düşünce 1. Gedanke *m*, Meinung, Ansicht *f* 2. Nachdenken, Grübeln *n* 3. Unruhe, Sorge *f*; *-ye dalmak* 1. nachdenken 2. nachdenklich werden 3. in Sorge geraten.
düşüncesiz 1. unüberlegt, gedankenlos 2. unbesorgt.
düşündürmek *Kaus. zu düşünmek spez.* 1. zum Denken anregen 2. nachdenklich stimmen 3. beunruhigen.
düşünme Überlegung *f* 2. Unruhe, Sorge *f*.
düşünmece Denksportaufgabe *f*.
düşünmek *m. Akk.* 1. denken (*an*) 2. reiflich überlegen 3. *sich et.* ausdenken 4. planen, beabsichtigen, wollen 5. nachdenklich werden; sich Sorge machen; *düşünüp taşınmak* lange nachdenken.
düşürmek *Kaus. zu düşmek spez.* 1. zu Fall bringen 2. fallen lassen; verlieren 3. senken (*z. B Blutdruck*) 4. (*bşden*) zur Aufgabe *von et.* zwingen *od. j-m et.* rauben 5. *in e-n Zustand* versetzen 6. (*bir yere*) *j-n irgendwohin* führen 7. stürzen (*tr.*) (*z. B Regierung*) 8. den Absturz e-s Flugzeugs herbeiführen bzw. abschießen 9. (*biribirine*) gegeneinander aufhetzen 10. ausscheiden (*tr.*).
düşüş 1. Fallen *n*, Fall *m* 2. *fig.* günstige Fügung.
düşüt Fehl- *od.* Früh·geburt *f*.
düttürü [x · ·] 1. geschwätzig 2. komisch gekleidet.
düve Färse *f*.
düyun [ū] (*pl.*) Schulden *pl.*
düz 1. ebene Fläche 2. Raki ohne Anis, Mastix *usw.* 3. eben, flach 4. gerade 5. glatt (*z. B .Strickart*) 6. schlicht, einfach (*z. B. Kleid*) 7. offen, ehrlich; ~ *tabak* Eßteller *m*; ~ *tümleç gr.* direktes Objekt.
düzayak ebenerdig.
düzce [x ·] ziemlich eben, glatt (*usw.*); *-si* 1. rund herausgesagt 2. mit e-m Wort.
düzelmek 1. eben (flach usw.) werden 2. behoben werden (*Defekt*); sich bessern (*Lage*).
düzeltme *Vs. zu düzeltmek*; ~ *işareti* Zirkumflex *m*.
düzeltmek *Kaus. zu düzelmek* 1. ebnen, glätten 2. verbessern, korrigieren 3. regeln, beheben.
düzen 1. Ordnung, Regelung *f* 2. klarer, regelmäßiger Ablauf *m*, Ruhe *f* 3. Stimmung (*e-s M. i.*) 4. schmucke Kleidung 5. Harmonie

f 6. Lüge *f*, Schwindel *m* 7. Intrige *f*; ~ *kurmak* mit List und Lüge vorgehen; ~ *vermek* stimmen (*M. i.*).
düzenbaz, düzenci 1. Gauner, Betrüger *m* 2. Intrigant *m*.
düzenlemek ordnen, regeln, regulieren.
düzenli 1. geordnet, geregelt 2. ordentlich, aufgeräumt, nett 3. gestimmt (*M. i.*) 4. *fig.* harmonisch.
düzenlilik Regelmäßigkeit *f*, normaler Gang.
düzensiz 1. ungeordnet 2. schlampig 3. unaufgeräumt 4. nicht gestimmt (*M. i.*) 5. aufrichtig, ehrlich 6. *fig.* disharmonisch.
düzgün[1] 1. glatt, eben 2. ordentlich, korrekt 3. *math.* regelmäßig (*z. B. Sechseck*) 4. *phys.* gleichförmig (*z. B. Bewegung*).
düzgün[2] weiße (*Gesichts*-)Schminke.
düzgünlük 1. Glätte *f* 2. Korrektheit *f* 3. Regelmäßigkeit *f* 4. Schminktopf *m*.
düzgüsüz ano(r)mal, normwidrig.
düzine Dutzend *n*.
düzlem *math.* 1. eben 2. Ebene *f* 3. gestreckt (*Winkel*); ~ *geometri* Planimetrie *f*.
düzlemek planieren, nivellieren, ebnen, glätten.
düzlük 1. Eben-Sein *n* 2. Glätte *f* 3. ebene Fläche *f* 4. Schicklichkeit *f* 5. Offenheit *f*.
düzme 1. *Vs. zu düzmek* 2. falsch, nachgemacht 3. erfunden, erlogen.
düzmece = *düzme* (2) *und* (3).
düzmeci Fälscher *m*.
düzmek, (-*er*) 1. ordnen, regeln, arrangieren 2. bilden, formen 3. *iron.* zusammenstoppeln 4. vorbereiten 5. erfinden 6. geschlechtlich verkehren; *düzüp koşmak* ordnen und zusammensetzen.
düztaban 1. plattfüßig 2. *wer mit seinem Erscheinen Unglück bringt* 3. Pechvogel *m*.
düzülmek 1. *Pass. zu düzmek* 2. *s. yola* ~.

E

e, E [ɛ] 1. *6. Buchst. des türk. Alph.* 2. *Ton od. Note* e.
e 1. (*in Aufforderungen od. Fragen*) nun; na und ...2. dann; wenn es so steht 3. *s. a*(4) 4. jetzt aber 5. na schön.
-e (*Endung des Dat.*).
-e hali *gr.* Dativ *m.*
ebat, -dı *urspr.* [ā] 1. Dimensionen *pl.* 2. Längen, Entfernungen *pl.* 3. Format *n*, Größe *f.*
ebe 1. Hebamme *f* 2. Haschemann *m* (*im Ksp.*) ; ~ *hekim* Geburtshelfer(in *f*) *m.*
ebeden [x · ·] *adv.* 1. ewig, in Ewigkeit 2. (*als Ausruf od. neg.*) niemals.
ebedi ewig, immerwährend.
ebediyen [ī] [· · x ·]*adv.* 1. ewig, auf immer 2. durchaus (nicht).
ebediyet, -ti Ewigkeit *f.*
ebegümeci, -ni *bot.* Malve *f.*
ebekuşağı, -nı Regenbogen *m.*
ebeveyn Eltern *pl.*
ebleh einfältig, idiotisch.
ebru [ū] 1. *va.* Augenbraue *f* 2. marmoriert 3. Marmorierung *f.*
ecel 1. *jur.* Frist *f*, Termin *m* 2. Tod *m*, Todesstunde *f*; ~ *teri dökmek* Todesängste ausstehen; *-ine susamak* sehenden Auges in sein Verderben rennen; *eceli kaza* Tod *m* durch Unglücksfall; *eceli mevut* natürlicher Tod.
ecinli, ecinni P = *cin*².
ecir, -cri 1. Lohn *m im Jenseits* 2. (*Arbeits-*)Lohn *m*, Gebühr *f*; ~ *sabır dilemek* kondolieren.
eciş bücüş 1. krumm und schief 2. verschroben, ausgefallen, gekünstelt 3. verhutzelt (*Person*).
ecnebi 1. Ausländer(in *f*) *m* 2. ausländisch, fremd; ~ *matbuat(-ı)* ausländische Presse *f.*
ecza, -aı [ā] 1. *va.* Teile *pl.* 2. *math.* Teile *pl. e-s Ganzen* 3. Droge *f*, Drogen *pl.* 4. *phot.* Entwicklerbad *n* 5. geheftet, broschiert.
eczacı [ā] Apotheker *m.*
eczalı [ā] Arznei-; ~ *pamuk* Verbandswatte *f.*
eczane [ā] Apotheke *f.*
eda [ā] 1. Entrichtung *f* (*e-r Schuldsumme*) 2. Erfüllung (*e-r Pflicht*), Leistung *f* 3. Benehmen, Wesen *n*, Haltung *f*, Gang *m* 4. Arroganz *f* 5. Darstellung *f*, Stil *m*; ~ *etm.* 1. erfüllen (*Pflicht*) 2. artikulieren, aussprechen 3. darstellen.
edalı [ā] 1. von... Verhalten, Wesen 2. *mel.* charmant, reizend 3. *pej.* arrogant, prätentiös.
edat, -tı, *urspr.* [ā] 1. *va.* Werkzeug, Instrument *n* 2. *gr.* Partikel *f.*
edebî literarisch, Literatur-.
edebikelâm *stil.* Euphemismus *m.*
edebiyat, -tı *urspr.* [ā] 1. dichterische Gestaltungskunst 2. schöne Literatur 3. Literaturwissenschaft *f* 4. Fachliteratur *f*; ~ *dekoru* rhetorischer Schmuck; 𝓛 *Fakültesi* Philosophische Fakultät; ~ *yapmak pej.* sich in Floskeln und Tiraden ergehen.
edep, -bi 1. Schicklichkeit *f*, Anstand *m* 2. = *ayıp*; ~ *erkân* gute Sitten *pl.* ; ~ *yeri* Schamgegend *f*; *edebini takınmak* sich (endlich) anständig benehmen; *-tir söylemesi* P entschuldigen Sie den unziemlichen Ausdruck!
edepli wohlerzogen, anständig, brav.
edepsiz 1. ungezogen, unartig 2. unverschämt, frech 3. übler Bursche.
edevat, -tı [ā] 1. Werkzeuge, Geräte *pl.* 2. *gr.* Partikeln *pl.*; ~ *deposu* Gerätelager *n.* [2. = *edepli.*]
edib [ī] 1. Literat, Schriftsteller *m*
edibane [· - - ·] 1. = *edepli* 2. in gutem literarischem Stil.
edilgen *gr.* passiv(isch); ~ *fiil gr.* Passiv *n.*
edilmek *Pass. zu etmek.*
edinmek *m. Akk.* gewinnen, erwerben, sich verschaffen, annehmen (*z. B. Gewohnheit*).
Edirne *n pr.* Edirne, Adrianopel.
efe¹ 1. älterer Bruder 2. schneidiger junger Kerl 3. Freischärler, Partisan *m* 4. *Titel e-s angesehenen Zeybek*; ~ *satmak* (*od. yapmak*) *pej.* sich aufspielen; prahlen.

efe² *selt.* Wirkung *f*, Effekt *m*.
efekt, -*ti* *techn.* Leistung, Wirkung *f*.
efektif effektiv, bar.
efendi [· x ·] 1. *fr. offizielle Anrede bezw. Titulatur für best. soziale Kreise*; Herr... 2. vornehmer Herr; Gebieter, Machthaber *m* 3. *pej.* sonderbar (*Person*) 4. (*a.* -*den*) vornehm, gebildet; ~ *adam* ordentlicher, anständiger Mensch; -*m* (*mit verschiedener Intonation*) 1. Ja, bitte? 2. Wie bitte? 3. mein Herr (*im Deutschen selt.*); gnädige Frau, gnädiges Fräulein 4. (*häufiges Flickwort bei Erzählungen*).
Efes *n. pr.* Ephesus.
Efgan(istan) *s.* *Afgan(istan)*.
efkâr (*pl. zu fikir*) 1. Gedanken, Meinungen *pl.* 2. trübe Gedanken *pl.*, Gram, Kummer *m*, Sorge *f* 3. öffentliche Meinung.
efkârlı voller Gram; melancholisch.
Eflâtun [ū] *n. pr.* Plato.
eflâtun [ū] (*renkli*) fliederfarben, lila, bläulich, blassblau.
efor Anstrengung, Bemühung *f*.
efrat, -*dı* [ā] (*pl. zu fert*) 1. Einzelpersonen *pl.* 2. einzelne Exemplare *pl.* 3. *mil.* Mannschaften *pl.* 4. Einzelfälle *pl.* 5. Angehörige *pl.*
efsane [ā] 1. Märchen *n*, Sage, Legende *f* 2. *pej.* erlogene Geschichte.
Ege *n. pr.* Ägäis *f*; ~ *Denizi* *n. pr.* Ägäisches Meer; ~ *havzası* Gebiet *n* der Ägäis.
egemen Herrscher, Souverän *m*.
egemenlik Souveränität *f*.
egzama [x · ·] Ekzem *n*.
egzersis Übung *f*.
egzos, egzost, -*tu* *techn.* Auspuff *m*; ~ *gazı* Abgas *n*.
eğe¹ Metallfeile *f*.
eğe² *an.* Rippe *f*.
eğelemek (ab-, zu-) feilen.
eğer [e-ger, e-er] [x·] 1. (*m. folg. ise*) wenn, falls 2. *s.* *eyer*.
eğik *math.* schräg, schief.
eğilme *math. phys.* Neigung, Inklination *f*.
eğilmek 1. *Pass. zu* *eğmek* 2. sich beugen, sich unterwerfen 3. sich bücken 4. sich verbeugen; *eğilip bükülmek* sich winden (*z. B. vor Verlegenheit*).
eğim 1. Gefälle *n*, Abdachung *f*, Abhang *m* 2. *math.* Gefälle *n*, Neigung *f*.
eğin, -*ğni* oberer Teil des Rückens; *eğne binmek* *fig.* einschüchtern, tyrannisieren.
eğinç, -*ci* 1. Auswuchs *m* 2. Warze *f*.
eğindirik großer Umschlagkragen.
eğinik (zu)geneigt; verlangend (*nach*).
eğinim Neigung, Lust, Liebe *f*.
eğinti Feilspäne *pl.*
eğirmek spinnen (*Wolle usw.*)
eğitbilim Pädagogik *f*.
eğitim Erziehung *f*.
eğitmek 1. erziehen 2. dressieren 3. zubereiten, verarbeiten.
eğlemek auf-, zurück·halten.
eğlence 1. Vergnügen *n* 2. Unterhaltung, Belustigung *f*, Spaß *m* 3. Zielscheibe *f* des Spottes 4. vergnügte Gesellschaft; ~ *yeri* Vergnügungslokal *n*.
eğlenceli vergnüglich, unterhaltsam, belustigend, amüsant.
eğlencelik 1. et. zum Knabbern (*geröstete Mandeln, Kürbiskerne usw.*) 2. *fig.* Zielscheibe *f* des Spottes.
eğlendirmek 1. unterhalten, belustigen, amüsieren 2. *j-n* zurück-, auf·halten.
eğlenmek 1. sich vergnügen, sich unterhalten, sich belustigen, sich amüsieren 2. (*b-le*) verspotten 3. sich die Zeit vertreiben.
eğlenti Vergnügen *n* (*mit Musik und Alkohol*).
eğmek 1. schräg, *od.* schief halten 2. biegen, beugen, krümmen.
eğre Satteldecke *f aus Filz*.
eğreti 1. geliehen 2. künstlich 3. falsch, unecht 4. provisorisch 5. nicht richtig angebracht; ~ *almak* (*bşi b-den*) *sich von j-m et.* ausleihen; ~ *ata binen tez iner* (*Spr.*) eigener Herd ist Goldes wert.
eğri 1. krumm, schief, gewunden 2. gewölbt 3. schräg, geneigt 4. *math.* Kurve *f* 5. *naut.* Spant *n*; ~ *bakmak* 1. wütend dreinschauen 2. scheelen Auges betrachten; ~ *gitmek* *fig.* krumme Wege gehen; ~ *oturmak* sich hinfläzen; ~ *söylemek* 1. et. Kränkendes sagen 2. ein wenig flunkern.
eğribacak krumm-, säbel-, X-, O-beinig.
eğribüğrü [- · · ·] 1. krumm und schief 2. erbärmlich, miserabel.

eğrili *math.* gekrümmt, krumm.
eğrilik 1. Krumm-Sein *n*, Krümmung, Windung *f* 2. Wölbung *f* 3. Schräge, Neigung *f* 4. *math.* Biegung, Krümmung *f*.
eğrilmek 1. sich (ver)krümmen, sich verbiegen 2. sich wölben 3. sich abschrägen, sich neigen.
eh *Int.* na also ...; nun.
ehemmiyet, -ti 1. Wichtigkeit, Bedeutung *f*, Belang *m* 2. Nachdruck *m*, Hervorhebung *f*; ~ *vermek* (*bşe*) Bedeutung beimessen; *-le kaydetmek* nachdrücklich betonen, hervorheben; *-le rica etm.* dringend bitten.
ehemmiyetli wichtig, erheblich.
ehemmiyetsiz unwichtig, belanglos.
ehil, -hli 1. Gemeinschaft, Menge *f* 2. kompetent 3. begabt (*mit*) 4. P Gatte *m*, Gattin *f* 5. Besitzer *m*.
ehlî zahm, gezähmt, Haus-.
ehlihibre (*sg. od. pl.*) Sachverständige(r) *m/f* Experte(n *pl.*) *m*.
ehliislâm Mohammedaner *pl*.
ehlikeyf Epikureer, Bonvivant *m*.
Ehlisalip, -bi *hist.* 1. Kreuzfahrer *pl.* 2. *ab.* Kreuzzug *m*; ~ *Seferleri hist.* Kreuzzüge *pl*.
ehlivukuf *s. ehlihibre*.
ehliyet, -ti 1. Fähigkeit, Begabung *f* 2. Zuständigkeit, Kompetenz *f* 3. (= ~ *vesikası*) Führerschein *m*; ~ *sahibi* Fachmann; *ehliyeti fenniye vesikası* Befähigungsnachweis *m*.
ehliyetli 1. befähigt, begabt 2. zuständig, kompetent 3. qualifiziert.
ehliyetname [ā] Fähigkeitszeugnis *n spez.* Führerschein *m*.
ehram [ā] 1. Pyramiden *pl.* 2. Pyramide *f* (*Ägypten*).
ehven 1. billig, mäßig, vorteilhaft 2. *m. Abl.* relativ besser (*als*); *ehveni şer* geringeres Übel.
ejder, ejderha [ā] 1. *va.* große Schlange 2. *myth.* Drache *m*.
ek, -ki 1. Zusatz, Anhang *m* 2. Ansatz-, Verlängerungs·stück *n* 3. Nachtrag *m* 4. Anlage, Beilage, Zugabe *f* 5. Anbau *m* 6. Ansatzstelle *f* 7. *gr.* (*Flexions-*)Endung *f* 8. *gr.* Affix, Suffix *n* 9. *-ler biol.* Adnexe *pl.*; ~ *pük* bunt zusammengewürfelt; ~ *yeri* Ansatz-, Verbindungs-, Schweiß·stelle, Naht *f*; *-ini belli etmemek fig.* sich Schwierigkeiten nicht anmerken lassen.
ekâbir Vornehme(n), Angesehene(n), F hohe Tiere *pl*.
ekalliyet *s. akalliyet*
ekarte[1] Ekarté *n* (*Ka.*).
ekarte[2] *Fb.* umspielt (*Gegner*); ~ *etm.* umspielen, stehen lassen.
ekber größer, sehr groß; größte.
ekici Sämann *m*.
ekili bestellt, angebaut (*Feld*).
ekim 1. (*Feld-*)Bestellung *f* 2. (*ayı*) Oktober *m*.
ekin Getreide, Korn *n*, Saat *f*.
ekinci 1. Sämann *m* 2. Mäher *m* 3. Landmann, Bauer *m*.
ekip, -pi 1. Trupp *m*, Abteilung *f* 2. (*a. Sport*) Mannschaft *f* 3. Belegschaft *f*.
ekivok doppel-, mehr·deutig.
eklem *an.* Gelenk *n*.
eklemek 1. verlängern 2. an·setzen, -fügen, -stückn e3. zusammensetzen, aneinanderfügen 4. zusammenlegen (*Geld*) 5. V mit der Faust niederschlagen. [Nebengebäude *n*.]
eklenti 1. = *ek* (7) *und* (8) 2. *-ler*
ekler Reißverschluß *m*.
ekli 1. verlängert 2. angefügt 3. aneinandergefügt 4. zusammengelegt (*Geld*) 5. V niedergeboxt; ~ *püklü* unordentlich angestückelt.
ekmek[1], (*-er*) 1. säen 2. bestellen (*Feld*) 3. (aus)streuen 4. V zu Schaden bringen.
ekmek[2] 1. Brot *n* 2. Broterwerb *m* 3. Essen *n*; ~ *çigne(n)meden yutulmaz Spr.* ohne Fleiß kein Preis; ~ *kabuğu* Brotrinde *f*; ~ *kapısı fig.* Verdienstmöglichkeit *f*; ~ *ufağı* Brotkrümel *pl.*; *ekmeği dizinde fig.* 1. ohne feste Arbeit 2. unterwürfig, servil; *ekmeğine yağ sürmek fig.* Wasser auf j-s Mühle gießen.
ekmekçi Bäcker, *spez.* Brotverkäufer *m*.
ekmeklik 1. zur Herstellung von Brot geeignet 2. Brot- 3. V wo man kostenlos leben kann 4. V Gimpel *m* (*beim Glücksspiel*).
ekonomi ökonomisches Wirtschaften, Sparsamkeit *f* 2. Wirtschaft, -s·kunde *f*; ♀ *Bakanlığı* Wirtschaftsministerium *n*; ~ *politik* Staatswirtschaftslehre *f*.
ekonomik 1. sparsam, haushälterisch 2. wirtschaftlich, Wirtschafts-; ~ *coğrafya* Wirtschaftsgeographie *f*.
ekran 1. Filmleinwand *f*, Film *m* 2. *phys.* Schirm *m* 3. *phot.* Filter *m*, *n*.

eksantrik 1. exzentrisch, überspannt 2. *techn.* exzentrisch 3. *techn.* Exzenter, Daumen, Nocken *m.*
eksen Achse *f.*
ekser[1] langer (*Zimmermanns-*)Nagel; *-i oynamış fig.* verrückt, übergeschnappt.
ekser[2] [x ·], **ekseri** [x · ·] meist, überwiegend; *ekser(i) ahvalde* meistens; *ekserisi* die meisten von ihnen (*bzw.* davon).
ekseriya [x · ·] 1. oft, häufig 2. meistens.
ekseriyet, *-ti* Mehrheit *f*; *-le* zumeist.
eksi *math.* vermindert (*um*), weniger, minus; *yedi ~ üç* sieben minus drei.
eksibe (*urspr. pl.*) 1. Sanddünen *pl.* 2. Sanddüne *f.*
eksik 1. fehlend, mangelnd, nicht vorhanden, zu wenig 2. unvollständig 3. unzureichend, mangelhaft 4. Mangel *m*, Unvollständigkeit *f*; *~ etmemek* es nicht fehlen lassen (*an*); *~ gedik* kleinere Mängel *pl.*; *~ gelmek* nicht das richtige Gewicht haben 2. nicht ausreichen; *~ olma(-yın)!* ich danke dir (*euch*) recht herzlich!; *~ olsun!* darauf kann man gerne verzichten!; *~ olmamak* 1. reichlich vorhanden sein 2. *oft iron.* überall zu finden sein (*Person*); *eksiğini tamamlamak* Fehlendes ergänzen.
eksiklik 1. Fehlen *n*, Mangel *m* 2. Mangelhaftigkeit, Unvollkommenheit *f.*
eksiksiz 1. vollständig 2. tadellos, vollkommen 3. regelmäßig, dauernd.
eksilmek 1. sich vermindern, sich verringern 2. (*mst. in neg. Verwendung*) versäumen, nicht erfüllen.
eksiltme Submission *f.*
eksiltmek vermindern, verringern.
eksiz ohne Zusatz (*usw. s.* ek); aus e-m Stück; *techn. a.* nahtlos.
ekskavatör Trockenbagger *m.*
Ekslaşapel *n.pr.* Aachen.
eksos *s.* egzos(t).
eksper Sachverständige(r), Fachmann *m.*
ekspres Schnellzug, D-Zug, Expreß *m.*
ekstra [x ·] ausgezeichnet, prima; *~ ~* allerbest-.
ekşi 1. sauer 2. Säure *f*, saurer Geschmack 3. *fig.* sauer, unfreundlich; *~ surat* mürrisches Gesicht; *-ye çalmak* säuerlich schmecken.
ekşilik 1. saurer Geschmack 2. Säure *f* 3. saures Aufstoßen (*aus dem Magen*) 4. *fig.* Unfreundlichkeit *f.*
ekşimek 1. sauer werden 2. durchsäuert werden (*Teig*) 3. V blamiert dastehen 4. V *bei et.* verharren.
ekşimsi, ekşimtırak säuerlich.
ekşitmek *Kaus. zu* ekşimek, *spez.* V *j-n* blamieren.
el[1] 1. Hand *f* 2. Vorderfuß *m* 3. Handgriff *m* 4. Handvoll *f* 5. Beistand *m*, Hilfe, Vermittlung, Übermittlung *f* 6. Kraft *f* 7. Besitz *m* 8. Schuß *m* 9. Kartenspiel *n* 10. Reihe *f* (*z.B. Geben im Ka.*); *~ açmak* betteln; *~ altında* verfügbar, bereitstehend; *~ altından* heimlich, versteckt, insgeheim; *~ arabası* 1. Handwagen *m* 2. Schubkarre *f*; *~ atmak* (*bşe*) 1. die Hand ausstrecken (*nach*) 2. an sich reißen 3. beginnen, unternehmen 4. übernehmen, in die Hand nehmen 5. eingreifen; *~ çekmek* (*bşden*) ablassen (*von*); *~ koymak* (*bşe*) 1. sich *e-r Sache* annehmen 2. (*staatlich*) beschlagnahmen 3. in eigene Regie nehmen; *~ ulağı* 1. Reichweite *f* (*der Hand*) 2. was sich in Reichweite befindet 3. Gehilfe, Helfer *m*, Hilfe *f* 4. Werkzeug *n*; *~ uzatmak* 1. sich vergreifen (*an*) 2. (*b-ne*) *fig. j-m* unter die Arme greifen; *~ yazısı* Handschrift *f*; *-de bulunmak* zur Verfügung stehen; *-de etm.* 1. erlangen, erreichen, erzielen 2. in Dienst stellen 3. für sich gewinnen; *-den* 1. durch Boten 2. in persönlichem Einsatz 3. unter Barzahlung; *-den çıkarmak* 1. losschlagen, abstoßen, veräußern 2. verkaufen müssen; *-den düşme* Gelegenheitskauf *m*; *-den geçirmek* 1. durch·sehen, -blättern; überfliegen 2. genauer durchsehen, überprüfen; reparieren; *-den gelmek* 1. möglich sein 2. V berappen; *-e geçirmek* 1. erwischen 2. erobern 3. erlangen 4. nachholen; *-e vermek* dingfest machen; *-i açık* freigebig; *-i ağır* 1. schwerfällig 2. wessen Schläge schmerzen 3. schlechter Zahler; *-i ayağı tutmak* im Vollbesitz seiner Kräfte sein; *-i bayraklı* frech, zänkisch; *-i çabuk* flink, gewandt, geschickt; *-i varmamak* nicht über

sich bringen (*et. zu tun*); *-inde bulunmak* 1. zur Verfügung stehen 2. *j-m* zu eigen sein; *-inden tutmak fig.* 1. *j*-m aufhelfen 2. protegieren; *-ine bakmak* 1. *j-m* aus der Hand lesen 2. *auf j-n* angewiesen sein 3. spähen, ob jem. et. mitbringt; *-ini yüzünü yıkamak* (*bşden*) die Finger *von et.* lassen; *-leri yanına gelmek* sterben; *-lerinizden öperim* (*Briefschluß e-s an Rang od. Ansehen tiefer Stehenden*).

el² [e] 1. Land *n*, Heimat *f* 2. Volk *n*, Leute *pl.* 3. Souveränität *f* 4. Regierung *f*, Staat *m* 5. Ruhe *f*, Frieden *m* 6. fremd 7. fremde (*andere*) Leute *pl.*; *~ ağziyle çorba yemek* nachreden; *~ gün* = *elâlem*; *~ kapısı* ein fremdes Haus; *~ kapısında çalışmak* auswärts arbeiten (*spez. Frau*); *~ oğlu* = *elâlem*.

elâ gelblich-hellbraun (*Augenfarbe*).

elado etm. V aufgabeln.

elâlem 1. fremde (*andere*) Leute *pl.* 2. alle Leute *pl.*; jedermann; *-e kepaze olm.* zum Gespött der Leute werden.

elâman [*â* kurz] 1. Gnade, Schonung, Nachsicht *f* 2. (*Ausruf*) nun ist es aber endlich genug! [jetzt.]

el'an [ā] noch; noch immer; noch jetzt.

elbet, -ti [x ·], **elbette** [x · ·] *od.* [· x ·] gewiß, sicherlich, zweifellos, freilich.

elbise (*urspr. pl.*) 1. Kleider, Sachen *pl.* 2. Kleid *n*, Anzug *m*, Kleidung *f*.

elcevap darauf ist zu sagen...

elçi 1. Gesandte(r), Botschafter *m* 2. Abgesandte(r), Unterhändler *m*.

eldiven Handschuh(*e pl.*) *m*

elebaşı 1. Anführer (*spielender Kinder*) *m* 2. *pej.* Rädelsführer *m* 3. *mel. selt.* führende Persönlichkeit.

elek feines Sieb; *-ten geçirmek* sieben, sichten (*wörtl. und fig.*).

elektrik 1. Elektrizität *f* 2. elektrisches Licht, *el.* Strom *m*; *~ fabrikası* Elektrizitätswerk *n*.

elektrikçi Elektriker *m*.

elektrikleştirmek 1. elektrifizieren 2. elektrisieren, begeistern.

elektrikli elektrisch betrieben; *~ koltuk* (*od. sandalye*) elektrischer Stuhl.

elem Schmerz, Gram, Kummer *m*; *~ çekmek* Schmerz (Kummer) durchmachen müssen.

eleman 1. Element *n*, Grundstoff, Grundbestandteil *m* 2. *fig. mel.* Kraft *f* (*Person*) 3. *fig. pej.* Werkzeug *n*, Kraft *f*, Element *n* (*Person*).

elemanter elementar.

eleme 1. *Vs. zu elemek* 2. ausgesiebt, gesichtet; *~ imtihanı* Sichtungsprüfung, Vorprüfung *f*.

elemek 1. (durch-, aus)sieben 2. *fig.* sichten, auslesen 3. (auf)rollen (*Wolle, Knäuel usw.*).

elemli 1. betrübt; schmerzlich berührt 2. betrüblich, schmerzlich.

Elen 1. Hellene *m*, Hellenin *f*, Grieche *m*, Griechin *f*; hellenisch, griechisch.

elenika *in der Füg. -sini bilmek* (*bşin*) *et.* aus dem Effeff kennen.

elfâtiha 1. *bete die Fâtiha (-Sure)!* (*Aufforderung auf alten Grabsteinen*) 2. F Schluß, aus, fertig, weg, fort.

elhamdülillâh [· x · · -) Gott sei Dank!

elhasıl kurz gesagt; kurz und gut.

elif 1. *Buchst. des fr. türk. Alph.*; *-i -ine* haargenau; *-i görse mertek* (*od. direk*) *sanır* 1. vollkommener Analphabet sein 2. *fig.* ein ausgemachter Dummkopf sein.

elifbâ, elifbe *fr.* türk. *bzw.* ar. Alphabet *n*.

elîm schmerzlich, betrüblich, traurig, beklagenswert.

elinsaf! sei doch vernünftig!

elleme 1. *Vs. zu ellemek* 2. mit der Hand verlesen; ausgesucht 3. *spez.* ausgesuchte große Holzkohle.

ellemek 1. berühren, befühlen, betasten 2. mit der Hand verlesen; aussuchen 3. packen und hinauswerfen.

elleşmek (*b-le*) 1. sich gegenseitig stoßen 2. die gegenseitige Stärke erproben (*durch Handgriffe*) 3. handgemein werden 4. sich bei den Händen packen und diese ruckweise schütteln (*bei Kaufabschluß*) 5. stören, belästigen.

elli¹ mit ... Händen; -händig.

elli² 1. fünfzig 2. Fünfzig *f*; *~ altı* 1. sechsundfünfzig 2. V Ohrfeige *f*; *~ dirhem otuz* V betrunken.

ellilik 1. Fünfziger *m* (*Marke, Münze, Banknote*) 2. Fünfziger(in) (*f*) *m*.

ellinci fünfzigst-.

ellişer je fünfzig.

elma 1. *bot.* Apfel *m* 2. *zo.* Umber *m*; *~ kürk aus Seitenteilen des Fuchses gearbeiteter* Pelz.

elmacık Backenknochen *m*.
elmas 1. Diamant *m* 2. Diamant-.
elmasçı Diamanten-schleifer *od.* -händler *m*.
elmasiye [ā] Fruchtgelee *n*.
elmastıraş 1. handgeschliffenes Kristall 2. aus handgeschliffenem Kristall 3. Diamantschleifer *m* 4. Glaserdiamant *m*.
elti Schwägerin *f* (*Bez. für die Ehefrauen zweier od. mehrerer Brüder*).
eltopu, -*nu* (*Sport*) Handball *m*.
elveda, -*aı* [ā] ade, lebewohl, lebt wohl; ~ *etm*. sich verabschieden.
elverişli 1. passend, tauglich, geeignet 2 ausreichenden Gewinn (Lohn) bringend.
elvermek 1. entsprechen, passen 2. genügen, ausreichen.
elyevm 1. *z. va.* heute, jetzt 2. bis heute; noch immer; auch heutzutage.
elzem nötiger, sehr nötig; nötigst-.
em'a Gedärme, Eingeweide *pl*.
emanet, -*ti* [ā] 1. Anvertrauen, Übergeben *n* 2. Depositum, Depot, hinterlegtes Gut 3. *fr. Bez. best. Dienststellen*; ~ *almak* übernehmen (*zur Aufbewahrung od. Weiterleitung*); ~ *etm*. übergeben.
emanetçi [ā] Konsignatar, Depositar, Treuhänder, Spediteur *m*.
emaneten [ā] *adv*. als Depositum, als Konsignationsgut.
emare [ā] (*An*-)Zeichen, Indiz *n*, Anhaltspunkt *m*.
emaret, -*ti* Emirat, Fürstentum *n*.
embube [ū] Röhre *f*, Kanal, Schlauch *m*.
emcik 1. Zitze *f* 2. Saugloch *n* (*am Krug*).
emece *s. imece*.
emek 1. geleistete Arbeit 2. Mühe *f*, Fleiß *m* 3. Arbeitslohn *m*; ~ *çekmek od. vermek* sorgfältig und angestrengt arbeiten; *emeği geçmek* sein Teil beigetragen haben.
emekbirliği, -*ni* Mit-, Zusammenarbeit *f*.
emekçi 1. Arbeiter, Handwerker *m* 2. Tagelöhner *m*.
emeklemek 1. auf allen vieren kriechen (*Kleinkind*) 2. sich mühsam dahinschleppen 3. sich sehr abmühen müssen; *emekliye emekliye* mit großer Mühe.
emekli 1. *selt*. mühevoll, anstrengend 2. = *emektar* 3. pensioniert 4. inaktiv (*Sportler*); -*ye ayırmak* in den Ruhestand versetzen; pensionieren.
emeksiz mühelos, leicht.
emektar [ā] verdient, langjährig, altbewährt.
emektarlık [ā] langjährige, treue Dienste *pl*.
emel Wunsch *m*, Hoffnung *f*; ~ *beslemek* (*od. edinmek*) streben (*nach*).
emilmek *Pass. zu emmek*.
emin [ī] 1. sicher, vertrauenswürdig, zuverlässig 2. Vertrauensmann *m* 3. gefahrlos, sicher (*Weg*) 4. restlos vertrauend (*auf*) 5. vollkommen überzeugt 6. *fr.* Leiter *m e-s emanet, eminlik* 7. ♀ [x ·] *mV*.
eminlik *fr. Bez. best. Verwaltungen*.
emir, -*mri* 1. Befehl, Erlaß, Auftrag *m* Weisung, Order *f* 2. *va.* Angelegenheit, Tatsache *f* 3. (*kipi*) *gr.* Imperativ *m*; ~ *neferi mil.* Ordonnanz *f*; *emre âmade* (*od. müheyya*) bereitstehend, verfügbar; *emrinde olm.* zur Verfügung stehen; *emri ahîre kadar* bis auf weiteres.
emîr Emir, Fürst *m*.
emirber *mil.* Ordonnanz *f*, Offiziersbursche *m*.
emirname [ā] 1. Erlaß *m*, schriftlicher Befehl; Verfügung, Anordnung *f* 2. *osm. Hfl.* Brief *m*, Schreiben *n*.
emisyon 1. (*Rundfunk*-)Sendung *f* 2. Emission *f* (*von Wertpapieren*) 3. Ausgabe *f* (*z.B. neuer Banknoten*).
emişkamış olm. F in ein vertrautes Verhältnis treten (*zu*).
emlâk, -*ki* (*pl. zu mülk*) Immobilien, Liegenschaften *pl.*, Grundbesitz *m*.
emme *Vs. zu emmek*; ~ *tulumba* Saugpumpe *f*.
emmek 1. saugen 2. auf-, ein-saugen, absorbieren 3. V j-m Geld abluchsen.
emniyet, -*ti* 1. Sicherheit *f* 2. Vertrauen *n* 3. Verlaß *m* (*auf*) 4. *mil.* Sicherung *f* 5. Polizeiwesen *n*; ~ *altına almak* sichern, sicherstellen; ~ *edilir* zuverlässig, glaubwürdig; ~ *etm.* 1. sich verlassen (*auf*) 2. anvertrauen; ~ *supapı techn.* Sicherheitsventil *n*.
emniyetli 1. sicher (*z.B. Land*) 2. zuverlässig, vertrauenswürdig 3. *selt.* vertrauensvoll.
emniyetsiz 1. unsicher (*z.B. Gegend*) 2. unzuverlässig 3. mißtrauisch.

empoze aufgezwungen; ~ *etm.* aufzwingen.
emprime 1. bedruckt, gemustert (*Stoff*) 2. Druckkattun *m*.
emretmek [x · ·] befehlen, verfügen, anordnen.
emrihak, *-kkı* 1. Gottes Befehl *m* 2. *euph.* Tod *m*; ~ *vaki olm.* sterben.
emrivaki, *-ii* [ā] vollendete Tatsache, Fait accompli.
emriyevmî *mil.* Tagesbefehl *m*.
emsal, *-li* [ā] 1. Entsprechende(n) *pl.*; Altersgenossen *pl.* 2. ähnlich, gleich, entsprechend, gleichaltrig 3. Präzedenzfall *m* 4. Aussprüche, Maximen *pl.* 5. *math.* Koeffizient *m* 6. Beispiel(e *pl.*) *n*, Vorbild(er *pl.*) *n*; *-i bulunmaz* (*od. görülmedik*) unvergleichlich, beispiellos; *-i misillû* 1. in gleicher Art 2. wie in ähnlichen Fällen.
emsalsiz [ā] beispiellos, ohne Präzedenzfall.
emtia (*pl. zu meta*) Waren *pl.*
emval, *-li* [ā] (*pl. zu mal*) Güter, Besitztümer *pl.*
emzik 1. Brustwarze *f* 2. Milch-, Saug·flasche *f* 3. (*a.* ~ *memesi*) Schnuller *m* 4. Schnabel *m*, Tülle *f* 6. Saugrohr *n* (*des Ofens*).
emzirmek säugen, stillen, die Brust geben.
en[1] Breite, Weite *f*; *-i boyu bir* so breit wie lang; *-i sonu od. -inde sonunda* schließlich; letzten Endes; *-ine boyuna* 1. der Breite und der Länge (*bzw.* Höhe) nach 2. genau, gründlich 3. großgewachsen, imposant.
en[2] (*Partikel zur Bild. des Superlativs od. Elativs*); ~ *başta* vor allen anderen; ~ *birinci* allererst-; ~ *çok* 1. meistens 2. spätestens 3. höchstens; ~ *mühim bir mesele* e-e überaus wichtige Angelegenheit; ~ *önce* zuallererst.
en'am [ā] 1. *va. pl. zu nimet* 2. Koran-Anthologie *f*.
enaniyet, *-ti* [ā] *z. va.* Egotismus *m*, egozentrisches Denken.
enayi dumm, einfältig; ~ *dümbeleği* Hornochse *m*, Mondkalb *n*; ~ *murabbaı* Quadratesel *m*.
encam [ā] Ende *n*, Ausgang *m*; *encamı kâr va.* Ausgang *m* der Angelegenheit.
encek, encik Junge(s) *n* (*von Hund, Katze usw.*).
encümen Ausschuß *m*, Kommission *f*.
endaht, *-tı* 1. *va.* Werfen *n* 2. Schießen *n*; ~ *etm.* 1. *va.* werfen, schleudern 2. schießen.
endam [ā] 1. Gestalt, Statur *f*, Körperbau *m* 2. *mel.* schöner Körperwuchs; ~ *aynası* großer Standspiegel.
endamlı [ā] schön gewachsen.
endaze [ā] 1. Maß *n* 2. Grenze *f* 3. Ebenmaß *n*, Symmetrie *f* 4. *fr. türk. Längenmaß* (= 0,65 m); Elle *f*; *-ye vurmak* 1. genau abmessen 2. *fig.* sorgsam überprüfen.
ender (*Elativ zu nadir*) überaus selten.
enderun [ū] 1. innerer Teil 2. *spez. fr.* innerer Teil des Sultanspalastes 3. *fr.* Hofkreise *pl.*
enderuni [ū, ī] inner-, innerlich, inwendig.
endişe [ī] 1. Besorgnis, Unruhe, Angst *f* 2. *va.* Gedanke *m*, Überlegung *f*.
endişelenmek [ī] sich beunruhigen.
endişeli [· - · ·] 1. besorgt, beunruhigt 2. Besorgnis erregend; beunruhigend.
endişesiz [· - · ·] unbesorgt, sorglos.
endüstri Industrie *f*.
endüstrileştirmek industrialisieren.
enek kastriert, verschnitten.
enemek kastrieren, verschneiden (*Tier*).
enerji Energie *f*; ~ *santralı* Kraftwerk *n*; *-nin sakımı phys.* Erhaltung *f* der Energie.
enerjik energisch.
enfes (*Elativ zu nefîs*) wunderbar, großartig.
enfiye Schnupftabak *m*; ~ *çekmek* schnupfen; ~ *kutusu* 1. Schnupftabaksdose *f* 2. F ungenau gehende Uhr, alte „Zwiebel".
enfüsi [ī] subjektiv.
enfüsileşmek subjektive Färbung annehmen.
engebe Unebenheit *f*.
engebeli *geogr.* uneben (*Bodenfläche*).
engebesiz eben; leicht befahrbar (*Gelände*).
engel Hindernis, Hemmnis *n*; ~ *imtihanı* zweite Nachprüfung.
engelli 1. Hindernis- 2. wer *engel imtihanı* abzulegen hat; ~ *koşu* (*od.*

yarış) 1. Hindernisrennen *n* 2. Hürdenlauf *m*.
engerek *zo.* giftige Natter, Otter, Viper *f*.
engin 1. weit, endlos, ausgedehnt 2. offene See 3. gewöhnlich, minderwertig (*z.B. Ware*) 4. niedrig; *-lere dalmak* grübeln.
enginar *bot.* Artischocke *f*.
enginlik Weite, Ausdehnung *f*; unendliche Fläche.
enikonu *adv.* ordentlich, gehörig, tüchtig.
enine [x · ·] transversal, latitudinal.
enişte [x · ·] 1. Schwager *m* (*als Ehemann von j-s Schwester*) 2. angeheirateter Onkel 3. Ehemann *m* e-s sonstigen weiblichen Familienmitgliedes.
enkaz [ā] Trümmer, Ruinen *pl.*, Schutthaufen *m*; *jur. a.* zugeführte Sachen *pl.*, Haus *n* auf Abbruch; Wrack, Strandgut *n*.
enlem geographische Breite.
enli breit, weit.
enlilik beträchtliche Weite *od.* Breite.
enmuzeç, -ci Muster *n*, Probe *f*, Abbild *n*.
ense 1. Nacken *m* 2. V Hinterteil *n*, Popo *m*; *~ kökü* Genick *n*; *~ yapmak* V es sich gut gehen lassen und nichts tun; *-si kalın* 1. eigensinnig 2. wohlhabend, einflußreich; *-sinde boza pişirmek* (*b-nin*) V Schindluder treiben (*mit*); *-sinden gitmek* hinterdreingehen; *-sine binmek* (*b-nin*) tyrannisieren, terrorisieren.
ensiz schmal.
ensizlik Fehlen *n* der nötigen Weite *od.* Breite.
entari [ā] langes, loses, orient. Gewand.
entbent F betreten, kleinlaut.
enteresan interessant.
enternasyonal 1. international 2. Internationale *f*.
enterüptör *techn.* Ausschaltevorrichtung *f*.
entrika [· x ·] Intrige *f*; *~ çevirmek* Ränke spinnen.
epeski [x · ·] ganz alt; uralt.
epey *mst.* [epi] ziemlich; ziemlich viel; *~ zaman* geraume Zeit.
epher *an.* Aorta *f*.
epkem *z. va.* stumm, sprachlos.
er[1] = *erken*; *~ veya geç* = *ergeç*.
er[2] 1. Mann *m* 2. einfacher Soldat 3. schneidiger Kerl 4. *et.* gut kennend *od. für et.* geeignet 5. Besitzer *m* 6. Ehemann *m*; *~ oğlu ~* ein wackerer Bursche; *-e gitmek* (*od. varmak*) heiraten (*Mädchen*); *-e vermek* ein Mädchen verheiraten.
eramil [ā] (*pl.*) Witwen *pl.*
erat, -tı *mil.* Unteroffiziere und Mannschaften *pl.*
erbap, -bı [ā] (*urspr. pl. zu rab*; (*oft sg. Bed.*) 1. Sach·kundige(r) *m*, *pl.*: -kundige(n) 2. *mit et.* beschäftigt *od. in e-m Beruf* tätig.
erbaş *mil.* Unteroffizier *m*.
Erciş *n.pr.* Erdschias *m* (*Mons Argaeus*).
erdirmek *Kaus. zu ermek* zustellen; in *j-s* Hände gelangen lassen.
Erdün *n.pr.* 1. Jordan *m* (*Fluß*) 2. Jordanien, *fr. a.* Transjordanien.
erek Ziel *n*, Zweck *m*, Absicht *f*.
ereklik *phil.* Endzweck *m*.
erenler 1. wer sein Ziel erreicht hat, *spez.* Heilige *pl.* 2. *fr.* (*sg.*) *Anrede der Derwische untereinander.*
ergeç früher oder später.
ergen 1. erwachsen 2. unverheiratet.
ergenlik 1. Erwachsen-Sein *n* 2. Unverheiratet-Sein *n* 3. Gesichtspickel *pl.*; *~ dişi* Weisheitszahn *m*.
ergimek schmelzen (*intr.*).
ergin 1. reif, entwickelt 2. voll-, groß·jährig, mündig 3. ♀ *Fn. od. mV.*
erguvan [ā] *bot.* 1. Blüte *f* des Judasbaumes 2. Judasbaum m.
erguvani [· · – –] scharlach-, pur-pur·rot.
erik *bot.* Pflaume *f*.
eril *gr.* männlich, Maskulinum *n*.
erim[1] *va.* Reichweite *f*.
erim[2] *in der Füg. ~ ~ erimek* furchtbar abmagern.
erimek 1. sich (auf)lösen; schmelzen 2. stark abmagern, sich stark verringern 3. sich abnutzen (*Stoff*).
erirlik *chem.* Löslichkeit *f*.
erişmek 1. (*bşe*) *et.* erreichen, gelangen (*zu*) 2. reifen 3. herankommen, eintreten (*Zeitpunkt*).
erişte Teigwaren *pl.*
eriyik Solution, Lösung *f*.
erkân (*pl. zu rükün*) 1. höhere Beamte *pl.* 2. Generäle *pl.* 3. *mil.* Stab *m* 4. Angehörige *pl.* (*z.B. e-s Ministeriums*) 5. Methode *f*, System *n*, Regeln *pl.* 6. Bestandteile *pl.*; *erkânı harb mil.* 1. Generalstab *m* 2. (*zabiti*) Generalstabsoffizier *m*,

erkeç *zo.* Ziegenbock *m.*
erkek 1. Mann *m* 2. Männchen *n* (*bei Tieren*) 3. männlich 4. Ehegatte *m* 5. Gewindebohrer *m* 6. voll; mit Spitze *od.* Haken 7. *mel.* von männlichem, charaktervollem Verhalten 8. hart *od.* gehärtet (*Metall*); ~ *berberi* Herrenfriseur *m*; ~ *dul* Witwer *m*; ~ *kopça* Haken *m* (*zu e-r Öse gehörig*).
erkeklik 1. Zugehörigkeit *f* zum männlichen Geschlecht 2. Manneskraft *f* 3. Mannhaftigkeit *f.*
erkeksi mit maskulinem Einschlag; ~ *kadın* Mannweib *n.*
erkeksiz 1. ohne Mann 2. alleinstehend (*Frau*).
erken 1. früh 2. früher als gewöhnlich 3. zu früh, vorzeitig, verfrüht; *-den* am frühen Morgen.
erkence 1. [· x ·] früh, beizeiten 2. [· · x] ziemlich früh.
erkenci 1. wer *et.* früh (*zu früh, früher als andere od. als gewöhnlich*) tut 2. Frühaufsteher(in *f*) *m.*
erkin 1. frei, unabhängig 2. ♀ *mV.*
erlik 1. Männlichkeit *f* 2. Tapferkeit *f.*
ermek, (*-ir*) 1. erreichen; gelangen (*zu*) 2. berühren können 3. reifen (*spez. Früchte*) 4. großjährig werden 5. e-n hohen Grad der Heiligkeit erreichen.
Ermeni Armenier(in *f*) *m*; armenisch; ~ *gelini gibi kırıtmak* 1. sich lange bitten lassen 2. mit der Arbeit nicht vorankommen.
Ermenice armenische Sprache, Armenisch *n.*
Ermenistan *n.pr.* Armenien *n.*
ersiz ohne Mann; alleinstehend (*Frau*).
ertak! V los, gehen wir!
erte Tag *m* (Tage *pl. od.* Zeit *f*) nach e-m best. Termin (*s. a. ertesi*).
ertelemek 1. zu lange aufgehoben werden (*Essen, Vorräte usw.*) 2. *tr.* verschieben, zurückstellen.
ertesi darauffolgend, nächst-; ~ *gün* 1. nächster Tag 2. tags darauf; ~ *sene* 1. darauffolgendes Jahr 2. ein Jahr später.
erve Streumehl *n.*
erzak [ā] (*pl. zu rızk*) Lebens-, Nahrungs·mittel *pl.*, Proviant *m*, Verpflegung *f.*
erzats 1. Ersatz *m*, Surrogat *n* 2. Ersatz-.
es *mus.* Pause *f*, Pausenzeichen *n.*
esame [ā] *hist.* Stammrolle *f* der Janitscharen.
esameli [ā] 1. *hist.* in die Stammrolle der Janitscharen eingetragen 2. vorbestraft 3. berüchtigt.
esami [· - -] (*va. pl. zu isim*); ~ *üzerine yoklama mil.* Namenverlesung *f*; *-si okunmamak fig.* kein Ansehen genießen.
esans 1. (*unverdünntes*) Parfüm 2. Essenz *f.*
esaret, *-ti* [ā] 1. Gefangenschaft *f* 2. Sklaverei *f* 3. Joch *n*, Knechtschaft *f.*
esas *urspr.* [ā] 1. Grund *m*, Grundlage, Basis *f*, Fundament *n* 2. Quelle, Ursache *f* 3. wirkliche Bedeutung *od.* ursprüngliche Form 4. Hauptsache *f* 5. *chem.* Base *f* 6. grundlegend, eigentlich, Haupt-, Leit-; ~ *itibariyle* im Prinzip; ~ *nokta* Kernpunkt *m*; ~ *sermaye* Grundkapital *n.*
esasen [ā] [· x ·] 1. von vornherein 2. an und für sich schon 3. sowieso, ohnedies.
esasi [· - -] 1. grundlegend, eigentlich, Haupt-, Kern- 2. Verfassungs- 3. *chem.* basisch 4. *math.* Grund-, Haupt-.
esaslı [ā] 1. fundamental 2. gründlich, eingehend 3. hauptsächlich, wesentlich 4. eigentlich, wirklich 5. begründet, sicher, zuverlässig 6. solide gebaut; ~ *bir noktaya dokunmak et.* Grundsätzliches besprechen; ~ *malûmat* 1. gründliche Kenntnisse *pl.* 2. authentische Information.
esassız [ā] 1. grundlos, unbegründet 2. ohne solide Basis.
esatir [· - -] (*pl.*) 1. Legenden, Erzählungen, Mythen *pl.*, Folklore *f* 2. Mythologie *f.*
esatirî [· - - -] mythologisch.
esbab, *-bı* [ā] (*z. va. pl. zu sebep*) 1. Gründe, Motive *pl.* 2. zur Verfügung stehende Mittel *pl.*; *esbabı mucibe jur.* 1. Beweggründe, Erwägungen *pl.* 2. Präambel, Vorrede *f.*
esef Bedauern *n*, Kummer *m*; ~ *etm.* bedauern; *-e şayan* bedauernswert, bedauerlich.
esefli bedauerlich, beklagenswert.
eselemek *in der volkstüml. Füg.* ~ *beselemek* nichts unversucht lassen.

esen gesund, wohlbehalten; ~ *kal* (*-ınız*) alles Gute!.
esenlik 1. Wohlbefinden *n* 2. Sicherheit, Geborgenheit *f*.
eser 1. Werk *n*, Schöpfung *f* 2. Spur *f* 3. (*An-*)Zeichen *n* 4. Eindruck *m*, Wirkung *f*; ~ *sahibi* Autor, Verfasser *m*.
esermek *in der volkstüml. Füg.* ~ *besermek* unter großer Anstrengung zuwege bringen.
esham [ā] (*pl. zu sehim*) Aktien, Anteilscheine *pl.*; ~ *ve tahvilât borsası* Effektenbörse *f*.
eshap *s. ashap*.
esinti sanft wehendes Lüftchen.
esir *urspr.* [ī] 1. (*Kriegs-*)Gefangener *m* 2. Sklave, Diener *m* 3. ganz vernarrt (*in*); ~ *almaca* Barlauf *m* (*Ksp.*); ~ *almak* Gefangene machen; ~ *düşmek* (*od. olm.*) (*b-ne*) in *j-s* Gefangenschaft geraten; ~ *etm.* gefangennehmen; ~ *kampı* Gefangenenlager *n*; ~ *ticareti* Sklavenhandel *m*.
esîr Äther *m* (*im Weltenraum*).
esirci Sklavenhändler *m*.
esircilik Sklavenhandel *m*.
esirgemek 1. behüten, (be)schützen 2. versagen, verweigern 3. mißgönnen 4. nicht in die Schanze schlagen wollen 5. zurückhaltend sein (*mit*).
esirlik 1. (*Kriegs-*)Gefangenschaft *f* 2. Sklaverei *f*.
eski 1. alt 2. früher, seinerzeitig 3. veraltet, überholt 4. abgenutzt, verbraucht, baufällig 5. chronisch (*Leiden*) 6. mit *relativ* hohem Dienstalter 7. alt, bejahrt; ~ *çağ* Altertum *n*; ~ *çamlar bardak oldu* (*od. kürek olmuş*) *fig.* die Welt hat sich seither wesentlich verändert; ~ *hamam, eski tas* es hat sich nichts geändert; ~ *hayratı berbadetmek et.* verschlimmbessern; ~ *kafalı* stockkonservativ; ~ *kurt* gerissener Bursche; ~ *püskü* alter Kram, Trödel, Plunder *m*; ~ *toprak fig.* alt, aber noch rüstig; ~ *zaman*(*-lar*) 1. Altertum *n* 2. Vorzeit *f*; *-den* früher, seinerzeit; *-den kalma* von altersher übernommen; *-ler* 1. Ahnen *pl.* 2. Menschen *pl.* früherer Zeiten 3. alter Kram; *-si gibi* wie früher.
eskici 1. Trödler, Althändler *m* 2. Schuhflicker *m*.
eskileşmek 1. veralten 2. sich abtragen.
eskime, *Vs. zu eskimek*; ~ *ve aşınma mil.* natürliche Abnützung.
eskimek 1. = *eskileşmek* 2. chronisch werden 3. im Dienst ergrauen 4. lange gelagert werden (*z.B. Wein*).
eskrim Fechten *n*, Fechtkunst *f*; ~ *meçi* Florett *n*.
esmek, (*-er*) 1. wehen, blasen (*Wind*) 2. *fig.* einfallen, in den Sinn kommen 3. unvermutet auftauchen 4. unverhofft zu et. kommen (*Erbschaft usw.*); *esip savurmak* F 1. aufschneiden, prahlen 2. umhertoben.
esmer (dunkel-, schwarz)braun; dunkel; ~ *güzeli* hübsche Brünette.
esmerleşmek bräunen; braun werden.
esna [ā] Zwischenzeit *f*, Verlauf *m*; *harb -sında* während des Krieges; *o -da* in der Zwischenzeit.
esnaf [ā] (*urspr. pl. zu sınıf*) 1. Handwerker *m od. pl.* 2. Kleinhändler *m od. pl.* 3. V gewohnheitsmäßiger Gauner 4. V gewerbsmäßige Dirne.
esnek elastisch.
esneklik Elastizität *f*.
esnemek 1. gähnen 2. elastisch sein; federn, nachgeben.
esnetmek *Kaus. zu esnemek a.* Verdruß bereiten.
espap [ā] (*urspr. pl.*) Anzug *m*, Kleid *n*, Kleidung *f*; Kleider, Sachen *pl.*
espri 1. Geist, Witz, Scharfsinn *m* 2. geistreicher Ausspruch 3. *selt.* Geisteshaltung, Mentalität *f*; ~ *yapmak* witzige Bemerkungen machen.
esprili geistreich, witzig.
esrar [ā] 1. (*va. pl. zu sır*) Geheimnisse *pl.* 2. Haschisch *m*; ~ *kumkuması* (*od. kutusu od. küpü*) geheimnisvolle Persönlichkeit.
esrarengiz [· - · -] geheimnisvoll, mysteriös.
esrarkeş [ā] Haschischraucher *m*.
esrarlı [ā] 1. = *esrarkeş* 2. Haschisch enthaltend.
esselâmüaleyküm = *selâmünaleyküm*.
estağfurullah [· x · · ·] 1. *selt.* (*Abw.*) Gott behüte! 2. *Hfl.* Bitte sehr!
estek (*in Verb. mit köstek*): ~ *köstek etm. od.* ~ *etm. köstek etm.* Ausflüchte versuchen.
ester[1] Maultier *n*; Maulesel *m*.
ester[2] *chem.* Ester *m*.
estetik 1. Ästhetik *f* 2. ästhetisch.
esvap *s. espap*.
eş 1. das eine Stück *e-s Paares*; das, (ein) zweite(s) 2. Mann, Gemahl,

Lebensgefährte *m* 3. Frau, Gemahlin, Lebensgefährtin *f* 4. *et.* Gleiches *od.* Ähnliches; Gegenstück *n*; ~ *dost* Freunde und gute Bekannte *pl.*; ~ *tutmak* sich e-n Partner wählen; *-i görülmedik* unvergleichlich.

eşape *Fb.* Durchbruch *m e-s einzelnen Spielers.*

eşarp, *-pı* Schärpe *f.*

eşek 1. *zo.* Esel *m*, *spez.* Hausesel *m* 2. Dummkopf, Grobian *m*; ~ *arısı zo.* Wespe *f*; ~ *başı fig.* Vorgesetzte(r) *m* ohne Autorität; ~ *başı mısın?* (*grob*) wie kann man denn ein solcher Trottel sein!; ~ *herif* stupider Kerl; ~ *sırtı* dachförmig nach beiden Seiten abfallend; ~ *sineği zo.* Bremse *f*; ~ *şakası* grober, handgreiflicher Scherz; *eşeğe ters bindirmek fig.* anprangern.

eşekçe(sine) dumm *od.* eigensinnig wie ein Esel.

eşekhıyarı, *-nı s. acıhıyar.*

eşelenmek (*bşi*) 1. scharren, wühlen (*in*) 2. *fig.* aufrühren, anschneiden (*Frage*).

eşhas [ā] (*pl. zu şahıs*) Personen *pl.*

eşik 1. (*Tür-*)Schwelle *f* 2. *fig.* Schwelle *f* (*z.B. des Bewußtseins*) 3. Steg *m* (*an S. i.*) 4. *fr.* Hof *m* e-s Palastes; *eşiğine gelmek* (*b-nin*) 1. sich mit e-m Ersuchen *an j-n* wenden 2. bestürmen, belästigen; *eşiğini aşındırmak* (*b-nin*) *j-m* die Tür einlaufen.

eşinmek scharren, kratzen (*Hühner usw.*).

eşit gleich.

eşitlik Gleichheit *f.*

eşkenar *math.* gleichseitig.

eşkıya [ā] (*pl. zu şaki*) 1. Räuber, Banditen *pl.* 2. Räuber, Bandit *m*; ~ *yatağı* 1. Räuberhöhle *f* 2. Helfershelfer *m e-s Räubers.*

eşlik 1. Partnerschaft *f* 2. *mus.* Begleitung *f.*

eşoğlu eşek V Hornochse, Esel *m* im Quadrat.

eşraf [ā] (*pl. zu şerif*) 1. Honoratioren *pl.* 2. Nachkommen *pl.* des Propheten Mohammed.

eşref (*Elativ zu şerif*) 1. sehr edel 2. besonders günstig 3. ♀ *mV.*; *gel. a. wV.*; *eşrefi saât* geeigneter Augenblick.

eşsiz 1. unvergleichlich, ohnegleichen 2. ohne Gefährten *od.* Partner; allein.

eşya [ā] (*pl. zu şey*) 1. Sachen, Gegenstände, Möbel, Waren, Güter *pl.* 2. (*in sg. Bed.*) Sache *f*, Gegenstand *m usw.*

eşyalı möbliert.

eşyasız unmöbliert.

et, *-ti* 1. Fleisch *n* (*des menschlichen od. tierischen Körpers*) 2. mageres Fleisch 3. Fleisch *n* des Schlachttieres 4. nackte Haut 5. Fruchtfleisch *n*; ~ *bağlamak* sich schließen (*Wunde*); ~ *but* (*od. can*) *tutmak* zunehmen; dicker werden; ~ *sineği zo.* Schmeißfliege *f*; ~ *suyu* Fleischbrühe *f*; ~ *yaran* Nagelgeschwür *n*; ~ *yığını fig.* Fleischkoloß *m*; *eti budu yerinde od. etine dolgun* rundlich, drall, mollig, vollschlank.

etabli 1. etabliert 2. mit dauerndem Wohnort 3. naturalisiert 4. *jur.* Niedergelassene(r) *m* (*nach dem Lausanner Vertrag*).

etajer Bücher-gestell, -brett, -regal *n.*

etçil *biol.* fleischfressend.

etek 1. unterer Teil e-s Kleidungsstückes; Schoß *m* 2. herabhängender Stoffteil, *z. B.* Schleppe *f* (*e-s Kleides*) 3. Fuß, Ausläufer *m* (*e-s Gebirges*) 4. Rock *m* (*für Damen*) 5. Saum *m* (*e-s Kleides*); ~ *dolusu od.* ~ ~ sehr reichlich; ~ *öpmek fig.* demütig betteln; ~ *silkmek* (*bşden*) sich distanzieren (*von*); *eteği belinde* tüchtig, arbeitsam (*Frau*); *eteği düşük* schlampig (*Frau*); *-leri tutuşmak* in Bestürzung *od.* Verzweiflung geraten; *-leri zil* (*od. ıslık*) *çalıyor* er ist außer sich vor Freude.

eteklenmek (*m. Akk.*) *j-m* den Saum des Gewandes küssen.

eteklik 1. als (*Damen-*)Rock *od.* zur Herstellung e-s solchen geeignet 2. (*Damen-*)Rock *m* 3. überhängender *od.* vorspringender Teil *von et.*; Einfassung *f.*

etelemek *in der volkstüml. Füg.*: ~ *betelemek* unfreundlich *od.* schlecht behandeln.

eter 1. *chem.* Äther *m* 2. *spez.* Äthyläther *m.*

etermek *in der volkstüml. Füg.*: ~ *yetermek* alles (*Geld*) zusammenkratzen.

etıbba [ā] (*pl. zu tabip*) Ärzte *pl.*

Eti Hettiter *m*; hettitisch.

etiket, *-ti* 1. Etikett *n*; Preis- *od.* Aufschrift-zettel *m* 2. Etikette *f*, Zeremoniell *n.*

etkafalı beschränkt, dumm.
etki 1. Wirken *n* 2. Eindruck *m*, Wirkung *f*, Effekt *m*.
etkili wirksam.
etli 1. Fleisch- 2. fleischig (*z. B. Früchte*) 3. dicht, dick (*Teppich*) 4. beleibt, korpulent; ~ *butlu* recht korpulent; ~ *kemikli* leibhaftig; ~ *yemek* Fleischgericht *n*.
etmek (eder) (*vorzugsweise zur Verbalisierung von Sb., Vs., Adj. und Adv.*) 1. tun, machen 2. wert sein, gelten 3. ausmachen, ergeben 4. handeln, daran tun 5. leben, existieren, bestehen, sein 6. erreichen 7. rauben, wegnehmen 8. *j-m et.* antun 9. Kot *od.* Urin entleeren; *eden bulur* jede Tat findet ihren Lohn; *o, ona çok etti* er hat ihm viel Böses angetan.
etoburlar fleischfressende Tiere *pl.*
etraf [ā] (*pl. zu taraf*) 1. Seiten *pl.* 2. Umkreis *m*, Umgegend, Umgebung, Gegend *f* 3. (*Körper-*)Glieder *pl.* 4. *-ına, -ında* um... herum; rings um... 5. *-ında* betreffs, hinsichtlich, über, zu, um; *-a haber vermek pej.* ausposaunen; *-ını almak* (*od. çevirmek od. sarmak*) umringen, -zingeln; *-iyle* ausführlich, eingehend; *-ta* in der näheren Umgebung; *-tan* von allen Seiten.
etraflı(ca) ausführlich, in allen Einzelheiten, eingehend.
etsiz 1. fleischlos 2. (*a.* ~ *cansız*) abgemagert, schmal geworden.
ettahiyat, *-tı* [· · · -] Lobpreisung *f* Gottes und Mohammeds *im isl. Gebet.*
ettirgen *gr.* kausativ, faktitiv.
etüt, *-dü* 1. Studie, Untersuchung *f*, wissenschaftliche Arbeit 2. *mus.* Etüde *f* 3. Studierzeit (*im Internat*) *f*.
etüv 1. *chem.* Trockenapparat *m* 2. Desinfektionsapparat *m* 3. Schwitzraum *m* (*im türk. Bad*).
Etyopi, Etyopya [· x ·] *n. pr.* Ethiopien *n*.
ev 1. Haus, Heim *n*, Wohnung *f* 2. *spez.* Einfamilienhaus, Eigenheim *n* 3. *selt.* P Zimmer *n* 4. *fig.* häuslicher Herd; Familie *f* 5. Lager *n* (*e-r Achse*) 6. Feld *n* (*z.B. auf Schachbrett*) 7. *T. des Sx. -hane*; ~ *açmak* e-e Familie gründen; ~ *bark* Heim, Haus *n*, Familie *f*; ~ *bark sahibi* Familienvater *m*; ~ *ekmeği* Hausmacherbrot *n*; ~ *eşyası* Haushaltsgegenstände *spez.* Möbel *pl.*; ~ *hanımı* Dame *f* des Hauses; ~ *kadını* (*tüchtige*) Hausfrau; ~ *sahibi* 1. Hauseigentümer *m* 2. Familienoberhaupt *n*; ~ *tutmak* ein Haus *od.* e-e eigene Wohnung mieten; ~ *yıkmak* zwischen den Ehegatten Zwietracht säen; *-lere şenlik!* (*Abw. bei Erwähnung e-s Todesfalles, Unglücks usw.*).
evani [· - -] *pl.* Töpfe, Schüsseln, Gefäße *pl.*
evce, evcek *adv.* 1. im Familienkreis 2. mit der ganzen Familie.
evci 1. häuslich 2. den Sonntag in der Familie verbringend (*Internatsschüler*).
evcil gezähmt, zahm, Haus-.
evcilik 1. Hausbau *m* 2. häusliches Leben; Häuslichkeit *f*; ~ *oynamak Ksp.* Mann und Frau spielen.
evcimen, evciment, *-di* häuslich.
evedi *s. ivedi.*
evel 1. *va.* erst- 2. zuerst, zunächst, früher, vorher, eher 3. *temporale Pp. m. Abl.* vor; *bundan* ~ zuerst, vorher; *-emirde* zunächst einmal; *-den* schon früher; *-den sezmek* vorausahnen; *-lerden* in früheren Zeiten; *-leri* seinerzeit; *iki sene -isine nazaran* im Vergleich zu der Zeit vor zwei Jahren.
evelâ *s. evvelâ.*
evelce [· x ·] 1. zuerst, zunächst 2. früher, vorher.
evelemek *s. gevelemek.*
eveli P 1. = *evelki, evelsi.* 2. früher, vordem.
evelki vorherig-, alt, ehemalig-, früher-, erst-, vorletzt-; ~ *gün* vorgestern; ~ *sene* vorletztes Jahr.
evelsi vorletzt-.
evemek eilen, sich beeilen.
evermek *m. Akk.* P verheiraten.
evet, *-ti* ja, jawohl; ~ *efendim!* Ja! Gewiß! ~ *efendim, sepet efendim, güzel efendim demek* (*spött.*) zu allem ja und Amen sagen.
evetlemek „Ja" sagen, versprechen, zusagen.
evham [ā] (*pl.* zu *vehim*) irrige Vorstellungen *pl.*, falsche Einbildung; Wahn, Verdacht *m*; *-a kapılmak* Verdacht schöpfen.
evhamlı [ā] 1. wer sich überflüssigen Sorgen hingibt 2. unter e-r Zwangsvorstellung leidend.

evirmek um-wandeln, -ändern; *evire çevire* tüchtig, ordentlich; ~ *çevirmek* 1. hin- und her-drehen 2. *fig.* hin und her überlegen 3. *fig.* nicht recht mit der Sprache herausrücken.
eviye (*pl. zu via*) *an.* Gefäße *pl.*
evkaf (*pl. zu vakıf*) Güter *pl.* der Toten Hand; (Verwaltung *f* der) fromme(n) Stiftungen *pl.*
evlâ besser, geigneter, vorzuziehen.
evlâdedinme Annahme *f* an Kindesstatt, Adoption *f.*
evlât, *-di urspr.* [ā] (*pl. zu velet*) 1. Kind *n* 2. Abkömmling, Sproß *m*; ~ *acısı* Schmerz *m* über den Verlust e-s Kindes; ~ *canlısı* 1. *mel.* kinderlieb 2. *pej.* Kinder-narr *m.* -närrin *f*; ~*sevgisi* Elternliebe *f.*
evlâtlık 1. Recht *n od.* Stellung *f* e-s Kindes 2. Adoptivkind *n* 3. Pflegekind *n*; *-tan ret* (*od. çıkarma*) Verstoßung *f.*
evlek 1. vierter Teil e-s *dönüm* 2. *zwischen zwei Ackerfurchen befindlicher* Boden 3. V Zehn-Pfund-Schein *m* 4. Wassergraben *m* (*auf e-m Feld*).
evlendirmek (*Kaus. zu evlenmek*) verheiraten.
evlenme *Vs. zu evlenmek spez.* 1. Heirat, Vermählung *f* 2. Ehe *f*; ~ *dairesi* Standesamt *n*; ~ *kâğıdı jur.* Trauschein *m.*
evlenmek heiraten, sich verheiraten.
evleviyet, *-ti* Vorrang, Vorzug *m*; *-le* umso eher, umso mehr.
evli 1. mit... Häusern 2. verheiratet; ~ *hayat* Eheleben *n*; ~ *kadın* Ehefrau *f.*
evlilik Eheleben *n*, Ehe *f*; ~ *birliği jur.* eheliche Gemeinschaft.
evliya [ā] (*pl. zu veli*) 1. Heilige *pl.* 2. Heiliger *m.*
evrak, *-kı urspr.* [ā] 1. *va. bot.* Blätter *pl.* 2. Papierblätter *pl.* 3. Papiere, Akten *pl.*; ~ *kalemi* Registratur *f*; ~ *memuru* Registraturbeamte(r) *m*; *evrakı müsbite* Unterlagen, Belege, Dokumente *pl.*
evren Weltall, Universum *n.*
evsaf [ā] (*pl. zu vasıf*) 1. Eigenschaften *pl.* 2. *mel.* Qualität, Leistungsfähigkeit *f*; *birinci -ta askerler* ganz hervorragende Soldaten *pl.*
evvel *s. evel.*
evvelâ [x . .] zuerst; vor allen Dingen.
evvelce, evveli *s. evelce, eveli.*
evveliyat, *-ti* [ā] 1. (*Akten-*)Vorgänge *pl.* 2. Vorgeschichte *f.*
evvelki, evvelsi *s. evelki, evelsi.*
evza [ā] (*pl. zu vazı*) 1. Stellungen *pl.* 2. Handlungen *pl.* 3. Gebärden *pl.* 4. Benehmen, Verhalten *n*; ~ *satmak* sich anmaßend benehmen.
ey 1. he!, heda!, holla! 2. o... 3. ach, aber, ei, nun aber.
eyalet, *-ti* [ā] *hist.* 1. osm. Provinz *f mit eigener Verwaltung*, 2. Land *n.*
eyer Sattel *m*; ~ *takımı* Sattelzeug *n*; ~ *takmak* (*od. vurmak*) satteln.
eyerlemek satteln.
eyi- *usw. s. iyi- usw.*
eylem 1. Tätigkeit *f*, Wirken *n* 2. methodisches Vorgehen.
eylemek *s. etmek.*
eylûl, *-lü* [*û* = kurzes ü] September *m.*
eytam [ā] (*pl. zu yetim*) Waisen *pl.*
eyvah [ā] ach! oh weh! ~ *çekmek* seufzen, stöhnen; *-lar olsun!* Ach!, Oh weh!
eyvallah [x · -] 1. Vergelt's Gott! Danke schön! 2. Auf Wiedersehen! 3. Gewiß!, Gerne!, Natürlich!; ~ *demek* bereitwillig übernehmen; ~ *etm.* 1. *j-m* in allem zu Willen sein 2. schmeicheln; *-ı olmamak* (*b-ne*) sich undankbar erweisen (*gegen*).
eyyam [ā] (*pl. zu yevm*) 1. Tage *pl.* 2. Zeit *f*, Zeitpunkt *m* 3. Herrschaft, Macht *f* 4. günstiger Wind (*für Segelschiff*); ~ *efendisi* (*od. ağası od. reisi*) *pej.* 1. Opportunist *m*, Stehaufmännchen *n* 2. würdeloser Schmeichler; ~ *görmüş* (*od. sürmüş*) lebenserfahren; ~ *ola! naut.* Gute Fahrt!; *eyyamı bahur* Hundstage *pl.*
eza [ā] Qual, Pein, Mühseligkeit *f.*
ezan [ā] Gebetsruf *m* (*vom Minarett*).
ezani [· - -] *in der Füg.*: ~ *saat* frühere, *mit dem Abendgebetsruf einsetzende* Stundenzählung (*bis 1908*).
ezber 1. auswendig 2. auswendig zu Lernende(s) *n* 3. Auswendigkönnen *n.*
ezberci stumpfsinnig auswendig lernend.
ezberden 1. auswendig 2. unbesehen, aufs Geratewohl; ~ *okumak* auswendig hersagen.

ezbere ohne genaue Prüfung, oberflächlich; ~ *iş görmek* darauflos wursteln.
ezberlemek auswendig lernen.
ezcümle [x · ·] 1. unter anderem; zum Beispiel 2. kurzum 3. besonders.
ezel (*Ur-*)Ewigkeit (*nach der Vergangenheit zu*); *-denberi* von jeher; schon immer; seit unvordenklichen Zeiten.
ezelî (*ur-*)ewig; 2 *Yahudi* Ewiger Jude; Ahasver *m*.
ezeliyet, *-ti* (*Ur-*)Ewigkeit *f*.
ezgi 1. *mus*. Musikweise, Melodie *f* 2. *fig*. Art und Weise *f*.
ezgin = *ezik*.
ezici zerdrückend, zerstoßend, erdrückend (*z. B. Übermacht*), überwältigend (*z. B. Sieg*).
ezik zerdrückt, angestoßen (*Obst*).
ezilmek 1. *Pass. zu ezmek* 2. (*in Verb. m. mide, yürek od. iç*) Hunger verspüren; *ezildi büzüldü* 1. er war ganz verlegen 2. es war ihm überaus peinlich.
eziyet, *-ti* Qual, Plage, Pein *f*; ~ *çekmek* viel Mühseligkeiten durchmachen müssen; ~ *etm*. (*od. vermek*) quälen, plagen, peinigen.
eziyetçi Quäler, Peiniger *m*.
eziyetli qualvoll, mühselig.
eziyetsiz leicht, bequem.
ezkaza [· · -] 1. zufällig 2. durch Unglücksfall.
ezme 1. *Vs. zu ezmek* 2. Mus, Püree *n*.
ezmek, (*-er*) 1. zer·drücken, -stoßen, -quetschen, -stampfen, -treten, -malmen 2. zergehen lassen (*z. B. Zucker*) 3. überanstrengen 4. überwältigen (*z. B. Feinde*) 5. überfahren (*z. B. Auto*) 6. F durchbringen (*z. B. Geld*) 7. *j-n* tüchtig her-, vor-nehmen (*z. B. im Ringkampf*); *ezip suyunu iç!* das kannst du dir an den Hut stecken!
Ezrail *s. Azrail*.

F

f, F [fɛ] 1. *7. Buchst. des türk. Alph.* 2. *mus. Ton od. Note* f.
fa *mus. Ton od. Note* f; ~ *anahtarı* Baßschlüssel *m.*
faal, *-li* [· -] 1. tätig, aktiv, arbeitsam 2. einsatzfähig (*z. B. Flotte*).
faaliyet, *-ti* [· - · ·] 1. Tätigkeit, Aktivität, Rührigkeit *f* 2. Einsatzfähigkeit *f*; ~ *göstermek* Aktivität an den Tag legen; ~ *sahası* Tätigkeitsfeld *n*; *-e geçmek* 1. in Tätigkeit treten 2. eingreifen.
fabrika [x · ·] Fabrik *f*; ~ *işi* Maschinenarbeit *f*; ~ *mamulâtı* Fabrikware *f*; ~ *tesisatı* Werkanlagen *pl.*
fabrikacı Fabrikant *m.*
fabrikacılık 1. Fabrikbetrieb *m* 2. industrielle Produktion *f* 3. *pej.* Fabrizieren, Zurechtschustern *n.*
fabrikator, fabrikatör 1. = *fabrikacı* 2. *ab.* Erzeuger, Produzent *m.*
facia [- · ·] großes Unglück, Katastrophe, Tragödie *f.*
facialı [- · · ·] katastrophal, tragisch (*endend*), furchtbar, schrecklich.
facianüvis [- · · • -] Verfasser *m* von Tragödien; Tragiker *m.*
faça [x ·] 1. *naut.* Wendung *f* zum Rückwärtsfahren 2. V Gesicht *n*, Visage *f* 3. V unterste Spielkarte 4. V Kleidung *f*, Anzug *m*; *-sını almak* (*aşağıya*) V blamieren.
façeta [· x ·] Facette, Rautenfläche *f.*
fağfur 1. *fr. Titel der chinesischen Kaiser* 2. feines Porzellan.
fahim, *-hmi* Kohle *f*, Carbo-.
fâhime Denkfähigkeit *f*, Intellekt *m.*
fahiş [ā] 1. übermäßig 2. grob (*Fehler*) 3. *va.* obszön.
fahişe [ā] Dirne, Hure *f.*
fahrî 1. Ehren-, Honorar- 2. *Fahri* [x ·] *mV.*
faide *s. fayda.*
faik, *-kı* [ā] 1. überragend, überlegen 2. *va.* vorzüglich 3. ♀ *mV.*
faikıyet, *-ti* [ā] 1. Überragen, Übertreffen *n* 2. Überlegenheit, Übermacht *f.*
fail [ā] 1. Täter, Urheber *m*; tuend, machend 2. aktiv, tätig 3. *biol.* wirksam 4. *gr.* Subjekt *n* (*e-s Verbalsatzes*); *faili muhtar* handlungsberechtigt, großjährig.
failiyet, *-ti* [ā] 1. Täterschaft, Urheberschaft *f* 2. Einwirkung *f.*
faiz [ā] Zins *m*, Zinsen *pl.*; ~ *fiatı* (*od. nisbeti*) Zins·fuß, -satz *m*; ~ *yürütmek* Zinsen berechnen; *-e faiz yürütülmesi* Berechnung *f* von Zinseszinsen; *-e vermek* (*od. yatırmak*) gegen Zinsen ausleihen; *-i işlemek* (*bşin*) Zinsen bringen; *faizi mürekkep* Zinseszins *m.*
fak, *-kı* 1. Vogelschlinge *f* 2. *fig.* Falle *f*; *-a basmak* übertölpelt werden.
fakat, *-tı* [x ·] aber, jedoch, indessen.
fakfon Packfong *n* (*Legierung*).
fakîh 1. islamischer Jurist 2. *fr.* P [faki] Geistliche(r) *m.*
fakir [ī] 1. arm, mittellos 2. arm, bedauernswert 3. *va. Besch.* ich 4. indischer Fakir.
fakirhane [· - - ·] 1. Siechen-, Armen·heim *n* 2. *osm. Besch.* mein Haus.
fakülte Fakultät *f.*
fal, *-lı urspr.* [ā] 1. Vor·zeichen *n*, -bedeutung *f* 2. Wahrsagen *n*; ~ *açmak* (*od. atmak*) wahrsagen; ~ *çıktı* die Prophezeiung ist eingetroffen; ~ *taşı ein Kiesel, e-e Bohne o.ä., womit Wahrsagerei betrieben wird*; ~ *tutmak* sich wahrsagen lassen; *-a bakmak s.* ~ *açmak.*
falaka [x · ·] Bastonnadenholz *n* 2. Bastonnade *f* 3. *Bez. für verschiedene Klemmgeräte z. B.* Wagenschwengel *m*; *-ya çekmek* die Bastonnade verabfolgen.
falan 1. der und der; ein gewisser; so und so 2. und ähnliches; und was noch mehr; ~ *festekiz* (*od. feşmekân od. fıstık od. filân*) *mst. iron. od. spött.* = falan (2).
falanca = *falan* (1)
falanıncı soundsovielt-.
falbala Randverzierung *f*, Faltenbesatz *m*, Falbel *f.*

falcı Wahrsager(in *f*) *m*.
falcılık Wahrsagerei *f*.
falez Steilküste *f*.
falihayır [- · · ·] gutes Vorzeichen.
falname [- - ·] Wahrsage-, Orakelbuch *n*.
falso [x ·] 1. *mus*. falscher Ton, Mißton *m* 2. *fig*. falsche Ausführung, Mißgriff, Fehler *m* 3. *Bill*. Effet *n*; ~ *basmak* (*od*. *etm*.) e-n Mißgriff begehen, F danebenhauen; ~ *istaka* *Bill*. Kicks *m*, Fehlaufnahme *f*; ~ *vermek* 1. = ~ *etm*. 2. *Bill*. Effet geben.
falsolu 1. mißtönend 2. fehlerhaft, ungeschickt 3. *Bill*. mit Effet gespielt.
familya [· x ·] 1. *a*. *bot*. *geol*. Familie *f* 2. *selt*. Ehefrau, Gattin *f*.
fanfan 1. Nuscheln *n* 2. nuschelnd.
fâni [ī] 1. vergänglich 2. sterblich, Mensch *m* 3. *va*. schwach, hilflos.
fanilâ [â kurz] [· x ·] 1. Flanell *m* 2. Flanell- 3. Unterhemd *n*.
fantaziye [· x · ·] hohler Prunk, pompöse Aufmachung.
fantazi 1. *a*. *mus*. Phantasie *f* 2. Phantasieerzeugnis *n* 3. mit viel Phantasie (*entworfen*); ~ *yelek* Phantasieweste *f*.
fanus [ā] 1. Lampenglocke *f* 2. Schutzglocke *f* (*aus Glas*) 3. *va*. Leuchtturm *m*.
fanya [x ·] *weitmaschiges* Fischernetz.
far 1. Scheinwerfer *m* (*z*. *B*. *e-s Autos*) 2. V weibliche Brust.
faraş Kehrichtschaufel, Müllschippe *f*.
faraza [x · ·] angenommen, daß ...; gesetzt den Fall, daß ...
farazi [ī] hypothetisch.
faraziye 1. Annahme, Hypothese *f* 2. Arbeitshypothese, Voraussetzung *f*; ~ *yürütmek* Vermutungen anstellen.
farbala *s*. *falbala*.
fare [ā] *zo*. Maus, Ratte *f*; ~ *kapanı* Mausefalle *f*.
farfara aufdringlicher Schwätzer.
farımak sich abnützen, stumpf werden.
farig [ā] 1. frei, unbeschäftigt 2. leer, frei 3. *jur*. Zedent *m* 4. verzichtend, aufgebend.
farik, *-kı* [ā] 1. trennend, unterscheidend 2. charakteristisch, spezifisch.
farika [- · ·] 1. spezifisches Merkmal 2. *math*. Charakteristik *f* (*e-s Logarithmus*).
Farisî [- · -] persische Sprache; persisch.
farîza 1. göttliches Gebot 2. festgesetztes Erbteil 3. *als Armenabgabe* festgesetzter Teil.
fark, *-kı* 1. Differenz *f*, Unterschied *m* 2. *pr*. Preisdifferenz *f* 3. Unterscheiden, Wahrnehmen, Merken *n*; *-ına varmak* (*bşin*) merken, dahinterkommen; *-ında olmamak* (*bşin*) *et*. nicht (be)merken (ahnen, wissen).
farketmek [x · ·] 1. *m*. *Abl*. sich unterscheiden (*von*) 2. *m*. *Akk*. unterscheiden, trennen 3. *m*. *Akk*. (be-)merken, wahrnehmen.
farklanmak 1. sich immer stärker unterscheiden 2. anziehen (*Preise*).
farklı 1. verschieden, verändert, differenziert 2. *mel*. e-e Besserung zeigend; ~ *farksız* kaum verschieden; ~ *tutmak* nicht gleich behandeln.
farksız unterschiedslos, gleich.
farmason 1. Freimaurer *m* 2. F Gottlose(r), Atheist *m*; ~ *locası* Freimaurerloge *f*.
Fars 1. Perser(in *f*) *m* 2. persisch 3. *va*. Persien.
Farsça persische Sprache, Persisch *n*.
fart[1], *-tı* Übermaß, Zuviel *n*, Übertreibung *f*.
fart[2], *-tı in der Füg*.: ~ *furt* albern prahlend.
farta [x ·] *in folg*. *Füg*.: *fartafurtasız* F tölpelhaft, unbekümmert; *fartası furtası olmamak* sich wie ein Elefant im Porzellanladen benehmen.
farz 1. Annahme, Hypothese *f* 2. *isl*. kanonische Vorschrift 3. Pflicht, Verpflichtung *f*.
farzetmek [x · ·] 1. den Fall setzen; annehmen 2. *math*. voraussetzen; *farzedelim ki* ... gesetzt den Fall, daß ...
farzımuhal, *-li* [· · · -] Annahme *f* e-r Unmöglichkeit; ~ *olarak* nehmen wir einmal den unmöglichen Fall an, daß ...
Fas *n*.*pr*. 1. Fes (*Stadt in Marokko*) 2. Marokko *n*.
fasafiso [· · x ·] V dummes Geschwätz.

fasahat, *-ti* [· - ·] 1. Korrektheit, Reinheit *f* (*der Sprache*) 2. = *fasahatçılık.*
fasahatçılık [· - · · ·] *mst. pej.* sprachlicher Purismus (*in osm. Zeit*).
fasarya [· x ·] V 1. = *fasafiso* 2. weibliche Koketterie.
fasıl, *-slı* 1. *z. va.* Trennung, Scheidung *f* 2. *z. va.* Lösung, Schlichtung *f* 3. *va.* Jahreszeit *f* 4. Abschnitt *m*, Kapitel *n* 5. *e-e best. orient. Musikart* 6. *e-e best. Reihenfolge in e-m orient. Musikprogramm* 7. (*Theater-*)Akt *m* 8. Durchhecheln *n* 9. *Verst. v. asıl.*
fâsıl trennend, scheidend, teilend.
fâsıla 1. Pause, Unterbrechung *f* 2. Intervall *n* 3. Zwischenraum, Abstand *m.*
fasih [ī] richtig, korrekt, rein (*sprechend od. schreibend*).
fasile [ī] *bot. zo.* Familie *f.*
fâsit, *-di* 1. verdorben, schlecht 2. unrichtig, fehlerhaft, falsch, irrig 3. hetzerisch; ~ *daire* Circulus vitiosus *m.*
faska [x ·] großes Umschlagtuch (*für Wickelkinder*).
fasletmek [x · ·] 1. trennen 2. teilen 3. entscheiden 4. lösen 5. durchhecheln.
fason 1. Fasson *f*, Schnitt *m* 2. Macherlohn *m* (*des Schneiders*) 3. *techn.* Fassung *f* (*z. B. e-r Lampe*).
fasulye [· x ·] *bot.* Bohne *f.*
faşır faşır sprudelnd, plätschernd.
fâtih Eroberer *m.*
fâtiha Fatiha *f* (1. *Koransure*); ~ *okumak* 1. die Fatiha rezitieren (*z. B. für j-s Seelenheil*) 2. *fig.* (*bşe*) die Hoffnung *auf et.* aufgeben.
fatura Faktur(a), Begleitrechnung *f*; ~ *tanzim etm.* e-e Rechnung ausstellen.
favori 1. Backenbart *m*, Koteletten *pl.* 2. Favorit *m* (*bei Pferderennen*).
favul (*Sport*) regelwidriges Verhalten, Foul *n.*
fayans Fayence, Fliese, Kachel *f.*
fayda Nutzen, Vorteil, Gewinn, Profit *m*; *-sı dokunmak* (*bşin*) Vorteil bringen.
faydalanmak *m. Abl.* 1. profitieren (*von*) 2. geistige Förderung erfahren 3. benützen, verwenden.
faydalı 1. nützlich, nutzbringend 2. segensreich (*Regen*); ~ *malûmat* 1. nützliche Kenntnisse *pl.* 2. aufschlußreiche Mitteilungen *pl.*
faydasız unnütz, nutzlos, unrentabel.
fayrap [x ·] 1. stärkeres Nachlegen von Kohlen 2. *naut.* Dampf hoch!; ~ *etm.* 1. *naut.* Dampf aufmachen 2. *fig.* mit (mehr) Nachdruck betreiben.
fayton *s. payton.*
faz [ā] *phys.* Phase *f.*
fazilet, *-ti* [· - ·] 1. schätzenswerte ethische Qualität, Tugend *f* 2. Talent *n*, Begabung *f*, Verdienst *n.*
fazla 1. viel 2. mehr, weiter, 3. zu viel (*sehr, groß*); übermäßig; zu oft (*lang*) 4. Rest *m*, Überbleibsel *n*; ~ *gecikmek* überfällig sein; ~*olarak* überdies, weiter; ~ *olm.* 1. sich erübrigen 2. zu weit gehen; ~ *tazyik techn.* Überdruck *m*; *-siyle* im Übermaß.
fazlalaşmak 1. sich vermehren 2. sich verschärfen.
fazlalık 1. starkes Anwachsen 2. Überschuß *m* 3. Überzahl *f.*
fecaat, *-ti* [· - ·] Unglück, Unheil *n.*
feci, *-ii* [ī] katastrophal, tragisch, schrecklich.
fecir, *-cri* Morgen·dämmerung, [-röte *f.*]
feda, *-aı* [ā] Opfer *n*, Aufopferung *f*; ~ *etm.* (auf)opfern, hingeben; ~ *olm.* (*Pass. zu* ~ *etm.*); ~ *olsun!* F 1. ich gönne es ihm von Herzen! 2. das macht mir nichts aus!
fedakâr [· - -] opfer·freudig, -bereit.
fedakârlık [· - - ·] 1. Opfer·willigkeit, -bereitschaft *f* 2. Selbstaufopferung *f* 3. Selbstlosigkeit *f* 4. Opfer *n*; ~ *etm.* 1. Opfer bringen 2. (*bşden*) verzichten (*auf*).
federal 1. bundesstaatlich 2. eidgenössisch; Bundes-.
federasyon 1. Föderation *f* (*a. Sport*) 2. Staatenbund, Bundesstaat *m.*
federatif = *federal.*
federe 1. Bundes- 2. eidgenössisch 3. (*Sport*) föderiert; ~ *devlet jur.* Bundesstaat, Einzelstaat *m*, Land *n*; Kanton *m* (*Schweiz*).
feding (*Radio*) Schwundeffekt *m.*
fehamet, *-ti* [ā] 1. Erlauchtheit, Hoheit *f* 2. ♀ *wV.*
fehim, *-hmi* Verständnis *n.*
fehmetmek [x · ·] verstehen, begreifen.
fehva [ā] Sinn *m*, Bedeutung *f.*

fek, *-kki* 1. Aufbrechen, Lösen, Öffnen *n* 2. Bruch *m*, Aufhebung *f* 3. *jur.* Siegelbruch *m*.
fekketmek [x · ·] 1. aufbrechen, lösen, öffnen (*z.B. Siegel*) 2. brechen, aufheben.
fekül Stärke-, Kartoffel·mehl *n*.
felâh (*Er-*)Rettung, Erlösung *f*, Heil, Gedeihen *n*.
felâket, *-ti* großes Unglück, Schicksalsschlag *m*; schwerer Verlust; ~ *haberi* Hiobsbotschaft *f*.
felâketli 1. unglückselig, unselig, unheilvoll 2. = *felâketzede*.
felâketzede von e-m großen Unheil betroffen.
felç, *-ci med.* Schlaganfall *m*; *felce uğramak* 1. vom Schlag getroffen werden 2. *fig.* lahmgelegt werden.
feldmareşal, *-li* [x · · ·] *mil.* (*General-*)Feldmarschall *m*.
felek 1. Himmel *m*, Himmelsgewölbe *n* 2. Weltall *n* 3. Schicksal *n* 4. *mil.* Schellenbaum *m*; *-ten kâm almak fig.* e-e lustige Zeit verbringen.
Felemenk, *-gi* [x · ·] *n.pr.* Holland *n*, die Niederlande *pl*.
felfelek kleiner Schmetterling.
fellâh 1. Fellah(e) *m*, ägyptischer Bauer 2. Neger *m*.
fellek fellek *od.* **fellik fellik** *Lm. e-s aufgeregten Hin- und Herlaufens.*
felsefe Philosophie *f*; ~ *yapmak* (*od. yürütmek*) philosophieren.
fen, *-nni* 1. Naturwissenschaft(-en *pl.*) *f* 2. Technik *f*, technische Gebiete *pl*. 3. praktisch angewandte Wissenschaft 4. *va.* Wissenschaft *f* (*allgemein*) 5. *va.* Hinterlist *f*; ~ *fakültesi* naturwissenschaftliche Fakultät; ~ *heyeti* Sachverständigenkommission *f*; *fenni harb va.* Kriegskunst *f*.
fena schlecht, übel, böse, schlimm, abscheulich; ~ *değil!* nicht übel!; ~ *etm.* 1. *selt.* Böses tun 2. schlecht daran tun 3. schlecht ausführen; ~ *halde* schlimm, übel, arg, furchtbar; ~ *puvan* Minuspunkt *m* (*bei Bewertung*); *-sına gitmek* (*b-nin*) *j-n* verdrießen; *-ya çekmek* (*od. almak*) 1. übel auslegen 2. übelnehmen; *-ya sarmak* (*od. varmak*) übel ausgehen.
fenâ 1. Auflösung, Zersetzung, Vernichtung *f* 2. (*fillâh*) mystisches Aufgehen in Gott 3. Tod *m*, Vergänglichkeit *f*.
fenalaşmak 1. sich verschlechtern, sich verschlimmern 2. Übelkeit empfinden 3. ernstlich erkranken.
fenalık 1. schlechter Zustand 2. Schlechtigkeit, Verwerflichkeit *f* 3. Heimtücke *f* 4. körperliches *od.* seelisches Unbehagen 5. Übelkeit *f*; ~ *etm.* (*od. yapmak*) 1. abscheulich handeln 2. (*b-ne*) *j-m* et. Böses antun.
fener 1. Laterne, Lampe, Fackel *f* 2. Leucht·turm *m*, -feuer *n* 3. Austrags·tablett *n* (*z.B. e-s Kaffeebereiters*) 4. *techn.* kleines Zahnrad (auf e-r Welle) 5. ♀ *n.pr. Stadtteil von Ist.*; ~ *alayı* Fackelzug *m*.
Fenike *n.pr.* Phönizien *n*.
fenimelmatlup [i, ü] um so besser.
fenlenmiş frühreif (*Mädchen*).
fennî 1. naturwissenschaftlich 2. technisch 3. fachmännisch 4. modern; ~ *ıstılahlar* Fachausdrücke *pl*.
fent, *-di* List, Finte *f*, Trick, Kniff, Kunstgriff *m*.
fer 1. Glanz *m* 2. Lebhaftigkeit *f* (*des Blickes*).
feragat, *-ti* [· - ·] 1. Selbstlosigkeit *f* 2. Verzicht *m*, -leistung *f*; ~ *etm.* (*m. Abl.*) verzichten (*auf*); ~ *göstermek* Selbstlosigkeit an den Tag legen; ~ *sahibi* selbstlos.
feragatname [· - · - ·] Abdankungsurkunde *f*.
ferağ [ā] 1. *va.* Verzicht *m* 2. *va.* Ruhe *f* 3. Übertragung *f* (*von Eigentum*), Zession, Auflassung *f*; ~ *etm.* zedieren, übertragen, auflassen.
ferah 1. weit, geräumig 2. heiter, fröhlich 3. *z. va.* Fröhlichkeit, Freude *f*; ~ ~ 1. reichlich; gut und gern 2. immer mehr (*stärker*) 3. bequem, mühelos.
ferahi [· - -] 1. Halsschild, Ringkragen *m* 2. *fr.* Metallplättchen *n zur Befestigung der Fes-Troddel.*
ferahlamak 1. weiter, geräumiger werden 2. sich wohler fühlen 3. bequemer leben können.
ferahlık 1. Geräumigkeit *f* 2. Gefühl *n* der Erleichterung; Heiterkeit, Freude *f*.
feraset, *-ti* [ā] 1. *va.* Reitkunst *f* 2. Einsicht, Intelligenz *f*.
ferç, *-ci* Schamöffnung, Scheide *f*.
ferda [ā] 1. Tag *m* (Tage *pl. od.* Zeit *f*) nach e-m best. Termin 2. morgen 3. Zukunft *f* 4. Auferstehung *f*.

ferdasız [ā] *fig.* aussichtslos.
ferde kleinerer Ballen (*z.B. Seide*).
ferdî 1. individuell 2. singulär; einzel-.
ferdiyet, *-ti* Individualität *f.*
ferdiyetçi Individualist(in *f*) *m.*
ferdiyetçilik Individualismus *m.*
fere junges (*Reb-*)Huhn; junge Wachtel *usw.*
feri, *-r'i* 1. Unterabteilung *f* 2. Begleit-, Neben-umstand *m*, Einzelheit *f.*
fer'î untergeordnet, sekundär, akzessorisch; Neben-; indirekt.
feribot, *-tu* [x · ·] 1. Eisenbahnfähre *f*, Trajekt *n*, 2. Fähre *f*, Fährdampfer *m.*
ferih [ī] heiter, fröhlich, zufrieden; ~ *fahur* in behaglichen Verhältnissen (*lebend*).
ferik 1. = fere 2. *Name e-r kleinen süßen Apfelsorte* 3. Röstweizen *m.*
ferîk *fr.* General(leutnant) *m.*
ferma [ā] Stellen *n* des Wildes; ~ *etm.* (*od. durmak*) das Wild stellen (*Hund*).
ferman [ā] *fr.* Erlaß *m*, Verordnung, Verfügung *f*, Ferman *m* (*des Sultans*).
fermejüp, *-pü* Druckknopf *m.*
fermetür, fermuvar Reißverschluß *m.*
ferraş Moscheediener *m.*
fersah persische Meile (5½ *km*); ~ ~ meilenweit (*z.B. übertreffen*).
fersiz matt, glanzlos (*Auge*).
fersude [ū] alt, abgenutzt, abgeschabt, abgewetzt, abgetragen.
ferş Ausbreiten, Legen *n*; ~ *etm.* ausbreiten (*z.B. Teppiche*), legen (*z.B. Rohre*).
ferşiyat, *-tı* [ā] Legen *n*, Verlegung *f* (*z.B. von Schienen, Rohren usw.*).
fert, *-di* 1. Individuum, Einzelwesen *n* 2. *bot.* einzelnes Exemplar *e-r Gattung* 3. einzig vorhanden.
fertçi Individualist(in *f*) *m.*
fertçilik Individualismus *m.*
fertik [x ·] 1. *fr.* fertig! (*Eisenbahn*) 2. *heute nur mehr in der Füg.*: *fertiği çekmek* (*od. kırmak*) V 1. sich davonmachen 2. *selt.* abkratzen (= sterben).
fertiklemek V = *fertiği çekmek.*
feryadetmek [ā] [· x · ·] jammern, schreien.
feryat, *-dı* [ā] Hilferuf *m*, Weh-, Jammer-geschrei *n.*
ferz Dame, Königin *f* (*Scha.*).
fes Fes *m*; ~ *ibiği* (*Fes-*)Troddel *f.*
fesat, *-dı urspr.* [ā] 1. Verderbnis, Verderbtheit *f* 2. Defekt *m*, Störung *f*, Gebrechen *n* 3. (*politische*) Unruhen *pl.* 4. Aufruhr *m*, Revolte *f* 5. *jur.* Komplott *n*, Konspiration *f* 6. *jur.* Willensmängel *pl.* 7. Übles denkend 8. = *fesatçı*; ~ *başı* Rädelsführer *m*; ~ *çıkarmak* Unruhe stiften; ~ *kumkuması* (*od. kutusu*) ewiger Unruhestifter *m*; ~ *tohumu saçmak* Unfrieden säen; *fesada vermek* 1. (zer)stören, verderben, untergraben 2. politische Brunnenvergiftung betreiben.
fesatçı Aufwiegler, Unruhestifter, Hetzer *m*; subversives Element.
feshetmek [x · ·] 1. aufheben (*Bestimmung, Beschluß usw.*), annullieren 2. kündigen (*Vertrag*) 3. auflösen (*Parlament*).
fesih, *-shi* 1. Aufhebung, Annullierung *f* 2. Kündigung *f* 3. Auflösung *f.*
festekiz *vgl. unter falan.*
festival, *-li* 1. Festspiel *n*, Festspiele *pl.* 2. V Vergnügen *n.*
fesüphanallah [· · - · -] der Herr sei gepriesen!
feşafeş plätschernd (*Wellen*).
feşmekân *s. falan*
fetha 1. *med.* Öffnung, Spalte *f*, Eingang, Introitus *m* 2. *Name e-s diakritischen Zeichens* ' *in der ar. Schrift.*
fethetmek [x · ·] erobern, einnehmen.
fethimeyyit, *-ti* Autopsie; Obduktion *f.*
fetih, *-thi* 1. *va.* Öffnen *n* 2. Eroberung, Einnahme *f* (*z.B. e-r Stadt*).
fetihçi 1. *selt.* = *fâtih* 2. eroberungssüchtig, imperialistisch.
fettan [ā] 1. verlockend, verführerisch; bezaubernde Schöne 2. *va.* Unruhestifter *m*; ~ *civelek* Taugenichts *m*, Früchtchen *n.*
fetva [ā] Fetwa *n*, Spruch *m od.* Urteil *n* e-s Mufti; ~ *vermek* 1. ein Fetwa abgeben (*Mufti*) 2. *hum.* seine Meinung äußern 3. *pej.* willkürlich entscheiden.
fevç, *-ci* dahinströmende Menschenmenge; ~ ~ (*od. fevcafevç*) in hellen Scharen.
feveran [ā] 1. Sprudeln *n* 2. Auf-

brausen *n* 3. Erregung *f* (*z.B. im Volk*) 4. Ausbruch *m* (*z.B. e-s Vulkans*).
fevk, *-kı* über, auf, ober; Über-.
fevkalâde [x · - ·] 1. außerordentlich 2. Spezial-, Ausnahme-, Sonder-; ~ *ağır* überschwer; ~ *delege* Sonderbeauftragte(r) *m*; ~ *haller* 1. außergewöhnliche Umstände *pl.* 2. Ausnahmezustand *m*; ~ *nüsha* Sondernummer *f* (*e-r Zeitung*).
fevkalbeşer [x · · ·] 1. Übermensch *m* 2. übermenschlich.
fevkattabia übernatürlich, Übernatürliche(s) *n*.
fevren [x ·] *adv.* 1. ungestüm, hitzig 2. schnell, sofort.
fevrî 1. eifrig, hitzig, ungestüm 2. plötzlich, hastig, unbesonnen.
fevt, *-ti* 1. Versäumen *n* (*e-r Gelegenheit*) 2. unwiederbringlicher Verlust; Tod *m*; ~ *etm.* 1. verpassen, versäumen 2. verlieren; ~ *olm.* 1. *Pass. zu* ~ *etm.* 2. sterben.
fevz 1. Erfolg, Sieg *m* 2. Rettung, Befreiung, Erlösung *f*.
feyezan [ā] 1. Überflutung *f* 2. Fülle *f* 3. Güte, Freigebigkeit *f*.
feyyaz [ā] 1. überfließend 2. segensreich, ertragreich 3. gütig, freigebig 4. ♀ [x ·] *mV*.
feyz 1. Gottes reicher Segen 2. reiches Geschenk 3. beruflicher Erfolg; ~ *almak* 1. rasch vorankommen (*fig.*) 2. (*m. Abl.*) Nutzen ziehen (*aus*); ~ *bulmak* = ~ *almak* (1).
feyzli 1. gesegnet, blühend, ertragreich 2. erfolgreich.
feza [ā] Weltenraum *m*.
fezahat, *-ti* [· - ·] Niedrigkeit, Gemeinheit, Abscheulichkeit *f*.
fezleke 1. gedrängter Bericht 2. kurze Darstellung; Auszug *m*.
fıçı Faß *n*; ~ *balığı* eingepökelter Fisch; ~ *gibi* klein und dick.
fıçıcı Faßbinder, Böttcher *m*.
fıçılamak in Fässer füllen.
fıkara *s. fukara.*
fıkı *s. sıkı fıkı.*
fıkıh, *-khı* isl. Recht *n*.
fıkır fıkır 1. wallend, brodelnd 2. stoßweise (*z.B. lachend*) 3. voller Erregung 4. kokett.
fıkırdak 1. unruhig; Zappelphilipp *m* 2. kokett.
fıkırdamak 1. brodelnd (*wallend*) (auf)kochen 2. herausprusten (*vor Lachen*) 3. sich kokett benehmen.

fıkra 1. Abschnitt, Absatz *m* (*z.B. in e-m Artikel*) 2. Anekdote *f*, kleinere Erzählung 3. Feuilleton *n* (*e-r Zeitung*) 4. *an.* Knochenwirbel *m* 5. *zo.* Gruppe *f*; ~ *başı* neuer Absatz.
fıkracı 1. Anekdotenerzähler *m* 2. Feuilletonist *m*.
fıldır fıldır *Lm. e-s hastigen Sich-Drehens od. -Wendens.*
fındık 1. Haselnuß *f* 2. V zum Falschspiel präparierter Würfel; ~ *altını* 1. *fr. kleines Goldstück* 2. *fig.* klein und wertvoll; ~ *kabuğunu doldurmaz* 1. winzig klein 2. lächerlich unbedeutend; ~ *kurdu* kleine, dicke Made; ~ *kurdu gibi* klein und mollig (*Frau, Mädchen*),
fındıkçı 1. Haselnuß-produzent, -händler, -verkäufer *m* 2. kokett.
fındıkkıran Nußknacker *m*.
fır 1. Schwirren, Surren *n* 2. ganze Umdrehung; ganzer Umkreis; ~ ~ = *fırıl fırıl.*
Fırat, *-tı n.pr.* Euphrat *m*.
fırça 1. Bürste *f* 2. Pinsel *m*.
fırçalamak (aus-, ab)bürsten.
fırdolayı [x · · ·] ringsumher.
fırdöndü 1. ganze Umdrehung 2. Drehring *m* 3. *techn.* (*Ketten- od. Ring-*)Sperrvorrichtung *f* 4. Messingkreisel *m* 5. *fig.* unbeständig, launisch.
fırıl fırıl *Lm. e-s schnellen, andauernden Kreisens.*
fırıldak 1. Windmühle *f* (*der Kinder*) 2. Kreisel *m* 3. Karussell *n* 4. Drehwürfel *m* 5. Windfang, Wetterhahn *m* 6. Lüftungsklappe *f* 7. *fig.* listiger Streich; Intrige *f*; ~ *çevirmek* Ränke spinnen; *fırıldağı çevirmek* 1. e-n *fırıldak* in Bewegung setzen 2. *fig.* geschickt zu Werke gehen.
fırıldamak sich dauernd drehen.
fırın 1. Backofen *m* 2. Bäckerei *f* 3. Ofen, Herd *m*.
fırıncı Bäcker *m*.
fırınlamak *techn.* abdarren.
fırka 1. *va.* Gruppe *f* 2. *z. va.* politische Partei 3. *z. va. mil.* Division 4. *z. va.* Flottengeschwader *n*.
fırlak 1. vorspringend, herausragend 2. (*Kinder-*)Kreisel *m* 3. ausgebrochene Stelle, ausgebrochenes Stück.
fırlamak 1. auffliegen 2. aufspringen 3. herausragen, vorstehen 3.

ausbrechen (*z.B. Tellerrand*) 4. *fig.* steigen, anziehen (*Preise*).
fırlatmak *Kaus. zu fırlamak spez.* werfen, schleudern, schnellen.
fırsat, *-tı* (*günstige*) Gelegenheit; *~ bu ~!* jetzt oder nie!; *~ düşkünü* wer auf e-e günstige Gelegenheit lauert *od.* e-e solche benutzt; *~ yoksulu* nur auf e-e Gelegenheit wartend (*um et. Böses zu tun*).
fırt fırt unablässig, dauernd.
fırtına 1. (*Gewitter-*) Sturm *m* 2. *fig.* heftiger Streit, lauter Zank.
fıs *in der vulg. Füg.*: *~ geçmek* zuflüstern, zuwispern.
fıs fıs flüsternd, tuschelnd.
fısıl fısıl = *fıs fıs.*
fısıldamak ins Ohr flüstern.
fısır fısır 1. knackend, knisternd 2. zischend, sprudelnd.
fıskıye 1. Mundstück *n* (*an Springbrunnen*) 2. Springbrunnen *m* 3. Spritze *f* (*Kspz.*).
fıslamak 1. zuflüstern 2. heimlich Nachricht zukommen lassen.
fıstık[1] 1. *Kollektivbez. für Pistazien, Piniolen und Erdnüsse*; *~ çamı bot.* Pinie *f*; *~ gibi* drall, mollig.
fıstık[2] *Verst. zu falan od. filân.*
fıstıki [i] pistazienfarben; meer-, glas·grün; *~ makam hum.* ohne Übereilung.
fış fış *od.* **fışıl fışıl** *od.* **fışır fışır** 1. knisternd, rauschend (*z.B. Seidenkleid*) 2. plätschernd, sprudelnd (*z.B. Wasser*).
fışkı Mist, Dünger *m* (*spez. von Pferden*).
fışkılamak düngen.
fışkılık 1. Misthaufen *m* 2. Kaldaunen *pl.*
fışkırmak 1. hervorsprudeln 2. herauskommen (*z.B. Grün*) 3. heraus-, hervor·dringen (*z.B. Licht*).
fıta 1. schmales, langes Rennboot 2. = *futa.*
fıtık (*Leisten-, Nabel-*)Bruch *m.*
fıtır Ende *n* des rituellen Fastens.
fıtnat, *-tı* 1. Intelligenz *f* 2. ♀ *mV., wV.*
fıtrat, *-tı* 1. *va.* Schöpfung *f* 2. Naturanlage *f.*
fıtraten [x · ·] *adv.* von Natur aus.
fıtri [i] 1. natürlich, angeboren 2. *phil.* nativistisch.
fiat, *-ti* Preis *m*; *~ kesmek* den Preis festsetzen; *~ kırmak* den Preis drücken.
fiatlanmak bewertet werden.
fiatlı teuer, kostspielig.
fidan Sproß, Sprößling *m*; junge Pflanze; *~ boylu* von schmalem, langem, schönem Wuchs; *~ gibi* rank und schlank (*Mädchen*).
fidanlık 1. Pflanzenbeet *n* 2. Baumschule *f.*
fide [x ·] Setzpflanze *f*, Pflänzling *m.*
fidelemek im Samenbeet ziehen.
fidelik 1. Saat-, Treib·beet *n* 2. *fig.* Ausbildungsschule *f.*
fidye, fidyeinecat, *-tı* [ā] Lösegeld *n.*
fifre [x ·] Querpfeife *f aus Holz.*
figan [ā] Weh-, Jammer·geschrei *n.*
figür 1. Figur, Gestalt *f* (*z.B. bei e-m Denkmal*) 2. Figur *f* (*Tanzkunst*).
figüran Statist *m*; *~ kız* Statistin *f.*
fiğ *bot.* Wicke *f.*
fihrist, *-ti* Inhaltsverzeichnis *n.*
fiil, *-li* 1. Handlung, Tat *f*, Akt *m* 2. *chem., phil.* Aktivsein, Wirken *n* 3. *gr.* Verb *n* 4. Aktualität *f* (*im Gegensatz zur Potentialität*); *-e gelmek* 1. Tatsache werden 2. ausgeführt werden; *-e getirmek* in die Tat umsetzen; ausführen; *-i bozuk* moralisch minderwertig; *fiili şeni* Sexualvergehen *n*, *spez.* Vergewaltigung *f*; *fiili teşemmüs* Sonnenstich *m.*
fiilen *adv.* 1. praktisch, de facto 2. tatsächlich, wirklich 3. aktuell 4. aktiv.
fiilî 1. praktisch 2. tatsächlich, effektiv, wirklich, eigentlich 3. aktuell 4. aktiv 5. verbal; *~ hizmet* aktive Dienstleistung.
fiiliyat, *-tı* [ā] 1. Leistung(-en), Tat(-en), Handlung(-en) *f* (*pl.*) 2. Praxis *f*; *-ta* praktisch, de facto.
fikir, *-kri* 1. Meinung, Ansicht, Erwägung, Auffassung *f* 2. Gedanke *m*, Idee *f* 3. Geist *m*, Intelligenz *f* 4. Gedächtnis *n*, Erinnerung *f*; *~ adamı* Denker *m*; *~ edinmek* sich ein geistiges Bild machen (*von*); *~ kırıntısı* Aphorismus *m*; *~ vermek j-m et.* verständlich machen; *fikre getirmek an et.* erinnern; *fikri dağınık* geistesabwesend; *fikrince* seiner Meinung nach; *fikrinde tutmak* im Kopf behalten; *fikrine koymak* 1. sich *et.* in den Kopf setzen 2. *j-m et.* einreden; *fikri sabit; sabit fikir* fixe Idee.

fikirli 1. mit ... Gedanken 2. *pr.* gedankenreich, klug.
fikirsiz 1. ideen-, gedanken·arm 2. gedankenlos, unüberlegt.
fikren [x ·] *adv.* geistig, gedanklich, ideell.
fikrî 1. geistig, gedanklich, ideell 2. ♀ [x ·] *mV.*
fikriyat, *-tı* [ā] 1. Gedankenwelt, Ideologie *f* 2. Geisteswissenschaften *pl.* 3. Geistesleben *n.*
fikstür (*Sport*) Spielgruppierung *von Mannschaften.*
fil 1. *zo.* Elefant *m* 2. Läufer *m* (*Scha.*); ~ *gibi* gefräßig.
filâma [*â* kurz und betont] 1. Wimpel *m*, Fähnchen *n*, Flagge, Fahne, Standarte *f* 2. Meßlatte *f.*
filân [*â* kurz und betont] *s. falan*; ~ *fıstık* dies und das; und was noch alles.
filânca [*â* kurz und betont] *s. falanca.*
filândra *s. flândra.*
filânıncı *s. falanıncı.*
filârmonik [*â* kurz] philharmonisch; ~ *orkestra(-sı)* philharmonisches Orchester.
fildekos Mako *f.*
fildişi, *-ni* 1. Elfenbein *n* 2. Elfenbein- 3. Zahnbein *n.*
file 1. Haarnetz *n* 2. Schmetterlingsnetz *n* 3. (*Tennis-*)Netz *n* 4. Filetarbeit *f* 5. Filet-, Lenden·stück *n.*
fileto [· x ·] Filet, Lendenstück *n*, Rinderbraten *m.*
filhakika [x · - ·] 1. wirklich, tatsächlich 2. zwar.
Filibe *n.pr.* Plovdiv, Philippopel *n.*
filibit, *-ti med.* Venenentzündung *f.*
filigran 1. Filigranarbeit *f* 2. Wasserzeichen *n.*
filika [· x ·] *naut.* 1. Feluke, Schaluppe *f* 2. Bei-, Rettungs·boot *n.*
filim, *-lmi* 1. Film *m* 2. V Anblick *m*; ~ *almak* (*od. çekmek*) filmen; ~ *çevirmek* 1. e-n Film drehen 2. V groß angeben; ~ *koparmak* dummes Zeug reden; faseln; *filme alınmak* ge-, ver·filmt werden.
filinta [· x ·] Karabiner *m.*
filiz 1. Sproß, Trieb, Schößling *m* 2. F *erstes Jahr e-s Kindergartens* 3. ungereinigtes Erz, Mineral *n*; ~ *gibi* zart, feingliedrig.
filizî hellgrün, gelblich-grün.
filizlenmek 1. Triebe ansetzen 2. *fig.* sich langsam entwickeln.
filo [x ·] 1. Flotte *f*, Geschwader *n* 2. *naut.* refft Segel!
filotillâ [· · x ·] [*â* kurz] (*Torpedoboots-*)Flottille *f.*
filozof 1. Philosoph *m* 2. *fig.* heiter, gutmütig.
filozofi Philosophie *f.*
filozofluk 1. Verhalten *n* e-s Philosophen, *spez. hum.* Stoizismus *m* 2. Philosophieren *n.*
filtraj Filtrieren *n*; ~ *tesisatı* Kläranlage *f.*
filtre [x ·] 1. Filter, Filtrierapparat *m* 2. Gittermuster *n* (*bei Kleidern*).
filvaki [x - ·] 1. in der Tat; wirklich 2. zwar.
Fin Finne *m*, Finnin *f*; finnisch.
final, *-li* 1. Schlußrunde *f*, Endkampf *m* (*Sport*) 2. Zielpunkt *m* (*z.B. bei Radrennen*) 3. *mus.* Finale *n.*
finalist, *-ti* (*Sport*) Teilnehmer(in *f*) *m* an der Endrunde.
finanse finanziert; ~ *etm.* finanzieren.
finansman Finanzierung *f.*
fincan 1. Tasse *f* 2. Porzellanisolator *m*; ~ *tabağı* Untertasse *f.*
fingir fingir kokett, herausfordernd.
fingirdek 1. kokett 2. leichtsinnig.
fingirdemek kokettieren.
finiş 1. (*Sport*) End-, Schluß-, Entscheidungs·kampf *m* 2. V fertig, aus, zu Ende.
fink *in der Füg.*: ~ *atmak* (*od. atıp gezmek*) F bummeln *od.* faulenzen.
Finlândiya [· x · ·] [*â* kurz] *n.pr.* Finnland *n.*
fino [x ·] 1. Schoßhund *m* 2. fein, zart (*z.B. Tuch*) 3. *fr. e-e bes. Fes-Art.*
firar [ā] 1. Flucht *f* 2. *pr.* Fahnenflucht *f*; ~ *etm.* 1. (ent)fliehen 2. *pr.* desertieren.
firari [· - -] 1. Flüchtling *m* 2. Deserteur *m* 3. Überläufer *m.*
firavun 1. Pharao *m* (*Ägypten*) 2. *fig.* stolz, hartherzig, grausam.
fire [x ·] *jur.* Schwund *m*, Dekalo *n*; ~ *vermek* an Gewicht verlieren (*Ware durch Eintrocknen*).
firigo V unsympathisch (*Person*).
firik halbreif geröstetes Getreide.
firkat, *-tı* 1. Trennung *f* 2. Trennungsschmerz *m.*
firkateyn *naut.* Fregatte *f.*
firkete [· x ·] Haarnadel *f.*
firma [x ·] Firma *f*, Geschäfts-Handels·unternehmen *n.*

firuze [ū] Türkis *m.*
Fisagor *n.pr.* Pythagoras *m*; ~ *dâvası* pythagoräischer Lehrsatz.
fisebilillah [· · - · -] unentgeltlich.
fiske 1. (*Finger-*)Schnippen *n* 2. kleines Wasserbläschen 3. Prise *f*; ~ *vurmak* = *fiskelemek.*
fiskelemek schnippen, schnipsen.
fisket, *-ti* Bootsmannspfeife *f.*
fiskos Tuscheln, Getuschel *n.*
fistan 1. *reg.* langer Überwurf 2. Fustanella *f* (*der Griechen u. Albaner*).
fisto [x ·] Feston *n* (*Stickerei*).
fistül *eiterige* Fistel.
fiş 1. (*Anschluß-*)Stecker *m* 2. Telephonmünze, Spielmarke, Biermarke *f*, Pokerstein *m* 3. Karteikarte *f* 4. *selt.* Bezugsschein *m* (*für rationierte Waren*) 5. Verkaufszettel *m* 6. Gutschein, Bon *m.*
fişek 1. Patrone *f* 2. Feuerwerkskörper *m* 3. Rolle *f* Hartgeld; ~ *atmak* 1. Raketen abschießen (*bei Feuerwerk*) 2. V koitieren; ~ *gibi* leicht erregbar (*Person*); ~ *gibi girmek* herein·platzen, -schneien;
fişekçi 1. Hersteller *od.* Verkäufer *m* von Patronen 2. Pyrotechniker *m.*
fişekhane [ā] 1. Patronenfabrik *f* 2. Patronenlager *n.*
fişeklik Patronen·tasche *f*, -gurt *m.*
fit[1], *-ti* Aufwiegeln *n*; ~ *çıkarmak* (*od. vermek*) aufhetzen.
fit[2], *-ti* 1. gleich(*-stehend*) 2. glattstehend 3. (*bşe*) V einverstanden, zufrieden.
fit[3], *-ti* [i] *techn.* zugeführte Ladung.
fitçi Unruhestifter, Hetzer *m.*
fitil 1. Docht *m* 2. Zündschnur, Lunte *f* 3. Mull-, Wund·bausch *m* 4. *med.* Suppositorium *n* 5. Paspel *f* 6. *Name e-s Ka.* 7. Stapel *m* (*als Wollbüschel im Schaffell*); ~ (*gibi*) 1. total betrunken 2. vollkommen durchnäßt; ~ *vermek* 1. zur Raserei bringen 2. aufhetzen; *-i almak* 1. argwöhnisch werden 2. empört sein 3. sich über beide Ohren verlieben.
fitillemek 1. die Zündschnur anbrennen 2. = *fitil vermek.*
fitlemek auf·hetzen, -wiegeln, -reizen.
fitne 1. *va.* Verführung *f* 2. *va.* verführerische Schöne 3. *va.* Probe *f* 4. Unfrieden *m*, Zwietracht, Verstimmung *f* 5. Aufruhr *m*, Unruhen *pl.* 6. = *fitneci*; ~ *basmak* (*od. kopmak*) ausbrechen (*Unruhen*); ~ *etm.* 1. hetzen, intrigieren 2. revoltieren; ~ *fücur* ewiger Unruhestifter; ~ *kumkuması* geborener Intrigant; ~ *sokmak* (*od. koymak*) gegeneinander aufhetzen; ~ *vermek* 1. verleiten, verführen 2. aufzuhetzen versuchen.
fitneci Unruhestifter, Hetzer, Intrigant *m.*
fitnelemek 1. Unruhe stiften 2. aufhetzen, intrigieren.
fitre *best.* rituell vorgeschriebenes Almosen.
fitret, *-ti* 1. Zeitraum *m* zwischen dem Auftreten zweier Propheten 2. Interregnum *n.*
fiyaka [· x ·] V Angebertum *n*; falscher Schein; ~ *satmak* renommieren; *-yı bozmak* blamieren.
fiyakalı V pompös aufgemacht; aufgedonnert.
fiyat, *-tı s. fiat.*
fiyonga [· x ·] 1. Querbinder *m*, Schleife *f*, F Fliege *f*, Schmetterling *m* 2. flügelförmige Teigwaren *pl.*
fiyort, *-du* Fjord *m*, Bucht *f.*
fizik Physik *f.*
fizikçi 1. Physiker *m* 2. *Sch.* Physiklehrer(in *f*) *m.*
fizikî 1. physikalisch 2. physisch, körperlich.
fizikötesi, *-ni* 1. Metaphysik *f* 2. metaphysisch.
fiziksel physikalisch.
flâma *s. filâma.*
flândra [*â* kurz] [x ·] 1. *naut.* Schiffswimpel *m am Großmast* 2. *zo.* roter Bandfisch.
flâvta [x ·] [*â* kurz] Querflöte *f.*
flaş, fleş *phot.* 1. Blitzlicht *n* 2. Blitzer *m.*
flok, *-ku naut.* Klüver *m.*
Floransa [· x ·] *n.pr.* Florenz *n.*
florin Gulden *m.*
floş 1. Flockseide *f* 2. (*Poker*) fünf Karten der gleichen Farbe; ~ *ruvayal* (*Poker*) Fünfer-Sequenz in der gleichen Farbe.
flört, *-tü* Flirt *m.*
flû *phot.* flau, unklar, verschwommen.
flüoresan fluoreszierend; ~ *lâmba* Neonröhre *f.*
flüt, *-tü* Querflöte *f.*
flütçü, flütist, *-ti* Flötist(in *f*) *m.*
fobya [x ·] Angstneurose *f.*

fodra [x ·] Steifleinen *n*, Futtergaze *f*.
fodul hochmütig, anmaßend.
foga [x ·] Feuer!; ~ *etm*. Feuer geben; abfeuern (*Geschütz*).
fok, -*ku zo*. Seehund *m*, Robbe *f*.
foküs Brennpunkt *m*.
fol Gipsei *n*.
folkon *naut*. Eisenband *n od*. Holzverschalung *f*.
folluk Legenest *n* (*für Hühner*).
folya [x ·] *zo*. Adlerrochen *m*.
fon 1. (*Unter-*)Grund *m* 2. *fig*. Hintergrund *m* 3. *selt*. Fonds, Grundstock *m* 4. (*Sport*) hinterer Teil des Spielfeldes 5. Rücksitz *m* (*im Wagen*); ~ *müziği* untermalende Musik.
fonda [x ·] *naut*. werft Anker!; ~ *etm*. vor Anker gehen.
fondan Praline *f*; ~ *çikolata* Vanilleschokolade *f*.
fondo [x ·] Geldmittel, Kapitalien *pl*., Fonds *m*.
fonetik 1. Phonetik *f* 2. phonetisch.
fonksiyon Funktion, Aufgabe *f*.
fonojenik phonogen.
font, -*tu* 1. Gußeisen *n* 2. gußeisern.
for *Abk. für forvet*.
foravelâ [· · x ·] [*â* kurz] *naut*. Setzen *n* aller Segel.
form 1. *mus*. Form *f* 2. (*Sport*) gute Form; *-a girmek* (*Sport*) zu guter Form auflaufen; *-unda olm*. (*Sport*) in Form sein.
forma [x ·] 1. Form *f* 2. Format *n* 3. Uniform *f* 4. *offizielle* Schulkleidung 5. Sportkleidung *f* 6. Druckbogen *m*; ~ ~ in einzelnen Druckbogen.
formalite Formalität, Förmlichkeit *f*; ~ *düşkünü* Formalist *m*.
formsuz (*Sport*) schlecht in Form.
formül 1. *a. math. chem*. Formel *f* 2. = *formüler*.
formüle formuliert; ~ *etm*. formulieren.
formüler Formular, Formblatt *n*.
foroz ins Netz gegangene Fische *pl*., Fang *m*.
fors 1. *naut*. Flagge *f*, Abzeichen *n* 2. Standarte *f* (*e-s Staatsoberhauptes*) 3. *typ*. (*Preß-*)Druck *m* 4. *selt*. Macht *f*, Einfluß *m*; *-u olm*. einflußreich sein.
forsa [x ·] 1. *fr*. Galeerensträfling *m* 2. *selt*. Zuchthaussträfling *m*.
forsaj Treibhauszucht *f*.
forseps *med*. Geburtszange *f*.
forsmajör höhere Gewalt.
fort, -*tu* Steife *f* (*im Fersenteil e-s Schuhes*).
fortrak *mil*. Vortrag *m im Generalstabsdienst*.
forvet, -*ti Fb. u. ä*. Stürmer *m*.
fos V 1. wacklig, faul (*Angelegenheit*), mies, schief 2. gefälscht, unecht 3. gemein, schlecht, wertlos; ~ *dalga* V Verrat *m*, Heimtücke *f*.
fosfor 1. Phosphor *m* 2. Radium *n* (*auf Zifferblättern*).
fosil Versteinerung *f*, Fossil *n*.
foslamak V 1. sich als schlecht, mies *usw*. herausstellen 2. blamiert dastehen.
fosseptik Senk-, Abort·grube *f*.
fosur fosur paffend, schmauchend.
fota [x ·] Faß *n zur Weinherstellung od. zur Traubenbeförderung*.
fotin *s. potin*.
foto 1. Photo *n*, Photographie *f*, Lichtbild *n* 2. Photoatelier *n* 3. Photoapparat *m*; ~ *çıkarmak* 1. e-e Aufnahme machen 2. sich photographieren lassen; ~ *muhabiri* Bildberichterstatter *m*.
fotografi, fotografya [· · x ·] 1. Photographieren *n* 2. Photo, Lichtbild *n*.
fotoğraf 1. Kamera *f* 2. Photo, Lichtbild *n* 3. Photograph(in *f*) *m*; ~ *çekmek* Aufnahmen machen; knipsen; *-ını çektirmek* sich photographieren lassen.
fotoğrafçı Photograph(in *f*) *m*.
fotoğrafhane [· · · - ·] 1. Photographengeschäft *n* 2. Photoatelier *n* 3. Bildstelle *f*.
fotojenik photogen.
fotokromotipi Farbdruckverfahren *n*.
foya [x ·] 1. unterlegte Metallfolie (*bei Diamanten*) 2. *fig*. falscher Schein; ~ *vermek fig*. sein wahres Gesicht zeigen; *-sı bozuk* 1. betrügerisch 2. Scharlatan *m*.
fötr weicher Filz.
frak, -*kı* Frack *m*.
francala [x · ·] Weißbrot *n nach französischer Art*.
Fransa [x ·] *n.pr*. Frankreich *n*.
Fransız 1. Franzose *m*, Französin *f* 2. französisch.
Fransızca französische Sprache, Französisch *n*.

fren Bremse, Bremsvorrichtung *f*; ~ *tutmadı* die Bremse versagte; ~ *yapmak* bremsen; *-i açmak* die Bremse lösen.
frenci Bremser *m*.
frengi [x ·] Syphilis *f*.
Frenk, *-gi* 1. Europäer(in *f*) *m* 2. europäisch; ~ *arpası* Perlgerste *f*; ~ *asması bot.* wilder Wein; ~ *eriği bot.* Reineclaude *f*; ~ *gömleği* 1. Frackhemd *n* 2. Oberhemd *n*; ~ *salatası bot.* 1. Endivie *f* 2. Rapünzchen *n*.
frenkinciri, *-ni bot.* Feigenkaktus *m*.
frenklik europäische Art, europäische Sitten *pl*.
frenküzümü, *-nü bot.* Johannisbeere *f*.
frenlemek bremsen.
frensiz 1. ohne Bremse 2. *fig.* zügel-, hemmungs·los (*Person*).
freze [x ·] Fräser *m* (*Werkzeug*); ~ *etm.* (ab)fräsen.
frezeci Fräser *m* (*Arbeiter*).
frigorifik Kühl- (*z.B. Anlage*).
frijider Kühlschrank *m*.
frikik *Fb. u. ä.* Freistoß *m*.
friksiyon Abreibung, Kopfwaschung, Friktion *f*.
fuar [· x] (*Waren-*)Messe *f*, Messeausstellung *f*.
fuhşiyat, *-tı* [ā] gewerbsmäßige Unzucht, Prostitution *f*; *-a tahrik jur.* Verleitung zur Unzucht, Kuppelei *f*.
fuhuş, *-hşu* gewerbsmäßige Unzucht.
fukara [· · -] 1. die Armen *pl*. 2. arm, mittellos; Arme(r) *m/f* 3. arm, bedauernswert 4. Derwisch *m*.
fukaralık Armut *f*.
fukaraperver mildtätig.
ful[1], *-lü bot.* 1. *kleinere Saubohnenart* 2. Steinbrech *m*.
ful[2], *-lü* (*Poker*) einmal drei und einmal zwei Karten der gleichen Rangstufe.
fulâr [*â* kurz] 1. Foulard *n* 2. Halstuch *n aus Foulardseide*.
fulya [x ·] *bot.* Narzisse *f*.
funda [x ·] 1. Gestrüpp *n* 2. *bot.* Heidekraut *n* 3. = *fonda*.
funya [x ·] Lunte, Reibzündschraube *f*.
furgon Pack-, Gepäck·wagen *m* (*Eisenbahn*).
furş Fahrradgabel *f*.
furta *s. farta*.
furun *s. fırın*.
furya [x ·] Riesenmenge *f*, Übermaß *n*.
fus *biol.* Lappen, Flügel, Lobus *m*.
futa [x ·] 1. *gelb und rot gestreifte* Schürze *e-s Zuckerbäckers* 2. *seidengesticktes* Badetuch 3. = *fıta* 4. = *fota*.
futbol, *-lü* 1. Fußball *m* 2. Fußballspiel *n*; ~ *bahsimüştereki* Fußball-Toto *m*; ~ *maçı* Fußballwettspiel *n*; ~ *meraklısı* Fußballenthusiast *m*.
futbolcu Fußballspieler, Fußballer *m*.
fuzulen [· - ·] *adv.* gewaltsam, eigenmächtig.
fuzuli [· - -] 1. überflüssig 2. unrechtmäßig 3. unangebracht 4. aufdringlich 5. ♀ *n.pr. türk. Dichter* (*gest. 1556*); ~ *gayretkeş* übereifrig; ~ *tasarruflar jur.* Verfügungen *pl. e-s Nichtberechtigten*.
füc'eten [x · ·] *adv.* plötzlich, unerwartet.
füme geräuchert; Räucher-.
fümuvar Rauchsalon *m*.
füniküler Seil(schwebe)bahn *f*.
fürce 1. *an.* kleine Öffnung; Spalt *m* 2. Zwischen·raum *m od.* -zeit *f* 3. Gelegenheit *f* 4. Augenblick *m* der Muße.
füsun [ū] 1. Zauber, Reiz, Charme *m* 2. ♀ *wV*.
fütuhat, *-tı* [· - -] Eroberung(en *pl.*) *f*.
fütuhatçı [· - - ·] eroberungssüchtig, imperialistisch.
fütur [· -] Unmut *m*, Unlust *f*, Überdruß *m*; ~ *getirmek* den Mut verlieren.
fütursuz [· - ·] 1. unverdrossen 2. ohne sich um die öffentliche Meinung zu kümmern.
füze [x ·] Rakete *f*.
füzen Zeichenkohle *f*.
füzyon Fusion, Verschmelzung *f*.

G

g, G [gɛ] 1. *8. Buchst des türk. Alph.* 2. *mus.* *Ton od. Note* g.
gaa- *s. ga-.*
gabardin 1. Gabardine *m/f* 2. Gabardinemantel *m.*
gabarit, -ti 1. Formbrett *n*, Musterform *f*, Lehr(-e *f*) *n* 2. Ladelehre *f*, Ladeprofil *n* (*für Wagenladungen*).
gabavet, -ti [· - ·] geistige Beschränktheit.
gabi [ī] beschränkt, dumm.
gabin *jur.* Übervorteilung *f.*
gabya [x ·] *naut.* Mars-, Topp·segel *n.*
gaco V 1. Freundin, Geliebte, Mätresse *f* 2. Frau *f*, Mädchen, Weib *n*; ~ *oskisi* V englisches Goldpfund.
gacur gucur quietschend, knarrend.
gaddar [· -] 1. grausam 2. despotisch 3. heimtückisch 4. übervorteilend.
gaddare [· - ·] 1. schweres, zweischneidiges Halbschwert 2. V Dolch *m.*
gadir, -dri (P *gadirlik*) 1. Unbarmherzigkeit *f* 2. Ungerechtigkeit *f* 3. Tyrannei *f* 4. Heimtücke *f.*
gadretmek [x · ·] (*b-ne*) 1. ungerecht *od.* grausam behandeln 2. benachteiligen 3. treulos handeln (*gegen*).
gaf Tolpatschigkeit *f*, Mißgriff *m.*
gafçı Tolpatsch, Taps *m.*
gafil [ā] unachtsam, sorglos; ~ *avlamak* überrumpeln; ~ *bulunmak* (*od. olm.*) 1. unachtsam sein 2. *et.* übersehen.
gaflet, -ti 1. Unachtsamkeit, Unvorsichtigkeit *f* 2. Schläfrigkeit *f.*
gafleten *adv.* 1. aus Unachtsamkeit; versehentlich 2. unüberlegt 3. unerwartet, plötzlich.
gaga Schnabel *m*; ~ *-ya vermek* sich schnäbeln (*Vögel*); *-sından yakalamak fig. j-n* an seiner schwächsten Stelle packen.
gagaburun mit großer, langer Nase.
gagalamak 1. (auf)picken 2. *mit dem Schnabel* hacken.
gâh *s. kâh.*
gai [- -] 1. Zweck-; final 2. letzt-; End-.
gaile [ā] 1. Mühsal, Plage, Sorge, Bedrängnis, Not *f*, Kummer *m* 2. *va.* Krieg *m.*
gaip, -bi [ā] 1. abwesend 2. *gr.* dritte Person 3. *jur.* verschollen 3. Jenseits *n*; *-lerin muhakemesi jur.* Kontumazialverfahren *n*; *-ten haber vermek* wahrsagen.
gaiplik [ā] 1. Abwesenheit *f* 2. *jur.* Verschollenheit *f*; ~ *kararı jur.* Todeserklärung *f.*
gaklamak krächzen (*Rabe*).
Gal *n.pr.* Wales (*Großbritannien*).
galâ [x ·] [*â* kurz] 1. Bankett *n* 2. Galavorführung, Festvorstellung *f.*
galat, -tı 1. Fehler, Irrtum *m*, Täuschung *f* 2. Sprachwidrigkeit *f* 3. falsch, irrtümlich 4. *m. Abl.* entstellt (*aus*); *galatı hilkat* Mißgeburt *f*, Monstrum *n.*
galdır guldur trapp trapp!
galebe 1. Sieg *m* 2. Überlegenheit *f*; ~ *çalmak* siegen; ~ *etm. m. Dat.* 1. besiegen 2. sich überlegen zeigen.
galeri 1. Galerie *f* 2. Gemälde-, Bilder·galerie *f* 3. (*Bergwerks-*) Stollen *m.*
galet, -ti Ufer-, Flach·kiesel *m.*
galeta [· x ·] runder flacher Zwieback.
galeyan [· · -] 1. Sieden, Aufbrodeln *n* 2. *fig.* Wut, Erregung *f.*
galiba [- · -] [x · -] vermutlich, offenbar, wahrscheinlich, vielleicht.
galibiyet, -ti [ā] 1. Sieg, Erfolg *m* 2. *selt.* Überlegenheit *f.*
galip, -bi [ā] 1. siegreich 2. überlegen 3. vorherrschend 4. wahrscheinlich; ~ *gelmek* (*b-ne*) 1. besiegen 2. sich stärker erweisen (*als*); ~ *ihtimale göre* = *ağlebi ihtimal.*
galiz [ī] 1. grob, häßlich (*z.B. Worte*) 2. *selt.* dicht, dick.
galoş Überschuh *m*, Galosche *f.*
gam[1] *mus.* 1. Tonleiter *f* 2. Oktave *f.*
gam[2] Kummer, Gram *m*, Sorge *f*; ~ *çekmek* sich grämen; ~ *değil* das braucht e-m nicht leid zu tun.
gamalı *hist.* Haken(kreuz)-; ~ *bay-*

rak Hakenkreuzfahne *f*; ~ *haç* Hakenkreuz *n*.
gambot, -*tu* Kanonenboot *n*.
gambrik Kambrikbatist *m*; ~ *sargı* Kambrikbinde *f* (*zu Verbandszwecken*).
gamlanmak *m. Dat.* sich grämen (*über*).
gamlı betrübt; voll Kummer.
gammaz [· -] Angeber, Denunziant *m*.
gamsele [x · ·] gummierter Regenmantel.
gamze 1. verstohlener Blick 2. Grübchen *n*.
ganga [x ·] *großes, primitives* Tamburin.
gangren 1. *med.* Brand *m* 2. *fig.* verseucht, verderbt.
gani [ī] 1. begütert, reich 2. reichlich, opulent 3. = *müstağni*; ~ ~ reichlich; im Überfluß; ~ *gönüllü* freigebig und persönlich anspruchslos; -*si olm. et.* nicht brauchen.
ganimet, -*ti* [ī] 1. (*Kriegs*-)Beute *f* 2. Gottesgeschenk *n* 3. ♀ *wV.*; ~ *bilmek* (*od. görmek*) 1. als Gottesgeschenk ansehen 2. ergreifen (*Gelegenheit*).
Ganj *n.pr.* Ganges *m*.
gant, -*tı* Boxhandschuh(-e *pl.*) *m*.
ganyan (*Rennsport*) 1. Siegerpferd *n* 2. wer „auf Sieg" gewettet hat.
gar Bahnhof *m*; ~ *şefi* Bahnhofsvorstand *m*.
garaip, -*bi* [· - ·] (*mst. Abl.*): -*ten* recht merkwürdig.
garaj (*Auto*)Garage *f*.
garam [· -] 1. Qual, Plage *f* 2. brennendes Verlangen.
garanti 1. Garantie, Gewähr, Sicherheit *f* 2. garantiert, gewährleistet; ~ *etm.* garantieren, verbürgen.
garantili 1. garantiert 2. mit Garantieschein 3. *fig.* gesichert, geschützt.
garaz 1. Hintergedanke *m* 2. böswillige Gesinnung; Ressentiment *n* 3. gehässig, rachsüchtig 4. tendenziös; ~ *bağlamak* (*b-ne*) *j-m* schlecht gesonnen sein; ~ *beslemek* (*od. tutmak*) Groll hegen; ~ *olm.* (*b-ne*) e-n Pick *auf j-n* haben.
garazkâr = *garaz* (3).
garazkârlık 1. Rachsucht *f* 2. Schurkenstück *n*.
garazlı *s. garaz* (3).
garben [x ·] *adv.* westlich; im Westen.
garbi [ī] 1. westlich; West- 2. abendländisch, europäisch.
gardenparti [x · · ·] Gartenfest *n*, Fest *n* im Freien.
gardıfren (*Eisenbahn*-)Bremser *m*.
gardırop, -*bu* 1. Garderobe *f* 2. Kleiderschrank *m* 3. Kleiderablage *f* 4. Kleidung *f*.
gardiyan Wärter, Wächter *m*.
garez *s. garaz*.
gargar *bauchiger* Filter-Tonkrug.
gargara 1. Gurgeln *n* 2. Medizin zum Gurgeln; ~ *etm.* gurgeln.
garibe Kuriosität, Monstrosität *f*.
garip, -*bi urspr.* [ī] 1. eigentümlich, sonderbar 2. *z.va.* fremd, alleinstehend 3. arm, bedauernswert; -*ine gitmek* (*b-nin*) *e-m* sonderbar vorkommen.
garipsemek 1. befremdlich finden 2. *z. va.* sich einsam fühlen.
gark, -*kı* 1. Ertrinken *n* 2. Schiffbruch *m* 3. Überschüttetwerden *n*.
garketmek [x · ·] 1. untertauchen 2. ertränken 3. versenken 4. *m. Dat.* überschütten, überhäufen (*mit*).
garnizon 1. Standort *m*, Garnison *f* 2. Besatzung *f*.
garp, -*bı* 1. Westen *m* 2. Abendland *n*; Europa *n*.
garpçı europäisch eingestellt.
garplı Europäer(in *f*) *m*; europäisch.
garplılık westliche Kultur und Zivilisation.
garson (*Ober*-)Kellner *m*.
garsoniye Bedienungsgeld *n*.
garsoniyer Junggesellenwohnung *f*.
gaseyan [· · -] 1. Brechreiz *m* 2. Erbrechen *n*.
gasıp[1], -*spı* 1. gewaltsame Wegnahme, Usurpation *f* 2. *spez. jur.* Anmaßung *f*.
gasıp[2] [ā] raubend, usurpierend, anmaßend.
gasil, -*sli* Ganz- *spez.* Toten·waschung *f*.
gasletmek [x · ·] *m. Akk.* Ganz-, Toten·waschung vornehmen (*bei*).
gaspetmek [x · ·] gewaltsam entreißen, usurpieren.
gaspiyaj *selt.* Verschwendung, Vergeudung *f*.
gaşiy, -*şyi* 1. Bewußtlosigkeit *f* 2. Begeisterung, Ekstase *f*.
gaşyetmek [x · ·] hinreißen, begeistern.
gaşyolmak [x · ·] entzückt, begeistert sein.

gâvur 1. *Schi.* Christ(in *f*) *m*; christlich 2. ungläubig, gottlos 3. unbarmherzig 4. eigensinnig.
gaybubet, *-ti* [ū] 1. Abwesenheit *f* 2. Verschwinden *n*.
gayda [x ·] *mus.* Dudelsack *m*.
gaye [ā] 1. Ziel *n*, Zweck *m*, Absicht *f* 2. Grenze *f* 3. Schluß *m*; ~ *edinmek* (*bşi*) *sich et.* als Ziel stekken.
gayet, *-ti* [ā] 1. *va.* Ende *n*, Grenze *f* 2. *va.* Ziel *n*, Zweck *m*, Absicht *f* 3. überaus, in hohem Maße, sehr, ganz besonders.
gaygay *Lm. schriller Töne.*
gaygaylı schrill, ohrenzerreißend.
gayr *et. od.* jem. anderes; sonst; *vgl. a. gayri*; *-e muhtaç olmamak* keinen anderen benötigen.
gayrendiş [ī] altruistisch.
gayret, *-ti* 1. Wetteifer *m* 2. Fleiß *m*, Energie, Anstrengung *f* 3. Ehrgefühl *n od.* Eifersucht *f* 4. Hilfsbereitschaft *f*; ~ *etm.* sich bemühen; ~ *vermek* 1. ermutigen 2. trösten; *-e gelmek* nunmehr entschlossen ans Werk gehen; *-i elden bırakmamak* Ausdauer an den Tag legen; *-ten düşmek* entmutigt werden.
gayretkeş 1. eifrig, energisch 2. eifersüchtig auf Ehre *oder* Recht bedacht 3. Anhänger, Parteigänger *m*.
gayretlenmek großen Eifer entfalten.
gayretli 1. eifrig, begeistert 2. ehrempfindlich.
gayretsiz 1. schlaff, zaghaft 2. in Ehrenangelegenheiten unempfindlich.
gayrı 1. ander- 2. *Verst. zu ayrı* 3. P von jetzt an; nunmehr.
gayri (*negierendes Px.*) un-, in-, a-, ent-, de-, Nicht-.
gayzer Geysir, Geiser *m*.
gaz[1] Gaze, Gazeleinwand *f*; ~ *idrofil* Verbandsmull *m*.
gaz[2] 1. *a. chem.* Gas *n* 2. (*Darm-*) Blähung *f* 3. Petroleum *n*; ~ *hali* gasförmiger Zustand; ~ *ocağı* Gas- *od.* Petroleum·kocher *m*; *-a basmak* 1. Gas geben 2. V sich davonmachen; *-ı kesmek* 1. das Gas wegnehmen (*Auto*) 2. V es kurz machen.
gazabetmek [· x · ·] in Wut geraten.
gazal, *-li* [· -] *zo.* Gazelle *f*.
gazap, *-bı* Zorn *m*, Wut *f*, Grimm *m*; *-a gelmek* zornig werden.
gazaplı heftig erzürnt, wütend.
gazdan(lık) Ölkanne *f*, Öler *m*.
gazel[1] Ghasel, Liebesgedicht *n*.
gazel[2] dürres, abgefallenes Blatt.
gazete [· x ·] Zeitung *f*.
gazeteci 1. Inhaber *m* e-s Zeitungsverlages 2. Redakteur, Schriftleiter, Journalist *m* 3. Zeitungs·verkäufer, -austräger *m*.
gazetecilik 1. Beruf *od.* Tätigkeit e-s *gazeteci* 2. Journalistentum *n* 3. Zeitungswesen *n* 4. Zeitungswissenschaft *f*.
gazhane [· - ·] 1. Gaswerk *n* 2. Kokerei *f*.
gazi [- -] 1. Frontkämpfer *m* 2. *Ehrentitel für Feldherren oder Städte.*
gazino [· x ·] 1. *größeres* Kaffeehaus 2. *großes vornehmes* Restaurant.
gazlamak 1. vergasen 2. mit Petroleum behandeln 3. V verduften.
gazoma [· x ·] äußere Randnaht *am Schuh.*
gazoz 1. Brauselimonade *f* 2. Glasmurmel *f* (*Kspz.*) 3. Glaskugel *f* (*als Flaschenverschluß*).
gebe 1. schwanger, gravid 2. trächtig; ~ *bırakmak* (*od. etm.*) schwängern; ~ *kalmak* schwanger werden; ~ *olm.* (*bşe od. bş icin*) *fig.* möglicherweise mit sich bringen.
gebermek krepieren, verenden, V verrecken; *geberesi!* krepieren soll der Kerl!
gebeş 1. *urspr.* Widder *m* 2. *fr.* Schlachtkeule *f* 3. *va.* mutig 4. klein und dick 5. Neuling *m*; ungeschickt 6. V Idiot, Dummkopf *m*.
gebre[1] Haarhandschuh *m zum Abreiben der Pferde nach dem Striegeln.*
gebre[2] Kaper *f*.
gece 1. Nacht *f* 2. nachts; ~ *bomba uçağı* Nachtbomber *m*; ~ *gündüz* Tag und Nacht; ~ *kasası* Nachttresor (*e-r Bank*) *m*; ~ *yarısı* 1. Mitternacht *f* 2. um Mitternacht 3. mitten in der Nacht; *-ler gebedir* guter Rat kommt über Nacht; *-niz hayrolsun!* Gute Nacht!
geceki nächtlich.
gecekondu *über Nacht gebautes* Haus.
gecelemek 1. übernachten 2. die Nacht durchwachen 3. *selt.* hereinbrechen (*Nacht*).

geceleyin [· x · ·] nachts.
geceli *in der Füg.*: ~ *gündüzlü* Tag und Nacht.
gecelik 1. Nacht-; nächtlich 2. Nachthemd *n*, Schlafanzug *m*.
gecikme Verspätung *f*.
gecikmek 1. sich verspäten 2. sich verzögern.
geciktirmek 1. Ursache *od.* Anlaß sein, daß sich jem. verspätet 2. aufschieben, hinauszögern 3. sich verspäten (*mit*); auf sich warten lassen (*mit*).
geç 1. spät 2. zu spät; ~ *kalmak* zu spät kommen.
geçe nach (*Uhrzeit*); *beşi on* ~ zehn Minuten nach fünf.
geçen vergangen-, vorig-, letzt-; ~ *gün* neulich; ~ *sefer* voriges Mal; *-de, -lerde* neulich, vor kurzem.
geçenek (*Neol.*) Korridor, Flur *m*.
geçer 1. leicht verkäuflich 2. gültig (*z. B. Geld*) 3. üblich, gebräuchlich, gangbar.
geçerlik 1. leichte Verkäuflichkeit 2. Gültigkeit, Geltung *f*; ~ *sahası* Geltungsbereich *m*.
geçici flüchtig, vorübergehend, zeitweilig.
geçilmek *Pass. zu geçmek*; *geçilmez* 1. Gesperrt! 2. Sackgasse! 3. worauf man nicht verzichten kann; *geçilmemek* (*bşden*) *a.* in sehr großer Menge vorhanden sein.
geçim 1. Bestreiten *n* des Lebensunterhaltes, Leben *n* 2. Einvernehmen *n*; harmonisches Zusammenleben; ~ *derdi* Sorge *f* um das tägliche Brot; ~ *seviyesi* Lebensstandard *m*.
geçimsiz unverträglich (*Person*).
geçindirmek *spez.* für j-s Lebensunterhalt sorgen.
geçinecek Aus-, Ein·kommen *n*.
geçinmek 1. auskommen, leben 2. einträchtig zusammenleben (*mit*) 3. sich aufspielen (*als*) 4. (*b-den*) auf j-s Kosten leben.
geçirimli durchlässig, permeabel.
geçirmek *Kaus. zu geçmek spez.* 1. vorbeigehen lassen 2. überstehen (*z. B. Unglück*) 3. verbringen (*Zeit*) 4. einfädeln 5. anderswohin stellen 6. *j-n von et.* abbringen 7. führen, (ver)laufen lassen (*z.B. Eisenbahnlinie*) 8. hinüberbringen 9. einsetzen (*z.B. Fensterscheibe*) 10. anbringen (*z.B. Eisengitter*) 11. besetzen (*z.B mit Pelz*) 12. darüberziehen (*z.B. Laken*) 13. sich *von e-m Abreisenden* verabschieden 14. stillen (*z.B. Schmerzen*) 15. verstreichen lassen (*Termin*) 16. versetzen (*Schüler*) 17. durchbringen (*Schüler in Prüfung*) 18. V koitieren 19. eintragen, buchen 20. erwischen 21. wirken lassen 22. übertragen (*z.B. Krankheit*).
geçişmek *in et.* eindringen.
geçiştirmek 1. *Kaus. zu geçişmek* 2. überstehen (*Krankheit*) 3. sich hinweghelfen (*über*) 4. übergehen (*z.B. schweigend*).
geçit, *-di* 1. Durchgangsstelle *f* 2. Durchgangsdauer *f* (*e-s Planeten*) 3. Paß *m*, Paßstraße *f*, Engpaß *m* 4. Furt *f* 5. Vorbeimarsch *m* 6. *naut.* Fahrwasser *n*; ~ *resmi* Parade *f*, Vorbeimarsch *m*.
geçkin 1. überreif 2. wer e-e best. Altersgrenze überschritten hat, langsam verblühend (*Mädchen*).
geçme 1. *Vs. zu geçmek* 2. ineinandergefügt.
geçmek, (*-çer*) 1. hindurchgehen (*durch*) 2. *über et.* gehen *od.* fahren 3. vorbei·kommen, -fließen (*an*) 4. durchmachen (*z.B. Kontrolle*) 5. bekommen (*z.B. Schläge*) 6. verzichten (*auf*) 7. (*k-den*) den normalen Zustand verlieren 8. (*b-den b-ne*) übertragen werden 9. übergehen (*zu and. Thema*) 10. annehmen, erwerben (*z.B. Staatsangehörigkeit*) 11. umziehen (*z.B. in neues Haus*) 12. Platz nehmen, sich setzen 13. sich verkriechen 14. eindringen (*in*) 15. seine Wirkung tun (*bei*) 16. übernehmen (*z.B. Leitung*) 17. in j-s Gewalt geraten 18. *a*) überschreiten (*Grenze*) b) überholen (*and. Fahrzeug*) c) übertreffen, übersteigen 19. fallen lassen (*Thema*) 20. üben, spielen 21. (*bşi b-den*) sich *von j-m et.* beibringen lassen 22. (*b-ni b-ne*) *bei j-m über j-n* klatschen 23. verstreichen, verlaufen 24. gefragt sein (*Ware*) 25. Gültigkeit haben 26. erwähnt werden 27. spielen (*Drama*) 28. versetzt werden (*Schüler*) 29. zu alt sein (*Person*); überreif sein (*Frucht*) 30. *Hv. in verschiedenen familiären od. vulg. Redensarten*; *geç!* 1. weiter! 2. hör nicht auf!; *geçtimola!* lassen wir die Sache auf sich be-

ruhen!; (*gün*) *geçtikçe* allmählich, langsam.

geçmiş 1. vergangen, früher 2. Vergangene(s) *n*, Vergangenheit *f* 3. überreif (*Früchte*) 4. *pl. a.* Vorfahren *pl.*; ~ *ola* (*od. olsun*)! 1. gute Besserung! 2. *iron.* diese Gelegenheit ist ja nun verpaßt!; ~ *olsuna gitmek* e-n Krankenbesuch machen; ~ *zaman gr.* Vergangenheit *f*, Präteritum *n*; *-i kandilli* (*od. tenekeli*) F verfluchter Kerl; *-i olm.* (*b-le*) noch ein Hühnchen zu rupfen haben (*mit*).

gedik 1. Bresche, Einbruchsstelle, Spalte, Scharte *f* 2. Mangel, Fehler *m* 3. Privileg *n*, Konzession *f* 4. mit Zahnlücke(n) 5. *s. idiği gediği* 6. *s. Tunus gediği*; ~ *açmak* 1. e-e Bresche schlagen 2. *mil.* e-n Durchbruch erzielen; ~ *kapamak* 1. *a. mil.* e-e Lücke schließen 2. *fig. et.* wieder wettmachen.

gedikli 1. mit e-r Bresche; gerissen (*z.B. Mauer*), schartig 2. dauernd, fest, ständig 3. *a.* ~ *erbaş mil.* Berufs•unteroffizier, -deckoffizier *m* 4. *fr.* im Besitz e-r amtlichen Konzession *od.* e-s privilegierten Amtes.

geğe 1. Stich *m* (*e-r Wespe*) 2. *selt.* = *gaga*.

geğeç stechend *od.* beißend (*Skorpion, Schlange usw.*).

geğelemek 1. stechen, beißen (*Insekten od. and. Tiere*) 2. mit dem Schnabel picken *od.* hacken.

geğirmek aufstoßen, rülpsen.

geğrek Seite *f* (*unterhalb der Rippen*); ~ *batması* Seitenstechen *n*.

gelberi Aschenkratze *f*, Feuerhaken *m*.

gele 1. Wurf *m*, *bei dem man keinen Stein setzen od. wegnehmen kann* (*Tricktrackspiel*) 2. *s. unter gelmek*.

gelecek 1. kommend, zukünftig, nächst 2. Zukunft *f*; ~ *sefer* nächstes Mal; ~ *zaman gr.* Futur *n*.

geleğen Zufluß *m* (*zu e-m See*).

gelembe Schafpferch *m*.

gelen 1. kommend 2. ein-, auffallend (*z.B. Licht*); ~ *geçen* (*-ler*) Passanten *pl.*; ~ *giden*(*ler*) Besucher *pl.*; ~ *gidene rahmet okutur fig.* es kommt selten et. Besseres nach.

gelenek Tradition, Überlieferung *f*.

gelenekli mit Tradition, traditionell.

gelgit, *-ti* Ebbe und Flut *f*.

gelin 1. Braut *f* 2. junge Frau 3. Schwiegertochter *f*; ~ *alayı* Brautzug *m*; ~ *dulu* junge Witwe; ~ *gibi süzülmek* einherstolzieren; ~ *güvey olm.* (*kendi k-ne*) 1. sich verfrühten Illusionen hingeben 2. eigenmächtig (*selbstherrlich*) vorgehen; ~ *odası gibi* schön aufgeräumt und geschmückt; ~ *tarafı* Anverwandte *pl.* der Braut; ~ *teli* Lametta *n*.

gelince [· x ·] 1. sobald... kommt 2. *m. Dat. häufig* [x · ·] was... anbetrifft.

gelincik 1. Bräutchen *n*; kleine junge Frau 2. *bot.* Klatschrose *f* 3. *zo.* Wiesel *n* 4. *zo.* Seequappe *f*, Bartgrundel *f* 5. (*illeti*) P Wassersucht *f* 6. ♀ *türk. Zigarettenmarke*.

gelincikçi heilkundige Frau.

gelinhavası, *-nı* 1. schönes, ruhiges Wetter 2. leicht gekräuselte See.

gelinlik 1. Brautstand *m* 2. Stellung *f* (Rang *m*, Pflichten *pl.*) e-r jungen Frau *od.* Schwiegertochter 3. Brautstaat *m* 4. Hochzeits- 5. heiratsfähig (*Mädchen*).

gelinsaçı, *-nı bot.* Flachsseide *f*.

gelir Ertrag *m*, Einkünfte *pl.*

geliş 1. Art und Weise *f* des Kommens 2. Entwicklung *f*, Verlauf *m*.

gelişat, *-tı* [ā] Gang *m* der Ereignisse.

gelişigüzel *adj. od. adv.* aufs Geratewohl, oberflächlich, wahllos.

gelişim 1. körperliches Wachstum 2. Entwicklung *f*.

gelişme Wachstum *n*.

gelişmek 1. wachsen, gedeihen, großwerden 2. zunehmen, voller werden 3. sich entwickeln, vorankommen.

gelme *Vs. zu gelmek spez.* 1. Ein-, Auf•fallen *n* (*z. B. von Licht*) 2. herkommend, abstammend 3. eingetroffen, angekommen; *yeni* ~ Neuankömmling *m*.

gelmek, (*-ir*) 1. (an-, her-, hin)kommen, geraten 2. herrühren, erwachsen 3. sich etymologisch ableiten (*von*) 4. heraus•kommen, -fließen 5. zu liegen *od.* zu stehen kommen 6. reichen (*bis*), gelangen (*zu, an*) 7. scheinen, dünken 8. sein 9. sich belaufen (*auf*), kosten, wiegen 10. sich (*gut od. schlecht*) auswirken 11. schließlich doch *et.*

tun *od.* empfinden 12. passen, entsprechen 13. anwandeln (*Lust usw.*) 14. aushalten können 15. betreffen 16. (*b-le*) begleiten 17. eintreten (*Zeitpunkt*) 18. *Hv. zum Ausdruck e-s entschiedenen Bedürfnisses* 20. (*Hv.*) so tun, als ob... 21. *Hv. zur Bez. der Plötzlichkeit* 22. *Hv. be vielen Rw.* 23. (*Imperativ*) *a. zur Verst. e-s and. Imperativs*: doch, ja, nun 24. *Imperativ neben zweitem Imperativ*; *halbiron.*: Wie könnte man denn... 25. *m. Dat.* V betrachten; *gel gelelim* 1. nun also... 2. was ... anbetrifft 3. aber, jedoch; *gele gele* allmählich, schließlich; *gelip çatmak* kommen, hereinbrechen (*z.B. Winter*); *gelip gitmek* verkehren, regelmäßig besuchen.

gem 1. Zaum *m*, Kandare *f* 2. *an.* Zungenbändchen *n*; ~ *almak* 1. brav im Geschirr gehen (*Pferd*) 2. *fig.* verträglich sein; ~ *almaz* widerspenstig; ~ *dizgini* Kandarenzügel *m*; *-i azıya almak* 1. durchgehen (*Pferd*) 2. *fig.* ungebärdig sein; *-ini kısmak fig.* die Zügel fester anziehen.

gemi Schiff *n*; ~ *aslanı* F feiner Pinkel; ~ *ızgarası* Helling *f*; ~ *izi* Kielwasser *n*; ~ *kafilesi* Geleitzug *m*; ~ *inşaat tezgâhı* (*Schiffs-*)Werft *f*; ~ *sıçanı zo.* Wanderratte *f*; ~ *yatağı* 1. Ankerplatz *m* 2. Verschiffungshafen *m*.

gemici Schiffer, Seemann, Matrose *m*.

gencecik [x · ·] 1. *pej.* sehr *od.* zu jung 2. *mel.* taufrisch (*Mädchen*).

genç, *-ci* 1. jung, jugendlich 2. junger Mann, Jüngling *m*; ~ *yaşında* in jugendlichem Alter; *-ler* junge Leute *pl.*

gençlik Jugend *f*.

gene [x ·] 1. wieder(um), noch einmal, auch 2. dennoch, trotzdem; ~ *görüşelim!* 1. wir wollen uns bald wieder einmal sprechen! 2. auf baldiges Wiedersehen!

genel 1. allgemein, generell, Gesamt- 2. General-; ~ *ev* Bordell *n*; ~ *prova* Generalprobe *f*; ~ *sekreter* Generalsekretär *m*; ~ *tatiller jur.* Sonn- und Feier·tage *pl.*

genelkurmay großer Generalstab.

general, *-li* General.

generator 1. Dynamo *m* 2. Generator *m*.

geniş 1. breit (*z.B. Straße*) 2. weit (*z.B. Anzug*) 3. umfangreich (*z.B. Publikation*) 4. geräumig (*z.B. Haus*) 5. ausreichend *od.* reichlich 6. offen (*Hand*), freigebig 7. bequem, sorgenfrei 8. standhaft 9. *math.* stumpf (*Winkel*) 10. weitreichend (*Geist*) 11. tolerant; ~ *açı math.* stumpfer Winkel; ~ *gönüllü* gleichmütig; ~ *mezhepli* 1. nachsichtig, tolerant 2. freigeistig; ~ *zaman gr.* Aorist *m*.

genişle(n)mek 1. sich verbreitern 2. sich erweitern 3. in ausgedehnterem Maße zur Verfügung stehen 4. bequemer leben können.

genişlik 1. Breite *f* 2. Weite , Ausdehnung *f* 3. ausreichende Menge 4. Fülle *f* 5. Freigebigkeit *f* 6. Standhaftigkeit *f* 7. bequemes Leben; Wohlstand *m*.

geniz, *-nzi* Nasenrachenraum *m*; *-den söylemek* näseln; *-e kaçmak* in die falsche Kehle geraten; *genzi yakmak* in der Nase beißen (*Rauch usw.*).

geometri Geometrie *f*

geometrik geometrisch.

gerçek 1. wirklich, tatsächlich 2. wahr, echt, richtig 3. Wirklichkeit, Tatsache *f* 4. *Int.* à propos; ~ *şart cümleciği gr.* realer Konditionalsatz.

gerçeklemek 1. auf die Richtigkeit hin überprüfen 2. bestätigen, bekräftigen, verifizieren.

gerçekleşmek 1. sich bewahrheiten 2. sich verwirklichen.

gerçekten *adv.* wahrlich, in der Tat, tatsächlich.

gerçi [x ·] obgleich, obschon, obwohl, zwar.

gerdan 1. Kehlpartie *f* 2. Dekolleté *n* 3. Doppelkinn *n* 4. Hals *m* (*bei Schlachtvieh*); ~ *kırmak fig.* kokettieren.

gerdanlık Hals·band *n*, -schmuck *m*.

gerdek Brautgemach *n*.

gerdel Kübel *m*.

gerek 1. nötig, erforderlich 2. angebracht, passend, wahrscheinlich 3. Notwendigkeit *f*; dringendes Bedürfnis 4. ~ ... ~ a) ob ... oder b) sowohl ... als auch; *gereğine göre hareket edilmesini rica ederim* (*Beh.*). ich bitte um entsprechende Ausführung (*od.* Veranlassung).

gerekli nötig, notwendig, erforderlich.
gereklik 1. Notwendigkeit *f*, dringendes Erfordernis 2. *z. va.* Angemessen-Sein, Passen *n*; ~ *kipi gr.* Nezessitativ *m*.
gerekmek, (*-ir*) 1. erforderlich *od.* angebracht sein 2. (*b-ne*) passen (*für*).
geren Lehmboden *m*.
gergedan, gergeden 1. Rhinozeros *n* 2. Rhinozeroshorn *n* 3. aus Rhinozeroshorn gefertigt.
gergef viereckiger Stickrahmen.
gergin gespannt (*wörtlich u. fig.*).
gerginleşmek 1. sich spannen 2. *fig.* sich zuspitzen.
geri 1. rückwärtiger Raum; *mil.* rückwärtige Stellung *f* 2. letzter Teil *m*, Ende *n* 3. Hinterteil *n* 6. übrig, restlich 7. rückwärtig; Rück- 8. zurückgeblieben (*a. fig.*), nachgehend (*Uhr*), rückständig (*z.B. Auffassung*) 9. überholt, veraltet, unmodern 10. (*nach*) rückwärts, nach hinten; zurück 11. *Int.* zurück!; ~ *almak* 1. zurücknehmen 2. wieder an sich nehmen 3. zurückziehen (*Truppen*) 4. zurückstellen (*Uhr*); ~ *basmak* zurück·gehen, -fahren 2. *fig.* e-n Rückzieher machen; ~ *bırakmak* verschieben; ~ *durmak* 1. sich nicht einmischen 2. (*bşi yapmaktan*) sich scheuen, *et. zu tun*; ~ *gitmek* 1. zurückkehren 2. nach hinten rutschen 3. *fig.* sich rückläufig entwickeln; ~ *kafalı* rückständig; ~ *kalmak* 1. zurückbleiben (*wörtlich u. fig.*) 2. zu spät kommen 3. = *geri durmak* 4. verschoben werden (*müssen*); ~ *vites dişlisi* Rückwärtsgang *m* (*beim Auto*); *-de bırakmak* übertreffen; *-den bakmak fig.* mit verschränkten Armen zusehen; *-si aydın havası! fig.* alles andere interessiert mich nicht!; *-sin -ye* rückwärts, zurück.
gerici fortschrittsfeindlich, reaktionär.
geridon runder, einbeiniger Tisch.
gerilâ [· x ·] [*â* kurz] 1. Guerilla *f*, Kleinkrieg *m*, Partisanenkämpfe *pl.* 2. Freischärler, Partisan *m*.
gerileme *Vs. zu gerilemek spez.* 1. *log.* Zurückgehen *n* (*von Wirkung auf Ursache*) 2. *biol.* Atavismus *m* 3. Rückgang *m*.
gerilemek 1. zurück·gehen, -weichen 2. zurückfallen (*in der Entwicklung*) 3. zurückgehen (*Krankheit*).
gerilik 1. Rückständigkeit *f* 2. rückwärtige Bewegung.
gerilim *phys.* Spannung *f*.
gerinmek sich recken, sich strekken.
geriz 1. *va.* unterirdische Wasserleitung 2. Abwässerkanal *m*, Kloake *f* 3. Abort-, Senk·grube *f*.
germek, (*-ir*) spannen, aus·strecken, -breiten.
getirmek 1. (her-, mit)bringen 2. einbringen, abwerfen (*z.B. Gewinn*) 3. *zu e-m best. Punkt* bringen 4. hervor-, zustande-, fertig·bringen 5. (*e-e Art Hv.*) gelangen (*zu*), haben, hegen 6. beibringen, anführen (*Belege, Beispiele*) 7. erreichen.
getir, getr *kurze* Gamasche.
gevelemek 1. kauen, wiederkäuen 2. *fig. um et.* herumreden.
geveze schwatzhaft; Schwätzer(in *f*) *m*.
gevezelik Schwatzhaftigkeit *f*.
gevirmek kauen, wiederkäuen.
geviş getirmek wiederkäuen.
gevmek *s. gevirmek*.
gevrek 1. leicht zerbröckelnd 2. spröde (*Metall*) 3. knusperig (*Backwerk*) 4. *Name e-r best. Zwieback-Art*; ~ ~ *gülmek* laut und stoßweise lachen.
gevremek 1. leicht zerbröckeln (*intr.*) 2. spröde sein *od.* werden 3. knusperig sein *od.* werden 4. ganz erstarren (*vor Kälte*) 5. hart werden 6. = *gebermek*.
gevşek 1. locker, lose (*z.B. Knoten*), schlaff gespannt (*z.B. Seil*) 2. recht weich (*Fleisch, Stoff*) 3. *fig.* schwerfällig, träge 4. unbefriedigend, mangelhaft (*Schulzensur*); ~ *ağızlı* Klatschbase *f*.
gevşeklik 1. lockerer (loser, schlaffer) Zustand 2. Nachlassen *n* (*z.B. e-r Offensive*) 3. Schwäche, Kraftlosigkeit *f* 4. Trägheit, Nachlässigkeit *f*.
gevşemek 1. locker (lose, schlaff) werden; sich lockern; nachgeben 2. die Kraft verlieren 3. träge, nachlässig werden.
geyik 1. *zo.* Rot- *od.* Edel·hirsch *m* 2. V Kuppler, Zuhälter *m*; ~ *etine girmek* runde, frauliche Formen annehmen (*Mädchen*); *-ler kırkı-*

minda hum. am St. Nimmerleinstag.
geym (*Tennis-*) Spiel *n.*
gez[1] 1. Kerbe *f* (*e-s Pfeils*) 2. Kimme *f* (*auf Schußwaffe*).
gez[2] 1. Meßschnur *f* 2. Lot, Senkblei *n.*
gez[3] Mal *n.*
gez[4] (*ağacı*) *bot.* Tamarinde *f.*
gezdirmek *Kaus. zu gezmek spez.* 1. spazierenführen 2. umherführen, zeigen 3. gleiten lassen (*z.B. Hand*), wandern lassen (*z.B. Blick*) 4. tropfen lassen (*z.B. Öl*).
gezeğen Planet *m.*
gezer 1. nicht bettlägerig (*Patient*) 2. umherziehend (*Händler*).
gezgin 1. umherziehend 2. weitgereist; ~ *satıcı* Hausierer *m.*
gezi[1] 1. Ausflug *m*, 2. Spazierritt *m* 3. Reise *f* 4. (*Promenaden-*)Anlage *f.*
gezi[2] *Name e-r Moiré-Art* (*Gewebe*).
gezici 1. umherziehend (*z.B. Händler*) 2. im Außendienst tätig (*Beamter usw.*) 3. Hersteller und Verkäufer *m* von gezi[2].
gezinmek 1. auf und abgehen 2. e-n kleinen Ausflug machen 3. *mus.* improvisieren.
gezinti 1. Spaziergang, Ausflug *m* 2. Wehrgang *m* 3. Korridor, Flur *m* 4. *mus.* Improvisation *f*; *gezinti tozuntu* Spaziergänge, Ausflüge, Fahrten, Reisen *pl.*
gezlemek 1. einkerben (*Pfeil*) 2. ver-, aus•messen 3. zielen.
gezlik 1. Schneide *f* (*e-s Schwertes*) 2. *va.* Taschenmesser *n* 3. kleineres Krummschwert.
gezme 1. *Vs. zu gezmek* 2. Patrouille *f*; patrouillierender Wächter.
gezmek,(-er) 1. umhergehen 2. reisen 3. spazierengehen; *pej.* sich herumtreiben 4. *m. Akk.* besichtigen; sich *et.* ansehen; *gezip tozmak* 1. viel reisen 2. *pej.* sich herumtreiben; *gezmeğe gitmek* spazierengehen.
gıcık Husten-, (*selt.*) Nies•reiz *m.*
gıcıklamak 1. zum Husten (*selt.* Niesen) reizen 2. *fig.* Argwohn erwecken.
gıcıklanmak 1. von Hustenreiz befallen werden 2. *fig.* Verdacht schöpfen.
gıcır 1. *eingedickter* Sassaparillesaft 2. V neu; ~ ~ 1. knirschend, quietschend 2. (*m. od. ohne yeni*) funkelnagelneu.
gıcırdamak knirschen, quietschen, knarren.
gıda [ā] 1. Nahrung *f*, -smittel *n* 2. Ration (*bei Eßwaren od. Genußmittel*) *f.*
gıdaklamak 1. gackern (*Huhn*) 2. F plappern, schwatzen.
gıdalanmak 1. sich nähren 2. er-, ge•nährt werden.
gıdalı 1. nahrhaft, vitaminreich 2. gut genährt (*Kind*).
gıdasız 1. vitaminarm 2. unterernährt.
gıdık 1. Kitzeln *n* 2. vorderer Teil des Halses (*bei kleineren Kindern*).
gıdıklamak 1. kitzeln 2. *fig.* versteckte Andeutungen machen.
gıgı Unterseite *f* des Kinns.
gık *in folg. Füg.*: ~ *demek* 1. Piep sagen 2. et. zu Atem kommen 3. (*bşden*) *et.* satt haben; ~ *dedirtmemek* 1. nicht zu Atem (*od.* zu Worte) kommen lassen 2. *j-n* abkanzeln (*ohne daß ein Wort der Widerrede erhoben werden kann*).
gıldır gıldır heftig pochend, stampfend, hämmernd *usw.*
gılman [ā] (*pl.*) *isl. Myth.* Jünglinge *pl.*, *die im Paradies die Seligen bedienen* (*a. sg.*).
gına [ā] 1. *va.* Reichtum *m* 2. *va.* Zufriedenheit *f* 3. Sättigung *f*, Überdruß *m*; ~ *gelmek* (*od. getirmek*) genughaben (*von*).
gıpta 1. Wunsch *m*, dasselbe zu besitzen wie ein anderer 2. Nacheiferung *f*, Wetteifer *m*; ~ etm. (*bşe*) das Gleiche für sich selbst wünschen.
gıptalamak = *gıpta etm.*
gır V 1. leeres Gerede 2. *Lm. des Murmelns od. Redens*; ~ *atmak* (*od. kaynatmak*) V schwatzen (*statt zu arbeiten*); ~ *geçmek* V nicht achtgeben.
gırgır 1. *Lm. e-s groben, lauten, andauernden Redens, e-s Geschnatters, Ratterns usw.* 2. = *gargar* 3. Reißverschluß *m* 4. kleines Motorboot 5. großes Fischernetz; ~ *etm.* ununterbrochen reden *u. j-m auf die Nerven gehen*; ~ *söylemek* dauernd herumnörgeln.
gırıldamak *s. guruldamak.*
gırılkaç 1. *naut.* Helling *f* 2. summend, surrend, brummend.
gırize 1. Natur(anlage) *f* 2. Trieb *m*, Instinkt *m.*

gırizi [· - -] 1. naturhaft, angeboren, physiologisch 2. instinktiv, triebhaft.
gırla [x ·] F 1. aus Leibeskräften 2. verschwenderisch 3. ununterbrochen; ~ *gitmek* F 1. ununterbrochen andauern 2. reichlich vorhanden sein und ebenso verbraucht werden.
gırlı summend, surrend, brummend.
gırt, -*tı* Knirschen, Quietschen, Quieken *n*; ~ ~ *od.* ~ *diye* knirschend, quietschend, quiekend.
gırtlak Kehlkopf, Larynx *m*; ~ *gırtlağa gelmek* 1. einander an die Kehle fahren 2. bis aufs Messer kämpfen; ~ *kemiği an.* Adamsapfel *m*; *gırtlağından kesmek* sich vom Munde absparen.
gırtlaklamak 1. an der (*od.* die) Kehle fassen; würgen 2. *fig.* hetzen, drängen.
gırttadan knirschend, quietschend, quiekend.
gıt gıt gıdak gackgack gaak! [(*Henne*).]
gıyaben [ā] [· x ·] 1. in Abwesenheit, in contumaciam 2. dem Namen nach (*z.B. kennen*) 3. ohne *j-n* persönlich zu kennen.
gıyabi [· - -] 1. Abwesenheits-, Versäumnis- 2. dem Namen nach 3. ohne persönliche Kenntnis.
gıyap, -*bı* [ā] 1. Abwesenheit *f* 2. *jur.* Versäumnisverfahren *n*; ~ *kararı jur.* Versäumnisurteil *n*.
gıybet, -*ti* üble Nachrede, Verleumdung *f*; ~ *etm.* schlecht reden (*von*).
gibi 1. wie, ähnlich, gleich 2. wie zum Beispiel 3. beinahe; fast ganz 4. als ob 5. sofort nachdem ... 6. sowohl ... als auch 7. wie es sich für einen ... gebührt 8. derart, daß ...; -*sine gelmek e-m* vorkommen, scheinen.
gicişmek Juckreiz verspüren.
gideğen Ausfluß *m aus e-m See.*
gider Ausgaben, (*Un*-)Kosten, Spesen *pl.*
giderayak 1. gerade beim Weggehen 2. *fig.* im letzten Augenblick.
giderek langsam; mit der Zeit.
gidermek beseitigen, beheben; löschen (*Durst*).
gidi 1. *urspr.* Kuppler *m* 2. verdammter Kerl, Schuft *m* 3. Bursche, Bengel *m*.
gidiş 1. (*Fort-, Hin-*)Gehen *n*, Hinfahrt *f* 2. Art *f* des Gehens *od.* Fahrens 3. Benehmen, Verhalten *n*, Umgangsformen *pl.* 4. *fr.* offizieller Besuch; ~ *geliş od.* ~ *dönüş* Hin- und Rückfahrt *f*; ~ *o* ~ weg ist er und kommt nicht mehr.
gidişat, -*tı* [ā] 1. allgemeine Entwicklung *der Dinge*; Ereignisse *pl.*, Verlauf *m* 2. Verhalten, Benehmen *n*.
gidişmek 1. jucken 2. sich kratzen 3. *selt.* sich gegenseitig Besuche machen 4. *selt.* miteinander gut bekannt sein.
gidon Lenkstange *f* (*des Fahrrades*).
girdap, -*bı* [ā] 1. Strudel, Wasserwirbel *m* 2. Abgrund *m*.
girdi çıktı P 1. nähere Beziehung 2. Mechanismus *m* (*z.B. e-r Maschine*) 3. Einzelheiten *pl.*
girdibat, -*dı* [ā] Wirbelsturm, Zyklon *m*.
girgin 1. schnell Freundschaft schließend 2. *pej.* aufdringlich 3. ♀ *wV.*
girift, -*ti* 1. *va.* Gefangennehmen *n* 2. ineinander verschlungen, verwickelt 3. *fig.* kompliziert, unübersichtlich 4. *e-e kleine Rohrflötenart.*
girinti Einbuchtung, Vertiefung *f*.
girintili mit Einbuchtungen, Vertiefungen; ~ *çıkıntılı* uneben, holperig, unregelmäßig.
giriş 1. Art *f* des Eintretens 2. Eingang *m* 3. Einführung *f* 4. Zugang *m* 5. *mil.* Einbruch, Einfall *m*.
girişik ineinander verschlungen; ~ *cümle gr.* erweiterter Satz.
girişim *phys.* Interferenz *f*.
girişken unternehmungsfreudig.
girişmek *m. Dat.* 1. unternehmen 2. beginnen, anfangen 3. birbirine a) sich ineinander verwickeln, b) miteinander in Streit geraten.
Girit, -*di n.pr.* Kreta *n*.
Giritli 1. Kreter(-in *f*) *m* 2. kretisch.
girive [· - ·] 1. *va.* felsige Anhöhe 2. *fig.* große Schwierigkeit; Abgrund *m*.
girizgâh [· - -] 1. Zufluchtsort *m* 2. *fig.* Ausflucht *f*, Ausweg *m* 3. *fig.* Ausgangspunkt *m e-r rhetorischen Abschweifung* 4. *fig.* Einleitung *f*, Vorwort *n*.
girmek, (-*er*) 1. hineingehen, hereinkommen, eintreten 2. eindringen 3. Platz *od.* Raum finden (*in*) 4. sich

anschließen, sich beteiligen 5. befallen werden 6. beginnen 7. (*birbirine*) a) sich verwickeln b) handgemein werden c) von allgemeiner Panik ergriffen werden 8. *intr.* anfangen, einsetzen; *girip çıkmak* nur auf e-n Sprung zu j-m kommen; *girmiş çıkmış fig.* nicht ganz bei Trost.

gişe (*Bank-, Billett- usw.*) Schalter *m.*

gitgide [x · ·] allmählich; mit der Zeit.

gitmek, (*-der*) 1. (fort-, weg)gehen; sich begeben (*nach*) 2. (ab-, weg-) fahren; abreisen 3. gehen, führen (*Weg*) 4. stehen, kleiden, passen (*z.B. Farbe*) 5. verbraucht werden 6. zugrundegehen 7. abgehen (*Nachricht*) 8. reichen, genügen 9. vergehen (*Zeit*) 10. halten (*z.B. Anzug*) 11. (*b-le*) begleiten 12. sich entwickeln; verlaufen 13. (*allg. Bez. e-r Bewegung*) gehen, laufen, fliegen, traben, fahren *usw.* 14. sich *zeitweilig od. für dauernd von e-m Ort* entfernen 15. *Hv.* dauernd; immer weiter 16. austreten müssen 17. V geschlechtlich verkehren; *gide gele* mit vielen Laufereien und Scherereien; *gide gide* allmählich; *git* (*çişini et*) *yat!* geh und laß mich in Ruh!; *gitsin a. Verst. e-s anderen Imperativs*; *gitti a. Verst. e-s anderen Perfekts.*

gittikçe [· x ·] allmählich; immer mehr.

giydirmek *Kaus. zu giymek spez.* 1. an-kleiden, -ziehen 2. einkleiden 3. ausschelten, abkanzeln.

giyecek Bekleidung *f.*

giyim 1. Garnitur *f* (*Wäsche*) 2. Kleidung, Tracht *f* 3. Satz *m* (*z.B. Hufeisen*); ~ *evi* Bekleidungsgeschäft *n*; ~ *kuşam* Kleidung *f spez.* beste Kleider *pl.*, Putz, Staat *m.*

giyinik angezogen, gekleidet.

giyinmek 1. sich anziehen 2. innerlich wütend werden; *giyinip kuşanmak* sich ordentlich anziehen.

giyme Anführungszeichen, Gänsefüßchen *pl.*

giymek 1. anziehen *od.* tragen (*Kleidungsstück*) 2. aufsetzen (*Kopfbedeckung*) 3. *fig. sich et.* anhören müssen; *et.* einstecken müssen.

giyotin Fallbeil *n.*

gizlemek 1. verstecken 2. *mil.* tarnen 3. verbergen, geheimhalten.

gizlenmek *Pass. od. Refl. zu gizlemek.*

gizli 1. geheim (-gehalten), heimlich, verborgen, versteckt 2. okkult, geheimnisvoll, mysteriös; ~ *celse* Geheimsitzung *f*; ~ *kapaklı* heimlich, verstohlen; ~ *muahede* Geheimvertrag *m*; ~ *sıtma* 1. latente Malaria 2. *fig.* hinterhältig; *-den -ye* insgeheim, verstohlen.

glâse [*â* kurz] glänzend, Glanz-, Glacé-.

glâsye [*â* kurz] Gletscher *m*; ~ *devri* Glazialperiode, Eiszeit *f.*

glisiyer Gleit-bahn, -schiene, -stange *f*, -schlitten *m* (*bei Maschinen od. Apparaten*).

goblen (*halısı*) Gobelin *m.*

gocuk grober Hirtenmantel *m.*

gocunmak *s. kocunmak.*

gode Quetschfalte *f* (*an Kleidern od. Anzügen*).

gofre gekräuselt, plissiert (*Kleid*).

gol, *-lü Fb. usw.* Tor *n*; ~ *atmak* (*od. çıkarmak od. yapmak*) ein Tor schießen; ~ *olm.* fallen (*Tor*); ~ *yemek* ein Tor geschossen bekommen.

golet, *-ti naut.* Goelette *f*, Schoner *m.*

golf Golf(spiel) *n*; ~ *pantalon* Knickerbocker *pl.*, Golfhose *f.*

golfstrim Golfstrom *m.*

golyabani *s. gulyabani.*

gomalâka [*â* kurz] [· · x ·] (*Gummi-*) Lack *m.*

gomalâstik [*â* kurz] 1. Gummi, Kautschuk *m* 2. Radiergummi *m.*

gomba [x ·] 1. (*Faser- od. Binsen-*) Matte *f* 2. Seil *n* (*aus Kokosfasern*).

gomene [· x ·] *naut.* 1. Kabel *n*, Stahltrosse *f*, Drahtseil *n* 2. *Längenmaß von 120 Klaftern* (*kulaç*) = $^1/_{10}$ *Meile.*

gonca *s. konca.*

gong Gong *m*; *gonga vurulduğu zaman saat tam beştir* mit dem Gongschlag ist es genau fünf Uhr.

goril *zo.* Gorilla *m.*

gotik gotisch; ~ *sanatı arch.* Gotik *f*; ~ *yazı* gotische Schrift, Fraktur *f.*

göbek 1. Nabel *m* 2. (*dicker*) Bauch 3. Mittelstück, Zentrum *n* 4. Nabe *f* 5. Generation *f* 6. rundes Blumenbeet 7. Anker *m* (*e-s Dynamos*); ~ *adı Name, der e-m neugeborenen Kind bei dem Abnabeln gegeben wird*; ~ *atmak* 1. e-n Bauchtanz aufführen 2. *fig.* vor Freude ganz außer sich sein; ~ *bağlamak* e-n Bauch bekommen; *göbeği çatla-*

mak fig. sich durchbeißen müssen; *göbeği sokakta kesilmiş fig.* Kokotte, Dirne *f.*

göbeklenmek 1. rund und dick werden 2. e-n Bauch bekommen 3. sich schließen (*Kopfsalat*) 4. bis zum Nabel reichen (*Bart*).

göbekli *mit göbek spez.* dick, beleibt; *~ salata* Kopfsalat *m.*

göbel 1. verwahrlostes Waisenkind 2. Kind *n von unbekanntem Vater* 3. Erdhügel *m* (*zur Kennzeichnung von Feldern*).

göbelek eßbarer Pilz.

göbelez junger Jagdhund.

göç 1. Wanderung *f* (*der Nomaden*) 2. Umzug *m* 3. Umzugsgut *n* 4. Fortziehen *n* (*der Zugvögel*).

göçebe 1. Nomade *m* 2. Nomadenstamm *m.*

göçebelik 1. Nomadentum *n* 2. *fig.* Herumzigeunern *n.*

göçen 1. *Part. Präs. zu göçmek* 2. Häs·chen *n* 3. *e-e Murmeltierart* 4. Hermelin *n* 5. Kohlmeise *f.*

göçer 1. = **göçebe** 2. ambulant 3. fahrbar.

göçeri, göçerkonar ohne festen Wohnsitz.

göçermek übergeben, übertragen.

göçertmek zum Einsturz bringen.

göçkün verfallen, baufällig.

göçmek, (*-çer*) 1. umher·ziehen, -wandern 2. um-, ein-, aus-, wegziehen 2. sich senken *od.* einstürzen 4. sterben, umkommen, zugrundegehen.

göçmen Ein- *bzw.* Aus·wanderer *m*; *~ hücre biol.* Wanderzelle *f*; *~ sıçanı zo.* Wanderratte *f.*

göçü Berg-, Erd·rutsch *m.*

göçük (*Ein-*)Bruch, Einsturz *m* (*im Bergwerk*).

göçürmek *Kaus. zu göçmek, spez.* 1. über·tragen, -weisen; weiter·reichen, -geben 2. restlos aufessen.

göden Blinddarm *m.*

gödeş *s. unter ödeş.*

göğüs, *-ğsü* 1. Brust *f* 2. Mutterbrust *f* 3. Decke *f* (*bei S. i.*); *~ darlığı* Asthma *n*; *~ geçirmek* seufzen, stöhnen; *~ germek* 1. sich in die Brust werfen 2. *m. Dat.* die Stirn bieten; *~ göğse gelmek* Mann gegen Mann kämpfen; *~ kemiği an.* Brustbein *n*; *göğsü kabarmak* von Stolz geschwellt sein; *göğsün açıklığı* Dekolleté *n.*

göğüslemek *m. Akk.* sich j-m kühn entgegenwerfen.

göğüslü 1. mit ... Brust 2. *pr.* breitgewachsen 3. *naut.* mit breitem Bug.

göğüslük 1. Kinderlätzchen *n* 2. kurze Schürze; Latz *m* 3. Brust-, Schutz·leder *n* (*z.B. beim Fechten*) 4. *fr.* Brustpanzer *m.*

gök, *-kü od. -ğü* 1. Himmel *m,* Himmelsgewölbe *n* 2. himmelblau, hellblau, bläulich; *~ gözlü* 1. mit bläulich-hellgrünen Augen 2. *fig.* verräterisch, heimtückisch; *~ gürlemesi* (*od. gürültüsü*) Donner *m*; *~ gürlüyor* es donnert; *~ kandil* V sternhagelvoll; *~ yolu* Milchstraße *f*; *göğe çıkmak* 1. in den Himmel aufsteigen 2. *fig.* furchtbar zornig werden; *göğün direkleri alınmak* 1. einstürzen (*Himmel*); untergehen (*Welt*) 2. in Strömen regnen; *göklere çıkarmak fig. j-s Ruhm* in allen Tonarten singen; *gökten zembille inmemiş ya!* er ist genau so ein Mensch wie wir alle.

gökçe 1. himmlisch, Himmels- 2. = *gök* 3. schön, hübsch, nett, anmutig 4. ♀ *türk. Fn.*

gökdeldi, gökdelen Wolkenkratzer *m.*

gökelâ bläulich-gelb (*Auge*).

gökkır bläulich-grau (*Pferd*).

göktaşı, *-nı* (*Feuer-*)Meteor *n.*

gökyüzü, *-nü* Firmament *n.*

göl See, Teich *m.*

gölbaşı, *-nı in e-n See mündender* Wasserlauf.

gölge 1. Schatten *m* (*a. fig.*) 2. Schattenumrandung *f* 3. Silhouette *f* 4. *fig.* Schutz *m* (*den man genießt*); *~ etm.* 1. Schatten spenden 2. *fig.* stören; *~ salmak* Schatten werfen; *-de bırakmak fig.* in den Schatten stellen; übertreffen.

gölgealtı, *-nı* schattiger Platz; Schatten *m.*

gölgele(ndir)mek Schatten spenden.

gölgelenmek 1. schattig sein 2. sich an e-n schattigen Platz setzen.

gölgeli 1. schattig 2. *phot.* mit Schattenflecken.

gölgelik 1. schattiger Ort 2. *alles, was Schatten spendet, z.B.* Sonnensegel *n,* Zelt *n,* Laube *f.*

göm 1. *urspr.* et. Vergrabenes 2. *s. kuşgömü.*

gömgök [x ·] 1. überall blaue *bzw.* bläuliche Farbe aufweisend 2. braun und blau (*geschlagen*) 3. *fig.* sehr; in hohem Maße.

gömlek 1. (*Ober-*)Hemd *n* 2. Unterhemd *n* 3. Überzug *m* 4. Generation *f* 5. (*Glüh-*)Strumpf *m* 6. Grad *m*, Stufe *f*, Ton *m*, Idee *f* 7. (*Lamm- od. Ziegen-*)Fell, Vlies *n* 8. (*abgestreifte*) Schlangenhaut 9. Aktendeckel, -umschlag *m* 10. *biol.* Tunikaschicht *f* 11. (*Farb-*)Schicht *f* 12. *fr.* Panzerhemd *n* 13. Mantel *m* (*z.B. e-s Geschosses*); ~ *değiştirmek* 1. das Hemd wechseln 2. sich häuten (*Schlange*) 3. *fig.* sich mausern; e-e andere Gesinnung annehmen; ~ *eskitmek fig.* reiche Lebenserfahrungen sammeln; *gömleği kalın fig.* wohlhabend.

gömme 1. *Vs. zu gömmek* 2. be-, ver-, einge·graben 3. versenkt, eingelassen, -gebaut; ~ *banyo* eingelassene Badewanne.

gömmek, (-*er*) 1. begraben, beerdigen 2. (tief) hinein·stecken, -stechen; versenken; einbauen 3. vergraben 4. einsetzen, einlassen (*z.B. Edelstein*).

gömülmek *Pass. od. Refl. zu gömmek, spez.* sich hinfläzen.

gömülü 1. begraben, bestattet 2. ein·gebaut, -gelassen; versenkt.

gön Rohleder *n.*

gönder 1. (*Fahnen-, Ochsen-, Ruder-, Stör- usw.*) Stange *f* 2. Stachelstock, Ochsenstachel *m* 3. Lanze, Hellebarde *f* 4. Bootshaken *m* 5. großer Schößling 6. *Name e-r best. Fichtenart.*

gönderen Absender(in *f*) *m.*

gönderilen 1. geschickt, gesandt 2. *selt.* Empfänger, Adressat *m.*

gönderişmek sich gegenseitig *et.* schicken.

göndermek, (-*ir*) 1. (ab-, zu-) schicken, senden 2. ein Stück Wegs geleiten (*Abreisenden*).

gönül, -*nlü* 1. Herz *n*, Seele *f* 2. Gefühl *n* 3. Zuneigung, Liebe *f* 4. Wunsch *m*, Verlangen *n* 5. Zustimmung *f*, Einverständnis *n* 6. Mut *m* 7. Stolz *m*, Eitelkeit *f* 8. ♀ *türk. Fn. od. wV.*; ~ *acısı* Liebeskummer *m*; ~ *almak* 1. erfreuen 2. wieder versöhnen; ~ *bağı* Herzensbund *m*; ~ *darlığı* innere Unruhe, Besorgnis *f*; ~ *eri* weitherzig, lebenslustig; ~ *hoşluğu ile* bereitwillig, gern; ~ *işi* Liebesaffäre *f*; ~ *kırmak* kränken; ~ *tokluğu* Genügsamkeit *f.* (**gönlü**:) ~ *açık* 1. aufrichtig 2. heiter, froh; ~ *alçak* schlicht, einfach, bescheiden; ~ *bulanmak* 1. Brechreiz empfinden 2. *fig.* Verdacht schöpfen; ~ *olm.* 1. (*bşde*) sein Herz *an et.* gehängt haben 2. (*bşe*) einverstanden sein (*mit*); ~ *tez* ungestüm, impulsiv; ~ *yufka* weichherzig; -*nce* wunschgemäß; -*nden geçirmek sich et.* überlegen; -*ne doğmak* 1. einfallen 2. e-e Vorahnung haben; -*nü etm.* (*od. yapmak*) (*b-nin*) 1. *j-m* Freude bereiten 2. zufriedenstellen 3. trösten.

gönüllü 1. freiwillig, Freiwillige(r) *m/f* 2. (*bşin*) -*sü* wer et. gerne unternimmt 3. verliebt (*in*), Geliebte(r) *m/f* 4. stolz; ~ *kıtası mil.* Freikorps *n.*

gönülsüz 1. = *alçakgönüllü* 2. ungern, widerstrebend.

gönye [x ·] Dreieck *n*, Winkel *m* (*als Zeichengerät*); -*sinde olm.* rechtwinklig sein.

göre (*1—4 Pp. m. Dat.*; *5 adj.*) 1. gemäß, entsprechend 2. mit Rücksicht (*auf*); bei 3. für den Fall, daß ... 4. nach *j-s* Meinung 5. relativ, bedingt; ~ *olm. m. Dat.* 1. passen, entsprechen 2. betreffen; gemünzt sein (*auf*).

görenek Herkommen *n*, Tradition *f*, (*alter*) Brauch; *pej.* Schablone *f.*

göresimek *m. Akk.* herbeisehnen.

görev 1. Funktion *f* 2. *selt.* = *vazife.*

görevlenmek 1. *mit e-r Aufgabe* betraut werden 2. übernehmen (*Amt, Posten usw.*).

görgü 1. Erfahrung, Empirie *f* 2. Welterfahrenheit *f* 3. gutes Benehmen.

görme 1. *Vs. zu görmek* 2. wer et. erreicht hat.

gör(ül)medik unerhört, unglaublich.

görmek, (-*ür*) 1. sehen, erblicken 2. gelegen sein (*nach*); hinausgehen 3. erkennen, merken 4. besuchen; *j-n* sprechen 5. halten (*für*); finden 6. erleben 7. erfahren, durchmachen, genießen 8. erleiden 9. begegnen 10. absolvieren (*Studium*) 11. verrichten, leisten, ausführen 12. besitzen 13. *Hv.* weiter, fort; *göreyim seni!* nun zeig mal, was du kannst!; *görüp geçirmek et.* durchmachen.

görmemezlik (*puristisch*: *görmezlik*) Nichtsehen(-Wollen) *n*; ~-*ten* (*od.* ~*ğe*) *gelmek* so tun, als ob man nicht sähe.

görmemiş 1. plump und protzig 2. sehr dumm.

görmüşlük Gesehenhaben *n*; *bu adamı görmüşlüğüm var* ich habe diesen Mann schon einmal gesehen; ~ *duygusu* Erinnerungshalluzination *f*.

görsün 1. er soll sehen 2. *m. Dat. e-s Infinitivs*: wenn; nur.

görücü Brautschauerin *f*.

görülmek *Pass. zu görmek*; *görülen lüzum üzerine Beh.* aus gegebenem Anlaß.

görüm 1. Sehkraft *f*, Gesichtssinn *m* 2. Anblick *m*.

görümce [· x ·] Schwägerin *f* (*Schwester des Ehemannes*).

görümlük 1. zur Ansicht bestimmt; nur als Auslage *od.* Dekoration dienend 2. Besichtigungsgebühr *f* 3. = *yüzgörümlüğü*.

görünmek 1. sichtbar werden; sich zeigen 2. scheinen 3. kommen; F sich blicken lassen 4. sich aufspielen 5. (*b-ne*) tadeln; *göründü Sıvas'ın bağları! iron.* da haben wir die Bescherung!; *görünür görünmez hâdiseler* unvorhergesehene Zwischenfälle *pl*.

görünmez unsichtbar; ~ *olm.* 1. sich nicht mehr sehen lassen 2. aus dem Blickfeld verschwinden.

görünürde *adv.* 1. anscheinend *bzw.* scheinbar 2. greifbar, sichtbar, offenbar; ~ (*od. görünürlerde*) *yok* es ist nichts (*bzw.* niemand) zu sehen.

görünüş 1. Sichtbarwerden *n* 2. Erscheinung *f* 3. Aussehen *n*, äußerer Schein 4. Ansicht *f* 5. *fr.* Audienz *f*; -*e göre* dem Anschein nach (*zu urteilen*).

görüş 1. Blick *m* 2. Ansicht, Anschauung, Auffassung, Meinung *f*; ~ *zaviyesi* 1. Seh-, Blick·winkel *m* 2. *fig.* Gesichtswinkel, Standpunkt *m*.

görüşme *Vs. zu görüşmek, spez.* 1. Unterredung, Unterhaltung, Besprechung *f* 2. Begegnung *f*.

görüşmek 1. sich treffen und unterhalten 2. sich sehen, sich kennenlernen 3. Verkehr pflegen 4. *m. Akk.* besprechen; *görüşeni karışanı olmamak* (*b-nin*) nicht hineingeredet bekommen.

gösteri 1. Vorführung, Darbietung *f* 2. Kundgebung, Demonstration *f*.

gösteriş 1. Zeigen *n* 2. Bluff *m*, Blendwerk *n*, leere Aufmachung 3. Reiz, Charme *m*, Anziehungskraft *f*.

gösterişli 1. *pej.* mit viel äußerer Aufmachung; protzig, pompös 2. *mel.* schön, ansehnlich, stattlich.

gösterişsiz 1. *mel.* unauffällig, schlicht 2. *pej.* unansehnlich.

göstermek, (-*ir*) 1. zeigen 2. erweisen; erkennen lassen 3. der Einwirkung *von et.* aussetzen 4. beweisen 5. lehren, beibringen 6. auf-, über·tragen 7. ins richtige Licht rücken 8. aufführen (*z.B. in e-r Liste*) 9. (*b-ne*) (*Drohung*) *es j-m* (*od. e-m*) zeigen 10. *intr.* aussehen 11. (*oft* = *etm.*).

göstermelik 1. Muster-, Probestück *n*; Muster-, Probe·sendung *f* 2. Angabe *f e-s Karagöz-Spiels*.

göt, -*tü* (*grober Ausdruck*) 1. Gesäß *n*, Hintere(r) *m*, P Hintern *m*, V Arsch *m* 2. Verschlußstück *n* (*e-s Geschützes*) 3. *fig.* Mut *m*, Dreistigkeit *f*; ~ *üstü oturmak* V in der Klemme sein; -*üne kına koy!* V jetzt kannst du dir ins Fäustchen lachen!; -*ünü yakmak* (*b-nin*) V *j-m* den Hinter(e)n versohlen.

götürmek, (-*ür*) 1. (weg-, fort-, hin-) bringen *od.* tragen 2. weg-, fortführen; mitnehmen 3. hinwegreißen 4. aushalten (*können*) 5. (*Sport*) besiegen.

götürü unter Zahlung e-r Pauschalsumme; ~ *iş* Akkordarbeit *f*; ~ *pazar ne vereyim?* was kostet alles zusammen?; ~ *pazarlık jur.* Akkordvertrag, -lohn, -preis *m*.

gövde 1. Hauptbestandteil (*von et.*) 2. Rumpf, Körper *m* 3. (*Baum-*) Stamm *m*, (*Pflanzen-*)Stengel *m* 4. geschlachtetes und ausgenommenes Tier 5. Gehäuse *n* 6. Schallkörper *m* 7. *gr.* Stamm *m* 8. *Unterteil e-s Minaretts*; -*ye atmak* (*od. atıştırmak od. indirmek*) F *sich et.* einverleiben; -*yi atmak* sich zu Boden werfen.

gövdelenmek 1. körperliche Form annehmen 2. dick werden.

gövdeli groß; stämmig gebaut.

göya *s. gûya.*
göz 1. Auge *n* 2. Quelle *f* 3. Loch *n*, Öffnung *f* 4. Ohr *n* 5. Öse *f* 6. Durch·laß *m*, -fahrt *f* (*Brückenbogen*) 7. Raum *m* (*in e-m Haus*) 8. (*Ge-*)Fach *n* 9. Schublade *f* 10. Waagschale *f* 11. Einzelreihe *f* (*in e-m Regal*) 12. böser Blick 13. Zuneigung, Liebe *f* 14. Auge *n* (*an Stamm od. Ast*) 15. Masche *f* 16. Meinung, Ansicht *f*; ~ *açıp kapamadan* im Nu; ~ *açmak* 1. das Licht der Welt erblicken 2. zur Besinnung (*Ruhe*) kommen 3. *s. gözünü açmak*; ~ *alabildiğine* so weit das Auge reicht; ~ *almak* 1. blenden (*Sonne usw.*) 2. anziehend wirken (*auf*); ~ *bağlamak* 1. bezaubern 2. *pej.* verhexen, irreführen; ~ *dikmek* (*bşe*) 1. starren Blicks verfolgen 2. begehren; ~ *göre* 1. sehenden Auges 2. mit frecher Stirn 3. vor aller Augen; ~ *etm.* zublinzeln; ~ *gezdirmek* 1. überfliegen 2. *sich et.* anschauen; ~ *hapsi* 1. unverwandtes Anblicken 2. *mil.* Stubenarrest *m*; ~ *kapağı* Augenlid *n*; ~ *kararı* Augenmaß *n*; ~ *kı(r)pmak* zuzwinkern; ~ *önünde* vor aller Augen; ~ *önünde bulundurmak* (*od. tutmak*) in Rechnung stellen; beachten; ~ *yummak* 1. geflissentlich übersehen 2. schlafen; *-de olm.* sehr gefallen; *-den çıkarmak* 1. opfern 2. mit dem Verlust *von et.* rechnen; *-den çıkmak* (*od. düşmek*) 1. in Ungnade fallen 2. an Ansehen verlieren; *-den geçirmek* 1. durchsehen, revidieren 2. durchblättern, überfliegen; *-e almak* 1. erwägen 2. riskieren; *-e batmak* 1. unangenehm berühren; stören 2. nicht *od.* kaum mehr herausgezogen werden können; *-e çarpmak* auffallen; *-e sokmak* 1. direkt unter die Nase halten 2. zurechtweisen 3. durch unwiderlegliche Beweise überführen; *-leri bağlı olarak* mit verbundenen Augen; *-leri yollarda kalmak* sehnsüchtig erwarten; *-lerini dört açmak* 1. Mund und Nase aufreißen 2. genau aufpassen; *-lerinizden öperim* (*Briefschlußformel e-s an Rang, Alter od. Ansehen Höherstehenden*); *-ü açık* aufgeweckt, schlau, pfiffig; *-ü bağlı fig.* 1. unachtsam, sorglos 2. wie verblendet; *-ü dönmek* 1. sterben 2. in hellen Zorn geraten; *-ü görmez karanlık* stockdunkel; *-ü görmiyen* blind; *-ü ısırmak* (*b-ni*) *e-m* bekannt vorkommen; *-ü kalmak* 1. (*bşde*) sehnsüchtig wünschen 2. neidisch betrachten 3. sich Sorge machen (*um*); *-ü tok* genügsam, bescheiden; *-ü tutmamak* (*b-ni*) *e-m* nicht recht gefallen; *-üm* mein Liebling!; *-ünü açmak* 1. erwachen 2. *fig.* sich nicht düpieren lassen 3. *fig.* zu Wohlstand kommen 4. (*b-nin*) *j-m* die Augen öffnen; *-ünü kapamak* 1. sterben 2. *et.* hingehen lassen; *-ünün yaşına bakmamak fig.* kein Mitleid haben (*mit*).
gözağrısı, *-nı* 1. Augenschmerzen *pl.* 2. *ilk* ~ *a*) erste Liebe; *b*) erstgeborenes Kind.
gözaltı, *-nı* Internierung *f*; ~ *etm.* (*od. -na almak*) 1. unter Aufsicht stellen 2. internieren.
gözbağı, *-nı* 1. Augenbinde *f* 2. *fig.* Verblendung *f* 3. Hexerei, Zauberei *f*.
gözbağıcı Zauberer, Taschenspieler *m*.
gözbebeği, *-ni* 1. *an.* Pupille *f* 2. *fig.* Liebling, Augapfel *m*.
gözcü 1. Beobachter *m* 2. *va.* Spion *m* 3. Augenarzt *m*.
gözcülük 1. Beobachtung, Überwachung *f* 2. *va.* Spionage *f* 3. Ophthalmologie *f*; ~ *etm. a.* die Aufsicht führen (*z.B. während e-r schriftlichen Prüfung*).
gözdağı, *-nı* Einschüchterung, Drohung, Erpressung *f*; ~ *vermek* einschüchtern, bedrohen, erpressen.
gözde Günstling *m*, Favorit(in *f*) *m*.
gözdemiri, *-ni naut.* Buganker *m*.
gözdikeği, *-ni* 1. Lieblingsbeschäftigung *f* 2. Ziel *n*, Zweck *m* 3. Lochstickerei, Ajourarbeit *f* 4. ausgestanztes Loch.
gözemek 1. *ein Loch* zunähen 2. *e-e Stelle* besticken (*mit Seide überziehen*).
gözenek 1. Pore *f* 2. (*Netz-*)[Masche *f*.]
gözer großlöcheriges Sieb.
gözetleme *Vs. zu gözetlemek, spez. mil.* Beobachtung *f*; ~ *aynası mil.* Geländespiegel *m*; ~ *deliği mil.* Sehschlitz *m*; ~ *yeri mil.* Beobachtungsstand *m*.
gözetlemek *m. Akk.* heimlich beobachten; ausspionieren.
göz(et)leyici *mil.* Beobachter *m*.
gözetmek, (*-ir*) *m. Akk.* 1. aufpassen

(*auf*), beschützen 2. berücksichtigen 3. lauern (*auf*).
gözleme *Vs. zu gözlemek, spez.* 1. *mil. od. astr.* Beobachtung *f* 2. *Name e-r flachen, in Fett ausgebackenen türk. Süßspeise.*
gözlemek *m. Akk.* 1. warten (*auf*) 2. aufmerksam beobachten; erkunden.
gözlemen Observator *m.*
gözlemevi, -ni Sternwarte *f*, Observatorium *n.*
gözlük 1. Augenglas *n*, Brille *f*, Zwicker *m* 2. Scheuklappe *f* (*für Pferde*); ~ *camı* Brillenglas *n*; ~ *çerçevesi* Brillenfassung *f*; ~ *kullanmak* ein Glas tragen.
gözlükçü Optiker *m.*
gözlüklü mit Brille *bzw.* Scheuklappen; ~ *yılan zo.* Brillenschlange *f.*
gözsüz ohne *göz, spez.* blind.
göztaşı, -nı Kupfer·sulfat, -vitriol *n.*
gözükmek, (*-ür*) sichtbar werden, sich zeigen.
gözüpek mutig, unerschrocken.
gözyaşı, -nı Träne(n *pl.*) *f*; ~ *dökmek* weinen.
grado [x ·] 1. Alkoholgehalt *m* 2. Grad *m*, Stufe *f.*
grafik 1. graphische Darstellung 2. graphisch.
gramer Grammatik *f.*
gramerci Grammatiker *m.*
grandi [x ·] *naut.* Großmast *m.*
grandük, -kü 1. Großherzog *m* 2. *fr.* russischer Großfürst.
grandüşes 1. Großherzogin *f* 2. *fr.* russische Großfürstin.
granüle körnig, gekörnt.
graten Brotmehl *n*, Semmelbrösel [*pl.*]
gratsiyel Wolkenkratzer *m.*
grave (ein)graviert; ~ *etm.* (ein-)gravieren.
gravye Kies *m.*
gravyer Schweizerkäse *m.*
gravür (*Kupfer-, Stahl-*) Stich *m*; (*Holz-*) Schnitt *m.*
gre Sandstein *m.*
gren *phot.* Korn *n.*
grena *geol.* Granat *m.*
grenadin Granatapfel·saft *od.* -likör *m.*
grenaj *techn.* Getriebe *n.*
grepfrut, -tu *bot.* Pampelmuse *f.*
gres (**yağı**) Schmier·öl *od.* -fett *n.*
grev Streik, Ausstand *m*; ~ *yapmak* streiken.
gri hell-, silber·grau; gris.
grip, -pi Grippe, Influenza *f.*
grizu schlagendes Wetter, Schlagwetter *n.*
gros *naut.* Brutto- (*z.B. Tonnage*).
grosa Gros *n* (= 12 *Dutzend*).
grogi [x ·] (*Boxen*) groggy; bewußtlos geschlagen.
grogren Gurt-, Rips·band *n.*
grup, -pu Gruppe *f.*
gruplandırmak gruppieren.
grupvari [· - -] gruppenartig.
guaş 1. Wasserfarben-, Deck·malerei *f*; Guasch *f* 2. Wasserfarbengemälde, Aquarell *n.*
gudde *an.* Drüse *f.*
gudruf [· -] Knorpel *m.*
gufran [· -] Sündenvergebung *f* (*durch Gott*).
guguk 1. *zo.* Kuckuck *m* 2. *Zuruf, mit dem man Kinder ergötzen od. ärgern will*; ~ *yapmak fig.* seinen Scherz treiben (*mit*).
guguklu mit Kuckucksruf; ~ *saat* Kuckucksuhr *f.*
gul [ū] 1. (*Wüsten-*)Dämon *m* 2. *fig.* (*selt.*) übelgesinnter Mensch.
gulfe Vorhaut *f*, Präputium *n.*
gulgule Lärm *m*, Stimmengewirr *n.*
gulyabani [ū, ī] Menschenfresser, Oger *m* (*im orient. Märchen*).
gûna *oft* [güne] Art, Sorte *f*; *bazı* ~ verschiedene; *bir* ~ 1. andersartig 2. (*in neg. Sätzen*) keinerlei; *bu* ~ solch, derartig.
gunne näselnde Aussprache.
gunneli näselnd.
gurbet, -ti Fremde, Verbannung *f*; ~ *çekmek* Heimweh haben; ~ *diyarlar(-ı) od.* ~ *eller(-i)* Ausland *n.*
gureba [ā] Arme, Bedauernswerte *pl.*; ~ *hastanesi* Armenspital *n.*
gurgur knurrend, kollernd.
gurk, -ku 1. Bruthenne *f* 2. kollernder Truthahn.
gurklamak 1. zu glucken anfangen (*Henne*) 2. kollern (*Truthahn*).
gurre 1. *erste Nacht e-s arab. Mondmonats* 2. Beginn *m* der Morgendämmerung 3. Glanz *m*, Helligkeit *f* 4. weißer Haarkranz (*auf der Stirn e-s Pferdes*).
gurub [· -] (*Sonnen-*)Untergang *m.*
gurul gurul knurrend, kollernd (*Bauch*); *karnı* ~ ~ (*od. gırgır*) *ötüyor* der Magen knurrt ihm vernehmlich.

guruldamak knurren, kollern (*Bauch*).
gurup 1. *s. gurub* 2. *s. grup.*
gurur [· -] Stolz *m*; ~ *gelmek* (*b-ne*) *od.* ~ *getirmek* (*biri*) stolz sein *bzw.* werden; *-unu okşamak fig. j-m* um den Bart gehen.
gururlanmak stolz werden.
gururlu stolz.
gusletmek [x · ·] die isl.-rituelle Ganzwaschung vornehmen.
gusto [x ·] Geschmack *m*.
gustosuz geschmacklos, häßlich.
gusülhane [ā] Ort *m* der isl.-rituellen Ganzwaschung.
guşa [x ·], **guvatr** *med.* Kropf *m*, Struma *f*.
gûya 1. als ob, als wenn 2. sogenannt 3. angeblich.
gübre 1. Mist, Dünger, Dung *m* 2. = *gebre*; ~ *şerbeti* Jauche *f*.
gübrelemek düngen.
gübrelik Mist-, Dung·haufen *m*.
güc 1. Kraft, Fähigkeit *f* (*et. zu tun*) 2. *a. phys.* Stärke, Arbeitsleistung *f* 3. (*in Verb. m. iş*) Arbeit, Tätigkeit, Beschäftigung *f* 4. Verdruß *m* 5. Gewalt(tätigkeit) *f* 6. *s. a. güç*; ~ *ile* 1. nur mit Schwierigkeiten 2. nur mit Gewalt; ~ *sayısı techn.* Leistungsziffer *f*; *-ü yettiği kadar* soweit es in seiner Kraft steht; *-ünü yenmek* sich beherrschen.
gücendirmek kränken, verstimmen.
gücenik gekränkt, verstimmt.
gücenmek 1. sich gekränkt (verletzt, beleidigt) fühlen; verstimmt sein 2. (*b-ne*) *j-m et.* übelnehmen; F böse sein (*auf*).
güclenmek kräftig, stark werden.
güclü 1. stark, kräftig 2. tätig, beschäftigt 3. gewalttätig, frech; ~ *kuvvetli* stark und kräftig.
gücsüz 1. kraftlos, schwach 2. ohne Arbeit *f*.
gücü Litze *f* (*am Webstuhl*).
gücün [x ·] 1. gerade noch eben; knapp 2. gezwungenermaßen.
güç, *-cü* 1. schwer, schwierig, mühsam 2. Schwierigkeit *f* 3. *s. güc*; ~ *halle* unter großen Schwierigkeiten; *-e sarmak* sich erschweren; *-ü -üne* = ~ *halle*; *-üne gitmek* (*bş b-nin*) kränken, beleidigen; *-üne koşmak sich et.* unnötig erschweren; ~ *belâ* mit Mühe und Not.
güçleşmek 1. sich erschweren 2. sich verschlimmern.
güçlü *s. güclü.*
güçlük Schwierigkeit, Mühe *f*; ~ *çekmek* Schwierigkeiten haben; ~ *göstermek* 1. *j-m et.* erschweren 2. sich ungefällig erweisen; *-ler çıkarmak* Schwierigkeiten in den Weg legen.
güderi 1. *feingegerbtes* Wildleder 2. *sehr dünnes* Kalb- *od.* Reh·leder 3. *Name e-r best. Pergamentart*; ~ *eldiven weiche* Wildlederhandschuhe *pl.*
güdü (*Beweg-*)Grund *m*, Motiv *n*, Antrieb *m*, Triebfeder *f*.
güdük 1. gestutzt, beschnitten 2. schwanzlos 3. *fig.* unvollendet, unvollständig 4. *fig. va.* kinderlos; ~ *tavuk* 1. schwanzloses Huhn 2. *fig.* unbedeutender Mensch.
güfte Worte *pl.*, Text *m* (*zu e-m Musikstück*).
güğül (*leerer*) Seidenraupenkokon.
güğüm *große, mst. kupferne* Wasserkanne.
güherçile Salpeter *m*.
gül 1. *bot.* Rose *f* 2. F *drittes Jahr e-s Kindergartens* 3. ♀ *wV.*, *fr. a. mV.*; ~ *ağacı* Rosenstock *m*; ~ *burnu* Hagebutte *f*; ~ *gibi* wunderschön und rein; ~ *üstüne* ~ *koklamak* e-e zweite Geliebte haben.
güldürmek *Kaus. zu gülmek* 1. zum Lachen bringen 2. froh stimmen, aufheitern 3. belustigen, unterhalten 4. (*k-ni âleme od. herkese*) sich lächerlich machen.
güldürücü zum Lachen reizend; belustigend, erheiternd.
güler lächelnd, heiter.
güleryüz 1. lächelndes, heiteres Gesicht 2. *fig.* liebenswürdige Behandlung.
güleryüzlü lächelnd, freundlich, liebenswürdig.
güleş *s. güreş.*
gülhatmi *bot.* Stock·rose, -malve *f*.
gülistan [ā] 1. Rosengarten *m* 2. *fig.* Paradies *n* 3. ♀ *n.pr.* (*Werk des pers. Dichters Sadi*).
gülkurusu, *-nu* 1. getrocknete Rosenblätter *pl.* 2. beige-rosa.
güllâbi [ī] 1. Wärter, Aufseher *m* in e-m Irrenhaus 2. *fig. wer sich ganz den Launen e-s hohen Herrn unterwirft.*
güllâç, *-cı* [â kurz] 1. *e-e best. Art Blätterteig* 2. *e-e hieraus hergestellte türk. Süßspeise* 3. Oblate *f*.
gülle 1. *fr.* Kanonenkugel *f* 2. Artilleriegeschoß *n* 3. Stemmgewicht *n*,

Scheibenhantel *f* 4. leichte Hantel 5. *La.* Kugel *f*; ~ *atma* Kugelstoßen *n*; ~ *kaldırmak* die Scheibenhantel stemmen; ~ *yağdırmak m. Dat.* unter heftiges Artilleriefeuer nehmen. [auskämpfen.]
gülleleşmek ein Artillerieduell
güllük Rosengarten *m*; ~ *gülistanlık fig.* das reinste Paradies.
gülme Lachen *n*.
gülmece F Ver-, Aus·lachen *n*.
gülmek, (-er) 1. lachen 2. (*b-ne*) auslachen; lachen (*über*) 3. fröhlich sein 4. sich belustigen, sich gut unterhalten; *güle güle!* 1. (*Gruß dessen, von dem Abschied genommen worden ist*) auf Wiedersehen! 2. alles Gute! 3. viel Freude! (*beim Tragen e-s neuen Kleidungsstückes*); *güleceği tuttu* er mußte unwillkürlich lachen; *gülecek* lächerlich; *gülüp oynamak fig.* sich vergnügen.
gülmez unfreundlich, griesgrämig, verdrossen (*Gesicht*).
gülümsemek lächeln.
gülümsetmek *j-m* ein Lächeln entlocken.
gülünç, *-cü* lächerlich, komisch.
gülünçlü lustig (*Erzählung, Theaterstück usw.*).
gülünmek 1. *Pass. zu gülmek* 2. *va.* vor sich hinlachen; *gülünecek* lächerlich, lachhaft.
gülüş Lachen *n*.
gülüşmek gemeinsam lachen 2. über einander lachen.
güm 1. *Int.* bums! 2. V prahlerisches Gerede; ~ *atmak* V renommieren; ~ ~ bum bum!; ~ ~ *ötmek* dumpf dröhnen; -e *gitmek* V *od.* F 1. nutzlos sein 2. draufgehen, auffliegen, bankrottgehen 3. hoppsgehen (*a. sterben*).
gümbedek [x · ·] 1. dröhnend, laut polternd 2. *Int.* bauz!, bums!
gümbür gümbür polternd; mit großem Getöse.
gümbürdemek 1. laut poltern 2. V draufgehen (= *sterben*).
gümbürtü lautes Getöse; Gepolter *n*.
gümeç, *-ci* 1. Bienenzelle *f* 2. Honigwabe *f*; ~ *balı* Wabenhonig *m*.
gümlemek 1. dumpf dröhnen 2. (*irgendwo*) hineinplatzen 3. V = *güme gitmek*.
gümrah [ā] dicht, üppig, reichlich (*z.B. Haar*).

gümrük 1. (*erhobener*) Zoll 2. Zollbehörde, -verwaltung *f*, -amt *n*; ~ *kaçağı* Schmuggelware *f*; ~ *resmi* Zollabgabe *f*; *-ten muaf* zollfrei.
gümrükçü Zollbeamte(r) *m*.
gümrüklenmek zollamtlich behandelt werden.
gümrüklü zollpflichtig.
gümüş 1. Silber *n* 2. silbern, silberfarben; Silber- 3. aus Silber; Silber- 4. silberweiß (*z.B. Arme*) 5. (*iron. Anrede*) du großartiger Kerl!; ~ *kaplama* versilbert; ~ *tabak* Silberteller *m*.
gümüşçü Silberschmied *m*.
gümüşi [i], **gümüşü** silberfarben, silbergrau.
gümüşlemek 1. versilbern (*wörtl.*) 2. mit Silber auslegen *od.* beschlagen.
gümüşlü 1. Silber enthaltend *od.* führend 2. versilbert 3. silberbeschlagen, silbern.
gümüşselvi Widerschein *m des Mondlichts auf dem Wasser*.
gün 1. Tag *m* (12 *bzw.* 24 *Stunden*) 2. Sonne *f* 3. Tag *m* (= *passende Zeit, Reihe*) 4. e-e best. Zeit *z.B. Amtsperiode* 5. *mel.* frohe Tage *od.* Stunden *pl.* 6. Wohlstand *m*, Glück *n* 7. Fest-, Feier·tag *m*; ~ *bugün!* heute oder nie!; ~ *doğmak* 1. Tag werden 2. (*b-ne*) ein unerwartetes Glück besehen; ~ *doğuşu* Sonnenaufgang *m*; ~ *geçmek* (*b-ne*) e-n Sonnenstich bekommen; ~ *geçtikçe* mit der Zeit; allmählich; ~ *görmez* ohne Licht und Sonne; ~ *görmüş* 1. lebenserfahren 2. wer bessere Tage gesehen hat; ~ *tutulması* Sonnenfinsternis *f*; *-lerce* tagelang; *-lerden bir gün* e-s Tages; einmal; *-ü -üne* 1. am festgesetzten Tag 2. am gleichen Tag; *-ün birinde* e-s schönen Tages; *-ünü* ~ *etm.* seinen Tag froh verbringen.
günah *urspr.* [ā] 1. (*rel.*) Sünde *f* 2. Unrecht *n*, Sünde und Schande *f*, Schuld *f*; ~ *benden gitsin!* ich wasche meine Hände in Unschuld; ~ *işlemek* sündigen; ~ *vebal* ausschließliche Verantwortung (*für e-e schlechte Tat*); *-ı boynuna!* das soll er vor Gott verantworten!; *-ını çekmek* 1. seine gerechte Strafe erleiden 2. et. ausbaden müssen (*was ein anderer verbrochen hat*).
günahkâr 1. Sünder(in *f*) *m* 2.

Schuldige(r) *m/f* 3. Dirne, Prostituierte *f*.
günahlı = *günahkâr* (1) und (2).
günahsız unschuldig, schuldlos.
günaşırı jeden zweiten Tag.
günaydın guten Tag!; ~ *felci* P spinale Kinderlähmung.
günçiçeği, *-ni bot.* Sonnenblume *f*.
gündelik 1. Tagelohn *m* 2. Taschengeld *n* (*für Kinder*) 3. Tagegeld *n* 4. täglich; Tages- 5. (*als Überschrift e-r Zeitungsspalte*) Neues vom Tage; ~ *gazete* Tageszeitung *f*.
gündelikçi 1. Tagelöhner(in *f*) *m* 2. F wer Taschengeld *od.* Tagegeld bekommt; ~ *kadın* 1. Tagelöhnerin *f* 2. Putz-, Aufwarte•frau *f*.
günder *s. gönder*.
gündoğ(r)usu, gündoğuşu, *-nu* 1. *naut.* Osten *m* 2. Ostwind *m*.
gündönümü, *-nü* Tag *m* der Sonnenwende.
gündüz 1. Tag *m*, Tageszeit *f* 2. tagsüber, bei Tage; ~ *feneri hum.* Neger *m*.
gündüzün [x · ·] tagsüber, bei Tage.
güneş 1. Sonne *f* 2. Sonnenschein *m*; ~ *almak* 1. sich sonnen 2. Sonne bekommen (*Ort*); ~ *banyosu* Sonnenbad *n*; ~ *batması* Sonnenuntergang *m*; ~ *çarpması* Sonnenstich *m*; ~ *manzumesi astr.* Sonnensystem *n*; *-e göstermek* der Sonne aussetzen; *-i balçıkla* (*od. çamurla*) *sıvamak fig.* sonnenklare Dinge verheimlichen *od.* leugnen (wollen).
güneşlenmek 1. sich sonnen 2. in der Sonne ausgebreitet werden.
güneşli sonnig.
güneşlik 1. Sonnenschutz *m* 2. sonnig.
güney 1. Süden *m* 2. südlich, Süd-; ♀ *Afrika Birligi n. pr.* Südafrikanische Union.
günkü (*m. vorhergehender Determination*) *z.B.*: *geçen günkü* von neulich; *her günkü* täglich.
günlemek den Tag *irgendwo* verbringen.
günlük[1] 1. Tages- 2. ... Tage ausmachend (*alt, lang, weit usw.*); -tägig 3. für ... Tage bestimmt *od.* ausreichend 4. täglich, Tages-; ~ *emir mil.* Tagesbefehl *m*; ~ *gazete* Tageszeitung *f*; ~ *güneşlik* 1. strahlend und sonnig (*Wetter*) 2. in strahlendem Sonnenschein liegend (*Ort*); ~ *yumurta* Tages-, Trink•ei *n*.
günlük[2] Weihrauch *m*.
günübirlik 1. nur den Tag über dauernd 2. *fig.* Eintags-; kurzlebig.
güpegündüz [· x · ·] am hellichten Tag.
gür 1. reichlich, stark, üppig 2. viel 3. laut und stark 4. *Int.* krach!, bums!; ~ *kaşlı* mit buschigen Augenbrauen.
gürbüz kräftig entwickelt (*z.B. Kind*), gesund und blühend.
gürbüzlük blühende Gesundheit.
Gürcü Georgier(in *f*) *m*; georgisch, grusinisch.
Gürcüstan *n. pr.* Georgien *n*.
güreş 1. Ringkampf *m*, Ringen *n* 2. Kampf *m*.
güreşçi 1. Ringkämpfer, Ringer *m* 2. Stierkämpfer, Torero *m*.
güreşmek ringen.
gürgen (*ağacı*) *bot.* 1. Hain-, Weißbuche *f* 2. Erle *f*.
gürlemek 1. donnern 2. *fig.* zunichte werden, F draufgehen 3. V prahlen 4. V wütend werden 5. V hoppsgehen (= *umkommen*).
gürlük 1. Fülle, Üppigkeit *f* 2. große Menge 3. Stärke *f* (*der Stimme*) 4. bestandene Kraftprobe.
gürredek *Lm. e-s geräuschvollen Stuhlrückens.*
güruh [ū] *pej.* Pack *n*, Gesellschaft, Bande *f*, F Blase *f*.
gürül gürül 1. gluckernd, glucksend, sprudelnd, plätschernd 2. murmelnd.
gürültü 1. Geräusch *n* 2. Lärm *m*, Getöse, Krachen *n* 3. Streit *m*, Unruhe *f*; ~ *çıkarmak* (*od. koparmak*) 1. Lärm machen 2. Unruhe *od.* Störung hervorrufen; ~ *etm.* (*od. yapmak*) lärmen, laut sein (*z.B. Kinder*); ~ *kopuyor* ein Getöse geht los; ~ *patırdı* lärmendes Durcheinander; *-ye boğmak* 1. (*bir yeri*) e-n schrecklichen Lärm vollführen (*in*) 2. *mit viel Stimmaufwand von dem eigentlichen Thema* ablenken wollen; *-ye gelmek* 1. in Aufregung *od.* Durcheinander geraten 2. *im lärmenden Durcheinander* untergehen (*z.B. Stimmen*); *-ye gitmek* unschuldiges Opfer werden; (*kuru*) *-ye pabuç bırakmamak* sich nicht einschüchtern (verblüffen) lassen.
gürültücü 1. lärmend 2. Ruhestörer *m*.
gürültülü lärmend, laut, unruhig tosend.

gürültüsüz 1. ruhig, ohne Lärm 2. unauffällig 3. still und ruhig; ~ *patırdısız* 1. ganz still und ruhig 2. ohne alles Aufsehen.
gürz *hist.* Schlachtkeule *f*, Morgenstern *m*.
gütaperka [· · x ·] Guttapercha *n*.
gütmek, (*-der*) 1. weiden lassen, hüten 2. sich leiten *od.* bestimmen lassen 3. verfolgen (*Ziel, Politik*) 4. führen, leiten.
güve *zo.* 1. Motte *f* 2. Bücherwurm *m*; ~ *yemiş* von Motten *od.* Bücherwürmern zerfressen; ~ *yeniği* Mottenloch *n od.* zerfressene Stelle *in e-m Buch.*
güveç, *-ci* 1. Schmortopf *m* 2. Schmorgemüse *n*.
güven 1. Vertrauen *n*, Verlaß *m* 2. Vertrauensvotum *n*.
güvenlik Sicherheit *f* (*in e-m Land*); ♀ *Konseyi* Sicherheitsrat *m* (*der UN*).
güvenmek 1. vertrauen, sich verlassen, bauen (*auf*) 2. *pej.* stolz sein, sich rühmen 3. (*k-ne*) Selbstvertrauen besitzen; *güvendiği dağlara kar yağmak fig.* sich in seinen Erwartungen getäuscht sehen.
güvensizlik 1. fehlendes *od.* mangelndes Vertrauen; Mißtrauen *n* 2. Mißtrauensvotum *n*.
güvercin *zo.* Taube *f*; ~ *boynu* metallisch glänzend; ~ *budu mit Eiern überbackene* Fleischklößchen *pl.*; ~ *gerdanı* taubenfarben, gesprenkelt.
güvercinlik 1. Taubenschlag *m* 2. Taubenzuchtanstalt *f* 3. runder Küstenverteidigungs·turm 4. *kleiner verschließbarer* Kasten *im Heck e-s Kaiks.*
güverte [· x ·] 1. (*Schiffs-*)Deck *n* 2. V *beim Barbut-Spiel verwendeter kleinerer* Spieltisch.
güvey(i) 1. Bräutigam *m* 2. Schwiegersohn *m*; ~ *girmek* heiraten (*vom Mann gesagt*); ~ *olmadık ama, kapı dışında bekledik hum.* ganz fremd ist mir die Sache nicht; ~ *otu bot.* 1. Majoran *m* 2. Thymian *m* 3. Poleiminze *f*; ~ *tarafı* Anverwandte *pl.* des Bräutigams.
güveyfeneri, *-ni bot.* Judenkirsche *f*.
güveyk, *-ki bot.* 1. Löwenzahn *m* 2. wilde Zichorie.
güvez tief dunkelrot (*ins Violette spielend*).
güz Herbst *m*; ~ *çiğdemi bot.* Herbstzeitlose *f*.
güzel 1. schön, hübsch, nett, lieblich, anmutig 2. gut, angenehm 3. (*Ausruf*) schön! schon gut! schon recht! (*aber...*) 4. Schöne, Schönheit *f* 5. *gel.* Schönheitskönigin *f*; ~ ~ ohne außergewöhnliche Vorgänge 2. tüchtig, ordentlich; ~ *mi güzel!* wunderschön! ♀ *Sanatlar Akademisi* Akademie *f* der schönen Künste.
güzelim 1. *mel.* schön, wunderbar, ansprechend, sympathisch, lieb, teuer 2. *pej.* worauf sich e-r viel einbildet 3. mein Liebling!
güzelavratotu *bot.* Tollkirsche *f*.
güzelleme lyrisches Gedicht (*in der türk. Volksliteratur*).
güzellenmek, güzelleşmek sich verschönern.
güzellik 1. Schönheit, Lieblichkeit, Anmut *f* 2. Güte, Freundlichkeit, liebevolle Behandlung 3. befriedigender Zustand; ~ *kıraliçesi* Schönheitskönigin *f*; *-le* auf gütlichem Wege.
güzergâh Strecke *f*, Verlauf *m* (*e-s Weges, e-r Eisenbahnlinie usw.*), Route *f*.
güzey Schattenseite *f* (*e-s Berges*).
güzide [i] *z. va.* 1. ausgewählt, ausgesucht, erlesen 2. hervorragend, prominent; Elite-; ~ *kıtalar* Elitetruppen *pl.*; ~ *muharrir* prominenter Schriftsteller.
güzlük Herbst-; ~ *ekim* Herbstsaat *f*.
güzün [x ·] *adv.* im Herbst, zur Herbstzeit.

Ğ

ğ, Ğ (*yumuşak* g) *9. Buchst. des türk. Alph.* (*kommt als Anfangsbuchstabe in Wörtern turksprachlichen Ursprungs nicht vor*).

H

h, H [hɛ, *gel.* aş] 1. *1o. Buchst. des türk. Alph.* 2. *mus. Ton od. Note* h.

ha *Int. in Bed.* 2-8 [ā] 1. auf!, los!, na!, vorwärts!, munter! 2. ja... wirklich?, was du nicht sagst! 3. (*anerkennend*) aber... einmal 4. *iron.* das ist mir schon das Richtige! 5. F was?, wie? 6. *Verst. e-s Imperativs*: aber, gefälligst 7. ach so! ah! 8. ja richtig; à propos 9. (*in Wiederholung*) entweder ... oder 10. *reg.* ja.

habaset, -ti [· - ·] *z. va.* Niederträchtigkeit, Schurkerei *f*.

habazan F 1. sehr hungrig 2. *m.Dat.* gierig (*auf*).

habbe 1. Korn *n* 2. Bläs·chen *n* (*in e-r* Flüssigkeit); *-yi kuobe yapmak* maßlos übertreiben.

habe [ā] *in den Füg.*: ~ *etm.* (*od. kaymak od. uçlanmak*) V 1. essen, futtern 2. sich satt essen.

habeci [ā] (*m. od. ohne kostik*) V dumm, blöd, stupid; Idiot *m*.

habeden [ā] V kostenlos, umsonst.

haber 1. Nachricht, Mitteilung, Meldung, Neuigkeit *f* 2. *gr.* Prädikat *n* 3. Kenntnis *f*, Wissen *n*; ~ *almak* (*bşi*) hören, erfahren; ~ *etm. z. va.* benachrichtigen, informieren; ~ *göndermek* Bescheid zukommen lassen; ~ *salmak* schleunigst Nachricht geben; ~ *uçurmak* 1. heimlich Botschaft zukommen lassen 2. umgehend Bescheid geben; ~ *vermek* 1. (*bşi*) mitteilen, melden, zur Kenntnis bringen 2. (*b-ni b-ne*) *j-n* anzeigen (*bei*); *-i benden al!* von mir kannst du das Nötige erfahren! *-i olm.* (*bşden*) im Bilde sein (*über*), wissen (*von et.*).

haberci 1. Bote *m*, Botin *f* 2. *mil.* Melder *m* 3. Vorbote *m* 4. Spion *m*.

haberdar [· · -] benachrichtigt, informiert, unterrichtet; ~ *etm.* in Kenntnis setzen; ~ *olm.* informiert sein, Bescheid wissen.

haberleşmek sich gegenseitig informieren.

haberli 1. wer *et.* mitgeteilt hat *z.B* angemeldet 2. wem *et.* mitgeteilt worden ist; informiert.

habersiz 1. ohne Nachricht 2. ahnungslos 3. unangemeldet, unabgemeldet.

Habeş 1. *va.* Abessinien 2. *va.* Abessinier(in *f*) *m*, abessinisch 3. von sehr dunkler Hautfarbe 4. Mulatte *m*, Mulattin *f*; ~ *maymunu zo.* Pavian *m*.

Habeşî Äthiopier(in *f*) *m*, *va.* Abessinier(in *f*) *m*; äthiopisch, *va.* abessinisch.

Habeşistan *n. pr.* Äthiopien, *va.* Abessinien.

Habeşli Äthiopier(in *f*) *m*, *va.* Abessinier(in *f*) *m*; äthiopisch, *va.* abessinisch.

Habil [ā] *n. pr.* Abel *m*; ~ *ile Kabil* Kain und Abel.

habil, -bli *an.* Strang *m*, Schnur *f*.

habire, ha bire dauernd, unaufhörlich.

habîs 1. böse, schlecht; Schuft, Schurke *m* 2. bösartig (*z.B. Tumor*).

hac, -ccı Wallfahrt *f* nach Mekka.

hacamat, -tı 1. Schröpfkur *f* 2. *med.* Aufreißen, Ritzen, Skarifizieren *n* 3. V kleine Wunde; ~ *şişesi* Schröpfkopf *m*, Ventuse *f*.

haccetmek [x · ·] die Wallfahrt nach Mekka unternehmen.

hacet, -ti [ā] 1. Bedürfnis *n*, Notwendigkeit *f*, Erfordernis *n* 2. Wallfahrtsgebet *n*; ~ *kapısı* (*od. penceresi*) Wallfahrtsort *m*; ~ *yeri* Abort *m*, Toilette *f*; ~ *yok* es erübrigt sich.

hacı Mekkapilger, Hadschi *m*; ~ *baba* 1. *ehrende Bez. für e-n bejahrten Mekkapilger* 2. *Ki.* Storch *m* 3. F alter Araber; ~ *bekler gibi beklemek* voll Ungeduld erwarten; ~ *pintorosa kavuşmak* V Prügel beziehen; *-m* alter Bursche! *-sı hocası* F Schar *f* der Frommen.

hacılaryolu, -nu Milchstaße *f*.

hacım, -cmı 1. Volumen *n*, Größe *f* 2. Format *n* 3. Umfang *m*, Ausmaß *n* 4. (*Bestand-*)Teil *m*; *hacmı istiabi* 1. Rauminhalt *m*, Fassungsvermögen *n* 2. *naut.* Wasserverdrängung, Tonnage *f*.

hacıyatmaz Stehaufmännchen *n*.
hacir, *-cri* 1. Entmündigung *f* 2. Bevormundung *f*.
hacirli unter Kuratel; entmündigt.
Hacivat, *-tı n. pr. Gegenspieler des Karagöz im türk. Schattenspiel.*
haciz, *-czi* Pfändung *f*; *~ altına almak* 1. pfänden 2. für sich mit Beschlag belegen; *~ koymak* (*od. vaz'etm.*) pfänden; *haczin fekki jur.* Aufhebung *f* des Arrestes.
hâciz trennend, absondernd 2. *an.* Scheidewand *f*, Septum *n*.
hacizli gepfändet.
hacle Brautgemach *n*.
hacmen [x ·] *adv.* dem Rauminhalt [nach.
hacretmek [x · ·] entmündigen.
haczetmek [x · ·] pfänden.
haç, *-çı* Kreuz *n*; *♀ Seferleri hist.* Kreuzzüge *pl.*; *-a germek* ans Kreuz schlagen.
haçan P wann, wenn.
haçımsı kreuzförmig.
haçlamak kreuzigen.
haçlı mit Kreuz; *~ Buhara* (*halısı*) Kreuzbuchara *m*; *♀ Seferler(-i) hist.* Kreuzzüge *pl.*; *♀lar hist.* Kreuz·fahrer, -ritter *pl.*
haçvari [· - -] kreuzförmig; Kreuz-.
had, *-ddi* 1. Grenze, Schranke *f* (*fig.*); Stufe *f*, Grad *m*, Maß *n* 2. *math.* Term *m*, Glied *n* 3. *log.* Begriff *m* 4. Spanne *f* 5. Satz *m* 6. *fr.* Strafe *f* (*nach dem Scheriatsrecht*); *-den aşırı* (*od. ziyade*) übermäßig; *-i olmamak* (*b-nin*) *e-m* nicht zukommen; *-ini aşmak* zu weit gehen; unverschämt sein; *-ini bilmek* wissen, was sich *für e-n* gehört.
hâd, *-ddi* 1. scharf, zugespitzt, spitz 2. *med.* akut 3. *fig.* was sich verschärft *od.* zugespitzt hat; akut; *~ bir safhaya girmek* in ein akutes Stadium treten; *~ devre med.* Krisis *f*; *~ zaviye math.* spitzer Winkel.
hadde 1. Walzmaschine *f* 2. Drahtziehmaschine *f*; *-den çekmek fig. j-n* auf die Folter spannen; *-den geçirmek* 1. walzen 2. *durch die gelochte Platte* ziehen (*Draht*) 3. *fig.* genau prüfen.
haddehane [· · - ·] Walzwerk *n*.
haddelemek 1. walzen 2. ziehen (*Draht*).
haddizatında [· · - · ·] an (und für) sich; eigentlich.
hadebe 1. *astr.* Protuberanz *f* 2. *med.* Buckel *m*.
hadeka *an.* Pupille *f*.
hademe Amtsdiener(in *f*) *m*; *~ haşeme z. va.* Diener (*pl.*) und Gefolge (*n*).
hadım Eunuch, Kastrat *m*.
hadi *s. haydi.*
hadim [ā] *z. va.* 1. dienend 2. dienlich.
hadis, *-dsi* Intuition *f*.
hadîs 1. *richtungweisende Aussprüche od. Taten Mohammeds* 2. *die sich damit beschäftigende isl. Wissenschaft.*
hâdisat, *-tı* [- · -] *pl.* Ereignisse, Vorgänge *pl.*, allgemeines Geschehen.
hâdise 1. Ereignis *n*, Vorgang *m* 2. Zwischenfall *m* 3. Phänomen *n* 4. *phil.* Inzidenz *f* 5. *jur.* Zwischenstreit *m*; *~ çıkarmak* e-n Zwischenfall verursachen.
hadnaşinas [· - · -] *z. va.* überheblich.
hadsî intuitiv.
hadsiz grenzen-, schranken-, zahllos; unzählig; *~ hesapsız* in unübersehbarer Menge.
haf [ā] *Fb. u. ä.* Läufer *m*.
hafakan 1. *heftiges* Herzklopfen 2. *starke* Erregung.
hafazanallah [· · · · -] *Abw.* Gott behüte uns!
hafız [ā] 1. *va.* bewahrend, schützend 2. (*als Attribut Gottes*) Bewahrer, Schützer *m* 3. *wer den Koran auswendig rezitieren kann* 4. V *a.Sch.* wer stumpfsinnig auswendig lernt; dumm, beschränkt 5. ♀ (*Şirazi*) *n. pr. bedeutendster pers. Lyriker* (*1320-1389*).
hâfıza 1. Gedächtnis *n*, Mneme, Erinnerung *f*, Erinnerungsvermögen *n* 2. *phys.* Anker *m* (*e-s Elektromagneten*).
hâfızasızlık Gedächtnisschwund *m*, Amnesie *f*.
hafi [ī] *z. va.* 1. verborgen, geheim, versteckt 2. *med.* latent 3. okkult.
hafif 1. leicht (*an Gewicht*) 2. leicht auszuführen 3. leichtsinnig 4. leicht (*Musik*), Unterhaltungs- 5. von geringer Menge *od.* Intensität; leicht (*z. B. Erdstoß*), schwach (*z. B. Widerstand*), wenig (*z.B. gesüßt*), milde (*z.B. Ausdruck*) 6. V abgebrannt, pleite; *~ çay* leichter (*od.* dünner) Tee; *~ makineli* (*tüfek*) *mil.* leichtes Maschinengewehr; *~*

sıklet (*Boxen*) Leichtgewicht *n*; ~ *tertip* in geringem Umfang; *-ten almak* 1. gleichmütig hinnehmen 2. e-n gemäßigten Ton anschlagen; *-ten -e* ganz fein (*z.B. andeuten*).

hafiflemek 1. leichter werden (*Last, Arbeit usw.*) 2. (*an Intensität*) nachlassen; sich verringern.

hafifleştirmek 1. leichter machen, erleichtern 2. abschwächen, mildern 3. *zu leichtsinnigem Leben* verführen.

hafifletici abschwächend, mildernd; ~ *sebepler jur.* mildernde Umstände *pl.*

hafifmeşrep, *-bi* 1. leichtsinnig, leichtfertig (*Frau, Mädchen*) 2. unzuverlässig, wankelmütig.

hafifsemek geringschätzen.

hafiye Geheimpolizist, Agent, Spitzel *m*.

hafiyyen [ī] *adv.* heimlich, insgeheim, verstohlen.

hafretmek [x · ·] Ausgrabungen machen.

hafriyat, *-tı* [· · -] 1. Ausgrabung (-en *pl.*) *f* 2. Ausschachtung(en *pl.*) *f*.

hafriyatçı [· · - ·] Ausgräber(in *f*) *m*.

hafta Woche *f*; ~ *arasında* (*od. içinde*) wochentags; ~ *başı* 1. Wochenanfang *m* 2. Lohntag *m*; ~ *tatili* 1. Wochenende *n* 2. wöchentlicher Ruhetag 3. Sonntag *m* 4. *jur.* Sonntagsruhe *f* (*ab Samstag, 13.00 Uhr*); ~*larca* wochenlang; *-sına* (*od. -ya*) bis spätestens in einer Woche; *-sına kalmaz* vor Ablauf e-r Woche; *-ya bugün* heute in e-r Woche.

haftalık 1. wöchentlich, Wochen- 2. -wöchig 3. Wochenlohn *m*; ~ *gazete* Wochenblatt *n*; ~ *mecmua* Wochen(zeit)schrift *f*; *iki* ~ *bir çalışma* e-e zweiwöchige Arbeit.

haftaym [- ·] [x ·] (*Sport*) Halbzeit *f*.

hah *Int.* 1. da!, na endlich! 2. ganz richtig!

haham Rabbiner *m*; ~ *başı* Oberrabbiner *m*.

hahamhane [· · - ·] Amtssitz *m* des Oberrabbiners.

hahha [· -], **hahhah** [x ·] *Lm. des Lachens od. Verspottens*: haha!

hail [ā] 1. verdeckend, versperrend (*z.B. Aussicht*) 2. Hindernis *n* 3. *phys.* Schirm *m* 4. *jur.* Einfried(ig)ung, Einzäunung *f*.

haile [ā] Tragödie *f*, Trauerspiel *n*.

hailevi [- · · -] 1. tragisch 2. *fig.* verzweifelt (*z.B. Lage*), erschütternd, ergreifend.

hain [ā] 1. verräterisch, treulos, falsch 2. Verräter(in *f*) *m* 3. boshaft, niederträchtig 4. (*als leichter Vorwurf; etwa*): na, du bist mir aber ein Kerl!

haiz [ā] besitzend; ~ *olm.* besitzen.

hak[1], *-kkı* 1. Recht *n* (*als abstrakte Norm*), Gerechtigkeit *f*, rechter Weg, Richtige(s), Wahre(s) *n* 2. Koran *m* 3. Wahrheit, Tatsache *f* 4. göttliche Bestimmung 5. Islam *m* 6. (*konkretes*) Recht, Befugnis *f*, Anrecht *n*, *begründeter* Anspruch 7. *zukommender* Anteil 8. *erhobene* Gebühr 9. *bestimmte* Menge 10. Hinsicht, Beziehung *f* (*vgl. hakkında*) 11. *was man j-m verdankt* 12. richtig, wahr, recht 13. *s. Hak*; ~ *din* richtige Religion; ~ *iddia etm.* Anspruch erheben (*auf*); ~ *kazanmak* recht bekommen; ~ *vermek* rechtgeben; ~ *yemek* usurpieren; ~ *yemez* grundanständig; *hakkı* ~ *etm.* Gerechtigkeit üben; ... *hakkı için* (*Schwurformel*) bei ...; *hakkı olm.* 1. recht haben 2. *von j-m noch et.* zu bekommen haben; *hakkı yerine getirmek* der Gerechtigkeit zum Sieg verhelfen; *hakkından gelmek* 1. (*bşin*) *et.* zuwegebringen 2. (*b-nin*) a) *j-n* unterkriegen, b) *j-m et.* heimzahlen; *hakkını almak* seinen *gebührenden* Anteil bekommen; *haklar yaratan emsal* Präzedenzfall *m*; *hakkı hıyar*; *hıyar hakkı jur.* 1. Optionsrecht *n* 2. Ersetzungsbefugnis *f*; *hakkı huzur* 1. Sitz (*m*) und Stimme (*f*) 2. Vergütung, Remuneration *f*; *hakkı intifa* Recht *n* der Nutznießung; *hakkı nâr jur.* Toleranz, Fehlergrenze *f*, Remedium *n*; *hakkı takdir* Entscheidungsrecht *n*.

hak[2], *-kki* 1. (*Ein-*) Gravieren, Ziselieren *n* 2. Ausradieren *n*, Rasur *f*.

Hak, *-kkı* (*a. Cenabı Hak*) Gott *m*; Herrgott *m*; *Hakka yürümek* zu Gott eingehen; sterben; *Hakkın rahmetine kavuşanlar* Gottselige, Tote *pl.*

hâk, *-ki va.* 1. Erde *f*, Boden *m* 2. Erde *f* des Grabes, Grab *n*; ~ *ile* *yeksan etm.* dem Erdboden gleichmachen.

hakan [- ·] (*alttürk. od. osm. Titel*) Herrscher *m*.

hakaret, -*ti* [· - ·] 1. Verachtung *f* 2. Beleidigung *f*; ~ *etm*. 1. verachten 2. beleidigen; ~ *görmek Pass. zu* ~ *etm*.

hakaretamiz [· - · - -] *z. va.* beleidigend.

hakça [x ·] nach Recht und Billigkeit.

hakediş dâvası *jur.* Herausgabeanspruch *m*.

hakem Schiedsrichter *m* (*a. Sport*); ~ *kararı jur.* Schiedsspruch *m*; ♀ *Mahkemesi* Internationaler Schiedsgerichtshof; -*e havale etm.* e-m Schiedsspruch unterwerfen.

hakemlik Amt *n* (*Aufgaben, Rechte pl.*) e-s Schiedsrichters; ~ *etm. als* Schiedsrichter fungieren.

haketmek [x · ·] 1. *et. Gerechtes* durchsetzen 2. ein Recht erwerben 3. verdienen (*z.B. Strafe*) 4. *sich et.* verdienen (*z.B. Tagelohn*).

hakeza [- · -] [x · -] ebenfalls, gleichfalls, ebenso, auch.

haki [ā] khaki-farben, -braun 2. braun.

hakikat, -*ti* [ī] 1. Wahrheit *f* Wahre(s) *n* 2. Wirklichkeit, Tatsache, Realität *f* 3. Redlichkeit, Aufrichtigkeit, Treue *f* 4. wirklich, tatsächlich; *hakikati hal* wahrer Sachverhalt; *hakikati halde* in Wirklichkeit.

hakikaten [ī] [· x · ·] *adv.* [*a.* hakkaten x · ·] in der Tat; tatsächlich, wirklich, wahrhaftig.

hakikatli [· - · ·] treu, aufrichtig.

hakikatsiz [· - · ·] treulos, falsch.

hakiki [· - -] wahr, wirklich, tatsächlich, echt; ~ *aded math.* reelle Zahl; ~ *altın şartı jur.* Goldmünzklausel *f*; ~ *içtima jur.* Realkonkurrenz *f*, Zusammentreffen *n* strafbarer Handlungen; ~ *mermi* scharfe Munition; ~ *şahıslar jur.* natürliche (*physische*) Personen *pl.*; ~ *Türk tütünü* echt-türkischer Tabak; *gayrihakiki* unwahr, unwirklich, unecht, fiktiv, fingiert.

hakîm Weise(r), Philosoph, Gelehrte(r) *m*.

hâkim 1. Herrscher, Herr, Souverän *m* 2. Richter *m* 3. befehlend, regierend, souverän 4. (vor)herrschend, überragend, überlegen 5. beherrschend, dominierend; Haupt- 6. mit Ausblick (*auf*).

hâkimiyet, -*ti* 1. Souveränität, Staatshoheit *f* 2. Überlegenheit, Dominanz *f*; ~ *hakkı jur.* Recht *n* auf Unabhängigkeit; ~ *kanunu* Gesetz *n* der Dominanz; ~ *tasarrufları jur.* Hoheitsakte *pl.*; *hâkimiyeti milliye* (*heute mst. millî hâkimiyet od. ulusal egemenlik*) 1. nationale Souveränität 2. *Hâkimiyeti Milliye n. pr. früherer Name der Zeitung Ulus* (*Ankara*).

hakîr 1. klein, unbedeutend 2. niedrig, verächtlich, gering 3. *osm. Besch.* ich.

hakkâk, -*ki* 1. Graveur, Ziseleur *m* 2. (*Kupfer-, Stahl-*) Stecher *m*, (*Holz-*) Schnitzer *m*.

hakkaniyet, -*ti* [· - · ·] Recht (*n*) und Billigkeit (*f*); ~ *göstermek* Gerechtigkeit und Billigkeit widerfahren lassen.

hakketmek [x · ·] 1. gravieren, ziselieren 2. (aus)radieren.

hakkında betreffend, hinsichtlich, angehend, über; *dil* ~ *yazı* sprachliche Abhandlung.

hakkısükût, -*tu* Schweigegeld *n*.

hakkiyle 1. berechtigtermaßen 2. genau, gründlich (*z.B. kennen*).

haklamak 1. besiegen, bezwingen; fertig werden (*mit*) 2. zerbrechen, kaputtmachen 3. F aufessen, F wegputzen.

haklaşmak *miteinander* abrechnen.

haklı 1. *wer recht hat* 2. berechtigt, angebracht (*z.B. Klage, Anspruch usw.*); ~ *çıkarmak* 1. rechtfertigen 2. *j-s* Partei ergreifen; ~ *fiil jur.* Rechtshandlung *f*; ~ *haksız* 1. berechtigt oder unberechtigt 2. ohne genügende Überlegung; ~ *olm.* 1. recht haben 2. berechtigt sein.

hakperest, -*ti* 1. rechtliebend 2. *z. va.* Gott verehrend.

haksız 1. *wer unrecht hat* 2. ungerechtfertigt, unberechtigt, ungerecht, unangebracht 3. grundlos; ~ *çıkmak* 1. sich als ungerechtfertigt erweisen 2. *nachgewiesenermaßen* im Unrecht sein; ~ *fiil jur.* unerlaubte Handlung; ~ *rekabet* unlauterer Wettbewerb.

hakşinas [· · -] gerecht und billig denkend und handelnd; rechtliebend, gerecht.

hakuran 1. *Lm. des Taubengirrens* 2. *e-e best. Taubenart*; ~ *kafesi* F halbverfallenes Haus, F Bruchbude *f*.

hal[1] [ā; *i-haltiges* l] 1. Zustand *m*, Lage, Stellung *f*, Umstand *m* 2. Verhalten, Benehmen *n*, Handlung *f* 3. *gr.* Präsens *n* 4. *gr.* Kasus *m* 5. Kraft *f* 6. üble Lage; Leid *n*, Kummer *m*, Unruhe *f*; *a. euph.* Tod *m* 7. *fr.* Ekstase, Verzückung *f* 8. (*-diği halde*) a) obwohl, zwar b) während gleichzeitig c) da ja; ~*aşina* hilfsbereit; ~ *böyle iken* aber trotzdem; ~ *çaresi* Mittel *n*, (*Aus-*)Weg *m*; ~ *hatır sormak* sich *nach j-s Befinden* erkundigen; ~ *tercümesi* (*schematische T.* von *tercümeihal*); *-den anlamak* ein mitfühlendes Herz haben (*und helfen*); *-e bak!* 1. was für e-e Unverschämtheit! 2. *iron.* jetzt siehst du, was dabei herauskommt! *-e yola girmek fig.* ins richtige Geleis kommen; *-i duman* (*od. harap*) *olm.* übel daran sein; *-i kalmamak* ganz erschöpft sein; *-i vakti yerinde* (*b-nin*) wohlhabend, gutsituiert; *-ine koymak* 1. nichts daran ändern 2. in Ordnung bringen 3. verwandeln (*in*); *haliharb*; *harb hali* Kriegszustand *m*; *hali tasfiyede bulunmak* sich in Liquidation befinden.

hal[2], *-lli* Markthalle *f*.

hal[3], *-lli* 1. Lösung *f* (*e-r Aufgabe, e-s Rätsels usw.*) 2. Beseitigung *f* (*e-r Schwierigkeit*), Schlichtung *f* (*e-r Streitfrage*) 3. *math.* (*a.* ~ *neticesi*) (*Auf-*) Lösung *f* 4. Analyse *f* 5. Entwirrung *f*.

hala [x ·] Tante *f* (*Schwester des Vaters*).

halâ 1. (luft)leerer Raum, Vakuum *n* 2. *bot.* Vakuole *f* 3. *s. helâ*.

hâlâ [x -] 1. augenblicklich, jetzt, gerade 2. noch immer, noch jetzt, noch.

halâs Rettung, Befreiung *f*; ~ *etm.* retten, befreien; ~ *olm.* (*od.bulmak*) errettet, befreit werden.

halâskâr Retter, Befreier *m*.

halat, *-tı* Seil, (*Kabel-*)Tau, Reep *n*, Trosse *f*.

halâvet, *-ti* Anmut *f*, Reiz, Charme *m*.

halay *Name e-s mittelanatolischen Volkstanzes.*

halayık, *-kı* Sklavin *f*, (*leibeigene*) Dienerin.

halbuki [x · ·] *od.* [· x ·] jedoch, indessen, tatsächlich aber; in Wirklichkeit jedoch liegt die Sache so...

haldeş [ā] Leidens·genosse *m*, -genossin *f*.

haldır haldır stampfend, pochend, klopfend, schlagend.

hale [ā] 1. Halo, Hof *m* 2. *fig.* Aureole *f* 3. ♀ *wV.*

halecan [· · -] Herzklopfen *n*, innere Erregung, Aufregung *f*; ~ *çekmek* (*od. -a ugramak*) sich aufregen.

halef 1. Nachfolger *m* 2. *chem.* Derivat *n*; ~ *selef olm. einander im Amt* folgen.

halefiyet, *-ti jur.* Rechtsnachfolge *f*.

halel 1. *urspr.* a) Lücke *f*, Zwischenraum *m* b) Riß, Bruch *m* 2. Beeinträchtigung *f*, Schaden, Nachteil *m*, Störung *f*, Präjudiz *n*; ~ *getirmek* (*od. vermek*) (*bşe*) beeinträchtigen, schaden, stören; ~ *gelmek* (*bşe*) beeinträchtigt werden; Schaden leiden.

haleldar [· · -] beeinträchtigt, gestört, benachteiligt; ~ *etm.* beeinträchtigen (*z.B. Prestige*), stören (*z.B. Sicherheit*).

halen [ā] [x ·] 1. augenblicklich, gegenwärtig 2. *va.* durch das Verhalten.

Halep, *-bi n.pr.* Aleppo *n*; ~ *çamı bot.* Aleppokiefer *f*; ~ *orada ise arşın burada!* hic Rhodus, hic salta!

halet, *-ti* [ā] Zustand *m*, Lage *f*; *haleti nezi med.* Agonie *f*; *haleti ruhiye* Gemütszustand *m*, seelische Verfassung; Moral, Stimmung, Einstellung *f*.

hal'etmek [x · ·] absetzen, entthronen.

halfa [x ·] *bot.* 1. Alfagras *n* 2. Espartogras *n* 3. Ramie *f* 4. Ramiefaser *f*.

halhal, *-li* Fuß-, Knöchel·reif *m*.

halı Teppich *m*; ~ *örücüsü* Teppichstopfer *m*.

halıcı Teppich·weber, -wirker, -händler, -stopfer *m*.

halıcılık 1. Teppich·webekunst, -wirkerei *f* 2. Teppichhandel *m*.

hali, *-l'i* Absetzung, Entthronung *f*.

hâli [- -] 1. leer 2. wüst, öde 3. frei (*von*) 4. *va.* vergangen, früher; ~ *vakitte* in Mußestunden; ~ *kalmamak* (*bşi yapmaktan*) 1. nicht verfehlen (*zu*) 2. nicht aufhören (*zu*).

haliç, *-ci* 1. Ästuar *n*, Meerbusen *m*, Meeresbucht *f* 2. ♀ *n. pr.* Goldenes Horn.
halife [i] 1. *urspr.* Nachfolger *od.* Stellvertreter *m* 2. Kalif *m* 3. *s. kalfa.*
halihazır [ā, ā] 1. gegenwärtig, augenblicklich 2. gegenwärtiger Augenblick, augenblickliche Lage.
halik, *-kı* [ā] 1. schaffend, hervorbringend 2. Schöpfer, Herrgott *m*; Gott.
halîm 1. verträglich, sanftmütig, ausgeglichen, ruhig (*Person*) 2. *Halim* [x ·] *mV*; ~ *selim* sehr verträglich (*Person*).
halip, *-bi* [ā] *an.* Harnleiter, Ureter *m*.
halis [ā] 1. echt, rein, unverfälscht 2. aufrichtig; ~ *muhlis* von echtem Schrot und Korn.
haliskan [- · ·] rein·blütig, -rassig, Vollblut-.
halita [i] Mischung *f*, Gemisch *n*, Legierung *f*; ~ *yapmak* legieren.
halk, *-kı* 1. Volk *n* 2. Bevölkerung *f*, Einwohner, Bewohner *pl.* 3. Leute *pl.*, Publikum *n* 4. einfaches Volk 5. Schöpfung, Erschaffung *f* 6. ♀ *türk. Zigarettenmarke*; ~ *bilgisi* Volkskunde, Folklore *f*; ~ *efkârı* öffentliche Meinung; *-ın teşebbüsü jur.* Volksinitiative *f*.
halka 1. Ring *m* (*an Vorhangstange, als Schmuck, als Kreis*) 2. Kettenglied *n* 3. Kringel *m* 4. Salzkringel *m* 5. Türklopfer *m* 6. Windung *f*, Gewinde *n* 7. *techn.* Flan(t)sch *m*; ~ *çevirmek* umschließen, einkreisen; ~ *geçirmek techn.* flan(t)schen; ~ ~ 1. geringelt 2. gekräuselt, leicht gewellt; ~ *olm.* (sich) im Kreis aufstellen; ~ *oyunu* 1. Ringelreihen *m* 2. Kreistanz *m*; ~ *yılanı zo.* Ringelnatter *f*; *-yı burnuna takmak* 1. *j-m* e-n Ring durch die Nase ziehen 2. *fig.* in die Knie zwingen.
halkalamak 1. mit Ring versehen 2. auf-, zusammen·rollen 3. im Kreis antreten lassen.
halkçı 1. demokratisch, populistisch 2. Anhänger(in *f*) *m* der Türk. Republikanischen Volkspartei.
halkçılık Populismus *m*.
halketmek [x · ·] (er)schaffen.
halklaşmak volkstümlich(er) werden.
hallaç, *-cı* Baumwoll·schläger, -krempler *m*; ~ *pamuğu gibi atmak fig.* 1. umherspritzen lassen 2. bunt durcheinander würfeln.
Hallâk, *-kı* Schöpfer, Gott *m*.
hallenmek [ā] 1. sich verändern 2. *mel.* in bessere finanzielle Verhältnisse kommen 3. sich recht und schlecht durchschlagen 4. in ekstatische Verzückung geraten 5. e-n Schwindelanfall bekommen 6. V mit lüsternen Blicken betrachten; *hallenip küllenmek* F sich durchfretten.
halleşmek [ā] sich gegenseitig sein Leid klagen.
halletmek [x · ·] 1. lösen (*Rätsel usw.*) 2. beseitigen (*Schwierigkeiten usw.*), schlichten (*Streit usw.*) 3. *math.* (auf)lösen 4. analysieren 5. entwirren.
hallıca etwas besser.
halli [ā] 1. wohlhabend, reich 2. in ekstatischer Verzückung.
hallice *s. hallıca.*
hallihamur 1. gut gemengt 2. dazugehörend 3. im Einklang stehend.
halsiz [ā] kraftlos, schwach; ~ *düşmek* körperlich herunterkommen.
halt, *-tı* 1. *va.* Dung, Mist, Schmutz *m* 2. *va.* Unverschämtheit *f* 3. Mischung *f* 4. Verwirrung, Störung *f* 5. *va. gesellschaftlicher* Verkehr 6. *albernes* Geschwätz 7. törichte Handlung, Dummheit *f*; ~ *karıştırmak* (*od. yemek*) = *haltetmek*; *gördünüz mü yediğiniz haltı?* da haben Sie ja et. Schönes angerichtet!
haltetmek [x · ·] 1. mischen 2. albern daherreden 3. e-e Dummheit begehen 4. *in idiomatischen Rw.*: *ne haltetmeğe oraya gittin?* was hattest du auch dort zu suchen?; *ona halt düşer* das geht ihn nichts an.
haltit, *-ti pharm.* Asant *m*.
halta 1. Hundehalsband *n* 2. Halsring *m* 3. Maulkorb *m* 4. *fig.* Bevormundung *f*.
halter (*Sport*) Kugel- *od.* Scheibenhantel *f*, Stemmgewicht *n*.
halterci (*Sport*) Gewichtstemmer *m*.
halûk, *-ku* 1. gutmütig, ruhig, verträglich (*Person*) 2. ♀ [x ·] *mV*.
halûtavır, *-vrı* [- · · ·] *z. va.* Verhalten, Benehmen *n*.
halvet, *-ti* 1. Alleinsein *n*, Einsamkeit *f* 2. abgelegener Raum 3. kleiner, abgeschlossener Waschraum *im türk. Bad.*; ~ *etm.* 1. an-

dere Leute entfernen (*aus e-m Raum*) 2. sich in e-n eigenen Raum zurückziehen; ~ *gibi* stickig heiß; ~ *olm.* keinen Fremden zulassen (*und unter sich bleiben*); *-e dönmek* heiß und stickig werden (*Raum*).

halvethane [· · - ·] 1. abgelegenes Gemach 2. einsam liegendes Haus.

ham 1. unreif (*Obst*) 2. roh, unbearbeitet, unverarbeitet, ungereinigt, unbestellt 3. aus der Übung gekommen; untrainiert 4. abwegig, unausführbar 5. roh, ungebildet, taktlos; ~ *çelik* Rohstahl *m*; ~ *ervah* roh, grob, gefühllos (*Person*); ~ *fikir* reine Phantasie; ~ *ipek* Rohseide *f*; ~ *metil alkolü* Holzessig *m*; ~ *sofu* bigott und intolerant; ~ *teklif* abwegiger Vorschlag; ~ *toprak* noch nicht urbar gemachtes Land; ~ *ümit* leere Hoffnung; *-ını almak* (*b-nin*) *fig. e-n aufgeregten Menschen* beschwichtigen.

hamail [· - ·] 1. Schultergurt *m*, Gehänge *n* 2. Amulett *n*, Talisman *m.*

hamak, -kı Hängematte *f.*

hamakat, -ti [· - ·] Beschränktheit, Dummheit *f*; ~ *etm.* (*od. göstermek*) 1. e-e Dummheit begehen 2. e-e günstige Gelegenheit verpassen.

hamal 1. Lastträger *m* 2. *fig.* grober, ungeschliffener Kerl; ~ *camal* Lastträger und ähnliche Leute *pl.*; ~ *gibi* grob, ungeschlacht, vulgär; ~ *şakası* grober, handgreiflicher Scherz; ~ *ücreti* (*od. parası*) Trägerlohn *m.*

hamaliye [· - · ·] Trägerlohn *m.*

hamallık 1. Arbeit *f* e-s Lastträgers 2. Trägerlohn *m* 3. grobe, körperliche Arbeit 4. *fig.* Sich-Abplagen *n*; *hamallığını etm.* (*bir işin*) *fig.* für andere die Kastanien aus dem Feuer holen.

hamam 1. *öffentliches türkisches* Badehaus 2. Bad, Baden *n* 3. *Sch.* Disziplinarkommission *f*; ~ *anası* 1. Pächterin, Besitzerin *f* e-s türk. Bades 2. *fig.* dicke, alte Schwatzbase; ~ *böceği zo.* Küchenschabe *f*; ~ *gibi* stickig heiß; ~ *kubbesi* 1. Kuppel *f* des türk. Bades 2. dummer, lauter Schwätzer; ~ *otu* Enthaarungsmittel *n*; ~ *takımı* Badetücher *pl.*; ~ *tası* Messingschale *f*, *mit der man im türk. Bad Wasser schöpft u. über sich gießt*; ~ *yapmak* sich waschen; baden.

hamamcı 1. Besitzer(in *f*) *m od.* Pächter(in *f*) *m* e-s öffentl. türk. Bades 2. Badewärter(in *f*) *m* 3. *wer sich der rituell vorgeschriebenen Ganzwaschung unterziehen muß* 4. geschickter Maurer; ~ *kadın* = *hamam anası.*

hamarat, -tı fleißig und flink, tüchtig, arbeitsam (*Frau, Mädchen im Hause*).

hamaset, -ti [· - ·] Heldenmut *m.*

hamasi [· - -] Helden-; ~*destan* Heldenepos *n.*

hamasiyat, -tı [· - · -] Heldenlieder *pl.*

hambal V = *hammal.*

Hamburg *n.pr.* Hamburg *n*; ~ *usulü* Staffelmethode *f* (*im Kontokorrent*).

hamdele [x · ·] *Name der ar. Formel elhamdülillâh.*

hamdetmek [x · ·] 1. Gott danken 2. (*bşe*) *et.* loben.

hamdolsun! [x · ·] Gott sei Dank!

hamdüsena [· · · -] Lob und Preis; ~ *etm.* (*b-ne*) loben, preisen, danken.

Hamel *astr.* Widder *m.*

hamhalat, -tı roh, ungebildet; Tolpatsch *m.*

hamhum F 1. dummes Geschwätz 2. undeutliches Gemurmel 3. Belästigung, F Nervensäge *f*; ~ *etm.* F 1. dumm daherreden 2. undeutlich vor sich hinbrummen 3. durch Quietschen (*Knarren, Kreischen usw.*) auf die Nerven gehen; ~ *şaralop* F albernes Geschwätz.

hâmız *chem.* Säure *f.*

hâmıziyet, -ti Schärfe *f* e-r Säure.

hami [- -] Hamite *m*, Hamitin *f*; hamitisch.

hamil, -mli 1. Schwangerschaft *f* 2. Last, Bürde *f* 3. Zuschreiben, Beimessen *n.*

hâmil 1. tragend, beladen (*mit*) 2. Träger, Inhaber (*z.B. e-s Wertpapiers*), Überbringer *m.*

hâmile schwanger; ~ *bırakmak* schwängern; ~ *kalmak* (*b-den*) schwanger werden (*von*).

haminne [· x ·] (< *hanım nine*) 1. Großmutter *f* 2. *e-e ältere, der Familie nahestehende Frau.*

haminto [· x ·] V Bereicherung *f auf and. Leute Kosten.*

hâmiş Zusatz, Nachtrag *m*, Randbemerkung *f*, Postskriptum *n.*

hamiyet, *-ti* patriotischer Eifer.
hamla [x ·] *naut.* Ruderschlag *m.*
hamlaç *chem.* Düse *f*, Gebläse *n*, Spritze *f*, Lötröhrchen *n.*
hamlamak nicht mehr in Übung (*im Training*) sein.
hamle 1. Angriff, Ansturm *m* 2. Ausfall *m*, Auslage *f* (*Fechten*) 3. Auslegen *n* (*der Ruder*) 4. Anstrengung, Bemühung *f* (*voranzukommen*) 5. Zug *m* (*Schach- od. Damespiel*) 6. Elan, Schwung *m*, Begeisterung *f*, Ungestüm *n*; ~ *etm.* 1. angreifen, anstürmen 2. ausfallen, auslegen 3. einen Zug machen.
hamletmek [x · ·] beimessen, zuschreiben, zur Last legen.
hammadde Roh•stoff *m*, -material *n.*
hampa *s. hempa.*
hamt, *-dı* Lobpreisung *f* Gottes.
hamule [ū] (*Schiffs-, elektr. usw.*) Ladung *f*; ~ *senedi* Frachtbrief *m.*
hamur 1. Teig *m* 2. Sauerteig *m* 3. Art, Sorte, Klasse *f* (*bei Papier*) 4. teigig (*Brot usw.*) 5. Charakter, Veranlagung *f* (*e-s Menschen*) 6. F schlaff, schlapp; ~ *gibi* hundemüde; ~ *işi* Mehlspeise *f.*
hamut Kummet *n* (*der Zugtiere*).
han¹ [ā] Khan, Chan *m.*
han² [ā] 1. Herberge *f*, Gasthaus *n* 2. großes Bürohaus; ~ *gibi* riesengroß; ~ *hamam sahibi* gutsituiert.
hançer zweischneidiger Dolch.
hançere *an.* Kehlkopf, Larynx *m.*
hançerlemek erdolchen.
handiyse [x · ·] sehr bald, in allernächster Zeit.
hane [ā] 1. Haus *n*, Wohnung *f*, Haushalt *m* 2. Feld *n* (*z.B. auf Schachbrett*) 3. Rubrik *f* 4. *math.* Stelle *f* 5. Einzelteil *m e-s Orchesterstückes* (*bei orient. Musik*) 6. Tierkreiszeichen *n* 7. *Sx. zur Bez. von Räumlichkeiten, gel. auch von Gefäßen.*
hanedan [- · -] 1. Herrscherfamilie, Dynastie *f* 2. vornehm, gastfreundlich, freigebig.
haneli [ā] 1. ... Häuser umfassend 2. in Felder eingeteilt 3. kariert (*z.B. Stoff*).
hanende [ā] *orient.* Sänger(in *f*) *m.*
hanep, *-bi an.* Sprunggelenk *n.*
hangar 1. Schuppen *m*, Halle *f* 2. *pr.* Flugzeughalle *f*, Luftschiffhafen *m.*
hangi [x ·] 1. welcher? 2. (*m. folg. ise*) welcher auch immer; *-si* welcher davon?
hanım 1. Frau *f*, Fräulein *n*, Dame *f* 2. (*m. vorausgehendem Namen*) Frau ..., Fräulein ... 3. Ehefrau, Gattin *f* 4. *pr.* alle weiblichen Vorzüge in sich vereinigend 5. *Verwendung zur Bild. v. Femininformen*; ~ *abla* (*bäuerliche Anrede*); ~ *böceği zo.* Marienkäfer *m*; ~ *evlâdı* P 1. Muttersöhnchen *n* 2. uneheliches Kind; ~ *göbeği* Zuckerkringel *m*; ~ *hanımcık* arbeitsam, rührig (*im Haushalt*); ~ *kızınız* Ihr Fräulein Tochter *bzw.* Ihre Frau Tochter.
hanımefendi 1. (*m. vorausgehendem Namen*) Frau ..., Fräulein ... 2. (*ohne Namen*) gnädige Frau, gnädiges Fräulein 3. Dame *f.*
hanımeli, *-ni* 1. *bot.* Geißblatt *n* 2. ♀ *fr. türk. Zigarettenmarke.*
hanımlık 1. Benehmen *n* e-r Dame 2. der Umstand, daß jem. e-e Frau ist.
hani¹ (*balığı*) *zo.* Zackenbarsch *m.*
hani² [x ·] 1. wo ist denn ...? 2. (*erinnernd*): doch, denn 3. bekanntlich 4. also 5. aber, jedoch 6. wenigstens; ~ *yok mu?* ja!, gelt!, nicht wahr?; *-den sonra* daraufhin, wonach; *-dir* seit e-r wahren Ewigkeit.
hânis eidbrüchig.
haniya *s. hani.*
hantal 1. unförmig, unhandlich; sperrig (*z.B. Möbelstück*) 2. plump, schwerfällig (*Person*).
hap, *-pı* 1. Pille *f* 2. P *jede oral zu nehmende Medizin* 3. V et. Opium; *-ı yutmak* V 1. in Teufels Küche geraten 2. abkratzen (= *sterben*); *-ından sapından karıştırmak fig.* völlig entstellen (*z.B. Bericht*).
hapıcık *in der Füg.*: ~ *yapmak Ki.* schnell essen.
hapis, *-psi* 1. Einsperren *n*, Gefängnisstrafe *f* 2. Gefängnis *n*, Kerker *m* 3. Zurückhalten, Verhalten *n* (*z.B. des Urins*) 4. Verwahrung, Aufspeicherung *f* 5. eingesperrt, im Gefängnis sitzend; Sträfling *m*; ~ *giymek* Gefängnis bekommen; ~ *hakkı* Rückbehaltungsrecht *n*; ~ *yatmak* im Gefängnis sitzen.
hapishane [· · - ·], **hapsane** [· - ·] Gefängnis *n*, Kerker *m*; ~ *kaçkını* Galgenstrick, Vagabund *m.*
hapsetmek [x · ·] 1. einsperren 2. ins

Gefängnis werfen 3. *j-n* lange *od.* umsonst warten lassen 4. aufspeichern.

hapsolmak [x · ·] *Pass. zu hapsetmek.*

hapşırmak niesen.

hapşu! hatschi!, hatzi!

haptetmek [x · ·] P *j-n in der Diskussion* zum Schweigen bringen.

har *Lm. e-s reichlichen Fließens, e-s Lärms od. e-r anderen Intensität*); ~ *gür* Lärm, Radau *m*; ~ ~ *akmak* lustig plätschern; ~ *hur* 1. Durcheinander *n* 2. Streitigkeit *f*; ~ *vurup harman savurmak* sinnlos mit dem Geld um sich werfen; *-ı başına vurmak* sich nicht mehr bezähmen können; *-ı geçmek* vergehen (*Wunsch, Zorn usw.*).

hara[1] [x ·] Gestüt *n.*

hara[2] [- -] 1. bunter Marmor 2. Moiré *n od. m.*

harabat, -tı [· - -] 1. zerstörte Orte, Ruinen *pl.* 2. Lasterhaus *n, spez.* Weinkneipe *f* (*a. pl.*).

harabati [· - - -] 1. Vagabund, Trunkenbold *m* 2. wer den Nimbus e-s Heiligen besitzt, *aber selber keine Wunder mehr vollbringt* 3. nachlässig gekleidet.

harabe [· - ·] 1. Ruine *f* 2. Trümmer *pl.*, Trümmerfeld *n.*

harabetmek [· - · ·] 1. zerstören, verwüsten, verheeren 2. verfallen lassen 3. öde, einsam werden lassen 4. verderben, ruinieren, herunterwirtschaften.

harabolmak [· - · ·] *Pass. zu harabetmek.*

haraç, -cı 1. Tribut *m*, Kopfsteuer *f* 2. Erpressungssumme *f* 3. Versteigerung *f* 4. *a.* ~ *mezat* (*Ruf des Auktionators*) wer bietet mehr?; ~ *mezat satmak* versteigern; ~ *yemek* V kostenfrei leben; *-a çıkarmak* zur Versteigerung bringen.

haram [· -] 1. rituell verboten; unrechtmäßig 2. heilig, unverletzlich 3. et. Unerlaubtes; ~ *etm.* 1. verbieten (*kirchliche Vorschrift*) 2. *fig.* zunichte machen; ~ *işlemek* e-e Sünde auf sich laden; ~ *mal* unrechtmäßig erworbenes Gut; ~ *olm. Pass. zu* ~ *etm.*; ~ *olsun!* (*Verwünschung*) möge es dir (*ihm usw.*) zum Fluch ausschlagen!; ~ *yemek* sich an fremdem Hab und Gut vergreifen.

harami [· - -] Dieb, Räuber *m.*

haramzade [· - - ·] 1. Bastard *m* 2. Schuft *m.*

harap, -bı [· -] 1. zerstört, verwüstet, verheert 2. verfallen 3. öde, verlassen 4. ruiniert, heruntergewirtschaftet 5. verwahrlost, ungepflegt 6. schrecklich, furchtbar.

harar großer (*Ziegenhaar-*)Sack.

hararet, -ti [· - ·] 1. Wärme, Temperatur *f* 2. Hitze *f* 3. brennender Durst 4. Fieber *n* 5. Begeisterung *f*, Eifer *m*; *-le* 1. feurig, lebhaft, begeistert 2. erregt, hitzig.

hararetlenmek [· - · · ·] an Lebhaftigkeit zunehmen.

hararetli [· - · ·] 1. lebhaft, eifrig, feurig, begeistert 2. erregt, heftig, hitzig.

haraza 1. V scharfer Wortwechsel 2. *vet.* Gallenstein *m* (*bei Rindern*).

haraşo [· x ·] V Russin *f.*

harb, -bi 1. Krieg *m* 2. *ab.* Schlacht *f*; ~ *divanı* Militär-, Kriegs·gericht *n*; ~ *ertesi* Nachkriegszeit *f*; ~ *harici* (*od. dışı*) 1. nicht-kriegführend 2. kriegsversehrt; ~ *kaçağı* Bannware, Konterbande *f*; ~ *malûlü* Kriegsversehrte(r) *m*; ~ *meydanı* Schlachtfeld *n*; ~ *sanayii* Rüstungsindustrie *f*; ~ *zengini* Kriegsgewinnler *m.*

harbcû kriegslüstern.

harbe 1. Wurfspieß *m*, kurze Lanze 2. Pike, Hellebarde *f* 3. Stab *m*, Stange *f*, Pikenschaft *m* 4. Ladestock *m.*

harbeci *fr.* Hellebardier, Leibwächter *m.*

harbetmek [x · ·] Krieg führen; [kämpfen.]

harbi[1] Lade-, Putz·stock *m* (*für Feuerwaffen*).

harbi[2] V 1. echt, unverfälscht 2. ehrlich.

harbiye 1. Kriegsangelegenheiten *pl.* 2. ♀ Kriegsschule *f.*

harbiyeli Kriegsschüler *m.*

harbsonrası Nachkriegs-; ~ *dünyası* Welt *f* nach dem Kriege.

harc, -cı 1. Ausgaben *pl.*, Aufwand *m* 2. staatliche Gebühr 3. Abgabe *f* 4. *s. harç*; ~ *tarifesi* Gebührenordnung *f*; *-ını vermek* die Auslagen erstatten (*s. a. unter harç*).

harcamak 1. ausgeben (*z.B. Geld*) 2. aufwenden, aufbieten (*z.B. Mittel*) 3. verbrauchen 4. zugrunde richten, zerstören 5. beseitigen, aus dem Wege räumen, töten.

harcı *für jedermann* erschwinglich.
harcıâlem 1. üblich, gangbar 2. *pej.* abgebraucht, banal, trivial.
harclı 1. gebührenpflichtig 2. teuer, kostspielig.
harclık 1. Taschengeld *n* 2. Stipendium *n*.
harclıklı Stipendiat(in *f*) *m*.
harç, -*cı* 1. Mörtel *m* 2. Zutaten *pl*. 3. Garnitur *f*, Besatz *m* (*bei Kleidern od. Anzügen*) 4. Gartenerde *f* 5. was *von j-m* geleistet werden kann 6. *s.* *harc*; -*ı olm.* (*b-nin*) j-s Sache sein; -*ını vermek* V zurechtweisen, F anpfeifen (*s. a. unter harc*).
hardal Senf *m* (*Pflanze, Würzmittel*); ~ *tozu* gemahlene Senfkörner *pl*.
hardaliye [· - · ·] süßer Weinmost mit Senfzusatz.
hare [- ·] 1. Moirierung *f* 2. Moiré *n od. m*.
harekât, -*tı* 1. *va.* Bewegungen *pl*. 2. *va.* Benehmen *n* 3. *mil.* Operationen, Kriegshandlungen *pl*. 4. *selt.* turnerisch-sportliche Vorführungen *pl*.
hareket, -*ti* 1. Bewegung *f* 2. Abfahrt *f*, Abmarsch, Aufbruch *m*, Abreise *f* 3. Verhalten, Benehmen *n*, Handlungsweise, Aktion *f*, Akt *m* 4. (geistige) Strömung *od.* Bewegung 5. Erdbeben *n* 6. *mus.* Tempo *n* 7. Betrieb *m*, Fahrt *f* 8. (*im pl.*) Vorgänge, Ereignisse *pl*. 9. *mil.* Unternehmen *n*, Operation *f* 10. turnerisch-sportliche Vorführung; ~ *birliği* einheitliches Vorgehen; ~ *cetveli* Fahrplan *m*; ~ *çarhı* Trieb-, Schwung·rad *n*; ~ *dairesi* Betriebsleitung *f*; ~ *etm.* 1. sich bewegen 2. abfahren, abmarschieren, aufbrechen, abreisen 3. sich benehmen; vorgehen, handeln, verfahren 4. fahren *od.* arbeiten (*Maschinen*); ~ *kabiliyeti* 1. Beweglichkeit *f* 2. Bewegungsfreiheit *f*; ~ *kolu* Anlaßhebel *m* 2. Triebstange *f*; ~ *noktası* Ausgangspunkt *m*; ~ *siası* Aktionsradius *m*; -*e geçmek* 1. in Bewegung kommen 2. wirksam werden 3. Schritte unternehmen.
hareketli 1. sich bewegend; beweglich 2. *fig.* aktiv, lebhaft.
hareketsiz regungslos, stillstehend.
hareli [ā] 1. moiriert 2. gestreift, geriefelt, geflammt; ~ *ipek* Moiréseide *f*.
harem 1. heilige Stätte 2. Frauengemächer *pl*. 3. (*Ehe*-)Frau, Gattin *f*.
haremlik Frauengemächer *pl*.; ~ *selâmlık olm. fig.* nach Geschlechtern getrennt sitzen.
harf, -*fi* 1. Buchstabe *m* 2. Drucktype *f* 3. Wort *n* 4. *gr.* Partikel *f* 5. *ab.* Laut *m*; ~ *atmak* 1. Worte zurufen (*Frauen od. Mädchen*) 2. kränkende Worte sagen; ♀ *İnkılâbı* Schriftreform *f* (*1928*); ~ *kalıbı* Matrize *f*; -*i* -*ine* buchstäblich.
harfendaz [· · -] wer Frauen *od.* Mädchen im Vorübergehen Worte zuwirft.
harficer *gr.* Präposition *f*.
harfitarif *gr.* Artikel *m*.
harhara Röcheln *n*.
harharyas *zo.* Heringshai *m*.
harıl harıl *Lm. e-r ununterbrochenen Intensität z. B.* emsig (*schreiben*), lustig (*brennen*) *usw*.
harıltı Knistern, Prasseln *n*; ~ *gürültü* Lärm *m*, Getöse *n*.
harın 1. störrisch (*Pferd*) 2. (*allg.*) eigensinnig, halsstarrig.
haricî [ā] 1. äußerlich; äußer-; Außen- 2. fremd 3. *phil.* exoterisch 4. außerhalb 5. ausgenommen; abgesehen (*von*); ~ *ez memleket* exterritorial; ~ *manzara* äußeres Bild; ~ *ticaret* Außenhandel *m*.
hariciye [ā] 1. auswärtige Angelegenheiten *pl*. 2. ♀ = *Hariciye Vekâleti* 3. äußere Erkrankungen *pl*. 4. Station *f* für äußere Erkrankungen; ♀ *Vekâleti* (*bzw. Nezareti*) Außenministerium *n*; ♀ *Vekili* (*bzw. Nazırı*) Außenminister *m*.
hariç, -*ci* [ā] 1. Äußere(s) *n*, Außenseite *f* 2. außerhalb *von et.* befindliche Stelle *od.* Gegend 3. Ausland *n* 4. ausgenommen, abgesehen, außerhalb; ~ *anilmerkez kuvvet phys.* Zentrifugalkraft *f*; ~ *ez kanun* vogelfrei; ~ *ez memleket* (*kaidesi*) Exterritorialität *f*; ~ *olm.* (*bşden*) nichts zu tun haben (*mit*); -*ten gelme* importiert; -*ten görünüş* äußeres Bild; -*ten kullanılır! med.* nur zum äußerlichen Gebrauch!
harika [- · ·] 1. Wunder *n* 2. *fig.* Genie *n* 3. Wunder-; ~ *çocuk* Wunderkind *n*.
harikavi [- · · -] *z. va.* wunderbar, großartig.
harikulâde [- · · - ·] außergewöhn-

lich, ungewöhnlich, wunderbar, beispiellos.
haris [ī] 1. (hab)gierig, habsüchtig 2. leidenschaftlich 3. ehrgeizig.
harita *s. harta.*
harlamak knistern, prasseln (*z.B. Feuer*).
harman 1. Dreschen *n* 2. Dreschplatz *m* 3. Druschzeit *f* 4. (*Tee-, Tabak-*)Mischung *f* 5. *zum Dreschen aufgeschichtetes* Getreide 6. *kitap harmanı* aufgeschichtete Druckbogen *pl.* 7. (*Steinkohlen-*) Halde *f* 8. V Haschischrausch *m*; ~ *çorman* wild durcheinander; ~ *dövmek* dreschen; ~ *etm.* 1. mischen 2. aufschichten; ~ *makinesi* Dreschmaschine *f*; ~ *savurmak* 1. Getreide worfeln 2. *fig.* verschwenden, vergeuden; ~ *sıçanı zo.* Hamster *m*; ~ *sonu* 1. *nach dem Dreschen liegengebliebene* Reste *pl.* 2. *fig.* traurige Überreste *pl.*; ~ *yapmak* 1. e-e Mischung herstellen 2. zusammenstellen.
harmani [· - -], **harmaniye** [·-··] Umhang, Überwurf *m*, Pelerine *f*.
harmanlamak 1. dreschen 2. mischen 3. im Kreis herum·gehen *od.* -fahren; umkreisen 4. aufschichten (*Druckbogen für ein neues Buch*).
harmoni Harmonie *f*.
harmonik, harmonili harmonisch.
harmonisiz nicht-harmonisch, unharmonisch.
harp[1], *-pı mus.* Harfe *f*.
harp[2], *-bi s. harb.*
harpa [x ·] *s. harp*[1].
harrengürra [x · x ·] lärmend und oberflächlich.
hars *va.* Kultur *f*.
harta [x ·] Karte *f*; ~ *dairesi* topographische Abteilung; ~ *fenni* Kartenkunde *f*; ~ *sehpası* Kartenständer *m*; *-da olm.* in Rechnung gestellt *od.* vorgesehen sein; *-yı şaşırmak fig.* mit seinen Gedanken ganz durcheinander geraten.
hartacı [x · ·] 1. Kartograph(in *f*) *m* 2. Inhaber(in *f*) *m* e-s kartographischen Verlags 3. Kartenverkäufer *m*.
hartadak [x · ·] 1. schnapp! 2. happs! 3. ratsch!
hart hart, hart hurt 1. knabbernd, krachend, knackend 2. vernehmlich.
hartuç, *-cu* Kartusche *f*.
harup, *-bu* [ū] *bot.* Johannisbrotbaum *m od.* Johannisbrot *n*.
has, *-ssı* [ā] 1. eigen(tümlich), besonder- 2. *math.* eigentlich, Eigen- 3. kaiserlich, königlich, fürstlich, Privat-, Garde-, Leib- 4. unverfälscht, echt, rein 5. *fr.* gehobene Gesellschaftsschicht 6. (*in frühosman. Zeit*) Lehen *n* 7. = *başmaklık*; ~ *boya* Pflanzenfarbe *f*; ~ *isim* Eigenname *m*; ~ *işlemek* auf j-s Kosten essen und trinken.
hasa (*bezi*) Madapolam *m od. n*, Kaliko *m*.
hasadetmek [· x · ·] ernten, mähen.
hasar [· -] Schaden, Verlust *m*, Beschädigung, Einbuße *f*; *-a uğramak* Schaden erleiden; (viel) einbüßen.
hasat, *-dı* 1. Ernten, Mähen *n* 2. Ernte(zeit) *f*.
hasatçı Erntearbeiter(in *f*) *m*.
hasbetenlillâh 1. aus reiner Menschenliebe; uneigennützig 2. *spez.* gratis, kostenlos.
hasbıhal, *-li* [· · -] 1. Besprechung, Unterhaltung *f* 2. Beratschlagung *f*.
hasbi [ī] 1. freiwillig und unentgeltlich; uneigennützig 2. grundlos, unberechtigt; ~ *geçmek* V sich um nichts kümmern.
hasebiyle [· · - ·] wegen; in Anbetracht; auf Grund von; da, weil.
hasedetmek [· x · ·] (*b-ne*) beneiden.
haset, *-di* Neid *m*, Mißgunst *f*.
hasıl grüne Gerstensaat.
hâsıl 1. sich ergebend 2. Ergebnis *n* 3. Ertrag *m* 4. Rest *m* 5. Kern *m* (*z.B. e-r Darlegung*); ~ *etm.* erzeugen, hervorrufen; ~ *olm.* zustandekommen, entstehen; *-ı tahsil etm.* Mühe vergeuden; *hâsılı mastar gr.* Verbalsubstantiv *n*; *hâsılı zarp math.* Produkt *n*.
hasılât, *-tı* [- · -] Ertrag *m*, Erzeugung, Produktion *f*, Einnahmen *pl.*
hâsılı [x · ·] mit e-m Wort; kurz.
hasıllanmak sprießen; aufschießen (*Saat*).
hasım, *-smı* 1. Gegner *m* 2. Feind *m*; ~ *taraf jur.* Gegenseite *f*.
hasımane [· · - ·] feindlich, feindselig.
hasır[1] 1. (*Rohr-, Stroh-*)Matte *f* 2. Rohr-, Stroh-, Korb-; ~ *koltuk* Korbsessel *m*; ~ *süpürge(si)* Strohbesen *m*; ~ *şapka* Strohhut *m*; *-lara sarılmak* (*od. yatmak*) V keine „Fuhre“ haben (*Taxichauffeur*).

hasır², *-srı* 1. Beschränkung, Begrenzung *f* 2. Widmen *n*.
hasıraltı, *-nı* Verzögerung, Verschleppung *f*; ~ *etm.* verzögern, verschleppen; ~ *olm. Pass. zu* ~ *etm.*
hasırlamak 1. mit Matten auslegen 2. mit Korbgeflecht versehen.
hasırlı 1. mit Strohmatten 2. Korbflasche *f*.
hasırotu, *-nu bot.* Binse *f*.
hasis [ī] 1. knauserig, geizig 2. niedrig, gemein; kleinlich (*z.B. Vorteile*).
hasiyet, *-ti* [ā] 1. besondere Eigenschaft 2. bekömmliche Wirkung.
haskefal (*balığı*) *zo.* gemeine Meeräsche.
haslet, *-ti* angeborene (gute) Eigenschaft.
haspa lebenslustiges Ding (*Mädchen*).
hasret, *-ti* 1. Entbehrenmüssen *n* 2. Sehnsucht *f* 3. *e-r Sache* beraubt; ~ *kalmak* (*bşe*) *et.* entbehren müssen; *-ini çekmek* (*bşin*) sich sehnen (*nach*).
hasretli 1. sich sehnend 2. Ersehnte(r) *m/f*.
hasretmek [x · ·] 1. beschränken, begrenzen, einschränken (*auf*) 2. widmen, weihen.
hassa [· -] 1. besondere Eigenschaft 2. (*in frühosman. Zeit*) Lehen *n* 3. Leib-, Garde-, Privat-, Flügel-; ~ *askeri* 1. Gardesoldat *m* 2. Garde *f*; *hassai şifaiye* gute gesundheitliche Wirkung.
hassas [· -] 1. empfindlich, sensibel 2. leicht gekränkt 3. gefühlvoll 4. genaugehend (*Uhr*); ~ *bulunmak* schnell reagieren; ~ *teline basmak fig. j-n* an seiner empfindlichsten Stelle treffen; ~ *terazi* Goldwaage *f*.
hassasiyet, *-ti* [· - · ·] 1. Empfindlichkeit, Sensibilität, Sensitivität *f* 2. reges Interesse 3. Empfindsamkeit *f* 4. Pedanterie *f* 5. Empfindlichkeit *f* (*e-r Person*).
hassaten [- · ·] [x · ·] besonders, vor allem.
hâsse Sinn *m*, Sinnesempfindung *f*.
hasta 1. krank, leidend 2. Kranke(r) *m/f*, Patient(in *f*) *m* 3. *V* pleite, ohne Geld 4. *Sch.* nicht vorbereitet; ~ *düşmek* erkranken; ~ *etm.* krank werden lassen; ~ *koğuşu mil.* Revierstube *f*; ~ *treni mil.* Lazarettzug *m*; *-sı olm.* (*bşin*) vernarrt sein (*in*); *-ya bakmak* den Kranken pflegen.
hastabakıcı Kranken·pfleger(in *f*) *m*, -schwester *f*.
hastalanmak krank werden, erkranken.
hastalık Krankheit *f*, Leiden *n*; ~ *almak* (*od. kapmak*) sich e-e Krankheit zuziehen.
hastalıklı kränklich, leidend.
hastane [· - ·] Krankenhaus, Spital, Lazarett *n*.
hasut, *-du* [ū] neidisch; Neider(in *f*) *m*.
haşa 1. *mil.* Woilach *m* 2. *fr.* Schabracke *f*.
hâşa [x -] 1. Gott bewahre! 2. entschuldigen Sie den ketzerischen Gedanken! 3. entschuldigen Sie den harten Ausdruck!; ~ *huzur(unuz)dan* mit Verlaub gesagt.
haşarat, *-tı* [· · -] 1. Insekten *pl.* 2. Ungeziefer *n* 3. *fig.* Pack *n*, Brut *f*.
haşarı 1. ungebärdig, zügellos 2. wild, widerspenstig (*Pferd*).
haşhaş *bot.* (*Schlaf-*)Mohn *m*.
haşıl Appreturmasse *f* (*beim Weben*).
haşır haşır *od.* **haşır huşur** knisternd, raschelnd.
haşin [ī] 1. heftig, rauh, derb (*Person*) 2. hart, streng, scharf (*z.B. Maßnahmen*).
haşir, *-şri* Jüngster Tag; ~ *neşir olm.* (*b-le*) 1. zusammen sein (*mit*) 2. *j-n* auf dem Halse haben.
haşiş *urspr.* [ī] 1. *va.* Kraut *n* 2. *va.* Heu *n* 3. Haschisch *m*; ~ *otu bot.* indischer Hanf.
haşiv, *-şvi* (*stil.*) Tautologie *f bzw.* Pleonasmus *m*.
haşiye [ā] 1. Fußnote, Anmerkung *f* 2. Randbemerkung *f*.
haşlama 1. *Vs. zu haşlamak* 2. (ab-) gebrüht, gekocht 3. gekochtes Fleisch *od.* Gemüse.
haşlamak 1. (ab)brühen 2. abschmälzen 3. verbrühen 4. kochen, sieden (*z.B. Eier*) 5. beißen, stechen (*z.B. Insekt*) 6. ausschelten 7. *finanziell* ruinieren.
haşlanmak 1. *Pass. zu haşlamak* 2. *Refl.* sich verbrühen *od.* sich ruinieren.
haşmet, *-ti* Pracht *f*, Prunk, Pomp *m*, Majestät *f*.
haşmetli 1. prächtig, prunkvoll, majestätisch 2. *Titulierung e-s Kaisers od. Königs.*

haşretmek [x · ·] auferwecken (*Tote am Jüngsten Tag*).
haşyet, *-ti* 1. abergläubische Furcht 2. Ehrfurcht *f*.
hat, *-ttı* 1. Linie *f*, Strich *m* 2. *math. od. bei Verkehrsnetz*: Linie *f* 3. Schrift *f* 4. Zug *m*, Linie *f* (*im Gesicht*) 5. Erlaß *m*, Dekret *n* 6. *va.* erste Barthaare *pl.*, Flaum *m*; ~ *boyunca* der Eisenbahn entlang; ~ *genişliği* Spurweite *f*; *hattı balâ* Höhenlinie *f*; *hattı fâsıl* 1. Trennungslinie *f* 2. Fuge *f* 3. *mil.* Demarkations-, Zwischen·linie *f*; *hattı hümayun* (*od. şerif*) *hist.* großherrliches Edikt *hattı istiva* (*od. üstüva*) Äquator *m*; *hattı mihî* Keilschrift *f*; *hattı vâsıl* Verbindungslinie *f*.
hata [· -] 1. Fehler *m* 2. Versehen *n*, Irrtum *m* 3. Rechenfehler *m*; ~ *etm.* e-n Fehler machen; sich irren.
hataen [· - ·] [· x ·] *z. va. adv.* irrtümlicherweise.
hatalı [· - ·] fehlerhaft.
hatıl Querbalken *m*, Bohle, Planke *f*; ~ *eki techn.* Plankenstoß *m*.
hatır[1] [ā] 1. Gedächtnis *n*, Erinnerung *f* 2. Herz, Gefühl *n* 3. Achtung *f*, Ansehen *n* 4. Gefälligkeit *f* 5. Befinden *n*; ~ *almak j-n* durch Freundlichkeit für sich gewinnen; ~ *bonosu* Gefälligkeitswechsel *m*; ~ *etm.* 1. (*b-ne*) *j-m* e-e Gefälligkeit erweisen 2. *j-n* protegieren; ~ *gönül* persönliche Rücksichtnahme; ~ *için* aus Gefälligkeit; ~ *sormak* die üblichen Höflichkeitsfragen stellen 2. e-n Kranken besuchen und sich nach dessen Befinden erkundigen; *-a gelmek* in den Sinn kommen; *-da kalmak* (*od. olm.*) erinnerlich sein; *-ı kalmak* (*b-nin*) übelnehmen; *-ı olm.* angesehen sein; *-ı sayılır* 1. beachtlich, bemerkenswert 2. angesehen; *-ına getirmek* 1. sich *an et.* erinnern 2. *j-m et.* ins Gedächtnis rufen; *-ından geçirmek auf et.* verfallen; *-ını saymak* (*b-nin*) Rücksicht nehmen (*auf*); ehren; *-ını yapmak* 1. besänftigen 2. Schadenersatz leisten; *-ınızda toz konmasın amma* ... nehmen Sie es bitte nicht übel, aber ...
hatır[2] **hatır** 1. knabbernd, knirschend 2. roh, grob.
hatır hutur 1. = *katır kutur* 2. grob, ungeschliffen (*Person*).
hâtıra Erinnerung *f*, Gedächtnis, Andenken, Gedenken *n*; ~ *defteri* Tagebuch *n*; *-larını yazmak* seine Memoiren schreiben; *-sı anıldı* (*b-nin*) zu Ehren von ... wurde e-e Gedenkfeier abgehalten; *-sı olarak* zum Gedenken (*an*); *-sını etm.* e-e Gedenkfeier veranstalten (*für*).
hatırlamak *m. Akk.* sich erinnern (*an*).
hatırlatmak (*b-ne bşi*) *j-n an et.* erinnern.
hatırlı [ā] geehrt, geachtet, angesehen, einflußreich.
hatırşinas [- · · -] 1. achtungsvoll 2. liebenswürdig, zuvorkommend.
hatim, *-tmi* 1. Beenden *n* 2. Gesamtverlesung *f* des Korans.
hâtime 1. Ende *n*, Schluß *m* 2. Nach-, Schluß·wort *n*, Epilog *m*, Zusammenfassung *f*.
hatip, *-bi* [ī] 1. Kanzelredner, Pfarrer *m* 2. Redner, Sprecher *m*.
hatire [ī] Moscheefriedhof *m*.
hatmetmek [x · ·] 1. *va.* beenden 2. vollständig verlesen (*Koran*) 3. *hum.* von A—Z herunterlesen.
hatmi *bot.* Eibisch *m*.
hattâ [x -] sogar, selbst; darüber hinaus.
hattat, *-tı* [· -] Schriftkünstler *m*.
hattıhareket, *-ti* 1. Benehmen, Verhalten *n* 2. Vorgehen, Handeln *n*.
Hatti Hettiter(in *f*) *m*; hettitisch.
hatun [ā] Frau, Ehefrau *f*.
hav 1. Flaum *m* 2. Haar *n* (*e-s Stoffes*), Wolle *f*, Flor *m* (*e-s Teppichs*); *-ı dökülmüş* abgeschabt, abgewetzt; *-ını dökmek* die Wolle verlieren.
hava 1. Luft *f* 2. Wetter *n*, Witterung *f* 3. Klima *n* 4. Himmel *m* 5. Recht *n*, ein Gebäude aufzustocken 6. Wind *m* 7. Melodie *f* 8. Bund *m* (*bei S. i.*) 9. Laune, Neigung, Lust *f* 10. Stimmung *f*, Geist *m* 11. Leitgedanke *m*; ~ *alanı* Flugplatz *m*; ~ *albayı mil.* Geschwaderkommodore *m*; ~ *almak* 1. (*frische*) Luft schöpfen 2. luftig sein (*Raum*) 3. Luft bekommen (*z.B. Konservendose*) 4. F leer ausgehen; ~ *bozdu* das Wetter hat sich verschlechtert; ~ *bulandı* (*od. bulutlandı*) es ist trübes Wetter geworden; ~ *cereyanı* Luftzug *m*; ~ *çalmak* 1. ein Lied spielen 2. sich ungünstig auswirken (*Klima*); ~ *fişeği* (*Feuerwerks-*)Rakete *f*; ~ *geçmez* luftdicht; ~ *hal ve şartları*

Witterungsverhältnisse *pl.*; ~ *haritası* Wetterkarte *f*; ~ *hoş olm.* (*b-ne*) *e-m* recht (*od.* gleich) sein; ~ *karardı* 1. es ist dunkel geworden 2. der Himmel hat sich überzogen 3. *fig.* es ist eine gedrückte Stimmung aufgekommen; ~ *köprüsü* Luftbrücke *f*; ~ *oyunu* Baissespekulation *f* (*an der Börse*; *durch Leerverkauf*); ~ *parası* 1. Abstandssumme *f* 2. = *peştamallık*; ~ *seferleri* Flugverkehr *m*; ~ *yolları* 1. Luftwege *pl.* 2. Luftverkehrslinien *pl.*; -*da kalmak* wackeln (*z.B. Tisch*); -*dan indirilen kıtalar mil.* Luftlandetruppen *pl.*; -*sı esmek fig.* ein Anzeichen sein (*für*); -*sına uymak* kein Spielverderber sein wollen; -*ya gitmek* 1. nichts taugen 2. vergeblich sein; -*ya pala* (*od. kılıç*) *sallamak* 1. den wilden Mann spielen 2. sich vergeblich abmühen; -*ya vermek* (*od. savurmak*) vergeuden.

havacı Flieger(in *f*) *m*.

havacılık 1. Fliegerberuf *m* 2. Flugwesen *n*.

havacıva 1. *bot.* Alkanna *f* 2. V leeres Geschwätz.

havadan 1. mühelos 2. leer, wertlos, nichtig.

havadis 1. Nachrichten *pl.* 2. Nachricht *f*.

havagazı, -*nı* (*Leucht-*)Gas *n*.

havai [· - -] 1. Luft- 2. gasförmig 3. (*a.* ~ *mavi*) himmelblau 4. leichtsinnig 5. leer, wertlos, nichtig 6. V zum Falschspiel präparierter Würfel; ~ *hat* 1. Drahtseilbahn *f* 2. hochverlegte Fernsprechleitung; Oberleitung *f*; ~ *sözler* leere Worte *pl.*

havaküre Atmosphäre *f*.

havalanmak 1. ge-, durch·lüftet werden 2. aufsteigen, starten 3. im Wind flattern (*z.B. Fahne*) 4. leichtsinnig werden.

havale [· - ·] 1. Über·weisung, -tragung *f* 2. Zahlungsanweisung *f* 3. Weiterleitung *f* (*von Akten*) 4. *med.* Tetanie, Eklampsie *f* 5. Beobachtungsmöglichkeit *f* 6. Hecke *f*, Bretterwand *f*, (*Latten-*)Zaun *m*; ~ *çekmek* e-n Bretterzaun errichten; ~ *etm.* 1. über·weisen, -tragen 2. weiterreichen 3. zücken (*z.B. Dolch*); ~ *olm.* 1. versperren (*z.B. Aussicht*) 2. stören, belästigen 3. *med.* an Tetanie *bzw.* Eklampsie leiden.

havaleli [· - · ·] *H.* 1. giriert 2. wer ein Grundstück einsehen kann *od.* wessen Grundstück eingesehen werden kann 3. nur lose gestapelt (*Waren*) 4. übermäßig hoch *od.* groß; „sperrig" (*z.B. Möbelstück*) 5. *med.* von Tetanie *bzw.* Eklampsie befallen.

havalename [· - · - ·] schriftliche Zahlungsanweisung.

havalı 1. *m. best.* Klima 2. luftig, freigelegen 3. leichtsinnig, unbedacht.

havali [· - ·] 1. Umgebung *f* 2. Gebiet *n*, Gegend *f*, Abschnitt *m*.

havan 1. (*Küchen-*)Mörser *m* 2. Tabak-Schneidemaschine *f* 3. *mil.* Mörser *m*, Haubitze *f*; ~ *dövücünün hık deyicisi iron.* 1. fünftes Rad am Wagen 2. Mitläufer *m* 3. Helfershelfer *m*; ~ *eli* Stößel, Stößer *m*; -*da su dövmek fig.* 1. sich vergeblich bemühen 2. nutzlos diskutieren.

havari [· - -] 1. Apostel, Jünger *m* Jesu 2. Mitkämpfer, Sendbote *m*.

havasız 1. luftleer 2. dumpf, stickig.

havhav 1. wau wau! 2. *Ki.* Wauwau *m*.

havi [ā] enthaltend; ~ *olm.* enthalten.

havlamak bellen.

havlı 1. flaumig, weichhaarig, wollig; mit Flor (*Teppich*) 2. *s. havlu.*

havlu 1. Hand-, Bade-, Frottiertuch *n* 2. Serviette *f*.

havra [x ·] 1. Synagoge *f* 2. *fig.* mit viel Lärm erfüllter Ort; F Judenschule *f*.

havruz V Nachttopf *m*.

havsala 1. *an.* Becken *n* 2. *ab.* Bauchhöhle *f* 3. *fig.* Fassungsvermögen, Verständnis *n*; ~*sına sığdırmak* 1. (*kendi*) begreifen, verstehen 2. (*b-nin*) *j-m et.* begreiflich machen.

havşa *techn.* Senker *m*.

havuç, -*cu bot.* Mohrrübe *f*.

havut, -*tu* (*Kamel-*)Trag- *od.* Packsattel *m*.

havuz 1. Wasserbassin *n*, Teich *m* 2. Schwimmbassin *n* 3. Ausbesserungsdock *n* 4. Schachtsumpf (*Bergwerk*) *m*; ~ *ücreti* Dockgebühren *pl.*; -*a sokmak* (ein)docken.

havuzcuk *an.* Nierenbecken *n*.

Havva [· -] *n.pr.* Eva *f*; ~ *kızı hum.* Evastochter *f*.

havya [x ·] Löt·kolben, -hammer *m*.
havyar Kaviar *m*; ~ *kesmek* V 1. faulenzen 2. nicht aufpassen.
havza *geogr*. Becken, Gebiet *n*.
havze Bereich *m*; *havzei tasarruf jur*. Verfügungsbereich *m*.
hay *Int*. ei!, na!, ha!, ach!, o!; ~ *anasını!* F da schau einer an!; ~ *lânet kör şeytan!* verflucht und zugenäht!; *-dan gelen huydan gider* (*Spr*.) wie gewonnen, so zerronnen.
haya [- ·] Hoden *m*, Hode *f*.
hayâ 1. Scham *f*, Schamgefühl *n* 2. Schüchternheit, Verlegenheit *f*; ~ *etm*. 1. sich schämen 2. sich genieren.
hayal, *-li* [· -] 1. Illusion, Phantasie, Fiktion *f* 2. Phantom, Gespenst *n* 3. Traumbild *n* (*e-r Person*) 4. Schattenbild *n* 5. geistiges Bild 6. Idol *n* 7. Spiegelbild *n*; ~ *etm*. *sich* e*r*. in der Phantasie vorstellen; ~ *inkisarı* (*od*. *sukutu od*. *kırıklığı*) Enttäuschung *f*; ~ *kurmak* Phantasieschlösser bauen; ~ *mahsulü* Phantasieprodukt *n*; ~ *oyunu* Schattenspiel *n*; ~ *peşinde koşmak* Hirngespinsten nachjagen; *-e kapılmamak* sich keinen Illusionen hingeben.
hayalci [· - ·] 1. Schattenspieler *m* 2. F Phantast, Träumer *m*.
hayalet, *-ti* [· - ·] Erscheinung *f*, Phantom *n*.
hayalhane [· - - ·] Einbildung *f*.
hayalî [· - -] 1. nur in der Phantasie existierend; fiktiv, imaginär, utopisch 2. Schattenspieler *m*; ~ *haberler* erfundene Nachrichten *pl*.; ~ *konuşmalar* imaginäre Gespräche *pl*.
hayalifener [· - · · ·] 1. *fr*. Laterna magica *f* 2. *fig*. furchtbar abgemagert.
hayalmeyal, *-li* [· - · -] unklar, verschwommen, dunkel.
hayalperest, *-ti* 1. *pej*. Phantasien nachjagend 2. *mel*. phantasiereich.
hayat, *-tı* *urspr*. [· -] 1. Leben *n* 2. Lebensdauer *f* 3. Wohlstand *m* 4. Leben *n*, Betrieb *m* 5. Lage, Stellung *f*; ~ *arkadaşı* Lebens·gefährte, -gefährtin *f*; ~ *dağdağasını terketmek* das Zeitliche segnen; ~ *eseri* Lebenszeichen *n*; ~ *memat meselesi* lebenswichtige Angelegenheit; ~ *memat mücadelesi* Kampf *m* auf Leben und Tod; ~ *pahalılığı* Teuerung *f*; ~ *sahası* Lebensraum *m*; ~ *standardı* Lebenshaltung *f*; ~ *sürmek* (*ruhig und friedlich*) leben; ~ *yorgunluğu* Lebensüberdruß *m*; *-ı gidip bayatı kalıyor* F er ist ganz hingerissen; *-ım!* mein Liebling!; *-ına kasdetmek* (*b-nin*) *j-m* nach dem Leben trachten; *in der Füg*.: *-ına mal olm*. (*b-nin*) *j-m* das Leben kosten; *-ını kazanmak* (*od*. *temin etm*.) seinen Lebensunterhalt verdienen.
hayati [· - -] 1. Lebens-, lebenswichtig, vital 2. ♀ *mV*.
hayatiyet, *-ti* [· - · ·] Vitalität, Lebenskraft *f*.
hayda *s*. *hadi*, *haydi*.
haydalamak durch Zurufe antreiben (*Tier*).
haydamak 1. = *haydalamak* 2. V hinauswerfen, fortjagen.
haydi [x ·] 1. komm!, los!, voran!, nur zu! 2. schön!, einverstanden! 3. na ja!, na also! 4. selbst wenn... wäre 5. ach was! 6. was soll man jetzt dazu sagen? ~ *deyince* wenn es drauf und drangeht; ~ ~ 1. erst recht 2. höchstens 3. nun ist's aber genug! ~ *oradan!* 1. scher dich fort! 2. nun hör aber auf!
haydin [x ·] P na also voran ihr...
haydisene [· · x ·] P also los du...; ~ *ne duruyorsun?* also voran!, was stehst du denn da noch herum?
haydut, *-du* Räuber, Bandit *m*.
hayf! **hayfa!** [· -], **hayfaki!** [· - ·] ach!, schade!, wehe!
hayhay aber gewiß!, recht gerne!, selbstverständlich!
hayhuy 1. Lärm *m*, Stimmengewirr *n* 2. *fig*. vergebliches Bemühen *n*.
hayır[1] [x ·] nein.
hayır[2], *-yrı* 1. Wohltat *f* 2. Gedeihen *n*, Gesundheit, Wohlfahrt *f* 3. Nutzen, Vorteil *m* 4. gut, nützlich; ~ *dua* Segenswunsch *m*; ~ *etm*. 1. ein brauchbarer Mensch sein 2. nützen, helfen (*z.B. Arznei*); ~ *görmemek* 1. (*bir daha*) seine frühere gute Lage nicht mehr erringen können 2. (*bşden*) sich keinen Nutzen versprechen (*von*); ~ *işlemek* gutes tun; ~ *müessesesi* Wohlfahrtseinrichtung *f*; ~ *ola* (*od*. *hayrola*)! nanu?, wieso denn?; ~ *sahibi* Wohltäter, edler Spender *m*; *hayra alâmet* gutes Omen *n*; *hayrı dokunmak* nützlich sein; *hayrı kalmamak* zu nichts mehr zu gebrauchen sein; *hayrı yok* davon (*bzw*. von ihm) ist

nichts Gutes zu erwarten; *-dır inşallah!* 1. hoffentlich bedeutet der Traum *et.* Gutes! 2. (*formelhaft*) nanu?, was Sie nicht sagen!; *-lar* (*Antwort auf die Frage „ne var ne yok?"*) danke, gut!; *hayrını görün!* 1. möge es Glück bringen! 2. *iron.* na, viel Glück dabei!

hayırhah wohlwollend.

hayırlaşmak sich *nach abgeschlossenem Handel gegenseitig* Gutes wünschen.

hayırlı 1. gut, gesegnet, glückbringend, ersprießlich 2. charitativ 3. gut geraten (*Kind*) 4. von guter Vorbedeutung; ~ *haberler* gute Nachrichten *pl.*; *-sı (olsun)!* möge es zum Guten ausschlagen!, na, denn alles Gute!

hayırperver wohltätig, charitativ.

hayırsız 1. zu nichts gut; kein Glück bringend; unselig 2. nichtsnutzig, ungeraten (*Kind*) 3. von schlechter Vorbedeutung; ♀ *Ada n.pr.* Oxia (*Insel bei Istanbul*)

hayız, *-yzı* Menstruation, Periode, Regel *f*; ~ *görmek* die Periode haben; *-dan kesilme* Aufhören *n* der Regel; Menopause *f*.

haykırı 1. Schreien *n*, lautes Rufen 2. *gr.* Ausruf *m*; ~ *işareti* Ausrufezeichen *n*.

haykırışmak 1. *sich gegenseitig et.* zuschreien 2. zusammen schreien (*laut rufen*) *od.* jammern.

haykırmak 1. schreien, laut rufen 2. ein Wehgeschrei erheben.

haylamak *m. Akk.* 1. = *haydalamak* 2. (*mst. in neg. Verwendung*) sich kümmern (*um*), sich kehren (*an*).

haylayf 1. vornehme Gesellschaft 2. mondänes Leben.

haylaz 1. ungezogen; Nichtsnutz *m* 2. faul.

hayli [x ·] 1. recht viel; reichlich; nicht wenig 2. ziemlich, recht 3. geraum (*Zeit*) 4. tüchtig, ordentlich; *-den* ~ (*od. -ye*) *Verst. von hayli, z.B.* ganz besonders; eine ganze Menge; *bir* ~ = ~.

haylice; **haylıca** [x · ·] recht groß; ziemlich viel; beträchtlich.

haymana freies Weideland; ~ *beygiri gibi dolaşmak* sich (*untätig*) herumtreiben; ~ *mandası* (*od. öküzü od. sığırı*) *fig.* Faulenzer *m*.

haymatlos 1. heimatlos 2. *fig.* unstet umherziehend 3. *jur.* staatenlos.

hayran [· -] 1. bewundernd 2. bezaubert; ~ *bırakmak* (*od. etm.*) (*b-ni*) in Bewunderung versetzen; ~ *kalmak* (*od. olm.*) (*bşe*) *et.* bewundern.

hayranlık [· - ·] Bewunderung *f*.

hayrat, *-tı* [· -] 1. gutes Werk 2. fromme Stiftung; Wohlfahrtseinrichtung *f*.

hayret, *-ti* 1. (*Er-*)Staunen *n*, Verwunderung *f* 2. *Int.* erstaunlich!, eigenartig!; ~ *etm.* 1. staunen, sich wundern 2. (*bşe*) bestaunen, bewundern; ~ *verici* erstaunlich, verblüffend.

hayrola, **hayrolsun** *s. hayır ola.*

haysiyet, *-ti* persönliche Ehre, Würde; Ehrgefühl *n*; ~ *divanı* Ehrengericht *n*; ~ *sahibi* ehrenwert, angesehen; *-iyle* in Anbetracht, daß ...; weil.

haysiyetli 1. *mel.* auf seine Ehre haltend 2. *pej.* von krankhaft empfindlichem Ehrgefühl.

hayta [x ·] 1. *fr.* (*bis 1827*) Söldnertruppe *f* 2. *fig.* Vagabund, Strolch *m*.

hayvan 1. Lebewesen *n* 2. Tier, Vieh *n* 3. Last-, Trag-, Zug-, Reittier *n* 4. *pr.* Pferd *n* 5. *fig.* dummer Kerl; Dummkopf *m*; ~ *alım satımı* Viehhandel *m*; ~ *kömürü chem.* Knochenkohle; ~ *mürebbisi* Tierbändiger, Dompteur *m*; ~ *sayımı* Viehzählung *f*; *hayvanı natık* Zoon logikon, Animal rationale *n*, Mensch *m*.

hayvanat, *-tı* [· · -] 1. Tiere *pl.* 2. (*ilmi*) Zoologie *f*; ~ *bahçesi* Zoo *m*.

hayvanca(sına) wie ein Tier, *spez.* 1. brutal, bestialisch 2. dumm, stupid.

hayvancı Vieh-züchter, -halter, -händler *m*.

hayvani [· - -] 1. Tier- 2. *pej.* viehisch, tierisch, roh, brutal; ~ *kuvvet* rohe Gewalt.

hayvanlaşmak vertieren, verrohen; *Hayvanlaşan Adam Übersetzung von* La Bête Humaine (*Zola*).

hayvanlık 1. Tierwelt *f* 2. Tierzustand *m* 3. Brutalität *f*.

hayyalelfelâ! 1. kommt zum Heil! (*Ruf des Müezzins*) 2. (*Ausruf der Bedrängnis*).

hayyalesselâ 1. eilt zum Gebet! (*Schlußworte des Müezzins*) 2. letztes Wort; ~ *demek* (*od.* *-yı çekmek*) das letzte Wort sagen.
haz, *-zzı* 1. *va.* (*An-*)Teil *m* 2. Lust, Freude *f*, Genuß *m*, Vergnügen, Wohlgefallen *n*.
hazakat, *-ti* [· - ·] Geschicklichkeit *f* (*e-s Arztes*), Scharfsinn *m* (*z.B. bei der Diagnose*).
hazar[1] Friedenszeit *f*, Frieden *m*; ~ *mevcudu mil.* Friedensstärke *f*.
hazar[2] 1. Schrot-, Baum·säge *f* 2. Gattersäge *f*; Gatter *n*; ~ *fabrikası* Sägewerk *n*.
Hazerdenizi, *-ni n.pr.* Kaspisee *m*.
hazfetmek [x · ·] 1. aus-, weg·lassen; elidieren; apokopieren, synkopieren 2. streichen.
hazı, *-z'ı med.* Schnitt *m*; *haz'ı şezen med.* Tracheotomie *f*.
hazık, *-kı* [ā] geschickt (*Arzt*).
hazım, *-zmı* 1. Verdauung *f* 2. *fig.* Weitherzigkeit, Großzügigkeit *f*; *hazmı güç* 1. schwer verdaulich 2. *fig.* schwer zu ertragen.
hâzım verdauungsfördernd.
hazımlı weitherzig, großzügig, geduldig, hinnehmend.
hazımsız leicht gereizt; unduldsam; kleinlich denkend.
hazır 1. bereit, fertig 2. Konfektions- 3. anwesend 4. gegenwärtig, augenblicklich 5. (*Konj.*) da, weil (nun einmal); ~ *bulunmak* (*od. olm.*) 1. fertig (*od.* gerüstet) sein 2. anwesend sein; ~ *ol! mil.* Stillgestanden!; ~ *ol cenge istersen sulhü salâh!* si vis pacem, para bellum!; ~ *ol vaziyetinde durmak* strammstehen; ~ *para* verfügbares Geld; ~ *yiyici* 1. wer von seinem Kapital lebt 2. *selt.* = *hazırcı*; *-a konmak fig.* sich ins gemachte Bett legen.
hazırcevap, *-bı* schlagfertig.
hazırcı 1. Konfektionär *m* 2. F wer sich ins fertige Nest setzt.
hazırlamak 1. (vor)bereiten, bereit·stellen, -legen, -halten, -machen 2. *chem.* präparieren 3. *mil.* in Bereitschaft stellen.
hazırlanmak 1. *Pass. zu hazırlamak* 2. sich vorbereiten, sich bereithalten.
hazırlık 1. Vorbereitung, Vorkehrung *f* 2. Bereitschaft *f*; ~ *görmek* die nötigen Vorkehrungen treffen; ~ *sınıfı* Vorbereitungsklasse *f*; ~ *tahkikatı jur.* Voruntersuchungen *pl.*
hazırlıklı gerüstet, vorbereitet (*für, gegen Eventualitäten*).
hazırlop, *-pu* 1. hartgekocht (*Ei*) 2. was man mühelos erwerben kann.
hazif, *-zfı* 1. Aus-, Weg·lassung, Elision, Apokope, Synkope *f* 2. Streichung *f*.
hazin [ī] 1. betrüblich, traurig 2. rührend, nahegehend, melancholisch 3. Trauer-.
hazine [ī] 1. Schatzkammer *f* 2. Schatz *m* 3. Fiskus *m*, Staatskasse *f* 4. Depot *n*, Speicher, Vorrats·raum, -behälter *m* 5. Wortschatz *m* 6. Ladekasten *m*, Magazin *n* 7. *fr. die Summe von 16.000 Kurusch* 8. (*hazne*) Scheide, Vagina *f*; ~ *bonoları* Schatzanweisungen *pl.*; *hazinei evrak*; *evrak hazinesi* (*historisches*) Archiv.
hazinedar [· - · -] Schatz·meister, -kämmerer *m*.
haziran [ī] Juni *m*.
hazmetmek [x · ·] 1. verdauen 2. *fig. et.* gelassen hinnehmen.
hazne *s. hazine*.
haznedar [· · -] *s. hazinedar*.
hazret, *-ti* 1. *Ehrentitel vor dem Namen von Personen, die als heilig gelten* 2. *z. va. seine Exzellenz* 3. *hum.* mein Lieber; *-leri* (*Abk.* *Hz.*) (*nachgestellt*) 1. seine Hoheit (*Majestät, Exzellenz*) 2. *iron.* (*etwa*): der ehrenwerte ...
hazzetmek [x · ·] *m.Abl.* Gefallen finden (*an*).
he! *Int.* ausgezeichnet!, prima!; ~ *demek* (*bşe*) *et.* loben.
heba [ā] 1. (*urspr.*) ganz feiner Staub 2. Verschwendung *f*, nutzloses Opfer 3. nutzlos, vergebens.
hebenneka Dummkopf *m*.
heccav [ā] *z. va.* Satiriker *m*.
hece *gr.* Silbe *f*; ~ *vezni* silbenzählendes nationaltürk. Versmaß.
hecelemek 1. die Silben zählen *od.* nennen 2. Silbe für Silbe lesen 3. buchstabieren.
hecin [ī] (*devesi*) *zo.* Dromedar *n*.
hecinsüvar [ī, ā] Kamelreiter *m*.
hecme *med.* Anfall *m*.
hedef 1. Zielscheibe *f* 2. Ziel *n* 3. *fig.* Ziel *n*, Zweck *m*, Absicht *f*; ~ *camı* Okular *n*; ~ *merkezi* Schwarze(s) *n* (*auf der Zielscheibe*); ~ *tutmak m. Akk.* gerichtet sein (*gegen*); abzie-

len (*auf*); gemünzt sein (*auf*); -e *isabet etm.* 1. das Ziel treffen 2. *fig.* sein Ziel erreichen.

heder 1. (*urspr.*) *berechtigte* Tötung 2. nutzloses Opfer; Verschwendung *f*.

hediye 1. Geschenk *n*, Gabe *f* 2. Geschenk- 3. Preis *m* (*e-s Korans od. ähnlichen Werkes*); ~ *etm.* schenken.

hekim [i] Arzt *m*; ~ *binbaşı mil.* Oberstabsarzt *m*; ~ *muayenesi* ärztliche Untersuchung; ~ *yüzbaşı mil.* Stabsarzt *m*.

hekimlik [· - ·] 1. Arztpraxis *f* 2. medizinische Wissenschaft, Medizin *f* 3. ärztliche Kunst 4. ärztlich; ~ *satan* Quacksalber, Scharlatan *m*.

helâ Abort *m*.

helâk, *-ki* 1. Untergang *m*, Sterben *n* 2. Töten *n* 3. völlige Erschöpfung; ~ *etm.* 1. zugrunde richten, verderben, töten 2. *fig.* ganz erschöpfen; stark mitnehmen.

helâl, *-li* 1. erlaubt (*im Islam*) 2. legitim, rechtmäßig 3. ehrlich erworbenes Gut 4. rechtmäßiger Gatte, rechtmäßige Gattin; ~ *etm. et.* schenken, gewähren, nicht wegnehmen *od. den Besitz von et.* als rechtmäßig anerkennen; ~ *olsun!* (*Formel, mit der man auf eigene Ansprüche verzichtet, et. gewährt od. verzeiht*) *etwa*: es ist in Ordnung!; ~ *süt emmiş* 1. aus guter Familie 2. vertrauenswürdig; *-i hoş olsun!* 1. diese Gefälligkeit habe ich gerne erwiesen! 2. dieses Opfer reut mich nicht!; *-inden* gerne gewährt; bereitwillig gespendet.

helâllaşmak 1. sich gegenseitig verzeihen (*beim Abschied, spez. vor j-s Tod od. Abreise*) 2. die Legitimität *des Neuerwerbs beiderseitig* bestätigen (*bei Abschluß e-s Geschäftes*).

helâllı = *helâl* (4).

helâllık *fr.* rechtmäßig angetraute Gattin.

helâllılık 1. Rechtmäßigkeit, Legitimität *f* 2. *die Erklärung, womit man getanes Unrecht verzeiht und eigenes Unrecht bereut*; ~ *dilemek* 1. um Verzeihung bitten 2. bitten, daß *e-m et.* geschenkt (nicht weggenommen, als rechtmäßiges Gut anerkannt) wird.

hele [x ·] 1. besonders; gerade; erst recht 2. wenigstens 3. schließlich doch noch 4. (*m. Imperativ*) nur; nur erst einmal; wenn; ~ *bak!* nun schau sich einer das an!; ~ *bir yoklıyayım!* ich will ihm doch einmal auf den Zahn fühlen!; ~ ~ nun rede schon!

helezon 1. *va. zo.* Schnecke *f* (*mit Haus*) 2. Schneckenhaus *n* 3. Schnecken-, Schrauben·linie; Spirale *f* 4. knöcherne Schnecke (*im Ohr*).

helezoni [i] schrauben-, spiral·förmig; ~ *merdiven* Wendeltreppe *f*; ~ *yay* Spiralfeder *f*.

helikopter Hubschrauber *m*.

helis *math.* Spirale, Schraubenlinie *f*.

helke Kupferkanne *f* (*mit Henkeln*).

helme 1. Brei *m*, Grütze *f*, Mus *n* 2. männlicher Same, Sperma *n*; ~ *dökmek* breiige Konsistenz annehmen.

helmelenmek = *helme dökmek*.

helva türkischer Honig; Helwa *f*; ~ *sohbeti* (*od. cemiyeti*) *fr.* gemütliches familiäres Beisammensein, *bei dem Helwa gereicht wurde*; ~ *demesini de biliriz, halva demesini de fig.* wir können so sein, aber auch ganz anders.

helvacı Hersteller *od.* Verkäufer *m* von türk. Honig; ~ *kabağı bot.* Speisekürbis *m*; ~ *kâğıdı fig.* Fetzen *m* Papier.

helvahane [· · - ·] *für die Herstellung von türk. Honig verwendetes Kesselgefäß*.

helyograf Lichtpause *f*; ~ *usulü* Lichtpausverfahren *n*.

helyosta [· x ·] Heliostat, Leuchtspiegel *m*.

hem 1. und, außerdem, schon, aber, jedoch, sowieso 2. und zwar; ja sogar 3. ~...; ~ *od.* ~... (*ve*) ~ *de* sowohl... als auch 4. *Px. zur Bez. e-r Gemeinsamkeit, Gleichartigkeit od. Ähnlichkeit*; ~ *nalına hem mıhına vurmak fig.* 1. einmal so und dann wieder anders sein 2. ohne Ansehen der Person vorgehen 3. ausweichend *od.* sarkastisch reden 4. blindlings um sich schlagen.

hemahenk [ā] harmonisch, koordiniert.

hemdert, *-di* Leidens·genosse *m*, -genossin *f*.

hemen [x ·] 1. sofort 2. ungefähr, etwa 3. (*Verst. e-s Wunsches*) doch,

nur 4. ununterbrochen 5. beinahe; ~ ~ 1. bald, gleich 2. beinahe, fast.
hemencecik [· x · ·] P sofort, blitzschnell.
hemencek [x · ·] P = *hemencecik*.
hemfiil *jur.* Mittäter *m*.
hemfikir gleich·gesinnt, -denkend.
hemhal, *-li* [ā] Leidens·genosse *m*, -genossin *f*.
hemhudut, *-du* 1. angrenzend 2. Anrainer *m*.
hemoraji *med.* Blut·erguß, -fluß *m*.
hemoroit, *-di* Hämorrhoiden *pl*.
hempa 1. Spießgeselle, Kumpan, Genosse *m* 2. V Freund, Liebhaber *m* (*e-r Frau*).
hemşeri 1. Landsmann, Mitbürger *m* 2. *volkstümliche bäuerische Anrede*.
hemşerilik 1. Landsmannschaft *f* 2. Bürgerrecht *n*; ~ *gayreti* landsmannschaftliche Hilfsbereitschaft.
hemşire [ī] 1. Schwester *f* 2. ältere Schwester 3. (*geprüfte*) Krankenschwester.
hemzaman [· · -] 1. synchron 2. isochron 3. zeitgenössisch, Zeitgenosse *m*, -genossin *f* 4. simultan.
hemze 1. *die graphische Fixierung des festen Vokaleinsatzes in der ar. Schrift* 2. (*stimmloser*) Stimmlippenverschlußlaut.
hendbol Handballspiel *n*.
hendek Graben *m*; *-ler kazmak* Gräben auswerfen.
hendese Geometrie *f*; *hendesei resmiye* darstellende Geometrie.
hendeseli 1. *va.* geometrisch richtig 2. *fig.* gut proportioniert 3. *fig.* maßvoll.
hendikap, *-pı* Ausgleichsrennen *n*.
henüz [x ·] 1. gerade eben; eben erst; schon 2. noch; bis jetzt (... nicht).
hep, *-pi* 1. all, ganz, insgesamt, alle zusammen 2. *adv.* immer, stets, in einem fort.
hepatit, *-ti med.* Hepatitis, Leberentzündung *f*.
hepisi P = *hepsi*.
hepsi [x ·] 1. alle zusammen 2. alles; Ganze(s) *n*; ~ *bir* da ist kein Unterschied; *-nden ziyade* besonders, namentlich.
hepten vollständig, vollkommen, ganz und gar.
hepyek (*Wü.*) Einer-Pasch *m*.
her 1. jeder 2. jedesmal wenn; sooft...; ~ *biri* ein jeder von ihnen; ~ *gün* täglich; ~ *günkü* alltäglich; ~ *günlük* 1. Hauskleid *n* 2. Werktagsanzug *m*; ~ *halde* jedenfalls, sicherlich, wahrscheinlich, doch, wohl; ~ *hangi bir* irgendein-; ~ *kim olursa olsun* wer es auch immer sein mag; ~ *nasılsa* wie dem auch immer sei; ~ *ne* was auch immer; ~ *ne ise* (*einlenkend und abschließend*) nun gut!, lassen wir das jetzt!; ~ *ne kadar... ise de* so sehr (*od.* viel) auch...; obwohl; zwar; ~ *ne pahasına olursa olsun* um jeden Preis; ~ *ne vakit* (*od. zaman*) wann auch immer; ~ *nedense* was auch immer der Grund sein mag; ~ *söyledikçe* jedesmal, wenn er sagt(e); ~ *şey* alles; ~ *tarafta* (*od. yerde*) überall; ~ *vakit* (*od. zaman*) immer; ~ *yiğidin kârı değil* das bringt (auch) nicht jeder fertig.
hercai [· - -] 1. *urspr.* überall zu finden 2. *va.* Landstreicher *m* 3. unbeständig, wankelmütig 4. (*menekşe*) *bot.* Stiefmütterchen *n*.
hercümercetmek [· · x · ·] e-n völligen Wirrwarr anrichten.
hercümerç, *-ci* vollkommenes Durcheinander.
herek, *-ki* 1. Stock *m*, Stange *f*, Pfahl *m* (*als Stütze*), *spez.* Wein-, Rebenpfahl *m* 2. *Name e-r kleineren Art Fettschwanzschaf*; *-e almak* anpfahlen.
hereklemek = *hereke almak*.
hergele 1. nicht-dressiertes *od.* nicht-abgerichtetes Tier *od.* Herde *f* solcher Tiere 2. *fig.* roher Patron 3. *fig.* Kerl, Spitzbube, Gauner, Schurke *m*.
herif Kerl *m*, F einer 2. F Mensch, Bursche *m*; er.
herifçioğlu, *-nu* V Bursche *m*, blöder Kerl.
herkes [x ·] jeder.
hermin Hermelin·pelz *m*, -fell *n*.
herrü V *in der Füg.*: *ya herrü ya merrü!* soll es gehen, wie es will!, Sieg oder Tod!
Hersek *n.pr.* Herzegowina *f*.
herze dummes Gerede.
herzegû Schwätzer(in *f*) *m*.
herzevekil wer zu allem seinen Senf geben muß; Schwätzer *m*.
hesabetmek [ā] [· x · ·] 1. (be-) rechnen; aus-, zusammen-, durchrechnen 2. *fig.* erwägen, überlegen 3. *fig. sich et.* vorstellen *od.* ausma-

len; planen 4. kalkulieren; ~ *kitabetmek* hin und her überlegen.

hesabi [· - -] 1. rechnerisch, Rechen- 2. guter Rechner, *spez.* sparsamer Hausvater.

hesap, *-bı urspr.* [ā] 1. (*Be-*, *Aus-*, *Zusammen-*, *Durch-*)Rechnen *n* 2. (*Be-*, *Ab-*)Rechnung *f* 3. Arithmetik *f* 4. Konto *n* 5. Plan *m* 6. Mutmaßung, Schätzung, Meinung, Ansicht *f* 7. Verhalten *n*, Einstellung, Auffassung *f* 8. Vorteil, Nutzen *m* 9. Kalkulation *f* 10. Rechenschaft *f* 11. Umsicht *f*; ~ *bakıyesi* Saldo *m*; ~ *cetveli* 1. Multiplikationstafel *f* 2. Rechenschieber *m*; ~ *cüzdanı* Kontogegenbuch *n*; ~ *çıkarmak* den Saldo ziehen; ~ *görmek* gegenseitig abrechnen; ~ *hulâsası* Kontoauszug *m*; ~ *kitap* F nach genauer Berechnung *od.* Überlegung; schließlich; ~ *memuru* 1. Rechnungsbeamte(r) *m* 2. *spez. mil.* Zahlmeister *m*; ~ *tutmak* 1. Rechnung führen 2. stimmen (Rechnung); ~ *vermek* Rechenschaft ablegen; (**hesaba**): ~ *almak* in Rechnung stellen, berücksichtigen; ~ *çekmek* Rechenschaft fordern (*von*); belangen; ~ *geçirmek* buchen; ~ *katmak* in Rechnung stellen; in Erwägung ziehen; ~ *kitaba uygun j-s* Mitteln entsprechend; ~ *gelmez* 1. unzählig 2. unerwartet, plötzlich; (**hesabı**): ~ *kitabı yok fig.* unbeaufsichtigt; in vollem Durcheinander; ~ *kuvvetli* guter Rechner; *-na gelmek* (*b-nin*) *e-m* gerade recht sein; *-nı bilmek fig.* sparsam wirtschaften; *-nı görmek* 1. seine Rechnung begleichen 2. beseitigen; *hesapla hareket etm.* umsichtig handeln; *hesaptan düşmek* (*m. Akk.*) nicht rechnen (*dürfen*) (*mit*).

hesapça [· x ·] der Rechnung nach; schätzungsweise, eigentlich.

hesapçı guter Rechner, *spez.* guter Wirtschafter.

hesaplamak = *hesabetmek*; ~ *kitaplamak* = *hesabetmek, kitabetmek*.

hesaplaşmak 1. gegenseitig abrechnen 2. *m. j-m* abrechnen.

hesaplı 1. berechnet, erwartet, einkalkuliert 2. *auf et.* berechnet *od.* abgestellt 3. berechenbar, einkalkulierbar 4. *selt.* Präzisions- 5. genau *od.* kühl berechnend; umsichtig 6. genau überlegt; systematisch geplant.

hesapsız 1. ohne Rechnungsführung 2. unzählig, unübersehbar 3. unüberlegt, riskant (*z.B. Handlung*) 4. unüberlegt handelnd.

hetepete stotternd, stammelnd; ~ *söylemek* stottern, stammeln.

hethüt *Lm. e-s lauten und drohenden Sprechens*; ~ *etm.* anschnauzen, einschüchtern.

hevenk, *-gi* Frucht·girlande *f*, -gehänge *n*.

heves Lust, Neigung *f*, Wunsch *m*, Interesse *n*; ~ *etm.* (*bşe*) reges Interesse *an et.* haben *od.* gewinnen.

heveslenmek 1. Lust *und Liebe zu et.* gewinnen 2. Mut bekommen (*et. zu tun*).

hevesli 1. wer Lust und Liebe *zu et.* hat 2. Interessent, Bewerber *m* 3. = *amatör*.

hevessiz desinteressiert.

hevil, *-vli* Angst, Furcht *f*.

hey! *Int.* 1. he!, holla!, heda! 2. ei!, ach!, oh!

heyamola [· · x ·], *spez. naut.* Hau ruck!; ~ *ile* mit gemeinsamer Anstrengung.

heybe große Doppeltasche; Eselstasche *f*.

heybet, *-ti* würdevolles Aussehen.

heybetli würdevoll, imposant.

heyecan [ā] 1. Erregung, Aufregung *f* 2. Begeisterung *f*.

heyecanlanmak [· · - · ·] 1. in Erregung geraten 2. sich begeistern 3. lebhaft(er) werden; erregte(re) Formen annehmen (*z.B. Fb.*).

heyecanlı 1. erregt, aufgeregt 2. begeistert 3. sensibel *od.* impulsiv veranlagt 4. erregend, spannend 5. begeisternd 6. in Erregung *od.* Begeisterung gesagt *od.* getan.

heyelân Berg-, Erd·rutsch *m*.

heyet, *-ti* 1. Kommission *f* 2. Ausschuß *m*, Gremium *n* 3. Mission, Delegation, Abordnung *f*, Komitee *n* 4. Gefolge *n*, Stab *m* 5. Korps *n*. Gruppe, Expedition *f* 6. *z. va.* Form, Gestalt *f* 7. (*ilmi*) Astronomie *f* 8. System *n*; *-iyle* ganz, vollständig; *heyeti mecmuasiyle* in seiner Gesamtheit; *heyeti seferiye* 1. *mil.* Expeditionskorps *n* 2. Expedition(s·gruppe) *f*; *heyeti umumiye* 1. Generalversammlung *f* 2. Ganze(s), Gesamtbild *n*; *heyeti umumi-*

yesiyle alles in allem; als Ganzes betrachtet; *heyeti vekile z. va.* Ministerrat *m*, Kabinett *n*.
heyetşinas [ā] *z. va.* Astronom *m*.
heyhat, *-tı Int.* ah!, ach!, schade!, leider!
heyhey 1. ausgelassene Stimmung, Lärm *m*, Kreischen, Stimmengewirr *n* 2. lustiges Leben 3. Nervenzusammenbruch *m*; *-ler geçirmek od. -leri tutmak* furchtbar zu toben anfangen; *-leri üstünde* in schrecklicher Erregung.
heykel 1. Statue *f*, Standbild *n*, Skulptur, Plastik *f* 2. Koloss *m*.
heykeltıraş Bildhauer *m*.
heyulâ [· - -] 1. Hyle, Urmaterie *f*, Urstoff *m* 2. Chaos *n* 3. Monstrum *n* 4. Alpdruck *m*, drohendes Schreckbild.
hezar [ā] 1. *va.* tausend 2. *e-e best. Spielart beim Tricktrack* 3. *s. hazar* 4. *va. zo.* Nachtigall *f*.
hezaren [ā] *bot.* 1. Bambus *m* 2. Rittersporn *m*.
hezarfen, *-nni* [ā] Tausend·künstler, -sassa *m*.
hezel Parodie, Burleske *f*.
hezeyan [ā] 1. Delirium *n* 2. Unsinn *m*, dummes Zeug; *~ etm.* 1. irre reden, phantasieren 2. faseln.
hezimet, *-ti* [i] Niederlage *f* (*e-s Heeres*).
hıçkırık 1. Schluckauf *m* 2. Schluchzer *m*; *~ tutmak* den Schluckauf haben; *-la ağlamak* schluchzend weinen.
hıçkırmak 1. den Schluckauf haben 2. schluchzen.
hıdrellez 1. Sommeranfang *m* (*6. Mai*) 2. Frühlingsfest *n* (*6. Mai*) 3. warme Jahreszeit (*6. Mai - 9. November*).
hıfız, *-fzı* 1. (*Auf*)Bewahren *n* 2. (*Be-*)Schützen *n* 3. Auswendiglernen *n*.
hıfzetmek [x · ·] 1. (auf)bewahren 2. (be)schützen 3. auswendiglernen.
hıfzıssıhha Hygiene, Gesundheitslehre *f*.
hıh *s. hık*.
hık Schluckauf, Gluckser *m*; *~ demiş anasının burnundan düşmüş* F er ist seiner Mutter wie aus dem Gesicht geschnitten.
hıkmık F Herumdrucksen *n*; *~ demek* (*od. etm.*) F 1. nicht recht mit der Sprache herauswollen 2. keine ordentliche Antwort finden können.
hılt, *-tı biol.* Körperflüssigkeit *f*.
hım 1. *s. hık* 2. Nasenschleim *m*; *~ ~ konuşmak* durch die Nase sprechen; näseln.
hımbıl 1. dumm und ungeschickt 2. träge.
hımhım Näseln *n*.
hımış *techn.* Pisee, Stampfbau *m*; *~ duvar* Piseewand *f*.
hımkırmak (*Frauensprache*) sich schneuzen.
hıncahınç [x · ·] gestopft, gesteckt (*voll*).
hınç, *-cı* 1. Wut *f*, Zorn *m* 2. Rachsucht, Rache *f*; *-ını almak* sich rächen; *-ını çıkarmak* 1. seiner Wut freien Lauf lassen 2. (*b-den*) *es j-m* heimzahlen 3. (*bşin*) Rache nehmen (*für*).
hındım V ausgelassenes Vergnügen; Orgie *f*.
hındımlamak V 1. *auf j-n* losstürzen 2. zudringlich, lästig sein.
hınk 1. *s. hık* 2. *spez. Lm. e-s gepreßten Stöhnens bei schwerer Arbeit* (*z.B. bei dem früheren Kaffeestampfen*).
hınt V dumm, blöd, stupid.
hınzır 1. *va. zo.* Schwein *n* 2. (*als Fluch*) widerlich, verdammt, Sau-.
hınzırlık 1. üble Charaktereigenschaften *pl.* 2. widerliche Angewohnheiten *pl*.
hır[1] V Zank, Streit *m*; *~ çıkarmak* V Streit anfangen.
hır[2] **hır** röchelnd, knurrend, schnarchend.
hırbo [x ·] V 1. grobschlächtiger Kerl, Tolpatsch *m* 2. beschränkt, einfältig.
hırçın 1. leicht erregbar; cholerisch 2. tosend (*Fluß*).
hırdavat, *-tı* 1. Eisenwaren *pl.* 2. Zeug *n*, Krimskrams *m*.
hırgür, hırhır V Zank, Streit *m*.
hırıldamak 1. röcheln, rasseln 2. knurren 3. *s. horuldamak*.
hırır gırır F Zank, Streit *m*.
hırızma [· x ·] Nasenring *m*.
Hıristiyan Christ(in *f*) *m*; christlich.
Hıristiyanlık 1. Christentum *n* 2. Christenheit *f*.
hırka 1. *va.* Derwischwams *n* 2. wattierte Hausjacke 3. Strickjacke *f*, Hauskleid *n*.

hırlanmak knurren, brummen, murren (*Person*).
hırpalamak 1. nicht ordentlich behandeln; beschädigen; kaputtmachen, übel mitspielen 2. *fig.* (*seelisch*) quälen, peinigen, foltern.
hırpani [· - -] 1. abgerissen gekleidet 2. zerlumpt (*Kleidung*).
hırs 1. Gier, Begierde, Sucht *f* 2. Habsucht *f* 3. großer Ärger, Zorn *m*, Wut *f*; *-ını çıkarmak* (*b-den*) sein Mütchen kühlen; *hırsı cah va.* Ehrgeiz *m*, Strebertum *n*.
hırsız 1. Dieb(in *f*) *m* 2. Einbrecher(in *f*) *m*; ~ *feneri* Blendlaterne *f*; ~*yatağı* 1. Diebeshöhle *f* 2. Hehler *m*; *-a yol göstermek fig.* dem Dieb geradezu den Weg zeigen, *d.h.* denkbar unvorsichtig sein.
hırsızlama *adv.* nach Diebesart.
hırsızlık 1. Diebstahl *m* 2. Einbruch *m* 3. Schwindel *m od.* Unterschlagung *f*.
hırslanmak 1. in Wut geraten 2. neidisch werden 3. ehrgeizig werden.
hırslı 1. (be)gierig 2. wütend 3. neidisch, ehrgeizig.
hırt[1], *-tı* V plump, unbeholfen, beschränkt (*aber von sich eingenommen*).
hırt[2], *-tı Int.* ratsch!
hırtapoz V beschränkt, einfältig, dumm.
hırtıpırtı Trödel, Plunder *m*, alter Kram.
hırtlamak mühsam zuwegebringen.
hırtlamba 1. malariakrankes Kind 2. unschön aufgedunsen 3. in lauter Lumpen gekleidet; ~ *gibi giyinmek* wie ein Zigeuner herumlaufen; *-sı çıkmış* 1. in Fetzen und Lumpen gekleidet 2. körperlich ganz heruntergekommen.
hırttadan! ritsch!, ratsch!
Hırvat, *-tı* Kroate *m*, Kroatin *f*; kroatisch.
Hırvatistan *n.pr.* Kroatien *n*.
hıssa *s. hisse*.
hış hış 1. rauschend, knisternd, raschelnd 2. keuchend.
hışıldamak 1. rauschen, knistern (*z.B. Seidenkleider*), rascheln (*z.B. Papier*) 2. keuchen.
hışım, *-şmı* 1. Zorn *m*, Wut *f* 2. Hochnäsigkeit, Arroganz *f*.
hışır[1] 1. Schale *f* (*von Zucker- od. Wassermelonen*) 2. unreife Zucker-, Wasser·melone *od.* Gurke 3. *fig.* plump, ungeschliffen 4. Dummkopf, Einfaltspinsel *m*; ~ *aleyhisselâm* F von gottbegnadeter Dummheit.
hışır[2] **hışır** *s. hış hış*.
hışt, *-tı* (*Scheuchruf*) Scht!
hıyanet, *-ti* [ā] 1. Verrat *m*, Falschheit *f*, krasse Undankbarkeit 2. verräterisch, falsch, treulos, undankbar.
hıyar[1] 1. *bot.* Gurke *f* 2. V plump, ungeschliffen 3. V beschränkt, dumm.
hıyar[2] [ā] Freiheit *f* der Wahl, Optierenkönnen *n*, Option *f*.
hıyarcık *med.* Drüsengeschwulst *f*, Bubo *m*.
hız 1. Schnelligkeit, Geschwindigkeit *f* 2. Anlauf, Schwung *m*; ~ *almak* 1. e-n Anlauf nehmen 2. Schwung holen 3. sein Tempo beschleunigen; F allmählich in Fahrt kommen; ~ *çarhı* Schwungrad *n*; ~ *vermek* (*bse*) et. mehr Dampf *hinter et.* setzen (F); *-ını almak* 1. sein Tempo verlangsamen 2. sich beruhigen, sich legen (*z.B. Sturm*); *-ını alamamak* 1. *der eigenen Heftigkeit od. der e-s anderen* nicht Einhalt gebieten können 2. *e-r Sache* ihren Lauf lassen müssen.
Hızır (*isl. Myth.*) *Name e-s helfenden, rettenden Heiligen*; ~ *gibi* (*yetişmek*) wie ein rettender Engel (*erscheinen*).
hızlanmak 1. sich beschleunigen; an Schnelligkeit zunehmen 2. allmählich in Schuß kommen (F).
hızlı 1. rasch, schnell, geschwind, eilig 2. kräftig, wuchtig, heftig (*z.B. schlagen*) 3. laut, vernehmlich (*z.B. sprechen*); ~ *giden tez yorulur* (*Spr.*) Eile mit Weile!; ~ *konuşmayınız, rica ederim!* bitte, etwas leiser!
hızlıbot, *-tu* Schnell-, Sturm·boot *n*.
hibe 1. Geschenk *n*, Spende *f* 2. *jur.* Schenkung *f*; ~ *etm.* schenken, spenden.
hibre *va.* Wissen *n*, Kenntnis *f*.
hicabetmek [ā] [· x · ·] sich schämen, sich genieren.
hicap[1], *-bı* [ā] 1. et. Trennendes, *z.B.* Scheidewand *f*, Vorhang, Schleier *m* 2. *an.* Zwerchfell *n*.
hicap[2], *-bı* [ā] 1. Verschleiern, Verbergen, Schützen *n* 2. Scham, Verlegenheit *f*.

hicaplı [ā] 1. verschleiert 2. schamhaft, verschämt, verlegen.
Hicaz [ā] *n.pr.* Hedschas *m.*
hiciv, *-cvi* Satire *f,* Schmähgedicht *n.*
hicret, *-ti* 1. Aus- *bzw.* Ein·wanderung *f* 2. *pr.* Hedschra *f* (*622 n. Chr.*).
hicrî nach der Hedschra.
hicvetmek [x · ·] verspotten, geißeln, Spottverse dichten (*auf*).
hicvî satirisch; Schmäh-, Spott-.
hiç, *-çi* 1. (*Verst. e-r Negation*) absolut, überhaupt, gar 2. (*in Fragesätzen*) je, jemals einer, etwas, überhaupt 3. (*in Antworten*) überhaupt nicht; niemals; gar nichts 4. Nichts *n* 5. *math.* null; *~ değilse* mindestens; *~ kimse* niemand, keiner; *~ olmazsa* wenigstens; *~ öyle şey olur mu?* ist so etwas denn möglich?; *~ yoktan iyi* besser als nichts; *~ yoktan kavga çıkarmak* e-n Streit vom Zaune brechen; *-e saymak* überhaupt nicht rechnen.
hiçbir kein; *~ şey* nichts; *~ şey olmamış gibi* als ob nichts geschehen wäre; *~ tarafta* nirgends; *~ vakit* (*od. zaman*) niemals; *~ yerde* nirgendwo; *~ yere* nirgendwohin; *-imiz* keiner von uns.
hiçistan [- · -] *hum.* 1. Utopien (*n*) 2. Land *n,* in dem es nichts gibt.
hiçten 1. minderwertig 2. ad hoc zurechtgeschustert 3. grund-, zweck-, sinn·los 4. ohne e-n Pfennig Geld auszugeben.
hidayet, *-ti* [ā] 1. göttliche Fügung 2. richtiger Weg 3. islamischer Glaube 4. ♀ *mV. od. wV.*; *~ bulmak* zum wahren Glauben kommen; *-e gelmek* den Islam annehmen.
hiddet, *-ti* (*Jäh-*)Zorn *m,* Wut *f*; *~ etm.* wütend werden; *-le kalkan ziyanla oturur* (*Spr.*) in der Wut tut niemand gut.
hiddetlenmek in Wut geraten.
hiddetli (jäh)zornig, ärgerlich, böse, gereizt 2. hitzig; Heißsporn *m.*
hidemat, *-tı* [ā] (*va. pl. zu hizmet*); *hidematı şakka* Zwangsarbeit *f,* Zuchthaus *n*; *hidematı âmmeden memnuiyet jur.* Unfähigkeit *f* zur Bekleidung öffentlicher Ämter.
hidroelektrik Wasserkraft *f*; *~ santralı* Wasserkraftwerk *n.*
hidrofil 1. im Wasser lebend *od.* gedeihend 2. saugfähig; *~ pamuk* Verbands·stoff *m,* -watte *f.*
hidrojen *chem.* Wasserstoff *m*; *~ bombası* H-Bombe *f*; *~ gazı* Wasserstoffgas *n.*
hidroklorik asit *chem.* Salzsäure *f.*
hidropizi *med.* Hydropsie, Wassersucht *f.*
hiffet, *-ti nur in folg. Füg.*: *~ getirmek od. aklına ~ gelmek* den Verstand verlieren; *~ göstermek* sich leichtsinnig benehmen.
hijiyen Hygiene, Gesundheitslehre *f.*
hijiyenik hygienisch (*einwandfrei*).
hikâye 1. Erzählung, Geschichte *f* 2. Novelle *f* 3. (*a. hikâyei hal*) *gr.* Imperfekt *n*; *~ bileşik zamanı gr.* zusammengesetzte Form der Vergangenheit; *~ etm.* erzählen, berichten; *hikâyei istikbal gr.* Futurum exactum *n.*
hikâyeci 1. Geschichtenerzähler(in *f*) *m* 2. Novellenschriftsteller(in *f*) *m.*
hikem *va. pl. zu hikmet.*
hikemî 1. weise, philosophisch 2. *va.* physikalisch.
hikmet, *-ti* 1. Weisheit *f* 2. *selt.* Philosophie *f* 3. eigentlicher, verborgener Sinn *od.* Zweck 4. *va.* Physik *f* 5. *Int.* eigenartig!, wie wunderbar! 6. Sinnspruch *m,* Sentenz *f* 7. ♀ *mV. od. wV.*; *hikmeti Huda* Gottes unerforschlicher Ratschluß; *hikmeti vücut* Daseinsberechtigung *f.*
hilâf 1. Gegenteil *n,* Widerspruch *m* 2. P Lüge *f*; *~ olmasın!* P 1. Ich will nicht lügen 2. wenn ich mich nicht etwa irre!; *~ söylemek* P lügen; *-ına* gegen, entgegen.
hilâfet, *-ti* Kalifat *n.*
hilâl¹, *-li* 1. Halbmond *m* 2. gewölbte Augenbraue 3. Möndchen *n* (*am Fingernagel*).
hilâl², *-li* 1. Zahnstocher *m* 2. Ohrlöffel *m* 3. Zwischenraum, Abstand *m* 4. Zwischenzeit *f* 5. *med.* Interstitium *n* 6. *fr.* Lesestäbchen *n* (*der Kinder*).
hilâlî¹ 1. halbmondförmig 2. *fr. mit Seide untermischter Hemdenstoff.*
hilâlî² *med.* interstitiell.
hile [i] 1. List *f,* Betrug, Kniff, Trick *m* 2. Lebensmittelfälschung *f* 3. arglistige Täuschung, rechtswidrige Absicht; *hilei şer'iye* 1. Gesetzesumgehung *f* 2. Kniff, Trick *m,* Ausflucht *f.*

hileci [- · ·] 1. e-n Trick *od.* Kniff anwendend 2. verfälschend 3. Betrüger(in *f*) *m.*
hileli [- · ·] 1. listig, hinterhältig 2. betrügerisch 3. verfälscht (*Ware*); ~ *iflâs jur.* betrügerischer Bankrott; ~ *oyun* 1. listiges Spiel 2. *fig.* hinterhältiges Benehmen; ~ *süt* gepanschte Milch.
hilkat, *-tı* 1. Schöpfung *f* 2. Naturanlage *f*; ~ *garibesi* 1. Naturwunder *n* 2. *pej.* Monstrum *n.*
hilkaten [x · ·] *adv.* von Natur aus.
hilkî natürlich, angeboren.
hilkiyet, *-ti* natürliche Veranlagung.
himaye [ā] 1. Schutz *m*, Obhut, Fürsorge *f* 2. Protektion *f*, Protektorat *n* 3. *jur.* Protektorat *n*; ~ *altında devlet jur.* Protektoratsstaat *m*, Protektorat *n*; ~ *etm.* 1. (be-)schützen 2. begünstigen, protegieren; ~ *idaresi* 1. Protektoratsregierung *f* 2. Protektorat *n.*
himayecilik [ā] *jur.* Protektionismus *m.*
himayeli [ā] *mil.* mit Geleitschutz.
himayesiz [ā] 1. schutzlos 2. ohne Protektion.
himmet, *-ti* 1. Gunst, Freundlichkeit *f*; wohlwollende Unterstützung, gütige Hilfe; Schutz *m* 2. Anstrengung, Mühe *f*; ~ *etm.* 1. sich *j-s* annehmen 2. sich bemühen; *-iniz var olsun!* Aufrichtigen Dank für Ihre Bemühungen!; *-inizle* dank Ihrer freundlichen Hilfe.
hindi *zo.* Truthahn *m*, Pute(r *m*) *f*; ~ *dolması* gefüllte Pute; ~ *kebabı* Putenbraten *m*, gebratener Truthahn.
hindiba [ā] *bot.* 1. Löwenzahn *m* 2. Endivie *f* 3. Wegwarte *f.*
Hindiçinî *n.pr. fr.* Indochina *n.*
Hindistan [ā] *n.pr.* Indien *n*; ~ *cevizi* 1. Muskatnuß *f* 2. Kokosnuß *f*; ~ *mevsim rüzgârı* Monsun *m.*
hinoğlu, *-nu* [i] *a.* ~ *hin* abgefeimter Bursche.
Hint, *-di* 1. *selt.* Indien *n* 2. indisch; ~ *Okyanusu n.pr.* Indischer Ozean; ~ *rakamları* arabische Zahlen *pl.*; ~ *salçası* Currysauce *f.*
hinterlant, *-dı* Hinterland *n.*
Hintli Inder(in *f*) *m*; indisch.
hintyağı, *-nı* Rizinusöl *n.*
hipermetrop, *-pu* über-, weitsichtig, hypermetropisch.
hipertansyon *med.* Hyper·tonie, -tension *f.*
hipotansiyon *med.* Hypotonie, Hypotension *f.*
hipotek (*Sicherungs-*)Hypothek *f.*
hipotekli 1. hypothekarisch belastet 2. Hypotheken-; ~ *borç senedi* Pfand-, Schuld·brief *m*, Briefhypothek *f.*
his, *-ssi* 1. Gefühl *n*, Empfindung *f* 2. Sinnesempfindung *f* 3. Sinn *m* 4. Merken, Ahnen *n*; *hissi iptal etm.* anästhesieren.
hisar [ā] Burgfestung, Burg, Zitadelle *f.*
hisli 1. einfühlend, verständnisvoll (*z.B. Klavierbegleiter*) 2. gefühlsbegabt, -reich.
hisse 1. Anteil *m* 2. (*senedi*) Aktie *f*, Anteilschein *m* 3. Lehre, Moral *f*; ~ *sahibi* Aktionär, Anteilseigner *m.*
hissedar [ā] = *hisse sahibi.*
hisseişayia [· · · - · ·] *jur.* Anteilrecht *n.*
hissement, *-di* (*bşden*) 1. Anteil bekommend *od.* besitzend (*an*) 2. e-e Lehre ziehend (*aus*).
hissen [x ·] *adv.* rein gefühlsmäßig.
hisset, *-di* Knauserigkeit *f*, Geiz *m.*
hissetmek [x · ·] 1. fühlen, empfinden, wahrnehmen 2. merken, ahnen; *hissedilir* merklich, fühlbar.
hissî 1. Empfindungs- 2. sentimental.
hissiyat, *-tı* [ā] 1. Gefühle, Ahnungen *pl.* 2. Stimmung, seelische Haltung *f* 3. Anteilnahme *f*, Mitgefühl *n.*
hissiyet, *-ti* Gefühl *n.*
histeri Hysterie *f.*
histerik hysterisch.
hiş F *Int.* he!, heda! holla!, du!
hişt, *-ti* 1. *s. hiş* 2. *s. hışt.*
hitabe [ā] Ansprache *f*; ~ *iradetmek* e-e Ansprache halten.
hitaben [ā] *z. va. adv.* sich wendend (*an*), anredend.
hitabet, *-ti* [ā] 1. Rhetorik *f* 2. Predigen *n* 3. Amt *n* e-s Predigers.
hitabetmek [ā] [· x · ·] (*b-ne*) 1. anreden, ansprechen 2. gerichtet sein (*an*); sich wenden (*an*).
hitam [ā] Ende *n*, Schluß *m*; ~ *bulmak* (*od. -a ermek*) enden, ablaufen; ~ *vermek* (*m.Dat.*) beenden, abschließen.
hitap, *-bı* [ā] Ansprache, Anrede *f*; *-ta bulunmak* e-e Ansprache halten.

Hitit, *-ti* = *Hatti.*
hiza [ā] gerade Linie, Ausrichtungslinie, Reihe *f*; *-sına kadar* (*bşin*) bis zu gleicher Höhe (*mit*); *-sını almak* sich ausrichten; *hizaya gel! mil.* richt't euch!
hizip, *-zbi z. va.* 1. Gruppe, Partei *f*, (kleinere) Gemeinschaft *f* 2. Anhänger *pl.* 3. *e-r der 60 Teile des Korans.*
hizipçilik 1. parteipolitische Auseinandersetzung 2. Parteipolitik *f*.
hizipleşmek sich parteipolitisch auseinandersetzen.
hizmet, *-ti* 1. Dienst *m* 2. Dienlichkeit *f* 3. Pflege, Fürsorge *f* 4. Stellung *f*, Amt *n* 5. Verdienst *n*; ~ *akdi jur.* Dienstvertrag *m*; ~ *âmiri mil.* Dienstvorgesetzte(r) *m*; ~ *ceketi mil.* Feldbluse *f*; ~ *erbabı* Beamte und Angestellte *pl.*; ~ *eri mil.* Bursche *m*; ~ *etm.* 1. (*b-ne*) dienen, helfen 2. (*bşe*) beitragen (*zu*); ~ *görmek* Dienste versehen; ~ *kusuru jur.* Amtspflichtverletzung *f*; *-e girmek* in Dienst gestellt werden (*z.B. Schiff*); *-e mahsus* nur für den Dienstgebrauch; *-inde bulunmak* (*b-nin*) in *j-s* Dienst stehen.
hizmetçi Diener *m*, Dienstmädchen *n*; ~ *buhranı* (*od. yokluğu*) Dienstbotenmangel *m*; ~ *kadın* Aufwartefrau; ~ *kız* Dienstmädchen *n*; ~ *tutmak* e-n Diener (ein Dienstmädchen) einstellen.
hizmetli angestellt, beschäftigt.
hobi! Fass!, Pack! (*Hund*).
hoca [x ·] 1. Geistliche(r) *m*, geistlicher Lehrer 2. (*allg.*) Lehrer *m* 3. *Sch. Anrede der Schüler untereinander* 4. *pej.* = *üfürükçü*; ~ *kadın* Gesundbeterin *f*.
hodan *bot.* Borretsch *m*.
hodbehod [x · ·] eigenmächtig, willkürlich, auf eigene Faust.
hodbin [ī] selbstsüchtig, egoistisch.
hodkâm *z.va.* = *hodbin.*
hodperest, *-ti* 1. selbstgefällig, eingebildet, arrogant 2. egozentrisch.
hodpesent, *-di s. hodperest.*
hodrey, hodri [x ·] *in der Füg.*: ~ *meydan!* (*Herausforderung*) nun versuch's doch mal!
hohlamak (an)hauchen.
hohlanmak 1. *Pass. zu hohlamak* 2. beschlagen (*intr.*) (*z.B. Spiegel*).
hohoybe V blöd, idiotisch.
hokeç, *-çi* verschnittener Schafbock.
hokka kleiner Behälter *od.* Napf; ~ *ağızlı* mit hübschem Mündchen.
hokkabaz 1. Taschenspieler, Zauberkünstler *m* 2. Betrüger *m*.
hol, *-lü* 1. Diele *f*, Vorraum *m* (*e-s Hauses*) 2. große Halle, *wie z.B.* Bahnhofs- *od.* Hotel·halle *f*, Schalterraum *m usw.*
Holânda [â kurz] [· x ·] *n.pr.* Holland *n*; die Niederlande *pl.*
Homer, Homiros *n.pr.* Homer *m*.
homur homur brummend, knurrend, maulend.
homurda(n)mak vor sich hinbrummen; knurren, maulen.
homurtu 1. Murren, Knurren, Maulen *n* 2. Brummen *n* (*Bär*) 3. Summen, Singen (*e-s Motors*).
hop, *-pu* 1. hupf!, hops!, wupps!, mit einem Satz 2. los!, spring!; ~ *etm.* aufgeregt zu schlagen beginnen (*Herz*); ~ ~ hoppe, hoppe, Reiter!; ~ *oturup* ~ *kalkmak* dauernd aufspringen und sich wieder hinsetzen; ~ *sıçramak* wie ein Kind herumhüpfen; ~ *yutmak* mit e-m Satz hinunterschlingen.
hoparlör Lautsprecher *m*; *-ü kısmak* den Lautsprecher leiser stellen.
hoplamak 1. in die Höhe springen; hüpfen 2. = *hop etm.*
hoplatmak *Kaus. zu hoplamak*, *spez.* ein Kind auf den Knien reiten lassen.
hoppa leicht·sinnig, -fertig; unbesonnen.
hoppala [x · ·] 1. (*anerkennend*) so ist es recht!, hoppla! 2. oho!, nanu!, da schlag einer lang hin!; ~ *bebek* (*spött. für e-n Erwachsenen, der sich kindisch benimmt, etwa*): hupf, mein Liebling!
hopurdatmak (*vergröbertes höpürdetmek*).
hor[1] 1. minderwertig, schlecht 2. verächtlich, verabscheuenswert; ~ *bakmak* (*od. görmek*) geringschätzen, verachten; ~ *kullanmak* nicht ordentlich behandeln; ~ *tutmak j-n* übel zurichten.
hor[2] **hor** 1. laut schnarchend 2. laut plätschernd; ~ ~ *horlamak* laut schnarchen; ~ ~ *akmak* laut plätschernd dahinfließen.
hora [x ·] *Name e-s Ringtanzes*; ~ *tepmek* 1. die Hora tanzen 2. *fig.* geräuschvoll mit den Füßen stampfen.

horanta [· x ·] P Familienangehörige(n) *pl.*
horata 1. Spaß *m*, Vergnügen, Scherzen *n* 2. lärmende Fröhlichkeit, Ausgelassenheit *f*.
horlamak 1. schlecht behandeln; übel zurichten 2. schnarchen.
horospina [· · x ·] *zo.* Schleimfisch *m*.
horoz 1. *zo.* Hahn *m* 2. Hahn *m* (*am Gewehr*); ~ *akıllı* (*od. kafalı*) dumm, beschränkt; ~*ayağı* Auswerfer *m* (*am Gewehr*); ~ *dövüştürmek* Hahnenkämpfe veranstalten; ~ *işi* minderwertige Ware; Schund, Pofel *m*; ~ *sıklet* (*Boxen*) Bantamgewicht *n*; *-dan kaçmak* männerscheu sein (*Mädchen*); *-la* frühmorgens; *-lar gagalamak fig.* nicht ganz auf dem Posten sein; (*Spr.*) *-u bile yumurtlar Rw.* was er angreift, gelingt ihm.
horozlanmak 1. sich brüsten 2. sich *vor j-m* aufpflanzen.
horozoğlu, *-nu* verrückter Kerl *od.* rechter Tunichtgut.
hort, *-tu* Schnarchen *od.* Grunzen *n*; ~ ~ *etm.* in einem fort schnarchen *od.* grunzen.
hortlak 1. Grabgespenst *n*, ruheloser Geist 2. Alpdruck, Vampir *m*.
hortlamak 1. *selt.* schnarchen *od.* grunzen 2. *fig.* im Grab keine Ruhe finden können.
hortlatmak *Kaus. zu hortlamak*, *spez. et.* Veraltetes wieder hervorholen.
hortum 1. Rüssel *m* (*z.B. e-s Elefanten*) 2. Schlauch *m* 3. Absorptionspipette *f* 4. *meteor.* Trombe *f*; ~ *gibi* riesenlang (*Nase*); ~ *rakoru techn.* Schlauchverschraubung *f*; ~ *sıkmak* den Schlauch bedienen (*Feuerwehr*).
hortuvar Prellbock *m* (*auf e-m Bahngeleis*).
hortzort, *-tu* F grober Ton, Anpfiff *m*; ~ *etm.* (*b-ne*) *j-n* anschnauzen.
horul horul 1. laut schnarchend 2. glucksend (*Wasser*).
horuldamak 1. schnarchen 2. glucksen (*Wasser*).
hoş 1. angenehm, erfreulich, lieblich, hübsch 2. bequem 3. zufrieden, glücklich 4. *iron.* eigenartig, sonderbar 5. aber, indessen 6. ja doch; ja sowieso; ohnedies; ~ *bulduk!* (*formelhafte Erwiderung der Begrüßung hoş geldiniz!*); ~ *geldiniz!* (*formelhafte Begrüßung*) schön, daß Sie kommen!, Willkommen!, ich freue mich, Sie zu sehen!; ~ *gelmek a.* gefallen, angenehm sein; ~ *görmek* 1. ein Auge zudrücken 2. entschuldigen, verzeihen; ~ *tutmak* gut behandeln; *-una gitmek* (*b-nin*) *j-m* gefallen.
hoşaf *etwa*: Kaltschale *f*; *-ın yağı kesilmek* (*b-de*) ganz verblüfft dastehen.
hoşbeş 1. die ersten Begrüßungsworte 2. Unterhaltung, Plauderei *f*.
hoşça [x ·] recht angenehm; ziemlich erfreulich; ~ *kalın!* (*Gruß des Abschiednehmenden*) auf Wiedersehen!, auf Wiederhören!
hoşgörü Toleranz *f*.
hoşhoş *Ki.* Wauwau *m*.
hoşlanmak (*m. Abl.*) Gefallen finden (*an*); lieben, gernhaben, mögen.
hoşlaşmak 1. sich verschönern, sich verbessern 2. *einander* liebgewinnen 3. *iron.* eigenartig *od.* verstört *od.* aufgebracht werden 4. *iron.* sauer werden (*Essen*).
hoşmeşrep, *-bi* immer heiter gestimmt.
hoşnudetmek [ū] [· x · ·] zufriedenstellen, erfreuen.
hoşnut, *-du* [ū] zufriedengestellt, befriedigt, erfreut.
hoşor V schöne, vollschlanke Frau.
hoşsohbet, *-ti* guter Gesellschafter.
hoşt, *-tu s. hışt.*
hoşur 1. schön, anmutig 2. *iron.* schlecht, gewöhnlich, minderwertig.
hotoz 1. ältere, verzierte Kopfbedeckung *für Frauen* 2. Kamm *m*, Haube *f*, Schopf *m* (*e-s Vogels*) 3. Abschlußverzierung *f* (*an Gebäuden od. Möbelstücken*).
hov Falknerei, Falkenjagd *f*.
hovarda 1. vergnügungssüchtig 2. reicher Freund *e-r Kokotte*.
Hoybun (**Cemiyeti**) *n.pr. türkenfeindliche kurdische Unabhängigkeitsbewegung.*
hoyrat, *-tı* 1. unachtsam behandelnd 2. ungeschickt, täppisch; ~ *şakası* 1. derber Scherz 2. grober Unfug.
hödük ungeschliffen; Bauernlümmel *m*.
höpürdetmek schlürfen.
hörgüç, *-cü* 1. rundliche Erhebung, Hügel *m* 2. (*Kamel-*)Höcker *m*.

hublon *bot.* Hopfen *m.*
hububat, *-tı* [· - -] Getreide, Korn *n.*
Huda [ā] Gott; Herrgott *m.*
hud'a (*Trug-*)List *f*, Kniff, Trick *m.*
hudayinabit, *-ti* [ā, ā] 1. von selbst gewachsen 2. gottgeboren (*Dichter*) 3. Selfmademan *m.*
hudut, *-du urspr.* [· -] 1. Grenze, Grenz·linie *f*, -gebiet *n* 2. Abgrenzungslinie *f* (*z.B. e-s Grundstückes*) 3. *fig.* Grenze *f*, Ende *n*; ~ *boyunda* im ganzen Grenzgebiet; ~ *hattı* Grenz-, Demarkations·linie *f*; ~ *işareti* Grenz·stein, -pfeiler, -pfahl *m*; ~ *koymak* (*od. tâyin etm.*) ab-, be-grenzen; *-du aşmak* die Grenze (*a. fig. des Erlaubten*) überschreiten.
hudutsuz schrankenlos, unbeschränkt.
hufre 1. Loch *n*, Grube, Aushöhlung *f* 2. Senkung, Vertiefung *f* (*im Meeresboden*).
hukuk, *-ku urspr.* [· -] 1. Recht *n* (*als Ganzes*), Rechtswesen *n* 2. (*ilmi*) Jurisprudenz, Rechtswissenschaft *f* 3. *spez.* Zivilrecht *n*, bürgerliches Recht 4. = *Hukuk Fakültesi* 5. *z. selt.* Rechte, berechtigte Ansprüche *pl.* 6. nähere Bekanntschaft, freundschaftliche Beziehungen *pl.*; ~ *dâvası* Zivilklage *f*; 2 *Fakültesi* Juristische Fakultät; ~ *kaidesi* Rechtsnorm *f*; ~ *muhakemeleri usulü* Zivilprozeßrecht *n*; ~ *müşaviri* Rechtsberater, Syndikus *m*; *hukuku beşer beyannamesi* Erklärung *f* der Menschenrechte; *hukuku esasiye* 1. verfassungsmäßige Rechte *pl.* 2. Staatsgrundgesetz *n*, Verfassung *f*; *hukuku medeniye* 1. Zivilrecht *n* 2. bürgerliche Rechte und Ehren *pl.*
hukukan [· - ·] [· x ·] *adv.* de iure.
hukukçu Jurist(in *f*) *m*, *spez.* Richter (-in *f*) *m.*
hukuki [· - -] Rechts-, juristisch; ~ *fiil* Rechts·tatsache *f*; ~ *hata* Justizirrtum *m*; ~ *ittisal* rechtlicher Zusammenhang; ~ *muamele ehliyeti* Rechtsgeschäftsfähigkeit *f*; ~ *tefsir* juristische Auslegung.
hulâsa 1. Auszug *m*, kurze Zusammenfassung 2. *chem.* Auszug, Extrakt *m*, Tinktur, Essenz *f* 3. kurz (*und gut*); mit einem Wort; ~ *etm.* resümieren.
hulâsaten [· x · ·] kurz; mit einem Wort.
huliyyat, *-tı* [ā] Schmucksachen *pl.*
hulk, *-ku z. va.* Charaktereigenschaft *f.*
hulkum [· -] Rachen, Pharynx *m.*
hulûl, *-lü* 1. Eintreten, Eindringen *n*, Durchdringung *f* 2. Anbruch, Beginn *m* 3. Osmose *f* 4. Innewohnen *n* 5. Re·inkarnation *f* 6. Fälligwerden *n*; ~ *etm.* 1. eintreten, eindringen, durchdringen 2. geschehen, sich ereignen 3. einsetzen, beginnen 4. Einfluß *od.* Vertrauen gewinnen; ~ *siyaseti* Durchdringungspolitik *f.*
hulûs 1. Aufrichtigkeit, Ehrlichkeit *f* 2. Schmeicheln *n*, Unterwürfigkeit *f*; ~ *çakmak* F katzbuckeln.
hulûskâr 1. *selt.* aufrichtig, ehrlich 2. kriecherisch, schmeichlerisch.
hulya [ā] Einbildung, Vorstellung, Phantasie, Illusion *f*; ~ *kurmak* Luftschlösser bauen; *-ya dalmak* sich in Phantasien ergehen.
hulyalı [ā] 1. Illusionen hervorrufend: schmeichlerisch, lieblich 2. Phantast *m.*
humar [ā] 1. Rausch *m*, Benommenheit *f* 2. Schlaftrunkenheit *f.*
humma 1. Fieber *n* (*a. fig.*) 2. fiebrige Krankheit 3. Typhus *m.*
hummalı 1. fiebernd 2. fiebrig 3. fieberhaft.
humuz, *-mzu* Säure *f*, Oxyd *n.*
Hun Hunne *m*; hunnisch.
hunhar [· -] blut·dürstig, -gierig.
huni Trichter *m*; ~ *tarlası mil.* Trichterfeld *n.*
hunnak, *-kı od. -ğı* [ā] *med.* Angina *f.*
huphup *Lm. des Wiedehopfrufs*; ~ *kuşu zo.* Wiedehopf *m.*
hurada 1. alt und klapprig 2. runzelig 3. fadenscheinig, abgenutzt; *-sı çıkmak* nur mehr Haut und Knochen sein; *-sı çıkmış a.* alt, wacklig (*z.B. Möbel*).
hurafat, *-tı* [ā, ā] *pl.* abergläubische Gebräuche *od.* Erzählungen *pl.*
hurafe [ā] Aberglaube *m.*
hurç, *-cu* große Umhüllung (*für Transport*).
hurda 1. klein, winzig, gering, fein 2. unbrauchbar, kaputt, schrottreif 3. Abfälle, Schnitzel, Späne *pl.* 4. Schrott *m*, Alt·material, -metall *n* 5. *Name e-r kleinen ar. Schriftart* 6. V Haschisch *m*; ~ *demir* Alteisen *n*; ~ *fiatine* nur unter Anrechnung

des Materialwertes; ~ *olm.* kaputtgehen (*z.B. Maschine*).
hurdacı Altwarenhändler *m*.
hurdalanmak 1. in kleine Stücke zerfallen 2. kaputtgehen.
hurde *s. hurda.*
hurdehaş [ā] kurz und klein; in (tausend) Stücke(n); ~ *etm.* zerschlagen, in Stücke zerbrechen.
huri [ū] (*isl. Myth.*) Huri *f*; ~ *gibi güzel* bildschön.
hurma *bot.* 1. Dattel *f* 2. Lotospflaume *f*; ~ *tatlısı türk. Teiggebäck in dattelähnlicher Form.*
hurmadorusu, *-nu* dattelbraun (*Pferd*).
hurt *in der Füg.*: ~ *hurdavat* Trödel, Abfall, Plunder *m*.
hurufat, *-tı* [· - -] (*doppelte Pl.-bild. zu harf*) Lettern, Drucktypen *pl.*; ~ *kasası typ.* Setzkasten *m*; ~ *makinesi typ.* Setzmaschine *f*.
husuf [· -] Mondfinsternis *f*; *husufu cüz'i* (*külli*) partielle (totale) Mondfinsternis.
husufi [· - -] *mil.* einziehbar, versenkbar.
husul, *-lü* [· -] Zustandekommen, Gelingen *n*, Erfüllung *f*; ~ *bulmak* (*od. -e gelmek*) zustandekommen, sich erfüllen: gelingen; *-e getirmek* 1. zustandebringen 2. veranlassen, verursachen.
husumet, *-ti* [· - ·] 1. Gegnerschaft *f* 2. Feindschaft *f* 3. Feindseligkeit *f* 4. *jur.* Prozeßführungsrecht *n*; ~ *göstermek* 1. sich feindselig verhalten 2. sich widersetzen.
husus *urspr.* [· -] Sache, Angelegenheit *f*, Thema *n*, Gegenstand *m*, Beziehung *f*, Belang, Punkt, Umstand *m*; ... *-unda* betreff, hinsichtlich; *bu -ta* in dieser Beziehung, in diesem Punkt.
hususi [· - -] 1. besonder-, Sonder-, Extra-, reserviert, speziell 2. privat, persönlich, eigen; ~ *af jur.* Begnadigung *f*; ~ *ders* Privat·stunde *f*, -unterricht *m*; ~ *hukuk jur.* Privatrecht *n*; ~ *mahkeme* Sondergericht *n*; ~ *muamele* Sonderbehandlung *f*; ~ *nüsha* Extrablatt *n*; ~ *okul* Privatschule *f*; ~ *vazife* Spezialaufgabe *f*.
hususilik [· - - ·], **hususiyet,** *-ti* [· - · ·] 1. Eigentümlichkeit *f*; eigene Note, charakteristisches Merkmal 2. nahes Verhältnis, enge Freundschaft.
hususiyle [· - - ·] [· - x ·] besonders, vor allem, speziell.
husye *med.* Hoden *m*, Hode *f*.
huş ağacı *selt. bot.* Birke *f*.
huşu, *-uu* [· -] (*mst. religiös-rituell*) 1. tiefe, demütige Verbeugung 2. unterwürfiges Verhalten.
huşunet, *-ti* [· - ·] Härte, Strenge, Derbheit *f*, rauhes Wesen.
hutbe *mit Gebet verbundene* isl. Freitagspredigt.
huy[1] *Verst. zu hay.*
huy[2] 1. Naturanlage *f*, Charakter *m* 2. *pej.* mürrisches Wesen 3. *pej.* schlechte Angewohnheit; ~ *edinmek* (*od. etm. od. kapmak*) *sich et.* (*Schlechtes*) angewöhnen; *-u suyu* (*b-nin*) *j-s* Charakter und Gepflogenheiten *pl.*
huy[3] *selt.* Steinkohle *f*.
huylanmak 1. von argwöhnischer Furcht befallen werden 2. schlechte Gewohnheiten annehmen, *spez.* a) mürrisch, zänkisch werden b) scheu und bösartig werden (*Pferd*).
huylu 1. *diese od. jene* Veranlagung besitzend 2. *pej.* launisch, mürrisch, unverträglich 3. *pej.* scheu, bösartig (*Pferd*) 4. argwöhnisch, furchtsam.
huysuz = *huylu* (2).
huzme 1. *math. phys.* (*Strahlen-*) Bündel *n* 2. *bot.* Doldentraube *f* 3. *mil.* (*Feuer-, Geschoß-*)Garbe *f*.
huzur [· -] 1. Ruhe, Gemütlichkeit, Behaglichkeit *f* 2. Anwesenheit, Gegenwart *f* 3. hohe Stelle 4. *pr.* hohe Stelle des Staatsoberhauptes; *-a kabul edilmek* in Audienz empfangen werden; *-una çıkmak* (*b-nin*) *vor j-n* hintreten.
huzurlu behaglich, gemütlich, ruhig.
hüccet, *-ti* 1. *fr.* von e-m Kadi ausgestellte Urkunde 2. Beweisurkunde *f*, Zeugnis *n* 3. (*allg.*) Beweis *m*.
hücre 1. *biol.* Zelle *f* 2. Gefängniszelle *f* 3. Mönchszelle *f* 4. Wandvertiefung *f* (*in alttürk. Häusern*); ~ *hapsi sistemi jur.* Einzelhaftsystem *n*.
hücum [ū] 1. Angriff, Sturm, Sturmangriff *m* 2. Losstürmen, Zusammenströmen *n*, Run *m* 3. Losfahren *n* (*auf*) 4. An-, Her·fallen *n*, Tätlichwerden *n* 5. *med.* (Blut-) Andrang *m*; ~ *borusu çalmak mil.*

zum Angriff blasen; ~ *etm. m. Dat.* 1. angreifen, *mil.* stürmen 2. losstürmen, zusammenströmen 3. losfahren (*auf j-n*) 4. anfallen, herfallen (*über*), tätlich werden; ~ *kıtası* (*od. kolu*) Sturm-, Stoß-trupp *m*; *-a uğramak* angegriffen werden.
hücumbotu, *-nu mil.* Sturm-, Schnell-boot *n*.
hükmen [x ·] *adv.* 1. durch Richterspruch 2. auf Grund e-s Schiedsrichterurteils 3. de iure 4. dem allgemeinen Brauch nach; ~ *galip* (*Sport*) Sieger nach Punkten.
hükmetmek [x · ·] 1. regieren, herrschen 2. entscheiden 3. (*b-ne*) (*e-e Strafe*) verhängen (*über*) 4. (*bşe*) (*auf e-e Strafe*) erkennen 5. *m. Dat.* vermuten, annehmen.
hükmi [ī] 1. gerichtlich, gesetzlich 2. juridisch, juristisch; ~ *şahıslar jur.* juristische Personen *pl.*
hüküm, *-kmü* 1. richterliches *od.* logisches Urteil; Entscheidung *f*, Beschluß *m* 2. Bestimmung *f* (*in e-m Vertrag, Erlaß usw.*) 3. Herrschaft, Macht, Gewalt, Souveränität *f* 4. Bedeutung, Wichtigkeit *f* 5. Gültigkeit, Geltung, Wirksamkeit *f* 6. Rang *m*, Stellung *f*, Befugnisse *pl.*; ~ *çıkarmak* schlußfolgern; ~ *fıkrası jur.* Urteilsformel *f*; ~ *giydirmek* ein Urteil fällen; ~ *giymek* ergehen (*Urteil*); ~ *sebepleri jur.* Entscheidungsgründe *pl.*; ~ *sürmek* (*a. fig.*) herrschen; ~ *vermek* 1. entscheiden 2. (*m. Dat.*) der Meinung sein, daß ...; *hükmü geçmek* 1. herrschen 2. Macht *od.* Einfluß haben 3. gelten, wirksam sein 4. seine Kraft verlieren; *hükmü kalmadı* (*od. yoktur*) 1. ... ist nicht mehr gültig (*od.* wirksam) 2. ... ist abgeschafft worden; *hükmü olm.* gelten; *hükmünce* laut, gemäß, nach, auf Grund von ...; *hükmünde olm.* 1. *j-s* Stelle vertreten 2. gleich(wertig) sein; *hükmünü geçirmek* sich durchsetzen; *hükümden düşmek* seine Geltung (*od.* Wirksamkeit) verlieren.
hükümat, *-tı* V Direktor *m* e-s Gefängnisses *od.* Zuchthauses.
hükümdar [ā] Herrscher, Monarch, Souverän, Landesfürst *m*.
hükümet, *-ti* 1. Regierung *f* 2. Herrschaftsgebiet *n*, Staat *m* 3. Regierungsgebäude *n* 4. Regime *n*; ~ *darbesi schematische T. von darbei hükûmet*; ~ *etm.* (*od. sürmek*) herrschen, regieren; ~ *konağı* Regierungsgebäude *n*; ~ *makamları* Regierungsstellen *pl.*; ~ *merkezi* Hauptstadt *f*; ~ *muameleleri jur.* Regierungsakte *pl.*
hükümetçi 1. regierungstreu 2. Regierungs-; ~ *liderleri* Führer *pl.* der Regierungsparteien.
hükümlü abgeurteilt, verurteilt.
hükümran [ā] herrschend, souverän.
hükümranlık [ā] Herrschaft, Souveränität *f*.
hükümsüz ungültig, unwirksam.
hülle 1. *fr.* Zwischenehe *f* (*nach isl. Recht*) 2. (*isl. Myth.*) Paradiesgewand *n*.
hüma [ā] *va.* 1. (*myth.*) *Vogel* Phönix *m* 2. *zo.* Paradiesvogel *m* 3. ♀ *mV*.
hümanist, *-ti* 1. Humanist(in *f*) *m* 2. humanistisch; ~ *tahsil ve terbiye* humanistische Bildung.
hümanizm 1. Humanismus *m* 2. humanistische Bildung 3. Humanität *f od.* Humanitätsideal *n*.
hümayun [· - -] *hist.* kaiserlich-osmanisch, großherrlich.
hümüs Humus *m*.
hüner Kunst(fertigkeit) *f*, Geschick, Talent *n*, Begabung *f*.
hünerli 1. kunstfertig, geschickt, talentiert, begabt 2. kunstvoll.
hünersiz 1. untalentiert, unbegabt 2. kunstlos, grob, roh.
hüngür hüngür laut schluchzend.
hüngürdemek aufschluchzen.
hünnap, *-bı bot.* Jujube *f*.
hünsa [ā] *biol.* Hermaphrodit, Zwitter *m*.
hür, *-rrü* frei, unabhängig.
hürmet, *-ti* 1. (*Hoch-*)Achtung, Ehrerweisung, Verehrung *f*, Respekt *m* 2. Verbotensein *n*; ~ *etm.* 1. Ehrerbietung bezeugen 2. achten, respektieren; *-lerimle* (*Briefschluß*) Ergebenst Ihr ...
hürmetkâr ehrerbietig.
hürmetli 1. ehrwürdig 2. *fig.* respektabel, umfangreich.
hürmetsiz respektlos, unehrerbietig.
hürriyet, *-ti* 1. Freiheit, Unabhängigkeit *f* 2. ♀ *türk. Tageszeitung* (*gegr. 1948*); ♀ *Heykeli* Freiheitsstatue *f* (*in New York*); *-i bağlıyan cezalar jur.* Freiheitsstrafen *pl.*

hürya [x ·] alle auf einmal; ~ *etm.* sich (*in Massen*) drängen.
hüsnüahlâk, *-kı* gute Führung; ~ *sahibi olm.* gut beleumundet sein.
hüsnühal, *-li* [ā] guter Leumund, Unbescholtenheit *f*; ~ *kâğıdı* Führungszeugnis *n*.
hüsnühat, *-ttı* Schönschreiben *n*, Kalligraphie *f*.
hüsnükuruntu *hum.* naiver Optimismus.
hüsnümisal, *-li* [ā] *z. va.* gutes Beispiel.
hüsnümuamele [ā] *z. va.* gute Behandlung, freundliche Aufnahme.
hüsnümuhafaza [· · · - · ·] sorgfältige Aufbewahrung.
hüsnüniyet, *-ti* Fehlen *n* von Arglist und Hintergedanken; Ehrlichkeit *f*; ~ *sahibi* guten Willens.
hüsnütabiat, *-tı* ästhetischer Geschmack.
hüsnütâbir *z. va.* 1. gut gewählter Ausdruck 2. *iron.* grobe Ausdrucksweise.
hüsnütalih [ā] Gunst *f od.* Geschenk *n* des Schicksals.
hüsnütalil [· · - -] hübsche Erklärung, poetische Begründung.
hüsnütelâkki [ī; *â* kurz] gute Aufnahme; ~ *etm.* warm begrüßen.
hüsnütesadüf [ā] glückliches Zusammentreffen.
hüsnütesir [· · - -] günstige Wirkung, angenehmer Eindruck.
hüsnüyusuf *bot.* Bartnelke *f*.
hüsnüzan, *-nnı* 1. gute Meinung 2. Freundlichkeit *f*, Entgegenkommen *n*.
hüsün, *-snü va.* Schönheit *f*.
hüt *in der Füg.*: ~ *dağı gibi* (*Frauensprache*) furchtbar, schrecklich (*dick*[*u. ä.*]).
hüthüt *s. huphup.*
hüve *in der Füg.*: ~ *-sine* ganz genau, haargenau, vollkommen.
hüviyet, *-ti* Identität *f* (*e-r Person*); ~ *cüzdanı* (*od. varakası od. vesikası*) Personalausweis *m*, Kennkarte *f*; ~ *markası mil.* Erkennungszeichen *n*; *-i meçhul* unbekannt; (noch) nicht identifiziert; *-ini ispat etm.* (*b-nin*) identifizieren.
hüyük *s. öyük.*
hüzün, *-znü* Traurigkeit, Betrübnis *f*, Kummer *m*.
hüzünlenmek traurig (betrübt, bekümmert) werden.
hüzünlü 1. traurig, betrübt, bekümmert 2. traurig, betrüblich.
hüzünsüz ohne Trauer, glücklich, angenehm.
Hz. *Abk. für Hazretleri.*

I

ı, I *11. Buchst. des türk. Alph. (Der entsprechende Laut steht dem deutschen* [ə] *nahe, besitzt jedoch velar-laryngalen Charakter*[ɨ]).
-ı *s. -i.*
ıçkırık *s. hıçkırık.*
ıdlâl, *-li* Irre·leiten, -führen *n*; ~ *etm.* irreleiten.
ığıl plätschernd, glucksend; ~ ~ *akmak* plätschernd dahinfließen; ~ ~ *terlemek* stark schwitzen.
ığrıp, *-bı* Schlagnetz *n* (*beim Fischfang*); ~ *çevirmek fig. durch Geschicklichkeit Gewinne einheimsen können*; ~ *kayığı* mit fünf Ruderpaaren ausgestattetes Boot.
ıh! (*Zuruf an Kamel*) Nieder!; ~ ~ mühsam, japsend.
ıhlamak 1. ein Kamel niederknien lassen 2. vor Erschöpfung kaum mehr japsen können.
ıhlamur 1. *bot.* Linde *f* 2. Lindenholz *n* 3. Lindenblütentee *m.*
ıhmak niederknien (*Kamel*).
ıkıl ıkıl schwer atmend; keuchend.
ıkıla sıkıla sich sehr genierend.
ıkınmak 1. den Atem anhalten (*bei Kraftanstrengung*) 2. keuchen, stöhnen 3. *fig.* sich sehr abmühen; *ıkına sıkına* 1. mit zusammengebissenen Zähnen 2. nur mit größter Kraftanstrengung; *ıkınıp sıkınmak* sich krampfhaft bemühen; *ıkındı sıkındı cevap bulup veremedi* er suchte krampfhaft nach e-r Erwiderung, konnte aber keine finden.
ıklamak 1. keuchen, stöhnen 2. *unter halbersticktem Schluchzen* vcr sich hinweinen 3. *unter e-r Last od. Anstrengung* fast zusammenbrechen; *ıklıya sıklıya* 1. ächzend und stöhnend 2. nur mit Aufbietung aller Kräfte.
ıklatmak *Kaus. zu ıklamak* 1. F *j-n* sich abzappeln lassen 2. einschüchtern.
ıklım tıklım gestopft, gesteckt (*voll*).
ıklıya sıklıya *s. ıklamak.*
ıklim [i] Klima *n.*
ıklimî [· - -], **ıklimsel** klimatisch.
ıktifa [ā] *va.* Folgen *n*; ~ *etm.* folgen.
ıktifaen [ā] *m. Dat. va.* in Ausführung, in Befolgung, gemäß, entsprechend.
ılgar 1. voller Galopp 2. Raubzug *m* zu Pferde.
ılgım, ılgımsalgım Fata Morgana *f.*
ılgın *bot.* Tamariske *f.*
ılıca 1. *s. ılık* 2. natürliche heiße Quelle 3. Heil-, Thermal·bad *n.*
ılıcak lauwarm, überschlagen.
ılık lau, lauwarm (*Wasser, Luft usw.*).
ılıklanmak, ılıklaşmak lauwarm werden.
ılım Mäßigung *f*, vernünftiges Mittelmaß.
ılımlı gemäßigt, maßvoll.
ılınmak lauwarm werden.
ımızganma halleri *psych.* hypnoide Zustände *pl.*
ımızganmak 1. im Halbschlaf liegen 2. unschlüssig zaudern 3. dem Erlöschen nahe sein.
-ın *s.* -in.
ınk Mucks, Laut *m*; ~ *demek* F Piep sagen.
ır Gesang *m*, Lied *n*, Melodie *f.*
ıra Charakter *m.*
ırak weit, fern, entlegen.
Irak, *-kı n.pr.* Irak *m.*
ıraksama 1. *Vs. zu ıraksamak* 2. *math.* Divergenz *f* 3. *phys.* Elongation *f.*
ıraksamak 1. glauben, daß jem. *od.* et. fern ist 2. für unwahrscheinlich halten.
ıralamak charakterisieren.
ırda *s. ırza.*
ırgalamak rütteln, schütteln, stoßen.
ırgat, *-tı od. -dı* 1. Schwer-, *spez.* Bau·arbeiter *m* 2. Ankerwinde *f*; ~ *başı* Vorarbeiter, Polier *m*; ~ *pazarı* Arbeitsbörse *f.*
ırk, *-kı* Rasse *f*; ~ *münafereti* Rassenhaß *m.*
ırkan [x ·] *adv.* rassisch.
ırkçılık 1. Rassenlehre *f* 2. völkische Bewegung.

ırkî rassisch; Rassen-.
ırktaş von gleicher Rasse; Rassengenosse *m*.
ırmak Fluß, Strom *m*; ~ *ayağı* Nebenfluß *m*.
ırz geschlechtliche Ehre; ~ *düşmanı* Lebemann, Don Juan *m*; ~ *ehli* unbescholten, tugendhaft; *-a dokunmak* entehren; *-a geçme jur.* gewaltsame Unzucht; *-a tasaddi jur.* unzüchtige Handlung; *-ına geçmek* (*od. tecavüz etm.*) (*b-nin*) notzüchtigen, vergewaltigen.
ırza, -aı [ā] Säugen, Stillen *n*.
ısdar [ā] *va.* Erlassen *n*; ~ *etm.* erlassen (*z.B. Gesetze*).
ısga [ā] 1. *va.* Zuhören *n* 2. *med.* Auskultation *f*.
ısgara *s. ızgara*.
ısı 1. Wärme *f* 2. heiß; ~ *dam* türk. Bad *n*; ~ *kuşak* heiße *od.* tropische Zone.
ısıcak recht warm.
ısınmak 1. warm werden; *techn.* sich warmlaufen 2. *fig.* (*m. Dat.*) sich erwärmen (*für*), Gefallen finden (*an*).
ısırgan 1. *bot.* Brennessel *f* 2. bissig; ~ *balığı zo.* Hornhecht *m*.
ısırgın 1. Hitzeausschlag *m* 2. Pikkel *m*, Bläs•chen *n*.
ısırıcı 1. beißend 2. schneidend (*z.B. Kälte*).
ısırık Biß•wunde *od.* -narbe *f*.
ısırmak 1. (ab)beißen 2. *fig.* Schlechtes sagen; diffamieren.
ısıtmak 1. (er-, an)wärmen; heizen 2. *fig.* allmählich gewöhnen (*an*).
ıska V *s. a. yok*; ~ *geçmek* V 1. nicht bei der Sache sein 2. überhören, übersehen 3. verfehlen.
ıskala [· x ·] *mus.* 1. Tonleiter *f* 2. Fingerübung *f*.
ıskalara [· · x ·] *naut.* 1. Webeleinen *pl.* 2. Fallreep *n*.
ıskaparma [· · x ·] *naut.* Chartern *n e-s Schiffes*.
ıskara *s. ızgara*.
ıskarça [· x ·] 1. *naut.* vollbeladen. (*Schiff*) 2. gesteckt voll (*z.B. Autobus*).
ıskarmoz 1. *naut.* Dolle *f* 2. *naut.* Spant *n*, Spanten *pl.* 3. *zo.* Pfeilhecht *m*.
ıskarso [· x ·] *s. ıskarça*.
ıskarta [· x ·] 1. weg- *bzw.* ab•gelegte Karten *pl.* (*bei best. Spielen*) 2. *fig.* Abfall *m*, Gerümpel *n*; ~ *etm.* (*od. -ya çıkarmak*) 1. beiseite legen, ablegen 2. *fig.* zum alten Eisen werfen.
ıskat, -tı 1. Fallenlassen *n* 2. Streichung, Annullierung *f* 3. (*bşden*) Aberkennung *f*, Entzug *m* 4. *e-e best. Seelenmesse*; ~ *edici müddet jur.* Präklusivfrist *f*; ~ *etm.* 1. fallen lassen 2. streichen, annullieren 3. *m. Abl.* für verlustig erklären; ~ *parası* Geld *n* für e-e Seelenmesse; *ıskatı cenin* Abtreibung *f*.
ıskatçı 1. *die Seelenmesse abhaltender* Geistlicher 2. Friedhofsbettler *m*.
ıskonto [· x ·] 1. Diskontierung *f* 2. Diskont *m* 3. Rabatt *m*, Skonto *m* (*n*), Abzug, Preisnachlaß *m* 4. Abziehen, Abstreichen, Absetzen *n* (*e-r best. Menge*); ~ *cüzdanı* Portefeuille *n* (*e-r Bank*); ~ *etm.* 1. diskontieren 2. ab•streichen, -setzen, -ziehen; nicht rechnen; ~ *ettirmek* zum Diskont geben; ~ *haddi* (*od. nisbeti*) Diskontsatz *m*; ~ *senetleri* diskontierte Wechsel *pl.*
ıskota [· x ·] *naut.* Schot *f*.
ıskuna [· x ·] *naut.* Schoner *m*.
ıslah [ā] 1. (*Ver-, Auf-*)Besserung, Reform(ierung), Neugestaltung *f* 2. *spez.* Zucht•verbesserung -veredelung *f* 3. Zur-Vernunft-Bringen *n* 4. *jur.* Berichtigung, Änderung *f* (*im Prozeß*); ~ *etm.* 1. (ver-, auf-) bessern, reformieren 2. zur Vernunft (*od. Räson, auf den richtigen Weg*) bringen 3. veredeln (*Samen*); ~ *evi* (*od. müessesesi*) = *ıslahane*; ~ *olmaz* F unverbesserlich.
ıslahane [· - - ·] Besserungsanstalt *f*.
ıslahat, -tı [· - -] Verbesserung(en *pl.*) *f*, Reform(en *pl.*) *f*, Reformierung *f*.
ıslahatçı [· - - ·] 1. reformerisch, Reform- 2. Reformer(in *f*) *m*.
ıslak feucht, angefeuchtet, naß, durchnäßt; ~ *kargaya dönmek* 1. pudelnaß werden 2. *fig.* durch Schläge übel zugerichtet werden.
ıslaklık Feuchtigkeit, Nässe *f*.
ıslanmak feucht *od.* naß werden.
ıslatmak 1. anfeuchten, benetzen, naß machen 2. V prügeln, durchhauen.
ıslık Pfeifen *n*, Pfiff *m*; ~ *çalmak* 1. pfeifen 2. vor sich hinpfeifen 3. zischen (*Schlange*) 4. (*b-ne*) auspfeifen; ~ *tufanı* Pfeifkonzert *n*.
ıslıklamak auspfeifen.

ısmarlama 1. *Vs. zu ısmarlamak* 2. auf Bestellung, *spez.* Maß-; ~ *ayakkabı* Maßschuhe *pl.*; ~ *elbise* Maßanzug *m*.
ısmarlamak 1. (*b-ne*) *bei j-m et.* bestellen 2. (*b-ne*) *für j-n et.* bestellen 3. *sich et.* mitbringen lassen 4. *j-n j-s* Schutz *od.* Fürsorge empfehlen 5. *j-n et.* tun heißen.
ıspanak 1. *bot.* Spinat *m* 2. V dumm, blöd.
ısparoz *zo.* Ringelbrassen *m*.
ıspati *s. ispati*.
ıspazmoz Krampf, Spasmus *m*.
ısrar [ā] 1. Beharren, Bestehen *n* (*auf*) 2. Beharrlichkeit, Hartnäckigkeit *f* 3. *pr. jur.* Beharren *n e-s untergeordneten Gerichts auf seiner vom Kassationshof aufgehobenen Entscheidung*; ~ *etm.* 1. (*bşde*) beharren, bestehen (*auf*) 2. (*bir nokta üzerinde*) betonen, hervorheben 3. (*bşi yapmakta*) ~ *edip durmak et.* unentwegt weitertun; *-la* 1. beharrlich, hartnäckig 2. mit Nachdruck.
ıssız 1. leer, öde, einsam, unbewohnt 2. herrenlos.
ıstabıl, *-blı* [· x ·] Stall *m*.
ıstakoz *zo.* Hummer *m*.
ıstampa [· x ·] 1. *mittels Schablone angebrachtes* Zeichen 2. Stempelkissen *n* 3. Stempel *m*.
ıstavroz Kreuz *n*; ~ *çıkarmak* sich bekreuzigen.
ıstıfa, *-aı* [ā] Auslese *f*, (*spez. biol.*); ~ *nazariyesi* Selektionstheorie *f*; *ıstıfayı tabiî* natürliche Auslese.
ıstılah [ā] Fachbezeichnung *f*, Terminus technicus *m*; ~ *paralatmak* mit Fachausdrücken um sich werfen.
ıstırap, *-bı* [ā] 1. körperlicher Schmerz 2. seelischer Schmerz, Kummer *m*, Sorge, Unruhe, Erregung, Qual *f*; ~ *çekmek* 1. Schmerzen leiden 2. in Sorge sein; ~ *vermek* 1. wehtun, schmerzen, quälen 2. ängstigen, in Sorge stürzen.
ıstıraplı [ā] 1. schmerzhaft 2. kummervoll, traurig, schmerzlich.
ıstırar [ā] 1. Zwang *m*, Zwangslage, Not(lage) *f*, Bedrängnis *f* 2. *psych.* Zwangs·vorstellung -handlung *f*; ~ *hali jur.* Notstand *m*.
ıstıtla *s. istıtla*.
ıstompa [· x ·] 1. Zeichenwischer *m* 2. gewischte Zeichnung.
ıstrobya [· x ·] *s. usturubiya*.
ışgı Krumm-Messer *n*.
ışık 1. Licht *n* (*als Helligkeit*) 2. Licht *n* (*als Beleuchtungsmittel*), *spez.* Lampe *f*; ~ *cepanesi mil.* Leucht(spur)munition *f*; ~ *göstermek* (*od. tutmak*) (*b-ne*) *j-m* auf den Weg leuchten; ~ *işareti* Leuchtzeichen, Lichtsignal *n*; ~ *sızdırma bölme* Lichtschleuse *f* (*Verdunklungsanlage bei Türen*); ~ *sızdırmaz* lichtundurchlässig; ~ *söndürme tedbirleri* Verdunklungsmaßnahmen *pl.*; ~ *vermek* Licht spenden; leuchten; ~ *yılı astr.* Lichtjahr *n*; *ışığa garketmek* in Licht tauchen; anstrahlen.
ışıklandırmak beleuchten, erhellen.
ışıklı 1. be-, er·leuchtet 2. Licht-, Leucht- 3. lichtstark; ~ *levha* Leuchttafel *f*; ~ *iz mermisi* Leucht(spur)munition *f*.
ışıl ışıl strahlend, leuchtend, funkelnd, glänzend.
ışılamak *s. ışıldamak*.
ışıldak 1. Scheinwerfer *m* 2. leuchtend, strahlend.
ışıldamak leuchten, glänzen, strahlen, funkeln, blinken.
ışımak ausstrahlen (*Licht*).
ışın *math., phys.* Strahl *m*.
ışkı *s. ışgı*.
ışkırlak Kappe *f* des Karagöz.
ışmar Zeichen *n* (*mit Hand, Augen od. Kopf*), Zu·winken, -blinzeln, -nicken *n*; ~ *etm.* ein Zeichen geben.
ıştın *offene* Tonlampe.
ıtır, *-trı* Wohlgeruch, Duft *m*, Aroma *n*, Blume *f* (*des Weines*); ~ *çiçeği bot.* Pelargonie *f*.
ıtırlı wohlriechend, duftend, aromatisch.
ıtnabetmek [ā] [· x · ·] viele Worte machen.
ıtnap, *-bı* [ā] Wortschwall *m*; Weitschweifigkeit *f*.
ıtrah [ā] Elimination, Ausscheidung, Exkretion *f*; ~ *etm.* eliminieren, ausscheiden.
ıtriyat, *-tı* [ā] wohlriechende Essenzen *pl.*; Parfüms, Wohlgerüche *pl.*
ıtriyatçı [ā] Parfümeriewarenhändler *m*.
ıttıla, *-aı* [ā] (*bşe*) Einblick *m* (*in*), Kenntnis *f* (*von*); ~ *hâsıl etm.* (*od. kesbetmek*) Einblick, Kenntnis ge-

winnen; ~ *husulü için* zur Information.
ıttırat *s. ıttırat.*
ıvır zıvır wertloses Zeug, Plunder *m.*
ızbandut *verwegen aussehender* Strolch, vierschrötiger Kerl; ~ *gibi* riesenhaft.
ızgara [x · ·] 1. Holz- *od.* Eisenrost *m* 2. *spez.* Feuerungsrost *m* 3. Bratrost, Grill *m* 4. geröstet, gegrillt 5. *naut.* Helling *f.*
ızlâl *s. ıdlâl.*
ızrar [ā] *z. va.* (*Be-*)Schädigen *n*; ~ *etm. m. Akk.* Schaden zufügen, beschädigen.
ıztırap *s. ıstırap.*
ıztırar *s. ıstırar.*

İ

i, İ *12. Buchst. des türk. Alph.*
-i, (*Endung des Akkusativs*); *vgl. a. -ı, -u, -ü.*
-i hali *gr.* Akkusativ *m.*
iade [ā] 1. Rückgabe *f* 2. Rücksendung *f* 3. zurück! (*an den Absender*) 4. Wiederherstellung *f* 5. Wiedereinsetzung *f* 6. Auslieferung (*z.B. von Verbrechern*) 7. *jur.* Rückerstattung, Herausgabe *f*; ~ *etm.* 1. zurückgeben 2. zurückschicken 3. wiederherstellen 4. wieder einsetzen 5. ausliefern; *iadei afiyet etm.* genesen; *iadei münasebat* Wiederaufnahme *f* der Beziehungen; *iadei ziyaret etm.* e-n Gegenbesuch abstatten.
iadeli [ā] mit Rückschein (*Einschreibbrief*).
iane [ā] 1. Hilfe, Unterstützung *f* 2. Beitrag *m*, Spende, Beihilfe *f*, Hilfsgelder *pl.*; ~ *defteri* Spenden-, Beitrags·liste *f*; ~ *toplamak* Spenden sammeln.
iare [ā] (*Aus-, Ver-*)Leihen *n*; ~ *etm.* (aus-, ver)leihen.
iaşe [ā] Ernährung *f*, Lebensunterhalt *m*, Verköstigung *f*, Verpflegung *f*, Proviant *m*; ~ *etm.* verpflegen, verköstigen; ~ *ve ibate* Verpflegung und Unterkunft; Kost und Logis.
ibadet, -ti [ā] 1. Gottes·verehrung, -anbetung *f*, -dienst *m* 2. Andachtsübung *f*; ~ *etm.* 1. anbeten; göttliche Ehren erweisen 2. die Andacht verrichten.
ibadetgâh [ā] Ort *m* der Anbetung.
ibadethane [ā, ā] Tempel *m*, Gotteshaus *n.*
ibadullah [ā, ā] 1. (*wörtl.*) Diener *pl.* Gottes, *d.h.* Menschen *pl.* 2. P reichlich, massenhaft und billig.
ibare [ā] Ausdrucksweise *f*, sprachliche Form, Formulierung *f*, Ausdruck *m*; *-nin gelişi* textlicher *od.* gedanklicher Zusammenhang.
ibaret, -ti [ā] *m. Abl.* bestehend (*aus od. in*).
ibate [ā] Unterbringung, Unterkunft *f*, Quartier, Logis *n.*
ibda, -aı [ā] Schaffen, Hervorbringen *n*, Neuschöpfung *f*; ~ *etm.* schaffen, hervorbringen; ~ *kabiliyeti* schöpferisches Talent.
İberik iberisch; ~ *Yarımadası n.pr.* Iberische Halbinsel.
ibibik *zo.* Wiedehopf *m.*
ibik 1. Kamm *m* (*bei Hahn, Truthahn usw.*) 2. (*Fes-*)Troddel *f* 3. *an.* Kante *f*, Kamm *m* (*e-s Knochens*) 4. *s. ibibik.*
İbiş 1. *Kurzform des Namens İbrahim* 2. (*Figur im Orta Oyunu*) dummer Hausknecht; Stoffel *m.*
iblâğ 1. Erhöhung *f* (*z.B. e-s Betrags*) 2. Mitteilung *f*; ~ *etm.* 1. erhöhen 2. mitteilen.
iblis [· -] 1. Teufel, Satan *m* 2. *fig.* boshafter Mensch, Teufel *m* in Menschengestalt.
iblisane [· - -] teuflisch, satanisch, diabolisch, boshaft.
ibra [ā] 1. Entlastung *f* (*e-s Rechnungsbeamten*) 2. Entbindung *f* (*von e-m Eid*) 3. Schuldenerlaß *m*; ~ *etm.* 1. Entlastung erteilen 2. entbinden (*e-s Eides*) 3. erlassen (*Schuldsumme*).
İbrahim [· · -] *n.pr.* 1. Abraham *m* [(Bibel) 2. *mV.*]
ibraname [ā, ā] 1. schriftliche Entlastung 2. Dekret *n* über Entbindung vom Eid 3. dokumentarischer Schuldenerlaß.
İbranca [· x ·] hebräische Sprache; Hebräisch *n.*
İbrani [· - -] Hebräer(in *f*) *m*; hebräisch.

İbranice [· - - ·] [· - x ·] *s. İbranca.*

ibraz [ā] 1. Vorweisung, Vorlage *f* 2. Erweisung *f* (*z.B. e-r Gunst*); ~ *etm.* 1. vorlegen 2. erweisen.

ibre 1. Zeiger *m* (*an Meßgeräten*) 2. Magnetnadel *f* 3. *bot.* (*Blumen-*) Griffel *m*; *-nin inhirafı* Mißweisung *f* der Magnetnadel; *-nin oynaması* Ausschlag *m* des Zeigers.

ibret, *-ti* 1. warnendes, abschreckendes Beispiel 2. P erstaunlich, wunderbar; ~ *almak* (*bşden*) *aus et.* e-e Lehre ziehen; ~ *dersi* warnendes Beispiel, Lehre, Mahnung *f*; ~ *için* exemplarisch (*z.B. bestrafen*); *-in kudreti* P von abstoßender Häßlichkeit.

ibrik Schnabel-, Wasser-, Spül·kanne *f*.

ibrişim [· · -] 1. Seiden·faden, -zwirn *m*, Nähseide *f* 2. *hieraus hergestellt*; ~ *kurdu zo.* Seiden·raupe *f*, -spinner *m*.

ibzal, *-li* [ā] freigebiges Spenden; ~ *etm.* reichlich (verschwenderisch) geben, spenden.

icabat, *-tı* [- - -] Erfordernisse *pl.*

icabet, *-ti* [ā] 1. Folgeleistung *f* 2. Entsprechen *n* 3. Erhörung *f*; ~ *etm.* (*bşe*) 1. Folge leisten, annehmen (*z.B. Einladung*) 2. entsprechen (*e-r Bitte*) 3. erhören (*Gebet*).

icabetmek [- - · ·] 1. erfordern, erheischen, bedingen 2. nötig (erforderlich, angezeigt, gegeben) sein; *icabederse* nötigen-, gegebenenfalls.

icabettirmek [- - · · ·] 1. *s. icabetmek*(1) 2. verursachen, veranlassen.

icabiye [- - · ·] Determinismus *m.*

icadetmek [- - · ·] erfinden, schaffen.

icap, *-bı* [- -] 1. Notwendigkeit *f*, Erfordernis *n* 2. Konsequenz *f* 3. *jur.* Erklärung *f* des ersten Kontrahenten 4. Offerte *f*, Angebot *n* (*im Handel*) 5. Bejahung, Affirmation *f*; *-ına bakmak* 1. das Erforderliche tun 2. *fig.* beseitigen, vernichten; *-ına göre* je nach Bedarf; *-ında* nötigenfalls; im Bedarfsfall; *icabı hale göre* wie es die Umstände erfordern; *icabı halinde* gegebenenfalls; *menfaatiniz icabıdır* es liegt in Ihrem eigenen Interesse.

icar [- -] Vermietung, Verpachtung *f*; ~ *etm.* (*od. -a vermek*) vermieten, verpachten; ~ *mukavelenamesi* 1. Miet-, Pacht·vertrag *m* 2. *naut.* Charte-Partie *f*; ~ *ve iare kanunu* Pacht- und Leih·gesetz *n* (*Amerika*).

icare [- - ·] 1. Miete, Mietsumme, Pacht *f*, Pachtbetrag *m* 2. *pr.* Miet- od. Pacht·betrag *m für ein der Toten Hand gehöriges Grundstück.*

icat, *-dı* [- -] Erfindung, Schaffung *f*.

icaz [- -] 1. Prägnanz *f*, treffende Kürze 2. *spez.* sprachliche Prägnanz des Korans 3. *allg.* unerreichte Meisterschaft; ~ *etm.* prägnant ausdrücken; ~ *suretiyle* mit unerreichter Meisterschaft des Ausdrucks.

icazet, *-ti* [ā] 1. Genehmigung, (nachträgliche) Zustimmung 2. Zeugnis, Diplom *n.*

icazetname [ā, ā] ausgeschriebenes Zeugnis *od.* Diplom.

icazkâr [- - -] unerreicht, unübertroffen.

icbar [ā] Zwang *m*; ~ *etm.* zwingen.

icik F *in Verb. m. cicik*: *iciği ciciği* (*od. icikleri cicikleri*) Einzelheiten, geheimste Regungen *pl.*; *iciğini ciciğini çıkarmak* herauspressen, was nur geht.

iclâl, *-li z. va.* 1. Ehrung *f* 2. Erhabenheit, Größe *f* 3. Prunk, Pomp *m* 4. ♀ *wV.*

icma, *-aı* [ā] 1. Versammlung *f* 2. Übereinstimmung, Einstimmigkeit *f*; *icmaı ümmet fr.* consensus doctorum.

icmal, *-li* [ā] kurze Zusammenfassung, gedrängter Überblick, Resümee *n*, Synopsis *f*; ~ *etm.* kurz zusammenfassen, summarisch umreißen, resümieren.

icmalen [ā] *adv.* summarisch, als Resümee, synoptisch.

icra [ā] 1. Aus-, Durch·führung *f* 2. *mus.* Aufführung *f* 3. *jur.* (*Zwangs-*) Vollstreckung *f* 4. (*dairesi*) Vollstreckungsamt *n*; ~ *başlangıcı jur.* Beginn *m* der Ausführung (*e-s Verbrechens*); ~ *divanhanesi jur.* Vollstreckungsgericht *n*; ~ *etm.* 1. aus-, durch·führen, vollziehen, ausüben 2. *mus.* aus-, auf·führen, spielen 3. *jur.* vollstrecken 4. führen (*Verhandlungen*); ~ *komitesi* Exekutivkomitee *n*; ~ *kuvveti* Exekutive *f*; ~ *memuru* Gerichtsvollzieher *m*; ♀ *Vekilleri Heyeti* Ministerrat *m*, Kabinett *n.*

icraat, *-tı* [ā, ā] 1. ausgeführte, geleistete Arbeiten, praktische Leistungen *od.* Maßnahmen *pl.* 2. Ausführung *f*; ~ *raporu mil.* Vollzugsmeldung *f.*

iç, *-çi* 1. Innere(s) *n* 2. Höhlung, Vertiefung *f* 3. Gesamtzahl *f* 4. als Unterwäsche dienend 5. weicher Kern 6. Verdauungsorgan *n* 7. Verstand, Geist *m* 8. Seele *f*, Herz *n* 9. *içine Pp.* in... hinein 10. *içinde Pp.* a) in, innerhalb b) unter c) binnen 11. *içinden Pp.* a) aus, von b) durch; quer (*über*) 12. Innen-, Binnen- 13. inländisch, Innen- 14. = *dahiliye* 15. *fr.* Frauengemächer *pl.*, Harem *m* (*in e-m Palast*); ~ *açmak* aufheitern; ~ *ağaç* Kernholz *n*; ~ *ağrısı* 1. Quälgeist *m* 2. *reg.* Lungenschwindsucht *f*; ⁀ *Anadolu* Inneranatolien; ⁀ *Bakanlığı s. Dahiliye Vekâleti*; ~ *ceviz* Nußkern *m*; ~ *çamaşırı* Leibwäsche *f*; ~ *deniz* Binnenmeer *n*; ~ *donu* Unterhose *f*; ~ *içe* 1. ineinander stekkend 2. ineinandergehend (*z.B. Zimmer*); ~ *lâstik* Fahrradschlauch *m*; ~ *merkez* Erdbebenherd *m*, Hypozentrum *n*; ~ *pilâv e-e spezielle Zubereitung von Reis mit Piniennüssen und Korinthen*; ~ *piyasa* einheimischer Markt; ~ *sıkıntısı* unbehagliches, bedrükkendes Gefühl; ~ *sular* Binnengewässer *pl.*; ~ *taban* Brandsohle *f* (*im Schuh*); ~ *turizm* einheimischer Reiseverkehr; ~ *yağı* Nierenfett *n*; ~ *zaviye mil.* einspringender Winkel; (**içi**): ~ *açılmak* heiter und froh werden; ~ *almamak* (*od. kabul etmemek*) nicht vertragen können; ~ *bulanmak* Übelkeit verspüren; ~ *çekmek* (*bşi*) Lust haben (*nach*); ~ *çıfıt çarşısı fig.* ein Mensch, dem alles Schlechte zuzutrauen ist; ~ *çürük* argwöhnisch; ~ *dar* (*od.* tez) voreilig, impulsiv; ~ *dışı bir* aufrichtig, ehrlich; ~ *fesat* mißgünstig, neidisch; ~ *geçmek* 1. in Schlaf fallen 2. überreif werden (*Frucht*); ~ *geniş* 1. weitherzig, nachsichtig 2. geduldig; ~ *gitmek* 1. Durchfall haben 2. (*bş için*) sehnlichst wünschen; ~ *içine sığmamak* sich vor Begeisterung nicht zu lassen wissen; ~ *içini kemirmek* (*od. yemek*) sich abhärmen; ~ *sıkılmak* 1. sich ärgern 2. sich langweilen 3. sich beklommen fühlen 4. sich nicht ganz wohl fühlen; ~ *sürmek* Durchfall haben; ~ *yağ bağlamak* erleichtert aufatmen; *-m dolu* F es langt mir, ich habe es satt; (**içinden**): ~ *çıkmak* (*bşin*) *mit et.* fertigwerden (*können*); ~ *gülmek* (*b-ne*) 1. sich heimlich ins Fäustchen lachen (*über*) 2. sich still freuen; ~ *okumak* 1. still für sich lesen 2. leise vor sich hin rezitieren; ~ *pazarlıklı* 1. *mel.* wer alles in sich verschließt 2. *pej.* hinterhältig, verschlagen; (**içine**): ~ *çekmek* 1. ein-, auf-saugen 2. V auf sich beziehen; ~ *doğmak* ahnen; ~ *gelmek e-m* in den Sinn kommen; ~ *girmek* 1. eintreten 2. eindringen; ~ *işlemek* 1. durch und durch gehen (*z.B. Regen*) 2. zutiefst rühren 3. schwer treffen (*z.B. Vorwurf*); ~ *kurt düşmek* e-e böse Vorahnung haben; ~ *sığdırmak* begreifen, verstehen; ~ *sokacağı gelmek* (*bşi*) ganz vernarrt sein (*in*); ~ *zehir zemberek oldu* die ganze Freude ist ihm vergällt worden; *içini çekmek* seufzen, stöhnen; *içini dağlamak e-m* sehr zu Herzen gehen; *içinin yağı erimek* sich halb zu Tode ängstigen; *içler acısı* kummervoll, betrüblich; *içlerinde* 1. unter ihnen 2. darunter; *içten içe* 1. heimlich, verstohlen 2. bis in den letzten Schlupfwinkel.

içbükey konkav.

içecek 1. Getränk *n* 2. trinkbar, Trink-.

içek *ling.* Infix *n.*

içerde(n) *s. unter içeri.*

içeri 1. Innere(s) *n* 2. inner-, Innen- 3. hinein, herein 4. *selt.* Magen, Leib *m*, Herz *n*; ~ *buyurun!* bitte, treten Sie näher!; ~ *düşmek* V eingelocht werden; ~ *girmek* 1. eintreten, hineingehen 2. *et.* einbüßen; ~ *koymak* herein-, hinein·lassen; ~ *sokmak* (*b-ni*) *j-m* Geld abgewinnen; *içerde* 1. drinnen, drin 2. V im Kittchen; *içerde olm.* 1. drinnen sein 2. V im Gefängnis sitzen 3. *et.* einbüßen.

içerik 1. Inhalt *m* 2. *log.* impliziert, involviert.

içerlek weiter hinten liegend.

içerlemek *m. Dat.* innerlich wütend werden (*über*).

içermek 1. in sich schließen; enthalten 2. *log.* implizieren, involvieren.

içgüdü Instinkt, Naturtrieb *m*.
içgüvey, içgüveyisi, *-ni im Haus der Schwiegereltern wohnender* Schwiegersohn; *-den* (*od. -sinden*) *halliceyiz fig.* es geht uns gerade nicht schlecht, aber...
içim 1. Schluck *m* 2. Geschmack *m* (*bei Tabak od. Getränk*).
içimli 1. *e-n best.* Geschmack aufweisend; -schmeckend (*Tabak, Getränk*) 2. *pr.* wohlschmeckend.
için[1] 1. für; um ... willen; zwecks, zu 2. wegen, halber 3. weil, da 4. damit; um ... zu 5. hinsichtlich, über 6. bei, auf (*Schwur*).
için[2] **için** innerlich, heimlich, verstohlen; ~ ~ *ağlamak* leise vor sich hinweinen; ~ ~ *kızmak* innerlich wütend werden; ~ ~ *yanmak* unter der Asche schwelen.
içindekiler Inhalt *m*.
içirik 1. Füllung *f*, Füllsel *n* 2. Eingeweide *n*.
içirmek *Kaus. zu içmek a.* herunterhauen (*Ohrfeige*) *s. a. andiçirmek*.
içişleri innere Angelegenheiten *pl.*; ≈ *Bakanlığı* Innenministerium *n*.
içken Gewohnheitstrinker, Saufbold *m*.
içki 1. alkoholisches Getränk 2. Konsumierung *f von Alkohol*; ~ *âleminde* im Zecherkreis; ~ *içmek* (*od. kullanmak*) Alkohol trinken; ~ *insanın mehengidir* in vino veritas; ~ *yasağı* 1. Alkoholverbot *n* 2. *pr.* Prohibition *f*; *-ye düşkün* dem Trunk ergeben.
içkili mit Alkoholausschank (*Restaurant*).
içkin 1. innewohnend, immanent 2. inhärent.
içlenmek 1. *m. Abl.* sich innerlich grämen (*über*) 2. sich herausbilden (*z.B. Frucht*).
içli 1. mit Kern ausgestattet 2. empfindlich; leicht gekränkt 3. rachsüchtig 4. willig, bereit, geneigt; ~ *dışlı* ungezwungen, vertraut, intim.
içlik 1. inner-, Innen- 2. *als Unterwäsche dienend* 3. *spez.* Unterhemd *n*.
içme 1. *Vs. zu içmek* 2. (*mst. im pl.*) (*Heil-*)Quelle *f*; ~ *suyu* Trinkwasser *n*.
içmek, (*-çer*) 1. trinken 2. (*Suppe*) essen 3. rauchen 4. ein-, auf·saugen 5. zechen 6. *s. andiçmek*; *içtikleri su ayrı gitmez fig.* sie sind ein Herz und eine Seele.
içten Herzens-; herzlich, aufrichtig, ehrlich; ~ *bir dilek* ein Herzenswunsch *m*.
içtepi Impuls, Antrieb *m*.
içtihadetmek [ā] 1. sich e-e persönliche Meinung bilden 2. wissenschaftlich denken.
içtihat, *-dı* [ā] 1. persönliche Auffassung 2. selbständiges Urteil, wissenschaftliches Denken 3. *selt.* Anstrengung, Bemühung *f* 4. dogmatische Interpretation (*der isl. Theologen*) 5. *s. ilmî* (*kazaî*)~; ~ *kapısı kapandı fig.* in dieser Angelegenheit ist (bereits) das letzte Wort gesprochen.
içtima, *-aı* [ā] 1. Versammlung, Sitzung, Tagung *f* 2. *astr.* Konjunktion *f* 3. Zusammentreffen *n* best. Umstände; *jur.* Konkurrenz *f* 4. (*devresi*) Sitzungsperiode *f* (*im Parlament*); ~ etm. sich versammeln; zusammentreten, tagen; ~ *hürriyeti jur.* Versammlungsrecht *n*.
içtimagâh [ā] Versammlungsort *m*.
içtimai [· · - -] Gesellschafts-; gesellschaftlich, sozial; Volks-; ~ *ilimler* Sozialwissenschaften *pl.*; ~ *mevki* (*od. seviye*) soziale Stellung; ~ *mevki sahibi pr.* angesehen, geachtet; ~ *muavenet* (*od. yardım*) soziale Fürsorge; ~ *sigorta* Sozialversicherung *f*.
içtimaiyat, *-tı* [ā, ā] Soziologie *f*.
içtinabetmek [· · - · ·] *m. Abl.* (ver-)meiden, scheuen, sich enthalten.
içtinap, *-bı* [ā] Meiden *n*, Vermeidung *f*, Sich-Enthalten *n*; *içtinabı gayrikabil* unvermeidlich, gebieterisch.
içtüzük *Neol.* Haus-, Geschäfts·ordnung *f*.
içyüz tiefere Bedeutung, eigentlicher Sinn *od.* Zweck, wirkliche Ursache, wahres Gesicht, Hintergründe *pl*.
ida, *-aı* [- -] *jur.* Verwahrung, Aufbewahrung *f*.
idadi [- - -], **idadiye** [- - · ·] 1. *va.* vorbereitend 2. *osman. höhere Lehranstalt* (*zwischen ortaokul und lise*).
idam [- -] 1. Hinrichtung *f* 2. (*cezası*) Todesstrafe *f*; ~ etm. hinrichten; ~ *hükmü* (*od. kararı*) Todesurteil *n*; *-a mahkûm* etm. zum Tod verurteilen.

idame [ā] Andauernlassen *n*, Aufrechterhaltung, Beibehaltung *f* (*z.B. e-s Zustandes*); ~ *etm.* andauern lassen, aufrechterhalten, beibehalten; fort-, weiter·führen (*z.B. Krieg*), unterhalten (*z.B. diplomatische Beziehungen*).

idare [ā] 1. ((*urspr.*) Sich-Drehen-Lassen *n* 2. Verwaltung, Leitung, Lenkung, Führung *f* 3. rationelles Wirtschaften, Ökonomie *f* 4. (*lâmbası*) Nachtlämpchen *n*; ~ *âmiri jur.* 1. Vorgesetzte(r) *m* 2. vorgesetzte Dienstbehörde; ~ *etm.* 1. (*urspr.*) sich drehen lassen 2. verwalten, leiten, lenken, führen, steuern, dirigieren 3. rationell wirtschaften 4. genügen, hinreichen 5. geschickt hinlavieren, F deichseln 6. lenken, steuern (*Auto*) 7. führen (*beim Tanz*); ~ *heyeti* (*od. meclisi*) 1. Bezirksregierung *f* 2. Verwaltungs-, Aufsichts·rat; Vorstand *m*; ~ *ile* sparsam, ökonomisch; ~ *makamı* Verwaltungsbehörde *f*; *idarei maslahat* 1. nur auf kurze Sicht berechnete Politik, F Sich-Durchwursteln *n* 2. diplomatisch geschicktes Vorgehen; *idarei maslahatçı* opportunistisch, Opportunist(in *f*) *m*; *idarei merkeziye* (*Verwaltungs-*)Zentrale *f* (*z.B. e-r Bank*).

idareci [ā] 1. Verwaltungsbeamte(r) *m* 2. *pr.* wer sich gut für den Verwaltungsdienst eignet 3. Führer, Leiter, Staatsmann *m* 4. sparsam, ökonomisch.

idarecilik [ā] 1. Tätigkeit *od.* Beruf e-s Verwaltungsbeamten 2. Verwaltungswesen *n*.

idarehane [ā, ā] Hauptbüro *n*, Verwaltung *f*.

idareli [ā] 1. mit... Verwaltung 2. verwaltungstechnisch begabt 3. sparsam wirtschaftend 4. wirtschaftlich, rentabel, billig im Gebrauch.

idari [· - -] Verwaltungs-; administrativ; ~ *karar jur.* Verwaltungsentscheid *m*; ~ *vesayet jur.* Staatsaufsicht *f*.

idbar [ā] 1. Ungunst *f* des Schicksals; Unglück *n* 2. *pr.* Stellungslosigkeit *f*.

iddet, *-ti im isl. Recht vorgeschriebene* dreimonatige Wartefrist (*für geschiedene od. verwitwete Frauen bis zur Wiederverheiratung*).

iddia [ā] [*Synkope des zweiten* i] 1. Behauptung *f* 2. Anmaßung, Prätention *f* 3. Hartnäckigkeit *f* 4. Anklage, Beschuldigung *f*; ~ *etm.* 1. behaupten 2. beanspruchen, sich anmaßen, sich aufspielen (*als*) 3. auf e-r Behauptung bestehen; ~ *makamı* Staatsanwaltschaft *f*; ~ *olunan şey jur.* Streitgegenstand, Klageanspruch *m*.

iddiacı [*s. iddia*] 1. auf seinen Behauptungen *od.* Ansprüchen beharrend; halsstarrig, eigensinnig (*a. z.B. Kind*) 2. anmaßend, prätentiös.

iddialı [*s. iddia*] 1. strittig, umstritten, angefochten 2. anspruchsvoll, großsprecherisch.

iddianame [ā, ā; *s. iddia*] Anklageschrift *f*.

iddiasız [*s. iddia*] anspruchslos, unaufdringlich, bescheiden, schlicht, einfach.

ideal, *-li* 1. Ideal *n* 2. ideal.

identik *a. math.* identisch.

identiklik *a. math.* Identität *f*.

idiği 1. *va.* = *olduğu* 2. ~ *gediği* ganze Last und Mühe.

İdil *n.pr.* 1. Wolga *f* 2. *wV*.

idiş 1. kastriert, verschnitten (*Tier*) 2. *spez.* Wallach *m*.

idman [ā] 1. Turnen *n* 2. Sportübung *f*, Training *n*; ~ *etm.* üben, trainieren; ~ *yapmak* turnen.

idmancı [ā] 1. guter Turner, gute Turnerin 2. sportlich gestählt.

idmanlı [ā] 1. = *idmancı* 2. (*bşe*) *fig.* gewöhnt (*an*), unempfindlich (*gegen*).

idracetmek [ā] [· x · ·] *log.* subsumieren.

idraç, *-cı* [ā] *log.* Subsumtion *f*.

idrak, *-ki* [ā] 1. Wahrnehmung *f* 2. Verständnis *n* 3. Erleben *n* 4. Erreichen *n*; ~ *etm.* 1. wahrnehmen, perzipieren 2. verstehen, begreifen, einsehen 3. erfahren, erleben 4. erreichen (*z.B. best. Alter*).

idrakli [ā] verständig, einsichtig.

idrar [ā] 1. Harn, Urin *m* 2. Harnen, Urinieren *n*; ~ *sökmesi* Harnausscheidung, Diurese *f*; ~ *söktürücü* harntreibend, diuretisch; ~ *şekeri* Zuckerausscheidung *f im Harn*; ~ *tahlili* Harnanalyse *f*; ~ *zoru* (*od. zorluğu*) Harnbeschwerden *pl.*, *spez.* Zystitis *od.* Uretritis *f*.

İdris *n.pr.* 1. Enoch *m* (*Bibel*) 2. *mV.*; ♀ *ağacı bot.* Weichselkirschbaum *m*.

ifa [- -] Ausführung *f*; ~ *etm.* genügen (*z.B. e-r Pflicht*), ausführen (*z.B. Befehl*), erfüllen (*z.B. Wunsch*), halten, wahrmachen (*z.B. Versprechen*); ~ *yeri jur.* Erfüllungsort *m*; ~ *yerini tutan eda jur.* Leistung *f* an Erfüllungsstatt; *ademi* ~ Nichterfüllung *f*.

ifade [ā] 1. *a. math.* Ausdruck *m* 2. Aussage, (*abgegebene*) Erklärung, (*subjektive*) Darstellung *f* 3. V Sache, Angelegenheit, Geschichte *f* 4. *Beh.* Weisung *f*; ~ *etm.* 1. ausdrücken 2. aussagen, erklären, besagen, darstellen; ~ *vasıtası* (*sprachliches*) Ausdrucksmittel; ~ *vermek* e-e Aussage machen; ~ *vurgusu gr.* logischer Akzent; *-si mazbut* überaus treffend (*Ausdruck*), glänzend (*Stil*); *-sini almak* 1. *j-n* verhören 2. V sich *j-s* Kummer anhören; *ifadei cebriye* algebraischer Ausdruck *m*; *ifadei meram etm.* sich verständlich machen können.

ifadelendirmek [ā] benennen, bezeichnen.

ifadeli [ā] 1. mit e-r best. Ausdrucksweise 2. *pr.* glänzend stilisiert 3. *Beh.* von e-r best. Stelle kommend (*Weisung*).

ifakat, -ti [· - ·] Genesung *f*; ~ *bulmak* genesen.

iffet, -ti 1. Keuschheit, Tugend, Sittsamkeit *f*, Anstand *m* 2. *selt.* Ehrenhaftigkeit *f* 3. ♀ *wV.*; ~ *ehli* 1. unbescholten 2. ehrenhaft; *-e tecavüz* unzüchtige Handlung.

iffetli 1. keusch, tugendhaft, sittsam, anständig, züchtig 2. ehrenhaft, unbestechlich.

iflâh Errettung, Erlösung *f*; ~ *etm.* erretten, erlösen (*Gott*).

iflâs 1. Zahlungsunfähigkeit, Insolvenz *f*, Bankrott, Konkurs *m* 2. *fig.* Zusammenbruch *m*; ~ *bürosu jur.* Gläubigerausschuß *m*; ~ *dairesi* Konkursamt *n*; ~ *etm.* (*od. -a çıkmak*) 1. Bankrott machen, in Konkurs gehen 2. *fig.* zusammenbrechen, scheitern, zerrinnen; ~ *kararı* Konkurserklärung *f*; ~ *masası* Konkursmasse *f*; *-ın kaldırılması jur.* Aufhebung *f* des Konkursverfahrens; *-ına karar vermek* (*b-nin*) *jur.* *j-n* für bankrott erklären.

ifragat, -tı [ā, ā] *biol.* Auswurf *m*.

ifrağ [ā] 1. *biol.* Ausscheidung, Exkretion *f* 2. Umwandlung, Umgestaltung *f*; ~ *etm.* 1. *biol.* ausscheiden 2. umwandeln, umgestalten (*z.B. umbauen*).

ifrat, -tı [ā] Übermaß *n*, Übertreibung, Übersteigerung *f*, übermäßiger Genuß; ~ *derecede* übermäßig, übertrieben; ~ *etm.* übertreiben, übersteigern, ins Extrem treiben; ~ *ve tefrit* Zuviel- und Zuwenig-Tun *n*, Extreme *pl.* des Handelns; *-tan tefrit(e)* von e-m Extrem ins andere.

ifratçı *s. müfrit.*

ifraz [ā] 1. Ausscheiden, Absondern, Abtrennen, Entfernen *n* 2. Parzellierung *f* 3. *biol.* Absonderung, Sekretion *f*; ~ *etm.* 1. ausscheiden, abtrennen 2. parzellieren 3. *biol.* absondern, sezernieren.

ifrit, -ti [· -] 1. böser Geist; Dämon *m* 2. sehr zornig, wütend, rasend; ~ *kesilmek* (*od. olm.*) in höchste Wut geraten.

ifsadat, -tı [ā, ā] *pl.* Umtriebe *pl.*

ifsadetmek [ā] [· x · ·] 1. zerstören, verderben, untergraben 2. hetzen, die politische Atmosphäre vergiften.

ifsat, -dı [ā] 1. (*Zer-*)Stören, Verderben, Untergraben *n* 2. Umtriebe *pl.*, hetzerische Tätigkeit.

ifsatçı *s. müfsit.*

ifşa [ā] Kundtun *n*; ~ *alâmetleri* verräterische Anzeichen *pl.*; ~ *etm.* ausplaudern, verraten, kundtun, enthüllen, preisgeben.

iftar [ā] 1. Ende *n* e-s Fastentages 2. Abendmahlzeit *f* (*im Ramazan*); ~ *etm.* mit dem Fasten aufhören (*bei Sonnenuntergang*); ~ *topu allabendlich im Ramazan abgefeuerter* Kanonenschuß *m* (*der das Ende des Fastens anzeigt*).

iftarlık [ā] 1. Abendimbiß *m* (*im Ramazan*) 2. hierfür geeignet *od.* bestimmt 3. *fig.* sehr wenig.

iftihar [ā] berechtigter Stolz; ~ *etm.* (*bşle*) berechtigtermaßen stolz sein (*auf*).

iftikar [ā] Entbehrung, Not *f*, Mangel *m*; ~ *etm.* (*bşe*) bedürfen, benötigen, entbehren.

iftira [ā] (*ungerechtfertigte*) Verdächtigung; ~ *etm.* (*od. atmak*) verdächtigen, bezichtigen, fälschlich beschuldigen, verleumden.

iğ 1. Spindel *f* 2. (*Wagen-, Rad-*) Achse *f*.

iğbirar [ā] 1. (*urspr.*) Staubig-Werden *od.* -Sein 2. Beleidigung, Verstimmung *f*; *-ı mucip olmak* kränkend (beleidigend) wirken.

iğde *bot.* 1. Ölweide *f* 2. Frucht der Ölweide.

iğdiç, iğdiş *s. idiş.*

iğfal, *-li* [ā] 1. Verführung *f* 2. Täuschung *f*; ~ *etm.* 1. verführen, verleiten 2. täuschen, betrügen.

iğiliç, *-ci bot.* Cuscuta, Klebe *f.*

iğilmek *s. eğilmek.*

iğlâk, *-kı* 1. Entstehenlassen *n* von Unklarheit *od.* Verwirrung 2. verworrener Stil.

iğmek *s. eğmek.*

iğne 1. Nadel, *spez.* Nähnadel *f* 2. Schmucknadel *f* 3. Zündnadel *f*, Schlagbolzen *m* 4. Kompaßnadel *f* 5. Zeiger *m* (*an e-m Instrument*) 6. Grammophonnadel *f* 7. Injektionsnadel *f*; Injektion *f* 8. Stachel *m* (*bei Bienen, Skorpionen usw.*); 9. *bot.* (*Blumen-*)Griffel *m* 10. Angelhaken *m*; ~ *atsan yere düşmez fig.* es herrscht(e) ein furchtbares Gedränge; ~ *deliği* 1. Nadelöhr *n* 2. Nadelstich *m*; ~ *deliğinden Hindistanı seyretmek fig.* es faustdick hinter den Ohren haben; ~ *gözü* (*od. kulağı*) Nadelöhr *n*; ~ *ile kuyu kazmak fig.* 1. e-e Sisyphusarbeit verrichten 2. sich ungeschickt anstellen (*bei e-r Arbeit*); ~ *iplik fig.* nur mehr Haut und Knochen; ~ *vurmak* (*od. yapmak*) (*b-ne*) *j-m* e-e Injektion verabfolgen; ~ *yapraklı orman* Nadelwald *m*; ~ *yutmuş köpeğe dönmek fig.* totmüde sein; *-den ipliğe* (*od. sürmeye*) *kadar* bis in die kleinsten Einzelheiten.

iğneardı, *-nı* Steppstich *m.*

iğnedan(lık) [ā], **iğneden(lik)** *s. iğnelik.*

iğnelemek 1. mit Nadeln (durch-)stechen 2. mit Nadeln befestigen; annadeln 3. *fig.* anzügliche Reden führen (*über*).

iğnelenmek 1. *Pass. zu iğnelemek* 2. e-n scharfen, stechenden Schmerz verspüren.

iğneleyici anzüglich, spöttisch, bissig.

iğneli 1. mit *iğne* ausgestattet 2. spitz, scharf, stechend, spöttisch, anzüglich (*Bemerkung*); ~ *fıçı* „Stachelfaß" *n* (*angeblich früheres Marterinstrument*); ~ *fıçıda olm.* 1. gemartert, gepeinigt werden 2. *fig.* verschandelt, verhunzt werden; ~ *söz* anzügliche Bemerkung.

iğnelik Nadelbüchs·chen, Nadelkissen *n.*

iğrenç, *-ci* 1. ekelhaft, widerlich, widerwärtig, abscheulich 2. *selt.* = *iğrengen.*

iğrendirmek anekeln.

iğrengen wer leicht Ekel empfindet; überempfindlich.

iğrenmek (*bşden*) Ekel empfinden (*bei, über*); sich ekeln (*vor*).

iğrenti Ekel *m.*

iğreti *s. eğreti.*

iğri *s. eğri.*

iğribüğrü *s. eğribüğrü.*

iğrilik *s. eğrilik.*

iğrilmek *s. eğrilmek.*

iğtinam [ā] 1. Beutemachen *n* 2. Ausnutzung *f* (*e-r Gelegenheit*); ~ *etm.* 1. erbeuten; aufbringen (*z.B. Schiff*) 2. sich zunutze machen (*z.B. Gelegenheit*); ~ *hakkı* Beute-, Prisen·recht *n.*

ihale [ā] 1. Auftrags·erteilung, -vergebung *f* 2. Zuschlag *m* (*bei Ausschreibungen*); ~ *etm.* verdingen, vergeben (*als Auftrag*).

ihanet, *-ti* [ā] Verrat *m*; ~ *etm.* (*m. Dat.*) verraten, betrügen.

ihata [· - ·] 1. Umgeben *n* 2. Begreifen *n* 3. genaue Kenntnis; ~ *çemberi* Einschließungsring *m*; ~ *etm.* 1. umgeben, einfassen, einkreisen, umzingeln 2. begreifen, erfassen 3. beherrschen, genau kennen (*Materie*).

ihatalı [· - · ·] 1. weitläufig, ausgedehnt 2. mehrdeutig 3. einsichtsvoll, aufgeschlossen.

ihbar [ā] 1. Benachrichtigung, Mitteilung *f*, Bescheid *m* 2. Anzeige, Denunziation *f* 3. *H.* Avis *n* 4. *jur.* Mahnung *f*; ~ *etm.* 1. benachrichtigen, mitteilen 2. denunzieren 3. *H.* avisieren 4. *jur.* e-e Mahnung zukommen lassen.

ihbariye [ā] 1. schriftliche Benachrichtigung 2. schriftliche Denunziation 3. *H.* Avis *n* 4. *jur.* schriftliche Mahnung 5. Belohnung *f* für e-e Denunziation.

ihbarname [ā, ā] = *ihbariye* (1—4).

ihdas [ā] 1. Hervorbringen *n* 2. Ausstellung *f* (*z.B. e-s Schecks*); ~ *etm.* 1. hervorbringen, erzeugen, erfin-

den, (er)schaffen 2. ausstellen, ausfertigen 3. machen; in den Weg legen (*z.B. Schwierigkeit*); ~ *hakkı jur.* Gestaltungsrecht *n*.
ihkak, -*kı* [ā] *a. ihkakı hak* Widerfahrenlassen *n* von Gerechtigkeit *f*; *ihkakı hak etm.* Gerechtigkeit widerfahren lassen.
ihlâl, -*li* 1. Störung *f* 2. Verletzung (*z.B. e-s Vertrags*); ~ *etm.* 1. stören, beeinträchtigen 2. verletzen.
ihlâs 1. Aufrichtigkeit *f* 2. unerschütterlicher Glaube.
ihlil [· -] *an.* Harnröhre, Urethra *f*.
ihmal, -*li* [ā] 1. Vernachlässigung *f* 2. *jur.* Fahrlässigkeit *f*; ~ *etm.* vernachlässigen, nicht beachten; -*e gelmek* vernachlässigt werden.
ihmalci, ihmalkâr [ā] nachlässig, fahrlässig.
ihracat, -*tı* [· - -] (*Gesamt-*)Ausfuhr *f*, Export *m*; ~ *evi* Exportfirma *f*; ~ *malları* Ausfuhrgüter *pl.*; ~ *yapmak* Export treiben; exportieren.
ihracatçı [ā, ā] Ausfuhrhändler, Exporteur *m*.
ihracatçılık [ā, ā] Ausfuhr-, Export-handel *m*.
ihracetmek [· - · ·] 1. ausführen, exportieren 2. (*askerlikten*) entlassen 3. auflegen (*z.B. Anleihe*) 4. ausgeben (*z.B. Banknoten*) 5. aus-schließen, -stoßen (*z.B. aus e-r Partei*) 6. landen *tr.* (*z.B. Truppen*) 7. ausladen.
ihraç, -*cı* [ā] 1. Export *m* 2. (*askerlikten*) Entlassung 3. Auflegung *f* (*z.B. e-r Anleihe*) 4. Emission *f* (*z.B. von Aktien*) 5. Ausschluß *m* (*aus e-r Gemeinschaft*) 6. Landung *f* (*von Truppen*) 7. Ausladung *f*; ~ *bankası* Emissionsbank *f*; ~ *kıtaları mil.* Landetruppen *pl.*
ihram [ā] 1. Toga *f* (*im Altertum*); *ar.* Burnus *m* 3. ungenähtes Gewand *der Mekkapilger* 4. *wollene* Überschlagdecke; -*a girmek* das Kaaba-Gewand anlegen.
ihraz [ā] 1. Erlangung *f* 2. *jur.* Aneignung *f*; ~ *etm.* 1. erreichen, gewinnen, erringen, erlangen 2. *jur.* sich aneignen.
ihsan [ā] 1. Erweisung *f* von Wohltaten 2. Wohltat *f* 3. *huldvolles* Geschenk; 4. ♀ [x ·] *mV. und wV.*; ~ *etm.* 1. huldvoll gewähren 2. e-e Gefälligkeit erweisen; -*a garketmek* überreichlich beschenken.
ihsas [ā] 1. Durchblickenlassen *n* 2. sensorielle Wahrnehmung; ~ *etm.* zu verstehen geben.
ihtar [ā] 1. *va.* Erinnern *n* 2. Mahnung, Warnung, Aufforderung *f* 3. zur Beachtung! 4. (*cezası*) Verwarnung *f*, Verweis *m* (*in der Schule*); ~ *etm.* 1. *va.* erinnern 2. (er)mahnen, (ver)warnen, auffordern; ~ *vermek* (*od.* -*da bulunmak*) e-n Verweis erteilen.
ihtarname [ā, ā] 1. schriftliche Verwarnung 2. Mahnschreiben *n* 3. *jur.* = *protesto*.
ihtısas [ā] 1. Fachwissen *n* 2. fachwissenschaftliche Ausbildung; ~ *sahibi* Spezialist, Fachmann, Experte *m*; ~ *yapmak* e-e Spezialausbildung durchmachen.
ihtibas [ā] 1. Eingeschlossen-Sein *n* 2. *psych.* Verdrängung *f* (*in das Unterbewußtsein*).
ihticacetmek [· · - · ·] (*bşle*) argumentieren (*mit*); sich berufen (*auf*).
ihticaç, -*cı* [ā] Argumentation *f*; -*a salih olma jur.* Glaubwürdigkeit *f*.
ihtida [ā] Übertritt *m* zum Islam.
ihtifal, -*li* [ā] (*Gedenk-*, *Erinnerungs-*)Feier, Zeremonie, Feierlichkeit *f*; ~ *yapmak* e-e Feier veranstalten.
ihtikan [ā] 1. Blutandrang *m*, Kongestion *f* 2. Einlauf *m*, Klistier *n* 3. Irrigator *m* 4. Injektion *f*.
ihtikâr Wucher *m*, Horten *n* (*von Waren*); -*la mücadele* Kampf *m* gegen die Preisspekulation.
ihtikârcı Wucherer *m*.
ihtilâcetmek [· · - · ·] Zuckungen *od.* Krämpfe bekommen.
ihtilâcî konvulsivisch.
ihtilâç, -*cı* Zuckung, Konvulsion *f*, Krampf *m*.
ihtilâf 1. Auseinandergehen, Nichtübereinstimmen *n* 2. *spez.* Meinungsverschiedenheit *f* 3. *jur.* Streit *m*, Streitigkeit *f*, Konflikt, Rechtsfall, Prozeß *m*.
ihtilâflı strittig, umstritten.
ihtilâl, -*li* 1. bewaffneter Aufstand; Aufruhr *m*, Empörung, Revolte, Revolution *f* 2. *va.* Unordnung, Störung *f*; ~ *çıkarmak* revoltieren.
ihtilâlci Aufständische(r), Rebell, Revolutionär *m*.
ihtilâm *med.* Pollution *f*; ~ *olm.* e-e Pollution haben.
ihtilâs Veruntreuung, Unterschla-

gung *f*; ~ *etm.* veruntreuen, unterschlagen.

ihtilât, *-tı* 1. Komplikation *f* (*e-r Krankheit*) 2. Umgang, Verkehr *m* (*spez. mit der Außenwelt*) 3. Vermischung *f*; ~ *etm.* 1. e-e Komplikation erfahren (*Krankheit*) 2. (*b-le*) verkehren, Umgang haben (*mit*) 3. *chem.* sich vermengen, sich vermischen; *-tan memnu* isoliert (*Sträfling*).

ihtimal, *-li* [ā] 1. Möglichkeit, Eventualität *f*, Fall *m* 2. Wahrscheinlichkeit *f* 3. möglicherweise, vielleicht; ~ *vermek* (*bşe*) *et.* für wahrscheinlich halten; *her -e karşı* für alle Fälle.

ihtimalî [ā] 1. eventuell, möglich 2. problematisch (*z.B. Urteil*) 3. Wahrscheinlichkeits-; ~ *hesap* Wahrscheinlichkeitsrechnung *f*.

ihtimam [ā] 1. Sorge, Sorgfalt, Mühe *f*, Fleiß *m* 2. Fürsorge, liebevolle Pflege *f*; ~ *etm.* (*od. göstermek*) 1. Sorgfalt an den Tag legen 2. sorgen (*für*), pflegen.

ihtimamlı [ā] sorgfältig (*Person od. Sache*).

ihtimamsız [ā] nachlässig (*Person od. Sache*).

ihtira, *-aı* [ā] Erfindung *f* (*spez. kleinerer techn. Dinge*); ~ *beratı* Patent *n*; ~ *beratları ofisi* Patentamt *n*; ~ *etm.* erfinden.

ihtirak, *-ki* [ā] Brennen *n*, Verbrennung *f*.

ihtiraklı [ā] Brenn-, Verbrennungs-; ~ *motör* Verbrennungsmotor *m*; ~ *tapa* Brennzünder *m*.

ihtiram [ā] (*Hoch-*)Achtung *f*, Respekt *m*, Verehrung *f*, erwiesene Ehre; ~ *bölüğü* Ehrenkompanie *f*; ~ *etm.* (ver)ehren; ~ *göstermek* seine Ehrerbietung bezeugen; ~ *kıtası* Ehrenwache *f*.

ihtiras [ā] 1. *mel.* Eifer *m*, Feuer *n*, Begeisterung *f* 2. *pej.* Gier, Begierde, Sucht *f* 3. Ehrgeiz *m*.

ihtiraz [ā] 1. (*bşden*) (*Ver-*)Meiden, Sich-Hüten *n*, Enthaltung *f* 2. Vorsicht *f*; ~ *etm.* sich hüten, sich in acht nehmen, (ver)meiden, sich enthalten.

ihtirazi [· · - -] Vorsichts-, Vorbeugungs-; *s. kaydı ihtirazi.*

ihtirazlı [ā] vorsichtig, reserviert, zurückhaltend; ~ *davranmak* Vorsicht üben; sich reserviert verhalten.

ihtisar [ā] 1. Abkürzen *n* 2. *math.* Reduktion *f*; ~ *etm.* 1. (ab-, ver-) kürzen 2. *math.* vereinfachen, kürzen, reduzieren.

ihtisas [ā] 1. Gefühl *n*, Empfindung *f* 2. Eindruck *m*.

ihtişam [ā] Pomp, Prunk *m*, Pracht *f*.

ihtişamlı [ā] pompös, prunkvoll, prächtig.

ihtiva [ā] Enthalten, Fassen *n*; ~ *etm.* enthalten, in sich fassen *od.* schließen.

ihtiyaç, *-cı* [ā] 1. Bedürfnis *n*, Bedarf *m*, Notwendigkeit *f* 2. Armut, Not, Bedürftigkeit *f*; ~ *maddeleri* das zum Leben unbedingt Notwendige; elementarste Lebensbedürfnisse *pl.*; *-ı karşılamak* den Bedarf decken; *-ı olm.* (*bşe*) benötigen, brauchen.

ihtiyar[1] [ā] 1. alt, betagt, bejahrt 2. alter Mann; Greis *m*; ~ *meclisi* (*od. heyeti*) *jur.* Ältestenrat *m*; ~ *yaşında* im (hohen) Alter.

ihtiyar[2] [ā] 1. (*Aus-*)Wahl *f* 2. Entscheidungsrecht *n*, Freiheit *f* der selbständigen Wahl, Option *f*; ~ *etm.* 1. wählen; sich entschließen (*für*), einschlagen (*Weg*) 2. auf sich nehmen; sich *e-r Sache* unterziehen; *-ı elinden gitmek* F die Selbstbeherrschung verlieren.

ihtiyari [· · - -] 1. freiwillig, wahlfrei, fakultativ 2. willentlich, beabsichtigt; ~ *durak* Bedarfshaltestelle *f*; ~ *hacir jur.* Entmündigung *f* auf eigenes Begehren; *gayriihtiyari* ungewollt, unwillkürlich, unbeabsichtigt.

ihtiyarlamak 1. altern 2. altersschwach werden.

ihtiyarlık 1. (*Greisen-*)Alter *n* 2. Altersschwäche *f*; ~ *alâmeti* Alterserscheinung *f*; ~ *hali* Gebrechlichkeit *f*.

ihtiyat, *-tı* [ā] 1. Vorsicht, Behutsamkeit *f* 2. Reserve *f*, Ersatz *m*; ~ *akçesi* 1. Rücklage, Reserve *f*, Spar-, Not·groschen *m* 2. Reserven *pl.* (*e-r Bank*), Reservefonds *m* (*e-r Gesellschaft*); ~ *bulundurmak* in Reserve haben; ~ *efrat* (*od. erler*) *mil.* Reservisten *pl.*; ~ *kaydı* Vorbehalt *m*; ~ *kuvvetleri* Ersatzkräfte *pl.*; ~ *parçaları* Ersatzteile *pl.*; ~ *payı* Deckung *f* (*z.B. bei Lombardierung*); ~ *zabiti va.* Reserveoffizier *m*; *-la* *telâkki etm.* mit Vorbehalt aufnehmen.

ihtiyaten [ā] *adv.* 1. vorsichtshalber 2. als Reserve (*Ersatz*).

ihtiyati [· · - -] 1. Vorsichts- 2. *jur.* vorsorglich, vorläufig, einstweilig; ~ *haciz jur.* dinglicher Arrest; ~ *kayıtla telâkki etm.* mit aller gebotenen Vorsicht aufnehmen (*z.B. Nachricht*); ~ *tedbirler* 1. Vorsichtsmaßnahmen *pl.* 2. *jur.* einstweilige Verfügung.

ihtiyatkâr [ā] vor-, um·sichtig, behutsam, bedächtig, zurückhaltend.

ihtiyatlı [ā] 1. = *ihtiyatkâr* 2. Ersatz-, Reserve-; ~ *davranmak* rechtzeitig Vorsorge treffen; umsichtig handeln.

ihtizar [ā] Todeskampf *m*, Agonie *f*; ~ *halinde olm.* im Sterben liegen; ~ *haline gelmek* in den Todeskampf eintreten.

ihtizaz [ā] Schwingung *f*; ~ *etm.* schwingen, vibrieren, oszillieren.

ihvan [ā] 1. *va.* Brüder *pl.* 2. *fig.* Mitbrüder, Genossen *pl.* 3. Freunde und Bekannte *pl.*; *ihvanı din* Glaubensbrüder *pl.*

ihya [ā] (*Wieder-*)Belebung *f*; ~ *etm.* (*wieder-*)beleben; auferstehen lassen, mit neuem Leben erfüllen.

ihzar [ā] 1. Vorbereiten, Bereitstellen *n* 2. Vorführung, Beibringung *f* (*von Zeugen*) 3. *psych.* Reproduktion *f* (*von Vorstellungen*); ~ *etm.* 1. vorbereiten, bereit·stellen, -halten 2. vorführen, beibringen; ~ *müzekkeresi jur.* Vorführungsbefehl *m*.

ihzari [· - -] 1. Vorbereitungs-, Vor- 2. *med.* prädisponierend; ~ *görüşmeler* Vorbesprechungen *pl.*; ~ *iplikhane* Vorspinnerei *f*; ~ *sınıf* Vorbereitungsklasse *f*.

ika, -aı [- -] Tun *n*, Begehung *f*; ~ *etm.* tun, machen, zufügen (*z.B. Schaden*), begehen (*z.B. Verbrechen*), verursachen, herbeiführen.

ikame [ā] 1. Aufstellung, Plazierung *f* 2. Anhängigmachen *n* (*e-s Prozesses*) 3. *chem.* Substitution *f* 4. *jur.* Ersatz- und Nach·erbeneinsetzung *f* 5. *selt.* Aufstehen-Lassen *n*; ~ *etm.* 1. auf-, hin·stellen, plazieren 2. anstrengen (*Prozeß*) 3. *math.* erheben (*z.B. in e-e Potenz*) 4. *selt.* aufstehen lassen.

ikamet, -ti [ā] 1. Aufenthalt *m*, Wohnen *n* 2. *mil.* Unterkunft *f*; ~ *beyannamesi jur.* polizeiliche Anmeldung; ~ *etm.* sich aufhalten, wohnen; ~ *mahalli* Wohnsitz *m*; ~ *tezkeresi* polizeilicher Aufenthaltsschein (*für Ausländer in der Türkei*).

ikametgâh [ā] 1. Aufenthaltsort, Wohnsitz *m*, Wohnung *f*, Sitz *m* (*juristischer Personen*) 2. Ruhestätte *f*; ~ *mahallesi* Wohnbezirk *m*.

ikametgâhlı domiziliert (*Wechsel*).

ikaz [- -] Aufmerksammachen *n*, Warnung *f*; ~ *etm.* aufmerksam machen, warnen, die Augen öffnen; ~ *işareti* Warnzeichen *n*.

ikbal, -li [ā] 1. Gunst *f* des Schicksals; Glück *n* 2. Innehaben *n* e-r Stellung 3. *älterer Hfl.* Wunsch *m*, Lust *f* 4. *fr. Odaliske, die Aussicht hatte, Gemahlin des Sultans zu werden* 5. ♀ *wV.*; ~ *düşkünü* Enterbter *m* des Glücks.

ikdam [ā] 1. (*Arbeits-*)Eifer, Fleiß *m* 2. Beharrlichkeit, Ausdauer *f* 3. ♀ *n.pr. führende osman. Zeitung um die Jahrhundertwende.*

ikdar [ā] 1. Kraft-Verleihen, Befähigen *n* 2. Beschaffung *f* von Arbeit und Brot.

iken 1. (*temporal*) als, wenn 2. (*durativ*) solange als; während 3. (*konzessiv*) obwohl 4. (*adversativ*) während.

iki 1. zwei 2. Zwei *f* (*Sb. Zahl*); ~ *ağızlı* 1. zweischneidig 2. Doppellauf- 3. *fig.* doppelzüngig, wortbrüchig; ~ *arada kalmak fig.* sich zwischen zwei Stühle gesetzt haben; ~ *ayağını bir pabuca sokmak* 1. *j-n* zur Eile antreiben 2. überstürzt handeln; ~ *büklüm naut.* zweisträngig, zweikardeelig; ~ *büklüm olm. fig.* 1. vom Alter (ganz) gebeugt sein 2. sich (sehr) tief verbeugen; ~ *cami arasında kalmış beynamaz fig.* Buridans Esel *m*; ~ *dereceli intihap* indirekte Wahl; ~ *dirhem bir çekirdek* F geschniegelt und gebügelt; ~ *elim yanıma gelsin!* ich will auf der Stelle tot hinfallen (‚*wenn* ...); ~ *göz arasında* im Handumdrehen, im Nu; ~ *günde bir* jeden dritten Tag; ~ *kollu merdiven* Klappleiter *f*; ~ *misli* doppelt so viel; ~ *nokta* Doppelpunkt *m*; ~*şık* Alternative *f*; ~ *ucunu bir araya* (*od. bir yere*) *getirmek* 1. koordinieren 2. *mit et.* zurechtkommen 3. aus-, durch·kommen (*wirtschaftlich*); ~ *zamanlı motör* Zweitaktmotor *m*; *-de bir* (*od. birde*) häufig, immerfort; *-miz* wir beide; *-si aynı kapıya çıkar* das läuft auf das gleiche hinaus; *-ye ayırmak* halbieren.

ikikat zweifach, doppelt, zweimal, bi-.

ikilemek verdoppeln; ein zweites Exemplar beschaffen.

ikileşmek 1. sich verdoppeln 2. sich in zwei Teile spalten.

ikili 1. Zwei *f* (*Spk.*) 2. *mus.* Sekunde *f*.

ikilik 1. *fr. Silbermünze zu 80 Para* 2. Dualität, Zweiheit *f* 3. Zwietracht, Uneinigkeit, Trennung *f* 4. *mus.* halbe Note.

ikinci zweit-; ~ *bir işara kadar* bis auf weiteres; ~ *ferîk fr.* Generalleutnant *m*; ~ *kânun va.* Januar *m*; ~ *mülâzım va.* Leutnant *m*; ~ *müstecir jur.* Untermieter *m*; ~ *olarak* zweitens; ~ *seçmen* Wahlmann *m*; ~ *sınıf Papa elçisi* Internuntius *m*; ~ *şahıs gr.* zweite Person; ~ *teşrin va.* November *m*.

ikincilik Rang *m* des Zweiten; zweiter Preis *od.* Platz.

ikindi 1. Zeit *f* des Nachmittagsgebets 2. Nachmittagsgebet *n* 3. Nachmittag *m*.

ikindiyin [· · x ·] am Nachmittag.

ikişer je zwei.

ikiyaşayışlı Amphibium *n*.

ikiyüzlü 1. zweischneidig (*Schwert*) 2. zweiseitig, reversibel (*Stoff*) 3. *fig.* heuchlerisch, scheinheilig, hinterhältig 4. unbeständig, unzuverlässig.

ikiz 1. Zwilling *m*, Zwillinge *pl.* 2. Zwillings-, Doppel- 3. ♀ *fr. türk. Zigarettenmarke*; ~ *doğurmak* 1. Zwillinge zur Welt bringen 2. *fig.* heftige Qualen durchmachen; ~ *düğme* Doppelknopf *m*; ~ *ev* Zweifamilienhaus *n*; ~ *köprülü vinç* Zwillingslaufkran *m*.

İkizler *astr.* Zwillinge *pl.*

ikizli 1. mit Zwillingen gesegnet 2. Zwillings-, Doppel- 3. doppeldeutig.

iklim *s. ıklim.*

ikmal, *-li* [ā] 1. Vollendung *f* 2. Vervollkommnung *f* 3. Ausfüllung *f* (*von Lücken*) 4. Beseitigung *f* (*von Mängeln*) 5. Vervollständigung *f* 6. *mil.* Nachschub, Ersatz *m* 7. (*imtihanı*) Nach-, Wiederholungs-, Ergänzungs·prüfung *f*; ~ *etm.* 1. vollenden, fertigstellen, beenden 2. vervollkommnen 3. ausfüllen (*Lücken*) 4. abstellen, beseitigen (*Mängel*) 5. vervollständigen, ergänzen; ~ *kuvvetleri mil.* Verstärkungen *pl.*; *-e kalmak* sich e-r Nachprüfung unterziehen müssen (*Schüler*).

ikna, *-aı* [ā] 1. Überreden *n* 2. Überzeugen *n*; ~ *etm.* 1. überreden 2. überzeugen.

ikrah [ā] Abscheu, Ekel, Widerwillen *m*, Abneigung *f*; ~ *etm.* (*bşden*) *et.* verabscheuen, sich ekeln (*vor*); Widerwillen, Abneigung haben (*gegen*); ~ *getirmek* mehr und mehr verabscheuen; ~ *ve tehdit jur.* Furchterregung, Drohung, Nötigung *f*.

ikrahlık P = *ikrah.*

ikram [ā] 1. ehrenvolle Aufnahme und reichliche gastfreundliche Bewirtung 2. Nachlaß, Rabatt *m*; ~ *etm.* 1. ehrenvoll aufnehmen und reichlich bewirten (*Gast*) 2. e-n Nachlaß gewähren 3. schenken, spendieren.

ikramiye [ā] 1. außerordentliche Zuwendung; Gratifikation, Remuneration, Sonderzulage *f* 2. Abfindung *f* 3. Lotteriegewinn, Treffer *m* 4. (*Anleihen-*)Prämie *f*; ~ *kazanmak* in der Lotterie gewinnen.

ikrar [ā] 1. Geständnis *n* 2. *jur.* Anerkenntnis *f*; ~ *etm.* gestehen; ~ *ve yemin jur.* Geständniseid *m*.

ikraz [ā] Darlehen *n*, Beleihung *f*, Vorschuß *m*, Lombardierung *f*; ~ *etm.* Geld verleihen, ein Darlehen geben; ~ *edilen meblâğ* Beleihungssumme *f*; ~ *sandığı* Darlehenskasse *f*; ~ *ve istikraz* Darlehen und Anlehen (Anleihe).

ikrazen [ā] *adv.* in Form e-s Darlehens.

iks *Buchstabe* X, *x*; ~ *şuaları* Röntgenstrahlen *pl.*

iksa [ā] 1. *va.* Bekleiden *n* 2. *Holz- od. andere* Verkleidung 3. *mil.* Verkleidung *f*.

iksir [· -] Elixier *n*, Heiltrank *m*.

iktibas [ā] Übernahme, Entlehnung *f*; ~ *etm.* übernehmen, entlehnen, anführen, zitieren, nach-, ab·drukken, reproduzieren; ~ *hakkı* Reproduktionsrecht *n*.

iktidar [ā] 1. Macht, Kraft *f* 2. Befähigung *f*, Vermögen *n* 3. *sexuelle*

Potenz 4. *phys.* Potential *n* 5. Staatsführung *f*; ~ *mevkii* Regierungsgewalt *f*; *-ı ele geçirmek* ans Ruder kommen (*z.B. best. Partei*).

iktidarcı [ā] Anhänger(in *f*) *m* der Regierungspartei.

iktidarlı [ā] mächtig, fähig, imstande.

iktifa [ā] Sich-Begnügen *n*; ~ *etm.* (*bşle*) sich begnügen, sich bescheiden; zufrieden sein (*mit*).

iktiran [ā] 1. Annäherung *f* 2. *astr.* Konjunktion *f* 3. Erlangen, Erreichen *n*; ~ *etm.* (*m. Dat.*) 1. sich nähern 2. *astr.* in Konjunktion treten (*mit*) 3. finden (*z.B. Lösung*), erlangen, erreichen; eintreten (*z.B. in e-e Phase*).

iktisabetmek [· · - · ·] erwerben.

iktisadetmek [· · - · ·] 1. wirtschaften 2. sparen.

iktisadi [· · - -] 1. wirtschaftlich, Wirtschafts- 2. haushälterisch, sparsam; ~ *kalkınma* Wirtschaftsaufschwung *m*.

iktisadiyat, -tı [ā, ā] 1. Wirtschaftsleben *n* 2. Wirtschaftswissenschaft *f*.

iktisap, -bı [ā] Erwerben *n*, Erwerbung *f*, Erwerb *m*.

iktisat, -dı [ā] 1. Wirtschaft, Ökonomie *f* 2. Sparsamkeit *f*.

iktiza [ā] 1. Verlangen, Fordern *n* 2. Erfordernis *n*, Notwendigkeit *f*; ~ *etm.* erforderlich sein; *-sına göre* je nach Bedarf.

il 1. (*Vater-*)Land *n*, Heimat *f* 2. türk. Regierungsbezirk *m*, Wilajet *n*.

ilâ [â kurz] bis; ~ *âhirihi* (*Abk. ilh.*) usw., etc.; ~ *maşallah* so lang es Gott gefällt; ~ *nihaye* bis zum Ende.

ilâç, -cı [â kurz] 1. Arznei, Medizin *f* 2. P *chem. od. pharmazeutisches* Mittel 3. *hum.* Alkohol, Schnaps *m*.

ilâh Gott *m*, Gottheit *f*.

ilâh., **ilâhare** *s. ilâ âhirihi.*

ilâhe Göttin *f*, weibliche Gottheit.

ilâhi 1. [· - -] Gebetshymne *f* 2. [· x ·] mein Gott!; oh du ...; aber ...

ilâhî göttlich.

ilâhici Hymnensänger, Derwisch *m*.

ilâhiri *s. ilâ âhirihi.*

ilâhiyat, -tı [ā, ā] Theologie *f*.

ilâm [- -] 1. Bekanntgabe *f* 2. richterlicher Entscheid 3. Urteilsausfertigung *f* 4. Kenntlichmachung *f*; ~ *çıkartmak sich* die Abschrift e-r Urteilsausfertigung ausstellen lassen; ~ *etm.* offiziell benachrichtigen; ~ *harcı* Gebühr *f* für e-e Zweitschrift der Urteilsausfertigung.

ilân [- -] 1. öffentliche Bekanntmachung 2. Anzeige *f*, Inserat *n* 3. Reklamezettel *m* 4. Ausrufung, Proklamation *f* 5. Erklärung *f*; ~ *etm.* 1. öffentlich bekanntmachen 2. inserieren, annoncieren 3. ausrufen, proklamieren 4. erklären 5. verhängen (*Belagerungszustand*); ~ *pulu* Gebührenmarke *f* (*auf Speisekarten usw.*); *ilânı aşk* Liebeserklärung *f*.

ilârya *zo.* dünnlippige Meeräsche.

ilâve 1. Hinzufügung *f*, Zusatz *m* 2. Beilage, Zugabe *f* 3. Anbau *m* 4. Sonderbeilage *f*; ~ *etm.* 1. hinzufügen 2. beilegen 3. anbauen; ~ *parçası techn.* Ansatzstück *n*.

ilbay *s. vali.*

ilca [ā] 1. Zwingen *n*, Zwang *m* 2. Impuls, Antrieb *m*; ~ *etm.* zwingen.

ilçe *s. kaymakamlık, kaza.*

ilçebay *s. kaymakam* (2).

ile (*bzw. -le, -la*) 1. mit, mittels, durch 2. infolge, auf ... hin 3. zusammen mit; und; gerade als ... 4. -weise 5. in Form von ...

ilelebet für alle Zeit.

ilelmerkez zentripetal.

ilenç, -ci Fluch *m*, Verwünschung *f*.

ilenmek (*m. Dat.*) verfluchen, verwünschen.

ilerde *s. ileride.*

ileri 1. nach vorne liegender Raum 2. weiterer Verlauf 3. Zukunft *f* 4. nach vorne, weiter vor 5. vorderst-; Vor- 6. vorgehend (*Uhr*) 7. fortschrittlich 8. Vorwärts!; ~ *almak* nach vorne nehmen 2. *fig.* mit e-m hohen Amt betrauen; ~ *bak! mil.* Augen geradeaus!; ~ *doğru sürmek* (*od. kaydırmak*) *mil.* vorverlegen (*z.B. Front*); ~ *gitmek* 1. *mel.* Fortschritte machen 2. *pej.* zu weit gehen; ~ *hareket mil.* Vormarsch *m*; ~ *kaymak Fb.* aufrücken (*Verteidiger*); ~ *olm.* (*m. Abl.*) übertreffen; ~ *pas Fb.* Vorlage *f*; ~ *sürmek* 1. nach vorne schieben 2. vorbringen, behaupten, vorschützen 3. vorschlagen; *-sini düşünmek* Eventualitäten einkalkulieren; *-ye almak* vorstellen (*Uhr*).

ilerici fortschrittlich gesinnt.

ileride 1. vorne 2. in Zukunft 3. hochgestellt (*Persönlichkeit*).

ilerigelen prominent, führend.
ilerigelmek (*m. Abl.*) entstehen (*aus*).
ilerlek 1. fortgeschritten 2. progressiv.
ilerleme *Vs. zu ilerlemek, spez.* Fortschritt *m.*
ilerlemek 1. vorwärts gehen 2. sich vertiefen (*z.B. Freundschaft*) 3. gefährlicher werden (*z. B. Krankheit*) 4. Fortschritte erzielen 5. avancieren; befördert werden.
iletmek 1. wegbringen 2. *phys. chem.* leiten.
ilga [ā] Abschaffung, Aufhebung *f*; ~ *etm.* abschaffen, aufheben, annullieren, beseitigen, auflösen, außer Kraft setzen.
ilgi 1. Verhältnis *n*, Beziehung, Relation *f*, Zusammenhang *m* 2. Interesse *n* 3. *chem.* Affinität *f*; ~ *göstermek* sich interessieren.
ilgilendirmek 1. interessieren 2. betreffen.
ilgilenmek (*bşle*) Interesse haben (*für*).
ilgili 1. interessiert 2. zuständig 3. beteiligt (*an*) 4. verwickelt (*in*).
ilgisiz 1. interesselos, desinteressiert 2. uninteressant.
ilh. *Abk. für ilâ âhirihi.*
ilhak, -kı [ā] 1. Vereinigung *f* (*mit*), Anschluß *m* (*an*) 2. *pej.* Annexion *f*; ~ *etm.* 1. vereinigen (*mit*), anschließen (*an*) 2. *pej.* annektieren.
ilham [ā] 1. Inspiration *f* 2. Anregung *f*; ~ *almak* inspiriert (*angeregt*) werden (*durch*); ~ *etm.* inspirieren, anregen; ~ *perisi* Muse *f* (*der Dichtkunst*).
ilhan 1. *fr.* Kaiser, Herrscher *m* 2. ♀ *mV.*
ilhat, -dı [ā] Ketzerei *f*, Irrglaube *m*.
ilik, -ği 1. (*Knochen-*)Mark *n* 2. Knopfloch *n* 3. F (*a.* ~ *gibi*) *a*) delikat *b*) charmant; ~ *gibi pişmiş* (*od. olmuş*) 1. sehr gut gekocht 2. *fig.* tadellos; *-ğini kemirmek* (*b-nin*) *j-n* bis auf den letzten Blutstropfen aussaugen; *-ğini kurutmak* (*b-nin*) *fig.* (*e-m*) auf die Nerven gehen.
iliklemek zuknöpfen.
ilim, -lmi 1. *va.* Wissen *n* 2. Wissenschaft *f*; ~ *adamı* Wissenschaftler, Gelehrter *m*; ~ *ve irfan z. va.* Wissen und Bildung.
ilimcilik wissenschaftliche Forschung.
ilinti 1. Verhältnis *n*, Beziehung, Zugehörigkeit *f* 2. Heftnaht *f*.
ilişik 1. anliegend, beigefügt 2. betreffend 3. Zusammenhang *m*, Verbundenheit *f* 4. *z. va.* Stockung, Störung *f*, toter Punkt; *-ği kalmamak* 1. (*b-le*) nichts mehr zu tun haben (*mit*) 2. (*bir işin*) glatt gehen.
ilişki gegenseitige Beziehung.
ilişmek (*m. Dat.*) 1. hängenbleiben (*an*) (*z. B. beim Vorübergehen*) 2. anfassen 3. stören 4. erwähnen 5. warten, sich setzen.
ilk, -ki 1. erst-, nächst- 2. Anfangs-, Grund- 3. primär; ~ *ağızda* 1. auf den ersten Anhieb 2. (*a.* ~ *ağızdan*) zuerst, zunächst; ~ *gözağrısı* 1. erste Liebe, F Flamme *f* 2. erstgeborenes Kind; ~ *hamlede* beim ersten Ansturm; ~ *önce* zuallererst; ~ *tahkikat jur.* gerichtliche Voruntersuchungen *pl.*; ~ *tahsil* Volksschul·ausbildung *f*, *od.* -besuch *m*.
ilka [ā] 1. Hineinwerfen *n* 2. Suggerieren *n* 3. Aufstacheln *n*; ~ *etm.* 1. hinein·werfen, -bringen, -stürzen 2. suggerieren 3. aufstacheln.
ilkah [ā] 1. Befruchtung, Bestäubung, Konzeption *f* 2. Einspritzung, Impfung *f*; ~ *etm.* 1. befruchten, bestäuben 2. einspritzen, impfen.
ilkbahar Frühling *m*.
ilkçağ Altertum *n*.
ilke 1. Element *n*, Grundstoff *m* 2. 1. ursprünglich; ältest- 2. primitiv (*geblieben*).
ilkin [x ·] anfangs, zuerst.
ilkkânun *va.* Dezember *m*.
ilkmadde Roh·stoff *m*, -material *n*.
ilkmektep *s. ilkokul.*
ilkokul Volks-, Grund·schule *f*.
ilköğretim 1. Volksschulunterricht *m* 2. Volksschulwesen *n*.
ilkörnek Archetyp *m*, Urbild *n*.
ilkteşrin [· · -] *va.* Oktober *m*.
illâ [x -] 1. auf jeden Fall 2. andernfalls 3. besonders; ~ *ve lâkin* andererseits aber.
illâllah [x · -] (*Ausdruck des Überdrusses*) mein Gott!; Herrgott!
ille [x ·] *s. illâ.*
illet, -ti 1. Krankheit *f* 2. Gebrechen *n*, Defekt *m* 3. Ursache *f*, (*Real-*)Grund *m*.
illiyet, -ti Kausalzusammenhang *m*.
illiyin [· · -] (*isl. Myth.*) *höchste Paradiesstufe.*
ilmek *s. ilmik.*

ilmî 1. wissenschaftlich 2. *fr.* dem geistlichen Stand angehörend; ~ *içtihat* Rechtslehre, Jurisprudenz *f*; ~ *yardımcı* 1. wissenschaftlicher Hilfsarbeiter 2. beauftragte (*jüngere*) Lehrkraft (*an e-r Universität*); *gayriilmî* unwissenschaftlich.
ilmihal, *-li* [ā] Katechismus *m*.
ilmik Schlinge *f*, Laufknoten *m*, lose geschlungener Knoten.
ilmiyet, *-ti* Wissenschaftlichkeit *f*.
ilmühaber 1. Personalpapier *n* 2. *mil.* Soldbuch *n* 3. Quittung *f* 4. Memorandum *n*.
iltibas [ā] Verwechslung *f od.* Möglichkeit *f* e-r Verwechslung; *-a düşmek et.* verwechseln; *-a mahal kalmamak üzere* um eventuellen Verwechslungen vorzubeugen.
iltibaslı [ā] 1. was zu Verwechslungen Anlaß bietet 2. was leicht *miteinander* verwechselt wird.
iltica [ā] Zufluchtsuchen *n*; ~ *etm.* 1. Zuflucht suchen; (*sich*) flüchten 2. (*b-ne*) *j-n* um Asyl bitten; ~ *hakkı* Asylrecht *n*.
ilticagâh [ā] Zufluchtsort *m*.
iltifat , *-tı* [ā] 1. (*urspr.*) Zuwendung *f* des Gesichtes 2. *va.* Achtgeben *n* 3. *va.* = *iltifatname* 4. Liebenswürdigkeit *f* 5. *rhet.* unerwartetes Apostrophieren; ~ *etm.* 1. (*urspr.*) schauen, blicken 2. *va.* achtgeben 3. Liebenswürdigkeit an den Tag legen 4. (*b-ne*) freundliche Worte richten (*an*) 5. apostrophieren.
iltifatname [ā, ā] (*älterer Briefstil*) (*liebenswürdiges*) Schreiben.
iltihak, *-kı* [ā] 1. Anschluß *m* 2. Beitritt *m* 3. (*Neu-*)Eintritt *m*; ~ *etm.* 1. sich anschließen; aufsuchen 2. beitreten (*z.B. e-m Pakt*) 3. (*neu*) eintreten (*z.B. Schüler*).
iltihap, *-bı* [ā] *med.* Entzündung *f*.
iltihaplanmak [· · - · ·] *med.* sich entzünden.
iltimas [ā] 1. Bitte, Empfehlung *f* 2. Parteilichkeit *f* 3. Protektion *f* 4. Rückhalt *m* 5. Protektor *m*; ~ *etm.* 1. sich *für j-n* verwenden (*bei*) 2. bevorzugt behandeln 3. protegieren; ~ *usulü* Günstlingswirtschaft *f*.
iltimasçı [ā] Fürsprecher(in *f*) *m*.
iltimaslı [ā] 1. protegiert 2. parteiisch.
iltisak, *-kı* [ā] 1. Aneinandergrenzen *n* 2. *biol.* Verwachsung *f* 3. *va.* Aufgeklebtsein *n*; ~ *etm.* 1. (*aneinander*) stoßen, (-)grenzen 2. *va.* zusammen-, an-, auf·geklebt sein; ~ *hattı* Seiten-, Anschluß·linie *f*; ~ *noktası* (*Verkehrs-*)Knotenpunkt *m*.
iltisaki [· · - -] agglutinierend (*Sprache*).
iltiva [ā] 1. Biegung *f* 2. *phys.* Torsion *f* 3. *an.*, *geol.* Falte *f*.
iltiyam [ā] Vernarbung *f*; ~ *bulmak* sich schließen; verheilen, vernarben (*Wunde*).
iltizam [ā] 1. Übernahme *f* e-r Verpflichtung 2. *fr.* Steuerpachtung *f* 3. Parteilichkeit *f* 4. Erforderlichhalten *n*; ~ *etm.* 1. e-n Kontrakt eingehen 2. *fr.* Steuern pachten 3. begünstigen, bevorzugen 4. für erforderlich halten; ~ *sıygası gr.* Optativ *m*; *iltizamı sükût etm.* Stillschweigen bewahren.
iltizami [· · - -] willentlich *od.* wissentlich getan.
İlyas [x ·] 1. Elias *m* (*Bibel*) 2. *mV.*
ilzam [ā] Verstummenlassen *n*; ~ *etm.* zum Schweigen bringen.
ima [- -] Andeutung *f*; ~ *etm.* andeuten, zu verstehen geben; ~ *suretiyle* durch indirekten Hinweis.
imaj Bild *n*, Metapher *f*, figürlicher Ausdruck.
imal, *-li* [ā] Herstellung *f*; ~ *etm.* an-, ver·fertigen, herstellen, fabrizieren.
imalât, *-tı* [- - -] Produktion *f* (= *Herstellung od. Erzeugnisse*).
imalâtçı [- - - ·] Produzent, Hersteller *m*.
imalâthane [- - - - ·] 1. Werkstatt *f* 2. Fabrik *f*.
imaliye [- - · ·] Macherlohn *m* (*des Schneiders*).
imam 1. islamischer Geistlicher, Imam *m* 2. *mil.* Militärpfarrer *m* 3. Begründer *m* e-r isl. Sekte 4. *gel.* Staatsoberhaupt *n* 5. Kalif *m*; ~ *nikâhı* kirchliche Trauung; ~ *kayığı* (*od. sandalı*) V Sarg *m*; ~ *suyu* V Schnaps, Raki *m*; ♀ *ve Hatip Okulu* (*seit 1951*) Priester- und Predigerschule *f*.
imambayıldı *Name e-s kalten Auberginengerichtes.*
imame [ā] 1. längliche Abschlußperle *des Rosenkranzes* 2. Bernsteinmundstück *n* (*z.B. e-s Tschibuks*) 3. Turban *m*.

iman [- -] (*m. Dat.*) Glaube *m* (*an*); ~ *etm.* glauben, gläubig vertrauen; ~ *getirmek* gläubig sein; ~ *sahibi* gläubig; *-a getirmek* 1. (*gewaltsam*) zum Islam bekehren 2. (*allg.*) *zu et.* zwingen; 3. *fig.* zur Vernunft bringen; *-ı ağlamak* V sein Kreuz haben; *-ı yok!* so ein Kerl! *-ım* V mein Lieber! *-ına kadar* bis ganz zuletzt; *-ına yandığım* F der verfluchte...; *-ını gevretmek* 1. sich abrackern 2. sich abschuften lassen.

imansız [- - ·] 1. ungläubig 2. erbarmungslos 3. fettarm (*Käse*).

imar [- -] 1. Bebauung *f* 2. bauliche Gestaltung; ~ *etm.* 1. bebauen 2. auf-, aus·bauen, (aus)gestalten; ~ *plânı* Bebauungsplan *m*.

imaret, *-ti* [ā] Armenküche *f*; ~ *çorbası fig.* was man umsonst erhält.

imbat, *-tı* 1. West- *od.* Südwestpassat *m* 2. *s. inbat.*

imbik Destillationsapparat *m*; *-ten çekmek* destillieren.

imbisat, *-tı* [ā] 1. Ausdehnung *f* 2. (*manische*) Expansion; ~ *etm.* sich ausdehnen, sich erweitern; größer *od.* weiter werden.

imdadetmek [· - · ·] 1. helfen 2. Hilfstruppen senden.

imdat, *-dı* [ā] 1. Hilfe *f*, Beistand *m* 2. (zu)Hilfe! 3. *mil.* Verstärkung *f*; ~ *freni* Notbremse *f*; ~ *işareti* Notsignal *n*, *spez.* SOS; ~ *kapısı* Notausgang *m*; *-ına yetişmek* (*b-nin*) *j-m* zu Hilfe eilen; *imdadı sıhhi* erste Hilfe.

imdi [x ·] 1. *va.* jetzt 2. *va.* sofort 3. demgemäß also 4. nun aber; jetzt aber; jedoch.

imece 1. vereinte Hilfe 2. Gemeinschaftsarbeit *f* 3. mit vereinten Kräften.

imha [ā] Vernichtung *f*; ~ *etm.* vernichten, ausrotten, verheeren, völlig zerstören; *mil. a.* aufreiben.

imhal, *-li* [ā] 1. Terminverlängerung *f* 2. Aufschub *m*; ~ *etm.* 1. e-e Frist setzen 2. ver-, auf·schieben.

imik *an.* Fontanelle *f*.

imkân 1. Möglichkeit *f* 2. *phil.* Kontingenz *f*; ~ *dairesinde* nach Möglichkeit *-ı yok!* unmöglich!

imkânsız unmöglich, unausführbar.

imlâ 1. Füllung *f* 2. Ladung *f* 3. Aufschüttung *f* 4. Orthographie *f* 5. Diktat *n*; ~ *etm.* 1. füllen 2. laden 3. aufschütten 4. *selt.* schreiben; ~ *hakkı* (*Pulver-*)Ladung *f*; ~ *işleri* Aufschüttungsarbeiten *pl.*; ~ *yazdırmak* diktieren; ~ *yazmak* nach Diktat schreiben; *-sı bozuk* mit (*vielen*) Rechtschreibfehlern; ~*ya gelmek fig.* 1. sich nicht recht einfügen (*wollen*) 2. sich nicht reparieren lassen.

imlâsız 1. unorthographisch 2. wer die Rechtschreibung nicht beherrscht.

imparator [· · x ·] Kaiser *m*.

imparatoriçe [· · · x · ·] Kaiserin *f*.

imparatorluk 1. Kaiserreich *n* 2. Weltreich *n*.

imrar [ā] 1. Vorbeiführen *n* 2. Verbringen *n*; ~ *etm.* 1. vorbei-, hinüber-, hindurch·führen; passieren lassen, durchmarschieren lassen 2. verbringen (*Zeit*); ~ *hakkı mil.* Durchmarschrecht *n*.

imrenmek (*m. Dat.*) wünschen, begehren; verlangen (*nach*); sich sehnen (*nach*).

imsak, *-kı* [ā] 1. Sich-Enthalten *n* 2. Fasten *n*. 3. *täglicher* Fastenbeginn (*im Ramazan*) 4. Geiz *m*; ~ *etm.* 1. sich enthalten 2. Diät halten; fasten 3. den Fastenbeginn (*im Ramazan*) einhalten 4. geizig sein.

imtidadetmek [ā] 1. sich ausdehnen, sich erstrecken (*bis*) 2. dauern (*bis*).

imtidat, *-dı* [ā] 1. Sich-Erstrecken *n*, Länge *f* 2. Verlängerung *f* 3. *math.* Ausdehnung *f* 4. Dauer *f*.

imtihan [ā] Prüfung *f*, Examen *n*; ~ *etm.* prüfen, examinieren; ~ *olm.* sich e-r Prüfung unterziehen; ~ *olunmak* geprüft werden; ~ *vermek* e-e Prüfung ablegen; *-da kalmak* die Prüfung nicht bestehen.

imtina, *-aı* [ā] 1. Enthaltsamkeit *f* 2. (*Ver-*)Weigerung *f*; ~ *etm.* (*bşden*) 1. sich enthalten 2. verweigern, ablehnen.

imtisal, *-li* [ā] 1. Befolgung *f* 2. Nachahmung *f*; ~ *etm.* 1. befolgen, ausführen 2. nacheifern, zum Vorbild nehmen.

imtisas [ā] 1. Absorption *f* 2. *chem.* Dämpfung, Neutralisation *f*; ~ *etm.* absorbieren, aufsaugen.

imtiyaz [ā] 1. Privileg, Vorrecht *n* 2. Konzession *f*; ~ *sahibi* 1. Kon-

zessionär *m* 2. Besitzer *od.* Verleger *m* e-r Zeitung *od.* Zeitschrift; ~ *vermek* e-e Konzession erteilen.
imtiyazlı [ā] 1. privilegiert 2. konzessioniert; ~ *hisse senedi* Vorzugsaktie *f*; ~ *mıntaka* Konzession *f* (*als Gebiet*).
imtizacetmek [ā] 1. *chem.* sich verbinden 2. (*b-le*) sich vertragen (*können*), harmonieren, auskommen, sich verstehen 3. (*bir hava ile*) sich akklimatisieren (*an*).
imtizaç, *-cı* [ā] 1. *chem.* Verbindung *f* 2. Harmonieren *n* 3. Akklimatisation *f*.
imtizaçlı [ā] harmonisch.
imtizaçsız [ā] 1. unharmonisch 2. unverträglich.
imtizaçsızlık [ā] 1. mangelnde Harmonie 2. Unverträglichkeit *f* 3. *jur.* Zerrüttung *f* des ehelichen Verhältnisses.
imza [ā] 1. Unterschrift *f* 2. Unterzeichnung *f*; ~ *atmak* (*bşe*) *od.* ~ *etm.* (*bşi*) unter·schreiben, -zeichnen; ~ *sahibi* Unterzeichner, Unterzeichnete(r) *m*.
imzalamak unter·schreiben, -zeichnen.
in[1] Höhle *f* (*e-s wilden Tieres*).
in[2] *lm. Verst. von cin* (2): *in misin cin misin?* bist du ein Geist?
-in (*Endung des Genitivs*); *vgl. a. -ın, -un, -ün.*
-in hali *gr.* Genitiv *m*.
inadetmek [ā] halsstarrig sein.
inadına [x- · ·] 1. absichtlich, F extra 2. übermäßig 3. ganz entgegengesetzt.
inan Glaube(n) *m*, gläubiges Vertrauen; ~*olsun!* wahrlich!, du kannst es mir glauben!
inanç, *-cı* Glaube(n) *m*, Vertrauen *n*.
inanmak (*m. Dat.*) 1. *j-m* Glauben schenken, glauben 2. glauben (*an*) 3. für wahr ansehen 4. anvertrauen.
inat, *-dı urspr.* [ā] 1. Eigensinn *m* 2. = *inatçı*; *-ı* ~ F unglaublich eigensinnig; *-la müdafaa etm.* hartnäckig verteidigen.
inatçı eigensinnig, hartnäckig; ~ *savaşlar* harte (*verbissene*) Kämpfe *pl.*
inayet, *-ti* [ā] Güte, Gnade, Gunst *f* (*Gottes*); ~ *etm.* gnädig sein; ~ *ola!* (*Abwehrformel gegen Bettler*) Gottes Gnade über dir!
inayetli [ā] *s. inayetkâr.*
inayetkâr gnädig, gütig.
inbat, *-tı* [ā] 1. Hervorbringen *n* von Pflanzen 2. Vegetation *f*.
ince 1. dünn, schmal, schlank 2. zart, zierlich 3. fein 4. höflich, liebenswürdig 5. feinfühlig 6. geistreich, fesselnd 7. durchdringend, scharf 8. palatal, hell 9. stechend, ziehend 10. hoch, hell (*Ton*) 11. spitz (*Nase*); ~ *ağrı* 1. zeitweiliger, stechender Schmerz 2. hektisches Fieber 3. Schwindsucht *f*; ~ *belli* schmalhüftig; ~ *dal* Zweig *m*; ~ *elemek* durch ein Haarsieb passieren; ~ *eleyip sık dokumak fig.* 1. pedantisch genau vorgehen 2. genau prüfen; ~ *fikirli* 1. intelligent 2. witzig; ~ *görüş* scharfer Blick; ~ *kesim* zart gebaut; ~ *kıyımlı tütün* Feinschnitt *m*; *-den -ye* genauestens.
inceleme *Vs. zu incelemek, spez.* Studie, Untersuchung *f*; Forschung *f*.
incelemek genau untersuchen; eingehend prüfen.
incelmek 1. dünner (schmaler, schlanker) werden 2. zart, zierlich werden 3. sich verfeinern 4. *mst. iron.* den Liebenswürdigen spielen 5. palatalen Charakter annehmen (*Laut*) 6. in die Höhe gehen (*Ton*) 7. *techn.* sich verjüngen.
incesaz *gemischtes türk. Orchester zur Aufführung der fasıl genannten Musik.*
inci 1. Perle *f* 2. aus Perlen bestehend; Perlen- 3. ♀ *wV.*; ~ *avı* Perlenfischerei *f*; ~ *çiçeği bot.* Maiglöckchen *n*; ~ *gibi* fein, zierlich.
incik 1. verstaucht 2. verstauchte Stelle 3. winzig, belanglos 4. *s. encik.*
İncil *n. pr.* Neues Testament.
incinmek 1. e-e Verstauchung bekommen 2. *fig.* leicht übelnehmen.
incir *bot.* Feige *f*; ~ *çekirdeği doldurmamak fig.* lächerlich unbedeutend sein.
incitmebeni P Krebskrankheit *f*.
incitmek 1. verstauchen 2. *fig.* kränken.
incizabetmek [ā] sich an-, hin·gezogen fühlen.
incizap, *-bı* [ā] Interesse *n*, Zuneigung, Liebe *f*; ~ *duymak* (*od. -a uğramak*) sich hingezogen fühlen.
indî subjektiv.

indifa, *-ai* [ā] 1. Ausbruch *m*, Eruption *f* 2. Hautausschlag *m*.
indirgemek *math., chem.* reduzieren.
indirim Steuerermäßigung *f*.
indirmek *Kaus. zu inmek, spez.* 1. herunter·holen, -nehmen, -reichen; hinunter·bringen, -tragen 2. *j-n* absetzen (*aus e-m Verkehrsmittel*) 3. zur Landung zwingen (*Flugzeug*) 4. aus·laden, -schiffen 5. *j-n* irgendwo unterbringen 6. erniedrigen, vermindern 7. versetzen (*Schlag*).
İndo-Öropeen 1. Indoeuropäer, Indogermane *m* 2. indoeuropäisch, indogermanisch.
ineç, *-ci geol.* Synklinale, Mulde *f*.
inek 1. *zo.* Kuh *f* 2. Auto *n*, (*Kraft-*) Wagen *m* 3. *Sch.* Streber, Büffler *m*.
ineklemek *Sch.* ochsen, büffeln.
ineklik 1. Kuhstall *m* 2. Dummheit, Albernheit *f* (*e-r Frau*).
infaz [ā] 1. Ausführung *f*, Vollzug *m* 2. Vollstreckung *f* 3. Durchdringen *n* (*mit seiner Meinung*); ~ *etm.* 1. aus-, durch·führen, vollziehen 2. vollstrecken (*z.B. Urteil*) 3. seinen Willen durchsetzen.
infial, *-li* [ā] 1. Verstimmung, Empörung *f*, Unwille *m* 2. *phil.* Leiden *n*, leidendes Verhalten.
inficar [ā] 1. Hervorsprudeln *n* 2. Tagesanbruch *m* 3. *bot.* Dehiszenz *f*; ~ *etm.* 1. ausbrechen, hervorsprudeln 2.⁄ anbrechen (*Tag*) 3. platzen, aufbrechen.
infilâk, *-ki* 1. Explosion *f*, Knall *m* 2. *phon.* Platzgeräusch *n*; ~ *etm.* explodieren.
infiradetmek [ā] sich absondern.
infirat, *-dı* [ā] Sich-Absondern *n*, Isolation *f*; ~ *politikası* Isolationspolitik *f*.
infiratçı [ā] isolationistisch, Isolationist(in *f*) *m*.
infiratçılık [ā] Isolationspolitik *f*.
infisadetmek [ā] korrupt werden.
infisat, *-dı* [ā] Verderbnis *n*, Korruption *f*.
İngiliz [x · ·] 1. Engländer(in *f*) *m* 2. englisch 3. (*lirası*) englisches Pfund; ~ *anahtarı techn.* Engländer *m*; ~ *madeni* Britanniametall *n* (*Legierung*); ~ *yakısı pharm.* Kantharidenpflaster *n*.
İngilizce 1. englische Sprache, Englisch 2. *selt.* englischem Brauch entsprechend.
İngiltere [· · x ·] *n.pr.* England *n*.

ingin[1] tief(er) gelegen (*Ort, Gebiet*).
ingin[2] Erkältung *f*, Katarrh *m*.
inginlik 1. Niederung *f* 2. *fig.* Zusammenbruch, Verfall *m*.
inha [ā] Vorschlag *m* (*an e-e höhere Instanz*); ~ *kâğıdı* schriftlicher Vorschlag; Beantragungsschein *m*.
inhidam [ā] Einsturz, Zusammenbruch *m*; ~ *bulmak* (*od. etm.*) einstürzen, zusammenbrechen.
inhilâl, *-li* 1. Schmelzen *n* (*intr.*) 2. Auflösung *f* 3. Freiwerden *n* (*e-r Stelle*); ~ *etm.* 1. schmelzen (*intr.*) 2. sich (auf)lösen; zerfallen; sich zersetzen 3. freiwerden (*Stelle*); ~ *kabiliyeti chem.* Löslichkeit *f*; *gayrikabili inhilâl chem.* unlöslich.
inhina [ā] 1. Sich-Biegen *n* 2. (*Ver-*) Krümmung *f* 3. Verbeugung *f*.
inhiraf [ā] 1. *astr.* Deklination *f* 2. *phys.* Abweichung *f* 3. Neigungswinkel *m*.
inhisar [ā] 1. Beschränkung *f* 2. Monopol *n*; ~ *etm.* (*m. Dat.*) 1. beschränkt sein (*auf*) 2. *j-s* Vorrecht sein; ~ *ettirmek* (*m. Dat.*) 1. be-, ein·schränken (*auf*) 2. zu *j-s* Vorrecht machen 3. (*bşi k-ne*) *et. für sich* mit Beschlag belegen; ~ *maddeleri* Monopolprodukte *pl.*; *-a almak* monopolisieren.
inhisarcılık Monopolismus *m*.
inhitat, *-tı* [ā] 1. Zusammenbruch, Verfall *m* 2. Dekadenz *f* 3. psychische Depression 4. *geogr.* Senkung *f*; *-a uğramak* 1. zusammenbrechen 2. entarten; *-a yüz tutmak* allmählich verfallen.
inhizam [ā] völlige Niederlage; ~ *bulmak* e-e völlige Niederlage erleiden; *-a uğramak* 1. = ~ *bulmak* 2. *fig.* völlig Schiffbruch erleiden.
inik 1. heruntergelassen 2. eingeholt (*Fahne*) 3. heruntergeschlagen (*z.B. Hutkrempe*) 4. herunterhängend (*z.B. Haare*) 5. *s.* encek; ~ *deniz* Niedrigwasser *n*.
inikâs 1. *phys.* Reflexion *f* 2. *biol.* Reflex *m*; ~ *etm. phys.* reflektiert werden.
inikat, *-dı* [ā] 1. Abhaltung *f* e-r Sitzung 2. Abschluß *m* (*e-s Vertrags*).
inildemek 1. seufzen, ächzen, stöhnen 2. tönen, hallen, nachklingen.
inilti 1. Wimmern *n* (*best. M. i.*) 2. Ächzen, Stöhnen, Seufzen *n* 3. (*Wider-*)Hall *m*.

inim inim *Lm. e-s Stöhnens od. Widerhallens*; ~ ~ *inlemek* in einem fort wimmern.

iniş 1. *Vs. zu inmek* 2. Böschung *f*, Abhang *m*, Gefälle *n*; ~ *çıkış* Fallen und Steigen *n*, Fluktuation *f* 2. wellenförmige Beschaffenheit *e-s Geländes*.

inkâr 1. Bestreiten, Leugnen *n* 2. Nichtanerkennen *n*; ~ *etm.* 1. leugnen, in Abrede stellen, be-ab·streiten; ~ *istifhamı* rhetorische Frage; ~ *kabul etmiyen* unleugbar, unbestreitbar.

inkıbaz [ā] 1. Sich-Zusammenziehen *n* 2. Beengung *f* 3. Verstopfung, Konstipation *f*; ~ *çekmek* (*od. olm.*) an Verstopfung leiden.

inkılâbetmek [· · x · ·] eine Umgestaltung erfahren.

inkılâp, *-bı* 1. Umwandlung *f* 2. Umwälzung, Neuordnung *f* (*Revolution*) 3. *astr.* Sonnenwende *f*.

inkıraz [ā] Zusammenbruch *m*; ~ *bulmak* untergehen, enden, zusammenbrechen.

inkısam [ā] 1. Teilung *f* 2. Verteilung *f* 3. *bot.* Zellteilung *f*; ~ *etm.* sich (ver)teilen.

inkıta, *-aı* Unterbrechung, Stokkung *f*, *zeitweiliges* Aufhören *od.* Versagen, Abbruch *m*; ~ *bulmak* (*od. -a uğramak*) 1. unterbrochen werden 2. abgebrochen werden 3. ins Stocken geraten; *ademi inkıta* Fortbestehen *n*; *inkıtai müzakerat* Abbruch *m* der Verhandlungen.

inkıyadetmek [ā] sich *nach j-m* richten; nachgeben, gehorchen.

inkıyat, *-dı* [ā] Nachgeben *n*, Ergebung *f* (*in den Willen e-s anderen*).

inkisar [ā] 1. Brechung *f* (*a. des Lichtes*) 2. Gramwerden *n* 3. Verfluchung *f*; ~ *etm.* 1. gebrochen werden (*a. Licht*) 2. (*b-ne*) *j-m* gramwerden 3. (*çocuğuna*) sein Kind verfluchen; ~ *zaviyesi* Brechungswinkel *m*; *-a* (*od. inkisarı hayale*) *uğramak* (*bzw. uğratmak*) enttäuscht werden *bzw.* enttäuschen.

inkişaf [ā] 1. Entwicklung *f* 2. *math.* Ausbreitung *f der Oberfläche e-s geometrischen Körpers in e-r Ebene od. das so entstehende Netz*; ~ *etm.* sich entwickeln, sich entfalten, aufblühen.

inlemek 1. wimmern (*a. best. M. i.*) 2. ächzen, stöhnen 3. widerhallen, tönen.

inlenmek leise vor sich hinstöhnen.

inletmek 1. *Kaus. zu inlemek* 2. quälen.

inme 1. *Vs. zu inmek* 2. Ebbe *f* 3. Schlaganfall *m* 4. herab·gestiegen *od.* -gefallen.

inmek, (*-er*) 1. herunter·kommen, -steigen; hinunter·gehen, -steigen 2. landen (*Flugzeug*) 3. ab-, aussteigen, abspringen 4. *an e-n tiefer gelegenen Ort* umziehen 5. *aus e-m kleineren Ort in e-n größeren gehen* 6. niedergehen (*z.B. Wirbelsturm*) 7. absteigen, wohnen 8. abnehmen, sich verringern 9. sinken, fallen 10. mit dem Preis heruntergehen 11. V herunterhauen 12. einstürzen (*z.B. Mauer*) 13. e-n Schlaganfall bekommen.

inmeli 1. vom Schlag getroffen 2. apoplektisch.

innin [· -] zeugungsunfähig, impotent.

insaf [ā] 1. Gerechtigkeit und Billigkeit, Mäßigung, Einsicht *f*, Mitleid *n* 2. Gnade! 3. (*yahu*) hab doch ein Einsehen! 4. (*yahu*) alles, was recht ist...; ~ *etm.* gerecht und billig denken *od.* handeln; ein Einsehen haben; Mitleid haben; *-a getirmek* 1. zur Einsicht bringen 2. zum Mitleid bewegen.

insaflı [ā] gerecht und billig denkend *od.* handelnd; vernünftig, menschlich, mitleidig.

insan [ā] 1. Mensch *m* 2. *mel.* vernünftiger (*anständiger, ordentlicher usw.*) Mensch 3. *mel.* vernünftig, anständig, ordentlich 4. man, einer; ~ *müsveddesi* belangloser Mensch; ~ *sarrafı* erfahrener Menschenkenner.

insanca [· - ·] 1. in menschlicher (*ordentlicher, höflicher usw.*) Art 2. in Bezug auf Menschen; ~ *kayıp yok* Menschenverluste sind nicht zu beklagen.

insancıl zutraulich.

insani [· - -] 1. Menschen- 2. menschlich, human

insaniyet, *-ti* [ā] 1. Menschentum *n* 2. Menschheit *f* 3. Humanität *f* 4. Wohlerzogenheit *f*.

insaniyetlik P *s. insaniyet*.

insaniyetsiz 1. unmenschlich 2. ungefällig.

insanlık [ā] *s. insaniyet*; ~ *bilmez* 1. undankbar 2. gefühllos 3. grausam; ~ *etm.* 1. sich gütig erweisen 2. e-n Freundschaftsdienst leisten.
insanüstü, *-nü* [ā] übermenschlich.
insicam [ā] 1. logische Anordnung 2. Koordination *f*; ~ *vermek* koordinieren.
insicamsız [ā] 1. unzusammenhängend *od.* inkonsequent 2. ohne Koordination.
insiyak, *-kı* [ā] Instinkt *m*.
insiyaki [· · - -] instinktiv.
inşa [ā] 1. Bauen *n*, Bau *m* 2. Konstruktion *f* 3. Niederschrift *f* 4. (*in osman. Zeit*) amtliche Epistolographie; ~ *etm.* (er)bauen, errichten.
inşaat, *-tı* [ā, ā] (*pl. zu inşa*) 1. Bauen, Errichten *n* 2. Bautätigkeit *f* 3. Neubauten *pl.*; ~ *malzemesi* Baumaterial *n*; ~ *sahibi* Bauherr *m*.
inşaatçı [ā, ā] 1. Baumeister *m* 2. Bauarbeiter *m*.
inşadetmek [ā] vortragen, rezitieren.
inşallah [x · -] so Gott will!; hoffentlich!
inşat, *-dı* [ā] Deklamation, Rezitation *f*.
inşirah [ā] Freude *f*, frohe Stimmung; ~ *bulmak* in frohe, heitere Stimmung kommen; ~ *verici* erfreulich, aufheiternd.
intacetmek [ā] 1. zur Folge haben, verursachen, veranlassen, herbeiführen 2. beenden, erledigen.
intaç, *-cı* [ā] 1. Herbeiführen, Veranlassen *n* 2. erfolgreiche Beendigung.
intıba, *-aı* [ā] 1. Eindruck *m* 2. Wirkung, Spur *f*, Niederschlag *m*; ~ *bırakmak* beeindrucken.
intıbak, *-kı* [ā] 1. Anpassung, *med.* Akkomodation *f* 2. *math.* Koinzidenz *f*; ~ *etm.* 1. sich anpassen, *med.* sich akkomodieren 2. *math.* sich decken; ~ *melekesi* Anpassungsfähigkeit *f*.
intifa, *-aı* [ā] Nutznießung *f*, Nießbrauch, Genuß *m*; ~ *etm.* (*bşden*) die Nutznießung ausüben; ~ *senedi* Genußschein *m*.
intiha [ā] Ende *n*, Beendigung *f*, Schluß *m*; ~ *bulmak* enden, aufhören.
intihabetmek [ā] (aus)wählen.
intihal, *-li* [ā] Plagiat *n*; ~ *etm.* ein Plagiat begehen; ~ *eden* Plagiator *m*.
intihap, *-bı* [ā] 1. (*Aus*-)Wählen *n* 2. Wahl *f*; ~ *defterleri* Wahllisten *pl.*; ~ *mücadelesi* Wahlkampf *m*; ~ *puslası* (*od. varakası*) Wahl-, Stimm·zettel *m*; ~ *sandığı* Wahlurne *f*; ~ *teftiş heyeti* Wahlvorstand *m*.
intihar [ā] 1. Selbstmord *m* 2. Sich-selbst-Versenken *n*; ~ *etm.* 1. Selbstmord begehen 2. sich selbst (*bzw. sein eigenes Schiff*) versenken; *-a kalkmak* e-n Selbstmordversuch unternehmen.
intikal, *-li* [ā] 1. Übergehen *n*, Übergang *m* 2. Übertragung *f* 3. Umzug *m* 4. Vererbung *f* 5. Verstehen *n* 6. *log.* Folgerung *f* 7. *jur.* Rechtsübergang *m*; ~ *devresi hukuku jur.* Übergangsvorschriften *pl.*; ~ *devri* Übergangsperiode *f*; ~ *etm.* 1. übergehen 2. übertragen werden 3. umziehen 4. vererbt bekommen 5. verstehen, entnehmen; ~ *vergisi* Erbschaftssteuer *f*.
intikam [ā] Rache *f*; ~ *hissi* Rachsucht *f*.
intisabetmek [ā] (*m. Dat.*) 1. sich widmen (*z.B. e-m Beruf*) 2. engere Beziehungen anknüpfen (*zu*) 3. (*bir aileye*) einheiraten.
intisap, *-bı* [ā] 1. Aufnahme *f e-r best. Tätigkeit*; Eintritt *m* 2. Zugehörigkeit *f* 3. enges Verhältnis.
intişar [ā] 1. *chem. phys.* Dispersion, Ver-, Aus·breitung *f* 2. *phys.* Fortpflanzung *f* (*der Wärme*) 3. Veröffentlichung, Publikation *f*; ~ *etm.* 1. sich ver-, aus·breiten 2. veröffentlicht werden, publiziert werden, erscheinen.
intizam [ā] 1. Ordnung *f* 2. Regelmäßigkeit *f*.
intizar [ā] 1. Warten *n*, Erwartung *f* 2. P = *inkisar* Verfluchung *f*; ~ *etm.* (*m. Dat.*) 1. warten (*auf*), erwarten; rechnen (*mit*); gefaßt sein (*auf*) 2. P verfluchen; *-da bırakmak* warten lassen.
inzımam [ā] Hinzugefügtwerden *n*; ~ *etm.* hinzugefügt werden; hinzukommen.
inzibat, *-tı* [ā] Disziplin *f*; ~ *cezası* Disziplinarstrafe *f*; ~ *komisyonu* Disziplinarausschuß *m*; *-ı temin etm.* Disziplin halten; *ademi inzibat* Disziplinlosigkeit *f*.

inziva [ā] Einsiedlerleben *n.*

ip, *-pi* 1. Schnur *f*, Strick *m*, Seil *n*, Leine *f* 2. *reg.* Faden, Zwirn *m*; ~ *atlamak* Seil springen; ~ *cambazı* Seiltänzer(in *f*) *m*; ~ *kaçkını* Galgenstrick, Vagabund *m*; ~ *merdiven* Strickleiter *f*; ~ *takmak* V Wert beimessen; ~ *ucu* 1. Anhaltspunkt *m* 2. Anfang *m*; ~ *ucunu kaçırmak* sich verheddern; *-e çekmek* aufknüpfen; *-e gelesice!* an den Galgen gehört er! *-e sapa gelmez* albern, ungereimt; *-e un sermek fig.* Zeit vertrödeln; *-i çürük fig.* unsicherer Kantonist; *-i kırık* V Lump *m*; *-i kırmak* V abhauen, sich verdrücken; *-ine basmak* F unvorsichtig sein; *-ini çekmek* (*b-nin*) *fig. j-n* fest an die Kandare nehmen; *-inin kıvrağı çözüldü* F er hat Pech gehabt; *-le çekmek* F herbeisehnen.

ipek 1. Seide *f* 2. Seiden- 3. seidenweich; ~ *böceği zo.* Seidenspinner *m*; ~*böcekçiliği* Seidenraupenzucht *f.*

iperit, *-ti* 1. Gelbkreuz, Senfgas *n* 2. *min.* Hyperit *m.*

ipham [ā] 1. Unklarheit *f* 2. *spez.* Doppeldeutigkeit *f.*

ipince [x · ·] haardünn, haarfein.

ipka [ā] 1. Beibehaltung *f* (*e-s Zustands*) 2. Belassung *f* (*im Amt*) 3. Nichtversetzung *f* (*e-s Schülers*) 4. (*als Zeugniseintragung*) nicht versetzt; ~ *etm.* 1. aufrechterhalten, beibehalten (*Zustand*) 2. belassen (*im Amt*) 3. nicht versetzen (*Schüler*).

iplemek 1. mit e-m Strick (*od. mit Stricken*) zusammenbinden 2. (*b-ni*) V *auf j-n* hören.

iplik (*Näh-*)Faden, Zwirn *m*, Garn *n*; ~ ~ *olm.* fadenscheinig werden; ~ *takmak* (*iğneye*) e-e Nadel einfädeln; *ipliği pazara çıkmak* (*b-nin*) in der Öffentlichkeit bekannt werden.

iplikhane [ā] Spinnerei *f.*

ipotek *s. hipotek.*

ipotekli *s. hipotekli.*

ipsit, *-ti* Felge *f*; ~ *freni* Felgenbremse *f.*

ipsiz 1. ohne Strick 2. V Landstreicher *m*; ~ *sapsız* albern, ungereimt.

iptal, *-li* [ā] 1. Annullierung *f* 2. Entwertung *f* 3. Abschaffung *f* 4. (*als Stempelaufdruck*) Ungültig 5. *jur.* Anfechtung *f*; ~ *etm.* 1. ungültig machen, annullieren 2. entwerten (*z.B. Briefmarken*) 3. aufheben, abschaffen, ausschalten, beseitigen 4. *jur.* anfechten 5. (*hissi*) anästhesieren, narkotisieren.

iptida [ā] 1. Anfang, Beginn *m* 2. [x · ·] anfänglich, zu Beginn; ~ *fiili gr.* inchoatives Verb.

iptidai [· · - -] 1. ältest-, frühest-, ursprünglich, anfänglich 2. primitiv 3. elementar 4. *bot. zo.* einzellig; ~ *madde* Roh•stoff *m*, -material *n*; ~ *müzakerat* Vorbesprechungen *pl.*; ~ *sürat* Anfangsgeschwindigkeit *f.*

iptidailik [· · - - ·] Primitivität *f.*

iptilâ übermäßiger Genuß, Sucht *f*, Laster *n*, Leidenschaft *f.*

iptizal, *-li* [ā] 1. reichliches Vorhandensein 2. Alltäglichwerden *n*, Entwertung *f.*

irade [ā] 1. Wille *m* 2. Willenskraft, Energie *f* 3. Willensäußerung *f* 4. *fig.* Verfügung *f*, Erlaß *m*; ~*izharı jur.* Willensäußerung *f*; ~ *sahibi* energisch; *-sine hâkim* voll Selbstbeherrschung; *iradei seniye fr.* Erlaß *m* des Sultans.

iradeli [ā] 1. mit e-m ... Willen 2. *pr.* willensstark 3. gewollt, vorsätzlich.

iradetmek [ā] 1. halten (*z.B. Rede*) 2. vorbringen (*z.B. Argumente*), anführen (*Beispiele*).

iradi [· - -] gewollt, willentlich, beabsichtigt; ~*olan imtina jur.* Unterlassung *f.*

İran [- -] *n.pr.* Persien *n*, Iran *m.*

İranlı [i] [x · ·] 1. persisch, iranisch 2. Perser(in *f*) *m*, Iranier(in *f*) *m.*

irat, *-dı* [- -] 1. Halten *n* (*e-r Rede*) 2. Vorbringung *f* (*von Gründen*), Anführung *f* (*von Beispielen*) 3. Ertrag, Gewinn *m*, Einkünfte *pl.*; ~*vergisi* (*Kapital-*)Ertragssteuer *f.*

irca, *-aı* [ā] 1. Zurückführung *f* 2. *chem. math.* Reduktion *f* 3. Vorlauf *m* (*am Geschütz*); ~ *etm.* 1. zurückführen (*z.B. auf den Ursprung*) 2. *chem. math.* reduzieren.

İrem (*bağı*) Garten *m* Eden; Paradies *n.*

irfan [ā] 1. Kenntnis *f*, Wissen *n* 2. Bildung *f* 3. ♀ [x ·] *mV* und *wV*; ~ *müessesesi* Bildungsstätte *f*; ~ *sahibi* (*adam*) gebildeter Mann.

iri besonders groß *od.* dick; grob,

riesig; ~ *çapta bir adam* ein Hüne; ~ *kıyım* 1. grobgehackt 2. riesenhaft gebaut 3. *fig.* grobschlächtig; ~ *vücutlu* korpulent und stattlich.
iribaş *zo.* Kaulquappe *f.*
irileşme 1. *Vs. zu irileşmek* 2. *biol.* Hypertrophie *f.*
irileşmek an Umfang zunehmen.
irilik beachtliche Größe, stattlicher Umfang.
irin Eiter *m*; ~ *toplamak* Eiter bilden.
irinlenmek eitern.
irinli eiterig, vereitert, eiternd.
iris [x ·] *an.* Iris, Regenbogenhaut *f.*
iriş *s. arış.*
iriyarı 1. *mel.* von imposanter Größe 2. *pej.* von grobschlächtigem Äußeren.
irkâbetmek [· x · ·] *z. va.* verladen, verschiffen.
irkâp, *-bı z. va.* Verladung, Verschiffung *f.*
irkilmek 1. sich ansammeln; eine Lache bilden (*Wasser usw.*) 2. erschrocken (*od.* erschreckt) zurückfahren 3. gereizt werden (*und anschwellen*) (*Körperteil*).
irkinti Lache, Pfütze *f.*
irkmek = *birikmek.*
irmik Grieß *m.*
irs 1. Erbschaft *f*, Erbe *n* 2. Vererbung *f*, Erbgang *m.*
irsal, *-li* [ā] Absendung *f*; ~ *etm.* ab·senden, -schicken, aufgeben; ~ *puslası* Aufgabeschein *m.*
irsen [x ·] *adv.* 1. erblich 2. vererbungsmäßig.
irsî erblich; Erb-; vererbungsmäßig; ~ *istidatlar* Erbanlagen *pl.*; ~ *monarşi* erbliche Monarchie.
irşadetmek [ā] *j-m* den rechten Weg weisen.
irşat, *-dı* [ā] geistige und ethische Führung.
irtibat, *-tı* [ā] Zusammenhang *m*, Verbindung *f*, Anschluß, Konnex *m*; *jur. a.* Konnexität *f*; ~ *hatları* Verbindungslinien *pl.*
irtica, *-aı* [ā] Fortschrittsfeindlichkeit *f*, (politische) Reaktion.
irticai [· · - -] reaktionär.
irtical, *-li* [ā] Improvisation *f*; ~ *sahibi* Improvisator *m.*
irticalen [ā] *adv.* aus dem Stegreif, improvisiert; ~ *söylemek* improvisieren, extemporieren.
irtidadetmek [ā] vom Islam abfallen.
irtidat, *-dı* [ā] Abfall *m* vom isl. Glauben.
irtifa, *-aı* [ā] (*a. astr., geogr., math.*) Höhe *f*; ~ *dümeni* Höhen·steuer, -ruder *n* (*e-s Flugzeugs*).
irtihal, *-li* [ā] Ableben, Verscheiden *n*, Heimgang, Tod *m*; ~ *etm.* ableben, verscheiden, sterben.
irtikâbetmek [· · x · ·] 1. begehen (*strafbare Handlung*) 2. *pr.* sich bestechen lassen.
irtisam [ā] *math.phys.* Projektion *f*; ~ *etm.* projiziert werden; ~ *ettirmek* projizieren.
irtişa [ā] passive Bestechung.
irva [ā] 1. Bewässerung *f* 2. Wasserversorgung *f.*
irza [ā] Erlangung *f* e-r Einwilligung; ~ *etm. j-s* Einwilligung erhalten.
is Ruß *m*; ~ *çıkarmak* (*od. yapmak*) rußen; ~ *kokmak* angebrannt riechen; *-e tutmak* mit Ruß schwärzen.
İsa [- -] *n.pr.* 1. (*a. Hazreti İsa*) Jesus *m* 2. *mV.*
isabet, *-ti* [ā] 1. Treffer *m*, Treffen *n* 2. Entfallen *n* (*auf*) 3. richtiges Urteil *od.* Handeln 4. glückliches Zusammentreffen (*von Umständen*) 5. sehr richtig!, gut gesagt!; ~ *etm.* 1. (sich) treffen, eintreten 2. treffen (*Ziel od. das Richtige*) 3. entfallen (*als Anteil*) 4. richtig handeln; ~ *ettirmek Kaus. zu* ~ *etm. a.* 1. (*Boxen*) landen (*z.B.* Linke) 2. *mil.* e-n Treffer erzielen; ~ *sıhhati* Treffsicherheit *f.*
isabetli [ā] 1. unter Erzielung von Treffern 2. treffend, schlagend, richtig.
is'af [ā] Gewährung *f*; ~ *etm.* erfüllen, gewähren, stattgeben, entsprechen (*Wunsch usw.*).
isal, *-li* [- -] Gelangenlassen *n*; ~ *etm.* gelangen lassen (*z.B. zu Wohlstand*), führen (*zu*); erreichen lassen.
isberk, *-ki* [x ·] Eisberg *m.*
ise (*bzw. -se, -sa*) 1. wenn, falls 2. *m. Abl.* anstelle; anstatt; als zu ...; anstatt zu ... 3. jedoch, und, wiederum 4. ~ *de s. da, de.*
İsevi [- · -] Christ(in *f*) *m*; christlich.
İsevilik [- · - ·] Christentum *n*; Christenheit *f.*
isfenks Sphinx *f.*
isfilt, *-di* Eisfeld *n.*

İshak, *-kı n.pr.* 1. Isaak *m* (*Bibel*) 2. *mV.*
ishakkuşu, *-nu zo.* Ohreule *f.*
ishal, *-li* [ā] Diarrhöe *f*; ~ *olm.* Durchfall, Diarrhoe haben.
isilik 1. Hitzeausschlag *m* 2. Pustel *f*, Pickel *m*; ~ *olm.* e-n (*Hitze-*) Ausschlag bekommen.
isim, *-smi* 1. Name *m* 2. *gr.* Substantiv *n*; ~ *cümlesi* Nominalsatz *m*; ~ *fiili gr.* Verbum substantivum *n*; ~ *hali gr* Kasus *m*; ~ *koymak* (*od. vermek*) e-n Namen geben; ~ *takımı gr.* substantivische Fügung; ~ *tamamlaması* = ~ *takımı*; *ismi geçen* obenerwähnt; *ismi var cismi yok* sagenhaft, legendär; *isminiz nedir?* wie heißen Sie?; *ismi fail gr.* Partizip Präsens *n*; *ismi meful gr.* Partizip Perfekt *n*; *ismi müstear* Pseudonym *n.*
isim-fiil Verbalsubstantiv *n.*
iska [ā] Bewässerung *f.*
iskambil 1. Brusquembille *n* (*Ka.*) 2. *allg.* Karten *pl.*, Kartenspiel *n*; ~ *kâğıdı* Spielkarte(n) *f* (*pl*).
iskân 1. Ansiedeln *n* 2. *a. mil.* Unterbringung *f*; ~ *etm.* ansiedeln 2. *a. mil.* unterbringen.
iskandil 1. Tiefenmessung *f* (*im Meer*) 2. Senkblei *n* 3. V Spionieren *n*; ~ *etm.* 1. ausloten 2. V spionieren 3. F *bei j-m* auf den Busch klopfen; aushorchen.
iskarpelâ [· · x ·] Stemmeisen *n.*
iskarpin Halbschuh *m.*
iskarlâtin [*â* kurz] *med.* Scharlach *m.*
iskele 1. Dampferhaltestelle *f*, Anlegeplatz *m* 2. Landungs•brücke, -rampe *f* 3. Laufplanke *f* 4. Hafen- *od.* Bahnstation *f* (*für Orte des Hinterlandes*) 5. Baugerüst *n* 6. Fallreep *n* 7. Luke *n* (*an e-r Schiffsseite*).
iskelet, *-ti* 1. Skelett *n* 2. Gerippe *n*, Rumpf *m* (*z.B. e-s Flugzeugs*) 3. *fig.* nur mehr Haut und Knochen.
iskemle 1. Stuhl, Hocker, Schemel *m* 2. Tischchen *n* 3. *techn.* Sitz *m.*
İskender *n.pr.* Alexander *m.*
İskenderiye *n.pr.* Alexandrien *n.*
İskenderun [ū] *n.pr.* Iskenderun, Alexandrette *n.*
iskete [· x ·] *zo.* (*Kohl-*)Meise *f.*
İskoç, *-çu* Schotte *m*, Schottin *f*; schottisch.
İskoçya [· x ·] *n.pr.* Schottland *n.*
iskorçila [· · x ·] großes Fischernetz.
iskorpit, *-ti zo.* großer Drachenkopf.
İslâm 1. Islam *m* 2. *ab.* Mohammedaner(in *f*) *m*; *-a gelmek* Mohammedaner werden.
İslânda [· x ·] [*â* kurz] *n.pr.* Island *n.*
islemek 1. mit Ruß schwärzen 2. *intr.* rußen 3. e-n brenzligen Geschmack verleihen (*z.B. mahallebi*).
islim *s. istim.*
ismen [x ·] *adv.* dem Namen nach.
ismet, *-ti* 1. Unschuld, Reinheit *f* 2. ♀ *mV. und wV.*
isnadetmek [ā] 1. zuschreiben, beimessen (*z.B. Schuld*) 2. verdächtigen, verleumden.
isnat, *-dı* [ā] 1. Zuschreiben, Beimessen *n* 2. Verdächtigung, Verleumdung *f.*
İspanya [· x ·] *n.pr.* Spanien *n.*
İspanyol Spanier(in *f*) *m*; spanisch.
İspanyolca [· · x ·] spanische Sprache, Spanisch.
ispanyolet, *-ti* Dreh-, Fenster•riegel *m.*
ispat, *-tı* [ā] *a. math.* Beweis *m*; ~ *etm.* beweisen; ~ *kudreti jur.* Beweiskraft *f*; ~ *külfeti jur.* Beweislast *f*; *ispatı vücut etm.* persönlich erscheinen.
ispati [· x ·] Kreuz (*als Farbe im Ka.*); ~ *bey* 1. Kreuz-As *n* 2. *fig.* Geck, Fatzke *m.*
ispatlamak beweisen.
ispenç, *-ci zo.* Zwerghuhn *n*; ~ *horozu* 1. Zwerghahn *m* 2. *fig.* Knirps, Zwerg *m.*
ispinoz 1. *zo.* Buchfink *m* 2. V Schwätzer *m.*
ispiralya [· · x ·] *naut.* kleines Oberlicht.
ispirto [· x ·] 1. Spiritus *m* 2. Weingeist *m*, Alkohol *m*; ~ *ocağı* Spirituskocher *m.*
İsrael [x · ·] *n.pr.* Israel *n* (*Staat*).
İsraelli Israeli *m/f*; israelisch.
israf [ā] Verschwendung *f*; ~ *etm.* verschwenden, vergeuden.
İsrail [· - -] *n.pr.* Israel (*Volk*); ~ *oğulları* Israeliten, Juden *pl.*
istaka [· x ·] (*Billard-*)Queue *n.*
istasyon 1. Station, Haltestelle *f* 2. Bahnhof *m* 3. Forschungsstation *f* 4. Rundfunksender *m*; ~ *müdürü* Bahnhofsvorstand *m*; *-nun açılışı* (*kapanışı*) Sende•beginn (-schluß) *m* (*im Rundfunk*).
istatistik 1. Statistik *f* 2. statistisch.

istavrit, -*ti* *zo.* Bastardmakrele *f*; ~ *azmanı* *zo.* Thunfisch *m.*
istek 1. Wunsch *m*, Lust *f*, Begehren *n* 2. Anspruch *m*, Forderung *f*; ~ *kipi* *gr.* Optativ *m.*
isteklendirmek ermuntern, anregen.
istekli Bewerber, Interessent *m.*
istemek 1. wollen, wünschen 2. bitten, ersuchen, fordern, verlangen 3. *j-n* sprechen wollen 4. notwendig sein; *ister istemez* 1. wohl oder übel 2. sowieso; *ister* ... *ister* gleichgültig ob ... oder.
isten(il)mek sollen.
istep, -*pi* Steppe *f.*
isteri *s. histeri.*
isterik *s. histerik.*
istiabetmek [ā] *räumlich* fassen können; aufnehmen, enthalten.
istiane [ā] Bitte *f* um Hilfe; ~ *etm.* *m. Abl.* *j-s* Hilfe in Anspruch nehmen.
istiap, -*bı* [ā] räumliches Fassungsvermögen, Volumen *n*, Rauminhalt *m*; ~ *haddi* Rauminhalt *m*, Tragfähigkeit *f.*
istiare [ā] 1. Ausborgen *n* (*von*) 2. Metapher *f*; ~ *etm.* *sich et.* ausborgen, leihen.
istibdat, -*dı* [ā] Absolutismus *m.*
istical, -*li* [· - -] Sich-Beeilen *n*; ~ *etm.* sich beeilen.
isticar [· - -] Mieten, Pachten *n*; ~ *etm.* mieten, pachten.
isticvabetmek [ā] verhören, vernehmen.
isticvap, -*bı* [ā] Verhör *n*, Vernehmung *f.*
istida [ā] 1. *va.* Erbitten *n* 2. Gesuch *n*, Antrag *m*; ~ *etm.* 1. *va.* erbitten 2. beantragen; ~ *hakkı* *jur.* Beschwerderecht *n*; ~ *vermek* ein Gesuch stellen *od.* einreichen.
istidat, -*dı* [· - -] 1. *selt.* Bereitwilligkeit *f* 2. Naturanlage *f* 3. *mel.* Fähigkeit *f*, Talent *n*, Begabung *f* 4. *pej.* *med.* Anfälligkeit, Disposition *f* 5. *drohende* Entwicklungsmöglichkeit; ~ *sahibi* begabt, talentiert.
istidlâl, -*li* Deduktion *f*; ~ *etm.* deduzieren, schließen, entnehmen.
istif 1. Aufstapelung *f* 2. Verschnörkelung *f*; ~ *etm.* 1. aufstapeln, anhäufen, aufschichten 2. verschnörkeln; -*ini bozmamak* 1. *mel.* keine Miene verziehen 2. *pej.* wie ein Holzklotz dasitzen.

istifa [· - -] Demission *f*; ~ *etm.* sein Amt niederlegen.
istifade [ā] Gewinn *m*; ~ *etm.* (*m. Abl.*) 1. Gewinn (*Vorteil, Nutzen*) ziehen (*aus*) 2. viel lernen (*bei*) 3. sich (*e-r Sache od. Person*) bedienen.
istifçilik *fig.* Spekulation *f*, Wucher *m.*
istiflemek = *istif etm.*
istifrağ [ā] Sich-Übergeben *n*; ~ *etm.* (er)brechen, sich übergeben.
istifraş [ā] Konkubinat *n*; ~ *etm.* *m. Akk.* in wilder Ehe leben (*mit*).
istiğna [ā] 1. Sich-Bittenlassen *n* 2. Sättigung *f* 3. Genügsamkeit *f*; ~ *etm.* (*od. göstermek*) 1. sich bitten lassen 2. entbehren können.
istihale [ā] 1. Umwandlung *f* 2. *biol.* Entartung *f* 3. *va.* Absurdität *f*; ~ *etm.* e-e Metamorphose durchmachen.
istihbar [ā] 1. Sich-Erkundigen *n* 2. Hören, Erfahren *n*; ~ *etm.* 1. sich erkundigen; fragen (*nach*) 2. hören, erfahren.
istihbarat, -*tı* [ā, ā] 1. erhaltene Nachrichten *pl.* 2. Einholung *f* von Auskünften 3. *ab.* Auskunftserteilung *f*; ~ *bürosu* 1. Auskunftei *f* 2. *mil.* Evidenzbüro *n.*
istihdaf [ā] Abzielen *n* (*auf*); ~ *etm.* zum Ziel nehmen, bezwecken; ab-, hin-zielen (*auf*).
istihdam [ā] In-Dienst-Nehmen *n*; ~ *etm.* dienstlich einsetzen, anstellen, betrauen.
istihfaf [ā] Geringschätzung *f*; ~ *etm.* nicht achten; geringschätzen.
istihkak, -*kı* [ā] 1. Verdienst *n* 2. Anspruch *m*, Recht *n* 3. Zuteilungsquote *f.*
istihkâm 1. Festungswerk *n* 2. *a.* Pionier-; ~ *mühendisi* Festungsbaumeister *m.*
istihkar [ā] 1. Verachtung *f* 2. Zurückstellung *f* (*persönlicher Interessen*); ~ *etm.* 1. verachten 2. zurückstellen 3. (*hayatını*) aufs Spiel setzen.
istihlâk, -*ki* Verbrauch, Konsum *m*; ~ *etm.* verbrauchen, konsumieren; ~ *kooperatifi* Konsumverein *m.*
istihlâkçi Verbraucher, Konsument *m.*
istihracetmek [ā] 1. herausholen 2. fördern (*z.B. Erz*) 3. schlußfolgern 4. herausbekommen (*Sinn*) 5. weissagen.
istihraç, -*cı* *Vs.* (*s. istihracetmek*).

istihsal, -*li* [ā] 1. Produktion *f* 2. Beschaffung *f*; ~ *etm.* 1. erzeugen, produzieren 2. erwerben, erlangen, erreichen, beschaffen; ~ *kooperatifi* Produktionsgenossenschaft *f*. [*m*.]
istihsalci [ā] Erzeuger, Produzent
istihza [ā] Spott, Hohn *m*; ~ *etm.* (*b-le*) verspotten, verhöhnen.
istikamet, -*ti* [ā] 1. Rechtschaffenheit *f* 2. Richtung *f*; ~ *dümeni* Seitensteuer *n* (*e-s Flugzeugs*).
istikbal, -*li* [ā] 1. Empfang *m* 2. Zukunft *f* 3. *astr.* Opposition *f*; ~ *etm.* empfangen, begrüßen, abholen.
istiklâl, -*li* Unabhängigkeit, Freiheit *f*.
istikrah [ā] Ekel, Abscheu *m*; ~ *etm.* (*m. Abl.*) Abscheu haben, sich ekeln (*vor*).
istikrar [ā] Stabilität, Festigkeit *f*; ~ *bulmak* sich stabilisieren, sich konsolidieren.
istikraz [ā] 1. Entleihen *n* 2. Anleihe *f*; ~ *etm.* sich Geld leihen; e-e Anleihe aufnehmen.
istikşaf [ā] 1. Auskundschaftung *f* 2. *mil.* Erkundung *f* 3. *geogr.* Erforschung *f*; ~ *etm.* 1. auskundschaften 2. erkunden, aufklären 3. erforschen.
istilâ [· - -] 1. Epidemie *f* 2. Invasion *f* 3. Okkupation *f* 4. Überflutung *f* 5. Einhüllung *f*; ~ *etm.* 1. einfallen (*in ein Land*) 2. besetzen 3. überfluten, -schwemmen (*Meer*) 4. ein-, um·hüllen, umgeben.
istilâcı [· - - ·] 1. Eindringling, Eroberer *m* 2. angreifend, vorrückend.
istilzam [ā] 1. Erfordern *n* 2. Für-Erforderlich-Halten *n*; ~ *etm.* 1. notwendig machen 2. für nötig halten.
istim 1. (*Arbeits-, Heiz-*) Dampf *m* 2. V Schnaps, Alkohol *m*.
istimal, -*li* [· - -] Verwendung *f*; ~ *etm.* an-, ver·wenden, gebrauchen, benutzen; ~ *tarzı* Gebrauchsanweisung *f*.
istimator Zolltaxator *m*.
istimbot, -*tu* (*kleineres*) Dampfboot.
istimdadetmek [ā] um Hilfe bitten *od.* rufen.
istimdat, -*dı* [ā] Hilferuf *m*.
istimlâk, -*ki* Enteignung *f*; ~ *etm.* enteignen.
istinaden [ā] *adv. m. Dat.* auf Grund von ...
istinadetmek [ā] *m. Dat.* 1. sich stützen (*auf*), sich lehnen (*an*) 2. *fig.* Kraft ziehen (*aus*) 3. *fig.* beruhen (*auf*).
istinaf [· - -] *jur.* Appellation *f*; ~ *etm.* (*bir kararı*) gegen ein Urteil Berufung einlegen.
istinat, -*dı* [ā] 1. Sich-Stützen *n* (*auf*) 2. Kraft-Ziehen *n* (*aus*) 3. *fig.* Beruhen *n* (*auf*) 4. *mil.* Rückhalt *m*; ~ *duvarı* Stützmauer *f*; ~ *kablosu* Haltetrosse *f*; ~ *noktası* 1. Stützpunkt *m* 2. *techn.* Auflagerpunkt *m*; ~ *yayı techn.* Druckfeder *f*.
istinkâf Stimmenthaltung *f*; ~ *etm.* Abstand nehmen (*von*); sich (*der Stimme*) enthalten.
istinsah [ā] 1. Abschreiben *n* 2. Zitat *n* 3. Abdruck *m* 4. Wiedergabe *f*; ~ *etm.* abschreiben, kopieren 2. übernehmen, zitieren 3. ab-, nachdrucken 4. wiedergeben.
istintac, -*cı* [ā] Schlußfolgerung, Deduktion *f*.
istintak, -*kı* [ā] Verhör *n*, Vernehmung *f*; ~ *etm.* vernehmen, verhören.
istirahat, -*ti* [· · - ·] Ruhe, Rast, Erholung *f*; ~ *etm.* ruhen, rasten, sich ausruhen.
istirdadetmek [ā] zurück·erobern, -gewinnen, wiedererlangen.
istirdat, -*dı* [ā] Rück·eroberung, -gewinnung, Wiedererlangung *f*; ~ *dâvası jur.* Restitutionsklage *f*.
istirham [ā] flehentliches Ersuchen; ~ *etm.* ergebenst bitten, flehentlich ersuchen.
istiridye [· · x ·] *zo.* Auster *f*.
istismar [ā] 1. (*Aus-*)Nutzung *f* 2. Ausbeutung *f*; ~ *etm.* 1. (aus-)nutzen 2. ausbeuten.
istisna [ā] Ausnahme *f*.
istisnai [· · - -] 1. Ausnahme- 2. einzigartig 3. *log.* hypothetisch.
istişare [ā] 1. Konsultieren *n* 2. Beratschlagung *f*; ~ *etm.* 1. befragen, konsultieren 2. beraten.
istitrat, -*dı* [ā] Zwischenbemerkung, Digression *f*, Exkurs *m*.
istiva [ā] 1. *urspr.* Gleichheit *f* 2. Äquator *m*.
istizah [· - -] 1. Bitte *f* um Erklärung 2. Interpellation, Anfrage *f*; ~ *etm.* 1. um Erklärung bitten 2. interpellieren; e-e Anfrage stellen (*im Parlament*).
istor 1. Rolladen *m* 2. Roll·vorhang *m*, -jalousie *f*.

istromaça [· · x ·] *naut.* Fender *m.*
İsveç, *-ci n.pr.* Schweden.
İsviçre [· x ·] *n.pr.* Schweiz *f.*
isyan [ā] 1. Aufruhr, Aufstand *m* 2. Versündigung *f*; ~ *etm.* 1. sich empören, rebellieren, meutern 2. e-e Sünde begehen; *-a tahrik* Aufwiegelung *f*; *-la başa çıkmak* den Aufstand niederwerfen.
iş 1. Arbeit *f*, Arbeiten *n* 2. Geschäfte *pl.* 3. Beruf *m*, Beschäftigung *f* 4. Dienst *m* 5. (*An*-)Stellung *f* 6. Sache, Angelegenheit *f* 7. Tatsache *f*, Umstand *m* 8. Nutzen *m*, Leistung *f* 9. komplizierte Angelegenheit; Schwierigkeit, Mühe, Plage *f* 10. Stickarbeit *f* 11. V Schwindel *m*; ~ *adamı* 1. (*tüchtiger*) Geschäftsmann 2. führender Wirtschaftler; ~ *arkadaşı* Mitarbeiter(in *f*) *m*; ~ *başı* 1. Polier *m* 2. Arbeitsbeginn *m* 3. tüchtiger Arbeiter; ~ *başında* 1. bei der Arbeit 2. *fig.* in den Sielen (*z.B. sterben*); ~ *bilmek* tüchtig sein; ~ *birliği* Zusammenarbeit *f*; ~ *bulma* Arbeitsvermittlung *f*; ~ *çıkarmak* 1. viel Arbeit machen 2. *j-m* viel Arbeit aufhalsen 3. *j-m* Schwierigkeiten in den Weg legen 4. *pej.* aufbauschen; ~ *eri* tüchtiger Arbeiter; ~ *görmek* 1. e-e Arbeit verrichten 2. *pr.* Hausarbeit verrichten 3. *mel.* leisten, zuwegebringen 4. taugen, sich eignen; ~ *güc* regelmäßige Arbeit; ~ *hayatı* Geschäftsleben *n*; ~ *-ten geçti!* jetzt ist es zu spät!; ~ *sahibi* 1. Geschäftsmann *m* 2. dienstlicher Besucher 3. Dienstherr *m* 4. Auftraggeber *m*; ~ *safhası techn.* Arbeitsgang *m*; ~ *yok fig.* 1. es geht nicht voran 2. es kommt dabei nichts heraus; *-i azıtmak fig.* sich völlig verrennen; *-i* ~ *olm. fig.* in Ordnung gehen; *-i olm.* 1. *et.* zu tun haben 2. e-n günstigen Verlauf nehmen 3. (*b-le*) seine Last haben (*mit*); *-in başı* springender Punkt; *-in içinde* ~ *var* 1. es steckt et. dahinter 2. so einfach ist die Sache nicht; *-inden kalmak* in der Arbeit aufgehalten werden; *-ine gelmemek* (*b-nin*) (*e-m*) nicht in den Kram passen; *-ini sağ* (*od. sağlam*) *kazığa bağlamak et.* gründlich unterbauen; *-ten el çektirme* Suspension *f*; *-ten olmamak fig.* ein reines Kinderspiel sein.
işar [ā] behördliche Mitteilung; *işarı ahire kadar* bis auf weiteres.
işaret, *-ti* [ā] 1. *a. math.* Zeichen *n* 2. Wink, Hinweis *m* 3. Kenn-, Merk·zeichen, Merkmal *n*, Marke *f* 4. Interpunktionszeichen *n* 5. Signal *n*; ~ *etm.* 1. signalisieren 2. hinweisen, aufmerksam machen; ~ *memuru* Verkehrspolizist *m*; ~ *sıfatı gr.* (*verbundenes*) Demonstrativpronomen; ~ *zamiri gr.* echtes (*unverbundenes*) Demonstrativpronomen.
işaretçi [ā] *naut.* Signalgast *m.*
işaretlemek [ā] 1. kennzeichnen 2. interpunktieren.
işbu [x ·] *Beh.* vorliegend, gegenwärtig, dieser.
işçi 1. Arbeiter(in *f*) *m* 2. V Gauner *m.*
işemek harnen, urinieren; V pissen.
işgal, *-li* [ā] 1. Beschäftigen *n* 2. Okkupation *f* 3. Innehaltung *f* 4. Störung *f* 5. *jur.* Aneignung *f*; ~ *etm.* 1. beschäftigen 2. *mil.* besetzen 3. inne·haben, -halten 4. ablenken, abhalten (*von*), stören (*bei*); ~ *mıntakası mil.* Besatzungszone *f.*
işgüzar [ā] 1. tüchtiger Arbeiter 2. *pej.* Wichtigtuer, Zuträger *m.*
işitmek 1. hören 2. vernehmen, erfahren 3. zu hören bekommen.
işitmemezlik Nicht-Hören *n*; *-ten* (*od. -liğe*) *gelmek* absichtlich überhören.
işitmezlik (*puristisch für* işitmemezlik).
işkembe 1. Pansen *m* (*der Wiederkäuer*) 2. Kaldaunen *pl.* 3. *mst.* V Wanst *m*; *-sini şişirmek* V sich den Wanst vollschlagen.
işkence Marter, Folter, Qual, Pein *f.*
işkil 1. Argwohn *m* 2. Zweifel *m.*
işlek 1. belebt (*z.B. Straße*) 2. gutgehend (*z.B. Geschäft*) 3. flott, flüssig (*z.B. Handschrift*) 4. gewandt (*z.B. Feder*).
işlem 1. *math.* Rechnungsart *f* 2. *chem.* Influenz *f* 3. Dienst-, Geschäfts·gang *m*, Formalitäten *pl.* 4. Verfahren *n*, Behandlung *f.*
işleme 1. *Vs. zu işlemek* 2. feine Stickerei *od.* Handarbeit 3. fein und zierlich hergestellt.
işlemek 1. verarbeiten (*z.B. Rohstoffe*) 2. bearbeiten (*z.B. Gebiet*) 3. (be)sticken 4. ziselieren 5. schälen (*Reis*) 6. begehen (*Fehler*) 7. (*m. Dat.*) stark beeindrucken 8. (*m.Dat.*)

eindringen (*in*) 9. *intr.* fahren, verkehren 10. *intr.* laufen (*Geschäft usw.*), gehen (*Uhr*), funktionieren (*Apparat*), arbeiten (*Maschine*) 11. auflaufen, anfallen (*Zinsen*) 12. in Kraft treten (*z.B. Garantieversprechen*) 13. belebt sein (*Straße*) 14. V stehlen, klauen 15. *med.* eitern 16. (*m. Abl.*) benützen.

işletici 1. betreibend 2. Antriebs-; Treib- 3. *jur.* Fahrzeughalter *m.*

işletme *Vs. zu işletmek, spez.* Betrieb *m*, Verwaltung *f*; ~ *dairesi* Betriebs·amt *n*, -verwaltung *f*; ~ *düzeni techn.* Schaltwerk *n*; ~ *emniyeti* Betriebssicherheit *f*; ~ *kolu* Anwerfer *m* (*am Auto*); ~ *malzemesi* 1. Betriebsstoff *m* 2. rollendes Material; ~ *memuru* Fahrdienstleiter *m*; ~ *mukavemeti* Anfahrwiderstand *m*; *2ler Vekâleti n.pr.* Ministerium *n* für Staatsbetriebe.

işletmecilik Verkehrsbetriebswesen *n.*

işletmek *Kaus. zu işlemek, spez.* 1. in Betrieb nehmen; betreiben 2. abbauen (*z.B. Erze*) 3. anwerfen (*Motor*).

işlev Funktion *f.*

işleyici 1. regelmäßig arbeitend 2. eindringend.

işli 1. beschäftigt, tätig 2. gestickt 3. verziert; ~ *güclü* in geordneter Arbeit stehend.

işmar [ā] Zeichen *n* (*mit Hand, Kopf od. Augen*); ~ *etm.* ein Zeichen geben, *z.B.* zublinzeln, winken.

işporta [· x ·] Traggestell *n od. flacher* Korb der Straßenhändler; ~ *malı fig.* minderwertige Ware.

işret, *-ti* 1. Alkohol *m* 2. Zechgelage *n* 3. Rausch *m*; ~ *etm.* zechen; ~ *meclisi* Zechgelage *n.*

işsiz arbeitslos; ~ *gücsüz* ohne geregelte Arbeit; ~ *kalmak* 1. keine Arbeit haben 2. seine Stellung verlieren.

işsizlik 1. Unbeschäftigtsein *n* 2. Arbeitslosigkeit *f.*

iştah 1. Appetit *m* 2. heftiges Verlangen; ~ *açmak* (*od. vermek*) 1. den Appetit anregen 2. *fig.* verlocken; *in der Füg.*: ~ *kapamak* (*od. kesmek od. tıkamak* es verschlägt mir den Appetit.

iştahlanmak 1. Appetit bekommen 2. besonderes Verlangen tragen; Lust bekommen.

iştahsızlık 1. Appetitlosigkeit *f* 2. Fehlen *n* e-s besonderen Verlangens; Lustlosigkeit *f.*

işte 1. sieh her, da ist 2. also, nun eben.

iştial, *-li* [ā] 1. Sich-Entzünden *n* 2. *fig.* Intensitätszunahme *f*; ~ *etm.* 1. sich entzünden; in Brand geraten 2. an Heftigkeit zunehmen.

iştigal, *-li* [ā] Beschäftigung, Arbeit, Tätigkeit *f*; ~ *etm.* (*bşle*) sich beschäftigen (*mit*); ~ *sahası* Arbeitsgebiet *n.*

iştikak, *-kı* [ā] 1. Wortableitung *f* 2. Etymologie *f*; ~ *etm.* abgeleitet werden; ~ *ettirmek* 1. ab-, her·leiten (*Wort*) 2. *math.* differenzieren.

iştira [ā] *z. va.* 1. Kauf *m* 2. *jur.* Rückkauf *m* (*bei Versicherung*); ~ *hakkı jur.* 1. Optionsrecht *n* 2. Ablösungsrecht *n* 3. Rückkaufsrecht *n*; ~ *kuvveti* Kaufkraft *f.*

iştirak, *-ki* [ā] 1. Teilhaberschaft, Mitinhaberschaft *f* 2. Teilnahme, Mitwirkung, Beteiligung *f*; ~ *etm.* (*m. Dat.*) 1. Teilhaber (*Mitinhaber*) sein (*bei*); teilhaben (*an*) 2. teilnehmen (*an*), mitwirken (*bei*), sich beteiligen (*an, bei*); *b-nin fikrine* ~ *etm.* *j-s* Meinung teilen; ~ *hissesi jur.* Mitgliedsbeitrag *m*; ~ *taahhüdü jur.* Aktienzeichnung *f.*

iştiyak, *-kı* [ā] Sehnsucht *f*, brennendes Verlangen; ~ *çekmek* brennend verlangen.

işve Sich-Bitten-Lassen *n*, Koketterie *f.*

işvebaz [ā] sich zierend, kokett.

it, *-ti* 1. *zo.* Hund *m* 2. *fig.* niederträchtiger Kerl, Schuft *m*; ~ *canlı* zäh, unverwüstlich; ~ *derneği fig.* lärmendes Pack, Gesindel *n*; ~ *oğlu* ~ (*vulg. Fluch*) dreckiger Hund!; Saukerl!; ~ *sürüsü fig.* Lumpengesindel *n.*

ita [- -] 1. Auszahlung *f* 2. Ausstellung *f* (*e-s Zeugnisses, e-r Bescheinigung usw.*); ~ *etm.* geben, *spez.* 1. auszahlen 2. ausstellen (*Zeugnis usw.*).

itaat, *-ti urspr.* [· - ·] *heute oft* [· · -] Gehorsam *m*; ~ *etm.* gehorchen, Folge leisten.

itab [ā] Tadel, Vorwurf *m*, Vorhaltung *f.*

itabetmek [ā] tadeln, Vorwürfe (*Vorhaltungen*) machen.

İtalik 1. italisch 2. *typ.* kursiv 3. Kursive *f*, Kursivdruck *m.*

İtalya [· x ·] *n.pr.* Italien *n.*
İtalyan Italiener(in *f*) *m*; italienisch.
İtalyanca [· · x ·] italienische Sprache, Italienisch.
itboğan *bot.* Eisenhut *m.*
itburnu, *-nu bot.* Hagebutte *f.*
itelemek *phys.* abstoßen.
itfa [ā] 1. Löschen *n* 2. Tilgung, Amortisation, Abschreibung *f* 3. *phys.* Aufhören *n*; ~ *etm.* 1. löschen 2. tilgen, abtragen, amortisieren (*z.B. Schulden*) 3. *phys.* zum Stillstand kommen lassen (*Pendelschwingung*); ~ *kabiliyetli istikraz* Tilgungsanleihe *f*; *itfayı düyun* 1. Schuldentilgung *f* 2. Amortisation *f.*
itfaiye [ā] Feuerwehr *f*; ~ *efradı* Löschmannschaften *pl.*; ~ *ekipi* Löschtrupp *m*; ~ *neferi* Feuerwehrmann *m.*
ithaf [ā] Widmung, Zueignung, Dedikation *f*; ~ *etm.* widmen, zueignen, dedizieren.
ithal, *-li* [ā] 1. Einführen *n* 2. Einfuhr *f*, Import *m* 3. Einbeziehung *f* 4. Eintragung *f* 5. *techn.* Einlaß *m*; ~ *etm.* 1. einführen (*z.B. Sonde*), hineinstecken 2. importieren 3. einbeziehen 4. eintragen (*z.B. in e-r Liste*).
ithalât, *-tı* [· - -] (*Gesamt-*)Einfuhr *f*, Import *m.*
ithalâtçı [· - - ·] Einfuhrhändler, Importeur *m.*
ithalâtçılık Einfuhr-, Import·handel *m*, Importwesen *n.*
itham [ā] Beschuldigung, Anklage *f*; ~ *etm.* (*b-ni bşle*) beschuldigen, bezichtigen, verdächtigen, anklagen.
ithamname [ā, ā] Anklageschrift *f.*
ithiyarı, *-nı s. acıhıyar.*
itibar [- · -] 1. Ansehen *n*, Achtung, Wertschätzung *f*, Wert *m* 2. Kredit *m* 3. Gesichtspunkt *m*; ~ *emri* Kreditauftrag *m*; ~ *etm.* 1. schätzen, achten, ehren 2. Glauben schenken 3. als Rechnungswert verwenden; ~ *görmek* 1. angesehen sein 2. gefragt sein; viel verlangt werden; *-a almak* 1. Wert beimessen 2. = *nazarı itibara almak*; *-dan düşmek* an Ansehen verlieren; *-dan düşürmek* diskreditieren; *itibarı malî* Kreditwürdigkeit *f*; *bu -la* in dieser Hinsicht; *esas -iyle* grundsätzlich.
itibaren [- · - ·] [- · x ·] *Pp. m. Abl.* 1. von ... an 2. von ... her.
itibari [- · - -] nominell, Nenn-, Nominal-; konventionell; ~ *kıymet* Nennwert, Nominalwert *m.*
itibarlı [- · - ·] geschätzt, geachtet, angesehen.
itidal, *-li* [- · -] 1. Gleichmaß *n* 2. (*Selbst-*)Beherrschung, Fassung, Mäßigung *f* 3. Mäßigkeit *f* 4. *astr.* Tag- und Nacht·gleiche *f*; ~ *bulmak* ruhig werden; (*an Heftigkeit*) nachlassen; sich legen; ~ *göstermek* Mäßigung an den Tag legen; ~ *sahibi* ausgeglichen, ruhig (*Person*); *itidali dem* Gleichmut *m.*
itidalli [- · - ·] mäßig, gemäßigt, ruhig.
itikadetmek [- · - · ·] (*m. Dat.*) fest glauben (*an*); überzeugt sein (*von*).
itikat, *-dı* [- · -] fester Glaube, religiöse Überzeugung.
itilâ [- · -] *fig.* Aufstieg, Aufschwung *m*; ~ *etm. fig.* in die Höhe kommen; sich aufschwingen; vorankommen (*z.B. Volk*).
itilâf [- · -] 1. Verständigung *f*, Übereinkommen *n*, Einigkeit *f* 2. *s. telfik.*
itilme *psych.* Verdrängung *f* (*in das Unterbewußtsein*).
itimadetmek [- · - · ·] (*m. Dat.*) sich verlassen, bauen (*auf*); Vertrauen haben (*zu*), vertrauen.
itimat, *-dı* [- · -] 1. Vertrauen, Zutrauen *n* (*Glaube m*) 2. Vertrauensvotum *n*; ~ *mektubu* Beglaubigungsschreiben *n* (*e-s Diplomaten*); *ademi itimat* 1. Mißtrauen *n* 2. Mißtrauensvotum *n.*
itimatname [- · - - ·] = *itimat mektubu.*
itimatsızlık [- · - · ·] Mißtrauen *n.*
itimatlaşmak [- · - · ·] sich gegenseitig vertrauen.
itina [- · -] Sorgfalt, Sorgsamkeit, Liebe, Aufmerksamkeit *f*; ~ *etm.* (*od. göstermek*) (*m. Dat.*) 1. sorgfältig behandeln 2. sich *e-r Sache* befleißigen.
itinalı [- · - ·] sorgfältig, aufmerksam.
itiraf [- · -] (*Ein-*)Geständnis *n*, Bekenntnis *n*; ~ *etm.* (ein)gestehen, bekennen, zugeben.
itiraz [- · -] Einwand, Einspruch, Widerspruch, Protest *m*; *a.* (*Verwaltungs-*)Beschwerde; ~ *etm.* Einwände (*Einspruch usw.*) erheben; ~ *götürmez* 1. unbestritten 2. unbe-

streitbar; ~ *yağmuru* Flut *f* von Beschwerden.

itirazsız [- · - ·] 1. unbestreitbar 2. ohne Einwände zu erheben; sofort bereit, *et. zu tun.*

itisaf [- · -] ungerechte Behandlung; Bedrückung *f.*

itişmek 1. sich stoßen und schlagen, sich balgen 2. sich gegenseitig anstoßen und spaßen; *itişe kakışa* sich gegenseitig stoßend und schiebend.

itiyadetmek [- · - · ·] 1. e-e Gewohnheit annehmen 2. sich gewöhnen.

itiyat, -dı [- · -] (*An-*)Gewohnheit *f*; ~ *haline gelmek* zur Gewohnheit werden.

itizar [- · -] (*Bitte um*) Entschuldigung *f*; ~ *etm.* um Entschuldigung bitten.

itlâf Vernichtung *f*; ~ *etm.* vernichten, vertilgen, ausrotten, töten.

itmam [ā] Abschluß *m*; ~ *etm.* 1. abschließen, fertigstellen, vollenden 2. *math.* integrieren.

itmek, (-er) schieben, rücken, stoßen; *ite dürte* (*od. kaka*) unter Anwendung der Ellenbogen.

itminan [ā] sicheres Vertrauen, feste Überzeugung, innere Ruhe.

ittırat, -dı [ā] 1. Regelmäßigkeit *f*, normaler Gang 2. (*sprachliche*) Analogie.

ittıratsızlık Unregelmäßigkeit *f*, unregelmäßiger Gang.

itticah [ā] Orientierung *f.*

ittifak, -kı [ā] 1. Übereinstimmung, Einhelligkeit *f* 2. Ab-, Übereinkommen *n* 3. Bündnis *n*, Allianz *f* 4. Eintracht *f* 5. Zufall *m* 6. Komplott *n*; ~ *etm.* 1. übereinstimmen 2. übereinkommen, e-e Abmachung treffen 3. sich verbünden, sich vereinigen 4. einig sein; *-la* einstimmig.

ittihadetmek [ā] 1. sich vereinigen 2. *chem.* sich verbinden 3. in Eintracht leben.

ittiham *s. itham.*

ittihat, -dı [ā] 1. Vereinigung *f*, Bund *m*, Union *f* 2. *chem.* Verbindung *f* 3. Eintracht, Einigkeit *f.*

ittihatsızlık Uneinigkeit *f.*

ittihaz [ā] 1. Nehmen, Fassen *n* 2. Nehmen (*für*), Rechnen (*als*) *n*; ~ *etm.* 1. nehmen 2. fassen (*z.B. Entschluß*) 3. treffen, ergreifen (*z.B. Maßregeln*) 4. ansehen (*als*).

ittisal, -li [ā] 1. Sich-Berühren *n* 2. *bot.* Konjugation *f* 3. *phil.* Kontiguität *f*; ~ *etm.* sich gegenseitig berühren, aneinanderstoßen, aneinandergrenzen.

ivaz Ersatz *m*, Äquivalent *n*, Ersatz-, Gegen-leistung, Vergütung *f*, Entgelt *n*; ~ *etm.* (*od. vermek*) Ersatz leisten; vergüten.

ivdirmek 1. zur Eile antreiben 2. beschleunigen.

ivgi Krumm-Messer *n* (*zum Aushöhlen*).

ivicaç, -cı [ā] Krümmung, Windung *f.*

ividi 1. eilig, ungeduldig 2. (*als Aktenvermerk*) eilt!

ividilik 1. Eile, Ungeduld *f* 2. Dringlichkeit *f*; ~ *kararı jur.* Dringlichkeitsbeschluß *m.*

ivinti Schnelligkeit, Eile *f*; ~ *yeri* Stromschnelle *f.*

iviz *zo.* Bremse, Pferdefliege *f.*

ivmek sich (be)eilen.

iye Eigentümer, Besitzer *m.*

iyelik Besitz-, Eigentums-recht *n*; ~ *ekleri gr.* Possessivsuffixe *pl.*; ~ *zamirleri gr.* Possessivpronomen *pl.*

iyi 1. gut 2. recht, schön 3. sorgenfrei (*Zeit*) 4. wohlwollend 5. reichlich (*Ernte, Regen usw.*) 6. günstig (*z.B. Anzeichen*) 7. gesund, wohl(auf) 8. richtig, angebracht, löblich 9. ordentlich, tüchtig, schallend (*Ohrfeige*); ~ *ahlâk sahibi olm.* e-n guten Leumund genießen; ~ *bir tesadüf eseri olarak* glücklicherweise; ~ *etm.* 1. heilen; wieder gesund werden lassen 2. gut daran tun 3. (*b-ni*) V *j-n* „erleichtern" (= *j-m das Geld abnehmen*); ~ *kötü* 1. gut und schlecht (*nebeneinander*) 2. mehr oder minder passend 3. einigermaßen brauchbar; ~ *olm.* 1. geheilt werden (*Krankheit*) 2. genesen; wieder gesund werden (*Patient*) 3. *in der Füg.*: *iyiyim* es geht mir gut 4. richtig *od.* angebracht sein; passen; ~ *vardım* absichtlich, mit Fleiß; *j-m* zum Possen, extra; *-den -ye* 1. ganz und gar 2. ordentlich, tüchtig, gehörig; *-si mi* es ist also am besten, wenn ...

iyice 1. [x · ·] recht nett, ganz ordentlich 2. [· x ·] gehörig, gründlich.

iyicene [· x · ·] F ordentlich, recht, tüchtig, gehörig.

iyilenmek *s. iyileşmek.*

iyileşmek 1. sich bessern 2. gesunden, genesen 3. sich versöhnen (*mit*).
iyilik 1. Güte, Qualität *f* 2. Wohltat, Hilfe, Unterstützung *f* 3. Wohlbefinden *n*, Gesundheit *f* 4. Güte, Freundschaft *f*; ~ *bilir* dankbar; ~ *etm.* Gutes tun; sich hilfreich erweisen; ~ *güzellik* (*stereotype Antwort auf die Frage ne var ne yok?*) danke, gut; *-le* durch freundliches Zureden; auf gütlichem Wege.
iyimser optimistisch, Optimist(in *f*) *m*.
iyimserlik Optimismus *m*.
iyot, *-du* Jod *n*.
iz 1. (*Fuß-*, *Fahr-*)Spur, Fährte *f*, Geleise *n* 2. *fig.* Spur (*z.B. e-s Verbrechens*) 3. *math.* Spurlinie *f*; *-i belirsiz olm.* spurlos verschwinden; *-inden yürümek* (*b-nin*) in *j-s* Bahnen wandeln; *-ine basmak* (*b-nin*) *j-n* nicht aus den Augen lassen; *-ine dönmek* sich die Sache anders überlegen; *-ine uymak* (*b-nin*) *fig.* in *j-s* Fußtapfen treten.
izabe [ā] Schmelzen *n*; ~ *etm.* zum Schmelzen bringen.
izabehane [ā, ā] 1. Schmelz-, Hütten·werk *n* 2. Schmelzofen *m*.
izacetmek [ā] beunruhigen, belästigen, stören.
izaç, *-cı* [ā] Beunruhigung, Belästigung, Störung *f*.
izafe [ā] 1. Zuschreiben, Beimessen *n* 2. In-Verbindung-Bringen *n*; ~ *etm.* 1. zuschreiben, beimessen 2. in Verbindung bringen (*mit*).
izafet, *-ti* [ā] 1. *gr.* substantivische Fügung 2. Relation *f*.
izafeten [ā] *adv.* in Zusammenhang mit...; im Anschluß an...
izafi [· - -] 1. relativ, spezifisch, bedingt 2. *gr.* die Izafetkonstruktion betreffend 3. *gr.* Possessiv-; ~ *sıfır geogr.* Normalnullpunkt *m*.
izafiyet, *-ti* [ā] Relativität *f*.
izah [- -] Erklärung, Erläuterung *f*; ~ *etm.* erklären, erläutern, darlegen.
izahat, *-tı* [- - -] 1. *pl. zu izah* 2. = *izah*; ~ *vermek* 1. e-e Erklärung abgeben 2. Aufschluß erteilen.
izahlamak = *izah etm.*
izale [ā] Beseitigung, Entfernung *f*; ~ *etm.* beseitigen, entfernen, vernichten, abstellen, aus dem Wege räumen; *izalei bikir* Entjungferung, Deflorierung *f*.
îzam [- -] 1. Übertreibung *f* 2. Überschätzung *f*; 3. *va.* Hochachtung *f*; ~ *etm.* 1. übertreiben 2. überschätzen 3. achtungsvoll behandeln; ehren.
izan [ā] Vernunft *f*, Verständnis *n*, Begriffsvermögen *n*; *-ı mahdut* geistig beschränkt; *sende hiç* ~ *yok mu?* bist du wirklich so dumm?
izaz [- -] ehrenvolle Aufnahme und reichliche Bewirtung (*e-s Gastes*); ~ (*ve ikram*) *etm.* ehrenvoll aufnehmen und reichlich bewirten (*Gast*).
izbandut *s. ızbandut.*
izbe 1. abgelegener, feuchter, finsterer Ort 2. Keller *m*.
izbiro [· x ·] Seil- *od.* Tau·schlinge *f*.
izci Pfadfinder *m*; ~ *kızlar* Pfadfinderinnen *pl.*
izcilik 1. Pfadfinderwesen *n* 2. Pfadfinderorganisation *f*.
izdiham [ā] Gedränge *n*, (*Menschen-*)Andrang *m*.
izdivacetmek [ā] sich verehelichen, sich verheiraten.
izdivaç, *-cı* [ā] 1. Verehelichung, Vermählung, Hochzeit *f* 2. Ehe *f*; ~ *merasimi* Hochzeitsfeier *f*; ~ *teklifi* Heiratsantrag *m*.
izdüşüm *math. phys.* Projektion *f*.
izdüşürmek *math. phys.* projizieren.
izhar [ā] Kundgeben, Zeigen, Ausdrücken *n*; ~ *banyosu phot.* Entwicklerbad *n*; ~ *etm.* zeigen, äußern, an den Tag legen, ausdrücken (*z.B. Meinung*), darlegen (*z.B. Wunsch*).
izin, *izni* 1. Erlaubnis, Genehmigung, Bewilligung *f* 2. Urlaub *m*, Beurlaubung *f* 3. Entlassung *f*; ~ *almak* die erbetene Bewilligung *od.* den erbetenen Urlaub erhalten; ~ *istemek* um Erlaubnis (*Urlaub, Entlassung*) einkommen; ~ *vermek* 1. *die erbetene* Erlaubnis erteilen 2. *den erbetenen* Urlaub bewilligen 3. *aus dem Dienst* entlassen.
izinli beurlaubt.
izinsiz 1. wer nicht um Erlaubnis eingekommen ist 2. wer keine Bewilligung erhalten hat 3. Ausgangsverbot *n* 4. wer Ausgangsverbot erhalten hat (*Internatsschüler*).
izlâl *s. ızlâl, ıdlâl.*
izlemek *m. Akk. j-s* Spur verfolgen.
izlendirmek beeindrucken.
izlenim *psych.* Eindruck *m*.

izlenmek beeindruckt werden.
izli e-e Spur hinterlassend; ~ *mermi mil.* Leuchtspurmunition *f.*
izmarit, *-ti* 1. *zo.* Schnauzenbrasse *m* 2. Zigarettenstummel *m.*
izmihlâl, *-li* vollkommene Vernichtung, Vertilgung; *-e uğramak* völlig vernichtet werden.
izolâbant, *-dı* [â kurz] Isolierband *n.*
izolâsyon [â kurz] Isolierung *f.*
izole 1. isoliert 2. *selt.* isolierend; ~ *etm.* isolieren.
izzet, *-ti* 1. Wertschätzung, (*erwiesene*) Ehre *f* 2. ♀ *mV und wV*; ~ *ve ikram etm.* ehrenvoll aufnehmen und reichlich bewirten (*Gast*).
izzetinefis, *-fsi* Selbstachtung *f,* Stolz *m,* Ehrgefühl *n.*
izzetlemek 1. mit großer Achtung behandeln; sehr ehren 2. *pej.* viel Aufhebens machen (*von*).
izzetlenmek 1. *Pass. zu izzetlemek* 2. *refl.* sich aufspielen.
izzetli 1. geehrt, geschätzt, teuer 2. ehrenwert, hochwohlgeboren.

J

j, J [ʒɛ] *13. Buchst. des türk. Alph.*
jaketatay Cutaway, Cut *m.*
jale [ā] 1. *va.* Tau *m* 2. ♀ *wV.*
jalon Absteckpfahl *m* (*des Geometers*).
jambon 1. Schinken *m* 2. P Schweinefleisch *n.*
jandarma [· x ·] 1. Gendarmerie *f* 2. Gendarm *m.*
janjan(lı) schillernd, changierend (*Stoff*).
jant, *-tı* (*Rad-*)Felge *f.*
Japon 1. Japaner(in *f*) *m*; japanisch 2. V 50-Pfund-Schein *m.*
Japonca [· x ·] japanische Sprache, Japanisch *n.*
japonez Kimonoärmel *m.*
Japonya [· x ·] *n. pr.* Japan *n.*
Japonyalı Japaner(in *f*) *m*; japanisch.
jardiniyer Blumen·schale *f,* -ständer *m,* -tischchen *n,* Jardiniere *f.*
jartiyer 1. Strumpfband *n* 2. Sokkenhalter *m.*
javelo *hist. od. La.* Speer *m.*
jelâtin [â kurz] Gallerte, Gelatine *f*; ~ *tarafı phot.* Schichtseite *f.*
jelâtinli mit Gallerte, Gelatine; ~ *kâğıt* Cellophanpapier *n.*
jengâr *chem.* Grünspan *m.*
jeni 1. Genie *n* 2. Geist, Genius *m* 3. Genialität *f.*
jeodezi Geodäsie, Vermessungskunst *f.*
jeofizik Geophysik *f.*
jeoloji Geologie *f.*
jerse 1. *Makoart aus Seide und Wolle* 2. *leichtes, luftdurchlässiges* Jakett.
jest, *-ti* 1. Geste, Gebärde *f* 2. *ab.* Tat, Handlung *f*; ~ *yapmak* gestikulieren.
jet, *-ti* Düse *f,* Düsenantrieb *m,* Strahlmotor *m*; ~ *uçağı* Düsenflugzeug *n.*
jigolo 1. Eintänzer *m* 2. junger Liebhaber *e-r älteren Dame.*
jile Westenteil, Einsatz *m* (*z.B. bei Damenkleid*).
jilet, *-ti* 1. Rasierklinge *f* 2. Rasierapparat *m.*
jönprömiye *Th.* jugendlicher Liebhaber.
jöntürk *hist.* Jungtürke *m*; jungtürkisch.
jöton 1. Spielmarke *f,* Jeton *m* 2. Telephonmünze *f.*
junior (*Sport*) Junior, Jugendliche(r) *m.*
jurnal *s. curnal.*
jübile Jubiläum *n,* Jubelfeier *f.*
Jüpiter 1. Jupiter *m* (*Planet*) 2. Jupiter, Zeus.
jüre Geschworene(r) *m.*
jüri 1. Jury *f,* Preisgericht *n,* Prüfungskommision *f* 2. Geschworenenversammlung *f*; ~ *âzası* (*sg. od. pl.*) Preisrichter *m/pl.,* Mitglied (-er *pl.*) *n* e-r Prüfungskommission, Geschworene(r) *pl.* (*sg.*).
jüt, *-tü* Jute *f.*

K

k, K [kɛ] *14. Buchst. des türk. Alph.*
kaa- *s. ka-.*
kab 1. Gefäß *n*, Topf *m*, Schüssel *f* 2. Behälter *m wie z.B.* Sack *m*, Hülle *f*, Überzug *m*, Tasche *f*, Korb *m* 3. Gang *m* (*beim Essen*) 4. Einband, Deckel *m* (*eines Buches*) 5. Umschlag-, Titel·seite *f* (*z.B. e-r Zeitung*); *-ına sığmamak fig.* 1. überschäumen (*z.B. vor Unternehmungslust*) 2. sich nicht bezähmen können 3. sehr dick werden.
kaba 1. dick, umfangreich 2. locker (*z.B. Wolle*) 3. oberflächlich, roh 4. grob(körnig) 5. *fig.* grob, roh, ungeschliffen 6. *fig.* gemein, vulgär, unflätig; *~ beton* Schotterbeton *m*; *~ döküm* Rohguß *m*; *~ et* (*-ler*) Gesäß *n*, Allerwerteste(r) *m*; *~ kuşluk* später Vormittag; *~ saba* 1. roh und ungebildet 2. oberflächlich gemacht; *~ sıva* Rohputz *m*; *~ sofu* bigott; *-sını almak* 1. zurechtfeilen, abhobeln, abgräten *u. ä. m.* 2. *fig.* über die erste Wut hinwegkommen.
kabadayı 1. Prahlhans *m* 2. Lümmel, Flegel *m* 3. unerschrocken 4. Beste(s), Höchste(s), Meiste(s) *n*.
kabahat, -ti [· - ·] Schuld *f*, Vergehen *n*, Übertretung *f*; *~ bende* es ist meine Schuld; *~ bulmak* bekritteln; *~ sahibi* schuldig.
kabak 1. *bot.* Kürbis *m* 2. Haschischpfeife *f* 3. *Name e-s einfachen S.i.* 4. *fig.* unerfahren, ungeschliffen 5. fade, geschmacklos 6. unreif (*Melone*) 7. haarlos, kahl 8. ohne Kopfbedeckung 9. *Kfz.* abgefahren, ohne Profil (*Autoreifen*); *~ bastısı* gedünstetes Kürbisgemüse; *~ b-nin başına patlamak fig. et.* ausbaden müssen; *~ çiçeği gibi açılmak* seine Reize ungeniert zur Schau stellen; *~ dolması* farcierter Kürbis; *~ gibi* kahl, unbehaart; *~ tadı vermek* allmählich fade *od.* langweilig werden.
kabakulak *med.* Mumps, Ziegen-[peter *m*.]
kabara [· x ·] 1. Schuhnagel *m* 2. Ziernagel *m*.
kabarcık 1. kleine Schwellung 2. Wasser- *od.* Luft·bläs·chen *n*.
kabarık 1. geschwollen, aufgebläht 2. mit kleinen Erhebungen; *~ deniz* Hochflut *f*.
kabarma *Vs. zu kabarmak, spez.* Flut *f*.
kabarmak 1. (an)schwellen, dick werden 2. sich heben (*Teig*), hochkommen (*Milch*) 3. sich beträchtlich steigern 4. sich sträuben (*Haare*), sich aufblähen (*Truthahn*) 5. die Form verlieren; sich werfen (*Holz*), abgehen (*Farbe*) 6. *fig.* zornig auffahren.
kabartı Erhebung, Erhöhung, Wölbung, Schwellung, Ausbuchtung *f*.
kabartma 1. *Vs. zu kabartmak* 2. Reliefarbeit *f*, getriebene Arbeit, Prägung *f* 3. Relief-; getrieben.
kabartmak 1. (auf)lockern, aufschütteln 2. aufrichten (*Ohren*).
kabasakal 1. langer Vollbart 2. mit langem Vollbart.
kabataslak Rohentwurf *m*.
kabayel *s. lodos.*
Kâbe 1. *n. pr.* Kaaba *f* (*in Mekka*) 2. ♀ V Wirtshaus *n*, Kneipe *f*.
kabız, -bzı 1. *va.* Ergreifen *n* 2. Konfiszierung *f* 3. Verstopfung, Konstipation *f*.
kabıza [- · ·] *an.* Beugemuskel, Flexor *m*.
kabızlık P für *kabız* (3).
kabih [i] schlecht, verwerflich, abscheulich.
kabil [ā] 1. möglich, fähig 2. *selt.* Geburtshelfer *m*; *gayrikabil* unmöglich.
Kabil [ā] *n.pr.* Kain *m* (*Bibel*).
kabîl Art, Sorte *f*; *bu ~* (*od. -den*). solch, derartig.
Kâbil *n. pr.* Kabul *n* (*Afghanistan*).
kabile [ā] Hebamme *f*.
kabîle 1. (*Nomaden-*)Stamm *m* 2. *bot.* Reihe *f*.
kabiliyet, -ti [ā] Fähigkeit, Tauglichkeit, Eignung *f*, Vermögen, Talent, Geschick *n*.
kabiliyetli [ā] fähig, talentiert, begabt, geschickt.

kabin Badekabine *f.*
kabine 1. Kabinett *n*, Ministerrat *m* 2. Sprech-, Untersuchungs-, Behandlungs·zimmer *n* 3. *allg.* kleinerer Raum 4. Abort *m*, Toilette *f* 5. Badekabine *f*; ~ *reisi* Ministerpräsident *m*; *-nin sukutu* Sturz *m* des Kabinetts.
kabir, *-bri* Grab *n*, Grabstätte *f*; ~ *suali* F endlose Fragerei.
kablo [x ·] 1. *el.* Kabel *n* 2. Kabel, Tau *n*, Trosse *f* 3. Kabeltelegramm [*n.*]
kabotaj Küstenschiffahrt *f.*
kabristan [· · -] Friedhof *m.*
kabriyole Kabriolett *n.*
kabuk 1. Rinde, Schale, Schote, Hülse *f* 2. (*Wund-*)Kruste *f* 3. Muschel *f* (*e-r Auster*), Haus *n* (*e-r Schnecke*); ~ *bağlamak* eine Kruste bilden (*Wunde*); ~ *koparmak fig.* e-e kaum vernarbte Wunde wieder aufreißen; *bezelyenin kabuğunu çıkarmak* Erbsen ausschoten; *elmanın kabuğunu soymak* e-n Apfel schälen.
kabul, *-lü* [ū] 1. Annahme *f* 2. Aufnahme *f* 3. Empfang *m* 4. Eingeständnis *n* 5. Akzept *n* 6. nachträgliche Zustimmung 7. einverstanden!; ~ *etm.* 1. annehmen 2. aufnehmen 3. empfangen 4. sich *et.* gefallen lassen; hinnehmen 5. anerkennen, zugeben, eingestehen 6. zulassen 7. billigen; ~ *imtihanı* Aufnahmeprüfung *f*; ~ *havzası geogr.* Aufnahmebecken *n*; ~ *resmi, resmi* ~ offizieller *od.* feierlicher Empfang.
kabullenmek 1. sich widerrechtlich *et.* aneignen *od. et.* wegnehmen 2. *ab.* = *kabul etm.*
kaburga 1. Rippe *f* 2. *an.* Brustkorb *m* 3. Gerippe *n od.* Spanten *pl.* (*e-s Schiffes*); *-ları çıkmak* (*od. sayılmak*) nur mehr Haut und Knochen sein.
kâbus [- -] Alpdrücken *n*, Alpdruck *m*; ~ *çökmek* (*üzerine*) *od.* ~ *geçirmek* Alpdrücken haben.
kabza 1. *va.* Hand, Faust *f* 2. Griff *m*, Heft *n* 3. Kolbenhals *m* (*am Gewehr*) 4. V e-e Handvoll Haschisch.
kabzımal 1. *va.* = *tahsildar* 2. Großaufkäufer, Zwischenhändler *m.*
kabzolmak [x · ·] 1. Verstopfung haben *od.* bekommen 2. V arbeitslos sein 3. V keinen Ton mehr herausbringen.
kaç[1], *-çı* 1. wieviel? 2. soviel; ~ *defa* 1. wie oft? wieviele Male? 2. viele Male; vielmals; so oft; ~ *paralık şey ki!* F das ist vollkommen wertlos!; ~*yaşındasın?* wie alt bist du?; *-ın kur'ası fig.* gerissener Bursche, schlauer Fuchs.
kaç[2] (*2. Pers. Sg. Imperativ von kaçmak*); ~ *kurtul! Name e-s türk. Ksp.*
kaçaburuk Lochstift *m*, Ahle *f*, Pfriemen *m.*
kaçak 1. Ausreißer, Flüchtige(r), Deserteur *m* 2. Schmuggel- 3. Schmuggelware *f.*
kaçakçı Schmuggler(in *f*) *m.*
kaçaklık 1. Desertieren, Ausreißen *n* 2. Zoll- *od.* Steuer·hinterziehung *f* 3. Schmuggel *m.*
kaçamak 1. *gelegentliches od. absichtliches* Pflichtversäumnis 2. Ausflucht *f*, Hintertürchen *n* 3. Zufluchtsort *m* 4. *e-e Art Polenta*; ~ *yapmak* 1. *m. Abl.* sich drücken (*von*), nicht hingehen (*zu*) F schwänzen 2. Ausflüchte machen; ~ *yolu* Ausrede *f*, Vorwand *m.*
kaçamaklı ausweichend (*z.B. Antwort*).
kaçar wieviel jeweils?, wieviel jeder?
kaçarola, kaçarula [· · x ·] Kasserolle, Bratpfanne *f.*
kaçık 1. verrutscht, verschoben 2. *fig.* verrückt, närrisch 3. mit Laufmasche (*Strumpf*) 4. Laufmasche *f.*
kaçıncı wievielt-?
kaçıngan zurückhaltend, reserviert, scheu.
kaçınmak (*m. Abl.*) zu vermeiden suchen; aus dem Weg gehen; sich drücken (*von*); meiden, scheuen.
kaçırma *Vs. zu kaçırmak, spez. jur.* Entführung *f.*
kaçırmak *Kaus. zu kaçmak, spez.* 1. zur Flucht verhelfen; entkommen lassen 2. entweichen lassen (*z.B. Luft*) 3. rauben (*z.B. Schlaf*) 4. vertreiben, fortscheuchen, verbergen, verstecken (*z.B. fr. Mädchen od. Frauen vor Männern*) 5. zum Fortgehen veranlassen; F weggraulen 6. entführen 7. verpassen, versäumen (*z.B. Dampfer, günstige Gelegenheit usw.*) 8. durchschmuggeln 9. e-r Pfändung entziehen 10. *m. Dat.* besudeln, beschmutzen 11. *intr.* verrückt werden; den Verstand verlieren 12. F Alkohol trinken.

kaçışmak auseinanderstieben; nach allen Seiten auseinanderlaufen.
kaçıt Zufluchtsort *m*, Asyl *n*.
kaçkın Flüchtling, Deserteur *m*.
kaçlı 1. von welcher Zahl?, wie hoch? (*z.B. Spk.*) 2. von welchem Jahrgang? (*hinsichtlich Geburt od. Abschlußexamen*).
kaçlık 1. wieviel enthaltend? 2. wie alt? 3. von welchem Gewicht? 4. wie teuer? 5. von welcher Stükkelung? (*z.B. Banknoten*); *bu adamı kaçlık tahmin edersiniz?* für wie alt schätzen Sie diesen Mann?
kaçma *Vs. zu kaçmak, spez.* Fliehen *n*, Flucht *f*; ~ *denemesi* Fluchtversuch *m*; ~ *şüphesi jur.* Fluchtverdacht *m*.
kaçmak, (*-ar*) 1. ent·weichen, -kommen, -schlüpfen; flüchten, desertieren 2. sich nicht *vor j-m* zeigen 3. meiden, scheuen, aus dem Wege gehen 4. entweichen (*z.B. Luft*) 5. plötzlich hineinkommen (*z.B. Wasser ins Ohr*) 6. sich verschieben; verrutschen 7. aufgehen (*z.B. Masche im Strumpf*) 8. sich ungesehen entfernen 9. eilen, eilig laufen 10. zunichte werden; F zum Teufel gehen (*z.B. Freude, Ruhe usw.*) 11. (*gut, schlecht usw.*) ausfallen, sein 12. (*m. Dat.*) sich nähern; näherkommen.
kadana [· x ·] 1. *va.* Fesseln *pl. e-s* (*Galeeren-*)*Sträflings* 2. *Name e-r ungarischen Pferderasse* 3. V starkgebaute, große Frau, F Dragoner *m*.
kadar 1. wie; so wie 2. so groß wie 3. *Pp. m. Dat.* bis 4. (*zur Angabe e-s spätesten Termins*) in, binnen 5. ungefähr, etwa, schätzungsweise 6. soviel (*wie, als od. daß*); soweit, solange; *bir ay evvelisine* ~ bis vor e-m Monat; *istediğin kadar al!* nimm, soviel du willst! *gözün görebildiği kadar* soweit das Auge reicht.
kadastro [· x ·] Kataster *m od. n*.
kadavra [· x ·] Leiche *f*, Leichnam *m*.
kadayıf Trockenteig *m für verschiedene türk. Mehlspeisen*.
kadeh kleineres (*Trink-*)Glas *n*; ~ *arkadaşı* Zechgenosse *m*; ~ *tokuşturmak mit den Gläsern* anstoßen.
kadem 1. Fuß *m* (*a. als Längenmaß*) 2. gute Vorbedeutung, Glück *n*, ~ *basmak m. Dat.* betreten; ~ *getirmek* Glück bringen.
kademe 1. Stufe *f* (*e-r Treppe*) 2. Sprosse *f* (*e-r Leiter*) 3. *fig.* Stufe *f* 4. *mil.* Staffel *f*; ~ *birliği mil.* Staffelverband *m*; ~ ~ 1. schrittweise, stufenweise 2. *mil.* staffelweise.
kademelendirmek *mil.* staffeln, gliedern.
kademeli *mil.* gestaffelt, gegliedert.
kademhane [· · - ·] Abort *m*, Toilette *f*.
kademli glück-, segen·bringend.
kademsiz unglück-, unheil·bringend.
kader Schicksal *n*, göttliche Vorsehung, Vorherbestimmung *f*.
kadercilik 1. Prädestinationslehre *f* 2. Fatalismus *m*.
kaderiye 1. Lehre *f* von der Willensfreiheit des Menschen 2. *isl. Sekte, welche diese Lehre vertritt.*
kadı isl. Richter, Kadi *m*.
kadın 1. Frau *f*, Weib *n*, Dame *f* 2. *pr.* geschlechtlich erfahrene Frau 3. *mel.* tüchtige Hausfrau und Mutter 4. (*zur Bild. von Femininbez. verwendet*); ~ *berberi* Damenfrisör *m*; ~ *doktoru* Frauenarzt *m*; ~ *hademe* Dienerin *f* (*in Ämtern*); ~ *işçi* Arbeiterin *f*; ~ ~ wahre (ideale) Frau; ~ *kadıncık* ideale Hausfrau; ~ *mebuslar* weibliche Abgeordnete *pl.*; ~ *memur* Beamtin *f*; ~ *parmağı var!* cherchez la femme!; ~ *sporcu* Sportlerin *f*; ~ *terzi* Schneiderin *f*; ~ *terzisi* Damenschneider *m*; *-lar hamamı gibi* voll lärmenden Durcheinanders.
kadınbudu, *-nu Name e-r größeren Frikadellenart.*
kadıncağız gute (biedere, arme) Frau; die Gute, Biedere, Arme.
kadıngöbeği, *-ni Name e-r best. Spritzkuchenart.*
kadınlık 1. Frauentum *n* 2. Frauenehre, -würde *f* 3. *pr.* haushälterisches Wirtschaften 4. Frauenwelt *f* 5. *selt.* Frauenbewegung *f*; ~ *gururu* weiblicher Stolz; ~ *hormonları* weibliche Hormone *pl.*; ~ *uzvu* Scheide, Vagina *f*; *kadınlığa meyal bir karakter* ein Charakter mit femininem Einschlag; *kadınlığını bilmemek* keine Menstruation haben.
kadınsı mit femininem Einschlag; weibisch (*Mann*).

kadıntuzluğu, *-nu bot.* Berberitze *f*, Sauerdorn *m*.
kadırga [· x ·] 1. *fr.* Galeere *f* 2. (*balığı*) *zo.* Walfisch *m*.
kadıyülkuddat *-tı* [ā, ā] *fr.* oberster (isl.) Richter.
kadife [ī] 1. Samt *m* 2. Samt-; ~ *gibi* samtweich.
kadim [ī] 1. aus alter Zeit stammend; alt 2. urewig, anfangslos; *-denberi* von alters her.
kadinne *s. haminne.*
kadip, *-bi* [ā] 1. *va.* dünner, gerader Zweig 2. *an.* männliches Glied, Penis *m*.
kadir[1], *-dri* 1. wirklicher, innerer Wert (*e-r Person od. e-r Sache*) 2. *astr.* Größenklasse *f*; (*der Gestirne*) ~ *kıymet Verst. von kadir*(1); ♀ *Gecesi od. Leylei Kadir Name der 27. Nacht im Ramazan, in der nach isl. Lehre der Koran herabgesandt wurde.*
kadir[2] [ā] fähig, imstande, mächtig (*Gott*); *kadiri mutlak* der Allmächtige.
kadirli wertvoll, geschätzt, geachtet.
kadirnaşinas [· · - · -] wer *e-e Person od. Sache* nicht richtig zu würdigen weiß.
kadirşinas [· · · -] wer *e-e Person od. Sache* richtig zu würdigen weiß.
kadit, *-di* [ī] Skelett *n*; ~ *olmuş* zum Skelett abgemagert; nur mehr Haut und Knochen.
kadran 1. Zifferblatt *n* 2. Skala *f* (*z.B. bei Radioapparat*) 3. Quadrant *m*.
kadro [x ·] 1. *geschlossene Formation wie z.B.* Belegschaft, Mannschaft *f*, Lehrkörper *m*, Schülerzahl *f usw.* 2. Personaletat *m*, Stärke *f* 3. *mil. od. fig.* Rahmen *m*; *ordunun barışlık -su* Friedensstärke *f* des Heeres; ~ *mevcudu* Sollstärke *f*; *-su tamam olm.* vollzählig sein.
kadrolaşmak 1. festgelegt *od.* festgesetzt werden (*Personaletat usw.*) 2. zum Rahmen werden; e-n Rahmen bilden.
kadron Kantholz *n*.
kafa 1. Kopf, Schädel *m* 2. *va.* Hinterkopf *m*, Genick *n*; hinterer Teil (*z.B. e-s Berges*) 3. Ansicht, Auffassung *f* 4. Verstand *m*, Klugheit *f* 5. große Murmel (*Kspz.*); ~ *dengi* gleichgesinnt, gleichdenkend; ~ *-ya vermek* die Köpfe zusammenstecken; tuscheln; ~ *kâğıdı* P = *nüfus kâğıdı*; ~ *oyunu* Geduldspiel, Puzzlespiel *n*; ~ *patlatmak* 1. sich den Kopf zerbrechen 2. *j-n* belästigen; ~ *tutmak* 1. sich widersetzen; aufsässig sein 2. (*b-ne*) sich *gegen j-n* auflehnen; *j-m* widersprechen; ~ *yormak* sich den Kopf zerbrechen; *-dan gayrimüsellâh hum.* wer das Pulver nicht erfunden hat; beschränkt, dumm; *-dan kontak* V mit e-m kleinen Dachschaden (*fig.*); *-sı almamak* 1. nicht begreifen können 2. nicht mehr aufnahmefähig sein; *-sı dönmek fig.* in hellen Zorn geraten; *-sı taşa çarpmak fig.* übel ausgehen (*für*); *-sını taştan taşa çarpmak fig. et.* bitter bereuen.
kafadar gleichgesinnt, gleichdenkend.
kafaiçi, *-ni an.* Gehirn, Hirn *n*.
kafalı 1. mit... Kopf; -köpfig 2. *pr.* klug, vernünftig, verständig.
kafasız dumm, beschränkt, verständnislos.
kafatası, *-nı an.* Schädel *m*.
Kafdağı, *-nı n. pr. ein sagenhafter Berg, gel.* Kaukasus *m*; *-nın arkasında fig.* hinter dem Mond; *-na kadar fig.* bis ans Ende der Welt.
kafekonser *s. kafeşantan.*
kafes 1. Käfig *m* 2. Gitterwerk *n* 3. Lattenverschlag *m* 4. V Kittchen *n* 5. Förderkorb *m* 6. Gerüst *n* (*e-s Holzhauses*) 7. Skelett *n*; ~ *gibi* 1. mager und elend 2. ganz durchlöchert; ~ *tamiri* gründliche Überholung e-s Gebäudes.
kafeşantan Unterhaltungscafé, *pej.* Tingeltangel *n*.
kâfi genügend, genug, hinreichend; ~ *gelmek* (*od. olm.*) genügen, hin-, aus-reichen.
kâfil (*m. Dat.*) verbürgend, garantierend.
kafile [ā] 1. Karawane, Schar *f*, Trupp *m* 2. *mil.* Transport, Konvoi *m*, Geleit *n* 3. Teil *m*, Sendung *f* (*Bücher, Gepäck usw.*).
kâfir 1. *va.* (*das Gute*) leugnend 2. Ungläubige(r), Gottlose(r) *m* 3. (*halb scherzhafter, halb freundschaftlicher Ausruf*) Bursche, Kerl *m* 4. ♀ Kaffer *m* (*Südafrika*); *seni* ~ *seni!* du toller Bursche!
kafiye [ā] Reim *m*.
Kafkas (Dağları), Kafkaslar *n. pr.* Kaukasus(gebirge *n*) *m*.

Kafkasya [· x ·] *n. pr.* Kaukasusgebiet *n*, Kaukasus *m*.
kaftan *fr. leichter, mantelartiger* Überwurf; ~ *giymek* 1. *fr.* e-n Kaftan (*als Ehrenkleid*) bekommen 2. *fig.* sich hochnäsig benehmen.
kâfur [- -] *chem.* Kampfer *m*.
kâfuru [- · ·] *s. kâfur*.
kâgir aus Steinen *od.* Backsteinen erbaut; Stein-; Backstein-.
kâğıt, *-dı mst.* [kyät] 1. Papier *n* 2. Zettel *m* 3. Tüte *f* 4. Brief *m*, Schreiben *n* 5. Spielkarten *pl.* 6. Schein *m*, Zeugnis *n* 7. *fr.* türk. 1-Pfund-Schein *m* 8. aus Papier hergestellt; Papier-; ~ *fener* Lampion *m*; ~ *kebabı portionsweise in Pergamentpapier eingeschlagene und mit Zwiebeln usw. gedünstete* Fleischstückchen *pl.*; ~ *oynamak* Karten spielen; ~ *paçavrası pej.* Fetzen *m* Papier; ~ *para* Papiergeld *n*; ~ *sepeti* Papierkorb *m*; ~ *üzerine koymak* zu Papier bringen; aufschreiben, notieren; *kâğıdı kim yaptı?* wer hat gegeben? (*Ka.*).
kâğıtçı Papier- und Schreib·warenhändler *m*.
kâğıtlamak mit Papier bedecken *od.* zuhängen.
kâğıtlık Papier·ständer, -kasten *m*.
kağnı *zweirädriger anatolischer* Ochsenkarren.
kağşak dem Einsturz nahe; baufällig.
kağşamak 1. wacklig werden; F aus dem Leim gehen (*Möbel*) 2. *fig.* alt und gebrechlich werden.
kâh manchmal; ab und zu; gelegentlich; ~ ... ~ bald ... bald.
kahhar [· -] 1. allbeherrschend, unwiderstehlich (*Gott*) 2. gewalttätig 3. *fig.* unerbittlich (*z.B. Kälte*) 4. überwältigend, erdrückend.
kahır, *-hrı* 1. Unterjochen *n*, Gewalt *f*, Zwang *m* 2. großer Kummer, Gram, Schmerz.
kahırlanmak sich sehr grämen.
kâhin Wahrsager, Prophet *m*.
kahir [ā] überwältigend, erdrückend, unwiderstehlich; ~ *ekseriyet* überwältigende Mehrheit.
Kahire [ā] *n. pr.* Kairo *n*.
kahkaha *lautes, schallendes* Gelächter; ~ *atmak* (*od. koparmak*) in schallendes Gelächter ausbrechen.
kahkahaçiçeği, *-ni bot.* dreifarbige Winde.
kahkari [ī] 1. *urspr.* rückwärts gerichtet; zurück 2. flucht-, panikartig; wild, ungeordnet (*Rückzug*).
kâhkül *s. kâkül*.
kahpe 1. Dirne, Hure *f* 2. V wankelmütig, treulos, niederträchtig; ~ *oğlu* 1. Schurke, Schuft *m* 2. Feigling *m*.
kahraman 1. tapferer Held 2. *fig.* Held *m* (*e-r Affäre*).
kahramanlık 1. Heldentat *f* 2. Heldenmut *m*.
kahretmek [x · ·] 1. erdrücken, überwältigen, zugrunde richten 2. *fig.* sehr quälen 3. sich sehr grämen 4. verwünschen, verfluchen.
kahrolmak [x · ·] sich sehr grämen.
kahrolsun! (*Ausruf des Abscheus*) nieder mit ...!
kahvaltı 1. (*a. sabah kahvaltısı*) Frühstück *n* 2. Nachmittagskaffee *m*, *österr.* Jause *f* 3. (*kalter*) Imbiß; ~ *etm.* 1. frühstücken 2. vespern, *österr.* jausen.
kahve *mst.* [käve] 1. (*a. kuru kahve*) Kaffee *m*; Kaffeebohnen *pl.* 2. Kaffee *m* (*als Getränk*) 3. Kaffeehaus *n*, Café *n*; ~ *çekmek* Kaffee mahlen; ~ *değirmeni* Kaffeemühle *f*; ~ *erzatsı* Kaffee-Ersatz *m*, Ersatzkaffee *m*; ~ *ikram etm.* Kaffee vorsetzen (*reichen*); ~ *parası fig.* Trinkgeld *n*; ~ *takımı* Kaffeeservice *n*; ~ *tepsisi* Kaffeetablett *n*.
kahveci Kaffeehändler *m* 2. Besitzer *od.* Pächter *m* e-s Kaffeehauses 3. Kaffeesieder *m*.
kahvehane [ā, ā] Kaffeehaus, Café *n*.
kahverengi, *-ni* kaffeebraun.
kâhya 1. *fr.* Haushofmeister, Gutsverwalter, Intendant *m* 2. *fr.* Innungsmeister *m* 3. *fig. pej.* Aufseher, Vorgesetzter *m*; ~*sı yok* er kann schalten und walten, wie es ihm beliebt.
kaır, *ka'rı* Grund *m* (*spez. des Meeres*); *ka'rı nâyap* Tiefsee *f*.
kaide [ā] 1. Grundlage, Basis *f*, Fundament *n* 2. Fuß, Sockel *m* 3. *a. math.* Regel *f* 4. Norm *f* 5. *geom.* Grundlinie, Basisfläche *f* 6. Grundzahl, Basis *f* (*von Logarithmen*) 7. Doktrin, Lehre *f*.
kaideleştirmek [ā] in Regelform fassen (*z.B. Spracherscheinung*).
kaidevi [- · · -] normativ.
kail [ā] 1. (*bşe*) überzeugt (*von*),

glaubend (*an*) 2. einverstanden (*mit*).

kaim [ā] 1. *va.* stehend 2. bestehend, dauernd 3. an die Stelle (*von et.*) tretend; ersetzend 4. orthogonal, rechtwinklig 5. senkrecht zueinander stehend; ~ *zaviye, zaviyei kaime math.* rechter Winkel.

kaime [ā] 1. offizielle (*Versteigerungs-*)Liste 2. *va.* Papiergeld *n*, *spez. fr.* 1-Pfund-Schein 3. Winkel von 90 Grad; rechter Winkel.

kâin sich befindend; existierend, gelegen.

kâinat, *-tı* [- · -] 1. Universum, Weltall *n*, Kosmos *m* 2. jedermann; alle Leute *pl.*

kak, *-kı* 1. Dörrfrucht *f* 2. *fig.* mager und elend.

kaka (*Ki.*) 1. bös, schlecht, häßlich 2. Schmutz, Dreck *m*, Exkrement *n*, Kot *m*; ~ *el* schlechte (*d.h.* linke) Hand; *-sını yapmak* sein Geschäft verrichten (*Kind*).

kakalamak 1. *m. Akk.* fortwährend schlagen *od.* stoßen 2. = *kakasını yapmak.*

kakalaşmak (*Ki.*) bös (*schlecht, häßlich, schmutzig*) werden.

kakanos V häßlich, widerlich.

kakao 1. *bot.* Kakaobaum *m* 2. Kakao·bohnen *pl. od.* -pulver *n* 3. Kakao (*als Getränk*) *m.*

kakatuva *zo.* Kakadu *m.*

kakavan 1. kindisch (*Greis*) 2. geschwätzig 3. V alt und häßlich.

kakıç *e-e Harpunenart.*

kakım 1. *zo.* Hermelin *n* 2. Hermelinpelz *m.*

kakımak *m. Akk.* tadeln, rügen, kritisieren.

kakır kakır leise knackend.

kakırca *zo.* 1. Haselmaus *f* 2. *s. kokarca.*

kakırdak 1. Grieben *pl.* 2. *s. kıkırdak.*

kakırdamak 1. leise knacken 2. F frieren 3. V abkratzen; sterben.

kakırtı leises Knacken *od.* Brechen.

kakışmak sich gegenseitig stoßen *od.* schlagen.

kakıştırmak dauernd stoßen, puffen, anstoßen.

kakma 1. *Vs. zu kakmak* 2. Intarsien *pl.* 3. Punz-, Ziselier-, Reliefarbeit *f* 4. eingelegt; Intarsien- 5. punziert, ziseliert, Relief-; ~ *gümüş tepsi* getriebene Silberplatte; *sedef* ~ *nalın* mit Perlmutt eingelegte Holzpantinen *pl.*

kakmak, (*-ar*) 1. schlagen, stoßen, einschlagen (*z.B. Nagel*), einrammen (*z.B. Pflock*) 2. punzieren 3. einlegen (*z.B. Perlmutt in Holz*) 4. ziselieren, ausstechen; im Relief herausarbeiten.

kaknem V 1. mager und elend 2. von abstoßender Häßlichkeit.

kaktüs *bot.* Kaktus *m*, Kaktee *f.*

kakule [ā] *bot.* Kardamom *m od n.*

kâkül Stirn-, Schmacht·locke *f.*

kal[1] 1. Läuterung *f* (*von Metallen*) 2. *chem.* Kupellieren *n.*

kal[2], *-li*; [ā] 1. Gesagte(s) *n* 2. Sprechen *n*; *-e almak* 1. erwähnen, erörtern 2. ins Auge fassen; *-e alınmaz fig.* geringfügig, unbedeutend; *-e gelmek* erörtert werden.

kala (< *kalarak*) vor; *ikiye beş kala* fünf Minuten vor zwei; *köye iki kilometre kala benzin bitmiş* zwei Kilometer vor dem Dorf war das Benzin zu Ende.

kalabalık 1. Gedränge *n*, Menschen·menge, -masse, Überfüllung *f* 2. große Anzahl 3. hinderliche Menge (*z.B. von Gegenständen*) 4. zahlreich (*z.B. Gepäck*), groß *z.B. Familie*) 5. stark besucht (*z.B. Ausflugsort*) 6. überfüllt (*z.B. Omnibus*); übervölkert (*z.B. Stadt*); ~ *bir halk* e-e große Menschenmenge; ~ *etm.* 1. sich drängen (*Menschenmenge*) 2. viel Platz wegnehmen; stören (*z.B. Gepäck*) 3. unnütz herumstehen (*a. Einzelpersonen*); *kalabalığı kaldırmak* aufräumen.

kalafat, *-tı* 1. *naut.* Kalfaterung *f* 2. *fr.* Turban *m des Oberbefehlshabers der Janitscharen* 3. scharfe Zurechtweisung 4. Tünche *f*, Firnis *m*, Aufmachung *f*; ~ *etm.* 1. kalfatern 2. *fig.* herausputzen, zurechtmachen.

kalafatçı Kalfaterer *m*; ~ *köpeği fig.* Schmutzfink *m.*

kalafatlamak 1. kalfatern 2. *fig.* e-n scharfen Verweis erteilen.

kalafon 1. Tannenharz *n* 2. Kolophonium *n.*

kalak 1. Nüster *f* (*e-s Tieres*) 2. Gewinnsteine *pl. bei best. Ksp.*

kalamar *zo.* Kalmar *m* (*Tintenfisch*).

kalamış 1. *bot.* Seetang *m* 2. Schilfmoor *n.*

kalan 1. bleibend, übrigbleibend 2. *math.* Rest *m* (*bei e-r Division*).
kalantor Geldprotz, Krautjunker *m.*
kalas Tragbalken *m.*
kalavra [· x ·] grober Bauernschuh.
kalavrahane [· · · - ·] Dorfschusterei *f.*
kalay 1. Zinn *n* 2. *fig.* Firnis *m*, Aufmachung *f* 3. V Fluchen, Schimpfen *n*; *-ı atmak* (*od. basmak*) V schimpfen wie ein Rohrspatz.
kalaylamak 1. verzinnen 2. V beschimpfen 3. V über den grünen Klee loben.
kalb[1], *-bi* [*i-haltiger l-Laut*] 1. Herz *n* 2. Gemüt, Gefühl *n* 3. Herzkrankheit *f*; ~ *ağrısı* Liebeskummer *m*; ~ *çarpıntısı* Herzklopfen *n*; ~ *krizi* Anfall *m* von Herzschwäche; ~ *olmamak* (*b-de*) kein Mitgefühl haben (*mit*); ~ *sektesi* plötzliche Herzlähmung, Herzschlag *m*; *-den yaralı* betrübt, bekümmert; *-i fesat* 1. mißgünstig, neidisch 2. argwöhnisch; *-i kırık* gekränkt.
kalb[2], *-bı va.* Ver-, Um·wandeln *n.*
kalben [*i-haltiger l-Laut*] *adv.* 1. von Herzen, aufrichtig, ehrlich 2. seelisch, moralisch, ethisch.
kalbetmek [x · ·] ver-, um·wandeln.
kalbî [*i-haltiger l-Laut*] herzlich, aufrichtig, ehrlich; Herzens-; innig.
kalbur (*großlöcheriges*) Sieb; ~ *kemiği an.* Siebbein *n*; ~ *üstü* 1. Rückstand *m im Sieb* 2. *fig.* Elite *f*, Prominente *pl.*; ~ *üstüne gelmek fig.* sich *vor anderen* auszeichnen; *-dan geçmek* (aus-, durch)sieben (*wörtl. und fig.*); *-la su taşımak fig.* sich sinn- und zweck·los abmühen.
kalburlamak (aus-, durch)sieben.
kalcı wer Metalle schmelzt *od.* läutert.
kalça [x ·] Hüfte *f*, Hüftbecken *n*; ~ *çevresi* Hüftumfang *m*; ~ *kemiği an.* Darmbein *n.*
kalçın *lange, dicke* Filzhose.
kaldıraç Hebel *m*, Hebel-, Brechstange *f*, Hebebaum *m.*
kaldıran *an.* Aufhebemuskel *m*; Elevator *m.*
kaldırım 1. Stein-, Straßen·pflaster *n* 2. gepflasterte Straße 3. Trottoir *n*, Gehsteig *m*; ~ *çiğnemiş fig.* welterfahren; ~ *döşemek* pflastern; ~ *kargası* alte, häßliche Straßendirne; ~ *mühendisi hum.* Bummler *m*; ~ *taşı* 1. Pflasterstein *m* 2. Fliese, Steinplatte *f* 3. Rinn-, Prell·stein *m.*
kaldırımcı 1. Straßenpflasterer *m* 2. V Schwindler, Gauner, Taschendieb *m.*
kaldırımsız ungepflastert.
kaldırma *Vs. zu kaldırmak*; ~ *cihazı* Hebevorrichtung *f.*
kaldırmak *Kaus. zu kalkmak* 1. (er-, auf-, empor)heben 2. weg·heben, -rücken, -schieben, -schaffen, -wehen, -fressen 3. abräumen (*z.B. Tisch*) 4. aufscheuchen 5. aufwirbeln (*z.B. Staub*) 6. abfahren lassen (*z.B. Dampfer*) 7. beseitigen, entfernen, abschaffen, aufheben (*z.B. Bestimmung*), beheben (*z.B. Schwierigkeiten*), überflüssig machen (*z.B. Diskussionen*) 8. zu Grabe tragen 9. wecken 10. aufrufen (*Schüler*) 11. genesen lassen 12. zum Weggehen veranlassen 13. *in e-e best. Gangart versetzen* 14. aushalten, ertragen 15. zulassen, vertragen 16. aufrichten 17. V stehlen, klauen; *kaldırıp koymak* (*ortalığı*) alles sorgsam wegräumen.
kale 1. Burg, Festung *f* 2. Fort, Festungswerk *n* 3. *mil.* Bunker *m* 4. *fig.* Bollwerk *n*, Bastion *f* 5. (*Scha.*) Turm *m* 6. *Fb. u. ä.* Tor *n*; ~ *burcu* Bastion *f* (*e-r alten Festung*); ~ *gibi* groß, schlicht und solide (*Gebäude*); ~ *harbi* (*od. muharebesi*) 1. Festungskrieg *m* 2. Stellungskrieg *m*; ~ *sahası Fb. u. ä.* Torraum *m*; *-lerden müteşekkil hat mil.* Bunkerlinie *f.*
kalebent, *-di* Festungs·sträfling, -häftling *m.*
kaleci *Fb. u. ä.* Tor·wart, -mann *m.*
kalem 1. *jedes Schreibgerät wie z.B.* Bleistift, Farbstift *m*, Füllfeder *f*, Schreibrohr *n* 2. Büro *n*, Kanzlei *f* 3. Stil *m*, Darstellung *f* 4. Meißel *m* 5. Schnitzmesser *n* 6. Posten *m* (*e-r Rechnung od. Aufstellung*) 7. Edel-, Pfropf·reis *n* 8. länglicher Knochen 9. dünner Pinsel *od.* spitzes Holzstäbchen; ~ *açmak* (*od. yontmak*) 1. spitzen (*Bleistift*) 2. *fr.* zuschneiden (*Rohrfeder*); ~ *arkadaşı* Büro·kollege *m*, -kollegin *f*; ~ *çalmak* sich schriftstellerisch betätigen; ~ *işi* 1. Handmalerei *f* 2. handgemeißelte Arbeit; ~ *kaşlı* mit dünnen, gleichmäßigen Augenbrauen; ~ *kömürü* Zeichenkohle *f*;·

~ *kulaklı* mit kleinen, aufrechtstehenden Ohren (*Pferd, Hirsch usw.*); ~ *odası* Kanzlei *f*, Sekretariat *n*; ~ *sahibi* Schriftsteller, Literat *m*; ~ *ucu* Stahlfeder *f*; *-e gelmemek* 1. nicht wiederzugeben sein 2. zu unbedeutend sein (*um erwähnt zu werden*); *-inden kan damlamak fig.* sehr wirksam schreiben; *kalemi mahsus müdürü* Leiter *m* der Ministerialkanzlei.

kalemdan [· · -], **kalemdanlık** [· · - ·] Federkasten *m*, Bleistiftetui *n*, Bleistiftmäppchen *n*.

kalemkâr 1. Dekorationsmaler *m* 2. Graveur, Ziseleur *m* 3. Stukkateur *m* 4. handgearbeitetes Zierstück.

kalemşor *hum.* e-e spitze Feder führend (*z.B. Publizist*).

kalemtıraş 1. Federmesser *n* 2. Bleistiftspitzer *m* 3. Radiermesser *n*.

kalender 1. wandernder Bettelmönch 2. *fig.* genügsamer Eigenbrötler.

kaleta *s. galeta.*

kaletmek [x · ·] läutern (*Metalle beim Schmelzprozess*).

kalfa [x ·] 1. Geselle, Gehilfe *m* 2. Bauunternehmer *m* 3. *fr.* oberste Palastdienerin 4. *fr.* = *halayık* 5. *fr.* Gehilfe *m e-s Volksschullehrers.*

kalgay Führer *m* (*bes. bei den Pfadfindern*).

kalgımak 1. aufspringen; in die Höhe fahren, sich emporschnellen (*z.B. Delphine*) 2. sich aufbäumen; hochgehen (*Pferd*).

kalhane [· - ·] *techn.* Abtreibhütte *f*.

kalık 1. mangelhaft, unvollständig 2. Mangelhaftigkeit, Unvollständigkeit *f* 3. über das heiratsfähige Alter hinaus (*Mädchen*).

kalım Dauer *f*, Fortbestehen, Weiterleben, Leben *n*.

kalımlı ewig, unsterblich.

kalın 1. dick, stark 2. dickflüssig, steif 3. *phon.* velar, dunkel 4. V reich; gut zahlend 5. *va.* ungebildet, grob; ~ *bilek* starkes Handgelenk *n*; ~ *kafa(-lı)* beschränkt, dumm; schwer von Begriff; ~ *yağ* Schmier·fett, -öl *n*.

kalınbarsak *an.* Dickdarm *m*.

kalınlık 1. *a. math.* Dicke, Stärke *f* 2. Viskosität *f* (*e-s Gases od. e-r Flüssigkeit*) 3. Velarität *f* (*e-s Lautes*), dunkle Färbung (*e-s Tons*).

kalıntı Rest *m*, Überbleibsel *n*.

kalıp, *-bı* 1. Guß-, Press- *od.* Ausstech·form *f* 2. Matrize, Schablone *f* 3. Schusterleisten *m* 4. Stempel *m*, Petschaft *n* 5. Schneiderpuppe *f* 6. Riegel *m* (*bei Käse od. Seife*) 7. Stange *f* (*Eis*) 8. Totenmaske *f* 9. *fig.* stattliches Äußeres 10. *fig.* Form *f*, Zustand; Beruf *m* 11. Muster, Modell *n*; ~ *gibi serilmek* (*od. yatmak*) sich der ganzen Länge nach hinlegen (ausstrecken); ~ *kesilmek* wie vor den Kopf geschlagen dastehen; ~ *kıyafet* äußere Form, Äußere(s) *n*; *-ını basmak fig.* 1.(*bşe*) Brief und Siegel geben; *für et.* einstehen 2. (*birisi için*) volle Bürgschaft übernehmen (*für*); *-tan -a girmek fig.* dauernd den Beruf (*od. seine Ansicht*) ändern.

kalıt Erbschaft *f*.

kalıtım 1. *biol.* Vererbung *f*, Erbgang *m* 2. Erbe *n*, Erbschaft *f*; ~ *faktörlerinin bağlantısı* Kopp(e)lung *f* von Erbfaktoren.

kalite Qualität, Güte *f*.

kaliteli 1. *von e-r best. Qualität* 2. *pr.* hochwertig; Qualitäts-.

kalkan 1. Schild *m* 2. (*balığı*) *zo.* Steinbutt *m*; ~ *bezi an.* Schilddrüse *f*; ~ *tavası* gebackener Steinbutt.

kalker *geol.* Kalkstein *m*.

kalkık 1. emporstehend 2. abgeblättert (*z.B. Politur*) 3. aufgeschlagen (*z.B. Hutkrempe*) 4. hinaufgezogen (*z.B. Vorhänge*) 5. hochstehend (*z.B. Augenbrauen*) 6. hochgeschlagen (*z.B. Mantelkragen*).

kalkınma Aufstieg, Wiederaufbau *m*, (*Aufwärts-*)Entwicklung *f*.

kalkınmak 1. sich mühsam wieder aufrichten 2. sich entwickeln.

kalkış Abfahrt *f*.

kalkışmak *m. Dat.* sich unterfangen (*et. zu tun*).

kalkmak, (*-ar*) 1. aufstehen; sich erheben 2. sich loslösen (*z.B. Politur*) 3. in die Höhe gehen (*z. B. Waagschale*) 4. abfahren (*Zug, Dampfer usw.*) 5. aufgescheucht werden 6. sich aufbäumen 7. abgenommen werden (*z.B. Deckel*) 8. weggeschafft werden 9. das Krankenbett verlassen 10. *e-m* plötzlich in den Sinn kommen (*et. zu tun*) 11. *m.*

Dat. unternehmen, wagen 12. verschwinden (*z. B. Brauch*) 13. beseitigt werden 14. *m. Dat. in e-e best. Gangart fallen* 15. *m. Abl.* weggehen 16. rebellieren; *kalk borusu mil.* Reveille *f*, Wecksignal *n*.

kallâvi 1. *fr.* Turban *m der osm. Minister* 2. F sehr groß; riesig (*z.B. Tasse*).

kalleş V unzuverlässig, unbeständig, treulos.

kalma 1. *Vs. zu kalmak* 2. übriggeblieben 3. überkommen (*z.B. Sitte*) 4. stammend *od.* ererbt.

kalmak, (-*ır*) 1. bleiben, weiterbestehen 2. zurückbleiben 3. übrigbleiben 4. überleben 5. sich befinden 6. wohnen, sich aufhalten 7. abflauen 8. nicht weiter(fahren) können 9. nicht vorankommen (*in der Entwicklung*) 10. (*sınıfta*) sitzenbleiben (*Schüler*) 11. *m. Dat.* zurückgestellt werden (*müssen*) (*auf*) 12. *m. Dat.* zukommen, obliegen, abhängen 13. vererbt werden 14. *m. Abl. um et.* kommen 15. *in e-m best. Zustand sein, bleiben, e-e Eigenschaft nicht ablegen* 16. *modales Hv. durativer Bedeutung*; *kala kala* wenn es hoch kommt; *kala kalmak* verblüfft dastehen; *kalır yeri yok* (*m. Abl.*) vollkommen gleich; um keinen Deut anders (*als*); *kalsın!* 1. lassen Sie es nur! 2. es ist nicht weiter wichtig.

kaloma [· x ·] *naut.* 1. Nachlassen, Abrollen *n e-s Taues* 2. loses Ende (*des abgerollten Taues*); ~ etm. abrollen (*Tau*).

kalori Kalorie, Wärmeeinheit *f*.

kalorifer 1. Zentralheizung *f* 2. Heizkörper *m*.

kaloriferci 1. Fachmann *m* für Zentralheizungsanlagen 2. Heizer *m* (*an Zentralheizungsanlage*).

kaloş *s. galoş*.

kalp, -*pı* 1. gefälscht, unecht 2. *fig. e-e nicht vorhandene Eigenschaft vortäuschend.*

kalpazan 1. Falschmünzer, Fälscher *m* 2. *fig.* Schwindler *m* 3. *fig.* arbeitsscheu, faul.

kaltaban 1. Kuppler, Zuhälter *m* 2. Gauner, Schwindler *m*.

kaltak 1. *hölzernes* Sattelgestell 2. *fig.* (*Schimpfwort*) Hure, Dirne *f*.

kalûbelâdanberi [- - · - x · ·] seit unvordenklichen Zeiten.

kalya, kalye 1. Pottasche *f* 2. *kleingeschnittenes, gebratenes* Gemüse, *spez.* Kürbis *m*.

kam *techn.* Daumen, Nocken *m* (*e-r Maschinenwelle*).

kama [x ·] 1. *langer, gerader, zweischneidiger* Dolch 2. Keil *m* 3. Zeichen *n für gewonnene Spiele* 4. Verschluß *m*; ~ *basmak* 1. *ein gewonnenes Spiel* markieren 2. gewinnen (*ein Spiel*); ~ *biçiminde* keilförmig; ~ *-ya gelmek* 1. *aufeinander* losstechen 2. sich prügeln; ~ *vidası* Verschlußschraube *f*.

kamacı (*ustası*) Artillerie·mechaniker, -schlosser *m*.

kamalamak 1. erdolchen 2. *techn.* verkeilen.

kamanço *s. kavança*.

kamara [x · ·] 1. (*Schiffs-*)Kabine *f* 2. parlamentarische Vertretung 3. Gelenkrand *m* (*an der Schuhsohle*).

kamarilla [· · x ·] (*Hof-*)Kamarilla, Clique *f*.

kamarot, -*tu* (*Schiffs-*)Steward *m*.

kamaşmak 1. geblendet werden (*Augen durch grelles Licht*) 2. stumpf werden (*Zähne durch säurehaltige Früchte*).

kambel Buckel *m* (*e-s Menschen*).

kamber 1. *urspr. n. pr.* 2. *in der Füg.*: *kambersiz düğün olmaz* ohne ihn geht die Sache nicht, er muß immer dabei sein (*auch iron.*).

kambiyal, -*li* gezogener Wechsel, Tratte *f*.

kambiyo [x · ·] 1. Devisen·handel *m*, -geschäfte *pl.* 2. Devisenausfuhr *f* 3. Devisen *pl.*; ~ *murakabesi* Devisen·überwachung, -bewirtschaftung *f*; ♀ *Müdürlüğü* Devisenstelle *f*.

kambiyoculuk Devisenspekulation *f*.

kambur 1. Buckel *m* (*e-s Menschen*) 2. Buckel *m*, Erhöhung, Ausbuchtung, Wölbung *f* 3. bucklig 4. gekrümmt, ausgebaucht 5. was sich verworfen hat (*Holz*); ~ *felek* widriges Schicksal, Unstern *m*; ~ *üstüne* ~ *fig.* doppelte Entgleisung; ~ *zumbur* 1. krumm und bucklig 2. über Stock und Stein; -*u çıkmak* 1. e-n Buckel bekommen 2. *fig.* in Mißkredit kommen.

kamburlaşmak 1. bucklig werden 2. sich ausbuchten, sich herauswölben, sich werfen (*Holz*).

kambut, -*tu Name e-r Meeräschenart.*

kamçı 1. *lange* Fuhrmannspeitsche 2. *kleine* Troddel *am Rosenkranz* 3. *naut.* freihängendes Tau; ~ *çalmak* (*od. vurmak*) *mit der Peitsche* schlagen; ~ *kılıç* Säbel *m mit schmaler Klinge*; *-yı şaklatmak* mit der Peitsche knallen; ~ *yemek* ausgepeitscht werden; *-yı şaklatmak* mit der Peitsche knallen.

kamçılamak 1. (aus-, durch)peitschen 2. heftig schlagen, peitschen (*z.B. Regen*) 3. aufpeitschen, beleben, anregen.

kamer Mond *m*; ~ *yılı* Mondjahr *n*.

kamera Photoapparat *m*.

kameriye (*Garten-*)Laube *f*.

kamet, *-ti* [ā] 1. Höhe, Größe, Statur *f* 2. *Gebetsruf m des Müezzin*; ~ *getirmek* zum Gebet rufen; *-i artırmak* (*od. azıtmak, od. uzatmak*) sich aufdringlich *od.* ungezogen benehmen.

kamış 1. *bot.* Schilf-, Pfahl-, Bambus-, Zucker·rohr *n* 2. *an.* Penis *m*, männliches Glied 3. Angelrute *f* 4. Rohr-, Schilf- 5. *zo.* Molluske *f* 6. Rohrflöte *f*; ~ *dam* mit Schilf gedecktes Dach; ~ *kalem* Rohrfeder *f*.

kamışçık 1. Lötröhrchen *n* (*des Goldschmieds*) 2. Düse *f* (*e-s Blasebalgs*).

kamışkulak mit schmalen, langen, aufrechtstehenden Ohren (*Pferd*).

kamışlık Röhricht, Ried *n*.

kâmil 1. vollkommen, vollständig 2. vortrefflich, vorzüglich 3. gereift (*Mann*) 4. ≈ *mV* 5. ≈ *efendi* F (*Ehe-*)Frau *f*.

kâmilen [x · ·] *adv.* vollständig, restlos.

kâmin *phil.* potentiell.

kamineto [· · x ·] 1. Spirituskocher *m* 2. Heizlampe *f*.

kamoy öffentliche Meinung.

kamp, *-pı* (*Gefangenen-, Arbeits-, Übungs-, Ferien- usw.*) Lager *n*.

kampana [· x ·] große Glocke.

kampanacı V Scharlatan *m*.

kampanya [· x ·] 1. (*Zucker-*)Kampagne *f* 2. *fig.* Kampf *m*, Schlacht *f*, Feldzug *m*.

kamuflâj 1. *spez. mil.* Tarnung *f* 2. *fig.* Firnis, Schleier *m* 3. *selt.* Blendbild *n*.

kamul gemeinschaftlich, allgemein, öffentlich, staatlich.

kamun Kreis *m* (*als kleinster Kommunalverband*).

kamus [- -] großes Wörterbuch.

Kamutay Große Türkische Nationalversammlung.

kamyon 1. Lastkraftwagen, LKW *m* 2. Lastwagenladung *f* 3. V Dirne, Hure *f*.

kamyonet, *-ti* kleines Lastauto, Lieferauto *n*.

kan 1. Blut *n* 2. Abstammung, Rasse, Art, Familie *f*, Geschlecht *n*, Stamm *m* 3. Mord, Totschlag *m* 4. erbitterte Feindschaft 5. Blutrache *f* 6. Blutvergießen *n*, Krieg *m*; ~ *ağlamak* 1. bitterlich weinen 2. *fig.* großen Kummer haben; sich sehr grämen; ~ *bankası* Blutspenderzentrale, Blutbank *f*; ~ *dâvası* Blutrache *f*; ~ *hısımlığı* Blutsverwandtschaft *f*; ~ *istemek* *j-s* Kopf verlangen; ~ *kusmak* 1. Blut spucken 2. *fig.* sich abplagen; ~ *nakli* Bluttransfusion *f*; ~ *pahasına* unglaublich teuer; ~ *verici* Blutspender(in *f*) *m*; ~ *vergisi fig.* Blut·opfer *n*, -zoll *m*; *-a* ~ *istemek* die Hinrichtung e-s Mörders verlangen; *-a kanmak* im Blut waten; erbarmungslos töten; *-ı kaynamak* 1. ausgelassen sein, toben, tollen (*z.B. Kind*) 2. (*b-ne*) *j-n* schnell liebgewinnen; *-ı kurumak* 1. lebensüberdrüssig werden 2. es nicht mehr aushalten können; *-ı keser* (*od. kesen*) blutstillend; *-ına susamak* (*kendi*) sich selbst in sein Unglück hineinreiten; *-ını akıtmak* 1. (*b-nin*) töten, umbringen 2. (*kendi*) sein Leben lassen müssen 3. (*içine*) niemanden *et.* merken lassen.

kana *naut.* Tiefgangszeichen *n*.

kanaat, *-ti* urspr. [· - ·] 1. Genügsamkeit, Bescheidenheit, Anspruchslosigkeit *f* 2. Überzeugung, Ansicht, Meinung *f*; ~ *etm.* 1. anspruchslos sein 2. sich begnügen (*mit*); ~ *getirmek* (*bşe*) *et.* glauben; überzeugt sein (*von*); ~ *verici jur.* glaubwürdig.

kanaatkâr, kanaatli genügsam, bescheiden.

kanad 1. Flügel *m* (*bei Vogel, Tür, Heer, Propeller usw.*) 2. Flosse *f* 3. Hälfte *f e-s zweiteiligen Vorhangs* 4. Schaufel *f* (*z.B. e-r Turbine*); ~ *açıklığı* Flügelspanne *f*; ~ *alıştırmak fig.* sich langsam einarbeiten (*in*); ~ *çırpmak* flattern; ~ *germek* (*b-nin üstüne*) *fig.* *j-n* unter seine Fittiche nehmen.

kanadlanmak 1. Flügel bekommen 2. zu fliegen beginnen, flügge werden 3. (*fig.*) sich *j-s* Schutz sichern.
kanağan leichtgläubig, naiv.
kanaktarım Blut·übertragung, -transfusion *f*.
kanal 1. (*Wasser-*)Kanal *m* 2. *an.* Kanal, Gang *m*, Röhre *f* 3. *fig.* Kanal, Weg *m*.
kanalizasyon Kanalisation, Kanalisierung *f*.
kanamak bluten.
kanape 1. Sofa, Kanapee *n* 2. Bank *f* (*im Park, bei Gericht usw.*) 3. (*Sitz-*)Platz *m*.
kanara [· x ·] Schlachthaus *n*.
kanarya [· x ·] *zo.* Kanarienvogel *m*; ~ *kafesi* 1. Kanarienkäfig *m* 2. *fig.* bloßes Spielzeug.
kanat, *-tı* [· -] 1. *va.* unterirdische Wasserführung, Kanal *m* 2. *an.* Kanal, Gang *m*, Röhre *f*.
kanata [· x ·] Ton- *od.* Blech·becher *m*.
kanava [· x ·] 1. Kanevas *m*, Stickgaze *f*, Stramin *m* 2. Segeltuch *n*; ~ *işi* Kreuzstich *m*.
kanca [x ·] (*Wider-, Enter-, Ruder-, Boots- usw.*)Haken *m*; *-yı atmak* (*od. takmak*) 1. den (*Boots-*)Haken auswerfen 2. *fig.* greifen, fassen (*nach*) 3. *fig.* belästigen; nicht in Ruhe lassen.
kancık 1. weiblich (*Tier*) 2. *fig.* unzuverlässig, wankelmütig, treulos, verräterisch 3. V Weib *n*.
kançılar (*Konsulats-, Botschafts-, Gesandtschafts-*)Kanzler *m*.
kandaş blutsverwandt.
kandırıcı überredend, verführerisch (*z.B. Worte*).
kandırış Überredung, Verführung *f*.
kandırmak *Kaus. zu kanmak* 1. überreden 2. verführen, verleiten 3. den Durst stillen.
kandil 1. kleine, hängende Öllampe 2. Seifenblase *f* 3. V betrunken; ~ *gecesi* religiöse Feiernacht; ~ *yağı* minderwertiges Olivenöl; *-in yağı tükenmek fig.* zu Ende gehen (*Leben*).
kandilci 1. wer kleine Öllampen herstellt *od.* verkauft 2. Lampenanzünder, -wärter *m* (*in Moscheen*).
kandilli 1. mit kleiner Öllampe ausgestattet 2. V sinnlos betrunken 3. schwungvoll, großartig 4. ≈ *n.pr. Ortschaft am Bosporus*; ~ *küfür* P grober Fluch; ~ *temenna* (*od. selâm*) übertrieben ehrerbietiger Gruß.
kandoku Fibrin *n*, Blutwasserstoff *m*.
kangal Rolle *f* (*bei Draht, Kabel usw.*) 2. *an.* Schlinge *f*, Ansa *f* 3. kranzförmiges Stück (*z.B. bei Würsten*); ~ *etm.* = *kangallamak*.
kangallamak 1. aufrollen (*Draht, Kabel usw.*) 2. Kranzform geben (*z.B. Würsten*).
kangori *zo.* Känguruh *n*.
kangren *s. gangren*.
kanguru *s. kangori*.
kangütme Blutrache *f*.
kanıksamak, kanıksımak 1. abgebrüht werden (*fig.*) 2. (*bşden*) *e-r Sache* überdrüssig werden.
kanısıcak liebenswert, sympathisch.
kanısoğuk unsympathisch, unangenehm.
kanış Anschauung, Überzeugung, Meinung *f*.
kani, *-ii* [ā] 1. (*bşe*) überzeugt (*von*) 2. genügsam, bescheiden.
kankıran *s. gangren*.
kankırmızı 1. = *kıpkırmızı* 2. *fig.* schlecht, miserabel.
kankurutan *bot.* Alraun *m*, Alraune *f*.
kanlamak mit Blut besudeln.
kanlanmak 1. mit Blut besudelt werden 2. wieder zu Kräften kommen 3. sich mit Blut füllen 4. zum Mörder werden.
kanlı 1. blutig 2. nicht ganz durchgebraten; leicht gegrillt 3. mit blutigem Ausgang (*z.B. Streit*) 4. wer Blut vergossen hat 5. vollblütig, sanguinisch; ~ *basur* Ruhr, Dysenterie *f*; ~ *bıçaklı olm.* 1. in e-e blutige Schlägerei verwickelt werden 2. *fig. in der Füg.*: ~ *bıçaklıdırlar* sie sind Todfeinde; ~ *canlı* frisch und gesund aussehend; ~ *kaatil* blutbefleckter Verbrecher; ~ *kavga* blutige Auseinandersetzung; ~ *yaşlarla ağlamak* 1. bitterlich weinen 2. *fig.* sich sehr grämen.
kanmak 1. glauben, überzeugt sein 2. genug bekommen (*von*) 3. sich überreden *od.* überzeugen lassen 4. seinen Durst (*selt. seinen Hunger*) stillen 5. (*bşle*) sich begnügen (*mit*); *kana kana içmek* nach Herzenslust trinken.

kano kleineres Boot; ~ *otomobil* Motor-, Auto·boot *n.*
kanotye steifer Strohhut, „Kreissäge" *f.*
kansa 1. (*Vogel-*)Kropf *m* 2. Muskelmagen *m* der Körnerfresser.
kanser Krebskrankheit *f*, Krebs *m*; ~ *olm.* krebskrank sein.
kansız 1. ohne Blut, blutlos, blutleer 2. unblutig 3. blutarm, anämisch 4. ohne Vaterlandsliebe, feig.
kantar 1. Schnell-, Laufgewichtswaage *f* 2. *fr.* = 44 okka 3. *yeni* ~ = 100 okka; ~ *kavunu Name e-r großen Zuckermelonenart*; ~ *resmi* Wiegegebühr *f*; ~ *topu* Laufgewicht *n*; *-a çekmek* 1. auf der Schnellwaage wiegen 2. *fig. sich et.* genau überlegen (*od.* ansehen); *-a gelmek* gewogen werden; *-ı belinde* 1. geschäftstüchtig 2. klug, pfiffig
kantariye [· - · ·] (*offizielle*) Wiegegebühr.
kantarlama wüste Beschimpfung.
kantarlı 1. derb, wüst (*Fluch, Schimpfwort*) 2. wüstes Schimpfen; ~ *küfür* wüster Fluch; *-yı atmak* (*od. basmak od. savurmak*) *m. Dat.* verwünschen, verfluchen.
kantaron *bot.* Tausendgüldenkraut *n.*
kantin 1. Kantine *f* 2. V Lüge *f*, Schwindel *m*, Geflunker *n.*
kanto [x ·] Unterhaltungs-, Kabarett·lied, Couplet, Chanson *n.*
kantocu Kabarettsänger(in *f*) *m*, Coupletsänger(in *f*) *m.*
kanun [- -] 1. Gesetz *n* 2. gesetzliches Recht 3. Gesetzbuch *n* 4. *va.* Feldgendarmerie, Militärpolizei *f* 5. *Name e-s zitherartigen M. i.*; ~ *vaz'ı jur.* Gesetzgebung *f*; ~ *vâzıı jur.* Gesetzgeber *m*; ~ *ve teamül* Recht und Brauch; ~ *yolları jur.* Rechtsmittel *pl.*; ~ *zabiti fr.* Gendarmerie-, Polizei·offizier *m*; *kanunu esasi jur.* Verfassung *f*, Staatsgrundgesetz *n*; *kanunu muvakkat jur.* Notverordnung *f.*
kânun *s. kânunuevvel, kânunusani.*
kanunen [- - ·] *adv.* auf dem Gesetzesweg; durch Gesetz.
kanuni [- - -] 1. Gesetz- 2. gesetzlich, gesetzmäßig, legal 3. Kanunspieler *m*; ♀ *Sultan Süleyman* Soliman der Prächtige (*od.* Große) (*1520-1566*); *gayrikanuni* ungesetzlich, illegal, rechtswidrig, unlauter (*z.B. Wettbewerb*).
kanuniyet, *-ti* [- - · ·] 1. Legalität, Gesetzlichkeit *f* 2. Rechtsgültigkeit, Gesetzeskraft *f.*
kanunname [- - - ·] Gesetzbuch *n.*
kânunuevvel [- - · · ·] *va.* Dezember *m.*
kânunusani [- - · - ·] *va.* Januar *m.*
kanyak *türkischer* Weinbrand *m.*
kanyot, *-tu* Gesamtheit *f* der Spieleinsätze; Bank *f.*
kap, *-pı* Cape *n*, Umhang *m*, Pelerine *f.*
kapak 1. Deckel *m*, Klappe *f* 2. Verschlußkapsel *f* (*bei Flaschen*) 3. *an.* Kiemendeckel *m* 4. *math.* Kalotte *f*; ~ *parçası techn.* Lasche *f*; *kapağı dar atmak* F sich schleunigst verkrümeln.
kapaklanmak 1. stolpern *od.* hinfallen 2. kentern (*Schiff*), sich überschlagen (*Auto*).
kapalı geschlossen, zugemacht, zugeklappt, zugedeckt *usw.* (*s. kapamak*); ♀ *Çarşı n. pr.* Großer Basar (*in Ist.*); ~ *celse* nicht-öffentliche Sitzung; ~ *defans* (*Boxen*) Abwehrstellung *f*; ~ *geçmek* mit Stillschweigen übergehen; ~ *kutu* 1. *pej.* Heimlichtuer, Leisetreter *m* 2. *mel. wessen Vorzüge nicht jedem erkennbar sind*; ~ *sözler* verblümte Worte *pl.*; ~ *zarf usulü ile eksiltme* Submission *f* bei versiegeltem Angebot.
kapama 1. *Vs. zu kapamak* 2. *mit Zwiebeln und Lattich gedünstetes* türk. Fleischgericht 3. *fr.* Konfektionsanzug *m*; ~ *musluğu techn.* Absperrhahn *m*; ~ *zinciri* Sperrkette *f.*
kapamak 1. schließen, zumachen, zuklappen, zudecken 2. überdekken 3. zuziehen (*Vorhang*) 4. zukleben (*Brief*) 5. ausschalten (*Radio, Licht usw.*) 6. zudrehen (*Wasserhahn usw.*), abstellen (*el. Strom*) 7. (ab-, ver)sperren 8. verstopfen (*z.B. Rohr*) 9. unpassierbar machen (*z.B. Schnee e-e Straße*) 10. ein·sperren, -schließen (*Personen*) 11. in Verwahr(ung) *od.* unter Verschluß nehmen 12. beenden, erledigen 13. zustopfen (*z.B. Loch*), zuwerfen (*z.B. Bombentrichter*) 14. geheimhalten 15. dem Markt entziehen (*Waren*) 16. verhüllen, verschleiern 17. vertreiben, ver-

schlagen (*z.B. Appetit*) 18. einhängen *bzw.* auflegen (*Telephonhörer*) 19. beilegen, bereinigen (*z.B. Grenzzwischenfall*).

kapan 1. *Part. Präs. zu kapmak* 2. tragbare Falle 3. *fig.* Falle *f* 4. Stroh- *od.* Heu·umhüllung *f* (*als Pflanzenschutz*) 5. *va.* städtische Waage (*für den Engros-Handel*); ~-*a* F allgemeine Balgerei; ~ *kurmak* e-e Falle stellen (*wörtl. od. fig.*).

kapanık 1. ringsum eingeschlossen; ohne Aussicht (*z.B. Haus*) 2. bedeckt, bewölkt (*Himmel*) 3. Beklemmung verursachend (*z.B. Raum*); ~ *mizaçlı* Melancholiker *m.*

kapanmak 1. *Pass. od. Refl. zu kapamak* 2. (*bir yere*) sich zurückziehen, sich einschließen (*in*) 3. zu Boden stürzen, hinfallen.

kapari [x · ·] *bot.* Kaper(n *pl.*) *f.*

kaparo [· x ·] 1. Anzahlung *f* 2. Handgeld *n.*

kaparoz V unrechtmäßig angeeignetes Gut.

kapasite 1. Fassungsvermögen *n* (*z.B. e-s Silos*) 2. Leistungsfähigkeit *f* (*z.B. e-r Fabrik*).

kapatçı Schieber, Spekulant *m.*

kapatma 1. *Vs. zu kapatmak* 2. ausgehaltene Freundin *od.* Mätresse 3. *unrechtmäßig und weit unter Wert erworben* (*Ware*).

kapatmak 1. *Kaus. zu kapamak* 2. F = *kapamak* 3. *unrechtmäßig und spottbillig erwerben* (*Ware*) 4. vorbestellen 5. das Erscheinen (*e-r Zeitung usw.*) verbieten 6. zuhalten (*z.B. j-m den Mund*) 7. aushalten (*Freundin, Mätresse*); *kapat o yaprakları* (*od. o faslı*) red nicht mehr davon!

kapçak großer Haken *an langem Stiel.*

kapçık 1. Hülse, Schote, Kapsel *f* 2. Kartusche *f.*

kapı 1. Tür *f*, Tor *n*, Pforte *f* 2. Stellung *f*, Diensthaus *n*, Beschäftigungsbehörde *f* 3. Hintertürchen *n*, Mittel und Wege *pl.* 4. Anlaß *m*, (*drohende*) Möglichkeit 5. *va. od.* F offizielle Stelle, Amt *n*, Behörde *f*, *spez. fr.* Hohe Pforte 6. (*Tricktrackspiel*) *Sperrung f e-s Feldes durch zwei od. mehr Steine*; ~ *açmak* 1. e-e Tür öffnen 2. *j-m* e-e Stelle verschaffen 3. (*Tricktrack*) ein gedecktes Feld öffnen 4. (*bşden*) *von et.* (*anderem*) sprechen 5. Anlaß geben (*zu*); ~ *baca açık fig.* ungeschützt, unbewacht; ~ *dışarı etm.* (*b-ni*) 1. *j-n* (*zur Tür*) hinauswerfen 2. *fig.* wegjagen, vertreiben; ~ *duvar* niemand öffnet(e); ~ *kapama* Mieten *n e-s vollständig eingerichteten Hauses*; ~ *kapamaca* alle Hausbewohner *pl.*; ~ ~ *dolaşmak* überall anfragen; ~ *kolu* Türgriff *m*; ~ *kuzusu* Türchen *n in e-m Tor*; ~ *perdesi* Portiere *f*; -*sını çalmak* (*b-nin*) sich *an j-n* wenden; -*ya dayanmak fig.* unmittelbar bevorstehen; -*yı büyük* (*od. geniş*) *açmak* 1. ein großes Haus führen 2. sich in Unkosten stürzen 3. unüberlegt Geld ausgeben; -*yı çekmek* die Tür *hinter sich* schließen; -*yı* (*od.* -*ya*) *vurmak* anklopfen.

kapıcı[1] Pförtner, Portier, Türhüter *m.*

kapıçı[2] anziehend; ~ *kuş* Raubvogel *m.*

kapıkulluk 1. Aufgaben *pl.* e-s *kapıkulu* 2. *pej.* Byzantinismus *m*, Schranzentum *n.*

kapıkulu, -*nu* 1. *urspr.* Leibwächter *m* (*bei den Janitscharen*) 2. *fr.* Diener *m im Haushalt des Sultans* 3. *osm. Militär- und Beamtenschicht f.*

kapılanmak e-e Anstellung finden.

kapılgan leicht beeinflußbar; leichtgläubig.

kapılmak 1. *Pass. zu kapmak* 2. (*m. Dat.*) sich verleiten (*hinreißen*) lassen.

kapış *Vs. zu kapmak* ~ ~ *gitmek* im Nu verkauft werden; ~ ~ *yemek* gierig hinunterschlingen.

kapışmak 1. *m. Akk.* sich *auf et.* stürzen; sich *et. gegenseitig* aus den Händen reißen 2. (*b-le*) e-n Streit *od.* Ringkampf beginnen (*mit*) 3. V sich abknutschen.

kapik (*russische*) Kopeke.

kapitone gepolstert.

kapitülâsyon [*â kurz*] Kapitulation *f*, Fremdenprivileg *n.*

kapkacak Küchen·geschirr, -gerät *n.*

kapkaç *mil.* Auf·heben, -nehmen *n* (*abgeworfener Meldungen*); ~ *yeri mil.* Meldeabwurfstelle *f.*

kapkara [x · ·] pech-, kohlrabenschwarz.

kaplam *log.* Umfang *m* (*e-s Begriffes*).

kaplama 1. *Vs. zu kaplamak* 2. Deckschicht, Politur *f*, Furnier *n*, (*Wand-*)Belag *m*, (*Silber-*)Auflage *f*, Dublee *n* 3. bedeckt, dubliert, plattiert.

kaplamak 1. bedecken, überziehen 2. plattieren, dublieren, furnieren, verschalen, verkleiden 3. *m. Akk.* erfüllen; sich aus-, ver·breiten (*in*) 4. *m. Akk.* herrschen (*z.B. Stille*).

kaplan *zo.* 1. Tiger *m* 2. Panther, Leopard *m* 3. *e-e best. Pantherart im Hinterland von Izmir.*

kaplı mit *kab* versehen, *spez.* 1. gebunden, mit Einband 2. bedeckt, überzogen; verkleidet (*Wand*) 3. dubliert, plattiert, furniert.

kaplıca 1. heiße Quelle; Heil-, Thermal·bad *n* 2. *bot.* Dinkel, Spelz *m.*

kaplumbağa [· x · ·] *zo.* Schildkröte *f.*

kapma 1. *Vs. zu kapmak* 2. gefaßt, genommen *usw.*; *ağızdan* ~ was man sich durch Hören angeeignet hat.

kapmak, (*-ar*) 1. (*plötzlich*) fassen, greifen, packen, nehmen 2. wegnehmen, -reißen 3. *et.* schnell lernen 4. erhalten; *sich et.* zuziehen 5. *sich et.* (*Schlechtes*) angewöhnen 6. zupacken, beißen (*Tier*); *kapıp salıvermek* (*od. koyuvermek*) *sich et. durch Unachtsamkeit* entgehen lassen. [2. Liebelei *f.*]

kapris 1. Laune, Willkür, Kaprice *f*

kapsol 1. Zündhütchen *n* 2. Zünder *m.*

kapsül 1. *chem.* Abdampfschale *f* 2. *bot.* Kapsel *f*, Samengehäuse *n* 3. (*Flaschen-*)Kapsel *f* 4. *pharm.* Oblate *f* 5. *s. kapsol.*

kaptaj Fassung *f*, Fassen *n* (*e-r Quelle*).

kaptan 1. Schiffer, Kapitän *m* 2. (*Sport*) Mannschaftsführer *m* 3. Stamm- *od.* Banden·führer (*Balkan*); *Kaptanı Derya hist. s. Kaptanpaşa.*

Kaptanpaşa (*bis 1862*) *osm. Großadmiral* (*gleichzeitig Marineminister*).

kaptıkaçtı 1. kleinerer Personenautobus (*der nicht zu best. Zeiten, sondern nur wenn vollbesetzt, abfährt*) 2. *Name e-s Hasardspieles.*

kaptırmak 1. *Kaus. zu kapmak* 2. *sich et.* entreißen lassen.

kapurta [· x ·] *naut.* Oberlicht *n.*

kapuska [· x ·] *bräunlich gedämpfter* Kohl *mit kleingehacktem Fleisch.*

kaput, *-tu* 1. Militärmantel *m* 2. Präservativ, Kondom *n* 3. „schwarz" (*Ka.*); ~ *gitmek Sch.* keine einzige Prüfung bestehen.

kar Schnee *m*; ~ *baba* Schneemann *m*; ~ *fırtınası* (*od. tipisi*) Schneesturm *m*; ~ *kuyusu* Schneemiete *f*; ~ *tutmamak* nicht liegenbleiben (*Schnee*); ~ *yağmak* schneien; *Spr.* ~*da gezer de izini belli etmez* er ist überaus raffiniert und geschickt.

kâr 1. Tat, Handlung *f* 2. Werk *n*, Arbeit *f* 3. *va.* Sache, Angelegenheit *f* 4. Gewinn, Nutzen *m*; ~ *bırakmak* Gewinn abwerfen; ~ *çıkarmak* (*m. Abl.*) Nutzen ziehen (*aus*); ~ *etm.* 1. gewinnen, verdienen 2. Vorteil ziehen, profitieren 3. helfen, nützen, fruchten; ~ *haddi* Gewinnspanne *f*; ~ *ve zarar hesabı* Gewinn- und Verlust·rechnung *f*; *-ı olmamak* (*b-nin*) *von j-m* nicht ausgeführt (*geleistet*) werden können, *z.B. in der Füg.*: *bu, benim kârım değil* das übersteigt meine Kräfte; *-ını tamam etm. fig.* töten, umbringen.

kara[1] Festland *n*, Kontinent *m*; ~ *ablukası* Kontinentalsperre *f*; ~ *harbi* Krieg *m* zu Lande; ~ *keşfi mil.* Erdaufklärung *f*; ~ *sigortası* Landtransportversicherung *f*; ~ *suları* Territorialgewässer *pl.*; ~ *vapuru* P Eisenbahn *f*, Zug *m*; *-dan* auf dem Landweg; zu Land(e); *-ya ayak basmak* an Land gehen; landen; *-ya düşmek* 1. an Land gespült werden 2. auflaufen, stranden (*Schiff*) 3. *fig.* festsitzen; in der Klemme sein; *-ya inmek* landen (*Flugzeug*); *-ya oturmak* auflaufen, stranden.

kara[2] 1. schwarz 2. dunkel 3. finster (*wörtl. und fig.*) 4. von schlechter Vorbedeutung; übel, böse 5. schwarze Farbe; ~ *buran* Sandsturm *m* (*in Zentralasien*); ~ *cahil* 1. ohne die geringste Schulbildung 2. in dumpfem Aberglauben dahinlebend; ~ *cümle hum.* 1. die vier Rechenarten 2. *spez.* Addition *f*; ~ *demir* Schmiedeeisen *n*; ~ *dut* schwarze Maulbeere; ~ *düşünce* Verzweiflung, Hoffnungslosigkeit *f*; ~ *et* fettloses Fleisch; ~ *gün dostu*

Freund *m* in der Not; ~ *günler* böse, schlechte Zeit, Unglück *n*, Not *f*; ~ *kabarcık med.* Milzbrand *m*; Anthrax; ~ *kız* (*Spk.*) Pik-Dame *f*; ~ *kurbağa zo.* Kröte *f*; ~ *kuvvet* Klerikalismus *m*; ~ *maça* (*Ka.*) Pik, Schippen; ~ *mürteci* finsterer Reaktionär; ~ *oğlan* 1. (*Spk.*) Pik-Bube *m* 2. *va.* Zigeuner *m*; ~ *saban einfacher anatolischer* Holzpflug; ~ *sinek zo.* Stubenfliege *f*; ~ *sürmek fig.* beflecken, besudeln, verleumden, anschwärzen; ~ *tahta* Schul-, Wand·tafel *f*; ~ *üzüm* schwarze Weintrauben *pl.*; ~ *yılan zo.* Natter *f*; *-lar bağlamak* (*od. giymek*) Trauerkleidung anlegen; *-sı kara fig.* er ist ein ganz übler Bursche.

karaağaç, *-cı bot.* Ulme, Rüster *f*.

karabasan 1. Alpdrücken *n*, Alpdruck *m* 2. innere Unruhe; Beklemmung *f*.

karabaş 1. P christl. Priester *od.* Mönch *m* 2. *allg.* Mönch *m* 3. *Name e-r Buchweizenart* 4. *Name e-r Lavendelart* 5. *anatolischer* Schäferhund (*a.* ♀ *als Hundename*).

karabatak *zo.* Kormoran *m*.

karabet, *-ti* [· - ·] 1. Nähe *f* 2. Verwandtschaft *f*.

karabiber 1. *bot.* schwarzer Pfeffer 2. *fig.* niedliches braunes Mädchen.

karabina [· · x ·] 1. *hist.* Donnerbüchse *f* 2. Karabiner *m*.

karaborsa schwarzer Markt, Schleichhandel *m*.

karaborsacı Schwarz-, Schleich-[händler *m*.]

karaboya 1. Schwefelsäure *f* 2. Tuschzeichnung *f* 3. Asphaltlack *m*.

karabuğday *bot.* Buchweizen *m*.

karabulut, *-tu* Nimbus *m*, Regenwolke *f*.

karaca[1] dunkel, bräunlich, schwärzlich.

karaca[2] 1. *zo.* Reh *n* 2. Oberarm *m*; ~ *kemiği* Oberarmbein *n*.

Karacaahmet *n.pr.* 1. *Name e-s Heiligen des 14. Jhs.* 2. (*Mezarlığı*) *Name des großen Friedhofs in Üsküdar* (*Ist.*).

karacı 1. Verleumder(in *f*) *m* 2. *va.* Zigeuner(in *f*) *m* (*aus Syrien od. Ägypten*).

karaciğer *an.* Leber *f*.

Karadağ *n.pr.* Montenegro *n*.

Karadağlı Montenegriner(in *f*) *m*; montenegrinisch.

karademirci Grobschmied *m*.

Karadeniz *n.pr.* 1. Schwarzes Meer 2. *Name e-r Badeanlage in Ankara*; *-de gemilerin mi batmış?* warum schaust du denn so mürrisch in die Welt?

Karadenizli *Bewohner(in) des Schwarzmeergebietes.*

karadiken 1. *bot.* Schwarzdorn *m*, Schlehe *f* 2. *zo.* See·igel *m*.

karadüzen *Name e-r viersaitigen Gitarre.*

karafaki [· · x ·] *kleine* Raki-Karaffe *od. deren Inhalt.*

karagöz 1. Schwarzauge *n*, schwarzäugig 2. türk. Schattenspiel *n* 3. (*balığı*) *zo.* Geißbrasse *f* 5. ♀ *Name der Hauptfigur des türk. Schattenspiels* 6. ♀ *Name e-r hum. Zeitschrift.*

karagül Karakul-Schaf *n*.

karagürgen *bot.* Rotbuche *f*.

karağı 1. Feuer-, Schür·haken *m* 2. Blindheit *f*.

karahaber Unglücks-, Hiobs·botschaft *f*.

karahumma *med.* Typhus *m*.

karaiğne *zo.* Holz·ameise *f*.

karakalem 1. Kohle-, Bleistift-, Feder-, Tusch·zeichnung *f* 2. mit schwarzem Muster (*Porzellan*).

karakaş(lı) mit dichten schwarzen Augenbrauen.

karakış strenger Winter (*22. Dezember bis 30. Januar*).

karakoca alter Mann, *dessen Haar noch nicht ergraut ist.*

karakol 1. bewaffnete Streife 2. Wache *f*, Posten *m* 3. Polizei- *od.* Gendarmerie·wache *od.* -station *f*; ~ *gemisi* Überwachungs-, Kontrollschiff *n*; ~ *gezmek* patrouillieren; ~ *servisi mil.* Überwachungsdienst *m*; *-lar hattı mil.* Postenlinie *f*.

karakolhane [· · · - ·] Polizei- *od.* Gendarmerie·station *f*, Polizeirevier, Wachlokal *n*.

karakolluk olm. F auf dem Polizeirevier landen.

karakoncolos 1. Popanz *m*, schwarzer Mann 2. abstoßend häßlich (*Person*).

karakter Charakter *m*; ~ *sahibi* charakterfeste Persönlichkeit.

karakteristik 1. Charakteristik(um *n*) *f* 2. *math.* Charakteristik *f*, Kennziffer *f* 3. charakteristisch.

karakulak 1. *zo.* Wüstenluchs *m* 2. *hist. Beamte im Nachrichtendienst*

osm. Würdenträger 3. Spion, Geheimagent *m* 4. Krummdolch *m*.
karakuru mager, dürr.
karakuş 1. *zo.* Kaiseradler *m* .2 *krankhafte Schwellung am Sprunggelenk e-s Pferdes.*
karakuşi [ī] *in der Füg. hükmü* ~ Willkür *f*, Despotismus *m*.
karalama 1. *Vs. zu karalamak* 2. Schönschreibübung *f* 3. Konzept *n*, Entwurf *m*; ~ *kâğıdı* 1. *fr. ein spez. Papier für Schönschreibübungen* 2. Konzeptpapier *n*.
karalamak 1. schwärzen 2. (*Papier*) be-, ver·schreiben 3. aus-, durchstreichen 4. im Konzept anfertigen; entwerfen 5. hinkritzeln, hinschmieren 6. *fig.* denunzieren, verleumden 7. *fig.* beschmutzen.
karalı mit schwarzen Flecken (*Punkten, Streifen usw.*).
karalık 1. Schwärze *f* 2. Dunkelfarbigsein *n* 3. Finsternis *f* 4. schlechte Vorbedeutung; Üble(s), Böse(s) *n*.
karaltı 1. kleiner (*Schmutz-*)Fleck 2. Phantom *n*, Schemen *m*.
karamak[1] verdächtigen.
karamak[2] betrachten, anschauen.
karaman (*koyunu*) 1. Karaman-Schaf *n* 2. V *große, dicke Frau mit dunklem Teint.*
Karamanlı 1. *aus Karaman* (*Rbz. Konya*) *stammend* 2. *kleinasiatischer Grieche, der 1923/24 aus der Türkei ausgewiesen wurde.*
karambol 1. *Bill.* Karambolage *f* 2. *allg.* Kollision *f*, Zusammenstoß *m*.
karamelâ [â kurz] [· · x ·] Karamelle *f*.
karamsar Pessimist(in *f*) *m*; pessimistisch.
karamsarlık Pessimismus *m*.
karamuk 1. *bot.* Kornrade ; 2. rötlicher Hautausschlag.
karanfil 1. *bot.* Gartennelke *f* 2. *bot.* Gewürznelke *f*; 3. V Schneid *m*, Courage *f*.
karanlık 1. dunkel, finster 2. ungeklärt, verworren 3. nicht präzisiert 4. pessimistisch 5. dunkler Raum 6. Dunkel *n*, Finsternis *f* 7. Unklarheit, Verworrenheit *f* 8. mangelnde Präzisierung; ~ *bir tablosunu çizmek* (*bşin*) ein düsteres Bild *von et.* entwerfen; ~ *görmek* pessimistisch betrachten; ~ *oda phot.* Dunkelkammer *f*; *-lara gömmek* in Dunkel hüllen; verdunkeln; *-ta göz kırpmak fig. et.* Sinnloses tun.
karantina [· · x ·] 1. Quarantäne *f* 2. Quarantänestation *f* 3. *fr.* Küstengesundheitspolizei *f* 4. Aufnahmestation *f* (*in e-m Krankenhaus*); ~ *beklemek* in Quarantäne liegen; ~ *flâması* (*od. bayrağı*) gelbe Quarantäneflagge; ~ *vaz'etmek* e-e Quarantäne verhängen.
karantinahane [· · · · - ·] Quarantäne·anstalt *f*, -schuppen *m*.
karapazar Schwarz-, Schleichhandel *m*.
karapazarcı Schwarz-, Schleich-händler *m*.
karar 1. Stabilität, Beständigkeit *f* 2. fester Aufenthaltsort 3. Beschluß, Entschluß *m*, Entscheidung, Anordnung *f* 4. Gerichtsurteil *n* 5. Regelmäßigkeit *f* 6. Schätzung *f* 7. nicht zu viel und nicht zu wenig 8. Mäßigung *f*; ~ *kılmak* (*bşde*) fest *bei et.* bleiben; ~ *nisabı jur.* Quorum *n*; ~ *vermek* 1. e-n Entschluß *od.* Beschluß fassen 2. verurteilen; ein Urteil fällen; ... *-larında* etwa, ungefähr.
karargâh 1. Lager *n* 2. *mil.* Stab *m*, Stabsquartier *n* 3. *selt.* Wohnviertel *n*.
kararlama 1. *Vs. zu kararlamak* 2. nach Augenmaß (*gemacht*).
kararlamadan *adv.* nach Augenmaß *od.* Schätzung.
kararlamak schätzungsweise bestimmen; nach Augenmaß beurteilen.
kararlaşmak 1. fest (*definitiv*; *beschlossene Sache*) werden 2. bestimmt werden, festgesetzt werden.
kararlı 1. beschlossen, festgesetzt 2. regelmäßig, beständig, stationär, stabil (*a. Gleichgewicht*), stehend (*Wellen*).
kararname [· · - ·] Ministerrats-, Regierungs·beschluß *m*; Verordnung *f*, Erlaß *m*.
kararsız 1. unbeständig (*z.B. Wetter*) 2. labil (*Gleichgewicht*) 3. unschlüssig 4. unklar, ungeklärt (*z.B. Lage*) 5. unklar; einander widersprechend (*z.B. Nachrichten*).
karartı *s. karaltı.*
karasakız Pech *n*.
karasal Festlands-, Kontinental-.
karasallar *zo.* Landtiere *pl.*
karasevda Schwermut, Melancholie, Hypochondrie *f*.

karasığır *zo.* Büffel *m.*
karasu 1. *med.* grüner Star, Glaukom *n* 2. träge dahinfließendes Wasser.
karasuluk Moor-, Sumpf·wiese *f.*
karatavuk *zo.* Amsel *f.*
karavana [· · x ·] 1. *mil.* große Eßschüssel 2. *Sa.* Essen *n* 3. *Sa.* Vorbeigeschossen! 4. *dünner, flacher* Diamant; *-dan yemek mil.* aus der Menage leben.
karavanacı *mil.* Essen·holer, -träger *m.*
karavaş Sklavin, Dienerin *f*, Dienstmädchen *n.*
karavide [· · x ·] *zo. schmalscheriger* Flußkrebs.
karayazı widriges Schicksal, trauriges Los.
karayel 1. Nordwestwind *m* 2. *naut.* Nordwesten *m.*
karayer Grab *n.*
karayüz *fig.* Schmach, Schande, Unehre *f.*
Karbeyaz(ı) *n.pr.* Schneewittchen *n.*
karbon Kohlenstoff *m*; ~ *hidratı* Kohlenhydrat *n*; ~ *kâğıdı* Kohle-, Durchschlags·papier *n.*
karbonat, *-dı* Karbonat *n*, kohlensaures Salz; ~*dö sut* kohlensaures Natron.
karbüratör *techn.* Vergaser *m*; ~ *şamandırası* Schwimmernadel *f* (*im Vergaser*).
kardan *techn.* Kardan *m*, Drehgelenk *n.*
kardaş *s. kardeş.*
karde Streichgarn *n.*
kardelen *bot.* Schneeglöckchen *n.*
kardeş 1. Bruder *m* 2. Schwester *f* 3. Geschwister *pl.* 4. *va.* Ordensbruder *m* 5. (*Anrede*) Freund, Liebe(r) 6. befreundet, nahestehend; ~ *payı* brüderlicher Anteil; *-im* mein Lieber.
kardeşçe(sine) in brüderlichem Einvernehmen.
kardiyak 1. Herz- 2. Herzkranke(r) *m/f.*
kardöfinal (*Sport*) Ausscheidungskampf *m für die Vorschlußrunde.*
kare 1. *math.* Quadrat *n* (*zweite Potenz*) 2. *math.* Quadrat *n* (*gleichseitiges rechtwinkliges Viereck*) 3. *math.* Quadrat- 4. Karo *n* 5. gewürfelt, kariert 6. *selt.* viereckig 7. Viererrunde *f* (*bei Bridge od. Poker*); ~ *kök math.* Quadratwurzel *f*; ~ *şeker* Würfelzucker *m*; *math. -sini almak od. -ye yükseltmek* ins Quadrat erheben.
karemetre *s. metre kare.*
karelâj Verlegung von Steinplatten, Fliesen *usw.*
kâretmek *s.* unter *kâr.*
karfiçe [· x ·] mittelgroßer (*Eisen-*) Nagel.
karga *jeder Krähenvogel* wie: Rabe *m*, Krähe, Dohle, Elster *f*, Häher *m*; ~ *bok* (*od. euph. nane*) *yemeden* V in aller Herrgottsfrühe; *-yı bülbül diye satmak* aufschwatzen, andrehen.
kargabaso [· · x ·] *naut.* Einholen *n* e-s Segels.
kargaburnu, *-nu techn.* Rundzange *f.*
kargaburun mit langer, spitzer Nase.
kargabüken *bot.* Brechnuß *f.*
kargacık [x · ·] 1. krumm und schief (*z.B. Handschrift*) 2. gewunden (*z.B. Pfad*) 3. komisch aussehend 4. gesucht, gekünstelt, verschroben.
kargaşa 1. Wirrwarr *m*, Chaos *n* 2. Aufstand, Aufruhr *m*, Revolte *f.*
kargaşalık = *kargaşa.*
kargatulumba *adv.* an Armen und Beinen gepackt; ~ *etm.* an Armen und Beinen packen und in die Höhe heben; ~ *götürmek* an Armen und Beinen packen und wegschleppen.
kargı 1. *fr.* Speer, Spieß *m*, Lanze *f* 2. (*Schilf-*)Rohr *n.*
kargılık Patronen·tasche *f*, -gurt *m.*
kargımak verfluchen, verwünschen.
kargın (*großer*) Hobel *m.*
kârgir *s. kâgir.*
kargo [x ·] 1. Fracht-, Last·schiff *n*, Frachter *m* 2. Ladung, Fracht *f* (*e-s Schiffes*).
karha *med.* Ulkus *n* (*Geschwür*).
karhane [· - ·] Schneemiete *f.*
karı[1] 1. (*Ehe-*)Frau, Gattin, Gemahlin *f* 2. verheiratete Frau 3. V Weib *n*; ~ *almak* heiraten; ~ *bırakmak* sich scheiden lassen; seine Frau verstoßen; ~ *kızan* Weib und Kind; ~ *koca* Mann und Frau; Ehegatten *pl.*, Eheleute *pl.*; ~ *koca hayatı* Ehe *f*; *-sı ağızlı hum.* Pantoffelheld *m.*
karı[2], *-r'ı med.* Perkussion *f.*
karıcık *Dim. zu karı* (1); *karıcığım* mein liebes Frauchen.

karık 1. Schneeblindheit *f* 2. schneeblind.

karın, *-rnı* 1. Bauch *m*, Bauchhöhle *f*, Leib *m* 2. *spez.* Unterleib *m*; Gebärmutter *f* 3. *fig.* Bauch *m* (*e-s Schiffes, Topfes usw.*) 4. *fig.* Seele *f*, Herz *n*, Geist, Kopf *m* 5. *phys.* Schwingungsbauch *m*; ~ *ağrısı* (P *karnaksı*) 1. Leibschmerzen *pl.* 2. *fig.* Plagegeist *m* 3. F verflixtes Ding 4. lästig, unangenehm, dumm, verflixt; (**karnı**): ~ *aç* hungrig; ~ *ağrımak* Leibschmerzen haben; ~ *burnunda* wie e-e Frau im neunten Monat; ~ *dümbelek çalıyor* ihm knurrt der Magen (*vor Hunger*); ~ *geniş* 1. sorgenfrei, sorgenlos 2. weitherzig, großzügig; ~ *-na geçmiş* ganz mager und elend geworden; ~ *tok olm.* 1. satt sein 2. *fig. et.* satt haben; ~ *tok sırtı pek* wohlhabend; *-ndan söylemek* ins Blaue hinein erfinden; *-nı şişirmek* (*b-nin*) schwängern; *-nın şişini indirmek* sich alles von der Seele reden.

karınca 1. *zo.* Ameise *f* 2. Gußfehler, Rostsprenkel *m*; ~ *asidi* Ameisen-, Formyl·säure *f*; ~ *belli* mit Wespentaille; ~ *duası fig. winzige, fast unleserliche Schrift*; ~ *gibi kaynamak* wimmeln wie in e-m Ameisenhaufen; ~ *kararınca* (*od. kaderince*) jeder nach Maßgabe seiner Kräfte; ~ *yuvası* Ameisenhaufen *m*; *-yı incitmez* gutmütig, harmlos (*Person*).

karıncalanmak 1. von Ameisen wimmeln 1. eingeschlafen sein und kribbeln (*z.B. Bein*) 3. kleine Rostflecken ansetzen.

karınlamak *m. Dat.* anlegen [(*Schiff*).]

karınmak schlingern (*Schiff*).

karınsa Mauserung, Mauser *f*.

karıntı Wirbel, Strudel *m*.

karınzarı, *-nı an.* Bauchfell, Peritoneum *n*; ~ *kovuğu* Bauchhöhle *f*; ~ *yangını* Bauchfellentzündung, Peritonitis *f*.

karış 1. (*Hand-*)Spanne *f* 2. Durcheinander *n*, Tumult *m*, Verwirrung *f*; ~ ~ jeder Zoll; jeder Fußbreit.

karışık 1. gemischt, vermischt, vermengt 2. gepanscht (*z.B. Milch*), verfälscht (*z.B. Ware*) 3. zerzaust (*Haar*), unordentlich 4. trübe, bewölkt (*Himmel, Wetter*) 5. verwirrt (*Sinn, Geist*) 6. unklar, unübersichtlich, unverständlich.

karışıklık *Sb. zu karışık, a.* Unruhe *f*, Aufruhr *m*, Revolte *f*.

karışım *chem.* Gemisch *n*.

karışlamak mit der Handspanne messen.

karışmak 1. sich (ver)mischen, (ver)mengen 2. durcheinander geraten 3. unruhig und erregt werden 4. trübe werden, sich bedecken 5. sich verwirren *od.* irre werden 6. unklar werden 7. verwechselt werden 8. sich einmischen, sich kümmern 9. (ein)münden 10. *j-s* Sache sein 11. *in et.* untergehen, verschwinden 12. abberufen (*versammelt*) werden (*zu*); eingehen (*zu, in*) 13. sich verknüpfen (*mit*).

karışmazlık Nichteinmischung *f*.

karıştırıcı (ver)mischend, mengend *usw., spez.* hetzerisch, subversiv.

karıştırmak *Kaus. zu karışmak* (*s. 1—8*) ferner: 1. verknüpfen, in Zusammenhang bringen 2. (*biribirine*) durcheinander werfen (*z.B. Daten*) 3. durchblättern (*z.B. Akten*) 4. durch·wühlen, -suchen (*z.B. Abfälle*) 5. (*dişini*) in den Zähnen stochern 6. (*burnunu*) in der Nase bohren 7. (um)rühren.

kari, *-ii* [ā] *z. va.* Leser *m*.

karia [- · ·] *va.* Leserin *f*.

karides [· x ·] *zo.* Garnele *f*.

kariha [i] (*Erfindungs-*)Gabe *f*, Talent *n*; *-dan* improvisiert; *-sı geniş* geistig hochstehend.

karikatür 1. Karikatur *f* 2. Spottschrift *f* 3. Spott-, Zerr·bild *n*.

karikatürleştirmek karikieren; zur Karikatur werden lassen.

karina [· x ·] *naut.* 1. Kiel *m* 2. Kielholen *n*; ~ *etm.* (*od. -ya basmak*) kielholen; ~ *yeri* Kielwerft *f*.

karîne 1. An-, Kenn·zeichen *n*, Anhaltspunkt, Begleit-, Neben·umstand *m* 2. *textlicher od. gedanklicher* Zusammenhang 3. *jur.* Vermutung *f*; ~ *ile anlamak* aus dem Zusammenhang verstehen (*eruieren*).

kariyer Laufbahn, Karriere *f*.

karkaryas *zo.* Riesenhai *m*.

karkas 1. Skelett *n* 2. Schiffsrumpf *m* 3. Gerüst *od.* Skelett *n* e-s Holzhauses.

karlı 1. Schnee- 2. mit Schnee be[deckt, verschneit.]

kârlı 1. gewinnbringend 2. lohnend; ~ *çıkmak* sich als vorteilhaft erweisen.

karlık 1. Schneemiete *f* 2. Kühlgefäß *n* (*für Flüssigkeiten*) 3. mit viel Schneefall (*Land, Gegend*).

karma 1. *Vs. zu karmak* 2. gemischt (*Zug, Mannschaft*).

karmak, (-*ır*) 1. anrühren (*Kalk, Farbe usw.*) 2. hinein·treiben, -pressen, -stoßen.

karmakarış [x · ·] *in der Füg.* ~ *etm.* ein völliges Durcheinander anrichten.

karmakarışık [x · · · ·] 1. kunterbunt durcheinander; in heillosem Wirrwarr 2. ganz unverständlich 3. einander vollkommen widersprechend.

karman çorman *s. karmakarışık.*

karmanyola [· · x ·] Raubüberfall *m*; *-ya almak* V bändigen, unschädlich machen.

karmanyolacı Räuber *m.*

karmaşa *phil.* Komplex *m.*

karmaşık 1. kompliziert 2. *chem. phil. math.* komplex.

karmuk 1. Enterhaken *m* 2. Klammer-, Anker·eisen *n* 3. langes Schüreisen.

kârna [x ·] Fischreuse *f.*

karnabahar *bot.* Blumenkohl *m.*

karnabit, *-ti* = *karnabahar.*

karnaksı *s. karın ağrısı.*

karnaval 1. Karneval *m*, Fastnacht *f* 2. Fastnachtsnarr *m.*

karne 1. Schulzeugnis *n* 2. *ein Block mit perforierten Blättern wie z.B.* Briefmarkenbogen *m*, Fahrscheinheft *n* -block *m*, Gutscheinheft, Scheckheft *n usw.* 3. (*Lebensmittel-*) Bezugskarte *f*, *spez.* Brotkarte (*bei Rationierung*).

karnıbahar *s. karnabahar.*

karnıyarık 1. *Name e-s Auberginengerichts* 2. eingesalzener Thunfisch 3. *bot.* Flohwegerich *m.*

karni *chem.* Retorte *f*, Kolben *m.*

karniye (*tabakası*) Hornhaut *f* (*des Auges*).

karo Karo *n*, Eckstein *m* (*Farbe im Ka.*).

karoseri Wagenaufbau *m*, Karosserie *f.*

Karpatlar *n. pr.* Karpathen *pl.*

karpuz 1. *bot.* Wassermelone *f* 2. Glasglocke *f*; ~ *fener* Lampion *m.*

karsak *zo.* Steppenfuchs *m.*

kârsız unrentabel, nicht vorteilhaft.

karşı 1. gegenüberbefindlich 2. entgegengesetzt; Gegen- 3. *Pp. m. Dat.* a) nach... zu, b) als Erwiderung *auf...*; gegenüber; zu, c) gegen, entgegen (*feindlich*), d) gegen (*temporal*); ~ *çıkmak* (*b-ne*) 1. *j-m* entgegengehen (*z.B. um ihn abzuholen*). 2. *es mit j-m* aufnehmen; ~ *durmak* eigensinnig beharren, sich weigern; ~ *gelmek* (*b-ne*) aufsässig werden; ~ *hücum* Gegenangriff *m*; ~ *-ya* 1. einander gegenüber 2. entgegengesetzt; ~ *koymak* Widerstand leisten; ~ *taraf* 1. gegenüberliegende Seite 2. Gegenseite *f*, Prozeßgegner *m*; ~ *tedbir* Gegenmaßnahme *f*; *-dan bakmak fig.* untätiger Zuschauer sein; *-dan -ya* quer; *bu âni kaza karşısında* bei diesem plötzlich eingetretenen Unglück.

karşıgelim Antagonismus *m.*

karşılama *Name e-s türk. Volkstanzes.*

karşılamak *m. Akk.* 1. entsprechen 2. abholen 3. *mit e-r best. Empfindung* aufnehmen 4. verhüten 5. halten (*z.B. Torschuß bei Fb.*) 6. zurückschlagen (*Tennisball*) 7. entgegentreten (*z.B. e-m Gerücht*) 8. decken (*Bedarf*).

karşılaşma *Vs. zu karşılaşmak, spez.* (*Sport*) 1. Treffen, Spiel *n* 2. Paarung *f.*

karşılaşmak 1. sich kreuzen 2. begegnen, treffen 3. handgemein werden 4. e-n Wettkampf austragen 5. gegenseitige Verbindlichkeiten bereinigen.

karşılaştırmak *Kaus. zu karşılaşmak, spez.* 1. vergleichen 2. *chemisch* behandeln 3. konfrontieren 4. kollationieren, abstimmen.

karşılık 1. Aufnahme *f*, Widerhall *m* 2. Erwiderung, Antwort *f* 3. Entgelt, Äquivalent *n* 4. Deckung *f* (*z.B. für Scheck*), Valuta *f*, Kaution *f*, Budgetmittel *pl.* 5. Opposition *f* 6. Entsprechung *f*, Ersatz *m* 7. Antonymbegriff *m* 8. *jur.* Gegenseitigkeit *f*; ~ *tren* Anschlußzug *m*; ~ *vermek* e-e freche Antwort geben (*Kind*).

karşılıklı 1. gegenseitig 2. einander gegenüber befindlich 3. Gegen- 4. gemeinsam 5. wechselseitig 6. *math.* korrespondierend 7 *bot.* wechselständig; ~ *bahis* Toto *m*; ~ *dâva jur.* Gegen-, Wider·klage *f*; ~ *sigorta* Versicherung *f* auf Gegenseitigkeit.

karşılılık Gegenseitigkeit, Reziprozität *f*.
karşıt 1. entgegengesetzt 2. *math.* reziprok.
karşıtduygu gefühlsmäßige Abneigung, Antipathie *f*.
karşıtlı *gr.* adversativ.
kart[1], *-tı* nicht mehr jung *od.* nicht mehr frisch; trocken, alt, welk; zäh (*Fleisch*); ~ *kız* alte Jungfer.
kart[2], *-tı* (*Visiten-*, *Post-*, *Ansichts-*, *Eintritts-*, *Bezugs-*, *Brot-*)Karte *f*.
kart[3] **kart** *s.* *hart hart.*
kartal *zo.* Adler *m*; ~ *ağacı* 1. Gegenzug *m* (*am Handwebestuhl*) 2. *wohlriechende indische Holzart.*
kartaloş, kartaloz V alte Hexe.
kartel[1] Kartell *n*, Wirtschaftsring *m*.
kartel[2] (*kleineres*) Faß.
karton Karton *m*, Pappe *f*, Pappdeckel *m*, Papiermaché *n*.
kartonpiyer 1. *urspr.* Dachpappe *f* 2. Stuckwerk *n*.
kartpostal Postkarte *f*.
kartuk (*große*) Egge.
kartvizit, *-ti* Visiten-, Besuchskarte *f*.
Karun [- -] 1. *n.pr.* Korah (*Bibel*) 2. *fig.* steinreich; Krösus *m*.
karyağdı(lı) 1. weißgesprenkelt 2. schwarzweiß gemustert; *fig.* Pfeffer und Salz.
karyola [· x ·] (*hölzernes od. eisernes*) Bettgestell; ~ *kurmak* ein Bett aufschlagen.
kas[1] *va.* Brust *f*.
kas[2] Muskel *m*; ~ *teli* Muskelfaser *f*.
kasa [x ·] 1. Kasse *f* 2. Geldschrank *m*, Stahlfach, Safe *n* 3. (*dairesi*) (*Bank-*)Tresor *m* 4. Kasse, Bank *f* (*bei best. Spielen*) 5. Chassis, Fahrgestell *n* 6. (*Setz-*, *Bier-* *usw.*) Kasten *m* 7. Fensterrahmen 8. Schlinge *f* (*z.B. e-s Taues*) 9. Kasten *m* (*als Turngerät*).
kasaba[1] Provinzstadt *f*, Städtchen *n*.
kasaba[2] 1. Bronchus *m* 2. Luftröhre *f* 3. Rohrstengel *m*.
kasadar Kassierer(in *f*) *m*.
kasalamak einkassieren.
kasap, *-bı* 1. Fleischer, Schlächter, Metzger *m* 2. *fig.* blutgierig, grausam 3. *Sch.* strenger und unsympathischer Lehrer 4. F Materialschinder *m*.
kasaplık 1. Schlächtergewerbe *n* 2. Gemetzel *n* 3. Schlachtvieh *n*; ~ et Schlachtfleisch *n*.
kasara [· x ·] *naut.* Back, Schanze *f*; ~ *üstü* Schanzdeck *n*
kasarlamak bleichen (*Textilien*).
kasatura [· · x ·] Seitengewehr, Bajonett *n*.
kasavet, *-ti* [· - ·] Kummer, Schmerz *m*, Betrübnis, Sorge *f*.
kasavetlenmek [· - · · ·] Kummer haben; sich Sorgen machen.
kasdoku Muskelgewebe *n*.
kâse 1. Napf *m*, Schale, Schüssel *f* 2. Höhlung *f e-s Löffels od. ähnlichen Gegenstandes* 3. *selt.* Schädel *m* 4. V Gesäß *n*.
kasık Leistengegend *f*, Leisten *pl.*; ~ *bağı* Bruch·band *n*, -gürtel *m*; ~ *biti* *zo.* Filzlaus *f*; ~ *kemiği* *an.* Schambein *n*; *kasığı çatlamak* (*b-nin*) sich e-n Leistenbruch zuziehen; *-larım çatlıyor* F 1. es drückt mir bald die Blase ab 2. ich könnte platzen vor Lachen.
kasıl *an.*, *med.* Muskel-; ~ *duyumlar* *psych.* Muskelgefühl *n*.
kasılmak 1. *Pass. zu kasmak* 2. sich zusammenziehen, sich krampfen 3. F sich im Auto hinlümmeln.
kasım[1] 1. Winter(s)anfang *m* (*8. November*) 2. kalte Jahreszeit (*8. Nov. bis 6. Mai*) 3. November *m*; *Spr.* ~ *yüz gerisi düz* 100 Tage nach Winter(s)anfang ist das Ärgste überstanden.
kasım[2] [ā] *math.* teilend; Teiler *m*.
kasımpatı, *-nı* *bot.* Chrysantheme *f*.
kasınmak sich zusammenziehen; kürzer werden.
kasıntı 1. Reihnaht *f* 2. V Arroganz *f*.
kasır[1], *-srı* 1. Schlößchen, Lustschloß *n* 2. *va.* Kürze, Verringerung *f*.
kasır[2], [ā] *z. va. jur.* Mündel *n*.
kasırga Wirbel·sturm, -wind *m*.
kasıt, *-stı* 1. Vorsatz *m*, Absicht *f*, Ziel *n*, Zweck *m* 2. böse Absicht.
kasiyer Kassierer(in *f*) *m*.
kaskas kavurmak = *kasıp kavurmak s. kasmak.*
kaskatı [x · ·] ganz hart; stocksteif.
kasket, *-ti* (*Schild-*)Mütze *f*.
kaslak muskelstark, muskulös.
kasmak, (*-ar*) 1. kürzer *od.* schmäler machen 2. straffer anziehen; enger schnallen 3. unter Druck halten; *kasıp kavurmak* 1. verwüsten 2. (*ortalığı*) herumwüten.
kasnak 1. *weiter* Reifen 2. Holzrahmen *m* (*e-s Siebs*, *Tamburins*

usw.) 3. Stickrahmen *m* 4. Riemenscheibe *f* 5. Schlittenkufe *f*.
kaspahanek, kaspanak, kaspanek V 1. gewaltsam 2. absichtlich 3. zum Tort 4. unbedingt.
kastanyola [· · x ·] *naut.* Klampe *f*.
kastarlamak waschen und bleichen (*Baumwolle*).
kasten [x ·] *adv.* absichtlich, vorsätzlich, wissentlich; ~ *katil jur.* Mord *m*.
kastetmek [x · ·] 1. *m. Akk.* abzielen (*auf*), beabsichtigen 2. *m. Akk.* meinen; sagen wollen 3. *m. Dat.* trachten (*z.B. nach dem Leben*), nachstellen; es abgesehen haben (*auf*).
kasti [ī] beabsichtigt, vorsätzlich, wohl erwogen.
kastor 1. Biberpelz *m* 2. Biber-.
kasvet, -ti Bedrückung *f*, innere Unruhe, wehmütige Stimmung.
kaş 1. Augenbraue *f* 2. *bogenförmige, vorspringende* Wölbung; ~ *atmak* zuzwinkern; ~ *çatmak* F unfreundlich sein; grollen; ~ *kemer arch.* Kielbogen *m*; ~ *yapayım derken göz çıkarmak fig. et.* verschlimmbessern; *-ına rastık çekmek* die Augenbrauen nachziehen; *-la göz arasında* im Handumdrehen; *-larını çatmak* die Stirn runzeln.
kaşağı 1. Pferdestriegel *m* 2. *s. kaşak*.
kaşağılamak striegeln.
kaşak Rückenkratze *f*.
kaşalo *zo.* Pottwal *m*.
kaşalot V dumm, blöd; Idiot *m*.
kaşamak *s. kaşağılamak*.
kaşan Stehenbleiben und Wasserlassen *n* (*Zugtiere*).
kâşane [- - ·] *großes, prächtiges* Gebäude, Palast *m*.
kaşanmak stehenbleiben und Wasser lassen (*Zugtiere*).
kaşar 1. (*peyniri*) *Name e-s fetten, gelblichen Käses* 2. V routiniert, schlau 3. koscher.
kaşarlanmak 1. sich an Unangenehmes gewöhnen; ein dickes Fell bekommen 2. sich abtragen; *kaşarlanmış a.* gewitzigt, gerissen.
kaşe 1. Pastille, Tablette *f* 2. Petschaft, Siegel *n*.
kaşer *s. kaşar*.
kaşık 1. Löffel *m* 2. Löffelvoll *m*; ~ *atmak* tüchtig einhauen; nur so schlingen; ~ *düşmanı hum.* Ehefrau *f*; *-la yedirip sapiyle gözünü çıkarmak j-m* nach anfänglich erwiesener Wohltat Schaden zufügen.
kaşımak *m. Akk.* kratzen (*um e-n Juckreiz zu beseitigen*).
kaşındırmak Juckreiz verursachen.
kaşınmak 1. jucken 2. sich jucken, sich kratzen 3. *fig.* übermütig sein.
kaşıntı Jucken *n*, Juckreiz *m*.
kâşif Entdecker *m*.
kaşkariko [· · x ·] V 1. Schwindel, Betrug *m* 2. Aufwieglung, Intrige *f*.
kaşkaval 1. *Name e-r best. Käseart* 2. *naut.* Schloßholz *n* 3. V dumm, naiv; Einfaltspinsel *m*.
kaşkol Kragenschoner *m*, Halstuch *n*.
kaşkorse 1. Untertaille *f* 2. Babyleibchen *n*.
kaşmer Possenreißer, Hanswurst *m*.
kaşmerdikoz V 1. komisch, sonderbar, albern 2. häßlich, abstoßend.
kaşpusiyer Staubmantel *m*.
kat, -tı 1. Stockwerk *n*, Etage *f* 2. Schicht, Lage, Reihe *f* 3. (*Kleidungs- od. Wäsche-*)Garnitur *f* 4. (*Floskel in offiziellen Schreiben*) hohe Stelle 5. Mal *n*, Grad *m*, Stufe *f* 6. *math.* Mehr-, Viel-fache(s) *n*; ~ *çıkmak* aufstocken (*Gebäude*); ~ *etm.* falten; in Lagen legen; ~ ~ 1. schicht(en)weise *od.* in mehreren Reihen 2. mehrfach 3. bei weitem, weitaus; ~ ~ *etm.* noch viel mehr steigern; erst recht anwachsen lassen.
kat'â *adv.* 1. durchaus, ganz und gar 2. (*in neg. Verw.*) durchaus nicht, niemals, keinesfalls.
katakofti [· · x ·] V Geflunker *n*, Aufschneiderei *f*.
katakulli [· · x ·] V 1. Lüge *f*, Schwindel, Betrug *m* 2. Falle, Intrige *f*.
kat'an *s. kat'â*.
kataplâzm [â kurz] *med.* Breiumschlag *m*.
katapült, -tü 1. *hist.* Katapult *n*, Wurfmaschine *f* 2. Startgerät *n*.
katar 1. *a. mil.* Zug *m*, Kolonne *f* 2. *mil.* Trainkolonne *f* 3. Eisenbahnzug *m*; ~ *kılavuzu* Führungsesel *m* (*bei e-r Kamelkarawane*).
katarakt, -tı 1. *med.* Star *m* 2. *selt.* Katarakt, Wasserfall *m*.
katarlamak als Zug *od.* Kolonne formieren.
kat'etmek [x · ·] 1. (ab-, an-, auf-, durch)schneiden 2. abbrechen,

unterbrechen, einstellen, aufgeben 3. zurücklegen (*Strecke*).
katgüt, *-tü* Katgut *n*, Seidenstramin *m*, Darmsaite *f*.
katı[1] 1. hart (*Ei, Sitzplatz usw*) 2. steif (*z.B. Teig*) 3. scharf, streng 4. fest, starr 5. *fig.* hart, roh, rauh 6. zäh (*z.B. Fleisch*) 7. bitter (*z.B. Wahrheit*) 8. *phon.* stimmlos 9. *va.* sehr *od.* übermäßig; ~ *ekmek* trockenes, hartes Brot.
katı[2] (*a. kuş katısı*) Muskelmagen *m der körnerfressenden Vögel.*
katı[3], *-t'ı* Ab-, An·schneiden *usw.* (*s. kat'etmek*); *a. geom.* Schnitt *m*; *kat'ı alâka* Lösung *f* der (*Geschäfts-*) Beziehungen; *kat'ı münasebat* Abbruch *m* der Beziehungen; *kat'ı mükâfi math.* Parabel *f*; *kat'ı nakıs math.* Ellipse *f*; *kat'ı zait math.* Hyperbel *f*.
katı[4], *-ıı* [ā] 1. *va.* schneidend 2. *geom.* Sekante *f* 3. *trig.* Sekans *m*.
katıa [- · ·] 1. *techn.* Ausschalter *m* 2. *ausgeschnittene und aufgeklebte Zierschrift* 3. Schneidezähne *pl.*
katık 1. Zukost *f* 2. Zusatz *m*.
katılgandoku *an.* Bindegewebe *n*.
katılmak[1] 1. *Pass. zu katmak* 2. sich (*e-r Gruppe, Gesellschaft usw.*) anschließen; teilnehmen.
katılmak[2] kaum mehr Atem holen können; *in Füg. wie: katıla katıla ağlamak od. ağlamaktan katılmak* sich die Augen ausweinen; *katılırcasına gülmek* vor Lachen schier bersten.
katım 1. Hinzufügung *f* 2. *s. koç katımı.*
katıntı 1. Mischung *f* 2. von außen her dazugekommen; Schmarotzer-.
katır[1] 1. Maul·tier *n od.* -esel *m* 2. *fig.* eigensinnig, störrig, unverträglich.
katır[2] **kutur** 1. *adj.* laut knarrend od. quietschend 2. *adv.* mit lautem Geräusch.
katırtırnağı, *-nı bot.* Ginster *m*.
katıryemeni *hum.* 1. *Schuhe mit eisenbeschlagenen Absätzen* 2. Holzschuhe *pl.*
katışık *mit fremden Bestandteilen* untermischt; verfälscht, gepanscht.
katışmak 1. sich (*e-r Gruppe, Gemeinschaft*) beigesellen, sich anschließen 2. *selt.* durcheinander kommen.
katıyağ *chem.* Fett *n*.
katıyürekli hartherzig, gefühllos.
katî endgültig, entschieden, entscheidend, definitiv, absolut, kategorisch; ~ *darbe mil.* entscheidender Schlag; ~ *ekseriyet* absolute Mehrheit; ~ *hüküm jur.* endgültige Entscheidung; ~ *karar* unanfechtbarer Beschluß; ~ *karîne jur.* unwiderlegliche Vermutung; ~ *muharebe mil.* Entscheidungskampf *m*; ~ *suretle* unbedingt; ~ *teklif H.* feste Offerte; ~ *yemin* Läuterungseid *m*.
kâtibiadil, *-dli va.* Notar *m*.
katil[1], *-tli* Totschlag, Mord *m*.
katil[2] [ā] 1. Mörder(in *f*) *m* 2. tödlich wirkend; ~ *kadın* Mörderin *f*.
katileşmek [ī] endgültige Form annehmen; sich entscheiden (*Sache*); *katileşmiş karar jur.* rechtskräftige Entscheidung.
kâtip, *-bi* 1. Sekretär(in *f*) *m* 2. *va.* im schriftlichen Ausdruck gewandt.
katiyen [ī] [· x ·] *adv.* 1. bestimmt, definitiv, absolut, entschieden 2. strengstens (*z.B. verboten*) 3. durchaus nicht.
katiyet, *-ti* 1. Unwiderruflichkeit *f*, endgültige Regelung 2. Entschiedenheit, Bestimmheit *f*.
katkı 1. Hinzu-, Bei·fügung *f*, Zusatz *m*, Ergänzung *f*, Anhang *m* 2. Beilage, Zugabe *f* 3. Anbau *m*.
katlamak 1. zusammen·falten, -legen 2. falzen 3. *z.va.* mehrmals tun.
katlanmak 1. *Pass. zu katlamak* 2. *m. Dat.* ertragen, *auf sich* nehmen 3. *m. Dat.* sich abfinden (*mit*); *...yapmak zahmetine* ~ sich die Mühe machen (*zu*).
katletmek [x · ·] ermorden.
katliam [· · -] Gemetzel, Blutbad, Massaker *n*.
katma 1. *Vs. zu katmak* 2. hinzugefügt, zusätzlich; Zusatz-.
katmak, (*-ar*) 1. ein-, bei-, hinzufügen; bei·mischen, -geben 2. mitschicken 3. paaren 4. (*biribirine*) *gegenseitig* aufhetzen.
katman *geol., geogr.* Schicht(ung) *f*; ~ *bulut meteor.* Schichtwolke *f*.
katmanlaşmak sich schichtweise ablagern.
katmer 1. Vielblättrigkeit *f* 2. mehrfaches (*reihen- od. schichtweises*) Vorhandensein 3. *Name e-r best. Pastetenart.*
katmerleşmek 1. viele Blätter bilden 2. sich in mehreren Schichten

bilden 3. *fig.* sich vermehren, sich steigern, sich erhöhen.
katmerli 1. vielblättrig 2. gefüllt (*Blume*) 3. in mehreren Schichten vorhanden 4. *fig.* mehrfach, gesteigert, erst recht, ganz besonders; ~ *akıllı* überschlau; ~ *cemi* doppelte Pluralbildung; ~ *cürüm* mehrfaches Vergehen, *spez.* Doppelmord *m*; ~ *enayilik* Blödsinn *m* im Quadrat; ~ *gül* gefüllte (*vielblättrige*) Rose; ~ *hiddet etm.* sich doppelt und dreifach ärgern; ~ *yalan* faustdicke Lüge.
katoki [· x ·] Knieriemen *m* (*des Schuhmachers*).
katra [x ·] 1. *va.* Tropfen *m* 2. *Verst. e-r Neg.* durchaus (nicht), gar (nichts).
katran Teer *m*; ~ *ağacı bot.* Libanonzeder *f*; ~ *çamı bot.* Terpentinpistazie *f*; ~ *gibi* pechschwarz; ~ *ruhu* Kreosot *n*; ~ *yağı* (*Roh-*) Naphtha *n*.
katranlamak teeren.
katsayı *math.*, *phys.* Koeffizient *m*.
katuor *mus.* Quartett *n*.
kauçuk 1. Kautschuk *m*, Gummi *m od. n* 2. Gummi-; ~ *ağacı* Gummibaum *m*, (*spez. als Zierpflanze*); *-tan külot* Gummi·hös·chen *pl.* (*für Kleinkinder*).
kav[1] 1. Zunder *m* 2. *abgeworfene* Schlangenhaut.
kav[2] (*Spiel-*)Einsatz *m* (*z.B. bei Poker*).
kavaf Schuh·händler, -verkäufer *m*; ~ *işi fig.* grob gearbeitet; erbärmlich, miserabel.
kavak *bot.* Pappel *f*; ~ *boylu* rank und schlank; ~ *inciri Name e-r hellvioletten Feigenart.*
kaval 1. Hirtenflöte, Schalmei *f* 2. glatt (*Lauf, Rohr*); ~ *kemiği an.* Wadenbein. *n*; ~ *tüfek* Flinte *f* mit nicht-gezogenem Lauf.
kavallanmak V belästigen, quälen, auf die Nerven gehen.
kavalye 1. Kavalier *m* 2. Tänzer *m* 3. Begleiter, Partner *m*.
kavança, kavanço [· x ·] 1. *naut.* Segelumstellung *f* 2. *naut.* Umladen *n* von Waren 3. V Aufbürden, Aufhalsen *n* 4. V (*mst. kamanço*) Weiterreichen *n* 5. V Umtausch *m*, Auswechseln *n*.
kavanoz 1. Einmach-, Marmeladeglas *n* 2. *allg. größeres* Glasgefäß 3. irdenes Gefäß.
kavara [· x ·] V Furz *m*.
kavas Kawaß *m*.
kavata [· x ·] 1. *va. runde* Holzschüssel 2. *grüne, bittere* Tomatenart.
kavelâ [â kurz] [· x ·] Holzpflock, Bolzen, Achsnagel *m*, Lünse *f*.
kaveleta [· · x ·] Gerberbaum *m* (*Gerbereigerät*); ~ *bıçağı zweigriffiges Messer der Gerber.*
kavga 1. Streit, Zank *m*, *heftige und laute* Auseinandersetzung 2. *gel.* Handgemenge *n*, Rauferei *f* 3. *va.* Schlacht *f*, Kampf *m* 4. *selt.* Zerwürfnis *n*, Zwist *m*; ~ *çıkarmak* e-n Streit heraufbeschwören; ~ *etm.* zanken, streiten; ~ *kaşağısı* 1. Hetzer *m* 2. Hetze, Provokation *f*; *-ya girişmek* (*od. tutuşmak*) Streit anfangen; *gel. a.* handgemein werden.
kavgacı streitsüchtig; Krakeeler *m*.
kavgalı 1. verfeindet 2. strittig, umstritten.
kavi [i] stark (*a. z.B. Wahrscheinlichkeit*), kräftig, fest (*a. z.B. Versprechen*), ausdauernd.
kavil, *-vli* 1. *va.* Wort *n* 2. Absprache, Verabredung *f*.
kavilleşmek 1. sich verabreden 2. (*bşi*) *et.* verabreden.
kavilya [· x ·] *naut.* 1. Pflock, Stift Bolzen *m* 2. Marlpfriem *m* 3. Anholtau *n* 4. Lünse *f* (*e-r Radachse*).
kavim, *-vmi* Volk *n*, Volksstamm *m*; *Kavimlerin Göçü hist.* Völkerwanderung *f*.
kavis, *-vsi* 1. (*Kreis-*)Bogen *m* 2. Krümmung, Biegung *f* 3. Klammer *f* (*als Schriftzeichen*) 4. ♐ *astr.* Schütze *m*.
kavitasyon *techn.* Hohlraumbildung *f*.
kaviyen [i] *z. va. adv.* 1. stark, kräftig, fest 2. eng (*z.B. verbunden*); ~ *muhtemeldir* es ist ziemlich sicher damit zu rechnen.
kavkaa, kavkı 1. Schale *f* (*e-r Muschel*) 2. Haus *n* (*e-r Schnecke*).
kavlak 1. *was seine Rinde verloren hat* (*z.B. Baum*) 2. *wessen Haut sich geschält hat.*
kavlamak sich schälen; in Stücken abgehen (*Haut, Rinde*).
kavlen *adv.* mit (in) Worten; ~ *ve fiilen* in Wort und Tat.
kavlıç, *-cı* 1. Leistenbruch *m*; Hernie *f* 2. Bruchleidende(r) *m/f*.
kavmantarı, *-nı bot.* echter Feuerschwamm.

kavram[1] *s. karınzarı.*
kavram[2] *log.* Begriff *m.*
kavram[3] *techn.* Kupplung *f*; *-ı kesmek* auskuppeln.
kavramak *m. Akk.* 1. packen, ergreifen 2. sich *überallhin* ausbreiten 3. *fig.* begreifen, erfassen, F kapieren 4. genau durchdenken.
kavrayış *psych.* Begriffsbildung *f.*
kavruk 1. geröstet 2. im Wachstum zurückgeblieben.
kavrulmak 1. *Pass. zu kavurmak* 2. im Wachstum zurückbleiben.
kavsikuzah Regenbogen *m.*
kavşak 1. *geogr.* Zusammenfluß *m zweier Flüsse* 2. *(verkehrstechnischer)* Knotenpunkt 3. *s. kağşak.*
kavşamak *s. kağşamak.*
kavuk 1. Turban *m* 2. Harnblase *f*; ~ *giydirmek fig. j-m* e-n Bären aufbinden; ~ *sallamak (b-ne)* zu allem ja und amen sagen *(was ein anderer tut od. spricht)*; *onu benim kavuğuma dinlet! spött.* das kannst du deiner Großmutter erzählen!
kavuklu 1. *wer e-n Turban trägt* 2. ♀ *e-e der Hauptpersonen im Orta Oyunu.*
kavun *bot.* Zuckermelone *f.*
kavuniçi, *-ni* rötlich-gelb.
kavurga gerösteter Mais, Weizen *usw.*
kavurma 1. *Vs. zu kavurmak* 2. geröstet, gebraten, gedünstet 3. gedünstetes, konserviertes Fleisch.
kavurmaç, *-cı* Röstweizen *m.*
kavurmak 1. rösten, braten, dünsten 2. trocken werden lassen; ausdören 3. *s. kasmak.*
kavurucu 1. röstend, bratend, dünstend 2. sengend, ausdörrend *(Hitze)* 3. schneidend *(Kälte).*
kavuşma *Vs. zu kavuşmak, spez. bot.* Konjugation *f.*
kavuşmak 1. *m.Dat. j-n (endlich)* wiedersehen, treffen; schließlich erreichen, erlangen 2. *m. Dat.* münden *(in, auf)*, führen *(auf, nach)* 3. *ohne Obj.* sich treffen *od.* sich schließen *(Kleidungsstück).*
kavza[1] Gefäß *n*, Behälter *m*, Futteral *n.*
kavza[2] *bot.* Pastinake *f.*
kay, *-yyı* Erbrechen *n.*
kaya 1. Fels(en) *m* 2. ♀ *mV.*
kayağan glatt, glitschig *(z.B. Boden).*
kayağantaş *geol.* Schiefer *m.*
kayak 1. Schneeschuhe, Skier *pl.* 2. Ski·lauf, -sport *m*; ~ *evi* Skihütte *f*; ~ *sporu* Skisport *m*; ~ *yapmak* Ski laufen *(od.* fahren).
kayakçı Skiläufer(in *f*) *m.*
kayakçılık Ski·laufen, -fahren *n*, -sport *m.*
kayaklı mit Skiern ausgerüstet.
kayalık 1. Felsenriff *n* 2. Felsgeröll *n* 3. felsig; *-lar yılanı zo.* Riesenhutschlange *f.*
kayalifi, *-ni* Asbest *m.*
kayan 1. Gießbach *m* 2. reißend, wild 3. *s. kayar.*
kayar 1. gleitend; Gleit- 2. Stolleneisen *n.*
kayasa Brustzug *m (am Vorderteil des Pferdesattels)*
kayatuzu, *-nu geol.* Steinsalz *n.*
kaybetmek [x · ·] verlieren; *k-ni* ~ das Bewußtsein verlieren.
kaybolmak [x · ·] verlorengehen, abhandenkommen, verschwinden.
kaydetmek [x · ·] 1. ein·schreiben, -tragen, notieren, registrieren 2. aufnehmen; *e-r* Sache begegnen 3. verzeichnen *(z.B. Verluste)* 4. feststellen, ermitteln 5. beachten, hervorheben, betonen, Bedeutung beimessen.
kaydıhayat *in folg. Füg.*: *-la od.* ~ *suretiyle* lebenslänglich; auf Lebenszeit; *-la irat akdi jur.* Leibrentenvertrag *m.*
kaydırak 1. Ufer-, Flach·kiesel *m* 2. *Ksp.* Himmel und Hölle.
kaydırmak *Kaus. zu kaymak* (2) *a. mil.* verschieben, verlegen *(Truppen, Feuer usw.).*
kaydiye Eintragungsgebühr *f.*
kaydükabul, *-lü* [ū] *s. kayıt ve kabul.*
kaydüşart, *-tı* 1. Vorbehalt *m*, Einschränkung *f* 2. zeremonielle Vorschrift.
kaygan glitschig, glatt *(spez. Boden).*
kaygana 1. Omelett *n mit Käse, Hackfleisch o.ä.* 2. *süße* Eierspeise.
kaygı Sorge, Beunruhigung, Unruhe *f*; ~ *almak* in Sorge geraten; ~ *çekmek* beunruhigt sein; ~ *vermek* Besorgnis erregen.
kaygılanmak *s. kaygı çekmek.*
kaygılı 1. beunruhigend 2. beunruhigt.
kaygın glatt, glitschig, *leicht aus der Hand gleitend.*

kaygısız sorglos, unbesorgt.
kaygısızlık Sorglosigkeit, Unbesorgheit *f*.
kayık *kleineres* Ruder- od. Segelboot; Kaik *m*; ~ *salıncak* Schiffsschaukel *f*; ~ *tabak ovale* Speiseplatte *f*; ~ *yanaştırmak fig.* sich kehren (*an*); ~ *yarışı* Regatta *f*, Bootsrennen *n*.
kayıkçı 1. (*berufsmäßiger*) Bootsmann 2. Bootsbauer *m*.
kayıkhane [· · - ·] Bootshaus *n*.
kayım *s. kayyım*.
kayın[1] Schwager *m* (= *Bruder des Ehemannes od. der Ehefrau*); ~ *hısımlığı jur.* Schwägerschaft *f*.
kayın[2] *bot.* 1. Buche *f* 2. Birke *f*.
kayınpeder Schwiegervater *m*.
kayınvalide [· · - · ·] Schwiegermutter *f*.
kayıp, *-ybı* 1. *selt.* abwesend 2. verlorengegangen, abhandengekommen 3. vermißt 4. verschollen 5. *a. mil.* Verlust *m* 6. *s. gaip* (4); *-lara karışmak hum.* verschwinden, unsichtbar werden.
kayır Sandbank *f* (*in e-r Flußmündung*).
kayırıcı Gönner, Protektor *m*.
kayırıcılık Günstlingswirtschaft *f*.
kayırmak *m. Akk.* 1. sich *für j-n* einsetzen; sich *j-s* annehmen 2. *pej.* bevorzugt behandeln; protegieren.
kayısı *mst.* [kaysı] *bot.* Aprikose *f*; ~ *gibi* mit flüssigem Dotter (*Ei*).
kayış[1] *jeder schmale, längere Lederstreifen wie z.B.* (*Treib-, Streich-, Lauf-*)Riemen, Ledergurt, Gürtel *m*, Uhrenarmband *usw.*; ~ *gibi* 1. zäh wie Schuhsohlenleder 2. dunkel, schwarzbraun; ~ *köprüsü* Riembügel *m*.
kayış[2] 1. *Vs. zu kaymak* 2. Dirne, Hure *f* 3. Strichjunge *m* 4. Stibitzen, Klauen *n*.
kayışçı 1. Hersteller *od.* Verkäufer von *kayış*[1] 2. Langfinger, Dieb *m* 3. Gauner, Schwindler *m*.
kayışdili, *-ni* Gaunersprache *f*, Rotwelsch *n*.
kayıt[1] Holzleiste *f* (*bei Rahmen*).
kayıt[2], *-ydı* 1. Einschreibung, Eintragung, Notiz *f*, Eintrag *m*, Registrierung, Buchung *f* 2. Einschränkung, Beschränkung, Bedingung *f*, Vorbehalt *m* 3. Berücksichtigung *f* 4. Begriffsabgrenzung *f*; ~ *ücreti* Einschreibgebühr *f*; ~ *ve kabul* Einschreibung u. Aufnahme *f* (*von Schülern*); *kayda değer* (*od. şayan*) bemerkenswert, beachtlich; *kaydın terkini jur.* Löschung *f* der Eintragung; *kaydına düşmek* (*bşin*) sich in erster Linie kümmern (*um*); *kaydı ihtirazi* Vorbehaltsklausel *f*; *kaydı ihtiyatla* mit Vorbehalt.
kayıtlı 1. eingeschrieben, eingetragen, notiert, registriert, gebucht 2. mit e-r Einschränkung (*Beschränkung, Bedingung, e-m Vorbehalt*) 3. vorsichtig, behutsam (*z.B. Ausdrucksweise*).
kayıtsız 1. nicht eingeschrieben (*usw.*) 2. uneingeschränkt, bedingungslos, vorbehaltslos 3. sorglos, unbekümmert, nonchalant 4. gleichgültig, indifferent; ~ *kalmak* (*od. davranmak*) *m. Dat.* keine Notiz nehmen (*von*); ~ (*ve*) *şartsız* ohne allen Vorbehalt; bedingungslos.
kayıtsızlık 1. Unbekümmertheit, Nonchalance *f* 2. Gleichgültigkeit, Indifferenz *f*.
kayma *Vs. zu kaymak, spez.* (*Erd-*) Rutsch *m*; ~ *çerçevesi* (*od. şasisi*) Ablaufgerüst *n*; ~ *izi* Gleitspur *f*; ~ *uçuşiyle* im Gleitflug.
kaymaç, *-cı* Schlitz-; geschlitzt (*Auge*).
kaymak[1] 1. Rahm *m*, Sahne *f*, (*spez. in halbfester Form*) 2. *fig.* Beste(s) *n e-r Sache* 3. = ~ *gibi*; ~ *altı* entrahmte Milch; ~ *gibi* 1. schneeweiß 2. sehr weich 3. delikat, köstlich; ~ *taşı* 1. Alabaster *m* 2. abgeschliffener Kiesel.
kaymak[2], (*-ar*) 1. (dahin-, ab)gleiten; (aus-, ab-, weg-, ver)rutschen 2. ungewollt et. tun 3. sich davonmachen 4. (*buz bzw. kar üstünde*) Schlittschuh *bzw.* Ski laufen.
kaymakam 1. *mil.* (*bis 1934*) Oberstleutnant *m* 2. Landrat *m* 3. *va.* Stellvertreter *m*.
kaymaklı 1. mit Rahm *bzw.* Sahne 2. mittels Rahm, Sahne hergestellt; ~ *dondurma* Sahneeis *f*.
kaynaç Geysir, Geiser *m*.
kaynak 1. Quelle *f* 2. *fig.* Quelle *f*, Ursprung *m* 3. Schweißung *f od.* Schweißstelle *f* 4. Gesäß *n*; ~ *hamlacı* Schweißbrenner *m*; ~ *lâmbası* Löt-, Gebläse·lampe *f*; ~ *yapmak* 1. schweißen 2. (*üstüne*) anschweißen.

kaynakçı Schweißer *m*.
kaynakçılık 1. Tätigkeit *f* e-s Schweißers 2. Schweißen *n*, Schweißverfahren *n*.
kaynama 1. *Vs. zu kaynamak* 2. gekocht, gesotten; ~ *noktası* Siedepunkt *m*.
kaynamak 1. kochen, sieden (*intr.*) 2. sprudeln, (hervor)quellen 3. gären 4. Aufstoßen verursachen (*Magen*) 5. wimmeln 6. im geheimen vor sich gehen 7. verschmelzen, zusammenheilen (*intr.*). 8. untergehen (*Schiff*) 9. verlorengehen 10. *fig.* ins Wasser fallen.
kaynana Schwiegermutter *f*; ~ *dili bot.* breitblättriger Kaktus; ~ *zırıltısı* 1. Gezeter *n* der Schwiegermutter 2. *fig.* ewiger Zank 3. Schnarre (*Lärminstrument*).
kaynar 1. kochend, siedend, sprudelnd, wallend 2. V (*Rauch-*)Haschisch *m*; ~ *su* kochendes Wasser *n*.
kaynarca [· x ·] *kleinere* Quelle.
kaynaşma *Vs. zu kaynaşmak, spez.* Woge *f* der Erregung, Unruhe (*z.B. bei Zuhörern*).
kaynaşmak 1. *a. chem.* sich verbinden 2. *fig.* enge Freundschaft schließen 3. (durcheinander)wogen (*Menschenmenge*) 4. in großer Menge vorhanden sein; wimmeln.
kaynata [x · ·] Schwiegervater *m*.
kaynatmak 1. *Kaus. zu kaynamak* 2. F gemütlich plaudern 3. V et. Ausgeborgtes nicht zurückgeben 4. V verschwinden lassen, „abservieren" 5. schweißen.
kaypak 1. glatt, glitschig 2. *fig.* unzuverlässig 3. glänzend (*Augen*) 4. gestohlen *od.* geschmuggelt; ~ *mal* Diebesgut *n*, Schmugglerware *f*.
kayran Waldlichtung *f*.
kayser [x ·] 1. (*römischer, byzantinischer od. deutscher*) Kaiser *m* 2. ♀ *pr.* Wilhelm II.
kayşa Berg-, Erd·rutsch *m*.
kayşamak absinken, absacken (*Erdboden*).
kayşat *geol.* Geröll *n*, Schutt *m*.
kaytan (*Einfaß-*)Schnur *od.* Kordel *f*; ~ *bıyıklı* mit langem, dünnem Schnurrbart.
kaytaz 1. *zo.* Jak *m* 2. *fr.* Pferdeschmuck *m aus Jak-Haaren* 3. *s.* hotoz.
kayyetmek [x · ·] sich erbrechen, sich übergeben.
kayyım 1. unentschieden, remis, (*spez. im Scha.*) 2. *jur.* Kurator *m* 3. Moscheediener *m*.
kayyum [ū] unwandelbar (*Gott*).
kaz 1. *zo.* Gans *f* 2. *fig.* dumm; ~ *beyinli* dumm, beschränkt, einfältig; ~ *boğmak* e-n Gimpel auf den Leim locken; ♀ *Dağı n. pr.* Ida-Gebirge *n* (*bei Troja*); ~ *palazı* 1. junge Gans *f* 2. *fig.* unerfahrener Jüngling; *-ı koz anlamak* alles falsch verstehen; *anlıyor musun şimdi kazın ayağı ne olduğunu?* verstehst du jetzt endlich, worum es geht?
kaza [· -] 1. Urteil *n* 2. Gerichtsbarkeit *f* 3. Schicksal *n* 4. Unfall *m*, Unglück *n* 5. Zufall *m* 6. Nachholung *f e-r versäumten rituellen Pflicht* 7. Ausführung *f* (*z.B. Zahlung e-r Schuld*) 8. Landkreis, Distrikt *m*; ~ etm. nachholen, (*spez. versäumtes Gebet od. Fasten*); ~ *fonksiyonu* (*od. kuvveti*) *jur.* richterliche Gewalt; ~ *hakkı* Justiz *f*; ~ *sigortası* Unfallversicherung *f*; ~ *yeri* Unglücksstelle *f*.
kazaen [· - ·] *adv.* 1. infolge e-s Unfalls 2. zufällig; ~ *katil jur.* Totschlag *m*.
kazağı Kratzeisen *n* (*verschiedener Art*).
kazai [· - -] 1. durch e-n Unfall herbeigeführt 2. richterlich, gerichtlich; Justiz-; ~ *içtihat jur.* Rechtsprechung *f*; ~ *mıntaka jur.* Gerichts·bezirk, -sprengel *m*; ~ *muamele jur.* Justizakt *m*; ~ *ölüm* Unfalltod *m* ~ *tefsir jur.* richterliche Auslegung.
kazak[1] 1. Kosak(en *pl.*) *m* 2. Kasak(en *pl.*) *m*.
kazak[2] 1. Pullover *m* 2. Trikot *n e-s Jockeis.*
kazak[3] 1. ohne Bart 2. Haustyrann *m*.
kazalı [· - ·] 1. gefährlich, riskant 2. aus *soundsoviel* Landkreisen bestehend.
kazamat, *-tı mil.* 1. Kasematte *f* 2. *selt.* Bunker *m*.
kazan 1. *großer* Kessel 2. *spez.* Dampfkessel *m*.
kazanç, *-cı* Gewinn, Ertrag, Vorteil, Verdienst, Nutzen *m*; ~ *vergisi* Gewinnsteuer *f*.
kazançcı Schieber, Kriegsgewinnler *m*; Großverdiener *m*.

kazançlı 1. lukrativ, rentabel, ertragreich 2. wer große Gewinne erzielt, sich bereichert hat.
kazandırmak *Kaus. zu kazanmak, spez.* verschaffen, verhelfen.
kazandibi, *-ni* 1. *angenehm brenzlig schmeckende Süßspeise* 2. Nesthäkchen *n*.
kazanmak 1. verdienen (*Geld*) 2. gewinnen, erwerben, erringen 3. Nutzen ziehen 4. annehmen (*z.B. best. Wesen*) 5. sich *et.* zuziehen 6. erbeuten, erobern 7. sparen (*Zeit*) 8. siegen.
kazara [· - ·] [· x ·] *adv.* 1. durch Zufall 2. unglücklicherweise.
kazasker *hist.* osman. Heeresrichter *m*.
kazayağı, *-nı* 1. Haken *m* mit mehreren Spitzen 2. rötlich-gelb.
kazazede [· - · ·] verunglückt; obdachlos; schiffbrüchig *usw.*
kazboku, *-nu* von schmutzig grünlichgelber Farbe.
kazgal derber Schuh.
kazık 1. Pfahl, Pfosten, Pflock *m* 2. Brückenpfeiler, Träger *m* 3. *fr.* Hinrichtungs- *od.* Folter·pfahl *m* 4. V Schwindel, Nepp *m* 5. *was e-m aufgeschwatzt worden ist* 5. V (zu) teuer; ~ *atmak* F hereinlegen, übervorteilen; ~*ayaklı* auf Pfählen erbaut; Pfahl-; ~ *gibi* (*od. kadar*) 1. kerzengerade und stark 2. *fig.* kerngesund und kräftig (*z.B. Mensch*); ~ *kakmak* 1. e-n Pfahl (*Pfosten, Pflock*) einrammen 2. *fig.* kleben, zäh festhalten (*z.B. an e-m Posten, e-r Stellung*) 3. sich *für dauernd* ansiedeln 4. (*dünyaya*) ein hohes Alter erreichen; ewig leben; ~ *marka* 1. unverschämt teuer 2. reinste Apotheke; Nepplokal *n*.
kazıklamak 1. *fr.* durch Pfähle hinrichten *od.* foltern; pfählen 2. V neppen, hereinlegen 3. mit Pfählen abstecken; einpfählen, einpflocken 4. (*Taxifahrer*) auf Fahrgäste warten.
kazımak 1. (ab-, weg-, aus)kratzen; (ab-, weg)schaben; radieren 2. sich *an e-r Stelle* kratzen 3. (*dipten*) glatt rasieren 4. ausrotten 5. V wie ein Wasserfall *auf j-n* einreden 6. V *j-m* alles (Geld) abnehmen; *j-n* ausnehmen.
kazınmak 1. sich abschaben 2. sich kratzen 3. sich rasieren 4. alles (*Geld*) zusammenkratzen 5. *Pass. zu kazımak.*
kazıntı 1. Ab-, Heraus·gekratzte(s) *n* 2. radierte Stelle, Rasur *f*.
kazino *s. gazino.*
kâzip, *-bi* 1. lügnerisch 2. unecht, falsch, Pseudo-.
kaziye 1. *math., log.* Behauptung *f* 2. *gr.* Teilsatz *m* 3. *va.* richterliches Urteil.
kazma 1. *Vs. zu kazmak* 2. (*Spitz-*) Hacke *f* 3. Spatenstich *m* 4. (aus-) gegraben, ausgehoben *usw.*
kazmacı 1. Häuer *m* 2. *mil.* Pionier, Sappeur *m*.
kazmak, (*-ar*) 1. (aus)graben, aushöhlen, ausheben 2. ein·graben, -schneiden, -gravieren; schnitzen, ziselieren.
kazmir 1. Kaschmir *m* 2. Kaschmir-.
kazulet V häßlich wie die Nacht.
kebabetmek [ā] rösten; am Spieß braten.
kebap, *-bı* 1. Röstfleisch *n od. ähnlich zubereitete Speise* 2. geröstet, Rost-; ~ *şişi* Bratspieß *m*.
kebe *ungenähter ärmelloser* (*Mantel-*) Überwurf (*der anatolischen Schäfer*) *aus grobem Filz.*
kebet, *-di z. va.* Leber *f*; ~ *rüptürü med.* Leberriß *m*.
kebis [ī] Schalt-; *senei kebise* Schaltjahr *n*; *yevmi kebis* Schalttag *m*.
kebze 1. Schulterblatt *n* 2. Wahrsagen *n*.
keçe 1. Filz *m* 2. Filz- 3. (*Boden-*) Teppich *m* 4. *hist. weiße* Filzmütze *der Janitscharen*; ~ *külâh* Filzmütze *f* 2. *fig.* Nomade *od.* Vagabund *m* 3. *fr.* abgesetzt.
keçeleşmek 1. sich ineinander verfilzen 2. *fig.* einschlafen (*Arm, Bein*) 3. *fig.* ziemlich unempfindlich werden (*Körperteil*).
keçi 1. *zo.* Ziege *f* 2. *fig.* starrköpfig, eigensinnig; ~ *ağızlı fig.* Nimmersatt *m*; ~ *yolu* schmaler Weg; Steig *m*.
keçiboynuzu, *-nu bot.* Johannisbrot *n*; ~ *gibi* fad, geschmacklos.
keder Kummer *m*, Leid *n*, Gram *m*, Sorge *f*, Schwere(s) *n*, Trübsal *f*; ~ *çekmek* 1. Kummer und Sorge haben 2. (*weh-*)klagen; ~ *etm.* (*bşe*) *e-r Sache* nachtrauern.
kederdide [ī] leidbetroffen; schwer geprüft.

kederlenmek sich betrüben; trauern.

kedi 1. *zo.* Katze *f* 2. Katzenfell *n*; ~ *balığı zo.* Katzenhai *m*; ~ *ciğere bakar gibi* mit heißem Verlangen; *Spr.* -*ye tulum peyniri inanılmaz Rw.* man darf den Bock nicht zum Gärtner machen.

kef Schaum *m.*

kefal 1. (*balığı*) *zo.* Meeräsche *f* 2. *Sch.* Note 5 (= *genügend*) 3. V Zigarettenstummel *m.*

kefalet, -*ti* [ā] Bürgschaft, Sicherheitsleistung *f*; ~ *akçesi* Kaution *f*; ~ *etm.* (*b-ne*) bürgen (*für*); -*le tahliye jur.* vorläufige Ent-, Frei·lassung aus der Haft gegen Sicherheitsleistung.

kefaret, -*ti* [ā] Buße *f*; *a. ein entsprechendes Almosen*; ~ *yapmak* Buße tun; büßen.

kefe[1] Waagschale *f.*

kefe[2] Haarhandschuh *m* (*zum Abreiben der Pferde nach dem Striegeln*).

kefeki Zahnstein *m.*

kefen Leichentuch *n*; ~ *soyucu* Leichenfledderer *m.*

kefenci 1. wer Leichentücher herstellt *od.* verkauft 2. Leichenfledderer *m* 3. V Wucherer, Erpresser *m.*

kefenlemek 1. in das Leichentuch einhüllen (*Toten*) 2. (*Kochkunst*) in feinen Eierteig einwickeln (*z.B. Truthahn vor dem Braten*).

keferet, -*ti* 1. (*helfendes*) Mittel 2. Wirkung, Wirksamkeit *f*, Nutzen *m*; -*i budur!* P das hilft!

kefil [ī] Bürge *m*; -*e* ~ *jur.* Nachbürge *m.*

kefiye *arabisches* Kopftuch.

kefret *s. keferet.*

kehanet, -*ti* [ā] Weissagung, Prophezeiung *f*; ~ *etm.* (*od.* -*te bulunmak*) wahr-, weis-, voraus·sagen, prophezeien.

kehkeşan [ā] *astr.* Milchstraße *f.*

kehle *zo.* Laus *f.*

kehlelenmek 1. Läuse bekommen 2. sich lausen.

kehlibar, kehrüba [ā] 1. Bernstein *m* 2. Bernstein-; ~ *balı* bernsteingelber, durchsichtiger Honig.

kek, -*ki* Königskuchen *m.*

kekâ [x -] (*Ausruf des Wohlbehagens*); *Ooh* ~! nun wollen wir es uns (ein)mal recht behaglich machen!

keke stotternd.

kekelemek 1. stottern (*infolge Sprachfehler*) 2. stottern, stammeln (*infolge Erregung*).

kekeme(lik) Stottern, Stammeln *n.*

kekik *bot.* Thymian *m.*

keklik *zo.* Rebhuhn *n*; ~ *gibi* lebenslustig (*Mädchen*); ~ *palazı* junges Rebhuhn.

kekre herb, säuerlich.

kekremsi 1. herb schmeckend 2. *fig.* mit säuerlicher Miene.

kel 1. *med.* Grind *m* 2. grindköpfig 3. kahle Stelle (*auf dem Kopf*) 4. *fig.* kahl, nackt; ~ *açılmak fig.* offenkundig werden; ~ *başa şimşir tarak fig.* unangebrachter Luxus; ~ *kâhya fig.* wer überall seine Nase hineinsteckt; ~ *tavuk* ~ *horozla badaşır Spr.* gleich und gleich gesellt sich gern; -*i körü toplamak* Krethi und Plethi zusammenholen; -*in medarı olsa kendi başına olur Spr.* 1. selber essen macht fett 2. erwarte keine Hilfe von einem, der selber Hilfe benötigt!

kelâm 1. Wort *n*, Rede *f*, Ausspruch *m* 2. *phil.* Logos *m* 3. (*ilmi*) Koranwissenschaft *f.*

Kelâmıkadim [ī] Koran *m.*

kelbî 1. *va.* Hund- 2. zynisch.

kelebek 1. *zo.* Schmetterling *m* 2. *vet.* Drehkrankheit *f* (*spez. der Schafe*) 3. *techn.* Flügel- 4. *techn.* Drosselventil *n* 5. hübschgekleidetes kleines Mädchen; ~ *gözlük* Kneifer, Zwicker *m*; ~ *vida techn.* Flügelschraube *f.*

kelek 1. mit kahlen Stellen 2. ohne Haare *od.* Borsten 3. unreife Zuckermelone 4. Schlauchfloß *n.*

kelepçe [· x ·] 1. Hand·fessel, -schelle *f* 2. *techn.* Schelle *f*; ~ *vurmak* (*b-ne*) *j-m* Handschellen anlegen.

kelepir 1. Gelegenheitskauf *m* 2. sehr preiswert; -*e konmak et.* sehr preiswert erstehen.

keler *zo.* Saurier *m*, *spez.* Echse *f*, Gecko *m*, Meerengel *m.*

kelime *gr.* Wort *n*; ~ *bekelime va.* Wort für Wort; wortwörtlich; ~ *cambazlığı* Wortspielerei; ~ *haznesi* Wortschatz *m*; ~ *oyunu* Wortspiel *n*; ~ *teşkili* Wortbildung *f*; *kelimei asliye gr.* Simplex *n*; *kelimei şahadet* isl. Glaubensbekenntnis *n.*

kelle 1. *pej.* Kopf *m* 2. Zuckerhut *m* 3. ganzer Käse 4. Kopf *m* (*z.B. bei Kohl*); ~ *götürür gibi* überstürzt;

mit unangebrachter Eile; ~ *şeker* 1. Hutzucker *m* 2. Zuckerhut *m*; *-sini uçurmak* (*b-nin*) *j-m* den Kopf abschlagen; *-yi vermek* getötet werden.

kelli grindköpfig.

kellifelli ansehnlich, stattlich, imponierend (*Person*).

kellik 1. Grindköpfigkeit *f* 2. kahle Stelle.

keloğlan 1. ♀ *Name e-s Helden in türk. Märchen* 2. *Kosewort für aufgenommenes Waisenkind.*

kelp, *-bi* 1. *va.* Hund *m* 2. (*als Fluch*) du (*od.* so ein) Hund!

kem 1. übel, schlecht, böse, schlimm 2. minderwertig; ~ *akçe* Münzen *pl.* mit verringertem Feingehalt; ~ göz böser Blick.

kemal, *-li* [ā] 1. Vollkommenheit, Vorzüglichkeit *f* 2. höchster Wert *od.* Grad 3. ♀ [x·] *mV.*; *kemali muvaffakiyetle z. va.* mit größtem Erfolg.

Kemalist Kemalist(in *f*) *m*; kemalistisch; ~ *devleti* neue Türkei.

Kemalizm Kemalismus *m.*

keman [ā] 1. *va.* Bogen *m* 2. Violine, Geige *f*; ~ *çalmak* Violine spielen; geigen; ~ *köprüsü* Violinsteg *m*; ~ *yayı* Geigen-, Violin·bogen *m.*

kemancı [ā] Geigen·bauer, -händler, -spieler *m.*

kem'e *bot.* Trüffel *f.*

kemençe [· x ·] *Name e-s dreisaitigen kleinen Streichinstrumentes.*

kement, *-di* 1. Lasso *n* 2. *fig.* Riemen *m* (*für Hinrichtungen*) 3. Halfter *m od. f od. n* 4. *fig.* Haarlocke *f.*

kementlemek V ergaunern *od.* entwenden (*Geld*).

kemer 1. Gürtel *m* 2. Oberteil *e-r Hose od. Unterhose* 3. Ledergürtel *m zur Aufbewahrung von Goldstücken* 4. Bogen *m* (*z.B. Brückenbogen*), Gewölbe *n*, Wölbung, Arkade *f* 5. Aquädukt *m* 6. gebogen, Haken- (*z.B. Nase*); ~ *kalıbı arch.* Bogen-, Gewölbe·gerüst *n*; ~ *kayışı* Leibriemen *m*; ~ *patlıcanı* große, längliche Aubergine; ~ *tokası* Gürtelschnalle *f*; *-ini kasmak* (*od. sıkmak*) *fig.* den Gürtel enger schnallen (*müssen*).

kemeraltı, *-nı* 1. Arkaden, Lauben *pl.*, überwölbter Basar 2. ♀ *n.pr. Stadtteil in Ist.*

kemerlik Werkzeugbund *m.*

kemha [ā] 1. Gold- *od.* Silber·brokat *m* 2. Seidensamt *m.*

kemik 1. Knochen *m* 2. Bein-, beinern; *-ler* Gebeine *pl.*; ~ *atmak* (*b-nin önüne*) *fig. j-m* einen Knochen vorwerfen (*um ihn zum Schweigen zu bringen*); ~ *gibi* knochentrocken; steinhart; ~ *hastalığı* Rachitis *f*; ~ *iliği an.* Knochenmark *n*; ~ *kırığı* Knochenbruch *m*; ~ *yalayıcı fig.* würdeloser Schmeichler, Speichellecker *m*; *kemiğe işlemek* durch und durch gehen (*Kälte, Regen usw.*).

kemikdoku Knochengewebe *n.*

kemircik kleiner Knorpel.

kemirdek Schwanzknorpel *m.*

kemirgenler *zo.* Rodentien, Nagetiere *pl.*

kemirici 1. nagend 2. *fig.* nagend, fressend, verzehrend, wütend (*z.B. Eifersucht*).

kemirmek 1. nagen 2. ab-, durchnagen; ab-, weg·fressen 3. *fig.* langsam *in et.* eindringen und zerstören (zerfressen).

kemiyet, *-ti* Quantität *f.*

kemküm etm. herumstottern; Ausflüchte versuchen.

kemmî quantitativ; Mengen-.

kenar [ā] 1. Rand, Saum *m*, Krempe *f* 2. (*Meeres-*)Ufer *n* 3. abgelegener Ort, Winkel 4. abgelegen, entfernt 5. *math.* Seite *f* (*e-s Dreiecks*) 6. *math.* Schenkel *m* (*e-s Winkels*) 7. Rand-, Nach·bemerkung *f*; ~ *çekmek* (*od. yapmak*) säumen, umnähen; ~ *mahalle* abgelegenes Viertel, Armenviertel *n*; ~ *yerde* an e-m abgelegenen Ort; *-a çekilmek* 1. sich zurückziehen; verschwinden 2. mit nichts mehr zu tun haben wollen; *-da kalmak fig.* immer in untergeordneter Stellung tätig sein; *-da köşede* irgendwo in e-m Winkel; *Spr.* ~ *ına bak bezini al, anasına bak kızını al! etwa*: sei vorsichtig in deiner Wahl!; *bir -a çekmek* (*b-ni*) *j-n* beiseitenehmen.

kenarlı [ā] 1. mit *kenar* 2. *mel.* mit schön verziertem Rand; mit schön gesticktem Saum.

kenarsız [ā] ohne *kenar*, *spez.* 1. ungesäumt; nicht umnäht 2. unendlich.

kendi 1. selbst, selber 2. er (sie, es) 3. eigen; ~ *başına* ganz allein; auf eigene Faust; ~ *bildiğini okumak fig.* seinen eigenen Weg gehen; ~ *der-*

dine düşmek selber genug um die Ohren haben; ~ *hakkını cebren vikaye jur.* Selbsthilfe *f*; ~ *halinde* 1. zurückhaltend, reserviert 2. einfältig, naiv 3. frei, selbständig; ~ *haline bırakmak* (*b-ni*) j-n sich selbst überlassen; ~ *-ne* 1. selber, selbständig 2. auf eigene Faust 3. zu *od.* bei sich selbst 4. von selbst; ~ *kuyusunu* ~ *kazmak fig.* sich selber sein Grab graben; ~ *yağiyle kavrulmak fig.* mit den eigenen Kräften und Hilfsmitteln auskommen; *-nden geçmek* 1. seiner Sinne nicht mehr mächtig sein 2. das Bewußtsein verlieren; *-ne telkin* Autosuggestion *f*; *-ne yedirmek* (*bşi*) 1. sich *et.* gefallen lassen 2. *über et.* hinwegkommen; *-ni gülmekten almamak* sich des Lachens nicht enthalten können; *-ni göstermek* zeigen, was man kann; *-ni kaptırmak fig.* in die Zwickmühle geraten; sich festfahren; *-ni yemek fig.* sich vor Kummer verzehren; *-ni yönetim* Selbstverwaltung *f*; *-ni zorlamak* 1. sich Gewalt antun 2. sich überanstrengen, *spez.* sich überheben; *-sinden bahsettirmek* von sich reden machen; *-sini sakatlama jur.* Selbstverstümmelung *f*.

kendiliğinden 1. selbständig, eigen 2. spontan; ~ *ihkakı hak jur.* Selbsthilfe *f*; ~ *iş görme a. mil.* selbständiges Handeln; ~ *yanma* Selbstentzündung *f*.

kendilik 1. Selbst *n* 2. *phil.* Wesen *n*, Entität *f*.

kendir *bot.* Hanf *m*.

kene 1. *zo.* Zecke *f* 2. *zo.* Rüsselkäfer, Kornwurm *m* 3. *bot.* Samen *m* der Rizinusstaude; ~ *gerçek otu bot.* Rizinusstaude *f*; ~ *gibi yapışmak fig.* sich nicht abschütteln lassen.

kenef (*grober Ausdruck*) 1. Abort, Lokus, Abtritt *m* 2. schmutzig, ekelhaft.

kenegöz mit sehr kleinen Augen (*Person*).

kenet, *-di* 1. eiserne Klammer, Gerüstklammer, Krampe *f* 2. Niet *m*, Niete *f*.

kenetlemek 1. mit Klammer *od.* Krampen befestigen; verklammern, verkrampen 2. nieten.

kenevir *s. kendir.*

kent[1], *-ti selt.* Stadt, Ortschaft *f*.

kent[2], *-ti* 1. *mus.* Quinte *f* 2. Fünfer-Sequenz (*im Poker*).

kental, *-li* 1. Zentner *m* 2. Doppelzentner *m*.

kentet, *-ti mus.* Quintett *n*.

kepaze [ā] 1. lächerlich, wertlos 2. scham-, würde·los, verächtlich 3. *fr. zum Übungsschießen verwendeter* Bogen.

kepazelenmek [ā] zum Gespött der Leute werden. [*vgl. dalyan.*]

kepbastı *e-e große Art Fischnetz;*

kepçe 1. Schöpf·löffel *m*, -kelle *f* 2. Kescher *m* 3. hinterer Rundbau *e-s Schiffes*; (*bir yer*) *kazan* (*birisi*) *kepçe* in ganz ... herumlaufen.

kepçekulak mit großen, nach vorne gerichteten Ohren.

kepçeli mit *kepçe* ausgestattet; ~ *tarak techn.* Löffelbagger *m*.

kepek 1. Kleie *f* 2. (*weiße*) Kopfschuppen *pl*.

kepenek 1. *ungenähter, ärmelloser* Filzüberwurf (*der anatolischen Schäfer*) 2. *zo.* Rüsselkäfer, Kornwurm *m*.

kepenk, *-gi* (*eiserner od. hölzerner*) Rolladen (*spez. für Läden*).

kerahet, *-ti* [ā] 1. Widerlich-Sein *n* 2. Ekel, Widerwille *m*; ~ *vakti hum.* Beginn *m* des abendlichen Zechens.

keramet, *-ti* [ā] 1. Wundertat, Gnaden·wirkung, -gabe *f* 2. Geruch *m* der Heiligkeit 3. wunderbare (*und eingetroffene*) Prophezeiung; ~ *buyurdunuz* Sie haben et. Wunderbares getan, *d. h.* 1. *fr.* (*schmeichlerische Redensart*) 2. *mst. iron.* Sie haben ja sehr klug geredet; ~ *gibi* überaus treffend; ~ *göstermek* Wunder vollbringen.

kerametli [ā] im Geruch der Heiligkeit stehend; hochangesehen.

kerata 1. *urspr.* Hahnrei *m*, gehörnter Ehemann 2. *Schi.* Bursche, Kerl, Schurke, Schuft *m* 3. Schuh·anzieher, -löffel *m* 4. F Schlingel *m*.

kere Mal *n*; *iki* ~ *okudum* ich habe es zweimal gelesen; *üç* ~ *beş* dreimal fünf.

kereste [· x ·] 1. Bau-, Schnitt·holz *n* 2. V dumm, blöd, plump, ungeschlacht; Bauernlümmel *m* 3. Material und Zubehör *n*, *spez. für die Herstellung von Schuhen*; Schuhmacherbedarf *m*.

keresteli [· x ·] P hünenhaft gebaut; vierschrötig.

kerevet, *-ti* 1. Pritsche *f*, Holzgestell *n* (*für Matratzen od. Kissen*) 2. Bretterbühne *f* (*z.B. für Musikanten*) 3. (*Pflanzen-*)Spalier *n*.
kerevides [· · x ·], **kerevit,** *-di zo.* Flußkrebs *m*.
kereviz 1. *bot.* Sellerie *f* 2. *Sch. Anrede der Schüler untereinander.*
kerez V Aufnahme und Bewirtung *f* von Gästen.
kerhane [ā] Bordell *n*.
kerhaneci [ā] 1. Bordellwirt(in *f*) *m* 2. *Schi. etwa:* Schweinehund *m*.
kerhen [x ·] *adv.* 1. nur gezwungenermaßen; unfreiwillig 2. mit Widerwillen.
kerih [ī] widerwärtig, ekelhaft, abscheulich.
kerim [ī] 1. gnädig, gütig, großmütig 2. ♀ [x ·] *mV*.
kerime [ī] *z. va.* Tochter *f*; *-niz hanım* 1. Ihr Fräulein Tochter 2. Ihre Frau Tochter.
keriz 1. *s.a. geriz* 2. V Glücksspiel *n* 3. V Neuling *m* im Glücksspiel; Gimpel *m*.
kerkenez *zo.* Schmutzgeier *m*.
kerki große Axt.
kerliferli *s. kellifelli.*
kermes 1. Jahrmarkt *m* 2. Volksfest *n*.
kerpeten Beiß-, Kneif·zange *f*.
kerpiç, *-ci* 1 Luftziegel *m* 2. aus Luftziegeln hergestellt; *~ kesilmek* 1. steinhart werden 2. *fig.* wie versteinert dastehen 3. *fig.* sich zu Tode schämen.
kerrake [ā] *fr. leichter, mantelartiger* wollener Überwurf, *nur noch in der Füg.: şimdi anlaşıldı Vehbi'nin kerrakesi!* jetzt ist die Katze aus dem Sack!
kerre 1. Klammer, Parenthese *f* 2. *s. kere.*
kertan V brenzlig, mies, faul (*Lage*).
kerte 1. Kerbzeichen *n* 2. Stufe *f*, Grad *m*, Stadium *n* 3. Strich *m* (*auf Schiffskompaß od. Windrose*) 4. *naut.* Lage, Richtung, Höhe *f* 5. Entwässerungsgraben *m* 6. günstige Lage, geeigneter Augenblick; *-si -sine* genau im richtigen Augenblick; *-sine getirmek* den geeigneten Augenblick *für et.* finden.
kertele Kerbholz *n*.
kertenkele [· x · ·] *zo.* Eidechse *f*.
kerteriz *naut.* Peilung, Richtungs- *od.* Lage·bestimmung *f*.
kertik 1. Kerbe *f*, Einschnitt *m* 2. Scharte *f* 3. (ein)gekerbt 4. schartig.
kertmek, (-er) *m. Akk.* 1. kerben, Einschnitte machen 2. scharf reiben; scheuern (*an et.*).
kervan Karawane *f*; *-a katılmak fig.* sich dem großen Haufen anschließen.
kervanbaşı Karawanenführer *m*.
kervancı wer e-e Karawane ausrüstet *od.* sie führt.
Kervankıran *n.pr.* Venus *f*, Morgenstern *m*.
kervansaray Karawanserei *f*.
kesafet, *-ti* [ā] 1. Dichte *f* 2. *chem.* Konzentrierung *f* 3. Intensität *f* (*e-r Tätigkeit*) 4. spezifisches Gewicht.
kesat, *-dı* [ā], **kesatlık** Geschäftsstille, Flaute, Stagnation *f*.
kesbetmek [x · ·] erwerben, erlangen, gewinnen (*Bedeutung, Berühmtheit usw.*).
kese[1] 1. Beutel *m* Säckchen, Täschchen, Futteral *n* 2. *spez.* Geldbeutel *m* 3. Frottierhandschuh *m* (*aus Ziegenhaar*) 4. *fr.* Beutel *m* Gold (*Werteinheit 500 Kurusch*) 5. *fig.* eigene Tasche, finanzielle Lage 6. *med.* Zyste *f*; *~ kâğıdı* Papiertüte *f*; *~ sürmek* mit dem Frottierhandschuh reiben; *-den eklemek* aus eigenen Mitteln zusetzen; *-nin ağzını açmak* in den Beutel greifen; *-sine güvenmek* sich *et.* leisten können; *-sine hiçbir şey girmemek* keinen praktischen Vorteil *von et.* haben.
kese[2] abschneidend; Verkürzungs-; *~ yol* Abkürzungsweg *m*.
kesedar [ā] 1. *fr.* Schatzmeister, Zahlmeister *m* (*e-r größeren Behörde*) 2. *fr.* Intendant, Verwalter *m* (*e-s großen Haushaltes*) 3. wer *bei e-r Lastträgergruppe* den Tagesverdienst einsammelt; *~ efendi razı olmaz hum.* ich kann mir das (*finanziell*) nicht leisten.
kesek 1. Erd·scholle *f*, -klumpen *m* 2. ausgehobenes Rasenstück.
keselemek mit dem Frottierhandschuh reiben.
keselenmek 1. zu e-m Beutel (*Säckchen usw.*) werden 2. mit e-m Beutel *usw.* ausgestattet werden 3. *fr.* sich auf 500 Kurusch belaufen 4. *Refl. od. Pass. zu keselemek.*
keseliler *zo.* Beuteltiere *pl*.
kesen *geom.* Sekante *f*.

kesenek *fr.* Steuerpachtung *f.*
kesenkes P entschieden, endgültig, definitiv, kategorisch.
keser Breit-, Quer·beil *n*, Krummhaue *f*, Dechsel *m od. f.*
kesici 1. ab-, durch·schneidend *usw.* (*s. kesmek*) 2. Viehschlächter *m*; ~ *dişler* Schneidezähne *pl.*; ~ *ve batıcı aletler* Hieb- und Stichwaffen *pl.*
kesif [i] 1. dicht, gedrängt, kompakt 2. *chem.* konzentriert 3. intensiv, rege (*z.B. Tätigkeit*).
kesik 1. (an)geschnitten, beschnitten, verstümmelt 2. abgeschnitten, unterbrochen (*z.B. Verkehr*) 3. sauergeworden (*z.B. Milch*) 4. müde, kraftlos 5. Schnitt *m*, -wunde *f* 6. Magermilchkäse *m*; ~ ~ abgehackt (*z.B. reden*), stoßweise (*z.B. lachen*), zeitweilig, gelegentlich; ~ *koni math.* Kegelstumpf *m.*
kesikli zeitweise unterbrochen: 1. *math.* unstetig 2. *phys. phil.* diskontinuierlich 3. *meteor.* intermittierend, aussetzend.
kesiksiz ununterbrochen: 1. *math.* stetig 2. *phys.* kontinuierlich.
kesilme *Vs. zu kesilmek, spez. jur.* Abbruch *m* (*von Besprechungen od. Beziehungen*).
kesilmek 1. *Pass. od. Refl. zu kesmek* 2. plötzlich erlahmen 3. werden (*zu, wie*) 4. sauer werden (*Milch usw.*) 5. *m. Abl.* nicht mehr haben 6. *m. Abl.* nicht mehr tun können 7. aufhören (*z.B. Regen*) 8. *m. Dat.* V ganz begeistert sein (*von*) 9. V ausgeben (*Geld*).
kesim 1. Ende *n*, Schluß *m* 2. *s. kesenek* 3. erreichte Linie 4. *a. mil.* Abschnitt *m.*
kesin 1. fest, endgültig, unanfechtbar, entscheidend 2. *log.* kategorisch; ~ *bilgi* Gewißheit, Sicherheit *f*, sicheres Wissen.
kesinti 1. Unterbrechung, Stockung *f* 2. (*Gehalts-*)Abzug *m*, Kürzung *f* (*von Geldern*) 3. Span, Schnitzel *m*; *-ye almak* (*b-ni*) sich heimlich *über j-n* lustig machen.
kesintisiz 1. ohne Abzug 2. steuerfrei.
kesir, *-sri* 1. (*Zer-*)Brechen *n* 2. *med.* (*Knochen-*)Bruch *m*, Fraktur *f* 3. *math.* Bruch *m*; ~ *sayıları gr.* Bruchzahlwörter *pl.*
kesirli 1. mit einem Bruch; gebrochen 2. Bruch-, Teil-, Klein-; ~ *para* Kleingeld *n*, Scheidemünzen *pl.*
kesişmek 1. sich gegenseitig schneiden 2. handelseinig werden.
kesit *math.* Schnitt *m.*
keski 1. Handbeil *n* 2. Meißel *m*, Stemmeisen *n* 3. Zwickzange *f.*
keskin 1. gut schneidend, scharf 2. *fig.* scharf (*Essig, Kälte, Auge, Verstand*) 3. hart, streng, heftig; ~ *nişancı* Scharfschütze *m*; *Spr.* ~ *sirke kabına zarardır* (*od. zarar eder*) allzu scharf macht schartig.
kesme 1. *Vs. zu kesmek* 2. (*Zu-*) Schnitt *m* 3. Blechschere *f* 4. Felsboden *m* 5. *math.* Kreissektor *m* 6. würfel·förmig, -ähnlich 7. fest (-gesetzt) 8. einzelnes Lokum-Stückchen; ~ *almak* F in die Wange kneifen; ~ *fiyat* Festpreis *m*; ~ *hamlacı techn.* Schneidbrenner *m*; ~ *işareti* Unterbrechungszeichen *n* (*in der türk. Orthographie*); ~ *kaya* Felsboden *m*, tragfähiger Boden; ~ *noktalar* Auslassungspunkte *pl.*; ~ *şeker* Würfelzucker *m.*
kesmek, (-er) 1. (durch-, zu-, zer-) schneiden 2. abschneiden, abtrennen 3. fällen (*Baum*), hacken, spalten, sägen (*Holz*) 4. sich (*z.B. in den Finger*) schneiden 5. beschneiden, stutzen (*z.B. Flügel*) 6. anschneiden (*z.B. Wurst*) 7. umbringen, töten, *a.* überfahren 8. schlachten (*Tier*) 9. ab-, unter·brechen; ausschalten (*z.B. Radio*), abstellen (*z.B. Wasser*), wegnehmen (*z.B. Gas bei Kfz.*), abstoppen (*z.B. Fb.*) 10. festsetzen 11. einbehalten (*z.B. Teil des Gehalts*) 12. prägen (*Münzen*), drucken (*Banknoten*) 13. verringern 14. abheben (*im Ka.*) 15. entwöhnen (*Säugling*) 16. erlassen (*z.B. Steckbrief*) 17. V renommieren 18. V *j-n* ausnehmen (*im Spiel*) 19. *e-m Fahrgast* zu viel Geld abnehmen (*Taxifahrer*) *kesip* (*od. kestirip*) *atmak* 1. mit Stumpf und Stiel vertilgen 2. kurzerhand entscheiden; endgültig regeln; *kesip biçmek* 1. zerschneiden 2. *fig.* wohl überlegt vorgehen (*handeln*); *kestiği tırnak olamamak* (*b-nin*) sich nicht im entferntesten messen können (*mit*).
kesmelik Steinbruch *m.*

kesmez nicht schneidend; stumpf.
keson Senkkasten *m*.
kesp, *-bi* Erwerben, Erlangen *n*.
kesret, *-ti* Vielzahl *f*, große Menge, Fülle *f*, Übermaß *n*; *kesreti ilâh mesleği* Polytheismus *m*.
kesretli in großer Menge; reichlich.
kestane [ā] 1. *bot*. Kastanie *f* 2. kastanien-braun; ~ *at* Goldfuchs *m*; ~ *fişeği* Knallerbse *f*; ~*kebabı* geröstete Kastanien *pl*.
kestaneci [ā] (*fliegender*) Maronenhändler.
kestanecik [ā] *med*. Vorsteherdrüse, Prostata *f*.
kestanelik [ā] Kastanienwäldchen *n*.
kestirme 1. *Vs. zu kestirmek* 2. Abkürzungs- 3. abrupt, abschließend (*z.B. Antwort*); ~ *aleti* Peilgerät *n*; ~ *yol* Abkürzungsweg *m*; *-den gitmek* keine Umschweife machen.
kestirmek 1. *Kaus. zu kesmek* 2. herausfinden, entdecken 3. (*uyku*) ein Schläfchen halten 4. voraussehen, vorherwissen 5. *mil*. peilen, anschneiden.
keş 1. Magermilchkäse *m* 2. V dumm, blöd; ~ *etm*. V blamieren, bloßstellen.
keşan 1. Kettenhalfter *n* 2. (*Ketten-*) Fußfessel *f*.
keşfetmek [x · ·] 1. entdecken 2. erraten 3. voraussehen, vorausberechnen 4. *a. mil*. erforschen, erkunden, aufklären, rekognoszieren.
keşide [ī] 1. (*Lotterie-*)Ziehung *f* 2. *z. va*. Ausstellung *f* (*e-s Wechsels usw.*) 3. längerer Schriftzug (*in der alten Schrift*); ~ *etm*. 1. ziehen (*Lotterie*) 2. *z. va*. ausstellen (*Wechsel, Scheck usw.*).
keşif, *-şfi* 1. Entdeckung *f* 2. Voranschlag, Kostenvoranschlag *m* 3. *a. mil*. Erforschung, Erkundung, Aufklärung, Rekognoszierung *f*; ~ *uçağı mil*. Aufklärungsflugzeug *n*, Aufklärer *m*; ~*ve muayene jur*. gerichtlicher Augenschein, Ortsbesichtigung *f*; *keşfi taarruzi mil*. gewaltsame Erkundung; Rekognoszierungsgefecht *n*.
keşifname [ā] schriftlicher Kostenanschlag; Lastenheft *n*.
keşiş 1. Pope, niederer Geistlicher 2. Mönch *m*; ♀ *Dağı fr. Name des Uludağ* (*bei Brussa*) Bithynischer Olymp.
keşişhane [ā] Kloster *n*.
keşişleme 1. Südostwind *m* 2. *naut*. Südosten *m*.
keşke, keşki [x ·] wenn doch ...; wäre (hätte) doch ...
keşkül 1. *fr*. Bettlerschale *f* 2. *Name e-r Milch-Süßspeise*.
keşlemek 1. *selt*. dumm werden 2. V nicht beachten; links liegen lassen.
keşmekeş wüstes Durcheinander; allgemeine Ratlosigkeit.
keşşaf [ā] 1. *mil*. Aufklärer, Erkunder *m* 2. *fr*. Pfadfinder *m*.
ket[1] = *nişasta*.
ket[2] *in der Füg*.: ~ *vurmak* (*m. Dat*). beeinträchtigen, behindern, erschweren, inhibieren.
keten 1. *bot*. Flachs, Lein *m* 2. Leinen, Linnen *n* 3. leinen, linnen; ~ *bezi* Leinenstoff *m*, Leinwand *f*, Segeltuch *n*; ~ *kuşu zo*. Hänfling *m*; ~ *üstüpüsü* (*Hanf-*)Werg *n*; ~ *yağı* Leinöl *n*.
ketim, *-tmi* Verbergen, Verstecken *n*.
ketmetmek [x · ·] verbergen, verstecken, verhehlen, verschweigen.
ketum [ū] verschwiegen, diskret.
ketumiyet, *-ti* [ū] Verschwiegenheit, Diskretion *f*; ~ *göstermek* Stillschweigen bewahren.
kevgir Schaumlöffel *m*.
kevkep, *-bi va*. Stern *m*, Gestirn *n*.
kevser *isl. Myth. Name e-r Paradiesquelle*; ~ *gibi* köstlich; wie Nektar.
key, *-yyi med*. Ausbrennen, Kauterisieren *n*.
keyfemayeşa [ā, ā] *z. va*. ganz nach Belieben; willkürlich.
keyfî 1. willkürlich; Willkür- 2. qualitativ; ~ *hareket* willkürliches Vorgehen; ~ *muamele jur*. Willkürakt *m*.
keyfiyet, *-ti* 1. Qualität *f* 2. Sachverhalt *m* 3. Tatsache *f* 4. Vorgang *m* 5. Modalität *f*; ... *inkâr edilemez bir -tir* ... ... ist e-e unbestreitbare Tatsache; ~ *zarfı gr*. Adverb *n* der Art und Weise; *keyfiyeti hal* nähere Umstände *pl*.
keyif, *-yfi* 1. Wohlbehagen *n*, Stimmung *f*, gute Laune 2. Vergnügen, Amüsement *n*; *mel*. Frohlichkeit *f*, Frohsinn *m* 3. Rausch *m*, Ausgelassenheit *f* 4. Willkür *f* 5. Gesundheit *f*, Befinden *n* 6. leicht beschwipst; angeheitert; ~ *çatmak*

fröhliche Stunden genießen; ~ *halinde* angeheitert, beschwipst; ~*sürmek* e-e schöne Zeit durchmachen; *keyfi bozuldu* (*od. kaçtı*) 1. es hat ihm die Laune verdorben 2. er fühlt sich nicht wohl; *keyfi gelmek* in Stimmung kommen; *keyfi sıra* willkürlich; *keyfine gitmek* (*kendi*) sich amüsieren wollen.

keyifli 1. ausgelassen, fröhlich 2. behaglich, angenehm 3. beschwipst 4. berauschend.

keyifsiz 1. mißgestimmt, verstimmt 2. nicht ganz auf dem Posten; unpäßlich.

keyyetmek [x · ·] *med.* ausbrennen, kauterisieren.

keza [x -], **kezalik** [· x ·] [ā] ebenso, ebenfalls, desgleichen.

kezzap, *-bı* [ā] 1. Scheidewasser *n*, Salpetersäure *f* 2. *ab.* Salzsäure *f.*

kıbale [ā] Geburtshilfe *f.*

kıble 1. Richtung *f* nach Mekka (*während des Gebets*) 2. Südwind *m.*

Kıbrıs (*Adası*) *n. pr.* Zypern; ~ *elması geschliffener* Bergkristall.

Kıbrıslı 1. aus Zypern stammend, zyprisch, zypriotisch 2. Zyprer(in *f*) *m*, Zypriot(in *f*) *m.*

kıç, *-çı* 1. hinterer *od.* letzter Teil *von et.*; Ende *s.* 2. P Gesäß *n*, Hinterteil *m*, Popo *m* 3. P Bein *n*, Fuß *m* 4. Heck *n*; ~ *atmak* 1. nach hinten ausschlagen (*Pferd*) 2. *fig.* sehr begehren; vor Begierde brennen; ~ *güverte* Achterdeck *n*; ~ *üstü oturmak* F hilflos dasitzen; *-ına kına koymak* P schadenfroh sein; frohlocken; *-ının kılları ağarmış* (*verächtlich*) er ist ein richtiger Tapergreis.

kıçın kıçın rückwärts, zurück.

kıdem 1. Alter *n* 2. Dienstalter *n* 3. Vorrang *m.*

kıdemli 1. in *e-m best.* Dienstalter stehend 2. von höherem Dienstalter; ~ *onbaşı mil.* Ober-, Stabs·gefreite(r) *m.*

kığ *od.* **kığı** Schaf-, Ziegen-, Kamelmist *m.*

kıh[1] (*Ki.*) 1. schmutzig, unsauber 2. Schmutz, Dreck *m.*

kıh[2] **kıh** *Lm. des Lachens* hihi!

kıhıf, *-hfı* Schädel *m.*

kıkır kıkır kichernd.

kıkırdak 1. *an.* Knorpel *m* 2. *s. kakırdak.*

kıkırdakdoku *an.* Knorpelgewebe *n.*

kıkırdamak 1. kichern 2. V abkratzen, sterben.

kıkırtı Kichern, Gekicher *n.*

kıl 1. einzelnes Haar; Borste *f* 2. Körperhaare *pl.* 3. Ziegenhaare *pl.*; Ziegenfell *n* 4. aus Ziegenfell hergestellt; ~ *çekmek* V schmeicheln, kriechen; ~ *çuval* Haarsack *m*; ~ *kaldı* beinahe; ~ *şaşmadan* ohne auch nur um Haaresbreite davon abzuweichen; *-dan nem kapmak fig.* überempfindlich sein; *-ı kırk yarmak fig.* eingehend studieren, untersuchen *od.* überlegen; *-ını kıpırdatmamak* keine Miene verziehen.

kılağı Schärfe *f*, Feinschliff *m*; ~ *vermek* schärfen, abziehen (*z.B. Rasiermesser*).

kılaptan 1. vergoldeter Kupferdraht 2. Gold·litze *f*, -besatz *m*, -borte *f.*

kılav *vet.* Drehkrankheit *f.*

kılavuz 1. Führer *m* (*P. od. S.*) 2. Fremdenführer *m* 3. Lotse *m* 4. Heiratsvermittler(in *f*) *m* 5. Stollen *m* (*im Bergwerk*) 6. Gewindebohrer *m* 7. *techn.* Führung *f*; Führungsschiene, -nadel *f usw.* 8. Leittier *n*; ~ *açmak* ein Gewinde schneiden; ~ *balığı zo.* Lotsen-, Pilot·fisch *m*; ~ *vida mili techn.* Leitspindel *f.*

kılburun schmale (*ins Meer vorspringende*) Landzunge.

kılcal Haar-, Kapillar-; ~ *boru* Haarröhrchen *n*, Kapillare *f.*

kılçık 1. (*Fisch-*)Gräte *f* 2. Granne *f* 3. *ein best. Ringergriff.*

kılefte V (*Taschen-*)Diebstahl *m.*

kılıbık Pantoffelheld *m.*

kılıcına seitlich, hochkant.

kılıç, *-cı* 1. Säbel *m*, Schwert *n*, Degen *m* 2. *fr.* Lehen *n* 3. Pflugschar *f* 4. Schwertstreich *m*; ~ *açmak* 1. ein Schwert reinigen 2. ein Schwert schmieden; ~ *atmak* mit dem Schwert dreinschlagen; ~ *balığı zo.* Schwertfisch *m*; ~ *kuşanmak* das Schwert umgürten; ~ *oynatmak fig.* despotisch regieren; *kılıca dayanmak* 1 sich auf das Schwert stützen 2. sich ins Schwert stürzen 3. *fig.* mit dem Säbel rasseln; *kılıçtan geçmek* niedergemetzelt werden.

kılıçbacak säbel-, krumm·beinig.

kılıççı 1. Schwertfeger *m* 2. guter Fechter.

kılıçlama *adv.* 1. = *kılıcına* 2. quer umgehängt; schräg über die Schulter gehängt.
kılıf Etui, Futteral *n*, Hülle *f*, Überzug, Bezug *m*; Mantel *m* (*z.B. e-s Kabels*).
kılık 1. Kleidung *f* 2. Art, Form *f* 3. *phil.* Gestalt *f*; ~ *kıyafet düşkünü* ärmlich gekleidet.
kılıklı 1. *in e-r best. Art* gekleidet 2. *pr.* gut gekleidet; ~ *kıyafetli* von ansehnlichem Äußeren.
kılıksız schäbig gekleidet; zerlumpt.
kılkıran Haar·ausfall, -schwund *m*.
kıllanmak Haare bekommen; sich behaaren.
kıllı behaart, haarig, mit vielen Haaren; ~ *bebek fig.* kindischer Mensch, großer Kindskopf.
kılmak, (*-ar*) *Hv. in der gleichen Bedeutung wie* etmek, *jedoch nur gel. verwendet.*
kımılda(n)mak sich bewegen, sich rühren, sich regen.
kımıldatmak *Kaus. zu kımıldamak* bewegen, rühren, regen.
kın 1. Futteral, Etui *n* (*für ein Messer*), Scheide *f* (*für Schwert, Dolch usw.*) 2. *bot.* Spatha *f*.
kına Henna *f* (*rotgelber Farbstoff*). ~ *ağacı bot.* Hennastrauch *m*; ~ *koymak* (*od. vurmak od. yakmak*) mit Henna färben; *-lar yakmak* (*sevincinden*) *fig.* rein närrisch vor Freude sein.
kınakına [· · x ·] China-, Fieberrinde *f*; ~ *çiçeği* Chininsulfat *n*.
kınalamak mit Henna färben.
kınamak tadeln, rügen, kritisieren.
kınnap, *-bı* 1. Bindfaden *m*, Schnur *f* 2. Hanfzwirn *m*.
kıpık halbgeschlossen (*Auge*).
kıpırda(n)mak sich *et.* bewegen, sich rühren, sich regen.
kıpırdatmak bewegen, regen, rühren.
kıpırtısız *fig.* fügsam, willig, brav.
kıpkırmızı [x · · ·] ganz rot, leuchtend rot, brand-, knall·rot.
kıpkızıl 1. feuerrot, glühend rot 2. *fig.* vollkommen kommunistisch eingestellt 3. *fig.* furchtbar, entsetzlich.
kıpmak, (*-ar*) mit den Augen zwinkern; zuzwinkern.
kır[1] grau; ~ *düşmek* (*saçına, sakalına*) allmählich grau werden (*Haar, Bart*).
kır[2] *freies, unbebautes* Feld (*außerhalb e-r Ortschaft*); ~ *âlemi* Vergnügen *n* im Freien; ~ *koşusu* Geländelauf *m*; ~ *sansarı zo.* Iltis *m*; ~ *yemeği* Picknick *n*.
kıraat, *-ti urspr.* [· - ·] 1. Lesen, Rezitieren *n* 2. Koranlesart *f* 3. Lesebuch *n* 4. Lesung *f* (*im Parlament*); ~ *etm.* (vor)lesen, rezitieren.
kıraathane [· · · - ·] Kaffeehaus, Café *n*.
kıracak Nußknacker *m*.
kıraç unbebaut, unbestellt, unfruchtbar (*Boden*).
kırağı Reif *m*; ~ *yağmış* es ist Reif gefallen.
kıral 1. König *m* (*a. fig.*) 2. *fig.* Meister *m* (*in e-r Kunstfertigkeit*); ~ *naibi* 1. Reichsverweser *m* 2. Prinzregent, Regent *m*; *-dan fazla kıral taraftarı fig.* päpstlicher als der Papst.
kıralcı 1. royalistisch; Royalist(in *f*) *m* 2. monarchistisch; Monarchist(in *f*) *m*.
kıraliçe [· x · ·] Königin *f* (*a. fig.*).
kıraliyet, *-ti,* **kırallık** 1. Königswürde *f* 2. Königtum *n*; *gel. a.* Monarchie *f* 3. Königreich *n*; ~ *meclisi* Kronrat *m*.
kıran 1. *Part. Präs. zu kırmak* 2. Seuche, Epidemie *f*; Schwund *m*.
kıranta [· x ·] leicht angegrauter Mann *in mittleren Jahren.*
kırat, *-tı* 1. Karat *n* 2. *fig.* Qualität *f*, Wert *m*, Niveau *n*.
kırba 1. Wasserbehälter *m* (*aus Tierhaut*) 2. P Wassersucht *f*; ~ *olm.* P Wassersucht (*od.* Rachitis) haben.
kırbaç,- *cı* (*Reit-, Klopf-*)Peitsche, Geißel, Knute *f*; ~ *darbesi* Peitschen·hieb, -schlag *m*; ~ *vurmak* peitschen; ~ *yemek* gepeitscht werden.
kırcın Vieh·seuche *f*, -sterben *n*.
kırçıl graumeliert (*P.*).
kırçoz V = *kıranta.*
kırgın 1. gekränkt, verletzt 2. (*b-ne*) böse (*auf*), ärgerlich (*über*) 3. *selt.* gebrochen 4. *selt.* lauwarm (*Wasser*).
kırgınlık 1. Gekränktsein *n* 2. körperliches Unwohlsein.
kırıcı 1. wer bricht, zerbricht *usw.* (*s. kırmak*) 2. Falzer *m* (*in der Buchbinderei*) 3. hart spielend (*z.B. Fußballspieler*).

kırık 1. ge-, zer·brochen, zerschlagen, kaputt 2. nicht reinrassig 3. Bruchstück *n* 4. Bruch, Knick *m* 5. Knochenbruch *m* 6. Bruchstelle *f* 7. Zerkleinerte(s) *n* 8. schlecht, ungenügend (*Schulnote*) 9. Hausfreund, Cicisbeo *m* 10. V Junge, Bursche *m*; ~ *dökük* 1. nicht ordentlich gemacht; recht minderwertig 2. zusammenhang(s)los (*z.B. Rede*) 3. altes Zeug, Trödel, Plunder *m*; ~ *tahtası med.* Schiene, Schindel *f*.

kırıkçı *s. çıkıkçı*.

kırıklık 1. Gebrochensein *n* 2. leichte Unpäßlichkeit.

kırılacak zerbrechlich.

kırılgan 1. leicht zerbrechlich 2. *fig.* empfindlich, reizbar, übelnehmerisch.

kırılmak 1. *Pass. zu kırmak* 2. sich gekränkt fühlen 3. (*b-ne*) böse sein (*auf*) 4. *phys.* gebrochen werden (*Licht*) 5. zugrundegehen, umkommen; *kırılıp dökülmek* 1. *j-m* um den Bart gehen 2. Avancen machen (*Frau, Mädchen*)

Kırım *n. pr.* Krim *f*.

kırıntı 1. Krümchen *n*, Krümel, Brösel *m* (*n*) 2. Rest *m*, Überbleibsel *n*, Trümmer *pl.* 3. V Haschisch-Krümel *pl.*

kırışık 1. faltig, runzelig, zerknittert 2. Falte, Runzel *f*.

kırışmak 1. faltig, runzelig werden; 2. *fig.* sich gegenseitig kränken 3. gegenseitig zerbrechen (*z.B. Eier bei best. Ksp.*) 4. (*b-le*) e-e Wette eingehen (*mit*) 5. (*b-le*) sich *mit j-m über eine prozentuale Gewinnbeteiligung* einigen.

kırıtkan kokett.

kırıtmak sich kokett benehmen; kokettieren.

kırk, -*kı* 1. vierzig 2. Vierzig *f* (*Zahl*) 3. sehr viel; zahllos; ~ *bir kere maşallah!* unberufen, toi, toi, toi! ~ *haramiler* die vierzig Räuber (*in 1001 Nacht*); ~ *para* 40 Para = 1 Kurusch; ~ *paraya dokuz taklak atar* (*spött.*) für Geld tut er alles; ~ *yıl fig.* ewig und drei Tage lang; ~ *yılda bir fig.* alle Schaltjahr einmal; sehr selten.

kırkambar 1. *fig.* reinstes Museum, ganze Ausstellung 2. *in allen möglichen Dingen* gut beschlagen 3. *naut.* Stückgüter *pl.*

kırkayak *zo.* 1. Tausendfüßler *m* 2. Filzlaus *f*.

kırkbayır Blättermagen *m* (*der Wiederkäuer*).

kırkı Schafschere *f*.

kırkım Zeit *f* der Schaf- und Ziegen·schur.

kırkmak, (-*ar*) 1. die Spitzen *od.* Ränder von *et.* wegschneiden; be-, zu·schneiden 2. scheren (*Schafe, Ziegen*).

kırkmerdiven *fig.* steile Anhöhe.

kırlağan 1. Seuche, Epidemie *f* 2. Pest *f*.

kırlangıç, -*cı* 1. *zo.* Schwalbe *f* 2. *fig.* herumziehender Quacksalber 3. *hist.* kleines, wendiges Schiff (*in frühosm. Zeit*); ~ *balığı zo.* roter Knurrhahn; ~ *kuyruğu* Holzverzinkung *f*.

kırlangıçdönümü, -*nü* erste Oktobertage *pl.*

kırlı *Name e-r kleineren Wiedehopfart.*

kırma 1. *Vs. zu kırmak* 2. Plissee-, Falten·streifen *m*, Quetschfalte *f* 3. Graupen *pl.* 4. durch e-n Knick in der Mitte zu öffnen; Klapp- 5. gekreuzt (*mit*) 6. *zo.* Rotbrasse *m* 7. gesalzene Pferdemakrele 8. *best. Schreibart in der ar. Schrift.*

kırmak, (-*ar*) 1. (zer)brechen, zerschlagen, zerschmettern, zertrümmern, kaputt machen 2. grob mahlen 3. hacken, spalten (*Holz*) 4. knicken, falten, falzen 5. brechen (*z.B. Widerstand*), benehmen (*z.B. die Lust*) 6. dahinraffen, töten, vernichten 7. zurückschlagen (*z.B. Angriff*) 8. Abbruch tun (*z.B. der Ehre*) 9. drücken (*Preis*) 10. diskontieren 11. kränken 12. schlagen (*z.B. gegnerischen Stein im Tricktrackspiel*) 12. (*para*) viel Geld verdienen 13. wenden, drehen, steuern 14. (*numarayı*) e-e schlechte Note geben 15. V abhauen, türmen 16. (*mezatta bşi*) den Zuschlag erhalten (*für*); *kırıp geçirmek* 1. schwere Verluste verursachen 2. zerstören 3. tyrannisieren.

kırmızı 1. (*blut*-)rot 2. rote Gesichtsschminke; ~ *taraf mil.* rote Partei (*im Manöver*); ~ *turp* Radies·chen *n*.

kırmızımsı, kırmızımtırak rötlich.

kırpık geschoren (*z.B. Schafe*) 2. gestutzt (*Schnurrbart*).

kırpıntı Abfälle, Schnipfel *pl.*, (*Papier-*)Schnitzel *pl.*, (*Stoff-*) Reste *pl.*
kırpmak, (*-ar*) 1. die Spitzen *od.* Ränder *von et.* wegschneiden 2. (*göz*) mit den Augen zuzwinkern 3. scheren (*Schafe, Ziegen*).
kırtasiye [ā] 1. Schreibwaren *pl.* 2. Bürobedarfskosten *pl.*
kırtasiyeci [ā] 1. Schreibwarenhändler *m* 2. Bürokrat *m.*
kırtasiyecilik [ā] 1. Schreibwarenhandel *m* 2. Bürokratie *f*, Bürokratismus *m.*
kırtipil V armselig, erbärmlich, schäbig.
kıs kıs gülmek leise vor sich hin lachen; kichern.
kısa kurz; ~ *boylu* untersetzt; ~ *devre phys.* Erd-, Kurz·schluß *m*; ~ *geçmek* es kurz machen; ~ *kesmek* 1. sich kurz fassen 2. schnell beenden (*z.B Krieg*); ~ *kollu* 1. *selt.* mit kurzen Armen 2. kurzärmelig; ~ *hapis mil.* Arrest *m*; ~ *vâdeli istikraz* kurzfristige Anleihe.
kısaca 1. ziemlich kurz 2. *adv.* [· x ·] in wenig Worten; kurz; *-sı* [· x · ·] kurz und gut; mit einem Wort.
kısaç, *-cı* 1. Draht-, Feuer-, Schmiede·zange *f* 2. Zange *f*, Scheren *pl.* (*z.B. e-s Krebses*).
kısaçlamak mit der Zange (*den Scheren*) packen *od.* zwicken (*fr. a. als Folter*).
kısalık Kurz-Sein *n*, Kürze *f.*
kısalmak kurz (*kürzer*) werden, sich verkürzen; einlaufen (*Stoff*).
kısaltmak 1. kürzer machen, ab-, ver·kürzen; reduzieren (*z.B. Bruch* 2. einlaufen lassen (*z.B. Stoff*) 3. schnell beenden (*z.B. Krieg*).
kısas [ā] Wiedervergeltung, Blutrache *f*; ~ *etm.* Blutrache üben; *-a* ~ Auge um Auge, Zahn um Zahn.
kısık 1. verkürzt, verringert 2. (zusammen)gepreßt, (ein)gezwängt 3. heiser (*Stimme*) 4. Leistengegend *f.*
kısılma 1. *Vs. zu kısılmak* 2. *med.* Zusammenziehung, Kontraktion, Systole *f.*
kısılmak 1. *Pass. zu kısmak* 2. sich verringern, weniger werden 3. gefangen sein 4. sich zusammenziehen (*z.B. Herz*) 5. rauh (*heiser*) werden (*Stimme*).
kısım[1] Handvoll, Faustvoll *f.*
kısım[2], *-smı* 1. Teil *m*, Stück *n* 2. Abteilung, Gruppe, Art, Sorte *f* 3. *mil.* Trupp *m*, Sektion *f*; *kısmı âzami* Hauptteil *m*, Gros *n*; *kısmı külli* Haupstreitkräfte *pl.* Gros *n.*
kısınmak *m. Dat.* sich einschränken (*in seinen Bedürfnissen*).
kısıntı Einschränkung, Sparmaßnahme *f.*
kısır unfruchtbar, steril, unergiebig; ~ *döngü log.* Circulus vitiosus, Kreis-, Zirkel·schluß *m.*
kısırganmak (*bşi*) knauserig sein (*mit*).
kısırlaşmak unfruchtbar (*unergiebig, steril*) werden.
kısıt Entmündigung *f.*
kısıtlamak entmündigen.
kısıtlı entmündigt.
kıskaç, *-cı* 1. Draht-, Kneif·zange *f* 2. Klappleiter *f* 3. *mil.* Zangenbewegung *f*; ~ *gözlük* Zwicker, Kneifer, Klemmer *m.*
kıskaçlı Zangen-; ~ *tarak* Greifbagger *m.*
kıskaçvari [· · - -] zangen·artig, -förmig.
kıskanç, *-cı* 1. eifersüchtig 2. neidisch.
kıskançlık 1. Eifersucht *f* 2. Neid *m.*
kıskanmak 1. (*b-ni b-den*) nicht teilen wollen (*mit*) 2. *m.Akk.* eifersüchtig wachen (*über*) 3. *m.Akk.* eifersüchtig sein (*auf*) 4. (*b-ni b-den*) eifersüchtig sein (*auf*) *und dabei einen anderen verdächtigen* 5. (*b-ni bzw. bşi*) beneiden (*um*); *j-m et.* nicht gönnen 6. (*b-den bşi*) *j-m et.* nicht geben wollen; *j-m et.* mißgönnen.
kıskıvrak [x · ·] ganz fest (*z.B. packen, binden*).
kısmak, (*-ar*) 1. vermindern, herabsetzen (*z.B. Ausgaben*), einschränken (*z.B. Lebensbedürfnisse*), herunterschrauben (*z.B. Petroleumlampe*), leiser stellen (*z.B. Radio*), dämpfen (*z.B. Stimme*) 2. einklemmen, quetschen (*z.B. Finger*) 3. anlegen (*Ohren*).
kısmen [x ·] *adv.* teilweise; zum Teil; teils.
kısmet, *-ti* 1. Schicksal, Geschick, Glück *n* 2 gute Heiratspartie 3. (*Ausruf*) schon möglich!, vielleicht!; ~ *aramak* sein Glück versuchen; ~ *beklemek* auf einen Freier warten (*Mädchen*); ~ *bolluğu* Füll-

horn *n* des Glücks; ~ *olmadı* das Schicksal hat es nicht gewollt; ~ *olursa gene görüşürüz* vielleicht sprechen wir uns ein anderes Mal wieder; *Spr. -inde varsa kaşığında çıkar hum.* wenn es ihm bestimmt ist, bekommt er es.

kısmi [ī] teilweise, partiell, Teil-; ~ *intihabat* Teilwahlen *pl.*; ~ *seferberlik mil.* Teilmobilmachung *f.*

kısrak *zo.* Stute *f.*

kısrık ungeschickt, gehemmt.

kıssa Geschichte, Erzählung *f*; *-dan hisse almak* aus e-r Geschichte e-e Lehre ziehen.

kıstak Landenge *f*, Isthmus *m.*

kıstas [ā] 1. *va.* große Waage 2. Kriterium *n.*

kıstelyevm Gehalts-, Lohn·abzug *m* (*für Abwesenheit od. Verspätung*).

kıstırmak *Kaus. zu kısmak, spez.* 1. (*sich ein Glied*) quetschen 2. in die Enge treiben 3. drosseln (*z.B. Dampf*) 4. (*gözleri*) scharf blicken.

kış[1] Winter *m*; ~ *günü* Winterszeit *f*; ~ *kıyamet* strenger Winter; ~ *üstü* bei Wintersanbruch.

kış[2] (*Scheuchruf*) hscht!

kışın [x ·] im Winter; den Winter über.

kışır, -şrı Rinde, Schale, Kruste *f.*

kışkırtı Hetze *f*, Umtriebe, Machenschaften *pl.*

kışkırtıcı Hetzer, Aufwiegler, Hintermann, Drahtzieher *m.*

kışkırtmak 1. aufscheuchen (*z.B. Hühner*) 2. *fig.* aufhetzen, aufreizen, aufwiegeln.

kışla [x ·] 1. Kaserne *f* 2. Garnison *f*; ~ *hapsi* Kasernenarrest *m*; ~ *hastanesi* Garnisonslazarett *n*; *-ya yerleştirmek* kasernieren (*Truppen*).

kışlabent, -di Kasernenarrestant *m.*

kışlabentlik Kasernenarrest *m.*

kışlak 1. Winter-Unterkunft *f* (*für Almhirten und -herden*) 2. *fr. mil.* Winterquartier *n.*

kışlamak 1. beginnen, hereinbrechen, einsetzen (*Winter*) 2. irgendwo überwintern.

kıt[1], *-tı* 1. wenig, gering, knapp, spärlich, kümmerlich 2. unzureichend, nicht genügend; ~ *kanaat geçinmek* sich kümmerlich durchfretten; *-a* ~ *od. -ı -ına* gerade noch eben; nur mit größter Mühe.

kıt[2], *-tı selt.* Seite *f*; *-ınızda* an Ihrer Seite; bei Ihnen.

kıta 1. Festland *n*, Kontinent *m* 2. *mil.* Trupp *m*, Truppe *f* 3. Stück *n* (*als Zählwort*) 4. Gedichtabschnitt *m*, Strophe *f* 5. *geom.* Segment *n* 6. Teil·stück *n*, -strecke *f* 7. Größe *f*, Format *n*; ~ ~ 1. in einzelnen Stücken 2. gesondert, getrennt, jeder einzeln; *-nın idaresi* (*od. sevkı*) *mil.* Truppenführung *f.*

kıtâ, -âı *math.* Sektor, Ausschnitt *m.*

kıtaat, -tı [· · -] Truppen, Streitkräfte *pl.*

kıtık Werg *n*, Hede *f.*

kıtıpiyos V erbärmlich, miserabel.

kıtır[1] 1. Puff·korn *n*, -mais *m* 2. F Aufschneiderei *f*, Geflunker *n*; ~ *atmak* (*od. yuvarlamak*) F das Blaue vom Himmel herunterlügen.

kıtır[2] **kıtır** 1. scharf geröstet *od.* gebacken; knusperig 2. *Lm. des Knabberns od. Knackens*; ~ ~ *doğramak* (*od. kesmek*) kalten Blutes abschlachten, niedermachen; ~ ~ *yemek* knabbern.

kıtırbom V Schwindel *m*, Geflunker *n.*

kıtırdamak knacken (*intr.*).

kıtlaşmak sich verknappen.

kıtlık 1. Mangel *m*, Knappheit, Verknappung *f* 2. (*Hungers-*)Not *f.*

kıvam [ā] 1. Konsistenz *f* 2. *pr.* richtiger Grad (*Augenblick, Zustand*), *spez.* richtige Stimmung.

kıvanç 1. (*berechtigter*) Stolz 2. Ruhmestitel *m.*

kıvılcım Funke(n) *m*; ~ *saçmak* Funken sprühen lassen.

kıvır kıvır 1. = *kıvrım kıvrım* 2. sich drehend, sich wendend; sich (*beim Tanz*) geschmeidig biegend.

kıvır zıvır 1. schlecht, übel, miserabel 2. sinnlos, dumm, albern 3. *selt.* Einzelheiten *pl.*

kıvırcık 1. lockig, gekräuselt 2. *Name e-r best. Hammel-Art*; ~ *salata* Endivie *f.*

kıvırmak 1. kräuseln, drehen, zwirbeln 2. ein-, um·säumen 3. falzen 4. in wiegende Bewegung versetzen 5. *fig. et.* fertigbringen 6. auftischen, vorsetzen (*z.B. schwindelhafte Erzählung*) 7. abbiegen (*z.B. nach links*).

kıvracık [x · ·] P ordentlich, aufgeräumt.

kıvrak 1. geschickt, flink, behend 2. ordentlich, tadellos, korrekt 3. gewunden (*z.B. Pfad*) 4. gekräuselt, lockig 5. festgedrcht 6. sich kokett wiegend.

kıvramak sich verheddern (*z.B. Garn*).

kıvranmak 1. *selt.* sich winden, sich schlängeln 2. sich krümmen (*vor Schmerzen*) 3. *fig.* ein sorgenvolles Dasein führen.

kıvrık 1. aufgestellt, aufgeschlagen (*z.B. Hutkrempe*) 2. (*Hosen-*)Umschlag *m*.

kıvrılmak 1. *Pass. zu kıvırmak* 2. sich kräuseln, sich kringeln 3. sich winden (*z.B. Eisenbahnlinie*) 4. abbiegen (*nach*) 5. unbequem und zusammengepfercht liegen.

kıvrım[1] 1. Umlegefalte *f*, Saum, Falz *m* 2. *geol.* Falte *f* 3. Gekräusel *n* (*der Haare*).

kıvrım[2] **kıvrım** 1. gekräuselt, gelockt, gewellt 2. krumm, winklig, gebogen; ~ ~ *kıvranmak* 1. sich in wütenden Schmerzen winden 2. im größten Elend leben.

kıvrıntı 1. = *kıvrım*[1] 2. Biegung, Kurve *f*.

kıyafet, -ti [ā] 1. Kleidung, Tracht *f* 2. Äußere(s), Aussehen *n*.

kıyafetli [ā] 1. in *best.* Kleidung 2. *pr.* gut gekleidet; *asker* ~ in Uniform.

kıyafetsiz [ā] abgerissen, zerlumpt.

kıyak 1. F prima, hervorragend, großartig 2. *va.* mitleid(s)los.

kıyam [ā] 1. Aufstehen *n* 2. Aufrechtstehen *n* 3. Aufstand *m*, Revolte *f* 4. Unternehmen *n*, Versuch *m* Wagnis *n* 5. *naut. va.* Abfahrt *f* 6. *va.* = *kıyamet*; ~ *etm.* 1. aufstehen 2. sich empören; revoltieren 3. (*bşi yapmağa*) sich unterfangen; unternehmen, wagen, beginnen (*et. zu tun*).

kıyamet, -ti [ā] 1. Auferstehung *f*, Jüngster Tag 2. *fig.* lärmendes Durcheinander; ~ *gibi* sehr; sehr viel; ~ *kopsa* nie und nimmer; ~ *mi koptu?* was zum Teufel ist denn los?; *-i od. -leri koparmak* e-n Heidenlärm schlagen.

kıyas [ā] 1. Vergleich *m* 2. Gleichsetzung *f* 3. Analogiebildung *f* 4. *jur.* Analogie *f* 5. *log.* Syllogismus *m*; ~ *etm.* (*bşi diğer bir şeye*) 1. vergleichen 2. gleichsetzen 3. beurteilen (*nach*) 4. *von et.* (*Dat.*) *auf et.* (*Akk.*) *anderes* schließen; ~ *kabul etmez* unvergleichlich; *-la* (*m. Dat.*) 1. im Vergleich (*zu*) 2. analog (*zu*), entsprechend; *kıyası müselsel log.* Kettenschluß *m*.

kıyasen [ā] *adv. s. kıyasla*.

kıyasıya [· x · ·] erbarmungslos (*z.B. töten*); bis aufs Blut (*z.B. befehden*).

kıyasi [· - -] 1. e-e Norm darstellend; Maß- 2. regelmäßig (*gebildet*).

kıyı 1. Rand *m*, Ufer *n* 2. Meeresküste *f*; ~ *kordonu* Küstenstrich *m*, Litorale *n*; ~ *müdafaası* Küstenverteidigung *f*; ~ *sıra* der Küste entlang; *-da bucakta* (*od. köşede*) an entlegenen Orten; *-sına bucağına kadar bilmek* (*bşi*) *et.* sehr genau kennen.

kıyılmak 1. *Pass. zu kıymak* 2. *fig.* sehr schmerzen (*Körperteil*); ganz zerschlagen sein.

kıyınmak 1. wie zerschlagen sein 2. e-n starken Druck (*im Magen*) verspüren.

kıyıntı 1. Gefühl *n* des Zerschlagenseins 2. starker Druck im Magen 3. Abfälle *pl*.

kıyır kıyır knirschend.

kıyışmak 1. verabreden, ausmachen 2. sich messen; in Wettbewerb treten.

kıyma 1. *Vs. zu kıymak* 2. Hackfleisch *n*.

kıymak, (-ar) 1. (zer)hacken, zerkleinern 2. *m. Dat.* nicht knauserig sein (*mit*) 3. *m. Dat.* unbarmherzig töten *od.* zugrunderichten 4. (*bşi yapmağa*) *kıyamamak* nicht übers Herz bringen (*et. zu tun*).

kıymet, -ti 1. Wert *m* 2. Achtung *f*, Ansehen *n* 3. Wertstufe *f* (*z.B. bei Briefmarken*) 4. *chem.* Wertigkeit *f*; ~ *nazariyesi* Timologie, Axiologie *f*; ~ *takdiri* Schätzung *f* des Wertes; ~ *vermek* Wert legen (*auf*), schätzen, achten; *-ini bilmek* (*m. Gen.*) zu schätzen wissen; *-ten düşürmek* abwerten (*z.B. Währung*).

kıymetlendirmek 1. qualitativ steigern 2. auswerten, verwerten.

kıymetli 1. von ... Wert 2. soundsoviele Werte (*Wertstufen*) umfassend 3. wertvoll, kostbar (*Dinge*) 4. tüchtig, verdient, schätzenswert (*Personen*) 5. besonders geschätzt; Favorit(in *f*) *m* 6. (*Anrede*) geschätzt-, geehrt- 7. Liebling *m* 8. *chem.* -wertig.

kıymetsiz wertlos; ~ *nümune* Muster *n* ohne Wert.
kıymık (*Holz- od. Knochen-*)Splitter *m.*
kız 1. Mädchen, Fräulein *n*, unverheiratete weibliche Person 2. Tochter *f* 3. (*unberührte*) Jungfrau 4. Dame, Königin (*Spk.*) 5. weiblich 6. Hausangestellte *f*; ~ *alıp vermek* untereinander heiraten (*z.B. zwei Familien*); ~ *atlet* Leichtathletin *f*; ~ *bozmak* ein Mädchen entjungfern; ~ *böceği zo.* Libelle *f*; ~ *evlât* Tochter *f*; ~ *gibi* 1. wohlerzogen, zurückhaltend, schüchtern 2. tadellos, prima, makellos, erstklassig 3. V funkelnagelneu; ~ *kurusu* alte Jungfer; ~ *lisesi* Mädchengymnasium *n*; ~ *memesi* P Pampelmuse *f*; ~ *talebe* (*sg. od. pl.*) 1. Schülerin(nen *pl.*) *f* 2. Studentin(nen *pl.*) *f*.
kızak 1. Schlitten *m* 2. *naut.* Helling *f*, Schlipp *m* 3. *a. mil.* Gleitbahn *f* 4. *ab.* Skier *pl.* 5. Gleit-, Roll·sitz *m*; ~ *kaymak* Schlitten fahren; rodeln; ~ *yapmak* ins Schleudern kommen (*Auto*); *-tan inmek* vom Stapel laufen (*Schiff*).
kızamık *med.* Masern *pl.*
kızamıkçık *med.* Röteln *pl.*
kızarmak 1. sich röten, rot (*od.* rotbraun) werden 2. erröten 3. sich entzünden (*Haut*) 4. braun werden; braten, dünsten (*intr.*) 5. rotglühend werden; *kızarıp bozarmak* abwechselnd rot und blaß werden.
kızartma 1. *Vs. zu kızartmak* 2. gebratenes, gedünstetes Fleisch *od.* Gemüse.
kızartmak *Kaus. zu kızarmak*, *spez.* braten, dünsten, schön braun werden lassen.
kızgın 1. heiß (*z.B. Fett*), glühend (*z.B. Eisen*) 2. *techn.* Heiß-, überhitzt (*z.B. Dampf*) 3. *fig.* wütend, erzürnt 4. *fig.* brünstig, geil.
kızıl 1. (*blut-*)rot 2. rotglühend 3. *fig.* kommunistisch, Rot- 4. (*hastalığı*) Scharlach *m* 5. (*Elativbegriff*) ganz, furchtbar, wüst, ungeheuer *usw.*; ≈ *Adalar n. pr.* Prinzeninseln *pl.* (*bei Ist.*); ~ *buhran* furchtbare Krise; ~ *cahil* vollkommener Ignorant; ≈ *Çin n. pr.* Rotchina *n*; ~ *derili* Indianer *m*, Rothaut *f*; ~ *gâvur* ganz ungläubiger Mensch; ~ *kıyamet* schrecklicher Tumult; ≈ *Ordu n. pr.* Rote Armee; ~ *partici* fanatischer Parteigänger.
Kızılay *n. pr.* Roter Halbmond.
kızılcık *bot.* Kornelkirsche *f*.
Kızıldeniz *n. pr.* Rotes Meer.
Kızılhaç, *-çı n. pr.* Rotes Kreuz.
kızılötesi, *-ni phys.* infrarot.
kızıltı Rötung *f*, roter Fleck (*auf der Haut*).
kızışmak 1. heftig entbrennen (*z.B. Streit*) 2. mehr und mehr aus sich herausgehen (*z.B. Ringer*) 3. heiß werden 4. in die Brunst (*Brunft*) kommen.
kızkardeş Schwester .
kızlık Jungfräulichkeit *f*.
kızmak (*-ar*) 1. heiß (*rot, glühend*) werden, sich erhitzen, *techn.* sich heißlaufen 2. siedend heiß werden (*Fett*) 3. *fig.* wütend, zornig werden 4. in die Brunst (*Brunft*) kommen.
ki 1. welcher, der 2. daß 3. damit; um... zu 4. (*Einleitung der direkten Rede*) 5. denn 6. daß etwa 7. und siehe da! 8. (*zwischen bilmem und Fragesatz*) denn, nur 9. ja, doch 10. *Verst. von öyle, o kadar od. bir* 11. (*am Ende e-s Fragesatzes*) etwa 12. *s. belki, çünkü, halbuki, mademki, sanki.*
-ki (*Partikel zur Bild. temporaler, lokaler od. poss. Adj.*
kibar [ā] vornehm.
kibarlık [ā] 1. vornehmes Verhalten 2. *pej.* Hochnäsigkeit *f*.
kibir, *-bri* (*unberechtigter*) Stolz, Hochmut; Arroganz *f*.
kibrit, *-ti* 1. *va.* Schwefel *m* 2. Streichholz *n*; ~ *çakmak* ein Streichholz anzünden; ~ *kutusu* Streichholzschachtel *f*; ~ *suyu* verdünnte Schwefelsäure.
kibritçi 1. Streichholz·hersteller *od.* -verkäufer *m* 2. *fig.* übertrieben sparsam; knickerig, knauserig.
kifayet, *-ti* [ā] 1. Ausreichendsein *n* 2. Fähigkeit *f*; ~ *etm.* 1. genügen, (hin)reichen 2. (*bşle*) sich begnügen (*mit*).
kifayetsiz [ā] unfähig, untauglich.
kik, *-ki* 1. Gig *f*, leichtes Rennboot 2. V Nase *f*.
kiklon 1. Zyklon, Wirbelsturm *m* 2. Depression, Zyklone *f*.
kil Ton *m*, Tonerde *f*.
kiler 1. Vorrats-, Speise·kammer *f*; Speiseschrank *m*.

kilim Kelim, Wirk-, Wand teppich *m*; *-i kebeyi sermek* F sich häuslich einrichten.
kilise [· x ·] (*christl.*) Kirche *f*.
kilit, *-di* 1. (*Tür-*)Schloß *n* 2. *mil.* Schlüsselstellung *f*; ~ *altında* unter Verschluß.
ki(li)tlemek 1. zu-, ab-, ver·schließen; ab-, zu·sperren 2. ineinander stecken *od.* fügen.
kiliz *bot.* Schilfrohr *n*.
kilo [x ·] 1. Kilo(gramm) *n* 2. (*bei Flüssigkeiten*) Liter *m* (*n*) 3. F (*Körper-*)Gewicht *n*; ~ *almak* 1. *mel.* an Körpergewicht zunehmen 2. *pej.* dick werden.
kilometre [· · x ·] Kilometer *m*; ~ *doldurmak Sch.* die Zeit totschlagen; ~ *kare* Quadratkilometer *m*.
kilye *an. z. va.* Niere *f*.
kim 1. wer? 2. (~ ... *ise*) wer (*auch immer*); jeder, der 3. *va.* = *ki*; ~ *-e dum duma* 1. unbemerkt 2. es ist wie verhext 3. es herrscht ein Tohuwabohu; *kim(dir) o?* wer (ist) da?; *-i vakit* manchmal, gelegentlich; *-i insanlar* manche Menschen *pl.*; *kiminle, o da benimle* ich bin ihm nun einmal in den Tod verhaßt.
kimlik Identität *f*; ~ *kâğıdı* = *hüviyet vesikası*.
kimse 1. jemand 2. [x ·] niemand.
kimsesiz alleinstehend.
kimya [ā] 1. Chemie *f* 2. *et.* besonders Wertvolles; ~ *sanayii* chemische Industrie.
kimyacı [ā] 1. Chemiker(in *f*) *m* 2. *Sch.* Chemielehrer(in *f*) *m*.
kimyager [ā] Chemiker(in *f*) *m*.
kimyasal chemisch.
kimyevi [· · -] chemisch.
kimyon *bot.* Kümmel *m*.
kin [ī] Haß *m*, Rachsucht *f*; *-ini almak* Rache nehmen.
kinaye [ā] 1. Andeutung, Anspielung *f* 2. Metonymie *f*.
kinci [- ·], **kindar** [- -] gehässig.
kinin *med.* Chinin *n*.
kinizm Zynismus *m*.
kip, *-pi* 1. *dial.* Muster *n*, Form *f* 2. *phil.* Akzidens *n* 3. *gr.* Verbalform *f*, *spez.* Modus *m*.
kir 1. Schmutz *m*, Unsauberkeit *f* 2. *fig.* Schande, Unehre *f*; ~ *götürmek* (*od. kaldırmak*) nicht leicht schmutzen; ~ *tutmak* leicht schmutzen; empfindlich sein.
kira [ā] Miete, Pacht *f*; ~ *bedeli* Mietsbetrag, Pachtzins *m*; ~ *ile tutmak* mieten, pachten; ~ *ve iare kanunu* Pacht- und Leih·gesetz *n*; *-ya vermek* vermieten, verpachten.
kiracı [ā] 1. Mieter(in *f*) *m*, Pächter(in *f*) *m* 2. wer gegen Entgelt befördert 3. *naut.* Befrachter *m*.
kiralamak [· - · ·] 1. (*b-ne*) vermieten, verpachten 2. (*b-den*) mieten, pachten.
kiralık [ā] zu vermieten; zu verpachten.
kiraz *bot.* Kirsche *f*; ~ *dudaklı* mit vollen, roten Lippen.
kirde Maisfladen *m*.
kireç, *-ci* Kalk *m*; ~ *gibi olm.* kreidebleich werden; ~ *kuyusu* Kalkgrube *f*.
kireçkaymağı, *-nı* Chlorkalk *m*.
kiremit, *-di* Dachziegel *m*; ~ *ocağı* Ziegelbrennerei *f*.
kiremithane [ā] Ziegelbrennerei, Ziegelei *f*.
kiriş 1. (*Darm-*)Saite *f* 2. Sehne *f* (*e-s Bogens*) 3. *an.*, *math.* Sehne *f* 4. *langer* Querbalken, Kantholz *n*; *-i kırmak* V ausreißen, türmen.
kirizma, kirizme [· x ·] *tiefes* Umgraben *des Bodens*.
kirlemek = *kirletmek*.
kirlenmek 1. schmutzig werden 2. *fig.* besudelt werden (*z.B. Ehre*) 3. menstruieren 4. vergewaltigt werden.
kirletmek 1. beschmutzen, besudeln 2. *fig.* mit Schmutz bewerfen 3. vergewaltigen.
kirli 1. schmutzig, unsauber 2. menstruierend 3. schmutzige Wäsche; ~ *çıkı fig.* Geizkragen *m*.
kirlikan Venenblut *n*.
kirpi *zo.* Igel *m*.
kirpik 1. Wimper *f* 2. = *kerpik*.
kisbi [· -] erworben (*Part. Präs.*).
kispet, *-ti* kurze Ringerhose.
kist, *-ti med.* Zyste *f*.
kisve 1. Tracht, Kleidung *f*, *spez. jur.* Robe, Amtstracht *f*, Talar *m* 2. Äußere(s), Aussehen *n*.
kiş! 1. Schach (*dem König*)! 2. = *kış*[2].
kişi 1. Person *f* 2. einer, jemand, man; Mensch *m*; ~ *oğlu* von vornehmer Abstammung.
kişilik 1. aus *soundsoviel* Personen (*Leuten, Mann*) bestehend 2. für *soundsoviel Personen, Leute, Mann*)

bestimmt 3. Persönlichkeit *f* 4. Humanität *f* 5. ordentliches (*höfliches, anständiges*) Benehmen.
kişisel persönlich, individuell, eigen.
kişizade [ā] von vornehmer Abstammung.
kişmiş schwarze Sultaninen *od.* Korinthen *pl.*
kişnemek wiehern (*Pferd*).
kişniş Koriander *m.*
kitabe [ā] Inschrift *f.*
kitabet, -ti [ā] 1. Kunst *f* der schriftlichen Darstellung 2. Sekretariat *n*; *kitabeti resmiye va.* Amtsstil *m.*
kitabetmek [ā] *nur in Verb. mit hesabetmek.*
kitabevi, -ni Buchhandlung *f.*
kitabiye [ā] Bast *m.*
kitap, -bı *urspr.* [ā] 1. Buch *n* 2. *pr.* heiliges Buch, Offenbarungsschrift *f*; ~ *delisi* Büchernarr, Bibliomane *m*; ~ *ehli* Monotheisten *pl.* (= *Juden, Christen, Mohammedaner*); ~ *odası* Bibliothekszimmer *n.*
kitapçı 1. Buchhändler *m* 2. Verleger *m.*
kitapçılık 1. Buchwesen *n* 2. Buchhandel *m* 3. Verlagswesen *n.*
kitaphane [· · - ·] *s. kitabevi.*
kitaplamak (*nur in Verb. mit hesaplamak*).
kitaplık 1. Büchergestell *n* 2. Bücherschrank *m* 3. Bibliothekszimmer *n* 4. Bibliothek *f* 5. für Bücher bestimmt *od.* geeignet.
kitapsaray öffentliche Bücherei.
kitapsız 1. ohne Bücher 2. gottlos, heidnisch 3. *s. unter hesapsız.*
kitara [· x ·] *mus. mit sechs Doppelsaiten bespannte Gitarre.*
kitle *s. kütle.*
kitlemek *s. kilitlemek.*
kitlevi [· · -] Massen-, Gesamt-, Total-.
kiyaset, -ti [ā] Scharfsinn *m*, Klugheit *f.*
klâkson [â kurz] Hupe *f* (*z.B. e-s Autos*); ~ *çalınmaz* Hupen verboten.
klâpa [â kurz] Aufschlag, Revers *m.*
klape *techn.* Klappenventil *n.*
klâpisto *s. klepisto.*
klark, -kı *chem.* Blaukreuz, Chlor-, Arsen·gas *n.*
klâs [â kurz] 1. Leistungsfähigkeit, Qualität, Klasse *f* 2. F hervorragend, prima.
klâsik [â kurz] 1. klassisch 2. Klassiker *m* 3. traditionell.
klâsör [â kurz] Briefordner Schnellhefter *m.*
klâvye [â kurz] 1. Klaviatur *f* 2. Tastatur *f*; *-si kuvvetli typ.* gewandt, tüchtig (*Setzer*).
klepisto [· x ·] *Bill.* Zugball, Rückläufer *m.*
klik, -ki *od.* **-ği** Clique *f*, Klüngel *m.*
klişe 1. Klischee *n*, Druckstock *m* 2. *phot.* Negativ *n* 3. *fig.* Abklatsch *m*; abgedroschen 4. Faksimile *n* 5. feste Fügung; ~ *halinde* 1. als Klischee 2. *pej.* nach Schema F.
kloromisetin *med.* Chloromycetin *n* (*Antibiotikum*).
klüz Engpass *m*, Schlucht *f.*
kobay *zo.* Meerschweinchen *n.*
koca[1] Gatte, Gemahl, (*Ehe-*)Mann *m.*
koca[2] 1. groß 2. riesig, enorm 3. alt 4. *selt.* klug, tüchtig, wacker.
kocakarı 1. altes Weib, alte Hexe 2. V „Alte" *f* (= *Mutter*); ~ *soğuğu* die acht Gestrengen (= *acht kalte Tage in der ersten Hälfte des Monats März*).
kocalamak, kocalaşmak, kocamak altern.
kocaman riesig, enorm.
kocaoğlan *hum.* Bär, Petz *m.*
kocasız 1. alleinstehend (*Frau*) 2. ohne Begleitung des Mannes.
kocunmak 1. übelnehmen 2. erschreckt zusammenfahren.
koç, -çu 1. Schafbock, Widder *m* 2. *fig.* jung, kräftig, mutig; ~ *burun(lu)* mit gebogener, vorspringender Nase.
koçan 1. Strunk *m* (*bei Salat, Mais, Kohl usw.*) 2. Juxte *f*, Talon *m*, Abschnittsleiste, Souche *f* 3. *selt.* steif (*z.B. Hände vor Kälte*).
koçkatımı, -nı 1. Deckung *f* der Schafe 2. Deckzeit *f* (*für Schafe*).
koçu 1. *fr. für Spazierfahrten verwendeter* Wagen 2. Vorratsdepot *n*, Kornspeicher *m.*
kod, -du Kode *m.*
kodaman *hum.* = *kocaman*; *-lar hum.* hohe Tiere *pl.*
kodeks Pharmakopöe *f*, Arzneibuch *m.*
kodoş V 1. Zuhälter, Kuppler *m* 2. Dirne *f.*
kof 1. hohl, taub (*Nuß*) 2. leer, wertlos; ~ *kafalı* (*od. beyinli*) Hohlkopf *m.*

kofana [· x ·] *Name des lüfer* (*Blaufisch*) *bei e-r Länge über* 30 *cm*.
kofti [x ·] V Lüge *f*, Schwindel *m*; ~ *atmak* V lügen, schwindeln, aufschneiden.
koğ- *s. a. kov-*.
koğuş 1. Schlafraum *m* (*z.B. in Kaserne*) 2. Krankensaal *m* 3. Gefängniszelle *f*.
kok, *-ku* (*a.* ~ *kömürü*) Koks *m*.
kokak übelriechend, stinkend.
kokarca [· x ·] *zo*. Iltis *m*.
kokhane [ā] Kokerei *f*.
koklam Geruchssinn *m*.
koklamak *m. Akk.* riechen (*an*), beriechen.
koklatmak *Kaus. zu koklamak*; *koklatmamak a.* nicht das Geringste verschenken.
kokmak, (*-ar*) *intr.* 1. (*neutral*) riechen 2. *mel.* duften 3. *pej.* stinken, übel riechen 4. zu stinken anfangen.
kokmuş 1. übelriechend, stinkend 2. *fig.* stinkfaul.
koko 1. Kokosfaser *f* 2. Kokosläufer *m*.
kokoreç, *-ci türk. Gericht aus Hammel- od. Lammdärmen*.
kokoroz 1. *bot.* Mais *m* 2. *et.* Spitzes und Häßliches, *spez.* V häßlicher Mensch.
kokorozlanmak sich (*drohend*) *vor j-m* aufpflanzen.
kokoz V pleite.
koku 1. (*neutral*) Geruch *m* 2. *mel.* Duft *m* 3. *pej.* Gestank *m* 4. Parfüm *n* 5. V Kokain *n*; ~ *sürünmek* sich parfümieren; *-su çıkmak* 1. zu riechen anfangen 2. *fig.* allmählich ans Tageslicht kommen; *-sunu almak* (*bşin*) *fig.* Wind bekommen (*von*).
kokulu 1. riechend 2. duftend, parfümiert 3. stinkend, Stink-; ~ *bomba* Stinkbombe *f*; ~ *menekşe bot.* Märzveilchen *n*; ~ *sabun* parfümierte Seife, Toilettenseife *f*.
kokuşmak zu riechen (*stinken*) anfangen.
kokutmak 1. mit Duft *bzw.* Gestank erfüllen 2. in Fäulnis übergehen lassen 3. P *j-m* allmählich auf die Nerven gehen.
kol 1. Arm *m* (*a. fig.*) 2. *spez.* Oberarm *m* 3. Vorderfuß *m*, Vorhand *f* (*e-s Pferdes*) 4. Ärmel *m* 5. Ast *m* 6. *techn.* Kurbel *f*, Griff *m*, *a.* Stange *f* 7. Hals *m* (*e-s M.i.*) 8. *naut.* Kardeel *n* 9. Teil *m*, Abteilung *f*, Gliederung *f* 10. Patrouille *f* 11. *fr. mil.* Flügel *m* 12. Gruppe, Schar *f* 13. Seite, Richtung *f* 14. Kolonne *f* 15. Schenkel *m* (*e-s Magnets*) 16. Stange *f*, Stab, Balken *m* (*als Träger, Stütze usw.*); ~ *başı* Gruppenleiter, Abteilungschef *m*; ~ *demiri* Türriegel *m*; ~ *düğmesi* Manschettenknopf *m*; ~ *gezmek mil.* patrouillieren; ~ *kanad olm. fig. j-m* unter die Arme greifen; *j-m* helfen; ~ *kapağı mil.* Ärmelaufschlag *m*; ~ *nizamı* Gänsemarsch *m*; ~ *saati* Armbanduhr *f*; *-u uzun fig.* wer sich Gehorsam und Anerkennung zu verschaffen weiß; *-unu burmak* (*b-nin*) V 1. *gegen j-n* aufkommen 2. *j-n* übertrumpfen, überspielen; *-unu bükmek* (*b-nin*) 1. *j-m* den Arm umdrehen 2. *fig.* besiegen 3. *fig. j-m et.* verderben.
kola [x ·] 1. (*Wäsche-*)Stärke *f* 2. Stärkekleister, Klebstoff *m* 3. Stärken *n*.
kolalamak stärken und bügeln (*Wäsche*).
kolan 1. Gurt *m*, Gurtband *n* 2. Pferde-, Sattel·gurt *m* 3. Stricke *pl. an e-r Hängeschaukel*.
kolay leicht (*auszuführen*); ~ ~ ganz einfach; *-ı var* dem läßt sich leicht abhelfen; *-ına bakmak* (*bir işin*) *et.* möglich machen; *-ını bulmak* (*bşin*) Mittel und Wege finden (*für bzw. gegen et.*).
kolayca [· x ·] leicht, unschwer.
kolaycacık [· x · ·] ganz leicht, ganz einfach.
kolaylamak 1. erleichtern 2. leichter vorangehen *od.* bald fertig sein 3. aus dem Gröbsten heraus sein.
kolaylık 1. Leichtigkeit *f* 2. Erleichterung, Unterstützung *f* 3. Mittel *n*, Möglichkeit *f*.
kolaylıklı leicht zu bedienen (*z.B. Maschine*).
kolcu 1. patrouillierender Wächter 2. Kontrollbeamte(r) *m* 3. Dienstbotenvermittler *m*.
kolçak 1. *wollener* Fausthandschuh 2. Ärmelschützer *m* 3. *fr.* Armschiene *f* (*als Teil der Rüstung*) 4. Armbinde *f*.
koldaş Arbeitskamerad, Kollege *m*.
kolej 1. *private* höhere Schule 2. *selt.* (*Richter-*)Kollegium *n*.

koleksiyon Sammlung, Kollektion *f*; ~ *yapmak* sammeln.
koleksiyoncu Sammler(in *f*) *m*.
koleksiyonculuk 1. Sammeln *n* (*als Liebhaberei*) 2. Sammler·tum, -wesen *n*.
kolera *med.* Cholera *f*; ~ *vakası* Cholerafall *m*.
kolesistit, *-ti med.* Gallenblasenentzündung *f*.
koli, kolipostal Postpaket *n*.
kollamak *m.Akk.* 1. warten, lauern (*auf*) 2. beschützen, beschirmen 3. (umher)spähen.
kollu mit *kol* ausgestattet; *yedi* ~ *şamdan* siebenarmiger Leuchter; *kısa* ~ kurzärmelig; ~ *dürbün* Scherenfernrohr *n*.
kolluk 1. Manschette *f* 2. Ärmelschützer *m* 3. Polizei *f*.
Kolomp, *-bu n. pr.* Kolumbus *m*.
kolon 1. Säule *f* 2. *mil.* Marschkolonne *f* 3. Zeitungsspalte *f* 4. *an.* Dickdarm *m*.
Kolonya [· x ·] *n. pr.* Köln *n*; ~ *ispirtosu* Polierspiritus *m*; ~ *suyu* Kölnischwasser *n*.
kolordu *mil.* Armeekorps *n*.
koltuk 1. Achselhöhle *f* 2. Sessel, Lehnstuhl *m* 3. *fr. Hochzeitszeremonie* 4. *fig.* Schmeichelei *f* 5. einsam, abgelegen (*z.B. Straße*) 6. in abgelegener Straße befindlich (*z.B. Geschäft*) 7. Krücke *f* 8. *hum.* Stelle *f*, Posten *m*, Amt *n* 9. geheimes Bordell 10. Steife, Strebe *f* (*am Baugerüst*); ~ *değneği* 1. Krükke *f* 2. *fig.* Protektor *m*; ~ *teri* Achselschweiß *m*; ~ *vermek* 1. loben 2. durch gespendetes Lob stolz *od.* eitel machen; *-ları kabarmak* 1. stolz werden 2. sich wichtig tun; *-ta olm.* 1. *hum. von j-m* freigehalten werden 2. es bequem haben; verwöhnt werden.
koltukçu 1. Altmöbelhändler, Trödler *m* 2. Schmeichler *m*.
koltuklamak 1. unter den Arm nehmen 2. unter den Arm fassen 3. *fig.* schmeicheln, loben 4. *fig.* stolz *od.* eitel machen.
koltukluk Arm-, Schweiß·blatt *n*.
kolyoz [x ·] *zo.* mittelländische Makrele.
kolza [x ·] *bot.* Raps *m*.
koma[1] [- ·] *med.* Koma *n*.
koma[2] 1. Apostroph *m* 2. Unterbrechungszeichen *n*.
koma[3] 1. *Vs. zu komak* 2. *fr.* Nebenfrau *f*.
ko(y)mak, (*kor*) 1. setzen, stellen, legen 2. (hinein)stecken, hineintun 3. dazutun 4. ein·schütten, -gießen, -schenken 5. an-, auf-, aus·stellen; einsetzen 6. (zu)lassen; geschehen lassen 7. bringen (*z.B. Zeitung e-n Artikel*) 8. schreiben; darauf-, darunter·setzen 9. kränken; wurmen, nahegehen.
komandit, *-ti* (*od.* ~ *şirket*) *H.* Kommanditgesellschaft *f*.
kombina 1. (*Industrie-*)Werk *n*, (*Fabrik-*)Anlagen *pl*, Kombinat *n* 2. *e-e best. Zusammenstellung der wichtigsten landwirtschaftlichen Geräte* 3. *agr.* Kombinationsmaschine *f*.
kombine 1. kombiniert 2. *agr.* Kombinationsmaschine *f*; ~ *oyun* (*spez. Fb.*) Kombinationsspiel *n*.
kombinezon 1. (*An-*)Ordnung, Kombination *f*, Arrangement *n* 2. Hemdhose *f* (*als Damenwäschestück*) 3. Gruppierung *f*, Zusammenschluß *m* (*z.B. von Staaten*) 4. Kombinations-, Zusammen·spiel 5. Schlosser-, Monteur-, Fliegeranzug, Overall *m* 6. *selt. chem. od. phys.* Verbindung *f*.
komedi 1. Komödie *f* 2. *fig.* Farce *f*, Theater *n*, Schwindel *m* 3. *ab.* = *komodin*; ~ *aynalı* P 1. Garderobeablage *f* mit Spiegel 2. verschließbarer Waschschrank (*mit* Spiegel).
komedya [· x ·] = *komedi* (1,2).
komedyacı [· x · ·] Komödiant(in *f*) *m*, Komiker(in *f*) *m*.
komedyacılık [· x · · ·] *pej.* Possenreißerei *f*.
komik 1. Komiker(in *f*) *m* 2. komisch 3. *fig.* sonderbar, lächerlich, drollig.
komiklik 1. Komik *f* 2. Komische(s) *n* (*Sonderbares, Lächerliches*); *hatanın komikliğine dikkat ediyor musunuz?* merken Sie, wie drollig der Fehler wirkt?
komiser (*Polizei-, Preisüberwachungs-, Regierungs- usw.*) Komissar *m*.
komisyon 1. Kommission *f*, Ausschuß *m* 2. *H.* Kommission *f* 3. Makler-, Vermittler·gebühr, Provision *f*.
komisyoncu 1. Kommissionär *m* 2. Vermittler, Makler *m*.

komita 1. *politische* Untergrundbewegung 2. Gesamtheit *f* der Komitadschis.
komitacı Komitadschi *m*.
komitacılık *Tätigkeit e-r Untergrundbewegung*.
komite 1. Komitee *n*, Ausschuß *m* 2. *s. komita*.
komodin 1. Nachttischchen *n* 2. Spind *n* 3. Garderobeablage *f* 4. verschließbarer Waschschrank.
komot, *-du* (*Wäsche-*)Kommode *f*.
kompartıman (*Eisenbahn-*)Abteil, Coupé *n*.
kompas 1. Zirkel *m* 2. *typ*. Winkelhaken *m* 3. Meßkluppe, Schublehre *f* 4. V Komplott *n*; ~ *kurmak* V ein Komplott schmieden; ~ *sallamak* 1. *typ*. fleißig arbeiten (*Setzer*) 2. V keine Beachtung schenken.
kompliman Kompliment *n*, Schmeichelei *f*, (*aufdringliche*) Liebenswürdigkeit.
komplo 1. Verschwörung *f*, Komplott *n* 2. *ab*. Attentat *n*.
komplocu Verschwörer(in *f*) *m*.
komposto [· x ·] 1. Kompott *n* 2. Kompost *m* (*natürlicher Mischdünger*).
kompozisyon 1. *mus*. Komposition, Vertonung *f* 2. Schulaufsatz *m* 3. künstlerischer Aufbau (*Entwurf*) 4. Komposition *f* (*als Gemälde*).
kompozitör *mus*. Komponist *m*.
kompres Kompresse *f*, Umschlag *m*.
komprime 1. Tablette, Pastille, Pille *f* 2. Suppenwürfel *m*.
kompromi(s) Kompromiß *m od. n*.
komşu 1. Nachbar(in *f*) *m* 2. benachbart; Nachbar-; ~ *kapısı fig*. nur e-n Katzensprung entfernt; ~ *kesim mil*. Nachbarabschnitt *m*; ~ *memleketler* Nachbarländer *pl*.; *-nun tavuğu komşuya kaz görünür* (*od. gelir*) *Spr*. Neid sieht alles doppelt so groß.
komşuluk 1. Benachbartsein *n* 2. Nachbarschaft *f* 3. freundschaftlich.
komşulaştırmak verbinden, verknüpfen, assoziieren.
komut, *-tu mil*. Befehl *m*.
komuta *mil*. Kommando *n*, Befehl *m*.
komutan *mil*. Kommandant, Befehlshaber, Führer, Kommandeur *m*.
komünist, *-ti* kommunistisch; Kommunist(in *f*) *m*; ~ *partisi* kommunistische Partei; ~ *Rusya* das kommunistische Rußland, Sowjetrußland.
komünizm Kommunismus *m*.
komütatör *techn*. Wechselschalter *m*
konak 1. Quartier *n*, Herberge, (*Orts-*)Unterkunft *f* 2. Tagesreise *f* 3. Rast *f* 4. Palast, Konak *m* 5. Kopfgrind *m* (*bei Kleinkind*); ~ etm. Station machen (*auf e-r Reise*); *konağa yerleştirmek* einquartieren.
konaklamak für kurze Zeit Quartier nehmen, *spez*. übernachten.
konaklatmak einquartieren, unterbringen.
konca 1. Knospe *f* 2. F zweites Jahr e-s Kindergartens 3. V qualitativ guter Haschisch.
konç, *-cu* 1. (*Stiefel-*)Schaft *m* 2. Strumpflänge *f*.
konçerto [· x ·] Konzert *n* als [*Komposition*].
konçine [x · ·] *Name e-s Ka*.
kondoktor *s. kondüktör*.
kondurmak 1. *Kaus. zu konmak* 2. unterbringen (*z.B. Reisende*) 3. provisorisch aufsetzen, anlegen *usw*. 4. müde machen.
kondüktör (*İ.L.*: *kondoktor*) (*Eisenbahn-, Autobus-*)Schaffner *m*.
konfederasyon (*Staaten-*)Bund *m*.
konferans 1. Konferenz, Sitzung, Tagung, Zusammenkunft, Besprechung *f* 2. Vortrag *m*; ~ *salonu* Vortragssaal *m*, Aula *f*.
konferansçı 1. Konferenzteilnehmer(in *f*) *m* 2. Vortragende(r), Redner(in *f*) *m*.
konfor 1. Komfort *m* 2. moderne technische Einrichtung.
kongre [x ·] 1. Kongreß *m* 2. Parteitag *m* 3. ♀ Kongreß *m* (*USA*).
koni *math*. Kegel, Konus *m*.
konik *math*. 1. kegelförmig, konisch 2. Kegelschnitt *m*.
konişmento [· · x ·] Konnossement *n*, Seefrachtbrief *m*.
konjonktür Konjunktur, Wirtschaftslage *f*; ~ *bülteni* Wirtschaftsnachrichten *pl*.
konkasör *techn*. Backenbrecher *m*.
konkordato [· · x ·] 1. (*Kirchen-*)Konkordat *n* 2. Präventivakkord, Zwangsvergleich *m*.
konkur Wettbewerb *m*; ~ *ipik* 1. Reitturnier *n* 2. *ab*. Pferderennen *n*.

konmak, (*-ur bei pass. Bedeutung,* sonst *-ar*) 1. *Pass. zu ko(y)mak* 2. absteigen (*Reisende zum Übernachten*) 3. ein Zeltlager aufschlagen 4. sich setzen (*Vogel*), sich niederlassen 5. niedergehen, landen (*Flugzeug*) 6. kosten- *od.* mühe·los erhalten 7. *j-m* e-e (*Ohrfeige*) herunterhauen.
konsa *s. kansa.*
konsepsyon 1. Empfängnis, Befruchtung *f* 2. Auffassung, Anschauung *f.*
konser *mus.* Konzert *n* (*als Veranstaltung*); *~ vermek* ein Konzert geben.
konserto *s. konçerto.*
konservatuvar (*Musik-*)Konservatorium *n.*
konsesyon Zugeständnis *n*, Konzession *f*; *~ koparmak* (*b-den*) *j-n* zu Zugeständnissen zwingen.
konsey Rat *m*, Ratsversammlung *f.*
konseyye Berater, Ratgeber, Beirat *m.*
konsinyasyon 1. Hinterlegung *f* 2. Verwahrung, Aufbewahrung *f.*
konsinyater Konsignatar, Verwahrer, Treuhänder *m.*
konsol 1. Konsole *f* 2. Pfeilertischchen *n*; *~ saati* (*kleine*) Standuhr.
konsolato [· · x ·] Konsulat *n.*
konsolit, *-di* 1. Konsols *pl.* 2. *Name e-s Ka.*
konsolos Konsul *m.*
konsoloshane [ā] Konsulat(*-sgebäude*) *n.*
konsolosluk 1. = *konsoloshane* 2. Amt *n* e-s Konsuls; *~ mukavelesi* Konsularvertrag *m.*
konsomasyon Zeche *f*, Verzehr *m*; *~ yapan kadın* (*od. konsomasyoncu*) Animierdame *f.*
konson Konsonant *m.*
konstrüktif aufbauend, konstruktiv, schöpferisch.
konstrüktör ressam *techn.* Konstruktionszeichner *m.*
konsulto [· x ·] (*Ärzte-*)Konsilium *n.*
konsültasyon 1. Konsultation, Rücksprache *f* 2. *spez.* = *konsulto.*
konşimento *s. konişmento.*
kont, *-tu* Graf *m.*
kontak 1. Kontakt, *spez* Kurzschluß *m* 2. *s. kafadan ~*; *~ yaptı* es ist ein Kurzschluß entstanden.
kontes 1. Gräfin *f* 2. *ab.* = *kontluk* (2) 3. *Sch.* Lehrerin *f.*
kontgut, *-tu med.* Tropfenzähler *m.*
kontluk 1. Grafenwürde *f* 2. Grafschaft *f* (*in England*).
kontör Zähler, Messer *m*, Uhr *f*, *spez.* Elektrizitätszähler *m*, Gasuhr *f*, Wassermesser *m.*
kontr (*Bridge*) kontra.
kontra[1] [x ·] 1. kontra, gegen 2. *naut.* Geitau *n* 3. *naut.* (Ober-) Bram- 4. *Bill.* Rück-, Weg·schlag *m*; *~ flok naut.* Außenklüver *m*; *~ seren naut.* Oberbramrahe *f*; *~ somunu techn.* Gegenmutter *f.*
kontra[2] = *kontrat.*
kontralize *meteor.* Gegenpassat *m.*
kontramiral, *-li* Konteradmiral *m.*
kontrat, *-tı* Kontrakt, Vertrag *m.*
kontrbüfe Anrichte, Kredenz *f.*
kontretmek [x · ·] (*Bridge*) kontrieren.
kontrfile Rückenstück *n* zweiter Qualität, (*spez. bei Rindfleisch*).
kontrjur *phot.* Gegenlicht *n.*
kontrol, *-lü, -lu* 1. Kontrolle, Überwachung, Aufsicht *f* 2. Über-, Nach·prüfung *f* 3. Kontroll-, Aufsichts·beamte(r), Prüfer *m* 4. Rechnungscoupon *m*; *~ etm.* kontrollieren, überwachen, beaufsichtigen; über-, nach·prüfen.
kontrolcu, kontrolör = *kontrol* (3).
kontrparti Gegenposten *m* (*in der doppelten Buchführung*).
kontrpiye *Fb.* außerhalb der Schußlinie stehend (*z.B. Torwart, der herausgelaufen ist*).
kontrplâk [â kurz] Sperrholz *n*, Sperrholzplatte *f*, Furnier *n.*
kontrpuva Gegengewicht *n* (*z.B. bei Radioanlage*).
kontrpuvan *mus.* Kontrapunkt *m.*
konu Gegenstand *m*, Thema *n*, Stoff *m*; Vorwurf *m* (*als Gegenstand künstlerischer Gestaltung*).
konukomşu die ganze Nachbarschaft und alle Anwesenden.
konulmak *Pass. zu komak bzw. konmak.*
konum 1. *math.* Lage *f* 2. *geogr.* Ort *m*, Stelle *f*, Platz *m* 3. *geogr.* Lage *f*, Zustand *m.*
konuşkan redselig, geschwätzig.
konuşma 1. *Vs. zu konuşmak* 2. Vortrag *m* 3. Besprechung, Unterredung *f* 4. Ansprache, Rede *f*; *~ dili* gesprochene Sprache; *~ yapmak* e-n Vortrag halten.

konuşmak 1. sprechen 2. sich unterhalten; plaudern, reden 3. *m. Akk. et.* besprechen 4. *konuşmamak* (*b-le*) *mit j-m* verzankt sein.
konuşturmak *Kaus. zu konuşmak, spez.* 1. e-e Aussprache herbeiführen (*zwischen*) 2. *fig.* versöhnen.
konuşuş Sprechweise *f.*
konvansiyonel treni Konventionalzug *m.*
konvoy Konvoi, Geleitzug *m*, Geleit *n.*
kooperasyon Zusammen-, Mit·arbeit *f.*
kooperatif 1. genossenschaftlich, gemeinschaftlich 2. Genossenschaft *spez.* Konsum·genossenschaft *f*, -verein *m.*
kooperatifçi Genossenschaftsmitglied *n.*
kooperatifçilik Genossenschaftswesen *n.*
kopanaki [· · x ·] *Name e-r besonderen Spitzenart.*
koparmak *Kaus. zu kopmak, spez.* 1. (ab-, weg-, los-, entzwei-, zer-) reißen 2. pflücken, abbrechen 3. (*b-den bşi*) nur mit Mühe *von j-m et.* erhalten können 4. (*Lärm*) schlagen, (*Geschrei*) erheben 5. sehr schmerzen.
kopça Haken und Öse; Heftel *n.*
kopil Gassenjunge *m.*
kopkolay [x · ·] ganz einfach; kinderleicht.
kopmak, (*-ar*) *intr.* 1. (ab)reißen, (ab)brechen 2. ausbrechen (*z.B. Krieg*), entstehen (*z.B. Lärm*) 3. sehr schmerzen.
kopoy *setterähnlicher* Jagdhund.
kopsikefali [x · · x ·] V Kopf ab!; ~ *etm.* V j-m den Kopf abschlagen.
kopuk 1. ab-, los·gerissen, abgebrochen 2. *fig.* ohne geregelte Arbeit; Landstreicher *m*; ~ *alayı* Janhagel *m.*
kopya, kopye [x ·] 1. Kopie, Abschrift *f*, Durchschlag *m* 2. *phot.* Abzug *m* 3. Vervielfältigung *f* 4. Abschreiben *n*; ~ *etm.* 1. kopieren 2. abschreiben (*z.B. in e-r Prüfung*); ~ *kâğıdı* 1. Kohlepapier *n* 2. Durchschlagspapier *n*; ~ *mürekkebi* Kopiertinte *f.*
kor[1] (*in Zss.*) = *kolordu.*
kor[2] Glut *f*; ~ *dökmek* gut brennen.
koramiral, *-li* Admiral *m.*
kordele 1. Band *n*, Kordel *f* 2. Haarschleife *f*; ~ *makarne* Spaghetti *pl.*
kordon 1. dicke (*Seiden-*) Kordel *od.* Schnur 2. *el.* Verbindungsschnur *f* 3. (*Medaillon-, Uhr- usw.*) Kette *f* 4. Mauerkranz *m* 5. Rahmenleiste *f* 6. Absperrungskette *f* 7. Schärpe *f* (*e-s Adjudanten*) 8. breite Kaistraße 9. Nabelschnur *f* 10. Ablagerungsschicht *f* des Meeres (*auf Sandstrand*); ~ *altına almak* abriegeln (*z.B. Stadtviertel*); ~ *kaldırmak* die Sperre aufheben; ~ *koymak* e-e Sperre verhängen; ~ *nöbetçisi* Absperrposten *m.*
Kore *n. pr.* Korea *n.*
Korent, *-ti n. pr.* Korinth *n*; ~ *Kanalı* Kanal *m* von Korinth; ~ *stili arch.* korinthischer Stil.
korgeneral, *-li* Korpskommandeur, kommandierender General.
koridor 1. Korridor, Flur, Gang *m* 2. ≗ *hist.* Polnischer Korridor 3. V *Fb. Torwart, der viele Tore einstecken muß.*
koringa [· x ·] *bot.* Esparsette *f.*
korkak furchtsam, ängstlich, feig.
korkmak, (*-ar*) 1. sich fürchten; Angst haben (*vor*) 2. befürchten, besorgt sein 3. (*m. Dat.*) sich nicht (ge)trauen; nicht wagen.
korku 1. Furcht, Angst *f*, Schrecken *m* 2. Befürchtung, Besorgnis *f* 3. Gefahr *f*; ~ *almak* Angst bekommen; ~ *damarı* aufsteigendes Angstgefühl; ~ *vermek* Schrecken einjagen.
korkulu 1. beunruhigend, beängstigend 2. gefährlich, riskant.
korkuluk 1. Vogelscheuche *f* 2. Geländer, Schutzgitter *n* 3. lächerlicher Popanz 4. (*Säbel-*)Korb *m.*
korkunç, *-cu* furchtbar, entsetzlich, schrecklich.
korkusuz 1. unerschrocken, furchtlos 2. ungefährlich.
korkutmak *Kaus. zu korkmak, spez.* 1. ängstigen, erschrecken 2. einschüchtern, bedrohen, erpressen 3. *j-n* befürchten lassen, daß...
korna, korne [x ·] Hupe *f*; ~ *çalmak* hupen.
korner, (*spez. Fb.*) Eck·ball, -stoß *m*, Ecke *f*; *-le kurtarmak* zur Ecke abwehren.
korniş 1. Gardinenleiste *f* 2. Vorhang-, Portieren·stange *f* 3. Karnies *n* 4. Rahmenleiste, Einfassung *f.*

korno [x ·] 1. *mus.* Waldhorn *n* 2. *aus Horn gefertigter* Pulver- *od.* Öl·behälter.
koro [x ·] 1. Chor *m* 2. Chor·gesang *m*, -lied *n*; Sprechchor *m*.
koroydo [· x ·] V dumm, blöd; Hornochse *m*.
korporasyon (*pol.*) Körperschaft *f*.
korozif 1. ätzend, fressend 2. Ätzmittel *n*.
korsaj Mieder, Leibchen *n*.
korsak *s. karsak*.
korsan 1. Seeräuber *m* 2. *allg.* Räuber *m*.
korse Korsett, Schnürmieder *n*.
kort, -tu Tennisplatz *m*.
korta, korte Flirt *m*, Liebelei *f*; ~ *etm.* hinter den Frauen her sein.
kortej 1. Festzug *m* 2. Trauerzug *m*.
koru Wäldchen *n*, Forst *m*.
korucu Wald-, Feld·hüter *m*.
koruğan (*Neol.*) *mil.* Bunker *m*; ~ *mevzii* Bunkerstellung *f*.
koruk unreifes Obst, *spez.* unreife Trauben *pl.*; ~ *lüferi die im August gefangenen ersten Blaufische*.
koruma *Vs. zu korumak*; ~ *gözlüğü* Schutzbrille *f*.
korumak 1. schützen, schonen, bewahren, in Obhut nehmen 2. dekken (*Unkosten*).
korumcu (*Neol.*) Verteidiger *m*.
korumlamak (*Neol.*) verteidigen.
koruncak (*Neol.*) Futteral, Etui *n*.
korunga *s. koringa*.
korunma *Vs. zu korunmak, spez. mil.* Schutz *m*.
korunmak *Pass. od. Refl. zu korumak*.
korunuk 1. ge-, be·schützt, bewahrt 2. protegiert.
koruyucu 1. schützend, bewahrend, verhütend 2. Protektor, Schutz-, Schirm·herr *n*.
koskoca [x · ·] riesengroß, kolossal, baumlang.
koskocaman [x · · ·] *mst. hum.* = *koskoca*.
kostik 1. ätzend; Ätz- 2. Ätzmittel *n*; ~ *soda* Ätznatron *n*; *-le muamele etm.* abätzen.
kostüm 1. Kostüm *n*, Tracht, Kleidung *f* 2. Damenkostüm *n*.
koşaltı Gespann *n*.
koşmaca Laufspiel *n der Kinder*.
koşmak, (*-ar*) 1. laufen, rennen, eilen, strömen 2. an e-m Rennen teilnehmen (*Pferd*) 3. (*ardından, arkasından, peşinden*) nachjagen, verfolgen 4. (*yardımına*) zu Hilfe eilen 5. zur Begleitung beigeben 6. spannen (*Tier vor Wagen*) 7. anspannen (*z.B. Wagen*) 8. (*şart*) zur Bedingung machen; *koşup tozmak* sich tummeln (*z.B. Füllen*).
koşturmak *Kaus. zu koşmak, spez.* zum Laufen bringen; in Trab setzen.
koşu 1. Rennen *n* 2. *bir* ~ *a.* im Handumdrehen; ~ *atı* Rennpferd *n*; ~ *yolu* Rennbahn *f*.
koşucu 1. (*Sport*) (*Schnell-*)Läufer *m* 2. Lauf-; ~ *kuşlar* Laufvögel *pl.*
koşuk 1. Doppelvers *m* 2. Poesie *f* 3. Gedicht *n*.
koşulu bespannt, angespannt.
koşum (*Pferde-*)Geschirr *n*.
koşuntu 1. Gefolge *n*, Stab *m*, Umgebung *f* 2. *pej.* Komplicen *pl.*
koşuşmak 1. laufen, eilen (*mehrere Personen zusammen*) 2. herbeieilen, hinzuströmen 3. bald hierhin, bald dorthin eilen.
kotarmak 1. (aus)leeren 2. austeilen (*Essen*) 3. *fig.* beenden, erledigen.
kote[1] kotiert, notiert, bewertet (*an der Börse*); ~ *etm.* kotieren, notieren, bewerten.
kote[2] *s. plânkote*.
koterize geätzt, ausgebrannt, kauterisiert; ~ *etm.* ätzen, ausbrennen, kauterisieren.
kotes V Kittchen, Loch *n* (*Gefängnis*).
kotlet, -ti 1. Kotelett *n* 2. Koteletten *pl.*
kotletpane paniertes Kotelett.
kotonperle Perlgarn *n*.
kotra[1] *naut.* Kutter *m*.
kotra[2] Pferch *m* (*für Kleinvieh*).
kova 1. Eimer *m* 2. ♀ *astr.* Wassermann *m* (*als Sternbild od. Tierkreiszeichen*).
kovalamaca Fangenspielen *n der Kinder*.
kovalamak 1. verfolgen 2. fortweg·jagen.
kovalık *bot.* große Binse.
kovan 1. Bienenstock *m* 2. Hülse, Buchse, Muffe, Radbuchse *f* 3. Kartusche *f* 4. (*Torpedo-*)Rohr *n*.
kovboy [x ·] Cowboy *m*.
kovcu Lästermaul *n*.
kovlamak durchhecheln, schlechtmachen; herziehen, lästern (*über*).

kovmak, (*-ar*) ver·jagen, -treiben, -scheuchen (*a. fig.*).
kovuk 1. Höhlung *f*, Hohlraum *m* 2. *an.* Höhle *f* 3. Geode *f* (*im Gestein*).
kovuşturmak verfolgen, *hinter j-m od. et.* her sein; fahnden, suchen (*nach*).
koy (*Meeres-*)Bucht *f*.
koyacak Behälter *m*, Behältnis *n*.
koymak *s. komak.*
koyu 1. dickflüssig, fest, steif 2. dunkel (*Farbe*) 3. *fig.* eingeschworen, fanatisch 4. *fig.* plump, grob, massiv 5. stark (*Tee*) 6. konzentriert (*z.B. Säure*) 7. nicht gewässert (*z.B. Milch*); ~ *kırmızı* dunkel-, purpur·rot; ~ *küfürler savurmak* sich in groben Schimpfworten ergehen; ~ *matem* Volltrauer *f*; ~ *muhafazakâr* stockkonservativ; ~ *Osmanlıca bir cümle pej.* ein im dicksten (= *übelsten*) Osmanisch geschriebener Satz; ~ *yeşil* dunkelgrün.
koyulmak *m. Dat.* unternehmen, [beginnen.]
koyun[1] 1. *zo.* Schaf *n*, Hammel *m* 2. Bock *m* (*als Turngerät*); ~ *bakışlı* stupid dreinschauend; ~ *kafalı* dumm, naiv, leichtgläubig.
koyun[2], *-ynu* 1. Brust(gegend) *f* 2. Busen *m* (*a. fig.*); ~ *cebi* Brusttasche *f*; ~ *koyuna* eng umschlungen; ~ *saati* Taschenuhr *f*; *koynuna girmek* (*b-nin*) sich *an j-n* anschmiegen; *koynunda yılan beslemek fig.* e-e Natter am Busen nähren.
koyunculuk 1. Schafzucht *f* 2. Schafhandel *m*.
koyungözü, *-nü* 1. *bot.* Gänseblümchen *n* 2. *techn.* Öler *m* (*an e-r Maschine*).
koy(u)vermek 1. frei-, los-, entlassen; freigeben; laufen lassen 2. *fig.* loslassen (*z.B. Gelächter*); ausbrechen (*in*) 3. *fig.* wachsen (*stehen*) lassen (*z.B. Bart*).
koz 1. (*Wal-*)Nuß *f* 2. *Ka.* Trumpf *m* (*a. fig.*); ~ *kırmak* 1. *Ka. e-n Trumpf überstechen* 2. P et. Ungehöriges od. Unpassendes tun; *-u kaybetmek fig.* verlieren (*seine Sache, die Wette usw.*).
koza [x ·] 1. Samenkapsel *f* 2. Kokon *m*.
koza(la)k 1. = *koza* 2. Tannenzapfen *m*, Zypressennuß, Zirbelnuß *f usw.* 3. *fr. elfenbeinerne* Schutzkapsel *für* (*Wachs-*)*Siegel*; ~ *mahallesi* P Friedhof *m*.
kozalaklılar *bot.* Nadelhölzer, Koniferen *pl.*
kozalaksı zapfenähnlich; ~ *bez an.* Zirbeldrüse *f*.
kozmatik, kozmetik 1. Kosmetik, Schönheitspflege *f* 2. Kosmetikum, Schönheitsmittel *n* 3. kosmetisch.
kozmos *astr.* Kosmos *m*.
köfte 1. Frikadelle *f*, Fleischklößchen *n*, Bulette *f*, Klops *m* 2. Kloß, Knödel *m*.
köftehor *hum.* 1. Sonderling, Eigenbrötler *m* 2. Nichtsnutz, Bengel *m*.
köfter *bandartiger dünner Fladen aus getrocknetem Traubensaft.*
köftün Ölkuchen *m*.
köhne 1. alt, abgenutzt, abgebraucht 2. veraltet, überlebt, überholt, unmodern.
kök, *-kü* 1. *a. gr., math.* Wurzel *f* 2. unterster Teil 3. Stück *n* (*bei best. Pflanzen*) 4. Grund *m*, innerster Kern 5. Ursprung *m*, Herkunft *f* 6. *chem.* Radikal *n*; ~ *işareti math.* Wurzelzeichen *n*; ~ *salmak* Wurzeln schlagen; festwachsen, heimisch werden; ~ *söktürmek* (*b-ne*) *j-m* e-e mühselige Arbeit aufhalsen; ~ *yumrusu* Wurzelknolle *f*; *-ünden budamak* (*od. koparmak*) mit Stumpf und Stiel vertilgen.
kökboyası, *-nı* 1. *bot.* Krapp *m*, Färberröte *f* 2. Krapprot *n*, Alizarin *n*.
kökçü *fr.* Kräuterhändler *m*.
köken 1. Einzelpflanze *od.* Ranke *f* (*bei Kriechgewächsen*) 2. Ursprung *m*, Herkunft *f* 3. *gr.* Wurzelwort *n*, Wurzel *f*.
köklemek 1. mit der Wurzel ausreißen 2. durchsteppen; *aneinander* festnähen 3. *dünne Haarzöpfchen* zu e-m größeren Zopf vereinigen 4. stimmen (*M.i.*).
köklenmek, kökleşmek 1. Wurzeln schlagen, sich einwurzeln 2. *fig.* festen Boden gewinnen.
köklü 1. mit e-r Wurzel; Wurzel- 2. *fig.* gut fundiert; auf fester Grundlage ruhend; ~ *çelik* Wurzelsteckling *m*.
köknar *bot.* Tanne *f*.
kökremek *s. kükremek.*
kökten radikal, grundlegend, vollständig.

köktencilik Radikalismus *m*.
köle 1. *fr*. Sklave *m* 2. *osman. Besch. für die eigene Person od. nahe Anverwandte*.
kölelik 1. Sklaverei *f* 2. Sklavenarbeit *f*.
kölemen *hist*. Mameluck *m*.
kömür 1. Kohle *f* 2. kohl-, pech(raben)schwarz; ~ *ocağı* Kohlengrube *f*.
kömürcü 1. Köhler *m* 2. Kohlenhändler *m* 3. Heizer *m*; ~ *çırağına dönmek* wie ein Schornsteinfeger aussehen.
kömürlemek *techn*. schwelen.
kömürleşmek zu Kohle werden; verkohlen.
kömürlü Kohle enthaltend; ~ *arazi* Kohlengebiet *n*.
kömürlük 1. Kohlen·schuppen *m*, -lager *n* 2. Kohlenkeller *m* 3. *naut*. Kohlenbunker *m*.
köpek 1. *zo*. Hund *m* 2. *Schi*. Hund, Hundsfott, Schurke, Schweinehund *m*; ~ *balığı zo*. Glatthai *m*; ~ *bile yemez* miserabel, schauderhaft, erbärmlich; ~ *gibi* wie ein geprügelter Hund; *Spr. köpegi öldürene sürütürler Rw*. was man sich eingebrockt hat, muß man auch auslöffeln; *Spr. köpekle çuvala girilmez* wer mit Hunden zu Bett geht, steht mit Flöhen auf.
köpekdişi Eck-, Augen·zahn *m*.
köpeklemek *fig*. winseln und flehen.
köpekmemesi, *-ni* Blutgeschwür *n* (*in der Achselhöhle od. Leistengegend*).
köpoğlu, *-nu* [x - ·] (*a*. ~ *köpek*) 1. *Schi*. (*Schweine-*)Hund, Hundsfott, Schurke *m* 2. abgefeimt, gerissen 3. F verdammtes Ding, verfluchtes Biest.
köprü 1. Brücke *f* (*a. beim Ringen*) 2. Verbindungs·klammer *f*, -steg *m*, Querspange *f*, Riegel *m* (*z.B. an Kleidungsstücken*), Bügel *m* (*z.B. an e-r Schnalle*) Riegelhalter *m* (*z.B. an e-m Schloß*), *techn*. Lasche, Schelle *f* 3. *fig*. Brücke *f*, Sprungbrett *n*; ~ *başı* 1. *mil*. Brückenkopf *m* 2. *fig*. gesicherte Basis; ~ *kurmak* e-e Brücke schlagen (*errichten*); ~ *vazifesi görmek* 1. als Brücke dienen 2. *fig*. als Sprungbrett dienen.
köprücü 1. Brücken·bauer, -arbeiter, -bauingenieur *m* 2. *mil*. Pionier *m*.
köprücük *techn*. Klammer *f*, Steg *m* (*e-r Kette*); ~ *kemiği an*. Schlüsselbein *n*.
köprücülük Brückenbau *m*; ~ *malzemesi mil*. Brückenbau-, Pontonier·gerät *n*.
köprülük *fig*. Verbindungsstück *n*, Landbrücke *f*.
köpük Schaum *m*.
köpürmek 1. Schaum bilden; schäumen 2. Blasen bilden und sauer werden (*z.B. Marmelade*) 3. *fig*. vor Wut schäumen.
kör¹ 1. blind 2. stumpf (*z.B. Messer*) 3. schwach, trüb (*Lichtquelle*) 4. was keinen Ausgang hat *od*. nicht belebt ist (*Linie, Strecke, Ort usw*.) 5. ausgetrocknet (*Brunnen*) 6. unachtsam, fahrlässig 7. übel, schlecht, böse; ~ *düğüm* 1. fester Knoten 2. *fig*. komplizierte Angelegenheit, heikles Problem; ~ *düğüm etm*. *fig*. ein heilloses Durcheinander anrichten; ~ *ebe Ksp*. Blindekuh *f*; ~ *etm*. 1. blenden 2. *fig*. verblenden; ~ *ocak* kinderlose Familie *f*; ~ *olası!* verflucht!, verdammt!; ~ *talih* Mißgeschick, Unglück *n*; *Spr. -le yatan şaşı kalkar* schlechte Beispiele verderben gute Sitten; *-ü -ne* blindlings, ohne Sinn und Verstand.
kör² *in der vulg. Füg*.: *ananın* (*od. elinin*) *körü!* einen Dreck ist es so!, er denkt ja gar nicht daran!
kör³ [-] Herz (*Farbe im Ka*.).
körbarsak *an*. Blinddarm *m*.
körboğaz der Magen, der immer sein Recht verlangt.
körelmek *biol*. verkümmern.
körfez 1. Meerbusen, Golf *m* 2. abgelegen, versteckt.
körkandil, körkütük vollkommen betrunken.
körlemeden blindlings; aufs Geratewohl.
körlenmek, körleşmek 1. erblinden 2. stumpf werden (*Messer usw*.) 3. versiegen (*Brunnen*) 4. schwach werden (*Licht*) 5. einrosten (*Arbeitskraft*) 6. nachlassen, verkümmern (*geistige Fähigkeit*).
körletmek 1. blenden 2. stumpf werden lassen 3. verkümmern *od*. welken lassen 4. lahmlegen (*z.B. Handel*) 5. abblenden (*Licht*) 6. zum Schweigen bringen (*z.B. feindliche Artillerie*).
körlük 1. Blindheit *f*, Stumpfsein *n*

usw. (*s.* kör) 2. *fig.* Verblendung *f*, sinnloses Vorgehen *n* 3. *fig.* Unachtsamkeit, Fahrlässigkeit *f*.

Köroğlu, -nu 1. *n. pr. Name e-s volkstümlichen Räubers* (*17. Jh.*) 2. ♀ P Ehefrau *f*; -nun *ayvazı fig.* einer von (*zwei od. mehreren*) unzertrennlichen Gefährten.

körpe 1. frisch, grün (*Pflanzen, Gemüse usw.*) 2. jung (*z.B. Huhn*) 3. jugendfrisch (*z.B. Körper*), zart (*z.B. Kind*), empfänglich (*z.B. Gehirn*).

körpecik *Verst. von körpe* sehr frisch, besonders jung *usw.*

körük 1. Blasebalg *m* 2. (*Falten-*) Balg *m* 3. Verdeck *n* (*e-s Wagens*).

körüklemek 1. mit dem Blasebalg anfachen (*Feuer*) 2. *fig.* anstacheln, schüren.

kös[1] große Kesselpauke; ~ *dinlemiş fig.* abgebrüht, dickfellig.

kös[2] **kös** langsam, schwerfällig, nachdenklich, bekümmert (*z.B. dahingehen*).

köse mit spärlichem Haarwuchs; ~ *sakal* dünner Bart.

kösele starkes Leder, *spez.* Sohlenleder *n*; ~ *gibi* steinhart geworden; ~ *kayış* Lederriemen *m*; ~ *suratlı* frech dreinblickend; ~ *taşı* 1. *zum Glätten der Schuhsohle verwendeter* Porphyr 2. Wetzstein *m* 3. Bims- *od.* Sand·stein *m*.

kösemen 1. Leit·hammel, -widder *m* 2. bockig, stößig 3. *fig.* mutig, unerschrocken.

köskötürüm [x · · ·] 1. vollständig gelähmt 2. *fig.* völlig lahmgelegt.

köstebek 1. *zo.* Maulwurf *m* 2. *med.* Skrofulose *f*.

köstek 1. Fußfessel *f* (*für Weidetiere*) 2. (*Uhr-, Schlüssel- usw.*) Kette *f* 3. *s.* estek 4. Bremsklotz, Hemmschuh *m* (*a. fig.*); ~ *vurmak* (*Ringen*) einen Fuß (*od. beide Füße*) des Gegners fest umklammern; *kösteği kırmak fig.* sich aus dem Staub(e) machen.

köşe 1. Ecke *f*, Winkel *m* 2. Ort *m* der Vergessenheit 3. Teil *m* e-s Landes, Gegend *f* 4. Kurve, Krümmung *f*; ~ *başı* 1. Straßenecke *f* 2. in dem betreffenden Stadtviertel gelegen (*Geschäft*); ~ *bucak* alle Ecken und Winkel; ~ *kadısı* Eigenbrötler *m*; ~ *kapmaca Ksp.* Bäumchen-Verwechseln *n*; ~ *müftüsü fig.* Intrigant *m*; -*sine çekilmek* sich von allem zurückziehen.

köşebent, -di *techn.* Winkeleisen *n*.

köşeğen *math.* Diagonale *f*.

köşeleme quer über(s) Eck.

köşeli eckig, winkelig; ~ *muteriza* (*od. parantez*) eckige Klammer.

köşk, -kü 1. Landhaus *n*, Villa *f*, kleines Schloß 2. Aussichtstürmchen *n*.

kötek Prügel, Hiebe, Schläge *pl*.

kötü schlecht, übel, schlimm, bös (-artig), minderwertig, miserabel; ~ *güdüm* Mißwirtschaft *f*; ~ *huy* 1. üble Angewohnheit, Laster *n* 2. schlechte Stimmung 3. Bösartigkeit, Heimtücke *f*; ~ *kadın* Dirne *f*; ~ *kişi olm.* 1. (*ohne eigenes Verschulden*) als schlechter Mensch dastehen 2. (*b-le*) sich verzanken (*mit*); ~ *muamele* 1. schlechte Behandlung 2. Mißhandlung *f*; ~ *söylemek* (*birisi icin*) *j-m* Schlechtes nachreden; ~ *yola sapmak* zur Dirne werden.

kötülemek 1. *intr.* abmagern 2. *m. Akk.* schlechtmachen, anschwärzen.

kötüleşmek 1. schlecht(er) werden, sich verschlechtern, sich verschlimmern 2. zur Dirne werden.

kötülük 1. schlechter (*übler usw.*) Zustand *od.* Charakter *m* 2. Bosheit, Schlechtigkeit *f*; Böses *n* 3. Dirnentum *n*; ~ *etm.* (*b-ne*) j-m Böses antun.

kötülükçü 1. niederträchtig, boshaft, gemein 2. übel·gesinnt, -wollend, böswillig.

kötümser pessimistisch, Pessimist(in *f*) *m*.

kötümserlik Pessimismus *m*.

kötürüm 1. (*an den Beinen*) gelähmt 2. verkrüppelt (*Bein*) 3. *fig.* nicht mehr leistungsfähig; unwirksam.

kötürümleşmek 1. gelähmt *od.* verkrüppelt werden 2. *fig.* lahmgelegt werden; seine Leistungsfähigkeit *od.* Wirksamkeit verlieren.

köy Dorf *n*, Landgemeinde *f*; ~ *hukuku jur.* Landgemeinderecht *n*; ~ *kâhyası fr.* Dorfälteste(r) *m*; ~ *muhtarı* Orts-, Gemeinde·vorsteher *m*.

köycü Landwirtschaftslehrer *m*, landwirtschaftlicher Berater.

köycülük Unterweisung *f* in praktischer Landwirtschaft.

köydeş aus dem gleichen Dorf stammend.
köylü 1. Bauer *m*, Bäuerin *f* 2. bäuerlich, dörflich; Bauers- 3. *pej.* bäuerisch, linkisch 4. = *köydeş* 5. ♀ *Name e-r der billigsten türk. Zigarettenmarken*; ~ *ağzı* naiv, schlicht, einfach; ~ *kadın* Bäuerin, Bauersfrau *f*; *kendi köylüleri* Leute *pl.* aus dem eigenen Dorf.
köz verborgene Glut, glimmende Asche.
kramp, -pı (*Muskel-, Waden-*) Krampf *m*; ~ *girmek* (*ayağına*) e-n Wadenkrampf bekommen.
kramplaşma Krampfanfall *m*.
krampon 1. eiserne Klammer 2. Steigeisen *n* 3. Lederstolle *f* (*auf Fb.-Schuhen usw.*).
kran *techn.* Kran *m*.
krank, -kı Kurbel *f*.
kraşuvar Spucknapf *m*, Speibecken *n* (*spez. beim Zahnarzt*).
krater (*Vulkan-*)Krater *m*.
kreasyon Modeschöpfung *f*.
kredi Kredit *m*; ~ *fonsiye* Bodenkredit *m*; ~ *ile satış* Verkauf *m* auf Ziel; ~ *itilâfı* Kreditabkommen *n*.
krem 1. Creme *f*, Krem *f od. m* 2. beige, chamois.
krema [x ·] 1. Sahne *f*, Rahm *m* 2. Vanillecreme *f* 3. Creme-Füllung *f* (*bei Pralinen*); ~ *makinesi* Zentrifuge, Milchschleuder *f*.
kremayer 1. *phot.* (*Stell-*)Schlitten *m* 2. Zahnschiene *f*.
Kremlin (*Sarayı*) *n.pr.* Kreml *m*.
krep, -pi 1. Flor, Krepp *m* 2. Krepp-Papier *n*; ~ *konfitür* Palatschinken *m*.
kreş Kinderhort *m* (*Tagesheim*).
kriko [x ·] Hebebock, Wagen·heber *m*, -winde *f*.
kriple gesiebt; Sieb- (*z.B. Kohle*).
kristal 1. Kristall *m od. n* 2. Kristall-; ~ *şeker* Kristallzucker *m*.
kritik 1. kritisch 2. Kritik *f*.
kriz 1. Krise, Krisis *f* 2. *med.* Anfall *m*.
krizalit, -di Puppe *f* (*der Insekten*).
kroke[1] Krocketspiel *n*.
kroke[2] **olmak** (*Boxen*) zu Boden gehen müssen.
kroki [x ·] Kroki *n*, (*Gelände-*) Skizze *f*; ~ *defteri* Skizzenbuch *n*; *-sini almak* (*od. yapmak*) (*bşin*) krokieren, skizzieren.
krome verchromt, chromiert.
kromotipografi Farbdruck *m*.
kronik 1. Chronik *f* 2. *med.* chronisch.
kronikör Chronist *m*.
kronoloji 1. Chronologie *f* 2. Zeittafel *f*; ~ *bakımından* chronologisch betrachtet.
kronometre [· · x ·] 1. Chronometer *n* 2. Zeitmesser *m*, Stoppuhr *f*.
kros 1. = *kroskantri* 2. (*Boxen*) Stopp-Stoß *m* 3. (*Golf- od. Hockey-*) Schläger *m*.
kroshet, -di *techn.* Kreuzkopf *m*.
kroskantri 1. Wald-, Gelände·lauf *m* 2. Stern-, Rund·fahrt *f*.
krosman Kreuzung *f*, Schnittpunkt *m*.
kroş *mus.* Achtelnote *f*.
kroşe (*Boxen*) Haken *m* 2. Häkelnadel *f* 3. Häkelarbeit *f*; ~ *yapmak* (*od. örmek*) häkeln.
kruvasan Hörnchen *n* (*Gebäck*).
kruvaze 1. zweireihig (*Anzug*) 2. übereinandergehend 3. (*Tennis*) *in die entgegengesetzte Ecke plazierter Ball.*
kruvaziyer Gesellschaftsreise *f* (*zu Schiff*).
kruvazman Kreuzung *f* (*von Verkehrswegen od. bei Züchtung*).
kruvazör Kreuzer *m* (*Kriegsschiff*); ~ *birliği* Kreuzerverband *m*.
kuafür Frisur, Haartracht *f*.
kuart, -tı *mus.* Quarte *f*.
kubat, -tı grob, gewöhnlich, schlecht sitzend, unschön.
kubbe 1. Kuppel *f* 2. Gewölbe *n* 3. *Name e-r großen Frikadellenart*; *-sini yapmak* (*bir yalanın*) e-r Lüge die Krone aufsetzen.
kubur 1. längerer, rohrförmiger Behälter 2. Abflußrohr *n* 3. *e-e frühere Pistolenart* 4. *s. ok kuburu.*
kuburluk 1. Pulverbehälter *m* 2. Pistolentasche *f* 3. Köcher *m* 4. Satteltasche *f*.
kucak 1. Schoß *m*, Brust *f* 2. Umarmung *f* 3. *Raum zwischen den umfassenden Armen und der Brust* 4. *e-e Menge, die sich mit beiden Armen umfassen läßt*; ~ *açmak* (*b-ne*) j-n e-e Zuflucht finden lassen; ~ *çocuğu* kleines Kind, Kleinkind *n*; ~ *kucağa* eng aneinander geschmiegt; ~ ~ überreichlich; in sehr großer Menge; *kucağına atılmak* (*b-nin*) bei j-m Zuflucht suchen; *kucağına*

düşmek 1. mitten hineingeraten (*unter die Feinde, ins Unglück usw.*) 2. = *kucagına atılmak.*

kucaklamak 1. umarmen; in die Arme nehmen 2. (*rings*) umgeben.

kuçukuçu *Ki.* 1. Wauwau *m* 2. *Zuruf an Hunde.*

kudret, -ti 1. Allmacht *f* Gottes 2. Kraft, Macht, Stärke *f*, Vermögen *n*, Leistungsfähigkeit *f* 3. *phys.* Energie *f* 4. ausreichende Geldmittel *pl.*; ~ *hamamı* heiße Quelle; ~ *helvası* Manna *n*; *-in tahaffuzu phys.* Erhaltung *f* der Energie; *-ten* natürlich entstanden; *kudreti fâtıra* Schöpferkraft *f.*

kudretlenmek Kraft gewinnen; erstarken; leistungsfähig(er) werden.

kudretli 1. stark, kräftig, mächtig 2. leistungsfähig 3. tüchtig, begabt, fähig.

kudretsiz machtlos, kraftlos, ohnmächtig, unvermögend 2. *fig.* schwächlich, unfähig, wenig begabt.

kuduk neugeborenes Eselsfüllen.

kudurgan schnell aufbrausend; jähzornig.

kudurmak 1. tollwütig werden 2. *fig.* sich wie ein Wilder gebärden; wild werden (*a. z.B. Meer*).

kudurmuş 1. tollwütig 2. *fig.* wild, rasend.

kuduz 1. von Tollwut befallen; tollwütig 2. Tollwut *f.*

Kudüs *n.pr.* Jerusalem *n.*

kuğu (*kuşu*) *zo.* Schwan *m.*

kuğurmak gurren (*Tauben*).

kuintet, -ti *mus.* (*Vokal- od. Instrumental-*)Quintett *f.*

kukla [x ·] 1. Handpuppe *f* 2. Marionette *f* 3. *fig.* Puppe, Marionette *f* 4. Puppe *f* (*als Mädchenspielzeug*) 5. kleine, schmächtige Person; ~ *hükümet* Marionettenregierung *f.*

kuklacı Puppenspieler(in *f*) *m.*

kukulete [· · x ·] Kapuze *f.*

kukulya [· x ·] Kokon *m* des Seidenspinners; ~ *fırtınası Name e-s periodischen Unwetters im April.*

kukumav *zo.* (*Schleier-*)Eule *f*; ~ *gibi* mutterseelenallein.

kul 1. Knecht, Diener, Sklave *m* 2. Dienerin, Sklavin *f* 3. Mensch *m* 4. *va.* Janitschar *m* 5. *va. Besch.* ~ *köle olm. fig.* sklavisch alles tun, was verlangt wird; ~ *yapısı* von Menschenhand geschaffen; vergänglich.

kula [x ·] Falbe(r), Brandschimmel *m.*

kulaç 1. Klafter *f* 2. *naut.* Faden *m* (= *1,90 m*); ~ *atmak* Hand über Hand schwimmen, kraulen; ~ ~ überreichlich; in sehr großer Menge.

kulaçlama 1. *Vs. zu kulaçlamak* 2. Kraulen *n.*

kulaçlamak 1. nach Klaftern (*Faden*) ausmessen 2. mit großen Schritten durchmessen.

kulağakaçan *zo.* Ohrwurm *m.*

kulâi [i]: *hummai kulâi vet.* Maul- und Klauen·seuche *f.*

kulak 1. Ohr *n* 2. *spez.* äußeres Ohr 3. Wirbel *m* (*an S. i.*) 4. musikalisches Gehör 5. überstehender Teil *e-s Kartothekblattes*; *heraushängender* Registraturzettel (*an Aktenbündel*) 6. Henkel, Griff *m* 7. Kiemendeckel *m* 8. (*Taschen-*)Patte *f* 9. (*Schuh-*)Lasche *f* 10. Schutzblech *n* (*an Schlüsselloch usw.*) 11. kleines Hackfleisch-Klößchen (*in Suppe*) 12. Schall-Loch *n* (*an S.i.*); ~ *ağırlığı* Schwerhörigkeit *f*; ~ *asmak* Gehör schenken; hinhören; *sich et.* anhören; ~ *asmamak fig.* nicht reagieren (*auf*); ~ *dolgunluğu* gehörmäßig erworbenes Wissen; ~ *erimi* Hörweite *f*; ~ *kepçesi an.* Ohrmuschel *f*; ~ *kesilmek* ganz Ohr sein; gespannt zuhören; ~ *kiri* Ohrenschmalz *n*; ~ *terbiyesi* Gehör·bildung, -schulung *f*; ~ *uğultusu* Ohrensausen *n*; ~ *yolu an.* Gehörgang *m*; ~ *yumuşağı* (*od. memesi*) Ohrläppchen *n*; ~ *zarı* Trommelfell *n*; *kulağı ağır* schwerhörig (*a. fig.*); *kulağı delik* hellhörig; *kulağına girmek* (*b-nin*) ein offenes Ohr finden (*bei*); *kulağına* (*od. kulağında*) *küpe olm. sich et.* als Warnung dienen lassen; *kulağını doldurmak* (*b-nin*) *j-n* gründlich instruieren; *kulağını ensesinden göstermek fig. et.* unnötig komplizieren; *-ları tırmalamak* unangenehm in den Ohren klingen; *-larını dikmek fig.* die Ohren spitzen; *-tan dolma* 1. gehörmäßig erworben (*Kenntnis*) 2. *fig.* oberflächlich, ungefähr (*Wissen*); *-tan pamuğunu çıkarmak* 1. die Ohren aufknöpfen; genau zuhören 2. auf e-n Ratschlag hören 3. hellhörig werden.

kulakaltı bezi Ohrspeicheldrüse, Parotis *f.*

kulakçı Hals-, Nasen-, Ohrenspezialist *m.*

kulakçın Ohrenschützer *m.*
kulaklık 1. = *kulakçın* 2. Hörer *m* (*am Telephon*) 3. Kopfhörer *m* (*Radio*) 4. Hörrohr *n.*
kulampara [· x · ·] Päderast *m.*
kule[1] (*Uhr-, Verkehrs-, Panzer- usw.*) Turm *m* 2. *fr.* Burg, Festung *f* (*e-s Feudalherrn*) 3. Aussichtsturm *m.*
kule[2] (*Bill.*) Nachläufer *m.*
kulis 1. (*Bühnen-*)Kulisse *f* 2. Künstlermilieu *n* 3. *H.* Kulisse *f*, Freiverkehr *m* (*z.B. für Wertpapiere*) 4. Ort *m* geheimer Besprechungen.
kullanım Verwendung, Verfügung, Nutznießung *f.*
kullanış Verwendung *f*, Gebrauch *m*; ~ *tarzı* Gebrauchsanweisung *f.*
kullanışlı handlich, praktisch, bequem eingerichtet; leicht zu handhaben.
kullanışsız unhandlich; schwer zu handhaben; unbequem (*Wohnung*).
kullanmak 1. verwenden, gebrauchen, benutzen, anwenden 2. tragen (*Kleidung*) 3. beschäftigen (*z.B. Arbeiter*) 4. (*bşde*) *a.* einsetzen, unterbringen 5. handhaben können; fahren (*z.B. Auto*), leiten, dirigieren 6. umgehen können (*z.B. mit e-m schwierigen Menschen*) 7. arbeiten lassen (*z.B. Kapital*) 8. zu sich nehmen (*Genußmittel*) 9. sexuell verkehren (*mit e-r Frau*).
kullap, -bı [ä] 1. Haken *m* 2. Krampe, Haspe *f* 3. (*Tür-*)Kloben *m* 4. Haspel *f.*
kulp, -pu 1. Henkel, Griff *m* 2. kleiner Metallring (*z. B. an Goldmünzen*) 3. *fig.* Handhabe *f*, Vorwand *m*; *-unu bulmak* (*bir işin*) wissen, wie man *et.* anzufangen hat.
kulpa *in der vulg. Füg.*: *-sını bozmak j-m* das Spiel verderben.
kuluçka [· x ·] 1. Bruthenne, Glucke *f* 2. Brüten *n* 3. *fig.* faul, träge; ~ *devri* 1. Brutzeit *f* 2. *med.* 1. Inkubation *f*; ~ *makinesi* Brutapparat *m*; *-ya oturmak* (*od. yatmak*) 1. brüten (*Huhn*) 2. *fig.* ewig lange *irgendwo* bleiben.
kulun neugeborenes (*Pferde- od. Esels-*)Füllen.
kulunç 1. Darmkolik *f* 2. Muskelverkrampfung *f* 3. *gel.* Hexenschuß *m.*
kuluvar 1. Wandelgang *m* (*im Parlament*) 2. Gang, Korridor *m* (*in Gebäude od. D-Zug-Wagen*).
kulübe 1. (*Lehm-, Stroh-*)Hütte *f* 2. Wärterhäuschen *n*; Schilderhaus *n.*
kulüp, -bü 1. Klub *m*, Klubhaus *n* 2. ♀ *Name e-r türk. Zigarettenmarke.*
kum 1. Sand *m* 2. harte Stellen *pl.*, (*spez. bei Birnen od. Quitten*) 3. Nieren- *od.* Harn·grieß *m* 4. kleine Tupfen, Sprenkel *od.* Punkte *pl.* (*auf Stoffen*); ~ *bankı* Sandbank *f*; ~ *çölü* Sandwüste *f*; ~ *gibi* wie Sand am Meer; sehr viel; ~ *hastalığı* Nieren- *od.* Harn·grieß *m*; ~ *püskürme aleti techn.* Sandstrahlgebläse *n*; ~ *seddi geogr.* Nehrung *f*; ~ *torbası* Sandsack *m*; ~ *yığını* Sandhaufen *m*; *-da oynamak fig.* das Nachsehen haben.
kumanda [· x ·] Kommando *n*, Befehl *m*; ~ *etm.* kommandieren, befehlen, befehligen; ~ *satmak* F herumkommandieren.
kumandan Kommandant, Kommandeur, Befehlshaber, Führer *m.*
kumandarya [· · x ·] Commanderia (*süßer Zypernwein*).
kumanya [· x ·] 1. Reiseproviant, Mundvorrat *m* 2. Schiffsproviant *m* 3. *verschließbarer* Kasten *am Bootsheck.*
kumanyacı *mil.* Verpflegungsoffizier *m.*
kumar Glücks-, Hasard·spiel *n.*
kumarbaz, kumarcı Hasardspieler *m.*
kumarhane [· · - ·] Spielsaal *m*, *pej.* Spielhölle *f.*
kumaş 1. Stoff *m* 2. *fig.* Charakter *m*, Wesen *n* (*e-s Menschen*).
kumbara [x · ·] 1. Sparbüchse *f* 2. *mil.* Geschoß *n*, Granate *f*, *fr. a.* Haubitzenkugel *f.*
kumbaracı 1. *fr.* wer e-e Haubitze bedient; Grenadier *m* 2. Granat-, Minen·werfer *m.*
kumkuma 1. bauchiger Krug, Amphora *f* 2. *fig. Person, die et. in besonderem Maße besitzt* 3. *fig.* Ort, *wo et. in sehr großer Menge vorkommt.*
kumluk 1. Sandboden, Sandstrand *m* 2. Sandbank *f* 3. mit großen Sandwüsten (*Land*).
kumpanya [· x ·] 1. (*ausländische*) Handelsgesellschaft 2. Schauspielertruppe *f* 3. *fig.* Kreis *m* Gleichgesinnter.
kumpas *s. kompas.*
kumral dunkelblond, hellbraun.
kumru *zo.* Turteltaube *f*; ~ *göğsü*

1. changeant, changierend 2. perlgrau.
kumsal 1. sandig; Sand- 2. Sandbank *f* 3. Sand·boden, -strand *m*.
kumsallık Sandgrube *f*.
kumtaşı, *-nı* Sandstein *m*.
kumul (*Sand-*)Düne *f*.
kumulus Haufenwolke *f*.
kunda *zo*. Walzenspinne *f*.
kundak 1. Windel(n *pl*.) *f* 2. Gewehrschaft *m* 3. Geschützlafette *f* 4. Brandfackel *f*, Feuerbrand *m* 5. *fest gebundenes* Kopftuch; ~ *sokmak* 1. (*m. Dat*) in Brand stekken 2. *fig*. Unfrieden stiften.
kundakçı 1. wer Gewehrschäfte herstellt 2. Brandstifter, Mordbrenner *m* 3. Unruhestifter, Friedensstörer *m*.
kundura [x · ·] 1. *grob gearbeiteter, ohne Schnürsenkel getragener* Halbschuh 2. *allg*. Schuh *m*; ~ *tamircisi* Schuhflicker, Schuster *m*.
kunduracı Schuh·macher, -händler *m*.
kunduz *zo*. Biber *m*.
kunt, *-tu* schwer, massig, derb.
kupa [x ·] 1. Pokal, Becher *m* 2. *geschlossene vierrädrige* Kutsche 3. Herz (*Farbe im Ka*.); ~ *final maçı* (*Sport*) Pokal-, End·spiel *n*.
kupkuru [x · ·] *verst. kuru in allen Bed*.
kuple 1. Couplet *n* 2. gekoppelt; ~ [*etm*. koppeln.]
kupon 1. Wertpapierkupon *m* 2. Postantwortschein *m* 3. (*Stoff-*) Kupon *m* 4. Kupon, Vordruck *m* (*z.B. in e-r Zeitung*) 5. Kontrollabschnitt *m*.
kupör Zuschneider *m*.
kupür 1. Zeitungsausschnitt *m* 2. kleinere Banknote 3. *von dem Verkäufer* abgeschnittener Stoff 4. *von der Zensur* gestrichene Stelle.
kur[1] Cour, Hofmacherei *f*; ~ *yapmak* (*b-ne*) den Hof machen; um-[werben.]
kur[2] = *kurs*[1].
kur'a 1. Los *n* 2. wehrpflichtiges Alter; *-sı olm*. (*bir yılın*) *mil*. dem Jahrgang ... angehören.
kurabiye [ā] 1. Makrone *f* 2. V hübsches Kind.
kurak 1. trocken (*Wetter, Boden*) 2. Trockenheit *f*.
kural Regel *f*.
kuram Theorie *f*.
Kuran *n. pr*. Koran *m*.
kurander (*Luft-*)Zug, Durchzug *m*.
kurbağa 1. *zo*. Frosch *m*, Kröte *f* 2. Drahtspanner *m*.
kurbağacık 1. junger Frosch 2. Drahtzange *f* 3. Fenstergriff *m* 4. Froschgeschwulst *f* (*unter der Zunge*).
kurban urspr. [ā] 1. Opfer(tier) *n* 2. ♀ (*Bayramı*) *isl*. Opferfest (*10.—14. Zilhicce*) 3. *fig*. Opfer *n* (*e-s Unglücks, e-r Idee usw*.); ~ *etm*. opfern; ~ *gitmek* 1. zum Opfer fallen 2. sich aufopfern.
kurbanlık 1. Opfer- 2. *fig*. Kanonenfutter *n* 3. *fig*. still, geduldig.
kurcalamak *m. Akk*. 1. *an et*. herumarbeiten 2. *fig*. wieder aufs Tapet bringen 3. beschäftigen (*Gemüter*).
kurdelâ [â kurz] *s. kordele*.
kurdeşen Nessel·sucht *f*, -ausschlag *m*.
kurgu 1. *jedes zur Spannung e-r Feder dienende Werkzeug* 2. (*Feder-*)Spannung *f* 3. Wahn *m* 4. *phil*. Spekulation *f*.
kuriye *diplomatischer* Kurier.
kuriyelik Kurierdienst *m*.
kurlağan Nagelgeschwür, Panaritium *n*.
kurlak Schlinge, Falle *f*.
kurmak, (*-ar*) 1. aufstellen (*z.B. Gerüst*) aufschlagen (*z.B. Zelt*) 2. schlagen, bauen, errichten 3. abhalten (*Markt*) 4. (auf)montieren 5. decken (*Tisch*) 6. spannen 7. aufziehen (*Uhr*) 8. stellen (*z.B. e-e Falle*; *a. fig*.) 9. einlegen, einmachen (*z.B. Mixed Pickles*) 10. gründen 11. bilden (*z.B. Regierung*) 12. aufbauen, schaffen 13. anzetteln (*Intrigen*) 14. sich (*in den Hinterhalt*) legen 15. schmieden (*Plan*) 16. sich (*in Phantasievorstellungen*) ergehen 17. sich *et*. in den Kopf setzen 18. aufhetzen (*gegen*) 19. sich *in et*. verbohren; *kurup çatmak* sich unbegründeterweise gekränkt fühlen.
kurmay *mil*. Generalstab *m*; ~ *subay* Generalstabsoffizier *m*.
kurna [x ·] Marmorbecken *n* (*im türk. Bad od. bei Springbrunnen*).
kurnaz gerissen, pfiffig, schlau.
kuron Krone *f* (*als Zahnersatz, Münze od. Währung*).
kurs[1] 1. Kurs, Lehrgang *m* 2. (*Börsen-*)Kurs *m*.
kurs[2] 1. Scheibe *f* 2. Sonnen-,

Mond·scheibe *f* 3. Pastille, Tablette *f.*

kursak 1. (*Vogel*-)Kropf *m* 2. *va.* Magen *m* 3. Blase *f* (*z.B. bei Dudelsack*) 4. Membran *f, spez.* Goldschlägerhäutchen *n* 5. *mit* Membran überzogen.

kurşun 1. Blei *n* 2. Blei·platte, -plombe *f* 3. (*Gewehr- od. Pistolen*-) Kugel *f* 4. *techn.* Bleimantel *m* 5. Bleistiftmine *f* 6. Blei-; ~ *atmak* 1. e-n Schuß (*Schüsse*) abfeuern 2. (*birbirine*) sich heftig befehden; ~ *boru* Bleirohr *n*; ~ *dökmek* 1. Blei gießen 2. Kugeln gießen; ~ *gibi* bleischwer; ~ *işlemez* kugelsicher, kugelfest; ~ *kalem* Bleistift *m*; ~ *yağdırmak* (*m. Dat.*) mit e-m Kugelhagel überschütten; ~ *yarası* Schußwunde *f*; *-a dizmek* standrechtlich erschießen.

kurşuni [· - -] bleigrau, dunkelgrau.

kurşunlamak 1. mit Bleiplatten decken 2. mit e-r Plombe versehen; plombieren 3. *techn.* verbleien.

kurt, *-du* 1. *zo.* Wolf *m* 2. Wolfspelz *m* 3. *fig.* wer et. genau kennt 4. V Fünf-Pfund-Note *f* 5. *wer bei e-m Ksp. gefangen werden soll* 6. *zo.* Made *f*, Holzwurm *m* 7. *zo.* Spulwurm *m* 8. *zo.* Pfriemenschwanz *m*; ~ *dumanlı havayı sever Spr.* im Trüben ist gut fischen; ~ *köpeği* Wolfshund *m*; ~ *sürüsü* Wolfsrudel *n*; ~ *yemiş* 1. wurmstichig 2. mottenzerfressen; *-unu kırmak* erreichen, wonach e-m der Sinn steht.

kurtarış *Fb. u. ä.* Parade, Abwehr *f* (*e-s Schusses*).

kurtarmak 1. retten 2. loskaufen 3. zurückgewinnen 4. aus-, ein·lösen (*Pfand*) 5. *Fb. u. ä.* retten, klären.

kurtçuk Larve, Raupe, Made *f.*

kurtlanmak 1. madig *bzw.* wurmstichig werden 2. das Bedürfnis haben, et. umherzugehen (*nach langem Sitzen*) 3. (*unruhig*) auf seinem Sitz hin- und her·rutschen.

kurtlu 1. madig 2. wurmstichig 3. (*a.* ~ *peynir*) *fig.* Zappelphilipp *m*; ~ *bakla* dauernd in Bewegung.

kurtmasalı, *-nı* Ammenmärchen *n.*

kurtulmak 1. gerettet werden 2. befreit werden 3. entbunden werden 4. beendet werden 5. sich losreißen (*z.B. Pferd*) 6. sich retten *od.* sich befreien 7. sich lockern (*z.B. Schraube*) 8. ab·rutschen, -gleiten 9. sich loslösen; abbrechen (*intr.*) 10. *m. Abl. et. od. j-n* loswerden.

kurtuluş 1. Befreiung, Errettung *f* 2. ♀ *n. pr. Stadtteil in Ist.*

kurtyeniği, *-ni* 1. wurmstichige Stelle 2. *s. bityeniği.*

kuru 1. trocken, dürr 2. gedörrt; Trocken- 3. mager, elend 4. nackt, kahl 5. leer; ohne weitere Bedeutung 6. trocken, langweilig; ~ *çay* Tee *m* (*als Handelsartikel*); ~ *erik* Dörrpflaumen *pl.*; ~ *gürültü* blinder Lärm, viel Lärm um nichts; ~ *hastalık* Schwindsucht *f*; ~ *hulya* bloße Einbildung; ~ *istim techn.* Sattdampf *m*; ~ *kafa* 1. Totenschädel *m* 2. Dumm-, Hohl·kopf *m* 3. armer, alleinstehender Mensch; ~ *kafes fig.* furchtbar abgemagert; ~ *kahve* Kaffee *m* (*als Handelsartikel*); ~ *meyva* Dörrobst *n*; ~ *sıkı* 1. blinder Schuß 2. *fig.* Schreckschuß *m*, bloße Drohung; ~ *sözler* leeres Gerede; ~ *toprak üstünde* auf dem nackten Boden; ~ *üzüm* Rosinen *pl.*; *Spr. -nun yanında yaş da yanar* manchmal trifft die Strafe auch einen Unschuldigen.

kurucu aufbauend, konstruktiv, schöpferisch 2. (*Be*-)Gründer *m.*

kuruçaycı Teehändler *m.*

kurukahveci Kaffeehändler *m.*

kurukuruya vergebens, umsonst.

kurul 1. = *heyet* 2. *selt.* = *meclis*

kurulamak *tr.* trocknen, abtrocknen.

kurulanmak *Pass. od. Refl. zu kurulamak.*

kurulmak 1. *Pass. zu kurmak* 2. sich aufblasen; sich in Positur setzen 3. (*m. Dat.*) sich bequem irgendwo niederlassen (= *sich setzen*).

kurultay Kongreß *m.*

kurum 1. Gesellschaft *f*, Verein *m* 2. Stolz, Hochmut *m* 3. dicker Ruß 4. Institut, Unternehmen *n*; ~ ~ *kurulmak* sehr hochnäsig tun.

kurumak 1. trocken werden 2. ein-, aus-, ver·trocknen 3. abmagern.

kurumlanmak 1. sich wichtig tun, sich aufblähen 2. (*bşden*) eingebildet sein (*auf*), sich brüsten (*mit*).

kurumlu 1. hochmütig, prahlerisch, aufgeblasen 2. voll Ruß.

kuruntu Illusion, Einbildung *f* Wahn *m.*

kuruş Kurusch, Piaster *m.*

kurutmak *Kaus. zu kurumak, spez.* 1. trocknen lassen; dörren (*z.B. Obst*); trockenlegen (*z.B. Sümpfe*) 2. *fig.* = *kökünü kurutmak.*
kuskun Umgang *m* (*des Pferdegeschirrs*); *-u düşük* 1. klapp(e)rig (*Pferd*) 2. ruiniert, erledigt 3. erbärmlich gekleidet 4. in Ungnade gefallen.
kuskus *Teigware in Kügelchenform.*
kusmak, (*-ar*) 1. sich übergeben 2. *bşi et.* ausbrechen müssen 3. *fig.* wieder zum Vorschein kommen lassen (*z.B. Flecken trotz Reinigung*).
kusmuk erbrochener Mageninhalt.
kusturucu Vomitiv-.
kusur *urspr.* [· -] 1. Fehler, Mangel *m* 2. Verschulden *n*, Schuld *f* 3. Rest *m*, Übrige(s) *n* 4. Zerrbild *n*; ~ *etm. et.* falsch machen 2. (*bşde*) es fehlen lassen (*an*); *-a bakmamak* Nachsicht üben; entschuldigen, verzeihen.
kusurlu 1. fehlerhaft, inkorrekt 2. wer *et.* falsch gemacht *od.* verabsäumt hat.
kuş 1. *zo.* Vogel *m* 2. haarlose Stelle *auf der Kruppe e-s Pferdes* 3. Zwickel *m* (*bei Kimonoärmel*); ~ *bakışı* 1. Vogelschau *f* 2. aus der Vogelperspektive; ~ *beyinli* mit Spatzengehirn; ~ *kafesi gibi* hübsch und klein (*Haus*); ~ *kanadiyle* 1. mit der Taubenpost 2. *fig.* auf dem schnellsten Weg; ~ *uçmaz kervan geçmez bir yer* ein ganz abgelegener Ort; ~ *uçurmamak fig.* e-e Örtlichkeit hermetisch abriegeln; *-a benzetmek* verschlimmbessern, verkorksen.
kuşak 1. Gürtel, Leibgurt *m* 2. Holz-, Eisen·reifen *m* 3. Generation *f* 4. *math.* Kugelzone *f* 5. *geogr.* Zone *f*, Gürtel *m* 6. *astr.* Himmelszone *f* 7. Holzverstrebung *f*, *arch.* Band *n* 8. *techn.* Leiste *f.*
kuşaklamak mit Reifen umgeben (*zur Sicherheit od. Versteifung*).
kuşam 1. *va.* was umgehängt *od.* umgebunden ist 2. (*ordentliche*) Kleidung *f.*
kuşane [ā] 1. Vogelhaus *n* 2. Kasserolle *f.*
kuşanmak 1. *m. Akk.* um·binden, -gürten 2. *in der Füg. giyinmek* ~ sich ordentlich (*od. fix und fertig*) ankleiden.
kuşatma *Vs. zu kuşatmak, spez. mil.* Umfassung *f*; ~ *taarruzu mil.* Umfassungsangriff *m.*
kuşatmak *m. Akk.* 1. *j-m et.* umbinden, *j-n* umgürten 2. einschließen, umgeben, umfassen 3. umzingeln, umringen, belagern.
kuşbaşı, *-nı* 1. Vogelkopf *m* 2. *etwa von der Größe e-s Spatzenkopfes* (*Fleisch*); ~ *kar* dicke Schneeflocke.
kuşe kâğıt (*od. kâğıdı*) Kunstdruckpapier *n.*
kuşet, *-ti* Liegestatt *f*, Bett *n.*
kuşkonmaz *bot.* 1. Spargel *m* 2. Spargelkraut *n.*
kuşku Angst, Sorge, Besorgnis *f*, Argwohn *m*; ~ *yatmak* nur leichten Schlaf finden können.
kuşkulanmak 1. in Angst und Sorge geraten 2. argwöhnisch werden; Verdacht schöpfen.
kuşlamak *Sch.* büffeln, ochsen.
kuşluk 1. (*später*) Vormittag 2. Mittagessen *n* 3. großer Vogelkäfig.
kuşmar Vogelfalle *f.*
kuşpalazı, *-nı* 1. *selt.* Vogeljunge(s) *n* 2. *med.* Diphtherie *f.*
kuşsüdü, *-nü* 1. was nicht existiert 2. *fig.* größte Sorgfalt; *-nden başka her şey var* alles nur Erdenkliche ist da; ~ *ile beslemek* 1. es an nichts fehlen lassen (*Bewirtung*) 2. *fig. j-n* auf (den) Händen tragen.
kuştüyü, *-nü* 1. Flaumfeder(n *pl.*) *f*, Daune(n *pl.*) *f* 2. Daunen-; ~ *yatak* Federbett *n.*
kuşüzümü, *-nü* Korinthen *pl.*
kutlamak *m. Akk.* 1. gratulieren, beglückwünschen (*zu*) 2. feiern.
kutlu 1. glücklich, gesegnet 2. heilig *bayramınız* ~ *olsun!* gesegnete Feiertage!
kutlulamak = *kutlamak.*
kutri [ī] *math.* diagonal.
kutsal heilig, göttlich.
kutsi [ī] 1. *s. kutsal* 2. ≗ [x ·] *mV.*
kutu 1. Schachtel, Dose *f*, Büchschen *n* 2. = *kumkuma* (2) 3. *fr. türk. Kornmaß*; ~ *gibi* klein und niedlich (*Haus*).
kutup, *-tbu* 1. Pol *m* 2. *fig.* Zentrum *n*, Brennpunkt *m*; ~ *araştırıcısı* Polarforscher *m*; ~ *kuşağı geogr.* Polarzone *f*; ~ *yıldızı astr.* Polarstern *m.*
kutur, *-tru math.* 1. Durchmesser *m* 2. Diagonale *f.*
kuvarta [· x ·] *Ka.* Vierersequenz *f.*
kuvet *s. kuvvet.*

kuvve 1. Kraft *f* 2. Potentialität *f* 3. *psych.* geistige Fähigkeit, Vermögen *n* 4. Welt *f* des Gedanklichen 5. *mil.* Präsenzstärke *f*; *-de kalmak* nicht zur Ausführung kommen; *-den fiile çıkarmak* in die Tat umsetzen; *kuvvei anilmerkeziye* Zentrifugalkraft *f*; *kuvvei mâneviye* seelische Verfassung; Moral, Stimmung *f*; *kuvvei muharrike* Antriebskraft *f*; *kuvvei teşriiye* gesetzgebende Gewalt.

kuvvet, *-ti* 1. Kraft, Stärke *f* 2. Macht, Gewalt *f* 3. *mil.* Streitkraft *f* 4. *math.* Potenz *f* 5. *in verschiedenen Rw. m. Dat.*: a) Möge ... stark sein! b) kraft, dank; ~ *ilâcı* Stärkungsmittel *n*; ~ *macunu* Aphrodisiakum *n*; *-le* 1. kräftig, stark 2. mit Gewalt 3. mit Bestimmtheit (*z.B. behaupten*); *-le muhtemel* sehr wahrscheinlich; *-lerin ayrılığı jur.* Gewaltenteilung *f*; *-ten düşmek* von Kräften kommen.

kuvvetlendirmek kräftigen, (ver-)stärken.

kuvvetlenmek Kraft gewinnen, sich kräftigen; erstarken.

kuvvetli 1. kräftig, stark 2. gewaltig, mächtig 3. heftig 4. tüchtig, leistungsfähig 5. hartnäckig (*z.B. Gerücht*) 6. *adv.* stark, fest, sehr.

kuvvetsiz kraftlos, machtlos, matt, schwach.

kuyruk 1. Schwanz, Schweif *m* 2. *pr.* Fettschwanz (*des Hammels*) *m* 3. Schwanz·federn *pl. od.* -flosse *f* 4. Schleppe *f* (*e-s Kleides*) 5. *hum.* ständiger Begleiter 6. (*Menschen-*)Schlange *f* 7. Anhang *m* 8. Stiel, Schaft, Griff *m* 9. äußerer Augenwinkel 10. Saitenhalter *m*; ~ *kemiği an.* Steißbein *n*; ~ *sallamak* 1. mit dem Schwanz wedeln (*Hund*) 2. mit dem Schwanz wippen (*Bachstelze*) 3. *fig.* kriechen, schmeicheln 4. *fig.* Avancen machen (*Frau e-m Mann*); ~ *yapmak* Schlange stehen; *kuyruğunu kısmak* 1. den Schwanz einziehen 2. *fig.* klein und häßlich werden (*vor lauter Angst*) 3. *fig.* sich davonmachen.

kuyrukacısı, *-nı* Groll *m*, Rachsucht *f*; *-nı çıkarmak* Rache nehmen; sein Mütchen kühlen.

kuyrukkakan *zo.* Bachstelze *f*.

kuyruklu 1. mit Schwanz, geschwänzt 2. *zo.* Skorpion *m*; ~ *kurbağa* Kaulquappe *f*; ~ *piyano* (*Konzert- od Stutz-*)Flügel *m*; ~ *saat* Standuhr *f*; ~ *yalan* faustdicke Lüge; ~ *yıldız astr.* Komet *m*.

kuyruksalan, kuyruksallıyan 1. *zo.* Bachstelze *f* 2. *e-m Mann(e)* Avancen machend (*Frau*).

kuytu 1. windgeschützt 2. versteckt, still, einsam, abgelegen 3. windgeschützte Stelle, abgelegener Ort.

kuyu 1. Brunnen *m* 2. Bergwerksschacht *m*, Bohrloch *n* 3. Miete *f* (*als Aufbewahrungsort für Feldfrüchte*); ~ *bileziği* Brunnen·kranz, -rand *m*, -einfassung *f*; ~ *dolabı* Schöpfwerk *n*; ~ *tulumbası* Brunnenpumpe *f*; *-sunu kazmak* (*b-nin*) *fig. j-m* e-e Grube graben; e-e Falle stellen; *-ya atmak* (*k-ni*) *fig.* Selbstmord begehen.

kuyucu Brunnen·gräber, -bauer *m*.

kuyum *va.* Gold- und Silberschmuck *m*.

kuyumcu Goldschmied, Juwelier *m*.

kuyumculuk Goldschmiedekunst *f*, Juweliergewerbe *n*.

kuzen Vetter, Cousin *m*.

kuzey Norden *m* 2. nördlich, Nord- 3. Nordabhang *m* (*e-s Berges*); ♀ *Atlantik Paktı Teşkilâtı n. pr.* NATO *f*; ~ *Koreliler* Nordkoreaner *pl*.

kuzgun *zo.* Kolkrabe *m*; ~ *kılıcı bot.* Gladiole *f*; Schwertlilie *f*; *Spr. -a kendi yavrusu şahin gelir* jedem Narren gefällt seine Kappe.

kuzguncuk 1. kleiner Rabe 2. Gitterfenster *n an der Tür e-r Gefängniszelle* 3. ♀ *n. pr. Ortschaft am Bosporus.*

kuzguni [· - -] pech-, (kohl)rabenschwarz.

kuzin Kusine *f*.

kuzu 1. Lamm, Schäfchen *n* 2. Türchen *n in e-m größeren Tor*; ~ *dolması* farciertes Lamm; ~ *gibi* (*akıllı uslu*) lammfromm; ohne Zank und Streit; ~ *kestanesi Name e-r kleinen süßen Kastanienart*; ~ *sarması* 1. *Name e-s Gerichtes aus Lammdärmen* 2. *fig.* dicke Freunde *pl.*; *-m!* F mein Lämmchen!, mein Liebes!

kuzudişi, *-ni* Milchzahn *m der Kinder.*

kuzukulağı, *-nı bot.* Sauerampfer *m*.

kuzulu 1. ein Lämmchen tragend (*Schaf*) 2. von e-m Lämmchen begleitet 3. mit et. Kleinerem *der* *gleichen Art*; ~ *cetvel typ.* dicke Randlinie mit dünnerer daneben; ~ *kapı* Tor *n* mit eingelassenem Türchen.

kuzumantarı, *-nı bot.* Morchel *f.*

-kü *s. -ki*

küb *math.* 1. Würfel, Kubus *m* 2. würfelförmig; Würfel- 3. Kubikzahl *f*; ~ *kök math.* Kubikwurzel *f*; ~ *şeker* Würfelzucker *m.*

kübik 1. *math.* kubisch 2. kubistisch.

kübmetre *s. metre küb.*

küçücük [x · ·] ganz klein; winzig, niedlich.

küçük 1. klein 2. jung, jünger; *gel. a.* jüngst- 3. gering *an Zahl*; klein, kleiner 4. niedrig, gemein 5. in niedrigem Rang stehend 6. Kind, Kleine(s) *n* 7. Tierjunge(s) *n* 8. *jur.* minderjährig; ~ *aptes* Wasserlassen, Urinieren, „kleines Geschäft" *n*; ~ *azı dişleri* Prämolare *pl.*; ~ *baş* Kleinvieh *n*; ~ *bey* junger Herr; ~ *cari hesap* Sparkonto *n*; ~ *çizgi* Bindestrich *m*; ~ *dağları ben yarattım demek fig.* sehr von sich eingenommen sein; ~ *dil an.* Zäpfchen *n*; ~ *dilini yutmak* e-n jähen Schrecken bekommen; ~ *görmek* unterschätzen; links liegen lassen; ~ *hareketler* niedrige (*rohe, gemeine*) Handlungen *pl.*; ~ *Hindistan cevizi* Muskatnuß *f*; ~ *karakol mil.* Feldwache *f*; ~ *köyün büyük ağası iron.* kleiner Gernegroß; ~ *maaşlı memurlar* Beamte *pl.* mit kleinem Gehalt; ~ *oğlu* sein jüngster Sohn; *-tenberi* von Kindheit an; von klein auf.

Küçükayı *astr.* Kleiner Bär.

küçüklemek 1. schlechtmachen, herabsetzen, beleidigen 2. *z. va.* klein und häßlich werden.

küçükleşmek 1. klein(er) werden 2. sich wie ein Kind benehmen.

küçüklü büyüklü klein und groß.

küçüklük 1. Kleinheit *f* 2. Kindheit *f* 3. kleine Zahl 4. gemeines Benehmen 5. Kleinlichkeit *f.*

küçüksemek 1. unterschätzen, verachten 2. verkleinern, herabsetzen.

küçülmek 1. sich verringern 2. *fig.* ganz klein (*und häßlich*) werden 3. *fig.* sich erniedrigen 4. *techn.* sich verjüngen 5. sich für jünger ausgeben *als man ist.*

küçültme 1. *Vs. zu küçültmek, spez.* Verkleinerung, Reduktion; Verjüngung *f* (*z.B. beim Maßstab*) 2. *gr.* Diminutiv(um) *n*; ~ *ölçüsü* verjüngter, verkleinerter Maßstab.

küçültmek *Kaus. zu küçülmek* 1. klein *od.* kleiner machen, verkleinern, verringern, reduzieren; verjüngen (*z.B. Maßstab*) 2. *et.* geringer *od.* kleiner darstellen, *als es in Wirklichkeit ist* 4. leise(r) stellen (*Radio*) 5. *j-s* Ansehen *od.* Ehre Abbruch tun.

küçümen ganz klein; winzig, niedlich.

küf 1. *bot.* Schimmel *m* 2. Rost *m*; ~ *bağlamak* (*od. tutmak*) schimm(e)lig *bzw.* rostig werden; ~ *kokmak* muffig riechen.

küfe 1. großer Tragkorb, Kiepe *f* 2. V Popo, Hinterteil *m.*

küflenmek 1. schimm(e)lig *od.* rostig werden 2. *fig.* veralten, sich überleben, unmodern werden 3. *fig.* einrosten (*z.B. Arbeitskraft*) 4. *fig.* lange Zeit *irgendwo* versteckt liegen, (*spez. Goldmünzen*).

küfran [ā] Undank *m*, Undankbarkeit *f*; *küfranı nimet* schlechtbelohnte Wohltat.

küfretmek [x · ·] schimpfen, fluchen.

küfür[1], *-frü* 1. ketzerische Auffassung *od.* Äußerung 2. Schimpfen, Fluchen *n*, Fluch *m*, Verwünschung *f*; ~ *basmak* Verwünschungen ausstoßen; ~ *işitmek* Verwünschungen zu hören bekommen; *-ler sıralamak* e-n ellenlangen Fluch ausstoßen.

küfür[2] **küfür** *adv.* angenehm kühl (*z.B. wehen; Wind*).

küfürbaz wer dauernd schimpft und flucht.

küfürbazlık wüstes Schimpfen, lästerliches Fluchen.

küfüv, *-ffü* ebenbürtig, gleichstehend.

küheylân *arabisches* Vollblutpferd.

kükremek 1. brüllen (*Löwe*) 2. wild werden und laute Schreie ausstoßen.

kükürt Schwefel *m*; ~ *çiçeği* Schwefelblüte *f*; ~ *ocağı* Schwefelgrube *f*; ~ *tütsüsü* Ausschwefeln *n.*

kükürtlemek mit Schwefel behandeln, *spez.* ausschwefeln.

kükürtlü schwefelhaltig.

kül[1], *-lü* Asche *f*; ~ *etm.* 1. in Asche legen; vollkommen verbrennen 2. *fig. j-n* finanziell völlig ruinieren; ~ *gibi* bleich, blaß; ~ *kömür fig.* rauchender Trümmerhaufen; ~

suyu Lauge *f*; ~ *yutmak fig.* *j-m* auf den Leim gehen; *-ünü savurmak fig.* mit Stumpf und Stiel vernichten.

kül², *-llü* (*vollständiges, unteilbares*) Ganzes; ~ *halinde* als Ganzes, insgesamt.

külâh 1. *fr.* spitze *od.* hohe Kopfbedeckung *aus Filz*; Derwischmütze *f* 2. (*Minarett-*)Spitze *f* 3. *mil.* (*Geschütz-*)Haube *f*, (*Geschoß-*)Klappe *f* 4. Spitztüte *f* 5. *fig.* Schwindel, Betrug *m* 6. unrechtmäßige Bereicherung 7. Messingzylinder *m für die Wasserpfeife*; ~ *etm.* betrügen, übers Ohr hauen; ~ *kapmak* sich e-n einflußreichen Posten *od. andere Vorteile* verschaffen; *-ıma anlat* (*od. dinlet*)! das kannst du e-m anderen erzählen!

külbastı geröstetes *od.* gegrilltes Fleisch.

külçe *ungemünztes* Edelmetall, Barren *m*, Metallklumpen *m*; ~ *gibi oturmak fig.* vor Erschöpfung zusammenbrechen.

külek hölzerner Henkeleimer.

külfet, *-ti* Mühe, Anstrengung *f*, Aufwand *m*, Umstände *pl.*; ... *yapmak külfetine katlanmak* sich der Mühe unterziehen zu ...

külfetli mühevoll, anstrengend, umständlich.

külhan 1. Heiz·raum, -ofen *m* (*im türk. Bad*) 2. Aschenfall *m* 3. Feuerungsanlage *f*; ~ *gibi* unerträglich heiß (*Örtlichkeit*); ~ *kapağı* Aschenklappe *f*.

külhanbeyi, *-ni fr.* Bummler, Raufbold, Messerheld *m*; ~ *lehçesi* Gaunersprache *f*, Rotwelsch *n*, Vulgärsprache *f*.

küllenmek 1. zu Asche werden 2. sich mit Asche bedecken 3. gelindert *od.* gestillt werden (*z.B. Schmerz*) 4. *s. hallenip küllenmek.*

külli [i] 1. total, völlig, gänzlich, vollständig 2. *log.* allgemein, universal, umfassend 3. bedeutend, zahlreich, ansehnlich; ~ *fark* beträchtlicher Unterschied; ~ *masrafı mucip olmak* erhebliche Kosten verursachen.

külliyat, *-tı* [ā] 1. (*dichterisches*) Gesamtwerk 2. *log.* Kategorien *pl.*

külliye 1. Komplex *m*, Gesamtheit *f* 2. *selt.* (*nach ar. Sprachgebrauch*) Universität *f*.

külliyen *adv.* gänzlich, völlig, total.

külliyet, *-ti* 1. Gesamtheit, Totalität, Integrität *f* 2. große Menge; *-le* in großer Zahl.

külliyetli zahlreich, ansehnlich, beträchtlich, reichlich.

küllük Aschkasten *m*.

külot, *-tu* 1. kurze Hose 2. Knie-, Reit·hose *f* 3. Schlüpfer *m*, Kinderhös·chen *n*, kurze (*Herren-*)Unterhose.

külrengi, *-ni* aschgrau.

külte 1. = *külçe* 2. Strauß *m*, Bündel *n*, Garbe *f* 3. *geol.* Gestein *n*.

kültivatör *agr.* Tiefengrubber *m*.

kültür 1. Kultur, Bildung *f* 2. *agr.* Kultur *f*, Anbau *m*; ~ *sahibi* gebildeter Mensch; ~ *yapmak* Kulturen anlegen (*z.B. von Bakterien*).

kültürel Kultur-; kulturell.

kültürlü 1. kultiviert 2. kulturell; Kultur- 3. gebildet (*Mensch*).

kültürpark, *-kı* Gartenanlage *f* mit Vergnügungsstätten; Kulturpark *m*.

külünk, *-gü* 1. Spitzhacke *f* 2. Keule *f*, Knüppel *m* 3. Brecheisen *n*, Hebestange *f*.

külüstür (*a.* ~ *marka*) *alles wertmäßig Geminderte* (*P. od. S.*) *z.B.* altmodisch, unhandlich, ramponiert; Klapperkasten, Ladenhüter *m*; alter Knacker *usw.*

kümbet, *-ti* 1. Kuppel *f* 2. Kuppelgrab *n* 3. kuppelförmige Erhebung 4. F Hinterteil *n*, Popo *m* 5. Himmel *m*.

küme 1. rundliche Erhebung 2. Gruppe, Schar *f*, Rudel *n*, Haufen *m* 3. (*Sport*) Mannschaft *f*; ~ ~ haufen-, scharen·weise.

kümebulut, *-tu* Haufenwolke *f*.

kümelenmek *mil.* sich gruppieren.

kümes 1. Hühner-, Geflügel·stall *m* 2. bescheidenes Häus·chen.

künde 1. Fußfessel, Kette *f*, Band *n* 2. *va.* Hinterhalt *m*, Falle *f*, Versteck *n* 3. (*Ringen*) Zange, Fessel *f*; *-den atmak fig.* 1. Mittel und Wege finden; *j-n od.* et. zu Boden zu strecken 2. betrügen, hereinlegen.

künh inneres Wesen, tiefere Bedeutung, eigentlicher Sinn, wirklicher Grund.

künk, *-gü* (*a.* ~ *borusu*) *großes* Abflußrohr.

künye 1. *fr.* Beiname *m* 2. Personenstandseintragung *f*; Personalien *pl.*; ~ *defteri* 1. Personalienheft *f* 2. *mil.* Stammrolle *f*; *-si bozuk* heruntergekommen.

küp, -*pü* 1. *großes, bauchiges* Tongefäß 2. V betrunken; ~ *gibi sağır* stocktaub; *-lere binmek fig.* in hellen Zorn geraten.
küpe 1. Ohr·gehänge *n*, -ring *m*, -perle *f* 2. *fig.* Warnung *f* 3. (*Haut-*) Glöckchen *pl.* (*am Ziegenhals*), Lappen *m* (*Hahn*).
küpeçiçeği, -*ni bot.* Fuchsia *f.*
küpeşte [· x ·] 1. *naut.* Reling *f* 2. obere Abschlußleiste *e-s Geländers* 3. *naut.* Schandeck *n.*
kür (*medizinische*) Kur.
kürdan Zahnstocher *m.*
kürdanlık Behälter *m* für Zahnstocher.
küre 1. *math.* Kugel *f* 2. *geogr.* Sphäre *f* 3. Welt *f* 4. Globus *m* 5. *runde* Büroklammer; ~ *müsellesatı* sphärische Trigonometrie.
kürecik 1. Kügelchen *n* 2. Blutkörperchen *n* 3. runde Pille.
kürek 1. Schaufel, Schippe *f* 2. Spaten *m* 3. Ruder *n*, Riemen *m* 4. *fr.* Galeerenstrafe *f* 5. Zwangsarbeit *f*, Zuchthausstrafe *f* 6. Brotschieber *m* (*des Bäckers*); ~ *çekmek* rudern; ~ *kemiği an.* Schulterblatt *n*; *küreğe asılmak* sich mit allen Kräften in die Riemen legen.
küreme *Vs. zu küremek*; ~ *makinesi* 1. Trockenbagger *m* 2. Räummaschine *f.*
küremek (weg)schaufeln.
küresel *math.* sphärisch.
küret, -*ti med.* scharfer (*Auskratz-*) Löffel.
kürevi [i] 1. Kugel- 2. *math.* sphärisch.
kürk, -*kü* 1. (*verarbeiteter*) Pelz 2. Pelz-.
kürkçü Pelzwarenhändler, Kürschner *m.*
kürsü 1. Redner·pult *n*, -tribüne *f* 2. Katheder *m od. n*, Lehrerpult *n* 3. (*Moschee-*)Kanzel *f* 4. (*Universitäts-*)Lehrstuhl *m* 5. Sockel, Ständer, Untersatz *m* 6. *isl. Myth.* achter Himmel 7. *va.* Thron *m od.* Hauptstadt *f.*
Kürt, -*dü* 1. Kurde *m*, Kurdin *f* 2. kurdisch.
kürtaj *med.* Auskratzen *n* (*mit dem scharfen Löffel*).
kürtün (*schwerer*) Pack- *od.* Tragsattel.
küs *Ki.* böse.
küseğen mimosenhaft empfindlich 2. *bot.* Mimose *f.*
küsere *s. küstere.*
küskü 1. Bohrstange *f* 2. Hebestange *f*, Brecheisen *n* 3. Schüreisen *n*, Feuerhaken *m* 4. *va.* Fackel *f.*
küskün 1. grollend, schmollend 2. *s. küstümotu.*
küsküt, -*tü bot.* Cuscuta, Nessel- *od.* Flachs·seide, Klebe *f.*
küskütük [x · ·] 1. schwerfällig wie ein Klotz 2. F sternhagelvoll.
küsmek, (-er) 1. *m. Dat.* grollen, schmollen 2. in der Entwicklung zurückbleiben 3. revoltieren (*z.B. hungriger Magen*).
küspe Treber, Trester *f.*
küst, -*tü e-e besondere Art des Tricktrackspiels.*
küstah frech, unverschämt.
küstere 1. Rauhbank *f* (*Langhobel*) 2. Quarzsandstein *m* 3. Schleif-, Wetz·stein *m* 4. *bot.* Betonie *f*; *-ye tutmak* schleifen, wetzen.
küstümotu, -*nu bot.* Mimose *f.*
küsuf [ū] Sonnenfinsternis *f*; ~ *etm.* sich verfinstern (*Sonne*); *küsufu cüzi* (*külli*) partielle (totale) Sonnenfinsternis.
küsur [ū] 1. *va. pl.* Brüche *pl.* 2. Bruchteile *pl.* 3. unerheblicher Mehrbetrag 4. und soundsoviel.
küşat, -*dı* [ā] 1. Eröffnung, Einweihung *f* 2. *e-e besondere Spielart beim Tricktrack.*
küt, -*tü* 1. stumpf, abgeplattet 2. kurz und dick (*Finger*) 3. plumps!, bum!, hops!
kütle 1. *großes massives* Stück, Block Klotz *m*, Scholle *f* 2. Masse, Schar *f*, Haufen *m* 3. *chem.* Masse *f.*
kütlevi [i] Massen- (*z.B. Angriff*).
küttedek! [x · ·] plumps!, bums!, plötzlich.
kütük 1. Holzklotz *m* 2. Weinstock *m* 3. Register *n*, Matrikel *f.*
kütüp(h)ane [ā] 1. öffentliche Bibliothek, Bücherei 2. Bibliothekszimmer *n* 3. Bücherschrank *m* 4. Buchhandlung *f* 5. Literatur *f*; ~ *memuru* Bibliothekar(in *f*) *m.*
kütür kütür knirschend, krachend.
kütürdemek knirschen, krachen.
küul, -*lü* [ū] *chem.* Alkohol *m.*
küvet, -*ti* 1. *phot.* Entwicklerschale *f* 2. Waschbecken *n* 3. Porzellanschale *f* (*e-s europäischen Klosetts*) 4. Badewanne *f* 5. *selt.* Vertiefung, Aushöhlung, Mulde *f.*
küz *s. köz.*

L

l, L [lɛ] *15. Buchst. des türk. Alph.*
lâ[1] *mus. Ton od. Note* a.
lâ[2] 1. *va.* nicht; es gibt nicht 2. *va.* nein 3. (*Px*) nicht-, un-, a-.
-la *s. ile.*
lâahlâki [ī] a-moralisch.
lâakal wenigstens, mindestens.
lâalettayin *mst.* [*lâlettayn*] irgendein (beliebiger), x-beliebig.
lâbada [â kurz] *bot.* Gartenampfer *m.*
lâbirent, *-ti* [â kurz] Labyrinth *n.*
lâboratuvar [â kurz] Laboratorium *n.*
lâcivert, *-di* 1. Lapislazuli *m* 2. dunkel-, tief·blau.
lâden (*ağacı*) *bot.* Fichte, Rottanne *f.*
lâdes *bot.* Vielliebchen *n*; ~ *kemiği an.* Gabelbein *n.*
lâdinga [â kurz] Patronenschultergurt *m.*
lâedriye [- x · ·] Agnostizismus *m.*
lâf [â kurz] 1. Wort *n* 2. Worte *pl.*; Rede, Plauderei *f* 3. *pej.* leeres Gerede; ~ *atmak* 1. gemütlich plaudern 2. *pej.* den Mund vollnehmen 3. (*m. Dat.*) e-e Frau *od.* ein Mädchen ansprechen *bzw.* ihnen et. zurufen; ~ *bolluğu* Wortschwall *m*, Gefasel *n*; ~ *etm.* 1. (*b-le*) plaudern 2. (*bşi*) *über et.* klatschen; *et.* breittreten 3. seiner Unzufriedenheit Ausdruck geben (*Vorgesetzter*); ~ *söyledi balkabağı!* Unsinn!, dummes Geschwätz!; *-a tutmak* (*b-ni*) *j-n* durch ein Gespräch aufhalten; *-ını etm.* (*bşin*) *et.* aufs Tapet bringen; *-la peynir gemisi yürümez!* mit bloßem Gerede ist nichts getan!
lâfazan [â kurz] Schwätzer *m*, Schwatzmaul *n*, Plaudertasche *f.*
lâfız, *-fzı* [â kurz] 1. Wort *n* 2. *jur.* Wortlaut *m*, Buchstabe *m* (*des Gesetzes*).
lâfzi [· -] wörtlich (*z.B. Auslegung*).
lâğap *s. lâkap*
lâğar mager, abgemagert, elend; körperlich heruntergekommen.
lâğım 1. Kloake *f*, Abortabfluß *m*, Kanalisation *f*, Abwässergrube *f* 2. Stollen, unterirdischer Gang 3. Minen-, Spreng·gang *m* 4. (*Land-*) Mine *f*; ~ *açmak* unterminieren; ~ *atmak* e-e Mine hochgehen lassen; ~ *fişeği* Sprengpatrone *f*; ~ *sıçanı zo.* Wanderratte *f*; ~ *suları* Abwässer *pl.*; ~ *tarlası mil.* Minenfeld *n*; *-la atmak* sprengen (*z.B. Gestein*).
lâğıv, *-ğvı* 1. Aufhebung, Abschaffung *f* 2. *va.* leeres Gerede.
lâğvetmek [x · ·] abschaffen, aufheben, beseitigen.
lâhana [â kurz] [x · ·] *bot.* Kohl *m.*
lâhavle [- x ·] (*Ausruf des Schreckens od. des Unmuts*) Mein Gott!
Lâhey *s. Lâhi.*
Lâhi *n.pr.* Den Haag (*Niederlande*).
lâhika 1. Anhang, Nachtrag *m* 2. *gr.* Endung *f*, Affix *n*, Suffix *n*, Nachsilbe *f* 3. *jur.* Kodizill *n.*
lâhim, *-hmi* [â kurz] *va.* Fleisch *n.*
lâhmacun [â kurz] *gebackener Fladen mit Hackfleisch.*
lâhza, lâhze [â kurz] Augenblick, Moment *m*; *-da, -de* im Nu; blitzschnell.
lâin verdammt, verflucht, verwünscht.
lâk, *-kı* [â kurz] 1. = *lâka* 2. künstlicher Teich, Wasserbecken *n.*
lâka [â kurz] [x ·] (*Gummi-*)Lack *m.*
lâkap, *-bı* [â kurz] Bei-, Spitzname *m.*
lâkayt, *-dı* gleichgültig, indifferent; ~ *kalmak* (*bşe od. bşe karşı*) keine Notiz nehmen (*von*); sich nicht kehren (*an*).
lâkaytlık Gleichgültigkeit, Indifferenz *f.*
lâke [â kurz] mit Lack überzogen; lackiert.
lâkerda [â kurz] *in Salzbrühe* eingelegter *scheibenförmig geschnittener* Thunfisch.
lâkır lâkır [â kurz] gluck! gluck!
lâkırdı [â kurz] 1. Wort *n*, Ausdruck *m* 2. Gespräch *n*, Plauderei *f* 3. *pej.* Gefasel *n* 4. Wortstreit *m* 5. Aushandeln *n* (*e-r Ware*) 6. Widerrede *f*; ~ *altında kalmamak* um e-e Erwiderung nicht verlegen sein;

~ *etm.* 1. plaudern, sich unterhalten 2. klatschen, tratschen; ~ *taşımak et.* geschäftig weitererzählen; *-ya boğmak* (*bir mevzuu*) vom Hundertsten ins Tausendste kommen; *-yı çevirmek* 1. *et.* verdrehen *od.* willkürlich auslegen 2. dem Gespräch e-e andere Wendung geben; *-yı uzatmak* sich in endlosen Einzelheiten ergehen.

lâkırdıcı [â kurz] Schwätzer *m*, Schwatzbase *f*.

lâkin [x ·] aber, indessen, jedoch, sondern.

lâklâk [beide â kurz] 1. Klappern *n* (*des Storches*) 2. *fig.* Geschnatter, leeres Geschwätz 3. = *leylek*.

lâl¹, *-li* stumm, sprachlos.

lâl², *-li* [â kurz] 1. Rubin *m* 2. Granat *m* 3. *e-e besondere Art* rote Tinte 4. *fig.* rote Lippen *pl.* 5. rubinfarben, hellrot 6. *va.* Wein *m*.

lâlanga [· x ·] *e-e Art süßes Omelett.*

lâle 1. *bot.* Tulpe *f* 2. Obstpflücker *m* (*Gartengerät*); ~ *devri hist.* Tulpenära *f* (*1718—1730*); ~ *soğanı* Tulpenzwiebel *f*.

lâlelik 1. Tulpenvase *f* 2. Tulpengarten *m od.* -beet *n*.

lâm 1. Objektträger *m* (*am Mikroskop*) 2. *selt.* Klinge *f*.

lâma demiri Flacheisen *n*.

lâmarkçılık [â kurz] Lamarckismus *m*.

lâmba¹ [â kurz] 1. (*Petroleum-, Gas-, el. usw.*) Lampe *f* 2. Röhre *f* (*in Radiogerät*).

lâmba² [â kurz] Nut, Fuge, Rille, Rinne *f*; ~ *açmak m. Dat.* nuten, falzen.

lâmbri [â kurz] Lambris *m* (*unterer Teil e-r Wandbekleidung*).

lâme [â kurz] Brokat-, Lamé-; ~ *iskarpin* 1. Gold-, Silber·lederschuh *m* 2. Brokatschuh *m*.

lâmise 1. Tastsinn *m*, Gefühl *n* 2. *zo.* Fühlhorn *n*, Fühler *m*.

lânet, *-ti* 1. Verwünschung *f*, Fluch *m* 2. verwünscht, verflucht, verdammt; ~ *altında kalmak* verflucht werden; ~ *etm.* (*od. okumak*) verwünschen, verfluchen; ~ *olsun!* verwünscht!, verflucht!

lânetlemek verwünschen, verfluchen, verdammen.

lânetli = *lânet* (2).

lângaroz [â kurz] groß und stark gebaut (*P*).

lângır lûngur [â, û kurz] 1. rumpelnd, holpernd, stoßend (*z.B. Wagen*) 2. holperig, unbeholfen (*z.B. sprechen*) 3. unverblümt.

lângust, *-tu* [â kurz] *zo.* Languste *f*.

lâp, *-pı* [â kurz] 1. patsch!, klatsch!, bauz! 2. Schmatzen *n*; ~ ~ *Lm. des Wasserschlappens* (*Hund*) *od. Schmatzens.*

lâpa [â kurz] 1. *e-e dicke Reissuppe* 2. Brei *m* 3. Breiumschlag *m* 4. weich, schlagfertig; ~ *gibi* breiartig; ~ ~ *kar yağıyor* es schneit in dicken Flocken; ~ *koymak* (*od. vurmak*) e-n Breiumschlag machen.

lâpacı [â kurz] 1. wer gerne Brei ißt 2. aufgeschwemmt, aufgedunsen; dicker, aber kraftloser Bursche 3. Weichling, Feigling *m*.

lârp, *-pı* [â kurz], **lârpadak** [â kurz] wupp!

lâskine [â kurz] *Name e-s Ka.*

lâsta [â kurz] [x ·] *naut.* Schiffsraum *m*, Tragfähigkeit *f*, Tonnengehalt *m*.

lâstik [â kurz] 1. Gummi *m* 2. *ganz od. teilweise aus Gummi gefertigter Gegenstand, spez.*: 3. Reifen, Mantel, Schlauch *m* 4. Gummischuhe *pl.* 5. Radiergummi *m* 6. Gummiring *m*, -band *n*, -litze *f* 7. Badekappe *f* 8. Gummi·handschuh *m*, -finger *m* 9. Gummischürze *f* 10. Präservativ *n* 11. Gummiblase *f* (*für Fußball usw.*) 12. Dichtungsscheibe *f* 13. Gummi-; ~ *çizme* Gummi-, Wasser·stiefel *pl.*; ~ *hortum* Gummischlauch *m*; ~ *tampon* Gummipuffer *m*; ~ *tulumbası* Luftpumpe *f* (*für Auto, Fahrrad, Fußball usw.*); ~ *sopa* Gummiknüppel *m*; *lâstiği şişirmek* den Reifen (*od.* den Ball) aufblasen.

lâstikli [â kurz] 1. Gummi enthaltend; mit Gummi überzogen; Gummi- 2. *selt.* elastisch 3. *fig.* dehnbar (*z.B. Begriff*), mehrdeutig (*z.B. Wort*); ~ *konuşmak* sich beim Reden nicht festlegen; ~ *söz* dehnbarer Begriff, schwammiger Ausdruck; ~ *şerit* Gummi·band *n*, -zug *m*.

lâşey so gut wie nichts; gleich Null; wertlos.

lâçka, lâşka [â kurz] *naut.* 1. Lokkern, Nachlassen *n e-s Schiffstaues* 2. locker geworden; ~ *etm.* 1. lokkern, nachlassen 2. *fig.* es nicht so genau nehmen (*mit*); ~ *olm.* sich lockern.

lâta [â kurz] [x ·] 1. Latte *f* 2. *fr. langer, schwarzer* Überwurf *der isl. Geistlichen.*

lâtarna [x ·] 1. Drehorgel *f*, Leierkasten *m* 2. *Kfz.* altes, schäbiges Auto, Klapperkasten *m.*

lâtif [· -] 1. schön, hübsch, lieblich 2. angenehm, zufriedenstellend 3. (*Beiname Gottes*) der Gnädige 4. ♀ [x ·] *mV.*

lâtife [· - ·] Scherz, Spaß, Witz *m*, lustige Erzählung; ~ *bertaraf!* Scherz beiseite!; ~ *etm.* scherzen, spaßen; *Spr.* ~ *lâtif gerek Rw.* ein Scherz muß seine Grenzen haben; ~ *olarak* im Scherz; zum Spaß; *-den anlamak* e-n Scherz verstehen; *-ye bozmak* ins Scherzhafte wenden.

lâtilokum [â kurz] P *s. lokum.*

Lâtin [â kurz] 1. *hist.* Latiner(in *f*) *m* 2. lateinisch, Latein- 3. *gel.* römisch 4. romanisch, Romane *m* 5. römisch-katholisch; ~ *Amerika(sı)* Lateinamerika; ~ *çiçeği bot.* Kapuzinerkresse *f*; ~ *edebiyatı* römische Literatur; ~ *gemisi* Schiff *n* mit Lateinsegel; ~ *harfleri* Lateinalphabet *n*; ~ *kilisesi* römisch-katholische Kirche; ~ *milletleri* romanische Völker *pl.*; ~ *yelkeni* Lateinsegel *n.*

Lâtince [â kurz] [x · ·] lateinische Sprache, Latein *n*; lateinisch.

lâübali [- · - -] 1. unbekümmert, respektlos 2. zwanglos, ungeniert.

lâv 1. Lava *f* 2. Tuff *m.*

lâva [â kurz] [x ·] *naut.* zieht hoch!, heißt!; ~ *etm.* hochziehen, hissen, heißen (*naut.*).

lâvabo [â kurz] 1. Waschbecken *n* 2. Wasch·tisch *m*, -toilette *f.*

lâvaj [â kurz] Waschung, Spülung *f.*

lâvanta [â kurz] [· x ·] 1. *bot.* Lavendel *m* 2. Lavendelwasser *n* 3. getrocknete Lavendelblüten *pl.*

lâvaşa [â kurz] [x · ·] *flacher* Silberbarren.

lâvdanom [x · ·] *pharm.* Opiumextrakt *m.*

lâve [â kurz] gewaschen (*spez. Kohle*).

lâvi [â kurz] 1. Zeichnen *od.* Malen *n* mit (*verdünnter*) Tusche 2. Tuschzeichnung *f.*

lâvman [â kurz] *med.* Einlauf *m*, Klistier *n.*

lâvta[1] [â kurz] [x ·] *mus.* Laute *f.*

lâvta[2] [â kurz] [x ·] 1. Geburtszange *f* 2. Geburtshelfer *m.*

lâvuar [â kurz] Setzmaschine *f* (*für nasse Aufbereitung von Kohlen od. Erzen*).

lâyemut, *-tu* [ū] *z. va.* unsterblich.

lâyık, *-kı, -ğı* wert, würdig, verdienend, gebührend, passend, entsprechend; ~ *görmek* (*b-ni bşe*) *j-n* als geeignet *für et.* ansehen; ~ *olm.* verdienen (*z.B. Belohnung, Strafe usw.*); *-ını bulmak* 1. den passenden Lebensgefährten finden 2. die gerechte Strafe erhalten; *lâyıkiyle* gebührend, geziemend, entsprechend, gehörig.

lâyiha 1. Vorlage *f*, Entwurf *m*, Denkschrift *f* 2. *jur.* Schriftsatz *m.*

lâyik [â kurz] weltlich, laizistisch.

lâyikleştirmek [â kurz] 1. laizistisch gestalten 2. säkularisieren.

lâyiklik [â kurz] 1. Laizismus, Antiklerikalismus *m* 2. Trennung *f* von Kirche und Staat.

lâyter [â kurz] *naut.* Leichter *m.*

Lâz 1. Lase *m*, Lasin *f* 2. lasisch.

lâza *kleinerer* Kübel (*spez. für Honig*).

lâzım 1. nötig, erforderlich 2. *gr.* intransitiv; ~ *gelmek* 1. nötig sein 2. sich als notwendig ergeben; ~ *olm.* nötig sein; noch gebraucht werden.

lâzımlı P *für lâzım bzw. lüzumlu.*

lâzımlık Nacht geschirr *n*, -topf *m.*

lâzot, *-tu bot.* Mais *m.*

-le *s. ile.*

lebalep [x - ·] bis zum Rand; gesteckt (*voll*).

leblebi 1. *geschälte und geröstete* Kichererbsen *pl.* 2. *fig.* Gewehr- *od.* Revolverkugel *f.*

ledün, *-nnü* Gottesbewußtsein *n.*

ledünniyat, *-tı* [ā] 1. verborgene Wege *pl.* der Vorsehung 2. *s. künh.*

Lefkoşa, Lefkoşe [· x ·] *n.pr.* Nikosia (*auf Zypern*) *n.*

legalize legalisiert; amtlich bestätigt.

leğen 1. tragbares, metallenes Waschbecken 2. *an.* Becken *n.*

Leh(li) Pole *m*, Polin *f*; polnisch.

leh (*nur im Dat. u. Lok.*) zugunsten; *-inde olm.* 1. *et.* befürworten 2. sich zu j-s Gunsten auswirken; *-inde bulunmak* sich einsetzen (*für*); *-te ve aleyhte* für und wider.

Lehçe polnische Sprache, Polnisch.

lehçe 1. Dialekt *m*, Mundart *f* 2. Sprachzweig *m* 3. Idiom *n*, Sprache *f*.
lehim Löt·metall, -zinn *n*.
lehimlemek löten.
Lehistan *n.pr.* Polen *n*.
lehtar [ā] 1. Anhänger, Parteigänger, Freund *m*; auf j-s Seite stehend 2. *jur.* Benefiziaterbe *m* 3. *H.* Begünstigte(r) *m*.
lejant, -*dı* 1. (*Zeichen*-)Erklärung, Legende *f* 2. Bildunterschrift *f*.
leke 1. (*Schmutz*-)Flecken *m* 2. (*Haut*-)Fleck *m* 3. *fig.* Schandfleck; Makel *m*; ~ *bırakmak* Flecken hinterlassen; ~ *etm.* (*bşi*) beflecken, beschmutzen, besudeln; ~ *getirmek* (*b-ne*) entehren (*Handlung*); ~ *olm.* Flecke bekommen; ~ *sürmek fig.* in den Schmutz ziehen.
lekelemek 1. beschmutzen, besudeln 2. *fig.* in den Schmutz ziehen; verleumden.
lekeli 1. beschmutzt 2. wer nicht untadelig dasteht 3. gefleckt; ~ *humma* Flecktyphus *m*.
lenduha [ū] grobschlächtig, plump.
lenf(a) Lymphe *f*.
lenfatik *med.* lymphatisch.
lenger 1. (*Schiffs*-)Anker *m* 2. *große* Kupferplatte.
lengerendaz [ā] vor Anker liegend.
lenjöri Wäschebesatz *m*.
lepanda [· x ·] 1. sauber, rein 2. fein, zierlich.
lepiska [· x ·] blond und seidenweich (*Haar*).
lesepase Grenzübertritts-, Passierschein *m*.
leş 1. Aas *n*, Tierkadaver *m* 2. V menschlicher Leichnam 3. *aus dem Wasser ragender* Rumpf e-s gesunkenen Schiffes 4. nur mehr für den Müllhaufen geeignet; ~ *gibi* 1. wie die Pest stinkend 2. stinkfaul; ~ *kokusu* 1. Aasgeruch *m* 2. infernalischer Gestank; *-ini çıkarmak* (*b-nin*) j-n halbtot schlagen.
letafet, -*ti* [ā] 1. Schönheit, Anmut *f* 2. Annehmlichkeit *f*.
levanten 1. Levantiner *m* 2. levantinisch.
levazım [ā] 1. Bedarfsartikel, Utensilien *pl.* 2. Intendantur *f*.
levha 1. Schrifttafel *f* 2. Überschrift *f* 3. Scheibe, Platte *f* 4. Schild, Plakat *n* 5. Liste *f*.
levye Schalthebel, Steuerknüppel *m*.
leylâk, -*kı* [â kurz] *bot.* Flieder *m*.
leylek *zo.* Storch *m*.
leylî 1. *va.* nächtlich; Nacht- 2. Internats- 3. Internats·schüler(in *f*) *m*, -student(in *f*) *m*; ~ *mektep* Internatsschule *f*, Internat *n*; ~ *talebe s. leylî* (3).
lezzet, -*ti* 1. Wohlgeschmack *m* 2. Genuß *m*, Vergnügen *n*, Freude *f*; ~ *almak* (*od. duymak*) (*bşden*) Freude haben, Vergnügen finden (*an*).
lezzetlenmek 1. schmackhaft werden; Würze bekommen 2. = *lezzet almak*.
lezzetli 1. schmackhaft, wohlschmeckend 2. *fig.* angenehm, erfreulich.
lezzetsiz 1. ohne Würze, fad 2. lustlos, freudlos.
lığ 1. Anspülung, Alluvion *f* 2. Schwemm-, Alluvial·land *n*.
lığlı alluvial.
libade [ā] *kurze wattierte* Frauenjacke (*mit Ärmeln*).
Libi *n.pr.* Libyen.
libre [x ·] 1. Pfund *n* (= *500 g*) 2. *engl.* Pfund *n* (= *454 g*).
Libya *s. Libi*.
lider [x ·] 1. Führer *m* (*e-r Partei, Gewerkschaft usw.*) 2. Staatsmann *m*.
lied [ī] (*deutsches*) Lied.
lif *urspr.* [ī] 1. Faser *f* 2. Faserquaste *f* 3. *bot.* Luffa *f*.
lig, -*gi* (*a. Sport*) Liga *f*; ~ *lider* (*Sport*) Tabellenerste(r) *m*.
lignit, -*ti* Braunkohle *f*.
lika [x ·] Flockseide *f*.
liken *bot.*, *med.* Flechte *f*.
likidasyon 1. (*Börse*) Bereinigung *f* der Terminverbindlichkeiten 2. Liquidation, Geschäfts·aufgabe, -auflösung *f* 3. Räumungs-, Aus·verkauf *m* (*wegen Aufgabe des Geschäftes*).
likide liquidiert; ~ *etm.* liquidieren; ~ *olm.* liquidiert werden.
likit, -*di H.* flüssig, verfügbar, liquid.
likorinoz Räucherfisch *m*.
lilâ [x ·] fliederfarben, lila.
lillâhi (P *a.* ~ *için*) 1. um Gottes willen! 2. bei Gott!
lim *bot.* Limetta *f*.
liman 1. Hafen *m* 2. (*mst. sütliman*) still, ruhig; ~ *mahreci* Hafenausfahrt *f*; ~ *masrafları* Hafengebühren *pl.*; ~ *tesisatı* Hafenanlagen *pl.*; *-a girmek* in den Hafen einlaufen.
limanlamak *intr.* 1. in den Hafen

einfahren 2. im Hafen liegen 3. sich legen(*Wind*), sich beruhigen(*Meer*).

limanlık 1. als Hafen verwendbar; Hafen- 2. Ruhe, Stille *f* 3. ruhig, still.

limba [x ·] *naut.* Leichter *m*, Schute *f*, Prahm *m*.

limbo [x ·] *naut.* Bergung *f* (*der Schiffsladung*).

lime [i] *schmaler, langer* Streifen; ~ ~ zerrissen, zerschlissen, zerfetzt.

limitet şirket Gesellschaft *f* mit beschränkter Haftung (*Abk.* GmbH).

limon *bot.* Zitrone *f*; ~ *asidi* Zitronensäure *f*; ~ *gibi* kreidebleich; ~ *küfü* grünlichblau, blaugrün; ~ *sarısı* zitronengelb; ~ *sıkmak* e-e Zitrone auspressen.

limonata [· · x ·] (*Zitronen-*)Limonade *f*; ~ *gibi* kühl, erfrischend (*leichter Wind in der Sommerhitze*).

limonatacı Limonadenverkäufer *m*.

limoni [· - -] 1. hellgelb-grünlich 2. *fig.* launisch, *spez.* empfindlich, leicht gekränkt 3. *fig.* etwas erkaltet; getrübt (*Freundschaft*; *gute Beziehungen*).

limonluk 1. Gewächshaus *n* 2. Zitronenpresse *f* 3. Zitronen(baum)-Plantage *f*.

linç, -çi Lynchen *n*, Lynchjustiz *f*; ~ *etm.* lynchen; ~ *usulü* Lynchjustiz *f*.

liniment, -ti *med.* Einreibemittel *n*.

link, -ki Traben *n*, Trab *m* (*des Pferdes*); ~ *gitmek* traben.

linol *s. linoleom*; ~ *oyma işleri* Linolschnitte *pl*.

linoleom [· x · ·] Linoleum *n*.

linotip, -pi (*Zeilen-*)Setzmaschine, Linotype *f*.

linotipi Maschinensatz (*Zeilenguß*) *m*.

linyit *s. lignit*.

lira 1. Pfund *n* (*als Währungseinheit*) 2. *spez.* Goldpfund *n*.

liret, -ti (*italienische*) Lira *f*.

lisan *urspr.* [ā] 1. *va.* Zunge *f* 2. *z. va.* Sprache *f* 3. Ausdrucksweise *f*; *-a gelmek* 1. ins Gerede kommen 2. zu sprechen beginnen (*leblose Dinge im Märchen*).

lisaniyat, -tı [ā, ā] *z. va.* Sprachwissenschaft *f*.

lisans 1. Staatsexamen *n* 2. Zeugnis, Diplom *n* 3. Einfuhr-, *bzw.* Ausfuhr·genehmigung *f* 4. Berechtigungsschein *m*.

lise [x ·] Gymnasium *n*, Oberschule *f* 2. *spez.* Oberstufe *f* der höheren türk. Schule.

liste [x ·] 1. Liste *f*, Verzeichnis *n* 2. *spez.* Speisekarte *f*; *-ye geçirmek* in e-e Liste eintragen.

literatür 1. *selt.* schöne Literatur 2. Fachliteratur *f*.

litre [x ·] Liter *m od. n*.

liva [ā] 1. Fahne, Flagge *f* 2. *mil.* Brigade *f* 3. *mil.* Generalmajor *m* (*heute*: Brigadegeneral) 4. *fr.* Sandschak *m*.

livar Fisch·teich *m*, -bassin *n*.

liyakat, -ti [· - ·] 1. Würdigkeit *f*, Verdienst *n* 2. Tauglichkeit, Fähigkeit, Tüchtigkeit *f*; ~ *göstermek* sich bewähren.

liyakatli [· - · ·] 1. würdig, verdient 2. tüchtig, fähig, bewährt.

liyas (*postalische Bez.*) Packen *m*, Bündel *n*.

Liyej *n.pr.* Lüttich *n*.

liynet, -ti 1. *selt.* Weichheit *f* 2. weicher Stuhlgang; ~ *ilâcı* Abführmittel *n*.

Lizbon *n.pr.* Lissabon *n*.

lob, -bu (*Tennis*) Hochball *m*; ~ *yapmak* e-n Hochball schlagen.

lobut, -tu Keule *f* (*als Schlagwaffe od. Turngerät*).

lobya [x ·] weiße Bohnen *pl*.

loca [x ·] 1. (*Theater-, Kino-, Parlaments-, Freimaurer-*) Loge *f* 2. *hum.* Gefängniszelle *f*.

lodos 1. *naut.* Südwesten *m* 2. Südwest·wind, -sturm *m*; ~ *poyraz fig.* unbeständig, wankelmütig.

logaritma, logaritme [· · x ·] *math.* Logarithmus *m*.

loğ Steinwalze *f*.

loğlamak (fest-, flach-, glatt)walzen.

loğusa Wöchnerin *f*.

loğusalık Wochenbett *n*.

lohuk *Name e-r dicken Sirup-Art*.

lojik 1. Logik *f* 2. logisch.

lojistik *mil.* Unterbringungs-, Verpflegungs·wesen *n*.

lojman Wohnung *f*, Wohngelegenheit *f*.

lok lok etm. knurren (*Magen e-s laufenden Pferdes*).

lokal, -li 1. Aufenthaltsraum *m* 2. (*Gast-*)Lokal *n*; *a.* Klubraum *m* 3. lokal, örtlich.

lokanta [· x ·] Restaurant *n*, Gastwirtschaft *f*.

lokavt, *-tı* Aussperrung *f* (*von Arbeitern*).
lokma 1. Bissen, Happen *m* 2. etwas; ein bißchen; ein Stück 3. Krapfen *m* 4. *fig.* Beute *f* 5. *an.* Knochenkopf *m* 6. Schneidbacken *m* 7. *naut.* Bolzen *m* 8. *s. lökün*; *-sını dökmek* (*b-nin*) *für das Seelenheil e-s Verstorbenen* Krapfen backen und verteilen.
lokmanruhu, *-nu chem.* Äthyläther *m.*
lokum 1. Lokum *n* (*türk. Süßspeise*) 2. Karo, Eckstein (*Farbe im Ka.*) 3. *Sch.* milder, nachsichtiger Lehrer.
lololo 1. V Prahlen, Flunkern *n* 2. = *çük.*
lombago *s. lûmbago.*
lombar *naut.* Pfortluke Ladepforte *od. spez.* Stückpforte *f.*
lomboz *naut.* 1. Blende *f* 2. Bullauge *n* 3. Springluke *f.*
lonca [x ·] Innung, Zunft, Gilde, Körperschaft *f.*
Londra [x ·] *n.pr.* London *n.*
lop, *-pu* 1. rundlich, weich und ziemlich groß 2. hartgekocht (*Ei*) 3. (*diye*) platsch!, klatsch! 4. *s. lob*; ~ ~ *yemek* in großen Bissen hinunterschlucken; ~ *yüzlü* mit aufgedunsenem Gesicht.
loppadak! [x · ·] 1. klatsch!, platsch! 2. happ!, schnapp!
lord, *-du* 1. (*britischer*) Lord 2. P steinreich; *Lordlar Kamarası* Oberhaus *n* (*in Großbritannien*).
lostra [x ·] Schuhe-Wichsen *n.*
lostracı [x · ·] Schuhputzer *m.*
lostromo [· x ·] Bootsmannsmaat *m* (*auf Handelsschiffen*).
losyon 1. *stark parfümiertes* Kölnischwasser 2. Haarwasser *n* 3. Gummilösung *f.*
loş 1. halbdunkel 2. *fig.* faul, träge.
lotarya [· x ·] *e-e Art Lotterie* (*als Glücksspiel polizeilich verboten*).
lök, *-kü* 1. schwerfällig, plump 2. träge, faul 3. faul (*Ei*) 4. Zuchtkamel *n.*
lökün Kitt *m* (*aus Kreide u. Leinöl*).
löve Stich *m* (*im Ka.*).
lûbiyat, *-tı* [· · -] Lustbarkeit *f.*
lûgat, *-ti* [û kurz] 1. Wort *n*, Vokabel *f* 2. Wörterbuch *n* 3. (*a.* ~ *hazinesi*) Wortschatz *m*; ~ *paralamak* gespreizt daherreden.
lûgaz [û kurz] gereimtes Rätsel.
lûkata [û kurz] Fundsachen *pl.*, Fund *m.*
lûmbago [û kurz] [x · ·] *med.* Hexenschuß *m.*
lûmbar *s. lombar.*
lûmboz [û kurz] *s. lomboz.*
lunapark, *-kı* Rummelplatz *m*, Vergnügungspark *m.*
lustur V Schuhputzer *m.*
Lût Denizi *n.pr.* Totes Meer.
lûtfen [ü] [x ·] *adv.* bitte; freundlicherweise.
lûtfetmek [ü] [x · ·] freundlich geben, schenken, gewähren; reichen (*beim Essen*).
lûtr 1. *selt. zo.* Fischotter *m* 2. Otterfell *n* 3. Seal *n od.* Seal-Kanin *n.*
lûtuf, *-tfu mst.* [lütuf, -tfü] Huld, Güte, Gnade, Gewogenheit, Gunst *f*, Wohlwollen *n*; ~ *buyurmak* 1. die Güte haben (*zu*) 2. gestatten; (*bşi yapmak*) *lûtfunda bulunmak* die Güte haben (*zu*); so freundlich sein *und ...*
lüb, *-bbü* 1. Mark *n*; Kern *m* (*e-r Nuß*) 2. *fig.* Innerste(s), Beste(s) *n.*
Lübnan [ā] *n.pr.* Libanon *m.*
lüfer *zo.* Blaufisch *m.*
lüks 1. Luxus *m* 2. fein, elegant; Luxus-; ~ *eşya* Luxusartikel *pl.*; ~ *vergisi* Luxussteuer *f*; *şehrin en lüks otelleri* die vornehmsten Hotels der Stadt.
Lüksemburg *n.pr.* Luxemburg *n.*
lüle 1. Korkzieherlocke *f* 2. Schillerlocke *f* (= *feste Sahne in der bekannten Form*) 3. Pfeifenkopf *m* (*e-s Tschibuks*) 4. *altes Wassermaß* 5. Brunnenrohr *n* 6. *techn.* Düse *f.*
lületaşı, *-nı geol.* Meerschaum *m.*
lüp, *-pü* V 1. müheloser Gewinn 2. schwupp!, mit e-m Haps; mir nichts dir nichts.
lüpçü V 1. Profitmacher *m* 2. Nassauer *m.*
lüppedek [x · ·] V = *lüp* (2).
lüstrin Glanzseide *f.*
lüverver P Revolver *m.*
lüzum [ū] Notwendigkeit *f*, Erfordernis *n*, Bedarf *m*, Bedürfnis *n*; *-u halinde* gegebenenfalls, nötigenfalls; *görülen* ~ *üzerine Beh.* aus gegebenem Anlaß; *hem ne -u var?* wozu denn auch?
lüzumlu nötig, notwendig, erforderlich; ~ *lüzumsuz* teils erforderlich, teils aber auch überflüssig.
lüzumsuz unnötig, überflüssig.

M

m, M [mɛ] 16. *Buchst. des türk. Alph.*
maada [- · -] 1. *z. va.* was darüber hinaus vorhanden ist 2. *Pp. m. Abl.* außer; *bundan* ~ außerdem, überdies; *bundan -sı* F Rest *m*; die übrigen; das Übrige.
maalesef [· x · ·] leider, bedauerlicherweise.
maarif [· - ·] *heute mst.* [- · ·] 1. *va.* Wissen *n* 2. Unterrichtswesen *n* 3. ≈ = ≈ *Vekâleti*; ≈ *Müdürü* Chef *m* der lokalen Unterrichtsverwaltung; ≈ *Vekâleti* Türkisches Unterrichtsministerium.
maaş [· -] Gehalt *n* (*für pensionsberechtigte Beamte*).
maateessüf [· x · · ·] leider, bedauerlicherweise.
maazallah [· x · -] Gott behüte!
mabat, *-badi* [- -] Fortsetzung *f*; *mabadi* [- - ·] *var* Fortsetzung folgt.
mâbet, *-di* Tempel *m*, Gotteshaus *n*.
mablak 1. Spachtel, Spatel *m od. f* 2. *langer* Holzlöffel.
mabude [- - ·] Göttin *f*; *güneş mabudesi* Sonnengöttin *f*.
mabut, *-du* [- -] Gott *m*, Gottheit *f*.
Macar[1] Ungar(in *f*) *m*; ungarisch.
macar[2] V Laus *f*.
Macarca [· x ·] ungarische Sprache, Ungarisch.
Macaristan *n. pr.* Ungarn *n*.
macera [- · -] 1. *va.* Vorkommnis *n* 2. Abenteuer *n*; ~ *kadını* Abenteu(r)erin *f*; ~ *peşinde koşmak* auf Abenteuer ausgehen; *-ya atılmak* sich in ein Abenteuer stürzen.
maceralı [- · - ·] abenteuerlich, aufregend, riskant.
maceraperest, *-ti* [- · - · ·] 1. abenteuerlustig 2. Abenteurer(in *f*) *m*.
macun [ā] 1. Paste *f* 2. Kitt *m* 3. Latwerge *f* 4. Aphrodisiakum *n* 5. *e-e Art Kaugummi* 6. V Filter-Opium *n*.
macunlamak [- · · ·] (aus-, ein-, ver-, zu)kitten.
maç, *-çı* Wett·kampf *m*, -spiel *n*, Match *m od. n*; ~ *yapmak* ein Wettspiel austragen.
maça [x ·] 1. Innerste(s) *n*, (*Guß-*) Kern *m* 2. Pik, Schippen (*Farbe im Ka.*); ~ *beyi* Pik-As *n* (*Spk.*) 2. *fig.* Rowdy, Lümmel *m*; ~*beyi gibi kurulmak* sich hinfläzen, sich hinlümmeln.
maçör routinierter Turnierspieler (*spez. im Tennis*).
maçula, maçuna [· x ·] *techn.* Dampf·spill *n*, -winde *f*, -kran *m*, Mastenkran *m*.
madalya [· x ·] Medaille *f*, Orden *m*; *-nın tersi fig.* Kehrseite *f* der Medaille.
madde 1. Materie *f*, Stoff *m*, Substanz *f* 2. Artikel, Paragraph *m* 3. Stichwort *n* 4. Vorschlag *m* 5. *H.* Buchung *f* 6. *selt.* Eiter *m* 7. Penis *m*; *maddei iptidaiye* 1. Roh·stoff *m*, -material *n* 2. *chem.* Ausgangsstoff *m*.
maddeci Materialist(in *f*) *m*; materialistisch.
maddeten [x · ·] *adv.* materiell, stofflich; ~ *imkânsız* technisch unmöglich.
maddi [ī] 1. materiell, stofflich 2. materiell gesinnt (*Person*); ~ *eda jur.* Sachleistung *f*; ~ *hata jur.* Tatsachenirrtum *m*; ~ *mesele jur.* Tatfrage *f*; *gayrimaddi* unkörperlich, immateriell.
mâdelet, *-ti* Gerechtigkeit, Billigkeit *f*.
madem [x ·], **mademki** [· x ·] [ā] 1. *va.* solange als... 2. da ja; da nun einmal; in Anbetracht der Tatsache, daß ...
maden [ā] 1. Mineral, Gestein *n* 2. Erz *n* 3. Metall *n* 4. metallen, Metall- 5. Mine, Grube *f* 6. Mineralstoffe enthaltend 7. *selt.* (*Metall-*)Legierung *f* 8. *fig.* reiche Fundgrube, unerschöpflicher Born; ~ *akademisi* Bergakademie *f*; ~ *cevheri* Erzvorkommen *n*; ~ *kırmızı* Mineralkermes *m*; Kermes minerale; ~ *kömürü* Steinkohle *f*; ~ *suyu* Mineralwasser *n*; ~ *yatağı* Erz·vorkommen, -lager *n*.
madenci [ā] 1. Bergmann, Kumpel *m*

2. Mineraloge *m* 3. Bergingenieur *m* 4. Bergbau treibend 5. Gruben-, Minen·besitzer *m*.
madenî [ā] 1. mineralisch 2. Metall-; ~ *etiket* Metallschildchen *n*; ~ *para* Metallgeld *n*; ~ *ses* metallisch klingende Stimme.
madrabaz 1. Aufkäufer *m* 2. *fig.* Spitzbube, Gauner *m*.
madun [- -] Untergebene(r) *m/f*; untergeordnet, nachgeordnet.
madut, *-du* [- -] gerechnet, gezählt.
mafevk, *-kı* [ā] Vorgesetzte(r) *m/f*; übergeordnet, höherstehend.
mafiş 1. *Name e-r leichten Gebäckart* 2. F nicht vorhanden.
mafsal Knochenverbindung *f*, Gelenk *n*.
mafsallanmak *an.* ineinanderfassen; artikulieren.
mafsallı Gelenk-, umklappbar, beweglich; ~ *mil techn.* Gelenkwelle *f*.
magazin (*Unterhaltungs*-)Zeitschrift *f*, Magazin *n*.
magnetik magnetisch, Magnet-; ~ *alan phys.* Magnetfeld *n*.
magneto [· x ·] *phys.* Zünder, Elektromagnet *m*.
magnezit, *-ti* Magnesit, Meerschaum *m*.
mağara Höhle, Grotte *f*.
mağaza 1. (*großer*) Laden, (*großes*) Geschäft 2. Lager *n* (*e-s Kaufmanns*).
mağdur [ū] ungerecht behandelt; benachteiligt, zurückgesetzt; *jur.* verletzt.
magduriyet, *-ti* [ū] Zurücksetzung, Benachteiligung *f*.
mağfiret, *-ti* Sündenvergebung (*durch Gott*); ~ *etm.* die Sünden vergeben (*Gott*).
mağfiretnişan [· · · · -] im Zeichen der Sündenvergebung stehend (*Ramazan*).
mağfur [ū] 1. vergeben, verziehen (*Sünden durch Gott*) 2. verstorben, selig.
mağlûbetmek [· x · ·] besiegen, schlagen, niederwerfen, überwältigen.
mağlûbiyet, *-ti* 1. Niederlage *f* 2. (*bşe*) Sich-Hinreißenlassen *n*; *-e uğramak* (*bzw. uğratmak*) e-e Niederlage erleiden (*bzw.* beibringen).
mağlûbolmak [· x · ·] 1. (*b-ne*) besiegt werden (*von*); unterliegen 2. (*bşe*) sich hinreißen lassen.
mağlûp, *-bu* 1. besiegt, geschlagen, niedergeworfen, überwältigt 2. hingerissen (*z.B. vom Zorn*).
mağmum [ū] 1. wolkig, bedeckt, trüb 2. betrübt, bekümmert, nachdenklich, traurig.
mağnezya [· x ·] Magnesia, Talkerde *f*.
Mağosa [x · ·] *n.pr.* Famagusta (*auf Zypern*) *n*.
mağrip, *-bi* 1. Westen *m* 2. Nordafrika (*ohne Ägypten*) *n*.
mağruk, *-ku* [ū] 1. ertrunken 2. untergegangen (*Schiff*).
mağrur [ū] 1. stolz, hochmütig, eingebildet 2. vertrauend, trauend (*auf*).
mağşuş [ū] 1. nicht rein; legiert; gemischt; mit herabgesetztem Feingehalt (*Münzen*) 2. *fig.* ge-, verfälscht.
mahal, *-lli* 1. Ort *m*, Stelle *f* 2. *pr.* richtiger Ort, rechte Stelle 3. Anlaß *m* 4. Raum *m*, Möglichkeit *f*; ~ *tâyini mil.* Orientierung *f*; *-inde sarfedilen bir söz* ein Wort am rechten Platz; *-ine masruf emek* nicht umsonst aufgewandte Mühe; *mahalli ikamet* Wohnort *m*; *mahalli memuriyet* Dienstort *m*.
mahalle Stadt-, Wohn·viertel *n*; ~ *bekçisi* Nachtwächter *m* (*für ein best. Viertel*); ~ *çapkını* 1. schüchterner und linkischer Liebhaber 2. unerfahren, naiv; ~*çocuğu* Gassenjunge *m*; ~ *karısı* ungebildete und zanksüchtige Frau; ~ *tavrı* vulgäre Manieren *pl*.
mahallebi [· x · ·] Reismehlpudding *m*; ~ *çocuğu fig.* verwöhntes Muttersöhnchen, Weichling *m*.
mahallî örtlich, lokal; Orts-.
mahalsiz unzeitig, ungelegen, unangebracht.
maharet, *-ti* [· - ·] Geschicklichkeit, Gewandtheit *f*.
mahcubetmek [ū] [· x · ·] 1. beschämen 2. blamieren 3. (*durch Wohltaten*) verlegen werden lassen.
mahcubiyet, *-ti* [ū] 1. Beschämung *f* 2. Blamage *f* 3. Scheu, Schüchternheit, Verlegenheit *f*.
mahcup, *-bu* [ū] 1. beschämt 2. blamiert 3. schüchtern, verlegen; ~ *olmak* beschämt (*blamiert, verlegen*) dastehen.
mahcur [ū] entmündigt.

mahcuz [ū] gepfändet.
mahdum [ū] *z. va.* Sohn *m*.
mahdut, *-du* [ū] 1. begrenzt 2. *math.* definiert 3. geistig beschränkt 4. in geringer Zahl vorhanden; ~ *mesuliyetli jur.* mit beschränkter Haftung.
mahfaza 1. Behälter *m*, Gehäuse, Futteral, Etui *n* 2. Schmuckkästchen *n* 3. Kapsel *f*, Samengehäuse *n*.
mahfe Sänfte *f* (*auf Kamelrücken*).
mahfi [ī] *z. va.* 1. verborgen, versteckt 2. insgeheim, verstohlen.
mahfil 1. *z. va.* Versammlungshaus *n* 2. (*Personen-*)Kreis *m* 3. Moscheeloge *od.* -galerie *f*.
mahfuz [ū] 1. aufbewahrt, geschützt, erhalten 2. vorbehalten (*z. B. Autorenrecht*) 3. eskortiert 4. auswendig gelernt; ~ *hisse jur.* Pflichtteil *m*; ~ *mahal mil.* Unterstand *m*; ~ *mallar jur.* Vorbehaltsgut *n*.
mahfuzen [ū] *adv.* unter Bewachung.
mahıv, *-hvı* Vernichtung, Ausrottung *f*.
mahir [ā] 1. geschickt, gewandt 2. ♀ *mV*.
mahiyet, *-ti* [ā] 1. Wesen *n*, Art, Natur *f*, Charakter *m* (*e-r Angelegenheit*) 2. *phil.* Entität *f*; *-i meçhul* dunkel, verdächtig, zweifelhaft.
mahkeme Gericht *n*, Gerichtshof *m*; ~ *celpnamesi* gerichtliche Vorladung *f*; *Spr.* ~ *kadıya mülk olmaz!* auch ein Richter bleibt nicht ewig in seinem Amt; ~ *kararı* richterliches Urteil *n*; ~*röportajları* aus dem Gerichtssaal; *-ler içtihadı jur.* Rechtsprechung *f*; *-lerin dereceleri jur.* gerichtliche Instanzen *pl.*; *-yi boylamak* vor Gericht erscheinen müssen; *-yi tahkir jur.* ungebührliches Benehmen vor Gericht.
mahkûm 1. verurteilt, abgeurteilt 2. Sträfling *m* 3. *fig.* gezwungen, verurteilt, verdammt (*zu*) 5. *va.* unterdrückt, unterjocht; ~ *etm.* 1. verurteilen (*z.B. zum Tod*); aburteilen 2. *fig.* verurteilen, verdammen.
mahkûmiyet, *-ti* 1. Ver-, Ab·urteilung *f* 2. *pr.* Vorstrafe *f* 3. Strafzeit, Strafe *f*.
mahlâs [â kurz] 1. Deckname *m*, Pseudonym *n* 2. Beiname, Rufname *m*.
mahlep, *-bi bot.* Steinweichsel *f*.
mahlû, *-ûu* abgesetzt, entthront.
mahlûk, *-ku* 1. erschaffen, geschaffen 2. Geschöpf *n*, Kreatur *f*.
mahlûkat, *-tı* [· - -] *pl.* Geschöpfe *pl.*; Schöpfung *f*.
mahlûl, *-lü* 1. aufgelöst, zerlegt, analysiert 2. *chem.* Solution, Lösung, Lauge *f* 3. dem Fiskus verfallen; *-e batırmak* laugen.
mahlûliyet, *-ti*, **mahlûllük** Herrenlos-Sein *n* (*e-s Nachlasses*).
mahmel *arch.* Säulendeckplatte *f*.
mahmi [ī] 1. ge-, be·schützt; protegiert 2. Schützling *m* 3. *jur.* Protektoratsstaat *m*.
mahmude [ū] 1. *bot.* Purgierwinde *f* 2. Skammoniumharz *n*.
mahmul, *-lü* [ū] 1. beladen, belastet 2. regenschwer (*Wolke*) 3. imputiert 4. *log.* Prädikat *n*.
mahmur [ū] 1. schlaftrunken 2. übernächtigt 3. sehnsüchtig, schmachtend.
mahmurluk 1. Schlaftrunkenheit *f* 2. Katzenjammer, Kater *m*.
mahmuz *urspr.* [ū] 1. Sporn *m* (*des Reiters, des Hahns usw.*) 2. *fr.* Rammsporn *m* 3. Steigeisen *n* 4. Eisbrecher *m* (*an Brückenpfeilern*).
mahpus [ū] 1. gefangen, eingesperrt 2. Sträfling *m* 3. gespannt (*Grundwasser*) 4. *e-e Technik im Tricktrackspiel*.
mahrama 1. Makramee *f* 2. kleines Handtuch (*im türk. Bad*).
mahreç, *-ci* 1. Ausgang *m* (*bei Kino, Bahnhof usw.*) 2. *H.* Absatzmarkt *m* 3. *phon.* Artikulationsstelle *f* 4. Aussprache, Lautung *f* 5. *fig.* Quelle *f* 6. *math.* Nenner *m e-s Bruches*.
mahrek, *-ki* (*Bewegungs-, Flug-*) Bahn *f*.
mahrem 1. geheim, vertraulich 2. Vertraute(r) *m* (*e-r hohen Persönlichkeit*); *-ler* nähere Umgebung.
mahremiyet, *-ti* 1. intime Sphäre, Privatleben *n* 2. intime Freundschaft 3. geheimer Charakter (*z.B. e-r Akte*) 4. hermetische Abgeschlossenheit.
mahrukat, *-tı* [· - -] 1. Brenn-, Heiz·material *n* 2. Brennstoff *m*.
mahrum [ū] beraubt, entblößt; ~ *etm.* (*od. bırakmak*) (*b-ni bşden*) *j-n e-r Sache* berauben; *j-m et.* ver-

sagen; ~ *kalmak* (*od. olm.*) (*bşden*) *e-m* versagt bleiben, *et.* entbehren müssen, *z.B. in der Füg.*: *bundan* ~ *kaldı* dies blieb ihm versagt.

mahrumiyet, -*ti* [ū] 1. Entbehrenmüssen *n* 2. (*fühlbarer*) Mangel, (*empfindliche*) Lücke; -*lere katlanmak* Entbehrungen auf sich nehmen; -*ler içinde yaşamak* ein entsagungsvolles Leben führen (*müssen*).

mahrut, -*tu* [ū] *math.* Kegel, Konus *m.*

mahruti [· - -] *math.* kegelförmig, konisch; ~ *çadır* Spitzzelt *n*; ~ *dişli* Zahnkegelrad *n*; ~ *şamandıra naut.* Kegeltonne *f.*

mahrutiye [ū] *math.* Kegelschnitt [*m.*]

mahsuben [ū] *adv.* 1. auf Konto, à conto 2. zur Verrechnung auf...

mahsubetmek [ū] [· x · ·] an-, verrechnen.

mahsul, -*lü* [ū] 1. Erzeugnis, Produkt *n* 2. Ernte *f* 3. Resultat, Ergebnis *n*, Ertrag *m*, Leistung *f.*

mahsup, -*bu* [ū] 1. verrechnet, angerechnet (*auf*) 2. Ver-, An·rechnung *f*, Abzug *m*, Abschreibung *f.*

mahsur [ū] 1. belagert, eingeschlossen 2. umgeben 3. eingeengt, eingezwängt.

mahsus *urspr.* [ū] 1. bestimmt (*für*) 2. eigen(tümlich), besonder-, charakteristisch, spezifisch 3. [māsus] [x ·] extra, eigens, absichtlich 4. (*Lautung wie* 3.) zum Tort; im Scherz.

mahsûs 1. gefühlt, empfunden 2. fühlbar, merklich, deutlich.

mahşer 1. *isl. Myth.* Versammlungsort *m der Auferstandenen* (*am Jüngsten Tag*) 2. Jüngster Tag, Weltuntergang *m* 3. große Menschenmenge; Gedränge *n.*

mahşerî riesig, ungeheuer (*Menschenmenge*).

mahun 1. Mahagoniholz *n* 2. Mahagoni-; ~ *ağacı bot.* Mahagonibaum *m*; ~ *mobilya* Mahagonimöbel *pl.*

mahut, -*du* [- -] *pej.* berüchtigt, anrüchig, übel.

mahvetmek [x · ·] 1. vernichten, ausrotten 2. zerstören, kaputtmachen 3. in großes Unglück stürzen.

mahviyet, -*ti* Bescheidenheit *f.*

mahvolmak [x · ·] *Pass. zu mahvetmek.*

mahya 1. Leuchtspruchband *n zwischen Minaretten* (*im Ramazan*) 2. First *m.*

mahzar Bittgesuch *n*, Petition *f.*

mahzen 1. unterirdisches Depot *od.* Lager 2. Vorkommen *n* (*von Bodenschätzen*) 3. Anlage *f* 4. Lager, Magazin *n*, Scheuer *f*, Keller *m*; ~ *kapağı* Falltür *f.*

mahzun [ū] traurig, betrübt, bekümmert.

mahzur [ū] 1. Bedenken *n*, Einwand *m*, Hindernis *n* 2. Nachteil, Schaden *m.*

mahzurlu 1. bedenklich; nicht einwandfrei 2. nachteilig.

mail [ā] 1. geneigt, schräg, schief 2. verlangend (*nach*); *e-r Sache* ergeben 3. in e-e andere Farbe spielend; *mailiinhidam* baufällig.

maile [ā] *geogr.* Abdachung *f*, Abhang *m.*

main [ī] *math.* Rhombus *m*, Raute *f.*

maişet, -*ti* [ī] 1. Lebensunterhalt *m* 2. *fr. Geldzuwendung an Geistliche der unteren Rangstufen*; ~ *seviyesi* Lebens·haltung *f*, -standard *m*; -*ini temin etm. sich* seinen Lebensunterhalt verdienen.

maiyet, -*ti* Gefolge *n*, Stab *m*, Umgebung *f*; -*inde* (*b-nin*) 1. zusammen mit... 2. *e-m Vorgesetzten* direkt unterstellt.

Majeste Seine *bzw.* Ihre Majestät.

majör *mus.* Dur *n*, Durtonart *f.*

majüskül großer Anfangsbuchstabe, Majuskel *f.*

makale [· - ·] (*Zeitungs-, Zeitschriften-*)Artikel *m*, *kleinere* Abhandlung, Darstellung; ~ *sahibi* Verfasser *m* des Artikels.

makam *urspr.* [· -] 1. Dienststelle, Behörde, Instanz *f* 2. hohe Dienststellung, Amt *n* 3. Amtszimmer *n* 4. melodische Weise 5. Stelle, Statt *f* 6. *z. va.* Aufenthalt, Wohnort *m*, Anwesenheit *f* 7. heilige Stätte; ~ *otomobili* Dienstwagen *m.*

makamat, -*tı* [· - -] *z. va. pl. zu makam.*

makamatınca [· - - · ·] behördlicherseits.

makamlı [· - ·] wohlklingend, harmonisch.

makamsız [· - ·] mißtönend, unharmonisch.

makar, -*rrı* 1. fester Wohnsitz 2.

Zentrum *n*, Sitz *m*; *makarrı hükûmet z.va.* Regierungssitz *m*, Hauptstadt *f*.

makara 1. Haspel, Garnwinde *f* 2. Spule, Laufrolle, Trommel *f* 3. *naut.* Flasche *f* 4. Rolle, Riemenscheibe *f* 5. *phys.* Induktionsspule *f* 6. Kettspule (*Weberei*) *f* 7. Nähgarn *n*; ~ *gibi* wie ein Buch, wie ein Wasserfall (*reden*); *-ları koyuvermek* sich vor Lachen ausschütten wollen; *-yı takmak* hänseln, necken, aufziehen.

makarna [· x ·] Teigwaren *pl.*

makas 1. Schere *f* (*a. bei Hummer usw.*) 2. Schermaschine *f* 3. (*Gleis-*) Weiche *f* 4. Deichselarm *m*, Achsschere *f* 5. Scheren·griff, -wurf *m* (*beim Ringen*) 6. weiblicher Geschlechtsteil 7. Dachsparren *pl.* 8. *naut.* Scherenkran *m* 9. widerrechtliche Einbehaltung von Geldern 10. V jetzt reicht's aber!, halt den Mund! 11. Wangenkneifen *n*; ~ *almak* (*od. geçirmek*) (*b-nin*) *j-m* in die Wange kneifen; ~ *ateşi mil.* Kreuzfeuer *n*; ~ *değmedik sakal* ungepflegter, struppiger Bart; ~ *dili* Weichenzunge *f*; ~ *hakkı* Abfälle, Flicken *pl.* (*in e-r Schneiderwerkstatt*).

makasçı 1. Scheren·hersteller *od.* -verkäufer *m* 2. Weichensteller *m*.

makaslama 1. *Vs. zu makaslamak* 2. kreuzweise 3. *La.* Scherensprung *m*.

makaslamak 1. *mit e-r Schere* schneiden 2. (*Ringen*) *mit Scherenwurf* zu Boden werfen 3. in die Wange kneifen 4. übernehmen, abdrucken (*z.B. Zeitungsartikel*) 5. ausrauben.

makastar Zuschneider *m*.

makat, *-dı* 1. Gesäß *n* 2. Überzug *m e-s Sitzkissens* 3. niedriges Holzgestell *mit Sitzkissen* 4. F Schneid *m*, Courage *f*.

makber Begräbnisstelle, Grabstätte *f*.

makbul, *-lü* [ū] 1. *va.* angenommen 2. *fig.* beliebt, geschätzt, angenehm; ~ *tutmak* 1. für besser halten 2. schätzen, billigen; *-e geçmek* (an)genehm sein.

makbuz [ū] 1. *va.* erhalten; in Empfang genommen 2. Quittung, Empfangsbestätigung *f*; ~ *mukabilinde* gegen Quittung; ~ *senedi* 1 Quittung *f* 2. Lagerschein *m*.

Makedonya [· · x ·] *n.pr.* Mazedonien *n*.

mâkes 1. Widerschein *m*, Spiegelbild *n* 2. *fig.* Sprachrohr *n*; ~ *bulmak* ein Echo erwecken; Widerhall finden.

maket, *-ti* Modell *n*, Entwurf *m*, Skizze *f*, Schema *n*.

makıys was verglichen wird *od.* verglichen werden kann; vergleichbar.

makıysünaleyh womit et. verglichen wird; maßgebend.

maki[1] 1. Buschwald *m*, Dickicht *n* 2. geheimer Unterschlupf (*e-r aktiven Untergrundbewegung*).

maki[2] *zo.* Maki, Fuchsaffe *m*.

makina [x · ·] 1. Maschine *f* 2. Lokomotive *f* 3. Apparat *m* 4. *spez.* Photoapparat *m*, Kamera *f* 5. *dial. od.* V Auto *n*, Fahrrad *n* 6. (*Räder-*)Werk *n*, Maschinenteil *m* 7. Druckerpresse *f* 8. V Revolver *m*; Pistole *f*; ~ *dairesi* Maschinenhaus *n*, -raum; ~ *fenni* Maschinenbaulehre *f*; ~ *gibi adam* sehr fleißig und genau arbeitend; ~ *ile* maschinell (*hergestellt*); ~ *ile yazılmış* maschinenschriftlich; ~ *kayışı* Treibriemen *m*; ~ *tesviyecisi* Maschinenschlosser *m*; *-da sakatlık* Maschinenschaden *m*, Panne *f*; *-yı işletmek* die Maschine anlassen.

makinacı 1. Maschinenbauer *m* 2. = *makinist*.

makinalaşmak 1. sich mechanisieren 2. mechanisiert werden.

makinalı [x · · ·] 1. mit *makina* ausgestattet 2. maschinenmäßig betrieben; maschinell bedient; Maschinen-; ~ *süpürge* Straßenkehrmaschine *f*; ~ *tabanca* Maschinenpistole *f*; ~ *tüfek* Maschinengewehr *n*.

makinata [· · x ·] Glätteisen *n* (*des Schuhmachers*).

makine *s. makina*.

makineci *s. makinacı*.

makineleşmek *s. makinalaşmak*; *makineleşmiş a. mil.* mechanisiert.

makineli *s. makinalı*; *Abk. für makinalı tüfek*.

makinist, *-ti* 1. Maschinist *m* 2. Fahrer *m*, *spez.* Lokomotivführer *m* 3. Mechaniker, Maschinenmeister *m*; ~ *yeri* Maschinistenstand *m*.

makiyaj Schminken, Make-up *n*; ~ *yapmak* sich schminken.

makkap *s. matkap*.

makrama s. *mahrama*.
maksat, *-dı* 1. Ziel *n*, Zweck *m* 2. Absicht *f*, Vorhaben *n* 3. was man ausdrücken will; *bu -la* zu diesem Zweck; hierzu; ~ *gütmek* beabsichtigen, bezwecken; *-a aykırı* (*od. uymaz*) ungeeignet, unzweckmäßig; *-a hizmet* Zweckdienlichkeit *f*; *-a vâkıf* zielbewußt.
maksim Maxime, Lebensregel *f*; Denkspruch, Grundsatz *m*.
maksure [ū] *gesonderte* Gebetsloge (*in e-r Moschee*).
maksut, *-du* [ū] 1. bezweckt, beabsichtigt; Ziel *n*, Absicht *f* 2. was man ausdrücken will, was man meint.
makta, *-aı* 1. Schnittfläche *f* 2. Ende *n od.* Unterbrechung *f* 3. *geom.* Schnitt *m* 4. *fr. Täfelchen zum Schneiden der Rohrfeder* 5. Etappe *f* (*e-r Entwicklung*) 6. Zäsur *f*, Verseinschnitt *m*.
maktel Tatort *m*, Mordstelle *f*.
maktu, *-uu* [ū] 1. *va.* abgeschnitten 2. fest (*Preis*) 3. Zeitungsausschnitt *m*.
maktuan [ū] *adv. H.* en bloc und zu festem Preis.
maktul, *-lü* [ū] getötet, ermordet; *cephede* ~ *düşmek* vor dem Feind fallen.
mâkul, *-lü* [ū] 1. vernunftgemäß, rational 2. vernünftig, verständig (*Mensch*) 3. verstandesmäßig faßbar 4. nur geistig faßbar; intelligibel.
makule [ū] 1. Gruppe, Klasse, Art, Gattung *f* 2. *log.* Kategorie, Begriffsform *f*; *bu* ~ (*oft pej.*) solch, derartig.
makûs [ā] 1. umgekehrt, gegenteilig 2. entgegengesetzt, widrig; ~ *tali* widriges Schicksal *n*.
makûsen [- x ·] *adv.* umgekehrt; ~ *mütenasip math.* umgekehrt proportional.
mal 1. Eigentum *n*; Hab und Gut *n* 2. Vermögen *n* 3. Ware *f*, Erzeugnis, Fabrikat *n* 4. Kerl, Bursche *m* 5. größere Tiere *pl.*, *spez.* (*Büffel-*) Kühe 6. Kuhherde *f* 7. V schönes, stattliches Weib 8. V Geld *n*, Moneten *pl.*; ~ *bulmuş Mağribî gibi* 1. ganz entzückt 2. mit größter Geschäftigkeit; *Spr.* ~ *canın yongasıdır Rw.* Besitz ist ein Stück Leben (*d.h. man trennt sich ungern davon*); ~ *canlısı* habgierig; ~ *edinmek* 1. Eigentümer *von et.* werden, *spez.* zu Geld kommen 2. sich *et.* (*unrechtmäßig*) aneignen 3. als seine eigene Angelegenheit betrachten *od.* behandeln; ~ *kaçırmak jur.* Vermögensstücke verheimlichen, beiseiteschaffen *od.* veräußern; ~ *etm.* 1. erstehen, erwerben, kaufen 2. (*k-ne od. üstüne*) sich (*unrechtmäßig*) *et.* aneignen 3. zuerkennen 4. zu e-m *best.* Preis erstellen; ~ *müdürü* Finanzdirektor *m* e-s Distrikts; ~ *mülk* Hab und Gut *n*; das ganze Besitztum; ~ *olm.* kosten; zu stehen kommen; ~ *sahibi* Eigentümer(in *f*) *m*; ~ *sandığı* Staatskasse *f*, Fiskus *m*; ~ *sürmek* Waren absetzen; *-ı -ına satmak* zum Einkaufspreis (*ohne Gewinn*) verkaufen; *-ın gözü* 1. prima Qualität *f* 2. *pej.* übler Bursche.
mala [x ·] Maurerkelle *f*.
malak Büffelkalb *n*.
malalamak mit der Maurerkelle auftragen und glattstreichen.
malama V Goldpfund *n*.
malârya [· x ·] Malaria *f*; *-ya tutulmak* (*od. yakalanmak*) die Malaria bekommen.
malâryalı 1. an Malaria erkrankt 2. malariaverseucht.
malca [x ·] 1. = *malen* 2. finanziell, pekuniär, geldlich; Geld-.
malen [ā; *i-haltiger l-Laut*] *adv.* in Ware.
malî [ā; *i-haltiger l-Laut*] 1. finanziell, pekuniär, geldlich, Geld- 2. finanztechnisch; Finanz-; ~ *buhran* Finanzkrise *f*; ~ *itibar* Kreditwürdigkeit *f*; ~ *sene* Finanzjahr *n*; ~ *servis* Schuldendienst *m*; ~ *tedbirler* finanzielle Maßnahmen *pl.*
malihulya [ā, ā] 1. Schwermut *f*, Trübsinn *m* 2. irrige Vorstellung; Wahn, Verdacht *m*.
malik *-ki* [ā] 1. (inne)habend, besitzend; Inhaber *m*; 2. ♀ *mV.* ~ *olm.* (*m.Dat.*) haben, besitzen; *kendine* ~ *değildir* er ist seiner selbst nicht Herr.
malikâne [ā] 1. großes Besitztum, Liegenschaft *f* 2. *fr.* Staatsdomäne *f*.
maliye [ā; *i-haltiger l-Laut*] 1. Finanz·wesen *n*, -verwaltung *f* 2. ♀ = *Maliye Vekâleti*, ~ *tahsil şubesi* Steuererhebungsstelle *f*; ♀ *Vekâleti* Türkisches Finanzministerium; ♀ *Vekili* Türkischer Finanzminister.

maliyeci [ā] 1. Finanzsachverständiger *m* 2. Beamte(r) *od.* Angestellte(r) *m* in der Finanzverwaltung.
maliyet, *-ti* [ā] Gestehungs·kosten *pl.*, -preis *m*.
malkıran P Rinderpest *f*.
malşans Unglück, Pech *n*, Unstern *m*.
malt, *-tı* 1. Malz *n* 2. Malzextrakt *m*.
Malta 1. (*Adası*) Insel *f* Malta 2. ≗ = *Malta taşı*; ~ *eriği bot.* Wollmispel *f spez. die gelbliche, säuerliche Frucht hiervon*; ~ *gibi* sehr teuer (*Gegend, Ort*); ~ *humması* Mittelmeerfieber *n*; ~ *taşı e-e best. Sandsteinart.*
Maltalı *s. Maltız.*
Maltız 1. Malteser(in *f*) *m*; maltesisch; Malteser- 2. ≗ *kleiner tragbarer* Holzkohlenherd *mit Rost.*
mâlûl *-lü* 1. leidend, kränklich, siech, gebrechlich 2. verletzt, verkrüppelt; ~ *gazi* kriegsversehrt; ~ *sigortası* Invalidenversicherung *f*.
malûm [- -] 1. bekannt 2. *math.* bekannte Größe 3. *gr.* aktiv 4. (*als Antwort*) gewiß, klar; ~ *olduğu üzere* bekanntlich; *gayrimalûm* unbekannt.
malûmat, *-tı* [- - -] 1. Kenntnisse *pl.*, Kenntnis *f*, Wissen *n* 2. *phil.* Erkenntnis *f* 3. Nachricht(en *pl.*) *f*, Aufklärung *f*, Mitteilung(en *pl.*) *f*, Auskunft *f*; ~ *edinmek* 1. Kenntnisse erwerben 2. zur Kenntnis nehmen; ~ *kabîlinden* zur Information; ~ *sahibi* kenntnisreich, gelehrt; ~ *vermek* in Kenntnis setzen; benachrichtigen; *-ı olm.* (*bşden*) im Bild(e) sein (*über*).
malûmatfüruş [- - · · -] Besserwisser, Neunmalkluge(r) *m*.
malûmatlı [- - · ·] 1. kenntnisreich, gelehrt 2. informiert, instruiert.
malûmatsız [- - · ·] 1. ohne Kenntnisse; unwissend 2. nicht im Bild(e); nicht informiert.
malûmattar [- - · -] unterrichtet, informiert, instruiert; im Bild(e); ~ *etm.* in Kenntnis setzen; benachrichtigen, informieren, instruieren.
malzeme benötigtes Material; Geräte, Utensilien, Zutaten *pl.*; ~ *azlığı* (*od. fıkdanı od. noksanı*) Materialmangel *m*; ~ *kolu mil.* Nachschubabteilung *f*; ~ *sarfiyatı* Materialverbrauch *m*.
mama 1. (*Ki.*) Essen *n* 2. Mehlbrei *m für Kleinkinder* 3. Kindernährmittel *n*; ~ *bezi* Sabberlätzchen *n*.
mamadadı (*schwarze*) Amme.
mamafih [- - ·] gleichwohl, indessen, jedoch, trotzdem.
mamaliga [· · x ·] *e-e Art Polenta.*
mamelek, *-ki* [ā] 1. Besitztum, Vermögen, Hab und Gut *n* 2. Nachlaß *m*, Erbmasse *f*; ~ *hakları jur.* Vermögensrechte *pl.*
mamul, *-lü* [- -] erzeugt, fabriziert, produziert, hergestellt.
mamulât, *-tı* [- - -] Erzeugnisse, Produkte *pl.*
mamur [- -] gut angebaut, kultiviert, aufblühend, dicht besiedelt.
mâna 1. Sinn *m*, Bedeutung *f* 2. Sinn *m*, vernünftiger Zweck 3. Äußere(s) *n*, Ausdruck *m* 4. *va.* Traum *m*; ~ *çıkarmak* (*m. Abl.*) 1. e-n falschen Sinn unterlegen (*e-r Äußerung od. Handlung*) 2. *spez. et.* auf sich beziehen; ~ *vermek* 1. (*bir parçaya*) mündlich übersetzen (*in der Klasse*) 2. (*bşe*) verstehen, begreifen; *-sına gelmek* (*od. olm.*) 1. bedeuten 2. die gleiche Bedeutung haben wie...
mana [x ·] Gesamtheit *f* der Spieleinsätze; Kasse, Bank *f*.
mânalı 1. bedeutsam, beachtlich 2. sinnreich, sinnvoll 3. Anspielungen enthaltend; vielsagend 4. ausdrucksvoll (*Gesicht*).
mânasız 1. unsinnig, sinnlos 2. unangebracht, unpassend 3. P dumm, unvernünftig (*a. von Personen gesagt*); ~ *herif!* P blöder Kerl!
manastır Kloster *n*.
manav Obst- und Gemüse·händler *m*.
manca [x ·] Essen, Fressen *n*, (*spez. für Hunde od. Katzen*).
mancana [· x ·] *großes* Faß, *spez. naut.* Wasserbehälter *m*.
mancınık Katapult *m*.
manda[1] 1. *zo.* Büffel *m* 2. *fig.* sehr dicke Person; ~ *gibi* dick und unbeholfen.
manda[2] 1. Auftrag *m*, Anweisung *f* 2. Mandat *n*; ~ *altındaki memleketler* Mandatsgebiete *pl.*
mandal 1. (*Fenster-, Tür-, Schrank-, Dreh-*)Riegel *m* 2. Türklinke *f* 3. Wirbel *m* (*am S.i.*) 4. Drehknopf *m* (*am Rundfunkgerät*) 5. Sperrklinke *f* (*am Zahnrad*) 6. *naut.* Klampe *f*

7. *naut.* Querholz *n* 8. *naut.* Stützholz *n* 9. *techn.* Daumen, Nocken *m.*
mandalina [· · x ·] *bot.* Mandarine *f*; ~ *likörü* Mandarinenlikör *m.*
mandapost, -*tu* 1. Postanweisung *f* 2. Postüberweisung *f.*
mandater 1. Mandatar *m* 2. Mandats-; ~ *devlet* Mandatarstaat *m.*
mandepsi V Schwindel *m*, Lug und Trug; *-ye basmak* V hereinfallen; übers Ohr gehauen werden.
mandıra [x · ·] 1. *gedeckte* Hürde *für Weidetiere* 2. Molkereibetrieb *m*; ~ *köpeği* 1. Mastiff *m* 2. *pej.* Köter *m* 3. *fig.* brutaler Mensch (*im Dienste anderer*).
mandolin *mus.* Mandoline *f.*
mandrel Reitstock *m*, Docke *f* (*an der Drechselbank*).
manej 1. Schulreiten *n*, Pferdedressur *f* 2. Reit·bahn, -schule *f.* Tattersall *m* 3. Zirkus *m.*
mânen [x ·] *adv.* 1. psychisch, gefühlsmäßig, seelisch, moralisch (*z.B. beeinflussen*) 2. ideell 3. dem Sinne nach 4. virtuell 5. indirekt.
mânevi [ī] geistig, innerlich, seelisch, psychisch, moralisch, ideell; ~ *evlât* Adoptivkind *n*; ~ *cebir jur.* moralischer (*psychischer*) Zwang; ~ *fail* intellektueller Urheber; ~ *kıymet* innerer Wert; ~ *muzaheret* moralische Unterstützung; ~ *tesir* psychische Wirkung; ~ *zarar* ideeller Schaden.
mâneviyat, -*tı* [- · · -] 1. übernatürliche Kräfte *pl.* 2. Gebiet *n* des Ideellen 3. (*Kampf-*)Moral; Stimmung *f* 4. Gedenken *n* (*e-s Verstorbenen*); *-ı bozuk bir ordu* demoralisiertes Heer.
mâneviyet, -*ti* geistiger (*ideeller*) Gehalt.
manevra [· x ·] 1. Anstalten, Versuche, Bemühungen *pl.*; Taktik *f*, Vorgehen *n* 2. *mil.* Manöver *n* 3. Rangieren *n* 4. Schiffsmanöver *n* 5. *fig.* Trick, Kniff *m* 6. V Schwindel, Betrug *m*; ~ *çevirmek* V ein Ding drehen (F *fingern*); ~ *fişeği mil.* Platz-, Übungs·patrone *f*; ~ *kritiği* Manöver·kritik, -besprechung *f*; ~ *lokomotifi* Rangierlok(omotive) *f.*
manga [x ·] 1. *mil.* Korporalschaft *f*, Zug *m* 2. Eßraum *m der Matrosen* 3. Runde *f* (*sitzender Personen*).
mangal Kohlenbecken *n*; ~ *kömürü* Holzkohle *f.*
mangan, manganez Mangan *n*; ~ *filizi* Manganerz *n.*
mangır 1. *alte Kupfermünze, etwa*: Heller *m* 2. Geld *n*, Moneten *pl.* 3. *leicht brennbare* Kohlenstaubscheibe (*für Nargileh*) 4. ganz kleine Goldbrasse (*Fisch*).
mangırsız ohne e-n roten Heller; ohne e-n Pfennig Geld.
mangız V Moneten *pl.*, Pinke *f*, Kies *m* (= *Geld*); ~ *tutmamak* V auf dem Trockenen sitzen.
mani[1] [ā] *e-e Volksliedart.*
mani[2] 1. Besessenheit, Sucht *f* 2. *spez. med.* Manie *f.*
mâni, -*ii* 1. hindernd, versperrend 2. verweigernd 3. ausschließend (*z.B. Begriff bei Definition*) 4. Hindernis *n*, Sperre *f* 5. (*Sport*) Hürde *f*; ~ *olm.* (*m. Dat.*) 1. (ver)hindern 2. verwehren, verweigern, absperren, abhalten 3. (*j-n*) aufhalten.
mania [- · ·] 1. Hindernis *n*, Sperre *f* 2. (*Sport*) Hürde *f.*
manialı [- · · ·] 1. Hindernisse aufweisend; schwierig (*z.B. Gelände*) 2. Hindernis-, Hürden-; ~ *koşu* (*od. yarış*) 1. Hindernisrennen *n* 2. Hürdenlauf *m.*
mânidar [- · -] *s. mânalı.*
manifatura [· · · x ·] Manufakturwaren *pl.*, *spez.* Stoffe *pl.*
manifesto [· · x ·] Zolldeklaration *f.*
maniple [· x ·] *techn.* Taster *m* des Telegraphenapparates.
manita [· x ·] V Schwindel *m*, Gaunerei *f.*
manivelâ [· · x ·] 1. Hebel *m* 2. Hebebaum *m*, Brechstange *f* 3. Kurbel *f*, Handgriff *m* 4. *naut.* Hebebaum *m zum Drehen des Gangspills*; ~ *kolu* Hebelarm *m*; ~ *tesiri* Hebelwirkung *f.*
manivelâlı Hebel-; ~ *fren* Hebelbremse *f.*
mankafa [x · ·] 1. einfältig, beschränkt; Dummkopf *m* 2. rotzkrank (*Pferd*).
manken 1. Mannequin *n od. m*, Glieder-, Maler·puppe *f* 2. Schneider- *od.* Kleider·puppe *f* 3. Vorführdame *f* 4. *fig. selt.* charakterloser Mensch.
manolya [· x ·] *bot.* Magnolie *f.*
mansap, -*bı* 1. Flußmündung *f* 2. *ab.* = *munsap.*
mansup, -*bu* [ū] ernannt (*Beamter*).
Manş (**Denizi**) *n.pr.* Ärmelkanal *m.*
manşet, -*ti* 1. Manschette *f* 2. Schlagzeile *f* 3. Bildunterschrift *f.*

manşo *zo.* Pinguin *m.*
manşon 1. Muff *m* (*als Kleidungsstück*) 2. Muffe *f* (*als Rohrverbindung*).
mantar 1. *bot.* Pilz *m* 2. Kork *m* 3. Kork·kapsel, -einlage *f* 4. Flaschenkork *m* 5. Kork- 6. Knallkorken *m* 7. Geschützverschluß *m* 8. Krispelholz *n* (*bei der Lederfabrikation*) 9. V Aufschneiderei *f*, Prahlen *n* 10. *Sch.* dumm, einfältig; Trottel *m*; ~ *atmak* V das Blaue vom Himmel herunterlügen; ~ *meşesi bot.* Korkeiche *f*; ~ *tabancası* Knallkorkrevolver *m* (*Kspz.*).
mantel *techn.* Mantel *m* (*als Hülle von Röhren, Kabeln, Geschossen usw.*).
mantelli *techn.* Mantel-.
mantı[1] Fleischpastete, *die zusammen mit Joghurt od. Knoblauch gegessen wird.*
mantı[2] *naut.* Rahenbefestigung *f.*
mantık, *-kı* 1. Logik *f* 2. vernünftige Handlung.
mantıki [ī] logisch; *gayri-* unlogisch.
manto [x ·] 1. Damenmantel *m* 2. *biol.* Mantel *m.*
manto-rop Mantelkleid *n* (*für Damen*).
manüel Hand-, Lehr·buch *n.*
manyak wahnsinnig, irre.
manyezit, *-ti s. magnezit.*
manyeto *s. magneto.*
manzara 1. Anblick *m*, An-, Aussicht *f* 2. Landschaft *f*; ~ *kartı* Ansichtskarte *f.*
manzaralı mit schöner (*od.* weiter) Aussicht.
manzume [ū] 1. Versdichtung *f* 2. System *n*, Lehre, Theorie, Doktrin *f.*
maral *zo.* Reh *n.*
marangoz Schreiner, Tischler *m*; ~ *balığı zo.* Sägefisch *m*; ~ *takımı* Tischlerwerkzeug *n.*
marangozhane [· · · - ·] Schreinerei, Tischlerei, Schreinerwerkstatt *f.*
maraz 1. *z. va.* Krankheit *f*, Übel *n* 2. *fig.* ewiger Nörgler.
maraza [- . .] *s. muaraza.*
marazi [ī] krankhaft, pathologisch; ~ *ruhiyat* Psychopathologie *f.*
marda 1. Extrageschenk, Trinkgeld *n* 2. Ausschußware *f.*
mareşal, *-li* (*Generalfeld-*)Marschall *m.*
margarit, *-ti bot.* Margaretenblume *f*, Margerite *f.*
marifet, *-ti* [ā] 1. Geschicklichkeit *f*, Kunststück *n* 2. besonderer Vorzug 3. *pej.* Tat, Handlung, Leistung *f* 4. *va.* (*Er-*)Kenntnis *f*, Wissen *n* 5. Mittel *n*, Vermittlung, Hilfe *f* 6. *isl. Mystik*: Gotteserkenntnis *f* mittels der Sinne; ~ *nazariyesi phil.* Erkenntnislehre *f*; ~ *sahibi* geschickt, talentiert; ~ *satmak* sich als besonders geschickt *od.* klug aufspielen.
mariz[1] [ī] kränklich, leidend, siech.
mariz[2] V Schläge, Prügel *pl.*
marizlemek V (ver)prügeln, ver-, durch·hauen.
marj 1. Rand *m* 2. *fig.* Spielraum *m*, Marge, Spanne *f* 3. Deckung *f* (*bei Lombardierung von Wertpapieren*).
marka [x ·] 1. Waren-, Fabrik·zeichen *n*, Stempel *m*, Marke *f* 2. Herkunft *f*, Ursprung *m*, Ursprungsland *n* 3. *Abk. für markalı* 4. Merkmal, Zeichen *n* 5. Monogramm *n* 6. Zahlmarke *f*; *gel.* Notgeld *n* 7. (*spez. Fb.*) Abdecken *n* (*e-s Gegenspielers*) 8. (*Lebensmittel-*)Marke *f* (*bei Warenrationierung*).
markalı mit *marka*; *Buick markalı* (*od. marka*) *otomobil* Buick(*-Wagen*) *m.*
markalamak mit Warenzeichen (*Stempel usw.*) versehen; kennzeichnen, stempeln.
marke (*spez. Fb.*) abgedeckt (*durch Gegenspieler*); ~ *etm.* abdecken.
marketing Absatz *m* (*von Erzeugnissen*).
marketri Einlegearbeit, Marketerie *f.*
marköz Markierungstäfelchen (*bei Ka.*).
maroken 1. Saffianleder *n* 2. Saffian- 3. Marocain *n od. m* (*Gewebe*).
marnel Matrosenanzug *m* (*spez. bei Kindern*).
marpuç, *-cu* Nargilehschlauch *m.*
Marsilya [· x ·] *n.pr.* Marseille.
marş 1. *mil.* Marsch! 2. (*Militär-*)Marsch *m* 3. Nationalhymne *f* 4. Anlasser *m* (*Kfz.*) 5. Fußhebel *m*, Pedal *n.*
marşandiz 1. *selt.* (*Handels-*)Ware *f* 2. (*treni*) Güterzug *m*; ~ *istasyonu* Güterbahnhof *m.*
marşpiye Trittbrett *n* (*e-s Fahrzeugs*).

mart, *-tı* März *m*; ~ *havası* 1. Aprilwetter *n* 2. *fig.* unbeständiges Wesen, Launenhaftigkeit *f*.
martaval V Lüge *f*, Schwindel *m*, Angeberei *f*; ~ *atmak* (*od. okumak*) lügen, schwindeln, aufschneiden.
martı *zo.* Möwe *f*.
martopilon *techn.* Dampfhammer *m*.
mâruf [- -] allgemein bekannt.
marul Gartensalat, Lattich *m*.
mâruz [- -] 1. der (*Ein-*)Wirkung *von* ... ausgesetzt 2. *va.* unterbreitet, dargelegt; *güneşe* ~ *kalmak* der Sonne ausgesetzt sein; *fena bir muameleye* ~ *bırakmak* e-r Mißhandlung aussetzen.
maruzat, *-tı* [- - -] *va. Besch.* schriftliche *od.* mündliche Darlegung(en *pl.*), Eingabe *f*, Ausführung(en *pl.*).
marya 1. Mutterschaf *n*, Mutterziege *f* 2. *allg.* Weibchen *n e-s Tieres* 3. kleine Fische *pl. verschiedener Art.*
mas, *-ssı astr. phys.* Aufsaugen *n*, Absorption *f*.
masa [x ·] 1. Tisch *m* 2. Abfertigungsstelle *f* (*bei e-r Behörde*) 3. (*iflâs masası*) Konkursmasse *f*; ~ *başında* an (*od.* vor) dem Tisch; *-nın üstü* Tischfläche *f*.
masaj Massage *f*; ~ *yapmak* massieren.
masal 1. (*Kinder-*)Märchen *n* 2. *fig.* leeres Geschwätz 3. *lit.* Fabel *f*.
masat, *-dı* Wetz-, Schleif·stein *m*.
maskara unterhaltsam, lustig 2. *pej.* Narr *m*, Spottfigur *f* 3. Karnevalsnarr *m*, *od.* -maske *f* 4. Närrchen *n* (*Kind*); *-ya çevirmek* 1. (*b-ni*) *j-n* zum Gespött der Leute machen 2. (*bşi*) ins Lächerliche ziehen.
maskaralanmak den Hanswurst spielen; Possen treiben.
maskaralık 1. Possenreißen, Hanswurst-Spielen *n* 2. würdeloses *od.* skandalöses Benehmen.
maske [x ·] 1. (*Gesichts-, Karnevals-, Gas-, Toten-, Fecht-, Narkose- usw.*) Maske *f* 2. Hundemaulkorb *m* 3. *fig.* Maske *f*, trügerischer Schein 4. *mil.* Tarnüberzug *m* 5. *Bill.* in e-r Linie stehend (*Bälle*); *-sini atmak fig.* sein wahres Gesicht enthüllen; *-sini kaldırmak fig.* j-n entlarven.
maskelemek 1. mit *maske* ausstatten *od.* versehen 2. *et.* kaschieren 3. abblenden abschirmen, zu-, verhängen, verdunkeln 4. *mil.* tarnen.
maslahat, *-tı* 1. Sache, Angelegenheit *f*, Geschäft *n* 2. Förderliche(s), Richtige(s) *n* 3. häusliche Geschäfte *pl.*
maslahatgüzar [· · · · -] (*pol.*) Geschäftsträger *m*.
maslak 1. gefaßte Quelle 2. kleines Wasserbassin 3. Wassertrog *m* (*für Vieh*).
maslup, *-bu* [ū] gehängt, aufgeknüpft, durch den Strang hingerichtet.
masmavi [x - ·] ganz blau, blitzblau.
masnu, *-uu* [ū] 1. kunstvoll hergestellt 2. verarbeitet (*Edelmetall*) 3. künstlich; er-, ge·künstelt 4. erdichtet, unwahr.
mason Freimaurer *m*; ~ *locası* Freimaurerloge *f*.
masör Masseur *m*.
masöz Masseuse *f*.
masraf 1. (*Geld-*)Ausgabe *f*, (*Un-*) Kosten, Spesen, Aufwendungen, Auslagen *pl.*; *jur. a.* Verwendungen *pl.* 2. Zutaten *pl.*; ~ *etm.* (*Geld*) ausgeben; ~ *görmek* Unkosten haben; Zahlungen zu leisten haben; ~ *hâmili* Kostenträger *m*; ~ *kapısı* Anlaß *od.* Zwang *m*, Geld auszugeben; *-ı kısmak* die Ausgaben einschränken; *-tan kaçınmak* Ausgaben scheuen.
masraflı kostspielig, teuer.
massetmek [x · ·] aufsaugen, absorbieren; *chem. a.* dämpfen, neutralisieren.
mastaba Sitzbank *f* (*an der Wand neben der Tür*).
mastar 1. *gr.* Infinitiv *m* 2. *va.* Ausgangspunkt *m*, Quelle *f* 3. Meßkluppe, Schublehre *f* 4. Richtscheit *n* (*der Maurer*); *-a vurmak* kalibrieren.
mastelâ [· x ·] Bottich, Kübel, Zuber *m*.
mastı Sky-Terrier *od.* Zwergspaniel *m*.
mastika [· x ·] 1. *selt.* = *sakız* 2. *mit Mastix hergestellte* Raki-Art.
mâsum [- -] 1. unschuldig, schuldlos, ohne Sünde 2. harmlos 3. kleines unversorgtes Kind, armes Wurm; ~ *yüzlü* unverdächtig aussehend.
mâsumiyet, *-ti* [- - · ·] 1. Unschuld, Schuldlosigkeit *f* 2. Harmlosigkeit *f* 3. Kindheit *f*; *-i anlaşılmak* sich als unschuldig erweisen.

masun [ū] 1. gesichert, geschützt, geborgen, sicher (*vor*) 2. unverletzlich; ~ *bulunmak* (*bşden*) sicher, geschützt sein (*vor*).

masuniyet, -ti [ū] 1. Gesichertsein *n*, Sicherheit *f* 2. Integrität, Unversehrtheit *f* 3. Immunität, Unantastbarkeit *f*; *masuniyeti şahsiye* Unverletzlichkeit *f* der Person; *masuniyeti teşriiye* parlamentarische Immunität.

masura [· x ·] 1. Spule *f* 2. Brunnenröhre *f* 3. *altes Wassermaß*.

maşa 1. Feuerzange *f* 2. Nadel, Klammer, Spange *f* 3. Brennschere *f* 4. Pinzette *f* 5. Splint *m* 6. Sperrklinke *f*, Anker *m* (*bei e-r Uhr*) 7. *fig.* Mittelsmann, Strohmann *m*; ~ *gibi* ausgemergelt (*Person*); ~ *kadar* winzig (*neugeborenes Kind*); ~ *varken elini yakmak fig.* sich überflüssigerweise die Finger verbrennen; *-nın uciyle tutmak fig.* 1. Abscheu, Ekel empfinden 2. mit et. Schmutzigem nichts zu tun haben wollen.

maşalamak brennen, ondulieren (*Haare*).

maşallah [- · ·] [x · ·] 1. großartig!, wunderbar! 2. aber gerne! 3. schön, daß wir uns einmal wiedersehen! 4. Talisman *m* gegen den bösen Blick; 2*ı var* 1. es geht ihm ausgezeichnet 2. es ist großartig damit bestellt.

maşatlık jüdischer Friedhof.

mâşer *menschliche* Gemeinschaft.

maşlah *fr. kimonoartiger* Frauenüberwurf.

maşlahlı 1. mit *maşlah* bekleidet 2. *fig.* orientalisch (*spez. arabisch*) klingend, anmutend (*Wort usw.*).

maşrapa Metall- *od.* Email·becher *m mit Henkel.*

mat[1], **-tı** Matt *n* (*Scha.*); ~ *etm.* 1. (schach)matt setzen 2. *fig. j-n* zum Schweigen bringen (*in e-r Diskussion*); ~ *olm.* 1. mattgesetzt werden 2. *fig.* nichts mehr erwidern können.

mat[2], **-tı** matt, glanzlos; *phot.* halbglänzend.

matara [· x ·] 1. Feldflasche *f* 2. = *matra.*

matbaa Druckerei *f*; ~ *mürekkebi* Druckerschwärze *f*.

matbaacı 1. Druckereibesitzer *m* 2. Drucker *m*.

matbaacılık 1. Tätigkeit e-s Druckereibesitzers *bzw.* Druckers 2. Druckergewerbe *n* 3. Drucktechnik *f*, Druck *m*.

matbah *s. mutfak.*

matbu, -uu [ū] 1. gedruckt 2. verlegt; *gayri-* nicht gedruckt, ungedruckt.

matbua [ū] 1. *allg.* Gedruckte(s), Presseerzeugnis *n* 2. *spez.* Drucksache *f*; *memnu -lar* verbotene Druckschriften *pl*.

matbuat, -tı [· - -] Presse *f* (*als Tagesschrifttum*); ~ *balosu* Presseball *m*; ~ *cemiyeti* Pressevereinigung *f*; ~ *cürmü jur.* Pressevergehen *n*; ~ *hukuku jur.* Presserecht *n*; ~ *hürriyeti* Pressefreiheit *f*.

matem [ā] Trauer *f*; ~ *âyini* (*schiitische*) Trauerfeier (*am 10. Muharrem*); ~ *bandı* Trauerflor *m*; ~ *havası* (*od. marşı*) Trauermarsch *m*; ~ *tutmak* 1. trauern; in Trauer sein 2. Trauerkleidung anlegen; *-e garketmek* in Trauer versetzen.

matematik 1. Mathematik *f* 2. mathematisch.

matematikçi 1. Mathematiker *m* 2. *Sch.* Mathematiklehrer(in *f*) *m*.

matemli [ā] 1. trauernd, in Trauer 2. traurig (*z.B. Melodie*).

materyel 1. Material *n* 2. materiell.

matine 1. *selt.* Vormittags·vorstellung, -vorführung, Matinee *f* 2. Sonder·vorstellung, -vorführung *f*.

matiz[1] 1. V sternhagelvoll 2. *wer im Orta Oyunu die Rolle des Betrunkenen spielt.*

matiz[2] *naut.* Verknotung *f* zweier Taue.

matkap, -bı Bohrer *m* (*mit Bügel*), Drillbohrer *m*.

matlap, -bı Wunsch *m*, Begehren, Verlangen *n*.

matlubat, -tı [· - -] Schuldforderungen, Außenstände, Guthaben *pl.*; ~ *ve mevcudat* (*Bilanz*) Aktiva *pl.*

matlup, -bu [ū] 1. gewünscht, verlangt, begehrt 2. erstrebt, ersehnt, Ziel *n*, Wunsch *m* 3. erforderlich, vorgeschrieben; Anforderung *f* 4. Schuldforderung *f*; (*Gut-*)Haben *n*; *-a kaydetmek H. j-m et.* gutbringen; ~ *senedatı* Portefeuille-Wechsel *pl.*

matra Retorte *f*, Brennkolben *m*.

matrah *angesetzter* Steuerwert *m*.

matris 1. Matrize *f* 2. Matrizenabdruck *m*.

mâtuf [- -] *m. Dat.* gerichtet (*auf*), bezweckend; was ... soll.

matya [x ·] eiterndes Geschwür, schwärende Wunde.
maun *s. mahun.*
mâvaka, *-aı* was geschehen (vorgefallen) ist: Ereignis *n*, Begebenheit *f*, Sachverhalt *m*.
maval 1. *arabische* Romanze *od.* Ballade 2. *fig.* faustdicke Lüge.
mavera [- · -] 1. drüben, jenseits befindlich; trans-, ultra- 2. *hum.* Hinterteil *n*.
mavi [- ·] blau; *~ boncuk* blaue Perle (*gegen den bösen Blick*); *~ kâğıt almak* den blauen Brief bekommen, *d. h.* entlassen werden; *-ye çalmak* ins Bläuliche spielen.
mavimsi [ā], **mavimtırak** [- · · ·] bläulich.
mavna [x ·], **mavuna** 1. Last-, Schlepp·kahn; Leichter *m* 2. *e-e frühere Segelschiffart* 3. *naut.* Saling *m*.
Mavusa *s. Mağosa.*
mavzer 1. Mausergewehr *n* 2. Revolver *m* 3. (*Selbstlade-*)Pistole *f*.
maya 1. Hefe *f*, Sauerteig *m* 2 *chem.* Ferment *n* 3. *e-e Volksliedart* 4. *zo.* Flußbarbe *f* 5. *fig.* Grundstock *m*, Natur *f*, Wert, Charakter *m*, Voraussetzung *f* 6. V auf-, zudringlich.
mayasıl 1. Ekzem *n*, nässende Flechte, Hautausschlag *m* 2. Hämorrhoiden *pl*.
mayasız 1. ohne Hefe; ungesäuert 2. moralisch minderwertig (*P*).
maydanoz *bot.* Petersilie *f*.
mayestro [· x ·] 1. Musiker, Komponist *m* 2. Kapellmeister, Dirigent *m*.
mayhoş 1. süßsauer, säuerlich 2. abgekühlt, erkaltet (*z.B. Freundschaft*).
mayın, *-ynı* (*See-*)Mine *f*; *~ barajı* Minensperre *f*; *~ dökmek* Minen legen; *~ tarayıcısı* Minensucher *m*, Minensuchboot *n*; *bir mayne çarpmak* auf e-e Mine auf·laufen, -fahren.
mayıs 1. Mai *m* 2. frischer Kuh- *od.* Schaf·mist 3. trockener Kuhmist; *~ böceği zo.* Maikäfer *m*.
mayi [- -] Flüssigkeit *f*; *mayii mahruk* flüssiger Brennstoff; Kraftstoff *m*.
mayin *s. mayın.*
maymun 1. *zo.* Affe *m* 2. *fig.* häßlich und lächerlich; *~ gözünü açtı fig.* nun wissen wir Bescheid!; jetzt lassen wir uns nicht mehr anführen!
maymuncuk 1. Äffchen *n* 2. drolliger, kleiner Junge 3. Dietrich *m*.
maynatan *mil.* Granat-, Minenwerfer *m*.
maynlamak, maynlemek verminen.
mayo [x ·] 1. Badeanzug *m* 2. (*Sport-*) Trikot *n*.
maytap, *-bı* 1. Rakete *f*, *kleiner* Feuerwerkskörper 2. V = *mehtap* 3. V Spott *m*.
mazarrat, *-tı* Schaden, Nachteil *m*.
mazbata 1. Protokoll *n* 2. Zeugnis *n*, Bestätigung *f* 3. *jedes Schriftstück mit mehreren Unterschriften, spez. amtlicher Bericht*; *~ muharriri* Protokoll-, Schrift·führer *m*; *~ tanzim etm.* ein Protokoll aufstellen.
mazbut, *-tu* [· -] 1. geschützt 2. solide, fest 3. aufgeräumt, ordentlich 4. registriert 5. protokolliert 6. festgelegt, bestimmt 7. haftend (*im Gedächtnis*) 8. bündig, konzis (*Stil*) 9. vom Staat verwaltet (*fromme Stiftung*).
mazeret, *-ti* [ā] 1. Entschuldigung *f* 2. Ablehnungs-, Entschuldigungs-, Hinderungs·grund *m*; *mazereti meşrua* 1. triftige Entschuldigung 2. unabweisbarer Hinderungsgrund.
mazeretli [ā] 1. entschuldigt 2. entschuldbar, verzeihlich.
mazet, *-ti* (*spez. Bill.*) schlechter Spieler, Stümper *m*.
mazgal 1. Schießscharte *f* 2. Sehschlitz *m*, Guckloch *n* 3. Putzen *n von Gold- od. Silberwaren.*
mazhar 1. *urspr.* Erscheinungsort *m* 2. erreichend 3. ♀ *mV.*; *~ olm.* (*bşe*) erreichen, erlangen, erfahren, genießen, sich erfreuen.
mazhariyet, *-ti* 1. Erlangen *n* (*von Ehren, Gunst usw.*), Erfahren *n* (*z.B. e-r Wohltat*) 2. Erfolg *m*, Glück *n* 3. natürliche Begabung, Talent *n*.
mazı 1. *bot.* Lebensbaum *m*, Thuja *f* 2. Thujazapfen *m* 3. Gallapfel *m*; *~ tuzu* Tannin *n*, Gerbsäure *f*.
mazi [- -] 1. Vergangenheit *f* 2. *gr.* Präteritum *n*; *-si bozuk* mit nicht einwandfreier Vergangenheit; *-ye karışmak* (*od. intikal etm.*) nur mehr historisches Interesse bieten; *mazii naklî gr.* Präteritum *n* der unbestimmten Aussage; *mazii şühudi* Präteritum *n* des Augenscheins.

maziperest, *-ti* [ā] *pej.* stockkonservativ.
mazlum [ū] 1. unterdrückt, bedrückt, ungerecht behandelt 2. *fig.* still, ruhig, bescheiden 3. ♀ [x ·] *mV.*
mazmaza geräuschvolles Ausspülen *des Mundes* (*spez. bei der rituellen Reinigung*); ~ *etm.* sich den Mund (*geräuschvoll*) ausspülen.
mazmun [ū] 1. tieferer Sinn, eigentliche Bedeutung, Inhalt *m* 2. *lit.* geistreiche Anspielung.
maznun [ū] 1. *va.* vermutet 2. verdächtig 3. angeklagt, beschuldigt.
maznuniyet, *-ti* [ū] Verdacht *m.*
mazot, *-tu* 1. Masut *n* 2. P Alkohol *m od.* Zigaretten *pl.*
mazruf [ū] in Hülle *od.* Umschlag steckend; Innere(s) *n*, Inhalt *m.*
mazur [- -] 1. entschuldigt 2. entschuldbar, verzeihlich; ~ *görmek* (*b-nin bşini*) 1. *j-m et.* nachsehen 2. *j-n* entschuldigen; ~ *göstermek m. Akk. et.* entschuldigen.
me [mɛ:] *Ki.* Schaf, Lamm *n*, Ziege *f.*
meal, *-li* [ā] Sinn, Inhalt *m*, Bedeutung *f.*
mealen [ā] [· x ·] *adv.* dem Sinn (*Inhalt*) nach.
mebde, *-ei* 1. Anfang, Beginn *m* 2. Ausgangspunkt, Ursprung *m* 3. Prinzip *n*, Grund·satz *m*, -lage *f.*
meblâğ (*Geld-*)Betrag *m*, Summe *f.*
mebni [i] 1. gebaut, erbaut, errichtet 2. *fig.* beruhend (*auf*), begründet (*in*), gegründet (*auf*) 3. *fig.* in Anbetracht, wegen, infolge.
mebus 1. Abgeordnete(r) *m/f*, Volksvertreter(in *f*) *m* 2. ♀ *türk. Zigarettenmarke.*
mebzul, *-lü* [ū] 1. *va.* in großer Menge gespendet 2. in großer Menge vorhanden; reichlich.
mebzulen [ū] *adv.* in großer Zahl; in Hülle und Fülle; überreichlich.
mecal, *-li* [ā] 1. Kraft *f* 2. *va.* Möglichkeit, Gelegenheit *f*; ~ *bırakmamak fig.* auf die Knie zwingen.
mecaz [ā] Bild *n*, Metapher *f*, bildlicher Ausdruck, übertragene Bedeutung.
mecazen [ā] *adv.* in übertragener Bedeutung; bildlich, figürlich.
mecazi [· - -] bildlich, metaphorisch, figürlich, übertragen.
mecbur [ū] gezwungen, genötigt; ~ *etm.* zwingen, nötigen; ~ *olm.* gezwungen (genötigt) sein zu ...; müssen.
mecburen [ū] [· x ·] gezwungenermaßen.
mecburi [· - -] 1. gezwungen, erzwungen, Zwangs- 2. obligatorisch 3. Not-; ~ *durak* ständige Haltestelle; ~ *ikamet* Zwangsaufenthalt *m*; ~ *iniş* Notlandung *f*; ~ *istikamet* vorgeschriebene Fahrtrichtung.
mecburiyet, *-ti* [ū] 1. Zwang *m* 2. gebieterische Notwendigkeit; ~ *halinde* im Not-, Bedarfs·fall; ~ *yoktur* man kann es tun oder es bleiben lassen.
meccanen [ā] *adv.* umsonst, gratis.
meccani [· - -] unentgeltlich, kostenlos.
mecelle Bürgerliches Gesetzbuch [(*bis 1926*).]
meci [- ·] *Ki.* Schaf-, Ziegen·hirt *m.*
meclis 1. gesellschaftliches Zusammensein 2. Versammlung, Sitzung *f* 3. Rat *m*, Versammlung *f* 4. *Th.* Szene *f*, Auftritt *m*; ~ *tahkikatı jur.* parlamentarische Untersuchung; *-ten dışarı* mit Verlaub gesagt.
meclûp, *-bu* 1. *va.* beigezogen, herbeigeholt 2. (*m. Dat.*) hingezogen, hingerissen, begeistert.
mecma, *-aı* [ā] 1. Versammlungsort, Sammelplatz *m* 2. Sammlung, Kollektion *f.*
mecmu, *-uu* [ū] 1. *va.* vereinigt, angehäuft 2. sämtlich, all 3. *math.* Summe *f.*
mecmua [ū] 1. Zeitschrift *f* 2. Gesamtheit, Zusammenstellung, Sammlung *f.*
mecmuacılık Zeitschriftenwesen *n.*
mecmuan [ū] *adv.* insgesamt; als Ganzes gerechnet.
mecnun [ū] 1. irrsinnig, verrückt, wahnsinnig 2. wahnsinnig verliebt 3. ♀ *Name des Liebhabers in „Leylâ ve Mecnun".*
mecra [ā] 1. Flußbett *n* 2. Leitungsrohr *n*, Kanal *m*, (*Wasser-*)Ablauf *m*, Zuführung *f* 3. *fig.* (*Ab-*, *Ver-*)Lauf *m* 4. *fig.* Quelle *f* (*z.B. e-r Nachricht*).
mecur [- -] *jur.* Mietsache *f.*
Mecusi [· - -] Parse, Feueranbeter *m.*
meczup, *-bu* [ū] 1. hingerissen, verzückt 2. närrisch, verrückt.
meç, *-çi* 1. Degen *m* 2. Dolch *m* (*der Luftwaffenoffiziere*) 3. Fechtsäbel *m*, Florett *n*, Schläger *m.*

meçhul, *-lü* [ū] 1. unbekannt 2. *a. math.* unbekannte Größe 3. unsicher, ungewiß 4. *gr.* Passiv *n*; ♀ *Asker Abidesi* Grabmal *n* des Unbekannten Soldaten.
medar [ā] 1. *astr.* Wendekreis *m* 2. *geogr.* Tropen *pl.* 3. Bahn *f e-s Gestirns* 4. (*Hilfs-*)Mittel *n*, Quelle *f*; ~ *olm.* helfen, dienlich sein.
meddah [ā] 1. Lobredner *m* 2. Märchenerzähler *m*.
meddetmek [x · ·] dehnen, längen.
meddücezir, *-zri* 1. Ebbe und Flut *f*; Gezeiten *pl.* 2. *fig.* wechselnder Zustand; Hin und Her *n*; Schwanken *n*.
medeni 1. zivilisiert, kultiviert 2. kulturell; Kultur- 3. Kulturmensch *m* 4. bürgerlich; Zivil-; ~ *kanun* Bürgerliches Gesetzbuch; ~ *haklar* bürgerliche Rechte *pl.*; ~ *nikâh* Zivilehe *f*, standesamtliche Trauung.
medet, *-di* Beistand *m*, Hilfe, Unterstützung *f*; ~ *Allah* 1. Gott steh mir (*uns*) bei! 2. furchtbar, schrecklich.
medih, *-dhi* Lob *n*; ~ *ve sena etm.* in höchsten Tönen preisen.
medlûl, *-lü* Sinn *m*, Bedeutung *f*.
medrese *fr.* Schule *f* für islamische Geistliche und Richter.
medreseli 1. Medrese-Student *m* 2. *fig.* klerikal eingestellt.
medyun [ū] 1. Schuldner *m* 2. verdankend 3. verpflichtet, verbunden; *medyunu şükran olm.* zu Dank verpflichtet sein.
mefharet, *-ti* Ruhmestitel, Ruhm *m*.
mefhum [ū] 1. *va.* verstanden 2. *log.* Begriff *m* 3. Sinn *m*, Bedeutung *f*.
mefkûre Ideal *n*.
mefkûrecilik Idealismus *m*; ~ *hareketi* aus Idealismus begangene Tat.
mefkut, *-du* [ū] 1. fehlend 2. *jur.* verschollen.
meflûç, *-cu* vom Schlag getroffen.
mefruğ [ū] abgetreten, zediert, übereignet.
mefruş [ū] 1. auf dem Boden ausgebreitet 2. möbliert.
mefruşat, *-tı* [· - -] Möbel *pl.*, Mobiliar *n*.
mefruz[1] [ū] 1. abgeteilt 2. parzelliert.
mefruz[2] [ū] 1. angenommen, hypothetisch, fiktiv, imaginär; *mil. a.* markiert 2. rituell vorgeschrieben.
mefsedet, *-ti* 1. *selt.* Verderbnis *f* 2. staatsfeindliche Umtriebe *pl.*
meftun [ū] hingerissen, entzückt.
meftur [ū] 1. entmutigt, verzweifelt 2. unmutig, verdrossen, abgespannt.
meful, *-lü* [ū] *gr.* Objekt *n*.
megalo idea (*pol.*) großgriechischer Gedanke.
megalocu (*pol.*) Verfechter *m* e-s Groß-Griechenlands.
megaloman größenwahnsinnig.
meğer [x ·] aber, jedoch, indessen.
meğerki [x · ·] es sei denn, daß ...; wenn nicht gerade.
mehabet *-ti* [ā] imponierende Haltung, würdevolles Aussehen.
mehari [· - -] Renn-, Lauf·kamel *n*.
mehaz [- ·] Quelle *f* (*fig.*).
mehçe *kleiner* Halbmond (*auf Minarett*).
mehenk, *-gi* Prüfstein *m*.
mehil *-hli* Frist *f*, Termin *m*, Zeit *f*.
Mehmetçik einfacher türk. Soldat.
mehtap, *-bı urspr.* [ā] 1. Mondschein *m* 2. Vollmondszeit *f* 3. Scherz, Spott *m*.
mekân 1. Ort, Raum *m* 2. Heimat *f*, Vaterland *n*, Wohnort *m* 3. *phil. phys.* Raum *m*; ~ *tutmak* sich niederlassen.
mekanizma [· · x ·] 1. Mechanismus *m*, Triebwerk, Getriebe *n* 2. *fig.* innerer Aufbau 3. *fig.* Vorgang, Prozess *m*.
mekik (*Weber-*)Schiffchen *n*.
meknî 1. *phil. phys.* potentiell 2. *phil.* latent.
mekruh [ū] 1. abscheulich, widerlich 2. rituell unerwünscht (*wenngleich nicht verboten*).
mektep, *-bi* Schule *f* (*a. als künstlerische od. wissenschaftliche Richtung*); ~ *arkadaşı* Schulfreund(in *f*) *m*; ~ *görmüş bir adam* Gebildete(r) *m*; ~ *kaçkını* Schulschwänzer *m*; ~ *tatili* Schulferien *pl.*; *-i asmak* V die Schule schwänzen.
mektepçilik Schulwesen *n*.
mektepli 1. Schüler(in *f*) *m* 2. im Besitze e-s Schulzeugnisses 3. regulär ausgebildeter Offizier.
mektup, *-bu* Brief *m*, Schreiben *n*; ~ *sahibi* Briefschreiber(in *f*) *m*; ~ *üstü* Anschrift, Adresse *f*.
mektuplaşmak *miteinander* korrespondieren.

melâike (*urspr. pl.*) Engel *m*; ~ *atı zo.* Gottesanbeterin *f*.
melâl, *-li* niedergedrückte Stimmung; Verdruß *m*.
melce 1. Zufluchtsort *m*, Asyl *n* 2. Helfer, Schützer *m*.
melek 1. Engel *m* 2. ♀ *wV*, *mV*.
meleke 1. geistige Fähigkeit *f* 2. Fertigkeit, Gewandtheit, Routine *f*; ~ *sahibi* bewandert, routiniert.
melemek [- · ·] 1. blöken (*Schafe*) 2. meckern (*Ziegen*).
melez[1] 1. Bastard, Mischling *m* 2. Hybride, Kreuzung *f* 3. Bastard-, Misch-; ~ *dil* Mischsprache *f*.
melez[2] **ağacı** *bot.* Lärche *f*.
melezlemek kreuzen (*Rassen usw.*).
melhem 1. Salbe *f* 2. *fig.* Linderung, Heilung *f*.
melhuz [ū] 1. erhofft, erwartet 2. voraussichtlich, wahrscheinlich.
melik, *-ki* 1. (*orient.*) König *m* 2. ♀ *mV*.
melike 1. (*orient.*) Königin *f* 2. ♀ *wV*.
melodi Melodie *f*.
melodik melodisch, melodiös.
melûl, *-lü* 1. traurig, betrübt 2. niedergeschlagen, mutlos.
melûn 1. verflucht, verdammt, ruchlos 2. Schurke *m*.
memba, *-aı* Quelle *f* (*a. fig.*).
memdut, *-du* [ū] 1. ausgedehnt, verlängert 2. *chem.* verdünnt 3. gelängt, gedehnt.
meme 1. Mutterbrust *f* 2. Euter *n* 3. Brenner *m* (*bei Karbidlampe usw.*) 4. Geschwulst *f* 5. *techn.* Düse *f*; ~ *başı* 1. Brustwarze *f* 2. Zitze *f*; ~ *çocuğu* Säugling *m*; ~ *vermek* säugen, stillen, die Brust geben; *-de olm.* im Säuglingsalter stehen; *-den kesmek* (*çocuğu*) ein Kind entwöhnen.
memeliler *zo.* Säugetiere *pl*.
memeş Geifer, Schaum *m* (*bei Rindern*).
memleha Saline *f*, Salzbergwerk *n*.
memleket, *-ti* 1. Land *n* 2. Heimat *f*, Geburtsort *m*, Vaterstadt, Heimatprovinz *f*, Vaterland *n* 3. *ab.* Ort *m*, Gegend *f*; ~ *dışına çıkarma jur.* Ausweisung *f*; *-in örfü* des Landes Brauch *m*; *-in sınırları* Landesgrenzen *pl*.
memleketli 1. Landsmann, Mitbürger *m* 2. Einwohner *m*.
memnu, *-uu* [ū] verboten, untersagt; ~ *hakların iadesi jur.* Rehabilitierung *f*; Wiedereinsetzung *f* in frühere Rechte; ~ *mıntaka* Sperrgebiet *n*, -zone *f*.
memnuiyet, *-ti* [ū] Verbot *n*.
memnun [ū] 1. *m. Abl.* zufrieden (*mit*) 2. *m. Dat.* erfreut, glücklich (*über*); ~ *etm.* zufriedenstellen, erfreuen; *gayrimemnun* unzufrieden, unbefriedigt.
memnuniyet, *-ti* [ū] 1. Zufriedenheit, Befriedigung, Genugtuung *f* 2. Freude *f*, Vergnügen *n*; ~ *verici* zufriedenstellend, befriedigend; *-le* mit Vergnügen (*Freude, Genugtuung*); gerne.
memnuniyetsizlik [ū] Unzufriedenheit, Mißstimmung *f*.
memorandum [· · x ·] 1. (*diplomatische*)Note, Denkschrift *f* 2. Notiz·buch *n*, -kalender *m*.
memşa, memşane [ā] Abort *m*.
memul, *-lü* [- -] 1. erhofft 2. vermutet, vorhergesehen, erwartet 3. Hoffnung, Erwartung *f*; ~ *etm.* 1. hoffen, erhoffen 2. erwarten, vermuten, annehmen; *-ü üzere* wie er erhofft (*bzw.* erwartet) hatte; *-ün hilâfına olarak* wider alles Erwarten; *gayrimemul* 1. unverhofft 2. unerwartet, unvermutet, plötzlich, unvorhergesehen.
memur 1. [- -] beauftragt, ermächtigt 2. [- ·] Beamte(r) *m*, Beamtin *f*; ~ *etm.* (*b-ni bşe*) *j-n mit et.* beauftragen; ~ *namzedi* Beamtenanwärter *m*; ~ *sicili* Personalakten *pl. e-s* Beamten; *-lar üzerinde murakabe jur.* Dienstaufsicht *f*; ~ *kadın* (*od. hanım*) Beamtin *f*.
memuriyet, *-ti* [- - · ·] 1. Beamteneigenschaft *f* 2. Amt *n*, Amts·handlung, -führung *f* 3. Aufgabe, Sendung, Mission *f*; ~*ve mevki nüfuzunu suiistimal jur.* Mißbrauch *m* der Amtsgewalt.
menazır [ā] *math.* Perspektive *f*.
mendebur jämmerlich, armselig, unbeholfen.
menderes 1. *geogr.* Mäander *m* 2. ♀ a) Mäander *m* (*Fluß*) 2. *türk. Fn.*
mendil Taschentuch *n*; ~ *sallamak* mit dem Taschentuch winken.
mendirek (*durch Wellenbrecher*) geschützter Hafen.
mendup, *-bu* [ū] rituell zulässig *und empfehlenswert*.

menekşe 1. *bot.* Veilchen *n* 2. V Hintere(r) *m.*
menenjit, *-ti med.* Meningitis *f.*
menetmek [x · ·] 1. verbieten 2. verweigern 3. verhindern.
menfa [ā] Verbannungsort *m*; ~ *hayatı das Leben in der Verbannung.*
menfaat, *-ti* 1. Vorteil, Nutzen, Profit *m* 2. Interesse *n* 3. *jur.* (*versichertes*) Interesse; ~ *mıntakası* Interessensphäre *f.*
menfaatli nutzbringend, vorteilhaft.
menfaatperest, *-ti* eigennützig, selbstsüchtig.
menfaattar [· · · -] 1. Vorteil ziehend; in seinen Zielen gefördert 2. interessiert.
menfez Öffnung *f*, Durchlaß *m.*
menfi [ī] 1. verbannt 2. negativ, ablehnend, verneinend; ~ *cevap* 1. negative (*abschlägige*) Antwort; Ablehnung *f* 2. unbefriedigende Antwort; ~ *netice* schlechtes Ergebnis.
menfur [ū] 1. verabscheut, gemieden 2. verabscheuenswert, abscheulich.
mengel Fuß-, Knöchel·reif *m.*
mengene [x · ·] 1. Schraubstock *m* 2. Presse, Kelter *f* 3. Spannrahmen *m* 4. Feilkloben *m* 5. Klemmholz *n* 6. Mangel, Wäscherolle *f* 7. Zange *f.*
menhol, *-lü techn.* Mannloch *n.*
menhus [ū] 1. unheilvoll, böse, unselig 2. abstoßend, widerwärtig.
meni, *-n'i* 1. Verbot *n* 2. Weigerung *f* 3. (*Ver-*)Hinderung *f.*
menî Samen *m*, Sperma *n* (*des Mannes*).
menisküs 1. Meniskus *m* 2. Meniskusverletzung *f*; ~ *olm.* sich e-n Meniskusriß (*bzw.* e-e -zerrung) zuziehen.
menkıbe 1. Heldentat *f* (*e-s Kriegers*) 2. fromme Tat (*e-s Heiligen*) 3. Legende *f.*
menkıbeleşmek zur Legende werden.
menkıbevi [ī] legendär.
menku, *-uu* [ū] 1. aufgegossen 2. Aufguß *m.*
menkûbiyet, *-ti* Ungnade *f*; *-e uğramak* in Ungnade fallen.
menkul, *-lü* [ū] 1. *selt.* getragen, transportiert 2. umgeladen 3. (*Buchführung*) übertragen 4. tragbar, beweglich; bewegliches Gut 5. übernommen 6. erzählt; ~ *kıymetler jur.* Börsenpapiere *pl.*; ~ *kıymetler borsası* Effektenbörse *f*; ~ *mallar jur.* Mobilien *pl.*, Fahrnis *f*; *gayrimenkul* 1. unbewegliches Gut 2. *Sch.* Dummkopf *m.*
menkulât, *-tı* [· - -] 1. bewegliche Güter, Mobilien *pl.*, Fahrnis *f* 2. *z. va.* (*mündliche*) Überlieferungen *pl.*
menolunmak [x · · ·] *Pass. zu menetmek.*
mensubiyet, *-ti* [ū] 1. Verbindung *f* (*mit*), Zugehörigkeit *f* (*zu*) 2. Mitgliedschaft *f* 3. Begünstigung (*durch*).
mensucat, *-tı* [· - -] Textilwaren *pl.*
mensucatçılık [· - - · ·] Textilfabrikation *f.*
mensup, *-bu* [ū] 1. zu-, an·gehörig; (an)gehörend 2. Günstling, Schützling *m.*
mensur [ū] in Prosa geschrieben; Prosa-.
menşe, *-ei* 1. Ursprung *m*, Entstehung *f* 2. Ursprungs-ort *m*, -land *n* 3. Ausbildungsstätte, Schule *f*; ~ *şahadetnamesi H.* Ursprungszeugnis *n.*
menteşe Scharnier(band) *n*, Türangel *f.*
menus [- -] 1. geläufig, gebräuchlich 2. gewöhnt (*an*), vertraut (*mit*); *gayrimenus* ungebräuchlich, ungeläufig.
menzil 1. Reise-, Ruhe·station, Etappe *f* 2. *fr.* Poststation *f*, Relais *n* 3. Ziel *n*, Bestimmungsort *m* 4. *mil.* Etappe *f* 5. Hinterland *n* 6. Trag-, Reich·weite *f*, Bereich *m.*
mephas Kapitel *n*, Abschnitt *m.*
mepsuten [ū] [· x ·] *in der Füg.*: ~ *mütenasip math.* direkt proportional.
mera [ā] (*Vieh-*)Weide; Trift *f.*
merak, *-kı, -ğı* [ā] 1. Neugier *f* 2. Lust, Neigung, Vorliebe *f*, Hang *m* 3. Sorge, Angst, Unruhe *f* 4. Schwermut *f* 5. Hypochondrie *f*; ~ *etme!* du kannst dich darauf verlassen!; ~ *etm.* (*bşi*) 1. gerne *et.* wissen wollen 2. sich Sorge machen, sich ängstigen (*um*); ~ *getirmek* in Schwermut verfallen; *-ı kalkmak* 1. traurigen Gedanken nachhängen 2. in Unruhe geraten.
meraklanmak (*m. Dat.*) 1. sich Sorge machen, sich ängstigen (*um*) 2. traurig, betrübt sein *od.* werden.

meraklı 1. neugierig, wißbegierig 2. interessiert, passioniert; -liebhaber 3. wählerisch 4. aufregend, spannend 5. besorgt, beunruhigt 6. ängstlich, furchtsam.

meram [ā] 1. Ziel *n*, Zweck *m* 2. Absicht *f*, Vorsatz *m* 3. was man sagen will; ~ *etm.* mit Beharrlichkeit verfolgen *od.* betreiben; *-ına nail olm.* sein Ziel erreichen; *-ını anlatmak* sagen, was man auf dem Herzen hat.

merasim [ā] 1. Feier(lichkeit) *f* 2. Zeremonien *pl.* 3. geordneter Verlauf; Regelung *f* 4. Protokoll *n*; ~ *tertibetmek* (*od. yapmak*) e-e Feier veranstalten.

merbut, *-tu* [ū] 1. verbunden (*mit*) 2. bei-, an·geheftet 3. angegliedert. abhängig.

merbutiyet, *-ti* [ū] 1. Verbundenheit *f* 2. Abhängigkeit *f* 3. Anhänglichkeit *f*.

mercan *urspr.* [ā] 1. *zo.* Koralle *f* 2. Korallen- 3. (*Gebetsketten-*) Perle *f* 4. korallenrot, leuchtend rot; ~ *balığı zo.* Rotbrasse *m.*

mercanada 1. Koralleninsel *f* 2. Atoll *n.*

mercek optische Linse.

merci, *-ii* Dienststelle, Instanz *f*; *-leri tecavüz etm.* den Dienst-, Instanzen·weg nicht einhalten.

mercimek 1. *bot.* Linse *f* 2. (*im Bergwerk*) Konglomerat *n*; *mercimeği fırına vermek hum.* e-e Liebelei *miteinander* haben.

merdane[1] [ā] Walze, Rolle *f.*

merdane[2] [ā] 1. männlich, tapfer, heldenhaft 2. wacker, ehrlich.

merdiven 1. Treppe *f* 2. Treppenhaus *n* 3. Leiter *f*; ~ *basamağı* 1. Treppenstufe *f* 2. Leitersprosse *f*; ~ *boşluğu* Treppenhaus *n*; ~ *dayamak* 1. e-e Leiter anstellen 2. *fig.* sich *e-m best. Alter* nähern; ~ *sahanlığı* Treppenabsatz *m*, (*Treppen-*) Podest *n.*

meremet, *-ti* 1. Ausbesserung, Überholung, Reparatur *f* 2. *spez.* Restaurierung, Restauration *f* (*e-s Kunstwerkes*).

meremetçi 1. Ausbesserer *m* 2. *spez.* Restaurator *m.*

meret, *-ti* P 1. verflixt, verflucht, verwünscht, blödsinnig 2. blöder Kerl.

mergup, *-bu* [ū] gern gesehen; begehrt; gern gekauft.

merhaba [x · ·] F guten Tag!, grüß Gott!; *-yı kesmek* (*b-den*) *j-n* nicht mehr grüßen.

merhale 1. Reisestation *f* 2. Tagesreise *f* 3. Grad *m*, Stufe *f*, Rang *m* 4. Phase *f*, Stadium *n*, Etappe *f*; ~ ~ in Etappen.

merhamet, *-ti* Mitleid, Erbarmen *n*; ~ *etm.* (*od. göstermek*) Mitleid haben; sich erbarmen; ~ *hissi* mitleidige Regung; *-e gelmek* sich erbarmen.

merhametli mitleidig, barmherzig.

merhametsiz mitleidslos, unbarmherzig.

merhem *s. melhem.*

merhum [ū] verstorben, selig.

merhun [ū] 1. verpfändet, hinterlegt 2. *jur.* Pfand *n* 3. gegeben.

merî *an.* Speiseröhre *f.*

mer'i [ī] 1. *va.* angesehen, geachtet 2. gültig; in Kraft.

Meriç, *-ci n.pr.* Maritza *f* (*Fluß*).

Merih [ī] *n.pr.* 1. Mars *m* (*Planet*) 2. Mars (*Gott*).

Merihli Mars·bewohner, -mensch *m.*

merinos [· x ·] (*koyun*) Merinoschaf *n.*

meriyet, *-ti* Gültigkeit *f*; *-e* (*od.* ~ *mevkiine*) *girmek* in Kraft treten; Gültigkeit erlangen.

merkep, *-bi* 1. *va.* Fahrzeug *n* 2. Reittier *n* 3. *spez.* Esel *m.*

merkez 1. Zentrum *n*, Mittelpunkt *m* 2. Zentrale *f* 3. Regierungssitz *m*, Hauptstadt *f* 4. *pr.* Polizeipräsidium *n* (*e-s Bezirks*) 5. *fig.* Linie, Art, Richtung *f*; ~ *muavini* (*spez. Fb.*) Mittelläufer *m*; ~ *muhacimi* (*spez. Fb.*) Mittelstürmer *m*; ~ *üssü* Herd *m* (*e-s Erdbebens*); *merkezi sıklet phys.* Schwerpunkt *m.*

merkezci zentralistisch; Zentralist (-in *f*) *m.*

merkezcil kuvvet *phys.* Zentripetalkraft *f.*

merkezcilik Zentralismus *m.*

merkezî 1. Zentral-, Mittel- 2. zentral gelegen (*z.B. Straße*); ~ *hükümet* Zentralregierung *f*; ~ *sıklet mil.* Schwerpunkt *m* (*z.B. von Operationen*).

merkezîleştirmek konzentrieren.

merkeziyet, *-ti* 1. zentrale Lage 2. Zentralisation *f*; *ademi merkeziyet* Dezentralisierung *f.*

merkezkaç kuvvet *phys.* Zentrifugalkraft *f.*

merkezlendirmek 1. zentralisieren 2. konzentrieren.
mermer 1. Marmor *m* 2. Marmor- 3. *Name e-r dünnen, weißen Linnenart*; *~ gibi* kalt, gefühllos; *~ kaymağı* Alabaster *m*; *-den su çıkarır* bärenstark.
mermi Geschoß *n*, Kugel, Granate *f*; *~ parçası* Granatsplitter *m*; *~ sağanağı* (*od. yağmuru*) Geschoßhagel *m*.
merserize *H.* merzerisiert; *~ etm.* merzerisieren.
mersi! danke schön!, danke sehr!
mersin 1. *bot.* Myrthe *f* 2. (*balığı*) *zo. e-e Sterlet-Art.*
mersiye Trauerode, Elegie *f*.
mert, *-di* 1. *va.* Mann *m* 2. mutig, tapfer 3. wacker, ehrlich.
mertebe 1. Grad, Rang *m* 2. *math.* Ordnung, Reihe *f*; *-ler silsilesi* 1. Dienst-, Instanzen·weg *m* 2. Hierarchie, Rangordnung *f*.
mertek *großer, viereckiger* Balken.
Meryem 1. (*~ ana od. Hazreti ~*) Jungfrau Maria *f* 2. *wV*.
mesabe [ā] Grad *m*, Stellung, Eigenschaft, Geltung *f*.
mesafe [ā] Strecke, Entfernung *f*, Abstand *m*; *~ tahmini mil.* Entfernungsschätzen *n*; *~ almak* (*od. kat'etmek*) e-e Entfernung (*Strecke*) zurücklegen; *-yi kapatmak* (*Sport*) den Vorsprung (*des Gegners*) aufholen.
mesaha [· - ·] 1. Vermessung *f* 2. *math.* Oberfläche *f*, Flächeninhalt *m*; *~ etm.* (*od. yapmak*) vermessen; *~ fenni* Geodäsie *f*; *~ ipi* Meßleine *f*; *~ memuru* Vermessungsingenieur *m*; *~ şeridi* Bandmaß *n* (*des Geometers*), Meßband *n*, *mesahai hacmiye* Rauminhalt *m*; *mesahai sathiye* Flächeninhalt *m*.
mesai [· - -] Bemühungen, Anstrengungen *pl.*, Mühe, Arbeit *f*.
mesaj Botschaft *f* (*als pol. Erklärung od. Mitteilung*).
mesajeri 1. Güter-, Paket·beförderung *f* 2. Gesellschaft *f* (*für Güter-, Paketbeförderung*).
mesame [ā] *biol.* Pore *f*.
mesamiyet, *-ti* [ā] poröse Beschaffenheit.
mesane [ā] *an.* Harnblase *f*.
mesçit, *-di* (*kleinere*) Moschee.
mesel 1. Redensart *f*, Sprichwort *n*, Maxime *f* 2. Parabel *f*, Gleichnis *n* 3. Beispiel *n*.
meselâ [x · -] zum Beispiel.
mesele 1. (*Streit-*)Frage *f* 2. Problem *n*, Aufgabe *f* 3. Affäre, Sache, schwierige Angelegenheit; *~ çıkarmak* Schwierigkeiten bereiten; *et.* zum Problem werden lassen; *~ yapmak* (*bşi*) viel Aufhebens machen (*von*).
meserret, *-ti* Freude *f*.
meshetmek [x · ·] abreiben (*bei der rituellen Reinigung*).
Mesih [i] 1. Gesalbte(r), Messias *m* 2. *mV*.
mesina Seidendarm *m*.
mesire [i] 1. Ausflugs-, Vergnügungs·ort *m* 2. *gel.* = *sayfiye*.
mesken 1. Wohnung *f*, Wohnhaus *n* 2. Wohnsitz, Aufenthalt *m*; *~ buhranı* Wohnungsnot *f*; *~ masuniyeti jur.* Unverletzlichkeit *f* der Wohnung; *~ masuniyeti aleyhinde suç od. -e taarruz jur.* Hausfriedensbruch *m*; *~ zammı* Wohnungsgeldzuschlag *m*.
meskenet, *-ti* 1. Gleichgültigkeit *f* 2. Trägheit, Faulheit *f* 3. trostloser Zustand; Erbärmlichkeit *f*.
meskenlendirme kanunu Heimstättengesetz *n*.
meskenlendirmek in Eigenheim unterbringen.
meskensizlik Wohnungsnot *f*.
meskûn bewohnt, bevölkert; *~ mahal* (*od. yer*) *mil.* Ortschaft *f*.
meslek 1. Beruf *m* 2. Laufbahn *f* 3. Richtung, Lehre, Doktrin, Theorie *f* 4. Weg *m*, Bahn *f*; *~ gayreti* Diensteifer *m*; *~ okulu* Berufsschule *f*; *~ sahibi* 1. berufstätig 2. Fachmann *m* 3. Mann *m* mit Prinzipien.
meslekî beruflich, Berufs-.
meslektaş Kollege *m*, Kollegin *f*.
mesleksiz 1. ohne Beruf 2. *fig.* wankelmütig, unbeständig.
mesnet, *-di* 1. Stütze *f*, Stützpunkt *m* 2. Widerlager *n* 3. hohes Amt 4. *phys.* Richtungsgerade *f e-s Vektors* 5. *mil.* Auflage, Stütze *f*.
mesrur [ū] 1. erfreut, froh 2. ♀ *mV*.
messetmek [x · ·] 1. *va.* berühren 2. auftreten, sich zeigen, sich geltend machen (*Notwendigkeit, Bedürfnis*).
mest[1], *-ti* trunken, berauscht (*fig.*); *~ etm.* trunken machen; berauschen (*fig.*).
mest[2], *-ti weicher* Lederschuh.

mesture [ū] Geheim-, Dispositionsfonds *m*.
mesturiyet, *-ti* [ū] *mil.* Deckung *f*.
mesul, *-lü* [ū] verantwortlich, haftend; ~ *etm.* verantwortlich machen; ~ *tutmak* (*b-ni bşden*) *j-n für et.* verantwortlich machen; *gayrimesul* nicht verantwortlich, nicht haftend.
mesuliyet, *-ti* [ū] 1. Verantwortung *f* 2. Verantwortlichkeit, Haftung, Haftpflicht, Schuld *f*; ~ *altında kalmak* verantwortlich gemacht werden; F gerade stehen müssen; ~ *sigortası jur.* Haftpflichtversicherung *f*; *ademi mesuliyet jur.* Nichthaftung *f*, Haftungsausschluß *m*.
mesuliyetli [ū] verantwortungsvoll.
mesuliyetsizlik [ū] Unverantwortlichkeit *f* (*z.B. e-s best. Vorgehens*).
mesut, *-du* [ū] 1. glücklich, beglückt 2. ♀ [x ·] *mV.*; ~ *bir netice* ein gutes Ergebnis; ~ *bir sene* ein erfolgreiches Jahr.
mesvermek [x · ·] (*m. Dat.*) *mit der nassen Hand* über Kopf und Füße fahren (*bei der rituellen Reinigung*).
meşakkat, *-tı* große Anstrengung, Strapaze *f*; ~ *çekmek* Strapazen durchmachen.
meşale Fackel *f*.
meşbu, *-uu* [ū] *chem.* gesättigt.
meşe 1. *bot.* Eiche *f* 2. Eichen-; ~ *büken fig.* Grobian, Tölpel *m*; ~ *odunu* 1. Eichenholz *n* 2. *fig.* Lümmel, Flegel *m* 3. *fig.* Dummkopf, Ignorant *m*.
meşgale Beschäftigung, Arbeit *f*.
meşgalesiz 1. beschäftigungslos 2. *fig.* sorgenfrei.
meşgul, *-lü* [ū] 1. beschäftigt 2. *a. mil.* besetzt 3. belegt, reserviert; ~ *etm.* 1. beschäftigen; in Anspruch nehmen 2. *j-n* in der Arbeit aufhalten 3. *j-n* hinhalten; *gayrimeşgul* unbesetzt (*durch feindliche Truppen*).
meşguliyet, *-ti* [ū] Beschäftigung, Arbeit *f*.
meşher Ausstellung *f*.
meşhur [ū] 1. berühmt 2. allgemein bekannt 3. *pej.* berüchtigt.
meşhut, *-du* [ū] durch Augenschein wahrgenommen; ~ *suç* (*od. cürüm*) *jur.* frische Tat, flagrantes Vergehen.
meşin 1. *lohgegerbtes* (*Schaf-*)Leder 2. *hieraus hergestellt od. damit umgeben* 3. *fig.* dickfellig; ~ *ciltli* in Leder gebunden.
meşk, *-ki* 1. Schreib- *od.* Zeichenvorlage *f für Schüler* 2. Üben *n*, Übung *f* 3. Übungsstunde *f*, Unterricht *m*.
meşketmek [x · ·] 1. (*bşi*) *et.* einüben 2. (*bşi b-den*) sich *von j-m et.* beibringen lassen.
meşrep, *-bi* 1. Naturell *n*, Charakter *m*, Gemütsart *f*, Wesen *n* 2. (*in Zss.*) von *näher beschriebenem* Naturell.
meşru, *-uu* [ū] 1. gesetzlich, rechtmäßig, erlaubt, zulässig, legitim, legal 2. berechtigt 3. triftig (*Entschuldigung*); ~ *müdafaa halinde jur.* in Notwehr; *gayrimeşru* ungesetzlich, gesetzwidrig (*z.B. Handlungen*), ungerechtfertigt (*z.B. Krieg*); unehelich, außerehelich (*z.B. Kind*); illegal; illegitim.
meşrubat, *-tı* [· - -] Getränke *pl.*
meşrut, *-tu* [ū] (aus)bedungen, vereinbart; vertragsmäßig bestimmt.
meşruten [ū] *adv. unter bestimmten Bedingungen*; ~ *tahliye jur.* vorläufige (*bedingte*) Entlassung (*aus der Strafhaft*).
meşruti [· - -] (*pol.*) konstitutionell.
meşrutiyet, *-ti* [ū] (*pol.*) konstitutionelles Regime.
meşum [ū] von schlechter Vorbedeutung, ominös, unheilvoll, verderblich.
meş'ur [ū] bewußt; *gayrimeş'ur* unbewußt.
meşveret, *-ti* Beratung *f*; ~ *etm.* beraten.
met, *-ddi* 1. Flut *f* 2. *gr.* Dehnung, Längung *f*; ~ *ve cezir s. meddücezir.*
meta, *-aı* [ā] 1. Ware *f* 2. *mst. pej.* Charakter, Bursche *m*.
metalibat, *-tı* [ā, ā] (*inkorrekte Bildung*) Forderungen, Ansprüche *pl.*
metanet, *-ti* [ā] 1. Haltbarkeit, Festigkeit *f* 2. Ausdauer, Widerstandskraft *f*, Halt *m*.
metazori [· · x ·] V mit Gewalt; gewaltsam.
metelik *fr.* 10-Para-Münze *f*; ~ *vermemek* (*bşe*) *fig.* keinen Wert beimessen.
meteliksiz ohne e-n roten Heller.
metfen Grab *n*, Grabstätte *f*.
metfun [ū] begraben, bestattet, beerdigt.
methal, *-li* 1. Ein-, Zu·gang *m* 2. Einleitung, Einführung *f* 3. Betei-

ligung, Mitwirkung *f*; *-i olm.* (*b-nin bir işte*) *in et.* verwickelt sein.
methaldar [· · -] verwickelt (*in*); mitbeteiligt (*an*).
methar *a. mil.* Magazin, Lager, Depot *n*.
methetmek [x · ·] loben, rühmen, preisen.
methüsena [ā] lautes Rühmen; Lobpreisen *n*; ~ *etm.* in höchsten Tönen preisen.
metin, *-tni* (*Original-*)Text, Wortlaut *m*; *metne sadık* textgetreu.
metîn 1. haltbar, dauerhaft, solide fest 2. *fig.* andauernd, zäh, standhaft 3. ♀ [x ·] *mV*.
metis Bastard, Mischling *m*.
metöransen Regisseur *m*.
metraj 1. Vermessung *f* 2. Länge *f* in Metern.
metrdotel 1. Geschäftsführer *m* 2. Oberkellner *m*.
metre [x ·] *math.* Meter *m od. n*; ~ *küb* Kubik-, Raum·meter *m*.
metres 1. Geliebte, Freundin *f* 2. V Geliebte(r), Freund *m*.
metris *mil.* Schanze *f*.
metruk, *-kü* [ū] 1. auf-, preis·gegeben 2. vernachlässigt 3. postum 4. veraltet; ~ *çocuk* ausgesetztes Kind; Findling *m*; ~ *evrak* schriftlicher Nachlaß; ~ *mallar* hinterlassener Besitz.
mevaridat *s. muvaredat.*
mevaşi [· - -] Vieh *n*.
mevat, *-ddı* [ā] *z. va. pl. zu madde.*
mevce *naut.* Welle *f*.
mevcudat, *-tı* [· - -] 1. Wesen, Geschöpfe *pl.* 2. Kassenbestand *m*; ~ *ve matlubat H.* Aktiva *pl.*
mevcudiyet, *-ti* [ū] (*Vorhanden-*) Sein *n*, Existenz *f*.
mevcut, *-du urspr.* [ū] 1. vorhanden, existierend 2. anwesend 3. hier! 4. Wesen, Geschöpf *n* 5. Bestand *m*, Gesamtzahl *f* 6. *mil.* Stärke *f* (*e-r Truppe*); ~ *defteri* Inventar, Bestandsverzeichnis *n*.
mevç, *-ci phys.* Welle *f*; ~ *tulü* Wellenlänge *f*.
mevdu, *-uu* [ū] 1. anvertraut, übergeben 2. übertragen (*Aufgabe, Amt usw.*).
mevduat, *-tı* [· - -] 1. anvertrautes Gut, Depositen *pl.* 2. Bankeinlagen *pl.*
mevhibe 1. Gottes·gabe-, -geschenk *n* 2. ♀ *wV*.
mevhibeli begnadet, begabt, talentiert.
mevhum [ū] 1. imaginär, gedacht, fiktiv 2. erdichtet, an-, vor·geblich.
mevhume [ū] *jur.* Fiktion *f*.
mevki, *-ii* 1. Ort, Platz *m*, Stelle, Örtlichkeit *f* 2. Klasse *f* (*z.B. bei Eisenbahn*) 3. *pr.* erste Klasse 4. Lage, Situation, Stellung *f*, Standort *m*; ~ *farkı* Preisdifferenz *f*, Zuschlag *m* (*bei Übergang in e-e höhere Klasse*); ~ *kapma pej.* Postenjägerei *f*; *-ine göre* je nach den Umständen; *mevkii meriyete girmek* in Kraft treten; *mevkii tedavüle çıkarmak* in Umlauf setzen; emittieren.
mevkiî örtlich, lokal.
mevkuf [ū] 1. verhaftet 2. festgehalten; am Auslaufen verhindert (*Schiff*).
mevlâ Gott; Herr *m*.
Mevlevi [ī] *fr.* tanzender Derwisch.
mevlit, *-di va.* Geburts·ort *m od.* -zeit *f*.
mevlût, *-dü* 1. Neugeborene(s) *n* 2. = *mevlit* 3. Geburtstag *m* des Propheten *und Gedenkfeier am 12. Rebiyülevvel* 4. *Gedicht auf die Geburt Mohammeds* 5. Seelenmesse *f*; ~ *okutmak* e-e Seelenmesse lesen lassen.
mevrus [ū] 1. geerbt, ererbt, überkommen, angeboren 2. *jur.* hinterlassenes Erbe.
mevsim 1. Jahreszeit *f* 2. Saison, Zeit *f* 3. Erntezeit *f* 4. Übergangszeit *f*.
mevsimsiz 1. der Jahreszeit nicht entsprechend 2. unzeitig, verfrüht 3. (*zeitlich*) ungeeignet, unpassend.
mevsuk, *-ku* [ū] 1. dokumentarisch belegt; authentisch 2. zuverlässig, vertrauenswürdig, glaubhaft.
mevut, *-du* [ū] 1. versprochen, gelobt 2. vorherbestimmt (*durch Gott*); ~ *ecel* natürlicher Tod.
mevzi, *-ii* 1. Ort *m*, Stelle, Lage *f* 2. *mil.* Stellung *f*; ~ *boşaltmak mil.* e-e Stellung räumen; ~ *harbi mil.* Stellungskrieg *m*; *-e sokmak mil.* in Stellung bringen.
mevziî 1. lokal, örtlich 2. lokal beschränkt; regional.
mevziîleştirmek lokalisieren (*z.B. Feuersbrunst, Krieg usw.*).
mevzilemek aufstellen (*z.B. Geschütze*), hinstellen; hin-, an·bringen.

mevzu, *-uu* [ū] 1. *va.* gesetzt, gestellt, gelegt 2. *va.* eingerichtet, aufgestellt 3. Gegenstand, Stoff *m*, Thema, Objekt *n* 4. *mil.* Aufgabe *f*; *-dan hariç* unerheblich, irrelevant; *-a girmek* zum (*eigentlichen*) Thema kommen.

mevzuat, *-tı* [· - -] *pl.* 1. Gesetzgebung *f*; bestehende Gesetze *pl.* 2. Postulate, Gegebenheiten, Bestimmungen, Vorschriften *pl.* 3. Behälter, Behältnisse *pl.*

mevzun [ū] 1. *va.* gewogen 2. metrisch richtig 3. rhythmisch 4. gut proportioniert; ~ *yürüyüş* Gleichschritt *m*.

mevzuubahis Gegenstand *m* der Unterredung.

mevzuubahsetmek [· · · x · ·] besprechen, erwähnen, erörtern, untersuchen.

meyan[1] [ā] = *meyankökü*; ~ *balı* Lakritze *f*.

meyan[2] [ā] (*nur in best. Füg.*) Mitte *f*; *bu -da* dabei, darunter, unter anderem.

meyancı [ā] Mittelsperson *f*, Vermittler *m*.

meyancılık [ā] Mittlerrolle *f*.

meyane [ā] 1. *va.* mittlerer Teil, Zwischenraum *m* 2. richtige Konsistenz (*spez. bei Helwa-Bereitung*); *-si gelmek* 1. die richtige Konsistenz bekommen 2. *fig.* die richtige Zeit sein (*für*); *-sini bulmak* 1. versöhnen 2. gerade den richtigen Zeitpunkt treffen.

meyankökü, *-nü* [ā] *bot.* Süßholzwurzel *f*.

meydan *urspr.* [ā] 1. (*öffentlicher*) Platz *m* 2. (*ebenes, freies*) Feld *n* 3. Raum *m* (*e-s Geschehens od. Vorhandenseins*) 3. (*sazı*) *Name e-s 12-saitigen Zupfinstruments* 5. *fr. Ort des Gottesdienstes* (*in Bektaschiklöstern*) 6. Sein, Erscheinen *n* 7. Gelegenheit, Möglichkeit *f*; ~ *almak* (*bes. von unerwünschten Dingen*) entstehen, auftreten; ~ *bulmak* Möglichkeit *od.* Gelegenheit finden; ~ *dayağı* *fr.* öffentliche Auspeitschung; ~ *korkusu* *psych.* Platzangst *f*; ~ *muharebesi* Schlacht *f*; ~ *vermek* Möglichkeit *od.* Gelegenheit geben (*zu*); fördern; *-a atmak* aufbringen (*z.B. Gerücht*); *-a çıkmak* 1. sich herausstellen 2. entstehen; *-a vurmak* enthüllen, aufdecken; *-da* 1. im Freien; ungeschützt 2. klar, einleuchtend, greifbar, sichtbar.

meyelân Neigung, Lust, Liebe *f*.

meyhane [ā] Kneipe, Schenke *f*.

meyil, *-yli* 1. Neigung, Abdachung, Böschung *f*, Gefälle *n* 2. *phys.* Inklination *f* 3. *fig.* Neigung, Lust *f* 4. *fig.* Zuneigung, Liebe *f*.

meymenet, *-ti* gute Vorbedeutung; Glück *n*.

meymenetsiz 1. unglückbringend 2. häßlich, widerlich 3. unsympathisch.

meyus [ū] verzweifelt, hoffnungslos.

meyva 1. *bot.* Frucht *f* 2. Obst *n* 3. *fig.* Frucht *f*.

meyvahoş 1. *va.* Obstmarkt *m* 2. Trockenfrüchte *pl.*

meyyal, *-li* [ā] (zu)geneigt; Lust, Liebe habend.

meyzin Gebetsrufer, Müezzin *m*.

mezalim [ā] Greuel, Grausamkeiten, Scheußlichkeiten *pl.*

mezar [ā] Grab *n*, Grab·stätte *f*, -mal *n*; ~ *kaçkını fig.* mager und elend; ~ *kitabesi* Grabinschrift *f*, Epitaph *n*; *-ın kenarında fig.* mit e-m Bein bereits im Grabe stehend.

mezarcı 1. Totengräber *m* 2. Friedhofswärter *m*.

mezarlık [ā] Friedhof *m*.

mezat, *-dı urspr.* [ā] Versteigerung, Auktion *f*; ~ *dairesi* Versteigerungsraum *m*; ~ *etm.* versteigern; ~ *malı fig.* billige und minderwertige Ware; ~ *memuru* Auktionator *m*; ~ *olm.* (*od. edilmek*) versteigert werden; *-a çıkarmak* (*od. koymak od. vermek*) versteigern lassen; *-tan almak* (*bşi*) bei e-r Versteigerung erwerben.

mezatçı Auktionator *m*.

mezbaha 1. Schlachthaus *n* 2. *fig.* Schlachtbank *f*; ~ *rüsumu* Schlachthausgebühren *pl.*

mezbele Schutt-, Kehricht·haufen *m*.

mezbuhane [· - - ·] verzweifelt (*z.B. Widerstand*); auf Leben und Tod (*z.B. Kampf*).

mezcetmek [x · ·] mengen, mischen.

mezç, *-zci* Mengen, Mischen *n*, Mischung *f*, Gemengsel *n*.

meze [x ·] 1. *kleinerer* Imbiß 2. *va.* witzige Bemerkung, Scherz *m*; *-ye almak z. va.* sich lustig machen (*über*).

mezelenmek 1. e-n kleinen Imbiß nehmen 2. (*bşle*) verspotten.

mezestre [· x ·] *naut.* halbmast; ~ etm. (*bayrağı*) auf Halbmast setzen.
mezhep, -*bi* 1. Bekenntnis, Konfession, Glaubensrichtung *f* 2. Ritus *m* 3. Lehre, Doktrin *f*; -*i geniş* großzügig, duldsam.
meziyet, -*ti* Vorzug, Wert *m*; ~ *nişanı* Verdienstorden *m.*
mezkûr obenerwähnt.
mezleka sumpfiger *od.* glitschiger Boden.
mezmur [ū] Psalm *m* Davids.
mezolitik (*devre*) mittlere Steinzeit.
mezru, -*uu* [ū] besät, bestellt, angebaut, angepflanzt.
mezruat, -*tı* [· - -] 1. Saat *f*, Getreide, Korn *n* 2. Saatfelder *pl.* 3. Plantagen, Anpflanzungen *pl.*
mezun [- -] 1. beurlaubt 2. berechtigt, ermächtigt 3. Absolvent(in *f*) *m* e-r Schule 4. entschuldigt, befreit (*von e-r Pflicht*).
mezuniyet, -*ti* [- - · ·] 1. Urlaub *m*, Beurlaubung *f* 2. Erlaubnis, Berechtigung, Ermächtigung *f* 3. Absolviert-Haben *n* 4. Entschuldigt-Sein *n*, Befreit-Sein *n* (*von e-r Pflicht*); ~ *almak* 1. Urlaub nehmen 2. Urlaub bekommen 3. die Erlaubnis erhalten; ~ *imtihanı* Abschlußprüfung *f.*
mezura [· x ·] Bandmaß *n.*
mezür *mus.* Takt *m*, Taktmaß *n.*
mıcır V lächerlicher Fant, Miesepeter *m.*
mıh großer Nagel (*z.B. Hufnagel*)*m.*
mıhladız *s. mıknatıs.*
mıhlamak 1. (an-, fest-, zu)nageln 2. *fig. j-n* festnageln 3. *fig.* (*b-nin kafasına*) *j-m et.* einhämmern 4. V mit dem Messer *od.* Dolch *auf j-n* einstechen und ihn verletzen.
mıhsıçtı V 1. geizig 2. habgierig.
mıknatıs Magnet *m.*
mıknatısi [ī] magnetisch; Magnet-.
mıknatısiyet, -*ti* Magnetismus *m.*
mıknatıslamak magnetisieren.
mıknatıslı 1. mit e-m Magnet ausgestattet; Magnet- 2. magnetisch *od.* magnetisiert; ~ *iğne* Magnetnadel *f*; ~ *mayin* magnetische Mine.
mıncık Krallen *pl.* (*z.B. e-r Katze*); ~ ~ zusammen·geknetet, -geballt; zerknittert, zerfetzt; übel zugerichtet; ~ ~ *etm* zusammen·kneten, -ballen; zerknittern, zerfetzen; übel zurichten.
mıntaka 1. *geogr. math.* Zone *f*, Gürtel *m* 2. *a. an.* Zone *f*, Gebiet *n*, Gegend *f* 3. *geogr.*, *mil.* Abschnitt, Sektor, Raum, Bezirk *m*, Zone *f.*
mır mır *Lm. e-s halblauten Vor-Sich-Hinmurmelns*; *Verst. zu mırıldamak.*
mırıl mırıl 1. halblaut vor sich hinmurmelnd 2. schnurrend (*Katze*) 3. murrend.
mırılda(n)mak 1. halblaut vor sich hinmurmeln 2. schnurren (*Katze*) 3. murren.
mırın kırın etmek F nicht recht *an et.* heranwollen.
mırnav! miau!
mısır (*buğdayı*) *bot.* Mais *m.*
Mısır *n.pr.* Ägypten *n.*
mıska *s. muska.*
mıskal Panflöte *f.*
mısra, -*aı* [ā] 1. Halbvers *m* 2. *bot.* Fruchtklappe *f.*
mıstar 1. Liniiergerät *n* 2. Richtscheit *n.*
mışıl mışıl (*Lm. e-s ruhigen Atmens*) friedlich; sanft und selig.
mıymıntı träge, phlegmatisch.
mızık F Spielverderberei *f.*
mızıka 1. Orchester *n*, Kapelle *f*, *spez.* Militär·kapelle, -musik *f* 2. *pej.* Bumskapelle *f* 3. Kindertrompete *f.*
mızıkacı *pej.* Musikant *m.*
mızıkçı F Spielverderber *m.*
mızmız 1. träge, schwerfällig 2. *fig.* Schlafmütze *f* 3. Nörgler, Meckerer *m* 4. quengelig, unzuverlässig, Spielverderber *m.*
mızrak Lanze *f*; *Spr.* ~ *çuvala girmez* (*od. sığmaz*) *Rw.* 1. die Sache läßt sich nicht länger verheimlichen 2. das ist ja ausgemachter Unsinn!
mızrap, -*bı* Schlagring *m* (*zum Anreißen der Saiten*).
mi[1] (*mı, mu mü*) *Interrogativpartikel*; *geldi mi?* ist er gekommen? *ne mi var?* sie fragen noch, was los ist? *yapar mı yapar?* und ob er das tut! *cahil mi cahil!* ein unglaublicher Ignorant!
mi[2] *mus. Ton od. Note* e.
mia [ā] *an.* Darm *m*; *miai isna aşer* Zwölffingerdarm *m.*
miad, -*dı* [- -] 1. Lebensdauer, Laufzeit *f* (*nach der et. erneuert werden muß*) 2. festgelegter Zeitpunkt, (äußerster) Termin.
mibzer *agr.* Sämaschine *f.*

miçiko *techn.* Wagenheber *m*.
miço; [x ·] 1. Schiffsjunge *m* 2. Schankbursche *m*.
mide [i] Magen *m*; ~ *borusu* Speiseröhre *f*; ~ *bozukluğu* (*od. fesadı*) Magenverstimmung *f*; ~ *iltihabı* Gastritis *f*; ~ *tevessüü* Magenerweiterung *f*; ~ *za'fı* Dyspepsie *f*; *-si almamak* (*od. kabul etmemek*) *et.* nicht vertragen können; *-si bozulmak* sich den Magen verderben; *-si bulanmak* 1. Brechreiz empfinden 2. *fig.* Verdacht schöpfen; *-si ekşimek* sauer aufstoßen; *-ye oturmak* (*od. durmak*) *e-m* im Magen liegenbleiben (*Schwerverdauliches*); *-yi yakmak* Sodbrennen verursachen.
midesiz [- · ·] 1. wer Ungenießbares ißt 2. *fig.* wem es vor nichts graust 3. *fig.* dickfellig, abgebrüht.
midilli [· x ·] Pony *n*.
Midilli [· x ·] *n. pr.* 1. Mytilene *n* (*Stadt auf Lesbos*) 2. (*Adası*) Insel *f* Lesbos.
midye [x ·] *zo.* Miesmuschel *f*; ~ *pilâkisi* Muschelragout *n*.
miğfer Helm *m*.
miğri (*balığı*) *zo.* Meeraal *m*.
mihber Versuchs-, Reagenz·glas *n*.
mihenk *s. mehenk*.
mihir, *-hri* (*von dem Mann gegebene*) Mitgift *f*.
mihmandar [· - -] 1. offizieller Reisebegleiter 2. Führer *m* (*z.B. bei Besichtigung*) 3. Gastgeber *m*.
mihnet, *-ti* Elend *n*, Trübsal, Not *f*, Unglück *n*; ~ *çekmek* Trübsal durchmachen (*müssen*).
mihnethane [ā] Ort *m* der Trübsal; Jammertal *n*.
mihrak, *-kı* [ā] 1. *va.* Herd *m* 2. *math. phys.* Brennpunkt, Fokus *m*; *-a getirmek phot.* scharf einstellen; ~ *mesafesi* Brennweite *f*.
mihrap, *-bı* [ā] Gebetsnische *f in der Moschee*; ~ *yerinde* immer noch schön (*alte Dame*).
mihver Achse *f* (*a. pol., mil*).
mihverli drehbar, schwenkbar.
mika [x ·] *geol.* Marienglas *n*, Glimmer *m*; ~ *taşı* Glimmerschiefer *m*.
Mikâil [- - -] *isl. Myth.* Erzengel *m* Michael.
mikâp, *-bı s. küb*.
mikrop, *-bu* 1. Mikrobe *f* 2. *ab.* Krankheitserreger *m* 3. *fig.* zersetzendes Element (*P.*) 4. V Polizist, Gendarm *m* 5. passionierter Glücksspieler.
mikropsuzlamak keimfrei machen; sterilisieren.
miktar [ā] Menge *f*, Quantum, Maß *n*, Teil *m*, Anzahl *f*.
mikyas [ā] 1. Meßinstrument *n* 2. Maßstab *m* 3. Standard *m* 4. Maß *n*, Umfang *m*.
mil¹ 1. Spindel, Achse, Stange, Welle *f* 2. (*Schmink-*)Stift *m* 3. (*Grab-*)Stichel *m*, (*Radier-*)Nadel 4. Sonde *f*.
mil² Meile *f*.
mil³ *geol.* Schlamm, Lehm *m*.
mil⁴ *selt.* tausend; ~ *mersi!* (*snob.*) Tausend Dank!
milâdi [- - -] christlich (*z.B. Zeitrechnung*).
milât, *-dı* [- -] 1. *va.* Geburt *f*, Geburtstag *m* 2. *pr.* Christi Geburt *f*.
mile Tonmurmel (*Kspz.*).
milföy *Blätterteigtorte mit gelblicher Krem-Füllung.*
millet, *-ti* 1. Nation *f*, Volk *n* 2. P soziale Klasse *od.* Gruppe 3. P Leute *pl.*; ~ *meclisi* Nationalversammlung *f*.
milletlerarası, *-nı* international.
milletvekili, *-ni* Volksvertreter(in *f*) *m* Abgeordnete(r) *m/f*.
millî 1. national 2. (*Sport*) Nationalspieler *m*; ~ *cenaze merasimi* feierliches Staatsbegräbnis; ♀ *Hâkimiyet Bayramı* Fest *n* der Nationalen Souveränität; ♀ *Reis* (*Ehrentitel für Atatürk zu dessen Lebzeiten*); ♀ *Şef* (*Ehrentitel für Ismet Inönü zur Zeit seiner Staatspräsidentschaft*).
milliyet, *-ti* 1. Nationalbewußtsein *n* 2. Nationalismus *m* 3. Nationalität *f*.
mimar [- -] Architekt, Baumeister *m*.
mimari [- - -] 1. Architektur, Baukunst *f* 2. Baustil *m*.
mimarî [- - -] architektonisch, Architektur-.
mimarlık [- - ·] 1. = *mimari* 2. Architektenberuf *m*.
mimber Kanzel *f* (*in der Moschee*).
minare [ā] Minarett *n*; ~ *gibi* (*od.* ~ *kırması*) baumlang; *~yi çalan kılıfını hazırlar* (*Spr.*) wer das Minarett stehlen will, beschafft sich zuerst das passende Etui.
minder 1. Sitzkissen *n* 2. Matratze *f*

3. (*Ringer-*)Matte *f*; ~ *çürütmek* wie festgeklebt sitzenbleiben (*Besuch*); ~ *sermek* sich auf längeres Bleiben einrichten (*Besuch*).

mine [x ·] 1. Schmelz *m*, Glasur *f*, Email *n* 2. Emailmalerei *f* 3. Zahnschmelz *m* 4. Zifferblatt *n* 5. emailliert 6. ♀ *wV*.

minicik [x · ·] winzig; Liliput-.

minimini 1. sehr klein und niedlich; winzig, nett 2. niedliches kleines Kind.

minkale Winkelmesser, Transporteur *m*.

minnet, *-ti* 1. Erweisung *f* e-r Freundlichkeit 2. Sich-Verpflichtetfühlen *n*, (*lastende*) Dankesschuld; ~ *altında kalmak* (*od. yaşamak*) seine Dankesschuld nicht abtragen können; ~ *çekmek* sich *j-m* verpflichtet fühlen; ~*etm.* 1. *va. j-m e-n* Gefallen tun 2. *j-n* um e-n Gefallen bitten; ~*ve şükran* Gefüh *n* aufrichtiger Dankbarkeit.

minnettar [ā] dankbar; ~ *bırakmak* (*b-ni*) *j-n* zu Dank verpflichten.

minnettarlık [ā] Dankbarkeit *f*.

minör *mus.* Moll *n*, Molltonart *f*.

minşar Spannsäge *f*.

mintan *e-e Art Oberhemd ohne Umschlagkragen.*

minüskül kleiner (*Anfangs-*)Buchstabe, Minuskel *f*.

minval, *-li* [ā] Art und Weise *f*.

mira Meßlatte *f*.

miraç, *-cı* [- -] Himmelfahrt *f*.

miralay *mil.* (*bis 1934*) Oberst *m*.

miras [- -] Erbe *n*, Erbschaft *f*, Nachlaß *m*, Hinterlassenschaft *f*; ~ *almak et.* vererbt bekommen; ~ *yemek* in den Besitz e-r Erbschaft gelangen; *-tan ıskat* Enterbung *f*; *-tan mahrum etm.* enterben.

mirasçı [- - ·] Erbe *m*, Erbin *f*.

mirasyedi 1. *wer Erbe e-s bedeutenden Vermögens geworden ist* 2. *fig.* verschwenderisch (*und ausschweifend*) lebend.

mirliva [- · -] *fr.* Generalmajor, Brigadekommandeur *m*.

mis[1] Moschus, Bisam *m*; ~ *gibi* 1. wunderbar (*duften*) 2. lukrativ 3. freilich; gewiß; und ob.

mis[2] unverheiratete angelsächsische Dame; Fräulein, Mädchen *n*.

misafir [ā] 1. Gast, Besuch *m* 2. *weißer* Hornhautflecken *m im Auge*; ~ *etm.* 1. *j-n* als Gast aufnehmen 2. (*b-ni bir yere*) *j-n irgendwo* unterbringen; ~ *gibi oturmak hum.* nicht bequem sitzen; ~ *heyeti* Gästeabordnung *f*; ~ *odası* 1. Fremden-, Gast•zimmer *n* 2. Empfangszimmer *n*, Salon *m* 3. *einfaches* Nachtquartier (*in anatolischen Dörfern*).

misafirperver [ā] gast•freundlich, -frei.

misak, *-kı* [- -] 1. Pakt *m*, Abkommen *n* 2. Satzung *f*.

misal, *-li* [ā] 1. Beispiel *n* 2. *phil.* Idee *f* 3. Muster, Vorbild *n*.

misil, *-sli* 1. Gleiche(s) *n* 2. *math.* Mehrfache(s), Vielfache(s) *n*; *misli* (*menendi*) *yok* (*od. görülmemiş*) unvergleichlich, beispiellos, einmalig; *misliyle mukabele jur.* Retorsion *f*; *misli tezyit* Koeffizient *m*.

misilleme 1. (*Wieder-*)Vergeltung *f* 2. Repressalie *f*.

misillemek Vergeltungsmaßnahmen (*Repressalien*) ergreifen.

misilli, misillû [û kurz] wie; -artig; *bu* ~ *hareketler* derartige Handlungen *pl.*

misilsiz *s. misli yok.*

misina *s. mesina.*

misk *s. mis*[1].

miskal, *-li* [ā] 1. *altes Gewicht für Edelsteine* 2. *fig.* winzige Menge 3. *s. mıskal.*

misket[1], *-ti* 1. Muskatellertraube *f* 2. (*allg.*) würzig duftende Frucht.

misket[2], *-ti* 1. Sprengladung *f* 2. Stahlkugel (*Kspz.*) 3. *s. mosketo.*

miskin 1. dickfellig 2. träge, schlafmützig 3. jämmerlich, erbärmlich 4. aussätzig.

misma, *-aı* 1. *med.* Stethoskop *n* 2. *phys.* Hörer *m* (*als Gerät*).

misvak, *-kı orient. Zahnstocher od. e-e Art Zahnbürste* (*aus dem Holz des Zahnbürstenbaumes*).

misyon 1. Mission *f*, Auftrag *m* 2. Missionsstation *f*.

misyoner (*christlicher*) Missionar.

-miş'li geçmiş zaman *gr.* Präteritum *n* der unbestimmten Aussage.

mit, *-ti* Mythos *m*, Mythe *f*, Götter-, Helden•sage *f*.

miting 1. (*Demonstrations-*) Versammlung *f* 2. *selt.* Tagung *f*, Kongreß *m*.

mitingci Versammlungsteilnehmer, *spez.* Demonstrant *m*.

mitralyet, *-ti* leichtes Maschinengewehr.
mitralyöz Maschinengewehr *n.*
mitralyözcü Maschinengewehrschütze *m*; *-ler* Bedienungsmannschaft *f* e-s Maschinengewehrs.
mitralyözlü mit Maschinengewehren ausgerüstet.
miyar [- -] 1. *chem.* Reagens *n* 2. Reagenz *f* 3. Eichmaß *n* 4. gesetzlicher Feingehalt (*des Goldes*); *miyarı nakdî* Münzfuß *m.*
miyav! miau!
miyavlamak miauen (*Katze*).
miyop, *-pu* kurzsichtig.
miyopluk Kurzsichtigkeit *f.*
mizaç, *-cı* [ā] 1. Veranlagung *f*, Charakter *m*, Temperament *n* 2. Laune, Stimmung *f* 3. Gesundheit *f.*
mizaçsız 1. in schlechter Stimmung; gedrückt 2. unwohl, unpäßlich, indisponiert.
mizah [ā] Humor *m*; ~ *gazetesi* Witzblatt *n.*
mizahi [· - -] humoristisch.
mizan [- -] 1. Waage *f* 2. arithmetische Reihe 3. Ausgleichssaldo *m* (*in der Bilanz*) 5. Meßinstrument *n* 6. ♎ *astr.* Waage *f*; ~ *etm.* (*od. yapmak*) *math.* die Probe machen.
mizana [· x ·] *naut.* Kreuz-, Besanmast *m.*
mizansen Inszenierung, Ausstattung *f.*
mobilya [· x ·] Möbel *pl.*, Mobiliar *n*; ~ *mağazası* Möbelgeschäft *n.*
mobilyacı Möbelhändler *m.*
mobilyalı möbliert.
mobilyasız nichtmöbliert.
moda [x ·] 1. Mode *f* 2. modisch, Mode-; ~ *renkler* Modefarben *pl.*; ~ *düşkünü* 1. Modenarr, Geck, Stutzer *m* 2. Modedame, Modenärrin *f*; ~ *salgını* Modetorheit *f*; *-sı geçmek* 1. aus der Mode kommen; unmodern werden 2. *fig.* längst überholt sein (*Angelegenheit*).
model 1. Modell *n* 2. Schnitt *m*, Machart *f* 3. Gießform *f* 4. Modellheft *n* 5. Art *f*, Typ *m*, Bauart *f* 6. Ebenbild *n*; ~ *değiştirmek* P (*Kraftfahrer*) mit aller Wucht *irgendwo* auffahren.
modellik Modellstehen *n*; ~ *etm.* Modell stehen.
modern modern; ~ *zamanlar* neueste Zeit *f.*
modernize modernisiert; ~ *etm.* modernisieren.
modernleştirmek modernisieren; den Forderungen der Neuzeit anpassen.
modistra [· x ·] Modistin, Putzmacherin *f.*
Moğol Mongole *m*, Mongolin *f*; mongolisch.
Moğolistan *n. pr.* Mongolei *f.*
mola [x ·] 1. *naut.* Nachlassen *n* 2. *naut.* Nachlassen! 3. Rast(pause) *f*; ~ *etm.* 1. *naut.* lockern, nachlassen (*Tau*) 2. rasten, ausruhen; ~ *vermek* 1. e-e Rastpause einlegen 2. zum Stillstand kommen (*z.B. militärische Operation*); *-da olm.* V rückständig (*dumm*) sein.
molla 1. *fr.* Oberrichter *m* 2. *fr.* großer Gelehrter 3. *fr. Ehrentitel für Studenten der Medrese.*
moloz 1. (*Bau-*)Schutt *m* 2. Schottersteine *pl.* 3. wertlos, unbrauchbar 4. junges Mädchen *n* 5. V wertlose Sache *f* 6. V lächerlicher Fant *m.*
monarşi Monarchie *f.*
monden mondän, weltmännisch.
monokl, *-klü*, Monokel, Einglas *n.*
monoray 1. einschienig 2. einschienige Eisenbahn (*Alweg-Bahn*).
monosikl Einrad *n* (*der Artisten*).
monşer (*gesucht, herablassend od. levantinisch*) mein Lieber!
montaj Montage, Montierung *f*; ~ *yapmak* montieren, zusammensetzen, aufbauen.
monte 1. montiert 2. eingebaut (*z.B. Flugzeugmotor*) 3. *Th.* inszeniert; neu einstudiert; ~ *etm.* 1. montieren, zusammensetzen, aufbauen 2. einbauen 3. auf die Bühne bringen.
montör Monteur, Montagearbeiter *m.*
mor 1. violett, purpurrot 2. fahl, blaugefroren (*z.B. Gesicht*) 3. V 50-Pfund-Schein *m*; ~ *etm.* V blamieren, bloßstellen; ~ *olm.* V 1. blamiert dastehen 2. Prügel beziehen.
Mora [x ·] *n. pr.* Peloponnes *m*; Morea.
morarmak 1. violett werden; blaue Flecken bekommen (*z.B. durch Schläge*); blau anlaufen (*z.B. Gesicht*) 2. purpurrot werden (*z.B. vor Scham*).

moratoryum [· · x ·] Moratorium *n*, allgemeiner Zahlungsaufschub *m*.
morg Leichen·schauhaus *n*, -halle *f*.
mors[1] *zo.* Walroß *n*.
mors[2]: ~ *cihazı* Morseapparat *m*.
mortlamak V abkratzen (= *sterben*).
mortlatmak V 1. *j-n* totschlagen 2. *j-n* ausnehmen (*im Spiel*).
morto [x ·] V Tod *m*; *-yu çekmek* V = *mortlamak*.
mortocu 1. Sargträger *m* 2. Friedhofsbettler *m* 3. V Imam *m* 4. V Fahrer *m* des Leichenwagens.
mortu *s. morto*.
mortucu *s. mortocu*.
moruk V alter Kracher.
mosketo [· x ·] *hist.* Muskete *f*.
Moskova [x · ·] *n. pr.* Moskau *n*.
mosmor [x ·] 1. dunkelviolett 2. purpurrot (*z.B. vor Scham*) 3. ganz blaugefroren.
mostra [x ·] 1. Muster *n*, Probe *f* 2. Schaufensterauslage *f* 3. Auslaufen *n* (*z.B. e-r Erzader*) 4. Lockvogel *m* 5. eitles, affektiertes Benehmen 6. V sonderbarer Typ; ~ *olm.* blamiert dastehen; *-sını bozmak* (*b-nin*) V *j-m et.* versalzen.
mostralık [x · ·] Musterstück *n*, Probesendung *f*.
motopomp, *-pu* Motor-, Kraftfahr·spritze *f* (*der Feuerwehr*).
motor 1. *phys.* Motor *m* 2. = *motorbot* 3. = *motosiklet* 4. V Dirne *f* 5. V Dummkopf *m*; ~ *fabrikası* Motorenwerk *n*; ~ *makinisti* Maschinenschlosser *m*; ~ *tertibatı* Triebwerk *n*.
motorbot, *-tu* Motorboot *n*.
motorcu *s. motörcü*.
motorculuk *s. motörcülük*.
motorize motorisiert; ~ *etm.* motorisieren.
motosiklet, *-ti* Motorrad, Kraftrad, Krad *n*; *-e binmek* Motorrad fahren.
motör *s. motor*.
motörcü 1. Motorenbauer *m* 2. Motorenhändler *m* 3. *wer e-n Motor bedient*: Triebwagenführer, Motorradfahrer, Fahrer *m* e-s Motorbootes *usw*.
motörcülük 1. Motorenbau *m* 2. Motorenkunde *f* 3. Motorenhandel *m* 4. Motorwesen *n* 5. Bedienung *f* e-s Motors.
motörleştirmek motorisieren.
motörlü 1. Motor- 2. -motorig 3. motorisiert; ~ *birlik mil.* motorisierter Verband; ~ *kano* Motor-, Auto·boot *n*; ~ *nakil vasıtası* Kraftfahrzeug *n*; ~ *uçak* Motorflugzeug *n*.
motris Triebwagen *m*.
mozole Grabdenkmal, Mausoleum *n*.
möble 1. Mobiliar *n*, Möbel *pl.* 2. möbliert.
mösyö (*Anrede od. Bezeichnung für Nichttürken*) Herr *m*.
muabbir Traumdeuter *m*.
muacciz lästig, aufdringlich.
muaddel modifiziert, revidiert.
muadele [ā] 1. *math.* Gleichung *f* 2. *fig.* rätselhafte Angelegenheit.
muadelet, *-ti* [ā] Äquivalenz, Gleichwertigkeit *f*; ~ *hakkı* Gleichberechtigung *f*; *-i kabul edilmiş* als gleichrangig angesehen.
muadil [ā] 1. gleich·artig, -bedeutend 2. gleich stark 3. äquivalent, gleichwertig.
muaf [ā] 1. (*e-r Verpflichtung*) enthoben, entbunden; befreit, dispensiert 2. *biol.* immun.
muafiyet, *-ti* [ā] 1. Befreiung, Freistellung *f* (*z.B. von Steuern und Abgaben*); Erlaß *m* (*e-r Leistung*), Dispens *m* 2. *biol.* Immunität *f*.
muahede [ā] (*Staats-*)Vertrag *m*, Abkommen *n*; ~ *akdi* Vertragsabschluß *m*.
muaheze [ā] Tadel, *m* Rüge, Kritik *f*; ~ *etm.* tadeln, rügen, kritisieren, bekritteln.
mualece [ā] 1. Arznei *f*, Medikament *n* 2. *medikamentöse* Behandlung.
muallâk, *-kı* [â kurz] 1. *va.* auf-, an·gehängt, freihängend 2. in der Schwebe; noch nicht entschieden 3. abhängig (*von*).
muallel 1. motiviert 2. ungültig (*Wahlstimme*) 3. mangelhaft, unvollständig.
muallim Lehrer *m*; *gel.* Lehrerin *f*.
muallime *va.* Lehrerin *f*.
muamelât, *-tı* [· - · -] (*pl. zu muamele*); ~ *holü* Schalterraum *m* (*z.B. e-r Bank*).
muamele [ā] 1. Verhalten, Verfahren *n*, Behandlung *f* (*a. chem.*) 2. Handel *m*, Geschäft *n*, Abschluß *m* 3. Dienst-, Geschäfts·gang *m*, Formalitäten *pl.*, Abfertigung *f* 4. Verkehr, Umgang *m*; ~ *etm.* (*b-ne*)

behandeln; ~ *görmek* 1. bearbeitet werden (*z.B. Antrag*) 2. gehandelt werden (*z.B. an der Börse*) 3. behandelt werden (*z.B. Person*); ~ *vergisi* Umsatzsteuer *f*.
muameleci [ā] 1. Agent, Makler, Vermittler *m* 2. Wucherer *m*.
muameleli [ā] bearbeitet (*Schriftstück auf dem Instanzenweg*).
muamma [· x -] Rätsel *n* (*a. fig.*); ~ *kabîlinden* rätselhaft.
muammalı rätselhaft.
muammer 1. langlebig 2. ♀ *mV*, *wV*.
muannit, -di hartnäckig (*a. z.B. Verstopfung*), verbissen, zäh.
muaraza [· - · ·] Zank, Streit *m*, Wortgefecht *n*; ~ *etm.* (*od. çıkarmak*) Streit anfangen; krakeelen.
muare 1. Moiré *m od. n* 2. moiriert.
muarefe [ā] Bekanntschaft *f*; *-si olm.* (*b-le*) *mit j-m* bekannt sein.
muarız [ā] Gegner *m* (*z.B. in e-r Debatte*).
muasır [ā] zeitgenössisch; Zeitgenosse *m*, Zeitgenossin *f*.
muasırlaşmak [· - · · ·] sich modernisieren.
muassıra *an.* Schließmuskel *m*.
muaşaka [· - · ·] Liebschaft, Liebelei *f*.
muaşeret, -ti [ā] soziales Leben, Umgang *m*; ~ *âdabı s. âdabımuaşeret.*
muatebe [ā] Rüge *f*, Tadel, Verweis *m*.
muattal 1. stillgelegt 2. untätig, müßig.
muavaza [· - · ·] 1. (*Ein-*)Tauschen *n*, Tausch *m* 2. Kompensation *f* 3. Verrechnung *f*.
muavenet, -ti [ā] Unterstützung, Hilfeleistung *f*, Beistand *m*, Fürsorge *f*; ~ *etm.* unterstützen, helfen, beistehen.
muavin [ā] 1. helfend, unterstützend, Hilfs-, Behelfs- 2. Gehilfe *m* 3. (*pl.*) nächste Mitarbeiter, Referenten *pl.* 4. Stellvertreter *m*, Vize- 4. *Fb. u. ä.* Läufer *m*; ~ *kıta mil.* Hilfstruppe *f*; ~ *konsolos* Vizekonsul *m*; ~ *kruvazör* Hilfskreuzer *m*; ~ *rampa* (*a. mil.*) Behelfsrampe *f*.
muavveç, -ci 1. krumm, gekrümmt 2. krumm und schief; zusammengekrümmt.
muayede [ā] gegenseitiger Besuch an Feiertagen.
muayene [ā] 1. Untersuchung, (*Über-*)Prüfung *f* 2. ärztliche Untersuchung 3. Zollrevision *f*; ~ *etm.* untersuchen, (über)prüfen, revidieren, genau durchsehen; ~ *usulü spez. techn.* Prüfverfahren *n*; ~ *voltajı* Prüfspannung *f*.
muayeneci [ā] 1. Zoll·beamte(r), -revisor *m* 2. Revisionsbeamte(r) *m*.
muayenehane [ā, ā] 1. Ordinationsraum *m* (*e-s Arztes*) 2. Zollrevisionsstelle *f*.
muayyen 1. fest, bestimmt, festgesetzt 2. *math.* determiniert 3. gewiß, bestimmt sicher.
muazzam groß, bedeutend, wichtig.
mubah [ā] *isl.-rituell weder verboten noch verlangt*: erlaubt, indifferent.
mubassır *fr.* aufsichtsführender Beamter *in Internatsschulen*.
mubayaa [· - · ·] Ankauf *m*; ~ *bedeli* Gestehungskosten *pl.*, Ankaufspreis *m*.
mubayaacı [· - · · ·] 1. Einkäufer *m* 2. *va.* Börsenmakler *m*.
mubayaat, -tı [· - · -] (*pl.*): ~ *komisyonu* Einkaufs-, Ankaufs·kommission *f*; *-ta bulunmak* Einkäufe tätigen.
mucibince [- · x ·] 1. gemäß, zufolge, kraft 2. (*als Aktenvermerk*) genehmigt.
mucip, -bi [ū] 1. veranlassend, verursachend, bewirkend, bedingend 2. Anlaß, Grund *m*, Motiv *n* 3. Erfordernis *n* 4. notwendige Folge; ~ *olmak* (*bşi*) veranlassen, verursachen, hervorrufen, nach sich ziehen; *-ten çıkmak* genehmigt werden; *bir mucip çekmek* mit dem Genehmigungsvermerk weiterreichen (*z.B. Gesuch*).
mucit, -di [ū] Erfinder *m*; ~ *kadın* Erfinderin *f*.
mucitlik [ū] Erfindungs·gabe *f*, -talent *n*.
mucize [ū] Wunder *n*; ~ *göstermek* (ein) Wunder tun; ~ *kabîlinden* wie durch ein Wunder (*z.B. gerettet werden*).
mucizevi [- · · -] wunderbar, mirakulös.
mucur 1. Kohlenabfall *m* 2. *allg* Abfall *m*.
muço *s. miço.*
mudallâ *math.* Vieleck, Polygon *n*.
mudhike *z. va.* Komödie *f*.

mudil [ū] 1. zusammengesetzt, kompliziert 2. *a. chem.* komplex 3. Komplex *m.*
mudire *s. müdire.*
mufarakat, -tı [· - · ·] 1. Abschiednehmen, Verlassen *n,* Abreise *f* 2. *mil.* Abzug, Abmarsch *m* 3. Ehescheidung *f;* ~ *etm.* 1. Abschied nehmen; abreisen 2. *mil.* abziehen 3. sich scheiden lassen.
mufassal ausführlich, eingehend.
mufassalan [· x · ·] *adv. zu mufassal.*
muflon 1. *zo.* Mufflon *m* 2. *dicker* Futterbesatzstoff (*der in leichte Mäntel eingeknöpft werden kann*).
mugaddi [i] nahrhaft, nährend, Nähr-; ~ *kıymet* Nährwert *m.*
mugalâta [· - · ·] Sophisterei *f.*
muganni [i] Sänger *m.*
muganniye Sängerin *f.*
mugayeret, -ti [ā] Gegensatz, Widerspruch *m.*
mugayir [ā] entgegengesetzt, widersprechend.
muğfil täuschend, betrügend, irreführend, verführend.
muğlak, -kı 1. schwerverständlich, kompliziert, dunkel, verwickelt 2. undurchsichtig, ungeklärt (*Lage*).
muğpeçe junger Schankbursche.
muh, -hhu 1. *an., bot.* Mark *n* 2. *an.* Gehirn, Hirn *n; muhhu azım an.* Knochenmark *n.*
muhabbet, -ti 1. Liebe, Freundschaft *f* 2. freundschaftliche Unterhaltung, gemütliches Plaudern; ~ *çiçeği bot.* Reseda *f;* ~ *kuşu zo.* Wellensittich *m.*
muhabbetli liebevoll, herzlich, freundschaftlich.
muhabbetname [· · · - ·] 1. freundschaftliches Schreiben 2. Liebesbrief *m.*
muhaberat, -tı [ā, ā] *pl.* schriftlicher Verkehr, Korrespondenz, Nachrichtenverbindung *f;* ~ *sırrı* Brief-, Post•geheimnis *n.*
muhabere [ā] (*Nachrichten-*)Verkehr *m,* Verbindung *f;* ~ *etm.* einander benachrichtigen; korrespondieren; ~ *taburu mil.* Nachrichtenabteilung *f;* ~ *ve muvasala işleri* Nachrichten- und Verkehrs•dienst *m;* ~ *zinciri* Meldekette *f.*
muhabir [ā] Korrespondent, Berichterstatter *m.*
muhaceret, -ti [ā] (*Aus-, Ein-*) Wanderung *f; Muhacereti Akvam hist.* Völkerwanderung *f;* ~ *etm.* aus-, ein•wandern.
muhacim [ā] (*Sport spez. Fb.*) Stürmer *m.*
muhacir [ā] Aus-, Ein•wanderer *m;* ~ *hücre biol.* Wanderzelle *f;* ~ *kuş* Zugvogel *m.*
muhafaza [· - · ·] 1. Schutz *m* 2. Geleit *n* 3. Bewahrung *f* 4. Aufbewahrung *f* 5. Beibehaltung *f;* ~ *etm.* 1. (be)schützen, bewahren 2. geleiten 3. (be)wahren, erhalten; sich ein Recht vorbehalten 4. aufbewahren 5. beibehalten, aufrechterhalten 6. (*siegreich*) behaupten; ~ *altında bulundurmak* unter Bewachung (*Kontrolle*) stellen; ~ *tedbirleri* Sicherungsmaßnahmen *pl.*
muhafazakâr [· - · · -] konservativ.
muhafız [ā] 1. schützend, behütend 2. Geleit- 3. bewahrend, erhaltend 4. aufbewahrend 5. beibehaltend 6. Wärter, Wächter *m;* ~ *kıta* 1. Leibwache *f* 2. Schutztruppe *f.*
muhakeme [ā] 1. Gerichtsverhandlung *f* 2. Überlegung, Erwägung *f* 3. (*erwägendes*) Gemüt 4. Urteil *n;* ~ *etm.* 1. vor Gericht stellen; aburteilen 2. beurteilen, erwägen, überlegen 3. *phil.* urteilen; ~ *masrafları* Gerichts-, Prozeß•kosten *pl.;* ~ *yürütmek* Erwägungen anstellen; *-nin iadesi jur.* Wiederaufnahme *f* des Verfahrens; *-nin men'i kararı jur.* Einstellung *f* des Strafverfahrens.
muhakemeli [ā] urteilsfähig, einsichtig, verständig, klug, umsichtig.
muhakemesiz [ā] unverständig, unvorsichtig, unklug.
muhakkak 1. gewiß, sicher, bestimmt, feststehend 2. *Name e-r ar. Schriftart* 3. *adv.* auf jeden Fall; unbedingt.
muhal, -li [ā] 1. unmöglich, unerfüllbar 2. undenkbar, unvorstellbar; *-e talik etm.* von e-r unerfüllbaren Bedingung abhängig machen.
muhalefet, -ti [ā] 1. Widerspruch *m* 2. Widerstand *m,* Widersetzlichkeit *f* 3. (*spez. pol.*) Opposition *f* 4. Ungunst *f* (*der Witterung*) 5. Zuwiderhandeln *n* 6. Gegensatz, Kontrast *m;* ~ *etm.* 1. widersprechen 2. sich widersetzen 3. (*pol.*) opponieren; ~ *partisi* Oppositionspartei *f.*
muhalif [ā] 1. e-e entgegengesetzte

Meinung vertretend 2. widersetzlich 3. oppositionell, gegnerisch, Gegner *m* 4. ungünstig (*Witterung*) 5. zuwider·laufend, -handelnd.

muhallebi *s. mahallebi.*

muhammen (ab-)geschätzt, taxiert, veranschlagt, Schätz-, Tax-; ~ *bedel* Schätz-, Tax·wert *m*.

Muhammet, *-di* (*a.* Hazreti ~) Prophet *m* Mohammed (*571—634 n. Chr.*).

muhammız *chem.* oxydieren lassend.

muhammin Schätzer, Taxator *m*.

muhammir *chem.* Ferment *n*.

muhannat, *-tı*, **muhannes** 1. furchtsam, ängstlich, feig 2. niedrigdenkend, gemein, verächtlich.

muharebe [ā] 1. Schlacht *f*, Kampf *m*, Gefecht *n* 2. Krieg, Feldzug *m*; ~ *etm.* e-e Schlacht schlagen; kämpfen; ~ *harici etm.* außer Gefecht setzen; ~ *kudreti* Schlag-, Kampfkraft *f* (*e-r Truppe*); ~ *meydanı* Schlachtfeld *n*; ~ *sahası* Kampfgebiet *n*; ~ *usulü* Kampfweise *f*; ~ *vasıtası* Kampfmittel *n*; *-nin sevk ve idaresi* Kampfführung *f*; *-ye sokmak* in den Kampf werfen; einsetzen (*Truppen*); *-yi kesmek* das Gefecht (*den Kampf*) abbrechen.

muharip, *-bi* [ā] 1. kämpfend, Kampf- 2. Frontkämpfer *m* 3. kriegführend 4. kriegerisch, kriegstüchtig 5. Kombattant *m*; ~ *kıta* Kampftruppe *f*; *eski -ler* ehemalige Frontkämpfer *pl.*; *gayrimuharip* nichtkriegführend.

muhariplik [ā] 1. Frontkämpfertum *n* 2. Kriegführung *f* 3. Kriegstüchtigkeit *f* 4. Kriegszustand *m*.

muharref verstümmelt, entstellt (*z.B. Text*).

muharrem 1. *der erste Monat des isl. Mondjahres* 2. ♀ *mV.*, *wV.*

muharrer 1. (*nieder-*)geschrieben, verfaßt 2. ausgestellt (*z.B. Scheck*) 3. auf-, an·geführt.

muharrik, *-ki* 1. bewegend, Antriebs- 2. *chem.* (*gläsernes*) Rührstäbchen 3. Anstifter, Rädelsführer, Drahtzieher, Provokateur *m* 4. emotionale Antriebskraft, Trieb *m*.

muharrir 1. Schriftsteller, Literat *m* 2. Verfasser *m* 3. Redakteur, Publizist, Schriftleiter *m*.

muharriş 1. kratzend 2. *biol.* erregend, reizend; Reizmittel *n*.

muhasama [· - · ·] Feindschaft, Gegnerschaft *f*.

muhasamat, *-tı* [· - · -] *pl.* Feindseligkeiten, Kampfhandlungen *pl.*; *-ı kesmek* (*od. tatil etm.*) die Feindseligkeiten einstellen.

muhasara [· - · ·] Einschließung, Belagerung *f*; ~ *etm.* einschließen, belagern; *-yı kaldırmak* die Belagerung aufheben.

muhasebat, *-tı* [· - · -] *pl.* Rechnungsgeschäfte, Abrechnungen *pl.*; ~ *dairesi reisi mil.* Generalzahlmeister *m*.

muhasebe [ā] 1. Abrechnung *f* 2. Buchführung *f* 3. Rechnungskanzlei *f* 4. Buchführungsabteilung *f*.

muhasebeci [ā] Rechnungsführer *m* (*e-s Betriebs, e-r Schule usw.*).

muhasım [ā] gegnerisch, feindlich; Gegner, Feind *m*.

muhasip, *-bi* [ā] 1. Rechnungsbeamte(r), Buchhalter *m* 2. Kalkulator *m*.

muhassala 1. Gesamtergebnis *n* 2. *phys.* Resultante, Mittelkraft *f*.

muhassas 1. bestimmt (*für*), ausgeworfen, festgesetzt (*Summe für e-n best. Zweck*) 2. fest (*Gehalt*).

muhassasat, *-tı* [· · · -] *pl.* 1. *für e-n best. Zweck* festgesetzte (ausgeworfene) Gelder *pl.* 2. (*Beamten-*) Bezüge *pl.*

muhat[1], *-tı* [ā] umgeben, umschlossen, eingefaßt.

muhat[2], *-tı* [ā] *biol.* Schleim *m*; Mucus.

muhatap, *-bı* [· - ·] 1. angeredet; Angeredete(r) *m/f* 2. (*a. şahsı muhatap*) *gr.* zweite Person 3. *H.* Bezogene(r), Trassat *m* 4. (*Fernsprech-*)Teilnehmer *m* 5. Adressat *m* 6. Gesprächspartner *m*.

muhatara [· - · ·] gefährliche Lage, Gefahr *f*.

muhataralı [· - · · ·] gefährlich, gefahrvoll.

muhavere [ā] Gespräch *n*, Dialog *m*; ~ *etm.* sich *miteinander* unterhalten.

muhavvile Transformator, Umspanner *m*.

muhayyel imaginär, fiktiv, nur angenommen, nur in der Phantasie existierend.

muhayyelât, *-tı* (*pl.*) Phantasievorstellungen, Phantasien *pl.*

muhayyer 1. die Freiheit der Wahl besitzend 2. *j-s* Wahl anheimgestellt 3. *feiner, changierender Seidenstoff* 4. *Name e-r melodischen Weise in der orient. Mus.*; ~ *almak* auf Probe kaufen; ~ *muamele jur.* Nochgeschäft *n*.

muhayyerlik *jur.* Ersetzungsbefugnis *f*.

muhayyile Phantasie, Einbildungskraft *f*, Vorstellungsvermögen *n*.

muhbir 1. *z. va.* Berichterstatter *m* 2. *pej.* Spion, Agent, Polizeispitzel *m*.

muhibbe Liebe, Teure, Freundin *f*.

muhik, -kkı gerecht(fertigt), berechtigt (*z.B. Forderung*), richtig (*z.B. Behauptung*).

muhit, -ti [ī] umgebend, einschließend 2. Milieu *n*, Umgebung *f*, Umkreis *m* 3. *math.* Umfang *m*.

muhkem fest, stark, solide.

muhlis 1. aufrichtig, ergeben 2. ♀ *mV*.

muhliye Jute *f*.

muhnik, -kı erstickend; ~ *gaz* Giftgas *n*.

muhrik, -kı 1. *chem.* ätzend, kaustisch 2. sehnsüchtig, verliebt, ergreifend.

muhrip, -bi 1. zerstörend 2. (*Torpedoboots-*)Zerstörer *m*; ~ *uçak* Zerstörerflugzeug *n*.

muhtaç, -cı [ā] 1. bedürfend 2. bedürftig; ~ *olmak* 1. (*bşe*) nötig haben, brauchen, bedürfen 2. in Not und Elend leben; Not leiden.

muhtar 1. [· -] frei, selbständig, unabhängig, autonom 2. [· ·] Gemeinde-, Orts·vorsteher *m*; Vorstand *m* e-s Stadtviertels. 3. ♀ [x .] *m. V*.

muhtariyet, -ti [ā] Selbstverwaltung, Autonomie *f*.

muhtarlık Amt *n* (Tätigkeit *f*, Aufgaben *pl.*) e-s *muhtar*.

muhtasar 1. abgekürzt, ver-, gekürzt 2. Kompendium *n*.

muhtasaran [· x · ·] *adv.* kurz gesagt, kurz zusammengefaßt.

muhtekir (*Lebensmittel-*)Wucherer *m*.

muhtel, -lli gestört, beeinträchtigt, zerrüttet.

muhteliç, -ci konvulsivisch zukkend.

muhtelif 1. verschieden(artig) 2. verschiedene, einige, mehrere.

muhtelis Defraudant *m*.

muhtelit, -ti 1. gemischt 2. *math.* komplex; ~ *birlik mil.* gemischter Verband; ~ *hakem mahkemesi jur.* gemischtes Schiedsgericht; ~ *takım* (*Sport*) kombinierte Mannschaft, Auswahlmannschaft *f*.

muhtemel 1. möglich 2. wahrscheinlich.

muhterem geehrt, verehrt, geschätzt, geachtet; *pek* ~ *Cevat Beyefendi* sehr geehrter Herr Cevat (*Anrede im Brief*).

muhteri, -ii [ī] Erfinder *m*.

muhteris 1. leidenschaftlich, eifrig, gierig 2. ehrgeizig.

muhteriz vorsichtig, zurückhaltend, reserviert; ~ *davranmak* auf seiner Hut sein.

muhteşem prächtig, prunkvoll, pompös, großartig.

muhteva [ā] Inhalt *m* (*z.B. e-s Schriftstückes*).

muhtevi [ī] enthaltend, in sich schließend.

muhteviyat, -tı [ā] *pl.* Inhalt *m*.

muhtıra 1. Note, Denkschrift *f*, Memorandum *n* 2. Notiz *f* 3. (*a.* ~ *defteri*) Notizbuch *n*, Notizkalender *m*.

muhuşevkî Rückenmark *n*.

muin [ī] 1. helfend; Helfer *m* 2. Ernährer *m*.

mukabele [ā] 1. Entgegnung, Erwiderung, Antwort *f* 2. Vergleichung, Kollationierung *f* 3. Gegenleistung *f*, Entgelt *n*, Vergeltung *f* 4. Aufnahme *f*, Widerhall *m* 5. laute Koranrezitation *in der Moschee* 6. *fr.* Rezitationen *od.* Kultübungen *pl. in Klöstern*; ~ *etm.* 1. erwidern, entgegnen, · versetzen 2. entsprechen 3. sich revanchieren 4. *m. Dat.* vergleichen, kollationieren (*mit*) 5. *fig.* (*m. Dat.*) erwidern; ~ *görmek* aufgenommen werden; Widerhall finden; *-de bulunmak* erwidern, entgegnen, versetzen.

mukabelebilmisil [ā] 1. (*Wieder-*)Vergeltung, Repressalie *f* 2. *jur.* Retorsion *f*.

mukabil [ā] 1. gegenüber·liegend, -stehend 2. entgegengesetzt, gegnerisch, Gegen- 3. entsprechend 4. *math.* reziprok 5. *Pp. m. Dat.* gegen, gegenüber, anstelle, für 6. Entsprechung *n*, Gegenstück *n*, Ersatz *m* 7. Gegenleistung *f*; *buna* ~ 1. demgegenüber 2. an dessen Stelle; hierfür; ~ *cihet* entgegengesetzte Richtung; ~ *darbe mil.* Gegenstoß *m*; ~ *dâva jur.* Gegen-, Wider·klage *f*; ~ *hareket* Gegenaktion *f*, Gegenstoß *m*; ~ *taarruz* Gegen·angriff *m*, -offensive *f*; *-inde* 1. als Gegenleistung 2. unter Einsatz (*von*) 3. gegen Entrichtung (*Bezahlung*) *von* ... 4. als Ersatz *für* ...; zur Ersetzung *von* ...

mukaddeme 1. Einleitung *f*, Vorwort *n* 2. Anfang, Auftakt *m*, erster Schritt 3. Präzedenzfall *m*; *m-n kaddemei beyyine jur.* Indiz *n*.

mukadder vorherbestimmt.

mukadderat, *-tı* [· · · -] *pl.* 1. Geschicke *pl.* (*z.B. e-s Volkes*) 2. Schicksal, Los, Geschick *n*; *-ın istihzası* Ironie *f* des Schicksals.

mukaddes heilig; ~ *cihad* heiliger Krieg (*der Mohammedaner*).

mukaddesat, *-tı* [ā] *pl.* heilige Dinge, Heiligtümer *pl.*

mukallit, *-di* 1. nachahmend, nachäffend 2. Nach·ahmer, -beter, Imitator *m*.

mukannen 1. festgesetzt, bestimmt (*Frist, Zeitpunkt usw.*) 2. fest (*Preis*) 3. regelmäßig (*periodisch*) wiederkehrend.

mukarrer beschlossen, bestimmt, festgesetzt, abgemacht.

mukaseme [ā] (*Auf-*)Teilung *f*; ~ *etm.* unter sich (auf)teilen.

mukataa [· - · ·] 1. *fr.* Steuerverpachtung *f* 2. Abbruch *m* der Beziehungen; ~ *vergisi von der Verwaltung der Toten Hand* erhobene Steuer.

mukatele [ā] blutiger Kampf; Gemetzel *n*.

mukavele [ā] Vertrag, Kontrakt *m*, Abkommen *n*, Konvention *f*; *-ye bağlamak* vertragsmäßig festlegen.

mukaveleli [ā] vertragsmäßig festgelegt; Vertrags-, Kontrakt-.

mukavelename [· - · · - ·] Vertragsurkunde *f*, -instrument *n*.

mukavelevi [· - · · -] 1. vertraglich, kontraktlich 2. konventionell (*z.B. Ausdrucksweise*).

mukavemet, *-ti* [ā] 1. Widerstand *m*, Gegenwehr *f* 2. *phys.* Widerstand *m* 3. Nichtwollen, Widerstreben *n*; ~ *etm.* widerstehen (*können*), Widerstand leisten, aushalten, ertragen; ~ *görmek* auf Widerstand stoßen; ~ *kabiliyeti* Widerstandskraft *f*.

mukavemetçi [ā] 1. zum Widerstand entschlossen 2. Anhänger(in *f*) *m* e-r Widerstandsbewegung.

mukavemetsiz [ā] widerstandslos, nachgiebig, schwach.

mukavim [ā] widerstandsfähig; (*feuer-, kälte- usw.*) fest.

mukavva 1. Pappe *f*, Karton *m* 2. Papp-, Karton-.

mukavvalı mit Pappe *od.* Karton ausgestattet.

mukayese [ā] Vergleichen *n*, Vergleich *m*; ~ *etm.* (*od. yapmak*) e-n Vergleich ziehen; vergleichen.

mukayeseli [ā] 1. e-n Vergleich enthaltend 2. vergleichend, Vergleichs-; ~ *anatomi* vergleichende Anatomie; ~ *hukuk ilmi* vergleichende Rechtswissenschaft.

mukayyet, *-di* 1. gebunden, gefesselt 2. bedingt 3. registriert 4. genau aufpassend; ~ *ekseriyet jur.* qualifizierte Mehrheit.

mukim [ī] ansässig, wohnhaft; ~ *elçi* Ministerresident *m*.

mukni, *-ii* überzeugend.

mukriz 1. Darlehensgeber *m* 2. Anleihezeichner *m*.

muktaza [· · -] Erfordernis *n*, Notwendigkeit *f*.

muktazi [ī] erfordernd, erforderlich.

muktebes über-, ent·nommen, zitiert.

muktedir fähig, imstande (*zu*).

muktesit, *-di* sparsam, rationell, wirtschaftlich.

mulâj 1. Abdruck, Abguß *m* 2. Modellierarbeit *f* (*z.B. beim Zahnarzt*).

mum 1. Kerze *f* (*aus Wachs o. ä.*) 2. Kerze *f* (*als Lichtstärke*); ~, *dibine ışık vermez* (*Spr.*) die (*brennende*) Kerze beleuchtet nicht den Boden auf dem sie steht; *d. h.* man kann anderen Leuten besser raten als sich selbst; ~ *direk* 1. kerzengerade 2. *fig.* aufrecht ehrlich in jeder Hinsicht korrekt; ~ *etm. fig.* weichkneten; zu Ordnung und Disziplin zwingen; ~ *gibi* 1. = ~ *direk* 2. fügsam, willig, gehorsam; ~ *gibi oturmak* wie angegossen sitzen (*Kleidungsstück*); *~ı ışığı* Kerzen·licht *n*, -schein *m*; ~ *olm.* 1. sich der Ordnung und Disziplin unterwerfen 2. (*m. Dat.*) V einverstanden sein (*mit*); ~ *söndü fig.* unmoralisch, un-

gehörig; *-a döndürmek* (*od. çevirmek*) *s.* ~ *etm.*; *-la aramak fig.* sehr hinter et. her sein.
mumaileyh [- - · ·] obengenannt; Obengenannte(r) *m.*
mumcu Wachszieher *od.* Wachskerzenverkäufer *m.*
mumlamak 1. mit Wachs tränken; wachsen 2. (ver)siegeln.
mumlu Wachs-; ~ *kâğıt* Wachspapier *n* (*zur Vervielfältigung*); ~ *tel* Wachsdraht *m.*
mumya [x ·] 1. Mumie *f* 2. *fig.* nur mehr Haut und Knochen (*Person*).
mumyalamak mumifizieren.
mumyalaşmak 1. zur Mumie werden 2. *fig.* zum Skelett abmagern (*P.*).
munafık, -kı [ā] 1. *va.* Heuchler *m* 2. Zwischenträger *m* 3. Störenfried, Hetzer *m.*
mundar; schmutzig, unsauber, unrein.
mundarlamak beschmutzen, verunreinigen.
munfasıl 1. getrennt, gesondert 2. *log.* disjunktiv.
munhasır beschränkt, begrenzt (*auf*); ~ *olm.* (*m. Dat.*) beschränkt, begrenzt sein (*auf*), sich beschränken, sich begrenzen; nur bestimmt sein (*für*).
munhasıran [· x · ·] *adv.* ausschließlich, lediglich, nur.
munis [ū] 1. gewohnt, vertraut, geläufig 2. liebenswert, nett, sympathisch 3. zutraulich (*z.B. Tier, Kind*).
munkabız 1. zusammengezogen 2. an Verstopfung leidend.
munkalip, -bi 1. verwandelt 2. *chem.* umgewandelt; ~ *olm.* verwandelt werden; sich verwandeln (*z.B. in e-n Trümmerhaufen*).
munkatı, -ıı 1. unterbrochen, diskontinuierlich 2. *math.* unstetig; ~ *olm.* 1. unterbrochen werden 2. enden, aufhören.
munsap, -bı 1. (ein)mündend, sich ergießend (*Fluß*) 2. *ab.* Mündung *f* (*e-s Flusses*).
muntazam 1. geordnet, geregelt, regelmäßig, regulär 2. *math.* regelmäßig 3. *phys.* gleichförmig 4. konsolidiert 5. gut unterhalten (*z.B. Straße*) 6. rhythmisch, gleichmäßig.
muntazaman *adv.* zu *muntazam*; *derslere* ~ *devam etmek* den Unterricht regelmäßig besuchen.
muntazar 1. erwartet 2. erhofft.
muntazır 1. erwartend, entgegensehend 2. erhoffend.
munzam (hin)zugefügt, zusätzlich, Zusatz-; ~ *mesai saatleri* Überstunden *pl.*; ~ *olm.* hinzu-, dazukommen; ~ *pakt* Zusatzvertrag *m*; ~ *tahsisat* Zusatzkredite *pl.*
murabaha [· - · ·] Zinswuchergeschäft *n.*
murabba[1], *-aı math.* Quadrat *n* (*als zweite Potenz od. als geom. Figur*).
murabba[2] [· · -] Konfitüre *f mit ziemlich dick eingekochtem Saft und ganzen Früchten.*
murafaa [· - · ·] *jur.* mündliche Verhandlung.
murahhas 1. bevollmächtigt 2. Delegierte(r) *m/f*; ~ *heyet* bevollmächtigte Mission.
murakabe [· - · ·] 1. Überwachung, Kontrolle, Aufsicht *f* 2. religiöse Meditation; ~ *etm.* überwachen, kontrollieren; ~ *meclisi* Aufsichtsrat *m.*
murakıp, -bı [ā] 1. überwachend, kontrollierend 2. Kontrollbeamter, Prüfer, Revisor *m.*
murat, -dı [ā] 1. Ziel *n*, Zweck *m*, Absicht *f*, Wunsch *m* 2. was man ausdrücken will 3. ♀ *mV.*; ~ *da o!* das ist genau, was gewünscht war!; ~ *etm.* meinen; sagen wollen; *bunu demekten* ~ damit soll gesagt sein ...; *-ına ermek* sein Ziel erreichen.
murdar *s. mundar*; ~ *ilik* Rückenmark *n.*
muris [ū] *jur.* Erblasser *m.*
murtat *s. mürtet.*
Musa [- -] *n.pr.* 1. Moses (*Bibel*) 2. *mV.*
musaddak 1. bestätigt, beglaubigt (*z.B. Abschrift*) 2. ratifiziert; ~ *senet* Ratifikationsurkunde *f.*
Musaf 1. Koran *m* 2. Koranexemplar *n.*
musahabe [· - · ·] Unterhaltung, Plauderei *f*; ~ *etm.* sich unterhalten; plaudern.
musahhih Korrektor *m* (*e-r Druk-kerei*).
musahhihlik Korrekturlesen *n.*
musahip, -bi [ā] unterhaltsamer Gesellschafter (*e-r hochgestellten Persönlichkeit*).
musakka *kleingewiegtes Gemüse mit Hackfleisch und Zwiebeln.*

musalâha [· - · ·] Frieden(s·schluß) *m.*
musaleh [- - ·] *jur.* Bedachte(r) *m.*
musalla [· · -] 1. *irgendein Ort, wo das Gebet verrichtet wird* 2. Gebetsteppich *m*, -matte *f*; ~*taşı* Steinbank *f*, -tisch (*zum Aufbahren von Toten*).
musallat, -*tı* 1. losgelassen (*auf*); herfallend (*über*) 2. Unfug treibend 3. belästigend, störend; ~ *etm.* (*b-ne*) *et.* Unerwünschtes *über j-n* bringen; ~ *fikir psych.* Besessenheit *f*; ~ *olm.* 1. (*b-ne*) belästigen, stören, *j-m* auf die Nerven gehen 2. (*bşe*) heimsuchen.
musalli [i] *wer die vorgeschriebenen Gebete verrichtet.*
musammem vorgesehen, festgesetzt, geplant, in Aussicht genommen.
musandıra [· x · ·] 1. Wand-, Paneel·brett *n* 2. *e-e Art Schrank in alttürk. Häusern zur Aufbewahrung von Bettzeug.*
musanna, -*aı* [· · -] 1. kunstvoll hergestellt; kunstreich 2. künstlich, gekünstelt 3. erdichtet, willkürlich erfunden; gefälscht 4. fiktiv, angenommen, unterstellt.
musannif 1. *va.* Schriftsteller, Autor *m* 2. Briefordner, Schnellhefter *m.*
musap, -*bı* [ā] betroffen (*von e-m Übel*), befallen (*von e-r Krankheit*).
Musevi [- · -] 1. mosaisch, jüdisch 2. Jude, Israelit *m*; ~ *camiası* jüdische Gemeinde.
Mushaf *s. Musaf.*
musibet, -*ti* [ī] 1. Unglück *n*, Plage *f*, Übel *n* 2. verwünschter Kerl; Plagegeist *m.*
musibetli [· - · ·] unglückselig, unheilvoll, unglücklich.
musikar [- · -] 1. Panflöte *f* 2. singender Schwan (*Fabelwesen*).
musiki [- · -] Musik *f.*
musikişinas [- · - · -] 1. Musikkenner *m* 2. musikalisch (*Person*) 3. *ab.* Musiker, Komponist *m.*
musil [ū] *biol.* zuführend; Zubringer-.
musip, -*bi* [ī] angebracht, passend, zweckmäßig, entsprechend, geeignet.
musir, -*rri* beharrlich, hartnäckig.
musirrane [ā], **musirren** hartnäckig, eigensinnig, angelegentlich.
muska 1. Zauberspruch *m* 2. Amulett *n*, Talisman *m* 3. dreieckig.
muslihane [ā] friedlich, gütlich, im Guten; ~ *suretihal* gütliche Bereinigung; ~ *tekâmül* friedliche Entwicklung.
musluk Wasserhahn *m*, Hahn *m an e-m Faß u. ä. m.*; ~ *taşı* Spül·stein *m*, -becken *n.*
muslukçu 1. Installateur, Klempner *m* 2. V Gauner, Schwindler, Taschendieb *m.*
muson *meteor.* Monsun *m.*
mustarip, -*bi* (*körperlich od. seelisch*) leidend; Schmerzen habend.
mustatil [ī] *math.* Rechteck *n.*
muş *kleineres* Personenschiff (*Motorboot od. Dampfer*).
muşamba [· x ·] 1. Wachs·tuch *n* 2. Linoleum *n* 3. wasserdichter Regenmantel; ~ *cilâsı* Bohnerwachs *n*; ~ *gibi* unglaublich schmutzig (*Wäschestücke*); ~ *perde* Rolljalousie *f.*
muşer Krummsäge *f* (*des Zimmermanns*).
muşmula [x · ·] 1. *bot.* Mispel *f* 2. V alter Kerl; ~ *suratlı* mit vielen Falten und Runzeln im Gesicht.
muşta [x ·] 1. Faustschlag *m* 2. Schlagring *m* (*als Waffe*) 3. Fäustel, Schusterhammer *m* 4. Schlegel *m*, Schlagholz *n des* (*Baumwoll-*) Kremplers 5. Griff *m*, Heft *n* 6. Stößel *m zum Farbenreiben.*
mut, -*tu* Glück *n*, Glückseligkeit *f.*
mûta [- -] 1. gegeben 2. Gegebenheiten, Daten *pl.* 3. *phil.* bekannte Größe.
mutaassıp, -*bı* fanatisch; Fanatiker *m.*
mutaassıplık Fanatismus *m.*
mutabakat, -*tı* [· - · ·] 1. Übereinstimmung *f* 2. *gr.* Kongruenz *f* 3. *math.* Identität *f*; ~ *etm.* übereinstimmen; *ademi mutabakat* Fehlen *n* e-r Konformität.
mutabık, -*kı* [ā] 1. übereinstimmend, konform, gleichlautend, entsprechend 2. kongruent 3. *math.* identisch; ~ *kalmak* e-e Einigung erzielen (*z.B. Versammlung*).
mutaf [ū] 1. Hersteller *m* von Pferdedecken, Futtersäcken, *usw.* 2. Pferdedecken, Futtersäcke *pl.*, *usw.*
mutafçı [ū] P = *mutaf* (1).
mutalâa *s. mütalâa.*
mutalebat, -*tı* [ā ā] (*pl.*) Forde-

rungen, Ansprüche *pl.*; *-ta bulunmak* Forderungen stellen; Ansprüche erheben.

mutalebe [ā] Forderung *f*, Begehren, Ansinnen *n*, Anspruch *m*, Forderungsrecht *n*; ~ *etm.* 1. fordern, beanspruchen 2. gerichtlich einfordern.

mutantan prächtig, pompös, glanzvoll.

mûtarıza Klammer, Parenthese *f*.

mûtarızalı in Klammern gesetzt *od.* stehend.

mutasaddi [ī] *olm.* (*bşe*) *z. va.* sich unterfangen, sich unterstehen.

mutasarrıf 1. *va.* wer die Verfügungsgewalt *über et.* besitzt 2. (*in osman. Zeit*) Gouverneur *m* e-s Sandschaks.

mutasavver geplant, beabsichtigt.

mutasavvıf isl. Mystiker *m*.

mûtat, *-dı* [- -] 1. gewohnt, üblich 2. Gewohnheit *f*; ~ *hilâfına* nicht wie sonst; nicht wie üblich; *-ı veçhile* (*od. üzere*) nach seiner Gewohnheit; wie üblich; wie immer; *-ım değildir* es ist nicht meine Gewohnheit (*zu* ...); *-ın fevkinde* ungewöhnlich, außergewöhnlich.

mutatabbip, *-bi pej.* Kurpfuscher, Quacksalber, Scharlatan *m*.

mutavaat, *-tı* [· - · ·] 1. Unterwerfung *f*, Gehorsam *m* 2. *gr.* Reflexiv-; ~ *etm.* sich unterwerfen; Gehorsam leisten; ~ *fiili gr.* reflexives Verb.

mutavaatkâr unterwürfig, gehorsam.

mutavassıt, *-tı* 1. vermittelnd 2. Vermittler, Mittelsmann *m* 3. mittelmäßig, durchschnittlich 4. *med.* median 5. Durchschnitts-, Mittel-; ~ *tüccar* Zwischenhändler *m*.

mutazammın enthaltend, implizierend.

mutazarrır geschädigt, betroffen; ~ *etm.* (*b-ni*) schädigen; Schaden zufügen; ~ *olm.* geschädigt werden; betroffen sein.

muteber [ū] 1. angesehen, geachtet, geschätzt, geehrt 2. kredit·fähig, -würdig 3. gültig; in Kraft; ~ *tutulmak* gültig sein; gelten.

muteberan [- · · -] *z. va.* Notabeln, Honoratioren, prominente Persönlichkeiten *pl.*

mutedil [ū] 1. mäßig, gemäßigt, maßvoll 2. *chem.* neutral; ~ *bir pürizm* gemäßigte Sprachreinigung; ~ *fiat* mäßiger Preis; ~ *mıntaka geogr.* gemäßigte Zone; *-ler* gemäßigte Kreise *pl.*, *spez.* gemäßigte türk. Sprachreformer *pl.*

mutekit, *-di* [ū] gläubig, religiös.

mutemet, *-di* [ū] 1. Vertrauensmann, Beauftragte(r), Bevollmächtigte(r) *m* 2. zuverlässig, vertrauenswürdig.

mutena [- · -] 1. sorgfältig (*gemacht*), sorgsam 2. mit Bedacht ausgewählt 3. wichtig, bedeutsam.

muteriz [ū] Opponent *m*; ~ *olm.* Einwände erheben; opponieren.

muteriza(lı) *s. mûtarıza(lı)*.

mutfak Küche *f*; ~ *mahsulü* Mulattenkind *n e-r schwarzen Köchin*; ~ *ocağı* Küchenherd *m*.

mutlak, *-kı* absolut; ~ *haklar jur.* absolute Rechte *pl.*; ~ *monarşi* absolute Monarchie; ~ *ekseriyet* absolute Mehrheit; *vekili mutlak* Vertreter mit absoluten Vollmachten; Bevollmächtigte(r) *m*.

mutlaka [x · ·] *adv.* absolut, unbedingt; auf jeden Fall.

mutlakiyet, *-ti* Absolutismus *m*.

mutlu glücklich; Glückliche(r) *m/f*; ~ *olsun diye et.* als gutes Vorzeichen ansehend; *ne mutlu Türküm diyene!* (*Atatürk*) wie glücklich, wer sagen kann: Ich bin Türke.

mutluluk Glück *n*.

mutmain, *-nni* getröstet, beruhigt, sicher.

muttali, *-ii* informiert; ~ *olm.* (*m. Dat.*) Einblick haben (*in*); Kenntnis besitzen (*von*); informiert sein (*über*).

muttariden [· x · ·] *adv.* regelmäßig, gleichmäßig.

muttasıl 1. *adj.* zusammenhängend, fort-, durch·laufend 2. *adv.* ununterbrochen, pausenlos.

muvacehe [ā] 1. Gegenüberstehen *n* 2. Konfrontierung *f*; ~ *etm.* gegenüberstellen, konfrontieren; *-sinde* 1. (*b-nin*) vor *j-s* Augen; in Anwesenheit (*von*) 2. (*bşin*) angesichts, gegenüber, bei, in Anbetracht.

muvafakat, *-ti* [· - · ·] 1. Übereinstimmung *f* 2. Zustimmung, Einwilligung *f*; ~ *etm.* 1. übereinstimmen 2. zustimmen, einwilligen.

muvaffak, *-kı* 1. wer Erfolg hat; erfolgreich 2. mit Erfolg durchgeführt; erfolgreich, gelungen 3. ♀ *mV.*; ~ *bir eser* erfolgreiches Werk; ~ *etm.* Erfolg verleihen; ~ *olm.*

1. (*bşde*) erfolgreich bestehen, durchmachen, ablegen 2. (*bşe*) gelingen; *firara ~ olmuştur* es gelang ihm zu entkommen.

muvaffakiyet, *-ti* Erfolg *m*, Gelingen *n*; *~ elde etm.* e-n Erfolg erzielen; *-le* mit Erfolg; erfolgreich; *-ler dilemek* allen Erfolg wünschen.

muvaffakiyetli mit Erfolg durchgeführt; erfolgreich, gelungen, geglückt; *~ büyük bir taarruz* e-e erfolgreiche Großoffensive.

muvaffakiyetsiz 1. wer keinen Erfolg hat; erfolglos 2. nicht gelungen, mißglückt, mißlungen.

muvaffakiyetsizlik Mißlingen *n*, Mißerfolg *m*, Erfolglosigkeit *f*; *~ göstermek* mißlingen; keinen Erfolg haben.

muvafık, *-kı* [ā] 1. passend, geeignet, entsprechend 2. einwilligend, zustimmend; *~ gelmek* passen, sich eignen, entsprechen; *~ gibi görünmek* gegeben, ratsam erscheinen.

muvahhit, *-di* Monotheist(in *f*) *m*.

muvakkat, *-ti* zeit-, einst·weilig, vorläufig, temporär, provisorisch, Not-, Behelfs-; *~ anlaşma* vorläufiges Abkommen; Modus vivendi *m*; *~ köprü* Not-, Behelfs·brücke *f*; *~ sargı* Notverband *m*.

muvakkaten [· x · ·] *adv.* zeit-, einstweilig, provisorisch, behelfsmäßig, vorläufig, vorübergehend; *~ icra jur.* vorläufige Vollstreckung.

muvaredat, *-tı* [· - · -] *pl.* 1. Einkünfte, Eingänge *pl.* 2. An-, Zufuhr *f* (*z.B. von Lebensmitteln*) 3. Einfuhr-, Import·waren *pl.*, Einfuhr *f*, Import *m*.

muvasala [· - · ·] 1. *geogr.* Verbindung *f*, Verbindungsweg *m* 2. Verkehr *m*; *~ ağı* Verkehrs-, Verbindungs·netz *n*; *~ hendeği mil.* Verbindungs-, Lauf·graben *m*, Sappe *f*; *~ yolu* Verbindungs-, Zufahrts·weg *m*.

muvasalat, *-tı* [· - · ·] Ankunft *f*, Eintreffen *n*; *~ etm.* ankommen, eintreffen; *Berlin'e ~* Ankunft *f* in Berlin.

muvazaa [· - · ·] vorheriges Übereinkommen, Verabredung *f* (*spez. pej.*); Beratung *f*, fingiertes Rechtsverhältnis; *jur. a.* Scheingeschäft *n*; *~ senedi H.* Gefälligkeitswechsel *m*.

muvazaalı [· - · · ·] vorher ausgemacht (*verabredet, abgekartet*).

muvazat, *-tı* [· - -] Parallelität *f*, Parallelismus *m*.

muvazene [ā] 1. Gleichgewicht *n*, Balance *f* 2. *chem.* Gleichgewicht *n* 3. Bilanz *f*; *~ aleti* Ausgleicher *m* (*z.B. am Flugzeug*); *~ kanadı* Höhen-, Dämpfungs·flosse *f* (*am Flugzeug*); *~ supapı* Ausgleichsventil *n*; *~ vergisi* Ausgleichssteuer *f*.

muvazeneli [ā] 1. im Gleichgewicht; ausgeglichen 2. *fig.* maßvoll, ausgeglichen, wohl überlegt.

muvazenesiz [ā] 1. nicht im Gleichgewicht; unausgeglichen 2. *fig.* geistig gestört; seelisch zerrüttet.

muvazenet, *-ti* [ā] *phys.* Gleichgewicht *n*.

muvazi [· - -] parallel, gleichlaufend; *~ bağla(n)ma el.* Parallel-, Nebeneinander·schaltung *f*; *~ tersim techn.* Parallelprojektion *f*; *~ yatak techn.* Parallelführung *f*.

muvazilik [ā] Parallelität *f*.

muvazzaf mit fester Verpflichtung: 1. (fest) angestellt *od.* besoldet 2. *mil.* aktiv; *~ gedikli erbaş* aktiver Unteroffizier; *~ konsolos* Berufskonsul *m*; *~ ordu* stehendes, aktives Heer.

muvazzah 1. klar, deutlich 2. genau (*z.B. Adresse*).

muvman *mus.* Satz *m* (*z.B. e-r Sonate*).

muylu 1. *techn.* Drehzapfen *m* 2. *mil.* Schildzapfen *m* (*in der Lafette*).

muz *bot.* Banane *f*; *~ gibi olm.* V sich schämen müssen; blamiert dastehen.

muzaaf [· - ·] 1. doppelt, verdoppelt 2. vervielfacht, vielfach.

muzaf [ā] 1. beigefügt, verbunden 2. *gr. zweites Glied e-r turksprachlichen sb. Füg.*

muzaffer 1. siegreich; Sieger(in *f*) *m* 2. ♀ *mV.*, *wV.*

muzafferiyet, *-ti* Sieg *m*; *~ kazanmak* e-n Sieg erringen.

muzafünileyh [ā] *gr.* 1. Genitiv *m* 2. *gr. erstes Glied e-r turksprachlichen sb. Füg.*

muzari [· - -] *gr.* Aorist *m*, zweites (*od.* abstraktes) Präsens.

muzat, *-ddı* [ā] 1. entgegenwirkend, verhütend, anti-, kontra- 2. entgegengesetzt; *muzaddısem med.* antitoxisch; *muzaddı taaffün* fäulnisverhütend, antiseptisch, antiparasitär.

muzır, *-rrı* schädlich; *~ evrak* (*od. evrakı muzırra*) verbotenes Schrift-

tum; ~ *olmıyacak hale sokmak* j-n unschädlich machen.
muzırlık schadenbringende Angelegenheit, *Nachteile bringender* Lausbubenstreich.
muzip, *-bi* [ū] Quälgeist *m*.
muziplik [ū] schlechter Scherz.
muzlim *z. va.* dunkel, finster.
muzmahil, *-lli z. va.* vollkommen vernichtet; ~ *etm.* völlig vernichten, vertilgen.
muztar, *-rrı* gezwungen, genötigt; in e-r Zwangslage; ~ *bir halde* gezwungenermaßen; wohl oder übel; ~ *kalmak* keinen anderen Ausweg finden.
muztarip, *-bi s. mustarip*.
mübadele [ā] (*Aus-*, *Um-*)Tausch *m*; ~ *etm.* aus-, um·tauschen; ~ *ettirmek* zum Umtausch einreichen (*z.B. aufgerufene Banknoten*); *-ye tâbi olm.* dem Austausch unterliegen (*z.B. best. Personenkreis*).
mübadil [ā] 1. *va.* austauschend 2. ausgetauscht; Austauschheimkehrer *m*.
mübahase [· - · ·] 1. Unterhaltung, Plauderei *f* 2. Erörterung, Besprechung *f* 3. Diskussion, Debatte *f*; ~ *etm.* 1. sich unterhalten; plaudern 2. erörtern, besprechen, behandeln 3. diskutieren, debattieren.
mübalâğa *mst.* [mübālea] Übertreibung *f*; ~ *etm.* übertreiben, aufbauschen; ~ *merakı* Neigung *f* zu übertreiben; ~ *sıfatı gr.* Elativ, Superlativ *m*.
mübalâğacı [*s. mübalâğa*] zu Übertreibungen neigend.
mübalâğalı [*s. mübalâğa*] 1. übertrieben, hyperbolisch 2. zu weit gehend; zu viel, zu hoch.
mübarek, *-ki* [ā] 1. glücklich, gesegnet 2. Menschenskind! 3. *euph.* a) unglücklich b) schwerfällig, begriffsstutzig; ~ *etm.* seinen Segen verleihen (*Gott*).
mübareze [ā] Zweikampf *m*.
mübaşir [ā] Gerichtsdiener *m*.
mübayaa *s. mubayaa*.
mübayenet, *-ti* [ā] Gegensatz, Widerspruch, Unterschied *m*, Differenz *f*.
mübayin [ā] 1. gegensätzlich, widerspruchsvoll, differierend 2. *math.* ohne gemeinsamen Faktor.
mübdi, *-ii* 1. schöpferisch, produktiv, genial 2. Schöpfer *m* (= *Gott*).
mübeccel 1. angesehen, geachtet, geehrt 2. ♀ *wV*.
mübeddile *techn.* (*Um-*)Schalter *m*.
mübeşşir (Gutes) kündend, ankündigend.
mübeyyin darlegend, kundtuend, bescheinigend.
mübin [ī] evident, offensichtlich, klar.
mübrem dringend erforderlich.
mücadele [ā] 1. Kampf *m*, Bekämpfung *f* 2. *z. va.* Streit, Hader, Zwist *m*, Auseinandersetzung *f*; ~ *etm.* 1. kämpfen 2. *z. va.* streiten, hadern, sich *mit j-m* auseinandersetzen. [*m*.]
mücadeleci [ā] Kämpfer, Streiter
mücahede [ā] Kampf *m* (*für e-e Idee, ein religiöses Ziel usw.*).
mücahit, *-di* [ā] 1. Glaubenskämpfer *m* 2. *allg.* Kämpfer, Streiter, Verfechter *m*.
mücamaa [· - · ·] Geschlechtsverkehr, Beischlaf, Koitus *m*.
mücamele [ā] internationale Höflichkeit, Courtoisie *f*.
mücavir [ā] 1. nahe, benachbart, angrenzend 2. *fr.* Einsiedlermönch *m in der Nähe e-s Heiligtums*.
mücbir zwingend; ~ *sebepler* (*od. esbabı mücbire*) *jur.* höhere Gewalt.
mücehhez 1. ausgerüstet, ausgestattet, versehen 2. gerüstet, vorbereitet (*auf Eventualitäten*).
mücehhiz Reeder, Schiffseigner *m*.
mücellâ poliert, glänzend, blank.
mücellit, *-di* Buchbinder *m*.
mücellithane [ā] Buchbinderei *f*.
mücerrep, *-bi* erprobt.
mücerret, *-di* 1. abstrakt 2. unverheiratet 3. (*hali*) *gr.* Nominativ *m* 4. *math.* isoliert 5. [x · ·] F allein, bloß, lediglich, nur; ~ *alacak jur.* abstrakte Forderung; ~ *çizgi techn.* neutrale Linie.
mücerrit, *-di phys.* isolierend; Isolator, Nichtleiter *m*.
mücessem 1. verkörpert, personifiziert 2. dreidimensional, plastisch.
mücevher Kleinod, Juwel *n*.
mücevherat, *-tı* [ā] *pl.* Kleinodien, Juwelen *pl.*, Geschmeide *n*, Schmuck *m*.
mücevheratçı [ā], **mücevherci** Juwelier *m*.
mücmel 1. kurz, bündig, konzis (*Stil*) 2. kurz zusammengefaßt; summarisch.

mücrim Schuldige(r), (*Übel-*)Täter *m.*
mücrimiyet, *-ti* Täterschaft, Schuld *f.*
mücver *Name e-r Frikadellenart.*
müçtemi, *-ii* vereinigt, versammelt.
müçtemian [· x · ·] *adv.* gemeinsam; (*alle*) zusammen.
müçtenip, *-bi* (*bşden*) meidend; sich fernhaltend (*von*).
müdafaa [· - · ·] 1. Verteidigung, Abwehr, Defensive *f* 2. Prophylaxe *f* 3. *jur.* Plädoyer *n*; ~ *başarısı* Abwehrerfolg *m*; ~ *etm.* 1. verteidigen 2. abwehren; ~ *hakkı jur.* Recht *n* zur Verteidigung; ~ *harbi* Defensivkrieg *m*; ~ *tesisleri* Verteidigungsanlagen *pl.*; ~ *vergisi* Wehrsteuer *f.*
müdafaacı [· - · · ·] *s. müdafi.*
müdafaaname [· - · · - ·] Verteidigungs-, Rechtfertigungs·schrift, Apologie *f.*
müdafaasız [· - · · ·] 1. unverteidigt 2. wehrlos.
müdafi, *-ii* [ā] 1. verteidigend, abwehrend 2. (*Sport, spez. Fb.*) Verteidiger *m.*
müdafilik [ā] Tätigkeit, Rolle *f* e-s Verteidigers; *müdafiliğini yapmak* (*bşin*) sich *für et.* einsetzen.
müdahale [· - · ·] 1. Einmischung *f* 2. Eingreifen *n*, (*operativer*) Eingriff *m* 3. (*pol.*) Intervention *f*; ~ *etm.* (*m. Dat.*) 1. sich einmischen (*in*) 2. eingreifen, einschreiten; e-n Eingriff vornehmen 3. intervenieren; ~ *hakkı* Interventionsrecht *n*; ~ *yoliyle dâva jur.* Nebenklage *f*; *-nin men'i dâvası jur.* Unterlassungsklage *f*; *ademi müdahale pol.* Nichteinmischung *f.*
müdahaleci [· - · · ·] interventionistisch; Interventionist(in *f*) *m.*
müdahalecilik [· - · · · ·] Interventionismus *m* (*in Politik, Wirtschaft usw.*).
müdahene [· - · ·] würdeloses Schmeicheln; Kriecherei *f*; ~ *etm.* (*b-ne*) *j-m* nach dem Munde reden.
müdana [· - -] 1. *s. müdahene* 2. P Verpflichtung, Dankbarkeit *f.*
müdara [· - -] falsche Freundlichkeit, Katzenfreundlichkeit *f*; ~ *etm.* Freundlichkeit heucheln.
müdavelei [ā] **efkâr** Meinungsaustausch *m.*
müdavi [· - -] behandelnd (*Arzt*).
müdavim [ā] 1. stetig, beharrlich, beständig 2. regelmäßig besuchend.
müddea [ā] 1. Forderung *f*, Anspruch *m* 2. Prozeßgegenstand *m*, Klageobjekt *n* 3. *phil.* Behauptung *f.*
müddeaaleyh *s. müddeialeyh.*
müddei [ī] 1. Prätendent *m* 2. Kläger *m.*
müddeialeyh (*urspr. irrt. für müddeaaleyh*) Angeklagte(r) *m.*
müddeiumumi [· · · · - -] öffentlicher Ankläger, Staatsanwalt *m.*
müddeiumumilik Staatsanwaltschaft *f.*
müddeiyat, *-tı* [ā] (*urspr. irrt. für müddeayat*) Forderungen, Ansprüche *pl.*
müddeiye Klägerin *f.*
müddet, *-ti* 1. Zeit·dauer, -spanne *f*, -raum *m*, Dauer, Frist *f* 2. Zeit *f*; *işbu pakt on sene müddetle akdedilmiştir* vorstehender Vertrag ist auf die Dauer von zehn Jahren geschlossen (worden); *müddeti dolmadan emekliye ayrıldı* er wurde vorzeitig pensioniert; *bir -tenberi* seit einiger Zeit; *bir ~ sonra* etwas später; *uçuş -i* Flugzeit *f.*
müddetli 1. von *näher best.* Zeitdauer 2. zeitlich begrenzt; befristet (*z.B. Gesetz*).
müddetsiz zeitlich nicht begrenzt; unbefristet; ~ *olarak kapatılmak* auf unbestimmte Zeit verboten werden (*z.B. Zeitung*); ~ *tehir edilmek* auf unbestimmte Zeit verschoben werden (*z.B. Sitzung*).
müdekkik, *-ki* 1. sorgfältig untersuchend; genau prüfend 2. Forscher *m.*
müderris 1. *urspr.* Lehrer *m an e-r medrese* 2. *fr.* Universitätsprofessor *m*; ~ *muavini fr.* Dozent *m.*
müdevven in gesammelter Form herausgebracht (*Gesetze, Gedichte usw.*).
müdevver *z. va.* 1. rund 2. übertragen (*z.B. auf neues Konto*); übergeben (*z.B. von anderer Behörde*); übernommen (*z.B. aus früherer Amtsperiode*).
müdire [ī] Direktorin, Leiterin *f.*
müdiriyet, *-ti* [· - · ·] *s. müdürlük.*
müdrik, *-ki* verstehend, begreifend; ~ *bulunmak* (*od. olm.*) begreifen, verstehen, erfassen, einsehen, erkennen; sich *e-r Sache* bewußt sein.

müdrir *med.* harntreibend, diuretisch.
müdür 1. Direktor, Leiter, Vorstand *m* 2. Kanzleichef, Verwaltungsdirektor *m* (*z.B. in e-r Hochschule*) 3. *gel. für müdire* 4. Bezirksvorsteher *m*; ~ *muavini* zweiter Direktor, Direktorstellvertreter *m*; *müdürü umumi*; *umum müdür* 1. Generaldirektor *m* 2. Ministerial-rat, -dirigent, -direktor *m*.
müdürlük 1. Amt *n* (Tätigkeit *f*, Aufgaben *pl.*) e-s *müdür* 2. Direktion, Leitung, Verwaltung *f* 3. Direktorat *n* 4. Kanzlei, Verwaltungsdirektion *f*.
müebbeden [· x · ·] *adv.* 1. für immer; auf ewig 2. lebenslänglich.
müebbet, *-di* 1. ewig, endlos 2. lebenslänglich.
müeddep, *-bi* wohlerzogen, sittsam, anständig, brav, höflich.
müekkel beauftragter Rechtsanwalt.
müekkil Auftraggeber, Klient, Mandant, Kommittent *m*.
müekkile Auftraggeberin, Klientin, Mandantin *f*.
müellif Verfasser, Autor *m*.
müellim schmerzlich, traurig, betrüblich.
müennes *gr.* weiblich; Femininum *n*.
müesses 1. gegründet 2. fest eingewurzelt; eingebürgert, allgemein verwendet.
müessese [· x · ·] Einrichtung, Institution, Anstalt *f*, Unternehmen, Institut *n*.
müessif bedauerlich, betrüblich, beklagenswert, schmerzlich; ~ *bir zıya* schmerzlicher Verlust.
müessir 1. wirksam, wirkend 2. rührend, ergreifend 3. *chem.* aktiv 4. *chem.* Agens *n* 5. *phys.* Induktionsapparat *m*; ~ *fiil jur.* Körperverletzung *f*, tätlicher Angriff; ~ *olm.* (*b-nin üzerinde*) Einfluß ausüben (*auf*); ~ *vasıtalar* wirksame Mittel *pl.*
müessiriyet, *-ti* Wirksamkeit *f*; *muharebeye kati bir -le iştirak etmişlerdir* sie haben entscheidend in die Schlacht eingegriffen.
müessis (*Be-*)Gründer *m*.
müessisan [ā] (*z. va. pl. zu müessis*); ~ *meclisi* Gründer-, Gründungs-versammlung *f*.
müevvel 1. gezwungen, künstlich (*z.B. Interpretation*) 2. gewunden (*Ausdruck*).
müevvil 1. wer e-e gezwungene Interpretation gibt 2. wer sich gewunden ausdrückt.
müeyyet, *-di* 1. bestätigt, bekräftigt 2. gefestigt, sanktioniert.
müeyyide 1. Bestätigung, Bekräftigung *f* 2. Erteilung *f* der Gesetzeskraft, Sanktionierung *f*.
müeyyit, *-di* 1. bestätigend, bekräftigend 2. festigend, sanktionierend.
müezzin *s. meyzin*
müfekkir 1. gelehrt 2. Denker *m*.
müfekkire Denken, Denkvermögen *n*.
müferrih wohltuend, lindernd (*Arznei*).
müfessir (*Koran-*)Kommentator, Erklärer, Interpret *m*.
müfettiş Inspektor, Inspekteur *m*.
müfit, *-di* [ī] 1. nützlich, vorteilhaft, segensreich, heilsam 2. aufschlußreich, gehaltvoll 3. ♀ *mV*.
müflis zahlungsunfähig, bankrott; *jur.* Gemeinschuldner, Konkursit *m*.
müfredat, *-tı* [ā] *pl.* Einzelpunkte *pl.* (*z.B. e-s Plans*), Einzelposten *pl.* (*z.B. e-r Aufstellung*), Einzelheiten *pl.*; ~ *programı* (*bir okulun*) detaillierter Lehrplan (*einer Schule*), Stoffverteilungsplan *m*.
müfret, *-di* 1. *gr.* Singular *m* 2. *phil.* singulär; ~ *halinde* im Singular; ~ *yapmak* den Singular bilden.
müfrez 1. abgegrenzt, abgeteilt 2. parzelliert 3. *mil.* abkommandiert, detachiert.
müfreze *mil.* Detachement *n*, Abteilung *f*, Kommando *n*.
müfriğ *biol.* ausscheidend, exkretorisch, Exkretions-.
müfrit, *-di* 1. übertreibend 2. übertrieben 3. extrem, radikal.
müfriz su *geogr.* Ausfluß *m* (*z.B. aus e-m Teich*).
müfsit, *-di* 1. verderbend, (zer-)störend, untergrabend 2. hetzerisch, aufwieglerisch, staatsfeindlich, subversiv.
müfsitlik staatsfeindliche Umtriebe *pl.*
müftehir sich rühmend; stolz (*auf*).
müfteri [ī] verleumderisch, Verleumder(in *f*) *m*.

müfteris 1. reißend (*Tier*), Raub- 2. mordlustig, blutgierig (*Mensch*).
müftü Mufti *m* (*oberster isl. Geistlicher e-s best. Bezirks*).
müge 1. Maiglöckchenparfüm *n* 2. ♀ *wV*.
mühendis Ingenieur *m*.
mühendislik 1. Ingenieurberuf *m* 2. Ingenieurwissenschaften *pl*.
müheykel groß gewachsen; klobig gebaut.
müheyya [ā] fertig, bereit (*zu*).
müheyyiç, *-ci* aufregend, erregend, aufreizend.
mühim, *-mmi* 1. wichtig, bedeutend 2. bedenklich, gefährlich (*Krankheit*) 3. erheblich, beträchtlich (*z.B. Unkosten*) 4. beachtlich, bedeutsam (*z.B. Rede*) 5. groß, stark (*z.B. Nachfrage*) 6. kritisch (*z.B. Periode*) 7. schwer (*z.B. Schlag*).
mühimmat, *-tı* [ā] *pl*. 1. *urspr*. dringende Angelegenheiten *pl*. 2. notwendiges Kriegsgerät, Kriegsbedarf *m* 3. *spez*. Munition *f*; ~ *deposu* Munitions·lager, -depot *n*.
mühimsemek für wichtig erachten; Bedeutung beimessen.
mühlet, *-ti* Frist *f*, Aufschub *m*.
mühletli befristet (*z.B. Ultimatum*).
mühlik, *-ki* lebensgefährlich, tödlich.
mühmel 1. vernachlässigt 2. nachlässig, unordentlich, schlampig (*z.B. Kleidung*) 3. verwahrlost (*z.B. Haus*) 4. ausfüllend.
mühre 1. Glas- *od*. Achat·kugel *bzw*. Muschel *f zum Glätten von Papier od. Pergament* 2. Kügelchen *n*, Perle *f* (*e-s Rosenkranzes*).
mührelemek glätten (*Papier, Pergament*).
mühtedi [i] zum Islam übergetreten.
mühür, *-hrü* 1. Siegel *n* 2. Stempel *m*, Petschaft *n* 3. faksimilierte Unterschrift; ~ *basmak* 1. (ver-)siegeln 2. abstempeln; ~ *fekki* 1. *jur*. Lösen (Abnehmen) *n* der Siegel 2. Siegelbruch *m*; ~ *kazdırmak* ein Siegel stechen lassen; e-n Stempel gravieren lassen; ~ *kesesi* Futteral *n* für den Namensstempel; ~ *mumu* Siegellack *m*; ~ *vaz'ı jur*. Versiegelung *f*; *mührünü basmak* (*fig*.) sich *für et*. verbürgen; *mührünü yalamak fig*. seine Zusage zurückziehen; *mührühas nazırı* Großsiegelbewahrer *m*.
mühürcü Hersteller *und* Verkäufer *m* von Petschaften, Siegeln, Stempeln.
mühürdar [ā] (*in osman. Zeit*) Siegelbewahrer, Privatsekretär *m* (*z.B. e-s Ministers*).
mühürlemek 1. (ver)siegeln 2. abstempeln.
müjde 1. frohe Botschaft, gute Nachricht 2. *übliches Geschenk für den Überbringer e-r guten Nachricht*; ~ *vermek* 1. e-e gute Nachricht bringen 2. ein Geschenk für e-e gute Nachricht geben.
müjdeci Überbringer *m* e-r guten Nachricht, Freudenbote, Verkünder, (*Vor-*)Bote *m*.
müjdelemek als frohe Botschaft überbringen; verkünden.
müjdelik *s. müjde* (2).
mükâfat, *-tı* [· - -] 1. Belohnung *f* 2. Preis *m*, Prämie, Auszeichnung *f*; ~ *almak* (*od. kazanmak*) e-e Belohnung *bzw*. e-n Preis erhalten; ~ *etm*. 1. belohnen 2. auszeichnen; ~ *görmek* 1. e-e Belohnung erhalten 2. e-n Preis (*e-e Prämie, Auszeichnung*) bekommen; ~ *tevzii* Preisverteilung *f*; ~ *vermek* (*b-ne*) 1. belohnen 2. auszeichnen.
mükâfatlandırmak [· - - · · ·] 1. belohnen 2. auszeichnen, prämiieren.
mükâleme 1. Unterhaltung, Konversation *f*, Gespräch *n*, Dialog *m* 2. Besprechung, Verhandlung, Aussprache *f* 3. Telephongespräch *n*; ~ *memuru* (*od. subayı*) *mil*. Unterhändler, Parlamentär *m*; ~ *odası* Besprechungs-, Verhandlungs·zimmer *n*, -raum *m*; *-de bulunmak* e-e Besprechung (*Aussprache*) haben; *mil*. unterhandeln, parlamentieren.
mükâtebe *z. va*. schriftlicher Verkehr, Korrespondenz *f*.
mükedder betrübt, bekümmert, leidbetroffen; ~ *etm*. in Trauer versetzen; bekümmern.
mükeffel *für wen bzw. wofür Kaution gestellt worden ist*.
mükellef 1. verpflichtet (*et. zu tun*) *z.B*. dienstverpflichtet, steuerpflichtig *usw*. 2. großartig (*hergerichtet*), pompös, prächtig; ~ *ameleler* dienst- *bzw*. zwangs·ver-

pflichtete Arbeiter *pl.*; ~ *olm.* (*bşi yapmakla*) verpflichtet sein (*et. zu tun*).

mükellefiyet, -*ti* Verpflichtung, Pflicht *f*; *jur. a.* Last, Belastung, Auflage *f*.

mükemmel vorzüglich, hervorragend.

mükemmelleşmek sich vervollkommnen; hervorragend werden.

mükemmeliyet, -*ti* Vollkommenheit, Vorzüglichkeit, Vortrefflichkeit *f*.

mükerrer wiederholt, mehrmalig; ~ *ateşli tüfek* Repetiergewehr *n*; ~ *ıskonto H.* Rediskontierung *f*; ~ *sigorta* Rückversicherung *f*.

mükerreren [· x · ·] *adv.* zu wiederholten Malen; mehrfach.

mükerrir 1. *va.* wiederholend, Repetier- 2. *jur.* rückfällig.

müktesep, -*bi* erworben; ~ *haklar* wohlerworbene Rechte *pl.*

mülâhaza 1. (*angestellte*) Betrachtung, Erwägung, Überlegung, Prüfung *f* 2. Meinung, Ansicht *f* 3. Bemerkung *f*; ~ *etm.* überlegen, erwägen, sorgfältig prüfen; ... -*siyle* in der Erwägung, daß...; -*sında olm.* der Meinung, Ansicht sein, daß...; -*ya almak* in Rechnung stellen; in Erwägung ziehen.

mülâhazasız unüberlegt, unbesonnen.

mülâhazat, -*tı* [· - · -] *pl.* 1. Erwägungen, Überlegungen *pl.* 2. Bemerkungen *pl.*; ~ *hanesi* Spalte *f* für Bemerkungen; ~ *hanesini açık bırakmak fig.* zögern, ein günstiges Urteil *über j-n* abzugeben.

mülâhham [â kurz] korpulent, beleibt.

mülâkat, -*tı* [· - -] Zusammenkunft, Unterredung, *f*, Interview *n*, Besprechung *f*; -*ta bulunmak* (*od.* ~ *etm.*) (*b-le*) e-e Besprechung haben (*mit*).

mülâki [i] **olm.** = *mülâkatta bulunmak.*

mülâyemet, -*ti* 1. leichter Stuhlgang 2. geringe Abschüssigkeit (*z.B. e-r Straße*) 3. Gutmütigkeit, Nachgiebigkeit *f*; ~ *göstermek* milde, freundlich behandeln; Nachsicht üben; ~ *vermek* die Verdauung fördern.

mülâyim 1. weich (*Stuhlgang*) 2. sanft abfallend 3. gutmütig, nachgiebig 4. zusagend, sympathisch.

mülâzım 1. *va.* Hilfsbeamte(r), Supernumerar *m* 2. *mil.* (*bis 1934*) Leutnant *m*.

mülemma, -*aı* [ā] 1. beschmutzt, beschmiert, besudelt (*z.B. mit Blut*), verunreinigt 2. bunt(farbig), scheckig.

müleyyin abführend; den Stuhlgang fördernd; ~ *ilâç* Laxativ, Abführmittel *n*.

mülga [ā] abgeschafft, aufgehoben, annulliert, aufgelöst.

mülhak, -*kı* 1. hinzugefügt, zusätzlich; Zusatz- 2. angegliedert, einverleibt 3. attachiert, beigegeben.

mülhakat, -*tı* [· · -] *pl.* 1. zugehöriges Gebiet; Umgebung *f* 2. *an.* Adnexe *pl.*

mülhem (*bşden*) inspiriert, angeregt (*durch*).

mülk, -*kü* 1. Grundbesitz *m* 2. Anwesen *n* 3. Land, Territorium *n*; ~ *almak* Grundbesitz erwerben; ~ *sahibi* Grundstücksbesitzer *m*.

mülki [i] 1. nicht-militärisch, zivil, administrativ 2. territorial 3. *gr.* Possessiv-; ~ *taksimat* administrative Einteilung; ~ *tamamiyet* territoriale Integrität; ~ *zamir gr.* 1. Possessivpronomen *n* 2. Possessivsuffix *n*.

mülkiye 1. Zivilbeamte *pl.* 2. ~ (*Mektebi*) *fr.* Verwaltungshochschule *f* (*in Ankara*).

mülkiyet, -*ti* Besitz *m*, Eigentum *n*; -*i muhafaza mukavelesi jur.* Eigentumsvorbehalt *m*; -*ten ıskat etm.* enteignen.

mültasık zusammenhängend, verbunden; ~ *sahra* verkittetes Gestein.

mültebis unklar, vage.

mülteci [i] Flüchtling, Emigrant *m*.

mültefit freundlich, gütig, wohlwollend.

mülteka [ā] *geogr.* Vereinigungsstelle *f*, Knotenpunkt *m*.

mültevi [i] 1. gefaltet (*z.B. Schicht* 2. gekrümmt, gewunden.

mültezem 1. protegiert, begünstigt 2. für notwendig erachtet.

mültezim *fr.* Steuerpächter *m*.

mümanaat, -*tı* [· - · ·] 1. Widerstand *m*, Opposition *f* 2. (*Ver-*) Hindern *n*; ~ *etm.* 1. sich widersetzen; opponieren 2. (ver)hindern.

mümarese [ā] 1. Üben, Trainieren *n* 2. Übung *f* 3. Routine, Praxis *f*; ~ *edinmek* (*od. kesbetmek*) Erfahrung (*Routine*) erwerben; ~ *etm.* üben, trainieren.
mümas, *-ssı* [ā] *m. Dat.* 1. berührend; stoßend (*an*) 2. *math.* Tangente *f bzw.* Tangens *m.*
mümaselet, *-ti* [ā] 1. Gleich·artigkeit, -förmigkeit, Ähnlichkeit *f* 2. *math.* Homothetie, Streckung *f.*
mümasil [ā] 1. gleich·artig, -förmig 2. *math.* homothetisch 3. *phil.* analog.
mümaşat, *-tı* [· - -] Geschehenlassen *n*; ~ *etm.* (*bşe*) geschehen lassen; dulden; keinen Einwand erheben; mitmachen.
mümbasit, *-ti* 1. ausgedehnt 2. fröhlich, heiter 3. *psych.* manisch.
mümbit, *-ti* fruchtbar, ergiebig, ertragreich; *gayrimümbit* wenig ertragreich, nicht ergiebig, unfruchtbar.
mümessil 1. (*Stell-*)Vertreter, Repräsentant *m* 2. Abgesandte(r), Delegierte(r), Nuntius *m* 3. Schauspieler, Darsteller *m*; ~ *işçi jur.* Arbeitervertreter *m*; *Mümessiller Meclisi n.pr.* Repräsentantenhaus *n* (*USA*).
mümeyyiz 1. unterscheidend, (*spez. zwischen Gut und Böse*) 2. *jur.* urteilsfähig 3. *für ausgehende Schriftstücke verantwortlicher Kanzleibeamter* 4. *Mitglied e-s Prüfungsausschusses*, (*Kon-*)Examinator, (*Mit-*)Prüfer *m*; ~ *vasıf* charakteristisches Merkmal; *-ler* Prüfungskommission *f.*
mümin [- ·] 1. gläubig 2. *pr.* Mohammedaner *m* 3. ♀ *mV.*
mümkün 1. möglich, möglichst 2. *phil.* zufällig, möglich; ~ *kılmak* ermöglichen; ~ *mertebe od.* ~ *olduğu kadar* soweit wie möglich; möglichst; ~ *süratle* möglichst rasch.
mümkünsüz P *für korrektes imkânsız.*
mümsik, *-ki* 1. sich enthaltend 2. sparsam; *pej.* knauserig.
mümtaz [ā] 1. ursprünglich, eigentlich 2. gesondert, getrennt 3. ausgezeichnet, hochstehend, Elite- 4. mit eigener Verwaltung; selbständig 5. ♀ *mV*; ~ *zümreler* führende Kreise *pl.*
mümtaziyet, *-ti* [ā] 1. Ursprünglichkeit, Originalität *f* 2. Sonderstellung *f*, -rang *m.*
münadi [· - -] öffentlicher Ausrufer, Herold *m.*
münaferet, *-ti* [ā] *z. va.* Frostigkeit *f* (*der Beziehungen*), Kälte, Abneigung *f.*
münafık *s. munafık.*
münafi [· - -] nicht entsprechend; entgegengesetzt, unvereinbar.
münakalât, *-tı* [· - · -] *pl.* (*Verkehrs-*)Verbindungen *pl.*, Verkehr *m*; ~ *ve muhaberat* Verkehrs- und Nachrichten·verbindungen *pl.*; ♀ *Vekâleti* Türkisches Verkehrsministerium.
münakale [· - · ·] 1. Verbindung *f* 2. Verkehr *m* 3. Übertragung *f*, Übertrag *m*; ~ *yolları* Verbindungswege, Verkehrsverbindungen *pl.*; *mühim bir* ~ *merkezi* ein wichtiger Verkehrsknotenpunkt.
münakasa [· - · ·] *H.* Submission *f*; ~ *suretiyle* auf dem Submissionsweg.
münakaşa [· - · ·] 1. Streit *m* 2. Debatte *f*; ~ *etm.* (*od. -da bulunmak*) 1. streiten, zanken 2. diskutieren, debattieren; ~ *götürmez bir hakikat* e-e unbestreitbare Tatsache; ~ *kapısı açmak* Auseinandersetzungen hervorrufen.
münakaşalı [· - · · ·] strittig, umstritten, Streit-; ~ *bir mesele* Streitfrage *f.*
münakis umgekehrt, reflektiert; *fiili münakis biol.* Reflexbewegung *f.*
münakit, *-di* 1. abgehalten (*Sitzung*) 2. einberufen (*Versammlung*) 3. abgeschlossen (*Vertrag*).
münasebat, *-tı* [· - · -] *pl.* Beziehungen *pl.*; *-ta bulunmak* (*politische*) Beziehungen unterhalten; *münasebatı mütekabile va.* gegenseitige Beziehungen *pl.*
münasebet, *-ti* [ā] 1. Beziehung *f*, Verhältnis *n*, Verkehr *m* 2. *phil.* Korrelation *f* 3. *math.* Verhältnis *n* 4. Verbindung *f*, Zusammenhang *m*, (*passende*) Gelegenheit 5. Zweckmäßigkeit, Schicklichkeit *f*; ~ *almaz* es schickt sich nicht; das paßt (jetzt) nicht; ~ *aramak* e-e passende Gelegenheit suchen; ~ *düşürmek* (*od. getirmek*) es ermöglichen können; *-iyle* 1. im Anschluß daran; in weiterer Auswirkung

hiervon 2. auf Grund (*von*) ...; anläßlich.
münasebetli [ā] passend, entsprechend, angemessen, geeignet; ~ *münasebetsiz* bei jedem Anlaß.
münasebetsiz [ā] 1. unpassend, unzeitig, unangebracht, ungehörig, verkehrt 2. albern, unbekümmert, formlos, respektlos.
münasip, -*bi* [ā] passend, geeignet, entsprechend, angemessen, schicklich; ~ *görmek* für angebracht halten.
münavebe [ā] Ablösung, Abwechslung *f*; ~ *ile* abwechselnd, umschichtig, der Reihe nach.
münazaa [· - · ·] Streit, Wortwechsel *m*, Streitigkeit *f*; ~ *çıkarmak* e-n Streit hervorrufen; ~ *etm.* e-n Wortwechsel haben; sich streiten.
münazaalı [· - · · ·] *s. münazaunfih.*
münazara [· - · ·] Erörterung *f*; ~ *etm.* erörtern, besprechen, diskutieren, debattieren.
münazaunfih [· - · · -] 1. strittig, umstritten, Streit- 2. *jur.* Streitgegenstand *m*.
mündemiç, -*ci* enthalten, liegend (*in*).
münderecat, -*tı* [ā] *pl.* Inhalt *m*.
münderiç, -*ci* 1. enthalten (*in*) 2. eingesetzt, eingerückt, eingefügt (*z.B. Zeitungsartikel*).
münebbih 1. nervenanregend; Reizmittel, Stimulans *n* 2. (*saat*) *va.* Wecker *m*.
müneccim 1. *va.* Astronom *m* 2. Astrologe *m*.
münekkit, -*di* 1. kritisierend 2. Kritiker *m*.
münevver 1. erleuchtet, hell 2. gebildet, aufgeklärt; Intellektuelle(r) *m*, Intelligenz- 3. ♀ *mV*, *wV*.
münevvim einschläfernd, Schlaf-.
münfail 1. gekränkt 2. entrüstet, unwillig 3. *chem. phil.* passiv.
münferiç, -*ci* 1. weit geöffnet; klaffend 2. stumpf (*Winkel*).
münferit, -*di* einzeln, isoliert, gesondert, Einzel-, Sonder-, Separat-; ~ *hapis* Einzelhaft *f*; ~ *hücre* Einzelzelle *f*; ~ *sulh* Sonder-, Separat·friede *m*; ~ *talim ve terbiye* Einzelausbildung *f*.
münfesih 1. aufgelöst, zersetzt 2. aufgehoben, annulliert.
münhal, -*lli* 1. *chem.* (auf)gelöst 2. *chem.* löslich 3. frei, unbesetzt, offen (*Stelle*); ~ *mebusluk intihabı* Nachwahl *f*.
münhani [ī] 1. gekrümmt, krumm 2. *math.* Kurve *f*, Bogen *m*; ~ *muadelesi math.* Kurvengleichung *f*.
münharif 1. abweichend, verändert 2. abwegig 3. *math.* Viereck *n*.
münhasır *s. munhasır.*
münhasif 1. verdunkelt (*Mond*) 2. verschwunden.
münhat, -*ttı* tief(er) gelegen; ~ *yer* Senkung, Vertiefung *f* (*im Erdboden*).
münhemik, -*ki* (*mst. pej.*) e-n starken Hang, e-e Neigung besitzend (*zu*).
münhezim völlig besiegt; ~ *etm.* entscheidend schlagen.
Münih *n. pr.* München *n*; ~ *birası* Münchner Bier *n*.
münkariz untergegangen; ~ *olmak* untergehen, zugrunde gehen, aussterben.
münkasem, münkasim (*m. Dat.*) eingeteilt (*in*).
münker 1. geleugnet 2. von Gott mißbilligt 3. religiös verboten 4. ♀ *isl. Myth.*: *Name e-s der beiden Engel, welche die Toten im Grab befragen.*
münkesif verdunkelt, verfinstert [(*Sonne*).]
münkesir 1. gebrochen 2. *fig.* gekränkt, verletzt.
münkir 1. leugnend 2. *spez.* Gottesleugner, Ungläubige(r) *m*.
münselip, -*bi* entrissen, entzogen, geraubt (*z.B. Ruhe, Sicherheit*).
münşerih froh, heiter, aufgeheitert.
müntahabat, -*tı* [· · · -] *pl.* Anthologie *f*.
müntahap, -*bı* (aus)gewählt, Wahl-; ~ *konsolos* Wahlkonsul *m*.
müntahil Plagiator *m*.
müntahip, -*bi* Wähler *m*; *müntahibi evvel* Urwähler *m*; *müntahibi sani* Wahlmann *m*.
müntahir 1. Selbstmörder *m* 2. sein eigenes Schiff versenkend.
müntakil überkommen, vererbt.
münteha [ā] 1. Ende *n* 2. *math.* Endpunkt *m* 3. *gr.* Endung *f*; -*lar log.* Außenbegriffe *pl*.
münten *med.* infiziert, angesteckt.
müntesip, -*bi* 1. (an)gehörend 2. Schützling *m*.

münteşir 1. *va.* verbreitet, ausgebreitet 2. veröffentlicht, publiziert, erschienen; ~ *sıcaklık techn.* strahlende Wärme.
müntin *med.* infektiös, ansteckend.
münzevi [ī] abgesondert; Einsiedler *m.*
müphem 1. unbestimmt, undeutlich, unklar, dunkel, verworren 2. *log.* doppeldeutig; ~ *bırakmak* ungeklärt lassen; ~ *tahattur psych.* undeutliche Erinnerung; ~ *vaziyet* ungeklärte Lage.
müphemiyet, *-ti* Unklarheit *f*, verschwommene Ausdrucksweise, Undeutlichkeit *f.*
müpteda [ā] 1. *va.* Anfang *m* 2. *gr.* Subjekt *n e-s Nominalsatzes.*
müptedi [ī] 1. anfangend, beginnend 2. Anfänger, Neuling *m.*
müptelâ 1. verfallen, ergeben 2. befallen 3. vernarrt, verliebt; *kumara* ~ dem Spielteufel verfallen; *aşka* ~ liebestoll; *vereme* ~ schwindsüchtig.
müptezel 1. reichlich vorhanden; sehr häufig vorkommend 2. *fig.* banal, trivial, abgedroschen.
müptezellik übermäßig starkes Vorhandensein, Überproduktion *f*, Inflation *f* (*fig.*).
mür, *-rü s. mürrüsafi.*
müracaat, *-tı* [· - · ·] 1. Anfrage *f* 2. Nachschlagen *n* 3. Benützung *f*; ~ *etm. m. Dat.* 1. sich wenden (*an*); an-, nach·fragen (*bei*) 2. nachschlagen, nachlesen 3. benützen, heranziehen, sich bedienen.
mürafaa *s. murafaa.*
müradif [ā] synonym; Synonym *n.*
mürafakat, *-tı* [· - · ·] Koinzidenz *f.*
mürai [· - -] scheinheilig, heuchlerisch, Heuchler *m.*
mürasele [ā] 1. Korrespondenz *f* 2. Sendung *f*, *spez.* Postsendung *f.*
mürdolmak [x · ·] eingehen, krepieren (*Tier*).
mürdüm eriği *bot.* Damaszenerpflaume *f.*
mürebbi [ī] 1. Erzieher *m* 2. Dompteur, Dresseur, Tierbändiger *m* 3. zubereitend, verarbeitend.
mürebbiye Erzieherin, Gouvernante *f.*
müreccah den Vorzug besitzend *od.* verdienend; vorgezogen, besser.
müreffeh 1. wohlhabend 2. bequem, sorglos.
mürekkep, *-bi* 1. zusammengesetzt 2. Tinte *f* 3. Tusche *f* 4. Druckerschwärze *f* 5. *chem.* Verbindung *f*; ~ *balığı zo.* Tintenfisch *m*; ~ *hokkası* Tinten·faß, -glas *n*; ~ *lekesi* Tintenfleck *m*; ~ *yalamış fig.* einigermaßen gebildet.
mürekkepleşmek zu e-r einheitlichen Fügung werden, (*spez. sprachlich*).
mürekkip, *-bi* 1. zusammensetzend 2. *phys.* Komponente *f.*
mürettebat, *-tı* [ā] *pl.* 1. Besatzung *f* (*z.B. e-s Flugzeugs*) 2. Bedienungsmannschaft *f* (*z.B. e-s Geschützes*) 3. Annuität, Jahresrate *f.*
mürettep, *-bi* 1. geordnet, vorbereitet 2. vorher vereinbart; *pej.* abgekartet 3. willkürlich erfunden; ausgestreut (*z.B. Gerücht*) 4. *mil.* kombiniert; ~ *aded jur.* Gesamtzahl *f der stimmberechtigten Mitglieder.*
mürettip, *-bi* 1. ordnend, vorbereitend 2. *typ.* Setzer *m*; ~ *hatası* Druckfehler *m.*
mürettiphane [ā] Setzerwerkstatt, Setzerei, Druckerei *f.*
mürit, *-di* [ī] *fr.* 1. Schüler *m e-s Ordensoberhauptes* 2. Novize *m* (*e-s Ordens*).
mürrüsafi [. . - -] Myrrhe *f.*
mürselünileyh Adressat *m.*
mürsil 1. *biol.* herausführend 2. Absender *m.*
mürsile 1. Sendestation *f*, Rundfunksender *m* 2. Sendegerät *n.*
mürşit, *-di* den rechten Weg weisend; Führer *m.*
mürteci, *-ii* fortschrittsfeindlich, rückschrittlich, reaktionär.
mürteşi [ī] bestechlich, käuflich; *jur.* Bestechungsempfänger *m.*
mürtet, *-ddi wer vom isl. Glauben abgefallen ist*; Renegat *m.*
mürur [ū] 1. Vorübergehen *n*, Vorbeimarsch *m* 2. Ablauf, Verlauf *m* (*e-r Zeitspanne*).
mürüriye 1. Durchgangsgebühr *f wie z.B.* Brückengeld *n*, Oktroi *m* 2. Passierschein *m.*
müruruzaman [· - · · -] 1. Fälligwerden *n* 2. *jur.* Verjährung *f*; *-la* allmählich.
mürüvvet, *-ti* 1. vornehme Denk- und Handlungs·weise 2. Güte,

Menschenfreundlichkeit *f* 3. Freigebigkeit *f* 4. Freude *f* (*welche Eltern an Kindern erleben*).
mürver *bot.* Holunder *m.*
müsaade [· - · ·] 1. Erlaubnis, Genehmigung *f* 2. Begünstigung *f* 3. Gunst *f* (*der Witterung*); ~ *etm.* (*od. buyurmak*) gestatten, erlauben, genehmigen; ~ *nizle!* Sie gestatten doch!, gestatten Sie bitte!
müsaadekâr [· - · · -] zu Zugeständnissen bereit; tolerant, nachgiebig.
müsabaka [· - · ·] 1. Wettbewerb *m*, Konkurrenz *f* 2. Wett·kampf *m*, -spiel *n*, Turnier *n*; ~ *imtihanı* Auslese-, Konkurrenz·prüfung *f*.
müsabık, -*kı* [ā] Teilnehmer *m* an *müsabaka*, Konkurrent *m.*
müsademe [ā] 1. Zusammen·stoß, -prall *m* 2. Stoß, Schlag *m* 3. Aufschlag *m* (*e-s Geschosses*) 4. *mil.* Gefecht, Scharmützel *n*; ~ *etm.* 1. zusammenprallen 2. aufschlagen; ~ *hızı* Aufschlagsgeschwindigkeit *f* (*e-s Geschosses*); ~ *iğnesi* Schlagbolzen *m*; ~ *tamponu* Stoßpuffer *m*; ~ *tapası* Aufschlagzünder *m.*
müsadere [ā] Beschlagnahme, Konfiskation *f*, (*gerichtliche*) Einziehung; ~ *etm.* beschlagnahmen, konfiszieren, einziehen.
müsadif [ā] 1. begegnend, findend, zusammenfallend 2. treffend, fallend (*auf*); *ayın onuna müsadif perşembe günü* Donnerstag, den 10. dieses Monats.
müsait, -*di* [ā] 1. *va.* erlaubend 2. günstig, geeignet 3. ausreichend, entsprechend (*z.B. Gehalt*), befriedigend (*z.B. Antwort*); ~ *davranmak* sich entgegenkommend verhalten; *gayrimüsait* ungünstig, widrig.
müsalemet, -*ti* [ā] 1. friedlicher Zustand 2. Eintracht *f*.
müsalemetperver [ā] versöhnlich, verträglich, friedlich, friedliebend.
müsamaha [· - · ·] 1. Nachgiebigkeit, Duldsamkeit, Toleranz *f* 2. Nachlässigkeit *f*, Versäumnis *n*; ~ *etm.* (*od. göstermek*) 1. (*b-ne*) Nachsicht üben (*gegen*) 2. (*bşe*) geschehen lassen; ein Auge zudrücken (*bei*) 3. (*bşde*) nachlässig, säumig sein (*in*, *bei*).
müsamahakâr, müsamahalı 1. nachsichtig, weitherzig, tolerant 2. *pej.* nachlässig.
müsamere [ā] Unterhaltungsabend *m* (*spez. in Internatsschulen*).
müsaraat, -*tı* [· - · ·] Sich-Beeilen *n*; ~ *etm. m. Dat.* sich beeilen (*et. zu tun*).
müsavat, -*tı* [· - -] 1. Gleichheit, Gleichberechtigung *f* 2. Gleichstellung *f*; ~ *dairesinde* auf dem Boden der Gleichberechtigung.
müsavi [· - -] 1. gleich 2. gleichgestellt; ~ *işareti* Gleichheitszeichen *n*; ~ *muamele* unterschiedslose Behandlung.
müsavileştirmek [ā] ausgleichen; gleich gestalten.
müsbet *s. müspet.*
müsbit, -*ti* beweisend; ~ *evrak* (*od. evrakı müsbite*) dokumentarische Belege, Unterlagen *pl.*
müsebbip, -*bi* Urheber, Anstifter *m.*
müsekkin beruhigend, schmerzstillend; Beruhigungsmittel, Sedativ(um) *n.*
müsellâh [â kurz] bewaffnet, gerüstet; ~ *bitaraflık* bewaffnete Neutralität; *gayrimüsellâh* unbewaffnet.
müsellem *z. va.* 1. zugegeben, zugestanden, anerkannt 2. sicher, fest, unbestreitbar.
müselles *math.* Dreieck *n*; -*lere ayırma* (*od. taksim*) Triangulation *f*.
müsellesat, -*tı* [ā] *pl.* Trigonometrie *f*.
müselsel 1. sich aneinander reihend; aufeinanderfolgend 2. überall den gleichen Reim aufweisend.
müsemma [ā] genannt, benannt, e-n Namen führend.
müshil abführend; Abführmittel *n.*
müskirat, -*tı* [ā] *pl.* Spirituosen, alkoholische Getränke *pl.*
Müslim mohammedanisch, Mohammedaner, Muslim *m*; *gayrimüslim* Nichtmohammedaner *m.*
Müslüman 1. = *Müslim* 2. fromm, religiös, grund·ehrlich, -anständig.
Müslümanlık 1. Islam *m*, islamische Religion 2. *Tatsache, daß jemand Mohammedaner ist* 3. Frömmigkeit, Religiosität *f*, grundanständiger Charakter 4. islamische Sprach- und Kultur·gemeinschaft.
müsmir fruchtbringend, ertragreich, gewinnbringend, rentabel.
müsnedüníleyh *gr.* Subjekt *n.*
müsnet, -*di* *gr.* 1. Prädikatsnomen *n* 2. Prädikat *n.*

müspet, *-ti* 1. bewiesen, erwiesen, bestätigt 2. *gr. log.* positiv, bejahend, affirmativ 3. *math. phys.* positiv 4. (*işareti*) Pluszeichen *n*; ~ *cevap* 1. Zustimmung, Annahme *f* 2. zufriedenstellende Antwort; ~ *kafalı* praktisch, nüchtern, realistisch.
müspit *s. müsbit.*
müsrif verschwenderisch; Verschwender *m.*
müsriflik 1. Verschwendung, Vergeudung *f* 2. Verschwendungssucht *f.*
müstacel [ā] 1. eilig, dringlich, erforderlich 2. eilt !
müstaceliyet, *-ti* [ā] Dringlichkeit *f*; ~ *kararı jur.* Dringlichkeitsbeschluß *m*; ~ *sıra cetveli* Dringlichkeitsliste *f*; *-le* dringlich, beschleunigt.
müstağnı [ī] 1. *m. Abl.* nicht bedürfend; entbehren könnend 2. unabhängig, eingebildet, stolz 3. satt, befriedigt 4. wer schwer zufriedenzustellen ist; anspruchsvoll.
müstağrak, *-kı* 1. ganz versunken; völlig in Anspruch genommen 2. überwältigt, übermannt, hingerissen 3. überhäuft (*mit*).
müstahak, *-kkı* gebührend, verdient; ~ *olm.* (*m. Dat.*) verdienen (*Strafe, Belohnung usw.*); *-ını bulmak* seine gerechte Strafe finden.
müstahdem 1. beschäftigt, angestellt 2. Angestellte(r) *m* 3. Diener *m.*
müstahik, *-kkı* 1. würdig, verdienend 2. *jur.* Rechtsinhaber, Berechtigte(r) *m.*
müstahkem *mil.* befestigt.
müstahsalât, *-tı pl.* Erzeugnisse, Produkte *pl.*
müstahsen 1. schön, lobenswert 2. gelobt, bewundert 3. bevorzugt *od.* den Vorrang verdienend.
müstahsil Produzent, Erzeuger, Hersteller *m.*
müstahzar 1. hergestellt (*z.B. Heilmittel*) 2. vorbereitet 3. Präparat *n*, pharmazeutisches Mittel.
müstahzarat, *-tı* [· · · -] *pl.* Präparate, (*Arznei-*)Mittel *pl.*; *güzellik -ı* kosmetische Mittel *pl.*
müstait, *-di* begabt, fähig, talentiert.
müstakar, *-rrı* 1. beständig, fest (*z.B. Einkünfte*) 2. fester Wohnsitz; *gayrimüstakar* unbeständig, wechselnd.
müstakbel 1. zukünftig 2. Zukunft *f.*
müstakil, *-lli* 1. selbständig, unabhängig 2. einzelstehend (*z.B. Haus*) 3. gesondert, Einzel-, Separat-.
müstakim [ī] 1. *math.* gerade, geradlinig, Gerade *f* 2. rechtschaffen, ehrlich 3. richtig.
müstakir, *-rri* 1. fest, stationär 2. beständig, unveränderlich, konstant, gleichmäßig.
müstakriz Anleiheschuldner *m.*
müstamel [ā] 1. gebraucht, benutzt 2. verwendet, angewandt 3. gebräuchlich, üblich.
müstamere [ā] Niederlassung, Ansiedlung, Faktorei *f.*
müstamir [ā] Ansiedler *m.*
müstantik, *-kı* Untersuchungs-, Vernehmungs-richter *m.*
müstâraz, müstârazî transversal, Quer-.
müstear [ā] 1. entlehnt, angenommen 2. angeblich, Pseudo-.
müstebit, *-ddi* 1. absolutistisch, despotisch 2. Alleinherrscher, Despot *m.*
müstebitlik Absolutismus *m.*
müstecir [· - ·] Mieter, Pächter *m*; *-in icarı jur.* Untermiete *f.*
müstefit, *-di* [ī] 1. Nutzen ziehend 2. geistige Förderung erfahrend (*durch*) 3. als Mittel zum Zweck benützend
müstefreşe Konkubine *f.*
müstehap, *-bbı* kanonisch empfohlen (*aber nicht unbedingt verlangt*).
müstehase [ā] Versteinerung *f*, Fossil *n.*
müstehcen unsittlich, unzüchtig, obszön, pornographisch; ~ *neşriyat jur.* unzüchtige Schriften und Darstellungen *pl.*
müstehik, *-kkı s. müstahik.*
müstehlik, *-ki* Verbraucher, Konsument *m.*
müstehzi [ī] spöttisch, höhnisch.
müstekil *s. müstakil.*
müstekim *s. müstakim.*
müstekreh 1. verabscheut 2. widerlich, abscheulich, abstoßend.
müstelzim 1. erfordernd, erheischend 2. nach sich ziehend.
müstemir, *-rri* dauernd, beständig, immerwährend; ~ *karlar* ewiger Schnee.
müstemirren [· · x ·] *adv.* ununterbrochen, dauernd, ohne Unterlaß.
müstemleke Kolonie *f*; ~ *imparatorluğu* Kolonialreich *n.*

müstemlekeci 1. Kolonist, Siedler *m* 2. Kolonien besitzend.
müstemlekecilik 1. Kolonisieren *n*, Kolonisation *f* 2. *pej.* Kolonialismus *m*, koloniales Ausbeutertum.
müstenif [· - ·] *jur.* Berufungskläger, Appellant *m*.
müstenifünaleyh [· - · · · ·] *jur.* Berufungsbeklagte(r), Appellat *m*.
müstenit, *-di* sich stützend; gestützt (*auf*).
müstenkif 1. sich fernhaltend; verzichtend 2. sich der Stimme enthaltend; ~ *kalmak* sich der Stimme enthalten.
müstensih 1. abschreibend, kopierend 2. übernehmend, ab-, nachdruckend 3. wiedergebend (*z.B. Belegstelle*) 4. Vervielfältigungsmaschine *f*.
müsterih [ī] ruhig, beruhigt; ruhigen Gemüts; ~ *etm.* beruhigen.
müsteski [ī] *med.* hydropisch, wassersüchtig.
müstesna [ā] 1. ausgenommen 2. Ausnahme *f*, Ausnahme- 3. außergewöhnlich, überdurchschnittlich; ~ *haller* Ausnahmefälle *pl.*; besondere Umstände *pl.*; ~ *tutmak* e-e Ausnahme machen (*bei, mit*).
müstesnalık [ā] 1. Außergewöhnlichkeit *f* 2. Sonderfall *m*, Überdurchschnittlichkeit *f*.
müsteşar [ā] 1. Staatssekretär *m* (*in e-m Ministerium*) 2. Botschaftsrat *m*.
müsteşrik, *-kı* Orientalist *m*.
müsteşriklik Orientalistik *f*.
müstevi [ī] *math.* 1. eben 2. Ebene *f* 3. gestreckt (*Winkel*); ~ *ayna* Planspiegel *m*; ~ *hendese* Planimetrie *f*; ~ *müsellesat* Trigonometrie *f der Ebene*.
müstevli [ī] 1. Eindringling, Eroberer *m* 2. angreifend, vorrückend 3. epidemisch (*Krankheit*); ~ *olm.* (*bir memlekete*) in ein Land einfallen.
müsvedde 1. Konzept *n*, Entwurf *m* 2. Manuskript *n* 3. *Sch.* Schlafmütze *f*, Einfaltspinsel *m*.
müşaare [· - · ·] dichterischer Wettbewerb.
müşabehet, *-ti* [ā] 1. *a. math.* Ähnlichkeit *f* 2. *chem.* Homologie *f*.
müşabih [ā] ähnlich.
müşahede [ā] 1. unmittelbare Wahrnehmung, Feststellung *f* 2. medizinische, polizeiliche, *ab. a.* militärische Beobachtung; ~ *etm.* mit eigenen Augen feststellen; ~ *günü* Stichtag *m* (*z.B. für e-e statistische Erhebung*).
müşahedehane [· - · · - ·] (*psychiatrische*) Beobachtungsstation *f*.
müşahhas 1. personifiziert, verkörpert 2. konkret, dinglich, greifbar; ~ *aded math.* benannte Zahl.
müşahit, *-di* 1. Beobachter *m* (*z.B. pol.*) 2. *ab.* Flugzeugbeobachter *m* 3. *selt.* untätiger Zuschauer; ~ *delege* abgeordneter Beobachter.
müşareket, *-ti* [ā] 1. gemeinsame Tätigkeit 2. *phys.* Kommunikation *f* 3. *gr.* Reziprozität *f*; ~ *fiili gr.* reziprokes Verb.
müşarünileyh [ā] *va.* Obenerwähnte(r) *m*.
müşavere [ā] 1. Beratung *f* 2. Besprechung, Unterredung *f*; ~ *etm.* 1. beratschlagen 2. sich besprechen.
müşavir [ā] Berater, Ratgeber, Beirat, Beistand *m*; ~ *doktor* beratender Arzt.
müşebbeh 1. *va.* verglichen 2. *stil.* e-m Vergleich unterliegend 3. anthropomorph.
müşebbehünbih *stil.* zum Vergleich dienend.
müşebbihe *phil.* Anthropomorphismus *m*.
müşerref 1. geehrt, beehrt 2. ♀ *mV.*, *wV.*; ~ *olm.* 1. geehrt sein, sich geehrt fühlen 2. (*b-le*) j-n treffen, kennenlernen; ~ *oldum* es hat mich sehr gefreut, Sie kennenzulernen.
müşerrih 1. Anatom *m* 2. Kommentator *m*.
müşevveş wirr, verworren, unklar.
müşevvik, *-kı* Rädelsführer, Anstifter, Drahtzieher, Provokateur *m*.
müşfik, *-kı* zärtlich, liebevoll, gütig.
müşir *s. müşür.*
müş'ir 1. mitteilend 2. *phys. chem.* Anzeiger, Melder, Indikator *m* 3. *math.* Index *m*.
müş'ire Meßscheibe *f* (*mit Zeiger*).
müşker (*Vulkan-*)Krater *m*.
müşkül 1. schwer, schwierig 2. Schwierigkeit *f*, Hindernis *n*.
müşkülât, *-tı pl.* Schwierigkeit(en *pl.*) *f*, Hindernis(-se *pl.*) *n*; ~ *çekmek* mit Schwierigkeiten zu kämpfen haben; ~ *çıkarmak* (*od. göstermek*) (*b-ne*) *j-m* Schwierigkeiten in den Weg legen.
müşkülpesent, *-di* anspruchsvoll, wählerisch.

müşrif *va.* nahe bevorstehend.
müşrifiharap, *-bı* [· · · · -] *z. va.* baufällig.
müşrik, *-ki* Polytheist, Götzendiener, Heide *m.*
müştail leicht entzündlich; feuergefährlich.
müştak, *-kkı* 1. *gr.* abgeleitet; Ableitung *f* 2. *math.* Differentialquotient *m* 3. *chem.* Derivat *n*; ~ *cereyan phys.* Ableitungsstrom *m.*
müştâk, *-kı m. Dat.* sehnsüchtig verlangend *od.* begehrend.
müşte *s. muşta.*
müştehi [ī] 1. Appetit besitzend 2. den Appetit anregend 3. Aperitif *m od.* Horsd'œuvre *n.*
müşteil *s. müştail.*
müşteki [ī] Beschwerde führend; Kläger *m.*
müştemil umfassend; in sich schließend.
müştemilât, *-tı pl.* 1. Zubehör *n*, Pertinenzien *pl.* 2. Nebengebäude *pl.*
müşterek, *-ki* gemeinsam, gemeinschaftlich, kollektiv; ~ *bahis* Totalisator, Toto *m*; ~ *borçlu jur.* Mitschuldner *m*; ~ *duvar* Mittelwand *f*; ~ *fail jur.* Mittäter *m*; ~ *harekât emri mil.* Gesamtbefehl *m*; ~ *menfaatler* gemeinsame Interessen *pl.*; ~ *nota* Kollektivnote *f* (*im diplomatischen Verkehr*); ~ *tesir* Zusammenwirken *n.*
müştereken [· x · ·] *adv.* gemeinsam, zusammen, vereint.
müşteri Kunde, Käufer *m*; ~ *avlamak* auf Kundenfang ausgehen; ~ *tutmak* Kunden gewinnen.
Müşteri *astr.* Jupiter *m* (*Planet*).
müşür (*Generalfeld-*)Marschall *m.*
mütaaccip, *-bi* erstaunt, verwundert.
mütaaddi [ī] 1. überschreitend, übergreifend 2. aktiv 3. *gr.* transitiv.
mütaaddit, *-di* zahlreiche, verschiedene, mehrere, viele; Mehr-.
mütaaffin in Fäulnis übergegangen.
mütaahhit, *-di* 1. vertragsmäßig verpflichtet 2. Unternehmer *m* 3. Lieferant *m.*
mütaakıben [· · - · ·] *adv.* gleich danach.
mütaakıp, *-bı* [· · - ·] 1. unmittelbar folgend 2. *m. Akk.* gleich nach ... 3. *math.* gleichmäßig aufeinander folgend 4. *bot.* wechselständig 5. *phil.* konsekutiv, Folge-.
mütaallik, *-kı* betreffend, angehend; zusammenhängend (*mit.*).
mütaallikat, *-tı* [· · · · -] *pl.* Familienangehörige, Verwandte *pl.*
mütaarrız angreifend, Angreifer *m.*
mütalâa [· - · ·] 1. Lektüre *f* 2. genaue Untersuchung, Studie 3. Meinung, Ansicht, Auffassung *f* 4. Bemerkung, Äußerung *f*, Kommentar *m*; ~ *dermeyan etm.* (*od. yürütmek*) e-e Meinung vorbringen; kommentieren; ~ *etm.* 1. lesen 2. eingehend prüfen 3. kommentieren, besprechen; sich äußern (*über*); *-sında bulunmak* der Auffassung sein, daß ...
mütareke [ā] Waffenstillstand *m*; ~ *bayrağı* weiße Fahne; ~ *muahedesi* Waffenstillstandsvertrag *m*; ~ *yapmak* e-n Waffenstillstand vereinbaren.
mütarekename [· - · · - ·] Waffenstillstandsabkommen *n.*
mütea- *s. a. mütaa-.*
mütearife [ā] Axiom *n*; ~ *kabîlinden* axiomatisch.
mütebaki [· · - -] 1. restlich, übrigbleibend, noch ausstehend 2. Rest, Saldo *m* 3. Überschuß *m.*
mütebariz [ā] 1. deutlich, evident 2. hervorragend, prominent, führend.
mütebayin [ā] 1. kontrastierend, divergierend, verschieden 2. *math.* inkommensurabel.
mütebellir 1. kristallisiert 2. klar, deutlich.
mütebessim lächelnd.
mütecanis [ā] 1. gleichartig, homogen 2. *ling.* homonym.
mütecahil [ā] Unwissenheit fingierend.
mütecaviz [ā] 1. überschreitend; hinausgehend (*über*) 2. angreifend, aggressiv, offensiv; Angreifer *m* 2. *m. Akk.* mehr als ...; über.
mütecessis spionierend, neugierig; Horcher, Schnüffler *m.*
mütedahil [ā] 1. sich durchdringend 2. rückständig (*z.B. Gehalt*) 3. *math.* kommensurabel.
mütedair [ā] betreffend, angehend; über.
mütedavil [ā] in Umlauf befindlich; zirkulierend, kursierend; ~ *sermaye* Betriebskapital *n.*

müteellim traurig, betrübt; schmerzlich berührt.
müteenni [ī] ruhig, bedächtig, umsichtig.
müteessif bedauernd, beklagend, [betrübt.]
müteessir 1. beeinflußt 2. beeindruckt 3. betrübt, traurig, gerührt; ~ *etm.* 1. beeinflussen, beeinträchtigen, in Mitleidenschaft ziehen 2. beeindrucken 3. betrüben, bekümmern, rühren; ~ *olm.* (*bşden*) 1. in Mitleidenschaft gezogen werden 2. stark beeindruckt werden 3. traurig (*betrübt, bekümmert*) werden *bzw.* sein.
mütefekkir 1. überlegend, erwägend, nachdenkend 2. Denker *m.*
müteferri, *-ii* 1. verzweigt, verästelt 2. herstammend, herrührend 3. (*m. Dat.*) abhängig, untergeordnet, zugehörig.
müteferrik, *-kı* 1. getrennt, einzeln, zerstreut 2. verschieden.
müteferrika 1. Dispositionsfonds *m e-r Behörde* 2. *e-e Abteilung im Polizeipräsidium, die sich mit verschiedenartigen Vorfällen befaßt.*
mütefessih 1. in Auflösung *od.* Zerfall befindlich; verwesend, verfaulend 2. *fig.* entartet, verderbt.
mütefevvik, *-kı* (*b-ne*) *j-m* überlegen (*sein*); *j-n* übertreffend.
mütefevviz *jur.* Zessionar, Indossatar *m.*
mütehalif [ā] *einander* entgegengesetzt *od.* widerstrebend.
mütehammil ausdauernd, geduldig.
müteharrik, *-ki* 1. in Bewegung befindlich 2. beweglich 3. getrieben, betrieben, arbeitend; ~ *bizatihi* selbsttätig, automatisch; ~ *müdafaa mil.* bewegliche (*elastische*) Abwehr.
mütehassıs 1. Spezialist, Sachverständige(r), Fachmann, Experte *m* 2. fachkundig; Fach-; ~ *amele* (*od. işçi*) Facharbeiter *m.*
mütehassir sich sehnend; sehnsüchtig.
mütehassis 1. bewegt, beeindruckt 2. von e-m Wunsch beseelt; ~ *etm.* tief bewegen, beeindrucken.
mütehaşşit, *-di* zusammengezogen (*Truppen*).
mütehavvil 1. veränderlich, variabel 2. *phys.* ungleichförmig 3. *math.* Veränderliche *f*; ~ *hareket phys.* ungleichförmige Bewegung.

mütehayyir verblüfft, verdutzt, ratlos.
mütehayyiz 1. *phys.* e-n Raum einnehmend 2. prominent, einflußreich, führend.
müteheyyiç, *-ci* aufgeregt, erregt.
mütekabil [ā] 1. einander gegenüber befindlich 2. gegen-, wechselseitig; einander entsprechend 3. *math.* korrespondierend 4. *math. phil.* reziprok 5. *bot.* gegenständig; ~ *dâva jur.* Gegen-, Wider·klage *f*; ~ *hürmet hakkı jur.* Recht *n* auf gegenseitige Achtung; ~ *sigorta* wechselseitige Versicherung; ~ *tâbiiyet* wechselseitige Abhängigkeit.
mütekabiliyet, *-ti* [ā] 1. Gegenseitigkeit *f* 2. Reziprozität *f*; ~ *esasına müstenit olarak* auf der Basis der Gegenseitigkeit.
mütekait, *-di* [ā] 1. pensioniert, verabschiedet, außer Dienst, im Ruhestand 2. Ruhegehaltsempfänger *m* 3. (*Sport*) inaktiv.
mütekallis verkrampft, verzerrt.
mütekâmil 1. entwickelt, fortgeschritten 2. vervollkommnet, vollkommen.
mütekâsif 1. verdichtet, kondensiert, konzentriert 2. dicht besiedelt.
mütekatı, *-ıı* [ā] *math.* sich (*gegenseitig*) schneidend.
mütekattı, *-ıı* intermittierend, diskontinuierlich.
mütekebbir stolz, hochmütig, anmaßend.
mütekeffil 1. sich verbürgend 2. *m. Akk.* verbürgend, garantierend.
mütekellim 1. sprechend; Sprecher *m* 2. *gr.* erste Person 3. *fr.* isl. Theologe *m.*
mütelevvin 1. vielfarbig, bunt 2. *fig.* unbeständig, wankelmütig, launisch.
mütemadi [· · - -] 1. (an)dauernd, beständig, ununterbrochen 2. *math. phil.* kontinuierlich 3. *math.* stetig.
mütemadiyen [ā] [· · x · ·] *adv.* fortwährend, pausenlos, ununterbrochen, dauernd.
mütemayil [ā] geneigt, neigend (*zu*); Lust (*Liebe, Vorliebe*) besitzend (*zu, für*).
mütemayiz [ā] 1. (*bşle*) sich auszeichnend (*durch*) 2. *fr. osman. Beamtenrang.*

mütemeddin zivilisiert, kultiviert, Kultur-.
mütemerkiz 1. zentralisiert 2. konzentriert; *gayrimütemerkiz* dezentralisiert.
mütemerrit, *-di* eigensinnig, halsstarrig, verstockt, unbelehrbar.
mütemevviç, *-ci* 1. wogend, bewegt (*Meer*) 2. schwebend (*z.B. Schulden*).
mütemeyyiz *z. va.* deutlich, bestimmt.
mütemmim 1. ergänzend, vervollständigend 2. *gr.* nähere Bestimmung, *spez.* Objekt *n* 3. *math.* Supplement-, Ergänzungs- 4. *phil.* komplementär; ~ *ceza jur.* Zusatzstrafe *f*; ~ *cümle gr.* Nebensatz *m*; ~ *cüzü jur.* integrierender Bestandteil; ~ *malûmat* weitere Auskünfte *pl.*; ~ *zaviye* Ergänzungswinkel *m.*
mütenahi [· · - -] *math. phil.* endlich (*adj.*).
mütenakız [ā] widerspruchsvoll, gegensätzlich, kontradiktorisch.
mütenasip, *-bi* [ā] 1. *math.* proportional 2. ebenmäßig, (*gut*) proportioniert.
mütenavip, *-bi* [ā] (ab)wechselnd, Wechsel-; alternierend; ~ *cereyan el.* Wechselstrom *m*; ~ *surette* umschichtig.
mütenazır [ā] symmetrisch.
mütenebbi [ī] 1. falscher Prophet 2. ♀ *n.pr.* (*ar. Dichter*).
mütenebbih 1. *va.* wachgeworden 2. *fig.* durch Erfahrung gewitzigt.
müteneffir *m. Abl.* verabscheuend.
mütenekkir 1. verkleidet 2. unter anderem Namen.
mütenekkiren [· · x · ·] *adv.* incognito.
mütenevvi, *-ii* verschieden(artig).
müteradif [ā] synonym; Synonym *n.*
müterafık, *-kı* [ā] 1. begleitend 2. begleitet.
müterakim [ā] angehäuft; ~ *faiz* aufgelaufene Zinsen *pl.*
müterakki [ī] fort-, vor·geschritten.
mütercim Übersetzer *m.*
mütereddi [ī] entartet, degeneriert.
mütereddit, *-di* 1. unschlüssig, zaudernd 2. zweifelnd 3. unsicher (*z.B. Börse*).
mütesanit, *-di* [ā] solidarisch, einig.
mütesavi [· · - -] (*einander*) gleich.
müteselli [ī] *m. Abl.* Trost findend (*in*).
müteselsil 1. aufeinanderfolgend, ununterbrochen 2. in hierarchischer Ordnung; ~ *alacaklılar jur.* Solidargläubiger *pl.*; ~ *borçlular jur.* Solidarschuldner *pl.*; ~ *dağlar* Gebirgskette *f*; ~ *mesuliyet jur.* gesamtschuldnerische Haftung; ~ *mevzi mil.* durchlaufende Stellung; ~ *suç jur.* fortgesetztes Verbrechen, Sammelverbrechen *n.*
müteşabih [ā] *einander* ähnlich.
müteşaip, *-bi* [ā] *va.* verzweigt, verästelt.
müteşair [ā] Dichterling, Vers(e)-schmied *m.*
müteşebbis 1. sich bemühend 2. unternehmungslustig; voll Initiative 3. Unternehmer *m*; ~ *olm.* (*m. Dat.*) 1. sich bemühen (um) 2. *et.* unternehmen.
müteşekkil sich zusammensetzend; zusammengesetzt, gebildet, bestehend (*aus*).
müteşekkir 1. dankend 2. dankbar.
mütevafık, *-kı* [ā] entsprechend, übereinstimmend, konform, konkordant.
mütevali [· · - -] 1. pausenlos aufeinander folgend 2. *math.* gleichmäßig aufeinander folgend.
mütevaliye [ā] Zahlenfolge, Progression *f.*
mütevaliyen [ā] [· · x · ·] *adv.* pausenlos; e-r hinter dem anderen.
mütevazı, *-ıı* [ā] bescheiden, unaufdringlich.
mütevazi [· · - -] parallel, gleichlaufend.
mütevazin [ā] ausgeglichen; im Gleichgewicht.
müteveccih 1. sich wendend, sich richtend 2. gewendet, gerichtet 3. geneigt, günstig gestimmt.
müteveccihen [· · x · ·] *adv.* in Richtung auf ...; nach; mit Ziel ...
müteveffa [ā] 1. verstorben, Verstorbene(r) *m* 2. *iron.* selig entschlafen (= *nicht mehr existierend*).
mütevehhim unter e-m Wahn *od.* e-r Zwangsvorstellung leidend.
mütevekkil auf Gott vertrauend.
mütevekkilen [· · x · ·] *adv.* (*alâllah*) im Vertrauen auf Gott.
mütevelli [ī] Verwalter *m* e-r frommen Stiftung.
mütevellit, *-di* entstanden (*aus*); verursacht (*durch*); hervorgerufen (*durch*).

müteyakkız wachsam, umsichtig, auf der Hut.
mütezat, *-ddı* [ā] einander entgegengesetzt (*z.B. Äußerungen, Ansichten usw.*).
mütezayit, *-di* [ā] anwachsend, zunehmend; ~ *vergi* progressive Steuer (*od.* Besteuerung).
müthiş 1. furchtbar, entsetzlich 2. (*zur Bildung e-s Elativs*) schrecklich, überaus, erstaunlich, fabelhaft 3. (*Ausruf*) *etwa*: man sollte es nicht glauben!
müttaki [ī] fromm, religiös.
müttefik, *-kı* 1. verbündet, alliiert; Verbündete(r), Alliierte(r) *m* 2. einstimmig; ~ *devletler* alliierte Staaten *pl.*; ~ *uçakları* alliierte Flugzeuge *pl.*; *Müttefikler* (die) Alliierte(n) *pl.*
müttefiklerarası, *-nı* interalliiert.
müttefikan [· x · ·] *adv.* einstimmig, einmütig.
müttehaz gefaßt (*z.B. Beschluß*); getroffen, ergriffen (*z.B. Maßnahmen*); eingeschlagen (*Weg*); befolgt, üblich (*z.B. Methode*); fest (*z.B. Art des Vorgehens*).
müttehem verdächtig, angeklagt.
müttehiden [· x · ·] *adv.* gemeinsam, vereint, (*alle*) zusammen.
müttehit, *-di* vereinigt.
müttekâ 1. *va.* Ruheplatz *m*, Polster, Kissen *n* 2. Stützpunkt *m*.
müvekkel *s. müekkel.*
müvekkil *s. müekkil.*
müvellidülhumuza 1. Sauerstoff *m* 2. Wasserstoffsuperoxyd *n*.
müvellit, *-di* 1. erzeugend, hervorbringend 2. *math.* Erzeugende *f* 3. *phys.* Generator *m* 4. *va.* Geburtshelfer *m*, Hebamme *f*.
müverrih Geschichtsschreiber, Historiograph, Historiker *m*.
müvesvis argwöhnisch, mißtrauisch.
müvezzi, *-ii* 1. Briefträger, Postbote *m* 2. (*fliegender*) Zeitungsverkäufer.
müyesser 1. erleichtert, ermöglicht, ausführbar 2. (*vom Schicksal*) vergönnt, gegeben, gewährt.
müzaheret, *-ti* [ā] Unterstützung, Hilfe *f*, Beistand *m*; ~ *etm.* (*m. Dat.*) unterstützen.
müzahrefat, *-tı* [· · · -] *pl.* Unrat, Müll *m*.
müzakere [ā] 1. Besprechung *f* 2. Abhören *n* (*der Schüler untereinander*); ~ *etm.* 1. besprechen, erörtern, verhandeln, beraten 2. sich untereinander abhören (*Schüler*); ~ *masası* Verhandlungstisch *m*; ~ *murahhası* Unterhändler *m*; ~ *salonu* Besprechungsraum *m*.
müzakereci [ā] 1. Unterhändler *m*; *mil. a.* Parlamentär *m* 2. *wer das Arbeiten der Internatsschüler überwacht.*
müzap, *-bı* [ā] geschmolzen.
müzayaka [· - · ·] Not, Bedrängnis, Klemme, (*finanzielle*) Schwierigkeit *f*.
müzayede [ā] Versteigerung, Auktion *f*; ~ *ile satış* Verkauf *m* an den Meistbietenden; *-ye koymak* zur Versteigerung bringen; versteigern lassen.
müzdeviç, *-ci* 1. gepaart, vereinigt 2. *math.* konjugiert; ~ *kuvvetler* Kräftepaar *n*.
müze [x ·] Museum *n*.
müzepzep, *-bi* 1. *urspr.* schwankend, unbeständig 2. in völliger Unordnung 3. unordentlich, schluderig (*z.B. Verwaltung*).
müzeci 1. Museumsfachmann *m* 2. Museumsdiener *m*.
müzecilik 1. Tätigkeit *f* e-s *müzeci* 2. Museumskunde *f*.
müzehhep, *-bi* vergoldet.
müzekkâ rituell gereinigt *od.* für gereinigt erklärt.
müzekker *gr.* männlich; Maskulinum *n*.
müzekkere offizielles Schreiben; ~ *kesmek jur.* e-e Vorladung (*od. e-n Haftbefehl*) ausstellen.
müzelik [x · ·] 1. von musealem Wert 2. *hum.* Gerümpel *n*, Plunder *m* 3. *hum.* komisch, sonderbar.
müziç, *-ci* belästigend, störend.
müzik 1. Musik *f* 2. Musikalien Noten *pl.*
müzikhol Varieté(theater) *n*.
müzisiyen Musiker(in *f*) *m*.
müzmin 1. langwierig, chronisch (*Krankheit*) 2. *fig.* dauernd, ewig (*z.B. Plage*).

N

n, N [nɛ] *17. Buchst. des türk. Alph.*

na! V da!, nimm!, hier!, schau!; *~ kafa!* (*spött.*) der hat das Pulver auch nicht erfunden!

nabız, *-bzı* Pulsschlag, Puls *m*; *nabzına bakmak od. nabzını yoklamak* 1. *j-m* den Puls fühlen 2. *fig. bei j-m* auf den Busch klopfen; sondieren; *nabzına göre şerbet vermek fig. j-m* um den Bart gehen; sich ganz *auf j-n* einstellen; *nabzını saymak j-m* den Puls fühlen.

nâbit, *-ti va.* wachsend, sich entwickelnd.

nacak Axt *f* (*mit kurzem Stiel*), Beil *n*.

naçar [- -] 1. gezwungen, genötigt 2. widerstrebend, ungern; *~ kalmak* keine Wahl mehr haben.

naçiz [- -] gering, bescheiden.

nâdan [- -] 1. unwissend, dumm 2. ungefällig, unfreundlich, abweisend.

nadas 1. Umpflügen *n* (*e-s Ackers*) 2. umgepflügter (*aber noch nicht bestellter*) Acker.

nâdide [- - ·] 1. nie gesehen 2. sehr rar 3. ♀ [x · ·] *wV.*

nâdim bereuend; *~ olm.* (*m. Dat.*) bereuen.

nadir [ā] 1. selten, rar 2. ♀ *mV.*

nadirat, *-tı* [- · -] *pl.* Seltenheiten, Raritäten *pl.*; *-tan olm.* selten anzutreffen sein; sehr rar sein.

nadire [ā] 1. Seltenheit *f*, reines Wunder 2. ♀ *wV.*

nadiren [ā] [x · ·] *adv.* selten, rar.

nafaka 1. Kosten *pl.* für den Lebensunterhalt 2. Unterhaltszahlung *f*, Alimente *pl.* 3. Zuteilungsration *f*.

nafe [ā] 1. *feiner, aus dem Nabelstück gearbeiteter* (*Fuchs-*)*Pelz* 2. Moschusbeutel *m*.

nafi [- ·] nutzbringend, nützlich, segensreich (*z.B. Regen*), heilsam, gesund (*z.B. Turnen*).

nafia [- · ·] öffentliche Arbeiten *pl.*

nafile [ā] 1. freiwillig übernommene rituelle Mehrleistung (*z.B. zusätzliches Fasten, Gebet usw.*) 2. nutzlos, vergeblich, überflüssig, unnütz 3. schlecht; nicht in Ordnung; *~ namaz* (*über den Rahmen der rituell vorgeschriebenen fünf Gebete hinausgehendes*) Zusatzgebet; *~ uğraşmak* sich umsonst abmühen.

nafiz [ā] 1. ein-, durch·dringend 2. *fig.* einflußreich; sich durchsetzend 3. ♀ *mV.*; *~ bir nazar* durchdringender Blick.

nağme 1. Melodie *f*, melodische Weise 2. Ton, Klang *m* 3. *fig.* gezierte Ablehnung; *-yi değiştirmek fig.* e-n anderen Ton anschlagen.

nâhak, *-kkı* unrecht, unbillig; *~ yere* zu Unrecht; ungerechtfertigterweise.

nahif [ī] schmächtig, zierlich, zart [gebaut.

nahiflik [· - ·] schmächtiger Körperbau, zierliche Figur.

nahiv, *-hvi* Syntax, Satzlehre *f*.

nahiye [ā] 1. Bezirk *m* (*der mehrere Gemeinden umfaßt*) 2. Körpergegend, Region *f*; *~ müdürü* Bezirksvorsteher *m*.

nahoş [ā] unangenehm; *~ bir sürpriz* unangenehme Überraschung; *~ bir tesir yapmak* e-n schlechten Eindruck machen.

nahoşluk [ā] 1. Unannehmlichkeit *f* 2. Unbehaglichkeit, Abneigung *f*.

nahvet, *-ti* Stolz, Hochmut *m*, Arroganz *f*.

nahvî syntaktisch.

naış, *-a'şı* 1. *urspr.* Tragsessel *m*, Sänfte *f* 2. *va.* Bahre *f od.* Sarg *m* (*mit Leichnam*) 3. Leichnam *m*, Leiche *f*.

nail [ā] 1. erreichend 2. ♀ *mV.*; *~ olm.* (*bşe*) erreichen, erlangen, erfahren, genießen, sich erfreuen.

naip, *-bi* [ā] 1. *fr.* Richterkommissar *m* 2. Stellvertreter *m*; *naibi hükûmet* 1. Reichsverweser *m* 2. (Prinz-) Regent *m*.

naiplik [ā] 1. Stellvertretung *f* 2. *pr.* Reichsverweserschaft, Regentschaft *f*.

nakarat, *-tı* [· · -] 1. *mus.* Refrain *m* 2. *pej.* ewige Leier.

nakavt, *-tı* (*Boxen*) Knockout, Niederschlag *m*; *~ etm.* knockout schlagen.

nakdavn (*Boxen*) 1. Niederschlag *m* 2. zu Boden geschlagen; ~ *olm.* zu Boden gehen müssen.

nakden [x ·] *adv.* in bar; als Barzahlung.

nakdî (*Bar-*)Geld-; ~ *ceza* Geldstrafe *f*; ~ *muamelât* Bargeldverkehr *m*; ~ *teminat* Barkaution *f*; *gayrinakdî* nicht in Bargeld bestehend.

nâkıliyet, -ti *phys.* Leitungsfähigkeit, Konduktanz *f.*

nakır, -krı 1. Schnitzarbeit *f* 2. Skulptur, Plastik *f.*

nâkıs 1. unvollständig, unvollendet, mangelhaft 2. *math.* minus 3. (*işareti*) Minuszeichen *n*; ~ *bir derece* minus 1 Grad; 1 Grad unter Null; ~ *mahrut math.* Kegelstumpf *m*; ~ *puvan* Verlust-, Minus·punkt *m*; ~ *teşebbüs jur.* unvollendeter Versuch.

nakış, -kşı 1. Wand-, Stuben·malerei, Ornamentik *f* 2. Sticken *n*, Stickerei *f* 3. *mus. e-e best. langsame Weise*; ~ *işlemek* sticken.

nakız, -kzı 1. logische Aufhebung, Umstoßen, Umwerfen *n* 2. Bruch *m* (*z.B. e-s Gelübdes*) 3. Aufhebung, Kassation *f* (*e-s Urteils*).

nâkız logisch aufhebend; widersprechend, gegensätzlich.

nakîbüleşraf [ā] Archivar *m* (*Adelsmarschall*) *für die Nachkommen Mohammeds.*

nakil, -kli 1. Transport *m*, Beförderung *f* 2. Umzug *m* 3. Versetzung *f* 4. Verlegung, Verlagerung *f* 5. Umfüllung *f* 6. Überweisung *f* 7. Bericht *m*, Erzählung *f* 8. Übernahme *f* 9. Übersetzung, Übertragung *f* 10. *phys.* Übertragung, Leitung *f* 11. *techn.* Übersetzung *f*; ~ *kabiliyeti* 1. Transportfähigkeit *f* 2. Tragfähigkeit *f*, Fassungsvermögen *n* 3. *phys.* Leitungsfähigkeit, Konduktanz *f*; ~ *kafilesi mil.* Transport *m*; ~ *vasıtası* Fahrzeug *n*; *naklidem, naklüddem* Blutübertragung, Transfusion *f*; *nakli kelâm etm.* das Thema wechseln; *nakli yekûn* Übertrag *m* (*in Buchhaltung*).

nâkil 1. übertragend, überbringend; Überbringer *m* 2. *phys.* Leiter, Konduktor *m* 3. erzählend, berichtend; Erzähler *m*; ~ *tel* Leitungsdraht *m*; *nakili hararet* Wärmeleiter *m*, *nakili hareket mil techn.* Leitwelle *f.*

nakîsa 1. Mangel *m*, Lücke, Unvollkommenheit *f* 2. Beeinträchtigung *f*, Abbruch *m*; ~ *getirmek* (*bşe*) *e-r Sache* Abbruch tun; beeinträchtigen.

nakit, -kdi (*Bar-*)Geld *n.*

nakîz 1. entgegengesetzt, gegensätzlich 2. Gegenteil *n.*

nakîza Gegenteil *n*, logischer Gegensatz.

nakkaş [· -] 1. (*Wand-, Stuben-, Dekorations-*)Maler *m* 2. *fr.* Miniaturenmaler *m* 3. *fr.* Kunststicker *m.*

naklen [x ·] *adv.* 1. in Übertragung; nach ... 2. unter Versetzung.

nakletmek [x · ·] 1. transportieren, befördern 2. *intr.* umziehen 3. versetzen (*z.B. e-n Beamten*) 4. verlegen, verlagern (*z.B. Dienststelle*) 5. umfüllen 6. überweisen (*z.B. Prozeß an anderes Gericht*) 7. berichten, erzählen 8. anführen, zitieren, übernehmen 9. übersetzen, übertragen 10. *phys.* leiten.

naklî 1. Transport-, Beförderungs- 2. Überlieferungs-, Erzählungs-; ~ *mazi gr.* Präteritum *n* des Hörensagens.

nakliyat, -tı [· · -] *pl.* 1. Transport *m*, Transporte *pl.* 2. Umzug *m*, Umzüge *pl.* 3. *va.* Tradition, Überlieferung *f*; ~ *kolu mil.* Transportkolonne *f*; ~ *sigortası* Transportversicherung *f*; ~ *şirketi* Transportgesellschaft, Spedition *f.*

nakliye 1. Transport *m* 2. Transport-, Fracht-, Umzugs·kosten *pl.* 3. (*gemisi*) Transportschiff *n*; ~ *treni mil.* Transportzug *m*; ~ *senedi* Frachtbrief *m*; ~ *tarifesi* Frachtsatz *m*; ~ *uçağı* Transportflugzeug *n.*

nakliyeci 1. Transportunternehmer, Spediteur *m* 2. Frachtführer *m.*

nakşetmek [x · ·] mit Buntmalerei versehen; mit Bildern *od.* Zeichnungen schmücken.

nakzen [x ·] *adv.* unter Aufhebung des bisherigen Urteils; ~ *görmek* (*od. rüyet etm.*) (*dâvayı*) unter Aufhebung des bisherigen Urteils neu verhandeln; ~ *iade etm.* (*dâvayı*) unter Aufhebung des bisherigen Urteils an die vorhergehende Instanz zurückverweisen.

nakzetmek [x · ·] 1. logisch aufheben 2. brechen (*z.B. Eid*) 3. kassieren (*Urteil*).

nal Hufeisen *n*; ~ *çakmak* Hufeisen aufnageln; ~ *döken* steiniger Weg; ~ *kesmek* 1. Hufeisen herstellen 2. *va.* tätowieren; ~ *toplamak fig.* sich ganz am Ende befinden; *-ları dikmek* (*od. atmak od. parlatmak*) V krepieren, verrecken; *-ına mıhına vurmak* 1. einmal dafür und einmal dagegen sein 2. unüberlegt handeln 3. an verschiedenen Dingen Kritik üben.

nalbant, *-dı* 1. Hufschmied *m* 2. *iron.* Zahnklempner *m.*

nalbur 1. *fr.* Hufeisenschmied *m* 2. Eisenwarenhändler *m.*

nalça Huf-, Schutz·eisen *n* (*auf Schuhabsatz*).

nalın *hölzerner türk.* Stelzenschuh.

nallamak 1. beschlagen (*Pferd*) 2. V totschlagen, umbringen.

nam [ā] 1. Name *m* 2. Ruf *m*, Berühmtheit, Ehre *f* 3. ge-, be·nannt; ~ *almak* (*od. kazanmak od. vermek*) berühmt werden; *-ına* 1. im Namen (*von*) 2. zu Gunsten (*von*) 3. was den Namen ... verdiente 4. auf den Namen (*von*); *-ında* namens; *namı diğer* alias; *namı müstear* Pseudonym *n.*

nâmağlûp, *-bu* 1. unbesiegt 2. unbesiegbar.

nâmahdut, *-du* [ū] unbegrenzt, unendlich.

nâmahrem nicht zur Familie *bzw.* zur engeren Verwandtschaft gehörig; fremd.

namaz rituelles Gebet; ~ *kılmak* das rituelle isl. Gebet verrichten; ~*ı kılındı* 1. man hat ihm das Totengebet gesprochen 2. er ist tot 3. F er ist so gut wie tot; er ist „abgemeldet".

namazlık Gebetsteppich *m od. ein Ersatz.*

namazsız menstruierend (*Frau, Mädchen*).

namdar [- -] 1. *z. va.* berühmt 2. ♀ *mV.*

name [ā] 1. *va.* Schreiben *n*, Brief *m* 2. P Liebesbrief *m* 3. *Sx. zur Bez. e-s Schriftstückes.*

nâmert, *-di* 1. *selt.* unmännlich, feige 2. niederträchtig, gemein.

nâmeşru, *-uu* [- · -] illegitim, außer-, un·ehelich.

namlı 1. [ā] *z. va.* berühmt 2. *s. namlu.*

namlılı *s. namlulu.*

namlu 1. Gewehr-, Pistolen·lauf *m*, Geschützrohr *n* 2. Klinge *f* (*e-s Messers usw.*); ~ *ceketi* Rohrmantel *m*; *-nun yüzü* flache Klinge; *-su geri teper top* Rohrrücklaufgeschütz *n.*

namlulu mit *näher best.* Lauf *od.* [Rohr.]

namus [- -] 1. Ehre *f*, Ehrgefühl *n* 2. Unbescholtenheit *f*, guter Ruf; ~ *borcu* Ehrenschuld *f*; ~ *damarlarım teprendi* (*od. tepreşti*) mein Ehrgefühl empörte sich; ~ *ehli* keusch, sittenrein; ~ *sözü* Ehrenwort *n*; *-una dokunmak* (*b-nin*) *j-s* Ehrgefühl verletzen.

namuslu [ā] ehrlich, redlich, anständig, tugendhaft (*Frau*), unbescholten.

namussuz [ā] 1. ehrlos, unehrenhaft 2. ohne Ehrgefühl 3. berüchtigt, übel beleumundet.

nâmüsait, *-di* [- · - ·] *z. va.* 1. ungünstig 2. unpassend, ungeeignet, untauglich.

nâmütenahi [- · · - -] unendlich.

nâmütenahilik, nâmütenahiyet, *-ti* [ā] Unendlichkeit *f.*

namzet, *-di* 1. Kandidat(in *f*) *m*, Bewerber(in *f*) *m*; Stellen-, Beamtenanwärter(in *f*) *m*; 2. Verlobte(r) *m/f*; 3. *m Dat.* drohend (*Entwicklungsmöglichkeit*) *bu cihanşümul olmıya namzet harb karşısında* angesichts dieses Krieges, der sich auf die ganze Welt zu erstrecken droht . . .

namzetlik 1. Kandidatur, Bewerbung *f* 2. Verlobtsein *n*; *namzetliğini koymak* (*od. vaz'etmek*) 1. kandidieren 2. *j-n* als Kandidaten aufstellen.

nanay V nicht vorhanden.

nane [ā] *bot.* (*Pfeffer-*)Minze *f*; ~ *suyu* Pfefferminztee *m*; ~ *şekeri* Pfefferminz(bonbon) *n*; ~ *yemek* 1. *et.* anstellen 2. dummes Zeug daherreden *od.* e-e törichte Handlung begehen.

nanemolla [- · · ·] (*spött.*) Trottel *m.*

nanik lange Nase (*als Geste der Verspottung*); ~ *yapmak j-m* e-e lange Nase machen.

nankör undankbar.

nankörlük Undankbarkeit *f.*

nar *bot.* Granatapfel *m*; ~ *çiçeği* 1. Granatblüte *f* 2. korallenrot; ~ *gibi* gut durchgebraten.

nara [- ·] Geschrei, Gebrüll, Gegröle *n*; ~ *atmak* laut schreien;

grölen; *-yı basmak* ein Geschrei ausstoßen; losgrölen.
narenciye [ā] *bot.* Zitrusfrüchte *pl.*
nargile Wasserpfeife, Nargileh *f*; ~ *suyu fig.* fades Getränk.
narh *s. nark.*
narin [ā] zierlich, fein, schlank.
narince [ā] *Name e-r best. Traubenart, sowie des daraus hergestellten Weins.*
nark, *-kı* amtlicher Höchstpreis.
narkotik 1. Narkotikum, Betäubungsmittel *n* 2. narkotisch, betäubend.
narkoz Narkose, Betäubung *f.*
nas, *-ssı* 1. Wortlaut *m* 2. Dogma *n* 3. Argument *n*, Beweis *m.*
nasbetmek [x · ·] 1. ernennen (*Beamten*) 2. *va.* e-e *best.* Richtung geben; richten.
nasfet, *-ti* Gerechtigkeit und Billigkeit *f.*
nasıl [x ·] 1. was für (ein)?, welch? 2. wie?, auf welche Weise? 3. wie? (= was sagten Sie)? 4. wie? (= *was sagen Sie dazu?*); na, nun 5. (*mit folg. ise*) wie auch immer; *nasılsınız?* wie geht es Ihnen?; ~ *ki* 1. ebenso 2. zumal auch; ~ *olsa* wie dem nun auch sein mag.
nasılsa [x · ·] 1. = *nasıl olsa* 2. irgendwie.
nasır; 1. Schwiele, Hornhaut *f* 2. Hühnerauge *n* 3. *med.* Fistel *f*; ~ *bağlamak* 1. Schwielen *bzw.* Hühneraugen bekommen 2. *fig.* sich verhärten; gefühllos werden.
nasihat, *-ti* [ī] Rat, Ratschlag *m.*
nasip, *-bi* [ī] 1. Los, Geschick *n* 2. Anteil *m*; ~ *olm.* 1. sich treffen, sich fügen 2. zuteil werden *spez. in der Füg.*: *onun erdiği bu devlet, herkese ~ olmaz* ein solches Glück wird nicht jedem zuteil.
nasp, *-bı* 1. Ernennung (*e-s Beamten*) *f* 2. *va.* Richtunggeben, Richten *n.*
Nasrani [· - -] christlich; Christ *m.*
nasur *s. nasır.*
naş *s. naış.*
nâşinas [- · -] nicht kennend *od.* nicht anerkennend.
naşir [ā] 1. Verbreiter *m* 2. Herausgeber *m* 3. Verleger *m.*
nâtamam [- · -] unvollständig, unvollendet; ~ *senet H.* nicht bankfähiger Wechsel.
nâtamamiyet, *-ti* [- · - · ·] 1. Unvollständigkeit *f* 2. Unzulänglichkeit *f*; ~ *hisleri psych.* Gefühl *n* der eigenen Unzulänglichkeit.
natıka [- · ·] 1. Sprechfähigkeit *f* 2. Rednergabe *f.*
natır Bademeister *m* (*im türk. Bad*).
natokafa(s) V schwer von Begriff; dumm.
natürmort, *-tu* Stilleben *n.*
navlun 1. Seefrachtgebühren *pl.* 2. Fahrkosten *pl.*, Fahrgeld *n* (*auf e-m Schiff od. e-m and. Verkehrsmittel*).
nay *s. ney.*
naylon [x ·] 1. Nylon *n* 2. Nylon-.
naz Sich-Nötigenlassen *n*; ~ *etm.* (*od. yapmak*) sich bitten (*nötigen*) lassen; sich zieren; ~ *niyaz ile yapmak* sich erst nach langem Bitten *zu et.* herbeilassen; *-a alışmak* verwöhnt (*verzogen, verzärtelt*) werden.
nazar 1. Blick *m* 2. *pr.* böser Blick 3. *phil.* Spekulation *f* 4. Meinung, Ansicht *f* 5. *gr.* gute Meinung; Achtung, Gunst *f*; ~ *boncuğu* blaue Perle (*zur angeblichen Abwehr des bösen Blickes*); ~ *değmek* (*od. isabet etm.*) (*b-ne*) treffen (*böser Blick*); ~ *takımı* Talisman *m*, Amulett *n*; *-a çarpmak* augenfällig sein; *-ında* nach seiner Ansicht; in seinen Augen; ... *nazariyle bakmak* betrachten, ansehen (*als*); *nazarı dikkat* Aufmerksamkeit, Beachtung *f*; *nazarı dikkate almak* ins Auge fassen; in Rechnung stellen; *nazarı dikkatini celbetmek* (*b-nin*) 1. *j-n auf et.* aufmerksam machen 2. *j-s* Aufmerksamkeit auf sich lenken; *nazarı itibara almak* (*bşi*) in Erwägung (*Betracht*) ziehen; berücksichtigen; *nazarı tasvibine arzetmek* (*b-nin*) *z. va.* zur Genehmigung vorlegen.
nazaran [x · ·] *Pp. m. Dat.* 1. nach, gemäß, zufolge, entsprechend 2. im Hinblick darauf, daß... 3. nach dem, was... 4. für den Fall, daß...
nazari [ī] 1. *va.* visuell, optisch 2. theoretisch 3. *phil.* spekulativ.
nazariye Theorie *f.*
nazariyeci Theoretiker *m.*
nazarlık Talisman *m*, Amulett *n* (*gegen den bösen Blick*).
nazenin [- · -] 1. *mel.* zart, fein, nett

2. *pej.* zimperlich, verwöhnt 3. *fr. Bez. des Bektaschi-Ordens.*

nazım, *-zmı* 1. Poesie *f* 2. Gedicht *n.*

nâzım 1. ordnend 2. (*Vers-*)Dichter *m* 3. *math.* Normale *f* 4. *phys.* Regulator *m* 5. ♀ *mV.*

nazır [ā] 1. sehend, schauend 2. hinausgehend (*auf*) (*z.B. Fenster*) 3. Aufseher, Wächter *m* 4. (*bis 1921*) osman. Minister *m* 5. nichttürkischer Minister 6. *va.* Direktor *m.*

nazi *mst. pej.* 1. Nazi, Nationalsozialist *m* 2. Nazi-, nazistisch, nationalsozialistisch.

nazik, *-ki* [ā] 1. fein, zart 2. höflich, aufmerksam, liebenswürdig 3. fein (*Instrument*) 4. heikel, bedenklich, gespannt (*z.B. Lage*).

nazikleşmek [ā] 1. fein(er), höflich(er) werden 2. gespannt (*heikel, bedenklich*) werden; sich verschärfen, sich zuspitzen (*z.B. Lage*) 3. sich verfeinern (*Aussprache; z.B. durch Annahme palataler Lautung*).

nazil [ā] 1. herabgesandt (*Offenbarung*) 2. abgestiegen (*in Hotel*).

nazilik *mst. pej.* Nazismus *m*; Nationalsozialismus *m.*

nazir [ī] 1. gleich, ähnlich 2. *astr.* Nadir *m.*

nazire [ī] 1. Nachdichtung *f* 2. *fig.* Gegenstück *n*, Gegenschlag *m.*

nazlanmak *s. naz etmek.*

nazlı 1. wer sich lange bitten läßt 2. lieb, teuer 3. verwöhnt, verzärtelt 4. zart, empfindlich (*z.B. Pflanze*).

nazmen [x ·] *adv.* in Versen.

ne 1. was? 2. (*mit folg. ise*) was nur; was auch immer 3. was für ein?, welch? 4. wie ...; was für... 5. ~ ... ~ weder ... noch; ~ *âlemdesiniz?* wie geht es Ihnen (*denn*)?; ~ *allahtan* ~ *şeytandan korkmak fig.* keinerlei Skrupel haben; ~ *beis var?* was schadet das schon? ~ *çıkar?* 1. was liegt schon daran? 2. wozu denn?, warum denn?; ~ *de olsa* immerhin, gleichwohl, trotzdem; ~ *diye?* wozu?, zu welchem Zweck?; ~ *görsem beğenirsiniz?* was meint ihr wohl, was ich da zu sehen bekam?; ~ *hacet?* wozu denn?. das ist ja überflüssig!; ~ *ifrat* ~ *tefrit!* nicht zuviel und nicht zuwenig!, immer Maß gehalten!; ~ *ise...* wie dem nun auch sein mag...; ~ *mümkün!* ganz unmöglich!; ~ *münasebet?* ganz ausgeschlossen!; ~ *olur* ~ *olmaz* auf alle Fälle; ~ *ömür şey!* 1. großartig!, wunderbar! 2. ulkig!, komisch!; ~ *sinir şey!* die richtige Nervensäge!; ~ *üstüme vazife?* was habe ich damit zu schaffen?; ~ *vakit* (*od. zaman*) 1. wann? 2. (*mit folg. ise*) wenn; ~ *yüzden?* aus welchem Grunde?, weswegen?; ~ *ler var neler!* was es nicht alles gibt! *-me lâzım?* 1. was geht das mich an? 2. *gel.* aber, trotzdem, gleichwohl; *-si var -si yoksa* alles, was zur Verfügung steht; alle verfügbaren Kräfte *pl.*; *-nize gerek?* was haben Sie damit zu schaffen?

nebat, *-tı urspr.* [ā] Pflanze *f*, Gewächs *n.*

nebatat, *-tı* [· - -] *pl.* 1. *va.* Pflanzen *pl.*, Vegetation *f* 2. Botanik, Pflanzenkunde *f*; ~ *bahçesi* botanischer Garten.

nebati [· - -] pflanzlich, Pflanzen-; ~ *boya* Pflanzenfarbe *f*; ~ *örtü geogr.* Pflanzenkleid *n*; ~ *yağ* Pflanzen·fett *n*, -butter *f.*

nebi [ī] Prophet *m.*

nebülöz *astr.* Nebel, Nebelfleck *m.*

necabet, *-ti* [ā] 1. vornehme Abstammung 2. Vornehmheit *f* (*des Charakters*).

Necaşi [· - -] Negus *m* (*von Äthiopien*).

necat, *-tı* [ā] Rettung, Befreiung, Erlösung *f*; ~ *bulmak* Rettung finden; sich retten (*vor dem Verderben*).

nece[1] [x ·] 1. welche Sprache? 2. in welcher Sprache (*abgefaßt, erscheinend usw.*)?

nece[2] *s. nice.*

neci in welcher Weise tätig?; *o, -dir?* was ist er von Beruf?; *sen neci oluyorsun?* was hast du hier dreinzureden?

necip, *-bi* [ī] 1. von vornehmer Abstammung 2. edel, vornehm 3. ♀ [x ·] *mV.*

nedamet, *-ti* [ā] Reue *f*; ~ *etm.* (*od. getirmek*) Reue empfinden; bereuen.

nedbe *med.* Narbe *f.*

neden 1. aus welchem Grunde?, warum? 2. *phil.* Ursache *f*, Warum *n*, (*Real-*)Grund *m*; ~ *sonra* (*erst*)

geraume Zeit später; -se aus unerfindlichen Gründen.
nedensel kausal.
nedim [i] 1. Gesellschafter, Vertraute(r) *m* (*am Königshof*) 2. *fr. a.* Hofnarr *m* 3. ♀ [x ·] *mV.*
nedime [i] 1. Hofdame, Gesellschafterin *f* 2. ♀ [x · ·] *wV.*
nedret, *-ti* geringes Vorhandensein, Seltenheit *f*; ~ *kesbetmek* selten (*rar*) werden.
nefaset, *-ti* [ā] 1. Erlesenheit, Kostbarkeit *f* 2. Hochwertigkeit *f*, hohe Qualität.
nefer 1. Mann *m*, Person *f* 2. einfacher Soldat.
nefes 1. Atem(zug) *m*, Ein- *od.* Aus·atmung *f*, Hauch *m* 2. Zug *m* (*z.B. beim Rauchen*) 3. Wunderodem *m* (*sogenannter heiliger Personen*) 4. religiöses Lied *od.* Gedicht 5. V Haschisch *m*; ~ *aldırmamak* (*b-ne*) *j-n* nicht zu Atem kommen lassen; ~ *almak* 1. Atem schöpfen 2. wieder zu Atem kommen 3. sich behaglich fühlen 4. luftdurchlässig sein; ~ *borusu* Luftröhre *f*; ~ *çekmek* 1. *an e-r Zigarette* (*Zigarre usw.*) ziehen; e-n Zug tun 2. V Haschisch rauchen; ~ *etm.* (*b-ne*) *e-n Kranken* mit angeblich heilkräftigem Atem anhauchen; ~ *kesikliği* Atemlosigkeit *f*; ~ ~ *içmek* 1. in Schlückchen trinken 2. paffen (*beim Rauchen*); ~ -e 1. ganz außer Atem 2. gerade noch eben; kaum knapp; ~ *ortağı H.* tätiger Teilhaber; ~ *tüketmek* sich den Mund fusselig reden; *-i kesilmek* ganz außer Atem geraten; *-i keskin* mit (*angeblich*) wundertätigem Atem; *-i kokmak* aus dem Mund riechen; *-i tutuldu* der Atem stockte ihm.
nefeslemek anhauchen, anblasen.
nefeslenmek 1. *Pass. zu nefeslemek* 2. wieder *et.* zu Atem kommen 3. erleichtert aufatmen.
nefesli 1. *mus.* Blas- 2. wer lange den Atem anhalten kann.
nefeslik 1. Luftloch *n* 2. Exhaustor *m* 3. Grubenventilator *m* 4. Dach-, Boden·fenster *n* 5. Zeit *f für e-n Zug* (*beim Rauchen*).
nefi, *-f'i* Nutzen, Vorteil, Profit *m.*
nef'î utilitaristisch.
nefir [i] 1. Horn *n od.* Trompete *f* 2. Kampfsignal *n* 3. *biol.* Verbindungsgang *m*, Röhre *f*, Kanal *m.*
nefis, *-fsi* 1. Selbst, Ich *n* 2. (*körperliche*) Gelüste *pl.* 3. selbst, eigentlich 4. *s. balık nefsi*; *nefse itimat* Selbstvertrauen *n*; *nefsine mağlûboldu* er konnte nicht widerstehen; *nefsine uymak* seinen Gelüsten nachgeben; *nefsine yedirmek* 1. sich *et.* gefallen lassen 2. innerlich *über et.* hinwegkommen; *nefsini körletmek* (*od. öldürmek*) 1. sich die Hörner ablaufen 2. e-n kleinen Imbiß einnehmen; *nefsini beğenmek* eingebildet sein; *nefsi İstanbul* Istanbul selbst; das eigentliche Istanbul.
nefîs vorzüglich, ausgezeichnet, entzückend, wunderbar, köstlich, erlesen.
nefîse 1. Kunst·werk *n*, -gegenstand *m* 2. ♀ [x · ·] *wV.*
nefiy, *-fyi* 1. Verbannung, Zwangsverschickung, Deportation *f* 2. *gr.* Negation *f*; ~ *edatı gr.* Verneinungspartikel *f.*
nefiye Utilitarismus *m.*
nefret, *-ti* Abscheu, Widerwillen *m*; ~ *etm.* (*m. Abl.*) *et.* verabscheuen; Ekel empfinden (*vor*); ~ *uyandırmak* Abscheu (*od.* Empörung) hervorrufen.
nefrit, *-ti med.* Nierenentzündung *f.*
nefsani [· - -] 1. sinnlich, fleischlich 2. von Animosität erfüllt; gehässig.
nefsaniyet, *-ti* [ā] 1. Sinnlichkeit *f* 2. Animosität, Gehässigkeit *f*, Groll *m.*
neft, *-ti* (*yağı*) Naphtha *n.*
nefyetmek [x · ·] 1. verbannen 2. *gr.* negieren.
negatif 1. *a. math.* negativ 2. *phot.* Negativ *n.*
neglije Morgenrock *m*, Negligé *n.*
Negüs Negus *m* (*von Äthiopien*).
nehar [ā] *va.* Tag *m.*
nehari [· - -] 1. *va.* Tages- 2. extern, Externe(r) *m/f*; ~ *mektep* Externat *n*; ~ *talebe* externe(r) Schüler(in *f*) *m*, Student(in *f*) *m.*
nehir, *-hri* Fluß, Strom *m*; ~ *geçişi* Flußübergang *m*; ~ *kolu* Flußarm *m*; ~ *yatağı* Flußbett *n.*
nehiy, *-hyi* 1. Behinderung, Inhibition *f* 2. religiöses Verbot 3. *gr.* negierter Imperativ.
nehyedici hükümler *jur.* Verbotsvorschriften *pl.*
nehyetmek [x · ·] 1. be-, verhindern, inhibieren 2. hemmen,

erschweren, beeinträchtigen 3. verbieten.
nekahet, *-ti* [ā] Rekonvaleszenz *f*; *~ devresinde olm.* auf dem Wege der Genesung sein; *-e girmek* allmählich wieder gesund werden; genesen.
nekahethane [· - · - ·] Genesungs-, Erholungs·heim, Sanatorium *n*.
nekes geizig, knickerig, knauserig.
nekeslik Geiz *m*, Knauserigkeit *f*.
Nekir (*isl. Myth.*) *Name e-s der beiden Engel, welche die Toten im Grab befragen.*
nekre 1. witzig, geistreich, Spaßmacher *m* 2. *gr. nicht-determiniertes Sb. in der suffigierten Nominalkomposition.*
nekropol, *-lü* Totenstadt *f*, Gräberfeld *n*.
nem Feuchtigkeit *f*, (*geringe*) Nässe.
nema [ā] 1. Wachstum, Gedeihen *n* 2. Zinsertrag *m*.
nemalandırmak [· - · · ·] auf Zinsen legen.
nemlenmek feucht werden.
nemli feucht, befeuchtet, angefeuchtet.
Nemrut, *-du* [ū] 1. *n. pr.* Nimrod *m* 2. ♀ unbarmherzig, grausam.
nenin *s. neyin.*
neogen jüngeres Tertiär.
neolitik (*çağ*) jüngere Steinzeit.
nere [x ·] welcher Ort?, was für e-e Gegend?, was für e-e Station? *u. ä. m.*; *-de?* wo?; *-de ise* sofort, jeden Augenblick; *-den?* woher?; *buranın nere(-si) olduğunu biliyor musunuz?* wissen Sie, wo wir hier sind?; *burası neresi?* wo sind wir hier?, wie heißt der Ort hier?; *-sı ağrıyor?* wo hat er Schmerzen?; *-ye?* wohin?; *-ye böyle?* F wohin des Wegs?; *Spr. -ye gitsen okka dörtyüz dirhem* wohin du auch gehst, eine Okka hat überall 400 Dirhem, *d.h.* es wird überall mit Wasser gekocht!
nereli [x · ·] woher stammend?, wo geboren?; *siz nerelisiniz?* woher stammen Sie?; *benim nereli olduğumu biliyor musunuz?* wissen Sie, wo ich geboren bin?
nergis *bot.* Ringelblume *f*.
nesebî genealogisch.
nesep, *-bi* Abstammung, Herkunft *f*; *-in tashihi jur.* Ehelichkeitserklärung *f*.
nesiç, *-sci* (*a. bot., med.*) Gewebe *n*.
nesil, *-sli* 1. Nachkommenschaft *f* 2. Generation *f*; *~ münavebesi biol.* Generationswechsel *m*; *nesli bozulmuş* degeneriert.
nesillik seit vielen Generationen existierend; uralt.
nesir, *-sri* 1. Prosa *f* 2. Prosa·dichtung, -schrift *f*.
nesirci Prosaschriftsteller(in *f*) *m*.
nesne 1. Ding *n*, Sache *f* 2. *phil. phys.* Gegenstand *m*, Objekt *n* 3. *gr.* Objekt *n*, Ergänzung *f*.
nesren [x ·] *adv.* in Prosa verfaßt.
nesrin [ī] 1. *bot.* wilde Rose 2. ♀ [x ·] *wV.*
neşe vergnügte Stimmung, heitere Laune, Fröhlichkeit *f*.
neşeli froh, fröhlich, vergnügt, heiter.
neşelenmek in gute Laune (*Stimmung*) kommen; heiter, vergnügt werdeo.
neşesiz unfroh, verstimmt, mißmutig.
neşet, *-ti* 1. Ursprung *m*, Entstehen *n* 2. ♀ *mV*; *~ etm.* 1. entstehen, herrühren, hervorgehen 2. abgehen (*Schüler nach Abschlußprüfung*).
neşetli Absolvent(in *f*) *m*; *1950 yılı -lerindendir* er gehört dem Prüfungsjahrgang 1950 an.
neşir, *-şri* 1. Verbreitung *f* 2. Herausgabe *f* 3. Veröffentlichen, Publizieren *n* 4. Senden *n* (*Radio*); *~ hakkı* Publikationsrecht *n*; *~ mukavelesi* Verlagsvertrag *m*.
neşretmek [x · ·] 1. verbreiten (*z.B. Geruch, Nachricht usw.*) 2. herausgeben, edieren 3. veröffentlichen, publizieren 4. *med.* freilegen 5. senden (*Radio*).
neşriyat, *-tı* [ā] 1. Veröffentlichung (-en *pl.*) *f*, Publikation(en *pl.*) *f* (*Rundfunk-*)Sendung(en *pl.*) *f*.
neşter Lanzette *f* (*des Chirurgen*).
neşvünema [ā] Wachstum, Gedeihen *n*, Entwicklung *f*; *~ bulmak* (heran)wachsen; gedeihen, sich entwickeln.
net[1], *-ti* 1. klar, scharf, deutlich (*Bild*) 2. netto; Nettogewicht *n*, Nettosumme *f*.
net[2], *-ti* (*Tennis-*)Netz *n*.
netameli [ā] 1. (*a. ~ değil*) nicht recht geheuer; et. gefährlich 2. ein rechter Pechvogel.
netekim *s. nitekim.*

netice [i] 1. Ergebnis, Resultat *n*, Folge, Wirkung *f* 2. Folgerung *f* 3. zwangsläufige Folge, Konsequenz *f*; ~ *vermek* ein Ergebnis zeitigen; ein Resultat liefern; *-de* letzten Endes; ~ *çıkmak* (*bşden*) herauskommen (*bei et..*).
neticelendirmek 1. ein Ergebnis zeitigen; zu e-m Resultat bringen 2. beenden, erledigen, abschließen.
neticelenmek 1. (*Resultat*) erzielt werden (*bei*) 2. enden, ausgehen, seinen Abschluß finden.
neticesiz 1. ergebnislos, resultatlos 2. umsonst, vergebens; ~ *kalmak* ergebnislos verlaufen; umsonst sein (*z. B. Bemühungen*).
neuzübillâh! Gott steh uns bei!
nevale [ā] 1. notwendige Nahrung, tägliches Brot 2. Mundvorrat, Proviant *m*; *-yi düzmek* Essen und Trinken herrichten.
nevama [x · -] *z. va.* sozusagen, gewissermaßen.
nevat, *-tı* [ā] *biol.* Zellkern, Nukleus *m*.
nevazil [ā] *urspr. pl.* Erkältung *f*, Katarrh *m*, *spez.* Schnupfen *m*; ~ *olm.* den Schnupfen haben.
nevha Totenklage *f*.
nevi, *-v'i* Art, Spezies *f*; *bu nevi* (*-den*) solch, derartig; *nev'i beşer* Menschengeschlecht *n*; *nev'i şahsına münhasır* einzig in seiner Art.
nevmidane [· - - ·] hoffnungslos, verzweifelt; ~ *gayret sarfetmek* verzweifelte Anstrengungen machen; ~ *müdafaaları* ihr verzweifelter Widerstand.
nevrit, *-ti med.* Nervenentzündung *f*.
nevrolog Neurologe *m*, Neurologin *f*, Nerven·arzt *m*, -ärztin *f*.
Nevyork *n. pr.* New York *n*.
ney Rohrflöte *f*; ~ *çalmak* (*od. üflemek*) die Rohrflöte blasen.
neye wozu?, warum?; ~ *doğrusunu söylemiyorsun?* warum sagst du nicht die Wahrheit?
neyin; *Gen. zu ne*.
neyle = *ne ile*.
neyse = *ne ise*.
neyzen Rohrflötenbläser, Flötenspieler *m*; ~ *bakışlı* 1. von der Seite her anschauend 2. *fig.* mit argwöhnischem (*finsterem, drohendem usw.*) Blick.
nezafet, *-ti* [ā] Sauberkeit, Reinheit *f*.
nezaket, *-ti* [ā] 1. Feinheit, Zartheit *f* 2. Höflichkeit, Liebenswürdigkeit *f* 3. heikler (*delikater, bedenklicher*) Charakter *od.* Zustand; Schwierigkeit, Spannung *f*; ~ *göstermek* (*b-ne*) höflich, liebenswürdig, behandeln; ~ *kesbetmek* heikel werden; sich verschärfen; sich zuspitzen; *-e sığmamak* mit der Höflichkeit unvereinbar sein.
nezaketen [ā] [· x · ·] *adv.* 1. aus Höflichkeit; als Akt der Höflichkeit 2. höflich, liebenswürdig.
nezaketli [ā] höflich, liebenswürdig, aufmerksam, freundlich.
nezaketsiz [ā] unhöflich; es an Aufmerksamkeit fehlen lassend.
nezaret, *-ti* [ā] 1. Aussicht *f*, Ausblick, Anblick *m*, Ansicht *f*, Blick *m* 2. Aufsicht, Überwachung *f* 3. (*bis 1921*) osm. Ministerium *n* 4. *heute*: nicht-türkisches Ministerium 5. Verwaltung *f* e-r frommen Stiftung; ~ *altına almak* unter Kontrolle stellen; ~ *altında bulundurmak* überwachen; ~ *etm.* (*m. Dat.*) die Aufsicht führen (*über*); überwachen.
nezarethane [· - · - ·] polizeilicher Gewahrsam *m*.
nezaretsiz [ā] 1. ohne Aussicht (*Blick*) 2. unbeaufsichtigt 3. Minister *m* (ohne Portefeuille).
nezdinde *Pp.* 1. bei 2. nach der Ansicht (*von*).
nezdine *Pp. zu* ... hin.
nezetmek [x · ·] fort-, weg·nehmen, entreißen, entziehen.
nezi, *-z'i* Weg-, Fort·nehmen *n*, Entzug *m* (*z.B. e-s Rechtes*).
nezih [i] 1. rein, sauber, vornehm, anständig 2. ♀ [x ·] *mV*.
nezir, *-zri* 1. Gelübde *n* 2. Votivgeschenk *n*.
nezle Erkältung *f*, *spez.* Schnupfen *m*; ~ *olm.* Schnupfen haben *od.* bekommen.
nezretmek [x · ·] geloben, versprechen.
nıkris [i] Gicht *f*.
nısap, *-bı* [ā] 1. unterste Vermögensgrenze (*für die Zahlung der rituellen Armensteuer*) 2. richtiger Zustand, gegebener Grad, Erforderliche(s) *n* 3. erforderliche Zahl; *-ını bulmak* in den richtigen Zustand kommen; *nısabı ekseriyet* beschlußfähige Stimmenanzahl, Quorum *n*.

nısfet, *-ti* Gerechtigkeit und Billigkeit *f*; ~ *dairesinde* wie es (ge)recht und billig ist; ~ *göstermek* (ge)recht und billig urteilen.
nısfiye kleine Rohrflöte.
nısıf, *-sfı* Hälfte *f*, Halb-; ~ *daire* Halbkreis *m*; ~ *dairevi* halbkreisförmig, hemizyklisch; ~ *kutur* Radius, Halbmesser *m*; ~ *küre* Hemisphäre, Halbkugel *f*; ~ *kürevi* hemisphärisch.
nışadır Salmiak *m*, Ammoniumchlorid *n*; ~ *ruhu* Salmiakgeist *m*.
nice [x ·] 1. wieviele! 2. wie groß!, welcher! 3. *va. od. prov.* wie?; ~ ~ sehr viele; ~ ~ *senelere!* ad multos annos!
nicel quantitativ; Mengen-.
nicelik Quantität, Menge *f*.
niçin [- ·] [x ·] warum?, weshalb?, weswegen?
niçinci [- · ·] F ewiger Fragesteller.
nida [ā] 1. Aus-, An•ruf *m* 2. *gr.* a) (*edatı*) Interjektion *f* b) Vokativ *m*; ~ *etm.* ausrufen; ~ *işareti* Ausrufezeichen *n*.
nifak, *-kı* [ā] Uneinigkeit, Zwietracht *f*; ~ *çıkarmak* Unfrieden stiften; ~ *sokmak* Zwietracht säen.
nihai [· - -] 1. End-, Schluß- 2. endgültig, entscheidend; ~ *avantaj* entscheidender Vorteil; ~ *karar jur.* Endurteil *n*; *müzakereler* Abschlußbesprechungen *pl.*; ~ *zafer* Endsieg *m*.
nihayet, *-ti* [ā] 1. Ende *n*, Schluß *m* 2. *adv.* [x - ·] endlich, schließlich; ~ *bulmak* enden; zu Ende gehen; ~ *derecede* ausnehmend, überaus; ~ ~ 1. mindestens 2. höchstens; ~ *vermek m. Dat.* 1. beenden, schließen 2. (*b-nin işine*) *j-n* entlassen.
nihayetlendirmek [ā] beenden, beendigen, fertigstellen, vollenden.
nihayetlenmek [ā] 1. zu Ende gehen; enden, aufhören 2. (*bşle*) enden, ausgehen (*auf*) (*z.B. Wort*).
nihayetsiz [ā] endlos, unendlich, zahllos, unzählig.
nihayetsizlik [ā] Endlosigkeit, Unendlichkeit *f*.
nikâh Eheschließung, Trauung, Heirat *f*; ~ *altına almak* heiraten, ehelichen; ~ *altında* verheiratet, vermählt; ~ *bağlamak* die Ehe eingehen; ~ *düşmek* (*b-den b-ne*) gesetzlich erlaubt sein (*Heirat*); ~ *etm.* (*bir kadını*) heiraten, ehelichen; ~ *kıydırmak* sich trauen lassen; ~ *kıymak* die Trauung vollziehen; ehelich trauen.
nikâhlamak 1. = *nikâh etm.* 2. = *nikâh kıymak*.
nikâhlı angetraut, ehelich, legitim.
nikâhsız in wilder Ehe lebend; illegitim.
nikap, *-bı* [ā] schwarzer Gesichtsschleier.
nikbet, *-ti* 1. Ungnade *f* 2. Unglück *n*.
nikbin [- -] optimistisch; Optimist (-in *f*) *m*.
nikbini [- - -], **nikbinlik** [- - ·] Optimismus *m*.
nikel 1. Nickel *n* 2. aus Nickel hergestellt; Nickel-; ~ *çeliği* Nickelstahl *m*; ~ *gümüşü* Neusilber *n*; ~ *para* Nickelmünze, Nickelgeld *n*.
nikelâj Vernickelung *f*.
nikellemek vernickeln.
nikelli 1. Nickel enthaltend 2. Nikkel-; ~ *pirinç* Nickelbronze *f*.
nilüfer [ī] 1. *bot.* Seerose, Wasserlilie *f* 2. ♀ a) *wV* b) *Fluß in Westanatolien*.
nim [ī] halb; ~ *resmî* halbamtlich, offiziös.
nimbus [x ·] Regenwolke *f*.
nimet, *-ti* [ī] 1. Glück *n*, Segen *m*, Gottesgabe, Wohltat, Gunst *f* 2. *mV*, *wV*.
nine 1. Großmutter *f* 2. altes Mütterchen.
nini Wiegen-, Schlummer•lied *n*.
Nis *n. pr.* Nizza *n*.
nisan April *m*; ~ *balığı* Aprilscherz *m*.
nisbî *s. nispî*.
nispet, *-ti* 1. Verhältnis *n*, Proportion *f* 2. (*Aus-*)Maß *n*, Umfang, Rahmen, Vergleich *m* 3. Beziehung, Zugehörigkeit *f* 4. Verwandtschaftsverhältnis *n* 5. Satz *m* (*z.B. bei Diskont*) Zahl, Ziffer, Menge *f*, Teil *m* 6. boshafte Absicht 7. um *j-n* zu ärgern; absichtlich, extra; ~ *etm.* 1. (*bşi bşe*) in Beziehung setzen; vergleichen 2. zuschreiben, beimessen 3. *j-m et.* zum Trotz tun; ~ *kabul etm.* vergleichbar sein; ~ *vermek et.* tun, um e-n anderen zu ärgern *od.* ihm zu schaden.
nispetçi Bosnickel *m*.
nispetçilik Boshaftigkeit *f*, Sticheln *n*.
nispeten [x · ·] 1. *m. Dat.* im Ver-

gleich (*Verhältnis*) zu ... 2. verhältnismäßig, relativ.
nispetsizlik Mißverhältnis *n*, Disproportion *f*.
nispî 1. relativ, bedingt 2. proportional, Verhältnis-; ~ *butlan jur.* Anfechtbarkeit *f*; ~*ekseriyet* relative Mehrheit; ~ *temsil jur.* Verhältnis-, Proportional•wahlrecht *n*.
nispiyet, *-ti* Relativität *f*.
nisyan [ā] Vergessen, Auslassen, Übersehen *n*.
nişan [ā] 1. (*Merk-*)Zeichen, Merkmal *n*, Anhaltspunkt *m* 2. Zielscheibe *f*, Ziel, Zeichen *n* 3. Spur *f*, Mal *n*; *gel.* Narbe *f* 4. Verlobung(s•feier) *f* 5. Orden *m*, Ehrenzeichen *n* 6. *fr. Namenszug des Sultans*; ~ *almak* 1. zielen; anlegen (*Gewehr*); *auf j-n* anschlagen 2. e-n Orden erhalten; ~ *bırakmak* e-e Spur (*ein Mal, e-e Narbe*) hinterlassen; ~ *dürbünü* Zielfernrohr *n*; ~ *etm.* markieren; mit e-m Zeichen versehen; ~ *hattı mil.* Visierlinie *f*; ~ *komak* 1. ein Merkzeichen anbringen 2. *sich et.* genau merken; ~ *merasimi* (*od. töreni*) Verlobungsfeier *f*; ~ *takmak* 1. *j-m* e-n Orden anstecken 2. e-n Orden anlegen (*tragen*); ~ *vermek* 1. e-n Orden verleihen 2. (*bşden*) denken lassen (*an*); ~ *yapmak* sich verloben; ~ *yüzüğü* Verlobungsring *m*; *-dan dönmek* die Verlobung auflösen.
nişancı [ā] 1. Schütze *m* 2. *pr.* guter Schütze 3. *mil.* (*er od. nefer*) Richtschütze, Richtkanonier *m* 4. *fr. osman. Beamter, der den Namenszug des Sultans auf Bestallungsurkunden zu setzen hatte.*
nişane [ā] 1. = *nişan* (1) 2. größere Perle *der Gebetskette*.
nişangâh [ā] 1. Ziel *n*, Zielscheibe *f* 2. Visier *n*, Zielvorrichtung *f*, Aufsatz *m* (*beim Geschütz*).
nişanlamak 1. mit e-m Zeichen (*Merkmal*) versehen 2. zielen, visieren 3. verloben.
nişanlanma Verlöbnis *n*.
nişanlanmak 1. *Pass. zu nişanlamak* 2. sich verloben.
nişanlı verlobt; Verlobte(r) *m/f*.
nişasta Stärke *f*, Stärkemehl *n*.
nite [x ·] *va.* wie.
nitekim [x · ·] wie ja auch zum Beispiel; und ja auch; so.
nitel qualitativ.
niteleme *Vs. zu nitelemek*; ~ *sıfatları gr.* qualifizierende Adjektive *pl.*
nitelemek beschreiben, charakterisieren, kennzeichnen, qualifizieren.
nitelik Beschaffenheit, Eigenschaft, Qualität *f*; ~ *zarfları gr.* Adverbien *pl.* der Art und Weise.
nitrat, *-tı* Nitrat *n*, salpetersaures Salz.
nitrik asit Salpetersäure *f*.
nivelman 1. Nivellierung *f* 2. Vermessung *f*.
niyabet, *-ti* [ā] 1. Stellvertretung 2. *spez.* Reichsverweserschaft, Regentschaft *f*; (*saltanat*) ~ *meclisi* Regentschaftsrat *m*.
niyaz [ā] 1. inständige Bitte, Flehen *n* 2. *fr.* ehrerbietige Haltung *e-s Derwisches* 2. *fr. e-m Derwisch gewährtes* Geschenk.
niye *s. neye*.
niyet, *-ti* 1. Absicht, Intention *f* 2. *rituell gefordertes* Aussprechen des Vorsatzes (*bei Beginn e-r gottesdienstlichen Handlung*) 3. Wahrsagebriefchen *n* ; ~ *etm. m. Dat.* 1. beabsichtigen, planen, wollen 2. den Vorsatz *für e-e rituelle Handlung* aussprechen; ~ *fiili gr.* intentionales Verb; ~ *tutmak an et. Bestimmtes* denken (*bei dem Ziehen e-s Wahrsagebriefchens*); *-i bozuk* er führt Böses im Schild; *-inde olm.* (*bşi yapmak*) die Absicht haben (*zu*); wollen.
niyetçi Verkäufer *m* von Glücksbriefchen, Wahre(r) Jakob.
niyetlenmek *s. niyet etmek*.
niyetli 1. beabsichtigend, wollend 2. fastend.
niza, *-aı* [ā] 1. Zank, Streit *m* 2. *jur.* Streitigkeit *f*, Konflikt, Rechtsfall, Prozess *m*.
nizacı [ā] streitsüchtig, zänkisch.
nizalı [ā] strittig, umstritten.
nizam [ā] 1. Ordnung *f* 2. Regelung, Verordnung(-en *pl.*) *f*, Vorschrift(-en *pl.*) *f* 3. System *n* 4. ♀ [x ·] *Verk. des mV Nizamettin*; ~ *koymak* (*bşe*) Ordnung *od.* System *in et.* bringen; *-a koymak* (*od. getirmek*) (*bşi*) *et.* in Ordnung bringen; *-a riayet etm.* die Vorschriften beachten.
nizami [· - -] 1. vorschrifts-, ordnungs•mäßig, satzungsgemäß, sta-

tutarisch 2. ≈ *mV*; *mûtat ve* ~ *seyir* üblicher und ordnungsgemäßer Ablauf (*Verlauf*).
nizamlaştırmak [· - · · ·] ordnen, systematisieren.
nizamlı [ā] 1. gut geordnet; geregelt 2. vorgeschrieben, verordnet, vorschriftsmäßig, bestimmt.
nizamname [· - - ·] 1. Statut(-en *pl.*) *n* 2. Vorschrift(-en *pl.*) *f*, Verordnung(-en *pl.*) *f*, Bestimmung(-en *pl.*) *f* 3. *fr. gel.* = *kanun.*
nizamsız [ā] 1. ungeordnet, ungeregelt, unordentlich 2. unvorschriftsmäßig.
nobran unfreundlich, ungefällig.
Noel Weihnachten, Weihnachtsfest *n*.
nohudi [· - -] grünlichgelb.
nohut, -du *bot.* Kichererbse *f*; ~ *oda bakla sofa (gibi) yer* enge Behausung.
noksan *urspr.* [ā] 1. Mangel *m*, Unvollständigkeit *f* 2. Mangelhaftigkeit, Unvollkommenheit *f* 3. fehlend, mangelnd 4. fehlerhaft, mangelhaft, unvollkommen 5. unvollendet 6. vermißt, überfällig; *-ını tamamlamak (bşin)* die Mängel beseitigen; die Lücken ausfüllen.
noksanlık Mangelhaftigkeit, Unvollkommenheit, Fehlerhaftigkeit *f*.
noksansız fehlerfrei, untadelig, vollkommen.
noksansızlık Untadeligkeit, Vollkommenheit *f*.
nokta 1. Punkt (*a.* = *Ort, Platz od. Hinsicht*) 2. Einzelposten *m*, Schildwache *f*; ~ *kaynağı techn.* Punktschweißung *f*; ~ *olm.* V 1. verschwinden, verduften 2. im Haschischrausch einschlafen; *-sı -sına* Punkt für Punkt (*z.B. eintreffen*), haargenau; *noktai nazar* Stand-, Gesichts·punkt *m*; *noktai nazar ihtilâfı* verschiedene Beurteilung; *-ya virgüle dikkat etm. fig.* sehr sorgfältig arbeiten.
noktalama 1. Punktieren, Tüpfeln *n* 2. Interpunktion *f* 3. Punktier-; ~ *çarkı* Punktierrädchen *n*; ~ *iğnesi* Punktiernadel *f*; ~ *işaretleri* Interpunktionszeichen *pl.*
noktalamak 1. mit Punkten *od.* Tupfen versehen; punktieren, tüpfeln 2. interpungieren, interpunktieren.
noktalı getüpfelt, punktiert; ~ *çizgi* punktierte Linie; ~ *virgül* Strichpunkt *m*, Semikolon *n*.
Nomansland *mil.* Niemandsland *n* (*zwischen zwei Fronten*).
nonoş V Liebchen, Schätzchen *n*.
norma Norm, Vorschrift, Regel *f*.
normal, -li 1. normal; Normal-; regelrecht 2. *math.* Normale *f* (*e-r Kurve*); ~ *bir surette* auf normale Weise; ~ *hat* Normalspurbahn *f*.
normalleşmek sich normalisieren.
Norveç, -ci *n.pr.* Norwegen *n*.
Norveçli norwegisch; Norweger (-in *f*) *m*.
nostalji Heimweh, Sehnsucht *f*.
not, -tu 1. Notiz, Aufzeichnung *f*, Vermerk *m* 2. Note, Zensur, Beurteilung, kritische Bemerkung 3. Fußnote, Anmerkung *f*; ~ *almak* 1. sich Notizen machen 2. e-e Note (*Zensur*) bekommen; ~ *defteri* Notiz·buch, -heft *n*; ~ *etm.* (*m. Akk.*) aufschreiben, notieren; ~ *takdiri* Festsetzung *f* der Note (*e-s Schülers*), Bewertung *f*; ~ *tutmak* mit-, nach·schreiben; ~ *vermek* 1. e-e Note (*Zensur*) geben 2. *et.* kritisch beurteilen.
nota [x ·] 1. *mus.* Note *f*, Notenzeichen *n*, Notenschrift *f* 2. *mus.* (*erklingende*) Note 3. *mus.* Noten, Musikalien *pl.* 4. diplomatische Note 5. Rechnung, Nota *f*; ~ *halinde* in Notenschrift; ~ *matbaacılığı* Notendruck *m*; *-ya almak* in Notenschrift aufzeichnen.
notasız *mus.* ohne Noten; ~ *çalmak* nach dem Gehör *bzw.* auswendig spielen.
noter Notar *m*; ~ *vasıtasiyle* notariell.
noterlik Notariat *n*.
notlandırmak benoten, bewerten, zensieren (*Schülerleistung*).
nöbet, -ti 1. regelmäßiger Wechsel, Turnus *m*, Ablösung, Reihenfolge *f*, Gang *m* 2. Wache *f*, Wachdienst *m* 3. Wachablösung *f* 4. Fieber *n* 5. *med.* Anfall; ~ *beklemek* 1. Wache stehen 2. *fig.* Schlange stehen; ~ *bende* jetzt komme ich dran; ~ *değiştirmek* 1. die Wache ablösen 2. (*b-le*) *j-n* ablösen; ~ *gelmek* (*b-ne*) e-n (*Fieber-*)Anfall haben; *sar'a nöbetleri* epileptische Anfälle *pl.*; ~ *şekeri* Kandiszucker *m*; *-e çıkmak* (*od. girmek*) auf Wache ziehen; *-le*

abwechselnd; der Reihe nach; im Turnus.

nöbetçi Posten *m*, Wache *f*, Schildwache *f*; Wach-; wer Wachdienst hat; ~ *eczane* Apotheke *f* mit Nachtdienst; ~ *kulübesi* Schilderhäus·chen *n*; ~ *subayı mil.* diensttuender (*wachhabender*) Offizier; ~ *zinciri* Absperrungskette *f*.

nöbetçilik Wachdienst *m*.

nöbetleşmek sich ablösen, sich abwechseln; *nöbetleşe* abwechselnd; der Reihe nach.

nöbetli 1. abwechselnd 2. sich in regelmäßigen Abständen wiederholend.

nötür *chem.*, *el.* neutral.

nötürlemek *chem.* neutralisieren.

Nuh [ū] *n.pr.* Noah *m*; ~ *der de peygamber demez fig.* er ist unglaublich eigensinnig; ~ *nebiden kalma* 1. sehr alt, uralt 2. ganz unmodern, vorsintflutlich; ~ *gemisi* Arche *f* Noah; *-un gemisi fig.* die reinste Arche Noah.

nuha, nuhaişevkî *s. nüha, nühaişevki.*

nuhuset, -ti [· - ·] 1. üble Vorbedeutung 2. Unglück, Unheil *n*.

nuhusetli [· - · ·] 1. von übler Vorbedeutung 2. unheilbringend, unselig 3. widerwärtig (*Mensch*).

numara [x · ·] 1. Nummer *f* 2. Programmnummer *f* 3. Note, Zensur *f* 4. V Scherz, Spaß *m* 5. V Lüge, Schwindel *m* 6. V Geschlechtsakt *m*; ~ *atmak* e-e Note (*Zensur*) geben; ~ *koymak* numerieren; ~ *kuponu* Platzkarte (*Eisenbahn*) *f*; *-yı kırmak* e-e schlechte Zensur geben; *-sını vermek* (*b-nin*) *fig.* *j-n* richtig beurteilen.

numaral, -li *math.* zahlenmäßig, Zahlen-, numerisch; ~ *değer math.* Zahlenwert *m*, numerischer Wert.

numaralamak numerieren.

numaralca [· · x ·] *adv. math.* zahlenmäßig, numerisch.

numaralı [x · · ·] 1. numeriert 2. Nummer *soundsoviel*; *yerler -dır* die Plätze sind numeriert; *iki numaralı ev* Haus Nr. 2.

numarataj Numerierung *f* (*spez. der Häuser*).

numaratör Nummern-, Kontrollstempel *m*, Paginiermaschine *f*.

numune *s. nümune.*

nur [ū] 1. Licht *n*, Glanz *m*, Helligkeit *f* 2. ♀ *mV.*, *wV.*; ~ *içinde yatsın* (*od. toprağı* ~ *olsun*)! er ruhe in Frieden!, requiescat in pace!; ~ *ol!* bravo!, großartig!; ~ *topu* (*gibi*) (*od.* ~ *damlası*) allerliebst, prächtig (*Kind, junge Frau*); ~ *yüzlü* gütig aussehend (*alter Mann*); *nuru aynım* (*evlâdım*)! mein liebes Kind!, mein Liebling!

nurani [- - -], **nurlu** [- ·] hell, leuchtend, verklärt.

nursuz [- ·] *in der Füg.*: ~ *pirsiz* V dreckiger, alter Kerl.

nuska *s. muska.*

nusret, -ti 1. Hilfe *f*, Beistand *m* (*Gottes*) 2. Sieg *m* 3. ♀ *mV.*, *wV.*

nutuk, -tku 1. Sprechen *n* 2. Rede, Ansprache *f* 3. *fr. Anleitung für Ordensnovizen*; ~ *söylemek* (*od. iradetmek od. vermek*) e-e Rede halten; *nutka gelmek* zu reden beginnen; *nutku tutuldu* es verschlug ihm die Sprache.

nutuklaşmak 1. sich gegenseitig in Reden apostrophieren 2. beiderseits Reden halten.

nu(v)ar *mus.* Viertelnote *f*.

nuvel Novelle *f*.

nuvelci Novellist(in *f*) *m*.

nü Akt·bildnis *n*, -studie *f*, Akt *m*.

nüans 1. Nuance, Schattierung, Abstufung, Tönung *f* 2. *selt.* Nebenbedeutung *f* (*e-s Wortes*).

nübüvvet, -ti Prophetentum *n*.

nüfus *urspr.* [ū] 1. Bevölkerung *f*, Bewohner *pl.*, Seelenzahl, Einwohnerschaft *f* 2. Person *f*; ~ *azlığı* geringe Bevölkerungszahl; ~ *cüzdanı* (*od. kâğıdı od. tezkeresi*) Personalausweis *m* (*für Inländer*); ~ *dairesi* Einwohnermeldeamt *n*; ~ *fazlalığı* Übervölkerung *f*; ~ *kütüğü od. sicili* Personenstandsregister *n*; ~ *sayımı* (*od. tahriri*) Volkszählung *f*; ~ *vakaları* Personenstandsveränderungen *pl.*; *-a kaydetmek* ins Melderegister eintragen; *-un artması* (*od. tezayüdü*) Bevölkerungszunahme *f*; *-un eksilmesi* Bevölkerungsabnahme *f*.

nüfusça in Bezug auf Menschenleben; an Menschenleben; ~ *zayiat yoktur* 1. Menschenleben sind nicht zu beklagen 2. *mil.* Verluste sind keine zu verzeichnen.

nüfusçu Bevölkerungs·politiker *od.* -statistiker *m*.

nüfuslu 1. mit ... Einwohnern 2. von ... Köpfen (*Familie*)

3. bevölkert; *altı ~ bir aile* e-e sechsköpfige Familie; *çok ~ bir aile* e-e große (*zahlreiche, vielköpfige*) Familie; *çok nüfuslu bir şehir* e-e dichtbevölkerte Stadt.
nüfuz [ū] 1. Ein-, Hinein-, Durchdringen *n*, *phys.* Osmose *f* 2. Einfluß *m*; *~ etm.* eindringen; *~ kabiliyeti geol.* Durchlässigkeit, Permeabilität *f*; *~ kazanmak* einflußreich werden; *~ kudreti* (*od. kuvveti*) Durchschlagskraft *f* (*e-s Geschosses*); *~ sahibi* einflußreich, mächtig, angesehen; *~ yürütmek* sich Geltung verschaffen; sich durchsetzen; *kabili nüfuz geol.* permeabel, durchlässig.
nüfuziyet, *-ti* [ū] *geol.* Permeabilität, Durchlässigkeit *f*.
nüfuzlu [· - ·] einflußreich.
nüha, *-aı* [ā], **nühaişevkî** *an.* Rückenmark *n*.
nüksetmek [x · ·] wieder auftreten, sich wieder bemerkbar machen (*Krankheit, Erbeinschlag usw.*).
nükte witziger Einfall, Witz *m*, Bonmot *n*, geistreiche Bemerkung, Pointe *f*; *~ sarfetmek* (*od. yapmak*) e-n Witz (*od.* geistreiche Bemerkungen) machen; *~ savurmak* (*iron.*) e-e dumme Bemerkung machen.
nükteci, nüktedan [ā] geistreich, witzig (*Person*).
nükteli geistreich, witzig, pointiert, mit feiner Anspielung (*Sache*).
nükûl, *-lü* Zurücknahme *f* (*e-s gegebenen Wortes*); *~ etm.* (*sözünden, va'dinden*) seine Zusage zurückziehen.
nüküs, *-ksü* Wiederauftreten *n*, *spez.* Rückfall, Rückschlag *m* (*bei e-r Krankheit*).
nümayiş [ā] 1. äußere Erscheinung, Auftreten *n* 2. Demonstration, Kundgebung *f* 3. Schein·manöver, -unternehmen *n*; *~ yapmak* 1. demonstrieren 2. e-e Schau veranstalten.
nümayişçi [ā] demonstrierend; Demonstrant(in *f*) *m*.
nümayişkâr [ā] 1. Demonstrations- 2. demonstrativ 3. wer ein Scheinmanöver unternimmt; *~ surette* demonstrativ.
nümayişkârane [· - · - - ·] *s. nümayişkâr*; *~ mitingler* Demonstrationsversammlungen *pl.*
nümune [· - ·] 1. Muster *n*, Probe *f* 2. Muster, Vorbild *n*, gutes Beispiel.
nümunelik [ū] 1. Muster-, Probe- 2. Muster-, Probe·sendung *f*; Muster-, Probe·stück *n* 3. exemplarisch, beispielhaft, typisch 4. V komisch, sonderbar.
nüsha 1. Exemplar *n* (*e-s Buches*) 2. Nummer, Ausgabe *f* (*z.B. e-r Zeitung*) 3. Ausfertigung *f* (*e-s Schreibens*) 4. *s. nuska*; *iki ~ olarak* in doppelter Ausfertigung.
nüve 1. Zellkern, Nukleus *m* 2. *fig.* Keim *m* (*e-r Entwicklung*); *~ halinde iken* noch im Entstehen; *... yeni bir harbin nüvesini taşımaktadır ...* trägt den Keim e-s neuen Krieges in sich.
nüzul, *-lü* [ū] 1. Herabsteigen *n* (*vom Himmel*) 2. Absteigen *n* (*in e-m Hotel*) 3. Schlaganfall *m*; *~ etm.* herab·steigen, -fallen.

O

o, O [ɔ] *18. Buchst des türk. Alph.*

o[1] [-] oh!, ach!, ah!, nanu!, doch!

o[2], *-nu* 1. er (sie, es) 2. jener (jene, jenes); der (die, das) dort 3. Ersterwähnte (-r *m*, -s *n*) *f*; ~ *gün* 1. genannter Tag 2. an dem genannten Tag; ~ *gün bu gün* 1. seit jener Zeit; seither 2. wie es damals war, so ist es auch noch heute; ~ *halde* also, demnach; ~ *saat* 1. jene Stunde 2. gleich, sofort; ~ *sırada* gerade in diesem Augenblick; ~ *taraflı olmamak* nicht beachten; kein Augenmerk schenken; ~ *vakit* (*od. zaman*) 1. dann, darauf 2. damals 3. in diesem Falle; *onca* seiner Meinung nach.

oba 1. Nomadenzelt *n* 2. Nomadenfamilie *f* 3. zeitweiliger Aufenthaltsort von Nomaden.

obartma *stil.* Übertreibung, Hyperbel *f*.

obartmak übertreiben.

obartmalı *stil.* hyperbolisch.

obje Gegenstand *m*.

objektif 1. objektiv 2. *phot.* Objektiv *n* 3. Gegenstandslinse *f* (*im Fernrohr*) 4. *gel.* = *objektifli*; ~ *hukuk jur.* Recht *n in objektivem Sinn*; ~ *hüsnüniyet jur.* Treu und Glauben; ~ *karşısında* vor der Kamera.

objektifli mit (*näher bezeichnetem*) Objektiv ausgestattet; *çok ışıklı objektifli makineler* Photoapparate *pl.* mit lichtstarken Objektiven.

obruk 1. konkav 2. trichterförmige Bodenvertiefung.

obrukluk mit (*Schlag*-)Löchern übersätes Gelände.

obrulamak aushöhlen.

obtüratör *phot.* (*Kamera*-)Verschluß *m*.

obuva [x · ·] *mus.* Oboe *f*.

obur gefräßig; Vielfraß, Nimmersatt *m*.

oburluk Gefräßigkeit *f*.

obüs 1. Granate *f* 2. Schrapnell *n*.

ocak 1. Feuerstelle *f*, Herd, Kamin *m* 2. Herdfeuer *n* 3. Schmiedeesse *f* 4. (*Leuchtgas*-)Brenner *m* 5. Kocher *m* 6. Feuerung *f* 7. Brennerei *f* 8. Bergwerk *n*, Grube *f* 9. Steinbruch *m* 10. Beet *n*, Pflanzung, Plantage *f* 11. Zentrum *n*, Brenn-, Mittel·punkt; Ausgangspunkt; Sitz; Herd *m* 12. *Ort m der Zusammenkunft wie z.B.* Klub *m*, Parteigebäude *n* 13. Heim *n*, Familie *f* 14. Dynastie *f* 15. Militärorganisation *f* 16. Januar *m* 17. *selt.* (*Schiffs*-)Werft *f*; ~ *başı konuşmaları* Gespräche *pl.* am Kamin; ~ *başında* am Kamin; ~ *bucak* jeder Winkel des Hauses; das ganze Haus; ~ *çekirgesi zo.* Heimchen, Hausgrille *f*; ~ *demiri* Schüreisen *n*; ~ *ızgarası* (*Feuerungs*-)Rost *m*; ~ *işletme usulü techn.* Abbauverfahren *n*; *ocağına düşmek* (*b-nin*) sich *zu j-m* flüchten.

ocakçı 1. Kessel-, Schiffs·heizer *m* 2. Schornsteinfeger *m* 3. *fr.* Mitglied *n* des Vereins „*Türk Ocağı*".

ocaklık 1. Herd·stelle *f*, -stein *m* 2. Rauchabzug *m* 3. (*früher als Lehen gegebenes*) Familiengut 4. Tragbalken *m*; ~ *demir naut.* Pflichtanker *m*.

od Feuer *n*; ~ *ocak fig.* Heim *n*; ~ *taşı* feuerfester Stein; ~ *yok ateş* (*od. ocak*) *yok fig.* er ist ein armer Teufel.

oda 1. Zimmer *n*, Stube, Kammer *f* 2. (*Berufs-, Stände*-)Kammer *f* 3. *z. va.* Amt, Büro *n* 4. *hist.* Janitscharenkaserne *f* 5. (*als T. von -hane*) Saal, Raum *m* 6. Gastzimmer *n*, Herberge *f* (*spez. in anatolischen Dörfern*); ~ *hapsi mil.* Stubenarrest *m*; ~ *müziği* Kammermusik *f*; ~ *takımı* 1. Mobiliar *n* e-s Zimmers 2. *selt.* in e-r Stube zusammen wohnende *od.* essende Leute *pl.*

odabaşı 1. *hist.* Hauptmann *m* e-r Janitscharenkompanie 2. oberster Zimmerkellner in einem *han*.

odacı Bürodiener *m*.

odak Brennpunkt, Fokus *m*.

odalık 1. aus ... Zimmern bestehend 2. Odaliske *f* (*bis 1908*).

odaşık Zimmergenosse *m*.

oditoryum [· · x ·] 1. Vortrags-, Konzert-, Hör·saal *m* 2. (*Rundfunk*-) Sendesaal *m*.

odometre [· · x ·] Schrittzähler, Wegmesser *m*.
odun 1. Brennholz *n* 2. (*a.* ~ *aleyhisselâm*) dummer, grober Kerl 3. Balken, Pfosten, Stützpfeiler *m* 4. Tracht *f* Prügel; ~ *atmak* verprügeln, durchhauen; ~ *gazı* Holzgas *n*; ~ *gibi adam* ungehobelter, dummer Kerl; ~ *kırmak* Holz hacken (= *spalten*); ~ *kömürü* Holzkohle *f*.
oduncu 1. Holz·hacker, -fäller *m* 2. Brennholzverkäufer *m*.
odyon lâmbası Audionröhre (*Radio*) *f*.
of ach!, mein Gott!, au!
ofis Amt *n*; Amts-; Dienststelle *f*, Büro *n*.
oflamak ächzen, stöhnen; *oflayıp poflamak* ächzen und stöhnen.
ofort, *-tu* 1. Scheidewasser *n* 2. Kupferstich *m*.
ofsayt, *-dı* (*Sport*) 1. abseits 2. Abseitsstellung *f*; ~ *çizgisi* Abseitslinie *f*; *ofsayda düşmek* abseits stehen (*spez. Fußballer*).
ofset, *-ti* 1. (*baskısı*) Offsetdruck *m* 2. (*makinesi*) Offset-, Gummi·druckmaschine *f* 3. (*usulü*) Offsetverfahren *n*.
oftalmi Augenkrankheit, Ophthalmie *f*.
oftalmoskop, *-pu* Augenspiegel *m*.
oğalamak *s. uvalamak*.
Oğan Gott.
oğlak 1. Zicklein *n* 2. ♀ *astr.* Steinbock *m*.
oğlan 1. Junge, Knabe *m* 2. *Ka.* Bube, Junge *m* 3. Lustknabe *m* 4. Zapfen *m*, Zinke, Feder *f* (*bei Holzverbindung*).
oğlancı Päderast *m*.
oğlancılık Päderastie *f*.
oğmaç 1. Einlaufsuppe *f* 2. frische *tarhana*.
oğmak *s. uvmak*.
oğul, *-ğlu* 1. Sohn *m* 2. Bienenschwarm *m*.
oğulluk 1. Sohnverhältnis *n* 2. Sohnespflicht *f* 3. Adoptivsohn *m*.
oğusturmak *s. uvusturmak*.
oğuz 1. junger Stier 2. ehrlich, aufrichtig 3. tapfer 4. streng, hart 5. Provinzler *m* 6. ♀ a) *mV.*, b) *Name e-s türk. Stammes*, c) *legendärer Vorfahr der osman. Dynastie*.
oh oh!, ei!, ach!, ah!; ~ *çekmek* schadenfroh sein; ~ *demek* sich ausruhen; verschnaufen; ~ *olsun!* das geschieht ihm recht!
oha [x -] V oha!, das geht nicht!
ohlamak ächzen, seufzen, stöhnen.
ok, *-ku* 1. Pfeil *m* 2. Wagendeichsel *f* 3. Sterz *m*, Sterze *f* 4. *math.* Sinusversus *m* 5. Stachel *m* (*des Stachelschweins*) 6. *gel. Verk. von ok yayı*; ~ *ağacı* Deichselstange *f*; ~ *atmak* e-n Pfeil (*bzw.* Pfeile) abschießen; ~ *kuburu* Köcher *m*; ~ *menzili* Pfeilschußweite *f*; ~ *yayı* Bogen *m* (*als Waffe*).
okadar [x · ·] 1. so viel, so sehr 2. nur so viel; nicht mehr.
okaliptüs *bot.* Eukalyptusbaum *m*.
okka *fr. türk. Gewicht* (= *1283 g* = *400 dirhem*); ~ *dört yüz dirhem fig.* daran gibt es nichts zu deuteln und zu drehen.
okkalı 1. ... Okka schwer 2. *fig.* bedeutend, einträglich 3. viel 4. groß (*Tasse*) 5. bedeutsam 6. ellenlang (*z.B. Fluch*).
oklava Nudelholz *n* (*zum Teigausrollen*); ~ *yutmuş gibi* als hätte er einen Ladestock verschluckt.
oklu mit *ok* ausgestattet; ~ *kirpi zo.* Stachelschwein *n*.
okluk Köcher *m*.
okramak schreien (*Esel*), brüllen (*Rind*), blöken (*Schaf*), wiehern (*Pferd*) (*nach Wasser od. Futter*).
oksi! [x ·] V hinaus!, fort mit dir!
oksijen 1. Sauerstoff *m* 2. Wasserstoffsuperoxyd *n*; ~ *teneffüs aleti* Sauerstoffgerät *n*; ~ *tüpü* Sauerstoff-Flasche *f*.
okso! *s. oksi!*
oksulamak V 1. hochkant hinauswerfen; zum Teufel jagen 2. ausgeben, loswerden (*z.B. Geld*).
okşamak 1. streicheln, tätscheln, liebkosen 2. leicht berühren 3. ähneln; gemahnen (*an*) 4. V verprügeln.
oktruva [x · ·] Oktroi *m od. n*, Stadtzoll *m*, Akzise *f*.
okul 1. Schule, Lehranstalt *f* 2. Schule, Richtung *f* (*in Kunst od. Wissenschaft*).
okuma Lesen *n*; ~ *kitabı* Lesebuch *n*; ~ *salonu* Lesesaal *m*; ~ *yazma bilmez* Analphabet(in *f*) *m*.
okumak 1. lesen 2. vorlesen 3. lesen können 4. rezitieren 5. lernen, durchnehmen 6. studieren 7. singen 8. rufen, einladen 9. besprechen 10.

V fluchen, schimpfen 11. *m. Dat.* verderben, ruinieren.

okumuş gebildet, mit guter Schulbildung.

okunaklı lesbar, leserlich.

okur 1. Leser(in *f*) *m* 2. Schüler(in *f*) *m*, Student(in *f*) *m*.

okuryazar wer lesen und schreiben kann.

okutmak *Kaus. zu okumak* 1. lesen (*vorlesen, rezitieren, singen*) lassen 2. unterrichten 3. die Schule besuchen lassen 4. durchnehmen, behandeln (*im Unterricht*) 5. V veräußern, losschlagen 6. mit Zaubersprüchen behandeln lassen 7. (*k-ni*) sich (*gut, interessant usw.*) lesen.

okuyucu 1. Leser(in *f*) *m* 2. Lektor (-in *f*) *m* 3. wer einlädt 4. orient. Sänger(in *f*) *m* 5. Geisterbeschwörer(in *f*) *m*.

oküler *phys.* Okular *n*, Augenlinse *f*.

okyanus Ozean *m*, Weltmeer *n*.

Okyanusya [· · x ·] *n.pr.* Ozeanien *n*.

ol *va.* = o²; ~ *mahiler ki derya içredir deryayı bilmezler fig.* ein Außenstehender urteilt (*oft*) objektiver.

olacak 1. möglich, angebracht, passend, richtig 2. Trottel, Blödian *m* 3. unvermeidlich 4. äußerster Preis; ~ *şeyse söyle ben yapayım!* sage mir nur, was richtig ist, und ich tue es!; *arkadaşım* ~ *adam* mein Freund, dieser Trottel, ...; *iş olacağına varır* die Sache ist nicht aufzuhalten; ~ *olur* es kommt so, wie es kommen muß.

olagelmek sich dann und wann (*od.* öfters) ereignen.

olağan alltäglich, gewöhnlich, normal.

olağanüstü, *-nü* außer·ordentlich, -gewöhnlich, überaus, ganz besonders.

olamaz [· x ·] unmöglich, unausführbar.

olamazlık Unmöglichkeit *f*.

olamesa [· · x ·] V *od.* F ohne Überlegung; einfach drauf los.

olan *Part. Präs. zu olmak*; ~ *biten* was sich ereignet hat; ~ *oldu* (*a. mit der Forts. torba doldu*) es läßt sich nichts mehr ändern.

olanca [· x ·] all; alles vorhandene; das ganze ...; ~ *kuvvetiyle* aus Leibeskräften; ~ *parasını batırdı* F er hat sein ganzes Geld auf den Kopf gehauen; ~ *şiddetle* mit größter Heftigkeit.

olay 1. Ereignis, Geschehnis *n*, Vorfall, Vorgang *m* 2. *phys.* Phänomen *n*.

oldubitti vollendete Tatsache; Fait accompli *n*.

oldukça [· x ·] ziemlich, einigermaßen.

oldum olası(ya) von jeher; schon immer.

oldurmak reif werden lassen; (heran)reifen lassen.

olgun 1. reif (*Früchte*) 2. reif, ausgereift (*Mensch, Künstler usw.*).

olgunlaşmak reif werden; (heran-) reifen.

olimpik olympisch; ~ *stadyum* olympisches Stadion.

olimpiyat, *-dı* Olympiade *f*, Olympische Spiele *pl*.

olmadık [x · ·] 1. noch nicht dagewesen 2. unglaublich, unerhört 3. unangebracht, beleidigend (*z.B. Worte*) 4. unmöglich; *başıma* ~ *işler çıkardı* unglaublich, was er mir aufgehalst hat!; ~ *olmaz* nichts ist unmöglich.

olmak, (*-ur*) 1. sein, vorhanden sein, sich befinden 2. werden, entstehen, geschehen, stattfinden, eintreten 3. möglich *od.* angebracht sein; (an-) gehen 4. reif werden 5. vorbereitet werden 6. vergehen (*Zeit*) 7. (heran)kommen (*z.B. Feiertage*) 8. haben, besitzen 9. bekommen 10. *m. Dat.* passen 11. *m. Abl. um et.* kommen 12. *Hv. zur Bild. verschiedener Verbalformen* 13. (*b-ne bş*) zustoßen, passieren 14. verwandt sein 15. *Hv.* haben, bekommen 16. *Pass. zu etm.*; *olabildiği kadar* soweit wie möglich; im Rahmen des Möglichen; *hediye olarak* als Geschenk; *oraya gitmesek de olur* wenn wir nicht hingehen, schadet es auch nichts; *olmadı* es ist nichts daraus geworden; die Sache hat nicht geklappt; *bayram oldu* die Feiertage sind herangekommen; *tembelliği yüzünden işinden oldu* durch seine Faulheit ist er um seinen Posten gekommen; *gelecek olursa* wenn er kommen sollte; wenn er kommt; *aman, ona bir şey olmasın!* daß ihm um Gottes willen nichts passiert!; *o senin nen oluyor?* wie ist er mit dir verwandt?; *oldu olanlar!* was hat man doch alles durchzumachen!; *olsa olsa* höchstens; *olup bitmek* sich ereignen; vorfallen.

olmamak *neg. olmak, spez.* (*bşde*) *auf e-e best. Beschaffenheit* keinen Wert legen; *olmaz olaydı!* darauf könnte man gut und gern verzichten!; *ben o evin uzaklığında yakınlığında değilim* es kommt mir nicht darauf an, ob das Haus nahe liegt oder weiter entfernt ist.

olmamış 1. nicht ausgereift; unreif 2. es hat (*offenbar*) nicht geklappt!

olmaz 1. (*als Ausruf*) unmöglich!, das geht nicht! 2. unglaublich, unerhört; ~ ~! ein „Unmöglich" gibt es nicht!; *bu, olmaz bir iş değil ki!* das ist doch nichts so Unmögliches!

olmıyacak [x · ·] 1. unmöglich, unerfüllbar 2. ungehörig, unpassend, unangebracht; ~ *duaya amin demek fig.* sich mit Unerfüllbarem abmühen; ~ *sözler söylemek* Ungehöriges sagen.

olmuş 1. geschehen, geworden 2. wahr (*Geschichte*) 3. reif (*Obst*); *-la ölmüşe çare yoktur* Geschehenes kann man nicht ändern, und einen Toten kann man nicht wieder lebendig machen.

olsun 1. es soll sein! 2. sei es auch nur; wenigstens 3. *phil.* Fiat *n* 4. *s. varsın olsun*; ~ ~ wenn es hoch kommt; allerhöchstens.

olta [x ·] 1. (*Fisch-*)Angel *f* 2. *s. volta*; ~ *iğnesi* Angelhaken *m*; ~ *yemi* (*Fisch-*)Köder *m*; *-ya vurmak* anbeißen (*Fisch*).

oluk 1. Dachrinne *f* 2. Riefe, Nute, Rille *f* 3. Zuleitung *f*; ~ *açmak* auskehlen; ~ *çekici* Kehlhammer *m*; ~ *gibi* (*od.* ~ ~) *akmak* in Strömen fließen (*Wasser, Geld usw.*).

oluklu mit *oluk* ausgestattet; ~ *kalem* Hohlstichel *m*, Nuteisen *n*; ~ *rende* Rund-, Spund·hobel *m*; ~ *sac* Wellblech *n*; ~ *saclı çatı* Wellblechdach *n*.

olunmak *Pass. zu olmak bzw. etmek*; *bu ilâçla iyi olunmaz* mit dieser Arznei wird man nicht gesund.

olupbitti vollendete Tatsache; Fait accompli *n*.

olur 1. es geht!, gut!, in Ordnung!, einverstanden! 2. möglich, glaubhaft, denkbar; *olur, öyle yaparım!* gut, ich mache es so!; *bu,* ~ *iş mi?* ist so etwas möglich?; ~ *mu* ~ 1. natürlich ist das möglich 2. es kann schon so kommen, aber Genaues weiß niemand; ~ *olmaz* 1. irgendein, x-beliebig 2. alles mögliche (*durcheinander*); ~ *olmaz şeyler yapmak* alles mögliche tun; *-una bak!* sei doch vernünftig, du kannst nicht mit dem Kopf durch die Wand!; *-una bırakmak* (*bir işi*) *den Dingen* (*od. e-r S.*) *ihren* Lauf lassen.

oluş 1. Art und Weise *f* des Seins *bzw.* Werdens 2. *spez.* Entstehung, Genese *f*; *-unda* an sich; ursprünglich.

oluşmak entstehen, sich bilden.

oluşturmak schaffen, verwirklichen, bilden.

om, oma 1. Auswuchs, Höcker *m* 2. Kreuz- *od.* Steiß·bein *n*.

omaca 1. = *om* 2. Baumstumpf *m*.

omça Reb-, Wein·stock *m*.

omur *an.* Wirbel *m*.

omurga 1. *an.* Wirbelsäule *f*, Rückgrat *n* 2. Kiel *m e-s Schiffes*.

omurilik *an.* Rückenmark *n*.

omuz Schulter, Achsel *f*; ~ *arkasına atmak fig.* vernachlässigen; auf die leichte Schulter nehmen; ~ *-a* Schulter an Schulter; dicht gedrängt; ~ *öpüşmek* (*b-le*) sich *mit j-m* messen können; ~ *vermek m. Dat.* 1. sich mit der Schulter *gegen et.* stemmen 2. *j-n* auf die Schulter nehmen 3. helfen, unterstützen 4. V ignorieren; *-a çıkmak* (*od. binmek*) frech, zudringlich werden; belästigen; *-a vurmak et.* auf die Schultern nehmen; sich *et.* aufladen; *-una almak* übernehmen; auf sich nehmen.

omuzdaş *pej.* Spießgeselle, Helfershelfer *m*.

omuzlamak 1. aufschultern 2. sich mit der Schulter *gegen et.* stemmen 3. V stehlen, klauen 4. helfen, unterstützen.

omuzluk 1. Achselstück *n*, Epaulette *f* 2. Schulterholz *n* 3. *naut.* Deckshaus *n*.

on 1. zehn 2. Zehn *f*; ~ *kaidesi math.* Dezimalsystem *n*; ~ *parmağı yakasında olm.* nachdrücklich sein Recht verlangen.

ona *Dat. zu* o²; ~ *sebep* P deswegen; aus diesem Grund.

onaltılık *mus.* Sechzehntelnote *f*.

onamak 1. gutheißen, billigen, be-

fürworten, genehmigen 2. = *onaylamak*.
onar je zehn; ~ ~ in Zehnergruppen.
onarmak 1. ausbessern, reparieren 2. *fig.* wieder gutmachen.
onaşmak *m. Dat.* einwilligen, zustimmen, einverstanden sein.
onaylamak 1. bestätigen, bescheinigen 2. ratifizieren.
onbaşı, *-yı mil.* Gefreite(r) *m.*
onbir 1. elf 2. Elf *f* 3. (*Sport*) (*Fußball-*)Elf *f.*
onca [x ·] 1. seiner Meinung nach 2. was ihn angeht.
onda[1] *Lok. zu* o[2].
onda[2] *math.* Zehntel *n*; ~ *üç* drei Zehntel.
ondalık 1. zehnprozentige Vergütung 2. *fr.* Zehntenabgabe *f* 3. Dezimal-; ~ *kesir* Dezimalbruch *m*; ~ *sayı* Dezimalzahl *f.*
ondan *Abl. zu* o[2]; ~ *sonra* danach.
ondülâsyon [â kurz] Legen *n* von Wasser- *od.* Dauer-wellen.
ondüle 1. gekräuselt, gewellt (*Haar*) 2. Wasser-, Dauer-welle *f.*
oniki 1. zwölf 2. Zwölf *f*; ♀ *Ada* (*-lar*) *n.pr.* Dodekanes *m.*
onikiparmak barsağı *an.* Zwölffingerdarm *m.*
onlar *pl. zu* o[2].
onlu 1. Zehn *f* (*Spk.*) 2. *mus.* Dezime *f.*
onluk 1. *fr.* Zehnparamünze *f* 2. Zehnkuruschstück *n* 3. Zehnpfundschein *m* 4. Briefmarke *f* zu 10 Para *od.* 10 Kurusch 5. *math.* Zehner *m* 6. zehnjährig; Zehnjährige(r) *m/f.*
onmadık [x · ·] 1. ungeheilt (*Wunde*) 2. Pechvogel *m* 3. ungeraten, unverbesserlich; ~ *babanın* ~ *oğlu* 1. Sohn *m*, dem es nicht besser geht als seinem Vater 2. ungeratener Sohn des ungeratenen Vaters; ~ *hacıyı deve üstünde yılan sokar* (*Spr.*) wenn der Mekkapilger schon Pech hat, dann beißt ihn die Schlange noch auf dem Kamel.
onmak 1. besser werden; heilen (*Wunde*) 2. glücklich sein 3. genesen, erlöst werden.
onmuş vom Glück begünstigt.
onör (*Ka.*) 1. Spitze *f*, *Bridge*: Figur *f* 2. Honneurs *pl.*, Punktvergütung *f.*
ons Unze *f* (*rund 30 g*).
onsuz ohne ihn (sie, es).

onulmak *Pass. zu onmak*; *onulmaz yara* unheilbare Wunde.
onun *Gen. zu* o[2] seiner, ihrer; ~ *azametini görme!* hat man je e-n so arroganten Kerl gesehen?; ~ *bildiğini yedi mahalle bilmez fig.* er ist mit allen Wassern gewaschen.
onuncu zehnt-.
onur 1. Ehre *f* 2. Ehrgefühl *n*; *-una dokunmak e-m* gegen die Ehre [gehen.]
oparlör *s. hoparlör.*
opera [x · ·] 1. Oper *f* (*als Bühnenwerk*) 2. Oper *f*, Opernhaus *n*; ~ *komik* komische Oper; ~ *suvaresi* Opernabend *m* (*z.B. im Rundfunk*).
operasyon Operation *f*; ~ *yapmak* e-e Operation durchführen; operieren.
operatör 1. Chirurg *m* 2. Kameramann, Filmoperateur *m.*
operet, *-ti* Operette *f.*
optik 1. optisch 2. Optik *f.*
ora [x ·] (*nur mit Pronominalsx. od. Flexionsendung gebräuchlich*) 1. jener Ort, jene Stelle, jene Gegend 2. diese Angelegenheit; *-da* dort; *-dan* von dort (her); *-larda böyle bir şey bulunmaz* dort findet man so etwas nicht; *-nız yine ağrıyor mu?* haben Sie wieder an der gleichen Stelle Schmerzen?; *-sı mühim değil* das ist unwichtig; *-sı neresi?* (*am Telephon*) wer spricht dort?; *-sını bilmem* davon weiß (*bzw. verstehe*) ich nichts.
oraj Gewitter *n.*
orak 1. Sichel *f* 2. *fig.* Getreideernte, Erntezeit *f*; ~ *makinesi* Mähmaschine *f*; *orağa gelmek* (*schnitt-*)reif werden (*spez. Getreide*).
orakçı Schnitter, Mäher *m.*
oraklamak mit der Sichel schneiden.
oralı [x · ·] aus der dortigen Gegend stammend; ~ *olmamak fig.* nicht zuhören; so tun, als ob es e-n nichts anginge.
oramiral, *-li* Generaladmiral *m.*
oran 1. *a. math.* Verhältnis *n*, Proportion *f* 2. richtiges Verhältnis 3. vernünftiges Mittelmaß 4. Vernunft *f*, Mitleid, Einsehen *n* 5. Mutmaßung *f.*
orantı *math.* Wechselverhältnis *n.*
ordino [· x ·] *H.* 1. Indossament *n* 2. Bordzettel *m.*
ordonat, *-tı mil.* (*Verk. von ordu donatımı*).

ordu 1. Heer *n*, Armee *f* 2. Armee *f* (*als Gliederung*) 3. *selt.* Lager *n*; ~ *donatımı mil.* Feldzeugmeisterei *f*; ~ *emri* Armee-, Heeres·befehl *m*; ~ *evi* Offizierskasino *n*; ~ *şoför okulu* Heeresfahrschule *f*.

ordubozan 1. P Krampfader *f* 2. Staatsfeind, Aufrührer, Hetzer *m*.

ordugâh *mil.* Zeltlager, Biwak, Lager *n*.

oreomisin *med.* Aureomycin *n*.

orfoz (*balığı*) *zo.* Riesenbarsch *m*.

organize 1. organisiert 2. *pr.* gut (durch)organisiert; straff organisiert; ~ *etm.* (straff) organisieren; ~ *olm.* 1. organisiert sein 2. sich organisieren.

organizma [· · x ·] Organismus *m*.

orgeneral, *-li* Armeekommandeur, General *m* (*fr. Generaloberst*).

orijin Ursprung *m*.

orijinal, *-li* 1. Original *n* (*z.B. Photo*) 2. Original- 3. *mel.* neuartig, urwüchsig, originell 4. *pej.* eigenartig, ausgefallen.

orkinos [x · ·] *zo.* Thunfisch *m*.

orman Wald, Forst *m*; ~ *bakım memuru* Forstaufseher *m*; ~ *horozu zo.* Auerhahn *m*; ~ *kibarı iron.* Grobian, Tölpel *m*; ~ *taşlamak fig.* auf den Busch klopfen; ~ *yangını* Waldbrand *m*.

ormancı 1. Förster, Forstwart, Forstaufseher *m* 2. Forstwissenschaftler *m*.

ormancılık Forst·wesen *n*, -wirtschaft, -verwaltung, -wissenschaft *f*.

ormanlı bewaldet.

ormanlık 1. Waldgebiet *n* 2. bewaldet.

orospu Dirne, Hure *f*; ~ *çocuğu* 1. Bastard *m*, Hurenkind *n* 2. gerissen, abgefeimt.

orostopoğlu, orostopullu V Gauner, Schwindler, Betrüger *m*.

orsa [x ·] *naut.* 1. Luv *f* 2. Luv an!; ~ *etm.* (an)luven.

orsaboca 1. *naut.* Aufluven und Abfallen *n* 2. *fig.* Taumeln *n*.

orsalamak *naut.* luven; scharf unter dem Wind segeln.

orta 1. Mitte *f*, Mittelpunkt *m*, Zentrum *n* 2. Gesichtskreis *m*, Gegend *f* 3. *phys.* Mittel, Medium *n* 4. *math.* Innenglied *n* (*e-r Proportion*) 5. Milieu *n*, Nährboden *m* 6. mittler-; Zentral- 7. mittel·mäßig, -groß 8. *hist.* Janitscharen·bataillon *bzw.* -regiment *n*; ~ *boy* 1. Mittelgröße *f* 2. mittlere Länge; ~ *çağ* Mittelalter *n*; ~ (*derece*) genügend (*als Zensur*); ~ *direk naut.* Großmast *m*; ~ *haf* (*Fb. u. ä.*) Mittelläufer *m*; ~ *işi* Hausarbeit *f*; ~ *kuşak geogr.* gemäßigte Zone; ~ *malı* 1. Gemeingut *n* 2. *pr.* Dirne *f*; ~ *okul* Progymnasium *n*, Realschule *f* (*Unterstufe der höheren Schule*); ~ *oyunu* türk. Volksschauspiel *n*; ~ *sıklet* (*Boxen*) Mittelgewicht *n*; ♀ *Şark* Mittlerer Osten; ~ *tahsil* Gymnasialbildung, höhere Schulbildung; ~ *tank mil.* mittelschwerer Tank; ~ *zaman(lar)* Mittelalter *n*; *-da* 1. in der Mitte 2. greifbar, sichtbar; *-da birçok sözler geçti* es wurden viele Worte gewechselt; *-da bırakmak* im Stich lassen; *-dan kaldırmak* (*od. gidermek*) beseitigen; aus dem Weg räumen; *-dan kalkmak* verschwinden, untergehen; *-dan kaybolmak* außer Sicht kommen; von der Bildfläche verschwinden; *-ya almak* 1. in die Mitte nehmen; e-n Ring bilden (*um*) 2. *fig.* in die Zange nehmen; *j-m* scharf zusetzen; *-ya atmak* 1. aufbringen (*z.B. Gerücht*), aufwerfen (*z.B. Problem*), aufstellen (*z.B. Theorie*) 2. (*varını yoğunu*) bereit sein, alles zu opfern; *-ya dökmek* auskramen, entfalten (*z.B. sein Wissen*); *-ya çıkmak* aufkommen, auftauchen.

ortaç *gr.* Partizip *n*.

ortaelçi Gesandte(r), bevollmächtigter Minister.

ortahalli dem Mittelstand angehörig; ~ *sınıf* Mittelstand *m*.

ortak 1. Gesellschafter, Teilhaber, Mitinhaber, Partner, Sozius *m* 2. *fr.* Nebenfrau *f* 3. *pej.* Komplice *m*.

ortaklaşa 1. gemeinsam; im Kompaniegeschäft 2. Gemeinschafts-; Gemein-; kollektiv.

ortaklaşacılık Kollektivismus *m*.

ortaklaşma 1. Gesamtheit *f* 2. Kollektivbesitz *m*.

ortaklaşmak sich assoziieren.

ortaklık 1. Teilhaberschaft, Mitinhaberschaft *f*, Kompaniegeschäft *n* 2. (*Handels-*)Gesellschaft *f* 3. Rolle *f* e-s Komplicen.

ortalama 1. *adj.* Durchschnitts-, Mittel- 2. *adv.* in der Mitte; mitten durch; ~ *değer phys.* Mittelwert *m*.

ortalamak *m. Akk.* 1. bis zur Mitte *von et.* gelangen; halbieren 2. (*Fb. u. ä.*) zur Mitte geben 3. den Differenzbetrag umlegen; *işi ortaladık* die Hälfte der Arbeit haben wir hinter uns gebracht.
ortalık 1. Raum *m des Geschehens* 2. *phys.* Mittel, Medium *n* 3. Leute *pl.*, Publikum *n*; ~ *açıldı* (*od. ağardı*) der Tag ist angebrochen; ~ *hizmetçisi* Stuben-, Hausmädchen *n*; ~ *karardı* es ist dunkel geworden; ~ *karıştı* es geht alles drunter und drüber; *ortalığa yaymak* unter die Leute bringen (*Ideen, Nachrichten usw.*); *ortalığı dağıtmak* alles in Unordnung bringen; *ortalığı toz pembe görmek* alles durch eine rosenrote Brille sehen; *ortalığı süpürmek* fegen, kehren; *-ta kimse yok* es ist (*weit und breit*) niemand zu sehen.
ortanca[1] mittlerer, zweitältester (*von drei Geschwistern*).
ortanca[2] [· x ·] *bot.* Hortensie *f.*
Ortodoks griechisch-orthodox; ~ *kilisesi* griech.-orthodoxe Kirche.
oruç, *-cu* 1. *isl.-rituelles* Fasten 2. *fig.* Verzichten-Müssen *n*; ~ *açmak* mit dem Fasten aufhören (*bei Sonnenuntergang*); ~ *bozmak* das Fasten abbrechen; ~ *tutmak* das Fastengebot einhalten; fasten; ~ *yemek* das Fastengebot nicht einhalten; nicht fasten.
orya [x ·] (*Ka.*) Karo, Eckstein.
oski [x ·] V türk. Goldpfund *n.*
Osmanlı 1. Osmane *m*, Osmanin *f*; osmanisch 2. Ottomane *f* 3. *e-e Spielart beim Tricktrack*; ~ *İmparatorluğu hist.* Osmanisches Reich; ~ *lisanı* (*dili, lehçesi, Türkçesi*) Osmanisches Türkisch.
Osmanlılık 1. Osmanentum *n* 2. osmanische Zeit.
osurmak V furzen.
osuruk V Furz *m*; *osuruğu* (*od. euph. bilmem nesi*) *cinli fig.* unberechenbar, launisch, leicht aufbrausend.
oş, oşt, *-tu* (*Scheuchruf*) scht!
ot, *-tu* 1. Kraut *n*, Pflanze *f* 2. (*a. yeşil* ~) Gras *n* 3. (*a. kuru* ~) Heu *n* 4. Unkraut *n* 5. Gift *n* 6. Arznei *f* 7. *fr.* Enthaarungsmittel *n* 8. *fr.* Zündladung *f* 9. V Haschisch *m*; ~ *çekirgesi zo.* Feldgrille *f*; ~ *minder* Strohsack *m*; ~ *tıkamak* 1. knebeln 2. ersticken; ~ *yığını* Heuhaufen *m.*
otari *zo.* Seelöwe *m.*
otçul *zo.* Pflanzenfresser *m.*
otel Hotel *n.*
otelci Hotelbesitzer, Hotelier *m.*
otelcilik Hotelgewerbe, Beherbergungswesen *n.*
otlak Weide *f*, Weideland *n*, Trift *f.*
otlakçı V Nassauer, Schmarotzer *m.*
otlakiye [ā] Weidegebühr *f.*
otlamak 1. weiden, grasen 2. V sich durchschmarotzen 3. naschen 4. V klauen, stehlen.
otlubağa *zo.* Kröte *f.*
oto Auto(mobil) *n*, (*Kraft-*)Wagen *m.*
otobüs Autobus, Omnibus *m.*
otogen, otojen autogen; ~ *kaynağı* Gas-, Autogen·schweißung *f.*
otokar 1. Gesellschafts·omnibus *m* 2. (*Diesel-*)Triebwagen *m.*
otokritik Selbstkritik *f.*
otokurs Fahrschule *f.*
otomat, *-tı* Automat *m.*
otomatik 1. automatisch, Selbst- 2. Automat *m* 3. automatische Waffe.
otomobil Auto(mobil) *n*, (*Kraft-*Wagen *m*; ~ *acentası* Autovertretung *f*; ~ *kolu a. mil.* Kraftwagenkolonne *f*; ~ *plâkası* Auto(kenn)-nummer *f*, Kennzeichen *n* ~ *yarışı* Autorennen *n.*
otomotris (*Diesel-*)Triebwagen *m.*
otorite 1. Autorität *f*, Ansehen *n* 2. *wissenschaftliche* Autorität 3. *jur.* Staatsgewalt, Obrigkeit, Behörde *f*; ~ *sahibi* 1. Autorität genießend 2. Autorität, Fachgröße *f.*
otostrat, *-dı* Autobahn *f.*
oturacak Sitzgelegenheit *f.*
oturak 1. Unter-, Boden·fläche *f* 2. Nachttopf *m* 3. Aufenthalt *od.* Wohnort *m* 4. Gesäß *n* 5. Ruderbank *f* 6. Sitzgelegenheit *f* 7. ans Haus gefesselt; ~ *yüzü* Sitzfläche *f.*
oturaklı 1. solide gebaut; mit stabilem Fundament 2. *fig.* besonnen, gesetzt 3. treffend, angebracht 4. mit Nachttopf; ~ *iskemle* Kinder-, Nacht-, Kranken·stuhl *m.*
oturgan mit sitzender Lebensweise.
oturmak, (*-ur*) 1. sich setzen 2. sitzen 3. wohnen 4. passen 5. aufbleiben 6. faulenzen 7. sich senken 8. sich niederschlagen 9. (*karaya*) stranden 10. kosten 11. einig werden 12. sich widerrechtlich aneignen; *otur otur-*

duğun yerde! fig. kümmere dich um deine eigenen Angelegenheiten!; *oturacak yer* Sitzplatz *m*; *oturur kalkar bir kız* ein ordentliches, folgsames Mädchen.
oturtma 1. *Vs. zu oturtmak* 2. *Name e-s türk. Fleisch-Gemüse-Gerichtes* 3. gefaßt (*Edelstein*); ~ *saati* Standuhr *f*.
oturtmak *Kaus. zu oturmak, spez.* 1. setzen, stellen (*z.B. Vase*) 2. zum Sitzen auffordern 3. ein-, auf•setzen; fassen (*Edelstein*) 4. sich setzen *od.* niederschlagen lassen 5. Ursache sein, daß sich *et.* senkt 6. (*karaya*) auf Strand setzen.
oturuşmak sich legen; nachlassen (*z.B. Sturm*).
otuz 1. dreißig 2. Dreißig *f*.
otuzluk dreißigjährig; Dreißiger (-in *f*) *m*.
ova (*Tief-*)Ebene *f*.
oval, -li oval.
ovalamak *s. uvalamak.*
ovlamak mit e-m Satz *nach et.* springen (*z. B. Katze*).
ovmak *s. uvmak.*
oy 1. Meinung, Ansicht *f* 2. (*Wahl-*) Stimme *f* 3. Stimmabgabe, Abstimmung *f*.
oya feine Zierspitze; ~ *gibi* fein und zierlich.
oyalamak *m. Akk.* 1. beschäftigen, ablenken 2. *j-n unterwegs* aufhalten 3. hinhalten 4. mit Spitzen versehen.
oyalanmak 1. *Pass. zu oyalamak* 2. Allotria treiben.
oyma 1. *Vs. zu oymak* 2. Schnitz-, Laubsäge-, Stanz•arbeit *f*.
oymacı Holzschnitzer, Bildhauer *m*.
oymak[1] 1. aus•graben, -höhlen 2. aus•meißeln, -stechen, -stanzen, -kehlen.
oymak[2] 1. Stamm *m*, Sippe *f* 2. *biol.* Tribus *f* 3. (*Pfadfinder-*)Gruppe *f*; ~ *beyi* Gruppenführer (*bei Pfadfindern*) *m*.
oynak 1. unruhig tänzelnd (*Pferd* 2. beweglich 3. geschmeidig, gelenkig 4. launenhaft 5. kokett 6. *an.* Diarthrose *f*; ~ *kemiği* P Kniescheibe; ~ *kısım* beweglicher Teil; ~ *müdafaa mil.* bewegliche Verteidigung; ~ *yeri* P Gelenk *n*.
oynamak 1. zappeln, unruhig sein 2. tänzeln (*Pferd*) 3. sich bewegen; wackeln (*z.B. Tisch*) 4. schwanken, fluktuieren 5. spielen 6. ausspielen (*best. Karte*) 7. ein Kampfspiel aufführen 8. tanzen 9. (*bşle*) herumspielen (*an*) 10. (*bşle*) aufs Spiel setzen 11. herumtrödeln; *oynıya oynıya* mit großer Freude.
oynaşmak 1. miteinander spielen (*z.B. junge Katzen*) 2. e-e Liebschaft unterhalten.
oynatmak 1. *Kaus. zu oynamak* 2. durch ein Spiel ablenken (*z.B. Kinder*) 3. hinhalten; an der Nase herumführen 4. *intr.* verrückt werden 5. *spez. techn.* bewegen.
oysaki [x · ·] indessen, aber, jedoch.
oyuk 1. ausgehöhlt, hohl 2. ausgestochen (*z.B. Augen*) 3. ausgehöhlte Stelle; Loch *n*, Gang *m* 4. *techn.* Aussparung *f*.
oyulga 1. Reihen, Heften *n* (*vor dem Nähen*) 2. Reihnaht *f*.
oyun 1. Spiel *n* (*a. fig.*) 2. (*Theater-*) Vorstellung *f* 3. Theaterstück *n* 4. Tanz *m* 5. Ring•kampf, -stil *m*, Ringertechnik *f* 6. Betrug, Schwindel *m*; ~ *delisi* dem Spielteufel verfallen; ~ etm. (*od. yapmak*) (*b-ne*) *j-n* hereinlegen, betrügen; ~ *gerçeğe bindi fig.* aus dem Spiel wurde (*blutiger*) Ernst; ~ *kâğıdı* Spielkarte *f*; ~ *oyuncak* Lappalie, Kleinigkeit *f*; ~ *vermek* 1. e-e Theatervorführung veranstalten 2. e-n Tanz vorführen 3. verlieren (*im Spiel*); *-a çıkmak* auftreten (*auf der Bühne*); *-u almak* das Spiel gewinnen.
oyunbaz 1. zum Spielen aufgelegt; verspielt (*z.B. Katze*) 2. geschickter Spieler 3. Gauner, Schwindler *m*.
oyunbozan Spielverderber, Störenfried *m*.
oyuncak 1. (*Kinder-*)Spielzeug *n* 2. *fig.* Spielerei, Kleinigkeit *f* 3. *fig.* Spielball *m* (*z.B. fremder Mächte*).
oyuncu 1. Spieler(in *f*) *m* 2. Schauspieler(in *f*) *m* 3. Tänzer(in *f*) *m* 4. *s. oyunbaz.*
ozima *s. ödema.*

Ö

ö, Ö [œ] *19. Buchst. des türk. Alph.*
ö [-] pfui!, wie eklig!, ach!
öbek Haufen *m*, Gruppe *f*.
öbür [x ·] 1. andere(r) (*von zweien*) *m* 2. jener 3. übernächste(r) *m*; ~ *dünya* Jenseits *n*; ~ *gün* übermorgen; ~ *hafta* übernächste Woche.
öbürkü (*der, die, das*) andere *m/f/n*; *bir sözü -nü tutmuyor* er widerspricht sich selber.
öbürsü gün P = *öbür gün*.
öc, -cü 1. Rachsucht *f* 2. Rache *f*; *-ünü almak* (*od. çıkarmak*) (*bşin*) sich rächen (*für*); *j-m et.* heimzahlen.
öcü *Ki.* böser Mann.
öd, -dü *an.* Galle *f*; ~ *kesesi an.* Gallenblase *f*; *-ü kopmak* (*od. patlamak*) zu Tode erschrecken (*intr.*); *-ünü koparmak* (*od. patlamak*) zu Tode erschrecken (*tr.*).
ödağacı, -nı Aloeholz *n*; ~ *çiçeği bot.* Seifenkraut *n*.
ödema *med.* Ödem *n*.
ödeme Zahlung, Bezahlung, Erfüllung *f*; ~ *emri* Zahlungsbefehl *m*; ~ *kabiliyeti* Zahlungsfähigkeit, Solvenz *f*; ~ *şartlı* unter Nachnahme (*Postsendung*); *-lerin tatili* Zahlungseinstellung *f*.
ödemek 1. (be-, aus)zahlen 2. Entschädigung zahlen 3. löschen, tilgen, amortisieren.
ödemeli 1. Nachnahme *f* 2. als (*od.* unter) Nachnahme (*Post*).
ödeşmek miteinander abrechnen.
ödev 1. Pflicht, Verpflichtung, Obliegenheit, Aufgabe *f* 2. (*für den Unterricht anzufertigende*) Hausaufgabe.
ödlek 1. verschüchtert, verängstigt 2. ängstlich, feige.
ödün Ersatz, Ausgleich *m*, Ersatz-, Gegen·leistung *f*, Vergütung, Entschädigung *f*.
ödünç, -cü 1. geliehen, geborgt 2. als Darlehen aufgenommen; ~ *almak von j-m* leihen, borgen; ~ *para* geborgtes Geld; ~ *para vermek j-m et.* leihen, borgen.
öf pfui!, wie eklig!, ach!, oh!
öfke heftiger Ärger, Zorn *m*, Wut *f*; ~ *ile kalkan ziyanla oturur Spr.* in der Wut tut niemand gut; ~ *topuklarına çıkmak* von großer Wut erfüllt werden; *-sini b-den çıkarmak* seine Wut *an j-m* auslassen.
öfkeci jähzornig, cholerisch, reizbar.
öfkelendirmek erzürnen; in Wut bringen.
öfkelenmek zornig werden; in Wut geraten.
öfkeli zornig, wütend, aufgebracht.
öğe Element *n*.
öğle Mittag *m*; ~ *üstü* (*od. üzeri*) gegen Mittag; ~ *yemeği* Mittagessen *n*; *-den evvel* (*od. önce*) 1. vormittags 2. Vormittag *m*; *-den sonra* 1. nachmittags 2. Nachmittag *m*.
öğlende *adv.* mittags; zur Mittagszeit.
öğlesonu, -nu Nachmittags-; ~ *roplari* Nachmittagskleider *pl*.
öğleyin *s. öğlende*.
öğmek *s. övmek*.
öğrenci Schüler(in *f*) *m*, Student (-in *f*) *m*.
öğrenim Studium *n*, (*Aus*-)Bildung *f*.
öğrenmek *m. Akk.* 1. (er)lernen 2. erfahren; in Erfahrung bringen 3. sich erkundigen; fragen (*nach*) 4. sich *et.* merken.
öğretici Lehr-, Unterrichts- (*z.B. Film*).
öğretim Unterricht *m*; ~ *yılı* Schuljahr *n*.
öğretimli didaktisch.
öğretmek 1. lehren, beibringen, unterrichten 2. (*Drohung*) lehren, zeigen.
öğretmen Lehrer(in *f*) *m*.
öğünmek *s. övünmek*.
öğür 1. gleichaltrig 2. vertraut, gewöhnt, *z.B.* eingefahren, eingeritten (*Pferd*) 3. geläufig, vertraut 4. Klasse *f*, Stand *m*, Gruppe, Reihe *f* 5. *pej.* Pack, Bande *f*.
öğürmek 1. würgen (*beim Erbrechen*) 2. brüllen (*Rinder*); öğüreceği

gelmek fig. als sehr widerwärtig empfinden.
öğüt, *-dü* (*guter*) Rat(*-schlag*), (*gute*) Lehre; ~ *vermek* e-n Rat geben; raten.
öğütlemek (*b-ni*) *j-m* raten; Ratschläge geben.
öğütmek *s. övütmek.*
öğütücü *s. övütücü.*
öhö (*a. in Wiederholung*) hm!
ökçe 1. Ferse *f* 2. (*Schuh-*)Absatz *m* 3. Fersenleder *n*; ~ *kemiği an.* Fersenbein *n*; *-sine basmak fig. j-m* zusetzen; *-leri çekmek* sich fertig machen (*zum Weggehen*).
ökse 1. Vogelleim *m* 2. *fig.* attraktive Frau.
ökseotu, *-nu bot.* Mistel *f.*
öksürmek husten; sich räuspern; *öksüreceği tuttu* er bekam e-n Hustenanfall.
öksürtmek 1. husten lassen 2. zum Husten reizen.
öksürtücü Hustenreiz hervorrufend.
öksürük 1. Husten, Sich-Räuspern *n* 2. Art und Weise *f* des Hustens, Sich-Räusperns 3. Husten *m* (*als Erkrankung*); ~ *gelmek* (*od. tutmak*) husten müssen; ~ *olm.* den Husten haben; ~ *şurubu* Hustensaft *m.*
öksürüklü 1. wer Husten hat 2. von Husten begleitet; hüstelnd; ~ *tıksırıklı* F kränklich.
öksüz 1. mutter- *od.* eltern·loses Kind, Waise *f* 2. *fig.* ohne Angehörige; alleinstehend; ~ *babası fig.* gütiger Wohltäter; ~ *parmak* Ringfinger *m.*
öküz 1. Ochse *m* 2. *fig.* Dummkopf, Ochse *m* 3. V *zum Falschspiel präparierter* Würfel; ~ *aleyhisselâm hum.* von polizeiwidriger Dummheit; ~ *damı* Ochsenstall *m*; ~ *gibi* dumm wie ein Ochse; *-e boynuzu yük olmaz Spr.* der Ochse trägt nicht schwer an seinen Hörnern.
öküzgözü, *-nü bot.* 1. Arnika *f* 2. Anthemis *f.*
öküzlük unglaubliche Dummheit.
ölçek 1. *fr. Kornmaß von vier Okka* 2. Maßstab *m.*
ölçer Schürhaken *m.*
ölçmek, (*-er*) 1. (ab-, aus-, ver-) messen 2. *fig.* genau abwägen; *ölçüp biçmek* reiflich überlegen.
ölçü 1. Messen *n* 2. Maß *n*, Maßeinheit *f* 3. (*Aus-*)Maße *pl.* 4. *fig.* Maß und Ziel *n* 5. (*Metrik*) Silbenmaß *n* 6. *mus.* Taktmaß *n*; ~ *almak* Maß nehmen; ~ *ve ayar mevzuatı jur.* Maß- und Gewichts·recht *n*; ~ *vermek* sich e-n Anzug anmessen lassen; *-yü kaçırmak* kein Maß und Ziel kennen.
ölçülemek 1. richtig anordnen; arrangieren, regulieren, organisieren 2. eichen.
ölçülü 1. (ab-, aus)gemessen, vermessen 2. richtig angeordnet; reguliert, arrangiert, organisiert 3. gemäßigt, maßvoll 4. mit Maßeinteilung; Meß-; ~ *balon chem.* Meßkolben *m.*
ölçüsüz 1. ohne Maß 2. unermeßlich 3. übermäßig 4. unmäßig, zügellos 5. nicht meßbar 6. *adv.* ohne Überlegung.
ölçüşmek (*b-le*) sich messen (*mit*) (*wörtl. und fig.*).
öldürmek 1. töten, umbringen, ermorden, totschlagen (*a. Zeit*) 2. den starken Eigengeschmack *von et.* beseitigen 3. sehr quälen; mitnehmen.
öldürücü tötend; tödlich (*Krankheit, Gefahr usw.*).
öldürüşmek sich *gegenseitig* umbringen.
ölgün 1. nicht mehr frisch; welk 2. ermattet 3. still, ruhig (*Meer*); ~ *bitkin* zu Tode erschöpft.
ölmek, (*-ür*) 1. sterben, umkommen, fallen 2. verwelken 3. beinahe umkommen (*z.B. vor Neugierde*) 4. außer Gebrauch kommen.
ölmez 1. unsterblich 2. unverwüstlich.
ölmezoğlu, *-nu* unverwüstlich.
ölmüş 1. tot, verstorben 2. Tote(r), Verstorbene(r) *m/f*; *-lerinin canı için* um des Seelenheils deiner Toten willen (*formelhaft von Bettlern verwendet*).
ölü 1. tot 2. matt, ermattet, schlaff, regungslos 3. Tote(r) *m/f* 4. toter Körper 5. Mittel *n* zum Falschspiel; ~ *deniz* Dünung *f*; ~ *mevsim* (*a. Fb.*) tote Saison; ~ *nokta* (*a. mil.*) Totpunkt *m*; ~ *veya sağ* tot oder lebendig; ~ *zaviye mil.* toter Winkel; *-lere hakaret ve sövme jur.* Verleumdung *f* Verstorbener.
ölüm Tod *m*, Ableben *n*; Todes-, Sterbe·fall *m*; ~ *döşeği* 1. Sterbebett

n 2. Totenbett *n*; ~ *kalım* (*od.* *dirim*) *savaşı* Kampf *m* auf Leben und Tod; ~ *tehlikesi* Lebensgefahr *f*; ~ *teri* kalter Angstschweiß; *-den acı* schlimmer als der Tod; *-e bağlı tasarruflar jur.* letztwillige Verfügungen *pl.*; *-ün ötesi kolay* „was nach dem Tod kommt, ist leicht" *d.h.* das Leben ist e-e dauernde Anstrengung; *-üne susamak* sehenden Auges in sein Verderben rennen.

ömer otu, *-nu bot.* Hopfen *m*.

ömrübillâh bei Gott!, wahrhaftig!

ömür, *-mrü* 1. Leben *n* 2. Lebensdauer *f* 3. langes, glückliches Leben 4. wunderbar, großartig; ~ *adam* ein prima Kerl, ein patenter Bursche; ~ *sürmek* ein langes *od.* angenehmes Leben führen; ~ *törpüsü* was e-n Menschen aufreibt (*zermürbt*), Nagel *m* zum Sarg; *sizlere* ~! (*Abw. bei Erwähnung e-s Todesfalles*) 1. Gott erhalte euch am Leben! 2. *euph.* er starb; er war nicht mehr da.

ön 1. Raum *m vor et.* 2. *was zeitlich unmittelbar bevorsteht* 3. vorder(st), Vor-, Voraus-, vorgeschoben 4. *önüne, önünde* vor (*mst. lokal*); ~ *damak sesi* Palatallaut *m*; ~ *mirasçı jur.* Vorerbe *m*; ~ *plâna geçmek* in den Vordergrund (*des Interesses*) treten; ~ *yüz* Vorderseite *f* (*z.B. e-r Banknote*), Avers *m* (*e-r Münze*); *-e bakmak* zu Boden blicken; sich schämen; *-e düşmek* vorausmarschieren, vorangehen; *-e gelen* führend; *-ü sıra* in geringer Entfernung vor ihm her; *-ümde* vor mir; *-ünde* 1. vor ihm 2. davor; *-üne bak!* 1. schau vor dich!, gib acht, wo du hintrittst! 2. kümmere dich um deine eigenen Angelegenheiten!; *-ünü almak* (*bşin*) 1. *et.* verhüten, *e-r Sache* vorbeugen 2. Einhalt gebieten; eindämmen; *-ünü ardını bilir* klug, gewitzigt, erfahren; *-ünü ardını düşünmek* umsichtig handeln; *-ünü kavuşturmak* seinen Rock zuknöpfen.

önayak *pej.* Rädelsführer *m*; treibende Kraft.

önce [x ·] 1. zuvor, vorher 2. *Pp. m. Abl.* vor 3. zuerst, zunächst 4. Vorgeschichte *f*.

önceden [x · ·] zuerst, anfangs.

önceleri [x · · ·] in früheren Zeiten.

öncü 1. *mil.* Vorhut-, Voraus- 2. Vorkämpfer(in *f*) *m*; ~ *kıtalar mil.* Vorausabteilungen *pl.*

önder Führer *m* (= *Atatürk*).

önek *gr.* Präfix *n*.

önem Wichtigkeit, Bedeutung, Erheblichkeit *f*, Belang *m*.

önemli wichtig, bedeutend, erheblich.

önemsemek *et.* wichtig nehmen.

önemsiz unwichtig, unerheblich, belanglos.

önkol *an.* Unterarm *m*.

önlemek *m. Akk.* 1. verhüten, verhindern, vorbeugen 2. unterbinden, eindämmen.

önleyici verhütend; Präventiv-; vorbeugend; ~ *harb* Präventivkrieg *m*; ~ *tedbir* Vorbeugungsmaßnahme *f*.

önlük 1. Schürze *f* 2. (*Leder-*) Schurz *m* 3. Brustbaum *m* (*am Webstuhl*).

önsezi Vorgefühl *n*, Vorahnung *f*.

önsöz Vorwort *n*, Einleitung *f*.

öntakı *gr.* Präposition *f*.

öntasar Vor-, Roh·entwurf *m*.

önyüzbaşı, *-yı mil.* Hauptmann erster Klasse; Schwadrons- *od.* Batterie·chef *m*.

öpmek, (*-er*) küssen; *öpüp başına koymak* mit Kußhand aufnehmen; dankbar annehmen.

öpücük Küßchen *n*; ~ *göndermek* e-e Kußhand zuwerfen.

öpüşmek sich *gegenseitig* küssen.

ördek 1. *zo.* Ente *f* 2. Urinflasche *f* (*für bettlägerige Patienten*) 3. (*Argot der Taxifahrer*) unterwegs aufgenommener Fahrgast.

ördekbaşı, *-nı* grünlich-blau.

ördekgagası, *-nı* rötlichgelb.

örf Brauch *m*, Sitte *f*, Herkommen *n*, Gewohnheit *f*; ~ *ve âdet* Sitte (*f*) und Brauch (*m*); Verkehrssitte, Usance *f*.

örfi [i] Ausnahme-, Sonder-; ~ *idare* Ausnahmezustand *m*, Standrecht *n*.

örgü 1. Geflecht *n* 2. Reisighürde *f* 3. Binsenmatte *f* 4. Haarzopf *m* 5. (*Adern-*, *Nerven-*)Geflecht *n*; ~ *şişi* Stricknadel *n*.

örme 1. *Vs. zu örmek* 2. geflochten, Flecht-, geknüpft, Knüpf-, gestrickt, Strick-, gehäkelt, Häkel-; ~ *çorap* gestrickter Strumpf; ~

duvar Lehmmauer, Piseewand *f*; ~ *koltuk* Korbsessel *f*; ~ *yelek* Strickweste *f*.
örmek, (-*er*) 1. flechten, knüpfen, stricken, häkeln 2. stopfen, ausbessern (*Wäsche*) 3. bauen, errichten (*Mauer*) 4. in Zöpfe flechten (*Haare*) 5. *reg.* machen, ausführen.
örnek 1. Probe *f*, Muster *n* 2. Vorbild *n*, gutes Beispiel 3. (*Mach-*) Art, Schnitt *m* 4. Gleiche(s) *od.* Gleichwertige(s) *n* 5. Beispiel *n*, Typ *m* 6. Muster- 7. Vordruck *m*, Formblatt *n* 8. Abschrift *f*, Abdruck *m*; ~ *almak* (*b-den*) sich ein Muster nehmen (*an*); *örneğini almak* (*bşin*) ein Muster abzeichnen; *örneğini çıkarmak et.* genau nachmachen.
örs Amboß *m*.
örselemek *m. Akk.* 1. übel zurichten; ruinieren 2. *j-m* übel mitspielen; *j-n* stark mitnehmen (*z. B. Krankheit*).
örtbas etm. unterdrücken, vertuschen.
örtmek, (-*er*) 1. (be-, zu-, ver)dekken 2. verschleiern (*spez. Gesicht*) 3. zumachen, schließen 4. zu-schütten, -werfen, -schaufeln 5. schütten, häufen, werfen, schaufeln 6. vertuschen.
örtü 1. Decke *f* 2. *mil.* Deckung *f*.
örü 1. Geflecht *n* 2. Gebäude *n*, Bau *m* 3. Ausbesserung *f*, gestopfte Stelle.
örücü Kunststopfer(in *f*) *m*.
örümcek 1. *zo.* Spinne *f* 2. (*ağı*) Spinngewebe *n*; ~ *almak* die Spinngewebe wegnehmen; ~ *kafalı pej.* stockkonservativ, reaktionär; ~ *tutmak* sich mit Spinngeweben bedecken.
öşür, -*şrü* 1. *math.* Zehntel *n* 2. Zehnte(r) *m*, Zehntenabgabe *f*.
öte 1. andere Seite 2. Rest *m*, Weitere(s) *n* 3. jenseitiges Gebiet 4. jenseitig, ander-; ~ *gün* neulich, kürzlich; *-de beride* hier und da; an verschiedenen Stellen; *-den beriden konuşmak* von allem möglichen plaudern; *-denberi* von jeher; schon immer; *-si berisi* (*bşin*) verschiedene Stellen *pl.*; *-sini beri etm.* kein Mittel unversucht lassen; *-ye git!* mach ein bißchen Platz!, rück etwas zur Seite!
öteberi Verschiedene(s), Einiges *n*; ~ *almağa çıktım* ich wollte ein paar Einkäufe machen; ~ *yedi, karnını doyurdu* er aß ein paar Kleinigkeiten, bis er satt war.
öteği gün P = *öte gün*.
öteki 1. der andere (*von zweien*) 2. jener; ~ *beriki* dieser oder jener; x-beliebig; irgendwer, irgendwas; ~ *dünya* Jenseits *n*.
ötleğen *zo.* Grasmücke *f*.
ötleği *zo.* Bartgeier *m*.
ötlek *s. ödlek*.
ötmek, (-*er*) 1. singen, zwitschern (*Vögel*) 2. *krähen* (*Hahn*) 3. ansprechen (*Blasinstrument*) 4. (*wider-*) hallen 5. klingeln, läuten 6. ertönen (*z.B. Sirenen*) 7. V unaufhörlich reden 8. V sich erbrechen.
öttürmek 1. *Kaus. zu ötmek* 2. renommieren.
övmek, (-*er*) loben, preisen, rühmen.
övünmek (*bşle*) 1. sich *e-r Sache* rühmen können 2. sich selbst rühmen; prahlen; ~ *olmasın* ohne mich selber rühmen zu wollen.
övür s. *öğür*.
övütmek 1. (*zu Mehl*) mahlen 2. *fig.* verdauen.
övütücü (zer)mahlend, Mahl-; ~ *dişler* Backenzähne *pl.*
öyle 1. solch, so ein, derartig 2. *adv.* so, auf solche Weise, derartig; ~ *de battık, böyle de* mit uns ist es aus, so herum oder andersherum; ~ *gelmek* 1. große Lust verspüren 2. den Eindruck bekommen; *e-m* (*so*) vorkommen; ~ *ise* wenn es so ist; in diesem Falle; dann; ~ *mi?* tatsächlich?, so? ~ *ya!* natürlich!, wie könnte es anders sein?
öylece [x · ·], **öylelikle** [· · x ·] auf solche Weise; auf diese Weise; so.
öyük Tumulus *m*, Hügelgrab *n*.
öz 1. Selbst, Ich *n* 2. Kern *m*, Wesen *n*, Substanz *f* 3. *bot.* Mark *n* 4. Eiterpfropf *m* (*e-s Geschwürs*) 5. eigen, selbst 6. echt, rein; ~ *kardeş* leiblicher Bruder, leibliche Schwester; ~ *Türkçe* echtes, reines Türkisch; *-ü sözü bir* anständig, ehrlich, aufrichtig.
özel *s. hususi*.
özen Sorgfalt, Mühe *f*, Fleiß *m*.
özenli 1. mit Sorgfalt gemacht 2. sorgfältig arbeitend.
özenmek *m. Dat.* 1. sich Mühe geben; sorgfältig ausführen 2. Lust

und Liebe haben (*zu*) 3. (*m. Dat. od. Abl.*) nachahmen, imitieren; *özenip bezenmek* viel Mühe und Sorgfalt aufwenden.

özensiz 1. ohne Sorgfalt gearbeitet; oberflächlich 2. ohne Sorgfalt arbeitend; nachlässig; ~ *düzen olmaz* Schlampigkeit bringt nichts Ordentliches zustande.

özenti 1. Neigung *f et. zu tun od. nachzuahmen* 2. *adj.* angeblich; Pseudo-, Schein-, Schwindel-; nachgemacht, unecht.

özet 1. Auszug *m*, kurze Zusammenfassung; 2. *Beh.* Betreff *m*.

özetlemek kurz zusammenfassen; resümieren.

özgül speziell, spezifisch.

özlemek *m. Akk.* sich sehnen (*nach*).

özlü 1. markig, voll 2. sämig (*Teig*) 3. konzis (*Stil*).

özne *gr., phil.* Subjekt *n*.

özür, *-zrü* 1. = *mazeret* 2. Fehler, Mangel *m*, Gebrechen, Leiden *n*; ~ *dilemek* 1. sich entschuldigen: a) (*für e-n begangenen Fehler*) b) höflich absagen; ablehnen; *özrü meşru* triftige Entschuldigung.

özürlü 1. entschuldigt 2. mit Mängeln behaftet.

özürsüz 1. unentschuldigt 2. ohne Mängel; ~ *pürüzsüz* ohne den geringsten Mangel.

P

p, P [pɛ] *20. Buchst des türk. Alph.*

pabuç, *-cu* 1. Schuh, Pantoffel *m* 2. Basis *f* (*e-r Säule, e-s Minaretts usw.*); ~ *bırakmak* (*kuru gürültüye*) *fig.* sich einschüchtern lassen; *-u artık dama atıldı fig.* seine Rolle ist ausgespielt; *-unu eline vermek* (*b-nin*) *j-m* den Laufpaß geben; *j-n* fortjagen; *-tan aşağı* 1. schlecht, minderwertig 2. verachtenswert.

paça 1. Hosenbein *n* 2. Unterschenkel *m* (*mit Fuß*) 3. Gericht *n* aus Hammel- *od.* Kalbs·beinen 4. Beinkrause *f* (*mancher Vögel*); *-sı düşük* schlampig angezogen; *-sından tutup atmak* mit Schimpf und Schande davonjagen.

paçavra [· x ·] 1. Lappen, Lumpen *m* 2. *fig. et.* Wertloses *n*; Fetzen *m* 3. V zudringlich; ~ *hastalığı* P Influenza, Grippe *f*; *-ya çevirmek* (*od. döndürmek*) 1. übel zurichten 2. in Grund und Boden verdammen.

paçavracı [· x · ·] Lumpenhändler *m*.

padavra [· x ·] dünnes Holzbrettchen, *spez.* Dachschindel *f*; *-sı çıkmış fig.* nur mehr Haut und Knochen (*P.*).

padişah [- · -] orient. Herrscher *m*; König, Kaiser, Sultan, Großherr, Padischah *m*.

pafta [x ·] 1. *metallenes* Schmuckplättchen 2. Ziernagel *m* 3. *großer* Fleck 4. Teilstück *n* (*e-r Landkarte*) 5. *techn.* Gewinde·schneideisen *n*, -schneidkluppe *f*.

paha [· -] Preis, Wert *m*; ~ *biçmek* den Wert taxieren; ~ *kesmek* e-n Preis festsetzen; *-ya çıkmak* teurer werden; im Preis *od.* Wert steigen.

pahalanmak *s. pahalılaşmak.*

pahalı teuer, kostspielig; *-ya oturmak* teuer zu stehen kommen.

pahalılanmak *s. pahalılaşmak.*

pahalılaşmak teurer werden; sich verteuern; im Preis steigen.

pahalılık Teuerung *f*; ~ *zammı* Teuerungszuschlag *m*.

pak, *-ki, -kı* [ā] sauber, rein, anständig, ordentlich (*wörtl. und fig.*).

paket, *-ti* 1. Paket *n* 2. V Popo, Hintere(r) *m*; ~ *postanesi* Paketpostamt *n*; ~ *yapmak* (*bşi*) einpacken.

paketlemek ein Paket machen (*aus*); ver-, ein·packen.

paking *techn.* Dichtung *f*.

Pakistan [- · -] *n. pr.* Pakistan.

Pakistanlı [- · - ·] Pakistaner(in *f*) *m*; pakistanisch.

paklamak [- · ·] 1. säubern, reinigen 2. beseitigen, liquidieren (*Menschen*) 3. alles aufessen; F verdrücken.

pakt, *-tı* Pakt *m*, Abkommen *n*.

pakura [· x ·] *rumänisches* Rohöl.

pala 1. türk. Krummschwert *n*; Pallasch *m* 2. Stechruder *n* 3. *alter* Kelim 4. Propellerflügel *m*; ~ *çalmak* (*od. sallamak*) 1. *z. va.* e-e gute Klinge führen 2. *fig.* schwer arbeiten; sich abrackern.

palabıyık mit Schnauzbart.

palalığına *adv.* seitlich, hochkant.

palamar *naut.* Kabeltau *n*, Trosse *f*; ~ *parası* Anlegegebühr *f*; *-ı* (*od. -ları*) *çözmek* (*od. koparmak*) V abhauen, türmen (= *davonlaufen*).

palamarlamak *naut.* vertäuen.

palamut, *-du* 1. *zo.* Bonito *m* (*kurzflossiger Thunfisch*) 2. *bot.* Wallone *f*.

palan Sattelkissen *n*.

palanga [· x ·] 1. *naut.* Talje *f*, Takel *n*, Flaschenzug *m* 2. Platz *m für die Aufführung des türk. Volksschauspieles* (*Orta Oyunu*).

palas[1] 1. großes Wohnhaus 2. Luxushotel *n* 3. *Sch.* a) leicht, angenehm b) erfreulich; ~ *geçmek Sch.* glattgehen.

palas[2] **pandıras** Hals über Kopf.

palaska [· x ·] *mil.* 1. Koppel *n* 2. Patronen·gurt *m*, -tasche *f* 3. Munitionskiste *f* (*an Bord e-s Schiffes*).

palaspare [· · - ·] 1. Lappen, Lumpen *m* 2. *fig. et.* Wertloses, Schäbiges.

palavra [· x ·] 1. dummes Gerede, Geschwätz 2. Prahlerei *f*, Bramarbasieren *n*; ~ *atmak* (*od. savur-*

mak od. sıkmak) aufschneiden, bramarbasieren, prahlen.
palaz Junge(s) *n* (*bei Gans, Ente, Taube usw.*); ~ *gibi* rundlich wie ein junges Entchen.
palazla(n)mak 1. großwerden (*spez. Gans, Ente, Taube*) 2. heranwachsen, sich entwickeln (*Kind*) 3. *palazlanmak* V aufsässig, widerspenstig sein.
paldır küldür *od.* **paldır paldır** holterdiepolter.
palikarya [· · x ·] *pej. großsprecherischer* junger Grieche (*in Ist.*).
palm, palma [x ·] Palmenzweig *m*.
palmiye *bot.* Palme *f*.
palto [x ·] (*dicker*) Wintermantel.
palyaço [· x ·] Bajazzo, Groteskkomiker *m*.
palyoş *zweischneidiges* gerades Kurzschwert, großer Dolch; Seitengewehr *n*.
pami [x ·] V voran!, los!, auf!; ~ *kırmak* V sich aus dem Staub machen.
pamuk 1. Baumwolle *f* 2. Baumwoll- 3. schneeweiß 4. Baumwollfüllung *f* 5. Watte *f* 6. mit Baumwollfüllung; ~ *ağacı bot.* Baumwollstaude *f*; ~ *atmak* Baumwolle krempeln; ~ *balığı zo.* Blauhai *m*; ~ *barutu* Schießpulver *n*; ~ *gibi* 1. schneeweiß 2. daunenweich; ♀ *Prenses* Schneewittchen *n*; *pamuğunu atmak* (*b-nin*) *j-m* gehörig die Leviten lesen.
pan Panne *f*, Defekt *m*; ~ *yapmak* e-e Panne haben.
panayır Messe (*Ausstellung*) *f*.
pancar *bot.* 1. Zucker- *od.* Runkelrübe *f* 2. rote Rübe, Bete; ~ *kesilmek fig.* e-n roten Kopf bekommen; ~ *şekeri* Rübenzucker *m*.
pancur Roll-, Fenster·laden *m*, Jalousie *f*.
pandantif Pendentif *n*.
pandispanya [· · x ·] gelblicher Biskuitkuchen.
pandomima [· · x ·] Pantomime *f*, Gebärdenspiel *n*.
pandufla V heimliches Entwenden, *spez.* Taschendiebstahl *m*.
pandül 1. Pendel, Perpendikel *m* 2. Stand- *od.* Wand·uhr *f* 3. Unruh(feder) *f* (*in e-r Taschenuhr*).
pangodoz V alter Trottel.
pano 1. (*Tür-*)Füllung *f* 2. Fläche *f* 3. Spruchband *n*.
pansıman, pansuman 1. Verbinden *n* 2. Verband, Umschlag *m*, Packung *f*.
pantalon *s. pantolon*.
pantolon lange Hose.
pantufla [· x ·] (*Woll- od. Filz-*) Pantoffel *m*.
panzehir Gegengift *n*.
papa Papst *m*; ~ *mümessili* (*od. vekili*) päpstlicher Nuntius.
papağan *zo.* Papagei *m*.
papalık 1. Papstwürde *f* 2. Papsttum *n* 3. Vatikan *m*.
papara 1. *mit Fleischbrühe getränkte und mit Hackfleisch, Käse usw.* belegte *Brotschnitten pl.* 2. Brotsuppe *f* 3. P scharfer Tadel, Anpfiff *m*; *-sını yemek* (*od. çekmek*) *fig. et.* ausbaden müssen.
papatya [· x ·] *bot.* 1. Kamille *f* 2. Gänseblümchen *n*; ~ *menkuu* Kamillentee *m*.
papaz 1. *christlicher* Geistlicher, *spez.* griechisch-orthodoxer Pope 2. König *m* (*Spk.*).
papel V 1. *fr.* Einpfundschein *m* 2. *allg.* Geld *n* 3. gezinkte Karten *pl.*
papura *schwerer, von zwei Ochsenpaaren gezogener* Pflug.
papyebüvar Löschblatt *n*.
papyekuşe Kunstdruckpapier *n*.
par par lichterloh (*z.B. brennen*), wunderbar (*z.B. leuchten*).
para 1. Geld *n* 2. Para *m* (*40. Teil e-s Kurusch*) 3. Währung *f* 4. Geldwert *m* 5. Geldsumme *f* 6. Münze *f*, Geldstück *n*; ~ *basmak* 1. Hartgeld prägen 2. Papiergeld drucken; ~ *bozmak* (*größeres*) Geld (*in kleineres*) wechseln; ~ *canlı(sı)* geld-, hab·gierig; ~ *çantası* Geld-, Brieftasche *f*; ~ *çekmek* 1. Geld abheben 2. *fig. j-n* gehörig schröpfen; ~ *dökmek* viel Geld aufwenden; ~ *etm.* 1. ausmachen, kosten 2. wert sein 3. nützen; ~ *hukuku jur.* Währungsrecht *n*; ~ *ile değil fig.* spottbillig; ~ *kesesi* Geldbeutel *m*; ~ *kesmek* 1. = ~ *basmak* 2. *fig.* Geld scheffeln; ~ *-yı çeker Spr.* wo Tauben sind, da fliegen Tauben zu; ~ *serpmek* Geldmünzen unter das Volk werfen (*z.B. bei Hochzeit*); ~ *sızdırmak* (*b-den*) *j-m* gehörig Geld abknöpfen; ~ *tutmak* Geld haben; bei Kasse sein; ~ *yatırmak* Geld einzahlen (*auf ein Konto*); ~ *yemek* 1. Geld vergeuden 2. Geld unterschlagen, veruntreuen 3. sich

bestechen lassen; *-dan çıkmak* 1. Geld verlieren 2. unnütz Geld ausgeben (*müssen*); *-ları şıkırdatmak* mit dem Geld klimpern; *-sını vermek* bezahlen.

parafe paraphiert, abgezeichnet; ~ *etm.* paraphieren, abzeichnen.

paragöz(lü) geld-, hab·gierig.

paragraf 1. Absatz *m* (*in e-m Schriftstück*) 2. Textstelle *f* 3. Paragraph *m*.

paraka [· x ·] *lange* Angel *mit vielen Haken*; (*Aal-*)Quaste *f*.

paralama *Vs. zu paralamak*; ~ *barut hakkı* Sprengladung *f*; ~ *kapsülü* Sprengkapsel *f*.

paralamak 1. zerreißen, zerfleischen 2. *fig.* sich aufspielen.

paralanmak 1. *Pass. zu paralamak* 2. zu Geld kommen 3. sich *mit et. Unmöglichem* abplagen 4. großen Eifer an den Tag legen.

paralel 1. parallel; Parallele *f* 2. Breitengrad *m*.

paralı 1. wohlhabend 2. entgeltlich, kostenpflichtig 3. mit größeren, runden Tupfen (*Stoff*).

paralıca einträglich.

paramparça [· x · ·] ganz zerfetzt; ~ *etm.* in Stücke schlagen; zerfetzen, zerschmettern.

parantez (*runde*) Klammer; ~ *açmak fig.* beiläufig erwähnen.

parapet, *-ti* 1. Geländer *n*, Brüstung *f* 2. Karnies *n*.

parasız 1. arm 2. abgebrannt, pleite 3. kostenlos 4. unbezahlt; ~ *tellâl fig.* unerwünschter Helfer.

paraşüt, *-tü* Fallschirm *m*; ~ *ekipi* Luftlandetruppe *f*; ~ *şemsiyesi* Fallschirmhülle *f*; *-le inmek* (*od. atlamak*) mit dem Fallschirm abspringen.

paraşütçü 1. Luftlande- 2. Fallschirm·springer(in *f*) *m*, *mil.* Fallschirmjäger *m*; ~ *kıtalar mil.* Luftlandetruppen *pl.*

paratifüs *med.* Paratyphus *m*.

paratoner Blitzableiter *m*.

paravana [· · x ·] Wandschirm *m*, spanische Wand.

parazit, *-ti* 1. Parasit, Schmarotzer *m* 2. Krankheitserreger, Virus *m* 3. Nebengeräusch *n*, Störung *f* (*Radio*).

parça 1. Stück *n*, Teil *m* 2. Musikstück *n* 3. Stoffrest *m* 4. *geom.* Segment *n*, (*Kreis-*)Abschnitt *m* 5. *mil.* (*Bomben- od. Granat-*)Splitter *m* 6. *selt.* Einheit *f* 7. lächerlich, unbedeutend 8. schöne Frau, nettes Mädchen 9. (*zum Ausdruck e-r Ähnlichkeit od. zur Bez. e-s Typus*) 10. V (*Rauch-*)Haschisch *m*; ~ *başına ücret* Stücklohn *m*; ~ *mal naut.* Stückgüter *pl.*; ~ *kumaş* Stoffrest *m* (*für e-n Anzug*); ~ ~ stück-, bruch·weise; ~ *purça* = ~ ~; ~ *tesiri mil.* Splitterwirkung *f*.

parçalamak zer·stückeln, -kleinern, -brechen, -reißen, -schmettern.

parçalanmak 1. *Pass. zu parçalamak* 2. *fig.* sich die größte Mühe geben. [3. verletzend, kränkend.]

parçalı 1. gestückelt 2. anzüglich

parçasız aus einem Stück.

pardesü Sommermantel, Überzieher *m*.

pare [ā] 1. Stück *n* 2. (*Zählbegriff in Verb. mit top atmak*): *101 pare top atılmak suretiyle* durch 101 Kanonenschüsse.

parföm, parfüm Parfüm *n*.

parıl parıl glänzend, leuchtend, strahlend.

parıldamak glänzen, glitzern, leuchten, strahlen, funkeln.

Paris [ā] [x ·] *n.pr.* Paris *n*.

park, *-kı* 1. Park *m*, Parkanlage *f* 2. Gartenlokal *n* 3. *mil.* Park *m* 4. Parken *n* (*von Autos*); ~ *yapılmaz* Parken verboten.

parke 1. Parkett *n*, -fußboden *m* 2. Kleinpflaster *n* 3. mit Parkett *bzw.* Kleinpflaster 4. Maklerbörse *f*; ~ *döşemek* Parkettfußboden legen; ~ *taşları* Straßenpflaster *n*.

parkur Rennstrecke, Bahn, Entfernung *f*.

parlak 1. glänzend, leuchtend, blank 2. klar, rein (*z.B. Luft*) 3. glanzvoll, hervorragend 4. von schönem Äußeren; ~ *bir idareci* ein hervorragender Verwaltungsbeamter; ~ *galibiyetler* glänzende Siege *pl.*; ~ *kâğıt* Glanzpapier *n*.

parlamak 1. glänzen, aufleuchten 2. Feuer fangen 3. zu Berühmtheit gelangen 4. schnell zornig werden 5. plötzlich e-n Rückfall bekommen.

parlâmento [· · x ·] Parlament *n*, Volksvertretung *f*; *-lar arası* interparlamentarisch.

parlatmak 1. *Kaus. zu parlamak* 2. (*Alkohol*) trinken, F (e-n) genehmigen.

parmak 1. Finger *m* 2. Zehe *f* 3. Speiche *f* 4. Sprosse *f* (*e-r Leiter*) 5. Rundstab *m* (*bei Geländer*) 6. Zoll *m* (*als Längenmaß*) 7. Fingerbreit (*als ungefähres Maß*) 8. Streifen *m* (*z.B. auf buntem Stoff*) 9. Fingerprobe *f* 10. *fig.* Mitbeteiligtsein *n* 11. *s. parmaklık*; ~ *emmek* am Finger lutschen; ~ *hesabı* 1. Rechnen *n* an den Fingern 2. nationaltürkisches Versmaß; ~ *ısırmak* staunen; ganz verblüfft sein; ~ *izi* Fingerabdruck *m*; ~ *kadar* spannenlang; ~ *kadar çocuk* Knirps, Dreikäsehoch *m*; ~ *kaldırmak* den Finger heben; sich zum Wort melden; ~ *karıştırmak* 1. sich einmischen 2. mitmachen (*bei*); ~ *otu bot.* Fingerhut *m*; *parmağı ağzında kalmak* Mund und Nase aufsperren *vor Verblüffung*; *parmağı olm.* (*b-nin bir işte*) *fig.* seine Hand im Spiel haben; *parmağında oynatmak fig. j-n* nach seiner Pfeife tanzen lassen.

parmakçı 1. Drechsler *m* 2. *fig.* Hetzer, Aufwiegler *m*.

parmaklık 1. Zaun *m* 2. Gitter, -werk, -fenster *n* 4. Sprossenwand (*als Turngerät*) *f* 5. Verband *od.* Schutz *m für e-n Finger*.

parola [· x ·] 1. *mil.* Losungswort *n* 2. Schlagwort *n* 3. Leitwort, Motto *n*.

pars *zo.* Leopard, Panther *m*.

parsa [x ·] eingesammeltes Geld (*nach Theater- od. Musikvorführung*).

parsal alt, wertlos; Trödel-.

parsel Parzelle *f*, Baugelände *n*.

parşömen Pergament *n*.

partal abgenutzt, fadenscheinig.

parti 1. Teil *m*, Gruppe *f* 2. Partie *f*, Spiel *n* 3. (*pol.*) Partei *f* 4. Gelegenheitskauf *m* 5. (*Vergnügungs-*) Partie *f* 6. *mus.* Stimme, Partie, (*Gesangs-*)Rolle *f* 7. *mus.* ausgeschriebene Einzelstimme; Part *m*.

partisyon *mus.* Partitur *f*.

partizan 1. Anhänger, Partei•gänger *m*, -mitglied *n* 2. Partisan, Freikorpskämpfer *m*.

parula *s. parola*.

pas[1] 1. Rost *m*, Oxydationsschicht *f* 2. Zungenbelag *m* 3. Zahnstein *m* 4. Schimmelschicht *f* 5. *bot.* Rost *m*, Rostkrankheit *f*; ~ *tutmaz* nichtrostend, nichtoxydierend.

pas[2] 1. (*Fb. usw.*) Zuspielen, Abgeben *n* 2. *Ka.* ich passe.

pas[3] *in der vulg. Drohung*: *seni* ~ *gibi ayırırım! etwa*: ich zerreiß' dich in der Luft! [*1—18.*]

pas[4] (*Roulette*) Zahlenreihe *f von*

pasaj Passage, überdeckte Straße, Durchgang *m*, Durchfahrt *f*.

pasak 1. Schmutz *m*, Unsauberkeit *f* 2. schmutzige, schlampige Kleidung.

pasaparola [· · · x ·] 1. *naut.* Sprachrohr *n* 2. *mil.* Laufbefehl *m* 3. *mil.* Losung *f*.

pasaport, *-tu* (*Reise-*)Paß *m*; ~ *çıkartmak* sich e-n Paß ausstellen lassen; *-unu eline vermek fig. j-n* davonjagen, entlassen.

pasavan 1. Passierzettel *m* (*Zoll*) 2. Passierschein *m* (*Grenze*).

pasban *s. pazvant*.

pasif 1. passiv 2. Passiva *pl.* 3. Luftschutz-.

paskal 1. komisch, schnurrig, lustig, ulkig 2. Spaßmacher, Clown *m*.

paskalya [· x ·] Ostern; Osterfest *n*.

paslaşmak 1. (*Fb. usw.*) sich *gegenseitig* den Ball zuspielen 2. V sich durch Blicke verständigen.

paso [x ·] 1. Freifahrtschein *m* 2. Ermäßigungsausweis *m* 3. (*benden* ~) ohne mich!

paspas Fuß•matte *f*, -abtreter *m*.

pasta [x ·] 1. Tortenstück *n*, Kuchen *m* 2. Ascher *m* (*in der Gerberei*) 3. Rüsche, Falbel *f* 4. Pasta, Creme *f*.

pastahane [· · - ·] Feinbäckerei, Konditorei *f*.

pastırma *starkgewürztes* (*Rinder-*) Dörrfleisch.

paşa *fr.* Pascha, General *m*.

pat[1], *-tı* patt; Patt *n*.

pat[2], *-tı* flach, platt; ~ *burun* 1. breitnasig 2. V Polizist *m*.

pat[3], *-tı* 1. patsch!, klatsch!, bauz! 2. bums!, wupps!; ~ ~ 1. patsch, patsch! 2. trippel, trappel.

pat[4], *-tı* Fuß *m*, Pfote, Klaue *f*.

pat[5], *-tı bot.* 1. Gänseblümchen *n* 2. Aster *f*.

patadak, patadan [x · ·] *adv.* plötzlich, unvermutet; bums!

patagos 1. F Schläge, Prügel, Hiebe *pl.* 2. V 5-Kurusch-Stück *n*.

patak Schläge, Prügel, Hiebe *pl.*

pataklamak 1. (ver)prügeln, durchhauen 2. oberflächlich fegen *od.* Wäsche waschen.

patates [· x ·] *bot.* Kartoffel *f*; ~ *ezmesi* Kartoffel•brei *m*, -püree *n*.

patavatsız taktlos, unbekümmert, respektlos.
paten 1. Schlittschuh *m* 2. (*a. tekerlekli* ~) Rollschuh *m*.
patenta [· x ·] 1. Patent *n* 2. Staatsangehörigkeitsausweis *m* 3. *naut.* Gesundheitsattest *n*.
patırdamak lärmen, poltern, toben, knallen; Lärm machen.
patırdı 1. Lärm *m*, Gepolter *n*, Krach, Knall *m* 2. Wirrwarr *m*, Durcheinander *n*, Unruhe *f*; *-ya pabuç bırakmamak* sich nicht einschüchtern lassen; *-ya vurmak* ein Durcheinander verursachen.
patik Babyschuh *m*.
patika [· x ·] schmaler Pfad, Fußpfad, Steig *m*.
patinaj 1. Eislaufen, Schlittschuhlaufen *n* 2. Rollschuhfahren *n* 3. Gleiten *od.* Ins-Schleudern-Geraten (*z.B. Auto*); ~ *sahası* (*od. yeri*) 1. Schlittschuh-, Eis•bahn *f* 2. Rollschuhbahn *f*; ~ *yapmak* 1. Schlittschuh laufen 2. Rollschuh laufen 3. gleiten *od.* ins Schleudern geraten.
patis Batist *m*.
patiska [· x ·] Kaliko, Linon *m*.
patlak 1. geplatzt, geborsten 2. Bersten, Reißen *n* 3. Riß *m*; ~ *vermek* 1. plötzlich offenkundig werden 2. ausbrechen (*z.B. Krieg*).
patlama *Vs. zu patlamak, spez.* 1. Explosion *f* 2. *phon.* Platzgeräusch *n*.
patlamak 1. platzen, (auf)springen, krachen, knallen, explodieren 2. herein-, aus•brechen 3. *fig.* umkommen (*z.B. vor Langeweile* 4. *m. Dat.* F sich belaufen (*auf*); kosten.
patlatmak *Kaus. zu patlamak, spez.* 1. zur Explosion bringen 2. *fig. j-m* den (letzten) Nerv töten 3. *j-m* e-e herunterhauen.
patlayıcı 1. Explosiv- 2. *phon.* Verschlußlaut *m*.
patlıcan *bot.* Aubergine, Eierfrucht *f*; ~ *dolması* farcierte Auberginen *pl.*; ~ *kızartması* in Öl ausgebratene Auberginen *pl.*
patrik Patriarch, Metropolit *m*.
patron 1. Geschäftsinhaber *m* 2. Arbeitgeber, Dienstherr *m* 3. Schnittmuster *n*.
patrona [· x ·] 1. Schnittmuster *n* 2. *hist. osman.* Vizeadmiral *m*.
patronaj *jur.* Gefangenenfürsorge *f*.
paviyon 1. Pavillon *m*, Ausstellungsstand *m*, -halle *f*, -gebäude *n* 2. (*kleineres*) Einzelgebäude; Einzelbau *m* (*z.B. in e-m Krankenhaus*) 3. Vergnügungs-, Nacht•lokal *n*.
pavurya [· x ·] 1. Einsiedlerkrebs *m* 2. *fig.* schiefgehend 3. schiefer Gang.
pay 1. (*An-*)Teil *m* 2. gleichgroßer Teil 3. *math.* Zähler *m* (*e-s Bruches*) 4. Vorwürfe *pl.*, Tadel *m*; ~ *biçmek* (*bşden*) 1. e-n Anteil festsetzen (*bei*) 2. sich *et.* hinter die Ohren schreiben 3. sich *et.* als Vorbild dienen lassen; ~ *etm.* (ver-)teilen; ~ *vermek* e-e freche Antwort geben (*Kind*); *-ını almak* 1. seinen Teil abbekommen 2. ausgezankt werden.
payanda [· x ·] Stützbalken *m*, Strebe *f*, Stützpfahl *m*, Stütze *f*; ~ *vurmak* (*bşe*) *et.* abstützen; *-ları çözmek* 1. sich nicht weiter *um et.* kümmern 2. (*bir yerden*) F weggehen, fortgehen.
payda *math.* Nenner *m* (*e-s Bruches*).
paydos [x ·] 1. Arbeits•schluß *m*, -pause *f* 2. Schluß!, Feierabend!; ~ *etm.* 1. die Arbeit einstellen 2. schließen (*Schule*).
pâye Rang, Grad *m*, Würde *f*; ~ *vermek* ehren, achten, Respekt erweisen.
payitaht, *-tı z. va.* Residenz, Hauptstadt *f*.
paylamak hart anfahren; auszanken.
paylaşmak (*bşi*) 1. unter sich verteilen 2. *fig.* Anteil nehmen (*an*).
paytak 1. krumm-, säbel•beinig 2. (*Scha.*) Bauer *m*; ~ ~ *yürümek* watscheln, daherlatschen.
payton Droschke *f*.
pazar 1. Sonntag *m* 2. Wochenmarkt, Marktplatz, Basar *m* 3. *allg.* Markt *m* 4. Absatzgebiet *n* 5. Geschäft *n*, Handel *m*; ~ *bozmak* 1. *j-m* ein Geschäft verderben 2. *fig. j-m* (e-n) Knüppel zwischen die Beine werfen; ~ *günü* 1. Sonntag *m* 2. am Sonntag; ~ *kayığı gibi* überbeladen; vollgepfropft (*Fahrzeug*); ~ *ola!* gutes Geschäft!, guten Verkauf!; ~ *tatili* Sonntagsruhe *f*; ~ *yeri* Marktplatz *m*; *-a çıkarmak* auf den Markt (*zum Verkauf*) bringen.
pazarbaşı Marktaufseher *m*.
pazarcı (*Markt-*)Verkäufer, Händler *m*.

pazarlaşmak um den Preis handeln; feilschen, markten.
pazarlık (*Aus-*)Handeln, Feilschen *n*; ~ *etm. s. pazarlaşmak*; ~ *kesmek* nach vorherigem Handeln über den Preis einig werden; *-la almak* auf Grund des günstigsten Angebotes kaufen.
pazarlıklı 1. unter Aushandeln des Preises 2. wer gut handeln kann; ~ *alışveriş jur.* freihändiger Verkauf.
pazarlıksız ohne Feilschen; ~ *satış kanunu* Gesetz *n* über den Verkauf zu Festpreisen.
pazartesi, *-ni, -yi* [· x · ·] Montag *m*; *pazarı pazartesiye* (*od. pazartesine*) *bağlıyan gece* in der Nacht von Sonntag auf Montag.
pazen [ā] Biber *m od. n*; geköperter Barchent.
pazı[1] *bot.* Mangold *m.*
pazı[2] 1. *an.* Oberarmmuskel, Bizeps *m* 2. Oberarm *m* 3. *fig.* Kraft, Macht *f*; ~ *kemiği an.* Oberarmbein *n*; Humerus *m*; *-sı kuvvetli* 1. mit starken Muskeln; kräftig 2. *fig.* einflußreich, mächtig; *-sına güvenmek* auf seine (*physische, militärische usw.*) Kraft bauen.
pazıbent, *-di* 1. am Arm getragenes Amulett 2. Armbinde *f.*
pazval Knie-, Spann·riemen *m* (*des Schuhmachers*).
pazvant Wärter *m*; (*Nacht-*) Wächter *m*; (*Schild-*)Wache *f*; Marktaufseher *m.*
peçe *schwarzer* Gesichtsschleier.
peçelemek *fig.* gegen Sicht tarnen.
peçete [· x ·] Serviette *f*, Mundtuch *n.*
peçetelik Servietten·ring *od.* -behälter *m.*
pedagoji Pädagogik, Erziehungswissenschaft *f.*
pedal 1. Pedal *n*, Fußantritt *m* 2. *typ. kleinere* Setzmaschine; *-lara basmak* kräftig auf die Pedale (*des Fahrrads*) treten.
pedalcı Maschinensetzer *m.*
peder Vater *m.*
pederane [ā] väterlich.
pederlik 1. Vaterschaft *f* 2. Väterlichkeit *f.*
pedigri Stammbaum *m* (*z.B. e-s Pferdes*).
pedikür Fußpflege *f.*
pehlivan 1. Ringkämpfer *m* 2. *fig.* hünenhaft gebauter Mensch.
pehpeh! bravo!, großartig!, wunderbar!
pehriz 1. Diät(*-kur*) *f*; Schon-, Gesundheits·kost *f* 2. Fasten *n*; ~ *etm.* Diät halten; ~ *tutmak* fasten.
pejmürde 1. zerlumpt 2. erbärmlich.
pek, *-ki* 1. hart, streng, starr, stur 2. fest, kräftig, solid, stabil 3. *adv.* sehr, recht 4. *adv.* schnell, rasch; ~ *çok* recht (*od.* sehr) viel; ~ *fena muamele jur.* schwere Mißhandlung und Ehrenkränkung; ~ *gözlü* mutig, unerschrocken, verwegen; ~ ~ hoch gerechnet; höchstens; ~ *yürekli* hartherzig, mitleidslos; ~ *yüzlü* ungeniert, unverfroren; ~ *ziyade* 1. sehr viel; besonders 2. übermäßig; zu viel.
pekâlâ [x - -] 1. sehr schön!, sehr gut! 2. in Ordnung!, einverstanden! 3. sehr wohl; mit Fug und Recht 4. na, nun, denn, ja.
peki [x ·] 1. gewiß!, jawohl! 2. gut!, in Ordnung! 3. nun, na, ja, denn.
pekin gewiß, sicher, bestimmt, feststehend.
pekişmek 1. hart (*fest*) werden; sich verhärten 2. sich zusammendrängen; zusammengepreßt werden.
pekitmek 1. bestätigen, bekräftigen 2. festnehmen, verhaften.
peklik 1. Festigkeit, Härte *f* 2. Verstopfung, Konstipation *f* 3. Knauserigkeit, Knickerigkeit *f*; ~ *çekmek* an Verstopfung leiden.
pekmez 1. *dick eingekochter* Obst-, *spez.* Trauben·saft 2. V Blut *n.*
peksimet, *-ti* Zwieback *m.*
pelerin Pelerine *f*, Überwurf, Umhang *m.*
pelesenk, *-gi* 1. Balsam *m* 2. *ab. s. persenk*; ~ *ağacı bot.* Balsambaum *m.*
pelikül 1. Häutchen *n* 2. *phot.* Film *m.*
pelin (*otu*) *bot.* Wermutpflanze *f.*
pelit, *-di bot.* 1. Knoppereiche *f* (*Quercus aegilops*) 2. Wallone *f*, levantinische Knopper, Eichel *f.*
peliz V Vergnügen *n*, Belustigung *f*; ~ *kesmek* V sich lustig machen; spotten.
pelte 1. *kalte* Geleespeise (*aus Stärke, Zucker und Obstsaft*) 2. *allg.* Gallertmasse *f*; ~ *gibi* wabbelig.
peltek mit der Zunge anstoßend; lispelnd.
pelteklik Lispeln *n.*
peltelenmek, pelteleşmek gallertartige Konsistenz annehmen.

pelür, pelüş Plüsch *m*.
pembe rosarot, blaßrot; ~ *görmek fig.* in rosigem Licht sehen.
penaltı *Fb.* Elfmeter, Elfer *m*.
pencere [x · ·] Fenster *n*.
pencüse *Wü.* Fünf und Drei.
penç, *-ci va.* fünf; ~ *cihar Wü.* Fünf und Vier; ~ *dü Wü.* Fünf und Zwei; ~ *yek Wü.* Fünf und Eins.
pençe 1. Pranke, Tatze *f* 2. Kralle, Klaue *f* 3. *fig.* strafender Arm (*der Gerechtigkeit*); Gewalt, Macht *f* 4. (*Schuh-*) Sohle *f* 5. großer Flekken.
pençeleşmek 1. sich *gegenseitig* mit den Krallen packen 2. *fig.* kämpfen, ringen 3. hakeln.
pençeli 1. mit Pranken (*usw.*) 2. *pr.* mit starken Pranken (*usw.*) 3. *fig.* gewalttätig 4. zank-, streit·süchtig, aggressiv 5. gesohlt (*Schuhe*); ~ *nal* Griffeisen *n*.
pendifrank V schallende Ohrfeige.
peniz etm. V ausplaudern, verraten.
pens 1. Pinzette *f* 2. Flachzange *f*.
pense [x ·] Kombinationszange *f*.
pentatlon (*Sport*) Fünfkampf *m*.
penye Kammwolle *f*.
penyuvar Frisier-, Bade·mantel *m*.
pepelemek stottern.
pepe(me)lik Stottern *n*.
per [-] (*Poker*) zwei Karten gleicher Rangstufe.
perakende [ā] 1. zerstreut, zersprengt, einzeln 2. Kleinhandels-, Detail-.
perçem 1. *fr.* Haarbüschel *n* 2. (*Pferde-*)Mähne *f* 3. Stirn-, Schmacht·locke *f* 4. *bot.* Schafgarbe *f*.
perçin Niet *m* (*n*); Nietung *f*.
perçinlemek 1. (ver)nieten 2. *fig.* befestigen.
perdah [ā] 1. Polieren *n* 2. Glanz *m*, Politur *f* 3. Nachrasur *f*.
perdahlamak 1. polieren, glätten 2. stoßen (*Leder*) 3. V prahlen 4. V ausschelten.
perdahlı poliert, glänzend.
perde 1. Vorhang *m*, Gardine, Portiere, Jalousie *f* 2. Scheidewand, Sperre *f* 3. Septum *n* 4. *gr.*, *mus.* Ton *m*, Tonlage *f* 5. *mus.* Bund *m*, Luftloch *n* 6. Aufzug, Akt *m* 7. *fig.* Akt, Teil *m* 8. (*Film-*) Leinwand *f* 9. *med.* Star *m* 10. *fig.* Schleier, Deckmantel *m* 11. Schamhaftigkeit *f*.
pereme *schweres zweirudriges* Boot.
perende [· x ·] Purzelbaum, Salto *m*; ~ *atmak* 1. e-n Purzelbaum schlagen 2. *fig. j-m et.* weismachen; ~ *atamamak* (*b-nin yanında*) *gegen j-n* nicht aufkommen können; *-den atlamak fig.* sich aus der Klemme ziehen; e-r Gefahr entrinnen.
perendebaz Akrobat, Clown *m*.
perendebazlık 1. Akrobatentum *n* 2. Artistenkunststück *n* 3. *fig. pej.* kunstreiche Verrenkung.
perese 1. Richtschnur (*der Maurer*) *f* 2. *fig.* Stufe *f*, Grad *m*, Stadium *n*, Zustand *m*; *-sine getirmek* e-e günstige Gelegenheit finden; *-ye almak* ins Auge fassen; vorsehen.
perestiş Anbetung, Verehrung *f*; ~ *etm.* (*b-ne*) anbeten, verehren.
pergel Zirkel *m*; *-leri açmak* F lange Schritte machen; weit ausschreiten.
pergellemek 1. mit dem Zirkel abmessen 2. projektieren, entwerfen.
perhiz *s. pehriz*.
peri Fee *f*; ~ *gibi* wunderschön; ~ *masalı* Märchen *n*; *-ler diyarı* Feenland *n*.
perişan [· - -] 1. zer-, ver·streut 2. verwahrlost 3. verstört; ~ *etm.* in Unordnung bringen.
periton *an.* Bauchfell, Peritoneum *n*; ~ *kovuğu an.* Bauchfellhöhle *f*.
peritonit, *-ti med.* Bauchfellentzündung, Peritonitis *f*; *-e tutulmak* von Bauchfellentzündung befallen werden.
permanant, *-tı* Dauerwelle(n *pl.*) *f*; ~ *makinesi* Dauerwellenapparat *m*.
permeçe *kleineres Kabeltau, wie z.B.* Schlepptau *n* Treidel *m*.
permi 1. Erlaubnis *f*; Ausfuhr- *bzw.* Einfuhr·genehmigung *f* 2. Freifahrtschein *m bzw.* Ermäßigungsausweis *m*.
peron 1. Bahnsteig *m* 2. *selt.* Freitreppe *f*.
persenk, *-gi in der Füg.*: *ağız* (*od. dil*) *persengi*.
personel 1. *selt.* persönlich 2. Personal *n*; ~ *şefi* Leiter *m* der Personalabteilung, Personalchef *m*.
perşembe Donnerstag *m*.
pert, *-ti techn.* Druckverlust *m* (*z.B. bei Gas*).
pertavsız Lupe *f*, Vergrößerungsglas *n*.
perükâr Friseur *m*.

perva [ā] 1. Angst *f* 2. Achtung, Respekt *m*.
pervane [ā] 1. Nachtschmetterling *m* 2. Propeller *m* 3. Schiffsschraube *f*, Schaufelrad *n* 4. Flügel *pl.* (*z.B. e-s Ventilators*) 5. Walkfaß *n* (*Gerberei*) 6. (*balığı*) *zo.* Sonnenfisch *m* (*Orthagoriscus mola*); ~ *olm.* (*b-ne od. b-nin üstüne*) 1. zärtlich betreuen und behüten 2. sich sehr *um j-n* bemühen.
pervasız [ā] 1. furchtlos, unerschrocken 2. achtlos, unbekümmert, rücksichtslos, respektlos.
pervaz [ā] 1. Gesims *n*, Karnies *m* 2. Fries *m*, Zierleiste *f* 3. Saum, Besatz *m* 4. Verschalung *f* 5. Einfassung *f*, Rand *m*.
pes[1] *in folg. Füg.*: ~ *dedir(t)mek* niederringen, besiegen; ~ *demek* 1. sich geschlagen geben 2. (*yanında*) nachgeben, beipflichten; ~ *etm.* aufgeben (*z.B. im Wettkampf*).
pes[2] tief *od.* leise (*Ton*); ~ *perdeden konuşmak fig.* sich sehr vorsichtig ausdrücken 2. große Ergebenheit an den Tag legen.
pes[3] rückwärtig *od.* am Ende befindlich; ~ *edat gr.* Suffix *n*.
pesek Zahnbelag, Zahnstein *m*.
pespaye [ā] gemein, niedrig.
pestenkerani [ā] [· · · x ·] F sinnlos, dumm.
pestil *dünne Fladen aus getrocknetem Aprikosen-, Pflaumen- und Maulbeerbrei*; *-ini çıkarmak* (*b-nin*) 1. zerquetschen 2. *fig.* sehr ermüden 3. gehörig durchprügeln.
pesüs offene Tonlampe.
peş 1. *z. va.* keilförmiger Einsatz, Zwickel *m* 2. (*mit Possessivendung*) = *arka*; *-i sıra* dicht hinterdrein; *-ine düşmek* 1. *hinter j-m* herlaufen; sich an *j-s* Sohlen heften 2. *et.* eifrig verfolgen; energisch hinterhersein; *-ini bırakmak* 1. *j-n* nunmehr in Ruhe lassen 2. *et.* aufgeben.
peşin 1. *adv.* im voraus; vorher 2. *adj.* bar, Bar- 3. *adj.* im voraus bezahlt *bzw.* zu zahlen; ~ *almak* bar kaufen; ~ *cevap* voreilige Antwort; ~ *hüküm* 1. Vorurteil *n* 2. voreiliger Entschluß; ~ *söylemek* vorher-, voraus·sagen.
peşinen [ī] *adv. s. peşin* (1).
peşkeş Geschenk *n*, *nur gebr. in*: ~ *çekmek* 1. (*b-ne bşi*) *j-m et.* als Geschenk anbieten 2. (*b-ne bir iş için*) *j-m et.* (Unmögliches) zumuten 3. verschenken (*was e-m nicht gehört*) 4. vergeuden, verschleudern.
peşkir 1. Serviette *f*, Mundtuch *n* 2. Hand-, Überschlag·tuch *n*.
peşrev 1. Einleitungsstück *n bei e-r orient. Musikfolge* 2. einleitende Bewegungen und Griffe *pl. der Ringer* 3. *mil.* Kartätsche *f*; ~ *çalmak mst. fig.* die Ouverture spielen.
peştahta 1. *fr. kleines* Schreibpult, *kleiner* Arbeitstisch 2. Ladentisch *m* 3. Konsole *f* 4. Zahlbrett *n des Geldwechslers.*
peştamal 1. Badeschurz *m* 2. Arbeitsschurz *m*.
peştamaliye, peştamallık *jur.* Fassonwert *m* (*e-s Geschäftes*), Goodwill *n*.
petek 1. radförmige Bienenwabe 2. *ähnliches Gebilde* (*wie z.B. bei Mohn, Kascharkäse usw.*) 3. *an.* Alveole *f*.
petekgöz *an.* Netzauge *n* (*mancher Insekten*).
petkir feines Sieb, Haarsieb *n*.
petrol, *-lü, -lu* (*gazı*) Petroleum *n*; ~ *gemisi* Tankschiff *n*, Tanker *m*.
petunya [· x ·] *bot.* Petunie *f*.
pey 1. Anzahlung *f*, Angeld *n* 2. Gebot *n* (*bei Versteigerung*); ~ *sürmek* (*od. vurmak*) bieten (*bei e-r Versteigerung*).
peyapey [ā] *z. va.* 1. hintereinander 2. allmählich, langsam.
peyda [ā] 1. vorhanden; ge-, erschaffen 2. sichtbar, deutlich; ~ *etm.* 1. vorbringen, aufwerfen, zur Sprache bringen 2. (*et. Neues*) annehmen *od.* sich zulegen; ~ *olm.* auftauchen, sich einstellen, sich zeigen.
peydahla(n)mak *s. peyda etm.* (2).
peygamber Prophet *m*, *spez.* Mohammed; ~ *öküzü* von gottgesegneter Dummheit; Riesenroß *n*.
peygamberane [· · - ·] prophetisch (*z.B. Vision*).
peygamberlik 1. Propheten·gabe *f*, -tum *n* 2. Prophezeiung *f*; ~ *etm.* prophezeien, vorhersagen.
peyk[1], *-ki* 1. *astr.* Trabant, Satellit *m* 2. (*pol.*) Satellitenstaat *m* 3. *va.* Bediente(r), Lakai, Bote *m*.
peyk[2], *-ki Ka.* Pik, Schippen *n*.
peyke Holz-, Sitz·bank *f*.
peyklik Satellitentum *n*.
peylemek *sich* durch e-e Anzahlung *et.* sichern.

peynir Käse *m.*
peynircilik 1. Käsezubereitung *f* 2. Käse·verkauf, -handel *m.*
peyzaj 1. Landschaft *f* 2. Landschafts·bild *n*, -aufnahme *f* 3. *selt.* Schönheit *f* des Landschaftsbildes.
pezevenk, -gi 1. Kuppler, Zuhälter *m* 2. *sehr vulg. Schi., etwa:* Saukerl *m.*
pıhtı Blutgerinsel *n.*
pıhtılanmak, pıhtılaşmak gerinnen, erstarren.
pılıpırtı 1. Trödel *m*, Gerümpel *n*, alter Kram *m* 2. (*verächtlich*) Sachen, Habseligkeiten *pl.*
pınar 1. (*größere*) Quelle 2. (*innerer*) Augenwinkel.
pırasa [· x ·] *bot.* Lauch, Porree *m*; ~ *bıyıklı* mit kräftigem, langem (*mst. rotblondem*) Schnurrbart.
pırıldak 1. Blinkgerät *n* 2. Heliostat *m.*
pırıldamak leuchten, glänzen, strahlen.
pırlak Lockvogel *m.*
pırlamak 1. davon·schwirren, -stieben (*Vögel*) 2. *fig.* eiligst fortlaufen.
pırlangıç, -cı Brummkreisel *m.*
pırlanta [· x ·] 1. Brillant *m* 2. Brillant-.
pırnal *bot.* Steineiche *f.*
pırpırı 1. Lumpen, Fetzen *pl.* 2. V schäbig gekleidet 3. V vergnügungssüchtig; Schürzenjäger *m.*
pırpıt, -tı 1. abgewetzt, fadenscheinig 2. *grober, handgewebter* Wollstoff.
pırtık alt und zerrissen.
pısırık Hasenfuß, Schlappschwanz *m.*
pıt, -tı leichtes Geräusch; ~ ~ trippelnd; ~ *yok* alles ist totenstill.
pıtır pıtır mit leisen, raschen Schritten; trippelnd.
pıtırdı Knacken, Knarren, Knistern, Trippeln *n.*
pıtrak *bot. Bez. verschiedener Distel- und Kletten·arten.*
piç 1. un- *bzw.* außer·eheliches Kind *n* 2. *Schi.* Bankert *m* 3. *fig.* verdorben, ruiniert; ~ *etm.* verderben, verkorksen; ~ *kurusu! etwa:* du Schlingel!; ~ *olm.* 1. verdorben werden (*z.B. Lust*) 2. nutzlos aufgewandt werden; draufgehen.
pide [x ·] Fladen *m*, Fladenbrot *n*; ~ *gibi* flach wie ein Pfannkuchen.
pijama [· x ·] Pyjama, Schlafanzug *m.*
pika [x ·] (*Ka.*) Pik, Schippen.
pike[1] Pikee *m.*
pike[2] 1. Sturzflug *m* 2. *Bill.* Kopfstoß *m.*
piko Hohlsaum *m.*
pikür Steppverzierung *f.*
pil *el.* Element *n*, Batterie *f.*
pilâçka *s. plaçka.*
pilâki [â kurz] [· x ·] 1. *kaltes Bohnen- od. Fischgericht* 2. V einfältig, blöd.
pilâv [â kurz] Pilau, Pilaw *m.*
piliç, -ci 1. junges Huhn, Hühnchen *n* 2. *fig.* junges Mädchen.
pilon *techn.* Pylone *f*, Eisenträger *m.*
pilot, -tu 1. Flugzeugführer, Pilot *m* 2. Lotse *m.*
pilotlu 1. bemannt (*Flugzeug*) 2. mit e-m Lotsen an Bord.
pimpon V alter Kracher, Tapergreis *m.*
pin *techn.* 1. Stift, Bolzen, Pflock *m* 2. Ritzel *n.*
pinti 1. knauserig; Geizkragen *m* 2. schäbig gekleidet.
pinyon Übersetzung *f* (*am Fahrrad*).
pipo [x ·] (*Tabaks-*)Pfeife *f*; ~ *içmek* Pfeife rauchen; ~ *tütünü* Pfeifentabak *m.*
pir [i] 1. *va.* bejahrt, alt 2. *Begründer e-s geistlichen Ordens od. e-s Gewerbes* 3. Schutzpatron *m* 4. *adv.* tüchtig, ordentlich.
piramit, -di 1. Pyramide *f* 2. *Name e-s prismaförmigen Schichtkuchens.*
Pire *n.pr.* Piräus *m.*
pire *zo.* Floh *m*; ~ *gibi* flink, hurtig, gewandt; ~ *için yorgan yakmak* das Kind mit dem Bade ausschütten; *-yi deve yapmak fig.* aus e-r Mücke e-n Elefanten machen; *-yi nallamak fig.* 1. pedantisch genau vorgehen 2. Nutzloses *od.* Unmögliches versuchen.
Pirene Dağları *n.pr.* Pyrenäen *pl.*
pirina [· x ·] Ölkuchen *m.*
pirinç[1], *-ci* Messing *n.*
pirinç[2], *-ci bot.* Reis *m*; ~ *unu* Reismehl *n*; *-in taşını ayıklamak fig.* e-e mühevolle Arbeit verrichten.
piruhi *e-e Art Ravioli.*
pirüpak, -ki [- · -] P blitzblank, makellos.
pirzola Kotelett, Rippchen *n.*
pis 1. schmutzig, unsauber 2. widerwärtig, ekelhaft, eklig 3. ungehörig,

unanständig; ~ *kokmak* stinken; widerlich riechen; ~ *koku* Gestank *m*, übler Geruch; ~ *lâkırdı* 1. ungehöriger Ausdruck 2. Schimpfwort *n*.

pisbıyık V widerlicher Kerl, Ekel *n*.

pisboğaz Vielfraß, Nimmersatt *m*.

pisi 1. *Ki.* Miezekatze *f* 2. (*balığı*) *zo.* Flunder, Scholle *f*.

pisin Schwimmbassin *n*.

pisipisi 1. *Ki.* Miezekatze *f* 2. (*Lockruf*) miez miez!, psps komm!; *-ne* umsonst; für die Katze.

piskopos (*christl.*) Bischof *m*.

pislemek beschmutzen, besudeln, verunreinigen.

pist[1], *-ti* (*Scheuchruf*) pst!, hscht!

pist[2], *-ti* 1. Renn-, Fahr-, Aschenbahn *f*, Piste *f* 2. Eis-, Rollschuhbahn *f* 3. Tanzfläche *f*.

piston 1. *techn.* Kolben *m* 2. *mus.* Piston *n* 3. F Protektion *f*; ~ *kolu* Kolbenstange *f*.

pistonlamak F protegieren.

pistonlu 1. *techn.* Kolben- 2. Piston- 3. wer Protektion genießt.

pişik Haut·reizung, -entzündung *f* (*infolge Schweißabsonderung*), *med.* Wolf *m*.

pişirmek 1. kochen, sieden, backen, braten, schmoren 2. brennen (*Ton, Ziegel usw.*) 3. verabreden 4. wund werden lassen (*Schweiß*) 5. heranreifen lassen 6. lernen, studieren 7. planen, aushecken.

pişkin 1. genügend gekocht (*gebraten usw.*) 2. *fig.* unverfroren 3. *fig.* abgebrüht, gerissen.

pişman [ā] bereuend; ~ *olm.* (*m. Dat.*) bereuen.

pişmanlık [ā] Reue *f*; ~ *getirmek* Reue empfinden; *pişmanlığını çekmek* (*bşin*) *et.* bereuen.

pişmek, (*-er*) 1. kochen *intr.* (*usw.*, *vgl. pişirmek*) *od.* gekocht (*usw.*) werden 2. reifen; Routine gewinnen 3. wund werden (*durch Schweiß*) 4. verabredet werden; *pişmiş aşa soğuk su katmak fig. et.* im letzten Augenblick verderben; *pişmiş toprak* Terrakotta *f*.

pişti *Name e-s Ka.*

piştov V Pistole *f*, Revolver *m*.

Pitagor *n.pr.* Pythagoras *m*; ~ *teoremi* pythagoräischer Lehrsatz.

piyade [ā] 1. Fußgänger *m* 2. *mil.* Infanterist *m* 3. *Scha.* Bauer *m* 4. *leichtes* Boot (*mit einem Ruderpaar*).

piyanço [· x ·] V Laus *f*.

piyango [· x ·] 1. Lotterie *f* 2. (*bileti*) Lotterielos *n*; ~ *cekilişi* (*od. keşidesi*) (*Lotterie-*)Ziehung *f*.

piyanist, *-ti* Klavierspieler(in *f*) *m*, Pianist(in *f*) *m*, Klaviervirtuose *m*, Klaviervirtuosin *f*.

piyano [· x ·] 1. Klavier, Piano *n*, Flügel *m* 2. piano, leise 3. Piano *n* (*als Tonstärke*); ~ *resitali* Klaviervortrag *m*.

piyanocu 1. wer Klaviere baut, repariert *od.* verkauft 2. *selt.* = *piyanist.*

piyasa [· x ·] 1. Promenade *f*, Bummel *m* 2. Markt, Handel *m* 3. Marktpreis(e *pl.*) *m*; ~ *etm.* promenieren, bummeln; ~ *yükseldi* die Preise sind angezogen; *-da geçer* marktgängig; *-da yok* nicht zu bekommen (*Ware*); *-ya çıkarmak* auf den Markt bringen (*Ware*); *-ya düşmek fig.* zur Dirne werden.

piyata [· x ·] 1. (*flacher*) Eßteller 2. Gericht *n* (*Speise*).

piyaz 1. Zwiebelbeilage *f* 2. (*a. fasulye piyazı*) *Salat aus gekochten weißen Bohnen* 3. V aufdringliche Liebenswürdigkeit.

piyes Theaterstück, Bühnenwerk *n*; ~ *muharriri s. piyesçi.*

piyesçi Bühnenautor, Dramatiker *m*.

piyiz V Anisbranntwein, Raki *m*; ~ *kaymak* V unaufgefordert bei e-m Zechgelage erscheinen.

piyon *Scha.* Bauer *m*.

piyonye *fig.* Pionier, Vorkämpfer *m*.

plâçka [â kurz] [x ·] Rauben, Plündern *n*; Raubzug *m*.

plâj (*sandiger*) Badestrand.

plâk, *-kı, -ğı* [â kurz] 1. Grammophon-, Schall·platte *f* 2. *phot.* Platte *f*; *plâğa almak* auf (*Schall-*)Platten aufnehmen.

plâka [â kurz] [x ·] 1. Schild(chen), *spez.* Nummernschild *n* 2. (*Metall-*) Plättchen *n* 3. Plakette *f* 4. *selt.* Plakat *n*.

plâkart, *-dı* [â kurz] (*Werbe-*) Plakat *n*, Anschlagzettel *m*.

plâke [â kurz] plattiert, überzogen (*mit Metall*); ~ *etm.* plattieren, überziehen.

plân [â *mst.* kurz] 1. Plan *m*, Absicht, Vorhaben *n* 2. Entwurf, Grundriß *m* 3. (*Bühnen-*)Plan; ~ *kurmak* e-n Plan schmieden; ~ *mucibince* planmäßig.

plânçete [· x ·] Meßtisch *m*, Planchette *f*; ~ *tahtası* Reißbrett *n*.
plânkote [â kurz] Rollfeld *n* (*für Flugzeuge*).
plânlı [â *mst.* kurz] planmäßig, systematisch.
plânör [â kurz] Segelflugzeug *n*.
plânörcü [â kurz] Segelflieger(in *f*) *m*.
plânya [â kurz] [x ·] Rauhbank *f*, Langhobel *m* (*des Tischlers*); ~ *etm.* abhobeln, abrichten.
plâse [â kurz] 1. gut plaziert (*Ball*) 2. Plazierung *f* 3. angelegt (*Kapital*) 4. plaziert (*bei Pferderennen*).
plâsman [â kurz] (*Kapitals-*)Anlage *f*.
plâstik [â kurz] 1. plastisch 2. Plastik *f* 3. Kunststoff *m*.
plâstikçi [â kurz] wer Gegenstände aus Kunststoff herstellt.
plâterina [· · x ·] *zo.* dünnlippige Meeräsche.
plâtform [â kurz] 1. Plattform *f* (*bei Eisenbahn, Straßenbahn usw.*) 2. Dachterrasse *f* 3. *geogr.* Schorre *f* (*Brandungs- od. Abrasionsplatte e-r Küste*).
plâto [â kurz] 1. Hochebene *f* 2. Rollfeld *n*, Startfläche *f*.
pli Falte *f*.
plise 1. Plissee *n* 2. Plisseestreifen *m* 3. plissiert, gefältelt; ~ *etm.* plissieren, fälteln.
plonjon 1. Kopf-, Turm- *od. and.* Wasser·sprung *m* 2. (*Fb.*) Robinsonade *f*; ~ *yapmak* 1. e-n Kopfsprung (*usw.*) ausführen 2. (*Fb.*) sich zu Boden werfen (*Torwart*).
podösüet, -ti 1. Wildleder *n* 2. Wildleder-.
podra [x ·] Puder *m*; ~ *sürmek* Puder auflegen; sich pudern; ~ *şeker* Staub-, Puder·zucker *m*.
podralamak mit Puder bestreuen; pudern.
podralık [x · ·] Puderdose *f*.
pof 1. bums!, bauz! 2. pff!, fft!
poflamak schnauben, pusten, blasen.
pofurdamak seufzen, ächzen, stöhnen.
pofyos V 1. unnütz, wertlos 2. Schund, Pofel *m*.
poğaca [· x ·] Mürbteigpastete *f*.
pohpoh Lobsprüche, Komplimente *pl.*; *-ları veriştirmek* mit Lobsprüchen überhäufen.
pohpohlamak *m. Akk.* Komplimente machen, Schmeicheleien sagen.
poker [x ·] 1. *Ka.* Poker *m*, Pokerspiel *n* 2. vier Karten gleicher Rangstufe; ~ *çevirmek* F Poker spielen; pokern.
pokerci Pokerspieler(in *f*) *m*.
poliça [· x ·] 1. *gezogener* Wechsel, Tratte *f* 2. (*Versicherungs-*)Police *f*.
poliçe[1] *s. poliça*.
poliçe[2] [· x ·] V Judenmädchen n.
polim V Prahlerei *f*; ~ *atmak* V aufschneiden, prahlen.
polis 1. Polizist *m* 2. Polizei *f*.
politik politisch.
politika Politik *f* (*a. als Berechnung, Methode*); ~ *adamları* Politiker, Staatsmänner *pl*.
politikacı 1. Politiker *m* 2. *fig.* geschickter Taktiker 3. Diplomat, Schmeichler *m*.
Polonya [· x ·] *n.pr.* Polen *n*.
Polonyalı Pole *m*, Polin *f*; polnisch.
pomata [· x ·] (*Haar-*)Pomade, Salbe *f*.
pompa [x ·] Luftpumpe *f* (*für Auto, Fb. usw.*).
pompuruk V alter Kracher, Tapergreis *m*.
ponpon (*Puder-*)Quaste *f*.
ponza [x ·] (*taşı*) Bimsstein *m*.
porsuk *zo.* Dachs *m*; ~ *ağacı bot.* Eibe *f*.
portakal Orange, Apfelsine *f*.
portatif 1. tragbar 2. zerlegbar 3. (*yazı makinesi*) Reiseschreibmaschine *f*; ~ *karyola* Feldbett *n*.
portbagaj 1. Gepäckbrücke *f* (*am Auto*) 2. Kofferraum *m* (*im Auto*).
porte 1. *selt.* Bereich, Umfang *m* 2. *fig.* Tragweite, Bedeutung *f* 3. *mus.* Notenlinien *pl*.
Portekiz *n.pr.* Portugal *n*.
portföy 1. Brieftasche *f*, Portefeuille *n* 2. (*Bank-*)Portefeuille *n*, Wertpapier- und Wechsel·bestand *m*.
portkostüm Schneider-, Kleiderpuppe *f*.
portmanto Garderobenständer *m*.
portmen P Portemonnaie *n*, Geldbeutel *m*.
portör *med.* Bazillenträger *m*.
portre 1. Porträt *n* 2. *fig.* Beschreibung *f*.
pos kräftig, dicht und lang (*Schnurrbart*).

posa [x ·] 1. Treber, Trester *f* 2. Grieben *pl.* 3. Schlacke *f.*
posbıyık schnauzbärtig.
post, *-tu* 1. (*Tier-*)Fell 2. *fig.* Stellung, Stelle *f*, Posten *m* 3. *fig.* Sitz, Stuhl *m* 4. *fig.* Leben *n*, Seele *f*; ~ *elden gitmek* umgebracht, getötet werden; ~ *kapmak* e-e (*gute*) Stellung ergattern; ~ *kavgası* Postenjägerei *f*; *-u kurtarmak* sein Leben mit Mühe und Not retten können; *-u sermek fig.* keinen Abgang finden (*z.B. Gast*); *-una oturmak fig.* sich aufspielen.
posta [x ·] 1. Post *f* 2. Postamt *n* 3. Post·zug, -dampfer *m*, -auto *n* *usw.* 4. *mil.* Posten *m*, Wache, Ordonnanz *f* 5. Trupp *m*, Schicht *f* (*z.B. Arbeiter*) 6. Fahrt, Fuhre *f* 7. Rundfunkstation *f*; ~ *etm.* abführen, wegbringen; ~ *havalesi* 1. Postanweisung *f* 2. Postüberweisung *f*; ~ *kartı* Postkarte *f*; ~ *paketi* Postpaket *n*; ~ *ücreti* Postgebühren *pl.*, Porto *n*; ~ *yapmak* e-e Fahrt machen; (*hin- und zurück-*)fahren; *-ya vermek* zur Post geben; abschicken (*lassen*); *-yı kesmek fig.* die Verbindung abbrechen (*mit j-m*).
postacı [x · ·] 1. Briefträger *m* 2. Postbeamte(r) *m.*
postal 1. *derber Arbeiter- od. Soldatenschuh* 2. *Schi.* liederliches Frauenzimmer.
postane [ā] Postamt *n.*
postrestan(t) 1. postlagernd 2. postlagernde Sendungen *pl.*
poşat, *-dı* Farbskizze *f.*
pot[1], *-tu* Fähre *f.*
pot[2], *-tu* Falte *f*; ~ *gelmek* (*iş*) *fig.* mißlingen; ~ *kırmak* e-n groben Schnitzer begehen; ~ *yeri fig.* wunder Punkt (*e-r Angelegenheit*).
pot[3], *-tu* 1. Gesamtheit *f der Einsätze beim Pokerspiel* 2. V Pokern *n*; ~ *yapmak* V pokern; Poker spielen.
pota [x ·] *chem.* Schmelztiegel *m.*
potansiyel 1. Potential *n* 2. potentiell.
potin Stiefel, Schuh *m.*
poto Start- *od.* Ziel·punkt *m* (*bei Pferderennen*).
potur 1. faltige Stelle 2. anatolische Bauernhose.
poturlu anatolischer Bauer.
poyra [x ·] *techn.* 1. Nabe *f* 2. Achsbüchse *f.*
poyraz 1. Nordostwind *m* 2. Nordost.
poz 1. Pose, Positur, Haltung, Stellung *f* 2. *phot.* Belichtung *f* 3. *phot.* Zeitaufnahme *f* 4. Bild *n*, Aufnahme *f*; ~ *müddeti phot.* Belichtungszeit *f*; ~ *vermek* belichten.
pozometre [· · x ·] Belichtungsmesser *m.*
pöf puh!, pfui!
pörsük faltig geworden, eingefallen, welk.
pörsümek faltig werden; zusammenschrumpfen.
pösteki (*ungegerbtes*) Schaf- *od.* Ziegen·fell; ~ *saymak fig.* e-e Sisyphusarbeit verrichten; ~ *sermek fig.* keine Anstalten zum Gehen machen; *-sini çıkarmak* (*od. sermek*) *fig. j-m* tüchtig das Fell gerben; *-yi sudan çıkarmak fig.* sich geschickt aus der Affäre ziehen.
pötibör Keks *m.*
pötigri 1. *zo.* Feh *n* 2. Fehmantel *m.*
prafa [x ·] *Name e-s Ka.*
pranga [x ·] *fr. schwere* Sträflingskette; *-ya vurmak* in Ketten legen.
pratik 1. praktisch 2. Praxis *f.*
pratisiyen hekim praktischer Arzt.
prens 1. Prinz *m* 2. Fürst *m* 3. *ab. s. prenses.*
prenses 1. Prinzessin *f* 2. Fürstin *f.*
prensip, *-bi* Prinzip *n*, Grundsatz *m.*
presbit, *-ti* weitsichtig.
prestij Prestige, Ansehen *n*, Geltung *f.*
prevantoryum [· · x ·] Genesungsheim *n.*
prifiks Festpreis *m.*
prim 1. (*Versicherungs- od. Anleihen-*)Prämie *f* 2. Preis *m*, Belohnung, Prämie *f* 3. *H.* Agio *n.*
priz Steckdose *f.*
profesör (*Universitäts-*)Professor *m*; ~ *namzedi* außerordentlicher Professor.
profesyonel 1. Berufs·sportler, -spieler, Professional *m* 2. berufsmäßig, Berufs-.
profil 1. Profil *n*, Seiten·ansicht, -aufnahme *f* 2. im Profil; ~ *başlar* Köpfe *pl.* im Profil; ~ *demiri* Profileisen *n.*
proje Entwurf, Plan *m*; ~ *dairesi* Konstruktionsbüro *n*; ~ *taslağı* Entwurfsskizze *f.*
projektör 1. Bildwerfer *m* 2. Scheinwerfer *m.*
protesto [· x ·] 1. Protest, Einspruch

m, Verwahrung *f* 2. *jur.* Protest, Widerspruch *m*, Mahnung *f*; ~ *etm.* (*bşi*) protestieren (*gegen*); ~ *makamında* zum (als) Protest.
prova [x ·] 1. (*An*-)Probe *f* 2. Bühnen-, Orchester·probe *f* 3. Korrekturbogen *m* 4. *s. pruva.*
Prusya [x ·] *n.pr.* Preußen *n.*
pruva [x ·] *naut.* (*Schiffs*-)Bug *m.*
psikanaliz Psychoanalyse *f.*
psikoloji Psychologie *f.*
pudriye (*ab. a. pudriyer*) Puderdose *f.*
pufla [x ·] 1. *zo.* Eiderente *f* 2. (*Eider*-)Daunen *pl.* 3. Daunen- 4. (*gibi*) weich, locker.
puflamak *s. poflamak.*
puhu (**kuşu**) *zo.* Uhu *m.*
pul (*allg.*: *kleiner, dünner, flacher Gegenstand*) 1. Paillette *f* 2. Schuppe *f* 3. Stein *m* (*z.B. im Tricktrackspiel*) 4. (*Brief-, Stempel- usw.*) Marke *f* 5. *techn.* Unterlegscheibe *f* 6. *fr.* kleine Münze 7. Geld *n* 8. Schmuckmünze *f* 9. größerer runder Punkt *od.* Flecken; ~ *koleksiyonu* Briefmarkensammlung *f.*
pulluk *schwerer* Maschinenpflug.
pulu *zo. dicklippige* Meeräsche.
puluç (*sexuell*) impotent (*Mann*).
punar *s. pınar.*
punt, -du *naut.* Schiffsposition *f*; ~ *tâyini naut.* Positionsberechnung *f*; *-una getirmek* mit List erreichen; erschleichen, abluchsen; *-unu bulmak* e-e günstige Gelegenheit erwischen.
punto [x ·] 1. *typ.* Punkt *m* 2. Punkt *m* (*bei Börsenbewertungen*).
puntolu [x · ·] in (*näher qualifizierten*) Lettern *od.* Börsenpunkten; *iri* ~ *başlık* Überschrift *f* in fetten Lettern, Balkenüberschrift *f.*
pupa [x ·] *naut.* 1. Heck *n* (*e-s Schiffes*) 2. *adv. od. adj.* von hinten, von rückwärts; Rücken-, Achter-; ~ *gitmek* 1. mit Achterwind fahren 2. *fig.* vom Glück begünstigt sein; ~ *yelken* 1. durch Achterwind geblähtes Segel 2. *fig.* mit vollen Segeln; in voller Fahrt; ~ *yelken gitmek* vor dem Wind segeln.
puro [x ·] Zigarre *f*, Zigarillo *n*, Stumpen *m.*
pursantaj *H.* prozentualer Anteil.
pus[1] (*englischer*) Zoll (= 2,54 *cm*).
pus[2] 1. leichter Nebel 2. Beschlag *m* (*auf Früchten*) 3. Raupengespinst *n* 4. Moos *n* (*an Bäumen*) 5. Schorf *m* (*an Brustwarze od. Euter*).
pusarık 1. neblig, dunstig, naßkalt (*z.B. Wetter*) 2. Nebeldunst *m* (*in e-r Ebene*).
pusat, -tı 1. Werkzeug *n* 2. Waffe *f* 3. Pferdegeschirr *n.*
puset, -ti (*Kinder*-)Sportwagen *m.*
pusla [x ·] 1. Zettel *m*, Notiz *f* 2. Rechnung *f* 3. *s. pusula.*
puslanmak beschlagen (*z.B. Fenster*).
puslu[1] *s. pusarık.*
puslu[2] *Verst. zu uslu.*
pusluk -zöllig; *altı* ~ *top* 15-cm Geschütz *n.*
pusmak 1. sich ducken, sich kauern 2. auf der Lauer liegen 3. bekümmert *od.* gekränkt sein 4. neblig, dunstig werden.
pusu Hinterhalt *m*, Lauer *f*; ~ *kurmak* e-n Hinterhalt legen; *-ya yatmak* sich in ein Hinterhalt legen.
pusula [x · ·] 1. Kompaß *m* 2. *s. pusla*; *-yı şaşırmak fig.* vollkommen aus dem Konzept geraten; nicht mehr ein noch aus wissen.
pusulasız 1. ohne Kompaß 2. *fig.* verwirrt, unsicher.
put, -tu 1. Götzenbild *n*, Götze *m* 2. P Kreuz, Kruzifix *n*; ~ *gibi* stieren Blickes *und ohne et. zu sagen*; ~ *kesilmek* zur Mumie erstarren.
putperest, -ti Götzendiener, Heide *m.*
putrel (*eiserner*) Balkenträger.
puvan (*Bewertungs*-)Punkt *m*; ~ *cetveli* Punktliste, Bewertungstabelle *f*; ~ *itibariyle* an Punkten.
puvantaj 1. Kenntlichmachung *f* (*durch Punkte, Häkchen usw.*) 2. Punktbewertung *f*; ~ *heyeti* Preisgericht *n*, Jury *f*; ~ *yapmak* abhaken (*z.B. beim Kollationieren*).
puvason davril Aprilscherz *m.*
püf! pff!, fft! ~ *demek* (*bşe*) ausblasen, auspusten; ~ *noktası* (*bir işin*) springender Punkt.
püflemek (*bşi*) 1. daraufblasen 2. ausblasen.
püfür püfür 1. paffend 2. leicht wehend (*Wind*).
pünez Reiß·zwecke *f*, -nagel *m.*
pürçek 1. geringelt, gekräuselt, lockig 2. Haar·locke *f*, -kringel *m.*
püre Püree *n*, Brei *m.*

pürgatif *med.* Purgativ, Abführmittel *n*.
pürizm 1. Sprachreinigung *f* 2. *pr.* radikale Sprachreform.
pürtük 1. steinig, felsig 2. uneben, faltig, zerknittert, runzelig 3. kleine Unebenheit.
pürüz 1. rauhe *od.* unebene Stelle 2. *fig.* Hindernis *n*, Unannehmlichkeit *f* 3. *fig.* kleinerer Fehler *od.* Mangel.
pürüzsüz 1. glatt, eben, gleichmäßig 2. *fig.* glatt (*verlaufend*) 3. fehlerfrei, tadellos.
püskül Quaste, Troddel, Franse *f*.
püsküllendirmek 1. zu e-r Quaste (*usw.*) machen 2. *fig.* erschweren, komplizieren 3. übermäßig weit ausspinnen (*Erzählung*) 4. aufbauschen (*z.B. Bericht*).
püsküllü 1. mit Quaste (*Troddel usw.*) 2. quasten- (*troddel- usw.*) förmig 3. *fig.* mit unangenehmen Weiterungen; ~ *belâ* 1. Unglück *n*, aus dem weiteres Unheil erwächst 2. *fig.* Sisyphusarbeit *f* 3. *fig.* große Last *od.* Plage; ~ *perde* Fransenvorhang *m*.
püskürgeç, *-ci* Zerstäuber, Pulverisator *m*, Flit-Spritze *f*.
püskürmek 1. blasen, prusten, spritzen 2. ausspeien, auswerfen (*z.B. Vulkan*).
püskürtmek 1. *Kaus. zu püskürmek* 2. *mil.* abwehren, zurückwerfen, zersprengen 3. *mil.* abblasen (*z.B. Gas*).
püskürtü vulkanischer Auswurf.
püslemek *Verst. zu süslemek.*
püslü *Verst. zu süslü.*
püsür *pej.* 1. *in der Füg.*: ~ *falan festekiz* a) derartig, solch *b*) dumm, häßlich, eklig *usw.* 2. (*in Verb. mit bok*) F lästiges Zeug, Krimskrams *m*.
pütür pütür ganz rauh (*Haut*).

R

r, R [rɛ] *21 Buchst. des türk. Alph.*
Rab, *-bbi* Herr, Herrgott *m*; Gott.
Rabbena [· · -] unser Gott; ~ *hakkı için* bei Gott!, fürwahr!
Rabbi [ī] mein Gott! [*m*, Gott *m*.]
Rabbim 1. mein Gott 2. Herrgott
rabıt, *-ptı* 1. Binden *n*, Verbindung *f* 2. Hinzufügung *f* 3. *s. zapturapt* 4. *gr.* Konjunktion *f*.
rabıta [- · ·] 1. Verbundenheit *f* 2. Zusammenhang *m* 3. *gr.* Konjunktion *f* 4. *log.* Kopula *f* 5. Schicklichkeit, Harmonie *f* 6. (*Zug-*)Anschluß *m*.
rabıtalı [- · · ·] 1. ordentlich, aufgeräumt 2. zusammenhängend (*z.B. Worte*) 3. anständig, schicklich 4. besonnen, ruhig, gesetzt.
raci, *-ii* [ā] 1. zurück·gehend, -fallend 2. betreffend, angehend; ~ *olm.* (*m. Dat.*) zu tragen haben (*z.B. Verantwortung*) 2. sich erstrecken (*auf*) 3. betreffen.
racon V Brauch, Usus *m*; Ordnung *f*.
radar [x ·] 1. Radar *n*; Funkortung *f* 2. Radar-, Funkmeß·gerät *n*.
radarcı *Sch.* Spion, Aufpasser *m*.
radde Grad *m*, Stufe *f*, Stadium *n*, Umfang *m*; *-lerinde*, *-sinde* ungefähr um ...; gegen ...
radyatör 1. Kühler *m* (*Auto*) 2. Heizkörper *m* 3. Heizsonne *f*.
radyo [x ·] 1. Radio *n*, Rundfunk *m* 2. (*makinesi*) Radioapparat *m*, Rundfunkgerät *n*; ~ *dinlemek* Radio hören; ~ *evi* Funkhaus *n*; ~ *havadisleri pl.* Rundfunknachrichten *pl.*; ~ *işletmeciliği* Rundfunk·wesen *n*, -betrieb *m*; ~ *kulaklığı* Kopfhörer *m*; ~ *muhaberesi* Funkverkehr *m*; ~ *neşriyatı* Rundfunksendung(-en *pl.*) *f*; *-yu küçültmek* das Radio leiser stellen.
radyoculuk Rundfunkwesen *n*.
radyodifüze durch Rundfunk verbreitet; im Rundfunk gesendet; ~ *etm.* durch Rundfunk verbreiten; im Rundfunk senden.
radyodifüzyon (Verbreitung *f* durch) Rundfunk *m*; ~ *postaları* Rundfunksender *pl.*
radyofonik durch Rundfunk übertragen; Rundfunk-, Radio-; ~ *konser* Rundfunkkonzert *n*; ~ *piyes* Hörspiel *n*.
radyofar Funkleitstelle, Bodenfunkstation *f*.
radyofoto gefunktes Bild, Funkbild *n*.
radyogonyometre [· · · · x ·] Funkpeilgerät *n*.
radyogonyometri Funkpeilung *f*.
radyogram Radiogramm, Funktelegramm *n*.
radyogramofon Plattenspieler *m*.
radyojenik für den Rundfunk geeignet (*z.B. Stimme*).
radyolu mit Rundfunk ausgestattet.
radyoröportaj Hörbericht *m*.
redyotelefon drahtlose Telephonie.
radyotelgraf Funken-, Radio·telegraphie *f*.
radyoterapi Röntgentherapie *f*.
raf 1. Wandbrett *n* 2. Bücher-, Teller·gestell *n* 3. (*Schrank-*)Fach *n*; *-a koymak* F 1. keine Beachtung schenken 2. aufschieben.
rafadan 1. weichgekocht (*Ei*) 2. V unerfahren, naiv.
râfia *an.* Aufhebemuskel, Elevator *m*.
rafine raffiniert (*Zucker, Öl usw.*); ~ *etm.* raffinieren.
rağbet, *-ti* 1. Wunsch, Appetit *m*, Verlangen *n* (*nach*) 2. Nachfrage *f*, Interesse *n*; ~ *etm.* verlangen, wünschen, suchen; Interesse, Appetit haben; begehren; ~ *görmek* 1. beliebt sein 2. *H.* gefragt sein 3. starken Zustrom finden; *-ten düşmek* 1. ziemlich unbeliebt werden 2. *H.* wenig(*-er*) Nachfrage finden 3. geringe(*-re*) Gästezahl aufweisen.
rağmen [x ·] *Pp. m. Dat.* 1. trotz 2. obwohl.
rahat, *-tı* 1. Ruhe, Behaglichkeit, Gemütlichkeit *f* 2. *mil.* Ruhestellung *f* 3. sich behaglich fühlend 4. bequem, behaglich, gemütlich 5. *mil.* Rührt euch! ~ *durmak* sich ruhig verhalten; nicht zappelig

sein; ~ *etm.* 1. seine Ruhe und Behaglichkeit haben 2. sich ausruhen; ~ *oturmak* 1. es sich bequem machen 2. ruhig, still sitzen; ~ ~ in aller Gemächlichkeit; *-ı kaçmak* unruhig, nervös werden; *-ına bakmak* Gott e-n guten Mann sein lassen; *-ını bozmamak* sich nicht stören lassen.

rahatlamak sich wohler fühlen; Erleichterung verspüren (*Patient*).

rahatlık Ruhe, Bequemlichkeit, Gemütlichkeit, Annehmlichkeit *f.*

rahatlokum *s. lokum* (1).

rahatsız 1. gestört, belästigt 2. unbequem, ungemütlich 3. unpäßlich, krank; ~ *etm.* stören, belästigen; ~ *olm.* 1. gestört *od.* belästigt werden 2. sich stören lassen; ~ *oturmak* unbequem sitzen.

rahatsızlanmak 1. unpäßlich werden; sich nicht auf dem Posten fühlen 2. krank werden, erkranken.

rahibe [ā] *christl.* Nonne *f.*

rahim, *-hmi* Gebärmutter *f*, Uterus *m.*

rahîm barmherzig; Barmherzige(r) *m* (= *Gott*).

rahin [ā] *jur.* Verpfänder *m.*

rahip, *-bi* [ā] 1. Mönch *m* 2. *christl.* Priester *m.*

rahle *kleiner* Holzständer *für den Koran*; Lesepult *n.*

rahman [· -] Allbarmherzige(r) *m* (= *Gott*).

rahmet, *-ti* 1. Gottes Gnade *f*, Vergebung *f der Sünden* 2. Regen *m*; ~ *düşmek* (*od. yağmak*) (*unp.*) Regen fallen; regnen; ~ *etm.* (*od. eylemek*) die ewige Ruhe geben (*Gott*); ~ *okumak* (*m. Dat.*) 1. Gottes Gnade *für e-n Verstorbenen* erflehen 2. mit Wehmut *an et. Vergangenes* denken 3. *auf j-s Wohl* bedacht sein; ~ *okutmak* (*m. Dat.*) wehmütig *an et.* denken lassen; in goldenem Licht erscheinen lassen (*Früheres*); *-e* (*od. rahmeti rahmana od. Allah rahmetine*) *kavuşmak* in die Gnade Gottes eingehen; sterben; *rahmeti rahman* Gnade *f* Gottes des Allerbarmers; *rahmetullah aleyh!* Gott gebe ihm die ewige Ruhe!

rahmetli verstorben, selig.

rahne 1. Einbruchstelle, Bresche *f*, Loch *n* 2. *va.* Schaden, Verlust *m*; ~ *açmak mil.* e-n Durchbruch erzielen; ~ *almak* ein Loch (*Leck, e-e Lücke*) bekommen.

rakam Ziffer, Zahl *f.*

raket[1], *-ti* Tennisschläger *m.*

raket[2], *-ti* Rakete *f*; ~ *atmak* e-e Rakete abschießen.

rakı Anisbranntwein, Raki *m.*

rakıs, *-ksı* 1. Tanz *m* 2. *phys.* Oszillation, Schwingung *f*; ~ *hastalığı med.* Veitstanz *m*, Chorea *f*; ~ *siası* Schwingungsweite *f.*

rakîbe [ī] Nebenbuhlerin, Rivalin *f.*

rakîp, *-bi* Nebenbuhler, Rivale, Gegner *m.*

rakit, *-di* [ā] 1. stehend, stagnierend (*Gewässer*) 2. ruhig, still (*z.B. Meer*).

rakkas [· -] 1. *orient.* Tänzer *m* 2. Pendel, Perpendikel *m od. n.*

rakkase [· - ·] *orient.* Tänzerin *f.*

rakkaslı [· - ·] mit Pendel ausgestattet; ~ *saat* Pendeluhr *f.*

rakor *techn.* Verbindungsstück *n*, Muffe *f.*

raksetmek [x · ·] 1. tanzen 2. oszillieren.

ralanti Zeitlupenaufnahme *f.*

ralonj Verlängerungsstück *n*, Ansatz *m.*

râm gebändigt; ~ *etm.* bändigen, unterwerfen.

ramak, *-kı* 1. Lebensrest, letzter Atemzug 2. *fig.* geringe Entfernung, geringer Abstand; ~ *kalmak m. Dat.* beinahe, fast.

ramase (*Tennis*) zurückgeschlagen (*Ball*), nicht-plaziert.

ramazan 1. Ramazan, Fastenmonat *m* 2. ♀ *mV*; ~ *bayramı and. Bez. für şeker bayramı*; ~ *tiryakisi fig.* reizbar (*Person*).

rampa [x ·] 1. Anlegen *n e-s Schiffes unmittelbar am Kai od. an e-m anderen Schiff* 2. *fr.* Entern *n e-s feindlichen Schiffes* 3. Steigung *f* (*z.B. e-r Straße*) 4. Lade-, Auffahrts-rampe *f* 5. Bauklammer *f* (*bei Gerüsten*); ~ *etm.* 1. unmittelbar anlegen (*Schiff*) 2. *fr.* entern 3. *fig.* sich *an j-n* heranmachen 4. V unaufgefordert bei e-m Zechgelage erscheinen.

rampalamak *s. rampa etm.*

randevu 1. Stelldichein *n* 2. Verabredung *f*; ~ *almak* sich anmelden (*spez. beim Zahnarzt*); ~ *evi* geheimes Bordell; ~ *vermek* (*b-ne*) *j-n auf e-e best. Zeit* bestellen *od.* vormerken.

randıman 1. Ertrag *m* 2. Leistung *f*.

randımanlı gewinnbringend, ertragreich.

rant, *-tı* Rente *f*; Rentenpapier *n*.

rantabl einträglich, ertragreich, rentabel.

ranza [x ·] (*Mannschafts-*)Koje *f*.

rap, *-pı* rumms!; ~ *diye durmak* mit e-m Ruck stillstehen (*z.B. Truppe*); ~ ~ im Gleichschritt (*z.B. vorübermarschieren*).

rapor 1. Bericht *m*, Meldung *f* 2. *pr.* ärztliches Attest; ~ *vermek üzere* zur Berichterstattung.

raportör Berichterstatter, Protokollführer *m*.

raptetmek [x · ·] *s. bağlamak*.

raptiye 1. Büro-, Heft·klammer *f* 2. Reiß·nagel *m*, -zwecke *f* 3. Schaftreiter *m* (*am Webstuhl*) 4. *techn.* Verbindungsstück *n*, Klemme *f*.

rasat, *-dı* Beobachtung *f*.

rasathane [· · - ·] 1. Sternwarte *f*, Observatorium *n* 2. Wetterwarte *f* 3. Erdbebenwarte *f*.

rasgele [x · ·] 1. irgendein; x-beliebig 2. auf gut Glück 3. zufällig treffend.

rasgelmek *m. Dat.* 1. zufällig treffen; begegnen 2. *e-m* (*als Anteil*) zufallen 3. treffen (*Ziel*) 4. finden 5. glücken.

rasgetirmek 1. treffen, finden 2. abwarten, abpassen (*z.B. Gelegenheit*) 3. (*mit e-m Geschoß*) treffen 4. Erfolg verleihen; günstig enden lassen (*Gott*).

rasgitmek gut vorangehen; sich günstig entwickeln.

râsıt, *-dı* 1. *astr.* Observator *m* 2. *mil.* (*Flugzeug-*)Beobachter *bzw.* Beobachtungsposten *m*.

raslamak *s. rasgelmek*.

raslantı zufällige Begegnung.

raspa [x ·] 1. Schabeisen *n*, Schaber *m* 2. Abkratzen, Abschaben *n* 3. Raspel *f* 4. V Gefräßigkeit *f*; ~ *etm.* 1. ab·kratzen, -schaben, -raspeln 2. V vertilgen, verzehren.

rastakoer Hochstapler *m*.

rastık (*schwarze*) Augenbrauenschminke.

rasyonel 1. rationell, zweckmäßig, wirtschaftlich 2. *math.* rational (*Zahl*) 3. rational, vernunftgemäß.

rasyonelleştirmek rationalisieren, rationell(*-er*) gestalten.

râşi *jur.* Bestecher *m*.

ravnt, *-du* (*Sport, spez. Boxen*) Runde *f*.

ravntluk (*Sport, spez. Boxen*) über ... Runden gehend.

ray Schiene(*n pl.*) *f*, **Gleis** *n*; ~ *ferşetmek* (*od. dökmek*) Schienen legen; ~ *yükseltilişi techn.* Schienenüberhöhung *f*; *-dan çıkmak* entgleisen.

rayiç, *-ci* 1. in Umlauf; umlaufend; Kurs habend (*Geld*) 2. (*Geld-*)Kurs *m*; ~ *akça* gesetzliches Zahlungsmittel; ~ *fiat* laufender Preis, Kurs.

rayiha [- · ·] Wohlgeruch, Duft *m*.

razakı *Name e-r großen Traubenart.*

razı [ā] 1. zufrieden 2. einverstanden; ~ *etm.* 1. (*b-ni*) zufriedenstellen 2. (*b-ni bşe*) *j-n zu et.* bewegen; ~ *olm. m. Dat.* 1. zufrieden sein (*mit*) 2. einwilligen, billigen.

re *mus. Ton od. Note* d.

recep, *-bi* 1. *sieb(en)ter Monat des isl. Mondjahres* 2. ♀ *mV*.

reçel Konfitüre, Marmelade *f*.

reçete 1. ärztliches Rezept 2. Kochrezept *n*.

reçina, reçine [· x ·] 1. Baumharz *n* 2. *spez.* Kolophonium *n*; ~ *verniği* Harzfirnis *m*; ~ *yağı* Harzöl *n*.

redaksiyon 1. Redaktion, Schriftleitung *f* 2. Redigieren *n*, Redaktion *f*; ~ *heyeti* (*od. komisyonu*) Redaktion(s·stab *m*) *f*.

reddetmek [x · ·] 1. verweigern, abschlagen; ablehnen (*a. z.B. Richter*) 2. nicht mehr anerkennen; verstoßen (*Kind*).

reddihâkim *jur.* Ablehnung *f* e-s Richters, (*spez. wegen Befangenheit*).

reddiye Verteidigungs-, Rechtfertigungs·schrift, Apologie *f*.

redif [ī] 1. *fr.* Landwehr *f* 2. ♀ *mV*.

redresör *techn.* Gleichrichter *m*.

refah [ā] 1. Wohlstand *m* 2. Heil *n*, Wohlfahrt *f*; ~ *devri* Prosperität *f*.

refakat, *-ti* [· - ·] 1. Begleiten, Geleiten *n*, Begleitung *f* (*auch mus.*) 2. Geleit *n*, Geleitzug *m*; ~ *etm. m. Dat.* (*a. mus.*) begleiten; das Geleit geben, geleiten; ~ *müfrezesi mil.* Begleitkommando *n*; *-inde bulunan zevatla* mit seiner Begleitung.

referandum [· · x ·] 1. Volksentscheid *m*, Referendum *n* 2. *selt.* Volksbefragung *f*.

referans Empfehlungsschreiben, Zeugnis *n*, Referenz *f*.
ref'etmek [x · ·] 1. er-, auf-, empor·heben 2. *math.* erheben 3. aufheben (*z.B. Verbot*).
refik, *-kı* [i] 1. Freund, Kamerad *m* 2. Genosse, Gefährte *m* 3. Kollege *m* 4. ♀ [x ·] *mV*.
refika [i] 1. Gefährtin, Kameradin *f* 2. *spez.* Lebensgefährtin, (*Ehe-*)Frau *f* 3. ♀ [x · ·] *wV*.
refüj 1. *gel.* Grünanlage *f* 2. Schutzinsel *f*.
regaip, *-bi* [ā] Empfängnis *f* der Mutter Mohammeds; ♀ *Gecesi* (*od. Kandili*), *Leylei* ♀ *isl. Feiertag.*
rehavet, *-ti* [ā] Abspannung, Erschlaffung, Mattigkeit *f*.
rehber 1. Führer, Wegweiser *m* 2. geistiger Führer, Geleiter *m*; Lehrer *m* 3. Führer *m*, Reisehandbuch *n* 4. Leitfaden *m* 5. *größeres alphabetisches* Verzeichnis.
rehberlik Geleit *n*, Führung *f*; ~ *etm.* (*b-ne*) geleiten, führen.
rehin, *-hni* 1. (*Unter-*)Pfand *n* 2. Verpfändung *f*.
rehîne Geisel *f*.
rehinli verpfändet; Pfand-; ~ *tahvilat* Pfandbriefe *pl*.
reis[1], *-e'si* 1. *an.* Kopf *m* 2. *math.* Scheitelpunkt *m*, Spitze, Ecke *f*.
reis[2] [i] 1. Präsident, Vorstand, Vorsitzende(r) *m* 2. Oberhaupt *n*, Führer, Chef *m* 3. Kapitän *m* (*e-s kleineren Schiffes*); ~ *vekili* stellvertretender Präsident, Vizepräsident *m*.
reisicumhur Staatspräsident *m*.
reislik 1. Präsidium *n*, Vorsitz *m* 2. Führung *f* (*e-r Mission usw.*) 3. Präsidentschaft *f*; ~ *etm. m. Dat.* den Vorsitz (*das Präsidium*) führen (*z.B. in e-r Versammlung*).
rejenere erneuert und verbessert; ~ *etm.* erneuern und verbessern; auffrischen, umbilden, verjüngen, regenerieren.
reji 1. Regie *f* (*als Verwaltung od. Spielleitung*) 2. Monopolverwaltung, Regie *f*.
rejim 1. Staatsform *f* 2. *best.* Lebensweise *f* 3. Diät, Schonkost *f* 4. Kur *f* 5. Regelung *f*, Bestimmungen *pl.* 6. (*Kaffee-, Tee- usw.*) Genuß *m*.
rejisör Regisseur, Spielleiter *m*.
rekabet, *-ti* [ā] 1. Rivalität, Konkurrenz *f* 2. Wett·kampf, -bewerb *m*; ~ *etm.* (*b-le*) rivalisieren, konkurrieren; ~ *memnuiyeti jur.* Konkurrenzverbot *n*, Wettbewerbsklausel *f*.
rekâket, *-ti* Stottern *n*.
rekambiyo [· x · ·] *H.* Rückwechsel *m*.
rekât, *-tı* Reka *f* (*beim isl. Gebet*).
rekolta, rekolte [· x ·] (*Gesamt-*)Ernte *f*, Ertrag *m*; ~ *almak* ernten (*a. fig.*).
rekor Rekord *m*, Best-, Höchst-, Spitzen·leistung *f*; ~ *fiat* Rekordpreis *m*, bislang nicht erreichter (*mst. niedriger, selt. hoher*) Preis; ~ *kırmak* e-n Rekord brechen; ~ *kurmak* e-n Rekord aufstellen; ~ *sahibi* Rekordinhaber *m*; ~ *sahibi olm.* e-n Rekord halten.
rekorcu Rekordinhaber *m*.
rektifiye *techn.* überholt; ~ *etm. techn.* überholen.
rekto Vorderseite *f* (*z.B. e-r Banknote*).
rektör Rektor *m* (*e-r Hochschule*).
rele *techn.* Relais *n*.
remil, *-mli* Geomantie *f*.
remiz, *-mzi* 1. Wink *m*, Andeutung *f* 2. (*Formel-*)Zeichen, Symbol *n*.
remmal, *-li* [ā] Wahrsager, Geomant *m*.
remonte (*Sport*) aufgeholt; ~ *etm.* aufholen (*Punkte*).
Ren (*Nehri*) *n. pr.* Rhein *m*.
rencide [i] gekränkt, verletzt, beleidigt; ~ *etm.* kränken, verletzen, beleidigen; ~ *olm.* sich gekränkt (*usw.*) fühlen.
rençper 1. Land-, Feld·arbeiter *m* 2. Bauer *m*, Landleute *pl.* 3. Bauarbeiter *m*, Handlanger *m*.
rende 1. (*Tischler-, Küchen-*)Hobel *m* 2. Reibeisen *n*, Reibe *f* 3. Reibsel *n*; ~ *bıçağı* Hobelmesser *n*; ~ *demiri* Hobeleisen *n*; ~ *talaşı* Hobelspäne *pl.*; *peynir -si* geriebener Käse.
rendelemek 1. (ab-, glatt)hobeln 2. hobeln, raspeln, reiben (*Äpfel, Käse usw.*).
rengârenk, *-gi* 1. farbig, bunt 2. *z. va.* zweifelhaft, zweideutig, trügerisch.
renk, *-gi* 1. Farbe *f* 2. *fig.* Färbung *f*, Aussehen *n*, Charakter *m*, Wesen *n* 3. (*Poker*) = *floş* (2); ~ *bağlamak* 1. e-e Farbe annehmen 2. (*wieder*) Farbe bekommen (*z.B. Gesicht*); ~

körlüğü totale Farbenblindheit; ~ ~ (*verschieden*-)farbig, bunt; ~ ~ *olm.* (*vor Erregung*) blaß und rot werden; ~ *vermemek* (*bşden*) sich *et.* nicht anmerken lassen; *-i atmak* (*od. uçmak*) verblassen, verschießen; *-i çalık* 1. ausgeblaßt, verschossen 2. bleich, blaß; *-ten -e girmek* 1. abwechselnd blaß und rot werden 2. *fig.* heute dieser, morgen jener Meinung sein.

renkgideren Entfärbungsmittel *n.*

renkli 1. von *näher bestimmter* Farbe 2. farbig (*im Gegensatz zu weiß*) 3. Farbige(r) *m/f.*; *iki* ~ zweifarbig; ~ *işitme psych.* Farbhören *n*

renkseçmezlik partielle Farbenblindheit.

renksemez achromatisch.

renksiz 1. farblos, weiß 2. blaß, bleich 3. ohne ausgeprägte Eigenart 4. V unbeständig, ziellos, flatterhaft.

reorganize reorganisiert; ~ *etm.* reorganisieren, um-, neu-gestalten.

repertu(v)ar Repertoire *n.*

repor *H.* Report *m*; ~ *muamelesi* Report-, Prolongations-geschäft *n.*

reportaj *s. röportaj.*

resanet, *-ti* [ā] Festigkeit, Widerstandsfähigkeit *f*; ~ *bulmak* sich festigen (*z.B. Freundschaftsbande*).

resanetli [ā] fest, solide, widerstandsfähig.

re'sen [x ·] *adv.* 1. *math.* den Scheitelpunkt (*die Spitze, Ecke*) betreffend 2. selbständig; aus eigener Initiative 3. unter Nichtbeachtung des Instanzenweges 4. *H.* als Selbstkontrahent 5. *jur.* als Hauptschuldiger.

resepsyon (*Hotel*) Empfang *m.*

reseptör 1. Empfangsgerät *n*, Empfänger *m* 2. Hörer *m* (*als Zubehör des Telephonapparates*).

resif Riff *n.*

re'sikâr Staatsführung *f*; *-da bulunanlar* verantwortliche Staatsmänner *pl.*; *-a geçmek* die Macht übernehmen.

resim, *-smi* 1. Bild *n*, Zeichnung *f*, Gemälde *n*, Photographie *f*, Lichtbild *n* 2. Zeichnen, Malen *n* 3. Dessin, Muster *n* 4. Feier(-lichkeit) *f*, Zeremoniell *n* 5. Abgabe, Gebühr *f*, indirekte Steuer; ~ *almak* 1. (ab-) zeichnen 2. e-e Gebühr in Anrechnung bringen; ~ *çekmek* e-e Aufnahme machen; F knipsen; ~ *çıkarmak* 1. = ~ *çekmek* 2. sich photographieren lassen; ~ *dersi* Zeichenunterricht *m*; ~ *fırçası* Malerpinsel *m*; ~ *sergisi* Bilder-, Gemälde-ausstellung *f*; ~ *tahtası* Reißbrett *n*; ~ *yapmak* zeichnen, malen; *resme tâbi* gebührenpflichtig; *resmini almak* (*od. çekmek*) photographieren.

resimci 1. Photograph *od.* Verkäufer *m* von Bildern 2. Zeichner *m.*

resimhane [ā] Zeichenbüro *n.*

resimlemek mit Bildern *od.* Zeichnungen ausstatten; illustrieren.

resimli illustriert.

resipiyan Behälter *m*, Behältnis *n.*

resital, *-li* Musikvortrag *m*, Solospiel *n.*

resmen [x ·] *adv.* offiziell, amtlich, dienstlich.

resmetmek [x · ·] 1. zeichnen 2. beschreiben (*z.B. best. Bahn*).

resmî 1. offiziell, amtlich, dienstlich, behördlich 2. formell, förmlich, konventionell 3. darstellend; ~ *dil* Staatssprache *f*, offizielle Sprache; ~ *elbise* 1. Uniform *f*, Dienstanzug *m* 2. Galauniform *f*; ~ *gazete* Staatsanzeiger *m*, Gesetzblatt *n*; ~ *merci* Behörde *f*; ~ *mercileri iğfal* Irreführung *f* der Behörden; ~ *muamele* amtliche Abfertigung, dienstliche Erledigung; ~ *nikâh* Ziviltrauung *f*; ~ *piyasa* offizieller Markt; ~ *selâm* (*od. tâzim*) *militärische* Ehrenbezeugung; ~ *tasfiye jur.* amtliche Liquidation; *gayriresmî* inoffiziell.

respiratör Atmungsapparat *m*, *spez.* Eiserne Lunge.

ressam *urspr.* [ā] 1. Zeichner *m* 2. Kunstmaler *m* 3. Konstruktionszeichner *m.*

resto 1. abbestellt! (*Zuruf des Kellners an die Küche*) 2. V halt den Mund!

resul, *-lü* [ū] Prophet, Gottesgesandte(r) *m*; *resulullah* Prophet *m* Mohammed.

resülmal, *-li* [- · -] Grund-, Anlagekapital *n.*

reşit, *-di* [i] 1. *sittlich od. pol.* reif 2. voll-, groß-jährig, mündig 3. ♀ [x ·] *mV.*; ~ *bulunmıyan* noch nicht volljährig.

ret, *-ddi* 1. Verweigerung, Ablehnung *f* (*a. e-s Richters*) 2. Verstoßung *f* (*e-s Kindes*).

reva [ā] passend, angebracht, erlaubt, recht und billig; ~ *görmek* für gut befinden.

revaç, *-cı urspr.* [ā] 1. Zirkulieren *n* 2. Marktgängigkeit *f* 3. schnelle Verbreitung; ~ *bulmak* 1. leicht Absatz finden (*Ware*) 2. rasch Anklang finden; ~ *vermek* propagieren, unterstützen (*z.B. Idee*).

revani [· - -] häufig: [- · ·] *Name e-r türk. Grieß-Süßspeise.*

revelâtör [*â kurz*] *phot.* Entwickler *m*, Entwicklerlösung *f*.

revir 1. Revier *n*, Krankenstube *f* 2. (*Forst-*)Revier *n*.

revolver (P *lüverver*) Revolver *m*.

revü 1. (*Bühnen-*)Revue *f* 2. Zeitschrift *f*.

rey 1. Meinung, Ansicht *f* 2. (*Wahl-*) Stimme *f* 3. Abstimmung, Stimmabgabe *f*; *-e koymak* (*od. vaz'etmek od. müracaat etm.*) abstimmen lassen; *-ini almak j-s* Meinung hören wollen, *spez.* konsultieren (*Arzt*).

reye gestreift (*z.B. Hose*).

reyhan [ā] 1. *bot.* Basilienkraut *n* 2. ♀ *wV.*

reyon 1. Strahl *m* 2. Regal, Fach *n* 3. (*Geschäfts-*)Abteilung *f* 4. (*Fahrrad-*)Speiche *f*.

rezalet, *-ti* [ā] 1. Gemeinheit, Niedertracht *f* 2. Skandal *m*; ~ *çıkarmak* ein unerhörtes Benehmen an den Tag legen; e-n Skandal verursachen.

reze 1. Türangel *f* 2. *kleiner* Eisenriegel.

rezene *bot.* Fenchel *m*.

rezervuar Behälter, Tank *m*.

rezil [ī] 1. gemein, niederträchtig, schändlich 2. bloßgestellt; ~ *etm.* bloßstellen; in allgemeinen Verruf bringen.

rezilet, *-ti* [ī] schlechte Charaktereigenschaft; Laster *n*.

rezistan(s) *el.* Widerstand *m*.

rıfk, *-kı* Sanftheit, Güte, Nachsicht, Milde *f*.

rıhtım 1. Kai *m* 2. Uferstraße *f*.

rıza [ā] 1. Wohlgefallen *n* 2. Sich-Begnügen *n* 3. Einwilligung *f* 4. *jur.* Willensäußerung *f* 5. ♀ [x ·] *mV.*

riayet, *-ti* [ā] 1. Rücksichtnahme *f* 2. ehrenvolle Aufnahme und reichliche Bewirtung (*e-s Gastes*) 3. Ehrerbietung *f* 4. Beachtung, Einhaltung *f*; ~ *etm. m. Dat.* 1. berücksichtigen; Rücksicht nehmen (*auf*) 2. ehrenvoll empfangen und reichlich bewirten (*Gast*) 3. respektieren 4. ins Auge fassen; beachten 5. einhalten (*z.B. Vertrag*); *-te kusur etm.* 1. nicht gebührend berücksichtigen 2. es an Achtung fehlen lassen.

riayetkâr [ā] 1. berücksichtigend, einhaltend, beobachtend 2. rücksichtsvoll, höflich.

riayetsizlik [ā] 1. Nichtbeachtung *f*, Sich-Hinwegsetzen *n* (*über*) 2. Rücksichtslosigkeit, Unhöflichkeit *f*.

rica [ā] Bitte *f*, Ersuchen *n*; ~ *etm.* (*b-den bşi*) *j-n um et.* bitten; *size* (*od. sizden*) *bir ricam var* ich habe (*od.* hätte) eine Bitte an Sie.

ricakâr [ā] bittend, flehend.

rical, *-li* [ā] *pl.* 1. *va.* Persönlichkeiten *pl.* 2. Staatsmänner *pl.*

ricat, *-tı mil.* Rückzug *m*; ~ *borusu çalmak* zum Rückzug blasen; ~ *etm.* sich zurückziehen; den Rückzug antreten; ~ *hattı* Rückzugslinie *f*.

rie *va.* Lunge *f*.

rikkat, *-ti* 1. Zartheit, Feinheit *f* 2. Zärtlichkeit *f* 3. Rührung *f*.

rimel Wimpernschminke *f*.

rina (*balığı*) *zo.* Stachelrochen *m*.

risale [ā] Broschüre, Abhandlung *f*.

risalet, *-ti* [ā] Propheten·tum, -amt *n*.

risk, *-ki* Risiko *n*, Gefahr *f*.

riske riskiert; ~ *etm.* riskieren, gefährden, aufs Spiel setzen.

ritim, *-tmi* Rhythmus *m*.

rivayet, *-ti* [ā] 1. Überlieferung, Erzählung *f* 2. Gerücht *n* 3. Version *f* (*e-r Erzählung*); ~ *etm.* überliefern, berichten, erzählen.

riya [ā] Heuchelei, Hinterhältigkeit *f*.

riyakâr [ā] heuchlerisch, hinterhältig, scheinheilig, falsch.

riyaset, *-ti* [ā] 1. Präsidium *n*, Vorsitz *m* 2. Führung *f* (*z.B. e-r Mission*) 3. Präsidentschaft *f*; ~ *etm. m. Dat.* 1. präsidieren 2. führen, leiten; *riyaseticumhur* Staatspräsidentschaft *f*.

riyazet, *-ti* [ā] Selbstkasteiung, Askese *f*; ~ *etm.* sich kasteien; ~ *hapsi* Arrest *m* bei Wasser und Brot.

riyaziye [ā] Mathematik *f*.

riyaziyeci [ā] Mathematiker *m*.

riziko [x · ·] Risiko, Wagnis *n*; (*Versicherungs-*)Gefahr *f*.

rizikolu [x · · ·] riskant, gewagt.
robot, *-tu* Roboter *m.*
rok, *-ku Scha.* 1. Turm *m* 2. Rochade *f.*
roket, *-ti* Rakete *f.*
rol, *-lü* 1. Rolle *f* 2. *fig.* Bluff *m,* Komödie *f;* ~ *almak* e-e Rolle übernehmen; ~ *oynamak* (*bşde*) e-e Rolle spielen (*bei et.*); ~ *yapmak* spielen (*Schauspieler*).
Roma [x ·] *n.pr.* Rom *n.*
Romalı Römer(in *f*) *m;* römisch.
roman Roman *m.*
romancı Romanschriftsteller(in *f*) *m.*
romantik 1. romantisch 2. Romantiker(in *f*) *m* 3. *selt.* Romantik *f.*
romantizm 1. *mel.* Romantik *f* 2. *pej.* romantische Verstiegenheit.
Romanya [· x ·] *n.pr.* Rumänien *n.*
Romanyalı *s. Rumen.*
romatizma [· · x ·] Rheuma(tismus *m*) *n.*
Romen 1. Römer(in *f*) *m;* römisch 2. *s. Rumen;* ~ *rakamları* römische Zahlen *pl.*
ron *mus.* ganze Note.
rontken 1. Röntgen·untersuchung, -bestrahlung, -behandlung *f* 2. Röntgenbild *n* 3. V Beobachten, Spionieren *n.*
rop, *-bu* 1. (*Damen-*)Kleid *n* 2. Robe *f* (*e-s Anwalts*).
ropdöşambr Morgen-, Haus·kleid *[n.]*
rosto [x ·] Braten *m.*
rota [x ·] (*Schiffs-*)Route *f,* Kurs *m.*
roza [x ·] Brillantrose *f.*
rölöve Liste *f,* Verzeichnis *n,* Aufstellung *f.*
rölyef 1. Relief *n,* -figur, -arbeit *f* 2. *phot.* plastische Wirkung.
römork, *-ku* 1. Anhänger *m* (spez. Straßenbahn) 2. *s. römorkör;* ~ *uçağı* Schleppflugzeug *n.*
römorkör 1. Zugmaschine *f,* Traktor *m* 2. Schleppdampfer, Schlepper *m.*
rönar *nur gebr. in:* ~ *arjante* Silberfuchs *m;* ~ *plâtin* Platinfuchs *m.*
röntgen *s. rontken.*
röşanj 1. Ersatzstück *n* (*z.B. bei Rasierseife*) 2. *H.* Rückwechsel *m.*
rötar Verspätung *f;* ~ *yapmak* Verspätung haben (*z.B. Zug*).
röver (*Tennis*) Rückhandschlag *m.*
röversibl doppelseitig tragbar (*Stoff*).
ruam [ā] *med.* Rotzkrankheit *f.*
rubai [· - -] vierzeilige Strophe, Vierzeiler *m.*
ruble [x ·] (*russischer*) Rubel.
rugan 1. Lack *m* 2. Lack-; ~ *iskarpin* Lackschuh *m.*
ruh[1] 1. *va.* Wange *f,* Gesicht *n* 2. *Scha.* Turm *m* 3. *myth.* Vogel *m* Roch; ~ *oynamak Scha.* den Turm ziehen; ~ *vermek Scha.* 1. den Turm verlieren 2. den Turm vorgeben.
ruh[2] [ū] 1. Seele, Psyche *f* 2. Geist *m* 3. Regsamkeit *f* 4. Gesinnung *f* 5. Kernpunkt *m* 6. *chem.* Essenz *f* 7. *jur.* Sinn, Geist *m* 8. Geist *m,* Grabgespenst *n;* ~ *göçü* Seelenwanderung *f;* ~ *haleti* (*od. hali*) *T. von haleti ruhiye;* ~ *hekimliği* Psychiatrie *f;* *-unu teslim etm.* seinen Geist aufgeben; sterben.
ruhan [ū] *adv.* psychisch, seelisch, geistig.
ruhani [- - -] 1. seelisch, psychisch 2. geistlich; Geistliche(r) *m.*
ruhbilim Psychologie *f.*
ruhi [- -] 1. seelisch, psychisch 2. ♀ [x ·] *mV.*
ruhiyat, *-tı* [- · -] Psychologie *f.*
ruhiyet, *-ti* [ū] Seelenleben *n.*
ruhlanmak sich beleben (*a. fig.*).
ruhlu 1. beseelt 2. lebend(ig) 3. seelenvoll 4. gesinnt 5. Libelle, Wasserwaage *f.*
ruhsat, *-tı* 1. Genehmigung, Erlaubnis, Lizenz, Ermächtigung *f* 2. *z. va.* Beurlaubung *od.* Entlassung *f.*
ruhsatiye *s. ruhsatname.*
ruhsatlı 1. im Besitz e-r Genehmigung 2. genehmigt, autorisiert 3. *z. va.* beurlaubt *od.* entlassen.
ruhsatname [· · - ·] schriftliche Genehmigung, Ermächtigungsschreiben *n,* Lizenzurkunde *f;* ~ *usulü* Lizenzsystem *n.*
ruhsuz stumpf, träge, energielos.
ruj Rouge, Lippenrot *n.*
rulman 1. auf Kugeln laufendes Rad 2. Kugellager *n.*
rulo 1. Rolle, *z.B.* Papierrolle *f* 2. (*Auftrag-, Acker-, Straßen- usw.*) Walze *f.*
Rum *heute: in e-m isl. Land wohnender* Grieche.
Rumca [x ·] neugriechische Sprache.
Rumen Rumäne *m,* Rumänin *f;* rumänisch.
rumuz [· -] *urspr. pl.* 1. Symbol *n,* Chiffre *f* 2. chemische Formel.

Rus Russe *m*, Russin *f*; russisch.
Rusça [x ·] russische Sprache, Russisch *n*.
Rusya [x ·] *n.pr.* Rußland *n*.
rutubet, *-ti* [· - ·] Feuchtigkeit *f*.
rutubetli [· - · ·] feucht.
ruva [· x] *Ka.* König *m*.
ruya [- -] Traum *m*, -bild, -gesicht *n*; ~ *görmek* e-n Traum haben; träumen; ~ *tâbir etm.* Träume deuten; *-sı çıkmak* sich erfüllen (*Traum*); *-sında görmek* (*bşi*) träumen (*von*); *-sında görememek fig.* nicht im entferntesten *mit et.* rechnen; *-sında görse hayra yormamak* sich *et.* in seinen kühnsten Träumen nicht vorstellen können.
ruzname [- - ·] 1. *va.* Tagebuch *n* 2. *va.* Einnahmen- und Ausgabenbuch *n* 3. Tagesordnung *f*.
rücu, *-uu* [ü] 1. Zurückgehen *n* 2. Zurückkehren *n* 3. Zurückziehung *f* 4. Rücktritt *m*; ~ *etm.* 1. zurückgehen, sich zurückziehen 2. zurückkehren, -greifen 3. zurücknehmen; ~ *hakkı jur.* Regreßrecht *n*; *kabili rücu* 1. umkehrbar, reversibel 2. *H.* widerruflich.
rüçhan [ä] 1. *va.* Bevorzugung *f* 2. Übergewicht *n*, Vorzug *m* 3. Überlegenheit *f* 4. *gr.* Komparativ *m* 5. ♀ *mV.*, *wV.*; ~ *hakkı jur.* Prioritäts-, Vorzugs-recht *n*.
rükün, *-knü* 1. *va.* Säule; Stütze; Basis *f* 2. führende Persönlichkeit 3. Vertreter *m* (*z.B. e-r Dynastie*).
rüküş lächerlich aufgetakelte Frau.
rüptür *med.* Riß, Bruch *m*.
rüsum [ü] *pl. zu resim* Abgaben, Gebühren *pl.*
rüsup, *-bu* [ü] 1. Sediment *n*, Ablagerung *f* 2. Bodensatz *m* 3. Präzipitat *n*.
rüsvay [ä] bloßgestellt, entehrt, mit Schande bedeckt; ~ *etm.* bloßstellen, entehren, beschimpfen.
rüşt, *-tü* 1. *sittliche od. pol.* Reife 2. Volljährigkeit, Mündigkeit *f*; *-ünü ispat etm. fig.* seine Fähigkeiten beweisen.
rüşvet, *-ti* 1. *jur.* Bestechung *f* 2. Bestechungsgeld *n*; ~ *yedirmek* (*b-ne*) *j-n* bestechen.
rüşvetli 1. bestechlich 2. bestochen.
rütbe Grad, Rang *m*, Stellung, Stufe *f*; ~ *işaretleri* Rangabzeichen *pl.*; *-sini ref'etmek mil.* zum einfachen Soldaten degradieren.
rüya *s. ruya.*
rüyet, *-ti* 1. Sehen *n*, Sicht *f* 2. Durchsicht, Revision *f* 3. (*Prozeß-*) Verhandlung *f*; ~ *etm.* verhandeln (*Prozeß*); ~ *sahası* Gesichtsfeld *n*.
rüzgâr Wind, Sturm *m*; ~ *çıktı* es hat sich ein Wind erhoben; ~ *durdu* der Wind hat sich gelegt; *-la gitmek* 1. vor dem Wind segeln 2. *fig.* den Mantel nach dem Wind(e) hängen; *-ın uğultusu* Heulen *n* des Windes.
rüzgârlı 1. dem Wind ausgesetzt 2. windig, stürmisch.

S

s, S [sɛ] *22. Buchst. des türk. Alph.*

saadet, -ti [· - ·] 1. Glück, Wohlergehen *n* 2. ♀ *wV., selt. mV.*; ~ *bahşetmek* beglücken; ~ *temenni etm.* Glück wünschen; *-le!* Gott befohlen!, kommen Sie gut nach Haus!

saat, -ti *urspr.* [- ·] 1. Stunde *f* 2. Uhr *f* 3. (*Tages-*)Zeit *f* 4. ... Stunden weit (*lang*) 5. Zähler *m*, (*Gas- usw.*) Uhr *f* 6. kurze Zeitspanne; ~ *ayarı* 1. Uhreneinstellung *f* 2. Zeitansage *f*; ~ *başında* jede volle Stunde; ~ *minesi* Zifferblatt *n*; ~ *onbirde* 1. um 11 Uhr 2. *fig.* in letzter Stunde; ~ *tutmak* die Zeit stoppen (*bei Wettkämpfen*); *-i kurmak* die Uhr aufziehen; *-ten -e* von Stunde zu Stunde; Stunde um Stunde.

saatçi wer Uhren herstellt, repariert *od.* verkauft; Uhrmacher *m*.

saatçilik Uhrenfabrikation *f*, Uhrmachergewerbe *n*, Uhrenhandel *m usw.*

saatli mit e-r Uhr *bzw.* e-m Uhrwerk ausgestattet; ~ *bomba* Bombe *f* mit Zeitzünder.

saatlik ... Stunden umfassend; -stündig.

sabah 1. Morgen *m* 2. Vormittag *m* 3. morgens, vormittags 4. F morgen vormittag 5. ♀ *mV* (*a. Verk. von Sabahattin*); ~ *akşam* zu jeder Tageszeit; ~ *gazetesi* Morgenzeitung *f*; ~ *kahvaltısı* (*Morgen-*) Frühstück *n*; ~ *olm.* anbrechen (*Tag*); ~ ~ ganz früh am Morgen; *-a çıkmak* den Morgen noch erleben (*Kranker*); *-a doğru* gegen Morgen; *-lardan bir* ~ an e-m der nächsten Vormittage; e-s Vormittags; *-ınız hayrolsun!* guten Morgen! *-ları* 1. jeden Morgen 2. jeweils am Morgen; *-tan sonra akşamlar hayrolsun!* „nach dem Morgen Guten Abend!" *d.h.* 1. und wo bleibt die Hauptsache? 2. das paßt wie die Faust aufs Auge!

sabahçı 1. wer am Morgen *od.* gegen Morgen Wache zu halten hat 2. wer die Nacht über aufbleibt 3. Frühaufsteher(in *f*) *m* 4. V Bummler, Nachtschwärmer *m* 5. *Sch.* wer vormittags Unterricht hat; ~ *kahvesi* Kaffeehaus, *das bis zum Morgen geöffnet bleibt bzw. gegen Morgen aufmacht.*

sabahki morgendlich.

sabahlamak die Nacht über aufbleiben.

sabahleyin [· x · ·] am Morgen; morgens.

sabahlı akşamlı jeden Morgen und jeden Abend.

sabahlık Morgenkleid *n* (*e-r Dame*).

saban *leichter* Holzpflug; ~ *bıçağı* (*od. demiri od. kılıcı*) Pflugschar *f*; ~ *çatmak* (*od. sürmek*) pflügen; ~ *izi* Ackerfurche *f*.

sabbar [· -] *bot.* 1. Kaktus *m* 2. Feigenkaktus *m*.

sabık, -kı [ā] vormalig, ehemalig, früher, Ex-; ~ *kıral* Exkönig *m*.

sabıka [- · ·] 1. früher begangenes Verbrechen 2. Vorstrafe *f*; *sabıkai mükerrere jur.* Wiederholungsdelikt *n*.

sabıkalı [- · · ·] vorbestraft.

sabır, -brı 1. Geduld, Ausdauer *f* 2. (*sarı* ~) *bot.* Aloe *f*; ~ *taşı* unglaublich geduldig; ~ *ve sebat* Geduld und Ausdauer *f*; *-la koruk helva olur Spr.* Geduld bringt Rosen; *sabrı taşmak* (*od. tükenmek*) (*b-nin*) die Geduld verlieren.

sabırlı geduldig, ausdauernd.

sabırsız ungeduldig.

sabit, -ti [ā] 1. fest, unbeweglich; Fix- 2. *math.* konstant 3. beständig 4. erwiesen 5. *techn.* stationär, ortsfest 6. ♀ *mV*; ~ *balon* Fesselballon *m*; ~ *fikir, fikri sabit* fixe Idee; ~ *olm.* erwiesen sein; feststehen; ~ *sermaye* Stammkapital *n*.

sabotaj Sabotage *f*; ~ *yapmak* Sabotage treiben (*verüben*).

sabotajcı 1. Sabotageakte verübend 2. Saboteur *m*.

sabote sabotiert; ~ *etm.* sabotieren.

sabretmek [x · ·] sich gedulden; geduldig ausharren; *Spr. sabreden derviş muradına ermiş* Geduld und Ausdauer führt zum Ziel.

sabuk *s. abuk sabuk.*

sabuklama Delirium *n*, Fieberwahn *m*.

sabun Seife *f*; ~ *köpüğü* 1. Seifenschaum *m* 2. Seifenblasen *pl.*; ~ *tozu* Seifenflocken *pl.*

sabuncu 1. Seifensieder *m* 2. Seifen·fabrikant *od.* -händler *m* 3. Geschirrwäscher *m*.

sabunlamak 1. einseifen 2. (*cildi*) abseifen.

sabunluk Seifen·schale *f*, -napf *m*.

sac 1. Eisen-, Schwarz·blech *n* 2. Blech-; ~ *levha* Blech·scheibe, -platte *f*; ~ *makası* Blechschere *f*.

sacayağı, *-nı*, **sacayak** 1. eiserner Dreifuß 2. *fig.* Triumvirat *n*.

saç, *-çı* 1. Kopfhaare *pl.*, Haar *n* 2. *ältere Schreibweise für sac*; ~ *bağı* Haar·band *n*, -schleife *f*; ~ *boyası* Haarfärbemittel *n*; ~ *dibi* Haarboden *m*; ~ *filesi* Haarnetz *n*; ~ *makinesi* Haarschneidemaschine *f*; ~ *örgüsü* (*Haar-*)Zopf *m*; ~ *örmek* das Haar in Zöpfe flechten; ~ *-a baş başa olm.* sich in die Haare geraten; ~ *sakal ağartmak* im Dienst ergrauen; ~ *sakal sahibi olm.* kein Kind mehr sein; *-ı el elinde olm.* nach *j-s* Pfeife tanzen müssen; *-ları diken diken oldu* die Haare standen ihm zu Berge; *-ları iki türlü olm.* in vorgerücktem Alter stehen; *-larını süpürge etm.* aufopferungsvoll arbeiten (*bzw.* dienen) (*Frau im Haushalt*).

saçak[1] 1. Vor-, Wetter·dach *n* 2. Fransen *pl.*

saçak[2] zerzaust, wirr; unordentlich gekleidet.

saçakbulut, *-tu* Zirruswolke *f*.

saçkıran Haar·ausfall, -schwund *m*.

saçma 1. *Vs. zu saçmak* 2. aus-, umher·gestreut 3. Wurfnetz *n* (*der Fischer*) 4. Schrot *m* 5. sinnlos, albern, unpassend 6. sinnlos handelnd 7. (*a.* ~ *sapan*) dummes Gerede; Gewäsch *n*.

saçmak, (*-ar*) 1. (aus-, be)streuen 2. verbreiten (*Wärme, Geruch usw.*); *saçıp savurmak* sinnlos vertun (*Geld*).

saçuzatan *bot.* Goldhaar *n*.

sada [· -] 1. Schall, Klang, Laut, Ton *m* 2. Widerhall *m*, Echo *n*; ~ *ölçme kıtası mil.* Schallmeßtrupp *m*.

sadak Köcher *m*.

sadaka Almosen *n*; ~ *istemek* betteln; ~ *vermek* Almosen geben; *-ya muhtaç olmak* an den Bettelstab kommen.

sadakat, *-ti* [· - ·] Treue, Ergebenheit, Loyalität *f*; ~ *borcu jur.* 1. Treupflicht *f* 2. eheliche Treue; ~ *yemini* Treueid *m*.

sadakatli [· - · ·] treu, ergeben, loyal.

sadakatsizlik [· - · · ·] Treulosigkeit, Untreue, Illoyalität *f*; ~ *etm.* (*b-ne*) treulos handeln (*gegen*); *j-m* untreu werden (*z.B. Frau*).

sadakor Rohseide *f*.

sadalı [· - ·] 1. schallend, hallend 2. vokalisch 3. Sprech-, Ton-; ~ *harf gr.* Vokal *m*.

sadaret, *-ti* [· - ·] *hist.* Großwesirat *n*; ⁓ *Dairesi hist.* Hohe Pforte; ~ *kaymakamı hist.* interimistischer Großwesir.

sadasız [· - ·] 1. lautlos, tonlos, still, ruhig 2. konsonantisch; ~ *harf gr.* Konsonant *m*.

sadberk, *-ki* hundert-, viel·blättrig; ~ *gülü bot.* Zentifolie *f*.

sade [ā] 1. einfach, schlicht, unauffällig 2. rein, unverfälscht 3. ohne (*die sonst übliche*) Zutat 4. *adv.* nur, bloß, lediglich; ~ *kahve* ungesüßter Kaffee; ~ *suya çorba* Wasser-, Kranken·suppe *f*; ~ *yağ*(*ı*) Kochbutter *f*.

sadece [ā] *s. sade* (4).

sadedil [ā] harmlos, leichtgläubig, naiv.

sadeleştirmek [ā] vereinfachen.

sadet, *-di* Thema *n*; *-e rücu etm.* zum Thema zurückkommen; *-im dahilinde değil* das geht über den Rahmen (*z.B. meines Vortrags*) hinaus; *-ten harice çıkmak* (*od. ayrılmak*) vom Thema abkommen; abschweifen; *-ten hariç* 1. außerhalb des Themas liegend 2. unwesentlich, irrelevant.

sadık, *-kı* [ā] 1. treu, ergeben, loyal 2. wirklich, wahr, echt 3. ⁓ *mV.*

sâdıra *Beh.* ausgehende Schriftstücke *pl.*; Ausgang *m*.

sadme 1. Zusammen·stoß, -prall *m* 2. Schlag, Stoß, Ruck *m*, Erschütterung *f*.

sadrazam [· - ·] *hist.* Großwesir *m*; ⁓ *Kapısı hist.* Hohe Pforte.

sadrazamlık Rang *m* (*Würde, Tätigkeit usw.*) e-s Großwesirs; Großwesirat *n*.

saf, *-ffı* 1. Reihe, Linie, Ordnung *f* 2. *mil. a.* Glied *n*; ~ *bağlamak* e-e Reihe bilden; ~ *tutmak* sich in Reih und Glied aufstellen; *-ları sıkıştırmak mil.* die Glieder schließen; *-tan ayrılmak mil.* aus dem Glied treten; (her)austreten.

sâf 1. rein, unverfälscht 2. naiv, leichtgläubig.

safa [· -] 1. Freude, Fröhlichkeit *f* 2. Vergnügen *n*, Belustigung *f* 3. ♀ [x ·] *mV*; ~ *bulduk!* (*form. Antwort auf die Begrüßung* ~ *geldiniz!*); ~ *geldine gitmek e-m Neuzugezogenen* seine Aufwartung machen; ~ *geldiniz!* herzlich willkommen!; ~ *sürmek* das Leben genießen; ~ *vermek* Freude spenden.

safer *zweiter Monat des isl. Mondjahres.*

saffet, *-ti* 1. Reinheit, Lauterkeit *f* 2. ♀ *mV*, *wV*.

saffıharb Schlachtreihe *f*; ~ *gemisi* Schlacht-, Linien-schiff *n*; ~ *kıtaları fr.* Linientruppen *pl.*; ~ *nizamı* Schlachtordnung *f*.

safha Phase *f*, Stadium *n* (*e-r Entwicklung*); ~ ~ allmählich, langsam.

sâfi [- -] 1. rein, unverfälscht 2. Netto-, Rein- 3. [- ·] lediglich, nur; ~ *hasılat* Reinertrag *m*; ~ *irat* Reingewinn *m*, Nettoeinkünfte *pl.*; *gayrisâfi* 1. gemischt, verfälscht 2. Brutto-.

safiha [i] 1. Facette *f* 2. Plättchen, Blättchen *n*.

safihalandırmak auswalzen (*Metalle*).

safkan [- ·] reinrassig; Vollblut- (*z.B. Pferd*).

saflaştırmak [- · · ·] reinigen (*z.B. Sprache*).

safra[1] Ballast *m* (*a. fig.*); ~ *atmak* 1. Ballast abwerfen 2. *e-e lästige Person* abschütteln.

safra[2] *an.* Galle *f*; ~ *bastırmak* den ärgsten Hunger stillen; ~ *kesesi* Gallenblase *f*; *-sı dönmek* Übelkeit verspüren; *-sı kabarmak* (*od. bulanmak*) Brechreiz bekommen.

safran Safran *m* (*als Pflanze, Gewürz od. Farbstoff*).

safsata 1. Sophisma *n* 2. Sophisterei *f*; *-ya düşmek* sophistisch vorgehen.

sağ[1] 1. recht(s) 2. Rechte *f* 3. (*Boxen*) Rechtshaken *m*; ~ *gözünü sol gözünden kıskanmak* von wütender Eifersucht verzehrt werden; *-a bak! mil.* Augen rechts!; *-a çark marş! mil.* rechts schwenkt marsch!; *-dan gidiniz!* rechts gehen!; *-dan soldan* von überallher; *-ı solu olmamak fig.* sich nicht mehr auskennen; *-ını solunu kollıyarak* 1. nach allen Seiten Ausschau haltend 2. *fig.* vorsichtig, behutsam, rücksichtsvoll; *-ını solunu şaşırmak* 1. vollkommen die Fassung verlieren 2. sich völlig verheddern.

sağ[2] 1. lebend(ig) 2. gesund, wohlbehalten 3. *s. sağlam*; ~ *kalmak* am Leben bleiben; ~ (*od. sağlam*) *kazık fig.* solide Grundlage; ~ *ol!* 1. *mil.* jawohl!, zu Befehl! 2. danke schön! 3. bravo!, hurra!; ~ (*ve*) *salim* gesund und wohlbehalten.

sağaçık *Fb.* Rechtsaußen *m*, rechter Außenstürmer.

sağ(a)nak 1. Wolkenbruch *m* 2. [Sturm *m*.]

sağbek, *-ki Fb.* rechter Verteidiger.

sağcı *pol.* rechts stehend; ~ *gazeteler* Blätter *pl.* der Rechten.

sağduyu gesunder Menschenverstand.

sağhaf [· -] *Fb.* rechter Läufer.

sağılmak 1. *Pass. zu sağmak* 2. sich abnützen; verschleißen (*Stoff, Teppich usw.*) 3. sich auseinander ringeln (*z.B. Schlange*).

sağın exakt (*Wissenschaft*).

sağır 1. taub 2. ohne Resonanz 3. nur schwer zum Kochen kommend 4. undurchsichtig (*Glas*); ~ *dilsiz* taubstumm; ~ *sultanın bile duyup bildiği* was schon die Spatzen von den Dächern pfeifen.

sağiç, *-çi Fb.* Halbrechte(r) *m*, rechter Innenstürmer.

sağlam 1. solide, stabil, fest 2. gesund, kräftig 3. unversehrt 4. zuverlässig, gut, sicher 5. P bestimmt, gewiß; ~ (*od. sağ*) *ayakkabı değildir* er ist ein unsicherer Kantonist; ~ *kaba kotarmak* (*bşi*) *fig. et.* ins richtige Geleise bringen; ~ (*od. sağ*) *kazığa bağlamak fig. et.* fest ausmachen.

sağlama 1. *Vs. zu sağlamak* 2. *spez. math.* arithmetische Probe.

sağlamak 1. sichern, sicherstellen, gewährleisten 2. herheiführen, veranlassen, verschaffen 3. *math.* beweisen.

sağlamlamak 1. (*wieder*) in Ordnung bringen, *z.B.* festschrauben 2. fest ausmachen 3. konsolidieren, festigen.
sağlamlaşmak 1. (*wieder*) fest werden, sich festigen, sich kräftigen 2. gesund (*rüstig, tauglich*) werden 3. vertrauenswürdig werden, *bzw.* wieder in Ordnung kommen.
sağlamlık 1. Festigkeit, Stabilität *f* 2. Gesundheit, Rüstigkeit *f* 3. Unversehrtheit *f* 4. Vertrauenswürdigkeit *f* 5. *H.* Zahlungsfähigkeit *f* (*e-s Kaufmanns*).
sağlı sollu 1. rechts und links befindlich (*z.B. Häuser*) 2. beidhändig.
sağlıcakla [· · x ·] leben Sie wohl!
sağlık 1. Gesundheit *f*, Wohlbefinden *n* 2. Leben *n*, Lebenszeit *f* 3. normaler Zustand 4. Erkundigung *od.* Auskunft *f* 5. alles in Ordnung!; ~ *almak* (*bşi*) in Erfahrung bringen; ~ *işleri* Gesundheitswesen *n*; ~ *olsun!* (*form. Trostspruch*) Hauptsache, du bist gesund!; ~ *raporu* Gesundheitsattest *n*; ~ *selâmetle* gesund und wohlbehalten; ~ *topu* Medizinball *m*; ~ *vermek* (*weiter-*)empfehlen (*z.B. e-n Arzt*); ~ *yurdu* 1. Genesungsheim *n* 2. privates Krankenhaus; *sağlığında* bei seinen Lebzeiten; *sağlığınıza!* auf Ihr Wohl!; *sağlığınızı dilerim!* ich wünsche Ihnen gute Gesundheit!
sağmak, (*-ar*) 1. melken 2. herausnehmen (*Honig*) 3. aufrollen, abspulen 4. V *j-m* das Geld aus der Tasche ziehen 5. V *j-m* ein Geheimnis entlocken.
sağmal 1. Milch gebend, Milch- 2. V woraus man Kapital schlagen kann; ~ *inek* Milchkuh *f*, melkende Kuh (*a. fig.*).
sağnak *s. sağanak.*
sağrı 1. Kruppe *f*, Kreuz *n* (*spez. des Pferdes*) 2. Bergrücken *m* 3. gegerbte Rindshaut; ~ *kemiği an.* Kreuzbein *n*; ~ *omurları an.* Kreuzwirbel *pl.*
sağsöz Sinnspruch *m*, Sentenz *f*.
sah, *-hhı* Abzeichnung *f*, Plazet *n*, Bestätigung *f*; ~ *çekmek* 1. ein Schriftstück abzeichnen 2. *fig.* sich einverstanden erklären.
saha [- ·] 1. Gebiet *n*, Bereich *m*, Feld *n* 2. *phys.* Feld *n* 3. *math.* Flächeninhalt *m* 4. Spiel-, Sportplatz *m* 5. Fachgebiet *n*.
sahaf [· -] Antiquar *m*; *Sahaflar Çarşısı Name der gesamten Antiquariate in Beyazit* (*Ist.*)
sahan 1. Metall·schüssel, -schale *f* 2. e-e Schüssel voll 3. (*Essens-*) Gang *m*; *-da yumurta* Spiegelei *n*.
sahanlık 1. e-e Schüssel voll 2. (*Essens-*)Gang *m* 3. Treppenabsatz *m* 4. Plattform *f* (*bei Straßen-, Eisenbahn usw.*).
sahi(h) [ī] 1. wirklich, wahr, richtig, tatsächlich 2. exakt (*Wissenschaft*) 3. [x -] wirklich?, tatsächlich?
sahici 1. echt, wirklich 2. (*spez. Ki.*) richtig (*als Gegensatz zu Kspz.*).
sahife [ī] Seite *f* (*e-s Buches, Briefes usw.*); *s. a. sayfa.*
sahil [ā] 1. Meeres·küste *f*, -strand *m* 2. Fluß- *od.* See·ufer *n*; ~ *kordonu geol.* Küstenstrich *m*, Litorale *n*; ~ *tipleri geogr.* die (*verschiedenen*) Küstenformen *pl.*
sahilhane [- · - ·] Haus *n* am Strand; Strandvilla *f*.
sahip, *-bi* [ā] 1. Eigentümer, Besitzer *m* 2. Schutzherr, Protektor *m* 3. Verfasser *m*; ~ *çıkmak* 1. (*bşe*) Anspruch erheben (*auf*); sich als Herr *von et.* aufspielen 2. (*b-ne*) eintreten (*für*), protegieren; ~ *olm.* besitzen; *sahibi rey* stimmberechtigt.
sahne 1. (*Theater-*)Bühne *f* 2. Schauplatz *m e-s Geschehens* 3. Bild *n*, Szene *f* 4. (*Th.*) Szene *f*, Auftritt *m* 5. Bühnenkunst *f*; ~ *kurmak* e-e Bühne aufschlagen; ~ *vâzıı* Regisseur, Spielleiter *m*; ~ *yazarı* Bühnenautor, Dramatiker *m*; *-ye çıkmak* auftreten (*Schauspieler*); *-ye koymak* auf die Bühne bringen; inszenieren.
sahra [· -] 1. offenes Feld 2. Wüste *f*.
Sahrayıkebir [· - · · -] *n.pr.* Sahara *f*.
sahre *geol.* Gestein *n*.
sahte 1. falsch, imitiert 2. Schein-; fingiert; ~ *para sürmek* Falschgeld in Umlauf bringen.
sahtekâr Fälscher, Betrüger *m*.
sahtevakar hohle Würde zur Schau tragend.
sahtiyan Saffian *m*, Saffianleder *n*.
sahur [ū] Essen *n* vor Tagesanbruch (*im Ramazan*).

saik, *-kı* [ā] 1. (an)treibend, (zu-) führend 2. Beweggrund *m*, Motiv *n*, Anlaß *m*.
saika[1] [- · ·] treibende Ursache *od.* Kraft.
saika[2] [- · ·] *va.* Blitzschlag *m* (*s. siperisaika*).
sair [ā] ander-, übrig-.
saka Wasserträger *m*; ~ *kuşu zo.* Stieglitz *m*.
sakağı *med.* Rotz *m*, -krankheit *f*.
sakal Bart *m*; ~ *bırakmak* (*od. koyuvermek od. salıvermek*) sich e-n Bart stehen lassen; *-ı bitmek* (*bir işin*) keine Erledigung finden; dauernd vertagt werden; *-ı ele vermek fig.* sich am Gängelband führen lassen; *-ımı değirmende ağartmadım fig.* ich habe in e-m langen Leben viele Erfahrungen gesammelt; *-ına göre tarak vurmak fig. j-m* um den Bart gehen; *-ına gülmek* 1. (*kendi*) sich ins Fäustchen lachen 2. (*b-nin*) sich *über j-n* mokieren; *-ını sıvazlamak* sich den Bart streichen.
sakamonya [· · x ·] 1. *bot.* Purgierwinde *f* 2. Skammoniumharz *n* (*Abführmittel*).
sakandırık Kinn·band *n*, -riemen *m*.
sakar 1. Blesse *f* 2. ungeschickt, tapsig 3. unheilvoll.
sakat, *-tı* 1. fehlerhaft 2. unzureichend, mangelhaft 3. ramponiert, beschädigt, wacklig, kaputt 4. verkrüppelt, verstümmelt 5. Abfall *m* 6. Fehler, Mangel *m*, Gebrechen *n*.
sakatat, *-tı* [· · -] *Kopf, Füße und Eingeweide* (*Innereien*) *e-s geschlachteten Tieres.*
sakatlamak 1. beschädigen, ramponieren, kaputtmachen 2. verstümmeln; zum Krüppel werden lassen.
sakın *mst. in Verb. mit Imperativ*: ~ *söylediklerimi unutmayın!* vergeßt ja nicht, was ich euch gesagt habe!; ~ *ha!* sei ja vorsichtig!, gib nur gut acht!
sakınca Vorbehalt *m*.
sakıngan vorsichtig, zurückhaltend.
sakınma *Vs. zu sakınmak*; *-sı olmamak* sich reichlich ungeniert benehmen.
sakınmak 1. *m. Abl.* sich hüten (*vor*); nicht wagen, *et. zu tun* 2. *m. Abl.* sich in acht nehmen (*vor*) 3. *m. Akk.* schützen, bewahren.
sakırga *zo.* Zecke *f*.
sâkıt, *-tı* 1. *va.* fallend 2. gestürzt, entthront, Ex- 3. ungültig, hinfällig.
Sakıt Mars *m* (*Planet*).
sakız 1. (*Baum-, Balsam-, Kau-*) Harz *n*, Mastix *m* 2. ♀ (*Adası*) *n.pr.* Chios; ~ *gibi* 1. ganz rein und sauber 2. zudringlich, lästig; ~ *olm.* (*âlemin ağzında*) in aller Munde sein; ~ *rakısı* Anisbranntwein *m* mit Mastix.
sakin [ā] 1. ruhig, still 2. wohnhaft 3. statisch 4. Ein-, Be·wohner *m*.
sâkit, *-ti* schweigsam, still, stumm.
saklamak 1. aufheben; nicht weggeben 2. gut aufbewahren 3. verbergen 4. *m. Abl. j-m et.* nicht sagen wollen 5. schützen 6. reservieren (*z.B. Tisch*).
saklanmak *Pass. od. Refl. zu saklamak.*
saklantı Versteck *n*, Aufbewahrungsort *m*.
saklı 1. aufbewahrt 2. versteckt 3. geheim 4. latent 5. *jur.* Soldat, der sich der Dienstpflicht entzieht.
saksağan *zo.* Elster *f*.
saksı Blumentopf *m*.
sal, *-lı* Floß *n*; Fähre *f*.
salâ 1. Gebetsruf *m* (*des Müezzins*) 2. *allg.* laute Ankündigung 3. hört alle her!
salacak 1. Totenbahre *f* 2. Sarg *m* 3. ♀ *n.pr. Stadtteil von Ist.*
salâh 1. *selt.* richtiger Zustand 2. Besserung *f*; ~ *bulmak* sich bessern; *-a yüz tutmak* langsam eintreten (*Besserung*).
salâhiyet, *-ti* 1. Berechtigung, Kompetenz *f* 2. *ab.* wissenschaftliche Autorität 3. *jur.* Gerichtsstand *m*; ~ *gasbı jur.* Amtsanmaßung *f*; ~ *tecavüzü jur.* Mißbrauch *m* der Amtsgewalt; ~ *vermek* ermächtigen, autorisieren; *-lerini tecavüz etm.* seine Befugnisse überschreiten; *ademi salâhiyet jur.* (*örtliche*) Nichtzuständigkeit.
salâhiyetli berechtigt, befugt, zuständig, kompetent, ermächtigt, autorisiert.
salâhiyetname [· - · · - ·] schriftliche Autorisierung, Vollmacht.
salâhiyettar [· - · · -] *s. salâhiyetli.*
salamura [· · x ·] 1. Salzbrühe *f* 2. Pökelfisch *m*, eingelegte Weinbeerblätter *pl. u. ä. m.* 3. in Salzbrühe eingelegt.

salapurya [· · x ·] *kleinerer* Schleppkahn, Leichter *m*.
salaş Marktzelt *n*, Stand *m*.
salât, -*tı rituelles isl.* Pflichtgebet; ~ *getirmek* die isl. Glaubensformel aussprechen; ~ *okumak* das Pflichtgebet sprechen.
salata [· x ·] 1. *allg.* Salat *m* 2. *spez.* Gurkensalat *m*.
salatalık 1. zur Herstellung von Salat bestimmt *od.* geeignet 2. *bot.* Gurke *f* 3. *Sch.* alter Lehrer, Alte(r) *m*; ~ *biber* Schotenpfeffer *m*.
salâvat, -*tı* [· · -] *s. salât*; *yanına -la varılır fig.* unnahbar, bärbeißig.
salbetmek [x · ·] 1. hängen; durch den Strang hinrichten 2. *va.* kreuzigen.
salça [x ·] 1. Sauce, Brühe *f* 2. *pr.* Tomatensauce *f*.
salçalık Sauciere *f*.
saldırgan angreifend, aggressiv, offensiv; Angreifer *m*.
saldırmak 1. *m. Dat.* anfallen, angreifen (*a. chem.*) 2. *m. Akk.* hetzen, loslassen (*z.B. Hunde*) 3. *m. Akk.* verfrachten, expedieren, bringen.
saldırmazlık Nicht-Angreifen *n*; ~ *paktı* Nichtangriffspakt *m*.
salep, -*bi* [ā] 1. *bot.* Knabenkraut *n* 2. Knollen *pl.* des Knabenkrautes 3. Salep *m* (*Getränk*).
salgı 1. *biol.* Sekretion *f* 2. *techn.* Durchhang *m* (*e-s Seiles*).
salgın 1. sich schnell ausbreitend 2. ansteckend, epidemisch 3. Torheit, Narrheit, Sucht *f* 4. Epidemie *f* 5. Umlage, Steuerabgabe *f*; ~ *hastalık* Epidemie, Seuche *f*; ~ *nezle* Influenza, Grippe *f*.
salhane [· - ·] Schlachthaus *n*.
salı Dienstag *m*.
salıncak 1. (*Kinder-*)Schaukel *f* 2. Schaukelwiege *f*; ~ *illeti* Drehkrankheit *f* (*der Schafe*); ~ *sandalye* Schaukelstuhl *m*; ~ *tahtası* Sitzbrett *n* (*e-r Schaukel*).
salınım 1 *phys.* Oszillation, Schwingung *f* 2. *astr.* Libration *f*.
salınış wiegender Gang.
salınmak 1. *Pass. zu salmak* 2. sich in den Hüften wiegen 3. *phys.* oszillieren, schwingen.
salıntı 1. wiegender Gang 2. Schaukeln *n* (*e-s Schiffes usw.*).
salıvermek 1. frei-, los·lassen 2. *fig.* loslassen (*z.B. Gelächter*) 3. stehen lassen (*z.B. Bart*).
salih [ā] 1. geeignet, tauglich, verwendbar 2. fromm; von rechtschaffenem Lebenswandel 3. ♀ *mV*.
salim [ā] 1. unversehrt, wohlbehalten, gesund, heil 2. frei (*von*) 3. einwandfrei, befriedigend 4. ♀ *mV*.
salip, -*bi* [ī] Kreuz *n*.
salkım 1. *bot.* Dolde *f*, Büschel *n* 2. *bot.* Bohnenstrauch *m* 3. *bot.* Glyzinie *f* 4. *bot.* (*Schein-*)Akazie *f* 5. Schrapnell *n*; ~ *küpe* Ohrgehänge *n*; ~ *saçak* in Fetzen; aufgelöst, unordentlich; ~ *söğüt bot.* Trauerweide *f*.
salkımak *intr.* herab-, herunterhängen.
salkımsı *bot.* trauben-, büschel-, dolden·förmig.
sallabaş wer dauernd mit dem Kopf wackelt.
sallamak 1. hin- und her·schaukeln 2. schütteln, rütteln 3. schwenken, schwingen 4. winken 5. nicken *od.* den Kopf schütteln 6. hinauszögern *od.* *j-n* hinhalten 7. V zurücklegen (*Strecke*), fahren 8. V versetzen, herunterhauen (*Ohrfeige*) 9. *sallamamak* links liegen lassen.
sallandırmak 1. *Kaus. zu sallanmak* 2. aufknüpfen, hängen (F baumeln lassen).
sallanmak 1. *Pass. od. Refl. zu sallamak* 2. wackeln (*z.B. Zahn*); nicht feststehen (*z.B. Tisch*) 3. *fig.* nicht mehr fest im Sattel sitzen 4. *fig.* auf tönernen Füßen stehen 5. *techn.* oszillieren, pendeln.
sallapata [· x · ·] *adv.* 1. unbesonnen, unüberlegt 2. undiszipliniert, schludrig.
sallasırt etmek *mit e-m Schwung* auf den Rücken nehmen.
salma 1. *Vs. zu salmak* 2. *Name e-s best. Reisgerichtes* 3. *von jedem Bauern zu leistender* Beitrag 4. (*Stoff-*)Zipfel *m* 5. frei umherlaufend 6. frei fließend (*z.B. Quelle*).
salmak, (-*ar*) 1. werfen, aus-, verbreiten 2. schieben, stoßen 3. los-, frei·lassen 4. einströmen *od.* herausschießen lassen 5. eiligst absenden 6. in den (*Koch-*)Topf tun; dazugeben 7. hinausfahren lassen (*z.B. Schiff*) 8. ansetzen (*z.B. Äste*) 9. *j-n* (*z.B. ins Unglück*) stürzen 10. auferlegen (*z.B. Steuer*) 11. (*Hunde*) hetzen (*auf*) 12. *m. Dat.* angreifen; losgehen (*auf*) 13. hinunterlassen.

salmalık 1. Weide *f*, Weideland *n* 2. für *salma* (2) geeignet (*spez. Muscheln*).

salmastra [· x ·] 1. *naut.* Seising *f* 2. Dichtung, Packung, Liderung *f*; ~ *halkası* Dichtungsring *m*; ~ *sarmak* lidern.

salon 1. großer Saal 2. Empfangszimmer *n* 3. kleinere Ausstellung 4. Turnhalle *f*.

saloz V einfältig, stupid, beschränkt.

salp, *-bi* [*helles* 1] 1. Hinrichten *n* durch den Strang; Hängen *n* 2. *va.* Kreuzigung *f*.

salpa 1. lose, schlaff, herabhängend 2. nachlässig gekleidet; schlampig.

salsal Schlamm, Lehm *m*.

salt, *-tı* 1. nur, lediglich, bloß 2. rein, echt.

salta[1] [x ·] Männchen-Machen *n*; ~ *durmak* Männchen machen (*Hund, gel. a. Katze*).

salta[2] [x ·] *kurze, lose* Jacke *ohne Kragen.*

saltanat, *-tı* 1. Sultanat *n* 2. Monarchie *f* 3. Regierung, Herrschaft *f* 4. *fig.* Prunk *m*, Pracht, Herrlichkeit *f*; ~ *etm.* herrschen, regieren; ~ *meclisi* Kronrat *m*; ~ *niyabet meclisi* Regentschaftsrat *m*; ~ *sürmek* 1. herrschen, regieren 2. in Pracht und Herrlichkeit leben; *-tan çekilmek* dem Thron entsagen.

saltık absolut.

salvo [x ·] Salve *f*.

salya [x ·] (*ausfließender*) Speichel.

salyangoz 1. *zo.* Schnecke *f* (*mit Haus*) 2. *knöcherne* Schnecke (*im Ohr*) 3. Schnecke *f* (*am S. i.*).

saman Stroh *n*, Häcksel *m*; ~ *altından su yürütmek fig.* insgeheim Ränke schmieden; ~ *gibi* wie Stroh; fade, geschmacklos; ~ *rengi* stroh-, hell·gelb; ~ *sapı* Strohhalm *m* (*z.B. für Getränke*); ~ *yemez* F gewitzt, schlau; ~ *yiyen* F Dummkopf *m*.

samankapan Bernstein *m*.

samanyolu, *-nu astr.* Milchstraße *f*.

sami, *-ii* [ā] 1. (*Zu-*)Hörer *m* 2. (*Gast-*)Hörer (*in Universität*).

Samî [- -] Semite *m*, Semitin *f*; semitisch.

samia [- · ·] 1. Gehör *n*, -sinn *m* 2. Zuhörerschaft *f*, Publikum *n*.

samimî [· - -] 1. herzlich, aufrichtig 2. vertraut, intim; ~ *bir hava içinde* in sehr angeregter Stimmung (*Gesellschaft*).

samsa *e-e baklava-ähnliche Süßspeise.*

samur 1. *zo.* Zobel *m* 2. Zobel- 3. Zobelpelz *m*; ~ *kaşlı* mit dunklen, dichten und weichen Augenbrauen; ~ *kürk* Zobelpelz *m*.

samyeli, *-ni* Samum *m*, heißer Wüstenwind.

san 1. Ruf, Leumund *m* 2. Ruhm *m*, Ehre *f*, Ansehen *n* 3. Eigenschaft *f*, Wesensmerkmal *n*.

sana *Dat. zu sen*; ~ *gelince* was dich betrifft; ~ *ne?* was geht es dich an?

sanat, *-tı* 1. Handwerk, Gewerbe *n* 2. Kunst *f* 3. Geschicklichkeit *f*; ~ *eseri* Kunstwerk *n*; ~ *okulu* Gewerbeschule *f*; ~ *sahibi* Handwerker *m*.

sanatkâr 1. Künstler *m* 2. Schauspieler *m*.

sanayi, *-ii* [· - ·] 1. *z. va.* Künste, Gewerbe *pl.* 2. Industrie *f*; ~ *hukuku jur.* Industrie- und Gewerberecht *n*; ~ *ve ticaret odası* Industrie- und Handels·kammer *f*.

sanayileşmek [· - · · ·] sich industrialisieren.

sancak 1. Fahne, Flagge, Standarte *f*, Banner *n* 2. *hist.* Sandschak *m*, Kreis, Bezirk *m* 3. *naut.* Steuerbord *n*; ~ *açmak* ein Banner entfalten; ~ *beyi hist.* osman. Gouverneur *m*; ~ *çekmek* e-e Fahne hissen; *sancağı şerif* heilige Fahne des Propheten.

sancaktar [· · -] Fahnen-, Bannerträger *m* (*wörtl. und fig.*).

sancı 1. Seitenstechen *n* 2. Bauchgrimmen *n*, Kolik *f* 3. Geburtswehen *pl.*

sandal[1] Sandale *f*.

sandal[2] (*Ruder-*)Boot *n*.

sandal[3] Sandelholz *n*.

sandal[4] Seidensatin *m*.

sandalye 1. Stuhl *m* 2. *fig.* Posten *m*, Amt *n*, Stellung *f*, Geschäftsbereich *m*; ~ *kavgası* Postenjägerei *f*; ~ *sazı bot.* Binse *f*.

sandık 1. Kiste, Truhe *f*, Kasten *m* 2. Kasse, Zahlstelle *f* 3. Wahlurne *f*; ~ *emini* Kassenvorstand *m*; ~ *eşyası* (*Braut-*)Ausstattung *f*; ~ *lekesi* Stockfleck *m*; ~ *odası* Abstellraum *m*, Rumpelkammer *f*; ~ *sepet* alle vorhandenen Gegenstände *pl.*

sandıklamak 1. in Kisten verpakken 2. *techn.* ausschachten, abteufen.

sandov 1. Expander *m* 2. Gummi-, Start·seil *n* (*für Segelflugzeuge*).
sandviç, -ci belegtes Brot *od.* Brötchen, Sandwich *n*.
sanem Götzenbild *n*, Götze *m*.
sanık 1. verdächtig 2. angeklagt.
sani [- -] *z. va.* 1. zweit- 2. ♀ [x ·] *mV*.
sania [- · ·] Kniff, Trick *m*, Manöver *n*.
saniye [ā] Sekunde *f*.
saniyeli [ā] 1. ... Sekunden dauernd 2. Zeit- 3. mit Sekundenzeiger; ~ *bomba* Bombe *f* mit Zeitzünder; ~ *tapa* Zeitzünder *m*.
saniyelik [ā] Sekundenzeiger *m*.
sanki [x ·] 1. (*in Fragesätzen*) denn, etwa 2. gleichsam, geradezu, wohl 3. als ob; wie wenn.
sanksyon *pol.* Sanktion *f*.
sanlı 1. von (*näher bestimmtem*) Ruf *od.* Leumund 2. bekannt, berühmt.
sanmak, (*-ır*) glauben, meinen.
sanrı Halluzination, Sinnestäuschung *f*.
sanrılamak an Halluzinationen, Sinnestäuschungen leiden.
sansar *zo.* Marder *m*; ~ *gibi* verschlagen, hinterlistig.
sansör Zensor, Zensurbeamte(r) *m*.
sansür Zensur *f*; ~ *etm.* e-r Zensur unterwerfen; zensurieren; ~ *koymak* (*m. Dat.*) die Zensur verhängen (*über*).
sansüre der Zensur unterworfen; zensuriert; ~ *etm. s. sansür etm.*
santim 1. Zentimeter *n* 2. Centime *m* 3. *hundertster Teil e-s Kurusch* 4. Zentimetermaß *n* 5. *ab.* Größe *f*.
santimetre [· · x ·] 1. Zentimeter *n* 2. Zentimetermaß *n*.
santrafor *Fb.* Mittelstürmer *m*.
santrahaf [· · -] *Fb.* Mittelläufer *m*.
santral, -li 1. Telephonzentrale *f* 2. *spez.* Klappenschrank *m* 3. *allg.* Zentrale *f*, Werk *n* 4. zentral; Zentral- 5. *Sch.* Verstand, Kopf *m*.
santrforvet, -di *s. santrafor*.
santrhaf s. *santrahaf*.
santrifüj 1. zentrifugal 2. Zentrifuge *f*; ~ *kuvvet phys.* Zentrifugalkraft *f*.
santur *mus. hackbrettähnliches M.i.*
santuri [· - -] *mus.* Hackbrettspieler *m*.
santurlu F großartig, prächtig.
sap, -pı 1. *bot.* Stengel, Stiel *m*, Ranke *f* 2. Stiel, Griff *m*, Heft *n*, Holm, Schaft *m* 3. Kurbel *f* 4. (*Bleistift-, Feder-*)Halter *m* 5. *in Garben gebundenes* Getreide 6. *Hals m e-s S.i.* 7. *techn.* Verzapfung *f* 8. Fadenlänge *f*; ~ *doğrama makinesi* Häckselmaschine, Futterschneide(-maschine) *f*; ~ *olm.* (*bir baltaya*) *s. unter bir*; ~ *yapmak techn.* verzapfen; *-ına kadar* hervorragend, prima, wie ... im Buch steht.
sapa abgelegen; schwer erreichbar (*Ort*); ~ *düşmek* (*od. gelmek*) (*b-ne*) abgelegen sein (*für e-n*).
sapak unnatürlich, abnorm.
sapaklık Anomalie *f*.
sapan 1. Schleuder *f* (*a. Kspz.*) 2. *s. saban*.
sapanorya [· · x ·] V unansehnlich *od.* häßlich (*Mensch*).
saparta [· x ·] 1. *naut.* doppelte Breitseite 2. *fig.* scharfer Verweis, F Rüffel *m*.
sapasağ [x · ·], **sapasağlam** [x · · ·] *Verst. von sağ(lam)*.
sapık 1. *s. sapak* 2. verrückt, närrisch.
sapır sapır *Lm. in Füg. wie*: ~ ~ *dökülmek* 1. massenhaft herunterfallen (*z.B. Obst*) 2. wie die Fliegen fallen; ~ ~ *titremek* wie Espenlaub zittern.
sapıtmak 1. *Kaus. zu sapmak* 2. vom richtigen Weg abkommen 3. den Verstand verlieren 4. Unsinn reden.
saplamak hinein·stoßen, -stechen, -bohren.
saplanmak *m. Dat.* 1. *Pass. zu saplamak* 2. steckenbleiben 3. *fig.* sich verrennen (*in e-e Idee*) 4. e-n Stengel bekommen.
sapmak, (*-ar*) 1. irregehen 2. ab-, ein·biegen 3. sich (*et. Schlechtem*) zuwenden.
sapsağlam *s. sapasağlam*.
sapsarı [x · ·] toten-, leichen·blaß, aschfahl.
saptamak *s. tesbit etm.*
sara *med.* Epilepsie *f*.
saraç, -cı 1. Sattler *m* 2. Ledersticker *m*.
sarahat, -ti [· - ·] 1. Klarheit, Präzision *f* 2. ausdrückliche Feststellung, nähere Angabe.
sarahaten [· - · ·] *adv.* deutlich, klar, unmißverständlich, ausdrücklich.
sarak 1. Schandpfahl, Pranger *m*

2. *s. saraka; sarağa sarmak s. sarakaya almak.*
saraka Spott, Hohn *m*; ~ *etm.* 1. spotten, höhnen 2. zudringlich werden; *-ya almak* verspotten.
saralı Epileptiker(in *f*) *m*.
sararmak 1. vergilben 2. erblassen, erbleichen.
saray 1. Schloß *n*, Palast *m*, Palais *n* 2. großes Gebäude; ≗ *Burnu n.pr.* Serailspitze *f* (*in Ist.*); ~ *lokması* Krapfen *m* mit Zuckerguß.
Saraybosna *n.pr.* Sarajewo *n* (*Bosnien*).
sardalye [· x ·] *zo.* Sardine *f*.
sardunya [· x ·] *bot.* Pelargonie *f*.
sarf 1. *va.* Abwenden *n* 2. Ver-, Auf·wenden *n* 3. Verbrauchen *n* 4. *gr.* Morphologie, Formenlehre *f*.
sarfetmek [x · ·] 1. ver-, auf·wenden (*z.B. Mühe*) 2. ausgeben, verbrauchen (*spez. Geld*) 3. aussprechen, sagen, äußern.
sarfınazar *m. Abl.* 1. selbst wenn man von ... absieht 2. mit Ausnahme von ...; ~ *etm. m. Abl.* 1. nicht berücksichtigen 2. verzichten (*auf*).
sarfiyat, *-tı* [· · -] 1. (*Geld-*)Ausgaben *pl.* 2. Verbrauch *m* 3. Durchflußmenge *f*.
sargı 1. Binde *f*, Verband *m* 2. Wickeltuch *n* (*für Säuglinge*).
sarhoş 1. betrunken 2. *fig.* trunken, berauscht.
sarı 1. gelb 2. blond 3. bleich, blaß, fahl 4. Gelb *n*, *spez.* Eidotter *m* 5. Goldstück *n*.
sarıçalı *bot.* Berberitze *f*, Sauerdorn *m*.
sarığıburma *turbanähnliche süße Blätterteigpastete.*
sarık 1. Turbanstreifen *m* 2. Turban *m*.
sarıkız V 1. türk. Goldpfund *n* 2. Haschisch *m*.
sarılgan kletternd, Kletter-, Schling- (*Pflanze, Ranke*).
sarılı[1] gelbe Farbe enthaltend; gelb.
sarılı[2] 1. ein·gewickelt, -geschlagen (*z.B. in Papier*) 2. verbunden, umwickelt.
sarılık 1. Gelb *n* 2. *med.* Gelbsucht *f*.
sarılmak 1. *Pass. zu sarmak* 2. *m. Dat.* sich winden (*um*) 3. *m. Dat.* sich einhüllen (*in*) 4. (*b-ne*) umarmen 6. *m. Dat.* ergreifen; sich stürzen (*auf*); ans Werk gehen.
sarımsak *s. sarmısak.*
sarımsı, sarımtırak gelblich.
sarısabır 1. *bot.* Aloe *f* 2. Aloeextrakt *m*.
sarışın (hell)blond.
sârî [- -] 1. übergreifend, befallend 2. *med.* ansteckend; ~ *beyin humması* Hirnhautentzündung, Meningitis *f*.
sarih [ī] 1. klar, deutlich, präzis 2. ausdrücklich festgestellt 3. unbestreitbar.
sarkaç *phys.* Pendel *m od. n*.
sarkık (herab)hängend, Hänge-.
sarkılmak 1. *Pass. zu sarkmak* 2. sich hinab-, herab·lassen (*z. B. an e-m Seil*).
sarkınmak 1. *nach der e-n Seite* hinunterhängen 2. sich hinausbeugen *od.* sich hinablassen 3. *m. Dat.* belästigen.
sarkıntılık Belästigung *f*, (*spez. e-r Dame*); ~ *etm.* (*b-ne*) belästigen.
sarkıtmak 1. *Kaus. zu sarkmak* 2. durch den Strang hinrichten 3. V *j-m* e-e Ohrfeige geben.
sarkmak 1. (hinunter-, herab-) hängen 2. (*dışarı*) sich hinausbeugen 3. weitergehen; *mil.* abziehen.
sarma 1. *Vs. zu sarmak* 2. Farce *f* (*spez. Hackfleisch od. Reis*); Krautwickel *pl.*, Kohlrouladen *pl.*; farcierte Weinbeerblätter *pl.* 3. *e-e best. Ringertechnik* 4. Hochstickerei *f* 5. umwickelt, eingeschlagen.
sarmak, (*-ar*) 1. umhüllen 2. drehen (*z.B. Zigarette*) 3. verbinden, umwickeln 4. einschließen, umgeben 5. sich ausbreiten 6. umarmen 7. aufspulen 8. interessieren 9. sich ranken (*um*) 10. einschlagen, einpacken.
sarmaş *in der Füg.*: ~ *dolaş etm.* 1. sich umarmen 2. *fig.* intim befreundet sein.
sarmaşık 1. ineinander verschlungen 2. *bot.* Efeu *m*.
sarmaşmak 1. sich ineinander verflechten, verschlingen 2. sich eng umschlingen, sich herzen.
sarmısak *bot.* Knoblauch *m*.
sarnıç, *-cı* 1. Zisterne *f* 2. Wasserbehälter *m* 3. Tankstelle *f*; ~ *gemisi* Tankdampfer *m*; ~ *vagonu* Kesselwagen *m*.
sarp, *-pı* 1. steil 2. *fig.* schwer, schwierig; ~ *yamaç* Steilhang *m*; ~ *yol* steiler Weg, steile Straße.

sarraf Geldwechsler *m.*
sarsak, sarsık gebrechlich, taperig.
sarsıntı 1. Rütteln, Schütteln *n* 2. Erschütterung *f* (*a. fig.*) 3. Erdbeben *n.*
sarsma *Vs. zu sarsmak*; ~ *heyecan* seelischer Schock.
sarsmak, (*-ar*) 1. schütteln, rütteln 2. erschüttern (*a. fig.*), mitnehmen.
sataşmak *m. Dat.* 1. angreifen, anpöbeln 2. belästigen, stören.
sathi [i] 1. Oberflächen- 2. unbedeutend (*z.B. Wunde*) 3. *pej.* oberflächlich.
satıcı Verkäufer(in *f*) *m*, Händler (-in *f*) *m.*
satıh, *-thı* (*Ober-*)Fläche *f.*
satılık 1. verkäuflich 2. Verkauf *m*; *satılığa çıkarmak* zum Verkauf stellen (*bringen*).
satılmış 1. verkauft 2. käuflich, bestechlich 3. ♀ *mV.*
satın almak kaufen; käuflich erwerben.
satır[1] Zeile, Reihe, Linie *f*; ~ *başı* 1. Absatz *m*, Alinea *n* 2. neuer Absatz!
satır[2] 1. Hack-, Schneide·messer *n* 2. Kurzschwert *n.*
satış Verkauf *m.*
satmak, (*-ar*) 1. verkaufen 2. zur Schau stellen; so tun, als ob man ... wäre 3. V (*b-ni*) *j-n* abhalftern 4. (*b-ni*) verräterisch handeln (*an*) 5. *e-e Art Hv. in best. idiomatischen Rw.*; *sata* (*od. satıp*) *savmak* seinen ganzen Besitz zu Geld machen.
satranç, *-cı* Schachspiel *n*; ~ ~ schachbrettartig; ~ *tahtası* Schachbrett *n*; ~ *takımı* Schachbrett *n* mit Figuren; ~ *turnuvası* Schachturnier *n*, -wettkampf *m.*
satrançcı Schachspieler(in *f*) *m.*
satrançlı schachbrettartig, kariert.
satvet, *-ti* 1. *z. va.* stürmischer Angriff 2. Macht, Machtentfaltung, Kriegsmacht *f.*
savap, *-bı* [· -] Richtige(s), Rechte(s) *n.*
savaş 1. Kampf, Streit *m* 2. Krieg; ~ *arkadaşı* Kriegsgefährte, Mitkämpfer *m*; ~ *bilgisi mil.* Kriegskunst, Gefechtslehre *f*; ~ *çevresi* Kampfbereich *m*; ~ *kümesi* Gefechts-, Kampf·gruppe *f.*
savaşmak, 1. kämpfen 2. *m. Dat. fig.* sich abmühen (*et. fertigzubringen*).
savlet, *-ti* plötzlicher Angriff.
savmak, (*-ar*) 1. fortjagen 2. abwimmeln 3. überstehen (*Unglück*) 4. eindringen (*in*) 5. verblühen, verwelken.
savruk zerstreut, fahrig, ungeschickt.
savsak nachlässig, fahrlässig.
savsaklamak, savsalamak 1. (*bşi*) vernachlässigen, hinauszögern 2. (*b-ni*) hinhalten, vertrösten.
savt, *-tı* Ton, Laut, Schall, Klang *m.*
savul! aus dem Weg!, Platz da!
savulmak aus dem Weg gehen; zur Seite gehen; Platz machen.
savunma *s. müdafaa.*
savunmak *s. müdafaa etm.*
savurmak 1. schleudern 2. schwingen 3. um sich schlagen 4. aufwirbeln 5. sagen, äußern; ausstoßen (*Fluch*) 6. verbreiten 7. weggehen 8. prahlen 9. vergeuden 10. (*Essig*) bereiten.
savuşmak 1. sich heimlich davonmachen 2. vergehen (*z.B. Krankheit*).
sây Mühe, Anstrengung *f*; ~ *etm.* (*bşi yapmağa*) sich bemühen, bestrebt sein (*zu*).
sayaç Zähler, Messer *m*, Uhr *f.*
saydam 1. *phys.* durchsichtig, transparent 2. ♀ *türk. Fn.*
saye [ā] 1. *va.* Schatten *m* 2. Schutz *m*, Protektion *f* 3. günstiger Umstand, getroffene Maßnahme; *-sinde* dank, durch, infolge, auf Grund von; *bu -de* hierdurch, so.
sayfa *s. sahife*; *-yı çevirmek* umblättern, wenden.
sayfiye 1. Landhaus *n* 2. Sommeraufenthalt *m* 3. *gel.* = *mesire.*
saygı 1. (*Hoch-*)Achtung, Verehrung *f* 2. Rücksicht(nahme) *f.*
sayı 1. Zahl *f* 2. Nummer, Ausgabe *f* (*z.B. e-r Zeitung*) 3. Punkt, Stich, Point *m* (*in Spiel od Sport*).
sayılı 1. zahlenmäßig beschränkt; wenig 2. Nummer ... 3. (ab)gezählt 4. bestimmt 5. *selt.* geachtet, angesehen.
sayım Zählung *f.*
sayın ge-, ver·ehrt, geschätzt, geachtet.
saylav *s. mebus.*
saymak, (*-ar*) 1. (ab-, auf)zählen 2. (an)rechnen, berücksichtigen 3. meinen, annehmen 4. (hoch)ach-

ten 5. (be)zahlen 6. zählen, rechnen (*zu*).
saytkar Beiwagen *m* (*am Motorrad*).
saz 1. Rohr, Schilf *n* 2. Bastfaden *m* 3. Faden (*an Bohnen*) *m* 4. Musikinstrument *n* 5. orient. Musik *f*; ~ *benizli* bleich, blaß; ~ *otu bot.* Binse *f*; ~ *söz* geselliges Beisammensein; ~ *şairi* Volkssänger *m*; ~ *takımı orient.* Orchester *n*.
sazan (*balığı*) *zo.* Karpfen *m*.
se *Wü.* drei.
seans 1. Vor-, Auf·führung *f* 2. ärztliche Behandlung 3. Sitzung *f* (*für ein Porträt*) 4. (*längeres*) Kartenspielen.
sebadü [ā] *Wü.* drei und zwei.
sebat, -tı [ā] 1. *selt.* Festigkeit *f* 2. Ausdauer, Beharrlichkeit *f*; ~ *etm.* Ausdauer an den Tag legen.
sebatkâr beharrlich, ausdauernd, zäh.
sebbetmek [x · ·] (be)schimpfen; schmähen.
sebebiyet, -ti Ursache- *od.* Anlaß-Sein *n*; ~ *vermek* (*bşe*) verursachen, veranlassen, herbeiführen, verschulden.
sebep, -bi 1. Ursache *f*, Grund *m* 2. Anlaß *m*, Veranlassung *f* 3. Erkenntnisgrund *m*; *-iyle* infolge, durch, auf Grund von.
sebil [ī] 1. *va.* Weg *m* 2. kostenlos verteiltes Trinkwasser 3. gestifteter (*Moschee-*)Brunnen; ~ *etm.* 1. *fig.* reichlich austeilen 2. vergeuden.
sebze Gemüse *n*.
seccade [ā] Gebetsteppich *m*.
secde *rituell vorgeschriebenes* Niederfallen *beim Gebet*; Prostration *f*; ~ *etm. od. -ye kapanmak od. -ye varmak* die Prostration ausführen.
seciye 1. Charakter *m*, Wesensart *f* 2. Charakterstärke *f*; ~ *sahibi* charaktervoll, hochanständig.
seçi 1. Wählen *n*, Wahl *f* 2. *s. ayrı seçi yapmak*.
seçim 1. *pol.* Wahl *f* 2. Wahrnehmung *f*, Unterscheidungsvermögen *n*; ~ *çevresi* (*od. dairesi*) Wahlkreis *m*.
seçkin 1. ausgewählt 2. Elite-; hervorragend; best-.
seçme 1. *Vs. zu seçmek* 2. aus·gewählt, -gesucht 3. hervorragend, prominent; Elite- 4. (*Sport*) Ausscheidungs·kampf *m*, -spiel *n*; ~ *kıta mil.* Elitetruppe *f*; *-ler* (*literarische*) Anthologie.
seçmek, (-er) 1. (aus)wählen, aussuchen 2. feststellen, erkennen 3. wählerisch sein; ~ *hakkı jur.* aktives Wahlrecht.
sed, -ddi 1. Erdaufschüttung *f* 2. Sperrmauer *f*, Damm, Deich *m* 3. Verhau *m*, Sperre *f* 4. Terrasse *f* (*an Abhang*); ~ *çekmek* 1. e-e Sperrmauer errichten 2. e-e Sperre anlegen 3. *fig.* eindämmen, unterbinden.
seda *s. sada*.
sedef 1. Perlmutt(er) *n* 2. Perlmutt(er)- 3. *bot.* Raute *f*; ~ *düğme* Perlmutt(er)knopf *m*; ~ *hastalığı med.* Schuppenflechte, Psoriasis *f*; ~ *kakmalı* mit Perlmutt(er) eingelegt.
sedir[1] *türk.* Polsterbank *f*.
sedir[2] *bot.* Zeder *f*.
sedrebeki 1. wer *in berauschtem Zustand* prahlt 2. unsinniges Gerede, F Quatsch *m*, Blech *n*.
sedye [x ·] 1. Trag-, Kranken·bahre *f* 2. Sänfte *f*.
sefa *s. safa*.
sefahet, -ti [ā] Ausschweifung *f*; *-e dalmak* ein ausschweifendes Leben führen.
sefalet, -ti [ā] Not, Armut *f*, Elend *n*; ~ *çekmek* in Armut und Not leben; *-e duçar olm.* (*od. düşmek*) in Not und Elend geraten.
sefaret, -ti [ā] *pol.* Botschaft *f*; ~ *müsteşarı* Botschaftsrat *m*.
sefarethane [ā, ā] Botschaftsgebäude *n*.
sefer 1. Reise, Fahrt *f* 2. Fahrt, Fuhre *f* 3. Mal *n* 4. Verkehr *m* 5. Feldzug, Krieg *m* 6. Expedition *f*.
seferber mobilisiert; ~ *etm.* mobilisieren (*a. fig.*).
seferberlik Mobilisation *f*.
sefertası, *-nı* Essen·menage *f*, -träger *m*.
sefih [ī] liederlich, ausschweifend.
sefil [ī] 1. in Not und Elend lebend; heruntergekommen 2. *fig.* gemein, niedrig, verkommen.
sefir *pol.* Botschafter *m*; *-ler heyeti* diplomatisches Korps.
seğirmek zucken (*z.B. Auge*).
seher[1] 1. Morgendämmerung *f* 2. ♀ *wV*.
seher[2] (*illeti*) Schlaflosigkeit *f*.

sehpa [ā] *jeder dreifüßige Gegenstand wie z.B.* 1. Garderobe-, Karten•ständer *m* 2. *phot.* Stativ *n* 3. Dreifuß *m* 4. Messerbänkchen *n* 5. Galgen *m* 6. Staffelei *f*; *-ya çekmek* aufknüpfen, durch den Strang hinrichten.
sehven [x·] *adv.* irrtümlich, versehentlich.
sek, *-ki* 1. herb (*Wein*) 2. trocken (*Schaumwein*).
seki 1. Sockel *m*, Piedestal *n* 2. Steinbank *f* 3. *erhöhter* Sitzplatz 4. weißer Fleck (*am Pferdehuf*) 5. *geol.* Terrasse *f*.
sekiz 1. acht 2. Acht *f*; *-de bir* ein Achtel.
sekizli 1. Acht *f* (*Spk.*) 2. *mus.* Oktave *f*.
sekizlik *mus.* Achtelnote *f*; ~ es *mus.* Achtelpause *f*.
sekmek 1. hüpfen 2. rikoschettieren 3. zeitweilig aussetzen.
seksek *Ksp.* Himmel und Hölle.
seksen 1. achtzig 2. Achtzig *f*.
seksenlik achtzigjährig; Achtziger (-in *f*) *m*.
sekte 1. (*Herz-*, *Gehirn-*)Schlag *m* 2. Unterbrechung *f*, Abbruch *m* 3. Behinderung *f*; ~ *getirmek* (*od.* *vermek*) (*bşe*) beeinträchtigen, behindern; *-ye uğramak* unterbrochen werden; *-ye uğratmak* unterbrechen.
sel Gießbach *m*.
selâ Fahrradsattel *m*.
selâm 1. *selt.* Friede *m*, Eintracht *f* 2. Gruß *m* 3. *mil.* Salutieren *n*; ~ *dur!* *mil.* präsentiert das Gewehr!; ~ *etm.* *j-n* grüßen lassen; ~ *merasimi* (*od.* *resmi*) feierliche Begrüßung; ~ *söylemek* 1. (*b-den*) Grüße bestellen (*von*) 2. (*b-ne*) *j-n* grüßen lassen; *-ı kesmek* 1. *j-n* nicht mehr grüßen 2. *fig.* die persönlichen Beziehungen *zu j-m* abbrechen.
selâmaleyküm *s.* *selâmünaleyküm*.
selâmet, *-ti* 1. Sicherheit, Geborgenheit, Rettung *f* 2. Wohlbehalten-Sein *n*; ~ *bulmak* gerettet werden; davonkommen; *-le* 1. Gott befohlen!, kommen Sie gut nach Hause! 2. gute Reise!; *-te olm.* gesund und wohlbehalten sein.
selâmlamak (*b-ni*) 1. (be)grüßen 2. salutieren (*vor*).
selâmlaşmak 1. sich begrüßen 2. einander grüßen (*d.h.* einander nur oberflächlich kennen).
selâmlık *fr.* 1. *für die Herren best.* Räume *pl.* 2. Empfangs-, Herrenzimmer *n* 3. *hist.* feierliche Fahrt *des Sultans zum Freitagsgebet*.
selâmünaleyküm [·x··x·] *z. va.* „Frieden über euch!“, guten Tag!; ~ *demeden fig.* brüsk, abrupt, taktlos.
Selânik 1. *n. pr.* Saloniki *n* (*offiziell*: Thessaloniki) 2. für e-n Juden aus Saloniki charakteristisch.
selâset, *-ti* sprachliche Gewandtheit.
selâsetli flüssig, gewandt geläufig.
selbetmek [x··] 1. (weg-, be-) nehmen, entziehen, rauben 2. *selt.* leugnen, verneinen, negieren.
selef 1. (*Amts-*)Vorgänger *m* 2. *va.* Ahn *m*.
selektör 1. Saatgut-Reinigungsmaschine *f* 2. elektrischer Wähler.
selektivite Trennschärfe *f* (*Radio*).
selim [ī] 1. *va.* rein, gesund, gut, fehlerfrei 2. *a. med.* gutartig 3. ♂ *mV*; ~ *ur* gutartiger Tumor.
selman etm. V betteln gehen.
selp, *-bi* 1. (*Weg-*)Nehmen, Entziehen, Rauben *n* 2. Negation, Verneinung *f*.
selvi *bot.* Zypresse *f*.
sema [ā] 1. Himmel *m*, Himmelsgewölbe *n* 2. ♀ *wV*.
semafor 1. Semaphor *m*, optischer Telegraph 2. (*Eisenbahn-*) Signal *n*, Signalanlage *f* 3. Küstensignalstation *f*.
semahat, *-ti* [·-·] 1. Freigebigkeit *f* 2. charitative Tätigkeit 3. ♀ *mV*, *wV*.
semaî [·--] 1. *va.* gehört 2. *gr.* unregelmäßig, erstarrt, unproduktiv (*spez. Sx.*).
semaver [ā] Samowar *m*.
semavi [·--] Himmels-.
sembol, *-lü* 1. Symbol, Sinnbild, Wahrzeichen *n* 2. *chem.* Formel *f*, Zeichen *n*.
semen Beleibtheit, Korpulenz *f*.
semer 1. Trag-, Pack•sattel *m* 2. Traguntersatz *m* (*e-s Lastträgers*) 3. *geol.* Antiklinale *f* 4. V Hintere(r), Popo *m*.
semere 1. Frucht *f* 2. *fig.* Ertrag, Gewinn, Nutzen *m* 3. *fig.* Erfolg *m*, Ergebnis *n*.
semereli fruchtbringend, ertragreich, gewinnbringend, einträglich.
semestir *s.* *sömestr*.

seminer 1. Seminar *n* 2. Seminarraum *m od.* -übung *f.*
semirgin 1. feist, dick 2. faul, träge.
semirmek dick (feist, fett) werden.
semirtmek 1. kräftigen, nähren (*z.B. best. Speisen*) 2. mästen, nudeln.
semiz feist, fett, gutgenährt, gemästet, genudelt (*Tier*); ~ *tavuk* zartes Masthuhn, Poularde *f,* Poulet *n.*
semizlemek *s. semirmek.*
semizotu, *-nu bot.* Portulak *m.*
sempati 1. Sympathie *f* 2. Mitgefühl *n,* Anteilnahme *f*; ~ *sinirleri* sympathisches Nervensystem.
sempatik 1. sympathisch 2. liebenswürdig, freundlich 3. Mitgefühl erweckend 4. sympathisch (*Nerven*) 5. sympathisches Nervensystem.
sempatizan sympathisierend, nahestehend.
semt, *-ti* 1. Gegend, Richtung *f* 2. *astr.* Azimut *m*; ~ ~ 1. e-e Gegend nach der anderen (*z.B. absuchen*) 2. in einigen (*Stadt-*)Gegenden.
semtikadem *astr.* Nadir *m.*
semtürreis, -e'*si astr.* Zenith *m.*
semum [ū] Samum *m,* heißer Wüstenwind.
sen du; ~ *de* 1. auch du 2. Pfui über dich!; *-ce* nach deiner Ansicht; *-de bei dir*; *-den* von dir.
sena[1] [ā] Loben, Rühmen *n*; ~ *etm.* loben, rühmen, preisen.
sena[2] Senat *m.*
senaryo [· x ·] 1. Szenarium *n* (*e-s Bühnenwerkes*) 2. Drehbuch *n*; ~ *muharriri* Drehbuchverfasser *m.*
senato [· x ·] Senat *m.*
senatör Senator *m,* Senatsmitglied *n.*
sendelemek 1. stolpern, straucheln 2. taumeln, schwanken.
sendik Konkursverwalter *m.*
sendika Syndikat *n,* Gewerkschaft *f.*
sene Jahr *n*; *1961 -sinde* im Jahre 1961.
senelik 1. Jahres- 2. -jährig 3. ... Jahre alt.
senet, *-di* 1. Schriftstück *n,* Urkunde *f,* Schein *m* (*z.B. Quittung, Beleg usw.*) 2. Beweismittel *n* 3. *H.* Wechsel *m*; ~ *vermek fig.* Brief und Siegel geben; verbürgen.
senetli verbrieft; durch Dokumente nachweisbar.
senevi [ī] *z. va.* Jahręs-, jährlich.
seni *Akk. zu sen* 1. dich 2. *in Ausrufen wie*: ~ *itoğlu it!* V du verdammter Hund!
senin *Gen. zu sen* 1. deiner 2. dein; ~ *için* für dich; *-le* mit dir.
seninki deinig-.
senli benli intim, vertraut, zwanglos, ungeniert.
sentür (*Damen-*)Gürtel *m.*
sep, *-bbi* Schmähung, Beschimpfung *f.*
sepet, *ti* 1. Korb *m* 2. Förderkorb *m* 3. Beiwagen *m* (*am Motorrad*) 4. ein Korb voll 5. Rohr-, Korb- 6. *Verst. von senet* 7. *Lm. zu evet* 8. *Verst. zu sürü.*
sepetlemek 1. in e-n Korb legen 2. V abwimmeln.
sepken 1. (*mst. sulu* ~) feiner Regen, Staubregen *m* 2. leichter Schneefall.
sepkürabıt, *-ptı* logischer Aufbau *od.* Zusammenhang.
sepmek 1. schlürfen 2. gierig essen; schlingen 3. P = *serpmek.*
Septe *n. pr.* Ceuta *n*; ~ *Boğazı n. pr.* Straße *f* von Gibraltar.
septik[1] skeptisch; Skeptiker *m.*
septik[2] septisch; ~ *çukuru* Senkgrube *f.*
septisemi *med.* Blutvergiftung *f.*
ser[1] *z. va.* 1. Kopf *m,* Haupt *n* 2. Führer, Chef, Leiter *m* 3. Anfang *m* 4. Grundlage *f* 5. (*in Zss.*) Haupt-, Chef-, General-, Meister-, Ehren-; führend, leitend; oberst-, erst-; Ober-, Vorder-.
ser[2] Gewächs-, Treib·haus *n.*
ser[3] *in der Füg.*: ~ *serbest* 1. ganz unabhängig 2. völlig ungeniert.
serap, *-bı* [ā] Fata Morgana *f.*
serasker *hist. osm.* Kriegsminister *m.*
serazat, *-dı* [· - -] 1. *va.* frei (*umherlaufend*) 2. eigenwillig, kapriziös.
serbes, serbest, *-ti* 1. frei, unabhängig 2. ungeniert, frei, fest, bestimmt (*z.B. im Auftreten*); ~ *açıklık techn.* Traglänge *f*; ~ *altın esası* Goldstandard *m*; ~ *bırakmak* frei-, los·lassen; ~ *borsa* Kulisse *f,* Freihandel *m*; ~ *bölge* Freizone *f*; ~ *bulundurmak* freihalten (*z.B. Straßen*); ~ *döviz* freie Devisen *pl.*; ~ *piyasa* Frei·handel, -verkehr *m*; ~ *tevdiat* offene Verwahrung (*z.B. bei der Bank*).
serbesti [ī], **serbestlik** 1. Freiheit,

Unabhängigkeit *f* 2. Festigkeit, Bestimmtheit *f* (*des Auftretens*).
serçe *zo.* Sperling, Spatz *m.*
serçeparmak 1. kleiner Finger 2. kleine Zehe.
serd, *-di* Vorbringen, Vortragen, Darlegen *n* (*von Ansichten, Einwänden usw.*).
serdar [ā] 1. Kommandant, Befehlshaber, Serdar *m* 2. (*serdarı ekrem*) Oberbefehlshaber, Generalissimus *m.*
serdetmek [x · ·] vortragen, vorbringen, darlegen (*Meinung, Einwand usw.*).
serdengeçti 1. wer bereit ist, sein Leben (*für ein Ideal*) zu opfern 2. *mil.* Angehörige(r) *m* e-s „Himmelfahrtskommandos".
serdümen 1. Steuermann *m* 2. (*Kriegsmarine*) Obermaat *m.*
seren *naut.* Rahe, Spiere *f*, Baum *m.*
serencam [ā] 1. *va.* Resultat *n*, Ausgang *m* 2. Ereignis, Erlebnis *n.*
serf leibeigen; Leibeigene(r) *m/f.*
serflik Leibeigenschaft *f.*
sergi 1. was auf der Erde ausgebreitet ist 2. Ausstellung *f* 3. (*Verkaufs-*) Auslage *f* 4. Verkaufsstand *m* unter freiem Himmel.
sergilemek 1. ausstellen; zur Schau stellen 2. *fig.* darlegen, auseinandersetzen.
sergin 1. ausgebreitet 2. hingestreckt 3. bettlägerig; ~ *vermek* das Bett hüten müssen.
sergüzeşt, *-ti* Abenteuer, Erlebnis *n.*
serhat, *-ddi* Grenze, Grenzlinie *f.*
seri 1. Serie, Reihe, Folge *f* 2. *math.* Reihe *f*; ~ *halinde bağlanma techn.* Reihenschaltung *f.*
serî, *-ii* [ī] schnell, rasch; ~ *bir netice elde etm.* e-n raschen Erfolg erzielen; ~ *muhakeme usulü jur.* beschleunigtes Verfahren.
serilmek 1. *Pass. zu sermek* 2. sich hinstrecken.
serin kühl, frisch; ~ *kanlı* kaltblütig, ruhig, beherrscht.
serinlemek 1. sich abkühlen (*z.B. Wetter*) 2. sich erfrischen 3. sich erleichtert fühlen.
serinlik Kühle, Frische *f*; angenehme, kühle Luft (*z.B. an e-m Sommerabend*).
serkeş 1. eigensinnig, widerspenstig 2. aufständisch, rebellisch.
serlevha (*Artikel-*)Überschrift *f*, Titel, Kopf *m.*
sermaye [ā] 1. Kapital, Vermögen *n* 2. *fig.* fester Grundstock 3. Vorrat *m* 4. Gesprächsstoff *m* 5. Gestehungspreis *m* 6. Hure, Dirne *f.*
sermek, (*-er*) 1. ausbreiten 2. (*işi*) liegenlassen 3. (*yere*) niederschlagen 4. *Sch.* schwänzen (*Unterricht*).
sermest, *-ti* betrunken, berauscht, trunken.
serpantin 1. Papierschlange *f* 2. *geol.* Serpentin *m* 3. Serpentine, Windung *f.*
serpelemek (*unp.*) nieseln (*Regen*).
serpet, *-ti* Garten·messer *n*, -hippe *f.*
serpilmek 1. *Pass. zu serpmek* 2. sich *körperlich* gut entwickeln 3. sich *der Länge nach* ausstrecken.
serpinti 1. Sprühregen *m* 2. schwache Ausläufer *pl.* (*z.B. e-s Erdbebens*) 3. unbedeutende Überreste *pl.*
serpiştirmek 1. *intr.* (*yağmur*) nieseln 2. *intr.* (*kar*) in kleinen Flocken fallen 3. feinen Sprühregen erzeugen 4. kleine Abzahlungen leisten (*an die Gläubiger*) 5. einstreuen, setzen (*z.B. Interpunktion*).
serpme 1. *Vs. zu serpmek* 2. unregelmäßig verstreut 3. Wurfnetz *n* (*der Fischer*); ~ *lâğım mil.* Flattermine *f.*
serpmek 1. (aus)streuen 2. (be-) spritzen, besprengen 3. *s. serpiştirmek* (1) und (2).
serpuş [ū] Kopfbedeckung *f*,
sersem 1. betäubt, benommen 2. beschränkt einfältig.
serseri 1. Vagabund, Strolch *m* 2. herrenlos (*z.B. Hund*) 3. von unstetem Wesen 4. treibend; Treib- 5. verirrt; ~ *aysberg* treibender Eisberg; ~ *kurşun* verirrte Kugel; ~ *mayin* Treibmine *f*; ~ *mermi* Blindgänger *m*; ~ *yahudi* ewiger Jude; Ahasver *m.*
sert, *-ti* 1. hart (*z.B. Brett*), zäh (*z.B. Fleisch*) 2. stark, schwer (*Tabak, Wein*) 3. hart, rauh (*z.B. Klima*) 4. streng, unnachsichtig 5. scharf (*z.B. Erwiderung*) 6. störrisch (*z.B. Pferd*) 7. steif (*z.B. Kragen*) 8. *fig.* zugeknöpft, reserviert 9. *phon.* stimmlos.
sertabip, *-bi* 1. Chefarzt *m* 2. *mil.* [Generalarzt *m.*]
sertifika 1. Zeugnis *n*, Bescheinigung *f* 2. Unterlage *f* 3. Tätigkeitsnachweis *m.*

serum 1. *med.* Serum *n* 2. Serum, Blutwasser *n*.

serumhane [ā] 1. Institut *n* zur Serumherstellung 2. Ort *m* für die Lagerung von Serum.

servet, *-ti* 1. Vermögen *n*, Reichtum *m* 2. Besitztum *n* 3. (*pl.*) Bodenschätze *pl.* 4. ♀ *mV*, *wV*; ~ *ehli* (*od. sahibi*) vermögend, reich; *-e konmak* zu Reichtum und Besitz kommen.

servetli reich, vermögend, wohlhabend.

servialtı, *-nı* V Friedhof *m*.

servi *s. selvi.*

servis 1. öffentlicher Dienst, Verkehr *m* 2. Bedienung *f* (*z.B. in Restaurant*) 3. (*Tennis*) Aufschlag *m* 4. Abteilung *f* (*bei einigen Ämtern od. Stellen*) 5. Tafelgeschirr *n* 6. Garnitur *f* Tischwäsche 7. Gedeck *n* 8. *allg.* Dienst *m*; ~ *yapmak* 1. bedienen (*Kellner*) 2. (*Tennis*) den Aufschlag haben.

serzeniş Vorwurf, Tadel *m*.

ses 1. Klang, Laut, Ton, Schall *m*, Geräusch *n* 2. Stimme *f* 3. *mus.* Ton *m* 4. *ling.* Phonem *n*; ~ *çıkarmak* 1. klingen, tönen 2. *fig.* Einwände erheben; sich *gegen et.* wenden; ~ *düşmesi ling.* Ausfall *m* e-s Lautes; Lautschwund *m*; ~ *erimi* Rufweite *f*; ~ *etm.* (*b-ne*) laut rufen; ~ *gitmek* (*bir yere*) *bis irgendwohin* dringen (*Klang, Stimme*); ~ *işareti* Schallzeichen *n*; ~ *kesilmek* allgemeines Stillschweigen eintreten; ~ *kopmak* zu hören sein (*Stimme, Geräusch, Lärm*); ~ *kuinteti mus.* Vokalquintett *n*; ~ *nakil borusu naut.* Sprachrohr *n*; ~ *seda yok* 1. es ist alles still 2. (*b-den*) es liegt keine Nachricht vor (*von*); ~ *vermek* antworten (*auf e-n Ruf od. Anruf*); *-i ayyuka çıkmak* aus vollem Halse schreien; *-i çıkmaz* schweigsam, wortkarg; *-ini kesmek* 1. (*kendi*) nicht weiterreden 2. (*b-nin*) *j-n* am Schreien hindern; *-ini kısmak* seine Stimme dämpfen.

sesbilgisi, *-ni* Phonetik *f*.

seslemek *m. Akk.* lauschen, horchen, hinhören.

seslendirmek 1. *Kaus. zu seslenmek* 2. e-e Tonaufnahme machen 3. spielen (*M.i.*).

seslenmek 1. laut rufen 2. antworten (*auf Ruf od. Anruf*) 3. erklingen.

sesli 1. mit ... Laut (*Klang usw.*) 2. *gr.* Vokal *m* 3. Ton-, Sprech- 4. laut; ~ *filim* Ton-, Sprech·film *m*; ~ *uyumu gr.* türkische Vokalharmonie.

sessiz 1. stumm 2. geräuschlos, still 3. kaum zu hören; leise 4. wortkarg 5. ruhig, still 6. *gr.* Konsonant *m*.

set[1], *-ti* (*Tennis*) Satz *m*.

set[2] *in der Füg.*: ~ *sepet demek* ins Stottern geraten.

set[3] *s. sed.*

setbol, *-lü* (*Tennis*) Satzball *m*.

setir, *-tri* Verhüllen *n* (*s. setretmek*).

setretmek [x · ·] bedecken, verhüllen, verschleiern, tarnen, verheimlichen.

sevap, *-bı* [ā] 1. gute Tat, Verdienst *n* 2. Lohn *m* im Jenseits; ~ *işlemek* (*od. kazanmak*) *bzw. sevaba girmek* (*od. nail olm.*) Gutes tun; fromme Taten verrichten; *-ı var* er hat e-e gute Tat vollbracht.

sevaplı [ā] gut, verdienstlich (*Werk*).

sevda [ā] 1. Melancholie *f* 2. Liebe, Leidenschaft *f* 3. starkes Verlangen, Lust *f* 4. Idee *f*, Plan *m*, Vorhaben *n*; ~ *çekmek* verliebt sein.

sevdalı [ā] 1. verliebt 2. schwermütig.

sevgi Liebe *f*.

sevgili 1. geliebt, lieb, teuer 2. Geliebte(r) *m/f*.

sevimli liebenswert, nett, sympathisch.

sevimsiz unsympathisch.

sevinç, *-ci* Freude *f*.

sevinçli freudig, fröhlich, froh.

sevinmek *m. Dat.* sich freuen (*über*).

sevişmek sich lieben; einander gern haben.

seviye 1. Niveau *n*, Höhenlage *f*, Stand, Rang *m*, Höhe, Stufe *f* 2. *selt.* Gleichheit *f*; ~ *farkı* Höhenunterschied *m*, Gefälle *n*.

sevk, *-kı* 1. Absenden *n* 2. Wegbringen *n* 3. Hinbringen *n* 4. Hineinführen *n* 5. Verleiten *n* 6. Führung *f*; ~ *borusu* Zuleitungsrohr *n*; ~ *çemberi* Führungsring *m* (*z.B. e-r Granate*); ~ *ve idare* Führung *f*; *sevkı tabiî* Instinkt, Naturtrieb *m*; *kabili sevk balon* lenkbares Luftschiff.

sevketmek [x · ·] 1. absenden, expedieren; in Marsch setzen (*Truppen*) 2. weg·bringen, -führen, abführen

3. (hin-, ver)bringen, vorführen 4. hineinführen, versetzen (*in*); an-, hinein·treiben 5. bringen, führen (*zu*), veranlassen, bewegen, verleiten 6. *a. mil.* führen.
sevkıyat, *-tı* [ā] Sendung(en *pl.*) *f* Transport(e *pl.*) *m.*
sevkulceyş Strategie *f.*
sevkulceyşçi Stratege, Feldherr *m.*
sevkulceyşî stragegisch.
sevmek, (*-er*) 1. lieben; gern haben 2. liebgewinnen 3. gerne tun 4. streicheln 5. gerade das finden, was man braucht; *seve seve* mit Freuden; gerne.
seyahat, *-ti* [· - ·] 1. Reise *f* 2. Expedition *f*; *-e çıkmak* die Reise antreten; (ab)reisen.
seyahatname [· - · - ·] Reisebeschreibung *f.*
seyek *Wü.* drei und eins.
seyelân 1. Fließen *n* 2. *med.* (*Aus-*) Fluß *m*; ~ *etm.* 1. fließen, strömen 2. *med.* (aus)fließen, ausströmen.
seyir, *-yri* 1. Fahren *n* 2. Verlauf *m* 3. Zusehen *n* 4. Schauspiel *n*; etwas zu sehen; ~ *jurnalı naut.* Logbuch *n*; ~ *yeri* Ausflugsort *m*; *seyre gitmek* 1. e-n Spaziergang machen 2. (*bşi*) *sich et.* ansehen.
seyirci 1. Zuschauer *m* 2. *pr.* müßiger Zuschauer; ~ *kalmak* (*bşe*) untätig zusehen.
seyis Pferdewärter, Stallknecht *m.*
Seylân *n.pr.* 1. Ceylon *n* 2. Ceylontee *m.*
seylâp, *-bı* 1. reißender Strom 2. Hochwasser *n*, Überschwemmung *f.*
seyran [ā] 1. Vergnügungsfahrt *f*, Ausflug *m* 2. Betrachten *n*; ~ *etm.* 1. e-e Vergnügungsfahrt (*e-n Ausflug, Spaziergang usw.*) unternehmen 2. betrachten, ansehen.
seyrangâh [ā] 1. Promenade *f* 2. Ausflugsort *m.*
seyrek 1. weit auseinander stehend 2. lose gewebt; weitmaschig 3. spärlich, schütter 4. *adv.* selten; ~ *çizgili* dünn schraffiert.
seyrekleşmek, seyrelmek 1. sich stark verringern; stark abnehmen 2. selten, rar werden.
seyretmek [x · ·] 1. *m. Akk. sich et.* ansehen, betrachten; zuschauen (*bei*) 2. fahren (*Wasserfahrzeug*).
seyrisefain [ā] 1. Schiffahrt *f* 2. Navigation *f*; *-e salih* befahrbar (*Gewässer*).
seyriseri, *-ii* [· · · -] große Schnelligkeit, rascher Ablauf; ~ *ile* (*bei Gepäckbeförderung*) als Passagiergut.
seyrüsefer (*Fahrzeug-*)Verkehr *m*; ~ *iki saat durdu* der Verkehr war zwei Stunden lang lahmgelegt; ~ (*işaret*) *memuru* Verkehrspolizist *m*; ~ *tarifesi* Fahrplan *m.*
seyyah [ā] Reisende(r), Tourist, Passagier *m*; ~ *akımı* Touristenstrom *m*; ~ *celbetmek* Besucher anlocken; ~ *çekleri* Reiseschecks *pl.*; ~ *şehri* von Fremden viel besuchte Stadt; ~ *vapuru* Passagier-, Touristendampfer *m.*
seyyal, *-li* [ā] 1. fließend, strömend 2. *phys.* flüssig, fließend 3. beweglich (*z.B. Heer*).
seyyar [ā] 1. wandernd, umherziehend 2. beweglich, fahrbar 3. treibend, Treib- 4. *mil.* Feld- 5. Laufjunge *m*; ~ *buz kütleleri* treibende Eisschollen *pl.*; ~ *fırın mil.* Feldbäckerei *f*; ~ *kran techn.* Fahrkran *m*; ~ *satıcı* Straßen·händler, -verkäufer, fliegender Händler; ~ *terbiye sergisi* pädagogische Wanderausstellung; ~ *topçu mil.* Feldartillerie *f.*
seyyare [ā] *astr.* Planet *m.*
seyyie 1. Schlechtigkeit *f*, schlechte Handlung, Laster *n* 2. üble Folgen *pl.*; *-sini çekmek et.* ausbaden müssen.
Sezar 1. *n.pr.* Cäsar *m* 2. Kaiser *m.*
sezariyen ameliyatı *med.* Kaiserschnitt *m.*
sezdirmek 1. zu verstehen geben; durchblicken lassen 2. klarmachen, aussprechen.
sezgi 1. Ahnung *f*, Vorgefühl *n* 2. Intuition *f.*
sezin(le)mek *m. Akk.* ahnen; langsam *hinter et.* kommen.
sezmek, (*-er*) ahnen, wittern, allmählich merken; Wind bekommen (*von*).
sezon 1. Saison, Jahreszeit *f* 2. *Fb. usw.* Spielzeit *f.*
sfenks Sphinx *f.*
sıcacık [x · ·] hübsch warm; mollig warm.
sıcak 1. warm, heiß 2. *fig.* freundlich, liebevoll 3. entzündet 4. Wärme, Hitze *f* 5. türkisches Bad; ~ *çıban* Geschwür *n*, Eiterbeule *f*; ~ *dalgası* Hitzewelle *f*; ~ *hava motörü* Heißluftmotor *m*; ~ *kanlı* 1.

warmblütig (*Tier*) 2. liebenswert, sympathisch, angenehm; ~ *su deposu* Warmwasserbehälter *m*; *sıcağa dayanır* wärmebeständig; *sıcağı sıcağına* unverzüglich, brühwarm (*z.B. weitererzählen*); *-lar bastı* die (*Sommer-*)Hitze hat eingesetzt.

sıcaklık 1. Wärme, Hitze *f* 2. Wärmegrad *m*, Temperatur *f*; ~ *sarfiyatı* Wärmeverbrauch *m*.

sıçan 1. *Part. Präs. zu sıçmak* 2. Maus, Ratte *f od. ähnliche Tiere*; ~ *deliği* Mauseloch *n* (*a. fig.*); ~ *tüyü* mausgrau, graubraun.

sıçandişi, *-ni* Hohlsaumarbeit *f*.

sıçankırı, *-nı* 1. mausgrau 2. mausgraues Pferd.

sıçankuyruğu, *-nu* Stichfeile *f*.

sıçanotu, *-nu* 1. Rattengift *n* 2. *spez.* Arsenik *n*.

sıçanyolu, *-nu* Minengang *m*, Sappe *f*.

sıçmak V 1. scheißen, kacken 2. verkorksen, verhunzen, versauen; *sıçıp sıvamak* V 1. *et.* völlig verkorksen 2. unflätig beschimpfen.

sıçrama *Vs. zu sıçramak*; ~ *tahtası* Sprungbrett *n*.

sıçramak 1. springen, hüpfen 2. auffahren 3. aufsteigen 4. sprühen, spritzen 5. sich ausdehnen (*auf*).

sıdık, *-dkı* 1. Aufrichtigkeit, Ehrlichkeit *f* 2. innere Verbundenheit; *sıdkı sıyrılmak* (*b-den*) kein Vertrauen mehr schenken.

sıfat, *-tı* 1. Eigenschaft *f*, Attribut *n* 2. P Äußere(s) *n* 3. *gr.* Adjektiv *n* 4. *selt.* Titel *m*; ~ *tamlaması*; ~ *takımı* adjektivische Fügung (= *adj.* + *Sb.*).

sıfır 1. Null *f* 2. null 3. *fig.* Nichts *n* 4. Null *f* (*als schlechteste Schulzensur*).

sığ 1. seicht, untief 2. seichte Stelle.

sığa *phys.* Kapazität *f*, Hub *m*.

sığamak 1. aufkrempeln (*Ärmel od. Hosenbeine*) 2. streicheln; mit der Hand darüber streichen.

sığdırmak *Kaus. zu sığmak spez.*, hinein·bringen, -zwängen, unterbringen.

sığınak 1. Zufluchtsort, Unterschlupf *m* 2. Luftschutzraum *m* 3. Schutzhütte *f* 4. *selt. mil.* Bunker *m*.

sığınmak *m. Dat.* 1. sich flüchten (*zu*) 2. (*Allaha*) seine Sache Gott anheimstellen 3. *fig.* sich anschmiegen.

sığır 1. *zo.* Rind *n* 2. V dumm, stupid; ~ *herif!* V blöder Kerl!

sığırcık *zo.* Star *m*.

sığışmak gemeinsam Platz finden.

sığmak, (*-ar*) *m. Dat.* hinein·passen, -gehen; Raum finden (*in*).

sıhhat, *-ti* 1. Gesundheit *f* 2. Richtigkeit, Wahrheit *f* 3. Genauigkeit, Präzision *f*; ~ *topu* Medizinball *m*; ♀ *ve İçtimai Muavenet Vekâleti* Ministerium *n* für Hygiene und Soziale Fürsorge; ~ *yurdu* (*privates*) Krankenhaus; *-te bulunmak* gesund sein; *-inize!* auf Ihr Wohl!; *-ler olsun!* (*nach e-m Bad, dem Haarschneiden od. Rasieren*) wohl bekomm's!

sıhhatli 1. gesund 2. richtig, echt, wahr 3. genau, exakt, präzis; ~ *olarak doldurmak* genau ausfüllen (*z.B. Formular*).

sıhhi [ī] 1. Gesundheits- 2. hygienisch, sanitär; ~ *tesisat* sanitäre Einrichtungen *pl.*; ~ *vaziyet* Gesundheitszustand *m*; *gayrisıhhi* ungesund, unhygienisch.

sıhhiye 1. Hygienewesen *n* 2. Gesundheitsamt *n* 3. ♀ *Vekâleti* Hygieneministerium *n*.

sıhriyet, *-ti* Verschwägerung *f* (*durch Heirat der beiderseitigen Kinder*); ~ *hısımlığı jur.* Schwägerschaft *f*.

sık 1. eng zusammenstehend 2. dicht gewebt; engmaschig 3. dicht 4. *adv.* öfters; ~ ~ immer wieder; recht häufig.

sıkboğaz etm. (*b-ni*) *j-m* sehr zusetzen.

sıkı 1. eng (*z.B. anliegend*) 2. mit wenig Spielraum 3. fest (*z.B. verschnürt*) 4. scharf (*z.B. tadeln*); streng (*z.B. Kontrolle*); heftig (*z.B. wehen*), schwierig (*z.B. Arbeit*) 5. (*in best. Füg.*) genügend 6. Bedrängnis *f* 7. scharfe Disziplin 8. *s. kuru sıkı*; ~ *basmak* mit Nachdruck auftreten; ~ *fıkı* 1. vertraut, intim 2. ungezwungen, ungeniert; ~ ~ *tembih etm.* 1. scharf zurechtweisen 2. ganz besonders einschärfen; ~ *-ya gizli tutmak* streng geheimhalten; ~ *-ya kapalı* fest verschlossen (*z.B. Tür, Fenster*); ~ *tutmak* 1. (*ağzını*) den Mund halten 2. festhalten (*z.B. Pferd*) 3. *fig.* fest *bei et.* bleiben 4.

fig. nachdrücklich verfolgen; ~ *tutunmak* sich festhalten; ~ *yürümek* stramm marschieren; ~ *yürüyüş mil.* Gewaltmarsch *m*; *-ya alışmamış* undiszipliniert; *-ya koymak* (*b-ni*) *j-n* drängen, *j-m* zusetzen; *-yı yemek* 1. e-n scharfen Verweis erhalten 2. schwer bedroht werden.

sıkılamak 1. enger schnallen (*z.B. Riemen*) 2. nachziehen (*Schraube*) 3. *fig. j-m* zusetzen, *j-n* bedrängen.

sıkılgan verlegen, befangen, schüchtern.

sıkılmak 1. *Pass. zu sıkmak* 2. sich langweilen 3. sich genieren 4. in Bedrängnis geraten.

sıkım Hand-, Faust·voll *f*.

sıkınmak sich bemühen, sich anstrengen.

sıkıntı 1. unbehagliches Gefühl 2. pekuniäre Bedrängnis 3. Langeweile *f* 4. Mangel *m* 5. Drang *m* (*zum Austreten*) 6. Strapaze *f*; ~ ~ *çekmek* 1. (*bşden*) knapp sein (*mit*) 2. Strapazen durchmachen müssen; ~ *vermek* Unbehagen, Beklemmung verursachen; *-da olm.* in pekuniärer Notlage sein; *-ya gelememek iron.* keine Ausdauer an den Tag legen.

sıkıntılı 1. bedrückend, beklemmend 2. langweilig 3. drückend, schwül.

sıkışık 1. zusammengepreßt; dicht gedrängt 2. bedrängt, knapp 3. drängend, dringend; ~ *haller* dringende Fälle *pl*.

sıkışmak 1. zusammenrücken 2. gequetscht werden 3. in die Klemme geraten (*a. pekuniär*) 4. austreten müssen 5. Beklemmungen haben 6. sich die Hand drücken.

sıkıştırmak *Kaus. zu sıkışmak, spez.* 1. zusammenpressen 2. fest verschließen; abdichten 3. (ein-) klemmen; quetschen 4. *j-m* scharf zusetzen 5. zwicken, kneifen 6. schurigeln 7. (*eline*) *j-m et.* in die Hand drücken.

sıkıt[1], *-ktı* (*a. sıktı cenin*) Fehlgeburt *f*.

sıkıt[2] *chem.* 1. komprimiert 2. Pille, Pastille, Tablette *f*.

sıklet, *-ti* 1. Gewicht *n*, Last *f* 2. *fig.* Beklemmung *f*; ~ *vermek* 1. plagen, belästigen 2. langweilen.

sıkmak, (*-ar*) 1. zusammen·drücken, -pressen 2. aus·pressen, -quetschen, -wringen 3. quetschen, klemmen 4. kneifen, zwicken 5. ... zusetzen 6. langwe... bedrücken 7. abfeuer... 8. spritzen (*z.B. Flit*) 9. (*k*... abmühen.

sıla Wiederzusammenkommen ... *-sını çekmek* (*bşin*) sich sehnen (*nach*); *-ya gitmek* (*od. varmak*) die Heimat wieder besuchen.

sımak, (*-ar*) *selt.* zerbrechen, zerstören.

sımsıkı *Verst. von sıkı*; ~ *sarılmak* sich eng umschlungen halten.

sınai [· - -] 1. *z. va.* gewerblich, handwerklich 2. *va.* künstlich 3. Industrie-.

sınav *s. imtihan*.

sındı *große* Schneiderschere.

sınıf 1. Klasse *f* 2. (*Schul-*) Klasse *f* 3. Klassenzimmer *n* 4. *mil.* Jahrgang *m* 5. *mil.* Waffengattung *f* 6. Dienstgrad *m*; ~ *arkadaşı* Klassenkamerad(in *f*) *m*; ~ *başı* Klassensprecher(in *f*) *m*; ~ *dönmek* sitzenbleiben (*Schüler*); ~ *geçirmek* (*bir talebeye*) e-n Schüler versetzen; ~ *mücadelesi pol.* Klassenkampf *m*.

sınıflamak einteilen, klassifizieren, gliedern.

sınık 1. kaputt 2. zer-, ver·streut 3. völlig besiegt.

sınır Grenze, Abgrenzung *f*.

sınırdaş angrenzend; Anrainer *m*.

sınırlamak 1. begrenzen, beschränken 2. determinieren 3. *math.* begrenzen, definieren.

sınmak *Pass. zu sımak* 1. zerbrochen, zerstört werden 2. e-e völlige Niederlage erleiden 3. durcheinander gebracht werden.

sıpa 1. Eselsfüllen *n* 2. P = *sehpa* 3. Narr, Dummkopf *m*.

sır[1] 1. Glasur *f*, Email *n*, Schmalt *m* 2. Spiegelbelag *m*.

sır[2], *-rrı* 1. Geheimnis *n* 2. Mysterium *n*; ~ *küpü* 1. verschwiegen 2. wer es faustdick hinder den Ohren hat; ~ *ortağı* Mitwisser(in *f*) *m*, Eingeweihte(r) *m/f*; ~ *satmak* geheimnisvoll tun; *sırra kadem basmak hum.* auf geheimnisvolle Weise verschwinden; *sırrına varmak* 1. hinter j-s Geheimnis kommen 2. e-r Sache auf den Grund kommen.

sıra 1. *a. math.* Reihe *f* 2. Häuser·reihe, -seite *f* 3. Reihenfolge, Anordnung *f* 4. Gelegenheit *f* 5. *pej.* Masse *f* 6. Sitz-, Schul·bank *f* 7. Rei-

…en-, Ketten- 9. *Ortsadv. in Verb. mit ardı, arkası usw.*; ~ *beklemek* Schlange stehen; ~ *bizim!* wir sind an der Reihe!; ~ *düşürmek* e-e passende Gelegenheit finden; ~ *evler* Reihenhäuser *pl.*; ~ *kömürü* nichtverlesene Kohle; ~ *malı* Ramschware *f*; ~ *mebus* einfacher Abgeordneter (*ohne Amt*); ~ *numarası* laufende Nummer; *-da*; *-larda* gerade als ...; *-sı değil* zeitlich unangebracht; verfrüht; *-sı gelmek* 1. (*b-ne*) an der Reihe sein 2. gerade ein best. Thema berühren; *-sına koymak* 1. ordnen, regeln, in Ordnung bringen 2. an die richtige Stelle setzen 3. rechnen, zählen (*zu*); *-sınca, -larınca* ihrem Rang nach; der Reihe nach; gradweise; *-sını kaybetmek* aus seiner gewohnten Ordnung kommen (*Säugling*); *-sını* (*od. nöbetini*) *savmak* sein Teil *zu et.* beigetragen haben; *-siyle* 1. der Reihe nach 2. jedes an seinen richtigen Platz; *-yı bozmak* e-e Reihenfolge nicht einhalten.

sıraca *med.* Skrofulose *f*, Skrofeln *pl.*

sıradağ(lar) Gebirgskette *f*.

sıralaç (*Brief-*)Ordner, Schnellhefter *m*.

sıralamak 1. in Reihen aufstellen 2. ordnen 3. der Reihe nach vornehmen 4. zählen, rechnen (*zu*), klassifizieren 5. hintereinander aussprechen 6. Gehversuche machen (*Kleinkind*) 7. aufzählen.

sırça 1. *va.* Bergkristall *m* 2. Glas *n*.

sırdaş Mitwisser(in *f*) *m*.

sırf 1. rein, bloß, lediglich, nur 2. vollkommen, ganz.

sırık 1. Stange *f* 2. Tragstange *f* (*der Lastträger*) 3. junger Baum 4. *La.* Stab *m* (*beim Stabhochsprung*); ~ *gibi* 1. schrecklich lang; die reinste Bohnenstange 2. *fig.* faul, träge; ~ *gibi durmak* untätig herumstehen; *-la yüksek atlama La.* Stabhochsprung *m*.

sırılsıklam [· x · ·] *s. sırsıklam*.

sırım 1. lederner Schnürsenkel, Lederriemen *m* 2. Lederwicklung *f* (*bei der Lanze*) 3. *techn.* zäh; ~ *gibi* schmächtig, aber kräftig.

sırımlılık *techn.* Zähigkeit *f*.

sırıtkan hämisch *od.* dumm grinsend.

sırıtmak 1. hämisch *od.* dumm grinsen; albern lachen 2. offen zutagetreten (*z.B. Mängel*).

sırlamak 1. emaillieren, glasieren 2. mit Folie belegen 3. P sterben.

sırma 1. Gold-, Silber·faden *m* 2. Gold-, Silber·stickerei *f* 3. Tresse, Litze *f*.

sırnaşık lästig, aufdringlich.

sırnaşmak zudringlich, lästig werden.

sırrolmak [x · ·] 1. spurlos verschwinden 2. sich aus dem Staub machen.

sırsıklam [x · ·] klatschnaß.

sırt, *-tı* 1. Rücken *m in allen Bed.* 2. (*Stuhl-*)Lehne *f* 3. Rückenteil *m e-s Kleidungsstückes* 4. Rückseite *f*; ~ *omurları an.* Rückenwirbel *pl.*; ~ *üstü* 1. auf dem Rücken liegend 2. *Bill.* Nachläufer *m*; ~ *vermek m. Dat.* den Rücken kehren; sich abwenden (*von*); *-ı pek* mit fester (*od.* warmer) Kleidung ausgerüstet; *-ı yere gelmek fig.* unterliegen; besiegt werden; *-ından çıkarmak* (*b-nin*) auf Kosten *e-s and.* e-n Gewinn erzielen; *-ından geçinmek* (*b-nin*) auf *j-s* Kosten leben; *-ını kabartmak* e-n Buckel machen (*Katze*); *-lar hattı* Höhen-, Kamm·linie *f*.

sırtarmak 1. sich mit dem Rücken *gegen et.* stützen 2. e-n Buckel machen (*Katze*) 3. aufsässig werden 4. sich zusammenballen (*Wolken*).

sırtlamak *m. Akk.* auf den Rücken nehmen.

sırtlan *zo.* Hyäne *f*.

sıska 1. wassersüchtig 2. *selt.* rachitisch 3. mager, klapperig (*z.B. Pferd*).

sıtma Malaria *f*; ~ *ağacı bot.* Eukalyptusbaum *m*; ~ *görmemiş ses* Stentorstimme, dröhnende Stimme; ~ *mücadelesi* Malariabekämpfung *f*; ~ *nöbeti* Malariaanfall *m*; ~ *tutmak* (*b-ni*) *od. sıtmaya tutulmak* (*od. yakalanmak*) von Malaria befallen werden.

sıtmalı 1. malariakrank 2. malariaverseucht (*Gegend*) 3. *selt.* fieberhaft (*Tätigkeit*).

sıtmalık Malariagebiet *n*.

sıva Verputz, (*Mauer-*)Bewurf, (*Mörtel-*)Anwurf *m*; ~ *dökülüyor* der Verputz blättert ab.

sıvalamak verputzen; mit Mörtel bewerfen.

sıvalı 1. verputzt; mit Mörtel beworfen 2. aufgestrichen, aufgetragen (*Mörtel, Zement*) 3. aufgekrempelt (*Ärmel, Hosenbeine*).
sıvama 1. *Vs. zu sıvamak* 2. *fig.* fest eingefügt 3. *adv.* bis an den Rand; ganz, vollständig.
sıvamak 1. verputzen; mit Mörtel bewerfen 2. auftragen (*z.B. Zement*) 3. be-, voll•schmieren 4. aufkrempeln 5. V beschimpfen, verleumden.
sıvanmak 1. *Pass. zu sıvamak* 2. (*bir işe*) in Angriff nehmen.
sıvaşmak 1. klebenbleiben 2. klebrig werden 3. sich mit et. Klebrigem beschmieren 4. *fig.* in Unannehmlichkeiten kommen.
sıvazlamak *m. Akk.* mit der Hand *über et.* streichen (*fahren*).
sıvı Flüssigkeit *f.*
sıvık 1. dünnflüssig (*z.B. Teig*); nicht fest genug; klebrig 3. V zudringlich, lästig.
sıvırya [· x ·] *adv.* 1. ununterbrochen; in einem fort 2. V bis zum Rand; gesteckt (*voll*).
sıvış *s. siviş.*
sıvışık, sıvışkan 1. klebrig 2. *fig.* lästig, zudringlich.
sıvışmak 1. sich verschmieren 2. sich aus dem Staub machen.
sıyanet, -ti [ā] Beschützen *n*; ~ *etm.* (be)schützen, bewahren, sichern.
sıyga 1. *va.* Gußform *f* 2. *gr.* Verbalform *f*, *spez.* Modus *m*; *-ya çekmek* F 1. verhören; ins Kreuzverhör nehmen 2. *j-m* zusetzen (*a. mit Drohungen od. Tätlichkeiten*).
sıyırmak 1. abschürfen; blutig reißen 2. entfernen 3. ziehen (*Schwert*), zücken (*Dolch*) 4. auswischen (*Teller mit Brot*) 5. alles an sich nehmen 6. abnagen (*Knochen*) 7. abtrennen, abreißen (*z.B. Stoffstreifen*) 8. ritzen; leicht streifen (*z.B. Kugel*) 9. herausholen, retten.
sıyrık 1. abgeschürft, wundgerissen 2. *fig.* schamlos, unverschämt 3. Schramme *f*, Riß *m.*
sıyrılmak 1. *Pass. zu sıyırmak* 2. (*bşden*) sich aus e-r Affäre ziehen 3. *mil.* sich vom Feind absetzen.
sıyrıntı 1. Essensrest *m* (*in e-m Gefäß*) 2. Küchenabfälle *pl.* 3. Hautabschürfung *f.*
sızdırmak 1. *Kaus. zu sızmak* 2. *fig.* *j-m* Geld abknöpfen (*erpressen*) 3. *fig.* enthüllen, ausplaudern.

sızgın betrunken und
sızı ziehender (*bohrende*
Schmerz.
sızılı schmerzhaft, reißen
stechend.
sızıltı Klage, Beschwerde
sızım sızım *in Verb. mit sızla(n)mak* heftig, sehr.
sızıntı 1. Rinnsal *n* 2. Leck *n* 3. Einsickern *n* 4. *mil.* (*in die Frontlinie*) eingesickerte Truppen *pl.*; ~ *suyu* Sickerwasser *n*; ~ *yapmak* leck werden *od.* sein.
sızlamak 1. zu schmerzen beginnen 2. *s. sızlanmak.*
sızlanmak *intr.* klagen; sich beschweren.
sızmak, (*-ar*) 1. sickern, rinnen 2. ausströmen (*z.B. Gas*) 3. hindurchdringen (*z.B. Licht*) 4. lecken, rinnen 5. luftdurchlässig sein (*Tonkrug*) 6. bekannt werden (*z.B. Geheimnis*) 7. betrunken sein und in Halbschlaf verfallen 8. *mil.* eindringen, -sickern 9. *mil.* (*ileriye doğru*) vor•dringen, -rücken.
si *mus. Ton od. Note* h.
sia 1. *phys.* Kapazität *f*, Hub *m* 2. Radius, Bereich *m.*
sicil 1. Register *n* 2. Personalakten *pl.* 3. *mil.* Qualifikation *f*; ~ *kartı* Personalkarte *f* (*in e-r Kartei*); *-e kaydetmek* in die Personalakten eintragen.
sicilli 1. registriert, eingetragen 2. *fig.* vorbestraft.
sicim Schnur *f*, Bindfaden *m.*
sidik Harn, Urin *m*; ~ *borusu* Harnleiter, Ureter *m*; ~ *molası mil.* Marschpause *f* (*zum Austreten*), V Pinkelpause *f*; ~ *söktürücü med.* harntreibend, diuretisch; ~ *torbası an.* Harnblase *f*; ~ *yarışına çıkmak iron.* auf keinen Fall zurückstehen wollen.
sidikyolu, *-nu* Harnröhre, Urethra *f.*
sidikzoru, *-nu* Harnbeschwerden *pl.*
sifon 1. U-Rohr *n* 2. Siphon *m* 3. Rohrleitung *f.*
sifos V fertig!, aus!, Schluß!
siftah 1. *H.* erstes (*Verkaufs- od. Kauf-*)Geschäft *an e-m best. Tag* 2. *adv.* zum erstenmal.
sigan Zigeuner *m*; ~ *musikisi* Zigeunermusik *f.*
sigar Zigarre *f.*
sigara *s.a. cıgara* Zigarette *f.*
sigaralık 1. Zigarettenspitze *f* 2. Zigarettendose *f.*

…rta [· x ·] 1. Versicherung *f* 2. *el.* Sicherung *f*; ~ *etm.* versichern; ~ *ettiren jur.* Versicherungsnehmer *m*; ~ *olm.* sich versichern lassen; ~ *şirketi* Versicherungsgesellschaft *f*.
sigortacı [· x · ·] 1. Versicherungsagent *m* 2. *jur.* Versicherer *m*.
sigortacılık [· x · · ·] 1. Versicherungsagentur *f* 2. Versicherungswesen *n*.
sigortalamak versichern.
sigortalı [· x · ·] 1. *jur.* Versicherte(r) *m* 2. durch Versicherung gedeckt; versichert 3. *fig.* gesichert.
sigorya [· x ·] *adv.* V bestimmt, sicher, gewiß.
siğil Warze *f*.
sihir, *-hri* 1. Zauberei *f*, Blendwerk *n* 2. Zauber, Reiz *m*.
sihirbaz Zauberer, Hexenmeister *m*.
sihirkâr bezaubernd, reizend.
sihirlemek 1. verzaubern, verhexen 2. bezaubern.
sihirli 1. verzaubert 2. bezaubert 3. Zauber-, Hexen- 4. bezaubernd; ♀ *Flüt* Die Zauberflöte (*Oper*); ~ *göz* magisches Auge (*Radio*).
sihrî Zauber-, Hexen-; zauberisch.
sik V Penis *m*.
sikişmek V *miteinander* den Beischlaf ausüben.
sikke 1. Münze *f*, Geldstück *n* 2. Münzstempel *m* 3. *fr. Kopfbedekkung der Mewlewi-Derwische.*
siklâmen [â kurz] 1. *bot.* Alpenveilchen *n* 2. zyklamenfarbig.
Siklât [â kurz] **Adalari** *n.pr.* Zykladen *pl.*
siklist, *-ti* Rad·sportler, -rennfahrer *m*.
siklon 1. Zyklon, Wirbelsturm *m* 2. Tiefdruckgebiet *n*, Zyklone *f*.
sikmek, (-er) *m. Akk.* V 1. den Beischlaf ausüben (*mit*) 2. ruinieren, übel zurichten.
silâh [â kurz] 1. Waffe *f* 2. *fig.* Mittel *n*; ~ *arkadaşı* Waffengefährte *m*; ~ *arkadaşlığı* Waffenbrüderschaft *f*; ~ *başı mil.* Alarm *m*; ~ *başı etm. mil.* alarmieren; ~ *-a gelmek* zu e-r kriegerischen Auseinandersetzung kommen; *-a davranmak* (*od. sarılmak*) zu den Waffen greifen; *-ları bırakmak* 1. militärisch abrüsten 2. die Waffen niederlegen; kapitulieren; *-tan tecridetmek mil.* entwaffnen.
silâhendaz [· · · -] Marinesoldat *m*.
silâhhane [· · - ·] Waffenarsenal *n*.
silâhlamak [â kurz] bewaffnen.
silâhsız [â kurz] 1. unbewaffnet 2. entwaffnet, abgerüstet.
silâhşor [â kurz] 1. Recke, Ritter *m* 2. Musketier *m*.
silecek 1. *großes* Badehandtuch 2. Wischtuch *n* 3. Radiergummi *m*.
silgi 1. Abwisch-, Polier·tuch *n*, Wischlappen *m* 2. Scheuerlappen *m* 3. Radiergummi *m*.
silgiç (*Neol.*) Scheibenwischer *pl.* [(*Auto*).]
silik 1. abgenutzt, abgegriffen (*z.B. Münze*) 2. *fig.* unauffällig, unscheinbar (*Person*).
silindir 1. *math.* Zylinder *m* 2. *jeder zylindrische Körper wie z.B.* Ofenrohr, Abflußrohr *n*, Zylinder (*Auto*) *m*, Rolle, Walze *f* 3. *pr.* Straßen-, Dampf·walze *f* 4. (*şapka*) Zylinder(hut) *m*.
silindiraj (*Straßen-*)Walzung *f*.
silinmek 1. *Pass. zu silmek* 2. sich verwischen, sich abgreifen 3. *fig.* völlig in den Hintergrund treten.
silinti 1. Streichung *f* 2. *et.* (*Durch-, Aus-*)Gestrichenes *n* 3. *selt.* (*Regen-*) Rinnsal *n*.
silis Kieselerde *f*.
silistre [· x ·] 1. Pfeife *f* (*der Schiffsoffiziere*) 2. ♀ *n.pr.* Silistria (Dobrudscha).
silkelemek 1. schütteln (*z.B. Baum*) 2. ausschütteln (*z.B. Staubtuch*) 3. (*Argot*) e-n Fahrgast *an der gewünschten Stelle* absetzen (*bei Fahrt mit Linientaxi*; *vgl. dolmuş*).
silki Auffahren *n* (*aus dem Schlaf*).
silkinmek 1. (*bşden*) abschütteln (*z.B. Trägheit*) 2. sich schütteln.
silkinti 1. erschrockenes Auffahren 2. Abwerfen *n* (*der Blätter*) 3. was beim Aus-, Ab·schütteln hinunterfällt 4. Erschütterung *f*.
silkişmek sich schütteln (*Hund, Vogel usw.*).
silkmek, (-er) 1. (aus-, ab)schütteln 2. abwerfen (*z.B. Pferd den Reiter*) 3. erschüttern 4. stoßen 5. abstreifen (*z.B. Zigarettenasche*) 6. mit Lochschablone durchpausen.
sille 1. Ohrfeige *f* 2. *fig.* (*Schicksals-*) Schlag *m*; ~ *atmak* (*od. vurmak*) e-e Ohrfeige geben, versetzen; ~ *kapmak* (*od. yemek*) e-e Ohrfeige bekommen, beziehen.
sillürrie *z. va.* (*Lungen-*) Schwindsucht *f*.

silme 1. *Vs. zu silmek* 2. bis zum Rand voll 3. gestrichen (*z.B. mil. Korn*).
silmek, (-*er*) 1. (weg-, ab-, aus-, ver)wischen 2. scheuern, reinigen, putzen, polieren 3. (aus)streichen 4. ab-, glatt·streichen 5. abtrocknen 6. abhobeln; *silip atmak* völlig ausrotten; *silip süpürmek* alles aufessen.
silo [x ·] Silo *m* (*spez. für Getreide*).
silsile Reihe, Kette *f*, *spez.* 1. *math.* Reihe *f* 2. Ahnenreihe *f*, Stammbaum *m* 3. dynastische Reihe 4. Gebirgskette *f*.
silsilename [ā] Stammtafel, Ahnenreihe *f*, Stammbaum *m*.
silûet, -*ti* [û kurz] Silhouette *f*, Schattenriß *m*; -*e hâkim bir mevki* ein von überallher sichtbarer Ort (*im Stadtbild*).
sima [- -] 1. Gesicht, Antlitz *n* 2. Persönlichkeit, Gestalt, Figur *f* 3. *geol.* Fazies *f*.
simit, -*di* 1. Kringel *m* (*Backware*) 2. feingestoßener *bulgur* 3. Rettungsring *m* 4. *Sch.* schlechteste Note (*d. h. Null*).
simsar [ā] *H.* Vermittler, Makler *m*.
simsariye [ā] *H.* Maklergebühr, Kommission *f*.
simsiyah [x · ·] tief-, pech-, kohl(raben)schwarz.
simya [ā] Alchimie *f*.
simyager [ā] Alchimist *m*.
sin, -*nni va.* 1. Zahn *m* 2. Alter *n*.
Sina [- -] *n.pr.* Berg *m* Sinai; Sinaigebirge *n*.
sina [ā] *pharm.* Sennesblätter *pl.* (*Abführmittel*).
sinagog Synagoge *f*.
sinameki [ā] *s. sina*; ~ *gibi* unsympathisch, lästig (*Person*).
sinara [· x ·] *großer* Angelhaken.
sinarit, -*ti zo.* Zahnbrassen (*Fisch*) *m*.
sincabi [· - -] graubraun.
sincan *s. sıncan.*
sincap, -*bı zo.* graues Eichhörnchen.
since since 1. ein-, durch·dringend, durchnässend 2. *fig.* heimlich, verstohlen.
sindirim *biol.* Verdauung *f*.
sindirmek *Kaus. zu sinmek*, *spez.* 1. *biol.* verdauen 2. *j-n* derart in Angst versetzen, daß er sich nicht mehr zu zeigen wagt.
sîne Busen *m*, Brust *f*; -*ye çekmek et.* schweigend ertragen.
sinek 1. *zo.* Fliege *f* 2. *Ka.* Kreuz; ~ *avlamak* 1. faulenzen 2. nichts verkaufen können (*Händler*); ~ *kaydı tıraş olmuş* sehr sorgfältig rasiert; ~ *sıklet* (*Boxen*) Fliegengewicht *n*; *sineğin ebesine kadar fig.* bis in die kleinsten Einzelheiten (*z.B. ausfragen*); *sineğin yağını hesabetmek fig.* aus allem Gewinn schlagen wollen; sehr habgierig sein.
sinema Kino, Lichtspieltheater *n*; ~ *artisti* Filmschauspieler(in *f*) *m*; ~ *filmi* Kinofilm *m*; ~ *makinesi* (*Film*-)Vorführgerät *n*; ~ *operatörü* Kameramann, Filmoperateur *m*; ~ *yıldızı* Filmstar *m*.
sinemacı 1. Kino·besitzer *od.* -pächter *m* 2. Kameramann, Filmoperateur *m* 3. Filmproduzent *m*.
singl (*Tennis*) Einzel *n*.
singlton (*Bridge*) die blanke ... (*Spk.*).
sini *große, runde* Kupfer- *od.* Messing·platte *f*.
sinik[1] geduckt, (zusammen)gekauert.
sinik[2] zynisch.
sinir 1. Nerv *m* 2. P Sehne *f*, Muskel *m*, Flechse *f* 3. P eigenartige Veranlagung 4. P Gefühl, Empfinden *n* 5. P auf die Nerven gehend; ~ *argınlığı* Neurasthenie *f*; ~ *harbi* Nervenkrieg *m*, kalter Krieg; ~ *tutulması* P Muskelkrampf *m*; -*ine dokunmak* (*b-nin*) *j-m* auf die Nerven gehen.
sinirlenmek nervös werden.
sinirli 1. mit ... Nerven 2. mit Sehnen (*Fleisch*) 3. nervös.
sinlemek tief seufzen, stöhnen.
sinmek, (-*er*) 1. sich ducken, sich niederkauern 2. *fig.* ganz klein (und häßlich) werden 3. *m. Dat.* sich irgendwo zu verstecken suchen 4. *m. Dat.* eindringen (*in*) 5. verdaut werden.
sinsi heimtückisch, hinterhältig.
sintaks Syntax, Satzlehre *f*.
sinyal, -*li* 1. Signal *n* 2. Signalanlage *f* 3. Gong *m* (*bei Boxkampf*).
sipahi [· - -] (*in altosman. Zeit*) Kavallerist, Reiter *m*; ≗ *Ocağı* 1. *altosman.* Kavallerie *f* 2. Reit(er)klub *m* (*in Ist.*) 3. *türk. Zigarettenmarke.*
sipar V Zigarette *f*.
sipariş [ā] 1. Bestellung, Order *f*, Auftrag *m* 2. Bestellte(s) *n* 3. (*maaşı*)

direkt an Familienangehörige überwiesener Gehaltsteil; ~ etm. (*b-ne bşi*) *bei j-m et.* bestellen; ~ vermek e-e Bestellung aufgeben.
siper 1. Deckung *f* 2. Schutz *m*, -vorrichtung *f* 3. Schutzwall *m*, Brustwehr *f* 4. (*Hut-*)Krempe *f*, (*Mützen-*)Schirm *m* 5. *techn.* Schutzblech, -schild *n*, -platte *f* 6. gedeckt, geschützt (*Ort*); ~ etm. *et.* als Schutz vorhalten (*z.B. Hand*); -e almak j-n unter seinen Schutz nehmen.
siperisaika [· · · - · ·] Blitzableiter *m*.
siperlenmek *mil.* sich eingraben.
sipsi 1. Pfeife *f e-s Schiffsoffiziers* 2. Mundstück *n der türk. Oboe* (*zurna*) 3. V Zigarette *f*.
sipsivri [x · ·] ganz spitz, sehr spitz; ~ kalmak mutterseelenallein sein.
sirayet, -ti [ā] 1. Sich-Ausbreiten *n* 2. Ansteckung, Infektion *f* 3. *techn.* Fortpflanzung *f*; ~ etm. *m. Dat.* 1. über·greifen, -springen (*auf*); sich ausbreiten 2. anstecken, infizieren, verseuchen 3. *techn.* sich fortpflanzen; ~ süratı Fortpflanzungsgeschwindigkeit *f*.
sirk, -ki 1. Zirkus *m* 2. *geogr.* Kar *n*.
sirkat, -ti Diebstahl *m*; ~ etm. stehlen.
sirke[1] Essig *m*.
sirke[2] Nisse *pl.* der Läuse; Eier *pl.* der Flöhe.
sirkinmek mit e-m Ruck wach werden.
sirküler Zirkular, Rundschreiben *n*.
sirrus [x ·] *meteor.* Federwolke *f*.
sirto [x ·] *Name e-s best. Volkstanzes.*
sis 1. *z. va.* Sommersprossen *od. ähnliche* Hautflecken *pl.* 2. Nebel *m*; ~ çöküyor der Nebel fällt; ~ düdüğü (*od.* borusu) Nebelhorn *n*.
Sisam (*Adası*) *n.pr.* Insel *f* Samos.
sislemek *mil.* ein-, ver·nebeln.
sislenmek 1. *Pass. zu* sislemek 2. *z. va.* Flecken bekommen 3. nebelig und feucht werden 4. beschlagen (*z.B. Fensterscheibe*).
sismograf, sismometre [· · x ·] Seismograph *m*.
sistem 1. System *n* 2. Lehre, Theorie *f* 3. Methode *f*, Verfahren *n*.
sistematik 1. systematisch 2. beharrlich.
sistemli 1. mit (*näher beschriebenem*) System 2. systematisch.
sistit, -ti *med.* Blasenentzündung, Zystitis *f*.
sitayiş [ā] Lob *n*; ~ etm. loben, preisen, rühmen; -te bulunmak (*b-nin hakkında*) sich anerkennend *über j-n* äußern.
sitayişkâr [ā] lobend, anerkennend, rühmend, preisend.
site 1. Siedlung, Stadt *f*, Stadtstaat *m* 2. City *f* 3. *in sich geschlossener* Stadtteil.
sitejarden *z. va.* Gartenstadt *f*.
sitem 1. *va.* Unrecht *n* 2. Vorhaltung *f*, Vorwurf *m*; ~ etm. (*b-ne*) *j-m* Vorhaltungen machen.
sitemkâr, sitemli vorwurfsvoll.
sitil[1] *Bez. für verschiedene Behälter, Eimer, Kessel, Becken.*
sitil[2] F schick, vornehm, elegant.
sivil 1. zivil; Zivil-, Bürger- 2. Zivilist *m* 3. Zivilkleidung *f*; *auch* in Zivil 4. F Geheimpolizist *m* 5. F barfuß; ohne Hut; ohne Jackett; ~ gezmek in Zivilkleidung ausgehen; ~ halk (*od.* ahali) Zivilbevölkerung *f*; ~ harb Bürgerkrieg *m*; -ler Zivilbevölkerung *f*.
sivilce (*Gesichts-*)Pickel *m*.
siviş Aufhebung, Abschaffung *f*.
sivişik *s.* sıvışık.
sivişmek sich davonmachen; sich aus dem Staub machen.
sivri 1. spitz 2. konisch 3. genau (*Zahl*) 4. ♀ *n.pr.* Insel *f* Oxia (*bei Ist.*); ~ akıllı 1. *selt.* scharfsinnig 2. *iron.* übergescheit 3. zerfahren, gedankenlos; ~ başlı 1. mit konisch zulaufendem Ende 2. eigensinnig, hartnäckig.
sivrilmek 1. spitz(-*er*) werden 2. *techn.* sich verjüngen 3. wachsen 4. Karriere machen 5. mächtig aufblühen.
sivrisinek *zo.* Stechmücke *f*, Moskito *m*.
sivritepe Spitze *f*, Gipfel *m* (*e-s Berges*).
siya [x ·] 1. Zurückrudern *n* 2. (*Zuruf*) streichen!, rückwärts!; ~ ~ gitmek *fig.* immer weiter zurückgehen.
siyah 1. schwarz 2. schwarze Farbe 3. Neger *m* 4. *mus.* Viertelnote *f* 5. sehr dunkel 6. schmutzig 7. V Opium *n*; -lar *a.* Trauerkleidung *f*; ~ saçlı schwarzhaarig; ~ yazı Fettdruck *m*.
siyahımsı, siyahımtırak schwärzlich.
siyahi [· - -] Neger, Schwarze(r) *m*.

siyakusibak, *-kı* [ā, ā] *textlicher od. gedanklicher* Zusammenhang.
siyasa *s. siyaset.*
siyasal *s. siyasi*; ♀ *Bilgiler Fakültesi n.pr.* Volkswissenschaftliche Fakultät (der Universität Ankara).
siyaset, *-ti* [ā] 1. Politik *f* 2. Hinrichtung *f*; ~ *meydanı* Richt•platz *m*, -stätte *f*.
siyasetçi [ā] Politiker, Staatsmann *m*.
siyasetgâh [ā] *s. siyaset meydanı.*
siyasi [· - -] 1. politisch 2. Politiker *m*; ~ *akide* politische Überzeugung; ~ *iktisat* Staatswirtschaftslehre *f*; ~ *pasaport* Diplomatenpaß *m*.
siyatik *med.* Ischias *f*.
siyek *an.* Harnröhre, Urethra *f*.
siyelek Leinsamen *m*.
siymek 1. pissen (*Tier*) 2. in der Brunst (*Brunftzeit*) sein (*männl. Tier*).
siz 1. ihr 2. Sie; ~ *bilirsiniz* das hängt ganz von Ihnen ab; wie Sie wollen; ~ *sağ olun!* na, wenn schon!; *-e hilâf olmaz* F Sie dürfen mir glauben.
-siz (*vgl. a. -sız, -suz, -süz*) ohne; -los; un-.
sizinki 1. eurige, eure 2. Ihrige, Ihre.
skandal 1. Skandal *m*, Skandalaffäre *f* 2. Hüfthalter *m* (*für Damen*).
skif Skiff *n*, Renneiner *m*.
skiyatron *techn.* Radar•empfänger, -schirm *m*.
Slâv slawisch; Slawe *m*, Slawin *f*.
slogan Schlagwort *n*.
smaç, *-çı* (*Tennis*) Schmetterball *m*.
smokin [x ·] Smoking *m*.
snop, *-bu* Snob, Fatzke, Geck *m*.
soba [x ·] 1. Ofen *m* 2. *gel.* Herd *m* 3. Treib-, Gewächs•haus *n*.
soda [x ·] 1. Soda *n*; Natron *n* 2. Sodawasser *n*.
sof 1. Wolle *f* 2. *aus Ziegen- od. Kamelwolle hergestellter* Stoff.
sofa 1. Diele, Halle *f*, Korridor, Gang *m* 2. *z. va.* Steinbank *f* 3. *selt.* Sofa *n* 4. Vertiefung, Nische *f*, Vorraum *m*.
sofizm Sophismus *m*; Sophisterei *f*.
sofra 1. gedeckter Tisch, Tafel *f*; mit Speisen besetztes Tablett 2. Essen *n* 3. Tischgruppe *f* (*Personen*) 4. rundes Nudelbett; ~ *başına geçmek* sich zu Tisch setzen; ~ *başında* bei Tisch; an der Tafel; ~ *kurmak* den Tisch decken; ~ *sahibi adam* reicher und gastfreier Mann ~ *suyu* Tafelwasser *n*; ~ *takımı* Ess-Service, Tafelgeschirr *n*; *-sı açık* (*od. meydanda*) gastfreundlich, freigebig; *-ya bakmak* bei Tisch bedienen; *-yı kaldırmak* (*od. toplamak*) den Tisch abräumen.
softa 1. *fr.* Medrese-Student *m* 2. *pej.* Pfaffe *m* 3. *fig.* Fanatiker, Intransigent *m*.
sofu kirchengläubig, fromm.
soğan 1. *bot.* Zwiebel *f* 2. Zwiebel, Knolle *f*.
soğuk 1. kalt 2. *fig.* kalt, kühl, reserviert 3. *fig.* kränkend, verletzend 4. *med.* ohne Entzündung 5. Kälte *f*, kaltes Wetter; *-lar a.* Winter *m*; ~ *almak* sich erkälten; ~ *çıban* (*harmloser*) Pickel; ~ *damga* Trocken-, Preß-, Präge•stempel *m*; ~ *hava deposu* Kühlanlage *f*.
soğukkanlı 1. kaltblütig 2. ausgeglichen 3. *pej.* mit wem man nicht recht warm werden kann (*Person*).
soğuklamak sich erkälten.
soğukluk 1. Kälte *f* 2. *fig.* kühles Verhalten 3. Erfrischung *f*, Nachtisch *m* 4. *nur wenig geheizter Teil des türk. Bades.*
soğumak 1. kalt werden 2. *fig. m. Abl.* das Interesse *an et.* verlieren.
soğurmak 1. *chem.* aufsaugen, dämpfen, neutralisieren 2. aufsaugen, absorbieren.
soğutmak 1. kalt werden lassen 2. *fig. m. Abl.* gleichgültig werden lassen (*gegen*) 3. (*k-ni bşle*) sich die Sympathien verscherzen (*durch*) 4. (*halkı k-den*) die allgemeinen Sympathien verlieren.
sohbet, *-ti* Plauderei *f*, Gespräch *n*, Unterhaltung *f*; ~ *etm.* plaudern, sich unterhalten.
sokak Straße, Gasse *f*; ~ *başı* Straßenecke *f*; ~ *halkı* Pöbel, Mob *m*; ~ *kapısı* Haustür *f*; ~ *üstü* nach der Straße zu gelegen; *sokağa atsan beş lira eder* dafür kriegst du mindestens fünf Pfund, wenn du es verkaufst; *sokağa düşmek* zur Dirne werden.
soket, *-ti* kurze Herrensocke.
sokmak, (*-ar*) 1. hinein•stecken, -bringen, -schieben; einführen (*z.B. Sonde*) 2. (*b-nin yanına*) einführen (*bei*), *j-m* vorstellen 3. stoßen, rennen (*z.B. Messer in den*

Leib) 4. eintauchen (*z.B. Wäsche in Wasser*) 5. hineinziehen (*in e-e Angelegenheit*) 6. hinein-, hereinlassen 7. stechen (*Insekt*); beißen (*Schlange*) 8. *in e-n Zustand* versetzen 9. machen (*zu*) 10. kränken, verletzen 11. *j-m et.* Minderwertiges aufhängen 12. (*b-ne bşi*) *Sch. j-m et.* aufbrummen (*Strafe*).

sokman *hochschäftiger* Turkmenenstiefel.

sokra *naut.* (*Planken-*)Fuge *f.*

soku Steinmörser *m.*

sokulgan 1. sich schnell anbiedernd 2. zutraulich (*Kind*).

sokulmak 1. *Pass. zu sokmak* 2. sich eindrängen 3. sich heranmachen (*an*) 4. *mil.* sich heranarbeiten (*an den Feind*).

sokur 1. *selt.* Maulwurf *m* 2. eingesunken, erloschen (*Auge*) 3. einäugig.

sokuşmak *m. Dat.* 1. sich *irgendwo* hineinzwängen 2. zu vermitteln suchen.

sol[1], *-lu* 1. link-; links 2. linke Seite 3. (*Boxen*) Linkshaken *m*; *-a bak! mil.* die Augen links!; *-a dön! mil.* links·um!; *-da sıfır* gänzlich unbedeutender Mensch; *-umda* links von mir.

sol[2], *-lü mus. Ton od. Note* g.; ~ *anahtarı mus.* G-Schlüssel, Violinschlüssel *m.*

solaçık *Fb.* Linksaußen *m*, linker Außenstürmer.

solak 1. linkshändig 2. *hist.* Hatschier *m.*

solbek *Fb.* linker Verteidiger.

solcu *pol.* Links-; ~ *gazeteler* Linkszeitungen *pl.*; *-lar* Links·kreise, -parteien *pl.*

solgun 1. blaß, bleich 2. verschossen, ausgeblichen 3. welk, verwelkt.

solhaf [ā] *Fb.* linker Läufer.

soliç, *-çi Fb.* Halblinke(r) *m*, linker Innenstürmer.

solmak, (*-ar*) 1. blaß werden (*Person*) 2. ausbleichen, verschießen 3. (ver)welken.

solucan *zo.* 1. Regenwurm *m* 2. Spulwurm *m*; ~ *düşürmek* Würmer (im Stuhlgang) haben; ~ *gibi* blaß und schwächlich.

soluğan 1. keuchend, jappend (*Tier*) 2. Dünung *f.*

soluk[1] *s. solgun.*

soluk[2] Atem, Hauch *m*; ~ *aldırmamak j-n* nicht zu Atem kommen lassen; ~ *almak* zu Atem kommen; verschnaufen; ~ *borusu an.* Luftröhre *f*; ~ *soluğa* 1. keuchend; außer Atem 2. auf einmal, plötzlich, in Eile.

solukalma Einatmen *n.*

solukla(n)mak 1. tief und ruhig Atem holen 2. eine Ruhepause machen.

solukverme Aus·atmen *n.*

solumak außer Atem sein; keuchen.

solungaç *an.* Kieme *f.*

solunmak ein- und aus·atmen.

solunum Atmung, Respiration *f.*

solüsyon (*Gummi-*)Lösung *f.*

som[1] 1. massiv 2. unverfälscht.

som[2] Elfenbein *n*, Horn *n.*

som[3] (*balığı*) *zo.* Lachs, Salm *m.*

somak 1. *bot.* Sumach *m* 2. Sumach-Beeren *pl.* 3. Gelbholz *n.*

somaki [· - -] Porphyr *m.*

somata [· x ·] *aus geschälten Mandeln hergestelltes Erfrischungsgetränk.*

somnambül Schlafwandler(in *f*) *m.*

somun 1. *runder* Laib Brot 2. Schraubenmutter *f.*

somurdanmak vor sich hinbrummen.

somurmak verdrießlicher Laune [sein.]

somurtkan mürrisch, brummig.

somurtmak mürrisch dreinblicken.

somut konkret, dinglich.

somye [x ·] (*Sprungfeder- od. Eisenbänder-*)Matratze *f.*

son 1. Ende *n*, Schluß, Ausgang *m* 2. *math.* Endpunkt *m* 3. Nachgeburt *f* 4. letzt-, jüngst-, neuest- 5. verspätet 6. End-, Schluß-; ~ *demlerinde olm.* in den letzten Zügen liegen; ~ *derece* im höchsten Maße (Grade); überaus, äußerst; ~ *dereceye vardırmak fig.* auf die Spitze treiben; ~ *haberler* neueste Nachrichten *pl.*; ~ *saat* 1. letzte Stunde 2. letztes Stündlein; ~ *vermek* ein Ende setzen; beenden; ~ *zamanlar hist.* neueste (jüngste) Zeit; *-a ermek* zu Ende gehen; *-dan bir evvelki od. -dan ikinci* vorletzt-; *-u gelmiyen vaitler* zahllose Versprechungen *pl.*; *-u var* 1. Schluß folgt 2. *ab.* Fortsetzung folgt; *-unu getirmek* (*bşin*) *et.* zu Ende führen.

sonbahar *mst.* [sɔm-] Herbst *m.*
sonda [x ·] 1. *med.* Sonde *f* 2. *med.* Katheter *m* 3. Erdbohrer *m* 4. Hohlbohrer *m.*
sondaj 1. Sondierung *f* 2. Bohrung, Schürfung *f* 3. Bohranlage *f*; ~ *yapmak* 1. sondieren 2. bohren, schürfen 3. ab-, aus•graben 4. nachforschen 5. *bei j-m* auf den Busch klopfen.
sondalamak 1. sondieren 2. e-e (*Versuchs*-)Bohrung vornehmen.
sondurma 1. *Vs. zu sondurmak* 2. Schutz-, Wetter-, Sonnen•dach *n.*
sondurmak *m. Akk.* 1. nach vorne verlängern 2. vorwärts•schieben, -treiben 3. *Kaus.zu sonmak.*
sonek *gr.* Suffix *n*, Nachsilbe *f.*
sonkânun [ū] *va.* Januar *m.*
sonmak seinen Glanz verlieren.
sonra [x ·] *mst.* [sora] 1. *adv.* nachher, später, dann 2. *Pp. m. Abl.* a) (*temporal*) nach; (*-dikten* ~) nachdem b) (*kausal*) *selt.* da ja 3. Folge, Fortsetzung *f* 4. Zukunft *f*; *-ya atmak* hinauszögern; *-ya kalmak* auf später verschoben werden.
sonradan [x · ·] *mst.* [soradan] nachträglich; erst später; hinterdrein; ~ *görme* Parvenü *m*; ~ *olma* relativ neu.
sonraki [x · ·] *mst.* [soraki] 1. später folgend 2. *-ler* Nachkommenschaft *f.*
sonraları [x · · ·] *mst.* [soraları] *adv.* später; in der Folgezeit.
sonsuz unendlich.
sontakı *gr.* Postposition *f.*
sonteşrin [i] *va.* November *m.*
sonuç, *-cu* Ergebnis, Resultat *n*, Folge *f.*
sonuk glanzlos, matt, trübe.
sonuncu letzt-.
sopa [x ·] 1. Knüttel, Knüppel *m* 2. Stockhiebe, Prügel, Schläge *pl.*; ~ *atmak* (*od. çekmek*) (*b-ne*) *j-n* verprügeln; ~ *yemek* Prügel bekommen.
sorgu Verhör *n*, Vernehmung *f*; *-ya çekmek* verhören, vernehmen.
sorguç, *-cu* 1. *spez. fr.* Federbusch *m*, Reiheraigrette *f* 2. Haube *f*, Häubchen *n* (*auf dem Kopf mancher Vögel*).
sorgusuz sualsiz *mil.* ohne Anruf.
sormak[1], (*-ar*) 1. (be-, an-, nach-) fragen; sich erkundigen 2. (*bşi b-den*) *j-n* verantwortlich machen (*für*) 3. (*b-ne od. b-den bşi*) *j-n nach et.* fragen 4. (*b-ni od. bşi*) *nach j-m od. et.* fragen; *sora sora Kâbe bulunur Spr.* durch vieles Fragen findet man (*sogar*) die Kaaba; *öyle bir sıcak oldu ki sormayın!* es herrschte e-e ganz unglaubliche Hitze.
sormak[2], (*-ur*) *m. Akk.* saugen, lutschen (*an*).
sorti *el.* Anschluß *m*, -stelle *f.*
soru 1. Frage *f* 2. Interpellation *f*; ~ *işareti* Fragezeichen *n*; ~ *sorma hakkı jur.* Fragerecht *n.*
sorum 1. Problem *n*, Angelegenheit *f* 2. Problematik *f* 3. Verantwortung *f.*
sorumak *s. sormak*[2].
sorumlu 1. verantwortlich, haftend 2. mit (*Sperr*-)Vermerk versetzt (*Schüler*).
soruşmak[1] 1. allmählich trocken werden (*Wäsche*) 2. austrocknen (*Flußlauf*).
soruşmak[2] sich *gegenseitig* fragen.
soruşturma 1. *Vs. zu soruşturmak* 2. Rund-, Um•frage, Erhebung *f* 3. *jur.* Untersuchung *f.*
soruşturmak *m. Dat.* herumfragen (*bei*).
sosis Frankfurter Würstchen *pl.*
sosyete 1. *s. cemiyet* 2. *s. şirket* 3. gute (*bessere, höchste*) Gesellschaft; ~ *hanımı* Dame *f* der Gesellschaft; ~ *hayatı* Leben *n* der höheren Gesellschaftsschichten.
sote 1. geschmort, gedünstet 2. geschmortes, gedünstetes Gericht.
Sovyet, *-ti* 1. Sowjet *m* 2. sowjetisch; Räte-; ~ *Rusya* Sowjetrußland; ~ *Sosyalist Cumhuriyetleri Birliği* Union *f* der Sozialistischen Sowjetrepubliken, UdSSR *f.*
soy 1. Familie, Generation *f*, Stamm *m*, Geschlecht *n* 2. Herkunft, Abstammung *f* 3. Familienangehörige und Verwandte *pl.*, Vorfahren *pl.*, Nachkommenschaft *f* 4. aus guter Familie stammend 5. von guter Rasse; Rasse-; edel (*Pferd*); ~ *sop* 1. alle Familienangehörigen und Verwandten *pl.* 2. Abstammung *f.*
soyaçekim 1. Vererbung *f* 2. Erblichkeit *f* 3. Erbe *n*, Erbschaft *f.*
soyadı, *-nı* Familienname *m* (*in der Türkei seit 1934*).
soygun 1. Aus•raubung, -plünderung *f* 2. = *soyguncu*; ~ *vermek* ausgeplündert werden.

soyguncu 1. Wegelagerer, Räuber *m* 2. Garderobiere *f.*
soymak 1. (ab)schälen 2. entkleiden, ausziehen 3. ausrauben, ausplündern.
soysuz 1. von niedriger Abstammung 2. moralisch minderwertig; gemein.
soysuzlaşmak entarten, degenerieren.
soytarı 1. Hanswurst, Possenreißer, Clown *m* 2. berechnender, würdeloser Schmeichler.
soyulmak *Pass. zu soymak*; *soyulmuş soğana dönmüş olmak* ganz ausgeplündert sein.
soyunmak sich ausziehen, sich entkleiden.
soyut abstrakt.
söbe oval, eiförmig.
söğüş gekochtes Fleisch.
söğüt, *-dü bot.* Weide *f.*
sökmek, (*-er*) 1. heraus-, ab-, wegreißen 2. auseinandernehmen; de-, ab•montieren 3. abbrechen (*z.B. Zelt*) 4. *durch et.* hindurchkommen; sich Bahn brechen (*durch*) 5. bewältigen (*z.B. Steigung*) 6. herauskriegen; entziffern können 7. (auf-) trennen (*z.B. Naht*) 8. *intr.* sich lösen 9. F auftauchen 10. *sökmemek a.* nichts nützen; *böyle sökmez!* so geht das nicht!; *söküp atmak* mit Stumpf und Stiel ausrotten.
söktürmek 1. *Kaus. zu sökmek* 2. P nur mit Mühe lesen *od.* verstehen.
sökük 1. (auf)geplatzt 2. Loch *n*, Riß *m* 3. fallengelassene Masche.
sökülmek 1. *Pass. zu sökmek* 2. *m. Akk.* V hergeben, herausrücken, (*spez. Geld*).
sökün etm. F auftauchen.
söküntü 1. Gerümpel *n* 2. aufgeplatzte Naht 3. *Stelle, wo e-e Masche gefallen ist* 4. plötzlicher Menschenandrang.
sölpük schlaff, kraftlos, energielos.
sölpümek schlaff (kraftlos, energielos) werden.
sömestr, *-tri* Semester, Halbjahr *n.*
sömikok (*kömürü*) Halbkoks *m.*
sömürge Kolonie *f.*
sömürgeci 1. Kolonist, Siedler *m* 2. Vertreter *n* des kolonialen Gedankens.
sömürgecilik 1. *selt.* Kolonisierung *f* 2. koloniale Ausbeutung.
sömürmek 1. (ein)schlürfen 2. alles aufessen 3. *fig.* ausbeuten.
söndürmek *Kaus. zu sönmek* 1. (aus)löschen 2. (ab)löschen (*Kalk*) 3. ausmachen, abstellen, ausdrehen (*Gas usw.*) 4. die Luft herauslassen 5. *fig.* in den Schatten stellen 6. schwinden lassen (*z. B. Gefühl*) 7. völlig vernichten.
söndürücü 1. löschend, Lösch- 2. Löschgerät *n*, Feuerlöscher *m.*
sönmek, (*-er*) 1. er-, ver•löschen; ausgehen 2. gelöscht werden 3. *fig.* schlaff werden (*z.B. Segel*) 4. erlöschen (*z.B. Gefühl*) 5. zum Erliegen kommen 6. völlig verschwinden 7. dahingehen, ableben.
sönük 1. erloschen 2. schlaff geworden 3. matt, schwach, farblos, schwunglos 4. nicht sonderlich in Erscheinung tretend (*Person*).
sör [-] katholische Schwester, Nonne *f.*
söve 1. (*Wagen-*)Runge *f* 2. Tür-, Fenster•rahmen *m.*
sövgü Fluch *m*, Verwünschung *f*, Schimpfwort *n.*
sövmek, (*-er*) *m. Dat.* verwünschen, verfluchen; schimpfen, fluchen (*über*); *sövüp saymak m. Dat.* wie ein Rohrspatz schimpfen (*über*).
sövüşlemek V *j-n* gehörig schröpfen.
sövüşmek *od. sövüşüp sayışmak* sich *gegenseitig* beschimpfen.
söylemek 1. sagen, reden, (aus-) sprechen 2. auftragen, befehlen 3. verlangen, bestellen 4. singen.
söylenmek 1. *Pass. zu söylemek* 2. vor sich hinreden; murren; *a.* daherreden (*z.B. dummes Zeug*).
söylenti Gerücht *n*, unverbürgte Nachricht.
söyleşmek 1. *zu mehreren* reden 2. *gemeinsam* besprechen.
söylev Rede *f.*
söz 1. Wort *n*, Ausdruck *m* 2. Worte *pl.*, Rede *f*, Ausspruch *m* 3. Gerücht *n* 4. Zusage *f*, Versprechen *n*; ~ *anlamak* mit sich reden lassen; ~ *anlatmak j-m et.* klarmachen *od.* darlegen; ~ *aramızda* unter uns gesagt; ~ *bir Allah bir!* ich stehe zu meinem Wort!; ~ *birliği* Abmachung, Verabredung *f*; ~ *etm.* 1. reden, sprechen (*von*) 2. *pej.* klatschen, schwatzen 3. abmachen; ein Übereinkommen treffen; ~ *geçirmek* sich durchsetzen; ~ *götürmez* unbestreitbar; ~ *işitmek* Vorwürfe bekommen; ~ *kavafı* F

Schwätzer *m*; ~ *kesilmek* 1. enden (*z.B. Gespräch*) 2. fest abgemacht werden; ~ *sahibi* 1. Redner, Sprecher *m* 2. einflußreiche Persönlichkeit; ~ *ucu* Anknüpfungspunkt *m*; ~ *vermek* 1. sein Ehrenwort geben 2. das Wort erteilen; *-ü ağza tıkamak* 1. *j-m* ins Wort fallen 2. *j-m* den Mund stopfen; *-ü bol* leerer Schwätzer *m*; *-ü geçen* obenerwähnt, obengenannt; *-ü uzatmağa ne hacet?* was bedarf es noch weiterer Ausführungen?; *-ü yabana atmak* nicht beachten; von der Hand weisen; *-üm ona* angeblich, vorgeblich; *-üm yabana* 1. mit Verlaub gesagt 2. sogenannt; *-ün gelişi textlicher od. gedanklicher* Zusammenhang; *-ün kısası* kurz gesagt; *-ünde durmak* das gegebene Wort halten; *-ünden dönmek* 1. sein Wort zurücknehmen 2. sein Versprechen nicht halten; *-üne atılmak j-m* ins Wort fallen; *-ünü dinletmek* sich durchsetzen; *-ünü esirgememek* kein Blatt vor den Mund nehmen; *-ünü kesmek* 1. (*kendi*) sich unterbrechen; zu reden aufhören 2. (*b-nin*) *j-n* unterbrechen; *j-m* ins Wort fallen; *-ünü tutmak* 1. (*b-nin*) *j-s* Rat befolgen 2. (*kendi*) sein Wort halten; *-ünün eri* wer zu seinem gegebenen Wort steht.

sözcü Sprecher *m* (*e-r Abordnung, e-s Ministeriums usw.*).

sözde *adj. od. adv.* sogenannt, angeblich, vorgeblich; Pseudo-.

sözdizimi Syntax, Satzlehre *f*.

sözleşim Vertrag *m*, Abmachung *f*.

sözleşmek 1. (*heftige*) Worte wechseln 2. ein Abkommen treffen.

sözlü 1. mündlich 2. verabredet 3. Sprech- 4. in *e-r best.* Sprache abgefaßt 5. *jur.* Kontrahent *m* 6. verlobt; ~ *nota* Verbalnote *f*.

sözlük Wörterbuch *n*.

spiker Rundfunksprecher(in *f*) *m*.

spont, *-du*, *-tu Bill.* Bande *f*.

spor Sport *m*.

sporcu Sportler(in *f*) *m*.

stadyum [x ·] (*Sport-*)Stadion *n*.

staj praktische Ausbildung; Referendarzeit *f*, Vorbereitungsdienst *m*.

stajyer *wer in der praktischen Ausbildung steht z.B.* Referendar, Praktikant *m*.

stant, *-dı* 1. (*Messe-*)Stand *m* 2. Zuschauertribüne *f* (*bei Pferderennen*). [zeit *f*.]

starya [x ·] *jur.* Lade- *od.* Lösch-

statü 1. Status, Zustand *m* 2. Statut *n*, Satzung *f* 3. Regierungsform *f*.

statüko Status quo (ante) *m*; gegenwärtiger Zustand.

statükocu antirevisionistisch.

stil 1. Stil *m* 2. V = *bobstil* 3. *s. sitil*[2].

stilo [x ·] Füllfeder(halter *m*) *f*.

stok, *-ku* 1. (*Waren-*)Lager *n* 2. fehlerhaft *od.* zu lange gelagert; ~ *etm.* aufspeichern, lagern.

stokçu *pej.* (*Waren-*)Spekulant *m*.

stop, *-pu* 1. stopp!, halt! 2. Punkt *m* (*im Telegramm*) 3. Rückstrahler *m*.

straponten Klappsitz *m*.

stratus [x ·] *meteor.* Schichtwolke *f*.

stüdyo [x ·] 1. Aufnahme- *od.* Sende-raum *m*, Studio *n* 2. Funkhaus *n* 3. Filmatelier *n* 4. Maleratelier *n* 5. Arbeitszimmer *n*.

su[1], *-yu* 1. Wasser *n* 2. Nebenfluß *m* 3. Saft *m* 4. wohlriechende Essenz 5. Aufguß, Tee *m* 6. Sauce *f* 7. Schweiß *m* 8. Speichel *m* 9. Regen *m* 10. Träne *f* 11. Reinheit *f* (*bei Edelsteinen*), Glanz *m*, Wasser *n* 12. Randverzierung *f* 13. (*in Verb. mit yıkamak*) Mal *n* 14. Härte *f* (*bei Eisenwerkzeugen*) 15. *m. Verst. zu huy* 16. *-lar* a) Mineral- *od.* Thermal·quellen *pl.* b) Heil-, Thermal·bad *n* c) Zeit *f*, Zustand *m* d) Gewässer *pl.* e) Wassermengen *pl.*; ~ *altında bırakmak* unter Wasser setzen; überschwemmen; ~ *aygırı zo.* Fluß-, Nilpferd *n*; ~ *baskını* Überschwemmung *f*; ~ *basmış yerler* Überschwemmungsgebiet *n*; ~ *birikintisi* Wasseransammlung, Lache, Pfütze *f*; ~ *bölümü çizgisi geogr.* Wasserscheide *f*; ~ *cenderesi* hydraulische Presse; ~ *çevrisi* Strudel, Wasserwirbel *m*; ~ *çiçeği* 1. *med.* Windpocken, Varizellen *pl.* 2. *bot.* Wasser-Hahnenfuß *m*; ~ *dökmek* 1. Wasser ausgießen *od.* verschütten 2. V pissen; sein Wasser abschlagen; ~ *gibi bilmek* fließend heruntersagen können; ~ *götürmek* 1. Wasser *irgendwohin* bringen 2. *fig.* anfechtbar sein 3. *fig.* verschiedene Bedeutungen haben (*Wort*); ~ *götürmez* unwiderleglich; ~ *içinde* 1. mindestens; gering gerechnet 2. totsicher!, unbedingt!; ~ *kabağı bot.*

Flaschenkürbis *m*; ~ *mermeri* Alabaster *m*; ~ *serpmek m. Dat.* 1. mit Wasser bespritzen, besprengen 2. (*yüreğine*) *fig.* beruhigen, trösten; ~ *topu oyunu* Wasserballspiel *n*; *-dan ucuz* spottbillig; ... *-larında* etwa, gegen, ungefähr um ... (*Zeitangabe*); *-ya girmek* im Freien baden; *-ya sabuna dokunmamak* nirgends Anstoß erregen wollen; *-ya salmak fig.* zum Fenster hinauswerfen (*Geld*); *-yu görmeden paçaları sıvamak fig.* das Fell verkaufen, ehe man den Bären hat; *-yunca gitmek* 1. sich nach *j-s* Launen richten 2. *fig.* den Mantel nach dem Winde hängen; *-yunun suyu* 1. e-e verdünnte Auflage (*von*) 2. entfernter Verwandte(r).

su² [ū] (*in pers. Izafetkonstruktionen wie: suiistimal, suikast usw.*) schlecht, Miß-.

sual, *-li* [ā] 1. Frage *f* 2. Interpellation *f*; ~ *açmak* ins Verhör nehmen; ~ *etm.* (an-, nach)fragen; ~ *olunabilmek* fraglich sein; ~ *sahibi* Fragesteller *m*; ~ *sormak* e-e Frage stellen.

sualname [· - - ·] 1. schriftliche Rundfrage 2. Fragebogen *m*.

subaşı, *-nı* 1. Quelle *f* (*e-s Wasserlaufes*) 2. Gutsverwalter *m* 3. *fr.* Wasserverteilungsbeamte(r) *m* 4. *fr.* städtischer Oberinspektor.

subay 1. *mil.* (*Stabs-*)Offizier *m* 2. ♀ *türk. Zigarettenmarke.*

subra [x ·] Achsel-, Schweiß·blatt *n*.

subya [x ·] *zo.* Tintenfisch *m*.

subye [x ·] (*Hosen-*)Steg *m*.

sucu Wasserverkäufer *m*.

sucuk 1. Wurst *f* 2. wurstförmige Süßigkeit; ~ *gibi olm.* (*od. ıslanmak*) 1. bis auf die Haut naß werden 2. in Schweiß gebadet sein; ~ *kesilmek* klatschnaß werden; *sucuğunu çıkarmak fig.* 1. überanstrengen; sehr ermüden 2. tüchtig durchprügeln.

suç, *-çu* 1. Schuld *f* 2. Verschulden, Vergehen *n*, *jur.* strafbare Handlung, Delikt *n* 3. *ab.* Verdacht *m*, Be-, An·schuldigung *f*; ~ *atmak* (*b-nin üstüne*) *j-m* die Schuld in die Schuhe schieben wollen; ~ *eşyası jur.* Corpora delicti *pl.*; ~ *işlemek* 1. sich vergehen (*gegen Vorschriften*) 2. *pr.* straffällig werden; ~ *ortağı* Helfershelfer, Komplice *m*; ~ *tasnii jur.* falsche Anschuldigung; *-unu bağışlamak od. -undan geçmek j-m et.* (*ungestraft*) hingehen lassen.

suçlamak (*b-ni bşle*) bezichtigen, anklagen.

suçlandırmak 1. schuldig sprechen 2. *s. suçlamak.*

suçlu 1. schuldig 2. (*Übel-*)Täter, *gel.* Verbrecher *m* 3. *ab.* Angeklagte(r) *m/f*; ~ (*gibi*) *durmak* mit Armesündermiene dastehen; *-ların iadesi jur.* Auslieferung *f* von Verbrechern.

suçsuz schuldlos, unschuldig.

suçüstü, *-nü adv.* auf frischer Tat; in flagranti.

sudak *zo.* Zander *m*.

sudan *adj.* nichtig, nichtssagend, leer, oberflächlich, gekünstelt, Schein-; ~ *bahaneler* nichtige Vorwände *pl.*; ~ *bir özür* e-e faule Ausrede.

Sudan [- -] *n. pr.* Sudan *m*.

sudolabı, *-nı* Wasser-, Schöpf·rad, Schöpfwerk *n*.

sufi [- -] islamischer Mystiker.

sufilik [- - ·] islamische Mystik.

sufle 1. souffliert, vorgesagt 2. Soufflé *n* 3. Luftgebäck *n*; ~ *etm.* soufflieren, vorsagen.

suflör Souffleur *m*.

suflöz Souffleuse *f*.

sugeçirmez (*wasser-*)undurchlässig.

suiistimal [- · · · -] 1. Mißbrauch *m* 2. *spez.* Amtsmißbrauch *m*, Veruntreuung *f*; ~ *etm.* (*bşi*) mißbrauchen; ausnützen (*z.B. j-s Geduld*).

suikast, *-tı* Anschlag *m*, Attentat *n*; ~ *teşebbüsü* versuchter Anschlag; ~ *yapmak* ein Attentat verüben; *-ın faili* Attentäter *m*.

suikastçı Attentäter(in *f*) *m*.

suiniyet, *-ti* [ū] böswillige Absicht, übles Vorhaben.

suitalih [- · - ·] Mißgeschick *n*.

suitefehhüm Mißverständnis *n*.

suitesadüf [- · · - ·] unglückseliges Zusammentreffen (*verschiedener Umstände*).

suiteşekkül [ū] Mißbildung, Difformität *f*.

suizan, *-nnı* [ū] Mißtrauen *n*, Argwohn *m*.

sukut, *-tu* [· -] 1. Fall *m* (*a. phys.*), Sturz *m* 2. Zusammenbruch, Verfall *m*; ~ *etm.* 1. (herab)fallen, (herab)stürzen 2. zusammenbrechen, verfallen; *sukutu hayal, hayal sukutu* Enttäuschung *f*; *sukutu* *hayale uğramak* e-e Enttäuschung erleben; *sukutu hayale uğratmak* enttäuschen.

sulak 1. sumpfig, morastig 2. Wassertrog *m*, Tränke *f* 3. Wassernäpfchen *n*.

sulama *Vs. zu sulamak, spez.* Bewässerung *f*.

sulamaç (*Neol.*) 1. Bewässerungsanlage *f* 2. Sprengwagen *m*.

sulamak 1. (be)gießen, (be)sprengen 2. tränken (*Tier*) 3. V (Geld) zahlen müssen 4. *techn.* härten (*Stahl*).

sulandırmak 1. *Kaus. zu sulanmak* 2. verdünnen 2. *fig. j-m* den Mund wässerig machen.

sulanmak 1. *Pass. zu sulamak* 2. wässerig *od.* dünnflüssig werden 3. *s. ağzı sulandı* 4. (*bşe*) gieren (*nach*) 5. (*b-ne*) V anzubändeln versuchen 6. V frech, unverschämt sein.

sulfata, sulfato [· x ·] P Chininsulfat *n od.* (irgend)ein Chininsalz *n*.

sulh, *-hü* 1. Frieden *m* 2. (*Prozess-*) Vergleich *m*; ~ *etm.* 1. gütlich beilegen 2. Frieden schließen; ~ *hâkimi* Friedensrichter, Amtsrichter *m*; ~ *muahedesi* Friedensvertrag *m*; ~ *olm. m. Dat.* sich einverstanden erklären; ~ *perisi* Friedensengel *m*; ~ *teşebbüsü jur.* Sühneversuch *m*, Güteverfahren *n*; *sulhüsalâh* Frieden und gutes Einvernehmen.

sulhçu friedliebend, friedlich, Friedens-; ~ *emeller* friedliche Absichten *pl*.

sulhçuluk 1. Friedenstiften *n* 2. friedliche Politik.

sulhname [ä] 1. Friedensvertrag *m* 2. schriftlicher Vergleich.

sulhperver, sulhsever friedliebend; Friedens-.

sulp, *-bü* 1. hart, fest, starr 2. *va.* Lenden *pl.*; *sulbünden gelmek j-s* leibliches Kind sein.

sulta 1. Macht, Autorität *f*, Einfluß *m* 2. Staatsgewalt, Behörde, Obrigkeit *f*.

sultan 1. Sultan, Herrscher, Kaiser *m* 2. Sultanin, Kaiserin *f* 3. Prinzessin *f* 4. *Titel einiger nicht-türk. Herrscher* 5. *fr. Titel einiger Bektaschi-Würdenträger.*

sultanlık 1. osmanisches Kaisertum, Sultanat *n* 2. Regierungszeit *f e-s Sultans* 3. Sultanatsgebiet *n* 4. *fig.* bequemes Leben, Wohlstand *m* 5. *fig.* großes Glück.

sulu 1. wasserhaltig, wässerig, dünnflüssig 2. frisch, saftig (*Obst*) 3. mit Sauce 4. verdünnt 5. *fig.* aufdringlich; ~ *boya* 1. Wasserfarbe *f* 2. Aquarell-; ~ *boya resim* Aquarell *n*; ~ *boya takımı* Wasserfarben-, Tusch·kasten *m* (*für Kinder*); ~ *kireç* Kalkmilch *f*; ~ *sepken* Schlackerregen.

suluk 1. Wasser·behälter *m*, -näpfchen *n* 2. (*Kinder-*)Grind *m* 3. Krönchen, Häubchen *n* (*mancher Vögel*).

sumak 1. *s. somak* 2. Sumakteppich *m*.

sumen Schreibunterlage *f*.

sungu 1. Ehrengeschenk *n* (*für e-e hohe Persönlichkeit*) 2. ♀ *türk. Fn.*

sungur *zo.* (*Jagd-, Gier-*)Falke *m*.

suni [i] künstlich; Kunst-; ~ *çiçek* künstliche Blume; ~ *ipek* Kunstseide *f*; ~ *kauçuk* synthetischer Gummi.

sunmak, (*-ar*) (über-, dar)reichen, unterbreiten, entbieten, senden.

suntur *va.* Lärm *m ausgelassener Fröhlichkeit.*

sunturlu 1. schallend, dröhnend 2. wüst, schlimm, arg, übel.

supameriken *Süßspeise mit weißer Crème-Sauce.*

supanglez *Süßspeise mit Schokoladensauce.*

supap, *-pı* Ventil *n*, Verschlußdeckel *m*.

supara *fr.* (*Kinder-*)Fibel *f*.

supe *selt.* (*spätes*) Abendessen.

suples 1. Geschmeidigkeit, Anpassungsfähigkeit *f* 2. (*Ringen*) *ein best. Lendengriff.*

suplon Blei- (*z.B. Kabel*).

sûr[1] Stadt-, Festungs·mauer *f*.

sûr[2] *isl. Myth.* Trompete *f* des Jüngsten Gerichts.

surat, *-tı pej.* 1. Gesicht *n*, Miene, Visage *f* 2. *spez.* mürrisches Gesicht 3. Bild *n*, figürliche Darstellung (*a. als Spk.*); ~ *asmak* finster dreinschauend; ~ *düşkünü* mit häßlichem Gesicht; abstoßend; *-ı asık* brummig, mürrisch, verdrießlich; *-ına bakmamak* (*b-nin*) *fig.* nicht verkehren (*wollen*) (*mit*); *-ına lânet!* V ich will seine verdammte Visage nicht mehr sehen!, *-ından düşen bin parça olur fig.* er ist die Brummigkeit in Person.

suratlı *mst. pej.* 1. mit (*näher be-*

schriebenem) Gesicht 2. *pr.* mürrisch, verdrießlich, sauertöpfisch.
suratsız 1. mürrisch, brummig, verdrießlich 2. = *surat düşkünü.*
surdin *mus.* Dämpfer *m*, Sordine *f.*
sure [ū] *(Koran-)*Sure *f.*
suret, *-ti* [ū] 1. Form, Gestalt *f*, Äußere(s) *n* 2. Abschrift, Kopie *f* 3. Ausfertigung *f* 4. Art und Weise *f* 5. Fall *m*, Gegebenheit *f* 6. *math.* Zähler *m* *(e-s Bruches)* 7. Bild *n* *(a. als Spk.)*, figürliche Darstellung 8. Gesichtsausdruck *m*, Miene *f*; *bu -le* auf diese Weise; so; *o -te* in diesem Fall; dann, also; *~ almak* *(od. çıkarmak)* sich e-e Abschrift machen; *-ine girmek* die Form *(von)* annehmen; *sureti hale göre* 1. so wie die Sache aussieht 2. nach dieser Darstellung; *sureti istimal* Gebrauchsanweisung *f*; *sureti katiyede* unbedingt, strengstens *(z.B. untersagt).*
sureta [- · -] [x · -] *adv.* 1. anscheinend, äußerlich 2. nur zum Schein; scheinbar.
Suriye *n. pr.* Syrien *n.*
sus! still!, Ruhe!; *~ durmak* nichts erwidern; *~ payı* Schweigegeld *n.*
susak 1. durstig 2. Trinkbecher *m.*
susam *bot.* 1. Sesam *m* 2. *s. süsen.*
susamak 1. Durst bekommen 2. *fig. m. Dat.* dürsten, lechzen, verlangen *(nach)*; *susamış* durstig.
susamuru, *-nu zo.* Fischotter *m.*
susığırı, *-nı zo.* Wasserbüffel *m.*
suskun schweigsam, wortkarg.
susmak, *(-ar)* 1. schweigen, verstummen, still sein 2. den Mund halten.
suspus mäuschenstill; *~ olm.* ganz verstummen.
susta [x ·] Stellvorrichtung *f* *(z.B. an e-m Taschenmesser)*; *~ durmak* 1. Männchen machen *(z.B. Hund)* 2. *fig.* in unterwürfiger Stellung dastehen.
susuzluk 1. Wassermangel *m* 2. [Durst *m.*]
sut, *-du* Natrium *n*; *~ kostik* Ätznatron *n.*
sutaş Besatzstickerei *f*, Litzenbesatz *m.*
sutyen Büstenhalter *m.*
Suudi Arabistan *n. pr.* Saudi-Arabien *n.*
suvanyör *(Sport, spez. Boxen)* Betreuer *m.*
suvare Abendveranstaltung *f.*
suvarmak 1. tränken *(Tier)* 2. *s. sulamak.*
suvat, *-tı* Tränke *f* *(für Tiere).*
suver unter Glas; *~ yapmak* unter Glas legen.
suyolu, *-nu* 1. Wasserweg, Kanal *m* 2. Harnweg *m*, *spez.* weiblicher Geschlechtsteil 3. Wasserzeichen *n* 4. Litzenbesatz *m* 5. *Name e-s türk. Ksp.*
suyosunları, *-nı bot.* Algen *pl.*
suyuk Körperflüssigkeit *f.*
suziş [ū] 1. heftiger Schmerz 2. Ergriffenheit *f*, Leidenschaft *f* 3. *spez.* Liebesleidenschaft *f.*
suzişli [ū] 1. heftig schmerzend 2. wehmütig.
sübek Urinflasche *f* *(für kleine* [*Kinder).*]
sübjektif subjektiv; *~ hüsnüniyet jur.* guter Glaube.
sübkonsiyan 1. unterbewußt 2. Unterbewußtsein *n.*
sübkonsiyans Unterbewußtsein *n.*
sübut, *-tu* [ū] Sich-Erweisen *n*, Beweis *m*; *~ bulmak* sich erweisen, bewiesen werden; *~ sebepleri* *(od. vasıtaları) jur.* Beweismittel *pl.*
sübuti [· - -] 1. positiv, inhärent 2. unbestreitbar, feststehend 3. Beweis-.
sübye [x ·] 1. *Name e-s Fruchtsaftes* 2. *chem.* Emulsion *f*; *s. a. subya.*
sücudetmek [ū] [· x · ·] sich zu Boden werfen und mit der Stirn den Boden berühren *(bei dem isl. Gebet).*
sücut, *-du* [ū] Prostration *f.*
südreme 1. *Vs. zu südremek* 2. Lallen *n e-s Betrunkenen.*
südremek betrunken sein.
süet, *-di Verk. von podösüet.*
süfli [ī], **süflü** 1. niedrig, nieder- 2. Unter- 3. heruntergekommen; schäbig gekleidet; zerlumpt.
sühulet, *-ti* [ū] 1. Leichtigkeit *f* 2. Erleichterung, Unterstützung *f*; *~ göstermek* *(b-ne) j-m* behilflich sein.
sühunet, *-ti* [ū] *meteor., phys.* Wärme, Temperatur *f.*
süje 1. *gr.* Subjekt *n* 2. *a. mus.* Thema *n.*
süklüm püklüm *adv.* 1. betreten, kleinlaut 2. unauffällig, leise 3. als ob man nicht bis drei zählen könnte.
sükna [ā] Wohnung *f*, Wohnort *m*; *~ buhranı* Wohnungsnot *f*; *~ hakkı jur.* Wohnrecht *n.*

sükûn 1. (*äußere*) Ruhe, Stille 2. öffentliche Ruhe.
sükûnet, *-ti* 1. (*Gemüts-*)Ruhe, Gelassenheit *f* 2. (*äußere*) Ruhe, Stille; ~ *bulmak* sich legen (*z.B. Schmerzen*); *-le* ruhig, gelassen.
sükût, *-tu* Schweigen *n*, Stille *f*; ~ *hakkı* Schweigegeld *n*; *-la geçiştirmek* e-n Punkt unberührt lassen; *-tu ihtiyar etm.* Schweigen bewahren. [2. ♀ *mV.*]
sükûti [ī] 1. schweigsam, wortkarg
sülâle Stammbaum *m*, Geschlecht *n*, Dynastie *f*; *-si kesildi* er hat keine (männlichen) Nachkommen.
sülfat, *-tı* Sulfat *n*, schwefelsaures Salz, Vitriol *n*; *sülfatdalüminyum* Alaun *m*; *sülfatdöfer* Eisenvitriol *n*.
sülfürik 1. Schwefel- 2. (*asit* ~) Schwefelsäure *f*.
sülûk, *-kü* 1. Beschreiten *n e-s Weges* 2. Einschlagen *n e-r Laufbahn*; Ergreifen *n e-s Berufes*; Sich-Widmen *n* 3. *fr.* Eintritt *m in e-n Derwischoredn.*
sülüğen Mennige *f*.
sülük 1. *zo.* Blutegel *m* 2. Ranke *f* 3. *fig.* Blutsauger, Ausbeuter *m*.
sülün *zo.* Fasan *m*; ~ *endamlı od.* ~ *gibi* schön gewachsen; ~ *karınlı* schlank, hochgewachsen.
sümbül *bot.* Hyazinthe *f*.
sümbüli [ī] etwas bewölkt; leicht bedeckt (*Himmel*).
Sümer *n. pr.* 1. Sumer (*das alte Südbabylonien*) 2. Sumerer *m* 3. sumerisch.
sümkürmek sich schneuzen.
sümmettedarik [ā] „nachher die Vorbereitung“ *d.h.* im letzten Augenblick beschafft; zurechtgemacht, erfunden.
sümsük 1. trottelhaft, schwachsinnig 2. bäurisch, unbeholfen, linkisch.
sümük (*Nasen-*)Schleim *m*.
sümükdoku Schleimhaut *f*.
sümüklü 1. schleimig 2. mit dauernder Schleimabsonderung; ~ *böcek* Schnecke *f*.
süne *zo.* Kornwurm *m*.
sünepe schlampig, nachlässig.
sünger 1. Schwamm *m* 2. Schwammkalk *m*; ~ *avcılığı* Schwammfischerei *f*; ~ *geçirmek* (*bşin üzerinden*) *et. als* ungeschehen betrachten; ~ *gibi* schwammig, spongiös, porös; ~ *kâğıdı* Löschblatt *n*.
süngerci 1. Schwammfischer *m* 2. Schwammhändler *m*.
süngerdoku *biol.* Schwammgewebe *n*.
süngertaşı, *-nı* Bimsstein *m*, Trachyt *m*.
süngü 1. Seitengewehr, Bajonett *n* 2. *va.* Rückgrat *n* 3. *techn.* Schürstange *f* 4. *fr.* Grabscheit *n* (*zur Kenntlichmachung*); ~ *muharebesi* Bajonettkampf *m*; ~ *takmak* das Seitengewehr aufpflanzen; ~ *takılı olduğu halde* mit aufgepflanztem Seitengewehr (*od.* Bajonett); *-den geçirmek* mit dem Bajonett niedermachen; *-sü ağır* 1. langsam, schwerfällig, faul, träge 2. unsympathisch; *-sü düşük* 1. entmutigt, mutlos 2. gesundheitlich nicht auf dem Posten; *-sü tepreşmesin ama ...* von Toten soll man (ja) nur Gutes reden, aber ...
süngülemek mit dem Bajonett nieder·stechen, -machen.
süngülü mit aufgepflanztem Seitengewehr (*od.* Bajonett).
sünnet, *-ti* 1. Sunna *f* 2. = *sünnilik* 3. Beschneidung *f*; ~ *düğünü* (*od. cemiyeti*) Beschneidungsfeier *f*; ~ *ehli dört mezhep* die vier orthodoxen Rechtsschulen *pl.* (*im sunnitischen Islam*).
sünnetçi wer die Beschneidung vornimmt; Beschneider *m*.
sünnetlemek P leeressen (*Teller*).
sünnetli beschnitten.
sünnetsiz nicht beschnitten.
Sünni [ī] sunnitisch; Sunnit *m*.
Sünnilik [· - ·] islamische Orthodoxie; Sunnitentum *n*.
süperspesyal (*Modewort*) mit allen Schikanen (*z.B. Fahrrad*).
süphanallah [· - · -] (*Ausruf der Verwunderung od. Stoßseufzer*) o Gott!, um Gotteswillen!
süpozituvar *med.* Zäpfchen, Suppositorium *n*.
süprüntü 1. Kehricht *m* 2. *fig.* Abfall *m*, alter Trödel 3. V Weibsstück *n*, Hure *f*.
süprüntücü 1. Müllkutscher *m* 2. Straßenkehrer *m* 3. Trödler, Altwarenhändler *m*.
süprüntülük Kehrichthaufen *m*.
süpürge Besen, Handfeger *m*; ~ *çalısı* (*od. otu*) *bot.* Heidekraut *n*; ~ *hesabı* F Schläge, Prügel *pl.*; ~ *sapı yemek* Prügel beziehen; ~ *so-*

pası 1. Besenstiel *m* 2. *fig.* Tracht *f* Prügel.
süpürgeci 1. Besen·binder, -händler *m* 2. Straßenfeger *m*.
süpürmek 1. zusammen·kehren, -fegen 2. aus·kehren, -fegen (*z.B. Zimmer*) 3. bürsten (*z.B. Anzug*) 4. bis auf den letzten Rest vertilgen (*verbrauchen*); nichts übriglassen 5. vertreiben, verjagen 6. entlassen 7. (*bütün işleri*) reinen Tisch machen.
sürahi [· - ·] Wasser- *od.* Wein·karaffe *f*.
sürat, *-ti* Schnelligkeit, Geschwindigkeit, Eile *f*; ~ *göstermek* (*bir işte*) große Eile an den Tag legen; ~ *katarı* Eil-, Schnell·zug *m*; *-ini artırmak* schneller fahren; *-le* schnell, eilig.
süratlendirmek beschleunigen.
süratlenmek 1. sich beschleunigen 2. beschleunigt werden.
süratli 1. schnell, rasch 2. stark (*Motor*) 3. Trab *m*; ~ *ateş mil.* Schnellfeuer *n*; ~ *ile binmek od.* ~ *yapmak* Trab reiten.
sürcükalem *va.* Schreibfehler, Lapsus calami *m*.
sürcülisan [ā] *z. va.* sprachliche Entgleisung, Lapsus linguae *m*.
sürç, *-cü* 1. Straucheln, Stolpern *n* 2. *fig.* Fehler *m*.
sürçmek, (*-er*) 1. straucheln, stolpern, ausrutschen 2. *fig.* e-n Fehler begehen *z.B.* sich verschreiben, sich versprechen *usw.*
sürdozaj *med.* Überdosierung *f*.
süre Zeit·dauer, -spanne *f*.
süredurum *phys.* Beharrungs·zustand *m*, -vermögen *n*.
süreğen langwierig; chronisch.
sürek 1. (*Zeit-*)Dauer *f* 2. große Tierherde 3. schnell, rasch; ~ *avı* Treibjagd *f*.
sürekli 1. (an)dauernd, anhaltend 2. kontinuierlich; ~ *alkışlar* anhaltende Beifallsrufe *pl.*; ~*iş bandı* (*od. şeridi*) *techn.* Fließband *n*; ~ *sessiz gr.* Spirans *f*, Reibelaut *m*; ~ *yağmur* Dauer-, Land·regen *m*.
süreksiz kurze Zeit andauernd; rasch vergehend 2. diskontinuierlich; ~ *bir saadet* ein kurzes Glück; ~ *sessiz gr.* Verschlußlaut *m*.
süreksizlik 1. kurze Dauer 2. Unstetigkeit *f*.
sürerlik 1. Andauern *n*, lange Dauer 2. Dauerhaftigkeit *f* 3. *s. meriyet*; ~ *fiili gr.* duratives Verb.
Süreyya [ā] *n. pr.* 1. *astr.* Plejaden *pl.*, Siebengestirn *n* 2. *mV*, *wV*.
sürfe Larve, Raupe, Made *f*.
sürgü 1. Riegel *m* 2. (*Acker-*)Walze *f* 3. *große* Maurerkelle 4. Stell-, Schieb-, Schraub·ring *m* 5. Schaftriemen *m* (*am Webstuhl*) 6. Schublade *f* 7. Rechenschieber *m* 8. *flaches* Uriniergefäß (*für Bettlägerige*) 9. Gewehrverschluß *m*; ~ *sürmek* e-n Riegel vorschieben.
sürgülemek 1. zu-, ver·riegeln 2. *a. mil.* abriegeln 3. walzen 4. *mit der Kelle* auftragen und glätten.
sürgün 1. *bot.* Schößling, Trieb *m* 2. verbannt 3. Verbannung, Deportation *f* 4. Diarrhöe *f*; ~ *avı* Treibjagd *f*; ~ *etm.* verbannen; ~ *olm.* Durchfall haben; ~ *vermek* ausschlagen (*Pflanze*).
sürkontr (*Bridge*) rekontra; ~ *etm.* rekontrieren.
sürkup, *-pu* (*Bridge*) Überstich *m*; ~ *yapmak* überstechen.
sürme 1. *Vs. zu sürmek* 2. Augenliderschminke *f* 3. Riegel *m* 4. *kleinere* Schublade 5. Schiebe- 6. (*hastalığı*) Getreidebrand *m*; ~ *kapak* Schiebeverschluß *m*; ~ *kapı* Schiebetür *f*; ~ *taşı* Antimonglanz *m*.
sürmedan(lık) [ā] Schminktöpfchen *n* (*für Augenliderschminke*).
sürmek, (*-er*) 1. (hin-, vor-, zu-) schieben 2. vor sich hertreiben 3. fahren (*Wagen*) 4. (*el* ~) berühren, anfassen 5. verbannen 6. auf·tragen, -streichen 7. absetzen (*Ware*) 8. in Umlauf bringen (*Falschgeld usw.*) 9. *j-m et.* aufhängen 10. (um-) pflügen 11. (an)dauern 12. aufgehen (*Samen, Knospen*) 13. (*in Verb. mit iç, karın od. yürek*) Durchfall haben 14. *Scha. u. ä.* ziehen; *sür gitsin!* 1. na, wenn schon! 2. dauernd, unaufhörlich; *sürdükçe sürmek* sich immer weiter in die Länge ziehen; *sürüp atmak* vertreiben, verdrängen, hinauswerfen (*z.B. Feind aus dem Land*).
sürmelemek ver-, zu-, ab·riegeln.
sürmelik *s. sürmedan(lık)*.
sürmenaj Überbürdung, Überlastung *f*.
sürnatürel übernatürlich.
sürpriz 1. Überraschung *f* 2. Über-

rumpelung *f*; ~ *darbesi* Überrumpelungsversuch *m*; ~ *yapmak* (*b-ne*) *j-n* überraschen.
sürprizli überraschend.
sürprodüksyon Überproduktion *f*.
sürre[1] *an*. 1. Nabel *m* 2. Hilus *m*.
sürre[2] 1. *va*. Beutel *m* mit Geld 2. *die von isl. Herrschern jährlich nach Mekka gesandten Geschenke* (*in der Türkei bis zum* 1. *Weltkrieg*); ~ *devesi gibi iron*. wie ein Pfingstochse aufgeputzt.
sürsaj (*irrt. aber gebr.*) *s. sürşarj*.
sürstarya [· x ·] *naut*. Überliegezeit *f*.
sürşarj *philat*. Überdruck *m*; ~ *yapmak m. Dat*. (*Briefmarken*) mit Überdruck versehen.
sürşoför *techn*. Dampfüberhitzer *m*.
sürtme *Vs. zu sürtmek*, *spez*. 1. *phys*. Reibung *f* 2. V geschicktes Würfeln.
sürtmek, (-*er*) 1. aneinander reiben 2. sich herumtreiben.
sürtük *pej*. Herumtreiberin *f*.
sürtünme *Vs. zu sürtünmek*, *spez*. *phys*. Reibung *f*.
sürtünmek 1. *selt*. kriechen, schleichen 2. berühren, streifen, reiben 3. *fig*. sich erniedrigen 4. *m. Dat*. sich kriecherisch *an j-n* heranmachen 5. P Streit suchen.
sürtüşmek sich gegenseitig reiben.
sürur [ū] Freude, Fröhlichkeit *f*, Frohsinn *m*.
sürü 1. (*Vieh-*)Herde *f* 2. Schar *f*, Schwarm *m*, Rudel *n* 3. große Menge; Masse *f*; ~ *içgüdüsü psych*. Herdentrieb *m*; ~ *sepet* F alle zusammen; mit Kind und Kegel; -*den ayrılmak* 1. sich von der Herde trennen 2. *fig*. eigene Wege gehen.
sürüklemek 1. schleppen, schleifen, hinter sich herziehen 2. mitbringen; F *j-n* mitschleifen 3. *in et*. hineinziehen, -stürzen 4. im Gefolge haben; heraufbeschwören.
sürüklenmek 1. *Pass. zu sürüklemek* 2. sich dahinschleppen 3. schleppen, schleifen *intr*. 4. sich hinziehen 5. ein elendes Leben führen.
sürüm 1. Marktgängigkeit *f*, Absatz *m* (*e-r Ware*) 2. Umlauf, Verkehr *m*; -*ü artmak* immer stärker gefragt sein (*Ware*).
sürümek *m. Akk*. (*auf der Erde*) schleifen, schleppen, hinter sich herziehen.
sürünceme Verschleppung *f* (*e-r Angelegenheit*); -*de bırakmak* auf die lange Bank schieben; -*de kalmak* 1. auf die lange Bank geschoben werden 2. sich lange hinziehen.
süründürmek *Kaus. zu sürünmek*, *spez*. ins Elend stürzen.
sürüngenler *zo*. Reptilien, Kriechtiere *pl*.
sürünmek 1. (*am eigenen Körper*) auftragen (*Salbe*, *Parfüm usw*.) 2. *Pass. zu sürümek* 3. *an et*. anstreifen 4. kriechen 5. auf dem Boden schleifen *intr*. (*z.B. Mantel*) 6. ein kummervolles Leben führen.
sürüşmek sich *gegenseitig* reiben.
sürüştürmek 1. *zwei Dinge aneinander* reiben 2. sanft reiben (*massieren*, *kneten*).
sürütme 1. *Vs. zu sürütmek* 2. Grundschleppnetz, Trawl *n*.
sürütmek *Kaus. zu sürümek*.
sürveyan Aufseher *m*, (*spez. in Internatsschule*).
süs Schmuck, Putz *m*, Zier, Verzierung *f*; ~ *köpeği* Stuben-, Luxus·hund *m*; ~ *müs pej*. leere Aufmachung, hohles Gepränge; ~ *pirinci* Kunstbronze *f*; ~ *saltanat* großer Luxus; -*e düşkün* putzsüchtig; ... *süsü vermek* 1. hinstellen, ausgeben (*als*) 2. (*k-ne*) sich ausgeben, sich aufspielen (*als*).
süsen *bot*. Schwertlilie *f*; ~ *kökü* Veilchenwurzel *f*.
süslemek 1. (aus)schmücken, verzieren 2. garnieren (*Speisen*) 3. *j-n* abkanzeln; *süsleyip püslemek* 1. aufs schönste schmücken 2. *pej*. herausstaffieren, auftakeln, aufdonnern.
süslenmek *Pass. od. Refl. zu süslemek*.
süslü 1. geschmückt, verziert, geputzt 2. kunstvoll (*z.B. Stil*), Prunk- 3. sorgfältig gekleidet; ~ *püslü* 1. *mel*. schön geschmückt 2. *pej*. geschmacklos aufgeputzt; aufgedonnert.
süsmek mit den Hörnern stoßen *od*. aufspießen.
süspansiyon *techn*. Federung *f* (*e-s Autos*).
süspansuvar Bruchband *n*.
süspekt, -*ti* (tuberkulose)verdächtig.
süt, -*dü*, -*tü* 1. Milch *f* 2. Milchsaft *m* (*verschiedener Pflanzen*) 3. Milch *f des männlichen Fisches*, Sperma *n* 4. F Benzin *n*, Sprit *m*; ~ *besüt* rein·blütig, -rassig; durch und

durch; ~ *çalmak* (*çocuğu*) *e-m Kind* nicht bekommen (*schlechte Milch*); ~ *çocuğu* Säugling *m*; ~ *damlası* 1. Milchtropfen *m* 2. *offizielle Verkaufsstelle für Säuglingsmilch* 3. Säuglingsheim *n*; ~ *dökmüş kedi gibi* kleinlaut, betreten; ~ *fabrikası* Molkerei *f*, -betrieb *m*; ~ *gibi* schnee-, blüten·weiß; ~ *güğümü große* Milchkanne (*der Molkereien od. Milchhändler*); ~ *kesilmek* gerinnen *od.* sauer werden (*Milch*); ~ *kuzusu* 1. Lämmchen, Zicklein *n* 2. Säugling *m* 3. *fig.* hinter den Ohren noch nicht trocken; ~ *mavisi* blaßblau; ~ *rejimi* 1. Milchkur *f* 2. Milchkost *f*; ~ *tozu* Milchpulver *n*; ~ *vermek* stillen, säugen; *-ten ağzı yanan yoğurdu üfler de yer Spr.* wer sich einmal den Mund an Milch verbrannt hat, bläst später sogar den Joghurt, bevor er ihn ißt; *-ten kesilmiş* entwöhnt (*Säugling*); *-ü bozuk fig.* von schlechtem Charakter; moralisch minderwertig; *-üne havale etm.* (*bir işi b-nin*) *j-m et.* vollkommen anheimstellen (*da man auf ihn baut*).

sütana, sütanne Amme *f*.

sütbaba Mann *m* der Amme.

sütbaşı, *-nı* Rahm *m* (*auf der Milch*).

sütbeyaz schnee-, blüten·weiß.

sütçü Milch·mann *m*, -frau *f*.

sütçülük 1. Milchwirtschaft *f* 2. Molkereibetrieb *m* 3. Milchverkauf *m*.

sütdayı Bruder *m* der Amme.

sütdişi, *-ni* Milchzahn *m*.

süthane [ā] Milchgeschäft *n*, Molkerei *f*, Milchtrinkhalle *f*.

sütkardeş Milch·bruder *m*, -schwester *f*.

sütkırı, *-nı* von weißer Farbe; Schimmel *m* (*Pferd*).

sütkızı *von kinderloser Amme genährtes Mädchen.*

sütlâç, *-cı* [â kurz] Milchreis *m*.

sütleğen *bot.* Wolfsmilch, Euphorbie *f*.

sütliman ruhig, still; regungs-, bewegungs·los.

sütlü 1. Milch enthaltend 2. mit Milch hergestellt; Milch- 3. (*viel*) Milch gebend (*z.B. Kuh*) 4. unreif, grün (*Körner*) 5. milchig (*Flüssigkeit*) 6. Milchspeise *f*; ~ *çikolata* Milchschokolade *f*; ~ *kahve* Milchkaffee *m*; ~ *rejim* Milch·kur, -kost *f*.

sütlük 1. Molkerei *f*, Milchgeschäft *n*, Milchtrinkhalle *f* 2. Milch·gefäß *n*, -eimer *m u. ä. m.*

sütne [x ·], **sütnine** Amme *f*.

sütoğul, *-ğlu von kinderloser Amme genährter Junge.*

sütre *mil.* Deckung *f*.

sütteyze Schwester *f* der Amme.

sütun [ū] 1. Säule *f* (*als Denkmal, Pfeiler usw.*) *a.* (*Wasser-, Rauch-, Quecksilber- usw.*)Säule *f* 2. (*Zeitungs-*)Spalte *f*, Kolonne *f*; ~ *başlığı arch.* Kapitäl, Kapitell *n*; ~ *teknesi arch.* Architrav *m*.

sütyen *s. sutyen.*

süvari [· - -] 1. reitend, beritten; Reiter *m* 2. Kavallerist *m* 3. Kavallerie, Reiterei *f* 4. Kapitän, Schiffskommandant *m*; ~ *alayı* Kavallerie-, Reiter·regiment *n*; ~ *yüzbaşısı* Rittmeister *m*.

süve *s. söve.*

süveter [· x ·] Sweater *m*, *hochgeschlossener* Pullover.

Süveyş [· x] *n. pr.* Suez *n*; ~ *Kanalı n. pr.* Suezkanal *m*.

süyek *med.* Schiene, Schindel *f*.

süzek Filter *m od. n.*

süzeni feine Stickerei.

süzgeç, *-ci* Sieb *n*, Seiher *m*, Filter *m od. n*; ~ *kâğıdı* Filterpapier *n*.

süzgü = *süzgeç, spez.* Haarsieb *n*.

süzgün 1. *et.* schmächtiger (*magerer*) geworden 2. schmachtend (*z.B. Blick*).

süzme 1. *Vs. zu süzmek* 2. gesiebt, filtriert, passiert, durchgeseiht 3. *V* übler Bursche; ~ *bal* geschleuderter Honig.

süzmek, (*-er*) 1. (durch)sieben, durchseihen, filtrieren, passieren 2. schleudern (*Honig*) 3. heraussieben, -seihen (*z.B. Bodensatz*) 4. mustern, prüfen 5. (*gözlerini*) mit schmachtenden Blicken betrachten.

süzülme *Vs zu süzülmek*; ~ *uçuş(-u)* Gleitflug *m*.

süzülmek 1. *Pass. zu süzmek* 2. ruhig vorbeigleiten; dahinziehen (*z.B. Schiff*), schweben (*z.B. Adler*), einherstolzieren 3. schmachtende Blicke zuwerfen 4. körperlich abnehmen 5. im Gleitflug heruntergehen (*Flugzeug*); *süzüle süzüle* majestätisch, gravitätisch.

süzüntü 1. *im Sieb, Seiher usw. verbliebener Rest* 2. Filtrat *n*.

sving 1. (*Boxen*) Schwinger *m* 2. (*Golf*) Schwung *m*, Ausholen *n* 3. Swing *m* (*Tanz*).

Ş

ş, Ş [ʃɛ] *23. Buchst. des türk. Alph.*
şa [ā] (*Verk. von yaşa, yaşasın*): ~ ~ ~ hipp, hipp, hurra!
şab [ā] *va.* Jüngling *m*, junger Mann.
şaban[1] [- -] 1. (*a. şabanı şerif*) *8. Monat des isl. Mondjahres* 2. ♀ *mV.*
şaban[2] V einfältig, beschränkt, dumm.
şabcı V Päderast *m.*
şad [ā] froh, fröhlich, heiter.
şadetmek [ā] [x · ·] erfreuen, glücklich machen.
şadırdamak *intr.* sprudeln, plätschern.
şadırvan Moscheebrunnen *m.*
şadolmak [ā] [x · ·] froh und glücklich sein.
şaf [ā] *med.* Zäpfchen, Suppositorium *n.*
şafak Morgendämmerung *f*; ~ *atıyor* (*od. söküyor*) es dämmert; der Morgen kommt herauf; ~ *vakti* früher Morgen.
şâfi [- -] 1. heilend, therapeutisch 2. *va.* zufriedenstellend (*Antwort*).
şaft, *-tı techn.* (*Maschinen-, Schiffsschrauben-*)Welle *f.*
şah[1] *in der Füg.*: *-a kalkmak* 1. sich aufbäumen (*Pferd*) 2. überreichlich erwiesen werden (*z.B. Gunstbezeugungen*).
şah[2] [ā] 1. Schah *m* 2. *Scha.* König *m*; ~ *iken şahbaz olm. hum.* sich bös in die Nesseln setzen; *ben şahımı bukadar severim fig.* das ist alles, was ich tun kann (*scil. ohne mich selber zu gefährden*).
şahadet, *-ti* [· - ·] 1. Zeugenschaft *f* 2. Zeugnis *n* 3. Tod *m auf dem Schlachtfeld od. bei Ausübung e-r Berufspflicht*; ~ *etm.* 1. Zeugnis ablegen; bestätigen, beweisen; ~ *getirmek* 1. *m. Dat. et.* bezeugen 2. das isl. Glaubensbekenntnis ablegen *od.* aussprechen; ~ *parmağı* Zeigefinger *m.*
şahadetname [· - · - ·] 1. Zeugnis, Diplom *n* 2. Attest *n*, Bescheinigung *f*, Zertifikat *n.*
şahane [- - ·] 1. großherrlich, kaiserlich, königlich 2. großartig, prächtig, wunderbar (*z.B. Aussicht*).
şahap, *-bı* [· -] 1. *va.* Flamme *f* 2. (*a. şahabı sâkıp*) Sternschnuppe *f*, Meteor *m od. n* 3. ♀ (*Verk. von Şahabettin*) *mV.*
şahbaz 1. Edelfalke *m* 2. flink, geschickt 3. kühn, verwegen 4. *va.* Renommist *m.*
şahdamarı, *-nı an.* Hauptschlagader *f.*
şaheser Meisterwerk *n.*
şahıs, *-hsı a. gr.* Person *f*; ~ *zamirleri gr.* Personalpronomen *pl.*; *şahsa mahsustur* nicht übertragbar (*z.B. Fahrschein*).
şâhıs Nivellierlatte *f* (*des Geometers*).
şâhika 1. Berg·gipfel *m*, -spitze *f* 2. ♀ *wV.*
şahin [ā] 1. *zo.* Mäusebussard *m* 2. *va.* Zünglein *n an der Waage* 3. ♀*mV.*
şahit, *-di* [ā] 1. Zeuge *m* 2. Sekundant *m* 3. Beweis *m*; ~ *celbetmek* Zeugen laden; ~ *dinlemek* Zeugen verhören (*vernehmen*); ~ *getirmek* (*od. göstermek*) Zeugen beibringen; ~ *olm. m. Dat.* Zeuge sein (*von*); ~ *tutmak* (*b-ni bşe*) *j-n* als Zeugen *für et.* in Anspruch nehmen; *-lere yemin ettirmek* die Zeugen vereidigen.
şahitlik [ā] 1. Zeugenschaft *f* 2. Zeugenaussage *f*; ~ *etm.* (*bşe*) *et.* bezeugen; als (*Augen-*)Zeuge *von et.* auftreten.
şahlanmak 1. sich aufbäumen (*Pferd*) 2. sich aufrichten (*z.B. Tiger*) 3. *fig.* auffahren (*Person*).
şahmerdan 1. Fallhammer, Rammbär *m* 2. ♀ *Beiname des Kalifen Ali.*
şahniş(in) [-. -] geschlossene Veranda; Erker *m.*
şahrem şahrem 1. zerschlissen (*Stoff, Kleid usw.*) 2. rissig (*Haut*).
şahsan [x ·] *adv.* 1. persönlich, selbst 2. vom Sehen her (*z.B. kennen*).
şahsi [ī] persönlich; Personal-; individuell, eigen; ~ *beyyine jur.*

Zeugenbeweis *m*; ~ *birleşme jur.* Personalunion *f*; ~ *mallar jur.* eingebrachtes Gut; ~ *teşebbüs* persönliche Initiative; selbständiges Handeln.

şahsiyet, *-ti* 1. Individualität *f* 2. (*angesehene*) Persönlichkeit; *şahsiyeti hükmiye* juristische Person.

şahtur Fährboot *n*, Fähre *f*.

şaibe [ā] 1. Makel *m* 2. *astr.* Sonnenfleck *m*.

şair [ā] (*Vers-*)Dichter *m*.

şairane [- · - ·] dichterisch, poetisch.

şak[1], *-kı* patsch!, klatsch!

şak[2], *kkı* 1. Spalten *od.* Gespaltenwerden *n* 2. Riß, Schlitz, Spalt *m* 3. *med.* Inzision *f*.

şaka 1. Scherz *m* 2. Spaß *m* 3. Spott *m*; ~ *bir tarafa* (*od. yana*)! Scherz beiseite!; ~ *etm.* 1. (*bşle*) scherzen; sich lustig machen (*über*) 2. Spaß machen; nicht im Ernst reden; ~ *götürmez bir iş* e-e ernste Angelegenheit; ~ *iken kaka oldu* aus Scherz ist (blutiger) Ernst geworden; ~ *maka* (*derken*) unmerklich; *-dan anlamak* Spaß verstehen; *-sı yok* 1. hart, nüchtern, unerbittlich 2. womit nicht zu spaßen ist; gefährlich; *-ya boğmak* (*od. bozmak od. çevirmek*) *et.* ins Scherzhafte wenden; *-ya gelmek* 1. e-n Spaß vertragen können 2. nicht ernst genommen werden.

şakacı Spaßmacher, Witzbold *m*.

şakacıktan *adv.* 1. *Ki.* nicht im Ernst; nur zum Spaß 2. als ob man nur spaßen wollte 3. ohne recht zu merken, wie; auf einmal.

şakadan *adv.* zum Scherz, zum Spaß.

şakak *an.* Schläfe *f*.

şakımak 1. singen; schlagen (*Nachtigall*) 2. lustig plappern.

şakır şakır 1. klatschend, prasselnd (*Regen*) 2. lustig zwitschernd 3. klirrend, rasselnd.

şakır şakur (*od. şukur*) hohl rasselnd, dumpf knallend.

şakırdamak 1. klatschen, prasseln (*Regen*) 2. klirren (*z.B. Sporen*) 3. rasseln (*Ketten usw.*) 4. klappern (*z.B. Kastagnetten*) 5. lustig zwitschern.

şakî Räuber, Bandit *m*.

şakirt, *-di* [ā] Schüler *m* (*im Gegensatz zum Lehrer, Meister*).

şaklaban 1. Possenreißer, Hanswurst *m* 2. *fig.* Speichellecker *m*.

şaklamak *intr.* 1. knallen (*z.B. Peitsche*) 2. klatschen (*z.B. Ohrfeige*).

şakrak 1. lustig, fröhlich 2. plappernd; ~ *kuşu zo.* Gimpel *m*.

şakrakmak *s. şakımak*.

şakşak 1. Narrenpritsche *f* 2. große Kastagnette 3. *fig.* Beifall *m*, würdeloses Schmeicheln.

şakul, *-lü* [ā] Lot, Senkblei *n*.

şakuli [- · -] lotrecht, senkrecht, vertikal.

şakullemek 1. mit dem Senkblei überprüfen 2. *fig.* (über-, nach-) prüfen.

şal 1. Kaschmirstoff *m* 2. Schal *m* 3. (*Über-*)Decke *f*.

şalgam *bot.* Steckrübe *f*.

şallak 1. nackt, bloß 2. *fig.* unverschämt, frech; ~ *mallak* 1. splitterfasernackt 2. Pöbelschar *f*.

şalter Licht- *od.* Antennen-schalter *m*.

şalupa [· x ·] Barkasse, Schaluppe *f*.

şalü Sacknetz *n* (*der Fischer*).

şalütaj Sacknetzfischerei *f*.

şalvar *weitgearbeitete* Hose, *die nur an den Hüften und Unterschenkeln fest anliegt*; ~ *gibi* sehr weit gearbeitet.

Şam *n. pr.* 1. Syrien *n* 2. Damaskus *n*; ~ *babası* 1. *Name e-r türk. Süßspeise* 2. Poller *m*; ~ *işi* Damaszener Arbeit.

şama [x ·] 1. Wachskerze *f* 2. *mehrdochtige* Öllampe (*beim Karagöz-Spiel*).

şamama [· - ·] *Name e-r aromatischen Zuckermelonenart*; ~ *gibi* klein und schmächtig (*Person*).

şamandıra [· x · ·] 1. Boje, Tonne *f* 2. Schwimmer *m* (*z.B. auf offenem Nachtlicht*).

şamar Ohrfeige *f*; ~ *oğlanı* Prügelknabe, Sündenbock *m*; ~ *vurmak* (*od. atmak od. yapıştırmak*) e-e Ohrfeige versetzen.

şamata Lärm *m*, Getöse, Geschrei *n*, Tumult *m*; ~ *etm.* lärmen, schreien; ~ *teli* Flitter-, Rauschgold *n*.

şambrnuvar Dunkelkammer *f*.

şamdan Kerzenhalter, Leuchter *m*.

şamfıstığı, *-nı* (*Damaszener*) Pistazie *f*.

şamil [ā] 1. umfassend; auch geltend (*für*) 2. ♀ *mV*.; ~ *olm. m. Dat.* umfassen, in sich schließen; (*auch*) gelten (*für*); sich erstrecken (*auf*).

şamme [ā] *biol.* Geruchssinn *m.*

şamot, *-tu* Schamotte *f*; ~ *tuğlası* Schamottstein *m.*

şampanya [· x ·] Champagner, Schaumwein, Sekt *m.*

şampiyon Champion, Meister, Preiskämpfer *m.*

şampiyona 1. Championat *n*, Meisterschaft *f* 2. Kampf *m od.* Kämpfe *pl.* um die Meisterschaft.

şan[1] [ā] 1. Ruhm *m*, guter Ruf, Ehre *f* 2. Stand, Rang *m* 3. äußere Aufmachung, Prunk *m*; ~ *hırsı* Ruhmsucht *f*; ~ *kazanmak* Ruhm (*od. e-n guten Namen*) erwerben; ~ *ve şeref* Ruhm und Ehre; ~ *vermek* 1. *m. Dat.* berühmt werden (*bei*) 2. V aufmerksam sein; sich kümmern; *-ına düşmek* (*od. yakışmak*) e-n Ehrentitel darstellen (*für*); *-ından olm.* (*b-nin*) 1. = *şanına düşmek* 2. charakteristisch sein (*für*).

şan[2] Gesang *m*; ~ *resitali* Gesangsvortrag *m*; ~ *sololarι* Sololieder *pl.*

şangır şungur mit großem Getöse; klappernd, klirrend, scheppernd.

şangırdamak klappern, klirren, scheppern.

şanj Geldwechseln *n*; ~ *gişesi* Wechsel·schalter *m*, -stube *f.*

şanjan 1. changeant, changierend, schillernd 2. changierender Stoff.

şanjman *techn.* Getriebe *n* (*Auto*).

şanlı 1. ruhm·reich, -voll 2. *va. T. von muhterem*; ~ *şöhretli* 1. mit Ruhm bedeckt 2. groß und stattlich 3. prunkvoll gekleidet.

şano [x ·] (*Theater-*)Bühne *f.*

şans Glück *n*, Chance *f.*

şanseliye (*Reichs-*, *Bundes-*)Kanzler *m.*

şansız 1. ruhmlos 2. schlicht, bescheiden.

şantaj Erpressung, Nötigung *f.*

şantajcı Erpresser(in *f*) *m*; erpresserisch.

şantiye 1. Bau-, Zimmer·platz, Bauhof *m* 2. (*Schiffs-*)Werft *f.*

şantör *selt.* Sänger *m.*

şantöz Sängerin *f.*

şap[1], *-pı* 1. Alaun *m* 2. *va.* Korallenriff *n*; ♀ *Denizi n.pr.* Rotes Meer; ~ *hastalığı* Maul- und Klauenseuche *f*; *-a oturmak fig.* in die Klemme kommen.

şap[2] **şap** schmatzend, schnalzend.

şapır şapır *od.* **şapır şupur** 1. laut schmatzend 2. schallend, laut (*z.B. küssen*).

şapırdamak 1. schmatzen 2. mit den Lippen schnalzen.

şapka [x ·] 1. Hut *m*, *mil. a.* Mütze *f* 2. (*Lampen-*)Schirm *m* 3. Verschluß *m* (*e-s Hochofens*) 4. Abschlußteil *m* (*z.B. e-s Pfeilers*) 5. *typ.* Zirkumflex *m*; ~ *kalıbı* Preßform *f* (*für Hüte*); ~ *kurdelâsı* Hutband *n*; ~ *taslağı* (*unverarbeiteter*) Hutstumpen *m*; *-sını çıkarmak* den Hut absetzen (*abnehmen, ziehen*); *-sını giymek* den Hut aufsetzen.

şaplak schallende Ohrfeige.

şaplamak[1] 1. klatschen, knallen, schallen (*z.B. Ohrfeige*) 2. schmatzen 3. schnalzen (*Lippen*).

şaplamak[2] mit Alaun behandeln.

şaplı alaunhaltig.

şappadak [x · ·] plötzlich; bauz!

şaprak Schabracke, Satteldecke *f.*

şapşal unordentlich, abgerissen (*Kleidung*).

şarabi [· - -] weinrot.

şaralop *s. şorolop.*

şarampol 1. Schanzpfahl *m* 2. Palisade, Palisadenwand *f* 3. Einfriedung *f mit Schanzpfählen*; ~ *çekmek* (*od. çevirmek*) e-e Palisade errichten.

şarap, *-bı* Wein *m*; ~ *fabrikası* Weinkelterei *f*; ~ *tortusu* natürlicher Weinstein.

şaraphane [· · - ·] 1. Weinkelterei *f* 2. *sehr großes* Weinfaß.

şarapnel *mil.* Schrapnell *n.*

şarbon 1. *med.* Milzbrand *m* 2. *Bez. für verschiedene Getreidekrankheiten.*

şardon Rauhmaschine *f* (*für Stoffappretur*).

şarıl şarıl sprudelnd, plätschernd.

şarıldamak sprudeln, plätschern.

şa'ri [ī] haarfein; Haar-, Kapillar-.

şârih Kommentator *m.*

şariyet, *-ti* [ā] *phys.* Kapillarität *f.*

şarj 1. *Fb. usw.* Vorstoß *m e-s Stürmers* 2. (*Explosiv-*)Ladung *f.*

şarjör Ladevorrichtung *f*, Magazin *n.*

şark, *-kı* 1. Osten *m* 2. Orient *m*, Morgenland *n*; ~ *âdetleri* orientalische Sitten und Gebräuche *pl.*

şarkadak [x · ·] platsch!, klatsch!

şarkan [x ·] *adv.* östlich; gegen Osten.

şarkı 1. Singen *n*, Gesang *m* 2. Lied *n*; ~ *okumak* (*od. söylemek*) ein Lied

singen; ~ *tutturmak* ein Lied anstimmen.
şarkıcı 1. Lieddichter *m* 2. (*Couplet-, Kabarett-, Schlager-*)Sänger *m*.
şarki [i] 1. östlich; Ost- 2. orientalisch, morgenländisch.
şarklı Orientale *m*, Orientalin *f*; orientalisch.
şarküteri Delikateßgeschäft *n* (*nach europäischem Vorbild*).
Şarlo *n.pr.* 1. Karlchen *n*, Charlie *m* 2. *pr.* Charlie Chaplin.
şarniyer *philat.* Falz *m*.
şarpa [x ·] Schärpe *f*.
şarpi *naut.* Segeljolle *f*.
şart[1], *-tı* 1. Bedingung, Klausel *f* 2. Voraussetzung *f* 3. *fr. e-e unter best. Bedingungen vollzogene Scheidung*; ~ *etm.* 1. ausbedingen, stipulieren 2. sich hoch und heilig verschwören; ~ *koşmak* e-e Bedingung stellen; sich *et.* ausbedingen; ~ *şurt tanımaz* F wer sich an nichts gebunden fühlt; *-ınca* wie erforderlich; *-lar* 1. Bedingungen, Voraussetzungen *pl.* 2. Zustand *m* 3. Umstände *pl.* 4. die *mit et. verbundenen* Rechte *pl.*
şart[2], *-tı* Charte, Charta *f*, Abkommen *n*.
şartlaşmak *gegenseitig* Bedingungen vereinbaren.
şartlı 1. ausbedungen, vereinbart 2. bedingt, hypothetisch 3. *nach ritueller Vorschrift mindestens dreimal in sauberem Wasser abgewaschen* 4. wer sich hoch und heilig verschworen hat.
şartname [· - ·] Lasten-, Pflichtenheft *n*, Submissionsbedingungen *pl.*
şaryo [x ·] *phot.* Schlitten *m*.
şasi 1. *phot.* Kassette *f* 2. Gebälk, Gerüst *n* 3. Fahr-, Wagen-, Untergestell, Chassis *n* 4. Wagen *m* (*e-r Schreibmaschine*).
şâşaa Glanz *m*, Pracht *f*.
şâşaalı glänzend, großartig, prachtvoll.
şaşakalmak, şaşalamak ganz verblüfft sein.
şaşı schielend; ~ *bakmak* schielen.
şaşılamak schielen.
şaşıntı *Neol.* Staunen *n*, Verblüffung *f*.
şaşırmak 1. *m. Akk.* den Faden verlieren (*bei*) 2. *m. Akk.* sich irren (*in*), abirren (*von*) 3. *intr.* ganz verdattert dastehen.
şaşırtma *Vs. zu şaşırtmak, spez.* Täuschung, Ablenkung *f*; ~ *manevrası a. mil.* Täuschungs-, Ablenkungs·manöver *n*.
şaşırtmaca 1. Täuschungsmanöver *n* 2. Vexier-, Such·bild *n* 3. Geduldspiel, Puzzle(spiel) *n* 4. Schnellsprechübung *f*.
şaşırtmak *Kaus. zu şaşırmak, spez.* 1. *j-n* durcheinander bringen, irremachen 2. *a. mil.* täuschen.
şaşkaloz V schielend.
şaşkın 1. *selt.* in e-m Irrtum befangen 2. verblüfft, verwirrt, verdattert; ~ *bir halde* völlig kopflos; *-a dönmek* völlig den Kopf verlieren.
şaşmak, (*-ar*) 1. verblüfft sein, sich wundern; staunen 2. *şaşmamak* genau gehen (*Uhr*); eintreffen (*Voraussage*).
şat, *-ttı naut.* Prahm *m*, Zille *f*.
şatafat, *-tı* äußere Aufmachung, Glanz *m*, Pracht *f*, Prunk *m*.
şato [x ·] Schloß *n*, Palast *m*.
şatu flaches Dach, Terrasse *f*.
şavul *s. şakul.*
şavullamak *s. şakullemek.*
şayan [- -] wert, würdig verdienend; *şayanı itimat od. itimada şayan* vertrauenswürdig, zuverlässig; *şayanı memnuniyet* zufriedenstellend; *şayanı merhamet* erbarmungswürdig; *şayanı temenni* wünschenswert, begrüßenswert.
şayet [ā] wenn etwa; falls; sollte ...
şayi, *-ii* [ā] 1. umlaufend, verbreitet (*Gerücht*) 2. nicht aufgeteilt; gemeinsam.
şayia [- · ·] Gerücht *n*; ~ *tellâllığı etm.* ein Gerücht (*bzw.* Gerüchte) verbreiten; *-lar uçurmak* Gerüchte ausstreuen.
şayiacı [- · · ·] Gerüchteverbreiter(-in *f*) *m*.
şayian [- · ·] [x · ·] gemeinsam; mit anderen zusammen (*et. besitzen*).
şayner *phot.* Scheiner (*bei Film*).
şaz [ā] 1. unregelmäßig, Ausnahme- 2. Ausnahme *f*; ~ *olarak* ausnahmsweise; als Ausnahme.
şeamet, *-ti* [ā] schlechte Vorbedeutung, böses Anzeichen, Unstern *m*.
şeametli [ā] unter e-m Unstern stehend; unglückselig, unglückbringend.
şebboy *bot.* 1. Levkoje *f* 2. Goldlack *m*.
şebek 1. *zo.* Pavian *m* 2. *fig.* häßlicher und dreister Mensch.
şebeke 1. *selt.* Netz *n* 2. *fig.* (*Telephon-, Straßenbahn- usw.*) Netz *n*

3. Netzkarte *f* (*auf der Straßenbahn*) 4. (*Verbrecher-, Räuber-, Gangster- usw.*) Bande *f* 5. Gitter(werk) *n*, *spez.* Eisengitter *n*.

şebnem Tau *m*.

şecaat, -*ti* [· - ·] Mut *m*, Kühnheit, Tapferkeit *f*.

şecaatli [· - · ·] mutig, kühn, tapfer.

şecere 1. *va.* Baum *m* 2. Stammbaum *m*.

şef 1. Führer *m*; *a. pr.* = Atatürk 2. Chef, Leiter, Vorstand, Vorgesetzte(r) *m* 3. Dirigent *m*.

şefaat, -*ti* [· - ·] Fürbitte, Fürsprache *f*; ~ *etm.* (*b-ne*) sich *für j-n* verwenden; Fürsprache einlegen (*für*).

şefdorkestr Kapellmeister, Dirigent *m*.

şeffaf [ā] durchsichtig, transparent.

şefgarson Oberkellner *m*.

şefik, -*kı* [ī] 1. gütig, liebevoll, teilnahmsvoll 2. ♀ [x ·] *mV*.

şefkat, -*ti* Liebe und Güte (*spez. der Eltern*), Anteilnahme *f*, Mitleid *n*, Mildtätigkeit *f*; ~ *pulları philat.* Wohlfahrtsmarken *pl*.

şeftali [ā] 1. *bot.* Pfirsich *m* 2. *fig.* Kuß *m*.

şeftren (*Eisenbahn*) Zugführer *m*.

şehevi [ī] sinnlich, wollüstig, geil.

şehik, -*kı* [ī] *biol.* Einatmen *n*, Einatmung *f*.

Şehinşah [ā] „König der Könige“: 1. *Titel des Schahs von Persien* 2. *selt.* Gott.

şehir¹, -*hri* Stadt *f*; ~ *halkı* städtische Bevölkerung; ~ *meclisi* Stadtrat *m*; ~ *mütehassısı* Sachverständige(r) *m* für Städtebauwesen; Städtebauer *m*; ♀ *Tiyatrosu n.pr.* Städtisches Theater (*in Ist.*).

şehir², -*hri* *va.* Monat *m*.

şehirci Städtebauer *m*.

şehit, -*di* Blutzeuge *m*; ~ *düşmek* (*od. gitmek od. olm.*) 1. vor dem Feind bleiben 2. *bei Erfüllung seiner Dienstpflicht* den Tod finden.

şehitlik 1. Tod *m auf dem Schlachtfeld od. bei Ausübung e-r Dienstpflicht* 2. Soldaten-, Ehren·friedhof *m* 3. Kriegerdenkmal *n*.

şehlâ etwas schielend.

şehremaneti, -*ni* [ā] *fr.* Stadtverwaltung *f*.

şehremini, -*ni* 1. *fr.* Oberbürgermeister *m* 2. ♀ *n.pr. Stadtteil von Ist.*

şehriye¹ Suppenteigwaren, Fassonnudeln *pl*.

şehriye² *va.* Monatsgehalt *n*.

şehvani [· - -] sinnlich, wollüstig, geil.

şehvet, -*ti* Sinnlichkeit, Lüsternheit, Wollust, Geilheit *f*.

şehvetli sinnlich, lüstern, geil.

şehvetperest, -*ti* wollüstig, lüstern, geil, unzüchtig.

şehzade [ā] 1. *orient.* Prinz *m* 2. ♀ (*Camii*) Prinzenmoschee *f* (*in Ist.*).

şek, -*kki* Zweifel *m*, Ungewißheit *f*.

şekavet, -*ti* [ā] (*Straßen-*)Raub *m*.

şeker 1. Zucker *m* 2. Zuckerware *f*, *spez.* Bonbon *m* 3. lieb, nett, süß, fein; ♀ *Bayramı* Zuckerfest *n*; ~ *fabrikası* Zuckerfabrik *f*; ~ *gibi* wunderschön; ~ *hastalığı* Zuckerkrankheit *f*, Diabetes *m*; ~ *hokkası* Zuckerschale *f*; ~ *kellesi* Zuckerhut *m*; ~ *pancarı* Zuckerrübe *f*; ~ *şerbeti* Zuckerlösung *f*; *-im* mein Liebling, mein Süßes; *-ler* Zuckerwerk *n*, Zuckerwaren *pl*.

şekerci 1. Zucker·fabrikant *od.* -verkäufer *m* 2. Zuckerwaren·fabrikant *od.* -verkäufer *m*.

şekerdan(lık) [ā] *s. şekerlik*.

şekerkamışı, -*nı* *bot.* Zuckerrohr *n*.

şekerleme 1. *Vs. zu şekerlemek* 2. Zuckerware, *spez.* kandierte Frucht 3. kurzes Schläfchen, Nickerchen *n*.

şekerlemeci wer Zuckerwaren (*spez. kandierte Früchte*) herstellt *od.* verkauft.

şekerlemek (über)zuckern, kandieren.

şekerleşmek 1. zu Zucker werden 2. *fig.* besondere Höflichkeit an den Tag legen 3. *fig.* wunderbar schön und liebenswert werden.

şekerli 1. mit Zucker; gezuckert, süß 2. (*hasta*) Zuckerkranke(*r*) *m*/*f*, Diabetiker(in *f*) *m* 3. *-ler s. a. şekerler*; ~ *çörek* süßes Gebäck; ~ *kahve* süßer (*gesüßter*) Kaffee.

şekerlik *jedes Aufbewahrungsgefäß für Zucker, spez.* Zuckerdose *f*.

şekerrenk, -*gi* *fig.* getrübt; nicht mehr so herzlich wie früher (*Freundschaft, Beziehungen usw.*).

şekersi zuckerartig.

şekil, -*kli* 1. Form, Gestalt *f* 2. Figur, Abbildung, Zeichnung *f* 3. Art und Weise *f* 4. *math.* Figur *f* 5. *mil.* Formation *f*; *-de noksanlık jur.* Formfehler *m*; *şeklini değiştirmek* umformen, umwandeln.

şekilbilgisi, *-ni* Morphologie *f*; Formenlehre *f*.
şekilci formalistisch; Formalist(in *f*) *m*.
şekilcilik Formalismus *m*.
şekilsiz 1. formlos 2. häßlich, mißgestalt 3. amorph 4. ohne bildliche Darstellung.
şeklen [x ·] *adv*. 1. der Form (*Figur, dem Äußeren*) nach 2. scheinbar.
şeklî *z. va.* formal, formell; ~ *kaziyei muhkeme jur.* formelle Rechtskraft; ~ *suç jur.* Formaldelikt *n*.
şekva [ā] *Äußerung der Unzufriedenheit*, Klage, Beschwerde *f*; ~ *etm.* 1. klagen, murren 2. (*b-den b-ne*) sich *über j-n bei j-m* beschweren.
şelâk, *-kı* [â kurz] Schellack *m*.
şelâle Wasserfall *m*, Kaskade *f*.
şema [x ·] 1. Schema *n* 2. Modell *n* 3. Plan *m*, Zeichnung *f*.
şema-tablo Übersichtstafel *f*.
şemacı [x · ·] schematisch denkend (*handelnd, arbeitend*); schematisierend.
şemacılık [x · · ·] Schematismus *m*; ~ *zihniyetiyle* in schematisierender Auffassung.
şematik schematisch.
şematizm Schematismus *m*, Schematisieren *n*.
şemme *fig*. e-e Spur, ein klein wenig, nur etwas; *onda merhametin -si bile yok* er hat auch nicht die geringste Spur von Mitgefühl.
şempanze *zo*. Schimpanse *m*.
şemse 1. Rosette *f* 2. (*gesticktes*) Medaillon.
şemsiper 1. Nackenschutz *m* 2. [Mützenschirm *m*.]
şemsiye 1. (*Sonnen-, Regen-, Markt-, Garten-*)Schirm *m* 2. *bot.* Dolde *f*.
şemsiyelik 1. zur Herstellung von Schirmen geeignet 2. Schirmständer *m*.
şen fröhlich, heiter, lustig, munter; ~ *sesler* fröhliche Stimmen *pl*.; ~ *ve esen kalın!* bleiben Sie gesund und munter!, alles Gute!
şenaat, *-ti* [· - ·] Gemeinheit, Niedertracht *f*, abscheuliche Handlung.
şendere 1. Furnier *n*, Furnitur *f* 2. (*Faß-*)Daube *f* 3. *zo. Abart der Streifenbarbe*.
şeni, *-ii* [ī] gemein, niederträchtig, abscheulich.
şe'nî *z. va.* real, wirklich, tatsächlich, gegeben.
şenia [ī] schändliche, abscheuliche Tat.
şenlendirmek 1. aufheitern, erfreuen, fröhlich stimmen 2. beleben; aufblühen lassen 3. *selt*. festlich begehen; feiern.
şenlenmek 1. fröhlich werden 2. aufleben aufblühen, (*z.B. Stadt*).
şenlik 1. Fröhlichkeit *f*, heitere Stimmung 2. Illumination *f od.* Festschmuck *m* 3. Volks·belustigung *f*, -fest *n* 3. *selt*. Feier, Festlichkeit *f*.
şer, *-rri* 1. Böse(s), Übel *n* 2. Schlechtigkeit *f*, böse Tat.
şerait, *-ti* [ā] *pl.* Bedingungen, Voraussetzungen, Umstände, Verhältnisse *pl.*
şer'an [x ·] *adv*. nach dem Scheriatsrecht (*Religionsgesetz*).
şerare [ā] *phys*. Funke *m*.
şerbet, *-ti* 1. Sorbett, Scherbett *n* 2. Flüssigkeit, Lösung *f*.
şerbetçiotu, *-nu bot.* Hopfen *m*.
şerbetli 1. gegen Schlangenbiß (*angeblich*) gefeit 2. *zu et. Schlechtem* neigend 3. P abgebrüht, dickfellig.
şerç, *-ci an.* After, Anus *m*.
şeref 1. Ehre *f* 2. Wert *m* 3. Würde *f* 4. Ehrenhaftigkeit *f* 5. ♀ *mV, selt. wV*; ~ *bulmak* im Wert steigen; ~ *duymak m. Abl.* sich *et.* zur Ehre anrechnen; ~ *mevkii* Ehrenplatz *m*; ~ *meydanı* Feld *n* der Ehre, Schlachtfeld *n*; ~ *sahibi insan* Mann *m* von Ehre; ~ *tribünü* Ehrentribüne *f*; ~ *vermek m. Dat.* 1. (*z.B. ailesine*) Ehre machen 2. beehren, besuchen; *-inize* auf Ihr Wohl!, Prosit!; *-le* auf Wiedersehen!
şerefe Umgang *m* (*am Minarett*).
şerefiye Wertzuwachs·steuer, -abgabe *f*.
şereflendirmek 1. Ehre erweisen; ehren 2. besuchen, beehren 3. an Wert gewinnen lassen.
şereflenmek 1. geehrt (beehrt) werden; Ehre gewinnen 2. im Wert steigen (*z.B. Grund und Boden*).
şerefli 1. ehrenvoll (*z.B. Friede*) 2. geschätzt, beliebt; ~ *insan* Mann von Ehre.
şeremet, *-ti* geschwätzig, aufdringlich.
şergil ungezogen, unbändig; ein rechter Tunichtgut.
şerh Kommentar *m*, Erläuterung *f*, Erläuterungsschrift *f*.

şerhetmek [x · ·] kommentieren, erklären, erläutern, auslegen.
şer'î 1. religionsgesetzlich 2. religionsgesetzlich nicht verboten.
Şeria [i] *n. pr.* 1. Jordan *m* (*Fluß*) 2. *fr. ab.* Transjordanien *n* 3. *selt.* Jordanien *n.*
şeriat, *-tı* [i] 1. islamisches Religionsgesetz, Scheriatsrecht *n.*
şerif[1] [i] 1. edel, hochgeehrt 2. heilig 3. Scherif *m* 4. ♀ [x ·] *mV.*
şerif[2] Sheriff *m* (*England od. USA*).
şerik, *-ki* [i] 1. Gesellschafter, Partner, Mitinhaber, Sozius *m* 2. Kamerad *m*; *şeriki cürüm* Helfershelfer, Komplice *m*; *şeriki mesai* Mitarbeiter, Kollege *m.*
şerir [i] schlecht, böse; Übeltäter *m.*
şerit, *-di* 1. *langer, schmaler* (*Stoff-*) Streifen, Band *n,* Borte *f* 2. Film·band *n,* -streifen *m* 3. Patronengurt *m* 4. Schreibmaschinenband *n*; Fließband *n* 5. Gebietsstreifen *m* 6. *zo.* Bandwurm *m*; *~ makarna* Bandnudeln *pl.*; *~ metre* Bandmaß *n*; *~ testere* Bandsäge *f.*
şeritvari [· · - -] streifen-, bandartig.
şer'iye [i] *fr.* Scheriatsangelegenheiten *pl.*
şerli 1. bös, übel 2. streitsüchtig.
şeş *Wü.* sechs; *~ beş* sechs und fünf; *~ cihar* sechs und vier; *-i beş görmek* sich versehen, sich vertun.
şeşüdü *Wü.* sechs und zwei.
şeşüse *Wü.* sechs und drei.
şeşüyek *Wü.* sechs und eins.
şetaret, *-ti* [ā] aufgeräumte Stimmung, Fröhlichkeit *f.*
şetim, *-tmi* Beschimpfung, Schmähung *f.*
şetmetmek [x · ·] beschimpfen, schmähen.
şev 1. (*Ab-*)Hang *m,* Böschung *f* 2. *mil.* Glacis *n* 3. geneigt, schräg, schief.
şevk[1], *-kı* Lust, Liebe, Eifer, Begeisterung *f.*
şevk[2], *-ki va.* Dorn *m.*
şevket, *-ti* 1. kaiserlicher Prunk, Majestät *f* 2. ♀ *mV, wV.*
şevkî 1. *va.* dornig, dornartig 2. Rückgrat-; spinal.
şevklendirmek ermuntern, ermutigen, anfeuern, anregen.
şevkli mit Lust und Liebe; eifrig, begeistert.
şevlendirmek abdachen, abböschen, neigen, senken.
şevlenmek sich abdachen, sich abböschen, sich neigen, sich senken.
şevroglase Glacéleder *n.*
şevval, *-li* [ā] *zehnter Monat des isl. Mondjahres.*
şey 1. Sache, Angelegenheit *f,* Ding *n,* Gegenstand *m* 2. Dingsda *n od. m* (*Verlegenheitswort*) 3. *pej.* Kerl *m,* Bürschchen *n.*
şeyh 1. Scheich *m* 2. *va.* Älteste(r), Angesehenste(r) *m e-r Berufsgruppe.*
şeyhislâm, şeyhülislâm *hist.* Scheich-ul-Islam *m.*
şey'î *z. va.* objektiv, sachlich.
şeytan [ā] 1. Teufel, Satan *m* 2. *fig.* gerissener Bursche 3. (*spez. Kinder*) temperamentvoll, ungebärdig; Satansbraten *m* 4. boshafte, gefährliche Person; *~ akıntısı* „Teufelsströmung" *f* (*im Bosporus*); *~ arabası* 1. Flugsamen *m* (*bei Löwenzahn, Distel usw.*) 2. V *va.* Fahrrad *n*; Draisine *f*; *~ azapta gerek fig.* das geschieht ihm ganz recht; *~ boku* 1. Asafötida *f* (*Arznei und Gewürz*) 2. Eisenschlacke *f*; *~ çekici* Schlingel *m*; *~ gibi* verschlagen, raffiniert, abgefeimt; *~ kulağına kurşun! Abw.* unberufen, toi, toi, toi!; *~ tüyü fig.* Fähigkeit *f,* sich rasch Beliebtheit zu erwerben; *-a çarık giydirmek fig.* mit allen Wassern gewaschen sein; *-a uyma* Versuchung, Verlockung *f*; *-ın aksiliğine bakın ki...* ausgerechnet; *-ın ayağını kırmak* 1. e-r Versuchung nicht unterliegen 2. e-s Unglücks schließlich Herr werden; *-ları ayaklandı fig.* alle seine üblen Neigungen sind zum Ausbruch gekommen; *-ları tepesine çıktı* er geriet in größte Wut.
şeytanca teuflisch, diabolisch, satanisch.
şeytanet, *-ti* [ā] *s. şeytanlık.*
şeytanetkâr(ane) [· - · - (- ·)] teuflisch, diabolisch, satanisch.
şeytani [· - -] *s. şeytanetkâr.*
şeytanlık 1. Teufelei *f,* böser Streich 2. Ungebärdigkeit *f* 3. Verschlagenheit *f.*
şezlong Chaiselongue *f,* Ruhebett *n,* Couch *f* 2. Liegestuhl *m.*
şık[1], *-kı* 1. schick, elegant, fein (*Kleidung od. Person*) 2. *fig.* treffend, passend, schlagend (*z.B. Antwort*); *~ mı ~!* das nenne ich elegant!; piekfein!

şık², *-kkı* die eine von zwei Möglichkeiten; *iki* ~ zwei Möglichkeiten *pl.*, Alternative *f.*
şıkır şıkır 1. klappernd, knackend, klimpernd 2. blitzblank.
şıkırdamak *intr.* klappern, knakken, klimpern, klirren, rasseln.
şıkırdım V Kind *n*; Junge *m.*
şıllık aufgetakelte Kokotte, Dirne *f.*
şımarık 1. verwöhnt und vorlaut; ungezogen (*Kind*) 2. verwöhnt (*z.B. durch pol. Erfolge*); großspurig auftretend; anmaßend.
şımarmak 1. naseweis, vorlaut, frech werden 2. verwöhnt werden (*z.B. durch pol. Erfolge*); anmaßend auftreten.
şıngır şıngır klappernd, klirrend, scheppernd.
şıngırdamak klappern, klirren, scheppern.
şıp, *-pı Lm. e-s Tropfgeräusches*; ~ *diye* bums!; sofort; ~ ~ *Lm. e-s Tropfens, Schlappens von Pantoffeln usw.*
şıpıdık Pantoffel *m* (*ohne Absatz und Fersenleder*).
şıpınişi, *-ni* F sofort, sogleich.
şıpır şıpır tropfend, rinnend.
şıppadak [x · ·] mit e-m Mal; bums!
şıpsevdi· wer sich schnell verliebt.
şıpşak V sofort, blitzschnell, im Nu.
şıpşakçı F Straßenphotograph *m.*
şıpşaklamak *m. Akk.* V 1. sofort *von et.* erfahren 2. sich sofort erinnern (*an*).
şıpşıp 1. *s. şıp şıp* 2. *s. şıpıdık.*
şıra [x ·] süßer Traubenmost.
şırak bums!, bauz!, ratsch!, patsch!
şırakkadak [· x · ·] mit e-m Mal, plötzlich; bums!; im Nu.
şırfıntı *pej.* Weibsstück *n*, Dirne, Hure *f.*
şırıl şırıl tropf tropf!
şırıldamak rieseln, tropfen, plätschern.
şırlağan 1. Fließen, Strömen *n* 2. Sesamöl *n.*
şırlamak *s. şırıldamak.*
şırlop 1. Ei mit Joghurt 2. V Lüge *f*, Unsinn *m.*
şırp ritsch! ratsch!
şırpadak *s. şıppadak.*
şırvan, şırvani niedriges Dachstübchen.
şıvgar 1. *s. çıvgar* 2. (*Wagen-*) Schwengel *m.*
şıvgın 1. großer Baumschößling 2. *Name e-r Fichtenart.*
Şîa Schia *f*, Schiismus *m.*
şiar [ā] 1. Erkennungszeichen *n* 2. Losung, Parole *f* 3. Motto, Leitwort *n*, Devise *f.*
şibih, *-bhi* ähnlich; ~ *beşerî* Menschenaffe *m*; ~ *münharif geom.* Trapez *n.*
şiddet, *-ti* 1. Strenge, Schärfe, Gewalt, Heftigkeit, Wucht *f* 2. *phys.* Intensität *f* 3. Eifer, Schwung *m*; ~ *bulmak* sich verstärken (*z.B. best. Tendenz*); *-ini artırmak* an Heftigkeit zunehmen; *-le aramak* eifrig suchen.
şiddetlenmek 1. heftig(er), streng (-er), rauh(er) werden (*z.B. Wetter*) 2. an Intensität zunehmen; sich verstärken 3. sich verschärfen, sich verschlimmern.
şiddetli 1. heftig, streng, rauh, scharf, schlimm, bös 2. intensiv; ~ *geçimsizlik jur.* Zerrüttung *f* der Ehe; ~ *soğuk* grimmige Kälte.
şifa [ā] Heilung, Genesung *f*; ~ *bulmak* wieder gesund, wiederhergestellt werden; ~ *olsun!* möge es helfen! ~ *vermek* Genesung bringen; heilen; ~ *yurdu* (*privates*) Krankenhaus *n*; *-yı bulmak* (*od. kapmak*) iron. 1. krank werden 2. sich bedrohlich verschlimmern (*Krankheit*); *gayrikabili şifa* unheilbar. [*mitteilen*).
şifahen [ā] *adv.* mündlich (*z.B.*
şifahi [· - -] mündlich, verbal; ~ *emir* mündlicher Befehl; ~ *imtihan* mündliche Prüfung; ~ *muhakeme usulü jur.* mündliches Verfahren; ~ *nota* Verbalnote *f* (*im diplomatischen Verkehr*).
şifalandırmak [· - · · ·] heilen (*z.B. Krankheit*).
şifalı [ā] heilsam, Genesung bringend, bekömmlich.
şifre [x ·] Chiffre, Chiffrierschrift, Verschlüsselung *f*; ~ *anahtarı* Kode, Chiffrier-, Geheim·schlüssel *m*; *-ye çevirmek* chiffrieren, verschlüsseln; *-yi açmak* dechiffrieren, entschlüsseln.
şifreli chiffriert, verschlüsselt; ~ *kilit* Buchstaben-, Zahlen-, Vexierschloß *n.*
şiğil, şiğir 1. Ring *m* (*z.B. an Vorhang*) 2. (*Schmuck-*)Ring *m* (*ohne Stein*).

Şîi [- -] 1. Anhänger *m* der Schia; Schiit *m* 2. schiitisch.
Şîilik [- - ·] *s.* *Şîa.*
şiir 1. Poesie *f* 2. Gedicht *n.*
şikâfe *mil.* Schlitz *m.*
şikak, -*kı* [ā] Zwist *m*, Zwietracht *f.*
şikan (*spez. Bridge*) Schikane *f.*
şikâyet, -*ti* 1. Klage, Beschwerde *f* 2. *jur.* Antrag *m* (*bei Antragsdelikten*); ~ etm. 1. (*bşi*) sich über *et.* beklagen 2. (*b-ne bşden dolayı*) sich *bei j-m über et.* beschweren; ~ *hakkı jur.* Petitionsrecht *n*; ~ *ve mutalebe* Beanstandung *f.*
şikâyetçi Klage führend; sich beschwerend; ~ *olm. m. Abl.* sich beklagen, sich beschweren (*über*).
şikâyetname [ā] Beschwerdeschrift *f.*
şike (*spez. Boxen od. Ringen*) vorher abgekarteter Scheinkampf.
şikemperver Feinschmecker, Gourmet, (Gourmand) *m.*
şilem (*Bridge*) Schlemm *m.*
şilep -*bi* 1. Frachtdampfer *m* 2. Schleppkahn *m.*
Şili *n. pr.* Chile *n.*
şilin Schilling *m* (*Großbritannien, Österreich*).
şilt, -*di* Schild *m* (*als Wettspielpreis*).
şilte Matratze *f*, Unterbett *n.*
şimal, -*li* [ā] 1. Norden *m* 2. Nord-, nördlich; ♀ *Afrika(-sı)* Nordafrika; ♀ *Amerika* Nordamerika, *spez.* USA *pl.*; ♀ *Denizi* Nordsee *f*; ~ *kutbu* Nordpol *m*; ~ *yıldızı* Polarstern *m*; *şimali garbi* Nordwesten *m*; *şimali garbi istikametinde* in nordwestlicher Richtung; *şimali şarki* Nordosten *m*; *Ankara'nın şimali şarkisinde* nordöstlich von Ankara.
şimalen [ā] *adv. z. va.* nördlich, im Norden.
şimalî [ā] nördlich, Nord-.
şimalli [ā] Anhänger *m* des Nordens (*z.B. in Korea*).
şimden P = *şimdiden.*
şimdengeri, şimdensonra P von jetzt an; von nun an; künftighin, hinfort.
şimdi [x ·] 1. jetzt, sofort, sogleich 2. gerade eben; vor einem Augenblick; -*den* 1. schon jetzt 2. nunmehr; -*den tezi yok* unverzüglich, schleunigst; -*lerde* in der heutigen Zeit; -*ye kadar* bis jetzt.
şimdicik [x · ·] P 1. gerade eben 2. sofort, sogleich.
şimdiki [x · ·] jetzig, augenblicklich, gegenwärtig, heutig; ~ *gibi* wie bisher; ~ *halde* augenblicklich, vorläufig; ~ *zaman gr.* Präsens *n.*
şimdilik [x · ·] *adv.* 1. für jetzt 2. augenblicklich, vorläufig, einstweilen.
şimendifer 1. (*Eisen-*)Bahn *f* 2. Zug *m* 3. (*Bakkarat*) *Übergehen der Bank an den Nebenspieler*; ~ *kazası* Eisenbahn-, Zug·unglück *n.*
şimik chemisch.
şimşek 1. Blitz *m* 2. *fig.* Blitzen *n* (*z.B. der Augen*); ~ *çakıyor* es blitzt; ~ *gibi* blitzschnell; ~ *harbi* Blitzkrieg *m*; ~ *olm.* blitzen, funkeln (*Augen*).
şimşeklenmek blitzen, funkeln (*Augen, Edelsteine*).
şimşekli Blitz-, Blink-; ~ *fener naut.* Blinklicht *n.*
şimşir 1. *bot.* Buchsbaum *m* 2. Buchsbaum-.
şinanay F 1. wunderbar! 2. aufgeputzt, herausstaffiert 3. mit hübschen Mustern (*z.B. Stoff*).
şinitsel [· x ·] Schnitzel *n*; ~ *pane* paniertes Schnitzel.
şipşirin [· - -] sehr nett; wunderhübsch, allerliebst.
şirden Labmagen *m* (*der Wiederkäuer*).
şirin [- -] 1. lieb, nett, anmutig, hübsch, süß 2. ♀ *wV.*
şiringa [· x ·] 1. Injektionsspritze *f* 2. Irrigator *m* 3. Klistier *n*; ~ *etm.* injizieren, einspritzen.
şirk, -*ki* Vielgötterei *f*, Polytheismus *m*; ~ *koşmak* Vielgötterei treiben.
şirket, -*ti* (*Handels-*)Gesellschaft *f*; ~ *kurmak* e-e (*Handels-*)Gesellschaft gründen; ~ *merkezi* Sitz *m* der Gesellschaft; ~ *sermayesi* Geschäftskapital *n.*
şirpençe [ī] *med.* Karbunkel *m.*
şirret, -*ti* unverträglich, launisch, zänkisch, bösartig.
şirürji Chirurgie *f.*
şirürjik chirurgisch.
şiryan [ā] Schlag-, Puls·ader, Arterie *f.*
şist, -*ti geol.* Schiefer *m*, -gestein *n.*
şiş[1] 1. Spieß *m* 2. Bratspieß *m* 3. Stricknadel *f* 4. Stoßdegen *m*; ~ *kebabı am Spieß gegrillte kleine Hammelfleischstücke pl.*; -*e geçirmek* auf den Bratspieß stecken (*Fleischstücke*).
şiş[2] 1. (an)geschwollen 2. (*An-*)

Schwellung, Beule *f*.
şişane [ā] *fr.* Gewehr- *od.* Pistolenlauf *m mit sechs Zügen*.
şişe 1. Flasche *f* 2. Lampenzylinder *m* 3. (*Porzellan-*)Isolator *m* 4. Schröpfkopf *m*, Ventuse *f*; ~ *çekmek* Schröpfköpfe aufsetzen; ~ *depozitosu* Flaschenpfand *n*; ~ *kapağı* Flaschen•verschluß *m*, -kapsel *f*.
şişeci 1. Flaschenfabrikant *m* 2. Flaschenhändler *m* 3. Flaschenaufkäufer *m* 4. Glasbläser *m*.
şişek Lamm *n* (*im zweiten Jahr*).
şişirmek *Kaus. zu şişmek* 1. anschwellen lassen 2. aufblasen, füllen 3. übertreiben 4. oberflächlich erledigen 5. *j-m* den Kopf heiß machen 6. V mit dem Messer stechen 7. V den Beischlaf ausüben (*mit*).
şişkin (an)geschwollen; dick geworden.
şişkinlik 1. Schwellung, Beule, Geschwulst *f* 2. Druck *m* (*z.B. im Magen*).
şişko [x ·] *hum.* feist, fett, dick; Dickwanst *m*.
şişlemek *m. Akk.* 1. (auf)spießen 2. V mit dem Messer stechen.
şişman dick, fett, feist, rundlich, korpulent.
şişmanlamak dick, korpulent werden.
şişmanlık Beleibtheit, Körperfülle, Korpulenz *f*.
şişmek, (-er) 1. (an)schwellen; dick werden 2. an Leibesumfang zunehmen 3. (*Sport*) ermüden und zurückfallen 4. V blamiert dastehen.
şive [ī] 1. Sprechweise *f* 2. Ausdrucksweise *f*, Stil *m* 3. Wesen *n od.* Geist *m* e-r Sprache; idiomatische Ausdrucksweise 4. Spracheigentümlichkeit *f*, Kolorit *n*; *-ye uygunsuzluk* Sprachwidrigkeit *f*.
şivekâr, şiveli [- · ·] lieblich, anmutig, charmant.
şivesiz [- · ·] 1. sprachwidrig 2. ohne Anmut.
şivester 1. Kinderschwester *f* 2. Pflegerin, Krankenschwester *f*.
şof patsch!, platsch!, klatsch!
şofaj 1. Heizung *f* 2. (~ *santral*) Zentralheizung *f*.
şofben Boiler, Warmwasserbereiter, Durchlauferhitzer *m*.
şoför Fahrer, Chauffeur *m*; ~ *muavini* Beifahrer *m*.
şok, *-ku* 1. (*Herz-*)Lähmung *f* 2. Elektroschock *m*.
şoke schockiert; ~ *etm.* schokieren; unangenehm berühren.
şom *in der Füg.*: ~ *ağızlı* unkend; Unglücksprophet *m*.
şop ticareti V Schmuggel *m* bulgarischer Zigaretten.
şorolop P 1. schwapp!, schwupp! 2. Prahlerei, Aufschneiderei *f*.
şort, *-tu* 1. Shorts *pl.* 2. Kurzfilm *m*.
şorulu V 1. Junge, Bursche *m* 2. hübsches Mädchen.
şos (*Ski*) Schußfahrt *f*.
şose [x ·] Landstraße, Chaussee *f*.
şoset, *-ti* Herrensocke *f*.
şoson Überschuh *m*.
şoven Chauvinist, Überpatriot, Säbelraßler *m*.
şovenlik Chauvinismus *m*.
şöhret, *-ti* 1. Berühmtheit *f*, Ruf *m* 2. *selt.* Berüchtigtsein *n*.
şömine Kamin *m*, offenes Feuer.
şövale Staffelei *f* (*e-s Malers*).
şövalye 1. *hist.* Ritter *m* 2. (*Ordens-*) Ritter *m* 3. *selt.* = *kavalye*.
şöyle 1. solch, so ein, derartig 2. auf solche Weise; so 3. Folgende(s) *n*; ~ *bir baktı* 1. er betrachtete es sich oberflächlich 2. er blickte es mit Verachtung an; ~ *böyle* leidlich, mittelmäßig, so la la 2. ungefähr; ~ *dursun* 1. (*mit bile im Folgesatz*) geschweige denn 2. (*mit bilâkis im Folgesatz*) nicht nur nicht; ~ *ki* derart, daß...; wie folgt; das heißt; ~ *oturunuz!* nehmen Sie bitte Platz!
şöylece [x · ·] derart; auf solche Weise; so 2. ohne viel Aufhebens; sachte, einfach.
şöylelikle [· · x ·] so; auf diese Weise.
şu, *-nu* 1. dieser; der da 2. *bei Bez. von Personen mst. pej.* 3. folgend; ~ *bu* alle möglichen Leute *pl.*; Krethi und Plethi; *-dur budur diyecek yok* dagegen läßt sich nichts einwenden; ~ *günlerde* in dieser (*nicht allzuweit entfernten*) Zeit; ~ *var ki* aber, jedoch, indessen; *-na bak!* nun schau dir einmal den Kerl da an! *-ndan bundan* über alles mögliche (*z.B. sprechen*); *-nu bunu bilmemek j-m* völlig gleichgültig sein (*Einwendungen*); *-nun bunun şusu busu ile alâkadar olmıyan* F wer sich nicht um anderer Leute Angelegenheiten kümmert; *-nun şurasında* F in der kurzen Zeit, wo...
şua, *-aı* [ā] 1. *math. phys.* Strahl *m*

2. *math. phys.* Vektor *m.*
şubat, *-tı* Februar *m.*
şube [ū] 1. Abteilung *f* 2. Filiale *f* 3. Ver-, Ab·zweigung *f* 4. Sektion *f*, Büro *n*; ~ *müdürü* Abteilungsleiter *m.*
şuf'a (*hakkı*) *jur.* Vorkaufsrecht *n.*
şuh [ū] lustig, munter, schelmisch, keck (*Frau od. Mädchen*).
şukadar [x · ·] so viel; ~ *var ki* aber, jedoch, indessen.
şule [ū] Flamme *f*, Flammenschein *m.*
şuncağız kleines Ding hier; das hier.
şura [x ·] (*mit Pronominalsx. od. Flexionsendung*) dieser Ort, diese Gegend; *-larda* ganz in der Nähe; hier in der Nachbarschaft; *-m ağrıyor* hier (*od.* da) tut es mir weh.
şûra Rat *m* (*als Körperschaft*); *Rus -ları* Sowjets *pl.*; *şurayı saltanat* Kronrat *m.*
şuracık [x · ·] die Stelle da; *şuracığa* hierher, hierhin; *-ta* gleich hier; da.
şurada da, dort; ~ *burada* hier und da.
şuradan von da; von dort; ~ *buradan* 1. von allen möglichen Orten 2. von allen möglichen Dingen (*z.B. sprechen*).
şuralı [x · ·] aus der Gegend da stammend.
şurası [x · ·] 1. die Gegend da; diese Örtlichkeit 2. dieser (wichtige) Punkt; dies; ~ *muhakkak ki* so viel steht fest, daß ...; jedenfalls.
şuraya dahin, dorthin; ~ *buraya* hierhin und dorthin; nach allen möglichen Orten.
şûriş Wirrwarr *m*, Durcheinander *n*, Aufruhr *m.*
şurup, *-bu* 1. Fruchtsaft *m* 2. Heiltrank *m od.* Stärkungsmittel *n* (*gesüßt*).
şut, *-tu s. şüt* (3).
şuur [· -] 1. Bewußtsein *n* 2. Verstand *m*; ~ *çevresi psych.* Schwelle *f* des Bewußtseins; *-u muhtel* in geistiger Umnachtung.
şuuri [· - -] 1. bewußt 2. ♀ *mV*; *gayrişuuri* unbewußt.
şuurlanmak *m. Abl.* sich bewußt werden.
şuurlu bewußt; mit Vorbedacht.
şuursuz 1. unbewußt 2. gefühllos 3. willenlos 4. unüberlegt, achtlos 5. bewußtlos.
şükran [ā] 1. Dankbarkeit *f* 2. Dank *m*, Danksagung *f* 3. ♀ *wV*; ~ *ve minettarlıklar* aufrichtige Dankbarkeit.
şükretmek [x · ·] *m. Dat.* danken, loben, lobpreisen (*Gott*).
şükür, *-krü* Dank *m*, Danksagung *f*, Lob *n*, Lobpreisung *f.*
şümul, *-lü* [ū] 1. Umfassen *n*; Gelten *n* (*für*) 2. *log.* (*Begriffs*-)Umfang *m* 3. Ausdehnung *f*, Bereich *m*, Tragweite, Bedeutung *f*; *-ü olm. m. Dat.* sich erstrecken (*auf*); umfassen; gelten (*für*).
şümuli [· - -] umfangreich, ausgedehnt, umfassend.
şümullendirmek [ū] 1. weiter ausdehnen 2. *m. Dat.* einbeziehen; ausdehnen (*auf*) (*z.B. Untersuchung, Bestimmung usw.*).
şümullenmek [ū] 1. sich weiter ausdehnen 2. *m. Dat.* ausgedehnt werden (*auf*).
şümullü [ū] 1. umfassend, weitreichend (*z.B. Plan*); weitgesteckt (*z.B. Ziel*) 2. bedeutsam, inhaltsreich.
şüphe 1. Zweifel *m*, Ungewißheit, Unsicherheit *f* 2. Verdacht *m*; ~ *etm. m. Abl.* 1. zweifeln (*an*) 2. Verdacht hegen (*gegen*); ~ *götürmez* unbezweifelbar; ~ *kurdu* nagender Argwohn, bohrender Zweifel; ~ *yok!* zweifellos!, sicherlich!, freilich!; *-ye düşmek m. Abl.* zu zweifeln beginnen (*an*).
şüphelenmek *m. Abl.* 1. zweifeln *od.* zu zweifeln beginnen (*an*) 2. Verdacht schöpfen (*gegen*); *et.* mit Argwohn betrachten.
şüpheli 1. zweifelhaft, unsicher 2. verdächtig 3. ungläubig, argwöhnisch, mißtrauisch; ~ *bir şahıs* ein verdächtiges Individuum; ~ *hareketler* verdächtiges Benehmen (*e-s Menschen*).
şüphesiz 1. unzweifelhaft, unbezweifelt 2. freilich!, natürlich!, selbstverständlich!
şüt, *-tü* 1. Förderrinne *f* 2. Wasserfall *m*, Wasserkraft *f* (*z.B. bei Kraftwerken*) 3. (*heute mst.* şut) *Fb. usw.* scharfer Schuß, (*spez. auf das Tor*); ~ *atmak* (*od. çekmek*) *Fb. usw.* schießen; ~ *tesisatı* Wassereinlaßanlage *f* (*z.B. bei Stausee*).
şüyu, *-uu* [ū] 1. Sich-Verbreiten *n* 2. Anteiligkeit *f*; ~ *bulmak* sich verbreiten (*z.B. Gerücht*); publik werden.

T

t, T [tɛ] *24. Buchst. des türk. Alph.*
ta [ā] (*Intensitätspartikel*); ~ *eskidenberi* schon seit alter Zeit; ~ *kendisi* 1. er selbst 2. wie er leibt und lebt; ~ *ki* (*final*) damit.
ta *vgl. a. -da, -de, -te.*
taabbüdetmek [· · x · ·] *m. Dat.* anbeten (*Gott*).
taabbüt, -dü göttliche Verehrung.
taaccübetmek [· · x · ·] *m. Dat.* staunen, sich verwundern (*über*).
taaccüp, -bü Staunen *n*, Verwunderung *f.*
taaddi (*Rechts-*)Verletzung *f*, Übergriff *m*; ~ *etm.* unterdrücken, verletzen.
taahhüdetmek [· · x · ·] *m. Akk.* übernehmen, auf sich nehmen; sich verpflichten (*zu*).
taahhüt, -dü Übernahme *f* (*e-r Verpflichtung*), Verpflichtung *f*, Versprechen *n*, Zusage *f*; ~ *senedi* Verpflichtungsschein, Revers *m.*
taahhütlü 1. (*Post*) eingeschrieben, Einschreib- 2. V gut funktionierende Pistole; ~ *gitmek* F verhaftet, abgeführt werden (*auf die Polizei*); ~ *müraselât* Einschreibsendungen *pl.*
taahhütname [· · · - ·] schriftliche Verpflichtung, Revers *m.*
taallûk, -ku Beziehung, Verbindung *f*, Verhältnis *n*, Zusammenhang *m*; ~ *etm. m. Dat.* angehen, betreffen, zu tun haben (*mit*); *-u olm.* = ~ *etm.*
taallûkat, -tı [· · · -] Familienangehörige und Verwandte *pl.*
taallül Ausflüchtemachen *n*; ~ *etm.* (*od. göstermek*) (*bşde*) Ausreden erfinden.
taammüden [· x · ·] *adv.* vorsätzlich, wissentlich, mit Absicht.
taammüm Sich-Verbreiten *n*; ~ *etm.* 1. sich verbreiten; zur allgemeinen Sitte werden 2. sich ausweiten (*z.B. Krieg*) 3. verallgemeinert werden.
taarruz 1. Angriff, Vorstoß *m*, Offensive *f* 2. tätlicher Angriff, Anschlag *m* 3. Vergewaltigung *f* (*e-r Frau*); ~ *etm.* 1. *m. Dat.* angreifen, anfallen 2. *m. Dat.* vergewaltigen 3. (*ile*) in Widerspruch stehen (*zu*); kollidieren; *-a duçar olm.* angegriffen (*od.* überfallen) werden; *-a geçmek* die Offensive ergreifen; *-da bulunmak* die Offensive eröffnen.
taarruzcu Angreifer *m.*
taarruzi [ī] Angriffs-, Offensiv-; ~ *ve tedafüi ittifak* Schutz- und Trutzbündnis *n.*
taassup, -bu Fanatismus *m.*
taassupkâr fanatisch; Fanatiker (-in *f*) *m.*
taayyün 1. Präzisiert-Werden *n* 2. klarer Tatbestand; ~ *etm.* 1. präzisiert (*bestimmt, festgelegt*) werden 2. als klarer Tatbestand vorliegen.
tabaat, -ti [· - ·] 1. Druckereigewerbe *n* 2. Buchdruckerkunst *f.*
tababet, -ti [· - ·] ärztlicher Beruf.
tabak[1] 1. Teller *m* 2. Teller voll; ~ *yalamak fig.* F faul herumsitzen.
tabak[2] [· -] Gerber *m.*
tabaka[1] 1. *geol.* Schicht *f* 2. *soz.* Klasse *f*, Stand *m* 3. *biol. bot.* Schicht, Haut *f* 4. (*Papier-, Briefmarken-*)Bogen *m.*
tabaka[2] Zigaretten- *od.* Tabaksdose *f.*
tabakhane [· · - ·] Gerberei *f.*
tabaklamak gerben (*Häute*).
tabaklık[1] Tellerbrett *n.*
tabaklık[2] 1. Gerbereigewerbe *n* 2. Gerben *n.*
taban 1. Fuß- *od.* Schuh·sohle *f* 2. Fußboden *m* 3. Untersatz, Sockel *m* 4. Grund, Boden *m* 5. Sohle *f* (*e-s Bergwerks*) 6. tiefste Flußstelle 7. *ein best. Damaszenerstahl od. hieraus gefertigt* 8. abgeflachter Hügel 9. *geom.* Grund·linie, -fläche, Basis *f* 10. Unter-, Boden·fläche *f* 11. *ling.* Ableitung *f* 12. *arch.* Mauerplatte *f* 13. *agr.* Rolle, Walze *f* 14. Beherztheit *f*, Mut *m*; ~ *çalmak* 1. eilig marschieren 2. laufen, eilen; ~ *çukuru* Wölbung *f* des Fußes; ~ *suyu* Grundwasser *n*; ~ *sürtmek fig.* sich die Sohlen ablaufen; ~ *-a zıt* diametral entgegengesetzt; ~ *tepmek* (*od. patlatmak*) e-n weiten Weg

zu Fuß gehen; *-a kuvvet* zu Fuß; auf Schusters Rappen; *-ları kaldırmak iron.* sich schleunigst aus dem Staub machen.
tab'an [x ·] *adv.* von Natur aus.
tabanca [· x ·] 1. Revolver *m*, Pistole *f* 2. Revolver *m* (*als Spritzapparat des Malers usw.*) 3. V Flasche Raki *od.* Wein; *~ boyası* aufgespritzte Farbe; *~ kılıfı* Pistolentasche *f*; *~ kabzası* Pistolengriff *m*; *~ mermisi* Revolver-, Pistolen·kugel *f*; *~ namlusu* Pistolenlauf *m*.
tabanlı mit *taban*, *spez.* beherzt, mutig, tapfer.
tabansız ohne *taban*, *spez.* ängstlich, feige, ohne Schneid.
tabanvayla *hum.* auf Schusters Rappen.
tabasbus würdeloses Schmeicheln, Kriecherei *f*; *~ etm.* (*b-ne*) *vor j-m* kriechen; F *um j-n* herumschwänzeln.
tabassur *z. va.* 1. genaue Betrachtung, sorgfältige Prüfung 2. Bedächtigkeit, Umsicht *f*.
tabelâ [· x ·] 1. (*Firmen-*)Schild *n* 2. Verpflegungsliste *f* (*z.B. in e-m Krankenhaus*) 3. Kontrollaufstellung *f od.* laufende Behandlung.
tabetmek [x · ·] drucken.
tabı, *-b'ı* 1. Drucken *n*, Druck *m* 2. (*Druck-*)Auflage *f* 3. Natur, Anlage *f*, Naturell *n*.
tabıldot, *-tu* 1. *z. va.* Table d'hôte *f*, gemeinsame Tafel 2. Menü *n*.
tabi, *-ii* [ä] 1. Drucker *m* 2. Verleger *m bzw.* Herausgeber *m*.
tâbi, *-ii* 1. (nach)folgend, sich anschließend 2. abhängig, unterworfen, unterliegend (*z.B. e-r Bestimmung*) 3. subordiniert, untergeordnet 4. *math.* Funktion *f*; *~ cümle gr.* untergeordneter Satz, Nebensatz *m*; *~ kılmak* unterwerfen; *~ olm.* 1. (*b-ne*) sich *j-m* unterwerfen 2. (*b-ne*) *pol. von j-m* abhängig sein *od.* werden 3. (*bşe*) abhängen (*von*); *~ su* Zufluß *m* (*z.B. zu e-m See*); *~ tutmak* (*bşe*) unterwerfen (*z.B. e-r scharfen Kontrolle*); *vergiye ~ tutulmak* zur Steuer herangezogen werden; *gayritâbi* unabhängig.
tabiat, *-tı* [· - ·] 1. Natur *f* 2. natürliche Beschaffenheit *f* (*z.B. e-r Gegend*) 3. Wesen *n*, Charakter *m*, Naturanlage *f* 4. ästhetisches Empfinden 5. Stuhlgang *m* 6. Gewohnheit *f* 7. *s. a. tabiiyat*; *-a aykırı* naturwidrig, widernatürlich; *-a aykırı suç jur.* widernatürliche Unzucht; *-iyle adv.* 1. natürlicherweise 2. selbstverständlich 3. von selber.
tabiatsızlık Mangel *m* an ästhetischem Empfinden.
tabiatüstü, *-nü* übernatürlich.
tabiî [· - -] 1. Natur-; natürlich 2. selbstverständlich 3. naturrein; *~ âfetler* Naturkatastrophen *pl.*; *~ borçlar jur.* Naturalobligationen *pl.*; *~ cesamette* in Lebensgröße; *~ gaz* Petroleum, Erdöl *n*; *~ hal* Normalzustand *m*; *~ ilimler* Naturwissenschaften *pl.*; *~ tarih* Naturgeschichte *f*; *gayritabiî* unnatürlich.
tabiîlik 1. natürlicher Zustand, Naturzustand *m* 2. Natürlichkeit *f*.
tabiiyat, *-tı* [· - · -] Naturwissenschaften *pl.*
tabiiye [· - · ·] 1. Natur·kunde, -geschichte *f* (*als Schulfach*) 2. *phil.* Naturalismus *m*.
tabiiyeci 1. Lehrer(in *f*) *m* für Naturkunde 2. Natur·forscher(in *f*), -wissenschaftler(in *f*) *m*.
tâbiiyet, *-ti* 1. Abhängigkeit, Botmäßigkeit *f* 2. Staatsangehörigkeit *f*; *-ten ıskat* Aberkennung *f* der Staatszugehörigkeit; *ademi tâbiiyet* Unabhängigkeit *f*.
tabip, *-bi* [i] Arzt *m*; *~ raporu* ärztliche Bescheinigung; *tabibi adli*, *adlî tabip* Gerichtsarzt, medizinischer Sachverständiger.
tâbir *urspr.* [i] 1. Ausdruck *m*, Benennung, Bezeichnung *f* 2. idiomatischer Ausdruck, Redensart *f* 3. Deutung, Auslegung *f* (*z.B. e-s Traumes*); *~ caiz ise* wenn man so sagen darf; sozusagen; *~ etm.* 1. nennen, bezeichnen, ausdrücken 2. deuten, auslegen (*z.B. Traum*); *tâbiri diğerle* anders gesagt.
tâbirci Traumdeuter *m*.
tâbirname [- · - ·] Traum(deutungs)buch *n*.
tâbiye Taktik *f*; *~ manevrası* taktisches Manöver.
tab'iye Druckkosten *pl.*
tâbiyeci Taktiker *m*.
tâbiyevi [- · · -] taktisch.
tabla [x ·] 1. Tablett *n* (*z.B. für Speisen*) 2. Tragbrett *n* (*z.B. e-s Straßenhändlers*) 3. Untersatzplatte

f 4. Aschen·becher *m*, -schale *f* 5. Waagschale *f* 6. Tafel *f*, Täfelchen, Schildchen *n* 7. Deckplatte *f* (*e-r Säule*); Abschlußteil *m* (*e-s Pfostens, Mastes usw.*) 8. Unruh *f* (*als Uhrenteil*).

tablet, *-ti* 1. Tablette, Pastille *f* 2. Tafel *f*, Täfelchen *n*.

tabliye Schürze *f* (*e-r Bedienerin*).

tablo [x ·] 1. Gemälde, Bild *n* 2. Ansicht *f* 3. Übersicht, Aufstellung *f* 4. Bühnenbild *n* 5. Schilderung *f* 6. Brett *n*, Tafel *f*; *~ yapmak* ein Bild malen (*entwerfen*).

tablovivan lebendes Bild.

tabur 1. *mil.* Bataillon *n* 2. *fig.* geordnete Abteilung; *~ imamı* Bataillonsfeldprediger *m*; *~ karargâhı* Bataillonsstab *m*.

taburcu 1. *mil.* wieder truppendienstfähig 2. entlassener Sträfling 3. *fig.* Tote(r) *m*.

tabure 1. Fußbank *f*, Schemel *m* 2. Sitzschemel, Klavierstuhl, Hokker *m*.

tabut, *-tu* 1. Sarg *m* 2. lange Eierkiste.

tabutluk 1. für die Herstellung von Särgen geeignet *od.* bestimmt 2. Aufbahrungsplatz *m* für Särge *in e-r Moschee*.

tabülâtör [â kurz] Tabulator, Spaltensteller *m* (*an e-r Schreibmaschine*).

tabya [x ·] *mil.* Schanze *f*, Fort *n*.

tacdar [- -] gekröntes Haupt, Herrscher, Monarch *m*.

tâcil [- -] 1. Drängen *n* 2. *phys.* Beschleunigung *f*; *~ etm.* 1. zur Eile antreiben; drängen 2. beschleunigen.

tacir [ā] Kaufmann *m*.

tacirbaşı [- · · ·] Großkaufmann *m*.

tâciz [- -] Belästigung, Störung *f*; *~ ateşi mil.* Störungsfeuer *n*; *~ etm.* belästigen, stören; *~ uçağı mil.* Störflugzeug *n*.

tâcizlik Belästigen, Stören *n*; *~ getirmek* 1. belästigt werden *und darüber Klage führen* 2. *e-r Sache* überdrüssig werden; *~ vermek* belästigen, stören.

taç, *-cı* 1. Krone *f* (*e-s Herrschers*) 2. Kopfputz *m* (*e-r Braut*) 3. *fr.* Kopfbedeckung *f* (*e-s Abtes*) 4. Blumenkrone *f* 5. *Fb. usw.* Einwurf *m* 6. ♀ *astr.* Krone *f*; *~ giymek* 1. gekrönt werden 2. sich die Krone aufs Haupt setzen; *~ giyme merasimi* Krönungsfeierlichkeiten *pl.*

taçdar *s. tacdar.*

tadalmak *m. Abl.* Geschmack finden (*an*); gefallen.

tadım Geschmack *m*.

tadımlık Kostprobe *f*.

tadil [- -] 1. (*Ab-*)Änderung, Revision, Modifikation *f* 2. Milderung *f* 3. *chem.* Neutralisierung *f*; *~ etm.* 1. (ab)ändern, revidieren, modifizieren 2. ermäßigen, mildern 3. *chem.* neutralisieren.

tadilât, *-tı* [- · -] *pl. zu tadil, a. in sing. Bed.*

tadilci [ā] revisionistisch; Revisionist(in *f*) *m*.

tadilcilik [ā] *pol.* Revisionismus *m*.

tadilname [- - - ·] *jur.* Abänderungsantrag *m* (*bei Gesetzentwurf*).

taflan *bot.* (*Kirsch-*)Lorbeer *m*.

tafra Dünkel *m*, Anmaßung, Arroganz *f*; *~ satmak* 1. ein hochfahrendes Wesen an den Tag legen 2. großtun, prahlen.

tafracı, tafrafüruş [ū] eingebildet, dünkelhaft, anmaßend, arrogant.

tafsil [ī] eingehende Darlegung; *~ etm.* ausführlich erzählen, eingehend schildern, darlegen.

tafsilât, *-tı* Einzelheiten, Details *pl.*; *~ vermek* detaillierte Angaben machen; *-a girmek* (*od. girişmek*) auf Einzelheiten eingehen; *-iyle* im einzelnen; eingehend, ausführlich.

tagaddi [ī] Sich-Nähren *n*, Ernährung *f*; *~ etm.* sich (er-)nähren.

tagallübetmek [· · x · ·] *m. Dat.* unterjochen, tyrannisieren.

tagallüp, *-bü* Gewalt·tätigkeit, -herrschaft, Tyrannei, Despotie *f*.

taganni [ī] Singen *n*, Gesang *m*; *~ etm.* singen.

tagayyür 1. Sich-Ändern *n* 2. *pej.* Schlechter-Werden *n* 3. *biol.* Mutation *f*; *~ etm.* 1. sich ändern 2. sich zersetzen; verderben.

tağdiye 1. Ernähren *n*, Ernährung *f* 2. Versorgung *f* (*z.B. Wasser-*); *~ etm.* 1. ernähren 2. versorgen.

tağşiş [ī] (*Waren-*)Verfälschung *f*; *~ etm.* verfälschen, verschlechtern.

tağyir [ī] 1. Verändern *n* 2. *pej.* Schlechter-Werdenlassen *n*; *~ etm.* 1. verändern 2. zersetzen, verderben, denaturieren.

tahaddüs 1. Entstehen *n* 2. Intuition *f*; ~ *etm.* auftreten, entstehen, vorfallen.

tahaffuz Schutz *m*, Erhaltung *f*; ~ *etm. m. Abl.* sich hüten, sich in acht nehmen (*vor*).

tahaffuzhane [· · - - ·] Quarantäne (-station) *f*.

tahaffuzi [i] Vorbeugungs-; prophylaktisch.

tahakkuk, *-ku* 1. Verifizierung *f* 2. Realisierung *f* 3. Steuerveranlagung; Gehaltsberechnung *f* 4. Fälligkeit *f* (*e-r Zahlung*); ~ *etm.* 1. sich bewahrheiten 2. sich verwirklichen 3. sich ergeben (*Endsumme*) 4. erfüllt sein (*Bedingung*); ~ *memuru* Steuerveranlagungsbeamte(r) *m*; ~ *tarihi* Fälligkeitstermin *m*; *kabili tahakkuk* realisierbar, ausführbar.

tahakküm despotisches Regime; Gewaltherrschaft *f*; ~ *etm.* (*b-ne*) 1. beherrschen 2. sich zum Herrscher aufwerfen (*über*).

tahallûs [û kurz] 1. Befreiung *f* 2. Annahme *f* e-s Pseudonyms; ~ *etm.* 1. befreit (*errettet, erlöst*) werden 2. sich ein Pseudonym zulegen.

tahallül *chem. geogr.* Zersetzung *f*, Zerfall *m*; ~ *etm.* sich (auf)lösen, sich zersetzen; zerfallen; *kabili tahallül* löslich.

tahammül 1. Erdulden *n* 2. Ausdauer, Geduld *f*; ~ *etm.* 1. *m. Dat.* aushalten, ertragen, erdulden 2. ausharren, dulden; ~ *olunamıyacak derecede* unerträglich.

tahammülfersa [· · · · -] *z. va.* unerträglich.

tahammülsüz 1. ungeduldig; ohne Ausdauer 2. unerträglich.

tahammür Gären *n*, Gärung *f*; ~ *etm.* 1. in Gärung übergehen 2. gären.

tahan *s. tahin.*

taharet, *-ti* [· - ·] 1. Reinheit, Sauberkeit *f* 2. rituelle Reinigung (*nach dem Stuhlgang*).

taharri [i] 1. Durchsuchen *n* 2. (*memuru*) Geheimpolizist *m*; ~ *etm.* durchsuchen.

taharrüş *med.* Reizung *f*; ~ *etm.* gereizt werden (*und anschwellen*).

tahassul, *-lü z. va.* Zustandekommen *n*; ~ *etm.* sich ergeben, sich bilden, zustandekommen.

tahassür[1] Sehnsucht *f*; ~ *etm.* sich sehnen (*nach*); vermissen.

tahassür[2] *med.* Gerinnen *n* (des Blutes).

tahassüs seelischer Eindruck; Empfindung *f*.

tahaşşüdetmek [· · x · ·] 1. sich ansammeln (*Truppen*) 2. zusammengezogen, konzentriert werden (*Truppen*).

tahaşşüt, *-dü* 1. Ansammlung, Konzentration *f* 2. *mil.* Aufmarsch *m*; ~ *kampı* Konzentrationslager *n*; ~ *plânı mil.* Aufmarschplan *m*.

tahavvül 1. Wandlung *f* 2. *math.* Variation *f* 3. *math.* Umwandlung *f*; ~ *etm.* 1. sich wandeln; anders werden 2. *math.* e-e Umwandlung erfahren.

tahayyül 1. Phantasievorstellung, Illusion *f* 2. Phantasie *f*; ~ *etm.* sich et. in der Phantasie ausmalen.

tahdidat, *-ti* [· - -] *pl. zu tahdit*; *a. in sg. Bed.* Einschränkung(-en *pl.*) *f*, Beschränkung(en *pl.*) *f*, Rationierung *f*.

tahdidetmek [i] [· x · ·] 1. festlegen, ziehen (*Grenze*) 2. *math.* begrenzen, definieren 3. abgrenzen, einschränken, rationieren; *tahdidedilen hat* Demarkationslinie *f*.

tahdit, *-di* [i] 1. (*Grenz-*)Festsetzung *f* 2. *math.* Begrenzung, Definition *f* 3. Einschränkung, Rationierung *f*; ~ *çivisi techn.* Anschlagstift *m*.

tahıl Korn, Getreide *n*.

tahin [- ·] Sesamöl *n*.

tahinî [- · -] gelblich-grau.

tahkik, *-kı* [i] 1. Nachforschung, Untersuchung *f* 2. Ermittlung *f*; ~ *etm.* 1. nachforschen, untersuchen 2. ermitteln, verifizieren.

tahkikat, *-tı* [· - -] *pl. zu tahkik*; *oft in sg. Bed. spez. jur.* Untersuchung(-en *pl.*) *f*, Ermittlung(-en *pl.*) *f*; ~ *evrakı* Untersuchungsakten *pl.*; ~ *yapmak* (*od. -ta bulunmak*) Ermittlungen anstellen; *-ı derinleştirmek* genauere Nachforschungen halten.

tahkim [i] 1. Befestigung *f* 2. *jur.* Schieds·verfahren *n*, -gerichtsbarkeit *f*; ~ *etm.* 1. (be)festigen, verstärken 2. zum Schiedsrichter bestimmen; ~ *şartı jur.* Schiedsklausel *f*.

tahkimat, *-tı* [· - -] *pl.* Befestigung (-en *pl.*) *f*, Festungsanlage(-n *pl.*) *f*; ~ *yapmak* Befestigungen anlegen.

tahkimli [· - ·] befestigt, verstärkt.

tahkimname [· - - ·] *jur.* Schiedsvertrag *m*.

tahkir [i] Beschimpfen, Beleidigen *n*; ~ *etm.* beschimpfen, beleidigen.
tahlif [i] Vereidigung *f*; ~ *etm.* vereidigen; ~ *varakası* Affidavit *n*.
tahlil [i] Analyse *f*; ~ *etm.* 1. analysieren 2. zersetzen, zerlegen.
tahlilî [· - -] analytisch.
tahlis [i] Erretten *n*; ~ *etm.* (er-)retten.
tahlisiye [· - · ·] 1. = *tahlis*, *spez. jur.* Bergung und Hilfeleistung *f* in Seenot 2. Rettungsstation *f*; ~ *aleti* Rettungsgerät *n*; ~ *sandalı* 1. Rettungsboot *n* 2. Barkasse *f*; ~ *simidi* Rettungsring *m*; ~ *uçağı* Rettungsflugzeug *n*.
tahlisiyeci [· - · · ·] Helfer, Retter *m*; *-ler a.* Rettungsmannschaft *f*.
tahliye 1. (*Aus-*)Leeren *n* 2. Ausladen *n* 3. (*Aus-*)Räumen *n* 4. *mil.* (*Auf-*)Räumung *f* 5. Freilassung *f*; ~ *dâvası jur.* Räumungsklage *f*; ~ *etm.* 1. (aus)leeren 2. aus-, abladen, löschen 3. (aus)räumen, evakuieren 4. *mil.* (auf)räumen 5. frei-, ent·lassen; ~*talebi* Ansuchen *n* um Entlassung (*aus der Haft*); *tahliyei mecur jur.* Exmittierung *f*.
tahmil [i] 1. Aufladen *n* 2. Beladung *f* 3. Auferlegen *n*; ~ *ambarı* Laderaum *m*; ~ *etm.* 1. auf·laden, -bürden 2. verladen 3. auferlegen; ~ *kabiliyeti* Ladefähigkeit *f*; ~ *menfezi* Ladeluke *f*.
tahmin [i] 1. Vermutung *f* 2. Taxierung *f*; ~ *etm.* 1. vermuten, annehmen 2. schätzen, taxieren 3. raten; *-ime göre* meines Erachtens; *-ler yapmak* Vermutungen anstellen.
tahminen [i] [· x ·] *adv.* schätzungsweise, etwa, zirka, ungefähr.
tahminî [· - -] annähernd, ungefähr, approximativ, geschätzt, Schätz-; ~ *kıymet* Schätzwert *m*.
tahminlemek [i] (ab)schätzen, taxieren.
tahnit, *-ti* [i] 1. Einbalsamieren *n* 2. Ausstopfen *n*; ~ *etm.* 1. einbalsamieren 2. ausstopfen.
tahra Gartenmesser *n*, Hippe *f*.
Tahran [· -] *n.pr.* Teheran *n*.
tahribat, *-tı* [· - -] *pl.* Zerstörungen, Verwüstungen *pl.*; ~ *yapmak* Verwüstungen anrichten (*a. z.B. Insekten*).
tahribetmek [i] [· x · ·] 1. zerstören, verwüsten, verheeren 2. *mil. a.* sprengen 3. ruinieren, kaputtmachen.
tahrif [i] Entstellen *n*; ~ *etm.* 1. (*willkürlich*) abändern, fälschen 2. entstellen (*z.B. Wahrheit*), verstümmeln (*z.B. Telegramm*).
tahrik, *-ki* [i] 1. In-Bewegung-Setzen *n* 2. Einsetzen *n* 3. Antrieb *m* 4. Aufwiegelung *f*; ~ *etm.* 1. in Bewegung (*mil.* in Marsch) setzen 2. einsetzen (*Verkehrsmittel*) 3. in Gang setzen (*Maschine*) 4. erregen, erwecken (*z.B. Mitleid*) 5. auslösen (*Krise*) 6. aufwiegeln, aufhetzen, provozieren; ~ *ve teşvik jur.* Aufhetzung und Anstiftung *f*.
tahrikât, *-tı pl. zu tahrik* (*pol.*) Umtriebe *pl.*, Hetze, Provokation, Agitation *f*; ~ *ocağı* Unruheherd *m*.
tahrikâtçı, tahrikçi Aufwiegler, Hetzer, Agitator, Provokateur *m*.
tahril Linie *f*, Zug, Strich *m*.
tahrip, *-bi* [i] 1. Zerstören *n* 2. *mil. a.* Sprengen *n* 3. *fig. bes. pl.* Unheil *n*; ~ *birliği* Sprengtrupp *m*; ~ *tanesi* Sprenggranate *f*; ~ *uçağı* Zerstörerflugzeug *n*.
tahripçi [· - ·], **tahripkâr** [· - -] 1. zerstörend, verwüstend, verheerend 2. von *e-r best.* Stärke (*Erdbeben*) 3. *fig.* destruktiv, subversiv.
tahrir [i] 1. Schreiben *n* 2. Niederschrift *f* 3. schriftliche Darstellung 4. Redaktion *f* (*e-s Artikels usw.*); ~ *müdürü* Hauptschriftleiter *m*; ~ *vazifesi* (*Schul-*)Aufsatz *m*.
tahrirî [· - -] schriftlich; ~ *beyyine jur.* Urkundenbeweis *m*; ~ *imtihan* schriftliche Prüfung.
tahriş *med.* Reizen *n*, Reizung *f*; ~ *etm.* reizen (*und mehr od. minder anschwellen lassen*).
tahsil [i] 1. Erwerben *n* 2. Ausbildung *f*, Studium *n* 3. Einkassierung *f*; ~ *derecesi* (*Grad der*) Ausbildung *f*; ~ *etm.* 1. erwerben, sich aneignen (*Kenntnisse*) 2. studieren 3. erheben (*z.B. Steuern*) 4. eintreiben (*z.B. Schulden*); ~ *görmek* e-e Ausbildung erfahren; studieren; ~ *senetleri H.* Inkassopapiere *pl.*; *-i kaydiyle H.* Eingang vorbehalten.
tahsilât, *-tı pl.* 1. einkassierte Beträge *pl.* 2. (*Bank-*)Einzahlungen *pl.*; ~ *gişesi* Einzahlungsschalter *m*.
tahsildar [· - -] Steuereinnehmer *m*.
tahsis [i] Zuweisung *f*; ~ *etm.* 1. zuteilen, bestimmen; zu-, an-

weisen 2. aussetzen, bewilligen (*Summe usw.*) 3. zur Verfügung stellen; einsetzen (*Person od. Mittel*) 4. widmen.
tahsisat, *-tı* [· - -] *pl. zu tahsis* Budgetkredite *pl.*, Fonds *m*, bewilligte Gelder *pl.*, (*Budget-, Plan-*) Mittel *pl.*; *~ vermek* Mittel bewilligen *od.* zur Verfügung stellen (*z.B. Nationalversammlung*).
tahşidat, *-tı* [· - -] *Intensitätspl. zu tahşit*; *~ yapmak* zusammenziehen, konzentrieren (*Truppen*).
tahşidetmek [i] [· x · ·] zusammenziehen, konzentrieren (*Truppen*).
tahşit, *-di* [ī] Zusammenziehung, Konzentration *f* (*von Truppen*).
taht¹, *-tı* Thron *m*; *-a çıkmak* (*od. oturmak*) den Thron besteigen; *-a geçmek* auf den Thron kommen (*Nachfolger*); *-tan feragat* Thronverzicht *m*, Abdankung *f*; *-tan indirmek* entthronen, absetzen (*König*).
taht², *-tı* unter; sub-; *tahtı temine almak* 1. sicherstellen 2. verbürgen; *tahtı muhafazaya alınmak* in Schutzhaft genommen werden.
tahta 1. Brett (*a. Spielbrett*) *n*, Planke, Diele *f* 2. (*Wand-*)Tafel *f* 3. Metallplatte *f*, Blech *n* 4. (*Gemüse-*)Beet *n* 5. Untersatz *m* 6. Holz-; hölzern 7. Bretter-, Planken-; *~ çivi* Holz•nagel, -stift *m*; *~ kurdu zo.* Holzwurm *m*; *~ mandal* Holzklammer *f*; *~ perde* 1. spanische Wand 2. Bretterwand *f*, Bauzaun *m*; *-sı eksik hum.* nicht ganz bei Trost.
tahtabiti, *-ni s. tahtakurusu.*
tahtaboş 1. Holzterrasse *f* 2. Dachterrasse *f* (*spez. zum Wäschetrocknen*).
tahtakoz V Polizist, Gendarm *m*.
tahtakurusu, *-nu zo.* Wanze *f*.
tahtalaşmak 1. *selt.* zu Holz werden, verholzen 2. *fig.* sich abstumpfen (*Gefühl*) 3. *fig.* gefühlsroh werden (*z.B. Kind*).
tahtapuş *s. tahtaboş.*
tahtelhıfız, *-fzı* unter Bewachung.
tahterevalli [· · · x ·] (*Brett-*)Schaukel, Wippe *f*.
tahteşşuur 1. Unterbewußtsein *n* 2. unterbewußt.
tahtezzemin [ī] 1. *geol.* Untergrund *m* 2. unterirdisch; *~ kablo* unterirdisches Kabel; *~ su seviyesi* Grundwasserspiegel *m*.

tahtıravan [· · · -] 1. Sänfte *f* 2. Rikscha *f*.
tahvil [ī] 1. (*a. math.*) Umwandlung *f* 2. *fin.* Konversion *f* 3. Obligation, Schuldverschreibung, Anleihe *f*; *~ etm. m. Dat.* 1. ab-, um•ändern (*zu*); um-, ver•wandeln (*in*) 2. wechseln (*Geld in andere Währung*) 3. *math.* umformen, umwandeln; *~ kolu techn.* Umschalthebel *m*.
tahvilât, *-tı pl. fin.* Obligationen, Schuldverschreibungen *pl.*
tahvildar [· - -] *fin.* Obligationär *m*.
taife [- · ·] *s. tayfa.*
tak¹, *-kı* [ā] *arch.* Bogen *m*.
tak², *-kı Lm. verschiedener Geräusche*; *~ demek* (*od. etmek*) (*canına*) *fig.* unerträglich werden; *~ ~ kapı vuruldu* es wurde heftig an die Tür geklopft.
takaddüm 1. Vorangehen *n*, Priorität *f* 2. schnelleres Handeln 3. *mil.* Vorsprung *m*; *~ etm. m. Dat.* 1. voran-, voraus-, vorher•gehen 2. schneller handeln, zuvorkommen.
takanak *s. takıntı.*
takarrübetmek [· · x · ·] sich nähern.
takarrüp, *-bü* 1. Annäherung *f* 2. Anmarsch *m* 3. Konvergenz *f*.
takarrür 1. Beschlossen-Werden *n* 2. Annahme *f* endgültiger Form; *~ etm.* 1. beschlossen werden 2. zur Ruhe kommen (*Angelegenheit*) 3. sich entscheiden (*schwebende Angelegenheit*) 4. endgültige Form annehmen.
takas 1. [· -] *urspr.* Verrechnung *f* (*von Forderungen und Gegenforderungen*) 2. [· ·] (*Waren-*)Kompensationsgeschäft *n*; *~ tukas etm.* gegenseitig abrechnen; kompensieren.
takat, *-ti* [- ·] (*a. phys.*) Kraft *f*; *~ getirmek* ertragen, aushalten; *-i kalmamak m. Dat.* keine Kraft mehr haben (*zu*); *-i kesilmek* ganz erschöpft sein; *-ten düşmüş* übermüdet.
takatsiz [- · ·] erschöpft, abgespannt, kraftlos, übermüdet.
takatuka [· · x ·] 1. Lärm *m*, Getöse *n* 2. *fr.* Aschenbehälter *m* 3. *typ.* Klopfholz *n*.
takayyüdat, *-tı* [· · · -] *pl.* Vorsichtsmaßregeln *pl.*
takayyüdetmek [· · x · ·] *m. Dat.* sorgfältig vorgehen (*bei*).
takayyüt, *-dü* Achtsamkeit, Sorgfalt *f*.

takaza [· - -] 1. Belästigen *n* 2. ungestümes Mahnen 3. Vorhaltung *f*; ~ etm. 1. belästigen, bedrängen 2. ungestüm mahnen (*et. zu tun*) 3. erwiesene Wohltaten vorhalten.
takbih [i] Mißbilligen *n*; ~ etm mißbilligen, tadeln.
takdim [i] 1. Voranstellen *n* 2. Anerbieten *n*, Offerte *f* 3. Überreichung *f* 4. Vorstellen *n*; ~ etm. voraus-, voran·stellen; vorausgehen lassen 2. anbieten 3. überreichen 4. Ausdruck geben (*z.B. der Hochachtung*) 5. (*b-ni*) vorstellen; bekannt machen; ~ (ve) tehir *stil. von der syntaktischen Norm abweichende* Wortstellung *f*.
takdir [i] 1. Schätzung, Bewertung, Benotung *f*, *jur.* Ermessen *n* 2. Hochachtung *f* 3. göttlicher Ratschluß 4. (*im Lok.*) Fall *m* 5. (*Fortsetzungs-*)Pünktchen *pl.*; ~ etm. 1. (ab)schätzen, bewerten, benoten 2. schätzen, würdigen, anerkennen; ~ hakkı *jur.* richterliches Ermessen *n*; -e bağlı muamele Ermessensakt *m*; bu -de in diesem Falle; geldiği -de falls er kommt.
takdirkâr [i] Verehrer *m*, treuer Anhänger.
takdirname [· - - ·] Anerkennungs-, Belobigungs·schreiben *n*.
takdis [i] 1. Heiligen *n* 2. Segnen *n* 3. abgöttisches Verehren; ~ etm. 1. für heilig erklären 2. segnen 3. abgöttisch verehren.
takeometre [· · · x ·] 1. Tachometer *n* 2. Tachymeter *n*.
takı 1. Schmuckgegenstand *m zum Anstecken* 2. *gr.* a) Präposition *f* b) Postposition *f* 3. enklitische Partikel.
takıldak Sperr·klinke *f*, -hebel *m* (*an e-m Rad*).
takılgan wer gerne neckt (*foppt*).
takılı hängengeblieben (*z.B. an Stacheldraht*).
takılmak *m. Dat.* 1. *Pass. zu* takmak 2. hänseln, necken 3. sich *an j-n* hängen 4. sich heften (*an, auf*) (*z.B. Gedanken*) 5. sich verbeißen (*in*) 6. *fig.* (*bş. üzerinde*) festhalten (*an*), sich versteifen (*auf*) 7. ansprechen (*Frau, Mädchen*) 8. unterwegs aufgehalten werden.
takım *zusammengehörige Dinge od. Personen*: 1. Gerät, Geschirr *n*, Garnitur *f*, Service, Besteck, Mobiliar *n* 2. Gruppe, Schar, Schicht, Truppe *f*, Volkshaufen *m*; (*Sport*) Mannschaft *f*; Zug *m* (*Soldaten*) 3. Zigarettenspitze *f* 4. *bot.* Ordnung *f*; *zo.* Gruppe *f* 5. *gr.* (*sb. od. adj.*) Fügung *f*; ~ mukavelesi *jur.* Gruppenarbeitsvertrag *m*; ~ taklavat 1. alles Werkzeug und Gerät 2. alles Zubehör.
takımada Archipel *m*.
takımhane [· · - ·] 1. Lager *n* für Zubehörteile 2. Werkzeughalle *f* (*in Fabrik*).
takımyıldız Sternbild *n*.
takınmak 1. anstecken, anhängen 2. annehmen, zeigen 3. zusammenraffen (*z.B. seine ganze Willenskraft*).
takıntı 1. Beiwerk *n* 2. *pej.* überflüssiges Drum und Dran 3. F zurückzuzahlende Schuld 4. F ausstehende Prüfung.
takır takır klappernd, rasselnd, knatternd.
takır tukur mit lautem, störendem Klappern, Rasseln *od.* Knattern.
takırdamak klappern (*z.B. Holzschuhe*), knattern (*z.B. Maschinengewehr*), rasseln.
takızafer [- · · ·] Triumphbogen *m*.
takibat, -tı [- - -] *pl.* (*Straf-*)Verfolgung *f*.
takibetmek [- - · ·] [- x · ·] (ver-)folgen, hinterdreinkommen.
takip, -bi [- -] 1. (*Ver-*)Folgen, Hinterdreinkommen *n* 2. *jur.* (*Zwangs-*)Beitreibung, (*Zwangs-*) Vollstreckung *f*.
takke 1. kleines, dünnes Käppchen 2. *math.* Kugelkappe, Kalotte *f* 3. Haubenmagen *m* (*der Wiederkäuer*).
takla(k) Purzelbaum *m*; ~ atmak (*od.* kılmak) 1. e-n Purzelbaum schlagen 2. sich überschlagen (*z.B. Auto*) 3. ein Looping machen (*Flugzeug*) 4. *fig.* sich unbändig freuen 5. *fig.* den Hanswurst spielen.
taklacı 1. (*Parterre-*) Akrobat *m* 2. *zo.* Purzeltaube *f* 3. schmeichlerisch.
taklak *s.* takla(k).
taklidetmek [i] [· x · ·] 1. nachahmen, imitieren 2. nachmachen, fälschen 3. nachäffen 4. nacheifern.
taklidî [· - -] 1. imitiert 2. gefälscht 3. onomatopoetisch 4. unselbständig.
taklit, -di [i] 1. Nachahmung, Imitation *f* 2. Fälschung *f* 3. Nach-

äffung *f* 4. Nacheiferung *f* 5. nachgemacht, imitiert, unecht 6. unselbständig.

takma 1. *Vs. zu takmak* 2. falsch, künstlich, unecht; ~ *ad* angenommener Name; Pseudonym *n*; ~ *diş* Stiftzahn *m*; ~ *göz* Glasauge *n*; ~ *motör* Außenbordmotor *m*; ~ *saç* Perücke *f*; ~ *yaka* Anknöpfkragen *m*.

takmak, (-*ar*) 1. an-, auf·hängen; befestigen, *techn.* anschließen 2. einsetzen (*z.B. Fenster*) 3. aufsetzen (*z.B. Brille*) 4. an·legen, -stecken (*z.B. Orden*) 5. umgürten (*z.B. Schwert*) 6. beilegen (*z.B. Spitznamen*) 7. (*als Begleiter*) beigeben 8. *techn.* montieren 9. als Brautgeschenk überreichen 10. V Schulden hinterlassen 11. (*in Verb. mit arka, art od. peş*) mitbringen 12. *m. Abl.* durchfallen (*in*) 13. *b-ni od. bşi takmamak* V keine Rücksicht nehmen (*auf*); *takıp takıştırmak* fein herausputzen; herausstaffieren.

takoz 1. Holz·keil *od.* -klotz *m* 2. Hobelkasten *m* 3. Hemmkeil *m* 4. Holzdübel *m* 5. Holzunterlage *f*.

takriben [i] [· x ·] *adv.* ungefähr, etwa, gegen.

takribi [· - -] Annäherungs-; approximativ.

takrir [i] 1. Vortrag *m*, mündliche Darlegung 2. *pr.* Erklärung *f* über Grundstücksverkauf 3. Festigung, Sicherung *f* 4. schriftlicher Antrag; Votum *n*; ~ *sahibi* Interpellant *m*.

takriz [i] Geleitwort *n* (*in e-m Werk*).

taksa [x ·] Taxe, Gebühr *f*; ~ *pulu* Marke *f* für Strafgebühr; Nachporto *n*.

taksi [x ·] 1. Taxi *n* 2. *selt.* Taxiuhr *f*.

taksim [i] 1. Teilung *f* 2. *math.* Division *f* 3. *math.* geteilt *durch* 4. *mus.* Improvisation *f* 5. *fr.* Wasserverteilungsstelle *f* 6. ≗ [x ·] *Name e-s Platzes in Ist.*; ~ *etm.* 1. (ein-, ver-, auf-)teilen; zerlegen 2. *math.* dividieren; ~ *işareti* Divisionszeichen *n*; ~ *kabiliyeti* Teilbarkeit *f*; *taksimi kuva* 1. *mil.* Truppeneinteilung *f* 2. *jur.* Gewaltenteilung *f*.

taksimat, -*tı* [· - -] *pl.* 1. Raumverteilung *f* 2. Ein-, Ver-, Auf·teilung *f*.

taksir [i] Verfehlung, Schuld, Unterlassungssünde *f*.

taksirat, -*tı* [· - -] *pl.* 1. Verfehlung (-en *pl.*) *f*, Unterlassung (-en *pl.*) *f* 2. P Los, Schicksal *n*.

taksiratlı [· - - ·] selbstverschuldet (*z.B. Bankrott*).

taksirli [· - ·] schuldhaft, fahrlässig; ~ *suçlar jur.* Fahrlässigkeitsdelikte *pl.*

taksit, -*di* Rate *f*; -*le* ratenweise; auf Ratenzahlung.

taksitçilik Abzahlungssystem *n*.

taktak 1. *s. tak tak* 2. Schlagholz *n* (*beim Waschen*).

taktir [i] Destillation *f*; ~ *etm.* destillieren.

takunya [· x ·] türk. Stelzenschuh *m*.

takvim [i] Kalender *m*.

takviye Verstärken *n*; ~ *etm.* ver-, be·stärken; festigen, kräftigen; *mil. a.* ausbauen (*z.B. Stellung*).

takyidetmek [i] [· · x · ·] ein-, beschränken; rationieren.

takyit, -*di* [i] Ein-, Be·schränkung; Rationierung *f*.

talâk, -*kı fr.* Verstoßung *f* der (*Ehe-*) Frau.

talaş Späne, Abfälle *pl.*

talaz 1. Welle, Woge *f* 2. *kleine Unebenheiten auf abgeschabtem Seidenstoff.*

talebe (*urspr. pl.*) 1. Schüler(in *f*) *m*, Student(in *f*) *m* 2. Schüler(innen) *pl.*, Studenten *pl.*, Studentinnen *pl.*

talebetmek [· x · ·] verlangen, fordern, begehren, beanspruchen.

talep, -*bi* 1. Verlangen *n*, Forderung *f*, Begehren *n*, Anspruch *m* 2. An-, Er·suchen *n*; Antrag *m*, Gesuch *n* 3. *H.* Nachfrage *f*; ~ *vukuunda* bei Ersuchen, auf Aufforderung.

tâli, -*ii* (nach)folgend 2. sekundär; ~ *cümle gr.* untergeordneter Satz, Nebensatz *m*; ~ *encümen* Unterkommission *f*, Ausschuß *m*; ~ *mesail* Fragen *pl.* sekundärer Bedeutung; ~ *üs mil.* Nebenstützpunkt *m*.

talih [ā] Glück, Schicksal *n*; ~ *küskünü* mit seinem Schicksal hadernd; -*i açıktır fig.* er ist ein Sonntagskind; -*in cilvesi* launisches Geschick; Ironie *f* des Schicksals; -*ine bakmak* (*b-nin*) *j-m* das Horoskop stellen; -*ine tânetmek* sein Geschick verfluchen; *talihi harb* Kriegsglück *n*.

talihli [ā] vom Glück begünstigt; glücklich; *a.* glücklicher Gewinner.

talihsiz [ā] vom Unglück verfolgt; Pechvogel, Unglücksrabe *m*.

talihsizlik [ā] Unglück *n*, Unstern *m*, Pech, Mißgeschick *n*.

talik, *-kı* [- -] 1. *va.* Aufhängen *n* 2. Abhängigmachen *n* 3. *jur.* Vertagung, Aussetzung *f* 4. *Name e-r ar. Schriftart*; ~ *etm.* 1. *va.* an-, auf·hängen 2. (*bşi bşe*) *et.* abhängig machen (*von*) 3. verschieben, vertagen, aussetzen; *taliki muhasamat* (*zeitweilige*) Waffenruhe.

talika [· x ·] *leichter, vierrädriger Einspänner zur Beförderung von Personen od. Sachen.*

talim [- -] 1. Unterricht *m* 2. Ausbildung *f* 3. Übung *f* 4. *mil. a.* Exerzieren *n*; ~ *fişeği* Übungs-, Exerzier-, Platz·patrone *f*; ~ *görmek* ausgebildet werden; ~ *heyeti* Lehrkörper *m*; ~ *meydanı* Exerzierplatz *m*; ~ *tüfeği* Instruktionsgewehr *n*; ~ *uçuşu* Schulflug *m*; ~ *ve terbiye* Unterricht und Erziehung.

talimat, *-tı* [- - -] *pl.* 1. Instruktionen, Direktiven, Verhaltungsmaßregeln *pl.* 2. Bestimmungen, Anordnungen, Anweisungen *pl.* 3. *spez.* Dienstanweisung *f*; ~ *dairesinde* im Rahmen der erhaltenen Instruktionen.

talimatname [- · · - ·] 1. amtliche Bestimmungen *pl.* 2. Statut(-en *pl.*) *n*.

talimli [ā] ausgebildet (*Soldat*); ~ *maymun fig.* wer nur Kadavergehorsam kennt.

talimname [- · - ·] 1. Vorschrift, Ordnung *f* 2. Instruktionsbuch, Exerzierreglement *n*; *-ye uygun* vorschriftsmäßig; *-ye aykırı* vorschriftswidrig.

tâlip, *-bi* Interessent, Reflektant, Bewerber *m*.

tallah [x ·], **tallahi** [x · ·] bei Gott!, fürwahr!

taltif [ī] Auszeichnen *n*; ~ *etm. j-n mit. et* auszeichnen.

talveg [x ·] (*hattı*) Talweg *m*, Strombahn *f*.

talyamar *naut.* Galion *n*, Galionsfigur *f*.

tam, *-mmı urspr.* [ā] 1. ganz, voll 2. genau, gerade; ~ *karar* ganz richtig; ~ *mevcutlu* 1. vollzählig, vollständig 2. *mil.* kriegsstark; mit Höchstgeschwindigkeit; ~ *-ına* haargenau; ~ *tertip* vollständig, gründlich; ~ *vaktinde* gerade noch rechtzeitig.

tamah Gier, Habsucht, Unersättlichkeit *f*.

tamahkâr (hab)gierig, unersättlich.

tamam *urspr.* [· -] 1. fertig, beendet 2. Schluß!, aus! 3. vollständig, restlos, ganz 4. Vollkommenheit *f* 5. Ergänzung *f*; *math.* Komplement *n*; ~ *etm.* fertig machen; zu Ende führen; ~ *mı?* 1. fertig? 2. stimmt es? (*Geld*); *-ı -ına s. tastamam.*

tamamen [· - ·] [· x ·] *adv.* restlos, vollständig, genau, ganz und gar.

tamamiyet, *-ti* [· - · ·] 1. Vollständigkeit *f* 2. Unversehrtheit, Integrität *f*; *tamamiyeti mülkiye* territoriale Integrität.

tamamiyle [· · x] *adv.* gänzlich, ganz und gar, restlos, vollständig.

tamamlamak 1. vervollständigen, ergänzen 2. vollenden, zum Abschluß bringen.

tambur *mus. Zupfinstrument mit bes. langem Hals.*

tambura [· x ·] 1. *e-e Art Gitarre* 2. *techn.* Trommel *f*.

tamburalı *techn.* Trommel-; ~ *fişek zarfı* Trommelmagazin *n*; ~ *fren* Trommelbremse *f*.

tamburi [· - -] Tamburspieler(in *f*) *m*.

tamim [- -] 1. Verbreitung *f* 2. Förderung *f* 3. Runderlaß *m*, Verwaltungsanweisung *f* 4. Verallgemeinerung *f*; ~ *etm.* 1. allgemein, verbreiten 2. fördern, popularisieren 3. ausweiten 4. e-n Runderlaß herausgeben 5. verallgemeinern.

tamir [- -] Ausbesserung, Instandsetzung, Reparatur *f*; ~ *atelyesi* 1. Reparaturwerkstatt *f* 2. V Dirne, Hure *f*; ~ *etm.* ausbessern, wieder instandsetzen, reparieren; ~ *görmek* repariert werden.

tamirat, *-tı* [- - -] *pl.* 1. Reparaturen *pl.* 2. *pol.* Reparation *f*; ~ *konferansı* Reparationskonferenz *f*.

tamirci [ā] Ausbesserer, Reparateur, *spez.* Flickschuster *m*.

tamirhane [- · - ·] Reparaturwerkstätte *f*.

tamlama *sb. od. adj.* Fügung *f*.

tampon 1. Watte-, Mull·bausch, Tampon *m* 2. Dichtungspfropf(en) *m* 3. Puffer *m* (*an Eisenbahnwagen*) 4. Stoßstange *f* (*an Auto*) 5. Löscher *m*, Löschwiege *f* 6. V weibliche Brust 7. Stempelkissen *n* 8. *typ.*

Tupfballen *m*; ~ *açıklığı* Pufferabstand *m*; ~ *devlet(-i)* Pufferstaat *m*.
tamtakır [x · ·] *a. m. der Forts.*: *kuru bakır* vollkommen leer (*z.B. Zimmer, Geldbeutel usw.*).
tamters 1. genaues Gegenteil 2. genau umgekehrt.
tamülayar [- · · -] 1. *va.* genaugehend (*Uhr*) 2. hochkarätig (*Gold*), hochlötig (*Silber*).
tamüssıhha [- · · ·] vollkommen gesund.
tan Morgendämmerung *f*, Morgen *m*; ~ *atıyor* es dämmert; der Morgen bricht an.
tân 1. Kritik *f*, Vorwürfe *pl*. 2. Schmähung, Verwünschung *f*.
-tan *vgl. a. -dan, -den, -ten.*
tanassur Übertritt *m* zum Christentum; ~ *etm.* zum Christentum übertreten; Christ werden; ~ *ettirmek* zum Christentum bekehren; christianisieren.
Tanca *n. pr.* Tanger *n* (*Nordafrika*).
tandans Tendenz, Neigung *f*.
tandanslı tendenziös gefärbt *od.* entstellt.
tandır 1. *e-e in den Boden eingelassene Backvorrichtung* 2. *primitive Wärmeeinrichtung.*
tandırname [· · - ·] 1. (*Altweiber-*) Geschwätz *n*, Ammenmärchen *pl*.
tane [ā] 1. Stück *n* (*als Zählbegriff*) 2. Korn *n*, Beere *f*, Kern *m* 3. *mil.* Granate *f* 4. Lederpressung *f* 5. Kügelchen *n*, Perle *f* (*e-r Gebetskette*) 6. (*Schrapnell-*)Kugel *f*; ~ ~ Stück für Stück; eins nach dem andern; ~ *tapası* Granatzünder *m*; ~ *tutmak* (*od. -ye gelmek*) Körner *bzw.* Beeren ansetzen.
tanecik [ā] 1. Stückchen *n* 2. *geol.* Körnchen *n* 3. *s. bir tanecik.*
tanecikli [ā] 1. körnig, granulös 2 mit Pickeln und Körnchen übersät (*Gesicht*).
tanecil [ā] *zo.* Körner fressend.
tanelemek [ā] 1. auskörnen (*z.B. Maiskolben*) 2. abbeeren 3. die Kerne herausnehmen 4. pressen *od.* krispeln (*bei der Lederfabrikation*).
tanen *chem.* Tannin *n*, Gerbsäure *f*.
tânetmek [x · ·] *m. Dat.* 1. kritisieren 2. lästern, schmähen, verwünschen.
tangır tangır hallend, schallend, dröhnend.
tangır tungur 1. dumpf dröhnend 2. mit Gepolter.
tango [x ·] 1. *mus.* Tango *m* 2. P herausstaffiert, aufgedonnert (*Frau, Mädchen*).
tanıdık bekannt; Bekannte(r) *m/f*.
tanık 1. Zeuge *m* 2. Zeugnis, Beweismittel *n*.
tanıma *Vs. zu tanımak, spez. jur.* Anerkennung *f*.
tanımak *m. Akk.* 1. kennen 2. (*wieder*) erkennen 3. kennenlernen 4. anerkennen; *a.* glauben (*an*) 5. sich fügen (*z.B. dem Gesetz*) 6. *j-n* verantwortlich machen 7. sich *auf et.* einlassen.
tanınmış bekannt, berühmt; *doğru* ~ *bir hâkim* ein als gerecht bekannter Richter.
tanışıklık Bekanntschaft *f*; *onunla hiç tanışıklığım yoktur* ich bin mit ihm nicht bekannt.
tanışma *Vs. zu tanışmak*; ~ *işareti a. mil.* Erkennungszeichen *n*.
tanışmak 1. sich gegenseitig kennen *bzw.* erkennen 2. *mit j-m* bekannt werden.
tanıştırmak bekannt machen; vorstellen.
tank, *-kı* 1. (*Benzin-, Wasser- usw.*) Tank *m* 2. Tank, Panzerwagen *m*; ~ *defi topu* Panzerabwehr·geschütz *n*, -kanone *f*, Pak *f*; ~ *kıtaları* Kampfwagenverbände *pl.*; ~ *mânii* Panzersperre *f*.
tanklı mit *tank* ausgestattet; ~ *vagon* Kesselwagen *m*.
tanrı 1. Gott *m*, Gotheit *f* 2. ≗ Gott *m*; Herrgott, Herr *m*; ~ *kayrası* göttliche Vorsehung; *-nın günü* 1. den lieben langen Tag 2. jeden Tag (*den der Herrgott werden läßt*).
tanrılaşmak zum Gott werden; göttliche Ehren erfahren.
tanrısız gottlos, atheistisch.
tanrıtanımazlık Gottlosigkeit, Atheismus *m*.
tansyon 1. *med.* Blutdruck *m* 2. *el.* Spannung *f*; ~ *düşüklüğü med.* Hypotonie *f*; ~ *ölçme aleti med.* Blutdruckmesser *m*; ~ *yüksekliği med.* Hypertonie *f*.
tansyonlu an Blutdruckbeschwerden leidend.
tantana Prunk *m*, Pracht *f*, Pomp [*m*.]
tantanalı 1. prunkvoll, prächtig, pompös 2. *pej.* hochtrabend (*Worte*).

tantun *in der Füg.*: *-a gitmek* P 1. umkommen 2. ins Unglück geraten.

tanyeri, *-ni* Stelle *f* des Sonnenaufgangs; ~ *ağarıyor* der Morgen graut.

tanzifat, *-tı* [· · -] Straßenreinigung *f*.

tanzifiye [· - · ·] Straßenreinigungsumlage *f*.

tanzim 1. Ordnung *f* 2. Aufstellung *f* 3. Ausfertigung *f* 4. Ausrichtung *f* 5. Zeiteinstellung *f*; ~ *etm.* 1. ordnen, regeln, aneinanderreihen 2. aufstellen (*z.B. Liste*) 3. aus•stellen, -fertigen (*z.B. Bescheinigung*) 4. ausrichten (*z.B. Politik*) 5. genau einstellen (*z.B. Zeitzünder*); ~ *tertibatlı valf techn.* gesteuertes Ventil; ~ *vidası techn.* Stellschraube *f*.

Tanzimat, *-tı* [· - -] *n. pr.* 1. *die politische Reform von 1839* 2. *die reformistische Tanzimat-Periode.*

tapa [x ·] 1. Korken, Stöpsel, Pfropfen *m* 2. Zünder *m* (*e-r Granate*) 3. *techn.* Dübel *m*; *tıpayı atmak fig.* in Harnisch geraten.

tapacı Pyrotechniker, Feuerwerker *m*.

tape maschinenschriftlich; ~ *etm.* mit der Maschine schreiben; F tippen.

tapınmak, (*-ır*), **tapmak**, (*-ar*) *m. Dat.* 1. anbeten 2. verehren (*Frau, Mädchen*).

tapon F 1. minderwertig, Ausschuß-, Ramsch- 2. *fig.* unbrauchbar, unnütz 3. V Ladenhüter *m* 4. V alter Kracher.

taponcu F Ramschhändler *m*.

taptaze [x - ·] 1. ganz frisch, ganz grün 2. ganz neu 3. jugend-, taufrisch.

tapu 1. (*sicili*) Grundbuch *n* 2. (*senedi*) Grundbuchauszug *m* 3. (*dairesi*) Grundbuchamt *n*.

tapulu ins Grundbuch eingetragen.

tapyoka [· x ·] Tapioka *f*.

taraça [· x ·] Terrasse, Veranda *f*.

taraf 1. Seite, Gegend, Richtung *f* 2. Gebiet *n*, Abschnitt, Teil *m* 3. *math.* Seite *f* (*e-r Gleichung*) 4. (*Prozeß- usw.*) Partei *f*, (*Gegen-*) Seite, Gruppe *f* 5. (*Geburts-*)Linie *f* 6. *Art der Buchführung* 7. Beziehungen *pl.* 8. (*tarafından*) a) seinerseits; b) (*beim Pass.*) von, durch; c) im Auftrag, Namen (*von*); d) auf seiner Seite (*stehend*); ~ ~ strichweise; ~ *tutarak* in parteiischer Weise; *-a çıkmak* (*od. olm.*) (*b-den*) *für j-n* Partei ergreifen.

tarafeyn *z. va. Dual* beide Partner, Parteien, Seiten, *spez.* 1. junges Ehepaar 2. Verlobte *pl.* 3. *math.* beide Seiten (*e-r Gleichung*).

tarafgir [ī] parteiisch.

taraflı 1. mit *soundsoviel* Seiten; -seitig 2. mit guten Beziehungen 3. Anhänger, Parteigänger *m* 4. aus *e-r best.* Gegend stammend 5. geneigt (*et. zu tun*).

tarafsız 1. neutral 2. unparteiisch.

taraftar [· · -] Anhänger, Parteigänger, Freund *m*; ~ *olm. m. Dat.* 1. Anhänger sein (*von*) 2. *et.* befürworten; sich einsetzen (*für*).

tarak 1. Kamm *m* 2. Weberkamm *m* 3. Kamm *m* (*mancher Vögel*) 4. *zo.* Mittel•hand *f*, -fuß *m* 5. (*Fisch-*)Kieme *f* 6. Harke *f*, Rechen *m*; Egge *f* 7. (*Spinn-*)Hechel *f* 8. (*Flachs-*)Riffel *f* 9. *zo.* Pilger- *od.* Herz·muschel *f* 10. Bagger *m* 11. Gradiereisen *n* 12. Zahnmuster *n* (*auf Stoff*) 13. Scharrnetz *n* (*der Fischer*) 14. Oberleder *n* (*des Schuhes*); ~ *dubası* Schwimmbagger *m*; ~ *gemisi* Baggerprahm *m*; ~ *işi* Strichmuster-, Schraffur·arbeit *f*.

taraklamak 1. harken 2. (aus)baggern 3. schraffieren, riffeln 4. Muscheln fischen 5. hecheln (*beim Spinnen*) 6. mit dem Gradiermesser bearbeiten (*Steinmetz*).

tarakotu, *-nu bot.* Kardendistel *f*.

taralelli *s. terelelli*.

taralı gekämmt, durchsucht, abgesucht (*usw. s. taramak*).

tarama 1. *Vs. zu taramak* 2. Exzerpt *n*, Auszug *m* 3. gesalzener Weißfisch-Rogen 4. schraffiert; ~ *faaliyeti* Säuberungsaktion *f*.

taramak 1. kämmen 2. durch-, ab•suchen 3. exzerpieren 4. hecheln (*beim Spinnen*) 5. riffeln (*bei Flachsbereitung*) 6. harken, rechen, eggen 7. (aus)baggern 8. behauen (*Steine*) 9. schraffieren.

taranmak 1. *Pass. zu taramak* 2. sich kämmen.

tarassudetmek [· · x · ·] beobachten; be-, über•wachen.

tarassut, *-du* 1. *astr. mil.* Beobachtung *f* 2. Be-, Über•wachung *f* (*z.B. der Grenze*).

tarator *Name e-r best. Sauce.*
taravet, *-ti* [· - ·] (*Jugend-*)Frische *f.*
taraz Ausfaserung *f*; ~ ~ *olm. s. tarazlanmak.*
tarazlamak ausfasern, auszupfen.
tarazlanmak 1. sich ausfasern, sich abschaben, sich abnutzen (*z.B. Seide*) 2. durcheinandergeraten.
tarçın Zimt *m.*
tard 1. Verjagen *n* 2. Austoßung *f* 3. Abwehr *f.*
tardetmek [x · ·] 1. verjagen, vertreiben 2. ausstoßen, ausweisen, dimittieren, relegieren 3. ab-, zurück·schlagen; abwehren, abweisen, vereiteln (*z.B. Angriff*).
taret, *-ti* Panzer(dreh)turm *m*; ~ *topu* Turmgeschütz *n.*
tarh 1. *math.* Subtraktion *f* 2. Auferlegung *f* (*von Steuern usw.*) 3. (*a. çiçek tarhı*) Blumen·beet *n*, -anlage *f.*
tarhana [x · ·] *ein mit Joghurt und Fleischbrühe hergestelltes Suppenmehl*; ~ *çorbası* Tarhana-Suppe *f.*
tarhetmek [x · ·] 1. abziehen, subtrahieren 2. *m. Dat.* auferlegen (*Steuern, Abgaben usw.*) 3. mit Blumen bepflanzen.
tarhun *bot.* Estragon *m.*
tarım 1. Ackerbau *m*, Landwirtschaft *f* 2. *agr.* Anbau *m*, Kultur *f*; ♀ *Bakanlığı s. Ziraat Vekâleti.*
tarif [- -] 1. Erklärung *f* 2. Begriffsbestimmung, Definition *f* 3. *math.* Begrenzung, Definierung *f*; ~ *etm.* 1. erklären, beschreiben 2. definieren 3. *math.* begrenzen, definieren; *gayrikabili tarif* undefinierbar.
tarife [ā] 1. Tarif *m*, Preisliste *f* 2. Fahrplan *m* 3. Zollbestimmung (-en *pl.*) *f*; Zollsatz *m* 4. Gebrauchsanweisung *f.*
tarifname [- · - ·] 1. Beschreibung, (*Gebrauchs-*)Anweisung *f* 2. nähere Angaben *pl.*, *z.B.* Prospekt *m.*
tarih [ā] 1. Geschichte *f* (*Historie*) 2. Datum *n*, Zeitpunkt *m* 3. Chronogramm *n*; ~ *atmak* (*od. koymak*) das Datum hinschreiben; ~ *ressamı* Historienmaler *m*; *-e intikal etm.* (*od. karışmak*) nur mehr historisches Interesse bieten.
tarihçe [ā] kurze geschichtliche Darstellung, Werdegang *m*, Entwicklung *f.*
tarihçi [ā] 1. Historiker(in *f*) *m* 2. *Sch.* Geschichtslehrer(in *f*) *m.*
tarihî [- · -] geschichtlich, historisch.
tarihli [ā] datiert; vom (*soundsovielten*).
tarihöncesi, *-ni* [ā] 1. Vorgeschichte, Prähistorie *f* 2. vorgeschichtlich, prähistorisch.
tarikat, *-tı* [i] 1. isl. Derwischorden *m* 2. christlicher Mönchsorden.
târiz [- -] tadelnde Bemerkung, herabsetzende Anspielung; ~ *etm.* kritisieren, herabsetzen.
tarla [x ·] 1. Acker *m*, (*bestelltes*) Feld *n* 2. *fig.* Feld, Gebiet *n*; ~ *faresi zo.* Feldmaus *f*; ~ *kuşu zo.* Feldlerche *f*; ~ *sürmek* pflügen; ~ *tarağı* Egge *f.*
tarpan tatarisches Wildpferd, Tarpan *m.*
tarsin [i] 1. Konsolidierung *f* 2. Kräftigen *n* 3. Ausbauen *n*; ~ *etm.* 1. (be)festigen, konsolidieren 2. (ver)stärken, kräftigen 3. ausbauen (*z.B. mil. Stellung*).
tart[1], *-tı* Torte *f.*
tart[2], *-dı s. tard.*
tartaklamak stoßen, puffen, drangsalieren.
tartı 1. (*Aus-*)Wiegen *n* 2. Gewicht *n* 3. Waage *f* 4. *fig.* Erwägung *f*; *-sı eksik* mit zu geringem Gewicht; *-ya vurulmak* erwogen werden.
tartışma *Vs. zu tartışmak, spez.* Debatte, Diskussion, Kontroverse, Auseinandersetzung *f.*
tartışmak 1. sich gegenseitig abtasten (*Ringer*) 2. diskutieren, debattieren.
tartmak, (*-ar*) 1. (ab-, aus)wiegen 2. herumrütteln (*z.B. an geschlossener Tür*) 3. *fig.* sorgsam erwägen, reiflich überlegen 4. praktisch versuchen; prüfen, feststellen.
tartura [· x ·] Dreh-, Drechsel·bank *f.*
tarz 1. Art und Weise, Art, Form *f*, Modus, Weg *m* 2. künstlerischer Stil 3. literarische Gattung, Genre *n*; *tarzı hareket*; *hareket tarzı* Vorgehen, Verfahren *n*, Handlungsweise *f*; *tarzı telâkki* Auffassung *f.*
tarziye Abbitte, Entschuldigung *f*; ~ *vermek* Abbitte leisten; um Entschuldigung bitten.
tas 1. Trinkschale *f* 2. *allg.* Schale *f* (*oft aus Metall*) 3. Helm *m*; ~ *gibi*

haarlos; ganz kahl (*Kopf*); ~ *suratlı* mit rundem und ausdruckslosem Gesicht; ~ *-a baş başa gelmek* in e-e lärmende Auseinandersetzung geraten; *-ı tarağı toplamak fig.* sein Bündel schnüren (*müssen*).

tasa Kummer, Gram *m*, Sorge *f*; ~ *etm.* (*od. çekmek*) sich sorgen; *-mın onbeşi!* P das ist mir ganz gleichgültig!, ich pfeif' drauf!

tasaddi Sich-Unterfangen *n*; ~ *etm.* (*bşi yapmağa*) sich unterfangen, sich unterstehen, unternehmen (*et. zu tun*).

tasalanmak *m. Dat.* bekümmert sein (*wegen*); sich sorgen, sich grämen (*um*).

tasalı grambeschwert; voll Kummer und Sorgen.

tasallût, *-tu* [û kurz] Vergewaltigung *f*; ~ *etm. m. Dat.* 1. mit Gewalt eindringen (*z.B. in ein Land*) 2. (*e-r Frau, e-m Mädchen*) Gewalt antun.

tasallübetmek [· · x · ·] hart (*fest*) [werden.

tasallüp, *-bü* Hartwerden *n*; *tasallübü şerayin med.* Arteriosklerose *f*.

tasallüf Dünkel *m*, Anmaßung, Arroganz *f*.

tasannu, *-uu* gekünsteltes Wesen, leeres Getue *od.* Gehabe, Spiegelfechterei *f*.

tasar Plan, Entwurf *m*.

tasarı 1. *jur.* Entwurf, Antrag *m* 2. darstellend; ~ *geometri* darstellende Geometrie.

tasarım geistige Vorstellung.

tasarımlamak *m. Akk.* sich ein Bild, e-e Vorstellung machen (*von*).

tasarlamak 1. planen, entwerfen, sich *et.* ausdenken, beabsichtigen 2. erfassen, begreifen.

tasarruf 1. *jur.* Verfügungsgewalt *f* 2. Nutznießung *f* 3. Einsparung, Sparsamkeit *f*; ~ *etm.* 1. (*bşe*) die Verfügung haben (*über*) 2. (*bşde*) nutznießen 3. (ein)sparen; ~ *hakkı jur.* Verfügungsrecht *n*; ~ *sandığı* Sparkasse *f*; ~ *senedi jur.* Eigentumsurkunde *f*; *-lar* Ersparnisse *pl*.

tasarrufkâr, tasarruflu sparsam.

tasavvuf isl. Mystik *f*, Sufismus *m*.

tasavvur 1. geistige Vorstellung, Gedanke *m* 2. Plan *m*, Absicht *f*; ~ *etm. m. Akk.* 1. sich geistig *et.* vorstellen 2. sich *et.* ausdenken; planen, beabsichtigen.

tasdi, *-ii* [ī] Störung, Belästigung *f*; ~ *etm.* stören, belästigen.

tasdik, *-kı* [ī] 1. behördliche Bestätigung 2. Ratifikation *f*; ~ *etm.* 1. behördlich bestätigen, bescheinigen, beglaubigen 2. ratifizieren.

tasdikli 1. bescheinigt, beglaubigt 2. ratifiziert.

tasdikname [· · - ·] 1. Bescheinigung *f*, Zertifikat, Attest *n* 2. (*Schul-*) Abgangszeugnis *n* 3. Ratifikationsurkunde *f*.

tasfiye 1. Reinigung *f* 2. Bereinigung *f* 3. Liquidation *f* 4. Auflösung *f* 5. Ausscheidung, Entlassung *f* 6. Beseitigung *f*; ~ *etm.* 1. reinigen, läutern, raffinieren; gerben (*Stahl*), frischen (*Metalle*) 2. bereinigen, regeln (*z.B. Schulden*) 3. liquidieren 4. auflösen (*z.B. Organisation*) 5. ausscheiden (*z.B. Spieler*); entlassen, abbauen (*z.B. Beamte*) 6. beseitigen (*z.B. Kriegsgefahr*); ~ *halinde bulunan* in Liquidation befindlich; ~ *memuru jur.* Liquidator; ~ *müsabakası* (*Sport*) Ausscheidungskampf *m*.

tasfiyeci *radikaler* Sprachreiniger; [Purist *m*.

tasfiyecilik sprachlicher Purismus.

tasfiyehane [· · · - ·] 1. Raffinerie *f* 2. Frischerei (*für Metalle*) *f*.

tashih [ī] Berichtigung, Korrektur *f*; ~ *etm.* 1. berichtigen, rektifizieren 2. korrigieren, verbessern; ~ *provaları* Korrekturbogen *pl*.

tasın Vermutung, Schätzung *f*.

tasınlamak vermuten, schätzen, taxieren, raten.

tâsir [- -] Auspressen *n*; ~ *etm.* ausdrücken, -pressen; keltern.

tâsirhane [- - - ·] Ölmühle *f*.

taslak 1. Entwurf *m*, Skizze *f* 2. Hutstumpen *m* 3. *pej.* sich aufspielen (*als*); ~ *yapmak* skizzieren.

taslamak 1. vortäuschen; sich aufspielen (*als*) 2. be-, zu·hauen (*Stein*).

tasma 1. Hals·band *n*, -ring *m* (*für Tiere*) 2. Halskrause *f* (*mancher Vögel*) 3. Lederteil *m des türk. Stelzenschuhes* 4. V Dummkopf *m*; ~ *takmak* (*e-m Hund*) ein Halsband anlegen.

tasni, *-ii* [ī] 1. künstliche Herstellung 2. Erdichtung *f* 3. Fiktion, Annahme, Unterstellung *f*; ~ *etm.* 1. künstlich herstellen 2. willkürlich erfinden, erdichten.

tasnif [i] Klassifizierung *f*; ~ *etm*. 1. klassifizieren 2. gruppieren, gliedern, einteilen 3. sichten (*z.B. Stimmzettel*) 4. ordnen, katalogisieren. [tieren.]
tasrif [i] *gr*. Flexion *f*; ~ *etm*. flek-
tasrifî [· - -] *gr*. 1. Flexions- 2. flektierend (*Sprache*).
tasrih [i] 1. ausdrückliche Erklärung; ~ *etm*. 1. ausdrücklich erklären (*sagen, feststellen, bestimmen*) 2. nähere Angaben machen (*zu*).
tastamam [x · ·] ganz und gar; restlos, haargenau.
tasvibetmek [i] [· x · ·] billigen, gutheißen, genehmigen, annehmen.
tasvip, *-bi* [i] Billigung, Genehmigung, Annahme *f*.
tasvir [i] 1. Beschreibung, Schilderung, Darstellung *f* 3. P Bild *n*; ~ *etm*. beschreiben, schildern, darstellen; ~ *gibi* bildschön; wie gemalt.
taş 1. Stein *m* 2. Edelstein *m* 3. (*Spiel-*)Stein *m* (*bei Mühle, Tricktrack usw.*) 4. *Bez. verschiedener chem. Stoffe* 5. (*Gallen-, Blasen-, Nieren-*)Stein *m* 6. *fig*. boshafte Bemerkung 7. Stein- 8. V Moneten *pl*., Pinke *f* (= *Geld*); ~ *arabası* V Dummkopf, Blödian *m*; ~ *atmak m. Dat*. 1. mit Steinen bewerfen 2. *fig*. hämische Anspielungen machen; ~ *basması* Steindruck *m*; ~ *bebek* Puppe *f* (*als Kspz*.); ~ *çatlasa fig*. 1. unter allen Umständen; unbedingt 2. (*in neg. Satz*) unter keinen Umständen; keinesfalls; ~ *çıkartmak* (*b-ne*) *j-m* überlegen sein; ~ *döşeme* Steinpflaster *n*; ~ *gibi* 1. steinhart 2. unbeeindruckt 3. gefühllos, roh, unbarmherzig; ~ *kesilmek* 1. zu Stein *od*. steinhart werden 2. *fig*. wie versteinert dastehen; ~ *kömürü* Steinkohle *f*; ~ *sürmek* rücken, ziehen (*Spielstein*); ~ *tahta* 1. (*Dach-*)Schiefer *m* 2. Schiefertafel *f* (*der Schüler*); ~ ~ *üstünde bırakmamak* alles dem Erdboden gleichmachen; ~ *toprak* steiniger Boden; ~ *tutmak* V Geld haben; *-a bastırmak* steinigen; *-a tutmak* 1. mit Steinwürfen verfolgen 2. steinigen; *-ın suyunu çıkarmak fig*. überaus stark *od*. energisch sein; *-tan ekmek çıkarmak* 1. sich sein Brot sauer verdienen müssen 2. sehr wendig sein.
taşak 1. Hode (*-n pl*.) *f* 2. V Kraft *f*, Mut *m*.
taşçı 1. Steinklopfer *m* 2. Steinträger *m* 3. Steinbruch·arbeiter *od*. -besitzer *m* 4. Steinbildhauer *m*.
taşıl Fossil *n*, Versteinerung *f*.
taşım Aufwallen *n* (*beim Kochen, Sieden*).
taşıma 1. *Vs. zu taşımak* 2. (fort-, hin)getragen; ~ *tesisatı techn*. Förderanlage *f*.
taşımak 1. tragen, bringen, befördern, transportieren 2. mit sich führen; tragen 3. besitzen, tragen (*z.B. Namen*).
taşınmak 1. *Pass. zu taşımak* 2. ein-, aus-, um-, ver·ziehen 3. *s. düşünüp taşınmak* 4. dauernd *irgendwohin* gehen müssen (*z.B. auf die Toilette*).
taşıt, *-tı* Beförderungsmittel, Fahrzeug *n*; ~ *giremez* für alle Fahrzeuge gesperrt; ♀ *kazası* Verkehrsunfall *m*; ~ *plânörü* Lastensegler *m*; ~ *uçağı* Transportflugzeug *n*.
taşıyıcı wer Klatsch verbreitet; Zwischenträger *m*.
taşkın 1. über die Ufer tretend (*Fluß*) 2. heraus-, über·stehend 3. *fig*. übermäßig 4. begeistert, exaltiert, erregt 5. übermütig *od*. frech.
taşkömür Steinkohle *f*.
taşlama 1. *Vs. zu taşlamak* 2. Schmähgedicht *n*, Spottverse *pl*., Satire *f* 3. Paßarbeiten *pl*. (*in der Maschinenschlosserei*).
taşlamak *m. Akk*. 1. mit Steinen werfen (*nach*) 2. steinigen 3. *fig*. hämische Bemerkungen machen (*über*).
taşlık 1. steinige Gegend 2. *mit Steinen ausgelegte Stelle, z.B.* Steinflur *m* 3. *an*. Muskelmagen *m*.
taşma 1. *Vs. zu taşmak* 2. Überschwemmung *f* 3. *techn*. Überlauf *m* 4. *mil*. Überflügelung *f*.
taşmak, (*-ar*) 1. über die Ufer treten (*Fluß*) 2. über·fließen, -kochen, -laufen 3. heraus-, über·stehen 4. *fig*. aufbrausen 4. *fig*. ausgehen (*z.B. Geduld*) 6. unruhig werden *od*. sein (*z.B. pol*.).
taşra [x ·] Provinz *f* (*im Gegensatz zur Hauptstadt bzw. zu Ist*.).
taşralı [x · ·] Provinzler(in *f*) *m*.
taşron Stück-, Akkord·arbeiter *m*.
taşyürekli hartherzig, unerbittlich.
tat, *-dı* 1. Geschmack *m* (*z.B. e-r Speise*) 2. *pr*. Wohlgeschmack, Ge-

nuß, Reiz *m*, Vergnügen *n* 3. (*Grad der*) Schönheit *f* 4. Süßspeisensauce *f*; -*ı damağında kalmak* 1. (*e-m*) noch nachträglich gut schmecken 2. *fig.* mit Sehnsucht zurückdenken(*an*); -*ı kalmamak* kein Interesse mehr bieten; -*ı tuzu yok* geschmacklos, fad; -*ına varmak fig.* auf den Geschmack kommen; -*ında bırakmak fig.* das richtige Maß innehalten; -*ını çıkarmak* (*bşin*) in vollen Zügen genießen; -*ını kaçırmak* das richtige Maß nicht innehalten; auf die Nerven fallen.

tatar 1. *fr.* berittener Bote; Meldereiter, Kurier *m* 2. ♀ Tatar(in *f*) *m*; tatarisch; ♀ *oku* Armbrust *f*.

tatarböreği, -*ni* *Pastetenart mit Hackfleisch und Joghurt.*

tatarcık *zo.* Gnitze, Pappataciﬂiege *f*; ~ *humması med.* Pappataci-, Dreitage·fieber *n*.

tatarımsı, tatarsı 1. tatarisch aussehend 2. nicht ganz durchgekocht; nicht gar (*Essen*).

tatbik, -*kı* [ī] 1. praktische Anwendung, Verwirklichung *f* 2. Kollationieren *n* 3. *math.* Zur-Deckung-Bringen *n*; ~ *etm.* 1. praktisch anwenden; durchführen, verwirklichen 2. vergleichen, kollationieren 3. *math.* zur Deckung bringen (*geom. Figuren*); ~ *imzası* Unterschriftszug *m*; ~ *noktası phys.* Angriffs-, Kraft·punkt *m*; ~ *sahasına koymak* praktisch durchführen; *tatbikı kabil* anwendbar, durchführbar.

tatbikat, -*tı* [· - -] *pl.* 1. praktische Anwendung, Durchführung *f* 2. praktische Übung(en *pl.*) *f*. 3. *mil.* (*Felddienst*-)Übung *f*; ~ *cümlesinden* im Rahmen der praktischen Übungen; -*a geçmek* zur Ausführung schreiten.

tatil [- -] 1. Arbeits·ruhe, -pause *f*, Ferien *pl.* 2. Schließung, Stillegung, Einstellung *f*; ~ *etm.* schließen (*z.B. Schule*), einstellen (*z.B. Bauarbeiten*), verbieten (*z.B. Zeitung*).

tatilname [- · - ·] amtliches Verbot, behördliche Schließung.

tatlandırmak *m. Akk. mst fig.* Geschmack verleihen; würzen.

tatlı 1. süß (*z.B. Obst*) 2. *fig.* sympathisch, freundlich, angenehm, nett 3. *fig.* lieblich, mild, sanft 4. *fig.* sanft ansteigend 5. Süßspeise *f*; ~ *dil* freundliche Worte *pl.*; ~ *kaşığı* Dessertlöffel *m*; ~ *su* 1. Süßwasser *n* 2. Trinkwasser *n*; ~ *su frengi* Levantiner(in *f*) *m*; ~ *su levreği zo.* Flußbarsch *m*; ~ *su yosunları* Süßwasseralgen *pl.*; ~ ~ *konuşmak* sich gemütlich unterhalten; -*ya bağlamak* auf gütlichem Wege regeln.

tatlıcı 1. *Hersteller und Verkäufer von türk. Süßspeisen* (*wie baklava, revani, lokum usw.*) 2. F *wer gerne Süßspeisen ißt.*

tatlılık 1. Süße *f* 2. (*Grad der*) Süßigkeit *f* 3. *fig.* Lieblichkeit, Anmut *f* 4. *fig.* freundliche Behandlung; -*la* im guten; mit freundlichen Worten.

tatmak, (-*ar*) 1. kosten, probieren 2. *fig.* durchmachen, erfahren, erleben.

tatmin [ī] Zufriedenstellen *n*; ~ *etm.* zufriedenstellen, befriedigen.

tatsız 1. geschmacklos, fad 2. *fig.* unsympathisch, unangenehm (*Sache od. Person*).

tatula [· x ·] *bot.* Stechapfel *m*.

taun [- -] Pest *f*.

tav 1. richtiger (*Wärme-, Feuchtigkeits- usw.*) Grad *m* 2. *fig.* günstiger Augenblick 3. Feistheit *f* (*e-s Tieres*) 4. V Schwindel, Betrug *m*; ~ *fırını* Härteofen *m*; ~ *kaçırmak* 1. den richtigen Moment verpassen 2. V den Störenfried spielen; -*a düşürmek* V j-n hereinlegen, übers Ohr hauen; -*ına getirmek* (*işi*) ins richtige Fahrwasser bringen; deichseln.

tava 1. Bratpfanne *f* 2. Pfannengericht *n* 3. Schmelztiegel *m* 4. Kalkgrube *f* 5. Abzugsgraben *m* (*in e-r Saline*).

tavaf [· -] *ritueller Umlauf um die Kaaba*; ~ *etm.* 1. *den Umlauf um die Kaaba ausführen* 2. *fig.* in Verehrung umkreisen (*z.B. Haus der Geliebten*), Fensterpromenade machen.

tavan 1. Zimmerdecke *f* 2. Deckenmalerei *f* 3. Stollenfirst *m* (*im Bergwerk*) 4. *mil.* Flughöhe *f* (*e-s Flugzeugs*) 5. *mil.* Scheitelpunkt *m* (*e-r Flugbahn*); ~ *arası* Mansarde *f*; ~ *göbeği* Mittelverzierung *f e-r Zimmerdecke*; ~ *süpürgesi* 1. Deckenbesen *m* (*mit bes. langem Stiel*) 2. *fig.* reinste Bohnenstange (*Person*).

tavassut, -*tu* 1. Vermittlung, Intervention *f*, gute Dienste *pl.* 2. *H.* Wechselintervention *f*; ~ *etm.* vermitteln, intervenieren.
tavazzuh Klärung *f*; ~ *etm.* sich klären (*z.B. Lage*).
tavır, -*vrı* 1. Verhalten, Benehmen, Vorgehen, Auftreten *n* 2. *pej.* anmaßendes Benehmen 3. Haltung *f*, Aussehen *n*; ~ *satmak* sich anmaßend benehmen.
taviz [- -] 1. Ersatzleistung, Kompensation, Entschädigung *f* 2. Zugeständnis *n*, Konzession *f*; ~ *etm.* ersetzen; Ersatz geben.
tavla[1] [x ·] Pferdestall *m*.
tavla[2] [x ·] Tricktrack(spiel) *n*.
tavsamak zum Erliegen kommen; einschlafen (*Unternehmen*).
tavsif [i] Beschreibung, Qualifizierung *f*; ~ *etm.* beschreiben, kennzeichnen, qualifizieren, charakterisieren.
tavsifî [· - -] qualifizierend.
tavsiye Empfehlung *f*, Rat *m*; ~ *etm.* empfehlen, raten; -*ye şayan* empfehlenswert.
tavsiyeli (*gut*) empfohlen.
tavsiyename [· · · - ·] Empfehlungsschreiben *n*.
tavşan[1] *zo.* Hase *m*; ~ *ağzı* rosarot; ~ *uykusu* leichter Schlaf, Halbschlaf *m*; ~ *yavrusu* Häs·chen *n*; ~ *yürekli* ängstlich, schreckhaft; Hasenfuß *m*; -*ı araba ile avlamak fig.* sich bei seiner Arbeit Zeit lassen; -*ın suyunun suyu fig.* nur mehr ein sehr verdünnter Aufguß (*von*).
tavşan[2] *fr.* Tischler; Holzschnitzer *m*.
tavşancıl *zo.* Steinadler *m*.
tavşanlık *feine* Schnitz- *od.* Tischler·arbeit *f*.
tavuk *zo.* Huhn *n*, Henne *f*; ~ *beslemek* Hühner halten; ~ *kümesi* Hühner·stall, -hof *m*; ~ *suyu* Hühnerbrühe *f*; ~ *yahnisi* Hühnerragout *n* (*nach türk. Art*); -*lar gibi yatmak* mit den Hühnern zu Bett gehen.
tavukgöğsü, -*nü türk. Süßspeise aus kleingehackter Hühnerbrust, Reismehl, Milch und Zucker.*
tavukgötü, -*nü* Warze *f*.
tavukkarası, -*nı* Nachtblindheit *f*.
tavus *zo.* Pfau *m*.
tavuşmak (daher)trippeln.
tavzif [i] Betrauung *f* (*mit e-r Aufgabe*); ~ *etm.* (*b-ni bşle*) *mit e-r Aufgabe* betrauen; *zu e-r Dienstleistung* verpflichten; übertragen (*Amt*).
tavzih [i] Erklärung, Erläuterung *f*; ~ *etm.* erklären, erläutern, klar darlegen.
tay[1] Füllen, Fohlen *n*; ~ *deposu* Fohlenzuchtanstalt *f*.
tay[2], -*yyı* 1. Wegnehmen, Wegstreichen *n* 2. Zusammenstreichen, Beschneiden *n* (*z.B. durch Zensur*) 3. Zurücklegen *n* (*e-r Wegstrecke*) 4. Hintersichbringen *n* (*e-s Zeitabschnittes*).
taya Kinderfrau *f*, Kindermädchen *n*; ~ *çocuğu fig.* verwöhntes Kind.
tayf 1. (*Sonnen-*)Spektrum *n* 2. Geist *m*, Gespenst *n*.
tayfa [x ·] 1. Besatzung, Bemannung *f* 2. Matrose *m* 3. Angehörige(r) *m* des Flug·personals *od.* der -besatzung 4. *pej.* Bande, Rotte *f*, Komplicen, Helfershelfer *pl.*; ~ *defteri naut.* Heuervertrag *m*.
tayfun Taifun, Wirbelsturm *m*.
tayın *mil.* Ration *f*; ~ *ekmeği* Kommißbrot *n*.
tayınlamak rationieren (*Mangelware*).
tâyin [- -] 1. Festsetzung *f* 2. *math.* Determination *f* 3. Ernennung *f*; ~ *etm.* 1. bestimmen, festsetzen, ausmachen 2. *math.* determinieren 3. ernennen.
tâyinî [- - -] determinierend.
taylan von hohem und stattlichem Wuchs.
Taymis *n.pr.* 1. (*Nehri*) Themse *f* 2. (*Gazetesi*) Times *f*.
tayyare [· - ·] Flugzeug *n*; ~ *baskını* Fliegerangriff *m*; ~ *fotoğrafı* Luft·bild, -aufnahme *f*; ~ *gemisi* Flugzeugträger *m*; ~ *hangarı* Flugzeug·halle *f*, -schuppen *m*; ~ *istasyonu* Flughafen *m*; ~ *meydanı* Flugplatz *m*.
tayyareci [· - · ·] Flieger *m*.
tayyarecilik [· - · · ·] 1. Fliegerberuf *m*, -tätigkeit *f* 2. Flugzeugfabrikation *f* 3. Flugwesen *n*.
tayyetmek [x · ·] 1. abschneiden, tilgen, streichen 2. beschneiden, zusammenstreichen 3. zurücklegen (*Weg*) 4. hinter sich bringen (*Zeitabschnitt*).
tayyör Schneiderkostüm *n*.
tazallüm Klage, Beschwerde *f*, Murren *n*; ~ *etm.* klagen, sich beklagen, sich beschweren; murren.

tazammun 1. Enthalten *n* 2. *log.* Involvieren *n* 3. *log.* (*Begriffs-*)Inhalt *m*; ~ etm. 1. enthalten, in sich begreifen 2. *log.* implizieren, involvieren.

tazarru, -uu Flehen *n*; -da bulunmak Gott anflehen.

taze [ā] 1. frisch, grün 2. frisch, neu 3. jung 4. junge Frau, junges Mädchen; ~ balık satışı Verkauf *m* von frischem Fisch; ~ biber grüne Pfefferschote *f*; ~ ekmek frisches Brot; ~ fasulye grüne Bohnen *pl.*; ~ kuvvetler *mil.* frische Kräfte *pl.*

tazelemek [ā] 1. erneuern 2. (*noch einmal*) auf·kochen, -braten *usw.* 3. neu anfachen (*z.B. Schmerz*) 4. wieder aufnehmen (*z.B. Thema*) 5. *techn.* regenerieren. 6. *techn.* frischen.

tazı (*zur Hasenjagd verwendeter*) Windhund; ~ gibi schlank und feingliedrig.

tazılamak schlank werden.

tâzim [- -] Ehrerweisung *f*; ~ etm. seine Ehrerbietung bezeugen; ehrerbietig grüßen.

taziye [ā] Kondolation *f*; ~ etm. kondolieren; ~ ziyareti Kondolenzbesuch *m*.

taziyename [- · - ·] Beileidsschreiben *n*.

taziyet, -ti [ā] *s.* taziye; -te bulunmak kondolieren.

taziz [- -] 1. *va.* zärtliche Liebe 2. (*christl.*) Heiligsprechung *f* 3. liebevolles Gedenken; ~ etm. 1. *va.* zärtlich lieben 2. heiligsprechen 3. feiern, ehren.

tazmin [ī] Entschädigen *n*; ~ etm. entschädigen, abfinden; Schadenersatz leisten.

tazminat, -tı [· - -] *pl.* Entschädigung *f*, Schadenersatz *m*.

tazyik, -kı [ī] 1. *phys.* Druck *m* 2. Druck, Zwang *m*, Bedrückung *f* 3. Kompression *f*; ~ etm. 1. e-n Druck ausüben (*auf*), bedrängen, *j-m* zusetzen 2. bedrücken 3. zusammenpressen, komprimieren.

tazyikli [· - ·] Druck-, Preß-; ~ hava çekici Preßlufthammer *m*.

-te *vgl. a.* -da, -de, -ta.

teadül [ā] Gleichwertigkeit *f*.

teakubetmek [· - x · ·] aufeinanderfolgen.

teakup, -bu [ā] Aufeinanderfolgen *n*.

tealâ [· - -] Möge er gepriesen (*erhoben*) sein! (*Gott*).

teamül [ā] 1. Sitte *f*, Brauch *m*, Gewohnheit *f* 2. *chem.* Reaktion *f*; ~ hukuku *jur.* Gewohnheitsrecht *n*.

tearuz [ā] Widerstreit, Konflikt *m*; ~ etm. (*bşle*) in Widerstreit (*Konflikt*) stehen (*mit*).

teati [· - -] Austausch *m*; ~ etm. austauschen, wechseln (*z.B. Telegramme*); teatii efkâr Meinungsaustausch *m*.

teavün [ā] gegenseitige Hilfeleistung; ~ etm. sich gegenseitig unterstützen; ~ sandığı Hilfs-, Unterstützungs·kasse *f*.

tebaa *urspr. pl.* 1. Staatsangehörige *pl.* 2. Staatsangehörige(r) *m/f*.

tebadül [ā] 1. Austausch *m*, Ersetzung *f* 2. *biol.* Mutation *f*.

tebahhur Verdampfen *n*; ~ etm. verdampfen, verdunsten.

tebarüz [ā] klares Hervortreten; ~ etm. klar hervortreten, sich deutlich herausstellen; ~ ettirmek deutlich herausstellen.

tebcil [ī] Verherrlichen *n*; ~ etm. feiern, ehren, verherrlichen.

tebdil [ī] 1. Veränderung *f* 2. verkleidet; ~ etm. wechseln, tauschen, ersetzen, verändern; ~ gezmek verkleidet umhergehen; tebdilihava Luftveränderung *f*.

tebeddül Wechsel *m*, Veränderung *f*; ~ etm. anders werden, wechseln, sich verändern.

tebelleş P lästig, zudringlich.

tebellür 1. Kristallisation *f* 2. *fig.* klares Hervortreten; ~ etm. 1. zu Kristallen anschießen 2. *fig.* sich herauskristallisieren; deutlich zu Tage treten.

teber 1. *hist.* Hellebarde, Streitaxt *f* 2. Hackmesser *n*.

teberri etm. als unbelastet (*unschuldig*) hervorgehen.

teberru, -uu Spende, Schenkung, Zuwendung *f*; ~ etm. spenden, schenken, zuwenden.

tebessüm Lächeln *n*; ~ etm. lächeln; müstehzi bir -le gülümsedi er lächelte spöttisch.

tebeşir Kreide *f*; ~ çekmek *fig.* Rechnung führen.

tebeyyün Sich-Herausstellen *n*; ~ etm. sich (*deutlich*) herausstellen, sich (*klar*) ergeben.

tebligat, -tı [· - -] *pl. zu* tebliğ Bekanntmachung(en *pl.*) *f*, (*dienstliche od. offizielle*) Mitteilung(en *pl.*); Anzeige(-n *pl.*) *f*; ~ *bürosu* Zustellungsbüro *n* (*spez. bei Gericht*).

tebliğ [ī] Bekanntmachung *f*, (*dienstliche od. offizielle*) Mitteilung, amtliche Bekanntgabe, *mil.* Heeresbericht *m*; ~ *etm.* bekanntmachen, amtlich mitteilen.

tebrik, *-ki* [ī] Glückwunsch *m*, Gratulation *f*; ~ *etm.* (*b-ni bşden dolayı od. bşi b-ne*) *j-m* gratulieren (*zu*); *j-n zu et.* beglückwünschen.

tebrikname [· - - ·] Glückwunschschreiben *n*, Gratulationsbrief *m*.

tebriye 1. Freispruch *m* 2. Entlastung *f*; ~ *etm.* (*b-ni bşden*) 1. *j-n von e-r Schuld* freisprechen 2. entlasten; *tebriyei zimmet* Entlastung *f* (*von e-m Amt*).

Tebriz [ī] *n.pr.* Täbris *n*.

tebyiz [ī] Reinschrift *f*; ~ *etm.* ins Reine schreiben.

tecahül [ā] Nichtverstehenwollen *n*, gespielte Ignoranz; ~ *etm.* (*bşden*) so tun, als ob man nicht verstünde (*od.* wüßte).

tecanüs [ā] 1. Homogenität, Gleichartigkeit *f* 2. innere Geschlossenheit, Einheitlichkeit *f*.

tecavüz [ā] 1. Überschreiten *n* 2. Maßlosigkeit *f* 3. Übergriff *m* 4. Angriff, Einfall *m* (*in ein Gebiet*) 5. Überfall, Anschlag *m*, Attentat *n* 6. aggressives Verhalten, Anpöbelung *f*; ~ *etm.* 1. *m. Akk.* überschreiten (*z.B. s-e Befugnisse*) 2. *m. Akk.* überschreiten (*z.B. best. Zahl*) 3. *m. Akk.* verletzen (*z.B. Vorschriften*) 4. (*mercilerini*) *den Dienstweg* nicht einhalten 5. *m. Dat.* angreifen, überfallen 6. *m. Dat.* anpöbeln, sich freche Übergriffe erlauben (*gegen*); *ademi tecavüz paktı* Nichtangriffspakt *m*.

tecavüzi [· - · -] aggressiv, offensiv; Angriffs-.

tecdidetmek [ī] [· x · ·] 1. erneuern 2. wiederholen.

tecdit, *-di* [ī] 1. Erneuerung, Novation *f* 2. Wiederholung *f*.

teceddüdetmek [· · x · ·] sich erneuern.

teceddüt, *-dü* (*Er*-)Neuerung, Reform *f*.

tecelli [ī] 1. Manifestation *f* 2. Phänomen *n* 3. Schicksal *n*; ~ *etm.* in Erscheinung treten, sich offenbaren, sich manifestieren, sich ereignen.

tecemmu, *-uu* 1. Ansammlung, Konzentration *f* 2. Aufmarsch *m* 3. Zusammenrottung *f*, Auflauf *m*; ~ *etm.* sich (an)sammeln, sich anhäufen; ~ *kampı* Konzentrationslager *n*.

tecerrüdetmek [· · x · ·] (*bşden*) sich befreien, sich losmachen (*von*); sich *e-r Sache* entäußern.

tecerrüt, *-dü* 1. Sich-Losmachen (*von*) *n* 2. Isolierung *f*; ~ *siyaseti* Isolationspolitik *f*.

tecessüm 1. Sich-Verkörpern *n* 2. Auftauchen *n* 3. plastischer Eindruck; ~ *etm.* 1. sich verkörpern 2. auftauchen, in Sicht kommen 3. plastisch vor Augen treten.

tecessüs 1. Spionieren *n* 2. Neugier *f* 3. genaues Prüfen; ~ *etm.* 1. (*bşi*) aus·spionieren, -kundschaften 2. neugierig sein 3. genau prüfen.

tecil [- -] 1. Aufschub *m*, Stundung *f* 2. *mil.* Zurückstellung *f*; ~ *etm.* 1. auf-, ver·schieben; stunden 2. *mil.* zurückstellen (*z.B. Dienstpflichtigen*).

tecim Handel *m*.

tecridetmek [ī] [· x · ·] 1. *phys.* isolieren 2. ab·schließen, -trennen; *mil.* abschneiden 3. (*bşden*) *e-r Sache* entblößen; befreien, trennen (*von*) 4. abstrahieren 5. (*askerlikten*) entmilitarisieren 6. (*silâhtan*) entwaffnen.

tecrit, *-di* [ī] 1. Isolierung *f* 2. Abtrennung *f* 3. Entblößen *n* (*von*) 4. Abstraktion *f*; ~ *kampı* Konzentrationslager *n*; ~ *şeridi* Isolierband *n*.

tecrithane [· - - ·] 1. Isolierabteilung *f* 2. Einzelzelle *f*.

tecrübe 1. Versuch *m*, Probe *f* 2. *chem., phys.* Versuch *m*, Experiment *n* 3. Erfahrung *f*; ~ *atışı* 1. Probeschuß *m* 2. Probeschießen *n*; ~ *etm.* versuchen, probieren, prüfen, (er-)proben, erfahren; ~ *masası* Experimentiertisch *m*; ~ *sahibi* erfahren, bewandert, versiert; ~ *tahtası fig.* Versuchskaninchen *n*; *-sini yapmak* 1. *et.* ausprobieren 2. Versuche anstellen (*mit*).

tecrübedide [ī], **tecrübeli** erfahren, bewandert, geschult, versiert, routiniert.

tecrübi [ī] experimentell; Experimental-; ~ *fonetik* Experimentalphonetik *f*; ~ *ispat* experimenteller Beweis.

tecvit, *-di* [ī] Kunst *f* des Koranvortrags.

tecviz [ī] Gutheißen *n*; ~ *etm.* für erlaubt halten *od.* erklären; gutheißen.

tecziye Bestrafen *n*; ~ *etm.* bestrafen.

teçhiz [ī] 1. Ausrüsten *n* 2. Waschung und Aufbahrung *f e-s Toten*; ~ *etm.* 1. ausstatten, ausrüsten, versehen (*mit*) 2. waschen und aufbahren (*Toten*).

teçhizat, *-tı* [· - -] *pl.* Aus·rüstung, -stattung; Bewaffnung, Bestückung *f*; ~ *tablası techn.* Armaturenbrett *n* (*Auto*).

tedafüi [· - · -] Verteidigungs-, Schutz-, Defensiv-; ~ *harb* Defensivkrieg *m*; ~ *ve tecavüzi ittifak* Schutz- und Trutz·bündnis *n*.

tedahül [ā] 1. Rückstand *m* (*z.B. bei Gehalt, Miete usw.*) 2. *phys.* Interferenz *f* 3. Kollision *f*; ~ *etm.* kollidieren; *-de kalmak* (*od. -e binmek*) noch ausstehen, rückständig sein (*z.B. Zahlung*).

tedai [· - -] *psych.* Assoziation *f*; *tedaii efkâr* Ideenassoziation *f*.

tedansan Tanztee *m*.

tedarik, *-ki* [ā] 1. An-, Be·schaffung *f*, Einkäufe *pl.* 2. Vorbereitung(en *pl.*) *f*; ~ *etm.* 1. sich *et.* anschaffen; beschaffen 2. sich *et.* reservieren lassen; ~ *görmek* Einkäufe machen; *-te bulunmak* Vorbereitungen treffen.

tedarikli [ā] ausgestattet, ausgerüstet, versehen.

tedavi [· - -] 1. Behandlung, Kur *f* 2. Heilung *f* 3. Therapeutik *f*; ~ *etm.* 1. behandeln, kurieren 2. heilen.

tedavül [ā] Zirkulieren *n*, Umlauf, Verkehr *m*; ~ *bankası* Emissionsbank *f*; ~ *etm.* in Umlauf sein; kursieren, zirkulieren; ~ *senetleri H.* bankfähige Papiere *pl.*; *-den çekmek* (*od. çıkarmak*) aus dem Verkehr ziehen (*z.B. Banknoten*); *-e* (*od. mevkii tedavüle*) *çıkarmak* in Umlauf setzen; ausgeben, emittieren.

tedbir [ī] 1. Umsicht *f* 2. Maßnahme, -regel *f*; Mittel *n*; ~ *almak* (*od. ittihaz etm.*) Maßnahmen treffen.

tedbirli umsichtig, vorsorglich, geschickt; ~ *davranmak* umsichtig handeln.

tedehhüş Bestürzung *f*; ~ *etm.* in Bestürzung geraten.

tedenni [ī] rückläufige Entwicklung; ~ *etm.* in der Entwicklung zurückfallen.

tedfin [ī] Begräbnis *n*, Beisetzung *f*; ~ *etm.* begraben, bestatten, beisetzen; ~ *merasimi* Begräbnis *n*, Beisetzung, Bestattung *f*.

tedhiş [ī] Schreckensregiment *n*, Terror *m*; ~ *etm.* 1. in Schrecken setzen 2. terrorisieren; ~ *taarruzu* Terrorangriff *m*.

tedhişçi terroristisch; Terrorist(in *f*) *m*.

tedhişçilik Terror *m*, Terrorisierung *f*, Terrorregime *n*.

tedibetmek [- - · ·] zurechtweisen, strafen, züchtigen.

tedibî [- - -] Straf-, Züchtigungs- (*z.B. Maßnahmen*).

tedip, *-bi* [- -] Zurechtweisung, Strafe, Züchtigung *f*; ~ *hakkı* Züchtigungsrecht *n*.

tedirgin(lik) *s. dedirgin(lik)*.

tediyat, *-tı* [- · -] *pl. zu tediye* (*Aus-*)Zahlungen *pl.*; *-ı kesmek* die (*Aus-*)Zahlungen einstellen (*Bank*); *-ın tatili* Zahlungseinstellung *f*.

tediye [- · ·] 1. (*Be-*)Zahlung *f* 2. Erfüllung *f*; ~ *anlaşması* Zahlungsabkommen *n*; ~ *emri* Zahlungsanweisung *f*; ~ *etm.* (be)zahlen; ~ *günü* Zahl-, Lohn·tag *m*; ~ *kabiliyeti* Zahlungsfähigkeit, Solvenz *f*; ~ *senetleri* Passiva-Wechsel *pl.*; ~ *yerine yapılan eda jur.* Leistung *f* erfüllungshalber; *ademi tediye* Nichtzahlung, Zahlungsverweigerung *f*.

tedricen [ī] [· x ·] *adv.* stufenweise, allmählich, immer mehr.

tedricî [· - -] stufenweise, allmählich; langsam fortschreitend.

tedris[ī] Unterricht *m*, Lehrtätigkeit *f*; ~ *etm.* Unterricht erteilen; ~ *heyeti* Lehrkörper *m*; ~ *ve imtihan talimatnamesi* Unterrichts- und Prüfungs·ordnung *f*.

tedrisat, *-tı* [· - -] Unterricht *m*.

tedvin [ī] 1. Veröffentlichung *f in gesammelter Form* 2. *jur.* Kodifikation, Gesetzgebung *f*; ~ *etm. in gesammelter Form* veröffentlichen.

tedvir [ī] 1. Kreisenlassen *n* 2. *fig.* Leitung *f* (*der Geschäfte*); ~ *etm.* kreisen (*rotieren*) lassen; drehen 2. *fig.* leiten, führen, ausüben (*Geschäfte*).

teehhür Verspätung, Verzögerung *f*; ~ *etm.* sich verspäten, sich verzögern.
teehhürlü mit Verspätung (*Verzögerung*); ~ *bomba* Bombe *f* mit Zeitzünder.
teemmül reifliche Überlegung; ~ *etm.* reiflich überlegen; sorgsam erwägen.
teenni [ī] Gemächlichkeit, Bedächtigkeit *f*; langsames, überlegtes Handeln; ~ *etm.* nichts überstürzen; bedachtsam handeln.
teessüf Bedauern *n*; ~ *etm. m. Dat. et.* bedauern; e-m leid tun (*et., Angelegenheit usw.*); ~ *ederim* (*a. als dezidierte Ablehnung*) es tut mir sehr leid (aber...).
teessür 1. seelischer Eindruck 2. Betrübnis *f*, Schmerz *m*; *-le* schmerzerfüllt.
teessüs 1. Gründung *f* 2. Einwurzeln *n*; ~ *etm.* 1. ge-, be•gründet werden 2. zu e-m Dauerzustand werden.
teeyyüdetmek [· · x · ·] sich bewahrheiten, sich bestätigen.
teeyyüt, *-dü* Sich-Bewahrheiten *n*; Bestätigung *f*.
tef Tamburin *n*; ~ *çalmak* das Tamburin schlagen; ~ *çalsan oynıyacak fig.* wie Kraut und Rüben durcheinander; in wüstem Durcheinander (*Dinge*); *-e koyup çalmak* (*b-ni*) *fig. über j-n* herziehen.
tefarik, *-kı* [· - -] Patschuli *n*.
tefavüt, *-tü* [ā] 1. Abweichung *f*, Unterschied *m*, Differenz *f* 2. *spez. H.* Kursunterschied *m*, Preisspanne *f*, Ekart *m*; ~ *etm.* (*birbirinden*) voneinander abweichen.
tefazul, *-lü* [ā] 1. Überlegenheit *f* 2. Überschuß *m*, Differenz *f* 3. Potential *n*; *-ünü bulmak math.* differenzieren.
tefazuli [· - · -] 1. differentiell 2. *math.* Differential- 3. potentiell, Potential; ~ *harici kısmet math.* Differentialquotient *m*; ~ *hesap math.* Differentialrechung *f*.
tefcir [ī] Dränage, Trockenlegung *f*; ~ *etm.* entwässern, dränieren, trockenlegen ; ~ *havzası geogr.* Entwässerungsbecken *n*.
tefeci (*Zins-*)Wucherer *m*.
tefecilik 1. (*Zins-*)Wucher *m* 2. Gewerbe *n* e-s (*Zins-*)Wucherers.
tefehhüm Verständnis *n*; ~ *etm.* begreifen, verstehen.
tefekkür Nachdenken *n*; ~ *etm.* (nach)denken; überlegen; *-e dalmak* 1. nachdenken 2. nachdenklich werden 3. in Kummer und Sorge geraten.
teferruat, *-tı* [ā] *pl.* 1. Einzelheiten *pl.* 2. Einzelteile *pl.*, Zubehör *n*.
teferrüç, *-cü* 1. Ausflug *m* 2. Spazier-, Aus•ritt *m*.
teferrüdetmek [· · x · ·] 1. sich voneinander trennen 2. e-e andere Entwicklung durchmachen 3. allmählich isoliert werden 4. sich auszeichnen.
teferrüt, *-dü* 1. Vereinzelung *f* 2. Sich-Auszeichnen *n*.
tefessuh *a. chem.* Zerfall *m*; ~ *etm.* verfaulen, verwesen, zerfallen.
tefevvuk, *-ku* Überlegenheit *f*; ~ *etm.* (*b-ne*) übertreffen, überragen.
tefhim [ī] offizielle Verkündung; ~ *etm.* amtlich eröffnen, offiziell verkünden.
tefne *s. defne.*
tefrik, *-kı* [ī] Trennen *n*; ~ *etm.* trennen, unterscheiden, zerlegen.
tefrika 1. Uneinigkeit *f*, Zwist, Hader *m*, Trennung *f* 2. Feuilleton *n*.
tefriş [ī] 1. Ausbreiten *n auf dem Boden* 2. Möblierung *f* 3. Pflasterung *f*; ~ *etm.* 1. *auf dem Boden* ausbreiten 2. möblieren, einrichten 3. den Fußboden auslegen; pflastern.
tefrit, *-ti* [ī] Zu-Wenig-Tun *n*.
tefsir [ī] Auslegung *f*, (*Koran-*) Kommentar *m*; ~ *etm.* auslegen, deuten, erklären, erläutern, kommentieren, interpretieren; ~ *hükümleri jur.* Auslegungsvorschriften *pl.*
teftiş [ī] Inspektion, Revision *f*; ~ *etm.* besichtigen, revidieren, inspizieren; ~ *heyeti* 1. Inspektionskommission *f* 2. Wahlvorstand *m* (*bei Parlamentswahlen*).
teğelti Satteldecke *f*, Woilach *m*.
teğet, *-ti math.* Tangente *f*.
teğmen *mil.* Leutnant *m*.
tehacüm [ā] An•drang, -sturm; Run *m*; ~ *etm. m. Dat. zu mehreren od. in Massen* losstürmen (auf).
tehdidetmek [ī] [· x · ·] 1. (*b-ni*) *j-m* drohen, *j-n* bedrohen 2. (*b-ni bşi yapmakla*) *j-m* drohen, *et. zu tun.*

tehdit, *-di* [ī] (*Be-*)Drohung *f*; ~ *altında bulunmak* bedroht sein.
teheyyücetmek [· · x · ·] 1. in Aufregung geraten 2. in Begeisterung geraten.
teheyyüç, *-cü* 1. Erregung, Aufregung *f* 2. Begeisterung *f*, Feuer *n*.
tehir [- -] 1. Aufschub *m* 2. Verspätung *f*; ~ *etm.* 1. auf-, ver·schieben, zurückstellen, vertagen 2. sich verspäten (*mit*); *auf sich* warten lassen.
tehlike Gefahr *f*; ~ *baskısı* (*od. freni*) Notbremse *f*; ~ *hali* Notfall *m*; ~ *işareti* 1. *mil.* Alarmsignal *n* 2. Notsignal *n* 3. Sirene *f* 4. Fliegeralarm *m*; ~ *merdiveni* Nottreppe *f*; ~ *sahası a. mil.* Gefahrenbereich *m*; *-ye atmak* aufs Spiel setzen; riskieren; *-ye atılmak* sich e-r Gefahr aussetzen; *-ye düşmek* gefährdet (*bedroht*) werden; *-ye koymak* (*od. sokmak*) in Gefahr bringen; gefährden; *-yi atlatmak* der Gefahr entrinnen.
tehlikeli gefährlich, bedrohlich.
tehlikesiz ungefährlich, gefahrlos.
tehyicetmek [ī] [· x · ·] 1. in Aufregung versetzen 2. begeistern.
tehyiç, *-ci* [ī] 1. Erregen, Aufregen *n* 2. Begeistern *n*.
tehzibetmek [ī] [· x · ·] verfeinern, ausbilden, vervollkommnen.
tehzil [ī] 1. Verspotten *n* 2. Parodieren *n* 3. Parodie, Travestie *f*; ~ *etm.* 1. ver·spotten, -lachen 2. parodieren, travestieren.
tehzip, *-bi* [ī] Verfeinerung, Vervolllkommnung, Läuterung *f*.
tek, *-ki* 1. einzeln, Einzel- 2. einzig, allein 3. *math.* ungerade (*Zahl*) 4. Einzelstück *n e-s Paares* 5. *adv.* bloß, nur 6. Gläschen *n* Raki 7. (*in Verb. mit oturmak od. durmak*) ruhig, still; ~ *adammışçasına* wie ein Mann; einmütig, geschlossen; ~ *başına* allein, unbegleitet, ohne fremde Hilfe; ~ *durmak* sich ruhig verhalten; ~ *gözlük* Einglas, Monokel, Lorgnon *n*; ~ *hat* (*od. hatlı demiryolu*) eingleisige Bahn(*-strekke*); ~ *meclisli hükümet sistemi jur.* Einkammersystem *n*; ~ *meçhullü muadele math.* Gleichung *f* mit e-r Unbekannten; ~ *motörlü* einmotorig.
tekabül [ā] 1. entsprechendes Verhältnis 2. *math.* Korrespondenz, Beziehung *f* 3. *phil.* Zuordnung *f*; ~ *etm.* entsprechen.
tekâmül 1. langsame organische Entwicklung; Evolution *f* 2. Reifwerden *n*; ~ *devri* Entwicklungsstadium *n*; ~ *etm.* sich organisch entwickeln; heranreifen.
tekâsüf 1. Sich-Verdichten *n* 2. dichte Menschenmenge; ~ *etm.* sich verdichten, sich kondensieren, sich konzentrieren.
tekatu, *-uu* [ā] Sich-Schneiden *n*; ~ *etm.* einander schneiden, einander kreuzen; ~ *noktası* Schnittpunkt *m*, Kreuzung *f*.
tekaüdetmek [· - x · ·] pensionieren.
tekaüdiye [ā] Pension *f*, Ruhegehalt *n*.
tekaüdolmak [· - x · ·] pensioniert werden.
tekaüt, *-dü* [ā] 1. Pensionierung *f* 2. P Ruhegehaltsempfänger *m*; ~ *sandığı* Pensionskasse *f*; *-e sevketmek* pensionieren; in den Ruhestand versetzen.
tekaütlük [ā] 1. *s. tekaüdiye* 2. Ruhestand *m*.
tekçe Einzelposten *m* (*z.B. e-r Rechnung*).
tekdir [ī] Verweis, Tadel *m*; ~ *etm.* (*b-ni*) *j-m e-n* Verweis (Tadel) erteilen.
teke *zo.* 1. Ziegenbock *m* 2. Garnele *f*.
tekeffül Bürgschaft *f*; ~ *etm. m. Akk.* sich verbürgen (*für*); garantieren.
tekekmek [x · ·] Einheitsbrot *n*.
tekel Monopol *n*; ~ *idaresi* Monopolverwaltung *f*.
tekellüf 1. Förmlichkeit *f* 2. Gesuchtheit *f*.
tekellüflü 1. mit viel Förmlichkeit 2. gesucht, gequält, gezwungen.
tekellüfsüz ungezwungen, einfach, schlicht.
tekellüm Sprechen *n*; ~ *etm.* sprechen; ~ *kabiliyeti* Sprech·vermögen *n*, -fähigkeit *f*.
tekemmül 1. Vervollkommnung *f* 2. Abschluß *m*; ~ *etm.* 1. sich vervollkommnen 2. abgeschlossen werden (*z.B. Verkauf*).
teker[1] Rad *n*, Scheibe *f* (*mit Achse*); ~ *meker yuvarlanmak* hinunterpurzeln.
teker[2] **teker** einzeln, gesondert, getrennt.

tekerlek 1. Rad *n*, Scheibe *f* (*mit Achse*) 2. radförmig, rund; ~ *arası* Radabstand *m*, Spurweite *f*; ~ *baskısı* (*od. freni*) Radbremse *f*, Hemmring *m*; ~ *başlığı* (*od. göbeği*) Radnabe *f*; ~ *çemberi* (*od. kuşağı od. tabanı*) Radkranz *m*; ~ *ispiti* Radfelge *f*; ~ *parmağı* Radspeiche *f*; ~ *peynir* Käse *m in Radform*; ~ *takımı* Radsatz *m*; ~ *zinciri* Hemmkette *f*.

tekerleme 1. *Vs. zu tekerlemek* 2. scherzhafte Formel (*als Märcheneinleitung od. Einschaltung*) 3. witzige Erwiderung 4. dichterischer Wettbewerb.

tekerlemek 1. rollen *tr.* 2. *fig.* herausplatzen (*mit*).

tekerlenmek 1. *Pass. zu tekerlemek* 2. rollen *intr.* 3. V abkratzen, sterben 4. V fristlos entlassen werden.

tekerrür 1. Wiederholung *f* 2. *jur.* Rückfall *m*, Rückfälligkeit *f* 3. *stil.* Anaphora, Tautologie *f*; ~ *etm.* sich wiederholen; *-ü halinde* im Wiederholungsfalle.

tekeş Einzelstück *n* (*bei Pantoffeln, Handschuhen usw.*).

teketek (*Sport*) Einzel *n*.

tekevvün Entstehung, Genese *f*; ~ *etm.* entstehen, werden.

tekezlemek *s. tökezlemek*.

tekfin [i] Einhüllung *f* in das Leichentuch; ~ *etm. e-n Toten* in das Leichentuch einhüllen.

tekfir [ī] Anschuldigung *f* der Ketzerei *od.* der Gotteslästerung; ~ *etm.* der Ketzerei *od.* der Gotteslästerung beschuldigen.

tekfur *hist.* byzantinischer Kaiser (*Prinz, Fürst, Statthalter*).

tekid [- -] 1. Bestätigung *f* 2. Wiederholung *f*.

tekidetmek [- - · ·] 1. bestätigen, bekräftigen 2. wiederholen, erneuern (*z.B. Bitte*).

tekil 1. *gr.* Singular *m* 2. *phil.* singulär.

tekin 1. (menschen)leer 2. ♀ *mV*; ~ *değil* 1. nicht geheuer (*Ort*) 2. mit übernatürlichen Kräften ausgestattet 3. mit wem nicht gut Kirschen (zu) essen ist.

tekinsiz 1. nicht geheuer; unheimlich 2. tabu.

tekir 1. grauschwarz (*Katze*) 2. *zo.* Irbis *m* 3. (*balığı*) Streifen- *bzw.* rote Meer·barbe.

tekke 1. Derwischkloster *n* 2. F gastfreies Haus 3. V Opiumhöhle *f*; ~ *edebiyatı* mystische Dichtung.

tekleşmek 1. zu e-m einheitlichen Ganzen werden 2. *s. teferrüdetmek*.

teklif [i] 1. Vorschlag *m*, Anerbieten *n* 2. Offerte *f*, Angebot *n* 3. Antrag *m*, Vorlage *f* (*z.B. im Parlament*) 4. Abgabe *f*, Beitrag *m*, Auflage, Steuer *f* 5. Förmlichkeit *f*, Umstände *pl.*; ~ *etm.* 1. vorschlagen 2. offerieren, anbieten 3. beantragen 4. auferlegen; ~ *mektubu H.* schriftliches Angebot; ~ *sahibi* Antragsteller *m*; ~ *tekellüf* Förmlichkeit *f*, steifes Benehmen.

teklifli förmlich, steif, konventionell.

teklifname [· - - ·] 1. schriftlicher Vorschlag 2. Versicherungsantrag *m*.

teklifsiz 1. ungezwungen, zwanglos 2. *pej.* reichlich ungeniert.

tekme Fußtritt *m*; ~ *atmak* (*od. -yi yapıştırmak*) *j-m* e-n Fußtritt versetzen.

tekmelemek *m. Akk.* e-n Fußtritt geben; treten.

tekmil [i] 1. Abschluß *m*, Vollendung *f* 2. all-, sämtlich-; ganz, vollständig; ~ *haberi* 1. *mil.* Vollzugsmeldung 2. Mitteilung *f* über den Abschluß e-r Tätigkeit.

tekne 1. Trog *m*, Mulde *f* 2. Schiffsrumpf *m* 3. Wasserfahrzeug *n* 4. *typ.* Setzschiff *n* 5. *geol.* Synklinale, Mulde *f*; ~ *kazıntısı* später Nachkömmling; *-de hamur fig.* dringende Arbeit.

teknik 1. Technik *f* 2. technisch 3. (*bes. Sport*) technisch auf der Höhe stehend; ~ *okulu* Technikum *n*; ~ *terim* Fachbezeichnung *f*; ♀ *Üniversite n. pr.* Technische Hochschule (*Ist.*).

tekniker Techniker *m*.

tekrar [x -] *adv.* 1. noch einmal; wiederum 2. Wiederholung *f* 3. Rekonstruktion *f* (*z.B. e-s Tatorts*); ~ *etm.* 1. wiederholen, repetieren 2. rekonstruieren; ~ ~ immer wieder.

tekrarlamak *s. tekrar etm.*

tekrarlanmak 1. *Pass. zu tekrarlamak* 2. sich wiederholen; noch einmal vorkommen.

teksif [i] Verdichten *n*; ~ *etm.* verdichten, kondensieren, konzentrieren.

teksir [ī] 1. Vermehrung *f* 2. Vervielfältigung *f*; ~ *etm.* 1. vermehren 2. vervielfältigen; ~ *kâğıdı* 1. Durchschlagpapier *n* 2. Hektographierpapier *n*; ~ *makinesi* Vervielfältigungsapparat, Hektograph *m*.

tekstil Textilien *pl.*; ~ *sanayii* Textilindustrie *f*.

tektük sehr spärlich; selten; nur vereinzelt.

tekzibetmek [ī] [· x · ·] 1. (*b-ni*) *j-n* der Lüge zeihen 2. (*bşi*) dementieren.

tekzip, *-bi* [ī] 1. Vorwurf *m* der Lüge 2. Dementi *n*.

tel 1. Fleisch- *od.* Pflanzenfaser *f* 2. Draht *m* 3. Saite *f* 4. Silber-, Metall·faden *m* 5. (*Zwirn-, Garn-, Woll- usw.*) Faden *m* 6. Draht- 7. Faden- 8. *Verk. von telgraf*; ~ *çekmek* 1. Draht ziehen (*z.B. um e-n Garten*) 2. telegraphieren, depeschieren, drahten 3. V pissen; ~ *çivi* Krampe *f*, Drahtstift *m*; ~ *dolap* Fliegenschrank *m*; ~ *fırça* Drahtbürste *f*; ~ *kadayıf Name e-r türk. Süßspeise*; ~ *kafes* 1. Draht·gitter, -geflecht *n*; 2. Drahtkäfig *m* 3. Maschendraht *m*; ~ *kırmak* 1. *e-n* Lapsus begehen 2. V kränken, beleidigen; ~ *kıskacı* Drahtzange *f*; ~ *örgü* 1. Draht·zaun, *m*, -sperre *f* 2. Drahtverhau, Stacheldraht *m*; ~ *şehriye* Faden-, Suppen·nudeln *pl.*; ~ *vurmak* telegraphieren, drahten; ~ *yazısı* Telegramm *n*; *-ler takınmak* (*od. takmak*) *fig.* 1. sich vor Freude nicht mehr kennen 2. schadenfroh lachen.

telâ [x ·] Roßhaareinlage *f* (*z.B. im Anzug*).

telâffuz [ä kurz] Aussprache *f*; ~ *etm.* aussprechen; ~ *tarzı* (*Art der*) Aussprache, Sprechweise *f*.

telâfi [· - -] Ausgleichung *f* (*e-s Schadens*); ~ *etm.* nachholen (*Versäumtes*), ersetzen, wettmachen, ausgleichen, kompensieren (*z.B. Mangel*), aufholen (*z.B. Verspätung*).

telâkki [· · -] 1. An-, Auf-, Entgegen·nahme *f* 2. Anschauung, Auffassung *f*; ~ *etm.* 1. aufnehmen (*z.B. Nachrichten mit Freude*) 2. auffassen, betrachten, ansehen (*als*).

telâş 1. aufgeregte Hast 2. Aufregung *f*, Entsetzen *n*, Panik *f*; ~ *etm.* 1. in Aufregung geraten 2. beunruhigen; ~ *göstermek* Aufregung an den Tag legen; *-a vermek* in Aufregung versetzen; beunruhigen.

telâşçı Verbreiter *m* von Panikgerüchten.

telâşlanmak in Aufregung *od.* Entsetzen geraten. [ruhigt.]

telâşlı aufgeregt, verwirrt, beun-

telâşsız ohne alle Aufregung; ruhig.

telâtin Juchtenleder *n*.

teleemprimör Fernschreiber *m*; *-le* fernschriftlich.

telef *in der Füg.*: ~ *etm.* 1. vergeuden, verschwenden 2. vernichten, zerstören, töten; ~ *olm.* 1. vergeudet (*verschwendet*) werden 2. verlorengehen, zugrunde gehen 3. umkommen.

telefat, *-tı* [ā] *pl.* (*Menschen-*)Verluste *pl.*; ~ *verdirmek* Verluste beibringen (*zufügen*); ~ *vermek* Verluste haben.

telefon 1. Telephonie *f* 2. Telephon *n*, Fernsprecher *m* 3. Telephonanruf; Fernspruch *m*; ~ *etm.* telephonieren, anrufen; ~ *irtibatı* Sprechverbindung *f*; ~ *kordonu* Telephonschnur *f*; ~ *kulaklığı* (*Telephon-*)Hörer *m*; ~ *makinesi* Telephonapparat, Fernsprecher *m*; ~ *merkezi* (*od. santrali*) Telephonzentrale *f*; ~ *muhaberatı* Fernsprechverkehr *m*; ~ *muhaveresi* Telephongespräch *n*; ~ *odası* Fernsprechzelle *f*; ~ *rehberi* Telefon-, Fernsprech·verzeichnis *n*; *-la aramak* telephonisch zu erreichen suchen; *-u kapamak* den Hörer einhängen (*bzw.* auflegen).

telefonlamak telephonieren, anrufen.

telefonlaşmak sich telephonisch verständigen.

telefotograf 1. Fernbild *n* 2. Funkbild *n*.

teleke Schwungfedern *pl.* (*e-s Vogels*).

telekomant, *-dı* Fernsteuerung *f*.

telekomünikasyon 1. Fernverbindung *f* 2. Fernmeldung *f*; ~ *servisi* Fernmeldedienst *m*.

telem Furche, Rille, Falte *f*.

telemetre [· · x ·] Entfernungsmesser *m*.

teleobjektif *phot.* Teleobjektiv *n*.

teles fadenscheinig, abgenutzt.

telesimek sich abschaben, sich abwetzen; fadenscheinig werden.

telesinema Heim-, Fern·kino *n*; Fernsehapparat *m*.
televizör Fernsehapparat *m*.
televizyon Fernsehen *n*, Bildfunk *m*.
televizyoncu Fernsehteilnehmer *m*.
televizyonculuk Fernsehwesen *n*.
telgraf 1. Telegraphie *f*, Fernschreibwesen *n* 2. Telegramm *n*, Depesche *f* 3. Telegraph *m*; ~ *çekmek* telegraphieren, drahten, depeschieren; *-la* telegraphisch.
telgrafçı Telegraphen·beamte(r) *m*, -beamtin *f*.
telgrafhane [· · - ·] Telegraphenamt *n*.
telgraflamak telegraphieren, drahten.
telgrafname [· · - ·] Telegramm *n*, Depesche *f*.
telif [- -] 1. Ausgleich *m* 2. Abfassung *f* (*e-s Werkes*) 3. Werk *n* (*e-s Autors*); ~ *etm*. 1. in Einklang bringen, e-n Ausgleich schaffen 2. ver-, ab·fassen; ~ *hakkı* Urheber-, Autoren·recht *n*; *-i kabil* (*olan*) vereinbar.
telifibeyn [- - · ·] *z. va*. Vermittlung, Verständigung, Versöhnung *f*; ~ *teşebbüsü* Vermittlungsversuch *m*.
tel'in [ī] Verfluchung *f*; ~ *etm*. verfluchen, verwünschen, verdammen.
telkâri Filigran, Zierdrahtgeflecht *n*.
telkin [ī] 1. Vorsprechen, Einflüstern *n* 2. Suggestion *f* 3. Einprägen, -hämmern *n* (*e-s Gedankens*) 4. Vorsprechen *n der isl. Glaubensformel*; ~ *etm*. vorsprechen, vorreden, einflüstern 2. suggerieren 3. ein·prägen, -hämmern; *-lere kapılmak* Einflüsterungen sein Ohr leihen.
telkinlemek [ī] suggerieren.
tellâk, *-kı* Badediener *m*.
tellâl, *-li* 1. Vermittler, Makler *m* 2. öffentlicher Ausrufer; ~ *çağırmak fig. et*. ausposaunen.
tellemek 1. mit Gold- *od*. Silberfäden schmücken 2. *allg*. verschönern, ausschmücken 3. telegraphieren, drahten; ~ *pullamak* 1. auf-, heraus·putzen 2. mit vielen Einzelheiten ausschmücken (*z.B. Bericht*) 3. über den grünen Klee loben.
tellendirmek schmauchen, gemütlich rauchen.
telli 1. faserig 2. Draht- 3. Saiten- 4. mit Metallfäden durchwirkt; ~ *bebek fig*. närrisch, exzentrisch; ~ *cam* Drahtglas *n*; ~ *çalgı* Saiteninstrument *n*; ~ *muhabere* Drahtverkehr *m*; ~ *pullu* 1. aufgeputzt, herausstaffiert 2. ausgeschmückt (*z.B. Erzählung*).
telmih [ī] Anspielung *f*; ~ *etm. m. Dat*. anspielen; Anspielungen machen (*auf*).
telsik, *-kı* [ī] *jur*. Naturalisierung, Einbürgerung *f*.
telsiz 1. ohne *tel*, *spez*. drahtlos 2. Funkentelegraphie *f* 3. Radio *n*, Rundfunk *m* 4. Funkspruch *m* 5. Funktelegramm *n*; ~ *aleti* Funkgerät *n*; ~ *telgraf* 1. Radiotelegraphie *f* 2. Funktelegramm *n*; ~ *telgrafçı* (*Bord-*)Funker *m*; ~ *tesisatı* Funkanlage *f*; *-le bildirmek* funken; *-le verilen rapor* Funkmeldung *f*.
telsizci (*Bord-*)Funker *m*.
telsizlemek funken.
teltik Minus *od*. Plus *n bei e-r Aufstellung z.B*. Überschuß *od*. Restbetrag *m*.
telve Kaffeesatz *m*; ~ *falı* Wahrsagen *n aus dem Kaffeesatz*.
tem 1. *mus*. Thema *n* 2. Übersetzung *f in e-e Fremdsprache* 3. Thema *n*, Gegenstand, Stoff *m*.
temadi [· - -] 1. Andauern *n* 2. Kontinuität *f* 3. Weiterführung *f*; ~ *etm*. (an-, weiter)dauern, sich länger hinziehen 2. e-e Fortsetzung erfahren; weitergeführt werden.
temaruz [ā] Simulieren *n*; ~ *etm*. e-e Krankheit vortäuschen; simulieren.
temas [ā] 1. Berührung *f* 2. Verbindung, Beziehung *f*, Verhältnis *n*, Verkehr *m* 3. Anschneiden *n* (*e-s Themas*) 4. Besprechung *f* 5. (*Pinsel-*)Strich *m*; ~ *etm*. 1. sich gegenseitig berühren 2. (*bşe*) *et*. berühren; *fig*. zu sprechen kommen (*auf*) anschneiden (*Thema*) 3. (*b-le*) Fühlung aufnehmen (*mit*) 4. (*b-le*) Verkehr pflegen (*mit*); ~ *noktası* Berührungspunkt *m*; *-a geçmek* Fühlung aufnehmen; sich zu e-r Besprechung treffen; *-ta bulunmak* (*b-le*) Verkehr pflegen (*mit*); in Verbindung stehen (*zu*).
temaşa [· - -] 1. Betrachten *n* 2. Vorführung *f*, Schauspiel *n*; ~ *etm*. betrachten, zuschauen.
temayül [ā] 1. Neigung, Tendenz *f*

2. Zuneigung, Liebe *f*; ~ *etm. m. Dat.* neigen, tendieren (*zu*).
temayüz [ā] 1. Hervorragen *n* 2. *math.* Rang *m* (*e-r Matrix*); ~ *etm.* sich auszeichnen; hervorragen.
tembal *mus.* Kesselpauke *f*.
tembel faul, träge; Faulenzer *m*.
tembelhane [ā] Faulenzerparadies, Schlaraffenland *n* 2. *fr.* Leprosarium *n*.
tembellik Faulheit, Trägheit *f*.
tembih [ī] 1. Reiz, Antrieb, Stimulus *m* 2. Einschärfung *f* 3. *psych.* Anregung *f*; ~ *etm.* 1. anregen, stimulieren 2. (*b-ne*) *j-m et.* einschärfen.
temcit, *-di* [ī] *urspr.* Lobpreisung Gottes *f*; ~ *pilâvı fig.* ewige Leier.
temdidetmek [ī] 1. verlängern (*z.B. Vertrag*) 2. *chem.* verdünnen, versetzen.
temdit, *-di* [ī] 1. Verlängerung, *spez. jur.* Fristverlängerung *f* 2. *chem.* Verdünnung *f*.
temel 1. Fundament *n*, Sockel *m* 2. *fig.* Grundlage, Stütze *f* 3. Grund-, Haupt-; ~ *atmak a. fig.* den Grundstein legen; ~ *çukuru* Baugrube *f*; ~ *direk* Stützpfeiler *m*; ~ *fikirler* Hauptgedanken *pl.*; ~ *kakmak* (*bir yere*) ewig lange *irgendwo* bleiben; ~ *taşı a. fig.* Grundstein *m*; ~ *tutmak* 1. sich festsetzen; Wurzel(n) schlagen 2. auf ein festes Fundament zu stehen kommen; *-inden* von Grund auf.
temellenmek sich festsetzen; festen Fuß fassen.
temelleşmek 1. = *temellenmek* 2. ansässig werden.
temelli 1. fundiert 2. gut fundiert; fest 3. ständig, Dauer- 4. für immer, für dauernd; ~ *bir iş* ständige Beschäftigung; ~ *gitti* er ist für immer fortgezogen; ~ *kiracı* Dauermieter *m*.
temellük, *-kü* Sich-Aneignen *n*; ~ *etm.* sich *et.* aneignen; *et.* in Besitz nehmen.
temelsiz 1. ohne Fundament 2. *fig.* unbegründet 3. nicht beständig.
temenna(h) [ā], *orient.* Begrüßung *f*; ~ *etm. in orient. Weise* grüßen.
temenni [ī] 1. guter Wunsch 2. (*sıygası*) *gr.* konditionaler Optativ; ~ *etm. j-m et.* wünschen.
temerküz 1. Zentralisierung *f* 2. Konzentrierung *f*; ~ *ettirmek* 1. zentralisieren 2. konzentrieren; ~ *kabinesi* Koalitionskabinett *n*; ~ *kampı* Konzentrationslager *n*.
temerrüdetmek [· · x · ·] 1. (*bşde*) eigensinnig beharren (*bei*) 2. (*bşe karşı*) sich stur widersetzen.
temerrüt, *-dü* 1. Eigensinn, Starrsinn *m* 2. Verzug *m* (*z.B. bei Zahlung*); ~ *faizi H.* Verzugszinsen *pl.*
temessül Sich-Angleichen *n*; ~ *etm.* 1. die Gestalt annehmen (*von*) 2. sich assimilieren; aufgehen (*z.B. in fremdem Volkstum*).
temettü, *-üü* 1. (*Rein-*)Gewinn *m* 2. Dividende *f*; ~ *etm.* Gewinn ziehen; profitieren; ~ *hissesi* Gewinnanteil *m*, Dividende *f*; ~ *vergisi* Gewinnsteuer *f*.
temevvücetmek [· · x · ·] 1. wogen 2. flattern (*z.B. Fahne*) 3. fluktuieren, schwanken (*z.B. Börsenkurs*).
temevvüç, *-cü* 1. Wogen *n* 2. Flattern *n* 3. Fluktuieren, Schwanken *n*.
temeyyüz Hervorragen *n*; ~ *etm.* sich auszeichnen; hervorragen.
temezzuk, *-ku med.* Riß *m*, Ruptur *f*.
temhir [ī] Versiegeln *n*; ~ *etm.* versiegeln.
temin [- -] 1. Beteuerung, Versicherung *f* 2. Beschaffung *f* 3. Sicherstellung, Garantiesumme *f*; ~ *etm.* 1. (*b-ni*) beteuern, versichern 2. (*bşi*) garantieren, zusichern 3. (*bşi*) beschaffen, sicherstellen.
teminat, *-tı* [- · -] *pl.* 1. Sicherheit (-en *pl.*) *f*, Garantie(-en *pl.*) *f* 2. Garantiesumme *f*.
teminatlı [- · - ·] garantiert, verbürgt; ~ *akreditif H.* Dokumenten-Akkreditiv *n*.
temiz 1. sauber, rein 2. *fig.* anständig, ordentlich, korrekt 3. (*in Verb. mit bir*) tüchtig, gehörig, ordentlich 5. V Pokerspiel *n*; ~ *çevirmek* V Poker spielen; pokern; ~ *kalbli* hochanständig, vornehm; ~ *konuşmak* ordentlich (*in gesetzten Worten*) reden; ~ *pâk* sauber und anständig (*Kind*); ~ *tutmak* sauber halten; *-e çekmek* ins Reine schreiben (*Konzept*); *-e çıkarmak* (*k-ni*) *fig.* sich entlasten, sich rein waschen; *-e çıktı* seine Schuldlosigkeit hat sich herausgestellt; *-e havale etm.* V 1. rasch fertigmachen 2. alles aufessen 3. *j-n* durchprügeln 4. ausplündern *od.* umbringen.

temizkan Arterienblut *n*.
temizlemek 1. reinigen, säubern, putzen 2. *fig*. erledigen, *a*. vollständig aufessen 3. aus·rauben, -plündern 4. beseitigen, umbringen, liquidieren 5. weg·räumen, -nehmen 6. V *j-n* (*e-n*) ausnehmen (*beim Spiel*).
temizlik 1. Sauberkeit, Reinlichkeit *f* 2. Reinemachen *n* 3. Säuberungsaktion *f* 4. Anständigkeit *f*; ~ *amelesi* Straßen·kehrer, -reiniger *m*; ~ *işleri* Straßenreinigung *f*; ~ *meraklısı* 1. *mel*. auf peinliche Sauberkeit bedacht 2. *pej*. Putznärrin *f*; ~ *yapmak* 1. Hausputz halten 2. e-e Säuberungsaktion durchführen (*z.B. in der Sprache*).
temkin [i] Besonnenheit *f*, Ernst *m*, Ruhe *f*, gesetztes Wesen; *-ini bozmamak* sich nicht beirren lassen.
temkinli [· - ·] besonnen, ernst, ruhig, gesetzt.
temlik, *-ki* [i] Übereignung, Abtretung, Zession, Veräußerung *f*; ~ *edilemiyen haklar jur*. unveräußerliche Rechte *pl*.; ~ *etm*. übereignen, abtreten, zedieren, veräußern.
temmuz Juli *m*.
tempo [x ·] 1. *mus*. Tempo, Zeitmaß *n* 2. Schnelligkeit *f* 3. Art und Weise *f*; ~ *tutmak* den Takt schlagen.
temren scharfe Spitze *f* (*bei Pfeil, Speer, Lanze usw*.).
temrin [i] Übung(-saufgabe) *f*.
temriye 1. *bot*. Felsenflechte *f* 2. *med*. (*Haut*-)Flechte *f*.
temsil [i] 1. Angleichen *n*, Assimilation *f* 2. Vergleich *m*, Gleichnis *n* 3. Vertretung, Repräsentation *f* 4. (*Theater*-)Vorführung *f* 5. *log*. Analogieschluß *m* 6. P zum Beispiel; ~ *etm*. 1. angleichen 2. (*sprichwörtlich*) vergleichen 3. vertreten, repräsentieren 4. auf-, vor·führen, darstellen; ~ *heyeti* (*Schauspieler*-) Ensemble *n*; ~ *provası* Bühnenprobe *f*.
temsilci Vertreter, Repräsentant; *Temsilciler Heyeti n. pr*. Repräsentantenhaus *n* (*USA*).
temsilî [· - -] 1. Repräsentations- 2. Schau- 3. darstellend; Anschauungs-.
temyiz [i] 1. Unterscheidung *f* 2. *jur*. Revision, Kassation *f* 3. ♀ (*Mahkemesi*) Kassationshof *m*; ~ *etm*. 1. unterscheiden 2. (*bir kararı*) Berufung einlegen (*gegen*) 3. (*bir dâvayı*) an den Kassationshof überweisen; ~ *komisyonu jur*. oberste Steuerentscheidkommission *f*; ~ *kudreti jur*. Urteilsfähigkeit *f*; *kabili temyiz* 1. unterscheidbar 2. *jur*. wogegen Berufung eingelegt werden kann.
temyizen [i] [· x ·] *adv*. durch Entscheid des Kassationshofes.
ten 1. *va*. Körper, Leib *m* 2. Haut *f*, Fleisch *n*, Teint *m*; ~ *fanilâsı* dünnes Unterhemd; ~ *rengi* fleischfarben; *-i beyaz* von weißer Hautfarbe.
-ten *vgl. a. -dan, -den, -tan*.
tenafür [ā] 1. *va*. gegenseitige Abneigung 2. *va*. Mißverhältnis *n* 3. harter Klang; Kakophonie *f*.
tenakus [ā] Verringerung *f*; ~ *etm*. sich verringern, sich vermindern, abnehmen.
tenakuz [ā] *log*. Kontradiktion *f*.
tenasüh [ā] Seelenwanderung *f*.
tenasül [ā] Zeugung, Fortpflanzung *f*; ~ *aleti* Zeugungs-, Geschlechtsorgan *n*; ~ *bereketi* Kindersegen *m*; ~ *hastalığı* Geschlechtskrankheit *f*; ~ *binefsihi biol*. Urzeugung *f*.
tenasüp, *-bü* [ā] 1. Proportion *f* 2. Ebenmaß *n* 3. schöne Form *od*. Gestalt.
tencere [x · ·] Koch·topf *m*, -geschirr *n*.
tender [x ·] (*Lokomotiv*-)Tender *m*.
tendürüst, *-tü* gesund und kräftig.
teneffüs 1. Atmung *f* 2. (*Unterrichts*-)Pause *f*; ~ *cihazı* 1. Atmungsorgane *pl*. 2. Sauerstoffgerät *n*; ~ *etm*. 1. atmen 2. sich kurze Zeit ausruhen; *et*. ausspannen.
tenekâr *chem*. Borax *m*.
teneke 1. Weißblech *n* 2. Blech·kanister, -tank *m* 3. Blech-; ~ *çalmak* (*arkasından*) *fig*. s-m Mißfallen im Chor Ausdruck geben; ~ *kaplamak* mit Blech ausschlagen; ~ *kaplı* (*yüzü*) mit eherner Stirn, frech, unverschämt; ~ *mahallesi* aus Wellblechbaracken bestehendes Stadtviertel; *-sini eline vermek* F *j-m* den Laufpaß geben.
tenekeci Klempner *m*.
teneşir 1. Leichenwaschung *f* 2. (*tahtası*) niedriges Holzgestell (*für* 1); ~ *horozu* (*od. kargası*) *fig*. spindeldürrer Mensch; *-e gelmek fig*. sterben.

teneşirlik 1. *Ort der Leichenwaschung* 2. V im Sterben liegend.
tenevvü, -üü 1. Verschiedenartigkeit *f* 2. Spiel-, Ab-art; Form, Varietät *f* 3. Vielfältigkeit *f*; ~ *etm.* 1. verschiedenartig sein; 2. in verschiedenen Spielarten (*Formen*) auftreten.
tenevvür 1. *phys.* Beleuchtung *f* 2. *hist.* Aufklärung *f*; ~ *devri* Zeitalter *n* der Aufklärung; ~ *etm.* 1. beleuchtet werden 2. *fig.* erhellt werden; sich aufklären.
tenezzüh Spaziergang, Ausflug *m*; ~ *vapuru* Vergnügungsdampfer *m*.
tenezzül 1. Fallen *n* 2. Sich-Herablassen *n*; ~ *etm.* 1. fallen (*a. z.B. Preise*), sich verringern (*z.B. Quote*) 2. *m. Dat.* sich herab-, herbei-lassen.
tenfiz [i] 1. *va.* Eindringenlassen *n* 2. Ausführung, Vollstreckung *f*; ~ *kararı jur.* Vollstreckbarkeitserklärung *f*.
tenha [ā] einsam, öde, verlassen.
tenis [x ·] Tennis *n*; ~ *raketi* Tennisschläger *m*; ~ *sahası* Tennisplatz *m*; ~ *topu* Tennisball *m*.
tenisçi Tennisspieler(in *f*) *m*.
tenkıye 1. Einlauf *m*, Klistier *n* 2. Klistierspritze *f*.
tenkid [ī] 1. Kritik, Beurteilung *f* 2. *mil.* (*Manöver-*)Kritik, Schlußbesprechung *f*.
tenkidci [· - ·] 1. kritisierend; Kritiker *m* 2. *pej.* nörgelnd, Nörgler *m*.
tenkidetmek [i] [· x · ·] kritisieren.
tenkil [ī] Niederwerfung *f* (*z.B. e-s Aufstandes*); ~ *etm.* nieder-ringen, -werfen.
tenkit, -ti [i] Interpunktion *f*; ~ *işaretleri* Interpunktionszeichen *pl*.
tenperver wer die Bequemlichkeit liebt; bequem, faul.
tensibetmek [i] [· x · ·] 1. als geeignet ansehen 2. beschließen 3. billigen, genehmigen.
tensik, -kı 1. Reorganisation *f* 2. *stil.* Gradation, Stufenfolge *f*; ~ *etm.* reorganisieren.
tensip, -bi [i] 1. Als-Geeignet-Erachten *n* 2. Beschließen *n* 3. Billigung *f*.
tente [x ·] Sonnen-dach, -segel *n*, Markise *f*.
tentene [x · ·] (*Klöppel-, Häkel- usw.*) Spitze *f*.
tentür Tinktur *f*.
tentüryot, -du Jod *n*, Jodtinktur *f*.
tenvir [i] 1. Beleuchten *n* 2. *fig.* Aufklären *n*; ~ *bombası* Leuchtbombe *f*; ~ *etm.* 1. erleuchten, illuminieren 2. *fig.* aufklären, klarmachen 3. *fig.* (*b-ni*) unterrichten; ins Benehmen setzen.
tenvirat, -tı [· - -] *pl.* 1. Beleuchtung *f* 2. Illumination *f*; ~ *resmi* (*städtische*) Abgabe für Straßenbeleuchtung.
tenya [x ·] *zo.* Bandwurm *m*.
tenzil [i] 1. Herabsetzen *n* 2. Herabsenden *n*; ~ *etm.* 1. herabsetzen, (ver)mindern 2. herabsenden (*z.B. Offenbarung*).
tenzilât, -tı [· - -] *pl.* Rabatt *m*.
tenzilâtlı ermäßigt, herabgesetzt (*im Preis*).
teorem *math.* (*Lehr-*)Satz *m*, Theorem *n*.
teori *a. math.* Theorie *f*.
teorik theoretisch.
teorisiyen Theoretiker *m*.
tepe 1. (*Berg-*)Gipfel *m* 2. (*Baum-*) Wipfel *m* 3. Hügel *m* 4. *math.* Ecke *f od.* Spitze *f od.* Scheitelpunkt *m* 5. Scheitel *m*, Haube *f* (*bei Vögeln*) 6. Schädeldach *n*, Scheitel *m* 7. Genick *n* (*bei Tieren*); ~ *aşağı gitmek fig.* bergab gehen; mit e-m Fiasko enden; ~ *penceresi* Oberlicht, Dachfenster *n*; ~ *taklak* kopfüber; ~ *yüksekliği* Scheitelhöhe *f*; *-den bakmak* mit verächtlichem Blick mustern; *-den inme* wie ein Blitz aus heiterem Himmel; *-den pervaneli uçak* Hubschrauber *m*; *-den tırnağa kadar* 1. vom Scheitel bis zur Sohle; vollständig, überall 2. bis an die Zähne (*bewaffnet*); *-si atmak* sehr zornig werden; *-sinden kaynar su dökülmek fig.* in tödliche Verlegenheit geraten; *-sine binmek fig.* quälen, piesacken; *-sine çıkmak* (*b-nin*) frech werden (*gegen*).
tepecamı, -nı Bodenluke *f*, Oberlicht *n*.
tepegöz 1. mit sehr niedriger Stirn 2. *zo.* Sternseher *m* (*Fisch*) 3. F türkisches Bad.
tepeleme 1. *Vs. zu tepelemek* 2. gehäuft (*voll*).
tepelemek 1. durchprügeln 2. *mil.* entscheidend schlagen 3. niederwerfen (*z.B. Aufstand*) 4. *j-m* (*e-m*) den Schädel einschlagen; töten.
tepeüstü, -nü 1. kopfüber 2. drunter und drüber.

tephir [ī] 1. Verdampfenlassen *n* 2. (*Heißluft-*)Desinfektion *f*; ~ *etm.* 1. verdampfen (*verdunsten*) lassen 2. desinfizieren.

tephirhane [· - - ·] 1. Desinfektionsanstalt *f* 2. Dampfbad *n* 3. chemische Reinigung *f*.

tepinmek um sich schlagen; strampeln, trampeln, stampfen.

tepişmek 1. sich *gegenseitig* treten 2. *fig.* sich zanken, sich streiten.

tepke Reflexbewegung *f*.

tepki Reaktion *f*; Gegen·wirkung *f*, -druck *m*; Rück·schlag *m*, -wirkung *f*.

tepkili uçak 1. Düsenflugzeug *n* 2. *selt.* Raketenflugzeug *n*.

tepme 1. *Vs. zu tepmek* 2. Fußtritt *m*; ~ *atmak* (*od. vurmak*) e-n Fußtritt versetzen; ~ *yemek* e-n Fußtritt bekommen.

tepmek, (-*er*) 1. ausschlagen (*Tier*) 2. (fest)treten 3. tanzen 4. e-n Rückstoß geben (*Feuerwaffe*) 5. *fig.* mit Füßen treten; verschmähen 6. auftreten, sich einstellen (*z.B. Reue*) 7. wieder auftreten (*Krankheit*); *tepe tepe kullanmak* grob umgehen *mit et.*

tepre(n)mek sich winden (*unter e-m Druck*); sich heftig hin- und herwerfen.

tepreşmek sich erneut einstellen [(*Krankheit*).]

tepsi 1. Tablett *n* 2. Kuchen-, Pasteten·blech *n*.

ter[1] Schweiß *m*; ~ *alıştırmak* warten, bis man etwas abgetrocknet ist; ~ *boşanmıya başladı* der Schweiß begann ihm auszubrechen; ~ *dökmek* 1. Schweiß vergießen 2. *fig.* sich sehr abplagen müssen; ~ *içinde kalmak* ganz in Schweiß gebadet sein; -*e batmak* furchtbar schwitzen; -*e yatmak* e-e Schwitzkur machen; -*ini soğutmak* sich im Kühlen ausruhen.

ter[2] = *taze*.

ter[3] **ter tepinmek** mit Armen und Beinen um sich schlagen.

terakki [ī] Fortschritt *m*; ~ *etm.* 1. Fortschritte machen 2. *spez. mil.* Geländegewinn erzielen; vorrücken.

terakkiperver [ī] fortschrittlich gesinnt.

teraküm [ā] Anhäufung, Ansammlung, Speicherung *f*; ~ *etm.* sich anhäufen, sich ansammeln.

terane [ā] 1. *selt.* Melodie *f* 2. *pej.* ewige Leier.

teravi [· - -] gemeinsames Nachtgebet *im* (*Fastenmonat*) *Ramazan*.

terazi [ā] 1. Waage *f* 2. Balanzierstange *f* (*des Seiltänzers*) 3. ♎ *astr.* Waage *f*; ~ *gözü* Waagschale *f*.

terbıyık (**lı**) flaumbärtig (*Jüngling*).

terbi, -*ii* [ī] *astr.* Quadratur *f*; ~ *etm. math.* ins Quadrat erheben; *terbii daire* Quadratur *f* des Kreises.

terbiye 1. Erziehung, (Aus-)Bildung *f* 2. gutes Benehmen 3. scharfe Zurechtweisung *od.* Züchtigung 4. *Name e-r säuerlich schmeckenden Sauce* 5. Zubereitung *f* 6. Dressur, Abrichtung *f* 7. Zügel *pl.*; ~ *etm.* 1. erziehen, (aus)bilden 2. dressieren, abrichten 3. zubereiten (*z.B. Speisen od. Tierhäute*) 4. scharf zurechtweisen *od.* züchtigen; ~ *görmek* e-e gute Erziehung genießen; -*sini bozmak* sich ungehörig benehmen; -*sini vermek* (*b-nin*) 1. scharf zurechtweisen; heftig tadeln 2. strafen, züchtigen.

terbiyeli 1. wohlerzogen 2. mit Terbiye-Sauce zubereitet (*spez. Reissuppe*).

terbiyesiz ungezogen, flegelhaft; Lümmel, Flegel *m*.

terbiyevi [· · · -] 1. pädagogisch; Erziehungs- 2. *pr.* pädagogisch wertvoll.

tercih [ī] Bevorzugen *n*; ~ *etm.* bevorzugen.

tercihan [ī] *adv.* vorzugsweise, besonders.

tercüman 1. Dolmetscher, Dragoman *m* 2. *fig.* Interpret *m*, Sprachrohr *n*.

tercüme Übersetzung *f*; ~ *etm.* übersetzen, übertragen.

tercümeihal, -*li* [ā] Biographie *f*.

tere *bot.* (*Garten-*)Kresse *f*.

terebantin, terebentin *s. terementi*.

tereddi [ī] Entartung, Degeneration *f*; ~ *etm.* entarten, degenerieren, verfallen.

tereddüdetmek [· · x · ·] zögern, zaudern.

tereddüt, -*dü* Unschlüssigkeit, (*innere*) Hemmung *f*, Zaudern, Zögern *n*, Zweifel *m*.

tereffü, -*üü* (*An-*)Steigen *n der Preise*; Hausse *f*; ~ *etm.* (an-) steigen, anziehen (*Preise*); -*e temayül* steigende Tendenz (*z.B. an der Börse*).

tereke Hinterlassenschaft *f*, Nachlaß *m*.
terekkübetmek [· · x · ·] 1. sich zusammensetzen (*aus*) 2. *chem.* sich verbinden.
terekküp, *-bü* 1. Zusammensetzung *f* 2. *chem.* Verbindung *f*.
terelelli [· · x ·] F leichtsinnig, leichtfertig.
terementi [· · x ·] Terpentin *n*; ~ *ağacı bot.* Terpentinpistazie *f*; ~ *ruhu* Terpentinöl *n*.
tereotu, *-nu bot.* Dill *m*.
teres 1. *va.* Hahnrei *m* 2. (*sehr grobes Schi.*) *etwa*: Saukerl, Schweinehund *m*.
teressübetmek [· · x · ·] *a. chem.* sich ablagern, sich niederschlagen.
teressüp, *-bü* Ablagerung *f*, Niederschlag *m*.
terettübetmek [· · x · ·] (*b-ne*) 1. (*e-m*) obliegen, zukommen (*z. B. Ausführung, Dat.*) 2. *e-n* treffen (*z.B. Schuld, Akk.*).
terettüp, *-bü* 1. Obliegenheit, Aufgabe *f* 2. Zufallen, Treffen *n*.
tereyağ, tereyağı, *-nı* 1. Butter *f* 2. V einfältig, dumm, beschränkt.
terfi, *-ii* [ī] 1. Emporheben *n* 2. Beförderung *f* 3. Versetzung *f* (*e-s Schülers*); ~ *etm.* 1. emporgehoben werden 2. befördert werden 3. versetzt werden; ~ *ettirmek* 1. emporheben 2. befördern 3. versetzen.
terfian [ī] *adv.* 1. unter Beförderung 2. unter Versetzung (*in die nächsthöhere Schulklasse*).
terfih [ī] Ver-, Auf·besserung *f*; ~ *etm.* (*j-s Lage*) verbessern; ein sorgenfreies Dasein verschaffen.
terfik, *-kı* [ī] Beigeben *n* (*als Begleiter*); ~ *etm. als Begleiter* beigeben; beigesellen.
terhin [ī] Verpfänden *n*; ~ *etm.* verpfänden, versetzen.
terhis [ī] 1. *selt.* (*pol.*) Bevollmächtigung *f* 2. *mil.* Entlassung *f*; ~ *etm.* 1. *selt.* (*pol.*) bevollmächtigen 2. *mil.* entlassen; ~ *tezkeresi* Entlassungsschein *m* (*e-s Soldaten*).
terim 1. Fach·ausdruck *m*, -bezeichnung *f* 2. *math.* Term *m*, Glied *n* 3. *log.* Begriff *m*.
terk, *-ki* 1. Ver-, Über-, Hinterlassen *n* 2. *jur.* Aufgabe *f*, Abandon *m* 3. *jur.* böswilliges Verlassen 4. Aussetzung *f* (*von Kindern od. hilflosen Personen*); *terki diyar etm.* das Land verlassen; *terki hayat etm.* das Zeitliche segnen; *terki saltanat* Abdankung *f*, Thronverzicht *m*; *terki silâh etm.* 1. *mil.* abrüsten 2. die Waffen niederlegen; kapitulieren; *terki teslihat z. va.* Abrüstung *f*; *terki ticaret dolayısiyle* wegen Geschäftsaufgabe.
terketmek [x · ·] verlassen (*z.B. Stadt*), hinterlassen (*z.B. Vermögen*), im Stich lassen; aufgeben (*a. z.B. Belagerung*), abtreten, überlassen.
terkibetmek [ī] [· x · ·] 1. zusammen·setzen, -stellen, -fassen; kombinieren 2. *chem.* verbinden.
terkibî [· - -] synthetisch.
terkin [ī] Streichung, Löschung *f* (*z.B. e-s Namens*); ~ *etm.* streichen (*aus e-r Liste*).
terkip, *-bi* [ī] 1. Zusammenstellung 2. Synthese *f* 3. grammatische Fügung 4. Zusammensetzung *f* (*z.B. e-s Wortes*).
terkiplendirmek 1. in *e-r best. gr.* Füg. verwenden 2. *spez.* (*Fars kaidesiyle*) in persischer Izafetkonstruktion verwenden.
Terkos [x ·] *n.pr.* 1. (*Gölü*) Terkos-See *m* (*nordwestl. von Ist.*) 2. (*Suyu*) Istanbuler Leitungswasser.
terkova *an.* Schlüsselbein *n*.
terlemek 1. schwitzen (*a. z.B. Krug*) 2. beschlagen (*z.B. Brille*) 3. sprossen (*spez. Schnurrbart*) 4. *fig.* sich abmühen.
terli schweißgebadet; naß geschwitzt.
terlik 1. Pantoffel, Hausschuh *m* 2. kleines, dünnes Käppchen.
terminüs 1. Endstation *f* 2. End-.
termos [x ·] Thermosflasche *f*.
ters 1. umgekehrt (*a. math.*); verkehrt, entgegengesetzt, falsch, links herum (*z.B. et. anziehen*) 2. *fig.* ungünstig 3. *fig.* unfreundlich, grob 4. Rückseite *bzw.* linke Seite *f* 5. Rücken *m* (*z.B. e-s Messers*) 6. Gegenteil *n* 7. falsche *bzw.* entgegengesetzte Richtung 8. (*Tier-*)Exkremente *pl.*; ~ *akıllı* verschroben, exzentrisch (*Person*); ~ *anlamak* verkehrt verstehen; ~ *falso Bill.* Kontra-Effet *n*; ~ *tarafından kalkmış fig.* mit dem linken Bein zuerst aufgestanden; ~ *yüz etm.* 1. das Oberste zuunterst kehren 2. wenden (*z.B. Anzug*); *-ine* im Gegenteil;

vielmehr; *-ine olm.* *j-s* Wünschen nicht entsprechen (*z.B. Entwicklung e-r Angelegenheit*).
tersane [ā] Marinearsenal *n*, Werft *f*.
terse *Ka.* Sequenz *f* von drei Karten der gleichen Farbe.
terslemek 1. (*b-ni*) *j-n* grob anfahren 2. Kot ablagern (*von Tieren*).
terslenmek 1. *Pass. zu terslemek* 2. sich ungefällig erweisen.
terspers ganz verkehrt, F vermasselt.
tertemiz [x · ·] peinlich sauber; blitzblank.
tertibat, *-tı* [· - -] *pl.* 1. Maßnahmen *pl.* 2. Anlage(n *pl.*) *f*, Einrichtung(en *pl.*) *f* 3. *mil.* Gliederung, Aufstellung, Organisation *f*.
tertibetmek [i] [· x · ·] 1. ordnen 2. veranstalten, organisieren 3. *pej.* vorher verabreden; abkarten 4. zusammen-, auf·stellen (*z.B. Programm*) 5. *typ.* setzen 6. *med.* dosieren.
tertibî [· - -] Organisations-.
tertip, *-bi* [i] 1. Ordnung, Reihenfolge *f* 2. Veranstaltung *f* 3. *pej.* Abkarten *n* 4. Auf-, Zusammenstellung *f* 5. *mil.* Gliederung *f* 6. Serie, Emission *f* 7. Budgetposten *m* 8. Rezept *n* 9. *typ.* (*Schrift-*)Satz *m* 10. *math.* Ordinate *f* 11. *med.* Dosis, Dosierung *f*; ~ *fasla sistemi* Koordinatensystem *n*; ~ *makinesi typ.* Setzmaschine *f*.
tertiplemek [i] 1. organisieren 2. planmäßig durchführen 3. *mil.* gliedern, aufstellen.
tertipleştirmek koordinieren, aufeinander abstimmen.
tertipli 1. ordentlich, aufgeräumt 2. umsichtig 3. organisiert; systematisch durchgeführt 4. *pej.* abgekartet 5. praktisch eingerichtet (*z.B. Haus*).
terütaze [ā] 1. jugend-, tau·frisch 2. frisch, saftig, wohlschmeckend.
tervicetmek [i] [· x · ·] *m. Akk.* 1. verbreiten 2. eintreten (*für*), propagieren.
terviç, *-ci* [i] 1. Verbreiten *n* 2. Befürwortung, Propagierung *f*.
terzi Schneider(in *f*) *m*; ~ *evi* Schneiderwerkstatt *f*.
terzihane [ā] Schneiderwerkstatt *f*.
terzil [i] Verächtlichmachen *n*; ~ *etm.* verächtlich machen; herabsetzen.
terzilik 1. Schneiderhandwerk *n* 2. Herstellung *f* (*durch e-n Schneider*) 3. Macherlohn *m*.
tesadüf [ā] 1. zufällige Begegnung 2. Zufall *m*; ~ *etm.* 1. zufällig begegnen, treffen 2. fallen (*auf e-n best. Tag*); ~ *eseri* Zufall *m*; *-ün sevkiyle* durch ein Spiel des Zufalls.
tesadüfen [ā] [· x · ·] *adv.* zufällig.
tesadüfi [· - · -] zufällig, Zufalls-; ~ *galibiyet* Zufallssieg *m*.
tesadüm [ā] 1. Zusammenprallen *n* 2. *fig.* Kollision *f*, Konflikt *m*; ~ *etm.* 1. zusammenprallen 2. kollidieren.
tesahubetmek [· - x · ·] 1. begünstigen, protegieren 2. für sich in Anspruch nehmen; sich et. aneignen.
tesahup, *-bu* [ā] 1. Protektion *f*, Schutz *m* 2. willkürliche Aneignung.
tesanüt, *-dü* [ā] Solidarität *f*.
tesavi, *-ii* Gleichheit *f*.
tesbit, *-ti* [i] 1. Befestigen *n* 2. Festlegung *f* 3. *mil.* Fesselung *f*; ~ *banyosu phot.* Fixierbad *n*; ~ *dâvası jur.* Feststellungsklage *f*; ~ *etm.* 1. befestigen, festmachen 2. fest·legen, -setzen; fixieren 3. feststellen, bestimmen 4. *mil.* fesseln (*feindliche Kräfte*); ~ *vidası techn.* Klemmschraube *f*.
tescil [i] Registrierung, Eintragung *f*; ~ *etm.* registrieren, eintragen.
tesdit, *-di* [i] *techn.* Dichtung, Liderung *f*.
teselli [i] Trost *m*; ~ *etm.* (*od. vermek*) trösten; ~ *mükâfatı* Trostpreis *m*.
tesellüm Über-, Ab-, Empfangnahme *f*; ~ *etm.* über-, ab·nehmen; in Empfang nehmen; ~ *heyeti* Abnahmekommission *f*.
teselsül 1. geschlossene Reihe 2. *log.* petitio principii 3. *jur.* gesamtschuldnerische Haftung; ~ *etm.* 1. e-e geschlossene Reihe bilden 2. laufend vorkommen.
teshil [i] Erleichterung *f*; ~ *etm.* erleichtern.
teshilât, *-tı* [· - -] *pl.* Erleichterungen *pl.*; ~ *göstermek* behilflich sein.
teshin [i] Erwärmung *f*; ~ *etm.* (er)wärmen; heizen.
teshinat, *-tı* [· - -] *pl.* Heizung *f*.
teshir [i] 1. Bezaubern *n* 2. Beschwatzen *n* 3. blinde Verliebtheit;

~ *etm.* 1. be-, ver·zaubern 2. beschwatzen 3. blind verliebt machen.

tesidetmek [ī] [· x · ·] 1. *va.* ins Glückliche wenden 2. feiern.

tesir [- -] 1. Eindruck *m*, Wirkung *f*, Effekt *m* 2. *phys.* Induktion *f* 3. *a. chem.* Einwirkung *f*, Einfluß *m*, Influenz *f*; ~ *bölgesi* (*od. dairesi od. sahası*) *spez. mil.* Wirkungsbereich *m*; ~ *etm. m. Dat.* 1. wirken (*auf*), beeindrucken 2. *chem.* angreifen 3. seelisch ergreifen; rühren, betrüben; ~ *noktası techn.* Angriffspunkt *m*.

tesirli [- · ·] 1. eindrucksvoll 2. wirksam, nachhaltig, tatkräftig (*z.B. Hilfe*) 3. rührend.

tesis [- -] 1. Gründung *f* 2. Schaffung *f* 3. Anlage, Einrichtung *f* 4. *jur.* Stiftung *f*; ~ *etm.* 1. gründen 2. einführen, er-, ein·richten 3. aufnehmen (*z.B. Verbindungen*).

tesisat, *-tı* [- · -] *pl.* 1. Einrichtung (-en *pl.*) *f*, Anlage(n *pl.*) *f* 2. Schaffung, Errichtung *f*.

tesit, *-di* [ī] 1. *va.* Wendung *f* ins Glückliche 2. feierliche Begehung, Feier *f*.

teskere [x · ·] Tragbahre *f*.

teskereci *a. mil.* Krankenträger *m*.

teskin [ī] Beruhigung *f*; ~ *etm.* beruhigen, besänftigen, lindern.

teslih [ī] Bewaffnen *n*; ~ *etm.* bewaffnen, ausrüsten, bestücken.

teslihat, *-tı* [· - -] *pl.* (*Aus-*)Rüstung, Bewaffnung *f*; ~ *ve tahkimat plânı mil.* Armierungsplan *m*.

teslim [ī] 1. Ausliefern *n* 2. Anvertrauen *n* 3. Eingeständnis *n* 4. *jur.* Herausgabe *f* 5. *mil.* Kapitulation *f* 6 *mus.* Refrain *m* 7. ergib dich! 8. ich ergebe mich!; ~ *almak* über-, ab·nehmen; in Empfang nehmen; ~ *bayrağı* weiße Fahne; ~ *etm.* 1. übergeben, ausliefern 2. anvertrauen 3. zugeben, eingestehen 4. *jur.* herausgeben; ~ *olm.* 1. kapitulieren, sich ergeben 2. sich hingeben (*Frau, Mädchen*); ~ *şartları* 1. *mil.* Übergabebedingungen *pl.* 2. *H.* Lieferbedingungen *pl.*; ~ *ve tesellüm* 1. Übergabe und Abnahme *f* 2. Übergabe *f* (*e-s Amtes an den Nachfolger*).

teslimiyet, *-ti* [· - · ·] 1. *selt.* Resignation *f* 2. Kapitulation, Waffenstreckung *f*; ~ *göstermek* sich ergeben, sich fügen.

tesmiye Benennen *n*; ~ *etm.* (be-) nennen; bezeichnen; ~ *olunmak* benannt, bezeichnet werden.

tesniye *gr.* Dual *m*.

tespih isl. Gebetskette *f*; ~ *çekmek* die Gebetskette durch die Finger gleiten lassen.

tespihböceği, *-ni zo.* Kellerassel *f*.

tespit *s. tesbit.*

tesri, *-ii* [ī] Beschleunigen *n*; ~ *etm.* beschleunigen.

test, *-ti.* Test *m*, Eignungsprüfung *f*.

testere [x · ·] Säge *f*; ~ *balığı zo.* Sägefisch *m*; ~ *çerçevesi* Sägebock *m*; *-ye çapraz açmak* die Säge schärfen und schränken.

testi *bauchiger* Tonkrug; ~ *kabağı bot.* Flaschenkürbis *m*.

testlemek testen; e-e Eignungsprüfung abhalten.

tesviye 1. Nivellierung *f* 2. Bezahlung *f* 3. Marschbefehl *m* 4. Bereinigung *f*; ~ *etm.* 1. (ein-)ebnen, planieren, nivellieren 2. begleichen, bezahlen 3. erledigen, bereinigen, beilegen; ~ *ruhu* Libelle, Wasserwaage *f*; ~ *sureti* Bereinigung, Beilegung, Lösung *f*.

tesviyeci Maschinenschlosser, Dreher *m*.

teşbih [ī] Vergleich *m*; ~ *etm.* (*bşe*) *mit et.* vergleichen; *-te hata olmaz* (*od. olmasın*)! durch diesen Vergleich soll sich niemand getroffen fühlen!

teşdidetmek [ī] [· x · ·] heftiger werden lassen; an Intensität steigern; verschlimmern.

teşdit, *-di* [ī] 1. Intensitätssteigerung, Verschlimmerung *f* 2. Verdopplungszeichen *n* (*in der ar. Schrift*).

teşebbüs 1. Bemühung *f*, (*energischer*) Versuch *od.* Vorstoß; Unternehmung *f* 2. *pr.* Initiative *f* 3. *jur.* Versuch *m*; ~ *etm. m. Dat. et.* in Angriff nehmen; unternehmen; ~ *hevesi* Unternehmungslust *f*; ~ *sahibi* voll Initiative; *-e geçmek* sich auf ein Unternehmen werfen; *-ü elde tutmak* das Gesetz des Handelns vorschreiben können.

teşekkül 1. Formgewinnung *f* 2. Entstehen *n*, Genese *f* 3. *geol.* Schichtfolge *f* 4. Zusammentreten *n* 5. Gebilde *n*, Organisation *f* 6. *a. mil.* Formation *f*, Verband *m*; ~ *etm.* 1. sich bilden, sich formen; werden,

entstehen 2. zusammentreten; gebildet werden (*z.B. Kommission*).
teşekkür Dank *m*; ~ *ederim!* danke schön!; ~ *etm.* 1. (*bşe*) danken (*für*) 2. (*b-ne bşden dolayı*) *j-m für et.* danken; ~ *ve minnettarlık* aufrichtige Dankbarkeit.
teşekkürname [ā] schriftliche Danksagung; Dankschreiben *n*.
teşemmüs *med.* Sonnenstich *m*.
teşerrüf Ehrung *f*; ~ *etm.* 1. geehrt werden 2. sich geehrt fühlen; ~ *ettim! Hf.* sehr angenehm! (*bei Vorstellung*).
teşevvüş Wirrwarr *m*, Durcheinander *n*, Verwirrung *f*.
teşhir [ī] 1. Aus·stellen, -legen *n*; Vorführung *f* 2. Anprangerung, Bloßstellung *f* 3. Ziehen, Zücken *n* 4. Exhibition *f*; ~ *etm.* 1. zur Schau stellen; aus·stellen, -legen; vorführen 2. anprangern, bloßstellen 3. ziehen, zücken (*Messer*).
teşhis [ī] 1. Identifizieren *n* 2. *med.* Diagnose *f* 3. *stil.* Personifizierung *f*; ~ *etm.* 1. (*b-ni*) identifizieren 2. diagnostizieren (*Krankheit*).
teşkil [ī] 1. Bilden *n* 2. *gr.* Bildung *f* 3. *mil.* Formation *f*, Verband *m*; ~ *etm.* bilden, formen, formieren.
teşkilât, *-tı pl.* Organisation(en *pl.*) *f*; *teşkilâtı esasiye* (*kanunu*) Staatsgrundgesetz *n*, Verfassung *f*.
teşkilâtçılık Organisatonsfähigkeit *f*.
teşkilâtla(ndır)mak organisieren.
teşne 1. *va.* durstig, dürstend 2. *fig.* begierig, begehrend; ~ *olm.* (*bşe*) *fig.* lechzen, dürsten (*nach*), begehren.
teşri, *-ii* [ī] Gesetzgebung *f*.
teşrif [ī] Ehrerweisung *f*; ~ *etm.* 1. (be-)ehren, besuchen 2. sich begeben; abreisen (*nach*); ~ *nereye?* wohin des Wegs?
teşrifat, *-tı* [· - -] 1. (*Hof-*)Zeremoniell *n* 2. Protokoll *n* (*in e-m Außenministerium*).
teşrih [ī] 1. ausführliche Darstellung 2. (*ilmi*) Anatomie *f* 3. P Skelett *n*; ~ *etm.* eingehend beschreiben, genau schildern.
teşrihhane [· - - ·] Anatomiesaal *m*, Anatomie *f*.
teşriî [· - -] 1. gesetzgebend 2. politisch; ~ *kararlar jur.* Beschlüsse der gesetzgebenden Körperschaften; ~ *kuvvet* Legislative *f*; ~ *masuniyet* parlamentarische Immunität; ~ *tefsir jur.* authentische Auslegung.
teşrik, *-ki* [ī] Beteiligung *f*; ~ *etm.* beteiligen (*trans.*); *teşriki mesai* Mit-, Zusammen·arbeit *f*.
teşrinievvel [· - · · ·] *va.* Oktober *m*.
teşrinisani [· - · - -] *va.* November *m*.
teşvik, *-ki* 1. *mel.* Antrieb *m* 2. *pej.* Aufhetzen *n*; ~ *etm.* 1. *mel.* anregen, ermuntern, anfeuern 2. *mel.* voranbringen, fördern 3. *pej.* anstacheln, aufhetzen.
teşviş Verwirren *n*; ~ *etm.* durcheinanderbringen, verwirren.
teşyi [ī] Geleit *n*; ~ *etm.* (*b-ni*) *j-m* das Geleit geben, *j-n* (*zur Bahn, zum Dampfer usw.*) bringen.
tetabu, *-uu* [ā] Aufeinanderfolge *f*; *tetabuu izafet gr.* substantivische Kettenfügung.
tetabuk, *-ku* [ā] 1. Übereinstimmung, Konformität, Kongruenz *f* 2. *phys.* Akkomodation *f* 3. *biol.* Adaptation, Anpassung *f*; ~ *etm. m. Dat.* 1. übereinstimmen, sich decken (*mit*) 2. sich *gegenseitig* anpassen.
tetanos [x · ·] *med.* Tetanus, Starrkrampf *m*.
tetbeş *philat.* kopfstehend.
tetebbu, *-uu* wissenschaftliche Untersuchung; ~ *etm.* untersuchen, erforschen, studieren.
tetevüccetmek [· · x · ·] 1. gekrönt werden 2. sich die Krone aufs Haupt setzen.
tetevvüç, *-cü* Krönung *f*; ~ *merasimi* Krönungsfeierlichkeit *f*.
tetik 1. Abzug, Drücker *m* 2. schnell reagierend 3. heikel, delikat, schwierig (*Angelegenheit*); ~ *bulunmak* in Bereitschaft sein; ~ *davranmak* rasch handeln; ~ *tertibatı* Abzugsvorrichtung *f* (*an Geschütz*); *tetiğini bozmamak* seine Kaltblütigkeit nicht verlieren; *-te olm.* wachsam sein.
tetkik, *-kı* [ī] 1. genaues Prüfen 2. Besichtigung *f* 3. Studie, Untersuchung *f*; ~ *encümeni jur.* Wahlprüfungsausschuß *m*; ~ *etm.* genau untersuchen, prüfen; ~ *mercii jur.* Aufsichtsbehörde *f*; ~ *seyahati* Studienreise *f*.
tetkikat, *-tı* [· - -] *pl.* Untersuchung (-en *pl.*) *f*, Erhebung(en *pl.*) *f*, Nachforschung(en *pl.*) *f*.

tetvicetmek [ī] [· x · ·] krönen.
tetviç, *-ci* [ī] Krönen *n*, Krönung *f*.
tevafuk, *-ku* [ā] Übereinstimmung, Konkordanz *f*; ~ *etm. m. Dat.* entsprechen; übereinstimmen (*mit*); passen (*zu*).
tevakkuf 1. Anhalten *n*, Halt *m*; (*kürzerer*) Aufenthalt 2. Stillstand *m*, Stockung *f* 3. Abhängigkeit *f*; ~ *etm.* 1. (an-, ein-, inne-) halten, stehenbleiben 2. zum Stillstand kommen; stocken 3. verweilen 4. *m. Dat.* abhängen (*von*); ~ *işareti* Halte·zeichen, -signal *n*.
tevali [· - -] 1. Sich-Fortsetzen *n* 2. Aufeinanderfolge *f*; ~ *etm.* 1. sich fortsetzen 2. ununterbrochen aufeinander folgen.
tevarüs [ā] Erb·gang, -anfall *m*; ~ *etm.* erben; vererbt bekommen.
tevazu, *-u* [ā] Schlichtheit, Bescheidenheit *f*.
tevazün [ā] 1. Gleichgewicht *n*, Balance *f* 2. *techn.* Ausgleich *m*; ~ *bobini el.* Ausgleichspule *f*; ~ *cereyanı el.* Ausgleichstrom *m*; ~ *ettirmek* ins Gleichgewicht bringen; ausgleichen.
tevazüniyet, *-ti* [ā] *phys.* Statik *f*.
tevbih [ī] Tadel, Verweis *m*, Rüge *f*; ~ *etm.* tadeln, rügen.
tevcih [i] 1. Richten *n* 2. *mil.* Ansetzen *n* (*e-r Truppe*) 3. Verleihung *f*; ~ *etm.* 1. richten, hin·wenden, -führen 2. *math.* e-n *best.* Richtungssinn geben 3. *mil.* ansetzen (*Truppe auf ein Ziel*) 4. verleihen; übertragen (*z.B. Rang*).
tevdi, *-ii* [i] 1. Übergabe *f* 2. Anvertrauung *f* 3. Betrauung *f*; ~ *etm.* 1. übergeben, hinterlegen 2. anvertrauen (*z.B. Geheimnis*) 3. übertragen (*z.B. Amt*); betrauen (*mit*) 4. (*bir kanun lâyihası*) verabschieden (*Gesetzesvorlage*).
tevdiat, *-tı* [· - -] (*Bank-*)Einlagen, Depositen *pl.*; *-ta bulunmak* (*Geld*) einzahlen.
teveccüh 1. Sich-(Hin-)Wenden *n* 2. *fig.* Zuneigung, Vorliebe, Gunst *f* 3. Zufallen *n* (*e-r Aufgabe*); ~ *etm.* 1. sich richten, sich wenden, sich begeben 2. zufallen (*Aufgabe*); *-ünüz, efendim!* (*Besch. bei erteiltem Lob*) Sie sind sehr liebenswürdig!
tevehhüm irrige Vorstellung, Einbildung *f*, Wahn *m*; ~ *etm.* sich irrigen Vorstellungen (*e-m Wahn*) hingeben.
tevekkel P *wer alles seinen Gang gehen läßt, ohne selber einzugreifen.*
tevekkeli (*mit folg. Neg.*) nicht ohne Grund; nicht zufällig.
tevekkül Gottvertrauen *n*, Ergebung *f* in Gottes Willen; ~ *etm.* sich in Gottes Willen ergeben.
tevellüdat, *-tı* [ā] *pl.* Geburtenziffer *f*.
tevellüdetmek [· · x · ·] 1. geboren werden 2. *fig.* entstehen.
tevellüt, *-dü* 1. Geburt *f* 2. Entstehen *n*.
tevellütlü Jahrgang (*soundsoviel*).
tevessü, *-üü* 1. Erweiterung *f* 2. (*weitere*) Ausdehnung *f*; ~ *etm.* 1. sich erweitern 2. sich ausbreiten, (*weiter*) um sich greifen (*z.B. Feuersbrunst*).
tevessül 1. In-Angriff-Nehmen *n* 2. Anwendung *f*; ~ *etm.* 1. unternehmen; schreiten (*zu*); in Angriff nehmen 2. (*bir çareye*) ein Mittel anwenden.
tevettür *phys.* Spannung *f*, Potential *n*.
tevfik, *-kı* [ī] 1. göttliche Führung (*zum Erfolg*) 2. Angleichung *f* 3. ♂ [- ·] *mV*.
tevfikan [- · ·] *va. Pp. m. Dat.* gemäß, laut, entsprechend.
tevhidetmek [ī] [· x · ·] (ver-) einigen, vereinheitlichen.
tevhit, *-di* [ī] 1. (*Ver-*)Einigung, Vereinheitlichung, Zusammenlegung *f* 2. Monotheismus *m*; *tevhidi içtihat jur.* Plenarentscheidung *f*.
tevil [- -] gekünstelte Erklärung; ~ *etm. et.* in anderem Licht darzustellen versuchen.
tevkif [ī] 1. Verhaftung *f* 2. Einstellung *f* (*e-r Zahlung*) 3. Zurückhaltung *f* 4. Aufhalten *n*; ~ *etm.* 1. verhaften, festnehmen 2. einstellen (*Zahlung*) 3. zurückhalten; an der Ausfahrt hindern (*Schiff*) 4. einbehalten; nicht zahlen 5. aufhalten; zum Stehen bringen (*z.B. feindliche Offensive*); ~ *evi* Untersuchungsgefängnis *n*; ~ *manivelâsı techn.* Sperrhebel *m*; ~ *müzekkeresi* Steckbrief, Haftbefehl *m*; ~ *tabyası mil.* Sperrfort *n*; ~ *vidası techn.* Begrenzungsschraube *f*.
tevkifhane [· - - ·] 1. Arrest-, Haftlokal *n* 2. Untersuchungsgefängnis *n*.

tevkil [i] Bevollmächtigung *f*; ~ *etm.* (*b-ni*) bevollmächtigen, beauftragen.
tevkilî [· - -] *H.* Vollmachts-, Prokura-; ~ *ciro H.* Prokuraindossament *n*.
tevlidetmek [i] [· x · ·] 1. gebären 2. *fig.* hervorbringen, zeitigen 3. *fig.* erregen, erwecken.
tevlit, *-di* [i] 1. Gebären *n* 2. *fig.* Hervorbringen, Zeitigen *n* 3. Erregen, Erwecken *n*.
tevliyet, *-ti* 1. Verwaltung *f* e-r frommen Stiftung 2. Erb-, Stamm·gut *n*.
Tevrat, *-tı* [ā] *n.pr.* 1. Thora *f*, Pentateuch *m* 2. Altes Testament.
tevsi, *-ii* [i] Erweitern *n*; ~ *etm.* erweitern.
tevsik, *-kı* [i] Verifizierung *f*; ~ *etm.* verifizieren, bestätigen; *kabili tevsik* dokumentarisch nachweisbar.
tevzi, *-ii* [i] Verteilen *n*; ~ *etm.* ver-, aus-, zu·teilen; ausgeben, austragen; ~ *levhası* Verteiler(scheibe *f*) *m*; ~ *tablosu* Schalttafel *f*.
tevziat, *-tı* [· - -] *pl.* Ver-, Zu-, Austeilung (en *pl.*) *f*, Ausgabe *f*.
tevziî [· - -] Verteilungs-; distributiv.
tevzin [i] Ausgleichen *n*; ~ *etm.* ins Gleichgewicht bringen; ausbalancieren, ausgleichen.
teyakkun Gewißheit, Sicherheit *f*.
teyakkuz Wachsamkeit, Umsicht *f*.
teyel Heftnaht *f*; ~ *vurmak s. teyellemek.*
teyellemek heften, reihen, provisorisch zusammennähen.
teyidetmek [- - · ·] 1. festigen, stützen 2. bekräftigen, bestätigen, versichern.
teyit, *-di* [- -] 1. Festigen, Stützen *n* 2. Bekräftigung, Bestätigung, Versicherung *f* 3. Sanktionierung *f*, Erteilung *f* der Gesetzeskraft.
teyze Tante *f* (*Schwester der Mutter*); ~ *hanım vertrauliche Anrede für ältere Frauen.*
tez[1] schnell, rasch, geschwind; ~ *beri* P leicht, mühelos; ~ *canlı* temperamentvoll, impulsiv; ~ *elden* rasch, unverzüglich; ~ *olm.* sich eilen, sich sputen; *o akşamdan -i yok* noch am gleichen Abend.
tez[2] 1. These, Behauptung *f* 2. wissenschaftliche Arbeit, *spez.* Dissertation *f*.
tezahür [ā] 1. Sichtbarwerden *n* 2. Erscheinung, Manifestation *f* 3. Kundgebung, Demonstration, (*mel.*) Ovation *f*; ~ *etm.* sich zeigen, in Erscheinung treten, sich herausstellen.
tezahürat, *-tı* [· - · -] *pl. zu tezahür.*
tezahüratçı [· - · - ·] 1. Demonstrant(in *f*) *m* 2. Demonstranten- (*z.B. Gruppe*).
tezat, *-ddı* [ā] 1. Kontrast, Gegensatz; Wider·streit, -spruch; Konflikt *m* 2. *biol.* Antagonismus *m* 3. *lit.* Antithese *f*.
tezatlaşmak in Widerspruch (*Konflikt*) geraten.
tezayüdetmek [· - x · ·] sich vermehren; anwachsen, zunehmen.
tezayüt, *-dü* [ā] Zunahme *f*, Zuwachs *m*.
tezebzüp, *-bü* 1. Wirrwarr *m*, Durcheinander *n* 2. Unklarheit *f*.
tezek getrockneter Kuhmist.
tezellül Erniedrigung *f*; ~ *etm.* sich erniedrigen.
tezene P Schlagring *m* (*für S.i.*).
tezgâh 1. Werktisch *m* 2. Ladentisch *m*, Theke *f* 3. *Name verschiedener Geräte, z.B.* Dreh-, Hobel-, Fleischer·bank *f*, Webstuhl *m*, Töpferscheibe *f* 4. Werft *f* 5. Fabrik *f*, Werk *n*; ~ *başı yapmak* F einen (Schnaps *od. ä. im Stehen*) trinken; *-a koymak* auf Stapel legen (*Schiff*); *-tan çıkmak* vom Stapel laufen (*Schiff*); *-tan indirmek* vom Stapel laufen lassen (*Schiff*).
tezgâhtar Verkäufer (in *f*) *m*, Ladenmädchen *n*.
tezhibetmek [i] [· x · ·] vergolden, mit Gold verzieren.
tezhip, *-bi* [i] Vergolden *n*.
tezkere [x · ·] 1. Notizzettel *m*, Notiz *f* 2. amtliche Bescheinigung, Ausweis *m* 3. *mil.* Entlassungsschein *m*; *-sini eline vermek fig. j-m* den Laufpaß geben.
tezkereci 1. *mil.* Reservist *m* 2. *fr. ein Beamter, der Prozeßauszüge zu schreiben hatte.*
tezkiye 1. Leumund *m* 2. rituelle Reinigung (*e-s Toten*).
tezlemek beschleunigen.
tezlenmek 1. *Pass. zu tezlemek* 2. sich sputen, sich (be)eilen.
tezlil [i] Herabwürdigung, Demütigung *f*; ~ *etm.* verächtlich behandeln; demütigen.
tezvir [i] 1. Entstellung *f* der Wahr-

heit 2. *pr.* Verleumdung, Machenschaft *f*.

tezyin [ī] Verzieren *n*; ~ *etm.* (aus)schmücken, verzieren.

tezyinat, *-tı* [· - -] *pl.* Verzierungen, Ornamente *pl.*, Schmuck *m*, Dekoration *f*.

tezyinî [· - -] dekorativ, ornamental.

tıbbi [ī] medizinisch, ärztlich, Ärzte-; ~ *ecza* Arzneimittel *pl.*; ~ *kongre* medizinischer Kongreß; ~ *toplantı* Ärzteversammlung *f*.

tıbbiye 1. *fr. Ausbildungsschule für Mediziner* 2. medizinische Fakultät.

tıbbiyeli 1. Medizinstudent(in *f*) *m* 2. *wer die medizinische Staatsprüfung abgelegt hat.*

tığ 1. Häkel-, Strick•nadel *f* 2. Ahle *f*, Pfriem *m* 3. Hobeleisen *n*; ~ *gibi* schmächtig, aber gesund und flink.

tığlamak 1. heftig schmerzen (*Wunde*) 2. schlachten (*Opfertier*) 3. V mit dem Bajonett niederstechen.

tığmak, (*-ar*) V verschwinden, verduften.

tıka basa (*dolu*) gestopft, gesteckt [(*voll*).]

tıkaç, *-cı* 1. Stöpsel, Pfropfen, Korken, Verschluß *m* 2. Embolie *f* 3. *techn.* Dübel *m* 4. Knebel *m*.

tıkamak zustöpseln, verschließen; zu-, hinein-, ver•stopfen, versperren; *mil. a.* abriegeln.

tıkanmak 1. *Pass. zu tıkamak* 2. sich verstopfen 3. keinen Appetit haben 4. an Atemnot leiden.

tıkınmak P gierig essen; hinunterschlingen.

tıkır 1. Geld *n*, F Moneten *pl.* 2. *Lm. e-s Klopfens od. Klapperns* 3. *fig.* glatter Ablauf; ~ ~ 1. *Lm. e-s leisen Klopfens, Klapperns, Knabberns usw.* 2. *fig.* regelmäßig, pausenlos, wie geschmiert 3. bar, in bar; *-ında* gut vonstatten gehend, glattlaufend.

tıkırdamak klappern, klopfen.

tıkışık zusammen•gedrängt, -gepfercht.

tıkışıklık (*Menschen-*)Andrang *m*.

tıkışmak sich hineindrängen (*Personen*).

tıkıştırmak 1. hinein•stopfen, -zwängen, -pferchen 2. hinunterschlingen.

tıkız 1. fest, hart (*z.B. Fleisch*) 2. fest gestopft; prall (*z.B. Kissen*).

tıklım tıklım (*dolu*) gestopft, gesteckt (*voll*).

tıkmak, (*-ar*) 1. hinein•stopfen, -zwängen, -drücken 2. F stecken (*z.B. ins Gefängnis*).

tıknaz klein und dick (*Person*).

tıknefes F 1. Kurzatmigkeit *f* 2. kurzatmig.

tıksırık halbunterdrücktes Niesen.

tıksırmak halbunterdrückt niesen.

tılsım 1. Talisman *m* 2. kleines Seelentier (*im Märchen*); *-ı bozuldu* der magische Zauber war gebrochen.

tımar 1. richtige Wundbehandlung 2. Ackerbau *m* 3. Tier-, *spez.* Pferde•pflege *f* 4. Baumzucht *f* 5. (*in osman. Zeit*) Lehen *n*; ~ *etm.* 1. richtig behandeln (*Wunde*) 2. bestellen (*Land*) 3. striegeln und putzen (*Pferd*) 4. pflegen (*Bäume*).

tımarhane [· · - ·] Irrenanstalt *f*; ~ *kaçkını* verrückter Kerl.

tımarhanelik [· · - · ·] reif fürs Irrenhaus.

tımtıkız [x · ·] *Verst. von tıkız.*

tın tın (*in Verb. mit tınlamak*) deutlich, laut.

tınaz großer Heuhaufen; Heufeime *f*; ~ *gibi* riesengroß.

tıngadak [x · ·] *adv.* mit lautem Klirren.

tıngır V 1. pleite, abgebrannt 2. leer 3. Geld *n*; ~ ~ *od.* ~ *mıngır* 1. klirrend, klingend 2. gegen Barzahlung.

tıngırdamak 1. klirren, klingen 2. V abkratzen, sterben.

tınlamak klingen, tönen.

tınmak *e-n Laut von sich geben*; *mst. neg. tınmamak* 1. mäus•chenstill sein 2. *fig.* nicht reagieren 3. *fig.* nicht ausplaudern 4. *fig.* sich um nichts kümmern.

tınnet, *-ti* 1. Klingen, Tönen *n* 2. *phys.* Klang *m*, Klangfarbe *f*.

tıp[1], *-bbı* Medizin, Heilkunde *f*; ~ *kongresi* medizinischer Kongreß; *tıbbı adlî* 1. Gerichtsmedizin *f* 2. gerichtsmedizinisches Institut.

tıp[2] **tıp** leicht schlagend (*klopfend, pochend, tropfend*).

tıpa *s. tapa.*

tıpatıp [x · ·] *adv.* restlos, haargenau.

tıpır tıpır trippelnd.

tıpırdamak 1. trippeln 2. schwach schlagen *od.* klopfen (*z.B. Vogelherz*).

tıpış tıpış 1. trippelnd 2. stapfend.

tıpkı [x ·] *adj. und adv.* genau derselbe; genau so; -*na* (*od.* -*sına*) vollkommen, haargenau.

tıpkıbasım Faksimile *n*.

tır *in der Rw.*: ~ *halli hepsi bir halli pej.* alles vom gleichen Kaliber.

tırabzan (*Treppen*-)Geländer *n*; ~ *babası* 1. Knauf *m am Treppengeländer* 2. *fig. wer seinen Vaterpflichten nicht od. nur ungenügend nachkommt.*

tırak patsch!, klatsch!, bauz!, bums!

tıraş 1. Abhobeln, Behauen *n* 2. Rasieren *n* 3. abgehobelt, behauen 4. rasiert 5. Flunkerei *f*, Aufschneiden *n*; ~ *bıçağı* Rasierklinge *f*; ~ *etm.* 1. abhobeln, behauen 2. rasieren 3. *fig.* flunkern, aufschneiden 4. (*b-ni*) *j-m* e-n Bären aufbinden; ~ *olm.* 1. sich rasieren 2. sich rasieren lassen; ~ *takımı* Rasierzeug *n*; -*ı gelmiş* (*od. uzamış*) er muß sich rasieren (*lassen*).

tıraşlı 1. abgehobelt, behauen 2. rasiert 3. unrasiert.

tırık patsch!, klatsch!

tırıl V 1. nackt, bloß 2. pleite, ohne Geld.

tırıs Trab *m*; ~ *gitmek* traben (*Pferd*); -*a kalkmak* in Trab fallen (*Pferd*).

tırkaz Türriegel *m*.

tırmalamak 1. (zer)kratzen 2. *fig.* belästigen, quälen.

tırmanmak *m. Dat.* hinaufklettern (*auf*).

tırmık 1. Kratzwunde *f* 2. Harke *f*, Rechen *m*, Egge *f*.

tırmıklamak 1. (zer)kratzen 2. harken, rechen, eggen.

tırnak 1. (*Finger- od. Zehen*-)Nagel *m* 2. Klaue *f* (*der Paarzeher*; *bei e-m Pelz*; *a. techn.*) 3. Huf *m* 4. Kralle *f* (*der Katze*) 5. Klammer, Krampe *f* 6. Auswerfer *m* (*am Gewehr od. Geschütz*) 7. *techn.* Daumen, Nocken *m* 8. (*Zither*-)Schlagring *m* 9. *Name e-s Schmuckzeichens in der ar. Kunstschrift*; ~ *boyası* (*od. cilâsı*) Nagellack *m*; ~ *dibi* Nagelwurzel *f*; ~ *göstermek* bedrohen, einschüchtern; ~ *iliştirmek* 1. sich mit den Krallen (*Nägeln*) festhalten 2. *fig.* beharrlich sein Ziel verfolgen; ~ *işareti* Anführungszeichen, Gänsefüßchen *n*; ~ *takmak* (*b-ne*) *fig.* belästigen, stören, quälen; ~ *yeri fig.* wunder Punkt; Achillesferse *f*; *tırnağı döküldü fig.* er hat sich sehr abgequält; *tırnağın dibinde* dicht vor (*bei*) ihm; -*larını yemek* an den Fingernägeln kauen; -*larının ucuna kadar silâhlı* bis an die Zähne bewaffnet.

tırnakçı V Langfinger, Taschendieb *m*..

tırnaklamak *m. Akk.* 1. die Nägel (*bzw.* die Krallen) *irgendwo* einschlagen 2. (zer)kratzen.

tırpan 1. Sense *f* 2. *Bez. e-r Ringertechnik*; ~ *atmak m. Dat.* 1. schwere Verluste beibringen; furchtbar dezimieren 2. (*bşe*) *e-r Sache* den Garaus machen.

tırtıklamak 1. zerrupfen, zerfleischen 2. V Geld erpressen 3. V stehlen.

tırtıl 1. *zo.* Raupe *f* 2. Litze, Tresse *f* 3. Blumenumrankung *f* 4. Rändelung *f* (*bei Briefmarken, Münzen usw.*) 5. Raupenkette *f*, -antrieb *m* 6. Profil *n* (*e-s Autoreifens*) 7. V Nassauer, Schmarotzer *m*.

tıs 1. Fauchen *n* (*der Katze*) 2. Zischen *n* (*der Gans*) 3. lautlos, still 4. pst!, sch! ~ *dememek* 1. nicht das geringste Geräusch verursachen 2. *fig.* nicht den leisesten Einwand erheben; ~ *yok* alles ist mäus·chenstill; *ortalık* ~ 1. nichts rührt sich 2. alle Leute bleiben still.

tıslamak 1. fauchen (*Katze*) 2. zischen (*Gans*).

tıynet, -*ti* Naturanlage *f*, Charakter *m*.

ticaret, -*ti* [ä] 1. Handel *m* 2. Gewinn, Nutzen, Profit *m*; ~ *ataşesi* Handelsattaché *m*; ~ *muahedesi* (*od. mukavelesi*) Handelsvertrag *m*; ~ *odası* Handelskammer *f*; ~ *sicili* Handelsregister *n*.

ticaretgâh [ä] 1. Handelsplatz *m* 2. Handelsniederlassung *f* 3. geschäftlich rege 4. *s. ticarethane.*

ticarethane [· - · - ·] kaufmännisches Unternehmen, Geschäft *n*, Firma *f*; ~ *levhası* Firmen-, Ladenschild *n*.

ticari [· - -] Handels-; ~ *faaliyeti teşvik için* zur Förderung des Handels.

tifo [x ·] *med.* Typhus *m*.

tiftik 1. *zo.* Angoraziege *f* 2. Mohär *m*.

tiftiklenmek 1. sich abschaben (*Stoff*) 2. sich ausfransen (*Rand*).

tifüs [x ·] *med.* Flecktyphus *m.*
tij Steppnaht *f* (*z.B. auf Handschuhen*).
tik, *-ki* 1. nervöses Zucken; Tic *m* 2. Tick *m*, Schrulle *f.*
tiksinmek *m. Abl.* Abscheu empfinden (*vor*).
tilâvet, *-ti* Lesen *od.* Rezitieren *n* des Korans.
tilki 1. *zo.* Fuchs *m* 2. *fig.* schlauer Fuchs.
tim [ī] (*spez. Sport*) Mannschaft *f.*
timbal *s. tembal.*
timsah *zo.* Krokodil *n.*
timsal, *-li* [ä] Sinnbild, Symbol *n.*
tin tin lautlos, geräuschlos, still.
tinyoloz V 1. mickerig 2. zerlumpt, jämmerlich, erbärmlich.
tip, *-pi* 1. Typ, Typus, Schlag *m*, Art *f* 2. *oft pej.* Mensch, Kerl *m* 3. von *e-m best.* Typ.
tip-bina Mietskaserne *f.*
tipi Schnee·gestöber *n*, -sturm *m.*
tir tir titremek wie Espenlaub zittern.
tiraj Auflage *f*, Auflagenhöhe *f.*
tirbuşon Korkenzieher *m.*
tirbuton Schuhknöpfer, Knopfhaken *m.*
tire[1] Faden, Zwirn *m.*
tire[2] 1. Bindestrich *m* 2. Gedankenstrich *m.*
tirendaz [- · -] 1. *va.* Bogenschütze *m* 2. *fig.* gewandt, anstellig 3. *fig.* vornehm gekleidet; elegant.
tirfil 1. *bot.* Klee *m* 2. *Name e-s Schmuckzeichens in der ar. Kunstschrift* 3. *s. trefil.*
tirfillenmek sich abschaben (*Stoff*).
tirfon große Schraube (*für Eisenbahnschwellen*).
tirhos *zo.* Anschovis, Sardelle *f.*
tiril tiril 1. *s. tir tir* (*titremek*) 2. sich leicht wellend (*Stoff*).
tirildemek zittern, beben.
tirit 1. *e-e Art Brotsuppe* 2. (*gibi*) altersschwach, gebrechlich.
tiriz 1. Latte, Leiste *f* 2. Zierleiste *f*, Gesims *n*, Fries *m* 3. Besatz *m*, Borte *f.*
tirlin Reiß-, Auszieh·feder *f.*
tiroit, *-di an.* Schilddrüse *f.*
tirpidin kleine Gartenhacke.
tirpil dreizinkige Gartenhacke.
tirpit, *-di* Spitzhacke, Picke *f.*
tirsi (*balığı*) *zo.* Alse *f*, Maifisch *m.*
tirşe 1. grünlichblau, bläulichgrün 2. *fr.* Pergament *n.*
tiryaki [· - -] 1. leidenschaftlicher Raucher (*Kaffeetrinker usw.*) 2. *fig.* nervös 3. ♀ *fr. türk. Zigarettenmarke.*
tiselemek nieseln (*Regen*).
titiz 1. *mel.* peinlich genau; minuziös 2. *pej.* pedantisch genau; eigen, schwierig.
titrek zitternd, bebend.
titremek 1. zittern, beben, vibrieren, schwingen 2. *m. Akk.* sich fürchten (*vor*) 3. (*bşin od. b-nin üzerine*) zittern (*um*); Angst haben (*um*).
titreşim *phys.* Schwingung, Vibration *f.*
titreşmek 1. (*an allen Teilen bzw. Gliedern*) zittern 2. *phys.* schwingen, vibrieren.
tiyatro [· x ·] 1. Theater *n*, Bühne *f* 2. Schauspielkunst *f* 3. dramatisches Werk; ~ *dürbünü* Opernglas *n.*
tiyatrocu [· x · ·] F 1. Theater·besitzer, -pächter *m* 2. Schauspieler (-in *f*) *m.*
tiyis V Hintere(r), P Hintern, Popo *m.*
tiz [ī] 1. hoch (*Ton*) 2. = *tiyis*; ~ *perdeden* in hohem Ton.
toğrul 1. *zo.* Wanderfalke *m* 2. ♀ a) *hist. Name verschiedener Seldschukenfürsten* b) *mV.*
tohum 1. (*a. fig.*) Same *m*, Samenkorn *n* 2. Sperma *n* 3. (*Insekten-*) Eier *pl.*; ~ *atmak* säen; ~ *bağlamak* Samen bilden (*ansetzen*); ~ *ekmek* (aus-)säen; ~ *ıslahı* Samenveredelung *f*; *-a çekmek* 1. Samen bilden 2. ins Kraut schießen; *-a kaçmak* F e-e alte Jungfer werden; *-u dökülmek* keine Nachkommen haben.
tohumlamak befruchten; belegen lassen.
tok, *-ku* 1. satt (*a. fig.*) 2. dicht gewebt, dick (*Stoff*) 3. kräftig, voll, laut (*Stimme*); ~ *gözlü* genügsam, bescheiden; ~ *karnına* mit vollem Magen; ~ *söz* unbekümmerte Äußerung.
toka[1] [x ·] Schnalle *f*; ~ *dili* Schnallendorn *m*; ~ *köprüsü* Schnallenbügel *m.*
toka[2] [x ·] 1. Händedruck *m* 2. Anstoßen *n*; ~ *etm.* 1. sich die Hand drücken 2. *naut.* gegenseitig abstützen 3. mit den Gläsern anstoßen 4. V (her)geben, herausrücken.

tokaç, -*cı* (*Wäsche*-)Schlagholz *n*.
tokat[1], -*tı* Ohrfeige *f*; ~ *atmak* (*od*. *aşketmek od*. *içirmek od*. F *yapıştırmak*) *j-m* e-e Ohrfeige geben.
tokat[2], -*tı z*. *va*. Bergmulde *f*.
toklu einjähriges Lamm.
tokmak 1. Holz·hammer, -schlegel *m* 2. Türklopfer *m* 3. Glockenschwengel, Klöppel *m* 4. (*Mörser*-) Stößel *m* 5. Stampfer *m*, Ramme *f* 6. Hack·klotz, -stock *m* 7. Holzklotz *m* (*als Hocker*) 8. Mehlklumpen *m* 9. schwere Rattenfalle 10. *fig*. wer *e-n anderen* scharf anfährt.
tokmaklamak *techn*. rammen, stampfen.
toktağan karlar ewiger Schnee.
tokurdamak sprudeln, bullern, glucksen.
tokuşmak 1. zusammenprallen 2. mit den Hörnern gegeneinander rennen.
tokuz *s*. *tok* (2).
tolerans 1. Toleranz, Duldsamkeit *f* 2. *techn*. Toleranz *f*, zulässige Abweichung.
tomak 1. Holzkugel *f* 2. Schlachtkeule *f* 3. *schwere*, *dicke Stiefelart*.
tomar 1. (*Leder*- *od*. *Papier*-)Rolle *f* 2. *mil*. Ladestock *od*. Wischer *m* 3. zylindrisch 4. ♀ *Hundename*; -*ı devirmek* V sterben, abkratzen.
tombalak 1. rundlich, dicklich, drall 2. Purzelbaum *m*; ~ *atmak* e-n Purzelbaum schlagen.
tombaz 1. flacher Kahn; Zille *f* 2. Ponton *m*; ~ *köprü* Pontonbrücke *f*.
tombul rundlich, dicklich, drall (*Person*).
tomruk 1. Baum-, Holz·klotz *m* 2. *fr*. *schwerer Holzklotz am Fuß e-s Sträflings* 3. *fig*. *fr*. Gefängnis *n* 4. Steinblock *m* 5. Knospe *f*.
tomruklanmak Knospen treiben; knospen.
tomşuk Krummschnabel *m* (*e-s Adlers*, *Papageis usw*.).
tomtok [x ·] *Verst*. *von tok*.
tomurcuk Knospe *f*.
tomurcuklanmak Knospen treiben; knospen.
ton[1] Tonne *f* (= *1000 kg*).
ton[2] (*balığı*) *zo*. Thunfisch *m*.
ton[3] 1. *mus*. Ganzton *m* 2. Ton·lage, -höhe *f* 3. Ton *m*, Ausdrucksweise *f* 4. Akzent *m*, Betonung *f* 5. Ton *m*, Tönung *f* (*bei Bildern*); -*u yükseltmek fig*. e-n hochmütigen (*od*. drohenden) Ton anschlagen.
tonel *in der vulg*. *Füg*.: ~ *geçmek* dösen, träumen, nicht aufpassen.
tonga [x ·] 1. Docke *f* Tabaksblätter 2. V List *f*, Schwindel *m*, Falle *f*; -*ya düşmek* (*od*. *basmak*) V in die Falle gehen; e-m Schwindel zum Opfer fallen.
tonik 1. Tonikum *n*; stärkendes Mittel; 2. tonisch.
tonilâto [· · x ·] Frachttonnage *f*.
tonlanma Intonation *f*.
tonoz 1. *arch*. Gewölbe *n* 2. *naut*. Warpen *n*.
tonton (*Kosewort für Kinder und Hunde*); *gel -um gel!* komm, ..., komm!
top, -*pu* 1. Gesamtheit *f*, Ganze(s) *n*, alle 2. (*Papier*-, *Stoff*-, *usw*.) Ballen *m* 3. Knopf, Knauf *m* 4. Kugel *f*, Ball *m* 5. Kanone *f*, Geschütz *n* 6. Artillerie *f* 7. Geschütztrupp *m* 8. rund(-*lich*), voll; ~ *akasya* Kugelakazie *f*; ~ *ateşi* Geschützfeuer *n* Artilleriebeschuß *m*; ~ *çehre* 1. rundliches, volles Gesicht 2. mit rundlichem, vollem Gesicht; ~ *gibi gitmek* sich schleunigst irgendwohin begeben; ~ *menzili* Reichweite *f e-s Geschützes*; ~ *oynamak* Ball spielen; ~ *sakal* dichter Vollbart; ~ *sesleri* Kanonendonner *m*; ~ *yoluna gitmek* (*od*. *gürlemek*) *fig*. 1. unschuldig mitbestraft werden 2. unschuldig getötet werden; jämmerlich umkommen; -*a tutmak m*. *Akk*. beschießen; unter Artilleriefeuer nehmen; -*u ağlara takmak* den (*Tennis*-)Ball ins Netz schlagen 2. *Fb*. den Ball ins Netz setzen; -*u atmak* 1. Bankrott machen 2. nicht versetzt werden (*Schüler*) 3. *in e-r Prüfung* durchfallen 4. F draufgehen; daran glauben müssen; -*u kesmek* den Ball abfangen *bzw*. stoppen; -*u -u* alles in allem; insgesamt; -*un ağzında fig*. der größten Gefahr ausgesetzt.
topaç, -*cı* 1. Kreisel *m* (*Kspz*.) 2. *rundliche Verdickung an e-m Kaik-Ruder*; ~ *çevirmek* Kreisel spielen; ~ *gibi* dick und rund; wohlgenährt und gesund (*Kind*).
topak 1. Klumpen, Ballen *m* 2. Ballen *m* (*an der Pfote e-s Tieres*) 3. kurz und dick.

topal 1. hinkend, lahm 2. wackelig (*z.B. Tisch*); ♀ *Timur n. pr.* Timurlenk; ~ ~ *yürümek* (daher-, fort-) hinken; lahmen.
topallamak hinken, lahmen.
topaltı, *-nı* 1. Schuß-, Reich•weite *f* 2. nähere Umgebung *e-r Stadt* 3. *fr.* Binnenraum *m* (*e-r Verschanzung*).
toparlak 1. rund, (zusammen)geballt 2. *fig.* rund; ab-, auf•gerundet (*z.B. Zahl*) 3. *mil.* Protze *f.*
toparlamak 1. zusammen•raffen, -packen 2. *mil.* aufrollen (*z.B. Front*) 3. in Ordnung bringen; aufräumen.
toparlanmak 1. *Pass. zu toparlamak* 2. sich aufrappeln (*a. fig.*).
topatan längliche gelbe Frühmelone (*Zuckermelone*).
topçeker 1. Kanonenboot *n* 2. Zugpferde *pl. od.* Zugmaschine *f* (*für Geschütze*).
topçu 1. Artillerist *m* 2. Artillerie *f* 3. Bankrotteur *m* 4. durchgefallen (*in Prüfung*) *bzw.* sitzengeblieben (*Schüler*); ~ *dürbünü* Scherenfernrohr *n*; ~ *neferi* Artillerist, Kanonier *m*; *-ya ayrılmak* zur Artillerie kommen (*z.B. Rekrut*).
topçuluk Artilleriedienst *m.*
tophane [ā] 1. Geschützgießerei *f* 2. Arsenal, Zeughaus *n* 3. ♀ *Stadtteil in Ist.*
toplam Summe *f*; *-lar -ı* Gesamtsumme *f.*
toplama *Vs. zu toplamak, spez. math.* Addition *f*; ~ *kampı* 1. Auffanglager *n* 2. Konzentrationslager *n.*
toplamak 1. (auf)sammeln 2. aufräumen (*z.B. Zimmer*) 3. versammeln 4. pflücken 5. abdecken (*z.B. Eßtisch*); wegräumen (*z.B. Bettzeug*); abbrechen (*Zelt, Brücke usw.*) 6. zusammensparen 7. (*asker*) mobilisieren 8. (auf-, zusammen-) raffen (*z.B. Rock*) 9. *math.* addieren 10. einsammeln (*z.B. Geschenke*); eintreiben (*z.B. Steuern*) 11. *intr.* zunehmen (*an Körpergewicht*) 12. konfiszieren.
toplanma *Vs. zu toplanmak, spez. mil.* Aufmarsch *m*; ~ *hattı mil.* Aufmarschlinie *f*; ~ *hürriyeti* Versammlungsfreiheit *f*; ~ *yolları mil.* Aufmarschstraßen *pl.*
toplanmak 1. *Pass. zu toplamak* 2. sich versammeln 3. sich aufraffen, sich aufrappeln 4. sich ansammeln 5. sich verdichten 6. sich konzentrieren.
toplantı Versammlung, Sitzung, Tagung, Konferenz, Zusammenkunft *f.*
toplardamar *an.* Vene *f.*
toplu 1. mit Knopf *od.* Knauf 2. aufgeräumt (*z.B. Zimmer*) 3. versammelt, kollektiv 4. voll (*Gesicht*) 5. *mil.* zusammengefaßt, geballt, massiert 6. mit *soundsoviel* Geschützen bestückt; ~ *bakış* Gesamtbetrachtung *f*; ~ *birlik mil.* geschlossener Verband; ~ *hava hücumları* geballte Luftangriffe *pl.*; ~ *iğne* Stecknadel *f*; ~ *iğne başı* Stecknadelknopf *m*; ~ *sigorta jur.* Gruppenversicherung *f*; ~ *tabanca* Trommelrevolver *m*; ~ *yaşayış* Gemeinschaftsleben *n.*
toplulaştırmak, *spez. mil.* zusammenfassen, verdichten, konzentrieren.
topluluk 1. Gesamtheit *f*, Ganze(s), Kollektiv *n* 2. Zusammenkunft *f* 3. Volksgruppe *f* 4. Volksgemeinschaft *f*; ~ *ismi gr.* Sammelbegriff *m.*
toplum Volksgemeinschaft, Gesellschaft *f.*
toplumbilim Soziologie *f.*
topoğrafya [· · x ·] 1. Topographie, Ortskunde *f* 2. *mil.* Geländekunde *f.*
toponomi Toponomie, Ortsnamenkunde *f.*
toprak 1. Erde *f*, Boden *m*, Erdboden *m* 2. *phys.* Erde *f* (*beim Radio*) 3. Festland *n* 4. Boden *m*, Gebiet, Land, Territorium *n* 5. irden, Ton- 6. ungepflastert 7. V minderwertiges Rauschgift; ~ *bütünlüğü* territoriale Integrität; ~ *dilimi* (*schmaler*) Gebietsstreifen; ~ *etm.* erden (*Antenne*); ~ *kab* irdenes Gefäß; Tongefäß *n*; ~ *kayıpları* Gebietsverluste *pl.*; ~ *kontağı techn.* Erdschluß *m*; ~ *mutalebesi* territoriale Forderung; ~ *telgrafı* (*od. telsizi*) Bodenfunker *m*; *toprağa bakmak fig.* mit e-m Fuß (schon) im Grabe stehen; *toprağa vermek* beerdigen, bestatten; *toprağı nur olsun!* er ruhe in Frieden! *toprağı sürmek* pflügen.
toprakaltı, *-nı* 1. unterirdisch 2. Untergrund *m.*
topraklamak mit Erde bedecken.

toptan *adv.* 1. alle zusammen; auf einmal 2. en gros.
toptancı Grossist, Großhändler *m.*
toptancılık Engroshandel, Großhandel *m.*
topuk 1. Ferse *f* 2. Fußknöchel *m* 3. (*Schuh-*)Absatz *m* 4. Fuß *m* (*e-s Mastes*) 5. Fessel *f*, Fesselgelenk *n* (*e-s Pferdes*) 6. Barre *f* (*in e-m Fluß*); *topuğuna basmak* (*b-nin*) *fig. j-m* auf den Fersen sein; *j-m* scharf zusetzen; *-larına kadar* knöcheltief.
toput *chem.* Bodensatz *m.*
topuz 1. Keule *f* 2. Knauf, Knopf *m* 3. runder Haarknoten, Chignon *m* 4. Klöppel, Türklopfer *m* 5. F klein und dick (*Person*).
topyekûn 1. Gesamtsumme *f* 2. total, gesamt-, sämtlich-; ~ *harb* totaler Krieg.
topyekûncu totalitär.
tor 1. engmaschiges Netz 2. Netz- 3. *fig.* Schwindel *m* 4. nicht zugeritten (*Pferd*).
toraman 1. jung, wild, nicht zugeritten 2. kräftig, aber plump und unwissend (*junger Mann*).
torba 1. Sack *m*, Säckchen *n*, Beutel *m* 2. *med.* Zyste *f* 3. *an.* Skrotum *n*; ~ *yatak* Schlafsack *m.*
torbalanmak sich ausbeuteln (*Kleidungsstück*).
torbavari [· · - -] *spez. mil.* sackartig.
torik 1. *zo.* (*balığı*) mittelländischer Bonito 2. V Kopf, Verstand *m*; *toriğini kaşımak* V nachdenken.
torna [x ·] Dreh-, Drechsel·bank *f*; ~ *aynası* Drehscheibe *f* (*des Töpfers*); ~ etm. drehen, drechseln.
tornacı [x · ·] 1. (*Eisen-*)Dreher *m* 2. Drechsler *m.*
tornavida, tornavide [· · x ·] Schraubenzieher *m.*
tornistan [x · ·] 1. *naut.* Bewegung achteraus *f*, Deinsen *n* 2. Rückwärts·fahrt *f*, -gang *m* 3. gewendet (*Anzug*); ~ etm. rückwärtsfahren 2. *fig.* (*von e-m Plan usw.*) abkommen; ~ *türbini techn.* Rückwärtsturbine *f.*
Toros [x ·] *n. pr.* 1. (*a. -lar*) Taurus *m* 2. Taurus-Express *m* 3. *fr. türk. Zigarrenmarke.*
torpido [· x ·] 1. Torpedo *m* 2. Torpedoboot *n*; ~ *kovanı* Torpedorohr *n*; ~ *muhribi* Torpedobootszerstörer *m.*
torpidobot, *-tu* Torpedoboot *n.*
torpil 1. Mine *f* 2. Torpedo *m* 3. F Protektion *f* 4. V faustdicke Lüge; ~ *almak* F e-e Empfehlung bekommen; ~ *balığı zo.* Zitterrochen *m*; ~ *dökmek* Minen legen.
torpillemek 1. torpedieren 2. *fig. j-n* zu Fall bringen 3. V sitzenbleiben (*Schüler*).
tortop, *-pu* kugelrund.
tortu 1. (*Boden-*)Satz, Senkstoff *m* 2. Sediment *n*, Ablagerung *f.*
torun 1. Enkel(in *f*, -kind *n*) *m* 2. zweijähriges Kamel; ~ *çocuğu* Urenkel(in *f*) *m*; ~ *torba* (*od. tosun*) *sahibi olm.* Kinder und Enkel haben; ~ *-u* Ururenkel(in *f*) *m.*
tos 1. Stoß *m* (*mit dem Kopf*) 2. *Fb.* Köpfen *n*; ~ *vurmak* mit dem Kopf *bzw.* den Hörnern stoßen (*Ziegen, Schafe*); ~ *yapmak Fb.* köpfen.
tosbağa *zo.* Schildkröte *f.*
toslamak 1. *m. Akk. s. tos vurmak* 2. *m. Dat.* anfahren (*an*), streifen 3. V (her-, zurück-)geben; herausrücken 4. *Sch.* nicht recht Bescheid wissen.
tosun junger Ochse.
toy[1] Gast-, Fest·mahl *n.*
toy[2] (*kuşu*) *zo.* Trappe *f.*
toy[3] jung und unerfahren.
toydan, toydarı *zo.* große Trappe.
toynak Huf *m* (*bei Pferd od. Esel*).
toz 1. Staub *m* 2. Pulver *n* 3. feingemahlen 4. (*Seifen-*)Flocken *pl.* 5. V Heroin *n* 6. *lm. Verst. von iz*; ~ *almak* (*od. silmek*) Staub wischen; abstauben; ~ *bezi* Staubtuch *n*; ~ *biber* feingemahlener Pfeffer; ~ *boya* Farbe in Pulverform; Trockenfarbe *f*; ~ *halinde* pulver-, staub·artig; feingemahlen; ~ *kaldırmak* (*od. koparmak*) Staub aufwirbeln; ~ *pembe* hellrosa, mattrosa; ~ *silkmek fig.* durchbleuen, verprügeln; ~ *şeker* Kristallzucker *m*; ~ *toprak fig.* Argwohn, Verdacht *m*; *-u dumana katmak* (*od. karıştırmak*) 1. Staubwolken aufwirbeln 2. *fig.* alles in Unordnung bringen.
tozamak *intr.* stauben, stäuben 2. F sich eiligst davonmachen.
tozkoparan dem Wind ausgesetzter Ort.
tozlanmak sich mit Staub bedekken; ein-, ver·stauben.

tozluk (*Straßen-*)Gamasche *f.*
tozumak *intr.* stauben, stäuben.
tozutmak 1. Staub aufwirbeln 2. V dummes Zeug reden.
töhmet, *-ti* 1. (*Schuld-*)Verdacht *m* 2. Vergehen *n*, Schuld *f.*
tökerlemek, tökezimek, tökezlemek stolpern, straucheln.
tömbeki persischer Tabak (*für Wasserpfeife*).
töre Sitte und Brauch.
tören Feier(lichkeit) *f.*
törpü (*Holz-*)Feile, Raspel *f.*
tövbe Bußgelöbnis *n*; ~ *etm.* (*bşe*) *e-r Sache* abschwören; *-ler -si!* (*od. -ler olsun!*) (*einmal und*) nie wieder!
Trablus [x ·] *n.pr.* 1. (*-garp*) Tripolis *n* 2. (*-şam*) Tripoli *n.*
Trabzon *n.pr.* Trabzon *n*, Trapezunt *n*; ~ *çayı bot.* Trapezunt-Tee *m*; ~ *hurması bot.* Lotospflaume *f.*
trafik, *-ği* Verkehr *m* (*spez. auf der Straße*); ~ *mütehassısı* Sachverständige(r) *m* für Verkehrsfragen.
trahom *med.* Trachom *n.*
trajik 1. tragisch 2. verzweifelt (*z.B. Lage*), erschütternd, ergreifend, unheilvoll.
trampa [x ·] Tausch(handel) *m*; ~ *etm.* (*bşle*) *gegen et.* ein-, aus·tauschen.
trampete [· x ·] Trommel *f*; ~ *çalmak* trommeln.
tramplen Sprungbrett *n* (*a. fig.*).
tramvay 1. Straßenbahn *f* 2. *selt.* Bergbahn *f*; ~ *münakalâtı* Straßenbahnverkehr *m*; *-a asılmak* sich an die Straßenbahn anhängen; *-dan atlamak* von der Straßenbahn abspringen.
transatlantik 1. überseeisch, Übersee- 2. Überseedampfer *m*; ~ *hava seferleri* überseeischer Luftverkehr.
transbordör 1. Lauf·kran *m*, -katze *f* 2. Schiebebühne *f.*
transmisyon 1. *techn.* Transmission *f* 2. *mil.* Nachrichtenübermittlung *f.*
trapez Trapez, Schaukelreck *n.*
trapezci Trapezkünstler(in *f*) *m.*
trata [x ·] *H.* gezogener Wechsel, Tratte *f.*
travers 1. Eisenbahnschwelle *f* 2. *selt.* Durchquerung *f.*
travesti 1. Verkleidung, Maskierung *f* 2. Travestie *f* (*e-s Gedichtes*).
trefil Kreuz (*Farbe im Ka.*).
tren (*Eisenbahn-*)Zug *m.*
trete wissenschaftliche Abhandlung, Untersuchung; ~ *etm.* (*wissenschaftlich*) genau behandeln, untersuchen.
treyler Anhänger *m*, (*spez. bei Lastkraftwagen*).
trikromi Dreifarbendruck *m.*
tringa [x ·] F elegant, schick.
tripo [x ·] V Spielhölle *f.*
triyör Getreidereinigungsmaschine *f.*
troleybüs Obus *m.*
troli 1. *techn.* Kontaktrolle *f* 2. Lauf·rad *n*, -katze *f.*
trombon *mus.* Posaune *f.*
trompet, *-ti mus.* Trompete *f* (*im Orchester*).
tropika Tropen *pl.* 2. tropische Zone.
Trova *n. pr.* Troja *n.*
trup, *-pu* (*Schauspieler-*)Truppe *f.*
trust, *-tu* Trust *m.*
Truva *s. Trova.*
tsigan Zigeuner(in *f*) *m*; ~ *müziği* Zigeunermusik *f.*
tu [ū] pfui!; ~ *kaka!* pfui, wie eklig!
tual (*Maler-*)Leinwand *f.*
tufan [- -] 1. Sintflut *f* 2. wolkenbruchartiger Regen 3. Brausen, Donnern, *n* Lärm *m.*
tufeyli [ī] schmarotzend, Schmarotzer *m.*
tugay *mil.* Brigade *f.*
tuğ Helm-, Feder·busch *m.*
tuğamiral, *-li* Konteradmiral *m.*
tuğgeneral, *-li* Brigadegeneral *m.*
tuğla [x ·] 1. Ziegel(stein) *m* 2. Ziegel-.
tuğra *hist.* Namenszug *m* des Sultans.
tuğyan [ā] 1. Überschwemmung *f* 2. Revolte *f*, Aufstand *m*, Rebellion *f.*
tuhaf sonderbar, eigenartig, merkwürdig; *-ına gitmek* (*b-nin*) *e-m* sonderbar vorkommen.
tuhafiye Kurzwaren, Posamente *pl.*
tul, *-lü* [ū] *math.* Länge *f*; ~ *dairesi* Längengrad *m*; ~ *derecesi geogr. od. astr.* Länge *f.*
tulû, *-ûu* Aufgang *m* (*von Gestirnen*); ~ *etm.* aufgehen.
tulûat, *-tı* [· - -] *pl.* schauspielerische Improvisationen *pl.*

tulum 1. Schlauch, Sack *m* (*aus Schaf- od. Ziegenfell*) 2. *mus.* Dudelsack *m* 3. (*Creme-*)Tube *f* 4. F Dickwanst *m* 6. *mil.* Schlauchboot *n*; ~ *gibi* dick wie ein Faß.

tulumba [· x ·] 1. (*Wasser-, Luft-*) Pumpe *f* 2. Feuerspritze *f* 3. Zerstäuber *m*; ~ *tatlısı mit Zuckerwasser durchtränkte türk. Spritzkuchen.*

tumba [x ·] 1. *naut.* Durcheinander *n* 2. *Ki.* Ins-Bett-Plumpsen *n* 3. Kipplore *f* (*im Bergwerk*).

tumbadak [x · ·] plumps!

tumturak große Worte *pl.*; Phrasen *pl.*

tumturaklı hochtrabend, schwulstig, prahlerisch (*Ausdrücke*).

Tuna [x ·] *n. pr.* 1. Donau *f* 2. *wV.*

tunç, *-cu* 1. Bronze *f* 2. Bronze-.

tur 1. Rund-, Stern•fahrt, Tour *f* 2. Promenade *f* 3. (*Fecht-*)Gang *m*; ~ *elektrik* Bohrmaschine *f* (*des Zahnarztes*).

tura 1. *s. tuğra* 2. (*Münz-*)Vorderseite *f* 3. (*Garn-*)Docke *f* 4. Plumpsack *m* (*im gleichnamigen Ksp.*) 5. (*Kreisel-*)Peitsche *f.*

turaç *zo.* Frankolin *m.*

turba [x ·] Torf *m.*

turbalık [x · ·] Torf•moor *n*, -boden *m*; Torf-.

turel *mil.* Geschütz-, Panzer•turm *m.*

turfa treife; nicht koscher (*für Juden*); ~ *olm. fig.* in Ungnade fallen; an Wertschätzung verlieren.

turfanda 1. Früh- (*Obst od. Gemüse*) 2. *außerhalb der normalen Jahreszeit vorhanden* (*Obst od. Gemüse*).

turfandalık Frühbeet *n.*

turgor [x ·] *bot.* Anschwellung *f*, Turgor *m.*

turist, *-ti* 1. Vergnügungsreisende(r) *m/f* 2. F *ein Besucher, der die Nacht über bleibt.*

turizm 1. Reise-, Fremden•verkehr *m* 2. Zivilflugwesen *n*; ~ *brövesi* Patent *n* als Verkehrsflieger; ~ *endüstrisi* Fremdenindustrie *f*; ~ *kurumu* Verkehrsverein *m*; ~ *pilotu* Verkehrsflieger *m.*

turna [x ·] 1. *zo.* Kranich *m*; ~ *balığı zo.* Hecht *m*; ~ *katarı* 1. Kranichzug *m* 2. Gänsemarsch *m*; ~ *olm.* V draufgehen (*Geld im Spiel*); *-yı gözünden vurmak fig.* ins Schwarze treffen.

turnagözü, *-nü* 1. Kranichauge *n* 2. hellgelb.

turne 1. Tournee, Gastspielreise *f* 2. Rundreise *f* 3. Geschäfts- *od.* Dienst•reise *f.*

turnike 1. Drehkreuz *n* 2. *Bill.* Quart *f.*

turnuva Turnier, Wett•spiel *n*, -kampf *m.*

turp[1], *-pu bot.* Rettich *m*, Radieschen *n*; ~ *gibi* gesund wie der Fisch im Wasser.

turp[2], *-bu* Torf *m.*

turşu 1. Essiggemüse *n*, Mixed Pickles *pl.* 2. V sinnlos betrunken; ~ *gibi* sehr ermattet; ganz abgespannt; ~ *kesilmek* (*od. olm.*) 1. verderben (*Speisen*) 2. *fig.* sehr abgespannt sein.

turta [x ·] Torte *f.*

turuncu pomeranzenfarbig; gelblich-rötlich.

turunç, *-cu bot.* bittere Orange; Pomeranze *f.*

tuş 1. (*Klavier-, Schreibmaschinen- usw.*) Taste *f* 2. (*Ringen*) Niederwurf *m* auf beide Schultern 3. Pinselstrich *m des Malers* 4. *Bill.* a) *versehentliches Berühren des Spielballs* b) *Berührung der beiden anderen Bälle durch den Spielball* c) *Preßliegen des Spielballs* 5. Treffer *m* (*beim Fechten*); *-la galip gelmek* den Gegner auf beide Schultern legen (*und dadurch beim Ringen gewinnen*).

tutaç Pinzette *f.*

tutak 1. Griff *m* (*z.B. e-s Schwertes*) Heft *n* (*z.B. e-s Messers*), Sterze *f* (*am Pflug*), Kolbenhals *m* (*am Gewehr*) *u. ä. m.* 2. Geisel *m od. f*, Leibesbürge *m.*

tutam 1. Hand-, Faust•voll *f* 2. Prise *f* 3. *z. va.* Stiel, Griff *m* 4. *Art des Haltens od. Ergreifens.*

tutamaç (*Zieh-*)Griff *m.*

tutamak 1. (*Anfaß-*)Griff *m* 2. *fig.* Handhabe, Unterlage *f* 3. Beharrlichkeit, Ausdauer *f* 4. Beruf *m* 5. Naturell *n*, Gemütsart *f* 6. F Stütze *f*, Helfer *m*; ~ *noktası* Handhabe *f*, Anhaltspunkt *m.*

tutanak 1. Protokollierung *f* 2. Protokoll *n*, Niederschrift *f* 3. Bericht *m.*

tutar 1. ausmachende Menge, Gesamtmenge *f* 2. Geldbetrag *m*, Summe *f.*

tutarak, tutarık 1. *psychopathischer* Anfall 2. Epilepsie, Fallsucht *f*.
tutarlı logisch geordnet; konsequent, folgerichtig.
tutkal Tischlerleim *m*; ~ *çanağı* Leimtiegel *m*; ~ *gibi* zudringlich, lästig (*Person*).
tutkallamak leimen.
tutkallı 1. mit Leim (*z.B. hergestellt od. bestrichen*) 2. (an-, auf-, zusammen)geleimt; ~ *boya* Leimfarbe *f*.
tutku Leidenschaft *f*.
tutkun entzückt, begeistert.
tutma *Vs. zu tutmak, spez.* 1. *psych.* Hemmung, Beeinträchtigung, Inhibition *f* 2. Griff *m* 3. *jur.* = *tevkif*.
tutmak (-*ar*) **I.** 1. nehmen, (er-) greifen 2. fassen, packen, verhaften 3. (fest-, be)halten 4. bedecken, überziehen 5. annehmen (*z.B. Holz e-e Farbe*) 6. besetzen, abriegeln 7. Partei ergreifen (*für*) 8. stützen (*z.B. Preise*) 9. (be)folgen, einschlagen (*z.B. Weg*) 10. finden, bekommen (*z.B. Arbeit*) 11. übereinstimmen (*mit*) 12. mieten, anheuern, in Dienst stellen 13. (vor-) bestellen, sich *et.* sichern 14. anfangen 15. zur Frau haben 16. wirken (*bei*) 17. befallen (*z.B. Krankheit*) 18. erreichen; gelangen (*zu*) 19. (an-)halten, anlegen (*in*) (*z.B. Dampfer*) 20. ergeben, betragen (*Summe*) 21. den Fall setzen; in Ansatz bringen 22. als Ziel nehmen 23. halten (*für*); ansehen (*als*) 24. an-, ver-rechnen 25. verwenden, gebrauchen 26. bilden (*z.B. Fettschicht*), entstehen lassen 27. *Hv. in idiomatischen Redensarten*; **II.** *ohne Objekt*: 1. beginnen, einsetzen 2. stimmen; richtig sein 3. bei Kasse sein 4. angehen (*Pflanzen*) 5. liegenbleiben (*Schnee*) 6. halten (*Klebstoff*) 7. sich unangenehm bemerkbar machen (*schwerer Wein, kariöser Zahn usw.*) 8. sich *mit e-r Kruste* bedecken (*z.B. Topfboden*) 9. intakt sein (*Arme, Beine*) 10. *mst. in Verb. mit e-m and. Verb zur Bez. von et. Unerwartetem od. Unpassendem* 11. *Hv. der spontanen Anwandlung*): befallen, ankommen, anwandeln; *tut kelin perçeminden! Spr.* wo nichts ist, hat der Kaiser sein Recht verloren; *tuttuğu dal elinde kaldı fig.* das, worauf er gebaut hat, hat sich als brüchig erwiesen; *tuttuğunu koparmak fig.* sich durchzusetzen verstehen.
tutmaz unlogisch, inkonsequent.
tutturmak 1. *Kaus. zu tutmak* 2. anstimmen (*Lied*) 3. einschlagen (*Weg*) 4. beharren (*bei*), bestehen (*auf*).
tutuk 1. aufgehalten, behindert 2. gehemmt, unfrei, scheu, schüchtern, befangen.
tutucu konservativ.
tutulga Niederschrift *f*, Protokoll *n*.
tutulma *Vs. zu tutulmak*; *spez.* (*Sonnen- od. Mond-*)Finsternis *f*.
tutulmak 1. *Pass. zu tutmak* 2. sich verfinstern (*Sonne od. Mond*) 3. innerlich gehemmt sein 4. nicht intakt sein (*Körperglied*) 5. *m. Dat.* a) sich verlieben (*in*) b) allmählich nicht mehr ausstehen können 6. *m. Dat.* geraten, kommen, verwickelt werden (*in*).
tutum 1. Verhalten, Benehmen *n* 2. Sparsamkeit *f* 3. *selt.* Handgriff *m*.
tutumlu ökonomisch, sparsam, wirtschaftlich.
tutunmak 1. sich halten (*a. mil.*) 2. sich ausbreiten (*z.B. Mode*) 3. *m. Dat.* sich festhalten (*an*) 4. *an der eigenen Person verwenden*: anlegen, aufsetzen, tragen.
tutuşma *Vs. zu tutuşmak*; ~ *noktası* Zündpunkt *m*.
tutuşmak 1. sich gegenseitig halten (*z.B. an der Hand*) 2. (*m. Dat.*) *et.* anfangen, beginnen, unternehmen 3. zünden, sich entzünden, in Flammen geraten 4. aneinander geraten (*z.B. Raufbolde*); gegeneinander kämpfen (*z.B. Ringer*).
tutuşturmak *Kaus. zu tutuşmak, spez.* 1. in Brand stecken; sich (*e-e Zigarette usw.*) anzünden 2. (*eline*) in die Hand drücken.
tuvalet, -ti 1. Toilette, Körperpflege *f* 2. große Toilette 3. Toilettentisch *m* 4. Toilette *f*, Abort *m* 5. Haartracht, Frisur *f*; ~ *yapmak* (*große*) Toilette machen; *-e gitmek* auf die Toilette gehen; austreten.
tuz Salz *n*; ~ *biber ekmek* (*bşe*) *fig.* Salz in e-e offene Wunde streuen; ~ *buz olm.* 1. in tausend Stücke

zerschlagen werden 2. ergebnislos verlaufen; ~ *ekmek* (*bşe*) *et.* salzen; ~ *ekmek hakkı* Verpflichtung, Dankbarkeit, Erkenntlichkeit *f*; *-la buz etm.* in tausend Stücke schlagen; *-u biberi yerinde fig.* es ist alles Nötige beisammen; *-u kuru* behäbig, wohlversorgt; wer sein Schäfchen im Trockenen hat; *istedim ki benim de çorbada tuzum bulunsun fig.* ich wollte auch meinen Teil dazu beisteuern.

tuzak (*a. fig.*) Falle, Schlinge *f*; ~ *kurmak* (*b-ne*) *j-m* e-e Falle stellen; *tuzağa düşmek* hereinfallen; *tuzağa düşürmek* hereinlegen; übers Ohr hauen.

tuzla [x ·] 1. Salzgarten *m*, Saline *f*, Salzbergwerk *n* 2. ♀ *n.pr. Ortschaft am Golf von Izmir.*

tuzlamak (ein)salzen, (ein)pökeln; *tuzlıyayım da kokma!* F bei dir piept's wohl?

tuzlu 1. salzig 2. versalzen (*Speise*) 3. *fig.* sehr teuer; *-ya mal olm.* (*od. oturmak*) (*b-ne*) *e-m* (*od. e-n*) teuer zu stehen kommen.

tuzluk 1. Salz·näpfchen, -fäßchen *n*, -streuer *m* 2. Vertiefung *f hinter dem Schlüsselbein.*

tuzluluk Salzgehalt *m*.

tuzruhu, *-nu chem.* Salzsäure *f*.

tuzsuz 1. ungesalzen 2. wenig gesalzen 3. *fig.* fade, geschmacklos.

tü [-] 1. *Lm. des Spuckens* 2. Pfui Teufel! 3. ~ ~ ~ toi, toi, toi!

tüccar [ā] (*urspr. pl.*) 1. Kaufleute *pl.* 2. Kaufmann *m*; ~ *gemisi* Handelsschiff *n*; ~ *malı* Handelsware *f*.

tüf *geol.* Tuff(stein) *m*.

tüfek Gewehr *n*; ♀ *al!* Gewehr in die Hand!; ~ *as!* Gewehr über!; ~ *ateş almıyor* das Gewehr versagt; ~ *başına!* an die Gewehre!; ~ *çatkısı* Gewehrpyramide *f*; ~ *namlusu* Gewehrlauf *m*; *tüfeği omuza dayamak* das Gewehr anlegen; *tüfekler patladı fig.* der Kampf entbrannte.

tüfeklik 1. Gewehrpyramide *f* 2. Gewehr·ständer *m*, -gestell *n* 3. *selt.* Waffenarsenal *n*.

tükenmek aufgebraucht, verbraucht werden; sich erschöpfen; aufhören.

tüketmek vollständig verbrauchen; nichts mehr übrig lassen.

tükrük *s. tükürük.*

tükürmek (aus)spucken, (aus-) speien; *yerlere tükürmeyiniz!* nicht auf den Boden spucken!; *tükürdüğünü yalamak fig.* e-n Rückzieher machen müssen.

tükürük Speichel Sputum *n*; F Spucke *f*; ~ *bezi an.* Speicheldrüse *f*; ~ *hokkası* Spucknapf *m*; *tük(ü)rüğünü yutmak fig.* sich *nach et.* sehnen.

tükürüklemek mit Spucke anfeuchten.

tülbent, *-di* Musselin *m*, Turbantuch *n*; ~ *lâlesi bot.* weiße Tulpe.

tüm 1. vollständig, ganz, gesamt, restlos 2. Gesamtheit *f*, Ganze(s) *n* 3. *mil.* Division *f*; ~ *cahil* vollkommener Ignorant; *-den getirmek log.* deduzieren; *-e varmak log.* induzieren.

tümamiral, *-li* Vizeadmiral *m*.

tümbek 1. kleine Beule 2. (*Hand-*) Trommel *f*.

tümen 1. große Menge 2. *mil.* Division *f* 3. Toman *m* (*pers. Währungseinheit*); ~ ~ 1. scharenweise 2. ungeheuer viel.

tümgeneral, *-li* Divisionskommandeur *m*; (*heute*) Generalmajor *m*; (*früher*) Generalleutnant *m*.

tümleç, *-ci* 1. *a. phil.* Komplement *n*, Ergänzung *f* 2. *gr.* Attribut *n*; Objekt *n*.

tümlemek vervollständigen, ergänzen.

tümler *math., phil.* komplementär.

tümlük Gesamtheit *f*.

tümsek 1. Bodenerhebung *f* 2. Hügel *m*; ~ *burun* mit Knollennase.

tünek Hühnerstange *f*, Wiemen *m*.

tüneklemek *s. tünemek.*

tünel 1. Tunnel *m* 2. Tunnelbahn *f* (*in Ist.*).

tünemek 1. sich auf die Stange (*den Wiemen*) setzen (*Hühner*) 2. sich *irgendwohin* setzen (*z.B. Eule auf e-n Baum*) 3. nisten (*z.B. Störche*).

tüp, *-bü,* (*-pü*) 1. Rohr *n*, Röhre *f*, Röhrchen *n*, Ampulle *f*, Reagenzglas *n* 2. (*Creme-*)Tube *f* 3. Stahlflasche *f* (*z.B. für Gas*).

tür *biol., phil.* Art, Spezies *f*; *-lerin evrimi* Entwicklung *f* der Arten; *-lerin sabitliği yasası biol.* Gesetz *n* der Arterhaltung.

türbe Mausoleum *n*, Türbe *f*.

türedi Emporkömmling, Parvenü *m*.

türemek 1. auftauchen; um sich greifen 2. *gr.* abgeleitet werden.

Türk, *-kü* Türke *m*, Türkin *f*; türkisch; ~ *camiası* türkische Volksgemeinschaft; ~ *Dil Kurumu n.pr.* Türkische Sprachgesellschaft; ~ *dili* türkische Sprache; ~ *kırmızısı* Türkischrot *n*; ~ *milleti* türkische Nation, türkisches Volk; ~ *müdür başyardımcısı* türkischer Subdirektor (*an e-r ausländischen od. Minderheitsschule in der Türkei*); ~ *Tarih Kurumu n.pr.* Türkische Geschichtsgesellschaft; ~ *tarzı mimarisi* türkischer Baustil.

Türkçe [x ·] 1. türkische Sprache, Türkisch 2. auf Türkisch abgefaßt, türkisch 3. die türkische Sprache betreffend; türkisch; ~ *bilmez fig.* 1. er versteht nicht, was man sagt 2. er kann sich nicht ausdrücken; ~ *kompozisyon* türkischer (*Schul-*)Aufsatz; ~ *konuşmak* Türkisch sprechen; ~ *öğretmeni* Lehrer(in *f*) *m* für Türkisch; ~ *sözlük* türkisches Wörterbuch; *-den Almancaya sözlük* Türkisch-Deutsches Wörterbuch; *-si fig.* (*also*) rund herausgesagt; auf gut Deutsch; *-yi kaybetmek* kein Wort mehr herausbringen (*können*); wie vor den Mund geschlagen sein (*od. dastehen*).

türkçeci [x · ·] 1. *wer sich wissenschaftlich mit Türkisch beschäftigt*; Turkologe *m*, Turkologin *f* 2. Vorkämpfer(in *f*) *m für reines Türkisch.*

türkçeleştirmek 1. türkifizieren (*Wort*) 2. echt türkisch (*d. h. stärker turksprachlich*) gestalten (*Ausdrucksweise*).

türkçelik türkischer Charakter (*e-s Wortes, e-r Bildung usw.*); *Tatsache f, daß et. türkisch ist.*

türkçü 1. nationaltürkisch eingestellt 2. *spez.* a) (*in osman. Zeit*) gemäßigter (*Sprach-*)Reformer b) *Anhänger der turkvölkischen Bewegung.*

Türkistan [ā] *n.pr.* Turkestan *n*.

Türkiye *n.pr.* Türkei *f*; ~ *Büyük Millet Meclisi n.pr.* Große Türkische Nationalversammlung; türkisches Parlament; ~ *Cumhuriyeti n.pr.* Türkische Republik; ~ *Radyo Difüzyon Postaları n.pr.* die türkischen Rundfunksender *pl.*

Türklük 1. türkisches Wesen 2. Türkentum *n*.

Türkmen Turkmene *m*, Turkmenin *f*; turkmenisch.

Türkmenistan *n.pr.* Turkmenistan (*Sowjetrepublik*).

Türkofis *n.pr.* Türkische Zentralstelle für Handel und Wirtschaft.

türkolog Turkologe *m*, Turkologin *f*.

türkoloji Turkologie *f*.

türkolojik turkologisch.

türkü (*Volks-*)Lied *n*; *-sünü çağırmak* (*b-nin*) *fig. j-m* nach dem Munde reden.

türlü 1. verschieden (*-artig*) 2. Art, Sorte *f* 3. *adv.* in e-r *näher best.* Art; auf *soundsoviel* Arten 4. (*güveç*) *Fleischgericht mit Mischgemüse* 5. (*bir* ~) *Verst. e-r Negation*; ~ ~ aller·lei, -hand; ganz verschiedene; *-süne raslamak* (*od. rasgelmek od. düşmek*) *fig.* (*bös*) hereinfallen; *-sünü görmek* seine Erfahrungen *mit et.* machen.

türrühat, *-tı* [ā] Geschwätz, Gefasel *n*.

tüs Flaum *m*; *-ü tüyü yok* bartlos; Grünschnabel *m*.

tütmek, (-er) 1. rauchen (*z.B. Ofen*) 2. dampfen (*z.B. Tabakspfeife*) 3. (*gözünde*) vor dem geistigen Auge stehen.

tütsü 1. Räucherung *f* 2. Räucherwerk *n*.

tütsülemek 1. räuchern (*a. z.B. Fleisch*), ausräuchern 2. Dämpfe inhalieren lassen.

tütsülenmek 1. *Pass. zu tütsülemek* 2. Dämpfe inhalieren.

tütsülü (aus)geräuchert.

tütsülük *kleines Metallgefäß* (*für abergläubische Räucherungen*).

tüttürmek 1. *Kaus. zu* tütmek 2. rauchen, schmauchen.

tütü Balletträckchen *n*.

tütün Tabak *m*; ~ *balığı* geräucherter Fisch (*spez. Makrele od. Thunfisch*); ~ *harmanı* Tabakmischung *f*; ~ *içmek* (*od. kullanmak*) rauchen; ~ *kullanmamak* Nichtraucher sein; ~ *zeriyatı* Tabakanbau *m*; *-ü bırakmak* das Rauchen aufgeben.

tütüncü 1. Tabakpflanzer *m* 2. Tabakhändler *m*.

tüvana [· - -] gesund und kräftig; stattlich.

tüy 1. Feder(n *pl.*) *f* 2. *spez.* Flaumfeder(n *pl.*) *f* 3. Haar, Fell *n* (*z.B. e-r Katze*); Wolle *f* (*z.B. e-s Kamels*) 3. Flaum *m* 4. Bartflaum *m*; ~ *atmak* ein anderes Fell bekommen (*Tier*); ~ *dikmek* (*bşin üzerine*) *pej. e-r Sache* die Krone aufsetzen; ~ *dökmek* (*sich*) mausern (*Tier*); ~ *gibi* 1. federleicht 2. beweglich, flink, behende; ~ *sıklet* (*Boxen*) Federgewicht *n*; ~ *yolmak* rupfen (*Vogel*); *-ler ürpertici* haarsträubend, grausig; *-lerim diken diken oluyor* mir stehen die Haare zu Berge; es überläuft mich (eis)kalt; *-ü tüsü yok* bartlos; Grünschnabel *m*; *-ünü düzmek* 1. sein Äußeres in Ordnung bringen 2. allmählich in bessere finanzielle Verhältnisse kommen.

tüydöken V Kratzeisen *n* (= *Rasiermesser*).

tüydürmek (*Kaus. zu tüymek*) V 1. klauen, stehlen, entwenden 2. fortschaffen, aus den Augen schaffen (*Person*).

tüylenmek 1. Federn (*Haare usw.*) bekommen 2. *fig.* reich werden.

tüylü 1. gefiedert; mit (*näher beschriebenen*) Federn 2. flaumig; Flaum- 3. F reich, wohlhabend 3. langhaariger Kelim.

tüymek F sich aus dem Staub(e) machen.

tüysüz 1. federlos, ungefiedert, ohne Flaum 2. blutjung; *bartlos*; Milchbart *m*; ~ *şeftali* Pfirsich *m* mit glatter Schale, *spez.* Nektarine *f*; ~ *tüssüz Verst. von tüysüz.*

U

u, U *25. Buchst. des türk. Alph.*

uc 1. Spitze, Zacke *f*, äußerster Punkt 2. (*Baum-*)Wipfel *m* 3. Ende *n* 4. *va.* Grund *m*, Ursache *f* 5. *hist.* Grenzgebiet *n* 6. *math.* Endpunkt *m* 7. *-lar log.* Außenbegriffe *pl.*; ~ *-a gelmek* gerade noch rechtzeitig kommen; ~ *vermek* 1. sich zusammenziehen (*Geschwür*) 2. sich herausstellen; an den Tag kommen 3. herauskommen, aufgehen (*Pflanzen*) 4. e-n Anhaltspunkt liefern 5. in Fetzen *od.* Stücken herunterhängen; *-u bucağı olmamak* (*od. gelmemek*) endlos sein; *-u dokunmak m. Dat.* zu *j-s* Schaden sein; *-u ortası belli olmamak* nicht recht wissen, wo man beginnen soll; *-u -una getirmek* auskommen (*z.B. mit seinem Verdienst*); *-unda* schließlich, endlich; *-unda olm.* (*bşin*) 1. dahinterstecken (*z.B. best. Absicht*) 2. *et.* zur Folge haben; *-unu kaçırmak fig.* den Faden verlieren; *-unu kulpunu kaybetmek* sich verheddern (*bei e-r Rede*).

ucra [ā] abgelegen, äußerst-.

ucsuz 1. ohne Spitze 2. ohne Stahlfeder (*z.B. Federhalter*) 3. *mst.* ~ *bucaksız* endlos, grenzenlos, unzählig.

ucube [· - ·] Kuriosität, Merkwürdigkeit *f*; *ucubei hilkat* Naturwunder, Monstrum *n*.

ucuz 1. billig, wohlfeil 2. *fig.* leicht erworben; mühelos gewonnen; *Spr. -dur vardır illeti, pahalıdır vardır hikmeti Rw.* ist etwas billig, so hat es irgendeinen Fehler; ist etwas teuer, so hat es seinen guten Grund; *Spr.* ~ *etin yahnisi tatsız olur Rw.* will man etwas Gutes haben, so muß man schon in den Geldbeutel greifen; ~ *kurtulmak fig.* mit e-m blauen Auge davonkommen; *-a düşürmek et.* billig erstehen.

ucuzcu 1. *wer seine Waren billig verkauft*, F der billige Jakob 2. *wer alles billig erstehen will.*

ucuzlamak 1. billiger werden (*Waren*) 2. heruntergehen, sich senken (*Preise*) 3. *fig.* leicht werden; leicht errungen werden.

ucuzlatmak 1. verbilligen; im Preis herabsetzen (*Waren*) 2. senken, herabsetzen (*Preise*) 3. *fig.* erleichtern; *es e-m* leicht werden lassen.

ucuzluk 1. Billigkeit *f*, geringer Preis 2. *Ort od. Land, wo man billig lebt.*

uçak Flugzeug *n*; ~ *alayı* Flugzeuggeschwader *n*; ~ *bombası* Fliegerbombe *f*; ~ *bölüğü* Flugzeugstaffel *f*; ~ *defi topçusu* Flakartillerie *f*; ~ *filosu* Flugzeugverband *m*; ~ *gemisi* Flugzeugträger *m*; ~ *ile* mit Luftpost; ~ *makinisti* Bordmechaniker *m*; ~ *telsizcisi* Borkfunker *m*.

uçakçı Flieger *m*; ~ *subay* Fliegeroffizier *m*.

uçakçılık 1. Fliegerberuf *m od.* Tätigkeit *f* als Flieger 2. Flugzeugfabrikation *f* 3. Flugwesen *n*.

uçaksavan, uçaksavar Flak- (*z.B. Batterie*).

uçan fliegend; ~ *daireler* fliegende Untertassen *pl.*; ~ *kale* fliegende Festung; ~ *kuşa borcu olm.* überall verschuldet sein.

uçar 1. fliegend 2. fliegender Vogel 3. sich leicht verflüchtigend; rasch verfliegend (*Flüssigkeit*); *-a atmak* den Vogel im Fluge schießen.

uçarı 1. Schürzenjäger *m* 2. *pej.* ausgemacht.

uçkun heraussprühender Funke.

uçkur Gürtelschnur *f*, Hosenband *n*.

uçlanmak V zahlen, berappen, herausrücken.

uçmak, (*-ar*) 1. fliegen 2. verfliegen (*z.B. Parfüm*) 3. verblassen 4. herabstürzen; zu Tal gehen (*Lawine*) 5. vornüber nicken 6. weggerissen werden 7. F verschwinden 8. abhanden kommen; gestohlen werden 9. gesprengt werden *od.* explodieren; *uç baba torik!* (*a. mit der Forts. etme de telâş*) V 1. tu's doch, wenn du kannst! 2. und das soll ein Mensch glauben?; *uçtu uçtu* (*Ksp.*) alle Vögel fliegen.

uçucu 1. fliegend *od.* zum Fliegen

befähigt 2. *selt.* Flieger *m* 3. *chem.* rasch verfliegend.
uçuk 1. verblaßt (*Farbe*) 2. *med.* Bläschenausschlag *m*, Herpes *f*; ~ *beniz(li)* blaß.
uçurmak *Kaus. zu uçmak, spez.* 1. fliegen (*steigen*) lassen (*z.B. Drachen*) 2. aufsteigen lassen (*z.B. Flugzeug*) 3. abschneiden, -trennen, -schlagen (*z.B. Kopf*) 4. hinunterstürzen (*tr.*) 5. sprengen 6. über den grünen Klee loben 7. F hinauswerfen 8. F aufschneiden, prahlen 9. F verlieren; sich etwas entwenden lassen.
uçurtma 1. *Vs. zu uçurtmak* 2. Drachen *m* (*Kspz.*).
uçurtmak *Kaus. zu uçurmak.*
uçurum 1. Abgrund *m*, Tiefe *f* 2. *fig.* Verderben, Unglück *n*; *-un dibi* 1. Boden *m* des Abgrunds 2. *fig.* tiefstes Unglück.
uçuş Flug *m*; ~ *müddeti* Flugzeit *f*; ~ *plâtosu* Startfläche *f* (*auf Flugzeugträger*).
uçuşmak 1. umherfliegen 2. (her-um)flattern.
ud *mus.* (*türk.*) Laute *f*.
udcu 1. Lauten·macher, -händler *m* 2. *s. udi.*
udi [- -] Lautenspieler *m*.
uf o je!, au!, mein Gott!; ~ *puf demek* ächzen und stöhnen.
ufacık ganz klein; winzig; ~ *tefecik* winzig klein.
ufak 1. klein 2. sehr jung 3. unbedeutend 4. kleinlich 5. Bröckchen, Krümchen *n*; ~ *adam fig.* kleiner Geist; ~ *bir memur* ein kleiner Beamter; ~ *çapta mst. iron.* in Miniaturausgabe; en miniature; ~ *göstermek* 1. *j-n* für jünger ausgeben, als er ist 2. jünger aussehen, als man ist; ~ *para* Kleingeld *n*; ~ *tefek* 1. klein und schmächtig 2. allerhand Kleinigkeiten *pl.*; ~ ~ *doğramak* 1. ganz klein schneiden (*z.B. Fleisch*) 2. F e-n gemäßigten Ton anschlagen.
ufaklık 1. Kleinheit *f* 2. Kleingeld *n* 3. V Ungeziefer *n*, *spez.* Läuse *pl.*
ufalamak zerkleinern, zerbröckeln, zerkrümeln, zerreiben.
ufalanmak 1. *Pass. zu ufalamak* 2. *geol.* verwittern.
ufalmak kleiner werden.
ufanmak *intr.* zerbröckeln, zerbröseln.
ufantı Krümchen *n*, Brösel *m*, Krümel *m* (*n*).
ufarak recht (*ganz, ziemlich*) klein.
ufkan [x ·] *adv.* in horizontaler Richtung *od.* Lage; waagerecht.
ufki [i] horizontal, waagerecht.
uflamak ächzen, stöhnen; *uflayıp puflamak* ächzen und stöhnen.
ufucuk olm. *Ki.* krank werden.
ufuk, *-fku* 1. Horizont, Gesichtskreis *m* (*a. fig.*) 2. (*Malerei*) Horizontlinie *f*, Himmel *m*.
ufunet, *-ti* [· - ·] 1. übler Geruch; Gestank *m* 2. Entzündung und Eiterung *f*.
uğra Streumehl *n* (*beim Ausrollen des Teiges*).
uğrak 1. *Ort, an dem man vorbeikommt* 2. häufig besuchter Ort.
uğramak *m. Dat.* 1. *bei j-m* vorbeikommen, vorsprechen 2. e-n Ort berühren; Halt machen; anlegen (*in*) (*z.B. Schiff*) 3. vorbeiführen (*an*) (*z.B. Straße*) 4. eilig hinausstürzen 5. betroffen werden (*von*) 6. *intr.* in die Gewalt von bösen Geistern geraten.
uğraşmak 1. sich abmühen 2. (*bşle*) sich beschäftigen, sich abgeben (*mit*) 3. (*b-le*) sich *mit j-m* zu schaffen machen 4. kämpfen.
uğraştırmak *Kaus. zu uğraşmak, spez.* (*b-ni*) *j-m* zu schaffen machen.
uğratmak *Kaus. zu uğramak, spez.* erleiden lassen; bereiten (*z.B. Niederlage*).
uğuldamak sausen, brausen, summen, brummen, heulen, dröhnen.
uğur[1], *-ğru* (*nur Dat. und Lok. zur Bez. e-s finalen Aspektes*); *bu -da çok para sarfedildi* hierfür hat man viel Geld ausgegeben; *yurt uğrunda* für das Vaterland; um der Heimat willen; *onun uğruna her sıkıntıya katlandı* in Verfolgung dieses Zieles hat er alle Mühen in Kauf genommen.
uğur[2] gutes Anzeichen (*Vorzeichen, Omen*), gute Vorbedeutung; *-lar olsun!* gute Reise!, viel Glück auf den Weg!; *-u açık* vom Glück begünstigt; glücklich.
uğurlamak (*b-ni*) *j-m* das Geleit geben; *j-n* zur Bahn (*an den Dampfer usw.*) bringen.
uğurlu 1. von guter Vorbedeutung 2. glückbringend; ~ *kademli olsun!* (*Glückwunschformel*) mögen Sie viel Freude daran erleben!
uğursuz von schlechter Vorbedeu-

tung; unselig, ominös; *ne ~ ayağım varmış!* man könnte beinahe meinen, ich zöge das Unglück an.
uğursuzluk üble Vorbedeutung, böses Omen.
uğuşturmak *s. uvuşturmak, vgl. oğuşturmak.*
uğuz *s. oğuz.*
uh ah!, ei!
uhde Last *f* der Verantwortung (*nur in best. Rw.*); *-sinde olm.* (*b-nin*) *e-m* obliegen; betraut sein (*mit*); *-sinden gelmek* (*bşin*) *et.* leisten können; fertig werden (*mit et.*); *-sine almak* übernehmen; auf sich nehmen; *-sine geçirmek* übertragen (*z.B. Aufgabe*); betrauen (*mit*) verpflichten (*zu*).
ukalâ *urspr. pl. pej.* Übergescheite(r), Superkluge(r) *m.*
ukde 1. *bot. phys.* Knoten *m* 2. *biol.* Ganglion *n* 3. *fig.* Schmerz *m*, Pein *f.*
ukubet, -ti [· - ·] 1. Strafe *f* 2. Qual, Pein *f* 3. P grob und häßlich.
ulama 1. *Vs. zu ulamak* 2. Anfügung *f*, Ansatz, Anhang *m* 3. lange Kette *od.* langes Seil 4. *gr.* Verschleifung *f* (*zweier Wörter*) 5. angefügt, angesetzt, angehängt.
ulamak an·fügen, -setzen, -hängen.
ulan V he!, Mensch!
ulaşık sich berührend; angrenzend.
ulaşım Verkehr *m*, Berührung *f*, Kontakt *m.*
ulaşmak 1. gelangen, hinkommen (*zu*) 2. erreichen, erlangen 3. (hin-, aus-)reichen.
ulu hoch, groß, erhaben; ♀ *Cami n.pr.* Große Moschee (*in Bursa*).
Uludağ *n.pr.* Bithynischer Olymp.
ululamak 1. ehrenvoll aufnehmen und reichlich bewirten (*Gast*) 2. (ver)ehren, hochachten.
ululuk Größe, Erhabenheit *f*; *~ satmak* sich als großer Herr aufspielen.
ulumak *intr.* heulen (*Hunde, Wölfe*).
uluorta 1. unbegründet; willkürlich erfunden 2. ungeniert gesagt 3. irgendein; x-beliebig.
ulus *s. millet.*
ulusal *s. millî.*
uluslararası international.
ulusöz berühmter Ausspruch.
ulvan P Sich-Aufspielen *n*; *~ satmak* sich aufspielen, sich großtun.
ulvi [ī] 1. erhaben, hoch, hehr, sublim 2. ♀ [x ·] *mV.*
umacı schwarzer (*od.* böser) Mann (*als Kinderschreck*); *~ geliyor!* der schwarze Mann kommt; *~ gibi* furchtbar anzusehen; *~ seni kapar!* der schwarze Mann holt dich!
umde *z.va.* 1. Stütze *f*, Pfeiler, Stützpunkt *m* 2. Prinzip *n*, Grundlage *f*, Grundsatz *m.*
umdurucu verheißungsvoll.
ummadık [x · ·] 1. unverhofft 2. unerwartet, unvermutet, unvorhergesehen; *Spr. ~ taş baş yarar* der Stein, auf den man nicht gefaßt ist (*od.* der kleine Stein, von dem man es nicht erwartet hätte) schlägt e-m ein Loch in den Kopf.
ummak, (*-ar*) 1. (er)hoffen 2. erwarten, vermuten, annehmen.
umman [ā] 1. Ozean *m*, Weltmeer *n* 2. ♀ *n.pr.* Oman (*Südostarabien*); ♀ *Denizi n.pr.* Indischer Ozean.
umran [ā] blühender Zustand, kulturelle Entwicklung; Wohlstand *m.*
umulmak *Pass. zu ummak*; *umulmıyan hal jur.* Zufall *m.*
umum [· -] 1. ganz, alle, sämtlich, gesamt, General- 2. gesamtes Volk, Publikum; *~ millet* das gesamte Volk; *~ muvacehesinde* vor aller Augen; *~ müdür* 1. Generaldirektor *m* 2. vortragender Ministerialrat 3. *Sch.* Fettwanst *m*; *-a açık yer jur.* öffentlicher Ort, öffentliches Lokal Öffentlichkeit *f.*
umumhane [ā] Bordell *n.*
umumi [· - -] 1. allgemein, gesamt-, total, generell, General-, Haupt-, Gesamt- 2. öffentlich; *~ acenta* 1. Generalvertreter *m* 2. Generalvertretung *f*; *~ âdaba mugayir fiiller jur.* Verstöße *pl.* gegen die Sittlichkeit; *~ âdetler* Verkehrssitte *f*, Brauch *m*; *~ af; affı umumi* allgemeiner Straferlaß, Generalamnestie *f*; *~ efkâr; efkârı umumiye* öffentliche Meinung; *~ harb; harbı umumi* (*erster*) Weltkrieg; *~ harita* Übersichtskarte *f*; *~ heyet* Generalversammlung *f*; *~ karargâh* 1. *mil.* Hauptquartier *n* 2. *selt.* Wohnviertel *n*; *~ kâtip; kâtibi umumi* Generalsekretär *m*; *~ manzara* Gesamt-, Total·ansicht *f*; *~ netice* Gesamtergebnis *n*; *~ mukavele jur.* Kollektivvertrag *m*; *~ prova* Haupt-, General·probe *f*; *~ seferberlik* allgemeine (*od.* totale) Mobilmachung; *~ vali, valii umumi*

Statthalter, Generalgouverneur *m*; ~ *yekûn math.* Gesamtsumme *f*.

umumileşmek [· - - · ·] 1. sich (*allgemein*) verbreiten; allgemein üblich werden 2. sich ausweiten (*z.B. Krieg*) 3. verallgemeinert werden.

umumiyet, *-ti* [· - · ·] Gesamtheit *f*; ~ *itibariyle* 1. alles in allem; als Ganzes betrachtet 2. allgemein gesprochen.

umur [· -] *pl.* Sachen, Angelegenheiten, Geschäfte *pl.*; ~ *etmemek m. Akk. od. -unda olmamak* sich nicht kümmern (*um*); *-u tedvir etm.* die Geschäfte führen (*wahrnehmen, ausüben*) (*z.B. anstelle e-s Botschafters*); *-una gelmemek e-m* unwichtig erscheinen.

umut, *-du* 1. Erhoffte(s), Erwartete(s) *n* 2. Hoffnung, Erwartung, Zuversicht *f*.

-un *s. -in*.

un- *vgl. a. on-*.

un Mehl *n*; ~ *çuvalı* Mehlsack *m*; ~ *şeker* Staub-, Puder·zucker *m*; ~ *ufak* staubfein; ~ *ufak etm.* kurz und klein schlagen; *-umu eledim* (*a. mit der Forts. eleğimi duvara astım*) 1. mit solchen Dingen habe ich nichts mehr zu tun 2. dafür bin ich zu alt 3. das habe ich schon alles getan.

unsur 1. Grundstoff, Grundbestandteil *m*, Element *n* 2. Bevölkerungselement *n* 3. (*Lehr-, Bühnen- usw.*) Kraft *f*.

unutkan vergeßlich.

unutkanlık Vergeßlichkeit *f*.

unutmabeni *bot.* Vergißmeinnicht *n*.

unutmak vergessen, verlernen.

unvan [ā] 1. Überschrift *f*, Titel *m* 2. Name *m*, Anschrift *f* (*z.B. e-r Firma*) 3. Titulierung *f*, Titel *m*; ~ *satmak* sich ausgeben (*als*); ~ *tezkeresi* Gewerbeschein *m*.

upuygun [x · ·] 1. vollkommen entsprechend 2. adäquat.

upuzun [x · ·] 1. sehr (*unendlich*) lang, riesenlang 2. *adv.* der ganzen Länge nach.

ur Schwellung *f*, Auswuchs *m*.

urağan *meteor.* Hurrikan, Orkan *m*.

urgan dicker Strick; Seil *n*.

urgancı Seiler *m*.

uryan *s. üryan*.

us 1. *va.* gutes Benehmen 2. *va.* Besonnenheit *f* 3. Vernunft *f*, Verstand *m*; ~ *pahası* warnende Lehre.

usanç, *-cı* 1. Überdruß *m* 2. *va.* (*e-r Sache*) überdrüssig; ~ *getirmek* (*bşden*) *e-r Sache* überdrüssig werden; *et.* leid werden.

usanmak (*bşden*) *s. usanç getirmek*.

usare [ā] 1. Saft *m* (*in e-r Pflanze*) 2. Fruchtsaft *m*.

uskumru *zo.* Makrele *f*.

uskur (*Dampfer-*)Schraube *f*.

uskuru Schraubengewinde *n*.

uskut V 1. halt's Maul! 2. jetzt reicht's aber!

uslamlamak urteilen.

uslandırmak zur Vernunft bringen; bessern.

uslanmak 1. artig werden (*z.B. Kinder*) 2. Vernunft annehmen.

uslu 1. artig, brav, ruhig 2 vernünftig, verständig; ~ *akıllı Verst. von uslu*; ~ *durmak* artig sein; sich ordentlich benehmen; ~ *oturmak* sich ruhig verhalten; ~ *puslu* still und bescheiden.

usta 1. geschickt, kunstfertig 2. (*Handwerks-*)Meister *m* 3. Chef, Vorarbeiter, Polier *m* 4. *fig.* Meister *m* (*in e-m Fach*).

ustabaşı, *-nı* Werkmeister *m*.

ustunç, *-cu* (*Operations-, anatomisches, mikroskopisches usw.*) Besteck *n*.

ustura [x · ·] 1. Rasiermesser *n* 2. V scharf (*Getränk*) 3. V Geflunker *n*, Schwindel *m*, Prahlerei *f*; ~ *çalıştırmak* V schwindeln, aufschneiden; ~ *tutunmak* sich rasieren; *-yı kayışa vurmak* das Rasiermesser abziehen.

usturacı V Aufschneider, Renommist *m*.

usturpa [· x ·] 1. *naut.* Taugarn *n* 2. Schlagriemen *m od.* Totschläger *m*.

usturubiya [· · x · ·] *Bill.* Fuchs, Zufallstreffer *m*.

usturuplu F 1. ordentlich 2. meisterhaft, geschickt, treffend.

usul, *-lü* [· -] *urspr. pl.* 1. *va.* Prinzipien, Elemente *pl.* 2. Methode *f*, Programm *n* 3. System *n* 4. *mus.* Takt *m* 5. *jur.* Verwandte *pl.* aufsteigender Linie 6. *adv.* leise, behutsam, unauffällig; ~ *hukuku jur.* Verfahrens-, Prozeß·recht *n*; ~ *ve füru hısımlığı jur.* Verwandtschaft *f* in gerader Linie; *usulü dairesinde* planmäßig, ordnungsgemäß, regelmäßig, regulär; *usulü muhakeme* Prozeßverfahren *n*.

usulcacık [· x · ·] *adv.* still und leise; behutsam, vorsichtig, unauffällig.
usulen [· - ·] ordnungsgemäß (*z.B. aburteilen*).
usullacık *s. usulcacık.*
usullü [· - ·] 1. *selt.* methodisch, systematisch 2. mit (*od.* nach) e-r *best.* Methode.
usulsüz [· - ·] 1. unmethodisch, systemlos 2. vorschriftswidrig, regelwidrig, inkorrekt.
uşak 1. Kind *n* 2. Junge, Bursche *m* 3. *aus e-r best. Gegend stammender junger Mann* 4. Diener, Hausbursche, Gehilfe *m*; ~ *odası* Dienerzimmer *n*; ~ *tabiatı fig.* Dienerseele *f.*
uşakkapan *zo.* Bartgeier *m.*
ut Schamgefühl *n*; ~ *yeri* Schamgegend *f*, Geschlechtsteile *pl.*
utanacak schändlich, schmählich.
utanç, -cı Scham(haftigkeit), Scheu, Befangenheit *f.*
utangaç, utangan verschämt, schamhaft, scheu, schüchtern, verlegen.
utanmak *m. Dat. od. Abl.* 1. sich schämen (*über*) 2. sich genieren (*et. zu tun*).
utanmaz schamlos, unverschämt, frech.
utanmazlık Schamlosigkeit, Unverschämtheit, Frechheit *f.*
utopya [· x ·] Utopie, Schwärmerei *f*, Hirngespinst *n.*
utopyacı [· x · ·] Utopist *m*, Schwärmer(in *f*) *m.*
utopyalık [· x · ·] utopisch, unerfüllbar, unerreichbar.
uvalamak zwischen den Händen zerreiben, zerbröseln.
uvmak 1. massieren (ein-, ab)reiben 2. säubern, blankputzen.
uvuşturmak 1. aneinander reiben 2. einreiben (*z.B. Salbe*) 3. (*gözlerini*) sich die Augen (aus)reiben, auswischen.
uyandırıcı 1. (auf)weckend 2. *fig.* erweckend, erregend; ~ *saat* Wecker *m*, Weckuhr *f.*
uyandırma *Vs. zu uyandırmak, spez. psych.* Evokation, Wiedererweckung *f* (*von Erinnerungen*).
uyandırmak *Kaus. zu uyanmak, spez.* 1. (auf)wecken 2. *fig.* erwecken, erregen, hervorrufen; wachrufen (*z.B. Erinnerungen*) 3. anzünden, anstecken (*Lampe, Ofen usw.*).
uyanık 1. wach; nicht schlafend 2. *fig.* (auf)geweckt, klug 3. wachsam, achtsam.
uyanmak 1. er-, auf•wachen 2. *fig.* erweckt (*erregt, hervorgerufen, wachgerufen*) werden 3. aufgeweckt, klug werden 4. aufgehen, herauskommen (*Pflanze*) 5. sich wieder einstellen (*z.B. Schmerzen*) 6. angehen, aufflammen (*z.B. Licht*).
uyar 1. passend, angemessen, geeignet, entsprechend 2. ähnlich, gleich.
uyaran nervenanregend; Reizmittel, Stimulans *n.*
uyarlamak 1. anpassen 2. *lit.* frei übertragen und bearbeiten.
uyarma *Vs. zu uyarmak, spez.* 1. Reiz, Antrieb, Stimulus *m* 2. Mahnung, Warnung *f.*
uyarmak 1. P = *uyandırmak* 2. anregen, stimulieren 3. mahnen, warnen, einschärfen.
uydurma 1. *Vs. zu uydurmak* 2. willkürlich erfunden; erdichtet 3. zusammengestoppelt, improvisiert, ad hoc zurechtgemacht.
uydurmak *Kaus. zu uymak* 1. anpassen, angleichen 2. willkürlich erfinden; erdichten 3. zusammenstoppeln 4. *et.* auftreiben, F aufgabeln 5. geschickt durchführen, F deichseln, hinkriegen 6. *techn.* einpassen 7. verführen (*Mädchen, Frau*).
uydurmasyon F 1. Schwindel *m*, Geflunker *n* 2. willkürliche Erfindung 3. zusammengestoppeltes Zeug.
uyduruk P willkürlich erfunden; erdichtet; aus den Fingern gesogen.
uygar zivilisiert, kultiviert.
uygarlık Zivilisation, Kultur *f.*
uygulama *Vs. zu uygulamak, spez. jur.* Schriftenvergleichung *f*; ~ *noktası phys.* Angriffs-, Kraft•punkt *m.*
uygulamak 1. anwenden; praktisch durchführen 2. *math.* zur Deckung bringen (*z.B. zwei Dreiecke*).
uygun 1. passend, entsprechend, adäquat 2. geeignet, tauglich 3. übereinstimmend 4. *geol.* konkordant 4. angemessen (*z.B. Preis*) 5. günstig, ordentlich, gut; ~ *düşmek* passen, entsprechen, sich gut ausnehmen; ~ *görmek* 1. passend finden 2. (*behördlich*) anordnen; ~ *katmanlaşma geol.* konkordante Lagerung.

uygunsuz unpassend, unschicklich, ungehörig (*usw. vgl.* uygun); ~ *adam* Übeltäter *m*; ~ *kadın* Dirne, Hure *f*; ~ *saat* ungelegene, unpassende Zeit.

uygunsuzluk 1. unpassendes Verhalten 2. liederlicher Lebenswandel 3. Bösartigkeit *f* (*e-s Menschen*).

uyku 1. Schlaf *m* 2. *fig.* Unachtsamkeit *f*; ~ *çekmek* gut (*tief*) schlafen; ~ *ilâcı* Schlafmittel *n*, Schlaftrunk *m*; ~ *gözünden (su gibi) akıyor* die Augen fallen ihm zu (*vor Müdigkeit*); ~ *kestirmek* ein Nickerchen machen; ~ *sersemliği* Schlaftrunkenheit, Schläfrigkeit *f*; *-da olm.* (*iş*) 1. nicht weiter betrieben werden 2. nicht vorankommen (*Angelegenheit*); *-su açılmak* (*od. dağılmak*) seine Schläfrigkeit überwinden; *-su başına vurmak* (*b-nin*) 1. Schlaf bekommen; schläfrig werden 2. quengelig werden (*übermüdetes Kind*); *-su kaçmak* nicht einschlafen können; *-su olm.* schläfrig sein; *-sunu almak* sich (*ordentlich*) ausschlafen; *-ya yatırmak* 1. schlafenlegen 2. *fig. et.* einschlafen lassen; *-ya yatmak* sich schlafenlegen.

uykucu Langschläfer(in *f*) *m*.

uykusuz 1. übernächtig 2. unausgeschlafen 3. schlaflos (*z.B. Nacht*).

uyluk *an.* Oberschenkel *m*.

uymak, (*-ar*) 1. passen, entsprechen stimmen (*zu*) 2. sich anpassen, sich richten, (be)folgen, sich fügen, sich unterwerfen 3. gleichartig sein, harmonieren.

uyruk Staatsangehörige(r) *m/f*.

uysal nachgiebig, fügsam, ruhig, verträglich.

uyuklamak vom Schlaf übermannt werden; einnicken.

uyum 1. Harmonie *f* 2. *phys.* Akkomodation *f* 3. *gr.* Harmonie *f*, Ausgleich *m*.

uyumak 1. schlafen 2. einschlafen (*a. fig.*); *uyuyakalmak* über die Zeit schlafen; die Zeit verschlafen; *uyuma kalk çuval ağzı aç!* F nimm dich zusammen!

uyuntu faul, träge, schlafmützig.

uyur 1. schlafend 2. stehend (*Gewässer*).

uyurgezen Schlafwandler(in *f*) *m*.

uyuşamamazlık mangelndes Einvernehmen.

uyuşmak[1] 1. einschlafen (*z.B. Fuß*) 2. klamm werden (*z.B. Hände vor Kälte*) 3. nachlassen (*Schmerzen*).

uyuşmak[2] 1. *miteinander* auskommen, sich vertragen 2. *m. Dat.* sich einigen (*z.B. auf e-n Preis*).

uyuşturan *zo.* Zitterrochen *m*.

uyuşturmak[1] lindern, stillen, betäuben (*spez. Schmerzen*); *uyuşturucu ilâç* schmerzstillendes Mittel.

uyuşturmak[2] e-e Verständigung herbeiführen (*zwischen*).

uyuşuk 1. eingeschlafen (*z.B. Bein*) 2. steif, klamm (*z.B. Hände*) 3. *fig.* träge, schlafmützig.

uyutmak *Kaus. zu uyumak* 1. einschläfern 2 *fig.* beruhigen, hinhalten (*Person*) 3. *fig.* lindern (*z.B. Schmerz*) 4. *fig.* einschlafen lassen *od.* verschleppen (*Angelegenheit*).

uyutucu 1. einschläfernd; Schlaf- 2. hypnotisch 3. narkotisch.

uyuz 1. *med.* Krätze *f* (*bei Menschen*), Räude *f* (*bei Haustieren*) 2. krätzig, räudig 3. *fig.* Jämmerling, Waschlappen *m*.

uz[1] 1. gut, geeignet, tüchtig, brauchbar 2. geschickt, gewandt; Sachkenner *m* 3. richtig, korrekt (*z.B. Darstellung*) 4. Einvernehmen *n* 5. Vortrefflichkeit *f*.

uz[2] *in der Füg.*: *az gitti uz gitti* er ging immer weiter.

uzak 1. weit entfernt, weit, fern, entlegen 2. *m. Abl.* ungeeignet *od.* nicht zuständig (*für*) 3. unwahrscheinlich, abwegig 4. *m. Abl. e-m* fernliegend, fremd 5. Ferne, Zukunft *f* 6. Entfernung *f*; ~ *düşmek* (*birbirinden*) weit voneinander entfernt sein; ~ *görmek* für recht unwahrscheinlich halten; ~ *tutmamak* (*bşi gözden*) *et.* im Auge behalten; *uzağı görmek* in die Zukunft sehen; *-lara gitmek fig.* vom Thema abschweifen; *-tan akraba* entfernter Verwandter; *-tan sevk ve idare techn.* Fernsteuerung *f*; *-tan tanımak* nur oberflächlich kennen (*z.B. vom Sehen her*); *-tan bakmak* (*bşe*) *fig.* sich abseits halten; *-tan uzağa* 1. nur oberflächlich (*z.B. kennen*) 2. von weither.

Uzak-Doğu Ferner Osten.

uzakça ziemlich weit; recht abgelegen.

uzaklaşmak weggehen, sich entfernen.
uzaklaştırmak 1. entfernen (*Person od. Sache*) 2. abwenden (*z.B. tödliche Gefahr*).
uzaklı *in der Füg.*: ~ *yakınlı* nah und fern; nah oder fern.
uzaklık 1. Abgelegenheit *f* 2. Entfernung, Strecke *f*, Abstand *m*.
Uzak-Şark *s.* *Uzak-Doğu*.
uzamak 1. lang sein (*od.* werden), sich ausdehnen 2. viel Zeit benötigen; sich lange hinziehen 3. wachsen, großwerden (*Kind*).
uzanmak 1. sich (*der Länge nach*) ausstrecken, sich hinlegen 2. (*bir yere*) weitergehen (*bis*) 3. die Hand ausstrecken.
uzantı *an.* Verlängerung *f*, Ausläufer *m.*
uzatma *Vs. zu uzatmak*, *spez. gr.* Dehnung, Längung *f*; ~ *işareti* Dehnungs-, Längungs·zeichen *n*; ~ *parçası* Verlängerungsstück *n*.
uzatmak *Kaus. zu uzamak* 1. verlängern 2. lang wachsen lassen (*Haare*) 3. dehnen, längen (*z.B. Laut*) 4. aus-, hinaus·strecken 5. zureichen, hinüberreichen 6. *mst. ohne Obj.* viel Worte machen; *uzatmıyalım!* wir wollen es kurz machen!
uzay *math.*, *phil.* Raum *m*; ~ *geometri* Geometrie *f* des Raumes.
uzgörür weitblickend.
uzlaşma *Vs. zu uzlaşmak* Verständigung, Einigung *f*, Vergleich *m*, Aussöhnung, Schlichtung *f*.
uzlaşmak zu e-r Einigung (*Verständigung*, *Aussöhnung*) kommen.
uzluk Geschicklichkeit *f* (*z.B. e-s Arztes*), Scharfsinn *m* (*z.B. bei e-r Diagnose*).
uzman Sachverständige(r), Experte, Spezialist, Fachmann *m*.
uzsöz Sinnspruch *m*, Sentenz *f*.
uzun 1. (*räumlich od. zeitlich*) lang 2. *pej.* weitschweifig, umständlich 3. groß (*gewachsen*); ~ *atlama La.* Weitsprung *m*; ~ *boylu* 1. großgewachsen, groß, F lang 2. lang und breit, ausführlich, eingehend 3. lange (*Zeit*); ~ *dilli fig.* indiskret; ~ *drayv* (*Tennis*) langgezogener Ball; ~ *etm.* die Sache in die Länge ziehen; ~ *menzilli keşif uçağı mil.* Fernaufklärer *m*; ~ *oturmak* sich hinfläzen, sich hinlümmeln; ~ *ömürlü* langlebig; ~ *sesli gr.* langer Vokal; ~ *tutmak* 1. umständlich vorgehen (*bei*) 2. vom Hundertsten ins Tausendste kommen; ~ *uzadıya* eingehend, ausführlich, lang und breit; ~ *vâdeli istikraz* langfristige Anleihe.
uzunluk 1. *a. math.* Länge *f* 2. *pej.* Weitschweifigkeit *f* 3. Größe *f*; ~ *birimi* Längeneinheit *f*; ~ *kesimi* Längsschnitt *m*; ~ *ölçümü* Längenmaß *n*; *bütün cephe uzunluğunca* der ganzen Front entlang.
uzuv, *-zvu* 1. Glied *n* 2. *biol.* Organ *n* 3. *selt.* Einheit *f* 4. Mitglied *n*.
uzvi [i] organisch.
uzviyet, *-ti* Organismus *m*.

Ü

ü, Ü *26. Buchst. des türk. Alph.*
ücra *s. ucra*
ücret, -ti 1. (*Arbeits-*)Lohn *m*, Gage *f*, Honorar *n* (*z.B. e-s Arztes od. Rechtsanwalts*), Gehalt *n* (*e-s nichtpensionsberechtigten Beamten od. Angestellten*) 2. Gebühr *f* 3. *selt.* Mietpreis *m*; *-e tâbi* gebührenpflichtig.
üç, -çü 1. drei 2. Drei *f* (*Zahl*); ~ *adım uzun atlama La.* Dreisprung *m*; ~ *aşağı beş yukarı* 1. ungefähr, etwa 2. nach einigem Feilschen; ~ *beş* ein paar, einige wenige; ~ *buutlu filim* plastischer Film; ~ *haneli* dreistellig (*Zahl*); ♀ *Silâhşorlar n.pr.* die drei Musketiere (*Dumas*); *-ler paktı* Dreierabkommen *n*; *-te iki ekseriyet* Zweidrittelmehrheit *f*.
üçer je drei; zu dreien; ~ ~ in Dreier·gruppen, -reihen.
üçgen *math.* 1. Dreieck *n* 2. dreieckig, dreiseitig; ~ *piramit math* dreiseitige Pyramide.
üçlemek 1. auf drei erhöhen (*Zahl*) 2. Äcker *gegen ein Ertragsdrittel* verpachten 3. sich auf drei erhöhen (*Zahl*) 4. *selt.* durch drei teilen 5. dreifach drehen (*z.B. Tau*).
üçlü 1. Drei *f* (*Spk.*) 2. *mus.* Terz *f* 3. dreiteilig 4. dreistellig (*Zahl*) 5. (*Poker*) *drei Karten der gleichen Rangstufe*; ~ *görüşme* Dreierkonferenz *f*; ~ *kaidesi math.* Dreisatzrechnung *f*; ~ *kama uçuşu* Kettenkeil *m* (*Flugzeugformation*); ~ *pakt* Dreierabkommen *n*.
üçüncü dritt-; ~ *olarak* drittens; ~ *şahıs* 1. *gr.* dritte Person 2. *jur.* Drittperson *f*, Dritte(r) *m*.
üçüz Drilling *m*; Drillings-.
üçüzleme Trilogie *f*.
üçüzlü 1. mit Drillingen beschenkt (*Mutter*) 2. dreifach 3. drei Einheiten besitzend 4. *gel. ab. für üçlü.*
üfleç, -ci *phys.* Düse *f*, Gebläse *n*, Spritze *f*, Lötröhrchen *n*.
üflemek 1. *m. Dat.* blasen, pusten (*auf*) 2. aus·blasen, -pusten (*z.B. Kerze*) 3. an·blasen, -fachen (*z.B. Feuer*) 4. weg-, fort·blasen (*z.B. Staub*) 5. blasen (*Flöte, Schalmei usw.*) 6. schwer atmen; keuchen.
üful, -lü [ū] Verschwinden *n*; ~ *etm.* verschwinden, untergehen, erlöschen, ableben, dahinscheiden.
üf'ule *phil.* Funktion *f*.
üf'ulevi [ī] *phil.* funktionell.
üfürmek 1. an·blasen, -pusten, -hauchen 2. weg-, fort·blasen 3. V den Beischlaf ausüben.
üfürükçü Wunderdoktor *m*.
üleşmek *unter sich* teilen.
ülfet, -ti 1. Gewöhntsein *n* (*an*) 2. (*freundschaftlicher*) Verkehr *m* (*mit*); Beziehung *f* (*zu*) 3. ♀ *wV*; ~ *etm.* freundschaftlich verkehren.
ülke 1. Land *n* 2. *jur.* Staatsgebiet, Territorium *n*.
Ülker 1. *astr.* Plejaden *pl.*, Siebengestirn *n* 2. *türk. Fn. bzw. mV od wV.*
ülkü 1. Ideal *n* 2. ♀ *n. pr.* a) *türk. Fn.* b) *wV* c) *Name e-r früheren Kulturzeitschrift.*
ülkücülük Idealismus *m*.
ülser *med.* Geschwür, Ulkus *n*.
ültimatom Ultimatum *n*; ~ *vermek* (*b-ne*) *j-m* ein Ultimatum stellen.
ültramodern über-, hyper-, ultramodern.
ültraviyole 1. *phys.* ultraviolett 2. ultraviolette Strahlen *pl.*
ümidetmek [ī] [· x · ·] 1. (er)hoffen 2. erwarten, vermuten, annehmen.
ümit, -di [ī] 1. Hoffnung, Zuversicht *f* 2. Erwartung, Vermutung, Annahme *f*; ~ *beslemek* Hoffnung (-en) hegen; ♀ *Burnu n.pr.* Kap *n* der Guten Hoffnung; ~ *dünyası bu!* man darf die Hoffnung (ja) nicht aufgeben! ~ *vermek j-m* Hoffnung machen; in Aussicht stellen; *-e düşmek* (*od. kapılmak*) Hoffnung schöpfen; *-i olm.* Hoffnung haben; *-ini kesmek* (*bşden*) die Hoffnung *auf et.* aufgeben.
ümitlendirmek hoffen lassen; Hoffnungen erwecken (*bei*).
ümitlenmek zu hoffen beginnen; Hoffnung schöpfen.

ümitli hoffnungs-, erwartungs·voll.
ümitsiz 1. hoffnungslos, verzweifelnd, verzweifelt (*Person*) 2. hoffnungslos, verzweifelt (*Lage*).
ümitsizlik Hoffnungslosigkeit, Verzweiflung *f*; *ümitsizliğe kapılmak* gänzlich verzweifeln
ümmet, *-ti* 1. Religionsgemeinschaft *f* 2. *va.* Nation *f*.
ümmetçi klerikalistisch eingestellt.
ümmetçilik Klerikalismus *m*.
ümmi [i] Analphabet(in *f*) *m*.
-ün *s. -in*
ün 1. *va.* Stimme *f*, Klang *m*, Rufen *n* 2. Ruhm *m*, Ehre *f*, Ansehen *n*; ~ *salmak* überall berühmt (*geehrt, angesehen*) werden; *onun ünü dünyayı tutmuştur* er ist in der ganzen Welt berühmt geworden.
ünifiye 1. vereinheitlicht 2. *-ler pl.* *unifizierte osm. Schuldverschreibungen pl.*
üniforma [· · x ·] Uniform *f*.
Üni-Türk *s. ünifiyeler.*
üniversite Universität *f*; ~ *talebesi* Student(in *f*) *m*; ~ *yılı* Studienjahr *n*.
üniversiteli Student(in *f*) *m*.
ünlem *gr.* Interjektion *f*; ~ *işareti* Ausrufezeichen *n*.
ünlemek P 1. laut (zu)rufen 2. singen.
ünlü berühmt, geehrt, angesehen.
ünsiyet, *-ti* 1. Gewöhnung *f* (*an*), Vertrautheit *f* (*mit*) 2. Freundschaft, Kameradschaft *f*; ~ *etm.* (*od. peyda etm.*) 1. (*bşle*) vertraut werden (*mit*), sich gewöhnen (*an*) 2. (*b-le*) sich befreunden (*mit*).
ünyon Vereinigung *f*, *spez.* Gewerkschaft *f*.
ürbanist, *-ti* Sachverständiger *m* für Städtebau.
ürbanizm Stadtbauwesen *n*.
Ürdün *s. Erdün.*
üreme *Vs. zu üremek, spez. biol.* geschlechtliche Fortpflanzung; ~ *organları biol.* Fortpflanzungsorgane *pl*.
üremek sich durch (*geschlechtliche*) Fortpflanzung vermehren.
üremi *med.* Urämie, Harnvergiftung *f*.
üretim Erzeugung, Produktion *f*.
üretmek *Kaus. zu üremek* 1. züchten 2. erzeugen, produzieren.
üretmen Erzeuger, Produzent *m*.
ürkek 1. scheu, furchtsam 2. schüchtern, zurückhaltend, sich genierend.
ürkeklik 1. Scheu, Furcht *f* 2. Schüchternheit, Zurückhaltung *f*.
ürkmek, (-er) 1. scheuen (*z.B. Pferd*) 2. *m. Abl.* zusammenfahren (*bei*), sich entsetzen (*über*) 3. keine Früchte tragen (*Baum*).
ürkütmek *Kaus. zu ürkmek* 1. e-n Schrecken einjagen; zurückschrekken lassen 2. stutzen, beschneiden (*Baum*).
ürpermek 1. sich sträuben; zu Berge stehen (*Haare*) 2. schaudern 3. sich erheben (*Stimmen*).
ürperti Zusammenfahren, Schaudern *n*.
ürtiker *med.* Nessel·fieber *n*, -ausschlag *m*, -sucht *f*.
ürümek heulen, bellen (*Hund, Schakal*).
ürün 1. Erzeugnis, Produkt *n*; Ernte *f* 2. *spez.* Molkereiprodukte *pl*.
üryan [ā] nackt, bloß.
üs, *-ssü* 1. Grundlage, Basis *f* 2. *math.* (*Potenz-*)Exponent *m* 3. *mil.* a) Heimathafen *m* (*z.B. e-s Kriegsschiffes*) b) Stützpunkt *m*; *üssübahrî* Flottenstützpunkt *m*; *üssülesas* Grundprinzip *n*, unbedingte Voraussetzung; *üssülhareke, üssülharekât mil.* Operationsbasis *f*; *üssümizan fr.* Durchschnittsnote *f* (*die für die Versetzung e-s Schülers erforderlich war*).
üsçavuş Unterfeldwebel, Unterwachtmeister *m*.
üsera [ā] *pl. zu esir* 1. Kriegsgefangene *pl.* 2. *va.* Sklaven *pl.*; ~ *kampı* (*od. karargâhı*) Kriegsgefangenlager *n*.
Üsküdar *n.pr.* Üsküdar, Skutari *n* (*Teil von Ist. auf der kleinasiatischen Seite*.
üskül gehechelter, spinnfertiger Flachs.
Üsküp *n.pr.* Skop(l)je *n* (*Stadt in Jugoslawien*).
üslûp, *-bu* Stil *m*; *üslûbü beyan ayniyle insandır* „Le style, c'est l'homme."
üslûplu stilistisch.
üssubaylar *mil.* Stabsoffiziere *pl*.
üst, *-tü* 1. Ober·seite, -fläche *f* 2. oberer Teil 3. Außenseite *f*, Äußere(s) *n* 4. Kleidung *f* 5. *spez. mil.* Vorgesetzte(r) *m* 6. Ehrenplatz *m* 7. (*a. Px.*) Ober-; ober; Über-;

Epi- 8. ander-, weiter-, folgend 9. restlich; Rest, Rückstand *m* 10. *gel.* Verantwortung, Obliegenheit *f* 11. *üstünde, üstünden, üstüne s. unten*; *~ baş* Äußere(s) *n*, Aufzug *m*, Kleidung *f*; *~ baş aramak* von oben bis unten ab-, durch-suchen; *~ çıkmak* (*od. gelmek*) (*b-ne*) *j-m* überlegen sein; *j-n* übertreffen; *~ dudak* Oberlippe *f*; *~ kat* 1. oberes (*bzw.* oberstes) Stockwerk 2. obere (*oberste*) Schicht; *~ kol* Oberarm *m*; *~ perdeden atıp tutmak* großtun, prahlen; *~ perdeden başlamak* (*od. konuşmak*) grob werden; anfangen zu schimpfen; *~ taraf* 1. Rest *m* 2. Weitere(s) *n*; *~ -e* 1. aufeinander 2. nacheinander; *~ yanı* (*bşin*) anschließender Teil, Fortsetzung *f*; *-e çıkmak* scheinbar schuldlos sein; *-e koymak* drauflegen; draufzahlen (*müssen*); *-e vurmak* 1. steigern, erhöhen, vermehren 2. hinzufügen, dazutun; *-te* obendrauf; *-ten* obenhin, flüchtig, oberflächlich; *-ten pervaneli uçak* Hubschrauber *m*; *-ü kapalı* (*od. örtülü*) unausgesprochen; verblümt ausgedrückt; *-ü sizde kalsın!* (*beim Bezahlen*) der Rest (ist) für Sie!, stimmt schon!; *-ümde kalmasın* daß ich es nicht vergesse (*scil. ich soll Ihnen Grüße bestellen*); *-üme iyilik sağlık* P *Abw.* möge Gott mich vor e-m solchen Unglück bewahren!; **(üstünde)** 1. über 2. auf 3. an 4. nach (*Richtung*) 5. über, betreff 6. über; mehr als 7. (*erhaben*) über 8. bei; *Tuna ~ bir şehir* e-e Stadt an der Donau; *~ para yok* er hat kein Geld bei sich; *~ kalmak* den Zuschlag bekommen (*bei e-r Versteigerung*); **(üstünden)** 1. über... hinweg 2. von... herab; *~ atmak* e-e Verpflichtung nicht übernehmen *bzw.* sich ihrer entledigen; *~ dökülmek* nicht passen (*Kleidung*); *~ geçmek* 1. (*b-nin*) vergewaltigen, notzüchtigen 2. darüber hingehen (*Zeit*); **(üstüne)** 1. auf 2. über, betreff 3. nach, gemäß, entsprechend 4. auf, bei (*schwören*) 5. zusätzlich (*zu*) 6. (*temporal*) nach 7. zu sich; *~ almak* 1. *et. auf sich* beziehen 2. *et. über sich* decken *od.* legen 3. anziehen, aufsetzen 4. übernehmen; sich verpflichten (*zu*); *~ atmak j-m e-e* Schuld in die Schuhe schieben wollen; *~ basmak* das Richtige treffen (*mit e-r Vermutung*); *~ başına etm.* V *j-n* mit Schimpfworten überhäufen; *~ çıkmak fig.* sich durchsetzen; an die Spitze gelangen; *~ düşmek* 1. sich mit Eifer *auf et.* werfen; 2. mit Beharrlichkeit betreiben 3. *j-n* drängen; *j-m* stark zusetzen; *~ iyilik sağlık!* weiter geht es nicht mehr!; *~ oturmak* sich widerrechtlich *et.* aneignen; *~ pervane olm.* 1. liebevoll betreuen und hüten (*z.B. Mutter ihr Kind*) 2. *fig.* sich sehr (*um e-e Frau*) bemühen; *~ titremek* (*mit Gen.*) *um et.* zittern; *~ toz kondurmamak* nichts *auf et.* kommen lassen; *~ uğramak* F *e-m* passieren; zustoßen (*Unangenehmes, Mißgeschick usw.*); *~ varmak* 1. nahe herankommen 2. *j-n* drängen, *j-m* zusetzen 3. aufschlagen (*mit dem Preis*) 4. höher bieten (*bei e-r Versteigerung*); *~ üstlük* zu allem Überfluß; **(üstünü)** *aramak j-n* e-r Leibesvisitation unterziehen; *~ değiştirmek* sich umziehen, sich umkleiden; *~ kirletmek* sich schmutzig machen, *spez.* sich in die Hose machen (*Kind*).

üstat, *-dı* Meister *m* (*in e-r geistigen Disziplin*).

üste *in der Füg.*: *-sinden gelmek* P zustandebringen, F hinbringen, finden, deichseln.

üstecelik [· x · ·] P Zugabe *f*.

üsteğmen *mil.* Oberleutnant *m*.

üstelemek 1. *m. Dat.* hinzu-, dazukommen 2. erneut auftreten (*Krankheit*) 3. beharren, bestehen; weiter *in j-n* dringen 4. *selt. et.* obendrauf setzen.

üstelik 1. Zugabe *f* 2. *adv.* obendrein.

üstinsan [ā] Übermensch *m*.

üstlük 1. Zugabe *f* 2. Sommer- *od.* Übergangsmantel *m* 3. Überwurf *m* (*als Kleidungsstück*).

üstübeç, *-ci chem.* Bleiweiß *n*.

üstün über-treffend, -ragend, -legen; *~ gelmek* 1. übertreffen, überragen 2. die Oberhand gewinnen; *~ körü* flüchtig, oberflächlich; *~ tutmak* vorziehen; *~ uçan kale* fliegende Superfestung.

üstünlük 1. Überlegenheit *f* 2. *gr.* Komparativ *m*.

üstüpü Werg *n*, Hede, Putzwolle *f*.

üstüvane [ā] 1. Walze *f*, 2. *math.* Zylinder *m.*
üşek *zo. Name e-r kleineren Luchsart.*
üşengeç, üşengen zu schlaff (*faul, träge, energielos*) *um et. zu tun.*
üşenmek *m. Dat.* zu schlaff (*faul, träge, energielos*) sein, *um et. zu tun*; *üşenmeden* unverdrossen.
üşmek, (-er) *m. Dat.* 1. in Scharen irgendwohin strömen (*laufen*) 2. *e-r nach dem anderen* angelaufen kommen.
üşniye *bot.* Algen *pl.*
üşümek 1. frieren 2. sich erkälten.
üşüntü 1. Massenstrom *m* 2. Angelaufenkommen *n* 3. (*sehr*) viele; ~ *etm.* von überallher zusammenströmen.
üşür, *-srü s. öşür.*
üşürmek *Kaus. zu üşmek*; *köpekleri b-nin üstüne* ~ die Hunde *auf j-n* hetzen.
üşüşmek 1. zusammenströmen (*z.B. Volk*) 2. (*b-nin üzerine od. başına*) sich *auf j-n* stürzen.
ütilitarizma [· · · · x ·] Utilitarismus, Nützlichkeitsstandpunkt *m.*
ütmek, (-er) 1. *der Einwirkung von Feuer od. Hitze aussetzen* 2. *et. über e-e Flamme halten.*
ütopik utopisch, unerfüllbar, unerreichbar.
ütopist, *-ti* Utopist *m*, Schwärmer (-in *f*) *m.*
ütopya *s. utopya.*
ütü 1. Bügeleisen *n* 2. Bügelfalte *f* 3. Muldenpresse *f* (*bei Stoffappretur*) 4. Bügeln *n*; ~ *bilmek* bügeln können; ~ *masası* Bügeltisch *m*; ~ *tutmak* die Bügelfalten halten (*Stoff*).
ütücü 1. Bügler(in *f*) *m* 2. *wer Hammelbeine durch Absengen der Haare herrichtet.*
ütülemek 1. (aus-, auf)bügeln 2. die Haare absengen.
ütüv 1. Trockenapparat *m* 2. Desinfektionsapparat *m* (*mit Heißluft*).
üvey, üveyi Stief-; ~ *ana* Stiefmutter *f*; ~ *baba* Stiefvater *m*; ~ *kız* Stieftochter *f*; ~ *oğul* Stiefsohn *m.*
üvey(i)k 1. *zo* .Holztaube *f* 2. taubengrau.
üveylik Stiefverwandtschaft *f.*
üveymek gurren (*Tauben*).
üvez[1] 1. (*ağacı*) *bot.* Spierling *m* 2. Spierlingsfrüchte *pl.*
üvez[2] *zo. Name e-r Stechfliegenart.*
üye 1. Mitglied *n* 2. Organ *n*, Körperteil *m.*
üyelik Mitgliedschaft *f.*
üzdekleyip büzdeklemek F in Schwierigkeiten geraten; hilflos dastehen.
üzengi Steigbügel *m.*
üzenmek *s. özenmek*
üzer (*nur mit Pronominalendungen*) *zur Bed. s.* üst (*ohne* 5); *-inde durmak* (*bir işin*) sich beschäftigen, sich abmühen (*mit et.*); *-inden atmak, -ine almak* (*usw.*) *s. üstünden atmak, üstüne almak* (*usw.*); *s. a. die Stichwörter üzerinde, üzerinden, üzerine.*
üzere 1. damit; um... zu; mit der Absicht, zu... 2. unter der Bedingung, daß...; nach Maßgabe 3. wie 4. wobei, wovon 5. ~ *olm.* im Begriff(e) sein (*et. zu tun*).
üzerinde (*als Pp.*) 1. über, hinsichtlich, betreff, zu 2. an (*e-m Fluß*).
üzerinden (*als Pp.*) seit.
üzerine (*als Pp.*) 1. über, hinsichtlich, betreff, zu 2. (*temporal*) nach 3. (*kausal*) auf... hin; da; nachdem.
üzgeç, *-ci* Strickleiter *f.*
üzgün 1. traurig, betrübt, bekümmert 2. schwach, matt, kraftlos.
üzlet, *-ti* Einsiedlerleben *n*, Einsamkeit *f.*
üzmek, (-er) *m. Akk.* 1. *an et.* herumarbeiten (*um es loszubekommen*) 2. *fig.* peinigen, quälen, bekümmern, verdrießen.
üzre *s. üzere.*
üzülmek 1. *Pass. zu üzmek* 2. sich abwetzen (*Stoff*) 3. betrübt sein; *e-m* leid tun.
üzüm[1] *bot.* Weintrauben *pl.*
üzüm[2] **üzüm** (*in Verb. mit üz(ül)mek*) sehr, furchtbar, schrecklich.
üzüntü 1. Sorge, Unruhe *f*, Kummer *m* 2. Verdruß, Ärger *m*; ~ *çekmek* Sorge (*usw.*) haben; ~ *vermek* Sorge (*usw.*) bereiten.
üzüntülü 1. beunruhigend, betrüblich 2. mühevoll 3. beunruhigt, betrübt, bekümmert 4. verdrießlich, ärgerlich.

V

v, V [vɛ] 27. *Buchst. des türk. Alph.*
vâcip, *-bi* 1. rituell vorgeschrieben *od.* geboten 2. obliegend, unerläßlich 3. notwendig, zwangsläufig.
vâde 1. (*Zahlungs-*)Termin, Verfalltag *m* 2. Frist *f*, Aufschub *m*; *-si gelmek* 1. fällig werden 2. *fig.* sterben müssen.
vâdeli befristet; -fristig; auf Termin; ~ *muamele* 1. Termin-, Zeitgeschäft *n* (*z.B. bei Effekten*) 2. Lieferungsgeschäft *n* (*bei Waren*); ~ *satış* Terminverkauf *m* (*z.B. an der Börse*); *kısa* ~ *kredi* kurzfristiger Kredit.
vâdesiz 1. ohne Zahlungstermin 2. *H.* bei Sicht.
vadetmek [ā] [x··] versprechen, geloben.
vâdi [- -] 1. Tal *n* 2. *fig.* Gebiet *n* 3. Art und Weise *f*, Sinn *m*.
vaftiz (*christliche*) Taufe; ~ *anası* Taufpatin *f*; ~ *babası* Taufpate *m*; ~ *etm.* taufen.
vagon (*Eisenbahn-*)Wagen, Waggon *m*.
vagon-li 1. Schlafwagen *m* 2. ♀ *n.pr.* Inernationale Schlafwagengesellschaft.
vagon-restoran Speisewagen *m* (*im Zug*).
vagon-rezervuar Kessel-, Tankwagen *m* (*für Flüssigkeiten*).
vagon-salon Salonwagen *m*.
vagonet, *-ti* Kippwagen *m*, Lore *f*.
vagonluk Wagen-, Waggon-ladung *f*.
vah ach! ~ ~ *pek yazık oldu!* ach, so ein Jammer!
vâha Oase *f*.
vahamet, *-ti* [· - ·] Ernst *m*, Schwere, Gefährlichkeit *f*.
vahdaniye [· - · ·] Monotheismus *m*.
vahdet, *-ti* 1. Einheit, Einigkeit, Geschlossenheit *f* 2. ♀ *mV*, *wV*.
vâhi [- -] leer, eitel, nichtig.
vahîm ernst, schwer, gefährlich, kritisch, besorgniserregend, riskant; ~ *buhran* ernste (*schwere*) Krise; ~ *karışıklıklar* schwere Unruhen *pl.*; *bu* ~ *anda* in diesem kritischen Augenblick.
vâhime 1. *selt.* Einbildungskraft *f* 2. Wahn *m*, irrige Vorstellung, Illusion *f*.
vahîmleşmek sich zuspitzen, sich verschärfen (*z.B. Lage*).
vâhit, *-di* 1. ein, einzig 2. Einheit *f* 3. ♀ *mV*.
vahiy, *-hyi* göttliche Eingebung.
vahşi [i] 1. wildwachsend 2. wild (*Tier*) 3. Wilde(r) *m/f* 4. wild, grausam, brutal, viehisch.
vahyetmek [x··] offenbaren, eingeben (*Gott e-m Propheten*).
vaız, *-a'zı* Predigt *f*.
vait, *-a'di* Versprechen, Gelöbnis *n*, *jur. a.* Schuldversprechen *n*; ~ *almak* ein Versprechen abnehmen; *va'de vefa etm. od. va'dinde durmak* sein Versprechen halten; *va'dinden nükûl etm.* seine Zusage zurücknehmen.
vaitkâr vielversprechend, verheißungsvoll.
vaitleşmek *et. miteinander* fest abmachen.
vâiz Prediger *m*.
vaka Geschehnis, Ereignis, Vorkommnis *n*, (*Vor-*)Fall *m*; ~ *yeri jur.* Tatort *m*.
vakaa [- · -] [x · -] zwar.
vakar [· -] Ernst *m*, Würde, Gemessenheit *f*.
vakarlı [· - ·] ernst, würdig, würdevoll, gemessen.
vaketa [· x ·] dünnes Kalbleder.
vakfe Pause, Unterbrechung *f*.
vakfetmek [x··] 1. in Stiftungsgut umwandeln 2. vermachen, stiften 3. widmen, weihen.
vakfiye Stiftungs-, Vermächtnisurkunde *f*.
vâkı, *-ıı* 1. geschehend, sich ereignend 2. stattgefunden, geschehen 3. liegend, gelegen 4. *spez. Beh.* vorliegend.
vakıa [- · ·] feststehende Tatsache; Realität *f*, Faktum *n*, wirkliches Vorkommnis.
vakıf, *-kfı* 1. fromme Stiftung.

Vermächtnis *n* 2. *der Toten Hand gehörig*; *Vakıflar Umum Müdürlüğü n. pr.* Generaldirektion *f* für die frommen Stiftungen.
vâkıf 1. *wer et. in e-e fromme Stiftung umwandelt* 2. vertraut (*mit*), bewandert (*in*), Kenner *m*.
vâkıfane [- · - ·] 1. sachkundig 2. mit Sachkenntnis (*z.B. geschrieben*).
vakıfname [· · - ·] Stiftungs-, Vermächtnis-urkunde *f*.
vaki [- -] schützend, prophylaktisch.
vakit, *-kti* 1. Zeit *f* 2. *pr.* richtige (*passende, geeignete*) Zeit 3. festgesetzte Zeit 4. damalige Zeit 5. Sachlage *f* 6. *adv. in Verb. mit Zeitbegriffen* 7. (*temporal*) als, wenn; ~ *almak* (*od. yemek*) (*viel*) Zeit in Anspruch nehmen; ~ *daraldı* die Zeit drängt; ~ *doldurmak* die Zeit totschlagen; ~ *geçirmek* 1. sich beschäftigen 2. Allotria treiben; ~ *kazanmak* 1. Zeit gewinnen 2. Zeit sparen; ~ ~ von Zeit zu Zeit; *-ler hayrolsun!* guten Tag (*Morgen, Abend*); *vakti gelmek* 1. herankommen (*best. Zeit*) 2. dem Tode nahe sein; *vakti hali yerindedir* er lebt in geordneten finanziellen Verhältnissen; er ist recht wohlhabend; *vaktini doldurmak* 1. seine (*Beamten-*)Zeit abdienen (*bis zur Pensionierung* 2. seine Strafe verbüßen 3. ausdienen; *vaktinin çoğu* ein Großteil seiner Zeit; viel Zeit; *vaktiyle* 1. rechtzeitig, pünktlich 2. seinerzeit, einst; *vakti merhununda Beh.* zur gegebenen Zeit.
vakitli 1. rechtzeitig, pünktlich 2. zur passenden Zeit (*ausgeführt*); ~ *vakitsiz* 1. *wann es e-m gerade paßt* 2. ungelegen (*z.B. kommen*).
vakitsiz 1. frühzeitig, verfrüht, unerwartet früh *od.* schnell 2. (*zeitlich*) unangebracht, ungelegen, unpassend.
vakom *techn.* Vakuumöl *n*.
vaktaki [· - ·] [· x ·] *z. va.* als (*temporal*).
vakum [x ·] 1. luftleerer Raum, Vakuum *n* 2. *techn.* Unterdruck *m*.
vakur [ū] ernst, würdig, gesetzt, gemessen, ruhig.
vakvak 1. *Lm. e-s Knarrens, Schnarrens, Quakens* (*von Fröschen*), *Schnatterns* (*von Enten*) 2. *va.* P Autohupe *f* (*mit Gummiball*).
vale Junge, Bube *m* (*als Spk.*).
valf 1. Ventil *n* 2. (*Radio-*)Röhre *f*.
vali [ā] Regierungs-, Ober-präsident, Gouverneur, Wali *m*.
valide [ā] Mutter *f*; ~ *kıraliçe* Königinmutter *f*.
valiz Reise-tasche *f*, -koffer *m*, Abteilkoffer *m*.
vallah [x -] *va.*, **vallahi** [x - ·] bei Gott!, fürwahr!, wahrhaftig!
vanilya [· x ·] *bot.* Vanille *f*.
vantilâsyon [â kurz] Ventilation, (*Durch-*)Lüftung *f*.
vantilâtör [â kurz] Ventilator *m*.
vantrilok, *-ku* Bauchredner *m*.
vantuz Schröpf-kopf *m*, -glas, -horn *n*; ~ *çekmek* Schröpfköpfe setzen.
vaporizatör 1. (*Parfüm-*)Zerstäuber *m* 2. *chem.* Verdunster *m*, Abrauchschale *f*.
vaporize 1. verdampft, verdunstet 2. evaporiert, kondensiert (*spez. Milch*); ~ *etm.* 1. verdampfen, verdunsten 2. evaporieren, kondensieren.
vapur 1. Dampfer *m* 2. V vollkommen betrunken; ~ *acentası* Schiffsagentur *f* 2. Vertreter *m* e-r Schiffsagentur; ~ *asansörü* Schiffshebewerk *n*; ~*iskelesi* Dampferanlegestelle *f*; ~ *kafilesi* Geleitzug *m*; ~ *seyahati* See-, Schiffs-reise *f*; ~ *yolcusu* Schiffspassagier *m*.
vapurcu Reeder *m*.
vapurculuk Reederei *f*.
var 1. bestehend, existierend, vorhanden 2. anwesend 3. es gibt (*besteht, existiert, ist vorhanden*); er ist anwesend 3. Besitztum, Hab und Gut *n*; ~ *babana selâm söyle!* F da haben wir den Salat!; ~ *etm.* (er-)schaffen, hervorbringen; ~ *kuvvetiyle* mit aller Kraft (*z. B. sich widersetzen*); ~ *mı bana yan bakan?* V will jetzt noch e-r was? (*scil. so soll er kommen!*); ~ *ol!* 1. *urspr.* mögest du lange leben 2. bravo! 3. danke schön!; ~ *olm.* 1. existieren, bestehen 2. entstehen; *-ı olanlar* Besitzende *pl.*; *-ı yoğu* sein ganzes Besitztum.
varagele 1. Seilfähre *f* 2. Schwebebahn *f* 3. Schrägaufzug *m*.
varak Blatt *n* (*e-s Baumes, Buches*; *aus Metall*).
varaka Zettel, Schein *m*.
varakçı 1. Vergolder *m* 2. Goldschläger *m*.

varaklamak mit Blattgold überziehen; vergolden.
varakpare [· · - ·] 1. Einzelblatt, Billett *n*, Zettel *m* 2. *pej.* Fetzen *m* Papier.
varant, *-tı H.* Warrant, Lagerschein *m*.
varda [x ·] Achtung!, Vorsicht!
vardakosta [· · x ·] 1. *fr.* Küstenwachschiff *n* 2. F stattlich und elegant (*Frau*).
vardavelâ [· · x ·] *naut.* Haltereep *n*.
vardiya [x · ·] *naut.* 1. Schiffswache *f* 2. Ausguck, Beobachtungsposten *m*.
varılmak *Pass. zu varmak; oraya üç saatte varılır* in drei Stunden kann man dorthin gelangen; *varılması kolay* leicht erreichbar.
varış *Vs. zu varmak, spez.* 1. Ankunft *f* 2. rasches Verstehen; *-ına gelişim* (*a. mit der Forts. tarhanana bulgur aşım*) wie du mir, so ich dir.
varışlı klug, intelligent.
varidat, *-tı* [- · -] *pl.* 1. Einkünfte, Erträgnisse *pl.*, Einkommen *n* 2. Einnahmequelle *f*.
varide [ā] Ein·lauf, -gang *m* (*Schriftstücke*); ~ *defteri* Eingangsbuch *n*.
varil kleines Faß, Tönnchen *n*.
varis *med.* Krampfader *f*; ~ *olm.* Krampfadern haben.
vâris Erbe *m*, Erbin *f*.
vârit, *-di* 1. einlaufend, eingehend 2. eingelaufen, eingegangen 3. sich ereignend, kommend 4. *phys.* einfallend, auffallend (*Licht*) 5. denkbar, möglich, gegeben; *gayrivârit* nicht in Betracht kommend; unmöglich, ausgeschlossen; ~ *olm. z.va.* 1. einlaufen, eintreffen 2. geschehen, stattfinden.
variyet, *-ti* [ā] P Vermögen *n*, Besitz *m*, Wohlhabenheit *f*, Reichtum *m*..
varlık 1. Sein *n*, Existenz *f* 2. Wesen, Geschöpf *n* 3. Wichtige(s), Wesentliche(s) *n* 4. Vermögen *n*, Besitz, Reichtum *m*; ~ *vergisi* Vermögensabgabe *f* (*während des 2. Weltkrieges*).
varlıklı wohlhabend, reich.
varlıksız ohne Besitztum; Habenichts *m*.
varma *V. zu varmak*; ~ *limanı* Bestimmungshafen *m*.
varmak, (*-ır*) *m. Dat.* 1. gelangen, hinkommen (*zu*), ankommen (*in*), erreichen 2. führen (*zu*); ausgehen, enden (*mit*) 3. kommen (*auf, hinter*) 4. über sich bringen 5. heiraten (*vom Mädchen gesagt*) 6. beginnen; *varsın olsun!* was liegt schon daran!; *varsın gelmesin!* wenn er nicht kommen will, soll er es bleiben lassen!; *varsın hesabedin!* rechnet es euch nur einmal aus!
varoş Vorstadt *f*, Außenbezirk *m*.
varta 1. *va.* Abgrund *m* 2. Gefahr, gefährliche Lage; *-ya düşmek* in e-e gefährliche Lage geraten; *-yı atlatmak* die Gefahr überstehen.
varyant, *-tı* 1. Variante *f* 2. Umleitungsstrecke *f* (*bei Eisenbahn*).
varyos schwerer Hammer, Vorschlag-, Schell·hammer *m*.
varyosçu 1. Steinklopfer *m* 2. Schmiedegeselle *m*.
vasat, *-tı* 1. Mitte *f* 2. Milieu *n*, Nährboden *m* 3. Durschchnitt *m* 4. *phys.* Mittel, Medium *n* 5. *math.* Innenglied *n* 6. mittelmäßig, Durchschnitts-; *-ın dununda* (*od. altında*) unterdurchschnittlich.
vasati [ī] 1. mittler-, zentral; Mittel-, Zentral- 2. *math.* durchschnittlich *od.* Durchschnitt *m*; ~ *çek fiatları* Scheckmittelkurse *pl.* (*an der Börse*); ~ *kıymet* Mittelwert *m*; ~ *olarak* durchschnittlich.
vasfetmek [x · ·] 1. beschreiben, charakterisieren, qualifizieren 2. *z. va.* loben, preisen.
vasfi [ī] 1. qualifizierend 2. adjektivisch 3. ♀ [x ·] *mV*.
vasıf, *-sfı* 1. Eigenschaft *f*, Qualität *f* 2. Charakter(zug) *m*, Merkmal *n* 3. *z. va.* Lobrede *f* 4. *z. va.* Adjektiv *n*.
vasıflandırmak kennzeichnen, charakterisieren, qualifizieren.
vasıl, *-slı* 1. Verbindung *f* 2. *gr.* Bindung, Verschleifung *f* (*zweier Wörter*).
vâsıl (an)kommend; ~ *olm. m. Dat.* (an)kommen, eintreffen, einlaufen, gelangen, erreichen.
vasıta [- · ·] 1. Mittel *n* 2. Mittelsperson *f*, Vermittler *m* 3. Vermittlung *f* 4. Fahrzeug *n*; *-siyle* durch Vermittlung (*von*); mittels, durch.
vasıtalı [- · · ·] mittelbar, indirekt; ~ *vergiler* indirekte Steuern *pl.*
vasıtasız [- · · ·] unmittelbar, direkt.

vasi [· -] 1. Erblasser *m* 2. Treuhänder *m* 3. Testamentsvollstrecker *m* 4. *jur.* Vormund *m.*
vâsi, *-ii* 1. geräumig, groß, weit, breit, ausgedehnt 2. reichlich; ~ *salâhiyet* weitgehende Vollmacht.
vasiyet, *-ti* 1. *z. va.* Rat *m,* Gebot *n* 2. Testament *n,* letzter Wille 3. letzte Ermahnungen *pl.* (*e-s Sterbenden*) 4. Vermächtnis, Legat *n;* ~ *etm.* 1. *z. va.* raten, gebieten, einschärfen 2. testamentarisch vermachen 3. auf dem Sterbebett ermahnen; *-i tenfiz memuru jur.* Testamentsvollstrecker *m.*
vasiyetname [· · · - ·] (*schriftliches*) Testament, letztwillige Verfügung.
vasletmek [x · ·] (*bşi bşe*) *et.* verbinden (*mit*).
vaşak *zo.* Luchs *m.*
vat-saat *el.* Wattstunde *f.*
vatan 1. Vaterland *n,* Heimat *f* 2. Ursprungs-, Herkunfts·land *n; -a hıyanet* (*od. ihanet*) Vaterlandsverrat, Landesverrat *m; -ı kurtarmak* V die Sache richtig deichseln.
vatandaş 1. Landsmann *m,* Landsmännin *f* 2. Mitbürger(in *f*) *m* 3. Staatsangehörige(r) *m/f.*
vatandaşlık 1. Landsmannschaft *f* 2. Volksgemeinschaft *f* 3. Staatsbürgerschaft, -angehörigkeit *f;* ~ *hakları jur.* Bürgerrechte *pl.; -tan ıskat edilmek* die Staatsbürgerschaft aberkannt bekommen.
vatani [i] vaterländisch, patriotisch.
vatanperver patriotisch; Patriot (-in *f*) *m.*
vatansız 1. vaterlandslos 2. Vaterlandsverräter(in *f*) *m* 3. staatenlos.
vatman Straßenbahn-, Wagen·führer *m.*
vatoz (*balığı*) *zo.* Rochen *m.*
vaveylâ [- · -] (*Weh-*)Geschrei *n; -yı koparmak* ein Wehgeschrei erheben.
vay 1. nanu!, Donnerwetter!, oha! 2. au! 3. *m. Dat.* wehe!; ~ *bize olanlar!* was haben wir doch alles durchzumachen!
va'zetmek e-e Predigt halten; predigen.
vaz'etmek setzen, stellen, legen.
vazgeçmek *m. Abl.* 1. verzichten (*auf*) 2. aufgeben (*z.B. Gewohnheit*) 3. Abstand nehmen (*z.B. von e-r ursprünglichen Absicht*).
vazgeçti (*frühere*) Auseinandersetzung, Unstimmigkeit, Differenz *f* (*mit j-m*).
vazı, *-z'ı z. va.* 1. Setzen, Stellen, Legen *n* 2. Stellung, Haltung *f.*
vâzı, *-ıı* setzend, stellend, legend.
vazıh [ā] 1. klar, unmißverständlich 2. *phys.* deutlich, scharf.
vazıhamil, *-mli* Entbindung, Niederkunft *f.*
vâzııkanun [- · · - ·] Gesetzgeber *m.*
vâzıısahne Regisseur *m.*
vazıyed 1. Handlegen *n* (*auf*), Eingreifen *n* 2. Beschlagnahme, Requisition *f;* ~ *etm. m. Dat.* 1. eingreifen (*in*); *et.* in die Hand nehmen 2. beschlagnahmen.
vâzıülyed *jur.* tatsächlicher Besitzer; Inhaber *m.*
vazife *urspr.* [· - ·] 1. Pflicht, Verpflichtung, Obliegenheit *f* 2. Funktion *f,* Dienst *m* 3. Amt *n,* Dienst *m,* Anstellung *f,* Posten *m* 4. (*Schul-*) Aufgabe *f* 5. *mil.* Auftrag *m* 6. *jur.* sachliche Zuständigkeit; ~ *başında* in Erfüllung seiner Amtspflichten; ~ *bilmek* (*k-ne bşi*) *es* für seine Pflicht halten; ~ *etm.* (*bşi*) sich *um et.* kümmern; ~ *hissi* Pflichtbewußtsein *n;* ~ *ve salâhiyet ihtilâfı jur.* Kompetenzkonflikt *m; -yi suiistimal jur.* Amtsmißbrauch *m.*
vazifedar [· - · -] 1. in dienstlichem Auftrag stehend; im Dienst 2. zuständiger Beamter.
vazifelendirmek (*bir iş ile*) betrauen, beauftragen, übertragen.
vazifeli [· - · ·] 1. *s. vazifedar* 2. jur. sachlich zuständig 3. dienstlich tätig; stationiert.
vazifesiz [· - · ·] 1. ohne feste Anstellung 2. gleichgültig, nachlässig 3. *jur.* sachlich nicht zuständig.
vazifeşinas [· - · · -] pflichtgetreu.
vazistas [x · ·] Klappfenster, Oberlicht *n.*
vaziyet, *-ti* 1. Zustand *m,* Lage, Situation *f* 2. *math.* Lage *f* 3. Haltung, Stellung *f; -e bağlıdır* es kommt auf den betreffenden Fall an; *-e hâkim* Herr der Lage (*z.B. Regierung*).
vazo [x ·] (*Blumen-*)Vase *f.*
vaz'olunmak *Pass. zu vaz'etmek.*
ve und; ~ *fakat* aber, jedoch, indessen; ~ *illâ felâ* oder gar nicht; und nicht anders; ~ *saire* und so weiter.

veba [ā] 1. Pest *f* 2. *allg.* Seuche, Epidemie *f*.
vebal, -li [ā] Strafe *f für e-e schlechte Tat*; *-i boynuna!* das mag er vor Gott verantworten!; *bu işin vebali vardır* das wird er einmal büßen müssen; *-ini çekmek et.* büßen müssen.
vebalı [ā] pestkrank.
veca, -aı [ā] 1. Schmerz *m* 2. *spez.* Leibschmerzen *pl.*, Kolik *f*.
vecibe [ī] 1. (*Dankes-, Ehren- usw.*) Pflicht, Verpflichtung *f* 2. *jur.* Schuldverhältnis *n*.
vecih, -çhi 1. *va.* Gesicht *n* 2. Hinsicht, Art und Weise *f*, Grund *m* 3. *math.* ebene (*Seiten-*)Fläche; *bu veçhile* auf diese Weise; *veçhi şebeh stil.* Tertium comparationis *n*, Vergleichspunkt *m*.
vecit, -cdi Ekstase, Verzückung *f*; *vecde gelmek* in Ekstase geraten.
veciz [ī] kurz und treffend; konzis, prägnant.
vecize [ī] 1. Aphorismus *m* 2. Motto *n*, Devise *f*, Leitspruch *m*.
veçhe 1. *va.* Gesicht *n* 2. Richtung, Seite *f* (*z.B. e-r Angelegenheit*) 3. Direktive, Weisung *f*.
veda, -aı [ā] Abschied *m*; ~ *etm. m. Dat.* 1. sich verabschieden (*von*) 2. *fig.* sich trennen (*müssen*) (*von*); ~ *konseri* Abschiedskonzert *n*; ~ *müsameresi* Abschiedsfeier *f*; *-a gitmek* (*b-ne*) e-n Abschiedsbesuch machen (*bei*); *-da bulunmak* sich verabschieden; Abschied nehmen.
vedalaşmak [· - · ·] 1. sich voneinander verabschieden 2. (*b-le*) sich verabschieden (*von*).
vedaname [· - - ·] 1. Abschiedsbrief *m* 2. *jur.* Abberufungsschreiben *n*.
vedi, -ii [ī] *jur.* Verwahrer *m*.
vedia [ī] 1. Depositum, hinterlegtes Gut 2. Verwahrungsvertrag *m* 3. ♀ *wV*.
vefa [ā] 1. (*Pflicht-*)Treue, Loyalität *f* 2. Beständigkeit *f* (*z.B in der Liebe*) 3. Genügen, Ausreichen *n*; ~ *etm.* 1. halten (*z.B. Versprechen*) 2. ausreichen; (*im Leben*) vergönnt sein; ~ *hakkı jur.* Rückkaufsrecht *n*.
vefadar [· - -], **vefakâr** [· - -], **vefalı** [· - ·] treu, getreu, beständig.
vefasız [ā] treulos, ungetreu, unbeständig.
vefat, -tı [ā] Ableben, Hinscheiden *n*, Tod *m*; ~ *etm.* ableben, verscheiden, sterben; ~ *ilmühaberi jur.* Sterbeurkunde *f*, Totenschein *m*.
vefiyat, -tı [ā] 1. Todesfälle *pl.* 2. Sterblichkeit, Mortalität *f*.
Vehabi [· - -] wahabbitisch; Wahabbit *m*.
vehham [ā] argwöhnisch, mißtrauisch.
vehim, -hmi irrige Vorstellung, Illusion, Täuschung *f*, Wahn, Verdacht *m*.
vehimli 1. argwöhnisch 2. hypochondrisch.
vehmetmek [x · ·] 1. wähnen, sich einbilden 2. argwöhnen, befürchten.
vejetalin Pflanzenfett *n*.
vekâlet, -ti 1. (*Stell-*)Vertretung *f* 2. Auftrag *m*, Vollmacht *f* 3. Prozeßvertretung *f* 4. Anwaltspraxis *f* 5. türkisches Ministerium 6. *selt.* Amt *n* e-s türkischen Ministers; ~ *etm.* vertreten; *-in emrine alınmak* zeitweilig seines Amtes enthoben werden.
vekâleten [· x · ·] *adv.* vertretungsweise.
vekâletname [· - · - ·] schriftliche Vollmacht, Kommitiv *n*.
vekar(lı) *s. vakar(lı)*.
vekil *urspr.* [ī] 1. (*Stell-*)Vertreter *m* 2. (*papa vekili*) Nuntius *m* 3. (*dâva vekili*) (*Rechts-*)Anwalt *m* 4. türkischer Minister; ~ *etm.* (*b-ni bşe*) *j-n* als Vertreter einsetzen (*bei, für*); ~ *olm.* (*b-ne bş icin*) *j-n* vertreten; *j-s* Vertreter sein (*in, bei*); *Vekiller Heyeti* Ministerrat *m*, Kabinett *n*.
vekilharc Haushofmeister, Verwalter, Intendant *m*.
velâyet, -ti 1. Vormundschaft *f* 2. Amt *n* e-s Bevollmächtigten 3. Heiligkeit *f* 4. Autorität *f*, Ansehen *n* 5. *jur.* elterliche Gewalt.
velense [· x ·] *dicke, langhaarige* Wolldecke.
velet, -di 1. *urspr.* Kind *n*, Sohn *m* 2. *Schi.* Bankert *m* 3. ♀ *mV*.
velev, velev ki selbst wenn; sei es auch nur; wenn auch nur.
velhasıl [x - ·] kurz; mit einem Wort.
veli [ī] 1. Vormund *m* 2. Heilige(r) *m* 3. Erziehungsberechtigte(r) *m* 4. ♀ *mV*.
veliaht, -dı Kronprinz, Thronfolger *m*.
velinimet, -ti [· - - ·] Wohltäter *m*.

velomotör leichtes Motorrad, Moped *n*.
velter (*Boxen*) Weltergewicht *n*.
velûdiyet, -ti 1. Gebärfähigkeit *f* 2. *fig*. Produktivität, Fruchtbarkeit *f*.
velvele Lärm *m*, Getöse, Geschrei *n*; ~ *çıkarmak* Lärm machen; ein Geschrei erheben.
Venedik [x · ·] *n.pr*. Venedig *n*.
veraset, -ti [ā] 1. Erbschaft *f*, Erbanfall *m*, Erbe *n* 2. Vererbung *f*, Erbgang *m*; ~ *hakkı* Erbrecht *n*; ~ *ve intikal vergisi* Erbschafts- und Schenkungs·steuer *f*; *-ten ıskat etm*. (*od. mahrum etm*.) enterben.
verecek (*zu bezahlende*) Schuld.
verecekli Schuldner(in *f*) *m*.
verem 1. (*Lungen*-)Tuberkulose *f* 2. Geschwulst *f*, Tumor *m* 3. tuberkulös, schwindsüchtig; ~ *olm*. an Tuberkulose erkranken.
veremli tuberkulös, schwindsüchtig.
veresi(ye) *adv*. 1. auf Kredit, auf Borg 2. *fig*. ohne genügende Sorgfalt; recht oberflächlich.
verev schräg, diagonal.
vergi 1. Geschenk *n*, Spende, Gabe *f* 2. Naturanlage *f* 3. Steuer *f* 4. *va*. Freigebigkeit *f*; ~ *mükellefi* steuerpflichtig; ~ *mükellefiyeti* Steuerpflicht *f*; ~ *olm*. (*b-ne bş*) 1. e-e besondere Begabung haben (*für*) 2. einzig und allein imstande sein (*zu*); ~ *salmak* (*od. koymak od. tarhetmek*) Steuern auferlegen; besteuern; ~ *tahsil etm*. (*od. toplamak*) Steuern einziehen (*od*. erheben); ~ *tahsildarı* Steuer(erhebungs)beamte(r) *m*; ~ *ve harclar* Steuern und Abgaben *pl*.; *-ye tâbi* steuerpflichtig.
vergili 1. (*Allahtan*) begabt, talentiert 2. freigebig, großherzig.
verici 1. gebend, spendend, -geber, -spender 2. Sende-; ~ *istasyon* Sendestation *f*, Rundfunksender *m*.
verid [i] *an*. Vene *f*; ~ *iltihabı* Venenentzündung *f*; ~ *tevessüü* (*od. genişlemesi*) Venenerweiterung *f*.
verilmek *Pass. zu vermek*; *verilmiş sadakası varmış fig*. wie durch ein Wunder ist er am Leben geblieben.
verim 1. Ertrag *m* 2. *fig*. Erfolg, Gewinn *m* 3. Leistung(sfähigkeit) *f* 4. Produktion *f*.
verimli 1. fruchtbar 2. *fig*. ertragreich, lohnend 3. leistungsfähig (*z.B. Fabrik*), produktiv.
verişmek austauschen, wechseln (*z.B. Briefe*).
veriştirmek 1. *Kaus. zu verişmek* 2. *m. Akk*. sich ergehen (*in*) (*z.B. Schmeicheleien*) 3. *m. Dat*. ausschimpfen 4. hastig hinunterschlingen.
vermek, (*-ir*) 1. geben 2. schenken, spenden 3. zuschreiben, zugute halten 4. richten, zuwenden 5. verursachen 6. zeitigen, liefern, ergeben 7. (*bşi b-ne*) *von j-m et*. erwarten 8. veranstalten 9. zur Frau geben 10. bezahlen 11. verbreiten, ertönen lassen; halten (*Rede*) 12. hingeben müssen; verlieren 13. *Verwendung in vielen idiomatischen Rw*. 14. *Hv*. rasch, schnell, sofort, ganz plötzlich; *ölüvermiştir* er ist ganz unerwartet gestorben.
vermiyon Zinnober *m*.
vernik 1. Firnis, Lack, Schellack *m* 2. Farbanstrich *m*.
versan *geogr*. Abdachung *f*, Abhang *m*.
verso [x ·] Rückseite *f* (*z.B. e-r Banknote*), Revers *m*.
vesika 1. Schein *m*, Dokument *n*, Urkunde *f* 2. Ausweis *m* 3. Bezugskarte *f*, *spez*. Lebensmittelkarte *f* (*bei Rationierung*); ~ *usulü* Bezugsscheinsystem *n*.
vesikalı 1. mit Dokumenten, Urkunden (*usw*.) 2. registrierte Dirne.
vesikalık 1. für ein Dokument geeignet 2. als Dokument dienend; ~ *fotoğraf* Paßbild *n*.
vesile [i] 1. Anlaß, Vorwand *m* 2. (*passende*) Gelegenheit; *bu* ~ *ile* 1. bei dieser Gelegenheit 2. in Zusammenhang hiermit 3. auf diese Weise; *her* ~ *ile* bei jedem Anlaß, bei jeder Gelegenheit.
vesselâm [x · -] und damit basta!
vestibül Vestibül *n*, Eintritts-, Vorhalle *f*.
vestiyer Garderobe, Kleiderablage *f*.
vesvese 1. *urspr*. Versuchung *f* des Teufels 2. Besorgnis *f*, Zweifel, Argwohn *m*, Mißtrauen *n*; ~ *etm*. Befürchtungen hegen; argwöhnisch, mißtrauisch sein.
veşim, -şmi Tätowierung *f*.
veter *an., math*. Sehne *f*; ~ *iltihabı* Sehnenentzündung *f*; *veteri kaime math*. Hypotenuse *f*.
veteriner 1. Tier·arzt *m*, -ärztin *f* 2. tierärztlich, Veterinär-.

vetet, *-di* 1. Pfahl, Pflock *m* 2. *an.* Keilbein *n*; *-lerle tesbit etm.* verpflocken.
vetetlemek mit Pfählen abstecken.
vetire [i] (*Vor-*)Gang, Verlauf, Prozeß *m.*
veto [x·] Einspruch *m*, Veto *n*; ~ *hakkı* Einspruchs-, Veto·recht *n.*
vetolamak *m. Akk.* ein Veto einlegen (*gegen*).
veya oder.
veyahut [· - ·] [· x ·] *s. veya.*
veyl wehe!; ~ *mağlûplara* vae victis!
veyyöz Nachtlicht *n* (*in e-m Krankenzimmer*).
vezaret, *-ti* [ā] 1. *fr. osman.* Wesirat *n* 2. Ministerium *n* (*z. B. in Persien od. Afghanistan*).
vezin, *-zni* 1. Gewicht *n* 2. (*Aus-*)Wiegen *n* 3. Vers-, Silben·maß *n* 4. ar. Bildungsform *f* (*spez. beim Verb*).
vezir [i] 1. *fr. osman.* Wesir *m* 2. Minister *m* (*z. B. in Persien od. Afghanistan*) 3. *Scha.* Dame, Königin *f.*
vezne 1. Kasse *f*; Kassen·stelle *f*, -schalter *m* 2. Goldwaage *f.*
veznedar [ā] Kassenbeamte(r), Kassier(er) *m.*
vıcık weich, breiig, lehmig (*Boden*); ~ ~ quietsch, quatsch!
vık halbunterdrückter Laut, Mucks *m*; ~ *dememek* keinen Mucks (*od.* Laut) von sich geben.
vıklamak *unter e-r Last* stöhnen.
vınlamak surren, burren, schnurren, summen, sausen.
vır vır 1. schwirrend, surrend 2. ununterbrochen 3. lästig, störend; ~ ~ *etm.* 1. schwirren, surren 2. ununterbrochen reden (*murren usw.*), *spez.* quengeln (*Kinder*), nörgeln.
vız sst!, brr!; ~ *gelmek* (*od.* ~ *gelip tırıs gitmek*) (*b-ne*) *e-m* völlig gleichgültig sein; *kurşun* ~ *diye geçti* die Kugel sauste vorbei.
vızıldamak 1. sausen, summen, surren 2. lauter dummes Zeug reden 3. ewig quengeln *od.* nörgeln.
vızıltı 1. Sausen, Summen, Surren *n* 2. Quengeln, Nörgeln *n*; ~ *makinesi* Summer *m* (*als Signalapparat*).
vızır vızır *Lm. großer Geschäftigkeit*; *karaborsa* ~ ~ *işliyor* am schwarzen Markt geht es zu wie in e-m Bienenstock; ~ ~ *yaparsın!* und wie flink du das tun wirst!
vızlamak *s. vızıldamak.*
via [i] 1. *med.* Blutgefäß *n*, Ader *f* 2. *bot.* Gefäß *n.*
vicdan [ā] Gewissen *n*; ~ *borcu* (*innere*) Verpflichtung; *-a danışmak* sich die Gewissensfrage vorlegen; *-ı kabul etmemek* (*b-nin bşi*) *e-m* gegen das Gewissen gehen; *-ını kirletmek* sich das Gewissen beschweren (*belasten*); *her* ~ *sahibi* wer auch nur e-n Funken Verantwortungsgefühl in sich trägt.
vicdanlı [ā 1. gewissenhaft 2. gerecht, menschlich.
vicdansız [ā] gewissenlos, unmenschlich, brutal.
vida [x·] 1. Schraube *f* 2. Schraubengewinde *n*; ~ *anahtarı* Schraubenschlüssel *m*; ~ *somunu* Schraubenmutter *f*; *-sını sökmek* ab-, losschrauben; *-yı sıkıştırmak* die Schraube anziehen.
vidala [· x ·] Boxcalf *n.*
vidalamak (an-, fest)schrauben; mit Schrauben befestigen.
vidalı [x · ·] 1. Schrauben-, Schraub- 2. an-, fest·geschraubt; ~ *kama* Schraubverschluß *m*; ~ *kapak* Schraubdeckel *m*; ~ *kapsül* Zündschraube *f.*
vifak, *-kı* [ā] 1. Übereinstimmung *f* 2. Eintracht *f*, Friede *m.*
vikaye [ā] Schutz *m*, Prophylaxe *f*; ~ *etm. m. Abl.* schützen, bewahren (*vor*).
vikent, *-di* Wochenende, Weekend *n.*
vilâdet, *-ti z. va.* Geburt *f.*
vilâdetname [· - · - ·] *va.* Geburtsurkunde *f.*
vilâdi [· - -] 1. Geburts- 2. angeboren, kongenital.
vilâyet, *-ti* 1. türkischer Regierungsbezirk, Wilajet *n* 2. Regierungspräsidium *n*, Wilajetsverwaltung *f.*
vinç, *-çi* (*Hebe-*)Kran *m*; (*Anker-*)Winde *f*, Spill *n*; Hebewerk *n*; ~ *kolu* Kranausleger *m.*
vinççi Kranführer *m.*
vinçli mit Kran (*bzw.* Kränen) ausgestattet; ~ *duba* Schwimmkran *m.*
vira [x·] 1. (*Zuruf an e-n Maschinisten*) los!, fertig! 2. *adv.* ununterbrochen; ~ *söylemek* in einem fort reden.
viraj Kurve, Biegung *f.*

viran [- -] verfallen; halb eingestürzt.
virane [- - ·] 1. Ruine *f* 2. Trümmer *pl.*
virdetmek [x · ·] (*diline*) dauernd im Munde führen.
virgül Komma *n*, Beistrich *m*.
virt, -*di* 1. *täglich rezitierter Gebetsspruch* 2. *fig.* ewige Litanei 3. Wechselfieber *n*; ~ *çekmek* 1. *die gleichen Gebete od. Koransprüche immer wieder rezitieren* 2. *pej. et.* herleiern.
virtüoz Virtuose *m*, Virtuosin *f*.
virus, virüs [x ·] Virus, Krankheitserreger *m*.
visamiral, -*li* Vizeadmiral *m*.
viskonsolos, viskonsül Vizekonsul *m*.
viskosite *techn.* Viskosität *f*.
vişne [x ·] *bot.* Sauerkirsche, Weichsel *f*.
vişneçürüğü, -*nü* bläulich-rot; rötlich-violett.
vitamin Vitamin *n*.
vitaminli 1. *ein best. Vitamin enthaltend* 2. *pr.* vitaminreich.
vites 1. Schnelligkeit *f* 2. Schnellfahren *n* (*z.B. bei Radrennen*); Schnellaufen *n* 3. *techn.* Gang *m* (*beim Auto*); ~ *değiştirmek* umschalten; ~ *kolu* Schalthebel *m*; ~ *takmak* e-n Gang einschalten.
vitir, -*tri* 1. zusätzliches Gebet (*nach dem rituell vorgeschriebenen letzten Gebet*) 2. *Vorabend des Kurban Bayramı.*
vitrin 1. Schaufenster *n*; Schaukasten *m* 2. Schaufensterscheibe *f* 3. Auslage *f* 4. Glasschrank *m*, Vitrine *f*.
viyadük Viadukt *m*.
viyak viyak 1. quäkend, schreiend 2. quakend, quarrend.
viyaklamak 1. quäken, schreien (*z.B. Neugeborenes od. junge Katze*) 2. quaken, quarren (*Frösche*).
Viyana [· x ·] *n.pr.* Wien *n*; ~ *Kongresi hist.* Wiener Kongreß *m*.
Viyanalı [· x · ·] Wiener(in *f*) *m*; wienerisch.
viyola [· x ·] Bratsche, Viola *f*.
viyolon Geige, Violine *f*.
viyolonsel Cello *n*.
vize [x ·] 1. Visum *n*, Sichtvermerk *m* 2. Ab-, Gegen·zeichnung *f*; ~ *etm.* 1. visieren (*Paß*) 2. ab-, gegenzeichnen (*z.B. Zahlungsanweisung*).
vizita, vizite [x · ·] 1. Besuch *m* 2. Arztbesuch *m* 3. Honorar *n für e-n Arztbesuch*; ~ *kartı* Visiten-, Besuchs·karte.
viziyer Schirm *m*, Schild *n* (*z.B. e-r Mütze*).
vizon 1. *zo.* Nerz *m* 2. (*kürk*) Nerzfell *n*, -pelz *m*.
vizör 1. *phot.* Sucher *m* 2. Zielgerät *n* (*z.B. in e-m Flugzeug*).
vokabüler 1. Wörterverzeichnis *n* 2. Wortschatz *m*.
vokal, -*li* Vokal *m*.
volan 1. *phys.* Schwungrad *n* 2. Lenk-, Steuer·rad *n* 3. Hebel, Knüppel *m* (*im Flugzeug*) 4. Volant, Spitzenbesatz *m*.
vole [x ·] (*Tennis*) Flugball *m*.
voltaj *el.* (*Volt-*)Spannung *f*; ~ *düşüşü el.* Spannungsgefälle *n*; ~ *farkı el.* Spannungsdifferenz *f*.
vonoz 1. kleine Makrele 2. (*gel. a. für andere noch nicht ausgewachsene Fische*).
voyvo [x ·] V (*spött. Bez. e-r Person*) Laffe, Hornochse, Hampelmann *u. ä. m*.
vril (*Ab-*)Trudeln *n* (*e-s Flugzeugs*); ~ *yapmak* (ab)trudeln.
vual 1. Voile, Flor *m* 2. Flor-, Voile-.
vuale *phot.* verschleiert (*Film*).
vualet, -*ti* Schleier *m* (*an Damenhut*).
vuayel Vokal *m*.
vuku, -*uu* [· -] Geschehen *n*; ~ *bulmak od. -a gelmek* sich ereignen, stattfinden, geschehen, vorfallen.
vukuat, -*tı* [· - -] *pl.* 1. Vorfälle, Ereignisse *pl.* 2. *spez.* Kriminalfälle *pl.* 3. kriegerische Ereignisse *pl.* 4. *in sing. Bed.* Vorkommnis *n*, Zwischenfall *m*, Kriminalfall *m*.
vukuf [· -] Kenntnis *f*, Wissen *n*; ~ *kesbetmek* (*bşe*) sich unterrichten, sich informieren (*über*); *Almanca'ya* ~ Beherrschung *f* der deutschen Sprache.
vukuflu informiert, unterrichtet.
vurdumduymaz 1. beschränkt, dumm 2. indifferent, dickfellig.
vurgu *gr.* (*Wort- od. Silben-*) Akzent *m*, Betonung *f*, Ton *m*.
vurgulu betont.
vurgun 1. verliebt 2. geschlagen (*z.B. Stein im Tricktrackspiel*) 3. unrechtmäßiger Gewinn; Beute *f* 4. Warenwucher *m*, Preisspekulation *f*; ~ *vurmak* F e-n ordentlichen

Fischzug machen; *-la mücadele* Kampf *m* gegen die Preistreiberei.
vurguncu Wucherer, Preistreiber *m.*
vurgunculuk Preis•treiberei, -spekulation *f.*
vurgusuz unbetont.
vurmak, (*-ur*) 1. schlagen 2. abschlagen (*z.B. Kopf*) 3. einschlagen (*z.B. Nagel*) 4. stoßen, streifen, kommen (*an*) 5. *m. Dat. od. Akk.* klopfen (*an*) 6. ab-, ein•biegen 7. *an e-n unrechten Ort* geraten 8. (ein-) dringen, kommen 9. sich zeigen 10. multiplizieren 11. auf-, an•legen, anbringen, aufsetzen 12. auftragen, streichen (*z.B. Farben*) 13. drehen, wenden (*z.B. ins Scherzhafte*) 14. sich stellen (*als ob*) 15. (hinein-) stoßen, -stechen, -bohren 16. sich spiegeln 17. schlagen (*z.B. Uhr die Stunden*) 18. stehlen, rauben, erpressen 19. herausschlagen, ergattern 20. treffen (*Ziel*) 21. schießen, erlegen (*z.B. Tiere*) 22. töten 23. *körperlich in Mitleidenschaft ziehen; a.* verwunden, verletzen 24. klopfen, pochen, schlagen (*z.B. Herz*) 25. *Verwendung in verschiedenen idiomat. Rw.* 26. P (*Chauffeure*) trinken, heben, genehmigen; *vur abalıya s. unter abalı; vur dedimse öldür demedim ya! fig.* wozu das Kind mit dem Bade ausschütten?; *vur patlasın çal oynasın!* mit Tschingtara und Bummtara; *vur tut* 1. wilde Schießerei, 2. nach langem Herumfeilschen; *vurduğun av, ürküttüğün kurbağaya değmiyor! fig.* dein Erfolg ist ja äußerst dürftig!
vurulmak 1. *Pass. zu vurmak* 2. (*b-ne*) sich verlieben (*in*).
vuruşmak 1. einander schlagen 2. miteinander kämpfen.
vuslat, *-tı* Vereinigung *f* zweier Liebenden; *~ gecesi* Liebesnacht *f.*
vusul, *-lü* [· -] *z. va.* Ankunft *f.*
vuzuh [· -] Klarheit, Deutlichkeit *f*, leichte Verständlichkeit.
vuzuhlandırmak klären, klarmachen, anschaulich darlegen.
vuzuhlu klar, deutlich, anschaulich.
vuzuhsuz unklar, verworren.
vücudiye [ū] Pantheismus *m.*
vücup, *-bu* [ū] 1. rituelle Vorschrift 2. Notwendigkeit *f* 3. Pflicht *f*; *~ sıygası gr.* Nezessitativ *m.*
vücut, *-du* [ū] 1. Existenz *f*, Dasein *n* 2. *an.* Körper, Leib *m*; *~ ârızası* körperliches Gebrechen; *~ bulmak od. -a gelmek* zustandekommen, entstehen; *-a getirmek* produzieren, schaffen, erzeugen, errichten (*z.B. Barrikaden*); *-tan düşmek* abmagern.
vücutça *adv.* in körperlicher Hinsicht.
vücutlu 1. von *best.* Körperbau 2. *pr.* korpulent, stattlich.
vücutsuz 1. körperlos 2. unansehnlich, schwächlich.
vüsat, *-ti* 1. Ausdehnung *f* 2. Geräumigkeit, Weite *f* 3. Umfang *m* (*z.B. e-s Begriffes*) 4. *phys.* Amplitude, Schwingungsweite *f.*
vüsatli geräumig, ausgedehnt, weit, groß.
vüsatsiz eng, beschränkt (*Raum*).

W, X

w, W [dublvɛ], **x, X** [iks] *Verw. nur in Wörtern fremden Ursprungs, spez. in Eigennamen. Beide Buchst. rechnen nicht zum türk. Alph.*

Y

y, Y [jɛ] *28. Buchst. des türk. Alph.*
ya¹ [ā] o ...; ~ *Rabbi!* (o) mein Gott!
ya² A) *Vorausstellung:* 1. *in der Füg. veya od. ya da*) oder 2. ~ ... ~ a) entweder ... oder b) (*mit Wiederholung des Verbs in neg. Form*) vielleicht, etwa, knapp, ungefähr 3. aber wie steht es ...?, aber, und 4. ganz besonders aber; und erst 5. [ā] a) ja!, gewiß!, stimmt! b) ja, leider!, ach ja! c) und ob! 6. [ā] ja, was muß ich hören?, nicht möglich!; B) *Nachstellung:* 1. (*als Bekräftigung*) ja, doch, gewiß 2. (*als verstärkte Aufforderung*) na also, doch, ja, endlich 3. eben, schließlich doch, ja doch; leider 4. *in Fragesätzen häufig zum Ausdruck e-s leichten Spottes.*
yaba Holzgabel *f zum Worfeln des Getreides.*
yaban 1. Wildnis, Öde *f* 2. wild (*-lebend*), Wild- (*Tier*); wildwachsend, Wiesen-, Feld- (*Pflanze*) 3. *reg.* fremd; Fremdling *m* 4. Leute *pl.* (*außerhalb des Verwandten- und Freundeskreises*); ~ *arısı zo.* 1. Wespe *f* 2. Hummel *f*; ~ *domuzu zo.* Wildschwein *n*; ~ *gülü bot.* Hundsrose *f*; Hagedorn *m*; ~ *kedisi zo.* Wildkatze *f*; *-a atmak* verwerfen, ablehnen, von der Hand weisen; *-a söylemek* dummes Zeug daherreden.
yabancı 1. fremd; Fremde(r *f*) *m* 2. ausländisch; Ausländer(in *f*) *m*, Fremd- 3. a) fremd, ungewohnt b) nicht gewöhnt (*an*) nicht vertraut (*mit*) 4. *geol.* allochthon; ~ *dil imtihanları* Prüfungen *pl.* in den (*modernen*) Fremdsprachen; ~ *gazeteler* ausländische Zeitungen *pl.*; ~ *kanı* fremde Blutbeimischung; ~ *karikatürleri* Karikaturen *pl.* anderer Völker; ~ *kelimeler lûgati* Fremdwörterbuch *n*; ~ *memleketler* Ausland *n*; ~ *profesörler* ausländische Professoren *pl.*
yabancılaşmak 1. fremdartigen Charakter annehmen 2. e-e Überfremdung erfahren (*spez. Sprache*).
yabani [· - -] 1. wildlebend, wild; Wild- (*Tier*); wildwachsend; Wiesen-, Feld- (*Pflanze*) 2. *fig.* (menschen)scheu 3. *fig.* plump, ungewandt; ~ *otlar* Unkraut *n*.
yabanlık Besuchs-, Sonntags-, Feiertags-, Ausgeh- (*Kleidung*).
yabansımak befremdlich finden.
yad [ā] 1. ander- 2. fremd, ausländisch 3. un-, in-, Nicht-, Fremd-; ~ *eller* fremde Länder *pl.*, Ausland *n*.
yâd *va.* Erinnerung *f*, Gedenken *n*; ~ *etm.* 1. sich erinnern (*an*), gedenken; zurückdenken (*an*) 2. sprechen (*von*), erwähnen.
yadırgamak *m. Akk.* 1. scheu sein (*gegenüber*) 2. als fremd, ungewohnt empfinden.
yadigâr [- · -] 1. Andenken *n*, Erinnerung *f* 2. *pej.* berüchtigt.
yafta [x ·] Etikett *n*, Anhänge-, Aufklebe·zettel *m*, Flaschenetikett *n*.
yağ 1. Fett *n* 2. Schmiere *f*, Schmiermittel *n* 3. Öl *n*, Tran *m* 4. (*unverdünntes*) Parfüm; Essenz *f* 5. Salbe *f*; ~ *bağlamak* 1. e-e Fettschicht bilden 2. dickwerden, zunehmen; ~ *bal olsun!* ich freue mich, daß es Ihnen schmeckt!; ~ *bezi* Talgdrüse *f*; ~ *borusu* Öl·rohr *n*, -leitung *f*; ~ *ibriği* Öl-, Schmierkanne *f*; ~ *satarım* (*türk. Ksp.*) Kaufmann spielen; ~ *serisi chem.* aliphatische Reihe; ~ *seviyesi müş'iri* Ölstandsanzeiger *m*; ~ *tulumu fig.* Dick-, Fett·wanst *m*; ~ *yakma* Ölfeuerung *f*; *-dan kıl çeker gibi bir işten çıkmak* sich spielend leicht aus einer Affäre ziehen; *-iyle baliyle* 1. mit allem, was dazugehört 2. ordentlich; *-iyle kavrulmak fig.* bescheiden leben.
yağcı 1. wer Fett (*Butter, Öl*) produziert *od.* verkauft 2. Wagenschmierer *m* 3. *fig.* würdeloser Schmeichler.
yağdan(lık) 1. Öl·kanne *f*, -kännchen *n* 2. Fettdös·chen, Salbenbüchs·chen *n* 3. Schmier·büchse, -vase *f*.
yağdırmak *Kaus. zu yağmak* 1. regnen lassen 2. *fig.* überschütten, über-

häufen (*mit*); herunterprasseln lassen; in großen Mengen (*z.B. auf den Markt*) werfen.
yağdoku *an.* Fettgewebe *n.*
yağır, *-ğrı* 1. Widerrist *m* (*des Pferdes*) 2. Satteldruck *m,* Wundstelle *f.*
yağış 1. Regnen *n* 2. *meteor.* atmosphärischer Niederschlag 3. Niederschlags-, Regen•menge *f.*
yağışlı 1. regnerisch 2. mit *e-r best.* Niederschlagsmenge 3. *pr.* niederschlagsreich.
yağışsız 1. regenlos 2. niederschlagsarm.
yağız schwarzbraun; ~ *at* Rappe *m*; ~ *doru* dunkelbraun (*Pferdefarbe*).
yağlama *Vs. zu yağlamak*; ~ *cihazı* 1. Öler *m* 2. Schmierapparat *m*; ~ *maddesi* Schmiermittel *n*; ~ *yağı* Schmieröl *n.*
yağlamak 1. einfetten, ölen, schmieren 2. mit Öl *od.* Fett beschmutzen 3. *fig.* loben, rühmen; *yağlayıp ballamak* über den grünen Klee loben.
yağlanmak 1. *Pass. zu yağlamak* 2. Fett ansetzen.
yağlavı große Fettpfanne.
yağlayıcı Öler, Schmierer *m.*
yağlı 1. Fett *od.* Öl enthaltend 2. fett, fettig, ölig 3. eingefettet, eingeölt 4. fettig, speckig (*z.B. Rockkragen*) 5. mit Fett *od.* Öl hergestellt 6. *fig.* einträglich, lohnend 7. V reich; gut zahlend; ~ *ballı* intim, ungezwungen, vertraut; ~ *boya* 1. Ölfarbe *f* 2. Ölgemälde *n* 3. Ölfarbenanstrich *m* 4. mit Ölfarbe gestrichen 5. V aufgepaßt!, Vorsicht!; ~ *çarık* V voller Geldbeutel, volle Brieftasche; ~ *fener* Lampion *m*; ~ *güreş Ringkampf, bei dem der Körper mit Öl eingerieben wird*; ~ *kapı* gute Stelle, einträgliches Amt; ~ *kömür* Fettkohle *f*; ~ *kuyruk* 1. Fettschwanz *m* (*des Schafes*) 2. *fig.* fetter Posten, melkende Kuh 3. *fig.* gute (*Heirats-*)Partie, Gold•fisch, -fasan *m*; ~ *lokma fig.* fetter Bissen, unerwarteter Glücksfall; ~ *müşteri* gutzahlender Kunde; ~ *vernik* Ölfirnis *m.*
yağlık 1. *Behälter für Butter* (*Öl, Fett*) *m* 2. *feines, reichbesticktes Tuch.*
yağlıkçı 1. wer *yağlık* (2) herstellt *od.* verkauft 2. Brautschmuck- *od.* Brautkleid•verleiher *m.*
yağma[1] *Vs. zu yağmak.*
yağma[2] (*Aus-*)Plünderung *f*; ~ *etm.* (aus)plündern, ausrauben; ~ *gidiyor fig.* das findet reißenden Absatz; ~ *Hasan'ın böreği!* ein guter Fang!, eine fette Beute!; ~ *yok!* (*bei ungehörigem Ansinnen*) das gibt es ja nun nicht, mein Lieber!; *-ya gidiyorlardı, harbe rasgeldiler fig.* die Sache ging anders aus, als sie es sich gedacht hatten.
yağmacı [x · ·] Räuber, Plünderer *m.*
yağmacılık [x · · ·] 1. Plünderung, Ausraubung *f* 2. Plünderungssucht, Raubgier *f.*
yağmak, (*-ar*) 1 regnen, schneien, hageln, graupeln 2. *fig.* herunterprasseln.
yağmur 1. Regen *m* 2. *fig.* Flut, Masse *f*; ~ *boşanıyor* es gießt in Strömen; ~ *durdu* es hat aufgehört zu regnen; ~ *kuşu zo.* Regenpfeifer *m*; ~ *mevsimi* Regenzeit *f*; ~ *yağarken küpünü doldurmak fig.* e-e günstige Gelegenheit ausnützen (*um sich zu bereichern*); ~ *yağıyor* es regnet; ~ *yemek* in den Regen kommen (*geraten*); *-dan kaçarken doluya tutulmak fig.* vom Regen in die Traufe kommen.
yağmurca *zo.* Damwild *n, spez.* Damhirsch *m.*
yağmurlamak *intr.* regnerisch werden (*Wetter*).
yağmurlu regnerisch, Regen-; ~ *hava* Regenwetter *n*; ~ *gün* Regentag *m.*
yağmurluk Regenmantel *m.*
yağsız 1. fettlos, mager 2. nicht mit Fett *od.* Öl zubereitet.
yahey [ā] fein!, prima!
yahni gedünstetes Ragout.
yahşi angenehm, gut, hübsch, nett.
yahu [ā] [x ·] F 1. he!, heda! 2. (*Verst. e-r Frage, e-s Vorwurfs, Ausrufs usw.*) denn, doch, nur, ja, aber, Donnerwetter; *bu ne sıcak* ~! Herrschaft, ist das e-e Hitze hier!
Yahudi 1. Jude *m,* Jüdin *f* 2. jüdisch 3. *fig.* ängstlich, furchtsam, feige; ~ *meselesi* Judenproblem *n*; ~ *mülteciler* jüdische Flüchtlinge *pl.*; ~ *pazarlığı fig.* hartnäckiges Feilschen.
yahudilik 1. jüdische Abstammung 2. jüdische Religion 3. Judentum *n* 4. jüdisches Benehmen, *spez.* Geschäftsgebahren.
yahut [ā] [x ·] 1. oder 2. oder aber.

yaka 1. Kragen *m* 2. Fluß-, See-ufer *n* 3. *naut.* Segelrand *m* 4. abschüssiges Gelände; ~ *bir tarafta paça bir tarafta fig.* zerlumpt, abgerissen; ~ *paça* gewaltsam, unerbittlich (*wegschleppen*); ~ *paça etm.* gewaltsam hinausexpedieren; hochkant hinauswerfen; ~ *paça olm.* in unübersichtlichem Handgemenge sein; ~ *silkmek m. Abl. fig. mit j-m od. et.* nichts (mehr) zu tun haben wollen; ~ *-ya gelmek* einander an den Kragen fahren; sich prügeln; *-dan atmak fig.* abschütteln, abwimmeln; *-dan geçirmek* adoptieren; *-sını bırakmamak fig.* sich wie eine Klette *an j-n* hängen; *-sını sıyırmak* (*bşden*) mit heiler Haut davonkommen (*bei*); *-yı açmak* ausschneiden (*Damenkleid*); *-yı ele vermek* gefaßt (F *geschnappt*) werden.

yakacak Brennstoff *m*, Heizmaterial *n*.

yakalama *Vs. zu yakalamak, spez. jur.* (*vorläufige*) Festnahme *f*.

yakalamak 1. ergreifen, packen, fassen 2. zu fassen kriegen; erwischen 3. verhaften, festnehmen 4. überraschen, ertappen 5. (ab-) bekommen (*z.B. Schnupfen*) 6. überkommen, befallen (*z.B. Krankheit*) 7. zufällig erfahren 8. Rechenschaft fordern (*von*), sich halten (*an*).

yakalık 1. zur Herstellung von Kragen geeignet *od.* bestimmt 2. (*abknöpfbarer*) Hemdkragen *m*.

yakamoz nächtliches Aufleuchten des Meeres.

yakarış inständige Bitte, Flehen *n*, Stoßgebet *n*.

yakarmak *m. Dat.* sich flüchten (*zu*) 2. inständig bitten; anflehen.

yakı 1. Ätzmittel *n* 2. (*Zug*-)Pflaster *n*; ~ *yakmak* (ab)ätzen.

yakılmak 1. *Pass. zu yakmak* 2. sein Leid klagen; *yakılacak ispirto* Brennspiritus *m*.

yakın 1. nahe 2. *fig.* ganz ähnlich; fast, beinahe 3. naheliegend (*z.B. Möglichkeit*) 4. *fig.* nahestehend 5. Nähe, Nachbarschaft *f* 6. naher Angehöriger, Verwandter *m*; ~ *keşif mil.* Nahaufklärung *f*; ~ *keşif uçağı mil.* Nahaufklärer *m*; ~ *muharebe od. savaş) mil.* Nahkampf *m*; ~ *zamanda* unlängst; *-da* 1. in der Nähe; nahe 2. demnächst 3. vor kurzem; *-dan* aus der Nähe; aus nächster Entfernung; *-dan alâkadar olm.* lebhaftes Interesse nehmen; *-dan bilmek* genau kennen; *-ına düşmek* (*b-nin*) in j-s Nähe zu sitzen kommen; *-lara kadar* bis vor kurzem; *-larda* 1. in der Nähe 2. in der letzten Zeit 3. in naher Zukunft.

Yakın-Doğu Naher Osten, Nahost, Vorderer Orient.

yakınlaşmak 1. herankommen 2. *fig.* engere Fühlung nehmen (*miteinander*).

yakınlık 1. Nähe *f* 2. Verwandtschaft *f*; ~ *göstermek* sich aufgeschlossen zeigen; Anteil nehmen.

yakınmak klagen, sich beklagen, sich beschweren.

Yakın-Şark *s. Yakın-Doğu*.

yakışık 1. Entsprechen *n*, Schicklichkeit *f* 2. angemessen, passend, schicklich; ~ *almak* sich ziemen, sich gehören, in der Ordnung sein.

yakışıklı gut aussehend (*Mann*).

yakışmak 1. passen, entsprechen, sich gehören 2. gut stehen, kleidsam sein.

yakıştırmak 1. *Kaus. zu yakışmak* 2. ein *best.* Verhalten *von j-m* erwarten 3. P hinuntergießen (*Alkohol*); *yakıştırıp takıştırmak* verschönern, zieren, schmücken.

yakıt Brennstoff *m*, Heizmaterial *n*.

yakîn Gewißheit, Bestimmtheit *f*, sicheres Wissen.

yakînen [· x ·] *adv.* mit Sicherheit, Bestimmtheit, sicher, bestimmt (*wissen*).

yaklaşık ungefähr, rund, approximativ, Näherungs-; ~ *hesap* runde Rechnung; ~ *bir sayı* e-e runde Zahl; ~ *değer math.* Näherungswert *m*.

yaklaşma *Vs. zu yaklaşmak* 1. Näherkommen *n*, Annäherung *f* 2. *mil.* Anmarsch *m*; ~ *fiili gr.* approximatives Verb; ~ *yolları mil.* Anmarschstraßen *pl*.

yaklaşmak näher kommen, sich nähern, herankommen, herannahen; *mil. a.* im Anmarsch sein.

yaklaştırma(ca) annähernd, approximativ, ungefähr.

yakmak, (*-ar*) 1. verbrennen 2. anbrennen lassen 3. ab-, ver-sengen 4. vernichten (*z.B. Frost die Saaten*) 5. zerfressen (*z.B. Säure e-n Stoff*) 6. bräunen 7. ätzen, beizen 8. brennen (*z.B. auf der Zunge*) 9. an-zünden, -stecken 10. andrehen, anschalten (*el. Licht*) 11. auflegen, anbringen 12. dichten *od.* komponieren 13. durchprügeln 14. prellen, begaunern 15. schießen; *yakıp yıkmak* völlig ausrotten; mit Stumpf und Stiel vernichten.

yakşi *s. yahşi.*

yakut, *-tu* [ā] Rubin *m.*

yalak (*Tränk-, Wasser-*)Trog *m*; ~ *kadar* riesengroß.

yalama 1. *Vs. zu yalamak* 2. *med.* Faulwinkel *m* 3. ausgeleiert (*z.B. Gewinde*); ~ *yazı geogr.* Rumpfebene *f.*

yalamacı V vor Ergebenheit triefend.

yalamak *m. Akk.* 1. (ab-, auf-, aus-) lecken 2. *mil.* bestreichen (*mit Feuer*) 3. lecken, züngeln (*an, über*) (*Flammen*) 4. streifen (*z.B. Kugel den Arm*).

yalan 1. Lüge *f* 2. falsch, unwahr; ~ *atmak* (*od. savurmak*) das Blaue vom Himmel herunterlügen; ~ *çıkarmak* Lügen ausstreuen; ~ *çıkmak* sich als unwahr herausstellen; ~ *dolan* Lug und Trug; ~ *haberler* falsche Nachrichten *pl.*; ~ *söylemek* lügen; ~ *şahitliği* falsches Zeugnis, Meineid *m*; ~ *yanlış* 1. nur so von Fehlern wimmelnd 2. oberflächlich, flüchtig; mehr schlecht als recht; ~ *yutmak* sich e-n Bären aufbinden lassen; *-a şerbetli* lügnerisch, verlogen (*Person*); *-ını çıkarmak* (*b-nin*) *j-n* Lügen strafen; *-ını tutmak* (*b-nin*) *j-n* bei e-r Lüge ertappen.

yalancı 1. lügnerisch, verlogen, Lügner(in *f*) *m* 2. wortbrüchig 3. nachgemacht, imitiert, unecht, falsch (*z.B. Perle*) 4. trügerisch; ~ *akasya bot.* unechte Akazie; Robinie *f*; ~ *çıkarmak* 1. *j-n* als Lügner entlarven 2. *j-n* der Lüge bezichtigen 3. (*ungewollt*) Ursache sein, daß jemand als Lügner angesehen wird; ~ *çıkmak* als Lügner dastehen; ~ *dolma* mit Reis (*aber ohne Fleisch*) farcierte Weinbeerblätter *pl.*; *-sı olm.* (*b-nin*) *et. Falsches, was ein anderer berichtet hat, gutgläubig weitererzählen*; *Spr. -nın mumu yatsıya kadar yanar Spr.* Lügen haben kurze Beine.

yalancıktan *adv.* nur zum Schein; nur im Spaß.

yalandan 1. nicht im Ernst 2. vorgetäuscht, simuliert, fingiert, fiktiv 3. improvisiert, zusammengestoppelt; ~ *süpürmek* oberflächlich kehren.

yalanlamak dementieren; für unrichtig erklären.

yalanmak 1. *Pass. zu yalamak* 2. sich lecken, sich putzen (*z.B. Katze*).

yal(a)vaç, *-cı* Prophet, Gesandte(r) *m* Gottes.

yalaza Flamme *f.*

yalçın 1. eben und kahl 2. unbewachsen und steil aufragend; schroff (*Felsen*) 3. ♀ *türk. Fn. od. m V.*

yaldız 1. Goldstaub *m*, Blattgold *n* 2. Vergoldung *f*, Doublee *n* 3. *fig.* Firnis, Schein *m*, Maske *f*; *-ını sıyırmak* (*b-nin*) *j-n* entlarven.

yaldızlamak 1. vergolden, dublieren 2. *fig. et.* zu verbrämen suchen.

yaldızlı 1. vergoldet, dubliert 2. *pej.* mit trügerischer Aufmachung; ~ *hap fig.* Köder *m*, Lockspeise *f*; ~ *söz glänzend formulierter, aber nichts besagender Ausspruch*; ~ *vaitler* trügerische Versprechungen *pl.*

yalelli [- x ·] *in den Füg.*: ~ *gibi od. Arabın -si gibi pej.* immer das gleiche Lied; ewige Leier.

yalgın Fata Morgana *f.*

yalı 1. flaches Ufer, Strand *m* 2. Strandvilla *f*; ~ *boyu* Gestade *n*, Meeresstrand *m*; ~ *çapkını zo.* Eisvogel *m*; ~ *kazığı* (*spött.*) reinste Hopfenstange (*Frau*); ~ *mevsimi* Sommer *m*; ~ *uşağı* am Meer geboren und aufgewachsen.

yalın 1. einfach, rein, ohne Beimischung 2. nackt, bloß; ~ *hal gr.* Nominativ *m*; ~ *kılıç* 1. blankes Schwert 2. das blanke Schwert in der Hand.

yalınayak barfuß; ~ *başı kabak* 1. barfuß und ohne Kopfbedeckung 2. *fig.* abgerissen, zerlumpt, heruntergekommen.

yalınkat, *-tı* 1. einzelne Schicht; einschichtig 2. *fig.* nicht solide 3. nicht gefüllt (*Blume*).

yalıtkan *phys.* isolierend; Isolator *m.*

yalıtmak isolieren.

yalıyar *geogr.* Steilküste *f.*

yalız glatt (*z.B. Muskel*).

yallah [x ·] voran!, los!, vorwärts!, auf!

yalnız [x ·] 1. nur, bloß, lediglich 2. allein; ohne Begleitung (*Ange-*

hörige, fremde Hilfe) 3. einzeln, gesondert 4. in Worten (*Vermerk auf Zahlungsbelegen*) 5. aber, jedoch, indessen; ~ *şu var ki* dabei ist jedoch zu beachten (*bemerken*), daß ...
yalnızcılık *pol.* Isolationismus *m.*
yalnızlık 1. Alleinstehen, Verwaistsein *n* 2. Isolierung *f* (*a. pol.*) 3. Einsamkeit, Leere *f.*
yalpa [x ·] *naut.* Schlingern *n*; ~ *vurmak* 1. schlingern (*Schiff*) 2. *fig.* torkeln.
yalpak 1. sich rasch anbiedernd 2. zutraulich (*Kind*) 3. *z. va.* schlampig, nachlässig.
yalpalamak *s. yalpa vurmak.*
yalpık flach, seicht.
yaltak(çı) *pej.* Speichellecker *m.*
yaltaklanmak sich kriecherisch benehmen; katzbuckeln.
yalvarmak *m. Dat.* inständig bitten, flehentlich ersuchen; *yalvarıp yakarmak* in allen Tönen (an)flehen.
yama 1. (*Ausbesserungs-*)Flicken *m* 2. (*Haut-*)Flecken *m* 3. *fig.* unzureichender Ersatz; ~ *vurmak* e-n Flicken aufsetzen.
yamacı 1. Flickschneider *m* 2. Flickschuster *m* 3. *fig.* Geizkragen *m.*
yamaç, -cı 1. Seite *f* 2. Bergwand *f*, Abhang *m.*
yamak 1. Helfer, Gehilfe, Lehrling *m* 2. *hist.* Grenzposten *m.*
yamalak 1. *selt.* (aus)geflickt 2. *s. yarım* ~.
yamalamak *m. Akk.* (aus)flicken.
yamamak 1. *s. yamalamak* 2. *pej.* andrehen, aufschwatzen, aufhängen.
yaman 1. heftig, schlimm, streng (*z.B. Winter*) 2. wunderbar, fabelhaft, überwältigend 3. *va.* schlecht, übel, böse 4. ♀ *türk. Fn. od. mV.*
yamanmak 1. *Pass. zu yamamak* 2. *pej.* (*j-m*) zur Last fallen.
yampala [x · ·] *in der Füg.*: ~ *Zeydün!* F da steht er wie der Ochse am Berg!
yampırı, yampiri schief, krumm.
yamrı yumru 1. krumm, (wind-)schief 2. verbeult, eingedrückt 3. erbärmlich, elend.
yamuk 1. nach der einen Seite geneigt 2. *math.* Trapez *n.*
yamyam Menschenfresser, Kannibale *m.*
yamyamlık Menschenfresserei *f*, Kannibalismus *m.*
yamyassı [x · ·] ganz platt; flach wie ein Nudelbrett.
yamyaş [x ·] klatsch-, patsch-, pudel•naß.
yan 1. Seite, Flanke *f* 2. Richtung, Gegend *f* 3. Ort *m*, Stelle *f*, Platz *m* 4. *math.* Seite *f* (*e-r Gleichung*) 5. seitlich; Seiten- 6. unmittelbare Nähe (*e-r Person*) 7. *s. yanında*; ~ *ağrısı* Seitenstechen *n*; ~ *arabası* Beiwagen *m* (*am Motorrad*); ~ *ateşi* *mil.* Flankenfeuer *n*; ~ *bakmak* mit scheelen Blicken betrachten; ~ *basmak fig.* e-n Lapsus begehen; ~ *çizmek m. Abl.* 1. sich *von et.* drükken wollen *od.* nicht an et. heranwollen 2. (*a.* ~ *sallamak*) V ignorieren; ~ *durmak* verrutscht sein; schiefsitzen (*z.B. Krawatte*); ~ *gelmek* (*od.* ~ *gelip oturmak*) es sich bequem machen; ~ *hakemi Fb. usw.* Linienrichter *m*; ~ *sokak* Seiten-, Neben•straße *f*; ~ ~ seitwärts; nach der Seite; ~ ~ *bakmak* mißgünstigen Blickes betrachten; ~ *yatmak* 1. sich weit zur Seite beugen 2. stark auf der Seite liegen (*Schiff*); *-a* (*mit vorausgehendem Abl.*) 1. auf ... zu; in der Richtung auf ... 2. helfend, protegierend 3. hinsichtlich; wenn es auf ... ankommt; *-a çarpılmış* verrutscht (*z.B. Krawatte*); *-daki harita* nebenstehende Karte; *-dan* von der Seite her; im Profil; *-dan çarklı* 1. (*vapur*) Raddampfer *m* 2. F verkrüppelter Mensch 3. F schwerfällig dahinratternd (*Fahrzeug*); *-ı sıra* 1. nebenher 2. zusammen (*mit ihm*); *-ına bırakmak* (*od. koymak*) 1. unausgeführt lassen 2. ungestraft hingehen lassen; *-ına gitmek* (*bşin*) e-m Gedanken nähertreten; *-ında* 1. neben ihm; an seiner Seite; daneben 2. bei sich 3. bei ihm; in seinem Haus 4. in seinen Augen; nach seiner Meinung 5. im Vergleich (*zu*).
yanak 1. Backe, Wange *f* 2. *mil.* Seitenwand *f* (*z.B. bei e-r Schießscharte*); ~ *çukuru* Grübchen *n* in der Wange.
yanal *math., an.* seitlich, lateral, Seiten-; ~ *yükseklik math.* Seitenhöhe *f*; ~ *yüzey math.* Seitenfläche *f.*
yanardağ Vulkan *m*; ~ *ağzı* Krater *m.*
yanardöner schillernd, changeant,

changierend; in verschiedenen Farben spielend.

yanaşık 1. angenähert; dicht (*bei*) 2. an•stoßend, -liegend 3. *mil.* geschlossen (*z.B. Formation*).

yanaşmak *m. Dat.* 1. sich nähern; herankommen; anlegen (*z.B. Schiff*) 2. *fig.* eingehen, sich einlassen (*auf*) 3. Beziehungen anknüpfen (*zu*).

yanayakıla 1. sein Leid klagend 2. sich bitterlich beklagend.

yancı *mil.* die Seitendeckung bildend (*Truppen*).

yandaş Freund, Helfer, Anhänger *m.*

yangaboz, yangabuç F schiefgewachsen, verkrüppelt (*Person*).

yangeldizm *hum.* Faulenzen *n.*

yangı *med.* Entzündung *f.*

yangılanmak *med.* sich entzünden.

yangın 1. Feuersbrunst *f*, Brand *m* 2. Fieber *n* 3. P verliebt; ~ *bombası mil.* Brandbombe *f*; ~ *bonosu* Feuerversicherungspolice *f*; ~ *çıkarmak* Brandstiftung verüben; ~ *ekipi* Löschtrupp *m*; ~ *kulesi* (*od. köşkü*) Feuerwarte *f*; ~ *sigortası* Feuer-, Brandschaden•versicherung *f*; ~ *tulumbası* Feuer-, Lösch•spritze *f*; ~ *var!* Feuer!, es brennt!; *-a körükle gitmek fig.* Öl ins Feuer gießen; *-dan çıkmış gibi* verarmt, mittellos.

yanıbaşında 1. dicht dabei 2. nebenbei (*gesagt*) 3. (*b-nin*) Schulter an Schulter (*mit*).

yanık 1. verbrannt, angebrannt, versengt, angesengt 2. verliebt 3. rührend, sehnsüchtig (*z.B. Lied*) 4. in der Entwicklung zurückgeblieben (*z.B. Kind*) 5. Brandwunde, -stelle *f*; ~ *yağı* Brandsalbe *f.*

yanıkara *med.* 1. Milzbrand *m*, Anthrax *f* 2. *va.* Pestbeule *f.*

yanılma *Vs. zu yanılmak, spez.* Fehler *m*, Versehen *n*, Irrtum *m.*

yanılmaca *lit.* Verwechslung *f*, Qui(d)proquo *n.*

yanılmak[1] 1. e-n Fehler begehen, sich irren 2. verfehlen, verpassen 3. unbedacht handeln.

yanılmak[2] 1. herzzerreißend klagen 2. sich grämen 3. Unrecht leiden.

yanılsama Sinnestäuschung *f.*

yanıltmaç Schnellsprechübung *f*, Zungenbrecher *m.*

yanıltmak *Kaus. zu yanılmak* 1. Ursache *od.* Anlaß sein, daß sich jemand irrt 2. zu unbedachtem Handeln veranlassen.

yani [ā] [x •] das heißt; nämlich.

yankesici Taschendieb *m.*

yankesicilik 1. Tätigkeit *f* e-s Taschendiebs 2. Begehen *n* von Taschendiebstählen.

yankı Echo *n*, Widerhall *m* (*a. fig.*).

yankıla(n)mak ein Echo finden (*a. fig.*).

yanlış 1. Fehler, Irrtum *m*, Versehen *n* 2. falsch, unrichtig, fehlerhaft, verkehrt, fälschlich 3. *va.* wild, furchtbar; ~ *bilmek* falsch unterrichtet sein; ~ *doğru cetveli* Druckfehlerverzeichnis *n*; ~ *kapıyı çalmak* 1. sich an die falsche Adresse (*Stelle*) wenden 2. *et.* verkehrt machen 3. an den Unrechten geraten; ~ *tamamisi techn.* Fehlerintegral *n*; ~ *yere* fälschlich (*z.B. beschuldigen*); ~ *yola* (*od. yolda*) *gitmek fig.* nicht richtig handeln; *-ını çıkarmak* (*b-nin*) *j-s* Fehler aufzeigen.

yanlışlık falsche Handlungsweise, Versehen *n*, Irrtum *m*; ~ *etm.* e-n Fehler begehen; *-la* irrtümlicherweise, versehentlich.

yanmak, (*-ar*) 1. (ab-, herunter-, ver)brennen (*intr.*) 2. angehen (*Feuer*) 3. angezündet werden *od.* brennen (*Ofen, el. Licht usw.*) 4. anbrennen (*intr.*), angesengt werden 5. sich Brandwunden zuziehen 6. braun werden 7. vernichtet werden (*z.B. durch Frost*) 8. (*bşden*) zerfressen werden (*z.B. durch e-e Säure*) 9. heftigen Durst bekommen 10. wie Feuer brennen (*z.B. Gaumen*) 11. ungültig werden 12. bös hereinfallen 13. F kaputtgehen, draufgehen, auffliegen 14. *m. Dat.* bedauern 15. *m. Dat.* verliebt sein (in) 16. *m. Dat.* sein Herz ausschütten 17. (*derdini*) sein Leid klagen 18. (*yapmak için*) von heftigem Verlangen erfüllt sein 19. (*bei dem Ka. „Einunddreißig“*) aus dem Spiel ausscheiden; *yana yakıla* 1. voll Betrübnis; schmerzerfüllt 2. sich bitterlich beklagend; *yanıp tutuşmak* (*biri için*) heftig verliebt sein (*in*); *yanmış kurşun* Bleiglätte *f.*

yansı 1. *biol.* Reflexbewegung *f* 2. Widerschein *m*, Spiegelung *f*, Re-

flex *m* 3. nach einer Seite hängend; schief.
yanşak fader Schwätzer.
yanşaklık fades Geschwätz.
yanyana nebeneinander.
yap yap P = *yavaş yavaş.*
yapağı, yapak Frühjahrswolle *f* (*der Schafe*).
yap(a)yalnız [x · · ·] *bzw.* [x · ·] 1. mutterseelenallein 2. ganz alleinstehend (*z.B. Haus*).
yapı 1. Bau *m* 2. Bauarbeit *f*, Bauen *n* 2. (*Auf-*)Bau *m*, Struktur *f*, *spez.* a) Körperbau *m* b) *gr.* Konstruktion, Bildung *f* 4. Werk *n*, Schöpfung *f*; ~ *çavuşu* Polier *m*; ~ *iskelesi* Baugerüst *n*; ~ *işleri* Bauarbeiten *pl.*, -tätigkeit *f*, -wesen *n*; ~ *kooperatifi* Baugenossenschaft *f*; ~ *yapmak* e-n Bau errichten (*aufführen, ausführen*).
yapıcı 1. machend, herstellend (*usw. s. yapmak*) *a.* konstruktiv 2. Hersteller, Produzent *m* 3. Erbauer *m* 4. Bauarbeiter *m* 5. *selt.* Bauunternehmer *od.* -meister *od.* Architekt *m*.
yapılageliş Brauch *m*, Sitte, Übung, Gewohnheit *f*.
yapınmak 1. *m. Akk. et.* zum eigenen Nutzen tun 2. *m. Akk.* sich *et.* machen lassen (*z. B. Anzug*) 3. *m. Dat.* sich bemühen (*zu*); gerne *et.* tun (*od.* sein) wollen.
yapış yapış ganz klebrig.
yapışık 1. (an-, auf-, zusammen-) geklebt 2. haftend, klebend 3. zusammengewachsen 4. *Bill.* press; ~ *kardeşler* siamesische Zwillinge *pl.*
yapışkan 1. zäh haftend; klebrig 2. *fig.* zudringlich, lästig (*Person*)
yapışma *Vs. zu yapışmak*, *spez. biol.* Verwachsung *f* 2. *techn.* Adhäsion *f*.
yapışmak *m. Dat.* 1. kleben, kleben bleiben, haften 2. berühren 3. sich *an et.* klammern 4. sich *an j-n* hängen 5. ergreifen (*z.B. Ruder*) 6. packen, festhalten 7. *Bill.* preß zu liegen kommen (*Spielball*).
yapıştırma 1. *Vs. zu yapıştırmak* 2. *fr. Brillanten, die e-r Braut ins Gesicht geklebt wurden* 3. Umdruckpapier *n* 4. Abziehbild *n*.
yapıştırmaca Klebe-, Puzzle-spiel [*n.*]
yapıştırmak *Kaus. zu yapışmak* 1. (an-, auf-, fest-, zu)kleben 2. versetzen (*Ohrfeige, Tritt usw.*)
yapkın 1. wohlhabend, reich 2. betrunken.
yapma 1. *Vs. zu yapmak* 2. künstlich, imitiert, nachgemacht, unecht, falsch 3. gekünstelt, vorgetäuscht, hohl, gespielt; ~ *ayıklanma* künstliche Auslese; ~ *çiçek* künstliche Blume; ~ *vakar* hohle Würde, gespielter Ernst.
yapmacık 1. gespielt, gekünstelt, unecht 2. Spiegelfechterei *f*, leeres Getue; Künstelei *f*.
yapmak, (*-ar*) 1. machen, tun 2. schaffen, herstellen 3. verursachen, bewirken, entstehen lassen 4. arbeiten 5. reparieren, ausbessern 6. (er)bauen, errichten 7. konstruieren (*z.B. Maschine*) 8. veranstalten (*z.B. Empfang*) 9. geben (*z.B. im Ka.*) 10. ausführen (*z.B. gesetzliche Vorschrift*) 11. zuteil werden lassen (*z.B. Behandlung*) 12. *j-m et.* antun 13. leisten, (*zuwege-*)bringen 14. handeln, verfahren 15. sich *et.* verschaffen 16. (*mit Streckenangabe*) machen, fahren 17. werden lassen (*z.B. beruflich*) 18. umwechseln (*z.B. in Kleingeld*) 19. *Hv. zur Bezeichnung e-r Tätigkeit* 20. (*in einigen idiomatischen Rw.*) sein; *yapacağını yap!* (*iron.*) tu, was du nicht lassen kannst!; *yapamamak* 1. nicht leisten können 2. nicht umhin können; *yapma* (*yapmayın, yapmayınız*)! 1. nicht doch!, laß das!, laß die Finger davon! 2. was du nicht sagst! *yaptığı ayağına dolaşmak fig.* selber in die Grube fallen, die man e-m anderen gegraben hat; *yaptığını bilmemek fig.* nicht ganz bei Trost sein.
yapracık 1. Blättchen *n* 2. dünne Schicht.
yaprak 1. Blatt *n* (*e-r Pflanze*) 2. *pr.* Weinbeerblatt *n* 3. (*Papier-*)Blatt *n* 4. (*Blätterteig-, Gestein-, Furnier- usw.*) Schicht *f* 5. Teil *m od. n*, Stück *n*; ~ *biti zo.* Blattlaus *f*; ~ *dolması* (*od. sarması*) farcierte Weinbeerblätter *pl.*; ~ *dökümü* Fallen *n* der Blätter, Herbst *m*; ~ *kurmak* Weinbeerblätter einlegen; ~ *salamurası* eingelegte Weinbeerblätter *pl.*; ~ *sigarası* Zigarre *f*; ~ *tütün* Blättertabak *m*; ~ ~ Blatt für Blatt.
yapyabancı [x · · ·] ganz (*od.* vollkommen) fremd.

yapyalnız *s. yapayalnız.*
yar[1] (*Präfixartig in Neol.*) Hilfs-, Vize-, stellvertretend, Sub-.
yar[2] 1. Schlucht *f*, Abgrund *m* 2. Steilküste *f*; *-dan atmak fig. j-n* ins Verderben stürzen; *-dan uçmak* 1. in den Abgrund stürzen (*intr.*) 2. *fig.* in schwere Bedrängnis geraten.
yâr, *-ri* 1. Freund, Helfer, Gefährte *m* 2. Geliebte, Freundin *f*; *~ da ağyar da fig.* alle Leute *pl.*; *-dan mı geçersin, serden mi? fig.* in e-m scheußlichen Dilemma sein.
yara 1. Wunde, Verwundung, Verletzung *f* 2. Leck *n* (*e-s Schiffes*), Loch *n* (*z.B. im Stoff*) 3. *fig.* Schmerz, Gram, Kummer *m* 4. *ab.* Narbe *f*; *~ açmak* 1. verwunden 2. *fig.* Kummer und Leid verursachen; *~ bere içinde* ganz zerschunden; *~ çengeli med.* Wundklammer *f*; *~ etm.* 1. e-e Wunde verursachen 2. wund-, auf·reiben; *~ intanı* Wundinfektion *f*; *~ işlemek* eitern (*Wunde*); *~ izi* Narbe *f*; *~ kabuğu* Wundschorf *m*, Kruste *f*; *-ya parmak basmak fig.* den Finger auf die Wunde legen; *-yı sarmak* die Wunde verbinden; *-yı deşmek fig.* e-e kaum vernarbte Wunde wieder aufreißen.
Yaradan Schöpfer *m*, Gott *m*; *-a kurban olayım!* P wie wunderbar ist doch...!; *-a sığınıp* (*bşi yapmak*) aus Leibeskräften.
yaradılış 1. Schöpfung, Erschaffung *f* 2. Naturanlage *f* 3. Temperament *n*.
yaralamak 1. verwunden, verletzen 2. ein Leck verursachen 3. ein Loch reißen (*z.B. Nagel*) 4. wund werden lassen; auf-, wund·reiben.
yaralı 1. verwundet, verletzt 2. beschädigt (*Schiff, Stoff usw.*) wundgerieben, -gelegen; *≈ kuşa kurşun sıkılmaz fig.* an e-m Wehrlosen vergreift man sich nicht; *~ nakliyatı mil.* Verwundetentransport *m*.
yaramak *m. Dat.* geeignet (*brauchbar, dienlich*) sein 2. bekömmlich sein; bekommen 3. angebracht (*angezeigt, am Platze*) sein.
yaramaz 1. mutwillig, unartig, ungezogen 2. Schlingel, Taugenichts *m*.
yaranmak *m. Dat. j-n* günstig (*geneigt*) stimmen.
yarar 1. geeignet, verwendbar 2. *selt.* tapfer 3. Nutzen, Vorteil, Gewinn *m*.
yararlanmak Nutzen ziehen; verwenden.
yararlı nützlich, vorteilhaft.
yararsız nutzlos, unrentabel.
yarasa *zo.* Fledermaus *f*.
yaraşık Schicklichkeit *f*; *~ almak* sich ziemen, sich gehören, in der Ordnung sein.
yaraşıklı schicklich, passend, geziemend.
yaraşmak *m. Dat.* 1. *s. yaraşık almak* 2. entsprechen 3. kleidsam sein; stehen.
yaraştırmak 1. *Kaus. zu yaraşmak* 2. = *yakıştırmak.*
yaratan schaffend, hervorbringend; *bu eseri ~ sanatçı* Schöpfer *m* dieses Kunstwerkes.
yaratıcı 1. schöpferisch, produktiv 2. schöpferischer Kopf.
yaratık Geschöpf *n*, Kreatur *f*.
yaratılış *s. yaradılış.*
yaratmak (er)schaffen, hervorbringen, verursachen, bewirken.
yarbay *mil.* Oberstleutnant *m*.
yarda [x·] englisches Yard (= 91,44 *cm.*).
yardak Helfer, Gehilfe *m*, *spez. pej.* = *yardakçı.*
yardakçı *pej.* Helfershelfer, Komplice *m*.
yardım 1. Hilfe *f*, Beistand *m*, Unterstützung *f* 2. Mit-, Ein·wirkung, Mithilfe *f*; *~ antlaşması* (*od. paktı*) Subsidien-, Beistands·vertrag *m*; *~ etm.* 1. (*b-ne*) helfen, beistehen 2. (*bşe*) unterstützen, fördern; *~ görmek* (*b-den*) geholfen bekommen; Unterstützung erfahren (*von*); *~ göstermek* Hilfe leisten; *-ına yetişmek* (*b-nin*) *j-m* zu Hilfe kommen.
yardımcı 1. helfend, Hilfs-, Behelfs-, Not- 2. Helfer, Gehilfe, Förderer, Hilfsarbeiter *m* 3. Stellvertreter *m*, Vize- 4. *-lar a.* Rettungsmannschaft *f*; *~ fiil gr.* Hilfsverb *n*; *~ köprü* Behelfsbrücke *f*; *~ teorem math.* Hilfssatz *m*, Lemma *n*.
yardımcısız ohne Hilfspersonal.
yardımlaşmak sich *gegenseitig* helfen; zusammenarbeiten.
yardımsamak *m. Abl.* Hilfe erbitten (*von*).
yardirektör Direktorstellvertreter *m*.

yaren [ā] Freund, Kamerad *m*.
yarenlik [ā] 1. Freundschaft, Kameradschaft *f* 2. gemütliches Plaudern; ~ *etm*. gemütlich plaudern.
yarga [x ·] *fast ausgewachsenes* junges Huhn.
yargı 1. *va*. Spalten *n* 2. *va*. Splitter, Span *m* 3. *phil*. Urteil *n* 4. Gerichtsbarkeit *f*.
yargıç, *-cı* Richter *m*; *-ın hukuk yapıcılığı jur*. richterliche Rechtsfindung.
yargılamak 1. *phil*. urteilen 2. vor Gericht stellen; aburteilen.
Yargıtay *n. pr. s. Temyiz Mahkemesi*.
yarı 1. Hälfte *f* 2. halb, Halb-, halbwegs, zur Hälfte; ~ *anlamak* nur halb(wegs) verstehen; ~ *beline kadar dışarı sarkmak* sich mit dem ganzen Oberkörper hinauslehnen; ~ *deli* halbverrückt; ~ *gece* Mitternacht *f*; ~ *otomatik top mil*. Selbstladegeschütz *n*; ~ *vakit* Hälfte *f* der Zeit; ~ *-ya* 1. ungefähr die Hälfte 2. halb und halb; in zwei Hälften; ~ *yol* Hälfte *f* des Weges; halber Weg; ~ *yolda bırakmak* 1. (*b-ni*) *j-n* (*im entscheidenden Moment*) im Stich lassen 2. (*bşi*) nicht zu Ende führen; ~ *yolda kalmak* 1. auf halbem Wege stehenbleiben 2. halbfertig liegenbleiben; ~ *yoldan dönmek* auf halbem Weg umkehren; ~ *yuvarlak* halbrund; *-da bırakmak* abbrechen (*z.B. Ferienaufenthalt, Schachspiel usw.*); *-da kalmak* mittendrin abgebrochen werden; *-ya çekmek* (*bayrağı*) halbmast flaggen.
yarıbuçuk F sehr wenig, e-e Handvoll, kaum ein paar, nur ein paar Brocken.
yarıcı 1. (zer)spaltend, durchbrechend 2. Holzhacker *m* 3. unter Halbpart-Bedingung arbeitend.
yarıçap, *-pı math*. Halbmesser, Radius *m*.
yarık 1. gespalten, geschlitzt 2. Spalte *f*, Riß, Schlitz *m*.
yarıküre *astr., geogr*. Hemisphäre, Halbkugel *f*.
yarılamak *m. Akk*. zur Hälfte beendigen.
yarım 1. halb 2. *fig*. unvollständig, unfertig, unzureichend, halb; ~ *ağır siklet* (*Boxen*) Halbschwergewicht *n*; ~ *ağızla fig*. nicht recht ernst gemeint; pro forma; ~ *aklını kaybetmek* halbverrückt werden; ~ *baş ağrısı med*. Migräne *f*; ~ *doğru math*. Richtungsgerade *f*; ~ *daire math*. Halbkreis *m*; ~ *kalmak* abgebrochen werden (*z.B. Wettkampf*); ~ *kan* Halbblut *n*, Mischling *m*; ~ *orta siklet* (*Boxen*) Weltergewicht *n*; ~ *saat* e-e halbe Stunde; ~ *yamalak* nur halb; unzureichend, mangelhaft, gebrochen (*z.B. Sprache*).
yarımada Halbinsel *f*.
yarımca *med*. 1. einseitige Lähmung, Hemiplegie *bzw*. Paraplegie *f* 2. Migräne *f*.
yarımküre 1. Kugelhälfte *f* 2. *astr., geogr*. Hemisphäre, Halbkugel *f*.
yarımlamak *m. Akk*. halbieren.
yarın [x ·] 1. morgen 2. morgiger Tag, Morgen *n* 3. *fig*. Zukunft *f*; ~ *değil öbür gün* (*volkstüml. Verdeutlichung*) übermorgen; ~ *öbürgün* in ein paar Tagen; demnächst; ~ *sabah* morgen früh, morgen vormittag; *-a atmak fig*. auf die lange Bank schieben.
yarınki morgig.
yarıntı Spalte, Furche *f*.
yarıresmî halbamtlich, offiziös.
yarış 1. Wett·kampf, -streit *m*, -spiel *n* 2. *pr*. Rennen *n*.
yarışmak 1. e-n Wettkampf austragen 2. konkurrieren, rivalisieren.
yarıtoptancı *H*. Halbgrossist *m*.
yarıyıl Halbjahr, Semester *n*.
yarma 1. *Vs. zu yarmak* 2. Spalte, Aufspaltung *f* 3. *mil*. Durchbruch *m* 4. ge-, zer·spalten 5. ungehobelter Kerl 6. *leicht zu halbieren und vom Kern zu lösen* (*Pfirsich*) 7. grobgemahlen (*Getreide*); ~ *gibi* hünenhaft gebaut (*Person*).
yarmak, (*-ar*) 1. (zer-, auf)spalten, auf·reißen, -schlitzen 2. *mil*. durchbrechen (*z.B. feindliche Front*) 3. durch·schneiden, -furchen (*z.B. Meer*).
yarmalamak *m. Akk*. der Länge nach (durch)schneiden, zertrennen.
yarpuz *bot*. Poleiminze *f*.
yarsubay *mil*. Fähnrich *m*.
yas Trauer *f*; ~ *tutmak* Trauer haben *bzw*. Trauer anlegen ; *-a koymak* in Trauer versetzen.
yasa Gesetz *n*.
yasak 1. Verbot *n* 2. verboten, untersagt; ~ *etm*. verbieten, untersa-

gen; ~ *savmak* 1. zur Not genügen 2. *et.* aus Anstand tun (*müssen*).

yasakçı 1. *fr.* = *kavas* 2. Befürworter *m e-s best. Verbotes.*

yasemin [- · -] 1. *bot.* Jasmin *m* 2. ♀ *wV.*

yassı platt, flach; ~ *çakıl* Flach-[kiesel *m.*]

yastık 1. (*Kopf-, Rücken-, Stütz- usw.*) Kissen, Polster *n* 2. (*Bügel-, Nadel- usw.*) Kissen *n* 3. Samen-, Pflanzen·beet *n* 4. *techn.* Lager, Unterlage *f*; ~ *yüzü* Kissenbezug *m.*

yaş[1] 1. (*Lebens-*)Alter *n* 2. (*Lebens-*) Jahr *n*; ~ *haddini doldurmak* die Altersgrenze erreichen (*Beamter*); *-ı ne başı ne?* will der grüne Junge auch schon mitreden?; *-ına başına bakmadan* ohne Rücksicht auf sein Alter; *-ında* ein Jahr alt; einjährig; *-ını (başını) almak* in das reifere Alter kommen; *-ını doldurmuş olan a.* überaltert (*Schiff*); *-ınız kaçtır? od. kaç yaşındasınız?* wie alt sind Sie?; *yirmi yaşındayım* ich bin zwanzig Jahre alt; *ben -ta* in meinem Alter.

yaş[2] 1. feucht, naß 2. frisch (*z.B. Obst, Gemüse*), grün (*z.B. Holz*) 3. Träne *f* 4. V unerfreulich, dumm, F belämmert (*Angelegenheit*); ~ *akıtmak* (*od. dökmek*) Tränen vergießen; ~ *istim techn.* Naßdampf *m*; *-lara boğulmak* in Tränen zerfließen.

yaşa 1. hoch!, hurra!, bravo! 2. Prost!, Gesundheit! (*nach dem Niesen*).

yaşama 1. Leben *n* 2. Lebensweise *f*; ~ *isteği* Lebenswille *m*; ~ *uğrası* Kampf *m* ums Dasein; *-sını bilmek* zu leben verstehen.

yaşamak 1. leben 2. auskommen; den Lebensunterhalt bestreiten 3. lebendig bleiben; weiterleben (*z.B. Erinnerung*) 4. e-e schöne Zeit verbringen 5. sich glücklich preisen können 6. (*bşle*) a) *von et.* leben (*a. fig.*) b) *in e-m best. Zustand* (*z.B. unter dauernden Entbehrungen*) *leben* 7. (*b-le*) *mit j-m* zusammenleben.

yaşarmak feucht werden (*a. z.B. Augen*).

yaşatmak *Kaus. zu yaşamak, spez.* 1. leben lassen 2. zum Leben bringen; erwecken 3. am Leben erhalten 4. lebendig darstellen (*z.B. auf der Bühne*).

yaşayış Lebens·art-, -haltung *f*; ~ *seviyesi* Lebensstandard *m.*

yaşıt gleichaltrig, Alters·genosse *m*, -genossin *f.*

yaşlı[1] voll Tränen (*Augen*).

yaşlı[2] 1. in *e-m best.* Alter stehend 2. *pr.* alt, bejahrt, betagt.

yaşlık Feuchtigkeit, Nässe *f.*

yaşmak *fr.* weißer Kopfschleier (*der orient. Frauen*).

yat[1], *-tı* (*Segel-*)Jacht *f.*

yat[2] (*Imperativ zu yatmak*); ~ *borusu mil.* Retraite *f*, Zapfenstreich *m.*

yatağan Jatagan *m*, türkisches Krummschwert.

yatak 1. Bett *n*, Liegestatt *f* 2. *geogr.* (*Fluß-*)Bett *n* 3. *geol.* Schicht *f* 4. Lager, Vorkommen *n* 5. *techn.* Lager *n* (*e-r Welle, Achse usw.*), Schlitten *m* (*z.B. e-r Hobelmaschine*) 6. geheimes Versteck, Unterschlupf *m* 7. reiches Jagdgebiet 8. Höhlung, Vertiefung; (*Augen-*)Höhle *f*, Loch *n* (*z.B. für Stecklinge*) 9. Garage *f* 10. Ankerplatz *m* 11. *Abstand m der beiden Hinterbeine* (*e-s Pferdes*) 12. Komplice, Helfershelfer, Hehler *m*; ~ *çarşafı* Bettuch, Bettlaken *n*; ~ *esiri* bettlägerig; ~ *kovan techn.* Lagerpfanne *f*; ~ *liman* Flotten·hafen *m*, -basis *f*; ~ *odası* Schlafzimmer *n*; ~ *örtüsü* Bettdecke *f*; ~ *salmak* ein Bett aufschlagen; ~ *takımı* Bettzeug *n*; ~ *yapmak* das Bett zurechtmachen; das Lager bereiten; *yatağa düşmek* (*od. serilmek od. yatmak*) zu Bett liegen müssen (*infolge Erkrankung*); *yatağa girmek* sich schlafenlegen; *-lar çekmek* (*b-ni*) weiter das Bett hüten müssen.

yatakhane [· · - ·] 1. Schlafsaal *m* 2. Schlafräume *pl.*

yatalak bettlägerig.

yatay *math.* 1. horizontal, waagerecht 2. Horizontale, Waagerechte *f*; ~ *deprem geol.* Horizontalbeben *n.*

yatı Übernachten, Übernachtbleiben *n*; ~ *okulu* Internat *n.*

yatık 1. Umlege- (*z.B. Kragen*) 2. Horizontal- 3. mit Flachbahn.

yatılı 1. Internats- (*z.B. Schule*) 2. Internatsschüler(in *f*) *m*, -student (-in *f*) *m.*

yatırım 1. Einzahlung *f* 2. Investierung *f.*

yatırmak *Kaus. zu yatmak, spez.*

1. einzahlen (*Geld*) 2. investieren, anlegen.
yatısız 1. ohne Internat (*Schule*) 2. Externe(r) *m/f* (*Schüler, Student*).
yatışmak sich legen, sich beruhigen, nachlassen (*Sturm, Unruhen*).
yatıştırmak beruhigen, besänftigen, beschwichtigen.
yatkı Falte *f*, Kniff, Bruch *m*.
yatkın 1. *va.* hin-, nieder-gelegt 2. nach e-r Seite geneigt 3. *fig.* ähnlich; gemahnend (*an*) 4. geschickt, gewandt (*Hand*) 5. gut zugeritten (*Pferd*) 7. zu lange gelagert (*Ware*).
yatmak, (*-ar, va. -ır*) 1. sich hinlegen 2. sich zu Bett legen 3. zu Bett liegen 4. bettlägerig sein 5. sich (*glatt*) legen (*z.B. Stoff*) 6. schlafen; über Nacht bleiben 7. lagern (*intr.*) (*Ware*) 8. vor Anker liegen 9. e-e Gefängnisstrafe verbüßen 10. begraben liegen; ruhen 11. *m. Dat.* sich nach e-r Seite neigen *od.* legen (*z.B. Schiff*) 12. *fig.* geneigt sein (*zu*) 13. gewandt, geschickt sein (*Hand*); *yatıp kalkmak* 1. die Nacht verbringen 2. wohnen, hausen.
yatsı Zeit *f* (*1½ - 2 Stunden*) *nach Sonnenuntergang*; ~ *namazı das letzte der fünf täglichen rituellen Gebete.*
yavan 1. ohne *od.* mit zu wenig Fett zubereitet 2. ohne Zukost; trocken (*z.B. Brot*) 3. *fig.* fade, geschmacklos; ~ *çorba* Haferschleim *m od.* Wassersuppe *f*; ~ *sözler* dürre Worte *pl.* (*ohne innere Anteilnahme*).
yavaş 1. langsam 2. leise 3. nachgiebig, ruhig, verträglich 4. sachte, vorsichtig 5. (*Ausruf*) langsam!, Vorsicht!, ~ *gel!* red' nicht so großspurig daher!; ~ *tütün* leichter Tabak; ~ ~ 1. ganz langsam!; aber nur vorsichtig! 2. nach und nach; langsam; mit der Zeit.
yavaşça [· x ·] recht (*ziemlich, ganz*) langsam *od.* vorsichtig.
yavaşçacık [· x · ·] überaus langsam *od.* vorsichtig.
yavaşlamak 1. sich verlangsamen 2. (*an Intensität*) nachlassen.
yavaşlık 1. Langsamkeit, Schwerfälligkeit *f* 2. Leise-Sein *n* 3. Nachgiebigkeit, Sanftmut, Verträglichkeit *f* 4. Behutsamkeit, Vorsicht *f* 5. geringe Intensität.
yave [ā] dummes Gerede, Geschwätz *n*.
yaver [ā] 1. Helfer, Gehilfe *m* 2. *mil.* Adjutant *m*.
yavru 1. Junge(s) *n* (*e-s Tieres*) 2. ganz kleines Kind, Würmchen *n* 3. *Sch.* kleiner, tüchtiger Schüler 4. *kleinere Ausführung z.B.* Türchen, Schlößchen *usw.*; ~ *atmak* Junge werfen; ~ *çıkarmak* ausbrüten (*Vögel*); *-m* mein Liebling!
yavruağzı, *-nı* von hellem Rosarot.
yavrucak bedauernswertes Junges *od.* Kind.
yavrucuk liebes Junges *od.* Kind.
yavrulamak Junge werfen (*Tier*).
yavşak junge Laus *od.* Wanze.
yavuk 1. *z. va.* Liebespfand *n* 2. Verlobung *f*.
yavuklamak *z. va.* verloben.
yavuklanmak *z. va.* 1. verlobt werden 2. sich verloben.
yavuklu *z. va.* verlobt, Verlobte(r) [*m/f*.]
yavuz 1. rücksichtslos, energisch, verwegen, streng 2. ♀ a) *mV*. b) der Gestrenge (*Beiname Sultan Selims I.*) c) *türk. Name des ehemals deutschen Kreuzers „Goeben"*.
yay 1. Bogen *m* (*des Schützen, Geigers usw.*) 2. (*Sprung-, Spiral-, Wagen-, Uhr- usw.*) Feder *f* 3. *math.* (*Kreis-*)Bogen *m* 4. bogenförmig, gewölbt 5. ♀ *astr.* Schütze *m*; ~ *boşaltmak* 1. die Sehne von e-m Bogen nehmen 2. e-n Pfeil abschießen; ~ *çeliği* Feder-, Blatt-stahl *m*; ~ *doldurmak* den Bogen spannen und e-n Pfeil auflegen; ~ *gerginliği* Federspannung *f*.
yaya zu Fuß gehend; Fußgänger(in *f*) *m*; ~ *bırakmak fig.* sich *j-m* überlegen erweisen; ~ *kaldırımı* Gehsteig *m*, Trottoir *n*; ~ *yolu* Fußweg *m*; ~ *zinciri mil.* Meldekette *f*.
yayan 1. *adv.* zu Fuß 2. *fig.* unwissend; ~ *gitmek* zu Fuß gehen; ~ *yapıldak* barfuß gehend.
yaygara Geschrei *n*; *-yı basmak* ein lautes Geschrei erheben.
yaygaracı 1. Schreihals *m* 2. Krakeeler, Radaubruder *m*.
yaygı Tuch *n*, Decke *f*.
yaygın 1. verbreitet, geläufig, 2. ziemlich groß; ausgedehnt 3. *phil.* diffus; ~ *oturmak* sich hinlümmeln.
yayık[1] Butterfaß *n*; ~ *dövmek* buttern; *-ta su dövmek* Sinnloses tun.

yayık² ausgebreitet, entfaltet, weit, offen; ~ ~ gedehnt, gezogen (*z.B. sprechen*).
yayılma *Vs. zu yayılmak, spez.* 1. *phys.* Ver-, Aus•breitung *f* 2. *mil.* Entwicklung, Entfaltung *f* 3. *phil.* Diffusion *f*.
yayılmak 1. *Pass. zu yaymak* 2. sich verbreiten (*z.B. Nachricht*) 3. *mil.* sich entwickeln, sich entfalten 4. sich ausbreiten, größer werden (*z.B. Fleck*) 5. auseinander•laufen, -gehen.
yayın¹ (*balığı*) *zo.* Wels *m*.
yayın² 1. Veröffentlichung, Publikation *f* 2. (*Rundfunk-*)Sendung *f*.
yayla [x ·] 1. Hochebene *f*, Plateau *n* 2. *s. yaylak*.
yaylak Bergweide, Trift, Alm *f*.
yaylı 1. mit Bogen ausgestattet 2. *mus.* Streich- 3. gefedert 4. *leichter, gefederter Wagen*; ~ *çalgı* (*od. saz*) *mus.* Streichinstrument *n*; ~ *saz kuarteti* Streichquartett *n*; ~ *valf tech.* Federventil *n*.
yaylım 1. *Vs. zu yayılmak* 2. *s. yaylak*; ~ *ateş mil.* 1. Salvenfeuer *n* 2. Ehrensalve *f*; ~ *topu mil.* Stalin-Orgel *f*.
yayma 1. *Vs. zu yaymak* 2. offene Auslage *e-s Händlers*.
yaymak, (*-ar*) 1. ausbreiten (*z.B. Tuch*) 2. verbreiten (*z.B. Gerücht, Krankheit usw.*) 3. aussenden (*z.B. Strahlen*) 4. aufwirbeln (*z.B. Staub*) 5. weiden lassen (*Tiere*).
yayvan breit und flach (*z.B. Schüssel*); ~ ~ gezogen, gedehnt (*z.B. sprechen*).
yaz Sommer *m*; ~ *kış* im Sommer wie im Winter; ~ *saati* Sommerzeit *f*; ~ *tarifesi* Sommerfahrplan *m*.
yazan 1. schreibend 2. Verfasser, Autor *m*.
yazar 1. wer schreibt *od.* schreiben kann 2. Schriftsteller, Literat *m* 3. Redakteur, Publizist, Schriftleiter *m*.
yazı¹ 1. Schreibarbeit *f* 2. Schriftstück, Schreiben *n* 3. Schrift *f* 4. Schönschreiben *n* 5. Abhandlung *f*, Aufsatz *m* 6. *typ.* Manuskript *n* 7. Druckart *f*, Druck *m* 8. Text *m* 9. *fig.* Darstellung *f*, Stil *m* 10. *fig.* Los, Schicksal *n*; ~ *dili* Schriftsprache *f*; ~ *ile* schriftlich; ~ *işleri* 1. schriftliche Arbeiten *pl.* 2. (*Zeitungs-*)Redaktion *f* 3. Schriftverkehr *m*; ~ *kâğıdı* Schreib-, Brief•papier *n*; ~ *makinesi* Schreibmaschine *f*; ~ *masası* Schreibtisch *m*; ~ *tahtası* Wandtafel *f*; ~ *tatbiki* Schriftenvergleichung *f*; ~ *tuğra atmak* durch Münzwurf losen; ~ *yazmak* schreiben; *-ya dökmek* 1. schriftlich niederlegen (*od.* fixieren) 2. schriftlich darstellen; *-ya gelmek* sich schriftlich ausdrücken (*darstellen*) lassen; *-yı çıkarmak* (*od. sökmek*) *et.* lesen können, herausbringen, entziffern.
yazı² ebenes Gelände; Ebene *f*.
yazıcı 1. Schreiber *m* 2. *selt. T. von muharrir od. müellif*.
yazıhane [· · - ·] 1. Schreibtisch *m* 2. Büro, Kontor, Amtszimmer *n*.
yazık 1. Sünde, Schuld *f*, Unrecht *n* 2. schade! 3. pfui, schändlich!; *-lar olsun!* schämst du dich denn gar nicht?; aber pfui!, was ist denn das?
yazıklanmak *m. Dat.* bedauern; *e-m* leidtun.
yazıksız schuldlos, unschuldig.
yazılı 1. (auf-, ein)geschrieben, eingetragen 2. beschrieben, beschriftet 3. schriftlich (*z.B. Prüfung*) 4. vom Schicksal bestimmt 5. ausgeschrieben (*z.B. Aktie auf e-n Namen*); ~ *hukuk jur.* geschriebenes (*kodifiziertes*) Recht.
yazılmak 1. *Pass. zu yazmak* 2. sich einschreiben (*eintragen, immatrikulieren*) lassen.
yazın [x ·] *adv.* im Sommer.
yazışmak 1. korrespondieren 2. gemeinsam schreiben.
yazıt, *-tı* Inschrift *f*.
yazlık 1. Sommer- 2. Sommerkleidung *f* 3. Sommerwohnung *f*; *yazlığına* den Sommer über; während des ganzen Sommers.
yazma 1. *Vs. zu yazmak* 2. Druckkattun *m* 3. P Mumps, Ziegenpeter *m* 4. (*eser*) Handschrift *f*, Manuskript *n* 5. handschriftlich 6. gebatikt.
yazmak, (*-ar*) 1. (auf-, nieder-) schreiben 2. ein•schreiben, -tragen. immatrikulieren 3. ver-, ab•fassen 4. schminken und schmücken (*Gesicht e-r Braut*) 5. verbreiten, bringen (*z.B. Zeitung e-e Nachricht*) 6. als Schriftsteller *od.* Redakteur tätig sein 7. schriftlich mitteilen 8. in Dienst stellen (*z.B. als Polizisten*) 9. batiken 10. *Hv.* beinahe, fast; ~ *bozmak* 1. schreiben und aus-

streichen 2. *fig.* anordnen und verbieten 3. *fig.* launisch sein.
yazman Sekretär, Schreiber *m.*
yed *va.* (*in älteren Füg.*) Hand *f.*
yedek 1. Reserve *f*, Ersatz *m* 2. Reservestück *n*, Ersatzteil *m* 3. Ersatz-, Reserve- 4. Handpferd *n* 5. Treideln *n od.* Schleppen *n* 6. *Fb. usw.* Ersatzspieler *m*; ~ *çapa(demiri)* Notanker *m*; ~ *çekmek* treideln (*Schiff*); ~ *kolluk* Ersatzmanschette *f*; ~ *subay* Reserveoffizier *m*; ~ *yem mil.* eiserne Ration; *yedeğe almak* 1. ins Schlepptau nehmen 2. abschleppen (*manövrierunfähiges Fahrzeug*).
yedi 1. sieben 2. Sieben *f* (*Zahl*); ~ *âlimler* Sieben Weisen *pl.* (*Griechenland*); ~ *başlı* (*yılan*) 1. *myth.* siebenköpfige Hydra 2. gefährliche Person *f*, *spez.* ränkesüchtiges Weib; ~ *canlı* 1. langlebig 2. unverwüstlich; ♀ *Kardeşler* die sieben Sterne des Großen Bären; ~ *kubbeli hamam kurmak fig.* sich in Phantasievorstellungen ergehen; ~ *mahalleye davul zurna ile duyurmak fig.* austrompeten, ausposaunen; *-sinden yetmişine kadar* vom kleinsten Jungen bis zum ältesten Greis.
yediadil, *-dli jur.* Sequester, Treuhänder *m.*
yediemin [· · · -] Vertrauensmann, Sachwalter, Treuhänder *m*; *-e teslim etm.* sicherstellen.
yedili 1. Sieben *f* (*Spk.*) 2. *mus.* Septime *f*; ~ *şamdan* siebenarmiger Leuchter.
yedirme 1. *Vs. zu yedirmek* 2. *best. Dichtungsmasse für Wasserleitungen.*
yedirmek *Kaus. zu yemek, spez.* 1. zu essen (*bzw.* fressen) geben 2. durchtränken 3. verrühren, mischen 4. sich *et.* entlocken lassen 5. veranlassen *od.* zulassen, daß jem. *et.* (*Verbotenes*) annimmt 6. (*k-ne od. nefsine*) sich *et.* gefallen lassen 7. *yedirememek* (*k-ne od. nefsine od. namusuna od. kibrine od. ä. m.*) *et.* nicht verwinden können; mit seiner Ehre nicht vereinbaren können; *yedirip içirmek* verpflegen, verköstigen.
yeditasarruf *jur.* Verfügungsgewalt *f.*
yedmek, (*-er*) 1. hinter sich herziehen 2. treideln, bugsieren, schleppen.
yegâne einzig, allein(ig).
yeğ den Vorzug verdienend; besser; ~ *tutmak* vorziehen.
yeğen 1. Neffe *m* 2. Nichte *f.*
yeğinlik *phys.* Intensität *f.*
yeis, *-e'si* Verzweiflung, Hoffnungslosigkeit *f.*
yek *z. va.* ein.
yekdiğeri, *-ni* einander; gegen-, wechsel·seitig.
yeknesak 1. monoton, eintönig, langweilig 2. gleichmäßig, einheitlich.
yeksan [ā] 1. *va.* von gleicher Erscheinung 2. gleich 3. eingeebnet; ~ *etm.* (*bşi yerle*) dem Erdboden gleichmachen.
yekta [ā] 1. einzig, alleinig 2. einzigartig, unvergleichlich 3. ♀ *mV.*, *wV.*
yekten [x ·] *adv.* 1. plötzlich 2. ohne ersichtlichen Anlaß 3. alles zusammen.
yekûn Summe *f*; ~ *etm.* zusammenzählen, addieren.
yekvücut, *-du* [ū] *z. va.* einheitlich, geschlossen.
yel 1. Wind *m* 2. P Darmblähung *f* 3. P rheumatische Schmerzen *pl.*; ~ *yeperek yelken kürek fig.* aufgeregt und atemlos; *-e vermek* 1. in die Höhe schleudern 2. *fig.* vergeuden, verschwenden.
yele (*Pferde- od. Löwen-*)Mähne *f.*
yelek 1. Weste *f* 2. Schwungfedern *pl.* (*e-s Vogels*) 3. Fiederung *f* (*z.B. e-s Pfeils*).
yelken Segel *n*; ~ *açmak* 1. die Segel setzen 2. *fig.* seine Schritte beschleunigen 3. *fig.* loslegen; ~ *bezi* Segeltuch *n*; ~ *gemisi* Segel·schiff, -boot *n*, Segler *m*; ~ *kürek* in aller Eile; mit höchster Geschwindigkeit; ~ *tabiatlı* unbeständig, unzuverlässig (*Person*); *-leri suya indirmek fig.* klein beigeben.
yelkenlemek 1. die Segel hissen; in See stechen 2. V sich davonmachen 3. V in die Höhe treiben (*Preise*).
yelkenli Segel·schiff, -boot *n*; ~ *kızak* Segelschlitten *m.*
yelkovan 1. großer Uhrzeiger 2. Wetterfahne *f* 3. Windfänger *m* (*auf Schornstein*) 4. *zo.* Sturmtaucher *m.*
yellemek 1. anblasen, anfachen 2. fächeln.
yellenmek 1. *Pass. zu yellemek* 2.

e-n Wind (*Furz*) fahren lassen; furzen.

yellim yalâlim P in heller Aufregung.

yelloz *Schi.* Hure, Dirne *f.*

yelmek, (-er) *m. Dat.* 1. aufgeregt und atemlos *auf j-n* zustürzen 2. umherlaufen.

yelpaze [ā] 1. Fächer *m* 2. Feuerwedel *m*; ~ *kulak* große abstehende Ohren *pl.*

yelpazelemek [ā] *m. Akk.* fächeln.

yelpazelenmek [ā] 1. *selt. Pass. zu yelpazelemek* 2. sich Luft zufächeln.

yelpazevari [· - · - -] fächer·förmig, -artig, strahlenförmig.

yelpik Asthma *n*, Atemnot *f.*

yeltek unbeständig, wankelmütig.

yeltenmek *m. Dat.* 1. sich versuchen (*in*), sich unterfangen (*zu*); wagen 2. sich anmaßen, sich aufspielen.

yem 1. Futter, Fressen *n* 2. *a. fig.* Lockspeise *f*, Köder *m* 3. *fig.* Raub *m*, Opfer *n* (*z.B. e-r Feuersbrunst*) 4. *fr.* Zündkraut *n* (*für Geschütze*); ~ *borusu çalmak* (*leere*) Versprechungen machen; ~ *tayınatı* Futterration *f*; ~ *torbası* Futter·sack, -beutel *m* (*für Pferde usw.*).

yemek[1] (*Sb.*) 1. Essen *n* 2. Speise *f*, Gericht *n*, Mahlzeit *f* 3. (*Essens-*) Einladung *f*, Gastmahl *n*; ~ *borusu* 1. *mil.* Essensignal *n* 2. *an.* Speiseröhre *f*; ~ *çıkarmak* (*e-m Gast*) Essen vorsetzen; ~ *kitabı* Kochbuch *n*; ~ *masası* Eßtisch *m*; ~ *odası* Eß-, Speise·zimmer *n*; ~ *pişirmek* Essen kochen; ~ *yapmak* Essen zubereiten; kochen; ~ *yedirmek* zu essen geben; ~ *yemek* essen, speisen; *yemeğe meraklı* wählerisch im Essen.

yemek[2] (*Verb*) 1. essen, fressen 2. ausgeben, vertun (*z.B. Geld*) 3. zerfressen (*z.B. Säure*), auswaschen (*z.B. Meer*), abwetzen 4. (zer-) stechen, beißen (*z.B. Moskitos*) 5. *et. Unangenehmes* (ab)bekommen *od.* sich *an et.* (*Verbotenem*) vergreifen 7. nicht zurückzahlen (*Schulden*) 8. entlocken (*Geld*) 9. V zugrunde richten, umbringen 10. V sich e-n Bären aufbinden lassen; *yediği naneye bak!* F ja, tut man denn so etwas?; *yemeden içmeden fig.* schnurstracks, unverzüglich; *yiyecek gibi bakmak* mit den Augen verschlingen; *yiyip bitirmek* 1. aufzehren, nichts übrig lassen; ver-, auf·brauchen 2. ruinieren, zugrunderichten.

yemekhane [ā] Speise·saal *m*, -räume *pl.*

yemeni 1. *bedrucktes, handgefärbtes leichtes* Kopftuch 2. *leichter* Halbschuh *ohne Absatz.*

yemez V schlau, gerissen.

yemin [i] 1. *va.* rechte Seite, Richtung *od.* Hand 2. Schwur, Eid *m*; ~ *etm.* schwören; e-n Eid leisten 2. (*bşe*) beeiden 3. (*bşin üzerine*) schwören (*bei*); ~ *ettirmek* (*od. verdirmek*) eidlich verpflichten.

yeminli [· - ·] 1. durch e-n Eid gebunden 2. vereidigt.

yemiş 1. Früchte *pl.*, Obst *n* 2. *reg.* Feige *f* 3. *fig.* Frucht *f*, Ertrag, Gewinn *m*; ~ *vermek* Früchte tragen (*a. fig.*).

yemişçi Obsthändler *m.*

yemişli 1. Früchte tragend (*Baum*) 2. *fig.* fruchtbringend, erfolgreich, einträglich.

yemlemek *m. Akk.* 1. *selt.* füttern, atzen 2. mit Köder versehen (*Falle, Angelhaken*) 3. *fr.* Zündkraut auflegen 4. *fig.* ver-, an·locken, ködern.

yemlik 1. Futter- 2. Krippe, Raufe *f*, Futter·trog, -sack, -kasten *m* 3. *fig.* Bestechungssumme *f*, Schmiergeld *n* 4. *fig.* Pechvogel *m* (*im Spiel*); ~ *torbası* Futter·sack, -beutel *m.*

yemyeşil [x · ·] 1. grasgrün 2. ganz mit Grün bedeckt.

yen 1. (*Hemd-, Rock-, Jacken-*) Ärmel *m* 2. *bot.* Spatha, Blütenscheide *f*; ~ *kapağı* Ärmelaufschlag *m.*

yenge [x ·] 1. Schwägerin *f* (*Frau des Bruders*) 2. angeheiratete Tante (*Frau des Onkels väterlicherseits od. mütterlicherseits*) 3. (*a.* ~ *kadın*) *erfahrene Betreuerin e-s Mädchens od. e-r jungverheirateten Frau*; Anstandsdame *f.*

yengeç, -ci 1. *zo. großer* Taschenkrebs 2. ♋ *astr.* Krebs *m* (*Sternbild od. Tierkreiszeichen*); ♋ *dönencesi astr.* Wendekreis *m* des Krebses.

yengi Besiegen *n*; Sieg *m.*

yeni 1. neu (= *ungebraucht od. bisher nicht vorhanden*) 2. neuerdings, erst vor kurzem 3. frisch (*z.B. gestrichen*) 4. neu, neuerworben 5. unausgebildet; ~ *ayak bir çocuk* ein Kind, das eben erst laufen gelernt hat; ~ *bir işara kadar* bis auf weiteres; ~ *çağ* Neuzeit *f*; ~ *çıkma* 1. neu herausgekommen 2. *pej.* neumodisch; ~ *evliler* Neuvermählte *pl.*; ~ *kızıl kumtaşı geol.* Buntsandstein *m*; ~ *yetişen nesil* heranwachsende Generation; ~ *zaman* (*-lar*) Neuzeit *f*; *-si, eskisini aratır* das (*schlechte*) Neue läßt e-n wehmütig an das (*gute*) Alte zurückdenken.

yenibahar Gewürzkörner *pl.*; Piment *n.*

yenibaştan von neuem; noch einmal.

Yeniçeri *hist.* 1. Janitscharen *pl.* 2. Janitschar *m* 3. *va.* Renommist, Raufbold *m*; ~ *ağası* 1. *hist.* Oberbefehlshaber *m* der Janitscharen 2. *fig.* gewalttätig, tyrannisch.

yeniden von neuem; wieder, von vorn, noch einmal; ~ *canlanma* Wiederaufleben *n*; ~ *doğmak* 1. neu geboren werden 2. *fig.* wiederaufleben (*a. H., z.B. kaufmännische Forderung*); ~ *kıymetlendirmek* aufwerten, revalorisieren; ~ *yeniye* immer aufs neue.

yenidünya 1. Neue Welt, Amerika 2. *bot.* japanische Mispel 3. bunte Glaskugeln *pl.*

yenik 1. abgeschabt, abgewetzt 2. zernagte Stelle, *z.B. Mottenloch*, wurmstichige Stelle *usw.* 3. *fig.* wunde Stelle.

yenileme *Vs. zu yenilemek, spez.* Neuerung, Novation *f*; ~ *dâvası jur.* Antrag *m* auf Aufnahme e-s ruhenden Verfahrens.

yenilemek 1. erneuern (*z.B. Vertrag*) 2. auffrischen, restaurieren, ausbessern 3. erneut bringen; wiederholen (*z.B. Vorschlag*).

yenilgi Besiegt-Werden *n*; Niederlage *f.*

yenilik 1. Neu-Sein *n*; Neuheit *f* 2. Neuerung, Reform *f* 3. Unerfahrenheit *f*; ~ *korkusu psych.* (*krankhafte*) Abneigung gegen alles Neue.

yenilikçi reformfreudig.

yenilmek 1. *Pass. zu yemek*[2] 2. *Pass. zu yenmek*[2] (*b-ne*) besiegt werden (*von*); j-m unterliegen; *bu, yenilir yutulur şey degil!* das ist einfach unerträglich!

yeniyetme im Entwicklungs-, Pubertäts-alter stehend.

yeniyetmelik Entwicklungsalter *n*, Pubertät *f.*

yenmek[1] *Pass. zu yemek.*

yenmek[2] *m. Akk.* 1. (*b-ni*) besiegen, schlagen, überwinden 2. (*bşi*) *e-r Sache* Herr werden.

yepermek aufgeregt und atemlos herumlaufen.

yepyeni [x · ·] ganz neu; (funkel-) nagelneu.

yer 1. Ort, Platz *m*, Stelle, Stätte, Gegend *f* 2. Raum, Platz *m* 3. Grund·stück *n*, -besitz *m* 4. Boden *m*, Erde *f*, Land *n* 5. Narbe, Spur *f* 6. *fig.* Aufgabe, Rolle, Bedeutung *f*; *a.* Anlaß *m* 7. *a. astr., geogr.* Erde *f* 8. Stelle *f*, Posten *m* 9. *-inde, -ine Pp.* anstelle, (an)statt, (*als Ersatz*) für; ~ *açmak* Platz machen (*durch Zusammenrücken*); ~ *almak* 1. Raum einnehmen 2. ein Gebiet erobern 3. ein Grundstück kaufen 4. e-e Rolle spielen; mitwirken, teilnehmen; ~ *bulmak* 1. Platz finden 2. e-e Anstellung finden; ~ *cücesi* klein, aber oho! ~ *edinmek* sich *irgendwo* ankaufen; ~ *etm.* 1. e-e Spur hinterlassen 2. sich einnisten, sich einfressen; ~ *odası* ebenerdiges Zimmer, Parterrezimmer *n*; ~ *sarsıntısı* Erdbeben *n*; ~ *solucanı zo.* Regenwurm *m*; ~ *tezeği* Torf *m*; ~ *tutmak* 1. sich einwurzeln 2. Platz ein- *od.* weg·nehmen (*z.B. Möbelstück*) 3. *fig.* e-e Rolle spielen; ~ *vermek* Anlaß geben (*zu*); heraufbeschwören; ~ *yarılıp içine girmiş* es war, als hätte ihn der Erdboden verschlungen; ~ *yatağı* ebenerdige Lagerstatt; ~ ~ 1. an verschiedenen Orten 2. strichweise 3. mehrfach, öfters; ~ *yurt* fester Wohnsitz, Wohnort *m*; ~ *yuvarlağı* Erde *f*; ~ *zarfı gr.* Ortsadverb *n*; *-de* auf der Erde, auf dem Boden; *-de kalmak fig.* nicht angesehen sein; (**yerden**:) ~ *bitme* 1. klein (*gewachsen*) 2. Emporkömmling, Parvenü *m*; ~ *göğe kadar* voll und ganz; in jeder Beziehung; ~ *kısa pas Fb.* kurzer Flachpaß; ~ *yapma* (*od. yapı*) sehr klein (*gewachsen*); ~ *yere vurmak* 1. *j-n* in schwere Bedrängnis bringen 2. (*k-ni*) sich (*vor Schmerzen*) immer wieder auf die Erde werfen; (**yere**:) ~ *bakan yürek* (*od. ciğer od. canlar*) *yakan* Heimlichtuer, *fig.* Wolf *m* im Schafspelz; ~ *bakmak* 1. die Augen niederschlagen 2. *fig.* mit e-m Bein (schon) im Grabe stehen (*Greis*); ~ *düşmek* 1. hinfallen, zu Boden stürzen 2. abstürzen (*Flugzeug*) 3. nicht beachtet werden (*Befehl*); ~ (*od. yerin dibine od. yerlere*) *geçmek* 1. wie vom Erdboden verschlungen werden 2. (*hicabından, utancından*) sich in Grund und Boden schämen; ~ *göğe koyamamak fig.* nicht wissen, wie man es einem Gast recht machen soll; ~ *kapanmak* sich zu Boden werfen; ~ *sermek* 1. auf dem Boden ausbreiten 2. niederschlagen; zu Boden strekken (*Gegner*); ~ *yat! mil.* Hinlegen; (**yeri**:) ~ *olm.* angebracht, passend sein; ~ *ölçmek* der Länge nach hinfallen; ~ *öpmek hum.* hinfallen; ~ *soğumadan fig.* ganz kurze Zeit nach seinem Weggang; ~ *var* das hat seinen guten Grund; (**yerin**:) ~ *çevresi geogr.* Erdumfang *m*; ~ *dibine geçmek s. yere geçmek*; ~ *kulağı vardır!* die Wände haben Ohren!; (**yerinde**:) 1. am rechten Ort, richtig, passend 2. zur rechten Zeit; angebracht 3. im richtigen Zustand 4. am Ursprungsort; ~ *durmak* 1. noch immer dasein 2. sich ruhig verhalten; ~ *kurtlanmak* unruhig hin- und her-rutschen; ~ *saydırmak* 1. *j-s* Vorankommen hindern 2. *mil.* auf der Stelle treten lassen; (**yerinden**:) ~ *ayrılmak* 1. sich entfernen, weggehen 2. seinen Platz verlieren; ~ *kımıldamak* sich von der Stelle rühren; ~ *olm.* seinen Posten verlieren; ~ *oynamak* 1. seinen Platz verlassen 2. *techn.* abplatzen (**yerine**:) ~ *geçmek* an *j-s* Stelle treten; ~ *getirmek* 1. an die richtige Stelle bringen 2. erfüllen (*z.B. Wunsch*), wahrmachen (*z.B. Versprechen*) 3. ausführen, vollstrekken (*z.B. Urteil*) 4. (*e-n Zustand*) wiederkehren lassen; ~ *koymak* 1. an seinen Platz tun 2. *j-n* an j-s Stelle setzen 3. halten (*für*), betrachten, ansehen (*als*) 4. ersetzen 5. (*k-ni*) sich in j-s Lage versetzen; (**yerini**:) ~ *bulmak* 1. e-e passende Stellung finden 2. erfüllt werden (*z.B. Wunsch*), vollstreckt werden (*Urteil*), ausgeführt werden (*z.B. Befehl*); ~ *ısıtmak fig.* an seinem Posten kleben; ~ *tutmak* (*bşin*) ersetzen; Ersatz sein (*für*); (**yerle**:) ~ *beraber* (*od. bir*) bis zur Erde (*z.B. Verbeugung*); ~ *bir etm.* (*od. yapmak*) dem Erdboden gleichmachen; ~ *gök bir olsa* soll es sein, wie es mag; niemals; auf keinen Fall; ~ *yeksan etm.* dem Erdboden gleichmachen; *yerlerde sürünmek* 1. auf dem Boden schleifen (*intr.*) 2. überall herumliegen (*Sachen*); *yerleri süpürmek* auf dem Boden schleifen (*z.B. langer Rock*).

yeraltı, *-nı* 1. unterirdisch 2. geheim; Untergrund- 3. Grab *n* 4. *-lar a.* Bodenschätze *pl.*; ~ *kablosu* unterirdisches Kabel; ~ *suyu geol.* Grundwasser *n*; ~ *treni* Untergrundbahn, U-Bahn *f.*

yerçekimi, *-ni phys.* Anziehungskraft *f* der Erde; Schwerkraft *f.*

Yerebatan Sarayı *n.pr.* „Versunkener Palast", Basilika-Zisterne (in Ist.).

yerelması, *-nı bot.* Topinambur *f.*

yerfıstığı, *-nı bot.* Erdnuß *f.*

yerinmek *m. Dat.* 1. bedauern 2. sich grämen (*über*); *et.* bereuen.

yerkabuğu, *-nu geol.* Erdrinde *f.*

yerküre Erdkugel *f*, Globus *m.*

yerleşik 1. festverwurzelt, festhaftend 2. ansässig, wohnhaft 3. endemisch (*Krankheit*).

yerleşmek 1. Fuß fassen, sich einwurzeln 2. sich ansiedeln 3. e-e Anstellung finden 4. sich fertig einrichten (*z.B. nach Bezug e-r neuen Wohnung*).

yerleştirmek *Kaus. zu yerleşmek, spez.* 1. ansiedeln 2. auf-, hin-stellen, einsetzen, anbringen, montieren 3. unterbringen (*in e-r Dienststellung*) 4. geben, versetzen, herunterhauen (*Ohrfeige u. ä. m.*).

yerli 1. einheimisch, hiesig, inländisch 2. *geol.* autochthon 3. eingeboren, (*von jeher*) ansässig 4. *techn.* ortsfest, stationär; ~ *mal(ı)* einheimische Ware, Landesprodukt *n*; ~ *yerinde* jeder an dem ihm zukommenden Platz; ~ *-si* Einheimische(r), Ortsansässige(r) *m.*

yermek, (*-ir od. -er*) *m. Akk.* 1. nicht mögen; Widerwillen haben (*gegen*) 2. diffamieren, herabsetzen, verdächtigen.

yermel pejorativ.

yermerkezli *astr.* geozentrisch.

yersiz 1. eingezwängt, eingeengt 2. *selt.* obdachlos 3. unangebracht, unpassend; ~ *ve zamansız* in jeder Hinsicht unangebracht.

yeryüzü, *-nü* Erdoberfläche *f.*

yeşil 1. grün 2. frisch (*Gemüse*) 3. unreif (*Obst*) 4. Grünfutter *n* 5. V Hundert-Pfund-Schein *m*; ~ *biber* grüne Pfefferschote; ~ *kurbağa* *zo.* Laubfrosch *m*; ~ *küf* Grünspan *m*; ~ *ot* Gras *n* (*im Gegensatz zu Heu*).

yetenek Fähigkeit *f.*

yeter 1. genügend, hinlänglich, ausreichend 2. es genügt! 3. jetzt ist es aber genug!

yetim [i] 1. vaterloses Kind, Waise *f* 2. *va.* einzigartig.

yetimhane [· - - ·] Waisenhaus *n.*

yetinmek (*bşle*) sich begnügen (*mit*).

yetişkin 1. herangewachsen, erwachsen 2. heiratsfähig, mannbar 3. ausgewachsen (*z.B. Baum*).

yetişmek *m. Dat.* 1. *j-n* einholen 2. fertig werden 3. erreichen; rechtzeitig kommen (*zu*) 4. hin·reichen, -langen; heran·reichen, -langen 5. leisten, schaffen, fertigbringen 6. genügen, langen 7. erleben 8. zu Hilfe kommen 9. (heran)wachsen 10. hervorgehen (*z.B. aus e-r Schule*).

yetismiş 1. reif (*z.B. Frucht*) 2. herangewachsen, erwachsen, heiratsfähig, mannbar 3. ausgebildet 4. hervorgegangen (*z.B. aus e-r best. Laufbahn*).

yetiştirmek *Kaus. zu yetişmek*, *spez.* 1. erzeugen, produzieren 2. hinterbringen, zutragen 3. dressieren, abrichten 4. züchten (*Tiere, Blumen usw.*) 5. ausbilden (*z.B. Schüler*).

yetki Berechtigung, Ermächtigung, Kompetenz, Zuständigkeit *f.*

yetkin 1. vollkommen, vorzüglich 2. ♀ *türk. Fn.*

yetmek, (*-er*) *m. Dat.* 1. genügen, (aus)reichen, langen 2. erreichen; gelangen (*zu*) 3. *s. yedmek.*

yetmiş 1. siebzig 2. Siebzig *f* (*Zahl*).

yetmişlik Siebzigjährige(r) *m/f.*

yığılı angehäuft; in Massen.

yığılışma Gedränge *n*, Menschenandrang *m.*

yığılmak 1. *Pass. zu yığmak* 2. sich drängen, sich stauen 3. ohnmächtig umsinken.

yığın 1. (*Heu-, Sand- usw.*) Haufen *m* 2. Haufen *m*, Masse *f* 3. *fig.* Koloß *m*; ~ ~ *od.* *-la* haufenweise.

yığınak 1. Sammelplatz *m* 2. *bot.* Kolonie *f* 3. Ansammlung, Konzentration *f* 4. *mil.* Aufmarsch *m*; ~ *bölgesi mil.* Aufmarschgebiet *n.*

yığıntı Haufen *m*, Ansammlung, An-, Auf·häufung *f.*

yığışık an-, auf·gehäuft; in Mengen.

yığışım *geol.* Konglomerat *n.*

yığışmak sich an-, auf·häufen; in Haufen zusammenkommen; sich drängen.

yığmak, (*-ar*) *m. Dat.* 1. an-, aufhäufen, aufstapeln 2. aufspeichern 3. einfahren (*z.B. Winterkohle*).

yıkamak 1. (aus)waschen, ausspülen (*z.B. Glas*), baden (*z.B. Kind*) 2. *phot.* entwickeln.

yıkanmak 1. *Pass. zu yıkamak* 2. sich waschen; ein Bad nehmen.

yıkıcı 1. zerstörend; Verheerungen im Gefolge habend 2. von *e-r best.* Stärke (*z.B. Erdbeben*) 3. *fig.* destruktiv, subversiv 4. wer *et.* auf Abbruch kauft.

yıkık 1. eingestürzt, zerfallen 2. (um)gestürzt; nieder-, ein-, ab·gerissen.

yıkılış Zusammenbruch *m.*

yıkılmak 1. *Pass. zu yıkmak* 2. zusammen·brechen, -stürzen 3. wanken, schwanken 4. *fig.* weg-, fortgehen, sich entfernen; *yıkıl karşımdan* (*od. şuradan*)! schau, daß du weiter kommst!

yıkım 1. finanzieller Zusammenbruch; Bankrott *m*, Pleite *f* 2. Katastrophe *f* (*im Drama*).

yıkımlık angerichtete Zerstörungen, Verwüstungen, Verheerungen *pl.*

yıkıntı 1. Abbruch *m* 2. Zusammenbruch *m* 3. Trümmer-, Schutthaufen *m*; Reste, Ruinen *pl.*; ~ *altına gömmek* verschütten.

yıkkın 1. baufällig 2. verfallen.

yıkmacı wer *et.* auf Abbruch kauft.

yıkmak, (*-ar*) *m. Akk.* 1. ab-, nieder-, ein·reißen 2. zu Fall bringen; umwerfen, -stürzen; niederstrecken 3. *fig.* stürzen (*z.B. Regierung*) 4. nach e-r Seite neigen *od.* schieben; schräg aufsetzen (*z.B. Hut*) 5. *fig.* finanziell *od.* gesundheitlich ruinieren 6. abladen 7. seelisch niederdrücken; mutlos machen.

yıl Jahr *n*; ~ *uğursuzundur iron.* der dümmste Bauer hat die dicksten Kartoffeln.

yılan 1. *zo.* Schlange *f* 2. *fig.* heimtückisch, verschlagen, hinterhältig; ~ *gibi* abstoßend, widerwärtig (*Person*); ~ *gömleği* abgestreifte Schlangenhaut; ~ *kemiği* nagende Gewissensbisse *pl.*
yılanbalığı, *-nı zo.* Aal *m.*
yılancık 1. junge Schlange 2. *med.* (*Wund-*)Rose *f*, Erysipel *n.*
yılankavi [· · - -] gewunden; in Serpentinen verlaufend.
yılbaşı, *-nı* Neujahr *n*, Neujahrstag *m.*
yıldırım 1. Blitz *m* 2. Blitzschlag *m* 3. *fig.* Blitz- 4. ♀ *mV.*; ~ *çarpması* Blitzschlag *m*; ~ *gibi* blitzschnell; ~ *harbi* Blitzkrieg *m*; ~ *siperi* (*od. nâkili*) Blitzableiter *m*; ~ *telgrafı* Blitztelegramm *n*; *-la vurulmuşa dönmek* wie vom Blitz getroffen werden.
yıldırımkıran, yıldırımlık, yıldırımsavar Blitzableiter *m.*
yıldırmak *Kaus. zu yılmak* er-, abschrecken, in Schrecken setzen, einschüchtern.
yıldız 1. Stern *m* 2. Schicksals-, Glücks·stern, Stern *m*, Glück *n* 3. Sternchen *n*, Asteriskus *m* 4. Filmstar *m* 5. Stern *m* (*z.B. auf Fahne od. Achselstück*) 6. *naut.* Norden, Nord-; Nordwind *m* 7. sternförmig; Stern(chen); ~ *akmak* (*od. kaymak od. uçmak*) fallen (*Sternschnuppe*); ~ *anasonu bot.* Sternanis *m*; ~ *barışıklığı* gutes Einvernehmen; ~ *böceği zo.* Glühwürmchen *n*, Leuchtkäfer *m*; ~ *çiçeği bot.* 1. Dahlie *f* 2. Aster, Sternblume *f*; *-ı dişi fig.* überall gern gesehen; sympathisch; *-ı parlak* vom Glück begünstigt.
yıldönümü, *-nü* Jahrestag *m.*
yılgı jäher Schrecken, Entsetzen *n.*
yılgın eingeschüchtert, verängstigt, entsetzt; wie gelähmt.
yılışmak gekünstelt (*schmeichlerisch, aufdringlich*) lächeln.
yılla(n)mak *intr.* 1. ein Jahr alt werden 2. ein Jahr lang lagern (*dauern, liegenbleiben*) 3. ewig lange bleiben (*dauern, liegen*) 4. alt werden, veralten; *yıllanmış spez.* 1. überaltert, veraltet (*z.B. Wort*), überholt (*z.B. Angelegenheit*) 2. bejahrt, alt, hochbetagt.
yıllık 1. -jährig 2. einjährig 3. jährlich; Jahres- 4. soundsoviel Jahre umfassend 5. für ein Jahr bestimmt 6. Jahres·miete *f*, -gehalt *n usw.* 7. Jahrbuch *n*, Jahresbericht *m.*
yılmak, (*-ar*) er-, abge·schreckt werden; in Schrecken gesetzt *od.* eingeschüchtert werden.
yılmaz 1. unerschrocken, furchtlos 2. ♀ *türk. Fn. od. mV.*
yine *s. gene.*
yıpra(n)mak 1. sich abnutzen, sich abtragen, sich abwetzen 2. ruiniert werden, kaputtgehen 3. zermürbt werden, vorzeitig altern, sich verbrauchen; *yıpranmış hale gelmiş mil.* abgekämpft (*Truppe*).
yıpratıcı abnützend, zermürbend, aufreibend; ~ *harb* 1. Abnützungskrieg *m* 2. Zermürbungskrieg *m.*
yıpratmak *Kaus. zu yıpramak* 1. abnutzen, abtragen, abwetzen 2. ruinieren, kaputtmachen 3. zermürben, aufreiben, früh altern lassen.
yırılmak e-n Riß bekommen; ein wenig ein-, auf·reißen (*intr.*).
yırmak, (*-ar*) e-n kleinen Riß verursachen; ein-, auf·reißen (*tr.*).
yırtıcı 1. reißend, Raub- 2. *fig.* blutgierig, mordlustig (*Mensch*); ~ *hayvan* Raubtier *n*; ~ *kuş* Raubvogel *m.*
yırtık 1. zerrissen 2. *fig.* schamlos, unmoralisch, verderbt 3. zugeritten (*Pferd*) 4. Riß *m*, Loch *n*; ~ *pırtık* abgerissen, zerlumpt, schäbig.
yırtılmak 1. *Pass. zu yırtmak* 2. platzen, reißen, kaputtgehen 3. *fig.* allmählich aus sich herausgehen 4. V zahlen, geben, herausrücken (*Geld*).
yırtınmak 1. aus Leibeskräften schreien 2. sich vor Eifer schier zerreißen.
yırtlak 1. gerissen, aufgeplatzt 2. geschlitzt, Schlitz- (*Auge*).
yırtmaç, *-cı* Schlitz *m* (*an Kleidungsstücken*).
yırtmaçlı geschlitzt, Schlitz-.
yırtmak, (*-ar*) 1. zerreißen, auseinanderreißen (*tr.*) 2. zerkratzen, blutig kratzen 3. ein-, zu·reiten (*Pferd*) 4. (*k-ni*) seine Kräfte aufs äußerste anspannen.
yısa [x ·] hau ruck!; ~ *beraber!* jetzt aber alle zusammen!; ~ *etm.* (*halatı*) ziehen; ,~ ~ P 1. wohl oder übel 2. gerade noch 3. höchstens.
yiğit, *-di* 1. kräftig und beherzt; schneidiger Kerl; Held *m* 2. Jüng-

ling *m*, junger Mann 3. wer Zivilcourage hat.
yiğitlenmek mutig (*tapfer, beherzt*) werden.
yiğitlik Mut *m*, Tapferkeit *f*, Schneid *m*; ~ *taslamak* sich als Helden aufspielen.
yine *s.* gene.
yirmi 1. zwanzig 2. Zwanzig *f* (*Zahl*).
yirmilik 1. Zwanziger *m* (*Briefmarke zu 20 Kurusch od. fr. zu 20 Para od. fr. 20-Para-Stück*) 2. Zwanzigjährige(r) *m/f*.
yisa *s. yısa*.
yitik verlorengegangen, abhanden gekommen.
yitim Verlust *m*.
yitirmek *Kaus. zu yitmek* 1. verlieren 2. verpassen, ver(ab)säumen; ungenutzt verstreichen lassen 3. verschwenden, vergeuden.
yitmek, (-er) 1. verlorengehen, abhanden kommen, verschwinden 2. verpaßt, ver(ab)säumt werden 3. verschwendet werden; F draufgehen.
yiv Linie *f* (*z.B. in der Hand*), Rille, Riete, Nut, Windung *f*, (*Schrauben-*)Gewinde *n*, Zug *m* (*im Gewehrlauf*), Ansatz-, Umriß·linie *f*, (*Schädel-*)Naht *f*; ~ *açmak* auskehlen, riefeln, nuten; ~ *hatvesi* Drall *m*.
yivli 1. mit *näher bezeichneten* Linien (*Rillen usw.*) 2. gezogen (*Gewehrlauf*).
yiyecek 1. *et.* Eßbares 2. Eßware *f*, Nahrungsmittel *n* 3. Eßwaren, Nahrungsmittel, Speisen *pl.* 4. *mil.* Verpflegung *f*.
yiyici 1. essend, fressend, verzehrend 2. gefräßig 3. zerfressend 4. bestechlich, käuflich.
yiyinti Eßwaren, Speisen *pl.*
yiğiş 1. Art und Weise *f* des Essens 2. *fig.* Verhalten, Benehmen *n*.
yo [-] (*emphatische Ablehnung od. energischer Einwand*) aber nein!, wo denkst du hin?, das kommt ja nicht in Frage!
yobaz aufdringlich bigott; grobschlächtiger Kirchenfanatiker.
yoğalmak 1. verbraucht werden, F draufgehen 2. umkommen, zugrunde gehen.
yoğun *phys.* dicht.
yoğunluk *phys.* Dichte, Dichtigkeit *f*.
yoğurmak kneten.
yoğurt, *-du* Joghurt *m*; ~ *damızlığı* Joghurtferment *n*; ~ *otu bot.* Labkraut *n*.
yok, *-ku od. -ğu* 1. nicht bestehend 2. (= *yoktur*) a) es gibt (*besteht, existiert*) nicht; es ist nicht vorhanden b) er ist nicht anwesend (*nicht da*); er fehlt 3. Nichts *n* 4. nein 5. [-] ach wo!, durchaus nicht! 6. dagegen, aber, jedoch 7. (*m. Verb auf -miş*) angeblich soll ...; man will mir einreden, daß ...; ~ *canım* ach woher!, aber nein!, nicht doch!; ~ ... *değildir* es fehlt nicht an ...; ~ *denecek kadar az* so gut wie nichts; ~ *deve!* 1. das ist ja ein unerhörter Preis! 2. (*allg. bei Übertreibungen*): das geht ja auf keine Kuhhaut!; das geht nun doch über die Hutschnur!; ~ *devenin başı* (*od. nalı*)! das kannst du anderen weismachen!; ~ *etm.* 1. verschwinden lassen; wegschaffen 2. vernichten, zugrunde richten 3. töten, umbringen; ~ *oğlu yok* es ist überhaupt nichts da; ~ *olm.* 1. nicht existieren 2. nicht anwesend sein 3. *gel.* sich fernhalten, sich nicht einmischen 4. verschwinden 5. vernichtet werden; zugrunde gehen 6. getötet, umgebracht werden; ~ *pahasına* spottbillig; *-tan bir adam* ein unbedeutender Mensch; die reine Null; *-tan var etm.* schaffen, hervorbringen.
yoklama *Vs. zu yoklamak, spez.* 1. Namens·aufruf, -appell *m*. *mil. a.* Musterung *f* 2. *kleinere schriftliche od. mündliche* Prüfung (*in der Schule*); *a.* Klassen-, Probe·arbeit *f*; ~ *defteri* Absentenheft *n* (*z.B. in der Schule*).
yoklamak *m. Akk.* 1. (ab-, be-) tasten 2. (ab-, durch-, unter)suchen 3. *fig.* sondieren, aushorchen; *bei j-m* auf den Busch klopfen 4. (über)prüfen (*Wissensstand der Schüler*) 5. be-, auf·suchen; *nach j-m* sehen.
yoklanmak 1. *Pass. zu yoklamak* 2. überall bei sich suchen 3. sich selbst prüfen.
yokluk 1. Nichtvorhandensein, Fehlen *n* 2. ungenügendes Vorhandensein, Mangel *m* 3. pekuniäre Not; Armut *f*.
yoksa [x·] 1. wenn es nicht gibt *usw.* (*vgl. a. yok 2.*) 2. (*in affektischen Fragen*) etwa, wohl, gar 3. wenn nicht; andernfalls, sonst 4. (*in Fra-*

gesätzen) oder; oder aber 5. aber, jedoch, indessen.

yoksul in kümmerlichen Verhältnissen lebend; arm, ärmlich.

yoksun wem *et.* versagt ist; wer *et.* entbehren muß; entblößt, beraubt.

yoksunluk harte Entbehrung; fühlbarer Mangel, fühlbare Lücke.

yoksunmak (*m. Abl.*) 1. *e-m* versagt bleiben; 2 *et.* entbehren müssen.

yoksuz *s. yoksul.*

yokuş 1. Steigung *f*, Anstieg *m* 2. den Berg hinauf (*od. gel.*) hinunter; ~ *aşağı* bergab; ~ *çıkmak* (*inmek*) bergauf (bergab) steigen; ~ *yukarı* bergauf.

yokyere [x · ·] 1. um nichts und wieder nichts; ohne alle Veranlassung 2. für nichts und wieder nichts; F für die Katze.

yol 1. Weg *m*, Straße *f* 2. (*Weg-*) Strecke *f* 3. Reise *f* 4. Fahrgeschwindigkeit *f* 5. Bahn *f*, Gleis *n* 6. (*Aus-*)Weg *m*, Mittel *n*, Mittel und Wege *pl.* 7. richtige Bahn, Ordnung *f* 8. Vorgehen *n*, Handlungsweise *f* 9. Art und Weise *f* 10. Methode *f*, System *n* 11. Ziel, Ende *n* 12. Linie *f*, Streifen *m* (*z.B. im Stoff*) 13. Mal *n*; *-unda(ki)* besagend, ausdrückend; in dem Sinne, daß ...; ~ *açmak* 1. e-n Weg bahnen 2. *fig.* bahnbrechend wirken 3. (*bşe*) *pej. et.* heraufbeschwören; ~ *almak* 1. volle Fahrt aufnehmen (*Schiff*) 2. *fig.* gute Fortschritte machen; ~ *aramak* Mittel und Wege suchen; ~ *arkadaşı* Reise•gefährte *m*, -gefährtin *f*, Mitreisende(r) *m/f*; ~ *erkân* Sitte und Brauch; ~ *harcı* Reiseentschädigung *f*; ~ *intıbaları* Reiseeindrücke *pl.*; ~ *mükellefiyeti jur.* Wegebaulast *f*; ~ *olur kalır* das kann zum Präzedenzfall werden; ~ *vermek* 1. durch-, vorbei•lassen 2. die Weiche stellen 3. seine Geschwindigkeit erhöhen 4. *et.* heraufbeschwören; *et.* nach sich ziehen (*können*) 5. entlassen; fortjagen; ~ *yordam* Regeln *pl.* des gesellschaftlichen Umgangs 2. *allg.* Ordnung *f*; (**yola**:) ~ *çıkmak* (*düzelmek, düzülmek, koyulmak*; *od. hum. revan* ~ *olm.* sich auf den Weg machen; aufbrechen; ~ *düşmek* sich (*wohl od. übel*) auf den Weg machen (*müssen*); ~ *gelmek* (*od. yatmak*) 1. in Ordnung kommen 2. Vernunft annehmen; sich bessern; ~ *getirmek* (*od. yatırmak*) 1. in Ordnung bringen 2. *j-n* zur Vernunft (*Räson*) bringen; ~ *vurmak* P an die Bahn (*od. andere Abfahrtsstelle*) begleiten; *yolda kalmak* liegen-, stecken•bleiben, nicht weiterkönnen; *yoldan çıkmak* 1. entgleisen 2. *fig.* auf Abwege geraten; *yoliyle* 1. ordentlich, richtig, tüchtig; wie es sich gehört 2. (*auf dem Weg*) über; (**yolu**:) ~ *almak* den Weg zurücklegen; ~ *düsmek m. Dat.* 1. vorbei-, durch-, hin•kommen 2. an die Reihe kommen; ~ *tutmak* sich auf den Weg machen; seiner Wege gehen; *yolun(-uz) açık olsun!* gute Reise!; *yoluna bakmak* (*b-nin*) j-n erwarten; *yoluna çıkmak* (*b-nin*) 1. *j-m* ein Stück Wegs entgegengehen; *j-n* abholen 2. plötzlich *vor j-m* auftauchen; *yoluna girmek* ins richtige Geleis kommen (*Angelegenheit*); *yoluna koymak* in Ordnung bringen (*z.B. Angelegenheit*); *yolunca* in der gebührenden Weise; *yolunda olm.* richtig funktionieren; gut laufen; (**yolunu**:) ~ *aramak* (*bir işin*) F den richtigen Dreh suchen; ~ *beklemek* (*b-nin*) *j-m* auflauern; ~ *bulmak* 1. F den richtigen Dreh finden 2. *Sch.* = *yolmak* 5.; ~ *kaybetmek* sich verlaufen; ~ *kesmek* 1. *j-m* in den Weg treten 2. die Fahrgeschwindigkeit herabsetzen; ~ *sapıtmak fig.* auf die schiefe Bahn geraten; ~ *şaşırmak* vom richtigen Weg abkommen; sich verirren.

yolbilir wer um Mittel und Wege nicht verlegen ist.

yolcu 1. Reisende(r), Passagier, Fahrgast *m* 2. *wer vor e-r Reise steht* 3. *Kind n, dessen Geburt bevorsteht* 4. *mit wessen Ableben zu rechnen ist* 5. V Dirne, Hure *f*; ~ *etm.* (*od. getirmek*) an die Bahn (*od. e-e andere Abfahrtsstelle*) begleiten; ~ *gemisi* Passagierdampfer *m*; ~ *içi* Reisefieber *n*; ~ *olm.* sich zu e-r Reise anschicken; reisen müssen; ~ *salonu* 1. Wartesaal *m* 2. Zoll- und Paß•abfertigungsstelle *f* (*am Hafen*); ~ *uçağı* Verkehrs-, Passagier•flugzeug *n*.

yolculuk 1. Reise *f* 2. Fahrt *f*; ~ *ne zaman?* 1. wann geht es auf die

Reise? 2. wann fahren Sie auf Urlaub?

yoldaş 1. Mitreisende(r) *m/f* 2. Kollege *m*, Kollegin *f* 3. Freund(in *f*) *m*, Kamerad(in *f*) *m* 3. (*pol.*) Genosse *m*, Genossin *f*.

yollamak (ab-, ver)senden, (ab-) schicken; aufgeben (*z.B. Brief*), expedieren.

yollanmak 1. *Pass. zu yollamak* 2. sich auf den Weg machen; aufbrechen.

yollu 1. mit (*näher qualifizierten*) Straßen *od.* Wegen 2. von *e-r best.* Wegstrecke 3. mit ... Linien *od.* Streifen 4. schnell (*Fahrzeug*) 5. ordentlich, richtig, regelrecht 6. von *e-r best.* Art 7. zugänglich (*Frau, Mädchen*); ~ *yolsuz* nicht immer ganz korrekt; ~ *yordamlı* in der richtigen Weise; wie es sich gehört.

yolluk 1. Reiseproviant *m* 2. Gastgeschenk *n* 3. Reisegeld *n* 4. Bodenteppich *m*.

yolmak, (*-ar*) 1. rupfen (*z.B. Huhn*) 2. aus•rupfen, -reißen, -raufen 3. ent•haaren, -wollen (*in der Gerberei*) 5. *fig. j-n* rupfen, neppen.

yolsuzluk 1. Fehlen *n* von (*richtigen*) Straßen 2. Unwegsamkeit *f* 3. Langsamkeit *f* (*e-s Fahrzeugs*) 4. Inkorrektheit *f*, dienstwidriges Verhalten, Veruntreuung *f*; ~ *etm.* sich Unregelmäßigkeiten zuschulden kommen lassen, *spez.* Veruntreuungen, Unterschlagungen begehen.

yoluk (aus)gerupft, ausgerissen.

yolunmak 1. *Pass.* zu *yolmak* 2. sich die Haare raufen.

yom 1. gutes Anzeichen, Omen *n*; gute Vorbedeutung, Glück *n* 2. freudige Nachricht, frohe Botschaft; ~ *tutmak* für glückbringend halten.

yonca *bot.* Klee *m*.

yonda Flaumfedern *pl.* (*e-s Vogels*).

yonga (*Holz-*) Späne, Abfallspäne, *a.* Eisenspäne *pl.*

yont, *-tu* Zuchtstute *f*; ~ *kuşu zo.* Bachstelze *f*.

yontma 1. *Vs. zu yontmak* 2. behauen (*zugehauen usw.*); ~ *taş devri* ältere Steinzeit.

yontmak, (*-ar*) (P *a. yonmak*) 1. be-, zu•hauen, (ab)glätten 2. spitzen (*z.B. Bleistift*) 3. (zu)schnitzen 4. beschneiden, stutzen (*Bäume*) 5. schaffen (*Bildhauer*) 6. *fig.* rupfen, neppen.

yontulmak 1. *Pass. zu yontmak* 2. *fig.* feinere Lebensart annehmen; *yontulmamış fig.* ungehobelt, grob (*Person*).

yordam 1. Flinkheit, Beweglichkeit *f* 2. arrogantes Benehmen 3. Gewandtheit, Geschicklichkeit *f*.

yorga leichter Trab (*des Pferdes*).

yorgan Steppdecke *f*; ~ *çarşafı* (*od. kabı*) Steppdeckenbezug *m*, oberes Bettuch; ~ *gitti kavga bitti iron.* der Streit ist zu Ende, da das Streitobjekt nicht mehr da ist; ~ *kavgası* fingierter Streit; *-ına göre ayağını uzatmak fig.* sich nach der Decke strecken.

yorgancı 1. wer Steppdecken, Kissen, Matratzen *usw.* herstellt *od.* verkauft 2. Tapezierer, Dekorateur *m* 3. Wollschläger *m*.

yorgu Traumdeutung *f*.

yorgun müde, abgespannt, ermattet; abgekämpft (*Truppe*); ~ *argın* todmüde.

yormak[1], (*-ar*) 1. ermüden, mitnehmen, von Kräften bringen 2. belasten, anstrengen.

yormak[2], (*-ar*) deuten, auslegen (*spez. Traum*).

yortmak sich müßig herumtreiben.

yortu Feiertag *m*, Fest *n* (*bei Christen*).

yorucu ermüdend, anstrengend.

yosma 1. jugendfrisch und hübsch; anmutig, lieblich (*Mädchen, Frau*) 2. (*-nın biri*) *pej.* Frauenzimmer *n*, Weibsstück *n*.

yosun 1. Moos *n* 2. Tang *m*.

yosunlanmak sich mit Moos *bzw.* Tang bedecken.

yot, *-du* Jod *n*; ~ *dö potasyum* Jodkali *n*.

yoting Segelsport *m*.

yön 1. Seite, Richtung, Gegend *f* 2. Hinsicht, Seite *f* 3. Richtungssinn *m*; *ne -den?* in welcher Hinsicht?

yönelmek *m. Dat.* 1. sich richten, sich wenden, sich begeben 2. *math.* e-n bestimmten Richtungssinn besitzen.

yöneltim Orientierung *f*; ~ *yapmak* sich orientieren.

yöntem Methode *f*, Verfahren *n*.

yudum Schluck *m*.

yuf [ü] pfui!, verflucht!; ~ *borusu çalmak od.* ~ *çekmek* (*od. okumak*) (*b-ne*) verhöhnen; *hinter j-m* herschimpfen; ~ *ervahına!* verflucht!, verwünscht!, verdammt!

yufka 1. Blätterteig *m* 2. dünn, fein, zerbrechlich; ~ *yürekli* 1. weich-, gut·herzig 2. leicht gerührt; rührselig.

Yugoslav Jugoslawe *m*, Jugoslawin *f*; jugoslawisch.

Yugoslavya [· · x ·] *n.pr.* Jugoslawien. *n.*

yuğurmak *s. yoğurmak.*

yuha [x ·] pfui!, nieder! (*als Publikumszuruf*); ~ *çekmek od. -ya tutmak* Schmährufe ausstoßen.

yukar(ı)da 1. oben, droben 2. oben, vorher (*z.B. in e-m Schriftsatz*) 3. hoch aufgerichtet (*z.B. Kopf*); ~ *adı geçen zat* obenerwähnter Herr; *-ki* 1. oben befindlich 2. weiter oben erwähnt.

yukar(ı)dan von oben, von droben; ~ *almak* von oben herab behandeln *od.* ansehen; ~ *aşağı* von oben bis unten; ganz, vollständig, restlos.

yukarı 1. oberer Teil *e-s Ganzen* 2. Kopf, Anfang *m* 3. hohe Persönlichkeit *od. deren* Amt *n* 4. ober; Ober- 5. hoch 6. nach oben; hinauf; ~ *çıkmak* zum Chef (*Minister usw.*) gehen.

yulaf *bot.* Hafer *m.*

yular Halfter *n* (*a. m, f*).

yum *s. yom.*

yumak[1] *s. yıkamak.*

yumak[2] 1. Knäuel *n* 2. ≗ (*Hundename*) *etwa*: Pummel, Bommel.

yummak, (*-ar*) schließen, zumachen, zudrücken (*Auge*), zusammenpressen (*Mund*).

yumru 1. Beule *f* 2. (Wurzel-) Knolle *f* 3. *geol.* Konkretion *f* 4. knollenförmig 5. *s. yamrı yumru*; ~ *burun* Kartoffelnase *f.*

yumruk 1. (*geballte*) Faust 2. Faustschlag *m* 3. derber Puff 4. Boxhieb, Treffer *m* 5. *fig.* brutale Gewalt, physische Kraft, Druck *m*, Macht *f*; ~ *atmak* (*od. aşketmek od. indirmek od. vurmak*) e-n Fausthieb *bzw.* e-n derben Puff versetzen; ~ *göstermek fig.* einschüchtern, verängstigen; ~ *hakkı* was mit Gewalt genommen wurde; ~ *kadar* faustgroß; ~ *savurmak* mit den Fäusten um sich schlagen; ~ *sıkmak* die Faust ballen; ~ *yumruğa gelmek* sich gegenseitig mit den Fäusten bearbeiten; *yumruğuna güvenmek* sich auf seine Kraft verlassen.

yumrukçu Faustkämpfer, Boxer *m* 2. *fig.* gewalttätiger Mensch.

yumruklamak *m. Akk.* mit den Fäusten bearbeiten *od.* mit der Faust schlagen (*auf*).

yumrul(an)mak 1. Beulen bekommen; anschwellen 2. knollenförmig werden.

yumulmak 1. *Pass. zu yummak* 2. sich von selbst schließen 3. V *m. Dat.* sich hermachen (*über Essen*) 4. V plötzlich Tempo vorlegen.

yumurcak 1. F Bengel, Junge *m*, Range *f* 2. Pest·beule *f*, -geschwür *n.*

yumurmak anschwellen.

yumurta 1. Ei, *spez.* Hühnerei *n* 2. Hoden *m*, Hode *f* 3. Stopfei *n* 4. Laich, Rogen *m* 5. eiförmiger Teil *m e-s Türklopfers*; ~ *akı* Eiweiß *n*; ~ *çalkamak* ein Ei *bzw.* Eier schlagen; ~ *kabuğu* Eierschale *f*; ~ *kabuğunu beğenmemiş* er schämt sich seiner Herkunft (*od.* seiner früheren Freunde); ~ *kapıya dayandıktan sonra od.* ~ *kapıya geldiği zaman fig.* im letzten Augenblick; in der allerletzten Minute; ~ *sarısı* 1. Ei·gelb *n*, -dotter *n* (*m*) 2. dottergelb; *-dan daha dün çıkmış fig.* noch nicht trocken hinter den Ohren; grüner Junge; *-dan kesilmek* zu legen aufhören (*spez. Hühner*); *-ya kulp takmak fig.* um Ausreden nicht verlegen sein.

yumurtacı Eier·händler, -verkäufer *m.*

yumurtalık 1. Eierbecher *m* 2. *an.* Eierstock *m*, Ovarium *n* 3. *bot.* Fruchtknoten *m.*

yumurtlamak 1. Eier legen 2. laichen 3. *fig.* willkürlich erfinden; aushecken 4. *fig.* in die Welt hinausposaunen 5. *Fb.* den Ball zwischen den Beinen hindurchlassen (*Torwart*).

yumuşacık [x · · ·] weich, mollig, samtweich.

yumuşak 1. weich 2. biegsam (*z.B. grüner Ast*) 3. knitterfrei (*Stoff*) 4. mild (*Klima*) 5. ruhig, verträglich, nachgiebig (*Person*) 6. schmeichlerisch, angenehm (*Worte*) 7. *phon.* stimmhaft; ~ *ağızlı* leicht im Geschirr gehend (*Zugtier*); ~ *döküm techn.* Temperguß *m*; *Spr.* ~ *huylu atın çiftesi pek olur fig.* ein zum Zorn gereizter, sonst gutmütiger Mensch kann besonders gefährlich werden.

yumuşamak 1. weich werden 2. *fig.*

sich beruhigen 3. *fig.* nachgiebig *od.* verträglich werden 4. *phon.* stimmhaft werden (*Konsonant*).
yuma Sattelkissen *n.*
Yunan Grieche *m*, Griechin *f*; griechisch.
Yunanca [· x ·] griechische Sprache; Griechisch.
Yunanistan *n.pr.* Griechenland *n.*
yura steile Anhöhe.
yurak (*Rad-*)Speiche *f.*
yurdu Nadelöhr *n.*
yurt, *-du* 1. (*Vater-*)Land *n*, Heimat *f* 2. reiches Gebiet 3. Heim *n*, Pflegestätte *f* 4. *s. yer yurt* 5. Liegenschaft *f*, Grundstück *n* 6. Jurte *f*; ~ *bilgisi* 1. Heimatkunde *f* 2. (*heute va.*) Staatsbürgerkunde *f*; ~ *sahibi olm.* ein eigenes Heim haben (*bzw.* bekommen); ~ *tutmak* ansässig werden; *-a hıyanet* Landesverrat *m*; *-a hizmet* Dienst *m* am Vaterland.
yurtlandırmak ansiedeln.
yurtlanmak 1. sich niederlassen; ansässig werden 2. e-e zweite Heimat finden.
yurtluk *früher als Lehen gegebenes* Familiengut *n*, Domäne *f.*
yurtsever vaterlandsliebend, patriotisch.
yurtsuz 1. ohne Heimat 2. obdachlos.
yurttaş *s. vatandaş.*
yurttaşlık *s. vatandaşlık*; ~ *bilgisi* Staatsbürgerkunde, Soziologie, Gesellschaftskunde *f.*
yusyumru [x · ·] 1. ganz dick angeschwollen 2. kugelrund.
yusyuvarlak [x · · ·] kugelrund.
yutak *an.* Schlund(kopf), Rachen, Pharynx *m.*
yutkunmak *intr.* 1. schlucken 2. *fig.* mit der Sprache nicht recht herauswollen. 3. (*bş karşısında*) heftiges Verlangen tragen (*nach et.*); *et.* schmerzlich entbehren müssen.
yutmak, (*-ar*) *m. Akk.* 1. (*hinunter-*) schlucken, (*ver-*)schlingen 2. sich *et. unberechtigterweise* aneignen 3. ruhig hinnehmen (*z.B. Schimpfwort*) 4. hereinfallen (*auf*) 5. *e-e Anzüglichkeit* nicht merken 6. *im Spiel* gewinnen; abnehmen 7. *et.* aus dem Effeff verstehen 8. *fig.* vernichten (*z.B. Feuersbrunst ein Stadtviertel*); verschlingen (*z.B. Meer eine Insel*).
yuva 1. Nest *n*, (*Adler-*)Horst *m*, (*Fuchs-*)Bau *m*, Laichplatz *m* 2. Heim, Asyl *n*, Pflegestätte *f* 3. häuslicher Herd; Heim *n*, Wohnung *f* 4. eheliche Gemeinschaft 5. *pej.* Heim-, Brut·stätte *f* 6. Höhle, Höhlung *f*, Loch *n* 7. *an.* Zahnfach *n*, Alveole *f*; ~ *kurmak* 1. ein Nest bauen 2. sich ein Heim schaffen; *-sını yapmak* (*b-nin*) *fig.* es *j-m* tüchtig geben; *-sını yıkmak* (*b-nin*) j-s Ehe (zer)stören.
yuvak *jeder zylindrische Körper wie z.B.* Ofenrohr *n*, Abflußrohr *n*, Rolle, Walze *f.*
yuvalamak nisten, horsten.
yuvar[1] *biol.* Blutkörperchen *n.*
yuvar[2] **yuvar** 1. dahinrollend 2. dick wie ein Faß.
yuvarlak 1. (kugel)rund; kreis-, rad·förmig 2. *fig.* rund, abgerundet (*z.B. Zahl*) 3. *phon.* gerundet (*Laut*) 4. Kugel *f* 5. Murmel *f* 6. *mil. z. va.* (*Geschütz-*)Protze *f* 7. *typ.* Zylinderpresse *f* 8. *mus.* ganze Note.
yuvarlaklaşmak rund werden.
yuvarlaklaştırmak rund werden lassen; abschleifen (*z.B. Wasser die Kieselsteine*).
yuvarlamak 1. rollen, wälzen 2. auf-, zusammen·rollen (*z.B. Teppich*) 3. heftig zu Boden werfen; hinstürzen lassen 4. F hinunterschlingen (*Speisen*), -gießen (*Getränke*) 5. *intr.* F das Blaue vom Himmel herunterlügen 6. entlassen, hinauswerfen.
yuvarlanmak 1. *Pass. zu yuvarlamak* 2. sich herumwälzen 3. hinunterrollen (*intr.*) 4. *fig.* ganz unvermutet sterben; *yuvarlanan taş yosun tutmaz Spr. fig.* rast' ich, so rost' ich.
yuvgu Rolle, Walze *f.*
yuvgulamak walzen (*z.B. Straßen*).
yüce 1. hoch 2. erhaben, hehr, sublim.
yük, *-kü* 1. (*Trag-*)Last *f* 2. Schiffsladung, Fracht *f* 3. *phys.* Ladung *f* 4. *fig.* schwere Aufgabe *od.* Verantwortung; Last, Bürde *f* 5. *z. va.* Fötus *m*, Leibesfrucht *f* 6. *fr. Summe von hunderttausend Kurusch* 7. *s. yüklük* 8. beladen, bepackt, belastet; ~ *ağırlığı* Ladegewicht *n*; ~ *asansörü* Lastenaufzug *m*; ~ *katarı* (*od. treni*) Güterzug *m*; ~ *olm.* (*b-ne*) 1. zur Last fallen; lästig werden 2. *fig. j-m* auf der Tasche liegen; ~ *vagonu* Güterwagen *m*; ~ *vapuru*

Frachtdampfer *m*; ~ *vurmak* (*hayvana*) ein Tier beladen; *-ün altına girmek* sich *et.* aufbürden (*od.* aufbürden lassen); *-ünü üzerinden atmak* die Verantwortung nicht übernehmen *od.* von sich abwälzen.

yükçü Spediteur, Fuhrunternehmer, Verlader *m*.

yüklem *gr.*, *log.* Prädikat *n*.

yükleme *Vs. zu yüklemek*; ~ *istasyonu* Verladebahnhof *m*; ~ *kabiliyeti* Ladefähigkeit *f*; ~ *maçunası* (*od. vinçi*) Ladekran *m*; ~ *müddeti* (*od. staryası*) Ladezeit *f*.

yüklemek 1. (auf-, ver)laden 2. beladen, bepacken, belasten 3. *fig.* aufladen, aufbürden, aufhalsen 4. *fig.* zuschreiben, beimessen, in die Schuhe schieben (*Schuld*).

yüklenmek 1. *Pass. zu yüklemek* 2. sich *et.* aufladen 3. *fig.* auf sich nehmen; übernehmen 4. sich *gegen et.* werfen *od.* stemmen 5. sich *auf j-n* werfen; herfallen (*über*) 6. *j-m* stark zusetzen, *j-n* drängen.

yüklü 1. beladen, belastet, bepackt, mit Fracht 2. mit Arbeit überhäuft 3. zu umfangreich 4. *z. va.* verschuldet 5. schwanger 6. V betrunken 7. V reich, bei Kasse.

yüklük *großer Schrank od. Kasten zur Aufbewahrung des Bettzeugs über Tag.*

yüksek 1. hoch 2. hochgelegen 3. *fig.* hochgestellt; höher-; Hoch- 4. *fig.* ethisch hochstehend, edel(*-mütig*), hochherzig 5. *fig.* weitreichend, umfassend (*Blick, Einsicht usw.*) 6. laut, kräftig, volltönend 7. hochmütig 8. bewegt; mit hohem Seegang 9. (*An-*)Höhe *f*; ~ *atlama La.* Hochsprung *m*; ≗ *Ekonomi ve Ticaret Okulu n.pr.* Handelshochschule *f* (*in Ist.*); ~ *Kaldırım n.pr.* Treppenstraße *f* (*in Ist.*); ~ *mühendis* Diplomingenieur *m*; ~ *öğretim* 1. Hochschulunterricht *m* 2. Hochschulwesen *n*; ~ *perdeden konuşmak fig.* von oben herab (*in arrogantem Ton*) reden; ~ *sesle* laut; ~ *tahsil* Hochschulstudium *n*; ~ *tevettür şebekesi* Hochspannungsnetz *n*; ~ *vasıflı* hochwertig; *-ten atmak* großtun, angeben; *-ten kopmak* mit großen Ansprüchen auftreten; *-ten uçmak* hochfliegende Pläne haben.

yükselmek 1. sich erheben; aufsteigen (*z.B. Flugzeug*) 2. emporkommen; sich emporschwingen; einen Aufschwung erleben 3. anziehen (*Preise*) 4. lauter werden (*Stimme*).

yükselteç, *-ci phys.* Verstärker *m*.

yükselti 1. *geogr.* Höhenlage *f* (*über dem Meer*) 2. *astr.* Höhe *f* (*e-s Gestirns*).

yükseltmek *Kaus. zu yükselmek* 1. erhöhen; steigen lassen 2. *fig.* steigern 3. *math.* erheben.

yüksük 1. Fingerhut *m* 2. *bot.* Wurzelhaube *f* 3. *bot.* Becher *m* (*der Eichel*) 4. (*Metall-*)Hülse *f* (*z.B. für Masten*) 5. (*Metall-*)Muffe *f*, Zylinder *m*.

yüksükotu, *-nu bot.* roter Fingerhut, Digitalis *f*.

yüksünmek *m. Abl.* 1. *unter e-r schweren Last* unsicher gehen (*Tier*) 2. *et.* als beschwerlich *od.* lästig empfinden 3. nur widerwillig *et.* tun.

yüküm *phil.* gebieterischer Zwang, dringende Notwendigkeit.

yün 1. (*Schaf-*)Wolle *f* 2. wollen; Woll-.

yüpürmek aufgeregt und atemlos herumlaufen.

yürek 1. *an.* Herz *n* 2. *fig.* Mut, Schneid *m* 3. *fig.* Mitleid, Erbarmen *n* 4. *fig.* Ehrlichkeit, Aufrichtigkeit *f* 5. Magen *m*, Eingeweide *pl.* 6. Lust *f*, Verlangen *n* 7. Herz (*Farbe im Ka.*); ~ *çarpıntısı* 1. Herzklopfen *n* 2. *fig.* böse Vorahnung *f*; ~ *çekmek* Lust haben; Verlangen tragen; ~ *dayanmak et.* mit ansehen können; ~ *dayanmaz* herzzerreißend; ~ *karası* 1. Gewissensbisse *pl.* 2. Verruchtheit, Bosheit *f*; ~ *vermek* Mut einflößen; ~ *yarası* großer Kummer, Herzeleid *n*; (**yüreği**:) ~ *açık* ehrlich, offenherzig; ~ *ağzına gelmek* erschrocken zusammenfahren; ~ *bayılmak* halb ohnmächtig werden (*vor Hunger*); ~ *dar* ungeduldig, impulsiv, voreilig; ~ *geniş* unbekümmert; ~ *kabarmak* 1. Brechreiz bekommen 2. Verdacht schöpfen 3. Kummer haben; ~ *katılmak* sehr leiden; ~ *pek* 1. hartherzig 2. beherzt 3. halsstarrig; ~ *sıkılmak* 1. verstimmt sein 2. sich langweilen 3. sich beklommen fühlen 4. sich nicht wohl fühlen; ~ *sürmek* Durchfall haben; ~ *yaralı* von schwerem

Unglück betroffen; (**yüreğine**:) ~ *dert olmak* sich (*durch et.*) sehr bedrückt fühlen, schwer *an et.* tragen; ~ *inmek* 1. e-m Herzschlag erliegen 2. *fig. e-n* ins Herz treffen (*z.B. Anschuldigung*) 3. von lähmendem Entsetzen befallen werden; ~ *işlemek* 1. zutiefst rühren 2. schwer treffen (*z.B. Vorwurf*); (**yüreğini**:) ~ *boşaltmak* (*od. dökmek*) sein Herz ausschütten; ~ *dağlamak* (*bş. b-nin*) e-n zutiefst rühren; ~ *halecan* *·ldı* er bekam Herzklopfen; ~ *pek tutmak* sein Herz fest in die Hand nehmen.

yüreklendirmek ermutigen; Mut einflößen.

yüreklenmek Mut fassen; mutig werden.

yürümek 1. marschieren 2. sich fortbewegen; gehen, fahren 3. laufen können (*Kleinkind*) 4. zu Fuß gehen; spazieren gehen 5. rascher gehen, sich beeilen 6. *m. Dat.* gelangen (*zu*); erreichen 7. *m. Dat.* los·marschieren, -gehen (*auf*) 8. *fig.* vorangehen, sich gut entwikkeln 9. berechnet werden (*Zinsen*) 10. *fig.* dahingehen, sterben 11. V den Laufpaß bekommen 12. laufen, gehen, arbeiten, funktionieren (*z.B. Maschine*) 13. dahinfließen, vergehen (*Zeit*) 14. *auf et.* zusteuern, sich nähern (*z.B. dem Bankrott*) 15. (*b-nin aleyhine*) *gegen j-n* vorgehen.

yürürlük Gültigkeit *f*, Rechtskraft *f*; *yürürlüğe girmek* in Kraft treten.

yürütmek *Kaus. zu yürümek, spez.* 1. aus-, durch·führen (*z.B. Gesetz*), vollstrecken (*z.B. Urteil*), durchsetzen (*z.B. e-e Idee*) 2. vorbringen (*Meinung, Behauptung usw.*), anstellen (*Erwägungen*), geben (*z.B. Kommentar*) 3. *typ.* keinen Absatz machen; glatt weitersetzen 4. fortjagen, entlassen 5. F klauen, stehlen 6. umbringen, töten.

yürüyüş 1. Gangart *f*, Gang *m*, Schreiten *n* 2. *mil.* Marsch *m*; ~ *etm.* in Scharen wandern (*z.B. Ameisen*); ~ *kolunda toplan!* in Marschordnung angetreten!

yüz[1] 1. hundert 2. Hundert *f* (*Zahl*); ~ *numara euph.* Abort *m*, Toilette *f*. *-de beş* fünf Prozent; *-de nisbetinde adv.* prozentual.

yüz[2] 1. Gesicht, Antlitz *n* 2. Oberfläche, -seite *f* 3. rechte Seite *f* (*e-s Stoffes*), Außenseite *f* 4. Vorderseite, Front *f* 5. *math.* ebene Seitenfläche 6. Vorderblatt *n* (*am Schuh*) 7. Seite *f* (*e-s Berges, Blattes usw.*) 8. Schamgefühl, Scham *f* 9. Mut *m*, Dreistigkeit *f* 10. (*im Abl.*) Grund *m*, Ursache *f*, Anlaß *m*; ~ *bulmak* 1. (*b-den*) Anklang (*Sympathien*) finden (*bei*) 2. frech, dreist, anmaßend werden; ~ *çevirmek fig.* sich *von e-m* abwenden; ~ *etm.* 1. überweisen, über tragen, weiterreichen 2. anpassen, angleichen; ~ *göstermek* auftreten; sich zeigen; ~ *sağa* (*sola*)! Augen rechts! (die Augen links!); ~ *tutmak* e-e Wendung nehmen (*zu*); beginnen, drohen (*zu*); ~ *vermek* 1. sich freundlich erweisen 2. durch zu viel Freundlichkeit und Nachsicht verwöhnen; ~ *-e gelmek* aufeinander treffen; sich begegnen; (**yüze**:) ~ *çıkmak* 1. an die Oberfläche (*des Wassers*) kommen; auftauchen 2. *fig.* sich herausstellen 3. *fig.* sich aus der Patsche ziehen 4. frech werden; sich viel herausnehmen; ~ *gülmek* 1. *pej.* katzenfreundlich sein 2. liebenswert erscheinen; (**yüzü**:) ~ *ak alnı pak* mit untadeligem Ruf; unbescholten; ~ *astarı bellisiz bir adam* ein zweifelhaftes Individuum; ~ *davul derisi* mit eherner Stirn; unverschämt; ~ *gülmek* übers ganze Gesicht strahlen; ~ *pek* ungeniert, dreist, frech; ~ *sıcak* verführerisch, lockend; ~ *soğuk* abschreckend; Angst einflößend; ~ *tutmamak* (*bşi yapmağa*) sich genieren, nicht wagen (*et. zu tun*); ~ *yazılı kalmak* unangetastet bleiben; ~ *yerde* schlicht, bescheiden; ~ *yere gelmek* sich *für e-n anderen* in Grund und Boden schämen; ~ *yumuşak* wer *e-m anderen* nichts abschlagen kann; gutmütig; (**yüzünden**:) ~ *akmak j-m et.* vom Gesicht ablesen können; ~ *düşen bin parça olur* er macht ein Gesicht wie vierzehn Tage Regenwetter; (**yüzüne**:) ~ *atılmak fig. j-m* (*e-m*) (*geradezu*) ins Gesicht springen (*können od. mögen*); ~ *bakılmaz* häßlich wie die Nacht; ~ *çarpmak* (*b-nin*) *j-m et.* vorhalten (*Schuld usw.*); ~ *gözüne bulaştırmak* (*bir işi*) *et.* verkorksen; ~ *karşı* (*b-nin*) *j-m* *et.* ins Gesicht hinein (*sagen*); ~ *vurmak fig. j-m et.* vorhalten (*Schuld usw*); (**yüzünü**:) ~ *buruşturmak* (*od. ekşitmek*) mürrisch dreinschauen; ~ *gözünü çarpıtmak* 1. das Gesicht verzerren 2. *j-n* krumm und lahm schlagen; ~ *güldürmek* (*b-nin*) *j-n* beglücken; *yüzünün akiyle çıkmak* (*bir işten*) sich (*bei e-r Probe, Prüfung*) bewähren; *yüzünüze güller! Abw. bei Erwähnung von et. Unappetitlichem, Übelriechendem usw.*

yüzakı, *-nı* 1. Unbescholtenheit *f*, guter Ruf 2. Bewährung *f*; *yüzakiyle bir iş yapmak* 1. *et.* tun, ohne seiner Ehre *et.* zu vergeben 2. sich bewähren (*z.B. in e-r Prüfung*).

yüzbaşı *mil.* Hauptmann, Rittmeister *m*.

yüzdelik 1. Prozentsatz *m* 2. prozentmäßige Entlohnung; Prozente *pl.*

yüzden 1. *adj.* oberflächlich 2. *s. yüz*² (10).

yüzdürmek¹ das Fell abziehen.

yüzdürmek² 1. schwimmen lassen 2. heben (*gesunkenes Schiff*) 3. wieder flottmachen (*aufgelaufenes Schiff*) 4. V fortjagen; entlassen.

yüzegelen angesehen, prominent, führend.

yüzer¹ je hundert.

yüzer² schwimmend; Schwimm-; ~ *havuz* Schwimmdock *n*.

yüzey (*Ober-*)Fläche *f*; ~ *şekilleri* Relief *n*, Unebenheiten *pl.* der Oberfläche.

yüzgeç, *-ci* 1. schwimmend; Schwimm- 2. Schwimmer(in *f*) *m* 3. Schwimmer *m* (*z.B. an Wasserflugzeug*) 4. Flosse *f* (*der Fische*).

yüzgörümlügü, *-nü Geschenk des Bräutigams an seine junge Frau* (*urspr. beim ersten Anblick ihres Gesichtes in der Hochzeitsnacht*).

yüzgöz *in der Füg.*: ~ *olm.* sich zu familiär benehmen.

yüzkarası, *-nı* 1. Schande, Unehre *f* 2. Unglück, Pech, Mißgeschick *n*.

yüzlemece 1. *adv.* offen; ins Gesicht hinein 2. *adj.* in praesentia geführt (*z.B. Gerichtsverhandlung*) *od.* ausgesprochen, verhängt (*z.B. Urteil*).

yüzlemek *m. Akk. j-n* zur Rede stellen; *j-m* Vorhaltungen machen.

yüzleşmece von Angesicht zu Angesicht (*z.B. et. besprechen*).

yüzleşmek 1. konfrontiert werden 2. *mit j-m* zusammentreffen.

yüzlü 1. ... aussehend 2. mit ... Oberfläche 3. unbefangen, ungeniert, dreist.

yüzlük¹ 1. *Briefmarke od. Münze zu* 100 *Para od.* 100 *Kurusch* 2. 100-Pfund-Schein *m* 4. *math.* Hunderter *m* 5. hundertjährig; Hundertjährige(r) *m/f*.

yüzlük² *jeder Gesichtsschutz, spez.* Gesichtsschleier *m*.

yüzmek¹, (*-er*) 1. abhäuten 2. *fig. j-m* das Fell über die Ohren ziehen; neppen.

yüzmek², (*-er*) 1. schwimmen 2. (*toz içinde*) über und über mit Staub bedeckt sein.

yüzölçümü, *-nü math.* 1. Flächenmaß *n* 2. Flächeninhalt *m*.

yüzsuyu, *-nu* Ehre, Selbstachtung *f*; ~ *dökmek* winseln und flehen.

yüzsüz ungeniert, dreist, frech.

yüzücü 1. schwimmend 2. Schwimmer(in *f*) *m*.

yüzük (*Finger-*)Ring *m*; ~ *parmağı* Ringfinger *m*; ~ *takmak* e-n Ring (*od.* Ringe) anstecken *bzw.* tragen; *yüzüğü geri çevirmek* den Ring zurückgeben; die Verlobung auflösen.

yüzükara unehrenhaft; mit Schande beladen (*adj.*).

yüzükoyun *adv.* 1. mit der Stirn den Boden berührend 2. *fig.* platt auf dem (*den*) Bauch.

yüzüstü, *-nü* 1. *s. yüzükoyun* 2. unvollendet, halbfertig; ~ *bırakmak* 1. (*unerledigt*) liegenlassen (*z.B. Arbeit*) 2. *j-n* seinem Schicksal überlassen; ~ *düşmek* platt auf den Bauch fallen; ~ *kalmak* (*unerledigt*) liegenbleiben (*z.B. Arbeit*).

yüzyıl Jahrhundert *n*; *-larca* seit (*vielen*) Jahrhunderten.

Z

z, Z [zɛ] *29. und letzter Buchst. des türk. Alph.*

zabıt, -ptı 1. gewaltsame Wegnahme; Einnahme, Eroberung *f* 2. Beherrschung, Bezähmung *f* 3. Zusammenhalten *n* (*von Kleidern, Haaren usw*). 4. Protokollierung *f* 5. Registrierung *f* (*z.B. e-s Erdbebens*) 6. Beschlagnahme *f* 7. Abfangen *n* (*z.B. e-s Schiffes im Krieg*); *jur.* Aufbringung, Kondemnierung *f* 8. Erinnerung *f*; ~ *ceridesi* stenographisches Protokoll (*der Verhandlungen der Großen Nationalversammlung*); ~ *tutmak* 1. ein Protokoll aufnehmen 2. Protokoll führen; ~ *ve rabıt* Disziplin *f*.

zabıta [- · ·] Polizei *f*; ~ *vukuatı* Kriminalfälle *pl.*

zabıtname [· · - ·] Protokoll *n*, Niederschrift *f*.

zâbit, -ti 1. *mil.* Offizier *m* 2. *fig. wer sich durchzusetzen versteht*; energisch.

zaç, -cı Vitriol *n*; ~ *yağı* Schwefelsäure *f*.

zade [ā] 1. *va.* geboren 2. (*Sx*) Sohn *m*, Tochter *f*, Kind *n*.

zadegân [- · -] Adlige, Aristokraten *pl.*; ~ *alayından* F 1. abgebrannt, pleite 2. Vagabund *m* 3. verwöhntes Muttersöhnchen; *-dan* aus adliger, vornehmer Familie.

zâf *s. zaıf.*

zafer 1. Sieg, Triumph *m* 2. ♀ *mV*, *wV*; ~ *alayı* Sieges-, Triumph·zug *m*; ~ *arabası* Triumphwagen *m*; ♀ *Bayramı* Siegesfest *n* (*gesetzlicher türk. Feiertag, 30. August*); ~ *bulmak* (*od. kazanmak*) e-n Sieg erringen; ~ *sarhoşluğu* Siegesrausch *m*; ~ *takı*, *takızafer* Triumphbogen *m*.

zafiyet, -ti [ā] 1. Abgemagert-Sein *n* 2. Schwäche, Kraftlosigkeit *f*.

zağ 1. (*Schleif-*)Glanz *m* (*z.B. e-s Schwertes*) 2. Schärfe *f* (*z.B. e-r Schneide*); ~ *vermek* schärfen, schleifen.

zağanos *zo.* 1. *großer* Taschenkrebs *m* 2. Sperbereule *f*.

zağar Jagd-, Spür·hund *m*.

zağara Pelzkragen *m* (*auf e-m Mantel*).

zâhife *z. va.* Kriechtier, Reptil *n*.

zâhir 1. *adj.* klar, deutlich, offenkundig 2. *adj. adv.* anscheinend, offenbar 3. *adv.* sicher, freilich, gewiß 4. *Sb.* äußere Erscheinung *od.* Form, Äußere(s) *n*; *-de* äußerlich betrachtet; scheinbar *bzw.* anscheinend; *-e kapılmak* sich von dem Äußeren bestechen lassen.

zahire [ī] 1. Lebensmittel *pl.*, Proviant *m*, Nahrung *f* 2. Getreide *n*; ~ *ambarı* Kornkammer *f*.

zâhirî 1. äußer-, äußerlich 2. scheinbar; Schein-.

zâhit, -di 1. fromm, gottesfürchtig, kirchengläubig 2. ♀ *mV*.

zahmet, -ti 1. Mühe, Mühsal, Anstrengung, Schwierigkeit *f* 2. Bemühung *f*, Umstände *pl.*; ~ *buyurdunuz!* sie haben sich viel Mühe gemacht!; ~ *çekmek* sich abplagen (*müssen*); ~ *etm.* sich bemühen; ~ *olmazsa* wenn es Ihnen keine Mühe (*od.* Umstände) macht; *-e değmek* der Mühe wert sein; sich lohnen; *-e sokmak* (*b-ni*) *e-m* Mühen (*od.* Kosten) verursachen; *-ine mukabil* als Entgelt für seine Mühe.

zaıf, za'fı 1. Abgemagertsein *n* 2. Schwäche *f*, schwacher Punkt, Nachteil *m*.

zaika [- · ·] Geschmack(ssinn) *m*.

zâil 1. verschwindend 2. *va.* vergangen, letzt-, vorig-; ~ *olm.* verschwinden, aufhören, verloren-, unter·gehen.

zait, -di [ā] 1. überflüssig, unnötig 2. *math.* plus 3. Kreuz *n* (*z.B. auf e-m Bild zur Kennzeichnung e-r Person*); ~ *kıl* Fadenkreuz *n* (*im Fernrohr*).

zakkum (*ağacı*) 1. Rosenlorbeer *m* 2. (*isl. Myth.*) *Baum in der Hölle* 3. (*isl. Myth.*) *Nahrung der zur Hölle Verdammten* (*s. a. zıkkım*).

zakon V Usus, Brauch *m*, Ordnung *f*.

zalim [ā] tyrannisch, despotisch, grausam.

zam, -mmı 1. Hinzufügung *f* 2. Zuschlag *m* 3. Zulage *f* 4. höhere Berechnung (*z.B. des Dienstalters*); ~ *yapmak m. Dat.* erhöhen (*z.B. Preise*).

zaman *urspr.* [· -] 1. Zeit *f* 2. Zeitabschnitt *m*, Zeitalter *n*, Periode, Epoche, Ära *f* 3. Lebens- *od.* Jahres·zeit *f* 4. *gr.* Tempus *n* 5. *geol.* Formation, Schichtfolge *f* 6. *mus.* Taktart *f* 7. (*temporal*) als, wenn; ~ *emsali* Zeitfaktor *m*; ~ *kaybetmeden* unverzüglich; ~ ~ ab und zu; *-ı geçmek* 1. nicht mehr erforderlich (*od.* angebracht) sein 2. veralten 3. verblühen, verwelken; *-ında* im richtigen Augenblick.

zamân Bürgschaft, Gewähr, Garantie *f*; ~ *altına almak* Gewähr bieten; garantieren.

zamanaşımı, *-nı* Verjährung *f*.

zamane [· - ·] 1. damalige Zeit 2. *mst. pej.* heutige Zeit; ~ *modası* heutige Mode.

zamanlı 1. *mus.* in *e-r best.* Takart 2. rechtzeitig, pünktlich.

zamansız 1. früh-, vor·zeitig; unerwartet früh 2. unpassend.

zamazingo [· · x ·] V Freundin, Geliebte *f*.

zambak *bot.* Lilie *f*.

zamir [ī] 1. *gr.* Pronomen *n* 2. innerste Gedanken *pl.*, wirkliche Absichten *pl.*

zamk, *-kı* 1. Gummiharz *n* 2. Klebstoff *m*.

zamkinos [x · ·] *in den vulg. Füg.*: ~ *etm. od. -u çekmek* sich aus dem Staub machen; abhauen.

zammetmek [x · ·] hinzu-, bei·fügen.

zampara Schürzenjäger, Don Juan *m*.

zan, *-nnı* 1. Meinung, Vermutung *f* 2. Verdacht *m* 3. Anschuldigung, Anklage *f*; ~ *altında bulunmak* 1. unter Verdacht stehen 2. angeklagt sein; *-ıma göre* wie ich annehmen möchte; *-ında olm.* annehmen, glauben, meinen, denken.

zanaat, *-tı* Kunst *f*, Handwerk, Gewerbe *n*.

zangır zangır *Lm. in Füg. wie*: ~ ~ *sallamak* 1. auf und nieder schwanken 2. vor Angst schlottern; ~ ~ *sarsılmak* in seinen Grundfesten erschüttert werden; ~ ~ *titremek* wie Espenlaub zittern.

zangırdamak 1. zittern und mit den Zähnen klappern 2. klappern, klirren.

zâni [- -] ehebrecherisch; Ehebrecher *m*.

zanlı 1. verdächtig 2. angeklagt.

zannetmek [x · ·] glauben, denken, meinen, annehmen, vermuten.

zaptetmek [x · ·] 1. mit Gewalt (weg)nehmen; erobern, einnehmen, besetzen; *mil. a.* ausheben (*z.B. Wachtposten*) 2. beherrschen, bezähmen, meistern 3. zusammenhalten (*Haar, Kleider usw.*) 4. protokollieren 5. aufnehmen, registrieren, verzeichnen 6. beschlagnahmen 7. abfangen (*z.B. Schiff im Krieg*) 8. im Gedächtnis behalten.

zaptiye *fr.* 1. Polizei, Gendarmerie *f* 2. Polizist, Gendarm *m*.

zapturapt, *-tı* Disziplin, scharfe Ordnung, genaue Kontrolle.

zar[1] 1. Häutchen *n*, Membrane *f* 2. Tscharschaf *m* 3. dünner Vorhang, dünne Decke, Schleier *m*.

zar[2] 1. (*Spiel-*)Würfel *m* 2. V angeheiterte Stimmung, Rausch *m*; ~ *atmak* würfeln; ~ *tutmak* mogeln (*beim Würfeln*).

zar[3] **zor** 1. wohl oder übel; recht unwillig 2. mit knapper Mühe; gerade noch.

zarafet, *-ti* [· - ·] 1. Erlesenheit, Vornehmheit *f* 2. Eleganz *f* 3. Geist, Witz, Esprit *m*.

zarar Schaden, Nachteil, Verlust *m*; ~ *ve ziyan* 1. angerichteter Schaden 2. Schadenersatz *m*; ~ *vermek* schädigen, schaden; *-ı düşmek* (*b-ne*) für e-n Schaden aufkommen müssen; *-ı yok!* das tut nichts!, bitte sehr!

zararcı (*Volks-*)Schädling *m*.

zararlı 1. schädigend, schädlich 2. beschädigt 3. Verlierer *m*.

zararsız 1. unschädlich, harmlos 2. unbeschädigt, heil 3. ganz nett; nicht schlecht.

zarf 1. Hülle *f*, Über-, Be·zug *m*, Futteral, Behältnis *n* 2. Uhrengehäuse *n* 3. (*Brief-*)Umschlag *m* 4. *Metalluntersatz für Tassen od. Gläser* 5. *gr.* Adverb *n* 6. Haupt-, Absperr·hahn *m* (*bei Wasserleitung*) 7. Außenseite *f*, Äußere(s) *n*, *techn.* Wandung *f*; ~ *tazyikı techn.* Wandungsdruck *m*.

zarfında *Pp.* innerhalb, binnen.

zarflamak in e-n Briefumschlag stecken.

zargana [x · ·] *zo.* Hornhecht *m.*
zari zari [ā, ā] 1. schmerzerfüllt 2. laut schluchzend.
zarif [ī] 1. erlesen, fein, vornehm, geschmackvoll (*z.B. Geschenk*) 2. elegant 3. geistreich 4. ♀ [x ·] *mV.*
zarp, *-bı* 1. *s. darp* 2. P heftige Schmerzen *pl.*; ~ *musluğu* Haupt-, Absperr·hahn *m* (*bei Wasserleitung*).
zart *s. zarta*; ~ *zurt* V 1. dauernd, ewig 2. lärmend, prahlend; ~ *zurt etm.* V abgeschmacktes Zeug daherreden.
zarta [x ·] abgehende Darmblähung, Furz *m*; ~ *çekmek* 1. e-n (*Wind*) fahren lassen; furzen 2. V schimpfen, schelten; *-yı çekmek* V abkratzen, sterben.
zartçı V Angeber, Aufschneider *m.*
zaruret, *-ti* [ū] 1. Zwang *m*, Notwendigkeit *f* 2. Zwangslage *f* 3. Not *f*, Elend *n*; *-inde kalmak* sich genötigt sehen (*zu*); unbedingt müssen.
zaruri [· - -] 1. notwendig, nötig 2. unbedingt erforderlich; lebensnotwendig, unentbehrlich 3. zwangsläufig, unvermeidlich; ~ *şart jur.* Conditio sine qua non; unerläßliche Bedingung *f.*
zat, *-tı* [ā] 1. Wesen *n*, Substanz *f* 2. Person, Persönlichkeit *f* 3. Herr *m* 4. *phil.* Subjekt *n*; ~ *işleri şefliği* Leitung *f* der Personalabteilung; *-a mahsus* 1. nicht übertragbar 2. Persönlich (*Briefvermerk*); *zatı âliniz* (*bzw. âlileri*) *Hf.* Sie; *zatı devletleri* 1. Seine Exellenz, der Herr Staatspräsident 2. (*Anrede*) Ew. Exzellenz; Herr Staatspräsident.
zaten, zati [ā] [x ·] an und für sich schon; sowieso; ohnehin.
zatî [- -] 1. persönlich 2. innerlich, wesentlich, eigentlich, wahr 3. *Zati mV*; ~ *eşya* persönliche Effekten *pl.*
zatiyet, *-ti* [ā] Wesen *n*, Entität *f.*
zatülcenp, *-bi* [ā] [x · ·] *med.* Rippenfellentzündung *f.*
zatülkebet, *-di* [ā] *med.* Leberentzündung *f.*
zatülkilye [ā] *med.* Nierenentzündung *f.*
zatürree [ā] [x · · ·] *med.* Lungenentzündung *f.*
zavahir [· - ·] *pl.* Äußere(s) *n*, äußere Form *od.* Erscheinung, Äußerlichkeit *f*, äußerer Schein; *-e kapılmak* sich von Äußerlichkeiten bestechen lassen; *-i kurtarmak* den äußeren Schein wahren.
zavallı [x · ·] 1. arm, bedauernswert 2. kraftlos, hilflos, schwach.
zaviye [ā] 1. Ecke *f*, Winkel *m* 2. *math.* Winkel *m* 3. kleineres Derwischkloster 4. Standpunkt, Gesichtswinkel *m.*
zayıf 1. mager, abgemagert 2. schmal, schlank, schmächtig 3. schwach, schwächlich, kraftlos 4. *fig.* schwach, gering (*z.B. Möglichkeit*); ~ *düşmek* 1. abmagern 2. geschwächt werden; ~ *göstermek* schmal (*schmächtig*) erscheinen lassen.
zayıflamak *s. zayıf düşmek.*
zayıflatmak 1. abmagern lassen 2. schwächen.
zayıflık 1. Magerkeit *f* 2. Schlankheit *f* 3. Schwäche, Kraftlosigkeit *f*; ~ *meraklısı bayanlar* Schlankheitsfanatikerinnen *pl.*
zayi, *-ii* [ā] 1. verloren; abhanden gekommen 2. Verlust *m*; ~ *etm.* verlieren; ~ *olm.* verlorengehen, abhanden kommen.
zayiat, *-tı* [- · -] *pl. Verluste pl.*; ~ *vermek* Verluste haben (*od.* erleiden); ~ *verdirmek* (*b-ne*) Verluste beibringen; *-tan olm.* e-n großen Verlust bedeuten (*z.B. j-s Ableben*).
zayiçe [ā] Horoskop *n*; *-sine bakmak* (*b-nin*) *j-m* das Horoskop stellen.
zeamet, *-ti* [ā] (*bis 1840*) Lehen *n.*
zebani [· - -] 1. *isl. Myth.* Höllenwärter *m* 2. *fig.* grausam, tyrannisch.
zebanzet, *-di* umgangssprachlich.
zebellâ, zebellâyi [· · - -] baumlang, ungeschlacht; Riese, Hüne *m.*
zebil *s. sebil.*
zebir [x ·] *zo.* Zebra *n.*
zebun [ū] 1. schwach, erschöpft, matt 2. gefügig, willfährig, unterwürfig.
zebunküş [ū] *wer sich an e-m Wehrlosen vergreift.*
Zebur [ū] *n. pr.* Psalter *m.*
zecir, *-cri* Zwang *m*, Gewalt *f.*
zecren [x ·] *adv.* gewaltsam, zwangsweise.
zecretmek [x · ·] zwingen, nötigen.
zecrî gewaltsam; Gewalt-, Zwangs-; ~ *tedbir* Gewaltmaßnahme, Sanktion *f.*
zedelemek 1. beschädigen, rampo-

nieren, verbeulen, quetschen 2. zerschlagen (*z.B. feindliche Armeen*) 3. schädigen, schaden, beeinträchtigen.
zefir[1] [i] *biol.* Ausatmung *f.*
zefir[2] Zephir *m* (*Hemden- od. Blusenstoff*).
zehap, *-bı* [ā] Meinung, Ansicht, Annahme, Vermutung *f.*
zehir, *-hri* Gift *n*; ~ *gibi* 1. sehr kalt *od.* unfreundlich (*Wetter*) 2. gallenbitter; ~ *olm.* nichts als Kummer verursachen; ~ *zemberek* gallenbitter.
zehirleme *jur.* Giftmord *m.*
zehirlemek vergiften (*a. fig.*).
zehirli Gift enthaltend, giftig; Gift-; ~ *gaz bombası* Giftgasbombe *f.*
zehretmek [x · ·] *fig.* vergiften, verbittern.
zekâ Intelligenz *f*, Verstand *m*, Klugheit *f.*
zekâlı intelligent, schlau, klug.
zekât, *-tı* rituell vorgeschriebene Almosensteuer.
zekâvet, *-ti* 1. *s. zekâ* 2. ♀ *wV.*
zeker männliches Glied, Penis *m.*
Zekeriya *n. pr.* 1. Zacharias *m* (*Bibel*) 2. *mV.*
zeki [ī] 1. intelligent, klug, schlau, scharfsinnig 2. ♀ [x.] *mV.*
zeklenmek P = *zevklenmek.*
zelil [i] schändlich, gemein, niedrig.
zelzele Erdbeben *n*; ~ *felâketzedeleri* Erdbebengeschädigte *pl.*
zem, *-mmi* 1. *va.* Beschimpfung *f* 2. Tadel *m*, Herabsetzung *f*, negatives Werturteil.
zemberek 1. (*Sprung-, Spiral-, Wagen-, Uhr- usw.*) Feder *f* 2. automatischer Türschließer 3. *Verst. zu zehir*; *zemberegi boşalmak fig.* laut herauslachen (*müssen*).
zembil 1. *zweihenkeliger* Flechtkorb *m* 2. Markt-, Einkaufs·tasche *f.*
zemheri strenger Winter (*22. Dez. bis 31. Jan.*); ~ *zürafası spött. Bez. für Leute die im Winter leicht gekleidet gehen.*
zemime [ī] schlechte Charaktereigenschaft; Laster *n.*
zemin [· -] 1. Erde *f*, Erdboden *m* 2. Grund(ton) *m*, Grundfarbe *f* 3. Baugrundstück *n* 4. *fig.* Grundlage, Basis *f*, Boden *m*; ~ *hazırlamak* nicht gleich mit der Tür ins Haus fallen (*bei Gespräch*); ~ *katı* Parterre, Erdgeschoß *n*; ~ *rengi* Grundfarbe *f*; ~ *ve zaman* Zeit und Umstände; *-de* (*bu od. şu*) 1. hierüber, über dieses Thema 2. in diesem Sinn.
zeminlik *mil.* Unterstand *m.*
zemmetmek [x · ·] 1. *va.* beschimpfen 2. tadeln, herabsetzen 3. verdächtigen, verleumden.
Zemzem 1. *n.pr. Name e-s heiligen Brunnen in der Nähe der Kaaba* (*Mekka*) 2. ♀ *Wasser des Zemzembrunnens*; ~ *kuyusuna işemek* e-e herostratische Tat begehen; *zemzemle yıkanmış olm.* (*b-nin yanında*) *fig.* unvergleichlich besser sein (*als*).
zencefil 1. *bot.* Ingwerstaude *f* 2. Ingwer *m.*
zenci 1. Neger *m* 2. *va.* schwarzer Sklave.
zencir *s. zincir.*
zengin 1. reich; Reiche(r) *m/f* 2. reichhaltig (*z.B. Programm*), erschöpfend (*z.B. Aussage*) 3. anschaulich, farbig (*Stil*).
zenginle(ş)mek 1. reich werden 2. e-e Bereicherung erfahren (*z.B. Sprache*).
zenne 1. *z. va.* Frau, Dame *f* 2. Volksschauspieler *m in Frauenrolle*; ~ *çorabı* Frauen-, Damenstrumpf *m*; *-ye çıkmak* e-e Frauenrolle spielen, (*spez. im Orta Oyunu*).
zenneci *wer mit Damenartikeln handelt.*
zeplin [x ·] 1. Zeppelin *m* 2. *allg.* Luftschiff *n.*
zerdali [ā] *kleine, gelblich-rötliche Aprikosenart.*
zerde *süße, mit Safran zubereitete Reisspeise.*
zerdeva *zo.* Edelmarder *m.*
Zerdüşt, *-tü n.pr.* Zarathustra *m.*
zer'etmek [x · ·] *z. va.* 1. säen 2. bestellen, anbauen.
zeri, *-r'i* 1. Säen *n* 2. Bestellen *n*, Anbau *m.*
zeriyat, *-tı* [ā] 1. Bestellung *f der Felder*; Anbau *m* 2. Aussaat *f.*
zerk, *-kı* Injektion, Einspritzung *f.*
zerketmek [x · ·] injizieren, einspritzen.
zerre 1. Staubkörnchen, Stäubchen *n* 2. winzig kleiner Teil, Atom *n* 3. *chem.* Molekül *n*; ~ *kadar* 1. (*değil*) durchaus, überhaupt 2. (*positiv*) winzig, gering; *-nin -si* absolutes Nichts.

zerzevat, *-tı urspr. pl.* Gemüse *n.*
zeval, *-li* [ā] 1. Sinken *n* der Sonne (*ab Mittag*) 2. *fig.* Abnahme *f*, Verfall, Untergang *m* 3. *fig.* Vernichtung *f*, Tod *m*; *~ bulmak* 1. abnehmen, dahinwelken 2. verfallen, untergehen; *~ vakti* genaue Mittagszeit; zwölf Uhr mittags; *-e yüz tutmak fig.* den höchsten Punkt seiner Laufbahn hinter sich haben; *-i olm.* (*b-ne*) Schaden bringen; von Schaden sein (*für*).
zevalî [· - -] von Mittag an gerechnet (Zeit).
zevalsiz [ā] unvergänglich.
zevat, *-tı* [ā] *z. va. pl. zu zat.*
zevce *z. va.* Gemahlin, Gattin, (*Ehe-*)Frau *f.*
zevç, *-ci va.* Gemahl, Gatte, (*Ehe-*) Mann *m.*
zeveban [ā] Schmelzen *n*; *~ etm.* schmelzen (*intr.*); *~ noktası phys.* Schmelzpunkt *m.*
zevk, *-kı* 1. Geschmack *m* 2. ästhetischer Geschmack, Sinn *m*, Empfindung *f* 3. (*gebotener*) Reiz, Spaß *m* 4. Vergnügen *n*, Genuß *m*, Ergötzen *n*; *~ almak* (*od. duymak*) (*bşden*) sich erfreuen (*an*); *~ için* zum Vergnügen; *~ meselesi* Geschmackssache *f*; *-ına doyum olmaz fig.* das ist überaus fesselnd; *-ına düşkün* (*od. meclûp*) nur auf sein Vergnügen bedacht; *-ına varmak* auf den Geschmack kommen; *-ını çıkarmak et.* voll auskosten.
zevkıselim [ī] Schönheitssinn *m*; *~ sahibi* ein Mann von (*gutem*) Geschmack.
zevklenmek (*b-le*) sich *über j-n* lustig machen.
evkli ergötzlich, vergnüglich, amüsant.
evksiz 1. geschmacklos 2. uninterzessant, langweilig, reizlos.
evzek fader Schwätzer.
zeybek 1. *Angehöriger e-s türk. Volksstammes in der Umgebung von Izmir* z2. *reg.* schneidiger Kerl, junger Held z(*e-s Dorfes*); *~ oyunu* Zeybek-Tanz *m.*
zeyil, *-yli* 1. Anhang *m* (*in e-m Buch*) 2. *an.* Appendix, Wurmfortsatz *m.*
zeyilname [ā] *jur.* Versicherungsnachtrag *m.*
zeyrek intelligent, geweckt, klug, schlau.
zeytin 1. Olive *f* 2. Holz *n* des Ölbaums; *~ · dalı* Ölzweig *m* (*als Friedenssymbol*); *~ yağı* Olivenöl *n*; *~ yağı gibi üste çıkmak fig.* 1. trotz offensichtlichen Unrechtes Arroganz an den Tag legen 2. nicht zu packen sein 3. wie e-e Katze immer auf die Füße fallen.
zeytinlik Ölbaumplantage *f.*
zeytuni [· - -] olivgrün.
zıbarmak 1. *pej.* in Trunkenheit einschlafen 2. V krepieren, verrekken.
zıbın *wattiertes od. Flanelljäckchen* (*für e-n Säugling*).
zıddiyet, *-ti* 1. Gegensatz, Kontrast *m* 2. *fig.* gegenseitige Abneigung.
zıh 1. Litze, Paspel *f*, Zierstreifen, (*Rand-*)Besatz, Hosenstreifen *m* 2. *schmale hölzerne Randleiste* 3. Umrahmungslinie *f* (*e-r Druckseite*).
zıkkım *pej.* 1. widerwärtiger Fraß; elendes Gesöff, scheußliches Zeug 2. (*in Verwünschungen*) Gift *n*; *~ olsun!* soll er dran krepieren!
zıkkımlanmak 1. *pej.* sich den Bauch vollschlagen 2. *m. Akk. et.* in sich hineinstopfen; fressen.
zılgıt, *-tı* F Schelte *f*, Anpfiff *m*; *~ vermek* auszanken, schelten; *~ yemek* (*b-den*) die Leviten gelesen bekommen (*von*).
zımba [x ·] 1. Locher *m*, Lochzange *f*, Ahle *f*, Pfriem *m*, Nagelort *m*, Stanze *f*, Dorn *m* 2. Lochung, Perforierung *f*, Loch *n* 3. Splintenzieher *m* 4. Patrize *f.*
zımbacı 1. Stanzer *m* 2. Fahrkartenknipser *m.*
zımbalamak *m. Akk.* 1. (durch-) lochen, (aus)stanzen, perforieren; knipsen (*Fahrkarte u. ä.*) 2. V den Beischlaf ausüben (*mit*).
zımbalı [x · ·] ge-, durch·locht; (aus-)gestanzt; perforiert; geknipst (*Fahrkarte*); *~ defter* Heft *n* mit perforierten Blättern.
zımbırdatmak *m. Akk.* 1. rasseln, (*klirren, knarren, schnarren, klappern, quietschen*) lassen (*so daß es dem Ohr weh tut*) 2. herumklimpern (*auf*).
zımbırtı 1. Rasseln (*usw. s. zımbırdatmak*) 2. *jedes Lärminstrument wie z.B.* Schnarre, F Quäke *f*, Klapper-, Klimper·kasten *usw.* 3. Dingsda *n.*
zımnen [x ·] *adv.* 1. indirekt, andeutungsweise 2. implicite.

zımni [i] 1. impliziert, involviert, inbegriffen, mitenthalten 2. stillschweigend.
zımpara [x··] Schleifmittel *n*, *spez.* 1. Schmirgel *m* 2. Karborund *m*; ~ *çarkı* Schleif-, Schmirgelscheibe *f*; ~ *kâğıdı* Schmirgelpapier *n*; ~ *vurmak* mit Schmirgelpapier abreiben; (ab)schmirgeln.
zımparalamak *s. zımpara vurmak.*
zındık 1. *urspr.* Parse *m* 2. *fig.* Gottesleugner, Ungläubige(r), Ketzer *m.*
zıngadak [x··] bauz!, bums!, plauz!
zıngıl zıngıl *s. zangır zangır.*
zıngıldamak *s. zangırdamak.*
zıngır zıngır *s. zangır zangır.*
zıngırdamak *s. zangırdamak.*
zınk, *-kı Lm. e-r plötzlich zum Stillstand kommenden Bewegung*; ~ *diye durmak* 1. mit e-m Ruck anhalten (*z.B. Auto*) 2. sich mit einem Male unterbrechen (*z.B. Redner*) 3. ganz verblüfft dastehen.
zıp, *-pı* 1. *Lm. e-s plötzlichen Erscheinens*: urplötzlich; wie aus dem Boden gewachsen 2. ~ ~ hüpfend, hopsend.
zıpçıktı 1. Emporkömmling, Parvenü *m* 2. Eindringling, ungebetener Gast.
zıpır[1] F 1. verrückt, närrisch 2. Tolpatsch *m.*
zıpır[2] **zıpır** hüpfend, hopsend; ~ ~ *zıplamak* dahinhüpfen.
zıpkın Harpune *f.*
zıplamak 1. (*in die Höhe*) springen, hüpfen 2. rikoschettieren; ab-, zurück-prallen 3. P verschwinden, verduften.
zıppadak [x··] wupps!, mit e-m Satz, plötzlich; ~ *hop* mit e-m Satz.
zıpzıp, *-pı* 1. Murmel, Marmel *f* (*Kspz.*) 2. *hum.* Moneten *pl.*, Pinke *f*, Geld *n.*
zır zır *Lm. e-s andauernden, lästigen Geräusches*; *bütün gün* ~ *öter* den ganzen Tag plärrt er sein Zeug daher; ~ ~ *zırlamak* unaufhörlich dummes Zeug reden; ~ *-ın kertas!* V hör auf mit dem blöden Gequatsche!
zırdeli [x··] vollkommen übergeschnappt.
zırh 1. Panzer *m*, Rüstung *f* 2. Panzerung *f*; ~ *kaplamak* panzern.
zırhlı 1. Panzer- 2. Panzer-, Kriegsschiff *n* 3. Panzerkampfwagen, Tank *m*; ~ *birlik* Panzer-einheit *f*, -verband *m*; ~ *kıtaat* Panzertruppen *pl.*; ~ *otomobil* Panzerkraftwagen *m*; ~ *tümen* Panzerdivision *f.*
zırıl zırıl 1. *Lm. e-s lästigen Schnarrens, Schnatterns od. Schwatzens* 2. *lm. Veranschaulichung e-s starken Schwitzens*; ~ ~ *söyleniyor* er redet und redet und findet kein Ende; ~ ~ *terliyorum* ich schwitze mich schier zu Tode.
zırıldamak 1. schnarren, rasseln 2. röcheln (*z.B. Esel beim Schreien*) 3. schnattern; dummes Zeug daherreden.
zırıltı 1. Schnarren *n* 2. Geschnatter *n*, lästiges Geschwätz 3. Streit, Zank *m*, Auseinandersetzung *f* 4. F Zeug *n*, Kram *m.*
zırlak 1. plärrend, schreiend; Schreihals *m* 2. *zo.* Grille *f*, Heimchen *n.*
zırlamak *s. zırıldamak.*
zırnık 1. Auripigment, Operment *n* (*gelbes Schwefelarsenik*) 2. *fig.* roter Heller; ~ *bile vermem!* nicht e-n roten Heller gebe ich!
zırt zırt immer aufs neue; immer wieder; jeden Augenblick.
zırtapoz V verrückt, übergeschnappt.
zırtullahı kermani [· · - · · - -] *hum.* 1. von gottbegnadeter Dummheit; Blödian *m* 2. *s. zırtapoz.*
zırva [x·] 1. *geschmorte Hammelfüße mit Knoblauch* 2. *e-e einfache, fad schmeckende zerde-Art* 3. *fig.* dummes Gerede; *Spr.* ~ *tevil götürmez!* in Narrengeschwätz ist kein Sinn zu bringen.
zırvalamak dummes Zeug daherreden; F Stuß verzapfen.
zırzop, *-pu* F verrückt, meschugge.
zıt, *-ddı* 1. entgegengesetzt 2. Gegensatz *m*, Gegenteil *n* 3. zuwider; ~ *gitmek* (*b-le*) das Gegenteil von dem tun, was ein anderer wünscht; *zıddı olm.* (*bş b-nin*) *e-m* gegen den Strich gehen; *zıddına gitmek* (*bş b-nin*) *e-m* auf die Nerven gehen; *-ların mecmaı* Sammelplatz *m* der Gegensätze; *zıddı ekber* auf den Tod zuwider.
zıtanlamlılar *gr.* Antonymbegriffe *pl.*
zıvana [·x·] 1. Hülse *f* 2. runde Öffnung (*für Zapfen usw.*) 3. längeres Hohlmundstück (*mancher Ziga-*

retten); *-dan çıkmak fig.* rein närrisch werden (*vor Freude*).

zıya, -aı [ā] Verlust *m*; *zıyaı hâfıza* Gedächtnisschwund *m*, Amnesie *f*.

zıykınefes *od.* **zıykısadır, -drı** 1. Atemnot, Kurzatmigkeit, Dyspnoe *f* 2. kurzatmig, asthmatisch.

zibidi 1. *wer lächerlich kurze od. enge Kleidung trägt* 2. *wer sich verrückt benimmt* 3. V lächerlicher Fant.

zifaf [ā] erstes eheliches Zusammensein; ~ *gecesi* Hochzeitsnacht *f*.

zifir 1. *schwarzer* Nikotinniederschlag, F (*Pfeifen-*)Sutter *m* 2. *fig.* gallenbitter.

zifirî pechschwarz, rabenschwarz (*Finsternis*).

zifos [x ·] 1. Schmutzspritzer *m* 2. F leer, nichtsbesagend; ~ *atmak* (*b-ne*) 1. angreifen, anpöbeln 2. besudeln, bespritzen 3. verleumden, verunglimpfen; ~ *yemek* mit Schmutz bespritzt werden.

zift, -ti 1. Pech *n* 2. pech-, rabenschwarz 3. gallenbitter.

ziftlemek (ver-, zu)pichen.

ziftlenmek 1. *Pass. zu ziftlemek* 2. *m. Akk.* hinunterschlingen; fressen 3. sich den Bauch vollschlagen 4. *bei et.* e-n Rebbach machen.

zihin, -hni 1. Geist, Verstand, Sinn *m*, Denkkraft *f* 2. Gedächtnis *n* 3. Verständnis *n*, Auffassungsgabe *f*; ~ *açmak* den geistigen Horizont erweitern; ~ *bulanıklığı* geistige Umnachtung; ~ *darlığı* geistige Stumpfheit; *-de kalmak* im Gedächtnis haften bleiben; *-den çıkmak* dem Gedächtnis entschwinden; *zihne nakşetmek* sich *et.* einprägen; (**zihni**:) ~ *açık* mit guter Auffassungsgabe; ~ *almak* verstehen, begreifen; ~ *dağılmak* abgelenkt werden; ~ *durmak* wie betäubt dastehen; ~ *evvel* sehr klug; ~ *saplanmak m. Dat.* sich (*in e-e Idee*) verrennen; *-nden geçmek* in den Sinn kommen; *-ni kurcalamak* 1. (*bş b-nin*) *e-m* innerlich zu schaffen machen 2. (*biri kendi*) sich den Kopf zerbrechen.

zihnî 1. geistig, innerlich; Kopf- 2. intellektuell, verstandesmäßig 3. *Zihni* [x ·] *mV.*; ~ *hesap* Kopfrechnen *n*; ~ *meşguliyet* geistige Arbeit; ~ *takyit jur.* Reservatio mentalis *f*, stiller Vorbehalt.

zihniyet, -ti Geisteshaltung, Mentalität *f*.

zikir, -kri 1. Erwähnung *f*, Gedenken *n* 2. Rezitierung *f religiöser Formeln, welche die Namen Allahs enthalten*; *dün sizin zikriniz geçti* gestern hat man von Ihnen gesprochen; *bunun zikri geçmedi* dies blieb unerwähnt.

zikretmek [x · ·] 1. erwähnen 2. religiöse Formeln rezitieren (*s. zikir* 2).

zikzak 1. Zickzack *m* 2. im Zickzack.

zil 1. Glocke, Klingel, Schelle *f*, Läutewerk *n* 2. Schelle *f* (*am Tamburin*) 3. Kastagnette *f* 4. Becken, Zimbel *n* 5. V hungrig; ~ *çalıyor* es läutet (*klingelt*); ~ *düğmesi* Klingelknopf *m*; ~ *gibi sarhoş* sternhagelvoll; ~ *takıp oynamak fig.* vor Freude ganz aus dem Häuschen geraten; ~ *zurna* (*sarhoş*) sinnlos betrunken.

zillet, -ti Schande, Entehrung *f*.

zilyed *jur.* Besitzer, Inhaber, Verfügungsberechtigte(r) *m*.

zilyedlik *jur.* Besitz *m*; ~ *dâvası jur.* Besitzstörungsklage *f*.

zimamdar [· - -] führender Politiker; Führer, Leiter *m*.

zimmet, -ti 1. Obliegenheit, Pflicht *f* 2. Schuld *f* 3. Soll, Debet *n* 4. Passiva *pl.*; *-ine geçirmek* 1. (*bir hesabı b-nin*) in j-s Soll buchen 2. (*bir parayı kendi*) unterschlagen, hinterziehen.

zina [ā] 1. Ehebruch *m* 2. wilde Ehe.

zincef Einfassung *f*, Besatz *m*, Bordüre *f* (*an Kleidern od. Stoffen*).

zincifre Zinnober *m*.

zincir 1. Kette *f* 2. kettenartig Aneinandergereihte(s) 3. *fr.* Sträflingskette, -fessel *f* 4. *mus. e-e orient. Taktart* 5. *fr.* (*Münz-*)Rändelung *f*; *-e vurmak* (*b-ni*) in Ketten legen; *-i koparmak* 1. die Kette zerbrechen 2. zu toben anfangen (*Irrer*); *-ini çözmek* j-n losketten.

zincirbent, -di *fr.* Kettensträfling *m*.

zincirleme 1. *Vs. zu zincirlemek* 2. kettenartig aneinandergereiht; ~ *isim takımı gr.* substantivische Kettenfügung; ~ *usulü* Arbeit *f* am laufenden Band; Fließarbeit *f*; ~ *usuliyle fig.* fortlaufend; ohne Unterbrechung.

zincirlemek 1. (an)ketten; in Fesseln schlagen 2. kettenartig aneinanderreihen.

zindan [ā] 1. (*unterirdisches*) Gefängnis, Kerker *m* 2. *mil.* Arrestzelle *f*; ~ *gibi* stockfinster.
zindancı [ā] Kerkermeister *m*.
zinde lebendig, munter, frisch, rüstig; ~ *kuvvet phys.* lebendige Kraft, Energie *f*.
zinhar [ā] (*Warnruf*) um Gottes willen, ja nicht!
zira [- -] [x -] denn, weil, da.
ziraat, -ti [· - ·] 1. Landwirtschaft *f* 2. (*Feld-*)Bestellung *f* 3. Anbau *m*; ♀ *Vekâleti* Türkisches Landwirtschaftsministerium.
zirai [· - -] landwirtschaftlich, Landwirtschafts-, Agrar-; ~ *işletme* landwirtschaftlicher Betrieb; ~ *kredi* Agrarkredit *m*.
zirman V grobschlächtiger Kerl; Tolpatsch *m*.
zirve 1. Gipfel *m*, Spitze *f* (*e-s Berges*) 2. (*Baum-*)Wipfel *m*; ~ *noktası fig.* Höhepunkt *m*.
ziya [ā] 1. Licht *n* 2. ♀ *mV*.; ~ *almak* (*od. görmek*) Licht bekommen (*z.B. Film*); ~ *huzmesi* Lichtkegel *m*; ~ *işareti* Licht·zeichen, -signal *n*; ~ *kuvveti* Lichtstärke *f* (*z.B. e-s Objektivs*); ~ *ölçme aleti* Lichtmeßgerät *n*.
ziyadar [· - -] 1. hell (*z.B. Zimmer*) 2. lichtstark (*z.B. Objektiv*) 3. mit *e-r best.* Lichtstärke.
ziyade [ā] 1. Mehr *n* 2. mehr 3. zu viel 4. äußerst-, höchst- 5. *m. Abl.* a) mehr als b) nicht so sehr ... als vielmehr; *-siyle* sehr, recht, äußerst, ausnehmend, überaus.
ziyadeleşmek [ā] 1. sich vermehren; zunehmen 2. sich verstärken (*z.B. Tendenz*).
ziyafet, -ti [ā] Essen; Fest-, Gastmahl *n*; ~ *vermek* (*od. çekmek*) ein Essen geben; ein Bankett veranstalten.
ziyan [ā] Nachteil, Schaden *m*, Einbuße *f*, Verlust *m*; ~ *zebil olm.* P nutzlos ausgegeben werden; verschwendet werden; *-a uğramak* Nachteil (*Schaden, Einbuße*) erleiden; *-ı çekmek* (*od. görmek*) den Schaden zu tragen haben; *-ı yok!* das tut nichts!, bitte sehr!
ziyanlı [ā] 1. geschädigt 2. schädlich.
ziyansız [ā] 1. unschädlich, harmlos 2. ganz ordentlich; recht nett.
ziyaret, -ti [ā] 1. Besuch *m* 2. Wallfahrt *f*; ~ *etm.* 1. (*b-ni*) besuchen, aufsuchen 2. (*bşi*) besichtigen.
ziyaretgâh [· - · -] Wallfahrtsort *m*.
ziynet, -ti 1. Schmuck *m*, Zier *f* 2. ♀ *wV*.
zodyak *astr.* Tierkreis *m*.
zoka [x ·] 1. Angelhaken *m* (*in Form e-s Köderfisches*) 2. V Falle *f*, Trick *m*; *-ya gelmek* (*od. -yı yutmak*) V auf den Leim gehen; sich düpieren lassen.
zola etmek V 1. hinauswerfen 2. Zuflucht finden.
zom V 1. reif, vollendet, vollkommen 2. betrunken; ~ *sarhoş* sternhagelvoll.
zonk zonk *Lm. klopfender Schmerzen.*
zonklamak klopfend schmerzen.
zor 1. Beklemmung *f*, Druck *m* 2. Zwang *m*, gebieterische Notwendigkeit 3. Schwierigkeit, Mühe, Anstrengung *f* 4. Stärke, Gewalt, Macht *f* 5. schwer, schwierig, anstrengend 6. erzwungen; Zwangs- 7. *adv.* knapp, gerade noch eben 8. (*Ausruf*) das wirst du wohl kaum fertigbringen!; ~ *belâ* mit Müh(e) und Not; ~ *oyunu bozar* (*als Entschuldigung für die Nichteinhaltung e-r Zusage*) was sollte ich schon tun?, es war eben höhere Gewalt!; *-la* 1. gezwungenermaßen 2. mit Müh(e) und Not; *-la güzellik olmaz* Schönheit (*d.h. natürliches Wachstum*) läßt sich nicht erzwingen; *-u -una* gerade eben noch; äußerst knapp; *-un ne?* 1. wo drückt dich der Schuh? 2. was ist denn los mit dir?
zoraki [ā] ungewollt; nur gezwungen; ~ *mahrumiyet* (*bşden*) Entbehren-Müssen *n*; ♀ *Tabip n.pr.* „Le Médecin malgré lui" (*Molière*; *Übersetzer: Ahmet Vefik Paşa*).
zorba gewalttätig, brutal.
zorbalık Gewalttätigkeit, Brutalität, Ausschreitung *f*; *burada* ~ *sökmez* mit Gewalt richtet man hier nichts aus.
zorgulu mit Gewalt; erzwungen.
zorlama *Vs. zu zorlamak, spez.* 1. Sich-Überheben *n*, Bruch *m* 2. gewaltsam; Gewalt- 3. *techn.* Beanspruchung, Anstrengung *f*; ~ *yürüyüş* Gewaltmarsch *m*.
zorlamak 1. nötigen, zwingen 2. mit Gewalt zu öffnen versuchen 3. for-

cieren, erzwingen 4. (*bir nehri*) den Übergang über e-n Fluß erzwingen 5. *techn.* beanspruchen, anstrengen 6. (*k-ni*) a) sich Gewalt antun b) sich überanstrengen, *spez.* sich überheben.

zorlaşmak sich erschweren; sich schwieriger gestalten.

zorlaştırmak erschweren, (be-) hindern, hemmen, aufhalten, verzögern.

zorlu 1. heftig, stark (*z.B. Regen, Niesen usw.*) 2. *wer sich durchzusetzen versteht.*

zorluk 1. Schwierigkeit, Mühe *f* 2. Beschwerden *pl.*; ~ *çekmek* auf Schwierigkeiten stoßen; ~ *çıkarmak* Schwierigkeiten in den Weg legen.

zorunlu 1. apodiktisch, unwiderleglich 2. notwendig, dringend, zwangsläufig, unvermeidbar.

zorunluluk Zwangsläufigkeit, Unvermeidbarkeit *f.*

zorzoruna mit Müh(e) und Not; gerade noch eben.

zuhur [· -] 1. Erscheinen *n* 2. Ausbruch *m*; ~ *etm.* 1. erscheinen, auftreten 2. ausbrechen (*Krieg, Feuer usw.*); *-a gelmek* sich ereignen.

zuhurat, *-tı* [· - -] *urspr. pl.* 1. Ereignisse, Geschehnisse *pl.* 2. Eventualität(en *pl.*) *f*, Gelegenheit *f* 3. weitere Entwicklung der Dinge; ~ *yazısı* Gelegenheits·schrift *f*, -artikel *m*; *benim oraya gitmem -a bağlıdır* ob ich hinfahre, hängt von der weiteren Entwicklung der Dinge ab.

zuhuri [· - -] *Volksschauspieler, der spez. Araber od. Perser nachahmt*; ~ *kolu* Ensemble *n* des Orta Oyunu.

zulmet, *-ti* Dunkel *n*, Dunkelheit *f*, Finsternis *f.*

zulmetmek [x · ·] 1. Gewalt antun 2. grausam behandeln.

zulüm, *-lmü* 1. Gewalttätigkeit, Unterdrückung, Ungerechtigkeit *f* 2. Grausamkeit *f.*

zurna 1. *türkische* Oboe 2. *Verst. zu zil* 3. V sehr große Nase, F Lötkolben *m*; ~ *balığı zo.* Makrelen- *od.* Pfeil·hecht *m*; ~ *gibi* eng (*Hose*).

zübde 1. *va.* Rahm *m*, Crème *f* 2. *fig.* Erlesenste(s), Beste(s) *n*, Quintessenz *f.*

zücaciye [ā] Glas- (*und Porzellan-*) -waren *pl.*

züğürt, *-dü hum.* wer kein Geld (*mehr*) hat; abgebrannt, pleite; ~ *tesellisi* magerer Trost.

Zühre *astr.* Venus *f*, Morgenstern *m.*

zühreví [ī] *med.* venerisch; ~ *hastalıklar* Geschlechtskrankheiten *pl.*

zühreviye 1. Geschlechtskrankheiten *pl.* 2. Abteilung *f* für Geschlechtskranke (*in e-m Hospital*).

züht, *-dü* 1. strenger Kirchenglaube, Frömmigkeit *f* 2. Askese *f.*

zühul, *-lü* [ū] Versehen *n*, Irrtum, Fehler *m*; ~ *etm.* sich irren; *et.* falsch machen; *bir ~ eseri olarak* versehentlich, irrtümlicherweise.

zülfüyâr „Locke *f* der Geliebten" *in der Füg.*: *-e dokunmak* mißliebig werden, Anstoß erregen.

zülüf, *-lfü* 1. (*Stirn-, Schläfen-, Hänge- usw.*) Locke *f* 2. *fr. Troddel an der Mütze von Leibwächtern.*

zümbül P *für sümbül.*

zümre 1. Klasse, Gruppe *f*, Stand *m* 2. *zo.* Untergruppe *f* 3. Fachgruppe *f* (*z.B. an Universität*); ~ *dersi* aus verschiedenen Einzelfächern bestehendes Gesamtfach.

zümrüdi [ī] smaragden, smaragdfarben.

zümrüdüanka [· x · · -] Smaragd-Anka *m* (*Sagenvogel*); Vogel Phönix *m*; ~ *gibi* sagenhaft, legendär.

zümrüt, *-dü* 1. Smaragd *m* 2. *zümrüdi.*

züppe 1. geckenhaft, stutzerhaft 2. Geck, Gigerl, Modenarr *m.*

zürafa [· - ·] 1. *zo.* Giraffe *f* 2. homosexuelle Frau, Lesbierin *f.*

zürra, *-aı* [ā] *va. pl.* Bauern, Landwirte *pl.*

zürriyet, *-ti* Nachkommenschaft *f*, Geschlecht *n*; *-i kesilmek* (*od. kalmamak*) keine männlichen Nachkommen haben.

Grammatischer Anhang

A) Flexion der Substantive

a) Nichtveränderlicher konsonantischer Auslaut

N.	*ev*	*evler*	*kız*	*kızlar*	*yol*	*yollar*
G.	*-in*	*-in*	*-ın*	*-ın*	*-un*	*-ın*
D.	*-e*	*-e*	*-a*	*-a*	*-a*	*-a*
Akk.	*-i*	*-i*	*-ı*	*-ı*	*-u*	*-ı*
L.	*-de*	*-de*	*-da*	*-da*	*-da*	*-da*
Abl.	*-den*	*-den*	*-dan*	*-dan*	*-dan*	*-dan*

N.	*söz*	*sözler*	*saat*	*saatler*	*suç*	*suçlar*
G.	*-ün*	*-in*	*-in*	*-in*	*-un*	*-ın*
D.	*-e*	*-e*	*-e*	*-e*	*-a*	*-a*
Akk.	*-ü*	*-i*	*-i*	*-i*	*-u*	*-ı*
L.	*-de*	*-de*	*-te*	*-de*	*-ta*	*-da*
Abl.	*-den*	*-den*	*-ten*	*-den*	*-tan*	*-dan*

b) Veränderlicher konsonantischer Auslaut

N.	*mektup*	*mektuplar*	*dert*	*dertler*
G.	*mektubun*	*-ın*	*derdin*	*-in*
D.	*mektuba*	*-a*	*derde*	*-e*
Akk.	*mektubu*	*-ı*	*derdi*	*-i*
L.	*mektupta*	*-da*	*dertte*	*-de*
Abl.	*mektuptan*	*-dan*	*dertten*	*-den*

N.	*köpek*	*köpekler*	*ağaç*	*ağaçlar*
G.	*köpeğin*	*-in*	*ağacın*	*-ın*
D.	*köpeğe*	*-e*	*ağaca*	*-a*
Akk.	*köpeği*	*-i*	*ağacı*	*-ı*
L.	*köpekte*	*-de*	*ağaçta*	*-da*
Abl.	*köpekten*	*-den*	*ağaçtan*	*-dan*

c) Vokalischer Auslaut

N.	*gece*	*geceler*	*oda*	*odalar*	*komşu*	*komşular*
G.	*-nin*	*-in*	*-nın*	*-ın*	*-nun*	*-ın*
D.	*-ye*	*-e*	*-ya*	*-a*	*-ya*	*-a*
Akk.	*-yi*	*-i*	*-yı*	*-ı*	*-yu*	*-ı*
L.	*-de*	*-de*	*-da*	*-da*	*-da*	*-da*
Abl.	*-den*	*-den*	*-da*	*-dan*	*-dan*	*-dan*

N.	*köprü*	*köprüler*	*şato*	*şatolar*	*etki*	*etkiler*
G.	*-nün*	*-in*	*-nun*	*-ın*	*-nin*	*-in*
D.	*-ye*	*-e*	*-ya*	*-a*	*-ye*	*-e*
Akk.	*-yü*	*-i*	*-yu*	*-ı*	*-yi*	*-i*
L.	*-de*	*-de*	*-da*	*-da*	*-de*	*-de*
Abl.	*-den*	*-den*	*-dan*	*-dan*	*-den*	*-den*

d) Possessivendung der 3. Person

N.	*evi*	*evleri*	*kızı*	*kızları*
G.	*-nin*	*-nin*	*-nın*	*-nın*
D.	*-ne*	*-ne*	*-na*	*-na*
Akk.	*-ni*	*-ni*	*-nı*	*-nı*
L.	*-nde*	*-nde*	*-nda*	*-nda*
Abl.	*-nden*	*-nden*	*-ndan*	*-ndan*

N.	*müdürü*	*müdürleri*	*komşusu*	*komşuları*
G.	*-nün*	*-nin*	*-nun*	*-nın*
D.	*-ne*	*-ne*	*-na*	*-na*
Akk.	*-nü*	*-ni*	*-nu*	*-nı*
L.	*-nde*	*-nde*	*-nda*	*-nda*
Abl.	*-nden*	*-nden*	*-ndan*	*-ndan*

e) Zerdehnung bzw. Kontraktion

N.	*isim*	*isimler*	*akıl*	*akıllar*
G.	*ismin*	*-in*	*aklın*	*-ın*
D.	*isme*	*-e*	*akla*	*-a*
Akk.	*ismi*	*-i*	*aklı*	*-ı*
L.	*isimde*	*-de*	*akılda*	*-da*
Abl.	*isimden*	*-den*	*akıldan*	*-dan*

N.	*göğüs*	*göğüsler*	*oğul*	*oğullar*
G.	*göğsün*	*-in*	*oğlun*	*-ın*
D.	*göğse*	*-e*	*oğla*	*-a*
Akk.	*göğsü*	*-i*	*oğlu*	*-ı*
L.	*göğüste*	*-de*	*oğulda*	*-da*
Abl.	*göğüsten*	*-den*	*oğuldan*	*-dan*

f) Teilweise unregelmäßig

N.	*su*	*sular*
G.	*suyun*	*-ın*
D.	*suya*	*-a*
Akk.	*suyu*	*-ı*
L.	*suda*	*-da*
Abl.	*sudan*	*-dan*

B) Zum Verb

a) Verbalformen

Reiner Verbalstamm: gel

Imperativ	*gel*	komme!
Partizip Präsens	*gelen*	kommend
Infinitiv Präsens	*gelmek*	kommen
Verbalsubstantive	*gelme*	das Kommen
	gelmeklik	das Kommen
Gerundien	*gelerek*	kommend
	gelip	kommend
	gele gele	durch vieles Kommen
	gelince	sobald ... kommt (kam)
	geleli (-denberi)	seitdem ... kommt (kam)

Stamm: geldi

Bestimmtes Perfekt	*geldim*	ich bin gekommen (kam)
Plusquamperfekt A	*geldiydim; geldimdi*	ich war gekommen
Konditional	*geldimse; geldiysem*	wenn ich gekommen bin (kam)
Verbalsubstantiv	*(geldik): geldiğim*	mein Kommen (Gekommensein)
	geldikten sonra	nachdem ... kam (gekommen war)
Gerundium	*geldikçe*	so oft ... kommt (kam)

Stamm: gele

Optativ	*geleyim*	ich möchte (möge) kommen
Präteritum des Optativs	*geleydim*	ich möchte gekommen sein käme ich doch (wäre ich doch gekommen) ich käme; ich wäre gekommen
Dubitativ des Präteritums des Optativs	*geleymişim*	ich sollte angeblich kommen

Stamm: gelecek

Partizip Futur	*gelecek (olan)*	kommen werdend
Gerundium	*gelecekken*	während ... kommen wird (will, soll, wollte)
I. Futur	*geleceğim*	ich werde kommen
Verbalsubstantiv des Futurs	*geleceğim*	mein Kommen-Werden
Präteritum des Futurs	*gelecektim*	ich wollte kommen ich hätte kommen sollen ich wäre gekommen
Konditional des Futurs	*geleceksem* *gelecek olursam* }	wenn ich kommen sollte (komme)
Dubitativ des I. Futurs od. des Präteritums des Futurs	*gelecekmişim*	ich werde (wollte) angeblich kommen ich hätte angeblich kommen sollen
Konzessiv des Futurs	*gelecek olsam bile*	selbst wenn ich kommen sollte

Stamm: gelir

Aorist (2. Präsens)	*gelirim*	ich pflege zu kommen ich werde kommen ich käme
Präteritum des Aorists	*gelirdim*	ich pflegte zu kommen ich käme, ich wäre gekommen
Konditional des Aorists	*gelirsem*	wenn ich (überhaupt) komme
Dubitativ des Aorists (od. des Präteritums des Aorists)	*gelirmişim*	angeblich komme ich immer angeblich pflegte ich zu kommen
Gerundium	*gelirken*	indem ... kommt (kam)

Stamm: geliyor

Präsens	*geliyorum*	ich komme (jetzt)
Imperfekt (durativ)	*geliyordum*	ich kam
Konditional des Präteritums	*geliyorsam*	wenn ich (jetzt) komme
Dubitativ des Präteritums (od. des Imperativs)	*geliyormuşum*	ich komme (kam) angeblich

Stamm: gelmeli

Nezessitativ	*gelmeliyim*	ich muß kommen
Präteritum des Nezessitativ	*gelmeliydim*	(ich mußte kommen) ich hätte kommen müssen
Konditional des Nezessitativ	*gelmeliysem*	wenn ich kommen muß
Dubitativ des Nezessitativ (od. des Präteritums des Nezessitativ)	*gelmeliymişim*	angeblich muß ich kommen angeblich hätte ich kommen müssen (sollen)

Stamm: gelmiş

Partizip Perfekt	*gelmiş (olan)*	gekommen
Verbalsubstantiv des Perfekts	*gelmiş olduğum*	mein Gekommensein
Gerundium des Perfekts	*gelmişken*	während ... kam
Infinitiv des Perfekts	*gelmiş olmak*	gekommen sein
Unbestimmtes Perfekt	*gelmişim*	ich kam angeblich
Plusquamperfekt B	*gelmiştim*	ich war gekommen
Konditional des unbestimmten Perfekts	*gelmişsem*	wenn ich gekommen bin
Dubitativ des unbestimmten Perfekts (od. des Plusquamperfekts B)	*gelmiş imişim*	ich bin (war) angeblich gekommen

II. Futur	*gelmiş olacağım* *gelmiş olurum*	ich werde gekommen sein
II. Irrealis (Nebensatz)	*gelmiş olsaydım* *gelmiş olaydım*	wenn ich gekommen wäre
II. Irrealis (Hauptsatz)	*gelmiş olacaktım* *gelmiş olurdum*	ich wäre gekommen
II. Perfekt (vorzugsweise in der 3. Person)	*(gelmişimdir)* *gelmiştir* *gelmişlerdir*	(ich bin soeben gekommen) er kam; er ist gekommen sie kamen (sind gekommen)

Stamm: gelse

I. Irrealis od. Potentialis (Nebensatz)	*gelsem*	wenn ich käme (kommen sollte)
II. Irrealis (Nebensatz)	*gelseydim*	wenn ich käme (gekommen wäre)
Dubitativ des I. od. II. Irrealis	*gelseymişim* *gelsem imiş*	wenn ich käme (gekommen wäre)

b) Verbale Bildungen

Möglichkeit	*gelebilmek*	kommen können
Möglichkeit des Nichtgeschehens; auch negierter Nezessitativ	*gelmiyebilmek*	möglicherweise nicht kommen; nicht zu kommen brauchen; nicht notwendigerweise kommen müssen
Unmöglichkeit	*gelememek*	nicht kommen können
Beschleunigung	*gelivermek*	schnell kommen
Annäherung	*düşeyazmak (az kalsın düşüyordum)*	beinahe fallen
Dauer	*yazadurmak (yazıp durmak)*	dauernd schreiben
Häufigkeit	*yazagelmek*	häufig schreiben

giymek	ankleiden	*Reflexiv*	*giyinmek*	sich ankleiden
görmek	sehen	*Reziprok*	*görüşmek*	sich (gegenseitig) sehen
uçmak	fliegen	*Gemeinsamkeit*	*uçuşmak*	alle zusammen wegfliegen
ölmek	sterben	*Kausativ/-Faktitiv*	*öldürmek*	töten
çalmak	stehlen	*Kausativ/-Faktitiv*	*çaldırmak*	sich et. stehlen lassen
anlamak	verstehen	*Kausativ/-Faktitiv*	*anlatmak*	erzählen, erklären
çıkmak	herauskommen	*Kausativ/-Faktitiv*	*çıkarmak*	herausbringen
kalkmak	aufstehen	*Kausativ/-Faktitiv*	*kaldırmak*	aufheben
ölmek	sterben	*doppelter Kausativ/Faktitiv*	*öldürtmek*	töten lassen
yapmak	tun	*Passiv*	*yapılmak*	getan werden
almak	nehmen	*Passiv*	*alınmak*	genommen werden
beklemek	warten	*Passiv*	*beklen(il)mek*	erwartet werden

Zahlwörter — Sayılar

Grundzahlen — Asıl sayılar

0 sıfır *null*
1 bir *eins*
2 iki *zwei*
3 üç *drei*
4 dört *vier*
5 beş *fünf*
6 altı *sechs*
7 yedi *sieben*
8 sekiz *acht*
9 dokuz *neun*
10 on *zehn*
11 on bir *elf*
12 on iki *zwölf*
13 on üç *dreizehn*
14 on dört *vierzehn*
15 on beş *fünfzehn*
16 on altı *sechzehn*
17 on yedi *siebzehn*
18 on sekiz *achtzehn*
19 on dokuz *neunzehn*
20 yirmi *zwanzig*
21 yirmi bir *einundzwanzig*
22 yirmi iki *zweiundzwanzig*
23 yirmi üç *dreiundzwanzig*
30 otuz *dreißig*
40 kırk *vierzig*
50 elli *fünfzig*
60 altmış *sechzig*
70 yetmiş *siebzig*
80 seksen *achtzig*
90 doksan *neunzig*
100 yüz *hundert*
572 beş yüz yetmiş iki *fünfhundertzweiundsiebzig*
1000 bin *tausend*

Ordnungszahlen — Sıra sayıları

1. birinci *erst-*
2. ikinci *zweit-*
3. üçüncü *dritt-*
4. dördüncü *viert-*
5. beşinci *fünft-*
6. altıncı *sechst-*
7. yedinci *sieb(en)t-*
8. sekizinci *acht-*
9. dokuzuncu *neunt-*
10. onuncu *zehnt-*
11. on birinci *elft-*
12. on ikinci *zwölft-*
13. on üçüncü *dreizehnt-*
14. on dördüncü *vierzehnt-*
15. on beşinci *fünfzehnt-*
16. on altıncı *sechszehnt-*
17. on yedinci *siebzehnt-*
18. on sekizinci *achtzehnt-*
19. on dokuzuncu *neunzehnt-*
20. yirminci *zwanzigst-*
21. yirmi birinci *einundzwanzigst-*
22. yirmi ikinci *zweiundzwanzigst-*
23. yirmi üçüncü *dreiundzwanzigst-*
30. otuzuncu *dreißigst-*
40. kırkıncı *vierzigst-*
50. ellinci *fünfzigst-*
60. altmışıncı *sechzigst-*
70. yetmişinci *siebzigst-*
80. sekseninci *achtzigst-*
90. doksanıncı *neunzigst-*
100. yüzüncü *hundertst-*
572. beş yüz yetmiş ikinci *fünfhundertzweiundsiebzigst-*
1000. bininci *tausendst-*

Bruchzahlen — Kesirli sayılar

$^1/_2$ yarım *ein halb-*
$^1/_4$ çeyrek *ein Viertel*
$1\,^1/_2$ bir buçuk *anderthalb*
$6\,^1/_2$ altı buçuk *sechs einhalb*
$^1/_3$ üçte bir *ein Drittel*
$^2/_3$ üçte iki *zwei Drittel*
$^1/_{10}$ onda bir *ein Zehntel*
$^1/_{100}$ yüzde bir *ein Hundertstel*
$^3/_7$ yedide üç *drei Sieb(en)tel*